| 用心雕刻每一本......

http://site.douban.com/110283/
http://weibo.com/nccpub

用心字里行间　雕刻名著经典

企业、政府与社会

第 12 版

［美］约翰·斯坦纳　乔治·斯坦纳 著

诸大建　许艳芳　吴怡　等译

人民邮电出版社

北　京

图书在版编目（CIP）数据

企业、政府与社会：第 12 版 /（美）斯坦纳 著；诸大建等译 .

-- 北京：人民邮电出版社，2015.2

ISBN 978-7-115-37654-1

Ⅰ . ①企… Ⅱ . ①斯… ②诸… Ⅲ . ①企业—关系—国家行政机关—研究②企业—关系—社会—研究 Ⅳ . ① F270-05

中国版本图书馆 CIP 数据核字（2014）第 278875 号

John F. Steiner, George A. Steiner

Business, Government, and Society, 12th Edition

ISBN 978-0-07-340505-6

Copyright © 2009 by The McGraw-Hill Education.

All Rights reserved. No part of this publication may be reproduced or transmitted in any form or by any means, electronic or mechanical, including without limitation photocopying, recording, taping, or any database, information or retrieval system, without the prior written permission of the publisher.

This authorized Chinese translation edition is jointly published by McGraw-Hill Education and Posts & Telecom Press. This edition is authorized for sale in the People's Republic of China only, excluding Hong Kong, Macao SAR and Taiwan.

Copyright © 2015 by McGraw-Hill Education and Posts & Telecom Press.

版权所有。未经出版人事先书面许可，对本出版物的任何部分不得以任何方式或途径复制或传播，包括但不限于复印、录制、录音，或通过任何数据库、信息或可检索的系统。

本授权中文简体字翻译版由麦格劳 - 希尔（亚洲）教育出版公司和人民邮电出版社合作出版。此版本经授权仅限在中华人民共和国境内（不包括香港特别行政区、澳门特别行政区和台湾地区）销售。

版权 ©2014 由麦格劳 - 希尔（亚洲）教育出版公司与人民邮电出版社所有。

本书封底贴有 McGraw-Hill Education 公司和人民邮电出版社防伪标签，无标签者不得销售。

北京市版权局著作权合同登记号：01-2009-1543

企业、政府与社会（第 12 版）

◆ 著　　　[美] 约翰 · 斯坦纳　乔治 · 斯坦纳

译　　　诸大建　许艳芳　吴怡 等

策　划　刘　力　陆　瑜

责任编辑　常玉轩

装帧设计　陶建胜

◆ 人民邮电出版社出版发行　北京市丰台区成寿寺路 11 号

邮编　100061　电子邮件　315@ptpress.com.cn

网址　http://www.ptpress.com.cn

电话　（编辑部）010-84937150　（市场部）010-84937152

（教师服务中心）010-84931276

三河市少明印务有限公司印刷

新华书店经销

◆ 开本：710 × 1000　1/16

印张：39.75

字数：800 千字　2015 年 4 月第 1 版　2015 年 4 月第 1 次印刷

著作权合同登记号　图字：01-2009-1543

ISBN 978-7-115-37654-1

定价：98.00 元

本书如有印装质量问题，请与本社联系　电话：(010) 84937153

内容提要

这是一本探讨企业与政府、企业与社会之间错综复杂关系及相互影响规律的经典著作。

全书分为18章,分别论述了企业经营环境、企业的社会责任、商业伦理、政治环境、政府管制、全球化、环境污染和环境保护、工作场所和劳动力变化以及公司治理等内容。每章首尾分别用一个小案例和一个大案例引导读者思考和巩固相关内容。全书充分论述了企业及其所处大环境之间的互动关系及互动规律。

本书既是一本经典的学术著作，又是一本可供企业经营者和政策制定者参考的实用指南,适合从事经济管理和企业管理研究的学者参考,也可供各类企业管理人员、政府管理人员、非政府组织管理人员使用。

We dedicate this book to the memory of
Jean Wood Steiner

作者简介

约翰 • 斯坦纳（John F. Steiner）

约翰·斯坦纳是洛杉矶加利福尼亚州立大学的管理学教授，管理学系前系主任。他在南奥勒冈大学获得科学学士学位，在亚利桑那大学获得政治学硕士与博士学位。他和乔治·斯坦纳还合写了另外两本书：《企业与社会中的问题》和《企业、政府与社会案例集》。他也是《工业、社会与变革：案例集》的作者。斯坦纳教授是美国管理学会（The Academy of Management）“管理中的社会问题分会”的前主席。

乔治 • 斯坦纳（George A. Steiner）

乔治·斯坦纳是美国管理学会（The Academy of Management）前主席，是在企业、政府与社会领域讲授大学课程、开展研究和从事学术写作的先驱，《加利福尼亚管理评论》的创办人之一。1983年，他因在美国管理学会“管理中的社会问题分会”中的杰出成就而被授予首个萨姆纳·马库斯奖（Sumner Marcus Award）；1990年他又获得管理学会的第二次授奖：杰出教育家奖。在获得天普大学工商管理学士后，他又获得了宾夕法尼亚大学沃顿商学院的经济学硕士与伊利诺大学的经济学博士学位。他写了很多书与文章，其中两本书获得“年度图书”奖。作为对其写作的嘉奖，天普大学授予他荣誉文学博士学位。斯坦纳教授还在联邦政府与企业界中担任要职，包括公司董事。

译者简介

诸大建，管理学博士。同济大学特聘教授，经济与管理学院博士生导师，联合国-同济环境与可持续发展学院绿色经济责任教授，国务院政府特殊津贴专家。现任同济大学学术委员会副主任，校务委员会发展战略委员会主任，可持续发展与管理研究所所长，公共管理系主任。兼任瑞士达沃斯《世界经济论坛》全球议程理事会城市化委员会理事和循环经济咨询专家、国家哲学社会科学规划管理学科专家、教育部社会科学委员会管理学部委员、科技部创新型城市专家委员会专家、建设部可持续发展与资源环境专家委员会委员、上海市政府决策咨询特聘专家，以及 Ecological Economics、International Journal of Public Management、Environmental Policy and Governance 等 SCI、SSCI 杂志的国际编委，英国 Ellen MacArthur、意大利 Enel 基金会、瑞士 Firmenich 公司企业社会责任等国际专家委员会成员，中国太平保险控股等香港上市公司的独立董事。

许艳芳，中国人民大学商学院副教授，管理学博士。曾在美国加州大学伯克利分校进修一年。目前主要为本科生、研究生讲授《国际财务管理》《商业伦理》等课程，研究兴趣包括内部资本市场、上市公司投融资行为、商业伦理等领域。在《管理世界》《经济理论与经济管理》等期刊发表论文多篇，参与国家级科研课题五项，主持校级课题两项。

译者序

国内的商学院，虽然越来越多地讨论企业社会问题和社会责任管理，但是他们很少了解或者开设有关企业、政府与社会（BGS）的课程。实际上BGS是一个有关企业社会问题与社会管理的总论性课程，现在许多热门的管理话题，如企业社会责任与商业伦理、企业利益相关者管理、企业可持续发展等，多数是从这里产生而来。在这个领域，乔治•斯坦纳和约翰•斯坦纳称得上是开创者，他们一直在致力于本领域的学术研究和课程开发。眼下这本著作就是他们合作撰写的经典著作之一，从1980年问世以来已经再版多次，我们翻译的是其12版。

粗看起来，本书覆盖面广，内容庞杂，线索不好掌握。实际上，基于笔者从事多年可持续发展、企业社会责任、利益相关者管理方面的研究和教学经历，我们可以用对象、主体、过程这三个红线或框架来分析和研读这本书，这样一来，我们就可以发现，本书紧扣住了当前企业社会问题管理的精华内容和热点话题：

从对象领域看，本书超越传统上企业管理的经济至上主义和利润唯一思考，强调企业可持续发展所要求的经济、社会、环境的三重底线思考，或者可持续发展企业最关注的所谓3P战略，即企业应该综合考虑利润（Profit）、人群（People）、地球（Planet）问题。本书重点讨论的，就是当代企业管理中，除了经济挑战之外的各种社会问题和环境问题。

从过程角度看，本书提出了企业社会管理的全过程概念，这个概念对于分析社会问题非常有用。它把企业对社会压力的反应归纳为五种类型，即拒绝型、对抗型、抵制型、适应型、提前行动型。强调可持续发展的企业，在发展与管理上，应该把社会问题管理从被动的危机应对，转向更加主动的企业发展整体战略。

从利益主体看，本书强调了可持续发展企业的管理要害是共享价值，企业需要从以往单纯考虑股东利益，向综合考虑利益相关者利益转型，管理与合作的视野不仅要从股东扩展到员工、股东、消费者、供应链等直接的利益相关者，而且要进一步扩展到政府、社区等第二层面的利益相关者。全书在论述了企业、政府、社会关系的一般问题之后，用主要的篇幅讨论了企业与政府、企业与环境、企业与消费者、企业与员工等主要利益相关者的关系。

我有这样一个印象，2008年汶川地震以前，国内企业还很少关注社会问题，对企业社会责任管理不甚了了；2008年汶川地震之后，有关企业社会责任、企业三重底线、企业危机管理的讨论变得越来越多。但是，业界和学术圈子对企业社会问题和社会管理仍然存在着各种认识误区和实践误区。这方面的研究、教学、咨询，至今仍然给人以碎片化、非系统的感觉。研读约翰•斯坦纳和乔治•斯坦纳的《企业、政府与社会》一书，可以给我们提供一种整体性的思考框架，提高企业社会问题管理的能力，并提高整个社会和谐管理的能力。因此，这本书值得向商学院的学生和老师推荐。各类企业管理人员、政府管理人员、非政府组织管理人员也可以从中发现许多有趣的趋势性内容。

本书由我和吴怡博士组织多名博士研究生翻译，后又经中国人民大学的许艳芳老师审校，另外，本书部分章节经过人民出版社老编审王一禾老师和对外经贸大学尹珏琳老师的润色修改，在此一并感谢。由于本书内容庞杂，跨越多个学科，虽经我们多次审阅校正，仍然有翻译不如意、表达不到位的地方，我们非常乐意接受读者的批评指正。是为序。

诸大建

2014 年 3 月 14 日于同济大学

简要目录

详细目录

前 言

本书第 12 版一如既往地致力于介绍企业、政府、社会中的各种力量如何塑造整个世界。和从前一样，总有一些事件要求我们在上一版的基础上，对全书进行广泛的、有时还是深入的修订。因此，我们更新了每一章的内容，以涵盖新的思想、法律、人物及文献。

从表面上看，现代世界处于日新月异的变化之中，但基本的原则与核心的关系仍保持不变。和以往的任何一个版本一样，我们适应日新月异的变化，但我们也继续深入挖掘这一学科的基本特征。因此我们相信，虽然当前的事件会使这一版本显得大不相同，但关于企业、政府、社会之间本质关系的讨论得到了强化，并比我们以往的版本更能经得起时间的考验。

我们努力突出相关问题的全球化背景及比较的视角。比起以往的版本，我们更加关注跨越国界的企业经营活动、理念以及社会文化网络。尽管我们强调当前事件，我们也继续提供历史背景。我们记忆中的新鲜事物，经常是某种现象持久地阶段性展现。我们追溯财富与美德之间古老争辩的渊源；讨论工业如何深刻影响了各个国家；研究那些在历史上留下永久印记的人物特征。

这个版本还使作者父子之间至今长达 30 多年、不畏艰难、相互鼓励的合作得以继续。

章节的变化

新的版本带来很多变化，各章节中更新与增加的内容包括：

- 第 4 章，“对企业的批判”增加了对全球化批评的相关内容，具体包括进步中的公民社会、新自由主义以及全球的正义运动。
- 第 5 章，“企业社会责任”进行了大量的改写，关注全球化的发展，特别融入新的全球规范、民间规则、柔性法规、利益相关者等概念。这体现了企业社会责任实践的快速演变。
- 第 6 章，“践行企业社会责任”更集中于实施社会责任战略的管理过程。这一章介绍了新的实施模式，也讨论了新的市场驱动的慈善事业形式。
- 第 7 章，“商业伦理”为学生揭示了世纪之交丑闻中的管理欺诈行为。这一章包含了关于企业文化道德维度新的、更广泛的讨论。
- 第 9 章，“政治中的企业”解释了“亚布拉莫夫丑闻”后，企业如何继续主导着政治舞台，以及近年来为限制企业游说与企业政治募捐而设计的改革方案。

- 第 10 章，“管制企业”是新的一章，以代替以往版本中的两章内容。这一章包括管制如何运作、管制如何影响企业、管制的成本与利益以及管制在其他国家的应用。
- 第 11 章，“跨国公司”一章基本上是新内容，讨论了跨国公司在全球市场的影响，特别是对新兴经济体的影响，还讨论了旨在控制跨国公司活动的国际法规。这一章有几个小的案例故事，包括威德福油田设备国际公司、德拉蒙德公司，还有沃尔玛和美泰等。
- 第 13 章与第 14 章是有关企业与环境关系的阐述，经过修订以反映科学认识方面的新进展。本章增加了对生态系统与碳市场的讨论。
- 第 18 章，“公司治理”一章进行了修改，以更好地解释股东、董事、管理者之间的关系。这一章对管理者薪酬实践进行了回顾，并进行了更加细致的分析。

案例的更新

除第 1 章外，每章结尾都包括一个案例。这些案例说明了该章中一个或多个主题。第 12 版中增加了 3 个新案例。

- “世贸组织中的大卫与歌利亚”讲述了安提瓜和巴布达岛这个小岛国是如何在世贸组织中挑战美国的。该国经营着离岸网络赌博业，他们认为美国禁止大多数的网络赌博是设置了不公平的贸易壁垒。
- “从风险中获利”是关于洛杉矶的一家杀虫剂生产商推行独特战略的故事。大型农业化工企业已经开始从事更先进、更安全的杀虫剂生产了，该公司则从他们那里购买旧的、危险性大的杀虫剂经营权，再将此类杀虫剂卖到仍被视为合法的边缘市场，以获取巨额利润。
- “惠普的正午”将读者带入关于董事恰当角色的董事会权力斗争中，并引导读者就“泄密调查丑闻”及首席执行官卡莉·费奥瑞娜与董事会主席帕特里夏·邓恩的辞职事件展开讨论。

每章的热身故事

和以往的版本一样，每章开头都有一个关于公司、人物或政府行为的真实故事。这一版出现了 7 个新故事。

- “比尔与梅林达·盖茨基金会”。盖茨基金会的捐赠规模比112个国家的GDP还大，但它遇到的问题也很多。微软的幕后天才能解决这些问题吗？
- “今天的裁决是我们立法体系的胜利……”。在所有因公司欺诈丑闻而被审判的管理者当中，世通（WorldCom）公司的柏纳德·埃贝斯被判刑期最久，长达25年，这甚至超过了对黑手党或一般杀人犯的惩罚。他的罪行真的那么严重吗？
- “亚布拉莫夫丑闻”。这个案例故事展现了因这一丑闻而毁灭的四个人的故事——杰克·阿布拉莫夫，还有众议院议员汤姆·迪雷、鲍伯·内、和兰迪·杜克·坎宁安。
- “管制规则：美国通信委员会与美国哥伦比亚广播公司”。哥伦比亚广播公司在超级碗直播中播放珍妮·杰克逊露胸节目之后，美国通信委员会以播放不雅镜头为由对哥伦比亚广播公司进行了法律允许的最大金额的罚款。这个故事描述了哥伦比亚广播公司的相关行为，也提出了关于罚款公正性的问题。
- “商业城市中的铁路站场”。四个铁路站场的柴油机排气增加了洛杉矶居民患癌症的风险。这个故事解释了相关风险，并说明工业污染带来的细微的、不易被察觉的危险。
- “2007年反就业歧视法”。众议院有史以来第一次通过议案，让赌博者、同性恋者、双性恋者与其他美国人一样，享有《1964年民权法案》赋予的就业权。这一议案至今还没有成为法律。它应该成为法律吗？
- “麦奎尔博士的回溯”。值得注意的是，美国联合健康集团的首席执行官威廉·麦奎尔博士似乎总能在公司股价跌到季度或年度低点时获得股票期权。当发表于《华尔街日报》的一项研究表明，选择这些日期的概率只有两亿分之一时，各方力量行动起来，终结了麦奎尔的职业生涯。

致　谢

我们要感谢一长串的作者，从古雅典的学者到今天的学者。他们的作品为我们提供了有益的参考。我们要感谢多年来和我们一起走过这段路程的管理学会的同事和朋友们。我们在合适的地方引用了他们的研究成果。

在这一版中，下列审稿人根据自己的洞见，为我们的修订工作提供了指导。他们是：

Carlos Alsua	阿拉斯加大学
Ruby Barker	塔尔顿州立大学
Richard Coughlan	里奇蒙德大学
James J. Freiburger	新罕布什尔南方大学
Marilyn Kaplan	达拉斯得克萨斯大学
John Keiser	纽约州立大学布鲁克波特学院
Kelly M. Kilcrease	法兰克林·皮尔斯学院
Steven Kreft	印第安那大学
Karen Moustafa	印第安那大学 / 普度大学韦恩堡分校
Diana Sharpe	蒙茅斯大学
Ivan Vernon	克利夫兰州立大学

我们要感谢洛杉矶加利福尼亚州立大学的 Robert Goldstone，他为我们开启了新思想。我们也要感谢约翰·肯尼迪纪念图书馆的 Alan Stein，他在我们这项研究过程中提供了持久的建议和帮助。另外，我们还要感谢华盛顿大学的 Deborah F. Dubin、克利夫兰州立大学的 St. Louis 和 Andrew C. Gross，他们提出了重要的建设性意见。

我们要感谢出色的编辑团队，包括 McGraw-Hill/Irwin 的策划编辑 Dana Woo 和编辑助理 Sara E.K.Hunter、Aptara 公司的项目经理 Jodi Dowling。他们的技能和努力都在本书上留下了印记。更重要的是，他们的耐心和忠诚，使这本书最终得以出版。我们也向文字编辑 Gretlyn Cline 表示感谢，他如此认真而出色地完成了脚本的细节工作。

最后，我们要感谢 Deborah Luedy，她对我们的工作给予了友善而充分的支持。感谢 Isabel Heinmiller 用慷慨亲切的方式所做的润色。

这一版和以往所有版一样，是难以想象地、无时无刻不获取海量信息的结果。由于上述所有人的努力，它的质量才会比上一版更上一层楼。

约翰·斯坦纳

乔治·斯坦纳

第1章

企业、政府与社会研究导论

埃克森美孚公司

埃克森公司是最大的公开上市的国际石油公司。它的总部位于得克萨斯州的欧文镇。虽然大多数人把它当做一家美国公司，但其销售额的69%（2006年为3660亿美元）却是在美国之外实现的。[1]它的主营业务是开采、生产、销售石油和天然气。比起这一领域的竞争对手，埃克森公司长期以来一直拥有更丰厚的利润。

要了解埃克森公司，必须先了解它的历史。它的前身是约翰·洛克菲勒于1882年创办的标准石油公司，当时叫“新泽西标准石油公司”。洛克菲勒是一个出色的战略家和组织者，他成功地击败了竞争对手。他相信，要使一个新的、乱哄哄的石油行业形成秩序，就必须使用铁腕手段。随着标准石油公司的成长，洛克菲勒的价值观成为公司的文化，也就是那些表达出来或未表达出来的、用来鼓舞员工的共享理念。如果像洛克菲勒这样的企业创办者的价值观是有效的，它就能随时间深植于组织中。一旦得到广泛认同，它就会长期稳定地发挥作用。[2]洛克菲勒强调成本控制、效率、集权以及打压竞争对手。没有什么比他的这套原则更成功的了。标准石油公司在美国石油市场上的份额一度达到90%以上。

标准石油公司的势力冒犯了公众的价值观，以致国会在1890年通过了《谢尔曼反托拉斯法》，将标准石油公司的垄断视为非法。经过多年的法律战，这个托拉斯于1911年最终被分解为39个独立公司。分解后，新泽西标准石油公司继续存在。虽然它将57%的资产用于建立新的公司，但它仍然是世界上最大的石油公司。标准石油分解时成立的公司包括印第安纳标准石油公司（后更名为阿莫科）、大西洋炼油公司（ARCO）、加利福尼亚标准石油公司（雪佛龙）、大陆石油公司（Conoco）、俄亥俄标准石油公司（Sohio）、Chesebrough-Ponds公司（一家生产凡士林的公司）和纽约标准石油公司（Mobil）。1972年，新泽西标准石油公司更名为埃克森公司。1999年，它与纽约标准石油公司合并，成为埃克森美孚公司。

洛克菲勒的影响力随时间而消散，但埃克森美孚的作风仍与他的本性保持一致。它的企业文化集权而独裁，经营中强调成本控制、资本回报率以及严格的财务控制。利润是高于一切的目标，所有项目必须满足投资回报率这一严格标准。在西南航空或者谷歌公司，乐趣是工作的一部分；但在埃克森美孚公司，工作压力很大，以致被公认为是一个“没有工作乐趣的地方”。[3]多年来，埃克森美孚一直在它最看重的指标即平均资本回报率上胜过行业对手，这一点与老的标准石油公司没有两样。竞争对手们仍然将它视为最厉害的敌人，但埃克森美孚认为自己只不过是“采取了一切合法并合适的竞争手段”。[4]

埃克森美孚具有巨大的力量，能塑造国际市场、打压竞争对手并影响各国政府。但是，比起洛克菲勒统治集团的时代，今天它遭遇了更大的困境。和以往一样，它在经济、政治、社会等各种力量的相互作用中争夺势力，同时受到限制，只不过现在这些力量更加均衡了。

市场竞争更加激烈。埃克森美孚仅占有世界日产石油量的 8%，控制的石油储备少于 1%。这些数字比 20 世纪 50 年代埃克森还是“七姐妹”（一群西方石油公司，控制了世界范围的石油生产，以及包括广大的中东油田在内的石油储备）之首时相差甚远。[5] 现在，它最大的竞争者是通常被称为“新七姐妹”的七个国有石油公司，这些公司的产量使过去年代的“巨人”们相形见绌。[6]“新七姐妹”中，最大的是沙特的阿美石油公司，其石油日产量是埃克森美孚的 3.5 倍，拥有全世界 32% 的石油储备。[7]

这些国有石油公司的崛起，体现了发展中国家正在推行新的资源国家主义，意图从外国公司手中重新获取石油利润。从 20 世纪 90 年代后期起，不断攀升的原油价格使石油储备更具价值，也使许多国家力图占据油田。这种情况出现在委内瑞拉的埃克森美孚公司。2007 年，委内瑞拉政府夺得一个价值 45 亿美元的项目时，使该公司损失了 2% 的石油日产量。[8]

埃克森美孚像踩着一个脚踏车，不停地寻找新的石油和天然气，以弥补现有油田生产的不断下滑。现在，一个成熟油田的产量每年下降 5%~8%。为了维持利润，公司冒着政治风险、容忍混乱的局面和腐败，到处寻求新储备。在伊朗和委内瑞拉，埃克森美孚的资产被挪用。在乍得、安哥拉、尼日利亚、赤道几内亚等国，它向独裁者贿赂以获得石油。在印度尼西亚，埃克森美孚的设备需要当地军队保卫以免遭到反抗力量的袭击。[9]

与过去相比，政府比以前更有权力，企业和政府的关系也更加复杂。埃克森美孚在各国的经营活动，都受到当地法律和法规的管制，仅在美国就有约 200 家联邦机构向公司施加各种规则和标准，而在洛克菲勒时代，此类情况很少见。在国外，埃克森美孚面临进出口限制、生产税、价格控制、环境保护管制等问题。2006 年，公司在世界范围内支付了 1 010 亿美元的税收，这个数字超过了戴尔公司和微软公司的收入之和。

埃克森美孚还面临着苛刻的社会环境。作为世界最大行业的领头羊，它受到环境、民权、劳工和消费者等团体的严密监视，其中一些还有很强的敌对态度。多年来，公司因否认全球变暖的科学事实而激怒了环境保护主义者。在主要的石油公司中，该公司拒绝大力投资于乙醇、太阳能、风能、潮汐能等可再生能源。一位前任首席执行官称这种投资“纯粹是浪费钱”。[10] 可再生能源比来自石油、天然气和煤的能源要昂贵，因此在未来很长的时间内后者仍是主要的能源来源。于是，埃克森美孚因为可再生能源无法满足公司至高无上的资本回报标准而对其退避三舍。

埃克森美孚因常年向一些否认全球变暖现象的团体提供研究资助而受到公众的严厉批判。2006 年，英国的科学研究院——英国皇家学会，前所未有地给这家公司的管理层写信，让它停止“误导公众”。[11] 在此之后，又有两位参议员奥林匹亚・斯诺（R–ME）和公司创办人的重孙约翰・洛克菲勒四世（D–WV），给首席执行官和董事会成员写信，要求埃克森美孚停止其“否认气候变化策略”，因为这会影响美国在国际社会中的信誉。[12]

这些压力迫使首席执行官雷克斯・蒂乐森向公众承认了全球变暖的事实，但他没有实施任何明显的战略调整。[13] 雷克斯的转变没有使批评者满意，特别是 ExxposeExxon，一个反对埃克森美孚公司政策的环境组织联盟。这一联盟包括野生动物保护者、绿色和平组织、自然资源保护协会、地球环境协会以及具有人文关怀的科学家联盟等。该绿色联盟还在不停地给石油巨人制造麻烦。2007 年股东大会时，该联盟在公司外拉出“没有地球，就没有红利”的横幅。

作为企业公民，埃克森美孚在世界范围资助了很多教育、社区、健康、自然及艺术项目。其中最大的部分，大约总数的 25% 被用于资助高等教育。其他项目包括投资 1 300 万美元用于拯救濒临灭绝的老虎，老虎是公司的品牌标志，因此这个活动很适宜。公司也赞助新加坡免费诗歌朗诵项目，因为公司在那里有一个化工厂。2006 年，埃克森美孚将 13 900 万美元用于此类支出。从单个公司的角度看，这是个很大的数目。然而对埃克森美孚来说，这只是它 3 660 亿美元收入的 1% 中的 1/26，相当于一个每年挣 100 万的人，用 385 美元来做慈善。这样的付出能配得上公司创始人约翰・洛克菲勒——他那个时代的伟大慈善家——所树立的榜样吗？

埃克森美孚的故事提出了一个关键问题，即企业在社会中的角色。公司什么时候承担社会责任？管理者如何理解他们的责任？什么行为是道德的或不道德的？一个公司应该如何回应批评者？本书将开启一个旅程，为回答这些问题寻求标准。作为第 1 章的开篇，这个故事说明了一个大公司与国家、社会等许多力量之间的互动关系。这些企业—政府—社会的互动关系是数不胜数、纷繁复杂的。在本章接下来的部分，我们力求通过企业—政府—社会的四个基本模型来梳理这些关系。另外，我们还将定义基本术语，并解释我们研究这些问题所用的方法。

界定企业—政府—社会的研究领域

在人们长期努力研究的基础上，我们可以划分出经济、政治、社会活动，也就是企业、政府、社会的界线，历史上无论哪种文明莫不如此。这些活动之间的相互作用构成了企业运营的环境。企业—政府—社会（BGS）这门学科，就是关于这一环境及其对管理者重要性的研究。

首先，我们定义一些基本术语。

企业（business）是包含一系列活动和机构的广义概念，包括管理、制造、金融、贸易、服务、投资以及其他活动。卖汉堡的摊子和巨型公司是迥然不同的实体，但都属于企业。每家企业最基本的目标是通过提供能满足人们需求的产品或服务来获得利润。

政府（government）是指在社会中有权力制定并实施政策与规则的部门。同企业一样，政府包含从国际到地方不同层次的活动与机构。本书的重点是讨论政府的经济权力与管制权力对企业的影响。

社会（society）是包括三个要素的人类关系网络。这三个要素是：（1）观念；（2）制度；（3）物质基础。

观念（idea），也就是无形的思想，包括价值观与意识形态。**价值观**（value）是对个人与社会生活中一些基本选择进行正确与否判断的一种长期稳定的信念。文化习惯与规范都建立在价值观之上。**意识形态**（ideology）（例如民主与资本主义）是一系列价值观所形成的对世界的特定看法。它们通过定义什么是好的、真的、对的、美的、可以接受的，以此来建立生活的广泛目标。观念塑造着社会中的各种制度。

制度（institution）是为了达到目标而将人们联系起来的正式的关系模式，制度对于协调相互间没有联系的个体至关重要。[14] 在现代社会中，经济制度、政治制度、文化制度、法律制度、宗教制度、军事制度、教育制度、媒体制度、家庭制度都很重要。经济制度就有很多，包括金融制度、公司组织形式以及市场等。综合起来，我们称之为商业。

图 1.1 说明了一系列制度是如何支撑市场的。资本主义作为一种经济体系在不同国家差别很大，因为各个国家起支持作用的制度有其独特的历史与文化根源。在发达国家，这些制度得以高度演化，且相互支持。而在制度薄弱的地方，市场就无法良性运转。俄罗斯就是一个例子，它在前苏联解体后引入了市场经济。

在前苏联的政治约束和国家计划下发展起来的制度无法支撑自由市场。以劳工问题为例，在旧的体制下，工人终其一生在国有企业中从事稳定的工作，根本没有失业保险之说。由于工人很少搬迁，房地产市场也未获得发展。而自由市场经济需要强大的劳动力市场，这样，工人们才能从经营不景气的公司到发展扩张的公司中去工作。但在俄罗斯，劳动力市场的发展受到阻碍，政府没有向失业工人提供失业保险金，没有形成安全保障网。房地产市场也很薄弱。公司的管理者出于起码的人道主义，不愿意解雇那些既无保障金也很难搬迁去别处的工人[15]，结果导致重建一个新的俄罗斯经济体系的进程非常迟缓。其中的教训是，制度对于市场来说是至关重要的。

任何一种制度在社会中都有特定的目的。企业的功能是通过向消费者提供有吸引力的产品和服务来获得利润。企业利用社会资源创造新的财富，这使它的存在变得合理，这也是企业的首要任务。所有其他的社会任务，如供给军队、推动知识进步、治病救人、养育孩子等，都依赖于这个任务，因此企业必须努力创造利润。彼得·德

图 1.1

制度是如何支持市场的

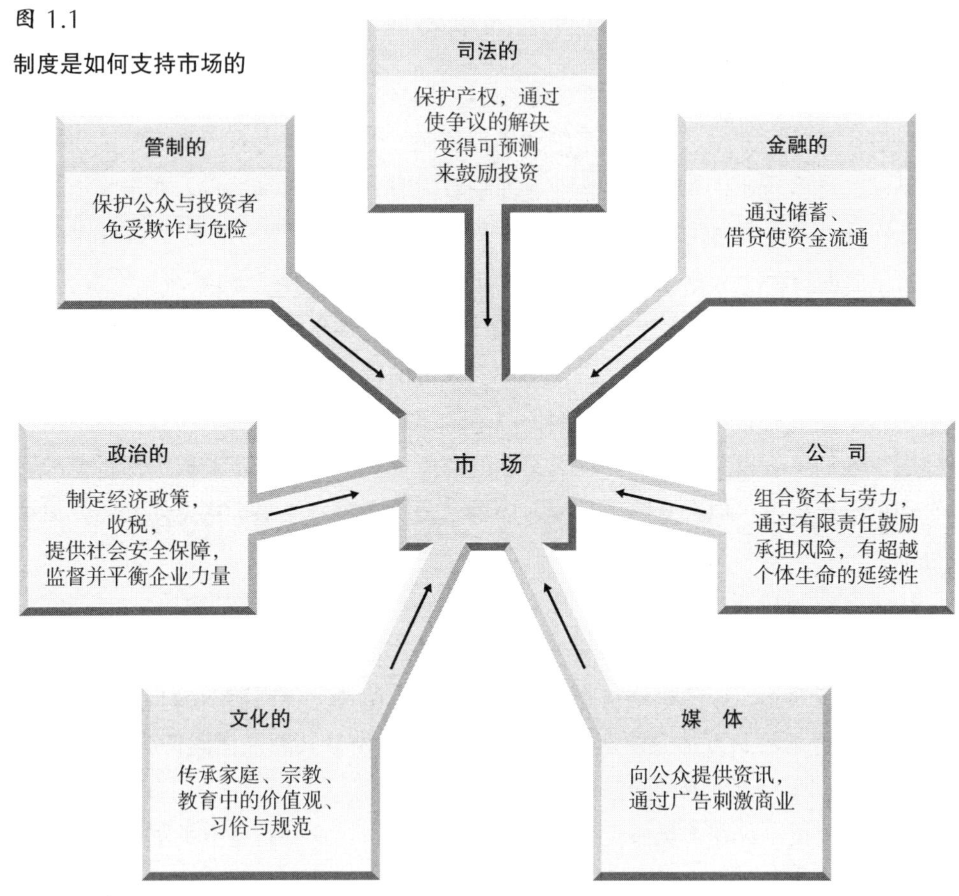

鲁克直截了当地陈述了这一观点："企业管理中，每个决策与行动都必须始终将经济效益放在第一位。"[16] 没有利润，企业就无法承担对社会的责任，其存在也就失去了合理性。

社会的第三个要素是**物质基础**（material things），包括土地、自然资源、基础设施和商品。它们塑造观念和制度，同时作为有形实体，在一定程度上也是观念和制度的产物。经济制度与各种资源在很大程度上决定了社会物品的类型与数量。

企业—政府—社会这门学科就是关于上述三大领域相互关系的研究，最主要的是企业与其他两大要素之间的关系。因此，研究的基本问题就是企业如何塑造并改变政府与社会；反过来，企业又是如何被政治与社会力量所塑造的。我们尤其感兴趣的是，企业—政府—社会关系中的各种力量如何影响管理者的工作。

企业—政府—社会研究对管理者的重要性

企业要成功地实现目标，必须对经济环境及非经济环境作出反应。[17] 例如，埃克森美孚必须有效地开采、提炼、运输并销售能源。然而，仅有对市场力量的快速反应还不够。许多企业，尤其是大企业，面临着强有力的非市场力量。非市场力量的重要性在埃克森美孚公司历史上的两次重大事件中表露无遗，一次是 1911 年由法庭判定的企业拆分事件，另一次是 1989 年"Exxon Valdez"油轮泄油事件。

1911 年，美国最高法院做出一项反映民意、同时体现法律精神的决定，迫使标准石油公司遵从开放和竞争的社会价值观。凭借前所未有的管理天才、勇气和敏锐嗅觉，约翰·洛克菲勒和他的副手们创造了效率的奇迹，使低成本的石油和照明惠及美国。他们怎么也弄不明白，这么卓越的商业成就，为什么不能成为衡量标准石油公司的全部标准。但公众除了效率，还要求公平竞争。结果，这家伟大的公司被拆分了。

1989 年在阿拉斯加，一次突如其来的危机改变了埃克森美孚的政治与社会环境，导致数十亿美元的制裁。今天的埃克森美孚在操作油轮时就格外小心了，它装备了新的环境安全装置，还随机地检查船员是否吸毒或喝酒。值得称道的是，现在它纪律严明，用每运输百万加仑所泄露的原油茶匙数来衡量其原油泄漏情况。据报道，2003 年该公司每百万加仑的泄漏量少于一茶匙。[18]

认识到公司不仅在市场中运营，还在社会中运行，这一点是至关重要的。如果社会或者是社会中的一个或多个有势力的利益团体，不认可一家公司的活动，那么这家公司就会被惩罚或受到限制。企业组织与社会之间存在着基本的协议，或者说**社会契约**（social contract）。这种契约规定了企业为赢得社会支持必须承担的广泛责任，其中一部分是由法律传达的，但也存在于社会价值观中。

对管理者来说，糟糕的是，社会契约不像企业所面临的经济力量那么清晰，它通常比较复杂，含糊不清。例如，公众认为企业除了盈利与遵守法规外，还有社会责任。如果企业不承担社会责任，就会遭殃。但准确地说，什么是社会责任？企业绩效应当如何衡量？对于没有写进法律的道德价值观，企业应该遵守到何种程度？当满足社会期望与利润最大化的目标发生冲突时，哪个更重要？除了这些问题，社会契约还包含了社会期望。如果管理者无视或违背它，就会自食其果。

企业—政府—社会关系的四种模型

企业、政府与社会之间的关系有许多，其意义也众说纷纭。面对这种复杂性，许多人利用简单的思维模型来给他们观察到的现象赋予秩序和意义。这些模型就像棱镜，每一个都有不同的折射点，给人们观察世界提供了不同的视角。借助使用的模型（或棱镜），人们对于企业的权力范围、管理决策的标准、公司的责任范围、管理者的道德责任以及所需要的管制等形成不同的看法。

以下四种模型是观察企业—政府—社会关系的基本选择。作为现实的抽象，它们大大简化了现实，同时放大了中心问题。每个模型既是描述性的又是说明性的，也就是说，它不仅能够解释企业—政府—社会关系是如何起作用的，而且能够说明它应该以何种理想状态来发挥作用。

市场资本主义模型

如图 1.2 所示，市场资本主义模型将企业描述为在市场环境中运行，主要对强大的经济力量做出反应。在这个模型中，企业可以很大程度上免受社会与政治力量的直接影响。市场就像企业与非市场力量之间的缓冲器。要理解这一模型，就需要理解市场的历史与本质，理解市场运作的经典解释。

市场的历史与人类的历史一样悠久，但在大多数有记载的历史中，它们只居于次要地位。人们生产的目的主要是为了生存，而不是为了交易。到了 18 世纪，一些经济体开始扩张，实现了工业化，劳动分工也随之发展起来，人们开始为了交易而生产更多的东西。随着交易的扩大，市场通过价格信号，在指导商品的生产与分配方面扮演了更加关键的角色。这种**市场经济**（market economy）的出现，或者说市场发挥主要作用的经济形式的出现，改变了人们的生活。

关于市场经济如何运作的经典解释，来自于苏格兰哲学与伦理学教授亚当·斯

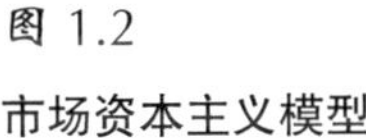

图 1.2
市场资本主义模型

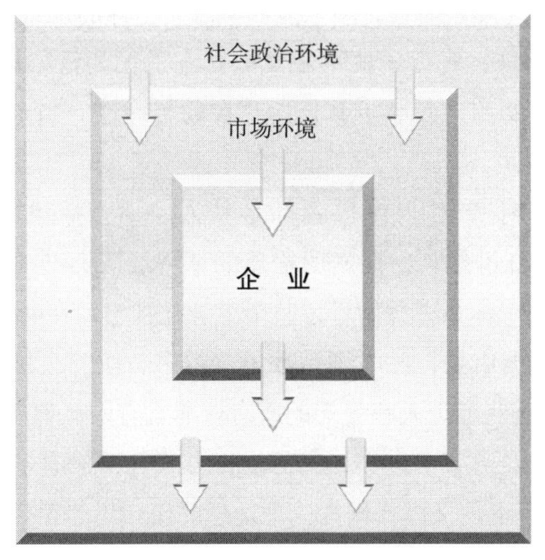

这是迈克尔·兰森 1944 年的一幅碳素钢笔画，描述了民主制度下的私人企业充分就业与满负荷生产的情形。兰森是“工作进步联邦艺术项目”中的艺术家，他强调市场资本主义的美德。

资料来源：The Library of Congress, Pints and Photographs Division, LC-USZC4-6568.

密（Adam Smith，1723~1790）。在他的名著《国富论》中，斯密论述了他称之为“商业社会”或我们今天称之为**资本主义**（capitalism）的问题。他从没用过“资本主义”这个词，是后来的社会主义哲学家卡尔·马克思采用了这一称呼。卡尔·马克思使它成为一个明显的贬义词，但它逐渐流行起来，并很快摆脱了负面含义。[19] 斯密认为，出于互利目的而交易的欲望深植在人们的本能中。他注意到社会中的劳动分工，使更多的人想通过更专业化的工作来满足自己的利益，彼此交换商品。这样一来，市场的价格机制调节了供需关系，使商品更便宜、更好、更容易获得成为一种趋势。

斯密认为，这个过程的完美就在于它协调了陌生人之间的活动，人们在追求自利的同时，也被迫满足其他人的需求。用斯密的话说，每个交易都是“被看不见的手引导，促成某个并非其本意的目标”，即社会的集体利益。[20] 斯密相信利用市场中人们持久的贪婪来促进公众福利，国家能够实现“全体的富裕”。他的天才在于让市场的运作规律不再神秘，将市场资本主义放置在道德的框架内，赞美了它的功效，并将它作为人类进步的源泉而赋予其长期存在的合理性。当企业自由竞争时，社会会获得更多的利益。

在斯密的年代，生产者和销售者都是私人，小企业也都由所有者经营。后来，到了 19 世纪末 20 世纪初，斯密所描述的那种经济类型演变成为**管理资本主义**（managerial capitalism）体系，并席卷了整个工业化社会。在斯密时代由无数小型的、所有者经营的公司占据市场，此时则被数量少得多、按等级领取薪金的管理者经营的公司抢了风头。[21] 这些经理人在公司的所有权非常有限，他们为股东工作。这种形式的资本主义现在已经遍布全世界，它的运作方式几乎没有什么地方与斯密的理论相一致。但是，市场资本主义模式作为一个理想的模式仍然存在，用来描述现实实践。

这个模式包含一些重要的假设。首先，政府应该尽量减少对经济生活的干预。这叫做“**自由放任**”（laissez-faire），这一说法首先由法国人所采用，表示政府应该“随我们去”。它代表了一种信念，即政府对市场的干预是不受欢迎的。干预的代价很高，因为它降低了企业自由运营从而造福消费者的效率。干预也不必要，因为市场的力量是有益的，如果被释放，就能引导经济资源满足社会的需要。解决社会问题是政府的事，不是企业的事。因此，管理者应当把公司利益狭义地界定为利润和效率。

另一个假设是个人拥有私人财产，能够自由地进行风险投资。在这种情况下，企业的所有者有强大的动力来创造利润。如果自由竞争存在，市场会将利润压到最低，而产品与服务的质量会提高，因为公司需要吸引更多消费者。如果一家企业企图通过提高价格来增加利润，消费者就会到他的竞争者那里去购买商品。如果一个生产者生产高质量的产品，其他生产者必然效仿。这样一来，市场就将自私的竞争转化为广泛的社会利益。

其他的假设还包括消费者了解产品及其价格，能够作出理性决策；自利的商业行为伴随有道德限制；银行、法律等基础制度可以辅助商业发展；在竞争的市场中有很多生产者与消费者。

市场资本主义模式的视角，使我们对企业—政府—社会之间的关系得出以下结论：（1）政府管制应得到限制；（2）市场通过规范个体的经济活动来促进社会福利；（3）利润是衡量公司业绩的恰当指标；（4）管理层的道德责任是提升股东利益。这些市场资本主义的原则，塑造了西方工业化社会的经济价值观。随着市场扩张，其他地方也纷纷仿效这些做法。

对于资本主义与市场资本主义模式有很多批评。它的捍卫者称资本主义能够创造物质增长，但另一种观点是，资本主义只能以加剧不平等为代价才能创造繁荣。卡尔·马克思认为资本家剥削工人，并使用帝国主义的外交政策来扩张市场。还有人认为市场会腐蚀美德。贪婪、自恋、残忍使市场活力四射，但这些基本价值观却将爱与友谊等美德驱逐出去。另一种长期存在的担忧是市场过于强调金钱与物质。例如，罗马教皇约翰·保罗二世曾提醒人们警惕“物质主导人”。[22] 批评者认为这些问题是内生于市场的。还有其他的批评认为，市场有些时候，也许不可避免地会出现一些问题和缺陷。如果不加修正，它们可能会滋生出共谋和垄断。另外，利润动机也可能会导致公司污染和掠夺我们的地球。

今天，所有这些对资本主义的批评都很激烈，但缺乏新意。亚当·斯密本人就有一些保留意见和另外的想法。他担心工厂工人身体状况与道德水准下降，也担心那些可能通过不道德的手段获取财富的富人们被无端地当作偶像。晚年时，他逐渐意识到需要更多的政府干预。但是，斯密从来没有设想过一个仅仅建立在贪婪和自利基础上的体系，他所预期的是，社会中的贪婪和自利必须与限制和善意并存。[23]

资本主义是否是实现人类福祉的最好办法？这一问题带来无休止的争论，而且还将继续下去。[24]下面，我们将讨论转向另一种企业—政府—社会关系的模式，它吸引着很多资本主义模式的批评者。

主导模型

主导模型是考察企业—政府—社会关系的第二种基本途径，它主要代表了企业批评家的观点。在这个模型中，企业和政府主宰着我们社会中的大多数人。如图 1.3 所示，这种观点可以表示为金字塔式的、等级制的社会形态。相信这一模型的人认为，公司和一部分有权有势的精英控制了整个系统，这一系统以牺牲多数人的利益为代价，为少数人谋取财富。这样的系统是非民主的。按照民主理论，人民是主人，政府和领导者应该代表人民的利益。

主导模型的拥护者将矛头指向资本主义的缺陷与无效率。他们认为公司游离于促使它们承担责任的各种压力之外，束缚大企业的政府管制软弱无力，市场力量无法确保有道德的经营管理。与其他模型不同，主导模型在描述现状之外并没有提出一个理想诉求。对它的支持者而言，现状应该颠倒过来，这样企业—政府—社会关系就能够符合民主的原则了。

在美国，主导模型在 19 世纪末赢得了支持，那时像标准石油公司那样的大托拉

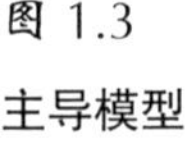

图 1.3
主导模型

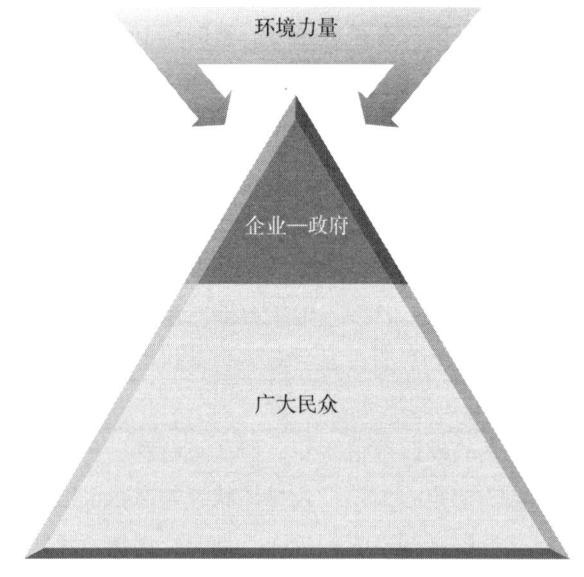

斯已经出现，他们收买政治家、剥削工人、垄断市场、加剧贫富差距。19 世纪 70 年代，农民和大企业的其他批评者开始反对市场资本主义模式，并在对主导模型所蕴含的关于企业—政府—社会关系进行批判的基础上，建立起号称民粹主义的改革运动。

民粹主义（populism）是一种周期性的现象，受压迫的民众或弱势群体，通过某种方式，力图从那些阻碍公共福利的、占统治地位的精英们手中夺取权力。在美国，民粹主义的浪潮掀起了一场社会政治运动，它是由在经济上备受压迫的农民、矿工、工人们发起的，从 19 世纪 70 年代一直持续到 19 世纪 90 年代，它谴责东部的企业集团导致了一系列的社会痼疾，并试图限制其权力。

那个时代，第一次在一个全国范围内，出现了强大的企业巨头能够左右普通民众命运的现象。有些企业对普通民众不屑一顾。铁路巨头威廉·范德比尔特在他的私人豪华车厢里接受记者采访时说："民众该死。"[25] 第二天，全美国的报纸刊登了他的言辞，激怒了民众。后来，联合太平洋铁路主席、孤僻而傲慢的爱德华·哈里曼，向害怕改革立法的工业界大佬们保证说，他能够"买通国会"，如果需要，他还能"买通司法部"。[26] 西奥多·罗斯福总统曾经说过："暴富的人在很多情况下完全无法理解国家的状况和需要，"[27] 说的就是哈里曼。

这幅 1900 年的政治漫画阐释了主导模型，即强大的企业与政府合谋，进一步强化私利。虽然这幅漫画年代久远，但其思想仍然很有说服力。

资料来源：© Bettmann/CORBIS

美国的民粹主义运动最终没能改革企业—政府—社会之间的关系，以实现民主

理想。其他工业化进程中的国家如日本，也有类似的民粹主义运动。作为一种反对工业资本主义的意识形态，马克思主义与这些运动差不多同时在欧洲出现，其中包含的思想与主导模型形成了共鸣。按照马克思的观点，在资本主义社会，资产阶级主导着经济，并统治着社会机构。全世界抨击企业的人中有许多人赞成马克思的理论，主张社会主义改革，因为它能实现权力和财富更平等的分配。

在19世纪末的美国，当主导模型首次在概念上指出，世界充斥着厚颜无耻的公司精英，以及公开代表各产业组织的政治家时，它可能是最正确的。不过，现在它依然很流行。用拉尔夫·奈德的话来说：

> 在过去20年间，大企业支配着我们的政治经济，而且愈演愈烈。由公司控制政府，导致“民主鸿沟”不断扩大。大企业无节制的行为，使我们的民主屈服于企业财阀集团的统治，他们几乎不受任何限制地将自己的权力渗透到社会的各个领域。[28]

近年来，在全球化的背景下，对跨国公司的担忧使主导模型获得了新生。奈德在2004年竞选总统时,试图“将公共权威从大企业的手中解救出来”,特别是那些“变本加厉、无所不在地取代人民主权”的“大型跨国公司”[29]。

对抗力量模型

如图1.4所示，对抗力量模型将企业—政府—社会关系描述为社会中主要要素之间的交互作用。它暗示各要素之间的关系是复杂的，谁也不具有主导性。

这是一个包含多重力量的模型。各种力量随着所发生的事件、竞争各方的不同、感受的强烈程度、领导者的影响力等因素的变化而此消彼长。对抗力量模型反映了具有民主传统的工业化国家的企业—政府—社会关系。它不同于市场资本主义模型，因为它将企业直接放置在非市场力量的影响之下。许多重要的相互作用，在主导模型中是被忽视的。

从这一模型中，我们可以得出哪些重要结论呢？

1. 企业深深植根于所在的环境中，企业必须对许多力量，包括经济与非经济的力量作出反应。企业无法独立于它所在的社会环境，也不可能始终处于主导地位。
2. 企业通过与政府的相互作用，通过生产与营销活动，以及使用新的技术，成为引导社会变化的主要因素。
3. 企业能否获得广泛的公众支持，取决于它是否能针对多种社会的、政治的、经济的力量作出调整。不正确的调整会导致失败。这是社会契约在起作用。

图 1.4
对抗力量模型

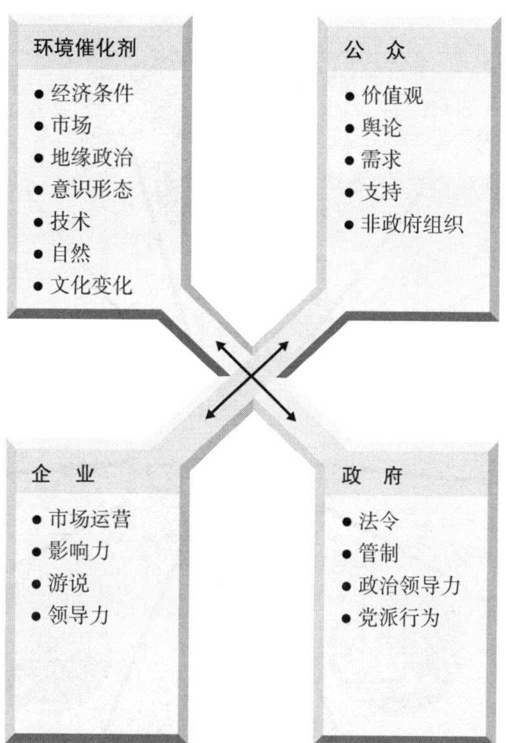

4. 企业—政府—社会之间的关系，随着社会观念、制度和社会的变化而处于不断的演变之中。

利益相关者模型

如图 1.5 所示，利益相关者模型表明，企业处于个人、团体、组织等**利益相关者**（stakeholder）多重关系的中心。利益相关者是指那些因企业行为受益或受损，同时又以自己的行为使企业受益或受损的人。一家大公司会有很多利益相关方，根据它们与公司的关系可以分为两类。但这种划分是相对和不确定的。公司不同或所涉事件不同，可能会使一些利益相关者从一种类型转变为另一种类型。

主要利益相关者（primary stakeholder）是由少数人组成的群体。对于公司和这些人来说，彼此之间的影响是直接、连续而强大的。主要利益相关者包括股东（所有者）、客户、雇员、社区和政府。根据公司性质，可能还包括其他的利益相关者，比如供应商和债权人等。

次要利益相关者（secondary stakeholder）包括更大范围的个体，他们与公司的关系不那么直接，彼此受益或受损的程度较低，影响力也较小，比如活跃的社会团体、

图 1.5
利益相关者模型

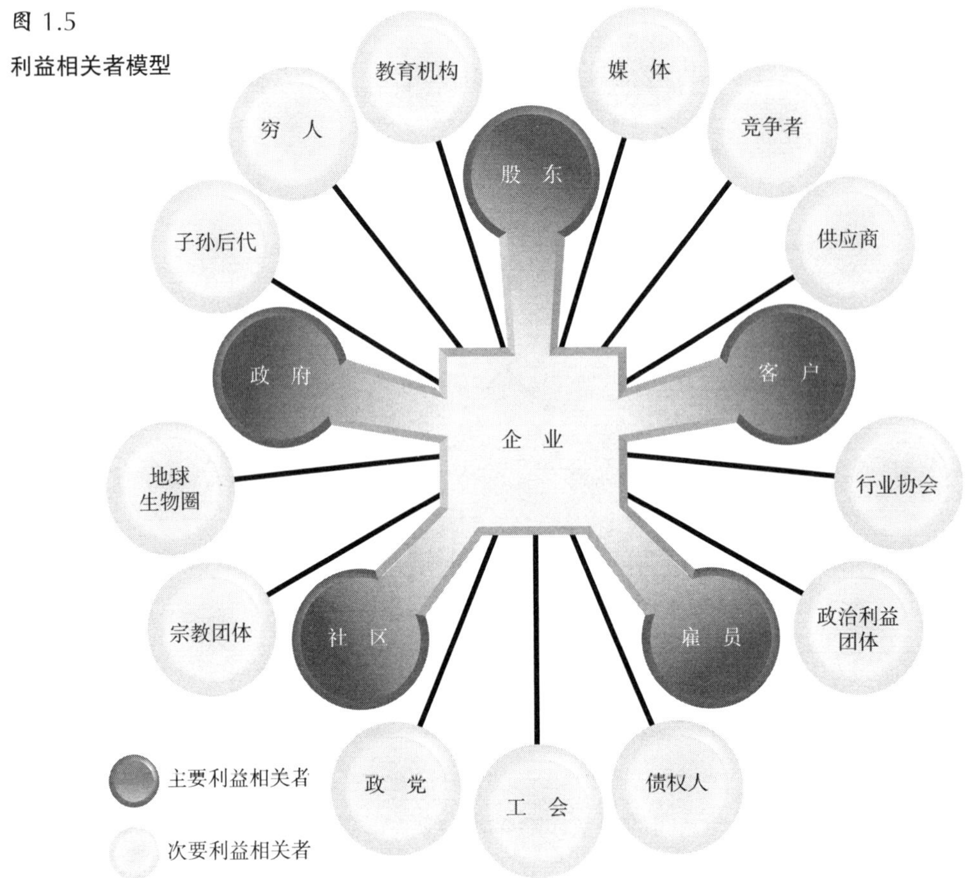

行业协会、学校等。

利益相关者模型的支持者对于谁是利益相关者历来争论不休。有些人用非常广泛的定义，将诸如大气、海洋、土地、生物等自然实体包括进来，因为公司对它们有影响。[30]其他人则反对这种泛化，因为他们认为，自然实体已经有环境保护协会等传统意义上的利益相关方作代表了。有些人把竞争者包括进来，因为竞争者虽然并不为企业增益，却有能力影响企业。利益相关者的概念甚至还包括了穷人和子孙后代等团体。但，一个利益相关者的支持者说："利益相关者理论不应该用来编织一个大篮子，企图装下世界所有的痛苦。"[31]如果像穷人这样的团体也被包含在利益相关者网络内，经理们就会被道德绑架，一头扎进永无休止的问题中，不可能完成任何经济使命了。

利益相关者模型重新界定了管理的优先次序，使之完全不同于市场资本主义模型。在市场资本主义模型中，企业是资本所有者的私人财产，其第一要务是给惟一的利益团体——投资者带来利益。相反，利益相关者模型是一个道德管理理论，每个利益相关者的福利都必须作为目标加以考虑。利益相关者的利益具有内在价值，只增加投资者的财富，并不能给他们带来价值。管理者有责任考虑多个利益相关者的利益。正因如此，“股东的利益并不总是最重要的，也不是惟一的。”[32]

利益相关者管理强调公司对多个利益相关者负有责任，这是市场资本主义实践中不曾被强调的责任。在市场资本主义实践中，企业的责任就是征服环境，为股东创造财富。管理者必须提升视野，除了利润之外还要看到其他价值维度并作出反应。例如，一群学者督促公司“采取相应的步骤和行动，对各个利益相关者的关注点与能力保持敏感。”[33] 利益相关者模型旨在重新定义公司，它反对市场资本主义模型中以股东为中心的观点，认为这是“在道德上不能接受的”。[34]

并非每个人都同意这种观点。利益相关者模型的批评者认为，该模型对企业与其他实体之间的权力关系没有进行现实的评估。它力图用道德责任取代各种力量，从而赋予无权者以权力，这是道德家永远没有结果的追求。此外，它设定的指导方针太过模糊，无法取代对于投资者来说最有效的利润标尺。与诸如资本回报率等传统的标准不同，并没有单一的、清晰的、客观的尺度可以衡量一家公司道德上和经济上的整合绩效。一位批评者说，缺少标准“则不可能做出理性的管理决策，因为当存在多重底线时，根本无法在多个不同的项目间做出取舍。”[35] 再有，利益相关者的利益如此不同，经常会与股东的利益相冲突，而且彼此冲突。考虑到企业行为，法律和管制自然会保护利益相关者的利益。在法律责任之外设立多余的道德警戒，是不现实也不必要的。[36]

利益相关者的理念中也存在一些令人困惑之处。关于谁或者什么是合法的利益相关者，每个利益相关者的权利是什么，以及管理者应该如何平衡不同利益相关者之间的冲突等问题，该理论未给出清楚地说明。但这一理论的支持者坚持两种观点。第一，信奉利益相关者的企业有更好的绩效。当一家公司获得除股东之外的其他团体的支持时，能更好地发挥创造财富的功能。利益相关者理论的一个支持者直截了当地说：“如果管理者忽视利益相关者，会危及公司的生存。”[37] 第二，强大的公司影响利益相关者，利益相关者因而拥有道德权利，只有进行利益相关者管理才是符合伦理的。尽管存在学术上的争论，现实中已经有很多大公司采用相应的方法和步骤来分析各自的利益相关者，并使他们成为公司经营管理的一部分。这一趋势将在第 6 章进行讨论。

本书的分析方法

关于企业—政府—社会的讨论可以通过许多方法进行。以下是我们采用的方法。

综合性

本书是综合性的，包含许多主题。我们相信让刚刚涉足这一领域的人了解概况是很有帮助的。因此，我们对那些在专业书籍中深入探讨的主题只作简要介绍，注释中提供了它们的信息来源。

以管理为核心的跨学科方法

这一领域有很强的跨学科特点，它处于多个已有学科的交汇点，每个学科都对本领域的研究有所贡献。这些学科包括传统的商科，特别是管理学；其他专业学科包括医学、法学、神学等；人文与社会科学包括经济学、政治学、社会学和哲学、历史等;有时还包括化学、生态学等自然科学。因此，我们跨越学科边界，博采众长，以求获得深远的洞察力。

然而，本书主要还是定位在管理学科，尤其是**战略管理**（strategic management）领域，关注公司为适应变化的环境而应该采取的行动。为了竞争与生存，公司必须确定使命、目标以及实现这些目标的政策与规划等。我们讨论这些因素，因为它们与公司社会绩效紧密相关，预示着企业的成功与失败。

使用理论、描述与案例研究

理论（theory）通过描述问题的类型与规律来简化并组织知识。理论在任何领域都很重要，在这一领域尤其如此，因为来自人类经验范畴的无数细节在此交叉，形成了一个全新的知识领域。在理论缺失或薄弱的情况下，学者们必须更多地依靠描述与案例方法。

并不存在能整合整个领域的某一基本理论。幸好，研究企业—政府—社会之间关系的学者在几个方面建立了理论。第一个是描述公司如何与利益相关者互动的理论，第二个是关于公司与管理者的道德责任的理论，第三个是解释公司的社会绩效及其衡量方法的理论。第三个理论重点在于明确定义企业的社会责任是什么，以及如何建立标杆和尺度衡量其行动。这三个方面的学者使基本的理念渐趋融合，并形成了更广泛的认同。

尽管缺少一个宏大理论来统合整个领域，但相关学科中存在大量有用的理论。例如，有关政府管制效果的经济理论，关于工业污染的科学理论，解释公司权力的政治理论，还有适用于某些问题的法律理论，如发生工业事故时，法庭会判定公司渎职。在适当的时候，我们讨论这些理论。其他地方，我们主要关注对事件的描述。我们还在每章结尾时，用案例的方法来提出一些可供讨论的问题。

全球视角

今天，全球资本主义给我们这个星球增添了更多活力，创造着人员、资金、商品、信息的流动；另一方面，也导致了冲突，因为有些人获利更多，而有些人获利较少或根本没有获利。将任何国家的经济或企业与世界其他地区割裂开来进行研究，那就是患上了近视症。每个政府都会发现，其经济政策与社会福利政策的好坏是由国际市场来判断的。每个公司都有各自的母国，但正如表 1.1 所示，许多大型跨国公司在境外的销售额、资产与员工都远远大于母国。如今，全球资本主义处于上升态势，它带来了史无前例的财富创造与新的物质享受，但它也损害了人权与环境，使多样性的价值观受到挑战，并使那些以大肆掠夺为生者和不赞成自由市场者之间形成了冲突。因此，关于企业—政府—社会之间关系的恰当视角必须是全球性的。

历史视角

历史（history）是对穿越时间的现象的研究。企业—政府—社会是一系列事件流，其中只有一部分发生在现在。历史的视角之所以重要是有很多原因的，它让我们看到，今天的企业—政府—社会之间的关系与其他时期不同；当今的观念与制度不是惟一的选择；历史的力量是不可阻挡的；公司带来了变化，也必须适应变化；我们的时代并非惟一经历如此巨变的时代；我们现在正在塑造未来。时机适当时，我们会考察现在通行的一些做法在以前是什么样子的。

表 1.1　销售额、资产与员工数在母国之外百分比很高的跨国企业

公　司	销售收入	资　产	员工数
诺基亚（芬兰）	99%	65%	57%
雀巢（瑞士）	98%	65%	97%
本田（日本）	80%	74%	87%
埃克森美孚（美国）	69%	69%	63%
麦当劳（美国）	66%	65%	78%
宝洁（美国）	57%	44%	51%

资料来源：United Nations Conference on Trade and Development, *World, Investment Report, 2007* (New York and Geneva: United Nations, 2007), annex A, table A.I.13.

企业环境

荷兰皇家壳牌有限公司

荷兰皇家壳牌有限公司（Royal Dutch Shell）是世界上第二大私人能源公司，其运营遍布130个国家。每年它都进行150亿~190亿的投资，除了少数一些企业巨头外，这一金额比大多数企业的年收入都高。[1] 如此庞大的投入，而回报要在多年后甚至几十年后才能实现，风险自然也非常巨大。壳牌生存在一个不确定的地缘政治环境中，而诸多刺激环境的力量却不受其控制。即便是商业巨头也必然受制于不可预知的命运。那么壳牌的投资对于未来世界而言是正确的吗?

为了找到答案，壳牌召集了多个学术精英与员工精英团队，探索、思考各种不同的关于未来的远景，即所谓的“情景规划”。[2] 所谓**情景规划**（scenario），是根据当前趋势和发展规律设想未来可能出现的状况。思考未来情景对管理者提出了挑战，要求他们以一种原创的方式思考未来。这类似于头脑风暴，要求整合公司面临的环境因素，考察它们将如何变化。

“情景规划”法最初被20世纪60年代的学者用来研究俄国与美国之间核战争问题。由于没有互发原子弹的历史先例，他们描述了一些关于这场战争可能如何发展的想法，以引起人们的关注。[3] 20世纪70年代，壳牌第一个将情景规则方法引用到公司决策中，很快就被证明是有用的。1971年，壳牌规划者设定了这样一个情景，即石油资源丰富的国家切断其石油出口以提高油价。当时的传统观点认为这是不可能的。但是，这种可能性使壳牌公司改变了战略，当1973年石油禁运震惊世界时，壳牌是惟一一家为供给中断做好了准备的石油公司。壳牌得到的回报则是：之后许多年，它的利润一直高于竞争对手。壳牌公司此后一直以情景规划作为基本的战略决策工具。20世纪90年代，壳牌的规划者提出了一个理论，指出全球经济环境的变化是由三种主导力量决定的，这三种力量是全球化、技术变革和**自由化**（liberalization，指贸易限制与管制的放松）。壳牌认为这些力量形成了“一种粗野的、无人情味的博弈，并引发类似于工业革命一般的压力。”[4]

一直到2001年，他们利用一系列情景规划设想想象中的世界，以分别适应三种不同的力量。接着发生了被壳牌规划者称之为“中断者”或不曾预测到的两个事件，从而改变了一直以来可预测的趋势。第一个事件是，一些丑闻引发了全球性的公众对公司与市场的不信任浪潮，不仅包括美国的安然、世界通信公司、阿德尔菲亚通讯公司

（Adelphia）、泰科国际有限公司（Tyco）等，也包括意大利帕玛拉（Parmalat）、法国威望迪（Vivendi）、日本东京电力（Tokyo Electric Power）等公司发生的丑闻。第二个是恐怖主义，特别是“9·11”恐怖袭击，以及随之而来的中东剧变，导致了安全危机。

为了考察信任危机以及 2025 年前安全状况的双重影响，壳牌的规划者创立了三个新的全球情景规划。[5]

- 在“低信任度全球化”情境中，全球化的趋势仍在持续。中国、印度、巴西等国强劲的经济增长大大增加了全世界的能源需求。但是对于安全的焦虑，对于市场的怀疑，要求壳牌必须在重重管制与公众不信任的环境里运作。强制性的、复杂的政府管制迫使公司更多地进行信息披露，并承担更多的公司责任。政府出台新的税种以遏制环境污染行为。激进主义团体变得更具对抗性，更多地诉诸法律。跨国公司也将扩大规模，因为将沉重的管制成本通过扩大经营来分摊可以更经济些。
- “开放”是另一种情境，与全球化和经济强劲增长形成鲜明对照。在这种情境中，安全问题消减了，对市场的信任恢复了。壳牌不再面临一个充满压制性法律和管制的环境。相反，一个充满活力的全球公民社会逐步形成，与之相伴的是企业社会责任的形成。公司与利益相关者相互合作，以推动世界朝着更加公正和可持续发展的方向前进，公司甚至与政府合作共同提供诸如教育、健康等类型的服务。虽然，对于石油的需求还会增加，但政府也开始鼓励开发可再生能源。
- 最后一个情境称之为“幡旗林立”。“幡旗林立”一词在这里是一个隐喻，意指在一个由价值观、主义、国家、宗教、全球性的各种“圣战”等形成的分裂世界中的一个个多元实体。社会与国家之间的裂痕加深，恐怖主义继续存在；信任度很低；贸易壁垒增加（因为国家将安全置于经济发展之上）；全球化进程放缓甚至停滞；世界能源需求趋于平稳；商业税收提高。在这样高度不信任的环境中，激进主义者与媒体密切关注壳牌这样的大型企业，以防止不良行为的发生。人们嘲讽自愿的企业社会责任。由于关于公司行为的国际规范认同度低，国家的管制措施也只能是拼拼凑凑。

这些关于未来世界的故事与其说是预言，不如说是臆想。但这也说明，壳牌认识到理解其所处的动荡的外部环境的重要性。接下来，我们将提供一个框架，帮助理解塑造这种环境的力量。首先，我们将界定造成变化与风险的深远的历史力量；之后，确定全球商业环境的关键要素，并描述它们的主要变动趋势。

改变企业环境的历史力量

从广义上讲，我们相信，在当前快速变幻的格局中可以找到某种规律，这是因为在过往的历史中蕴含着一种深刻的逻辑：企业环境的改变是一些重要历史力量的结果，而这些力量变化的基本趋势是可以预测的。亨利·亚当斯将**历史力量**（historical force）定义为“能够起作用和帮助起作用的任何事情”。[6] 亚当斯所说的“作用”在这里是指引起有关事件的力量。企业环境的改变是由下面的 9 种深远的历史力量或者相关事件的涓涓细流引起的。

工业革命

第一种历史力量是工业革命，这一强大的力量拓展了人类的想象力。**工业革命**（industrial revolution）是指从农民与工匠的简单经济向复杂的工业经济的转型性变革。在 18 世纪末英国工业起飞前的几千年里，不存在足以提高人们生活水平、广泛而又持久的经济增长。世界绝大部分人口陷于贫困的泥潭。

工业化转型需要特定的条件，包括充足的资金、人力、自然资源、燃料，还需要完备的交通、强劲的市场和一系列理念与制度来支持这些元素以富有活力的方式相融合。英国成为第一个工业化的国家，因为它首先获得了适当融合的社会、政治与经济的支持。这是一个开放的社会，允许人口流动，鼓励个人创新。它的国会体现了政治自由、言论自由、公开辩论的价值理念。其结果也许就是，英国成为科学进步与各项发明的发源地，例如蒸汽机将国内巨大煤炭储备的能源潜力释放出来。英国的气候对农业有利，而岛国的地理优势又使之成为世界贸易的海运中心。[7]

在英国起飞之后的 19 世纪，有利于持久经济增长的条件在西欧国家及美国也日趋成熟。随后是 20 世纪上半叶的日本与苏联，以及 20 世纪下半叶的其他亚洲国家和地区，包括中国台湾地区、韩国和中国大陆。欠发达国家也努力为工业化创造条件，从而使工业化得到不断的扩展。

工业发展重塑了社会。它提高了生活水平，改变了生活体验，并转变了价值观念。

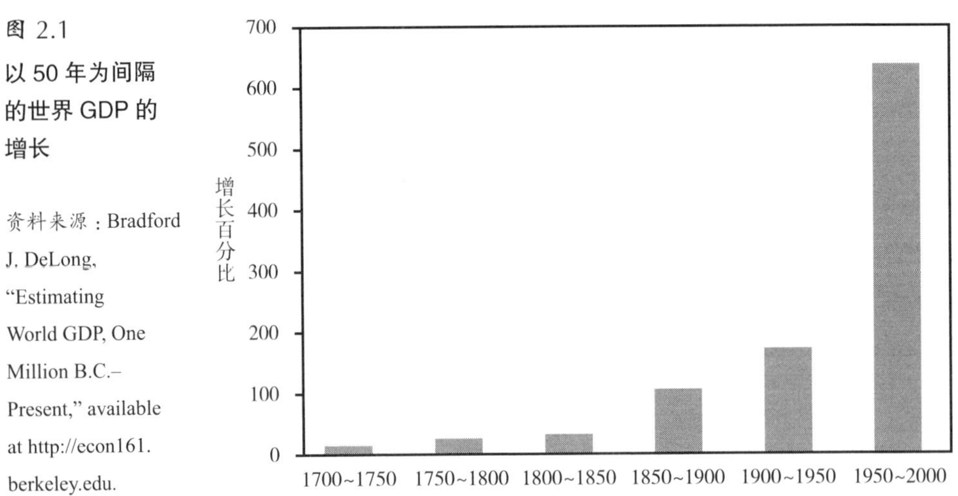

图 2.1
以 50 年为间隔的世界 GDP 的增长

资料来源：Bradford J. DeLong, “Estimating World GDP, One Million B.C.–Present,” available at http://econ161.berkeley.edu.

历史上，物质进步与道德进步是相互关联的。用一个历史学家的话说，它“孕育了更多的机会、对差异性的包容、社会的流动性以及对公平与民主的追求。”[8] 建立在旧观念基础上的制度转变要比人们的生活转变慢，因此虽然工业化提高了公民的生活质量，但造成了社会结构的高度紧张。20 世纪经济增长的规模和速度都是令人惊讶的，这期间创造的产品与服务的总量超过了之前人类历史的总和。如图 2.1 所示，仅从 1950 年到 2000 年的半个世纪，产量就超过了以往的总和。这种增长趋势至今仍在持续，在发展中国家与发达国家都造成了巨大的压力。

不平等

从远古以来，地位悬殊、阶级差别、贫富差距一直存在于各个社会。不平等是普遍存在的，而其结果也显而易见——嫉妒、对公平分配财富的渴望，以及力求证明为什么有些人比另一些人富有的理论。每个国家的基本政治冲突是富人与穷人的对立，在国家之间经常也是如此。[9]

工业革命加速了财富的积累，也使长久以来的分配不均问题更加恶化。爆炸式的经济增长拉大了全球范围内的贫富差距。全球收入不平等可用**基尼系数**（Gini index）来衡量。这是一个统计指标，其中 0 表示完全平等，即每个人都拥有同等收入的一种理论情形；100 表示绝对不平等，即一个人占有所有的收入。按照这种衡量方法，百分比越趋向 100，不平等的程度越高。

如图 2.2 所示，至 1820 年，也就是工业革命从英国扩展到整个西欧时，世界收入不平等已经非常严重。随着工业化国家经济的迅速扩张，基尼系数从 1820 年的

图 2.2
1820 年以来世界贫困程度与收入不平等状况

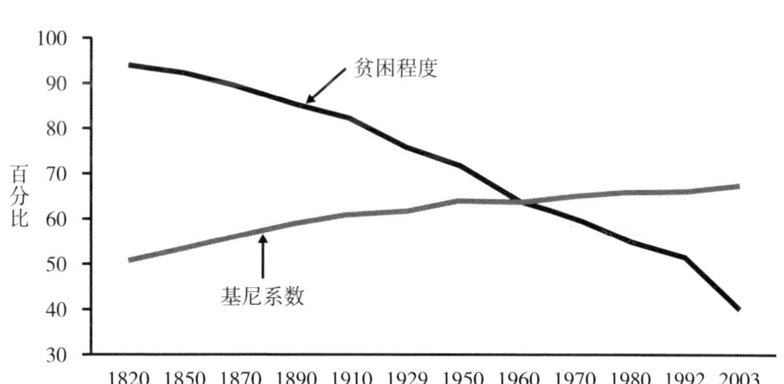

资料来源：François Bourguignon and Christian Morrisson, “Inequality among World Citizens: 1820–1992,” *American Economic Review*, September 2002, table 1; UNDP, *Human Development Report 2005*, p. 4; and U.S. Census Bureau, “Total Midyear Population for the World: 1950–2050,” April 2004.

50% 攀升到 1910 年的 61%。之后，上升的趋势仍在继续，但是速度放缓了，原因是人口众多且拥有大量贫困人群的亚洲国家也加入了工业化的行列，以求跟上进程。1950 年基尼系数达到 64%，并继续其减速增长，在 2003 年达到 67%。[10] 这表明世界人口中存在着极端的不平等，其程度甚至超过了任何单一国家中的不平等。在这一状况下，最富有的 5% 人口得到了所有收入的 33%，而最贫穷的 5% 人口仅得到 0.2%。[11] 导致这一惊人差距的原因是国家间经济财富的分化。

与常见的观点不同，经济增长本身并不会增加现代化进程中各国内部的收入不平等。在工业化进程中，最贫困人口的收入增长与该国整体的平均收入增长是成比例的。[12] 导致世界收入不平等加剧的主要原因是富国与穷国人们之间差距的增大，而不是国家内部贫富差距的加大。

今天大约有 26 亿人生活在贫困中，这是以一天的收入少于 2 美元为标准的。[13] 这比历史上任何时期的穷人都要多，世界 40% 的人口形成了一个巨大的不幸群体。但在 1820 年，大约是工业革命开始的时候，94% 的世界人口生活在贫困中。在近两个世纪的时间里，面对人口跳跃式增长，贫困的百分比有了巨大而稳定的下降，这是工业发展所带来的财富创造力的明证。即便经济增长扩大了贫富之间的差距，但它显著地减少了贫困人口在总人口中的比例。

虽然图 2.2 中基尼系数的趋势线在许多年间只是缓缓地上升，却在事实上体现了进步与灾难共存这个令人惊异的现实。如果 1820 年后世界收入的分配没有变得更加不平等，那么经济增长将会使生活在贫困中的人数比今天减少大约 80%。[14] 相反，随着国家间财富差距的逐年增大，收入的分配变得更加不平等。但即便不平等在加剧，贫困趋势线的下降说明经济增长仍在持续且急剧地减少贫困。

不平等是有弹性的，按照联合国的说法，“它在全球范围摇摆不定”。[15] 它因社

图 2.3
世界人口增长的历史与未来：从公元 1 年到 2300 年

资料来源：U.S. Bureau of the Census, “Historical Estimates of World Population,” available at www.census.gov/ipc/www/worldhis.html; and United Nations, *World Population to 2300*, table A1.

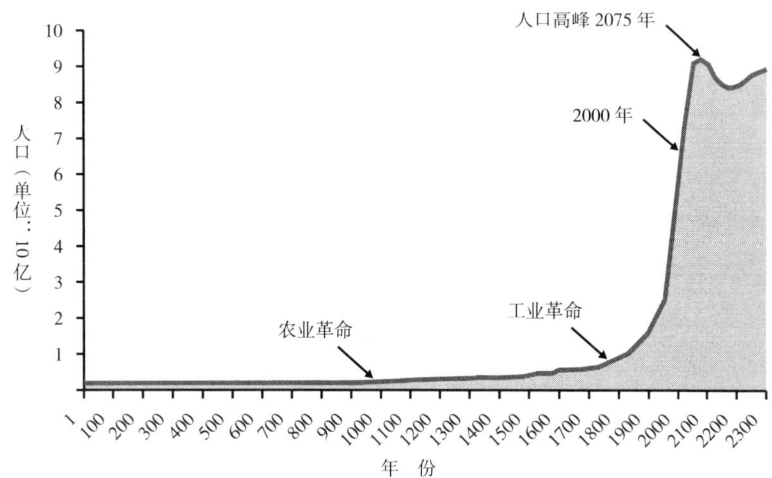

人类发展指数

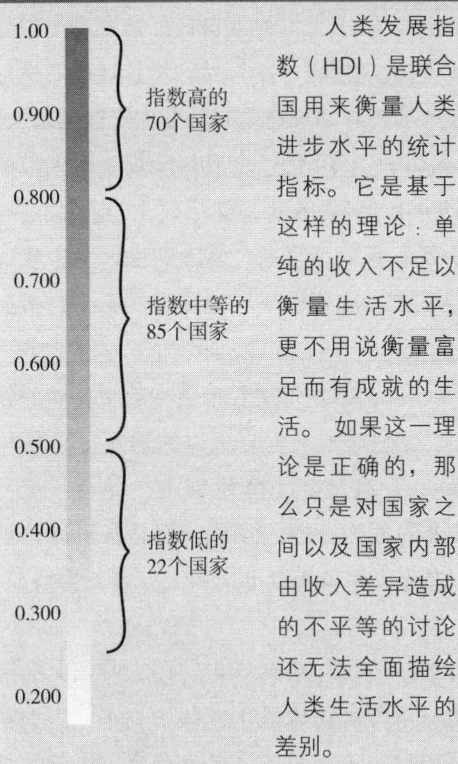

人类发展指数（HDI）是联合国用来衡量人类进步水平的统计指标。它是基于这样的理论：单纯的收入不足以衡量生活水平，更不用说衡量富足而有成就的生活。如果这一理论是正确的，那么只是对国家之间以及国家内部由收入差异造成的不平等的讨论还无法全面描绘人类生活水平的差别。

人类发展指数取值从 0 到 1，1 代表最高的人类发展水平，0 代表最低的发展水平。它用三个等权重类别得分的平均数来衡量国家的发展。

- 寿命，或出生时的预期寿命
- 知识，成人识字率加上官方统计中适龄入学人口中注册学生的比例
- 收入，或人均国内生产总值（美元）

在 2005 年的人类发展指数统计了 177 个国家，其中 70 个国家具有 0.8 或以上的高指数，85 个国家的指数位于 0.5~0.799 这一中间区间，22 个国家的指数在 0.499 以下的低区间。冰岛的指数为 0.968，是最高的；塞拉利昂是最低的；只有 0.336。美国排在第 8 位，指数是 0.948。[16]

从历史上看，人类发展指数体现了 19 世纪晚期以来人类福祉的巨大增加，这主要是死亡率下降与经济增长的结果。1870 年，美国的 HDI 值为 0.467，这相当于今天处于低发展水平的坦桑尼亚。1913 年，它的 HDI 值为 0.730，放在今天则略低于越南，正处于中等发展水平。[17]

自 1950 年以来，最高与最低发展水平之间的国家差距已经大大减少，说明按照 HDI 的衡量，世界范围的生活水平不平等在降低，虽然按人均 GDP 衡量来看，收入不平等是增大了。因此，如果仅用货币收入衡量，不平等显得越来越大；而如果考虑了寿命与教育这两个衡量良好生活的传统指标，则不平等是缓解了。

会等级、婚姻状况、土地所有权、法律、市场关系等社会制度的变动而长期存在。这些制度中的内容与规则是有弹性的，因此造成了不平等。世界上 26 亿贫困人口中的绝大部分生活在没有经过工业化转型的国家中，在那些地方，不平等现象延续了好几代。这一状况也对跨国企业的道德责任提出了期望，包括企业帮助贫困者并平等地分配经营成果。将近两个世纪的历史经验表明，如果资本主义能够推动经济增长，那么贫困者将会受益。

人口增长

从历史上看，人口一直呈增长趋势。如图 2.3 所示，世界人口在好几个世纪中呈慢速增长，然后在大约 1 000 年前，随着农作物大规模耕种的开始，增长速度有所加快。又过了 8 个多世纪，到了 19 世纪末，人口增长开始加速，并转变为飞速的增长。这种状况一直持续到 20 世纪。1825 年世界人口只有 10 亿，之后每增加 1 亿人口的速度变得越来越快——先是 100 年，然后 35 年，然后 15 年，然后仅 12 年。[18] 这一令人惊叹的增长有两大原因，而且都与工业革命有关。第一，洁净的水、卫生状况改善以及科学用药减少了传染性疾病导致的死亡，使死亡率迅速降低。第二，机械化农耕扩大了粮食供应，足以养活越来越多的人口。

2007 年世界人口达到了 66 亿，并将继续增长，但预计增长速度会放缓，然后停止，这是有史以来的第一次。图 2.3 显示了联合国对未来世界人口的预测，2075 年将达到顶峰，为 92 亿人。之后经过一个世纪，于 2175 年下降为 83 亿，再缓慢上升至 2300 年的 90 亿。[19] 这是一个关于遥远未来的颇为有趣的预测，但是在可以预见的将来，也就是 2010~2050 年间，企业面临的商业环境将以迅速的人口增长为特征，虽然增长速度会逐渐放缓。

随着世界生育率由高向低的转变，人口增速放缓并最终停止。在工业革命的最初阶段，经济发展鼓励人口的增长。现在的经济发展仿佛给生育踩了刹车，因为孩子少些，妇女们就能够有空闲求学、工作并增加收入。总的世界生育率，也就是每个妇女的生育数，从 1950 年的 5.12 个下降到 2005 年的 2.65 个，预计到 2050 年将降至 2.05 个。[20] 这将低于每个妇女生育 2.1 个的**可换代生育率**（replacement fertility rate），这个指标是以一个妇女为了保证某个女儿可以活到生育年龄所必须生养的孩子的平均数来计算的。理论上说，这个数字足以保持稳定的人口数量。各个国家的生育率都在下降，而 2.65 个的世界平均数掩盖了各国间的巨大差别。在 44 个发达国家组群中，生育率是最低的，平均只有 1.56 个，在 148 个欠发达国家组群中则最高，平均达到 2.9 个。极端的例子是中国香港 0.94 个的低生育率和尼日尔 7.91 个的世界最高值。[21]

世界人口还处在一个老龄化过程中。人口年龄中值从 1950 年的 24 岁增加到现在的 28 岁，而且还会加速增加到 2050 年的 38 岁（估计值）。发达国家的老龄化将是最快的，因为那里的死亡率最低。与生育率一样，世界各国的平均年龄也有极端的情况。日本人口年龄最大，年龄中值为 43 岁，平均寿命为 82 岁，这比马拉维等非洲国家的人口年龄要高得多，那里年龄中值为 16 岁，平均寿命只有 40 岁。[22]

如今，移民在人口变化中扮演着比以往更重要的作用。20 世纪 50 年代，移民是一个可以忽略的因素，它在任何一个国家导致的净人口变化每年不超过 5 000 人。今天，每年大约有 260 万人口移民到发达国家。在 2000~2010 年间，美国接纳了大约 1 160 万名移民，比任何其他国家都多。墨西哥与中国向外移民最多，分别为 380 万和 370 万。[23]

生育率的下降、低死亡率还有移民将使未来的人口发生变化。至 2050 年，大约 95% 的人口增长会发生在发展中国家与欠发达国家，只有 5% 发生在发达国家。欧洲的生育率将是最低的，到 2050 年其人口将减少 10%，即 7 500 万人，从而导致其占世界人口的比例从现在的 11% 降至 7%。北美的人口将增加 32%，但是，由于美国的生育率是下降的（从 2005 年的 2.04 到 2050 年的 1.85），这一增加主要是由移民所致。非洲是世界上欠发达国家最多的地方，人口增加也最快。尽管艾滋病等流行病会导致高死亡率，但至 2050 年仍会增加 10 亿人口，比 2005 年增长 114%。[24]

这些人口发展趋势将带来很多影响。首先，尽管全世界的人口增长放缓了，但在工业化最薄弱的地区增速最高，这将进一步拉大高收入与低收入国家之间的财富差距。第二，人口增长，特别是在工业活动蔓延的情形下，将继续使地球生态系统承受重压。第三，与其他人种相比，西方社会的人口是下降的。人口减少和人口老龄化可能导致 GDP 增长速度降低，并给国家福利与养老金等政策带来压力。[25] 随着人口增长，西方以外的国家在经济上、军事上、政治上都会更加强大，并努力扩大它们的影响力。虽然目前西方的市场价值观与商业意识形态似乎处于优势，但随着作为文明基础的西方人口数量的下降，它们可能会变得不再那么普遍。如此，人口的变化趋势将改变企业环境，并对公司行为产生新的社会预期。

技　术

有历史记载以来，新技术与新设备一直刺激着商业发展并塑造着社会形态。15 世纪 50 年代，印刷机在商业上迅速获得成功，它的影响力远远超出了出版印刷业。在之后的 100 年间，价格低廉的印刷文字开创了思想自由的市场，打破了天主教会

图 2.4　始于工业革命的创新浪潮

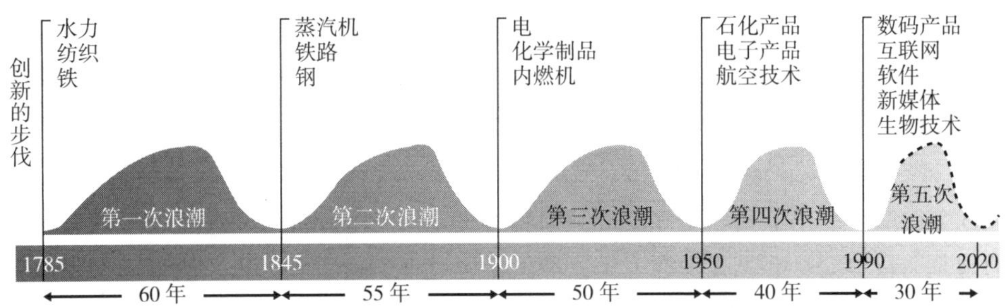

资料来源：“A Survey of Innovation in Industry,” *The Economist*, February 20, 1999, p. 8. Copyright © 1999 The Economist Newspaper, Ltd. All rights reserved. Further reproduction prohibited. Reprinted with permission.

教旨的垄断，从而改写了欧洲的文化。印刷小册子传播了马丁·路德对圣经教条的挑战，带动了新教改革。伽利略因为关于天体的“异端邪说”而在佛罗伦萨被软禁，但他的理论却因为在新教国荷兰印刷出版而得以流传。将新思想建立在经验与观察基础上，并且崇尚开放交流的欧洲，业已为科学革命做好了准备。

蒸汽机在18世纪末的发明以及19世纪初的广泛应用，连同水车与新的制铁技术，引发了工业革命。如图2.4所示，这是五次技术革命浪潮中的第一波浪潮。每一次浪潮都带来创新，从而刺激经济的繁荣，表现为投资扩张、生产率提高、产量增加。浪潮接踵而至，体现了创新的速度越来越快。

新的技术促进了生产力的提高，使经济获得了长期发展，同时也提升了人类福祉。然而，正如印刷机一样，它们也会造成社会的动荡。例如，在19世纪60年代之前，借助帆船跨越大西洋的航程需要一个月的时间，要花费一个欧洲工人一年的薪水，而且风险很大。大约5%~10%的旅客会因船只沉没或船上疾病传播而死亡。之后，轮船技术使航程的成本降低了90%，将旅程压缩为一个星期，死亡率减至1%以下。结果，欧洲的移民大量涌入美国东部，造成劳工过剩，并导致工资降低，激发起反对大公司、金融家与金本位的政治运动。[26]这样一来，轮船技术也动摇了美国的政治稳定。

随着两个多世纪工业社会的发展，技术使经济和人口以前所未有、难以想象的方式持续增长，以此改变了人类文明。新事物带来了很多好处，包括更高的生活水平和更长的寿命。但是，由于技术的变革快于人类信念与制度的变化，因而也造成了紧张压力。

全球化

当经济、政治、社会、军事、科学或者环境之间的相互依赖扩张到整个世界的范围时，**全球化**（globalization）就产生了。[27]在经济领域，全球化意味着各个国家开放，接受外来的贸易和投资，创建商品、服务和资本的世界市场。第二次世界大战后，战胜国降低了贸易壁垒，放松了资本管制，今天的体系由此发展而来。第二次世界大战后的50多年里，国际谈判使更多的国家向全球的商品流动、服务流动和投资开放。直到今天，没有哪个稍有影响力的国家经济是游离在世界市场之外的。

经济全球化是一个长期趋势，今天的经济全球化只是一个先导。千百年来，人类社会时断时续地紧密联结在一起。根据历史学家J.R.麦克尼尔和威廉·麦克尼尔的观点，在史前社会，人类在一个松散的世界交往，通过基因以及诸如语言、弓箭等发明，在相对隔离的代际间传递。大约1.2万年前，农业社会开始发展，稳定而不断膨胀的人口形成了第一批城市。时间流逝，这些城市逐渐发展成为联结不同区域的节点。但是，各个大陆之间不同文明的相互作用还是非常有限。再后来，大约在 500 年前，中国发起了海上航行，延伸了它的影响力。[28]

葡萄牙与西班牙紧随其后，在之后的 250 年间，水手们将哪怕是最偏远的地区都联结到了伟大的文明中心。18 世纪末期，世界已经由商品和货币的交易以及思想的交流而结合在一起。最初的全球化所带来的结果与当前的全球化非常相似，经济活动迅速扩张。玻利维亚的矿场出口大量的白银，以致世界各国都采用白银作为货币，从而使国际贸易变得顺畅。贸易扩张加剧了国家之间的不平等。文化也改变了，例如，西班牙征服者将马介绍给平原印第安人。传染性疾病开始蔓延，仅一个世纪多一点的时间，细菌引起的欧洲地方病就杀死了从合恩角到北极的 50%~90% 的美洲人。

自从 18 世纪末首次出现社会的联结之后，整合的趋势持续不断。全球化因新技术而加速，特别是由于电子技术的发展，但有时也会因为国家的对抗与战争而减慢。

跨国公司，特别是总部位于发达国家的几百家最大的公司，成为当前经济全球化的中坚力量。跨国公司在本国以外的投资不断增加，使之成为现代的开拓者，堪与 15 世纪开拓贸易航道的无畏水手相媲美。许多这样的跨国公司拥有比小国政府更多的资源。然而，全球化使它们的管理更加复杂。同时在许多国家运营，跨国公司必须回应的利益相关者数量与类型都成倍增加。跨国公司的行为所造成的紧张与焦虑，导致公众对其负责任行为具有更高的预期。另外还有强劲的反公司运动，这主要是由富裕国家的一些团体支持的，他们认为不断加速的世界贸易与他们有关环境、人权与民主的价值观相冲突，这对他们来说是一种警示信号。这些团体希望约束与规范跨国公司的活动，并且已经取得了一些成功。

国 家

在国际舞台上，**国家**（nation-state）是由统治者、公民、固定的疆域三要素构成的主体。现代的国家体系是从罗马帝国的废墟中发展起来的，并没有什么章法。国家制度很适合西欧地区，因为语言不同的国家相互毗邻。然而，这一理念后来被移植到东欧、西南亚与中东，部分是殖民帝国的力量，部分是由于非西方国家政治精英的刻意模仿，因为这种制度在他们中间享有很高的声誉。在引入这种制度的地方，国家被非理性地界定，国界线割裂了历史传承下来的文化的、种族的、宗教的与语言的自然区域。

国家是人类组织单位，其中个人与文化群体能够影响他们的环境与未来，这是它至关重要的功能，也是它能够经历多个世纪仍然存在的原因。今天，世界是由独立国家镶嵌组合而成的，这一体系的动态变化是国际企业面临的强大环境力量。以财富与势力扩张为目标的国家之间的冲突频发，尽管国家的本质已经随着经济全球化而发生了改变。

过去，国家通过掠夺领土来扩大势力。领土越多，它们就能获得更多新的自然资源、农业和劳力。因此，20 世纪 30 年代，日本将南亚国家殖民化以获得石油和矾土资源。如今，高收入国家的财富依赖于全球化运作的企业，它们利用资本与知识的流动在许多国家提供产品与服务。仅仅掌控住这类企业的总部或者有限的制造设备，已经不足以使“侵略国”在公司全球运营的价值链上获取优势，特别在财富创造以脑力为基础的情况下更是如此。因而今天的国家更倾向于通过贸易来壮大自己，与传统的旨在夺取土地和物质资源的战争相比，这种方式可以使之更加有效地创造财富。[29]

尽管世界市场成为国家势力的新的来源，但是它也限制了政府对本国经济的控制力量。不受约束的国际竞争渗透了国界。国家不得不进行选择，要么关上国门，阻止产品、服务、资本的流入，将其经济从世界经济中孤立起来，这注定使发展停滞；要么打开国门，允许不驯的市场力量自由驰骋，从而加速发展。没有哪个国家能够在选择孤立的同时还能为其公民提供机会与繁荣。因此，各国政府现在都非常关注国际市场如何解读其国内行动与政策。

墨西哥 20 世纪 90 年代早期向北美市场开放其经济后的命运就是一个例子。1994 年，当墨西哥政府力图保持比索对美元的比价时，世界市场反对这一举动。货币投机分子打击比索，外国投资者将大量资金抽出该国，比索崩溃了。比索贬值使普通墨西哥人一辈子的储蓄缩水了一半，还导致了大量破产、每年高于 50% 的通货膨胀，以及 6% 的 GDP 下降。[30] 不久，类似的投机导致 6 个东亚国家和地区的货币贬值与证券跌价，结果，马来西亚总理不得不说他“非常害怕外国资本”。[31]

市场力量只是渗透国家并减少其自主性的力量之一。其他的力量还包括流行病、气候变化、恐怖主义、核武器以及诸如国际人权规范的强势观念。[32] 当各种难以抗拒的全球性力量特别是市场力量削弱了国家政府保护其公民的能力时，公司也许会被号召起来，承担更多的责任。

主导意识形态

思想塑造历史。**意识形态**（ideology）是能塑造世界观的一套不断强化的信念与价值观。西方的工业革命由于一套相互交织的意识形态而加速，包括资本主义，同时还有宪法规定的民主，它保护人权使个人主义得以兴盛；包括进步，也就是人类社会不断迈向物质极大丰富的思想；包括达尔文主义，也就是查尔斯·达尔文关于生物世界是不断进化的发现，这也强化了进步的思想；包括社会达尔文主义，也就是赫伯特·斯宾塞所认为的，人类社会的发展竞争与自然界一样，淘汰不能适应环境的企业，并使人类获得更好的发展；还有新教伦理，也就是神圣的权威要求人们努力工作、节俭、诚实，而这些都是救赎所必需的。

意识形态不仅是感官认知与理性思考的融合，还满足了人们借助概念与意义的分类来解释日常生活的需要。与经验和当前条件相符合的意识形态常常能广泛传播。意识形态的信念体系让信奉者获得集体归属感，按照通行的规范来指导社会行为，从而促进合作与稳定。能够代表意识形态的制度，例如教会、政府、公司，也被赋予权力来解释事件，解决人们的难题。[33]

意识形态间具有高度的竞争性，充满着达尔文式的争斗。大部分有记载的人类历史中都存在着活跃的多元信仰，但许多观念却随着全球化消失了。思想随着贸易、旅行、传教士布道以及军事占领而扩散，却经常发生冲突。长达若干世纪的市场对思想的选择过程，使许多古老的信仰体系消失或者边缘化，而少数则获得了优势地位。[34]数百种地方宗教因无法与世界范围内占救赎优势的宗教相抗衡而消亡。如今，娱乐、服装、运动、食品等方面的文化样式已在城市社会中融合。在政治领域，君主制和独裁统治正与民主展开最后的角逐。经过两个世纪的争论，资本主义的经济意识形态已经将其对手边缘化。思想的过滤在 20 世纪加速了，因为随着文化与创新能力的提高，信息的传播已经从 20 世纪早期依靠杂志与收音机，发展到后来用飞机与电脑来实现。

伟大的领导者

领导者既会给社会和企业带来利益，也会带来灾难性的变化。亚历山大在古地中海地区推行他的统治，由此形成新的贸易路线，希腊商人因此而生意兴隆。德国的阿道夫·希特勒是一个强势的领导者，但给其国家带来了灾难，阻碍了工业的发展。

领导者的权力是否是一种改变历史的力量，对此存在着两种观点。一种观点认为，领导者不过是乘了历史的东风，阿诺德·汤因比写道：“伟大的人正好处于伟大的社会变革力量的交会处。”[35] 1859 年，石油在西宾夕法尼亚被发现，约翰·洛克菲勒那时是住在附近克利夫兰的一个年轻人，他通过卖农产品募集了一些钱。他看到了新产业中的机会，而他非凡的个性使其能够主导这个重塑国家乃至世界的上升产业。然而，不管洛克菲勒是否继续卖他的莴苣和胡萝卜，重塑的力量都会发生，这一点毫无疑问。

另一种观点认为，领导者自身改变了历史，而不是被历史的潮流推着走。托马斯·卡莱尔写道：“世界的历史实际上是伟人的历史。”[36] 正是美国皮草公司的约翰·雅各布·阿斯特在美洲大陆的蛮荒之地建立起根据地，开发它们，联合它们，粉碎了其他国家想要占领这些土地的企图。要不是阿斯特对于皮草财富的异常渴望，今天美国的版图可能要改写。正是美国烟草公司的杰姆士·杜克这个绝世营销天才，将吸烟这一局限于美国南部的地方习俗，转变为世界范围的健康杀手，延续至今已有一个多世纪了。

本书中的案例与故事，为企业领导者在改变世界过程中所扮演角色的相关争论提供了一些例证。

机　会

学者们不愿意使用机会、意外事件或随机发生等概念来分析问题。然而，将企业环境的某些变化作为未知或无法预测原因的结果，可能会得到更好的解释。正如历史学家尼科洛·马基雅维利观察到的，机遇决定了人类实践进程的一半，而另一半取决于人的能力。虽然我们不能进一步证实它，但我们要记住它。其重要意义在于管理者必须为不可预知的事件做好准备，要相信马基雅维利的忠告，即当这种机遇发生时，有准备的人会获得成功。因为“命运之箭会瞄准对其没有防备或壁垒的地方”。 毫无疑问，马基雅维利若活着，他定会认为壳牌的情景规划值得称道。

企业的七种关键环境要素

图 2.5 显示了当今影响企业的七种主要环境要素。每一种要素的力量都会造成企

图 2.5
企业的七种关键环境要素

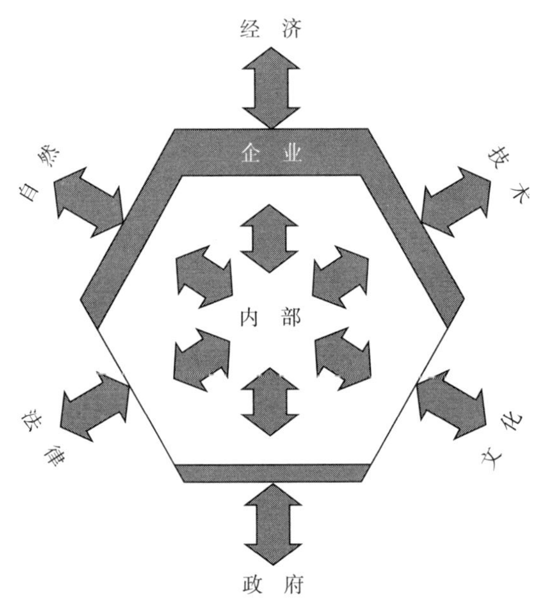

业、政府与社会间关系的变化。这些力量经常是相互联系的，某一领域的重要变化很少会孤立发生。这里，我们对每种关键环境要素进行简要介绍，并在全书中对它们进行更深入的探讨。

经济环境

经济环境由影响市场运营的各种力量构成，包括总体的经济活动、商品价格、利率水平、货币价值变动、薪酬水平、竞争者的行动、技术变革以及政府政策。产出、消费与投资的长期持续增长是全球经济环境的主要特征。世界 GDP 在 1982~2005 年间增加了 310%，从 10.9 万亿美元增长到 44.7 万亿美元。[38] 2001 年 9 月 11 日的恐怖主义袭击以及亚洲突然爆发的 SARS，带来了经济衰退，使增长速度在 2001 年和 2002 年出现短暂的下降。然而，经过几年的补救，在美国经济复苏以及中国与印度快速发展的带动下，世界经济又开始增长了。支持这一强大而持久的总体经济发展的是两个基本的潮流。

首先是贸易量的上升。1948 年，即第二次世界大战结束后的第三年，全球所有出口商品的总量是 580 亿美元。2004 年，达到 10.2 万亿美元，增长了 17 586%。[39] 这一惊人的增长是第二次世界大战结束时所创立的贸易体系的结果。它鼓励体系内的国家降低关税和其他贸易壁垒，其他成员国家也承诺给予同样的开放政策。这一体系发展成为世界贸易组织，它具体表现为持续不断的谈判过程以及**贸易自由化**（trade liberalization），如今参与其中的已有了 149 个成员国。此外，几百个区域性的

图 2.6 世界范围的外国直接投资流量：1980~2005 年

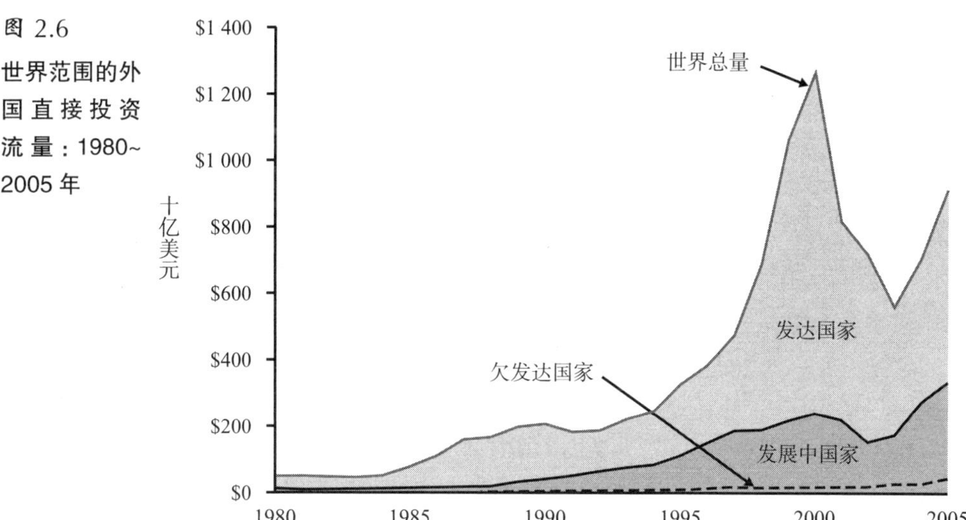

资料来源：United Nations Commission on Trade and Development, *World Investment Reports*, various editions, annex table B.1.

贸易协定促进了参与国之间更加自由的贸易。

第二个支持经济持续增长的潮流是由跨国公司引发的外国直接投资的扩大。**外国直接投资**（foreign direct investment，FDI）是由私有企业在国外进行的投资。1982~2005 年间，全球的 FDI 流量（即公司在国外的投资）从每年 590 亿美元上升到 9160 亿美元，增加了 1 553%。[40] 大约有 7.8 万家跨国公司通过 FDI 拥有或控制了大约 77.8 万家外国企业。许多外国子公司是通过兼并、收购获得的，1997~2002 年间涌现了大量的跨国兼并与收购活动，无论是兼并的数量还是以美元计的金额，都是前所未有的。[41] 图 2.6 显示了 FDI 的惊人增长，以及 2001 年后世界经济放缓，2003 年重新呈现上升势头。它还反映了大部分投资是在发达国家流进流出的。

贸易与消费需求的增长使市场迅速扩张。为了保持竞争力，公司也随着市场而扩张，为了提高效率而重组。它们通过投资进入成长性市场，或者在已有市场中强化自己的势力。许多跨国公司通过建立“世界工厂”或“虚拟公司”进行重组，以便能在地理分散的网络里生产产品与服务。这些网络力求在全球的层面上复制专业化的效率，在国家的层面上实施外包。它们的分布非常广泛，将近 2/3 的世界出口是在它们中间发生的。

自从第二次世界大战以来，特别是 20 世纪 80 年代早期，国际经济环境对公司的发展与扩张非常有利。多种因素使公司发展保持着强劲的势头，这些因素包括高额的公司利润、强劲的全球消费、得到有效抑制的通货膨胀，以及较低的长期利率等。然而，国际货币基金组织（IMF）警告说：“在强劲发展的外围，蕴含着极大的风险。”[42] 多年的扩张造成包括美国在内一些国家巨大的贸易不平衡以及货币汇率错位。贸易保护主义者想以提高贸易壁垒作为回应，但此举有可能阻碍未来的国际经济整合，使经济陷于停滞。IMF 警告说：“现在是最好的时候，也是最危险的时候。”

技术环境

当今新的科学发现使企业环境充满了各种令人难以置信的技术。例如，**纳米技术**（nanotechnology）可以使人们操控原子量级的物体。新材料与肉眼看不见的微型机器可以实现分子层面的制造，半导体生产商可以用千万分之一米的零件制造微芯片。当这一能力被用于实际的制造中时，它将造就在原子量级上运行的芯片，这相当于植物中光合作用的层面。这种电路的使用者可以将美国国会图书馆的所有信息存放在糖块大小的地方。[44] 人类基因图谱保证了新的生物基因产品的诞生，它将能够治愈许多难以对付的疾病。燃料电池与可再生能源的利用可以大大减少石油燃料的使用。

如今，数字电信技术建立起由全球计算机、软件和电子设备组成的网络，这一网络带来了激烈的革新，例如“公开资源”（open sourcing）能使众多个体参与复杂知识产品的创造。**维基**（Wikis），一种开放的供众多个体协作编辑的网站，已经被用于建立搜索引擎、百科全书、字典和新网站等。

维基规则说明，创新既可以是机遇也可以是威胁，它开启了一种开放的、达尔文式的进程，使知识从大众的积累中产生，并经得起专家的集体审查，而不是由一个人或一小群人向被动的受众发布知识。它促进了平等，但破坏了等级权威，冲击着软件公司、出版社等旧的商业模式。实际上，新技术是老企业的雷区，因为企业通常只关注一项技术能否带来即时的商业利润，而忽略或低估它最终会对现有商业模式形成的挑战。其中的一个例子是西部联合公司，19 世纪它曾是占统治地位的通信企业，由于过分相信电报而拒绝电话业务。

当亚历山大 · 格雷厄姆 · 贝尔 1876 年发明电话时，电话只能传出三英里远。西部联合公司曾考虑将电话纳入其生产线，但最后认定这种设备覆盖范围太近，只不过是个玩具。于是贝尔开办了自己的公司。当工程师们用铜制电线代替铁制电线，从而使电话的覆盖距离变长时，西部联合公司意识到了自己的错误，急忙投入了电话设备运营业务。这个拥有很大势力的公司运用“所有迂回的、秘密的手段”，包括政治施压与贿赂，企图阻止各城镇使用贝尔的电话。[45] 然而，1878 年贝尔公司起诉其侵犯专利，西部联合公司输掉了这场官司，只能退出这一业务。

小小的贝尔电话公司成长为 AT&T，并在 20 世纪成为世界上收入最高的公司。该公司充满创造性，发明了晶体管与激光术；该公司在市场占有垄断地位，以致美国政府在 1984 年不得不要求其拆分；该公司对自身的成功如此自信，以致很少进行变革。它固执地将自己的业务定义为通过电线提供语音通话，因而当未来的竞争者采用无线及电缆网络、计算机、互联网等新的数字通信技术时，它仍然漠不关心。虽然 AT&T 现在仍然是个大公司，但它只能跌跌撞撞地尝试通过兼并及其他各种战略，指望着能找到什么办法来重塑过去的辉煌。

当新技术被广泛用于获取商业利益时，会给社会带来意想不到的后果。卷烟机是在吸烟的危害被人们知道前发明的；将石棉混入上百种普通材料进行生产一直大行其道，之后石棉纤维致病才大白于天下；在人们充分了解万维网对个人隐私产生的影响前，它已经进入了千百万人的生活。过去的教训告诉我们，公司应承担道德责任，不仅要认真考虑技术对商业模式的影响，还应考虑技术可能给人们带来的危险。

文化环境

文化（culture）是一个通过社会学习而获得的体系，这一体系共享知识、价值、规范、习俗和仪式。不存在惟一普适的文化，因此跨国公司面临的环境包括各种文化，每一种都由不同的民族、语言、宗教和价值观构成。

在某个层面上，这种变化导致了商业习俗的冲突，在国外的管理者必须适应各种既微妙又显著的差异，包括员工忠诚度、群体与个体主动性、妇女在组织中的地位、道德价值、赠送礼物习俗、对权威的态度、时间观念、在商业环境中的着装技巧，等等。文化差异带来的后果经常是细微的，甚至是有趣的。因此，帮助美国的管理者在国外避免犯错的咨询公司会告诉他们，不要强迫欧洲人在开商务会议时胸前佩带名字标牌，因为这样对方会觉得被当成了学龄儿童。[46]但是，有时候文化差异带来的后果也可能很严重。在法国有一种普遍的观点，认为美国的快餐食品会导致肥胖，更糟糕的是，美国快餐很难吃，是对法国人优雅味觉的冒犯。法国前总统雅克·希拉克曾经说过，面对大西洋彼岸的入侵者，本民族的饮食方式应该得到保护。法国一位农业部长则说他们觉得美国是“世界上最差食品的故乡”。[47]对于麦当劳来说，这些文化感受意味着死亡，曾经有一个暴徒砸毁了一家麦当劳，而另一家店则遭到炸弹袭击，一名员工被炸死。

在更深的层面上，尽管不存在统一的世界文化，但西方经济发达地区的文化与世界上其他的文化群落之间存在根本性区别。西方文化鼓励市场、个人主义和民主政府等核心意识形态。西方文化由西方国家维系，这些国家主导着国际组织，拥有最具实力的公司和最强大的军事力量。但是，尽管发展中国家倾向于吸收西方文化中的一些要素，但一些国家与文化却抵制它的扩张。伊斯兰教国家和中国将西方价值观的扩张视为文化侵略，它们抵制对西方文化的全盘接纳，特别是在国家体制方面。

20 世纪的下半叶，发达国家的一些文化价值观发生了转变，带来了全球企业环境的变化。20 世纪 60 年代开始，这些社会中基于经济短缺历史的传统价值观发生了转型，出现了**后现代价值观**（postmodern values），也就是基于富足假设的价值观。例如，在旧的工业化社会中，物质主义是主导的价值观，人们牺牲其他的价值观，如休闲时间和清洁环境，以挣钱购买必需品和奢侈品。虽然现在在发达国家，消费仍然是主流价值观，但这些国家中的富裕公民越来越关注生活质量与自我表达。

“世界价值观调查”是一项在 75 个国家进行的跨度 25 年的系列调查。该调查显示，后现代价值观的兴起使富裕国家的社会、政治、经济与性观念都发生了转变。调查还显示，尽管非西方文化对其有所抵制，但这些观念还是在所有的现代化历程中兴起。例如在中国的民众中，对与民主相关的价值观的支持“出奇得高”。[48]而在 11 个穆斯林社会中，对于民主理想的支持已经发展到可与西方社会比肩的程度。[49]

后现代价值观对跨国公司的运营环境产生了深刻的影响。具体地说，这是一种强有力的、全球性的运动，通过消除种族主义、性别歧视、权威主义、缺乏包容、排外主义等，进而达到保护基本人权的目的。这一运动的动力来源于由个人、团体、政府以及联合国等国际组织所组成的联盟。还有一些类似的、相关的运动也发展起来，以推动可持续发展，以及对贫困地区的人道主义援助。这种建立在发达国家后现代价值观基础上的全球道德潮流，对跨国公司的行为提出更高要求。跨国公司必须不断遵循日益增加的、由道德改革家制定的规则，必须使公司基本目标超越狭隘的赢利，界定为提升全人类的福祉。

政府环境

政府在激励企业的同时也约束企业。就此而言，两种与政府机构相关的、长期的、全球性趋势非常重要。

首先，政府活动大大扩展了。衡量这一活动的办法是将政府的支出与经济规模相比较。纵观世界，这一比例在增加，从 1900 年的一位数增加到 2002 年 29% 的平均水平。[50] 在美国，1913 年的支出是 GDP 的 8%，而到 2005 年已增加到 35%。[51] 在欧洲的福利国家，这个比例上升得最高，达到 40% 以上；在发展中国家要低些，但总体的趋势是上升的，因为政府承担了新的职能。一方面，政府提升了社会福利，将收入的一部分转移支付给公民。这一角色在 20 世纪随着许多国家扩大选民范围而发展起来，新的选民包括妇女和非特权阶级，还包括要求扩大政府支援的选民团体。政府活动加大的另一个来源是，为保护公民免于权力滥用而不断推出针对各行业的规章制度。例如，在美国的实践中，一旦发生问题或者受害方得到公众支持，没有哪个方面是政府不能或不愿管制的。新的法律加上以往的法律，导致了政府对于企业更多的制约。

第二个长期趋势是民主化的提升。1900 年之前没有哪个国家实现了多党派选举

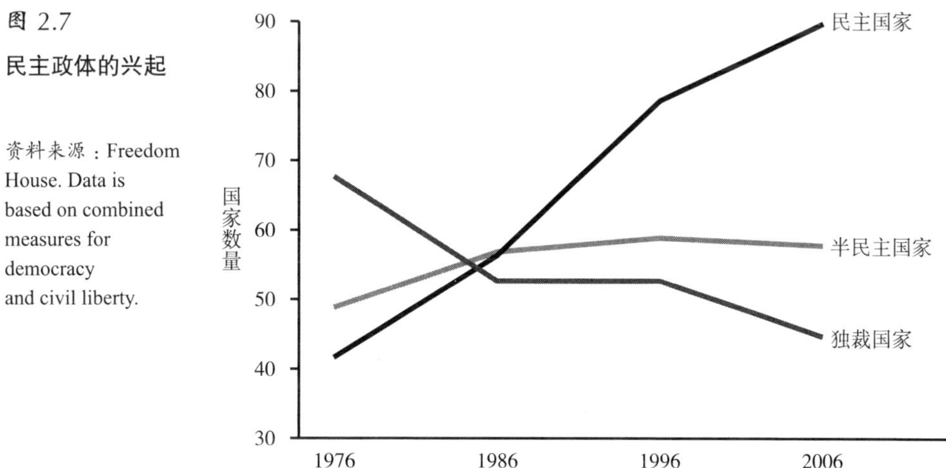

图 2.7

民主政体的兴起

资料来源：Freedom House. Data is based on combined measures for democracy and civil liberty.

与全民投票的充分**民主**（democracy），当时的美国和英国更接近民主一些，但是都没有妇女投票权，美国实际上还缺少黑人投票权。到了1950年，就有了22个民主国家，2006年达到了90个。[52]图2.7显示了自1975年以来民主政体数量的大幅上升——从91个增加到148个。这一增加大部分出现在20世纪80年代晚期，以及前苏联解体之后的90年代早期。当被抑制的社会主义政体不再得到来自前苏联的外部支持，当美国减少了对非共产主义独裁政体的支持，一股民主化的浪潮席卷了东南亚、拉丁美洲和非洲。

然而，民主持续扩大的一个更根本的原因是，后现代价值观在那些经历了社会经济发展的国家中出现。这些价值观削弱了等级权威，形成了对更多政治参与与自治的期望。独裁政权现在已被限制在经济落后的国家，那里传统的价值观还没有演化成对自由与选择的渴望。就商业而言，对普通大众更加开放的结果是，政府要越来越多地回应大众对于企业社会绩效的要求，而这些要求体现了保护人权与环境、推崇美与道德的后现代价值观。

法律环境

法律环境包括立法、法规与诉讼。法律环境中5个持久的趋势形成了对企业行为的限制。首先，法律和法规在数量与复杂程度上都稳步增加。第二，保护员工、消费者和公众等利益相关者权利的法律责任扩大了。在持续增加的法律和诉讼中，这些权利涉及歧视、性骚扰、广告、反托拉斯、环境、产品责任以及知识产权等内容。第三，全球化将公司置于国际法与外国法律中，从而增加了法律环境的复杂性。另外，支持人权与环境事业的团体要求公司接受所谓的**软法律**（soft law），也就是一些新出现的国际通用的行为规范，这些规范为公司行为提供了标准的、自愿采纳的准则，这些准则通常超过国家的特定法律的要求。第四，虽然道德行为与企业社会责任超过法律责任，但它们却不断从自愿领域中被挑出来，编入法律之中。例如，在一个老员工熬到即将有资格享受养老金前一个星期，雇主为了省钱而将其解聘，这一直被看做是不光彩的事。1974年，这种行为也被美国的《员工退休收入保障法》规定为非法。

最后，法律是不断演进的。例如，由于技术进步，企业需要提前预测不断出现的、要求其承担责任的情况。这方面老T.J.胡珀案对于企业法律顾问而言仍值得一读。1928年3月的一个晴天，T. J. 胡珀的拖船拉着一船煤出海了，两天后在新泽西附近遭遇风暴，船连同装载的煤一起沉没了。货主起诉，称拖船不适于航海，因为它没有安装收音机。少了一台收音机，T. J. 胡珀错过了天气预报，而其他船只根据预报在飓风袭击前泊进了港口。虽然没有法律要求，也没有行业标准规定船只必须配备收音机，但是著名的法官莱那德·汉德坚持认为“警惕是必需的，即使大家普遍忽略这个问题，也不能成为他们失职的借口。”[53]

船主因为没有采用先进技术而被指控玩忽职守，需要赔偿货主的损失。还有一个类似的例子，也说明企业必须紧跟当今技术的发展。有一种充电的工作台锯，能够监测到锯条与人手指的接触，并在千分之一秒内停止转动。[54]虽然现在还没有法律或行业标准要求生产者必须使用这种技术，但是它的存在意味着被割掉手指的工人可以指控没有使用该技术的雇主。

自然环境

经济活动可被视为一种地球物理力量，能够改变自然环境。正如它有能力对人类制度施加压力，以使之适应自然环境，有时它也会破坏地球自洁和再生的生态系统。20 世纪惊人的经济发展是以牺牲地球为巨大代价的，它耗尽了矿产资源，减少了森林覆盖，灭绝了许多物种，释放出的人造物质导致了氮循环失衡，改变了地球大气层的化学构成，甚至引发了气候的变化。

世界野生动物基金会用两种测量方式来显示人类活动对自然所造成负担的全球总体趋势。如图 2.8 所示，**地球生态指数**（The Living Planet Index）用一个指标综合衡量了陆地、淡水及海洋脊椎动物等几千个物种的数量变化趋势。这一数量在 1970~2003 年间下降了大约 30%。[55]生物多样性的降低表明，作为世界上各种物种栖息地的森林、草地、沙漠、大草原、淡水及海洋生态系统在持续恶化。第二个指标是**生态足迹**（Ecological Footprint），它衡量人类消耗的可再生自然资源的状况。其计算方法是将世界范围内人类对于食品、木纤维、能源与水的消耗折算成以公顷计的土地总面积。在图中，纵轴代表为支持不同规模的生态足迹需要的星球数。水平线

图 2.8　人类对自然影响的测量

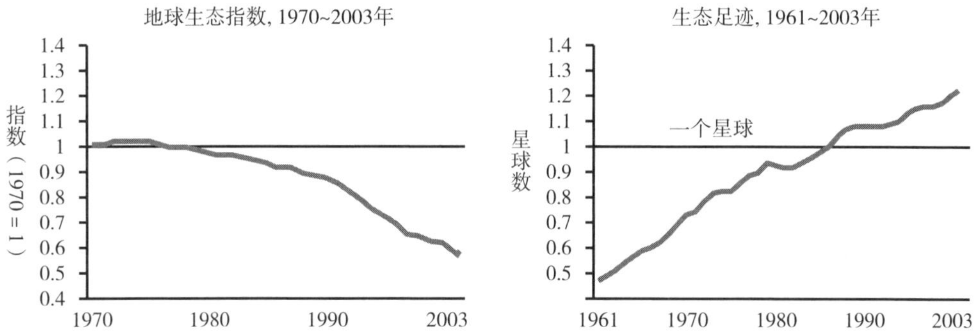

资料来源：From *Living Planet Report 2006*, World Wildlife Fund, www.panda.org. Copyright © 2007 WWF. Some rights reserved.

位于一个星球的位置，标示出当前地球所能支持的生命生物能量。趋势线说明，人类的生态足迹指标在 20 世纪 80 年代就超出了地球的承载能力，现在处于不可持续的状态。人类足迹指标总计已达 141 亿公顷，而地球的生命承载能力估计只有 113 亿公顷。[56] 这意味着全球资本主义引致的自然资源使用状况是不可持续的。

如今，人们对经济活动与自然关系的态度正在迅速改变。20 世纪初，主宰自然、消耗自然被各类学说特别是资本主义学说视为合理的。这些学说认为，自然的价值在于它只是生产要素。在 20 世纪末，人们的思想朝保护自然的方向转变。管理者必须适应这一变化的思潮。随着形势不断发展，越来越多的环境指标会进入到公司绩效评价体系中去。

内部环境

公司的内部环境由四部分构成，如图 2.9 所示。每一部分都有各自不同的目标、信仰、需求及功能，管理者必须对这些部分加以协调以达成公司的总体目标。在这个过程中，可以创造出超越内部任一群体价值观的企业文化。

图 2.9

企业内部环境示意图

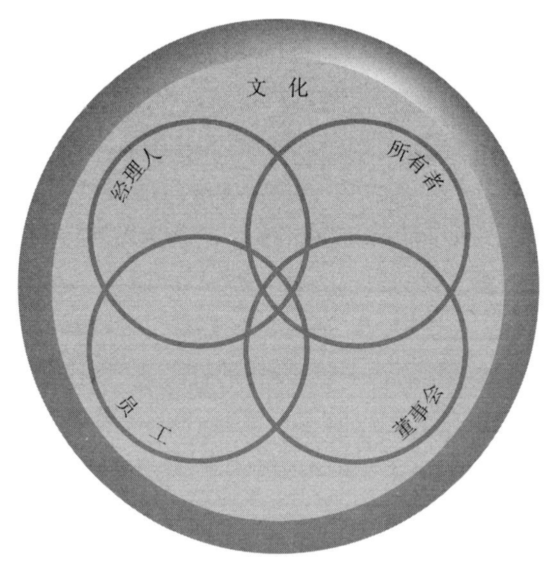

近来外部环境的力量使内部群体的权力有所降低。管理者在决策中受到政府的限制，同时被迫顺应外部一系列利益相关者，因为他们有权力或声称有权力来影响管理者。员工正在失去对管理者的影响力，因为劳动力市场的全球化使他们不得不与世界上其他地方的低工资工人相竞争。在美国，新的金融管制用来保护股东免受经理人不诚信行为的损害，这赋予了董事会更多的权力以及相对于最高管理层更大的独立性。但是，也存在侵害股东权利的情况，这是由于外部团体要求企业实施对社会负责的行动，这些要求与利润最大化的原则相冲突。

结　论

企业环境对于管理者而言具有深远的意义。图 2.10 阐明了历史力量、当前企业环境与企业活动之间的动态关系，以此对本章的讨论进行总结。深刻的历史力量形成了七种关键的环境要素，而企业的活动不仅持续影响着当前的环境，而且还有力地影响着历史的进程。图 2.10 中，箭头从企业指向世界，这说明企业并不像弹子球一样，只对历史和环境的力量作被动反应。相反，尽管受到环境的严格限制，企业也具有强大的力量，以或大或小的方式影响社会，改变历史。

图 2.10　历史力量、企业环境与企业活动之间的动态关系

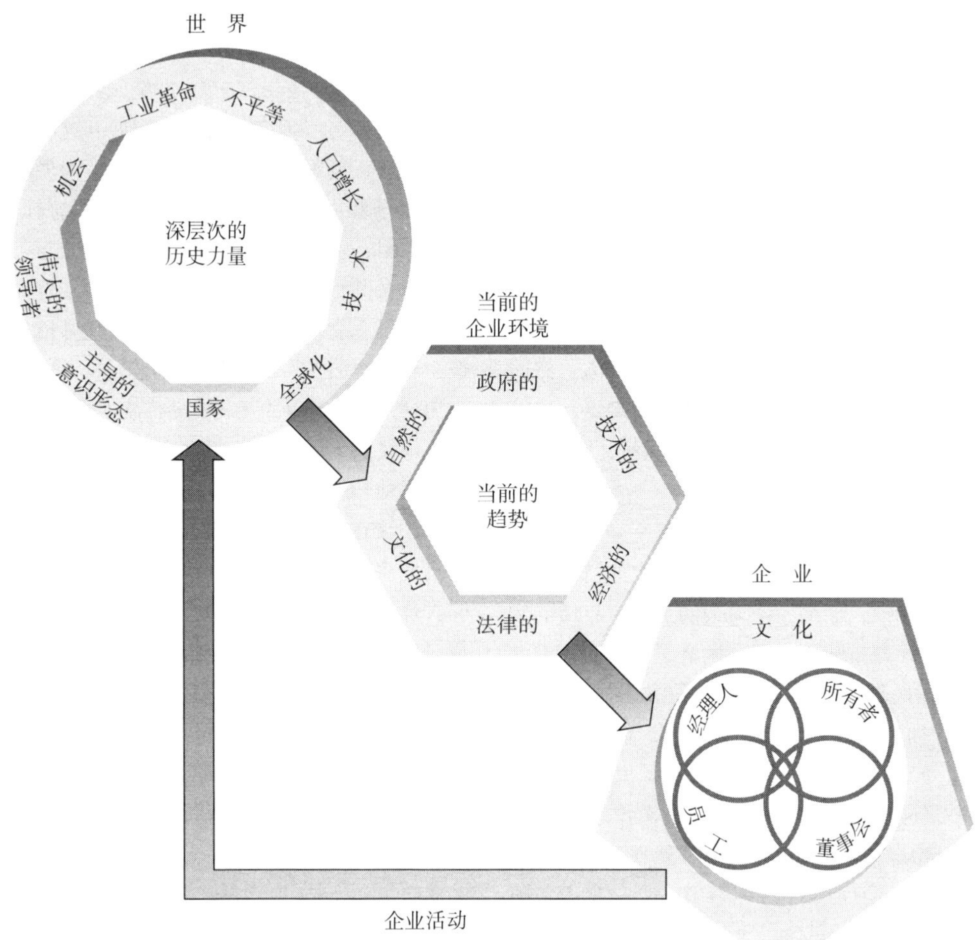

例如，当美国柯达公司在1940年想要展示快速胶卷和Flashmatic快门的速度时，就在杂志上做广告，刊登人们在生日蛋糕前吹灭蜡烛的“柯达一刻”照片。这则广告使这种迷人的生日仪式在美国社会盛行。[57]与这种小小的文化改变相反，汽车的故事说明了工业可以改变整个社会。也许20世纪没有哪个行业比汽车业更能创造出各种有意或无意的改变的了。汽车业成为美国经济的主要推动力量，曾经一度每8个工作职位中就有一个直接或间接与汽车业有关。汽车业促进了高速公路系统的扩展，降低了铁路运输量，消耗了石油储备，造成了污染，改变了城市，形成了拥有物质就拥有身份的观念，甚至改变了求爱与犯罪的方式。

美国毛皮公司

美国毛皮公司（The American Fur Company）是毛皮贸易鼎盛时期一家所向披靡的垄断经营商。它由一个富有斗争精神的德国移民约翰·雅各布·阿斯特在1808年创建，经营环境如此适宜，以至于在广阔的北美领土上，它的势力壮大到超过了羽翼未丰的美国政府。那时，这家公司影响着一个年轻国家的命运，也使阿斯特成为当时美国最富有的人。然而到了19世纪30年代，形势急转直下，这家公司连同繁荣了300年的毛皮贸易瓦解了。

阿斯特来到年轻的国家

1763年阿斯特出生在一个名叫沃道福的德国小镇，他是一个屠夫的孩子。年轻的约翰·雅各布觉得小镇的生活了无趣味，因此15岁时就离开了小镇，到伦敦工作了4年，积攒了去美国的旅费。1783年，他20岁，没有受过教育，身上没什么钱，英语也说得很烂，就这样，他搭上了一条商船。在漫长的旅途中，一个皮草商教他如何估价和处理毛皮，这些指点使阿斯特掌握了从事这一行业所必备的知识，他很快就学以致用。

那个时候，毛皮贸易在北美大陆大约有300年的历史。最初，在16世纪，西班牙和法国探险者与当地森林居民之间展开这种交易，很快，英国人也加入这一行列。为做时髦的帽子和衣服，欧洲人需要大量的海狸、燕子、貂、水貂、水獭、熊、鹿、麝鹿、狼、浣熊以及其他动物的毛皮。而美国的土著人还没有进入金属工具时代，急于得到哪怕是最为简单的加工品，比如刀子、镜子、饰物、纽扣等。这种简单的互利贸易持续了很久。

印第安人是毛皮业的生产者，毛皮贸易商依靠他们捕猎野兽，然后和他们谈判，用一些小玩意来交换和购买毛皮。印第安妇女负责剥皮，并对毛皮进行初步处理。贸易商的管理费用很低。印第安人交换到只值毛皮最终价值零头的商品，作为加工报酬。毛皮分量轻，可以以低廉的方式，用骡子、驳船、大船等运输到东海岸的港口，然后再运往欧洲各地。毛皮生意的利润非常可观。

毛皮贸易使更多的人在这些地区居住下来，因而对社会转型产生了影响。毛皮商在欧洲与美国人居住的地区活动，渐渐地，这些边境地区的毛皮产量持续下降。海狸之类的毛皮动物，由于生殖周期比较长，很快濒临灭绝。在新的价值观与疾病的双重压力下，印第安部落文化崩溃了，他们不再是可靠的捕猎者。一旦某个区域的生产量下降，毛皮商就会到别的区域寻找。随着他们的到来，这些新的居住者使用新的地图和地界，农场和城镇出现了，而印第安人则遭到杀戮与驱逐。这种毛皮贸易的冷酷循环一遍又一遍地重复着，带来一波波的移民潮，他们在美国的大部分地区定居下来。

阿斯特涉足毛皮生意

阿斯特前往纽约，在那里找到了一个出售烤制食品的工作。他将每周 2 美元的工资大部分投资于各种小饰品，在空余时间就到水边的区域逛逛，希望找到可以做毛皮贸易的印第安人。不到一年时间，他就收购了足够的毛皮，乘船回到伦敦。在伦敦，他与毛皮公司建立起业务联系。这对于一个身无分文只身前往美国的 21 岁青年移民来说，是一个了不起的成就，也反映了阿斯特执著和勤奋的个性。

在纽约，阿斯特为一个毛皮商工作了不长的时间。在此期间，他跋涉到纽约北部的林区，与人谈判毛皮生意。他很快离开了自己的雇主，到 1787 年，他已经完全为自己工作了。他在用小饰品换取毛皮的交易中表现出出色的谈判技巧，并很快建立起一家有影响力的企业。一位邻居说：

> 我曾经多次看到约翰·雅各布·阿斯特脱去外衣，在我房子附近的工地上卸下大量的毛皮，这些毛皮都是他从印第安人那里以极为便宜的价格采购到的。他把这些毛皮清理干净，重新包装，让这些毛皮看上去更为体面，也更加好卖，再将它们运往英国和德国。在那里，这些毛皮的价格将是他采购成本的 1 000%。[1]

阿斯特获利丰厚，并不断扩大他的企业。但是，与其他美国人一样，他无法进入西北部的林区去收购毛皮。西北地区是面积广阔的非居住区，位于俄亥俄河与密西西比河之间，北部则挨着五大湖区。独立战争后，大英帝国将这些地区割让给美国，但继续保留那里的堡垒和军队。因为当时的美国政府还很弱小，不能有效实施其管辖权。英国的毛皮公司开发了这个地区，并煽动印第安人攻击任何胆敢进入该地区的美国商人与居民。

英国人的傲慢无礼差点让美国国会宣布开战。为避免敌对行为，1794 年，英国同意签订协议[2]，英国军队撤出该地区，英国人和美国人都有权利在西北地区做生意。阿斯特听到这一新闻时立刻说：“这下我要在毛皮生意中发大财了。”[3] 然而，乔治·华盛顿总统提出，应在该地区建立政府的毛皮交易所，以便与印第安人建立良好的关系，这又让他目瞪口呆。这些交易所将与阿斯特以及其他私人贸易商形成竞争关系。国会批准了这项计划，要求贸易品以成本价出售，禁止使用酒类产品，命令按照公平价格采购毛皮。

政府建立交易所的政策逼急了阿斯特，他迅速采取行动，突破了防线。他在这一地区派上自己的代理机构，授意它们抢在竞争对手前面收购一切能到手的毛皮。他大量收购贸易品，以降低成本，而他的代理商就用一些小玩意换取毛皮。他在谈判期间允许酒类自由流通，形成了政府无法比拟的优势。

阿斯特的这些战术获得了巨大的成功。政府缺少他的灵活性，也没有他那么投入，他以智取胜，打败了其他的对手。在不到 10 年的时间里，他一跃成为美国第二富有的人（仅在运输与银行大王斯蒂芬·吉罗德之后）。阿斯特集聚了庞大的资源后，向西部强势进军。

购买路易斯安娜

1803 年，在购买了路易斯安娜后，美国的国土几乎翻了一倍。托马斯·杰弗逊总统同意从法国手中以1 500万美元购买密西西比河与落基山脉之间、从新奥尔良向北直到49°纬线的大约80万平方英里的土地，49°纬线现在是加拿大与美国的国界线。那时，人们对于路易斯安娜地区知道得还不多，没有精确完整的地图，甚至连边界也模糊不清。但路易斯安娜是神秘而美丽的。

有一些地理学家认为那里大部分是干燥的沙漠。另一些人则将其描述为草木茂盛、土地肥沃的土地。各种各样的传言，或说这个地方是地理奇观，或说有可怕的野兽，或说有奇异的土著居民。还有一个故事，说那里曾有一个用弓箭狩猎的部落，戴着男人帽子的妇女非常强悍，弓箭手会割去右边乳房，以免弓弦受到影响。[4]

杰弗逊本人对于如何利用新的领土有清晰的认识。在他1803年的国会咨文中，提出将妨碍美国人定居下来的东部部落安置到路易斯安娜。在随后的50年，这种迁移进行了许多次。[5]他还命令由麦利威德·刘易斯和威廉·克拉克率领的远征探险队徒步探测这一未知的土地。

刘易斯与克拉克远征的主要目的是考察路易斯安娜是否适合毛皮交易。探险者们开始了在圣路易斯与太平洋之间的往返旅程，所到之处是美国白人以前没有到过的地方。1806年返回后，他们称这片神奇的土地上“海狸与水獭比地球上任何一个国家都要多”。[6]他们还报告说这一地区绝大部分印第安部落对美国人和毛皮交易都持友好态度。这些发现没有逃过毛皮商的眼睛，而约翰·雅各布·阿斯特就是其中之一。

美国毛皮公司诞生

刘易斯与克拉克的远征催生了新领土上的毛皮贸易。西北地区的水獭产量已经开始下降。阿斯特主要的竞争对手西北公司已经开始从加拿大南下，力图尽快在路易斯安娜有所收获。

但是，阿斯特要把战利品收归自己囊下。阿斯特远在纽约，在地图上仔细研究着刘易斯与克拉克发现的毛皮资源丰富的地区，并制定了一个宏伟而大胆的计划，即建立一家新公司，将沿途2 000英里的交易所都连接起来。

那时，州立法机构有颁发执照的权力，有权规定成立新公司需要哪些条件。于是，阿斯特找到州长和纽约的立法机构，说服它们发执照，并将公司命名为美国毛皮公司。

为了推销他的想法，他给自己唯利是图的计划披上了爱国主义的幌子。他强调，大部分产自路易斯安娜的毛皮都落到了加拿大人和英国人手里，因而减少了美国人的收入。他的公司将把外国竞争者驱逐出去。他将联手另外10或12位财力雄厚的企业家投资于新公司，然后再对外发行股票。新公司将在人烟稀少的地区表明美国人存在，以此提高美国的安全。最后，阿斯特保证说他的公司将诚信地与印第安人做生意，而把那些规模小、不负责任的贸易商排挤出市场。纽约的立法机构并不见得相信他的慷慨陈词，更多的是被他的钱袋子打动，批准建立了美国毛皮公司。很快，杰弗逊总统也写信给阿斯特，为他的新公司祝福。

阿斯特继而召集了四个合伙人，按规定成立了董事会。但他自己持有99.9%的股份，并任命自己做董事长，随后又宣布只要自己需要钱，随时可以分红。合伙制是个骗局，阿斯特从没想过要与别人分享公司的收益，也没打算让人分享公司的成长。

1810年，他采取了第一步行动。他的船——唐坤号，驶向了太平洋沿岸的哥伦比亚河口，并在那里建立起一个叫阿斯特号的交易所。那时，英国和美国正在争夺俄勒冈地区，这是一片荒地，包括今天的俄勒冈与华盛顿。阿斯特称他在那里建有自己的交易所，就相当于宣布那里属美国所有，因而得到了外交支持。而他私底下则希望建立一个叫阿斯特国的新国家，自己做国王。

同时，他希望阿斯特号成为杀手锏，将其他竞争对手从新地区的毛皮贸易中排挤出去。从西部来的毛皮将通过阿斯特号再运往中国，那里是主要的毛皮市场，或者运往纽约。到那时为止，阿斯特已经拥有了自己的船队，运输不成问题。而另一个杀手锏是圣路易斯。按照阿斯特的计划，来自落基山东坡的毛皮沿着密西西比河顺流而下，运到圣路易斯，再从圣路易斯通过陆路运到纽约，或者运到新奥尔良港口，再运往欧洲。这是一个狂妄的计划，只有阿斯特有胆量、有资源进行尝试。但是这个计划太宏大了，只有一部分得以实现，其他的直到他的毛皮贸易失败也没有实现。

垄断之路

1813 年阿斯特的计划遭遇了巨大挫折，因为 1812 年战争期间，他被迫将阿斯特号卖给英国。由于当时英国士兵处于有利的位置，要将它作为战利品，因此出售价格只有原价值的零头。失去了阿斯特号这一俄勒冈地区的据点，阿斯特无法与英国和加拿大的毛皮公司相竞争。与此同时，阿斯特的 61 个员工在争夺领地中死去，一起遭遇灭顶之灾的还有和他们发生冲突的几百个当地人。[7] 阿斯特却毫不屈服，后来他委托当时最畅销的作家华盛顿·欧文写了一本有关英勇开拓的书，并将他自己描述为故事背后的伟大人物。[8]

尽管失去了阿斯特号，阿斯特仍然处于优势地位。1816 年，他成功地游说国会，通过了禁止外国人在美国领土上进行毛皮贸易的法律，从而阻止了英国与加拿大的公司在西北地区继续经营毛皮。阿斯特从中获益，使自己获得了密苏里河以东毛皮贸易的垄断权。由于英国阻断了太平洋沿岸的贸易，他将注意力转向密苏里河上游地区。

当其他的毛皮公司先行在北部大平原地区开展贸易，又在发现海狸后在落基山脉的富饶地区进行贸易时，阿斯特并没有贸然行动。1822 年，阿斯特在圣路易斯出售贸易品并购买毛皮，有了自己的买卖，但他一直等待着，而其他公司以昂贵的代价派出贸易先遣队和捕猎者，沿密苏里河北上，损失了巨大的人力与财力。虽然损失惨重，这些先行的公司在落基山山谷地区发现了丰富的海狸资源，画出了新的贸易路线，找到了建立交易所的有利位置。

直到这时，阿斯特才展开了有力的攻势。1826 年，他合并了波纳德·布莱特公司，以此作为自己的代理。他还收购并清算了另一个竞争对手斯通·博斯威克公司。1827 年，他在哥伦比亚毛皮公司每一处交易所附近都建立了自己的交易所，一方面与哥伦比亚毛皮公司展开恶性价格战，另一方面用威士忌取悦印第安人，最终迫使哥伦比亚毛皮公司破产倒闭。他的捕猎者紧跟着哥伦比亚公司

阿斯特的画像

资料来源：© Stock Montage/Getty Image.

的勘探队，了解到海狸的所在之处，然后就挤进去开展自己的业务。运用类似的策略，阿斯特迫使梅纳德·威尔公司倒闭。正如阿斯特的传记作者泰罗尔所说：

> 密苏里河地区的竞争非常激烈，没有什么不可能发生。那里发生的事情不符合逻辑，有点类似于一只小狗对着一只狗熊狂叫。而狗熊仍然慢慢腾腾的，并不在意小狗的叫声，直到被激怒。然后，随着宽大的脚掌猛力一挥，小狗的叫声永远停止了。[9]

阿斯特获得了巨额利润。比如，他会在伦敦用 2 美元购买 10 磅一桶的火药，也就是每磅 20 美分的价格，然后用自己的船运往他的交易所。他为购买的贸易品支付 2% 的佣金，也就是每桶火药 0.04 美分。他自己支付运费，将火药装上船运到新奥尔良，从那里再使用便宜的劳工和捕猎者，沿密苏里河逆流而上。这些火药将以每磅 4 美元的价格卖给印第安人，而他们不能为此支付现金，必须以毛皮相交换，或者赊账。19 世纪 20 年代，阿斯特以每磅火药换取 2 磅的海狸毛皮，10 张毛皮大约重 20 磅，只能换一桶火药。这些毛皮又被运回伦敦，那里每磅的毛皮价格是 7 美元，总计 140 美元。在这 140 美元中，阿斯特扣除 5% 作为付给毛皮销售人员的佣金，再扣除 25% 即 35 美元，作为运输成本和工人的工资。

扣除上述所有费用后，美国毛皮公司每 2 美元的初始投资就能得到 97.96 美元的净利润，是初始投资的 4 900%。[10] 而阿斯特拥有该公司 99% 的股份。阿斯特用其他各种贸易品交换毛皮，所得盈利比例都差不多。

用于交换的贸易品的价值不在于它们的用途，而在于印第安人的信仰。印第安人对它们垂涎三尺，他们认为即使白种人用最小的饰品交换毛皮都是愚蠢的，因为森林里有的是海狸毛皮。超过基本需求而索取物质对于印第安文化来说是不可思议的。例如，阿里克劳斯相信，如果一个人的财富超过了生存所需，就应该与他人分享。给印第安人货币并不能激励他们捕猎动物加工毛皮，他们对积累财富也毫无兴趣。

步枪、刀子、衣服、毛毯、珠子及小饰品是有用的，因而对印第安人有吸引力，但其实本地制作的同类东西也一样好用。然而，贸易品有着超越其实用性或货币价值的神秘意义，它们的魅力在于神奇的、精神的力量。印第安人相信，通过观察自己的影像可以预知未来。加工制造的镜子比水面更能清楚地映出自己的影像，因此可以大大提高占卜的准确性。他们把枪视作超越天然的东西，因为枪能产生雷电，这是与精神世界相联系的事物。他们认为壶、罐等是有生命的，因为一敲打就会发出声音。因此，印第安人认为贸易品中有超自然的属性，而欧洲人则失去了这些价值。[11]

阿斯特鼓励印第安人用赊账的方式购买贸易品，结果，韦尼拜克斯、塞克斯、福克塞斯、开罗克斯、奇科索斯及塞欧克斯等一些部落深陷债务泥潭不能自拔，平均每个部落拖欠美国毛皮公司高达 5 万美元。由于贸易品等价格飞涨，即便部落债务继续增加，阿斯特也不会有多少损失，而债务却能迫使这些部落与他进行毛皮交易，而不是与他的竞争对手进行交易。

他的贸易商与捕猎者情况也不怎么好。他在将贸易品卖给贸易商时，总是大幅度加价。贸易商经常欠阿斯特的钱，或者不得不将交易所抵押给他，不得不在将同一商品卖给印第安人和捕猎者时大幅度加价。

美国毛皮公司雇佣的捕猎者受到残酷的剥削。他们在危险的环境与极端的天气条件下无休止地工作，但是当阿斯特在一个地区获得垄断地位后，就将他们的工资从一年

100 美元减少到三年 250 美元。即使贸易品加价后的价格高于印第安人用毛皮交换的价格，他们也不得不购买。在圣路易斯，威士忌售价为每加仑 30 美分，而兑水后卖出去是一品脱 3 美元；每磅 10 美元的咖啡和糖在密苏里河上游的交易所卖到 2 美元；服装则加价 300%~400%。

阿斯特发明了一种无情的、获利丰厚的系统，借此他压榨所有为他工作的人，并聚集起自己的财富。虽然他从没有到西部去冒险，他却始终与之保持联系，他工作很长时间，他精明的头脑总是琢磨着哪怕是最微不足道的细节，琢磨着怎么省掉哪怕是最小的不必要开支。1833 年，他的儿子威廉估计美国毛皮公司的年收入“不少于 50 万美元”。[12] 这时阿斯特成了美国最富有的人，他开始在纽约及周围地区购置房地产。

阿斯特奋斗不息

19 世纪 30 年代早期，好像没有什么能让阿斯特放慢他的扩张速度。那些憎恨美国毛皮公司的人成立了新公司与他竞争，但没几家能持久的。阿斯特利用价格优势以及用酒类俘虏印第安人的方法将他们一一摧毁。

1832 年，国会禁止将酒类产品带入印第安人居住地区，但没人理会这项法律。阿斯特并不赞成用酒类作诱饵，因为这会增加成本。但是，许多竞争对手认为酒是他们从阿斯特那里将印第安人引诱过来的惟一希望。阿斯特一心想打败他的对手，也就不管结果多糟，任由烈酒在当地流行。

酒在当地文化中并没有一席之地。欧洲贸易商与印第安人进行毛皮价格谈判时将酒介绍过来，之后印第安人才逐渐爱上了酒。有些人认为喝酒时神就会占领他们的肉体。喝过威士忌的印第安人产生了一种新的欲望，驱使他们获取更多的毛皮。一些部落，比如泡尼、克洛、爱利克拉等从来不喝酒。但是绝大多数部落喝酒，有一些人甚至因此身体衰弱，导致毛皮产量下降，贸易商也不再与他们做生意。

阿斯特仍然认为向印第安人的代理商走私酒产品是必需的。他下令在黄石河与密苏里河的交汇处建造了一个酿酒厂，生产的酒产品足以使几个州的部落时常处于醉酒的状态。国会无力实施它的法律规定，因为在广阔的西部地区几乎没有联邦政府的身影。在没有相应的权力机构推行法令的地方，法令本身是毫无意义的。在印第安人的居住区，仅有的法律就是贸易公司与捕猎队伍领导者的意志。捕猎者穿着自己设计的、军队式样的制服，可以对印第安人和白人进行抢劫、欺骗和杀戮，却不会受到任何惩罚。1831 年，在一份呈交给战时秘书长刘易斯·卡斯的报告中写道：

> 在印第安人居住区，占据最大面积和最重要地区的贸易商是美国毛皮公司的代理与雇佣者。就我所知，他们不尊重我们的居民、代理商、政府官员或政府的法律与政策。[13]

像卡斯一样的政府官员，在任何情况下都不愿意反对阿斯特，因为他们经常接受他的贿赂。卡斯是负责实施禁酒法令的联邦官员，在 1817 年至 1834 年间，共收受了美国毛皮公司 35000 美元的贿赂。[14] 一次，阿斯特甚至为詹姆斯·蒙罗总统提供了 5000 美元的个人贷款。几年时间，阿斯特在华盛顿特区及各州府的游说都能达到目的，包括对进口毛皮征收高关税、解散华盛顿与杰弗逊都钟爱的政府毛皮交易所。在这种情况下，政府无法控制毛皮交易也就不足为奇了。

1831 年，阿斯特引进了新的技术革新，蒸汽机“黄石号”以每天 50 到 100 英里的速度沿密苏里河北上，将贸易品送到他的交易所。竞争对手用的是驳船，一天只能逆流行驶20英里，而且在岸上用绳索拉驳船的人还会受到敌对的印第安人的攻击。河上游的印第安人被“黄石号”的魔力震慑住了，会跑上好几百里来看这个在水上行走的神。一些部落拒绝继续与哈德森海湾公司做生意，因为他们相信，有了“黄石号”，这个公司不可能再与美国毛皮公司竞争了。

毛皮交易环境的变化

虽然美国毛皮公司日益兴盛，一些不利的趋势却在暗中涌动，最终会使美国毛皮公司衰败。对于海狸的需求下降了，因为以往每一个欧洲或美洲的绅士都想要一顶海狸皮帽的时尚潮流消退了。丝绸所做的帽子变成新的时尚。另外，出现了新的制帽技术，这种新的制帽技术不再需要使用海狸毛皮中的纤维质底层绒毛，同时来自南美的海狸鼠毛皮也进入了市场。

问题还不止这些。1832年发生了波及全世界的霍乱流行病。许多人相信，病菌是由于海狸毛皮的运输引起的。因此，毛皮生意几乎陷入停顿。海狸本身也因为过量的捕猎而濒临灭绝。毛皮公司从来没有考虑过要保护海狸，他们最根本的动机是要猎取一个地区所有的海狸，不给竞争者留任何机会。19世纪20年代，哈德森海湾公司沿着一个很宽的地带搜寻海狸并全部捕杀，以此创造一个“毛皮沙漠”，阻止阿斯特进入俄勒冈地区，好让他的捕猎者放弃这个无利可图的区域。

有些地方海狸还很多，但这样的地方越来越少了，随着捕猎者进入这些地区，他们的人员损失也增加了。捕猎者不得不离开一些友好的印第安人居住区，比如斯奈克和克洛，而进入一些更为敌对的部落，如黑足部落。这个部落的人在箭头上涂上致命的响尾蛇毒，公开挑起反对捕猎者的战争。[15]一项研究发现，在1805~1845年之间，446名捕猎者中有182名被杀，也就是41%的人在这种工作中失去了生命。[16]

阿斯特明白毛皮行业已经萧条了。1830年海狸毛皮曾卖到每磅6美元，但到1833年，价格已经降到每磅3.5美元。那年，阿斯特卖出了所有毛皮贸易的股份。在剩余的时间里，他在纽约房地产市场赚了更多的钱。一度，美国毛皮公司在新的所有者手中继续经营，但是环境持续恶化。1837年，美国毛皮公司的“圣彼得号”沿密苏里河上行，将天花病毒传入印第安人居住区，致使17 000多当地人丧生。一位代理商观察说：“绝大部分使我们有利可图的印第安人死了。”[17]到1840年，美国毛皮公司从落基山地区撤出，开始专注于水牛皮服装的生意，并在一段时间内保持着盈利。

阿斯特的最后岁月

阿斯特一直居住在纽约。城市围绕着他的房地产不断扩张，他通过租赁业务又获得了大量的利润。到1847年，他的财富积累到2 000万美元，超过了那个时代任何个人所拥有的财富。估计这笔钱相当于1998年的780亿美元，超过了微软比尔·盖茨的财富。[18]在他的最后岁月里，他的身体极度虚弱，得让侍从将他裹在毯子里背来背去。但是尽管身体状况极其糟糕，他还是念念不忘从他的租赁者手中收取最后一个铜板。他会在办公室的窗户栅栏后对着收来的租金久久凝望。

阿斯特很少做慈善捐款，社会批评家则对他的吝啬进行攻击。当他1848年去世时，他对于社会的主要贡献是在遗嘱中声明用46万美元建一座阿斯特图书馆。另外，他留给他的出生地德国沃道福镇5万美元，给纽约的德国社团3万美元，给纽约市的老年妇女之家3万美元。这些加在一起，按一位评论家的话说，不及“对印第安人一年的掠夺”。[19]他把其余的财富留给了自己的子孙。至于美国人对他的评价，一则讣告说得直言不讳：

> 毫无疑问他有许多好的、高尚的品质，但是贪婪似乎所向披靡地占据了统治地位……不然他能给世界带来多大的利益啊！但是情况却恰恰相反——他死了，没有人为他悲伤！他的灵魂被贪婪吞噬了。慈善与仁义在他冰冷的心中无法找到适宜的居所！[20]

毛皮贸易的启示

300 年间，毛皮贸易改变了北美大陆上土著居民和欧洲移民的经济、政治和文化生活。其鼎盛时期常被描述成一段进取的浪漫时光，交易所则代表了“文明逐渐驯服与之相对立的自然与野蛮”。[21] 按照历史学家丹·艾尔伯特·克拉克的描述：

> 毛皮贸易商，尽管存在着很多错误和缺点，却是文明的探路者。他们的行踪为后来的定居者所跟随。他们建立的交易所后来成为繁荣的城镇。他们比其他任何的白人阶级更了解印第安人。[22]

美国毛皮公司和它的竞争者大大丰富了人们的地理知识，增加了地理标志。毛皮行业强化了美国的核心价值观，如严格的个人主义、开拓者精神以及对于进步不可逆转的乐观态度。但是这个故事也有黑暗的一面。贸易商通过引进新的经济压制了印第安人的文化。部落社会被酒精、天花以及性病所摧毁。尼布拉斯大学的大卫·威沙特教授说：“毛皮贸易是美殖民统治浪潮的前锋，它引起了两种根本不同的、无法调和的生活方式的碰撞。”[23]

这个行业还造成了大量的生态破坏。它杀戮动物，使其数量锐减，还为了提供蒸汽船燃料而砍伐河边的森林。阿斯特的掠夺思想确立了毁灭性的标准。威沙特指出：“涸泽而渔的掠夺态度给毛皮贸易打上了深深的烙印。1840 年后，当掠夺的重心从动物毛皮转向矿物、木材、土地和水资源后，这种态度仍延续了下来。”[24]

美国毛皮公司现在已被遗忘了，但在当时却有着巨大的地缘政治力量，是全球工业中的主要实践者。公司的运作就像是原始的、毫无约束的资本主义对社会影响的试管试验。直到很多年后美国才开始思考它带来的教训。

问　题

1. 你如何评价阿斯特的动机、管理能力和道德水平？他的职业生涯说明了美德与成功之间存在怎样的关系？
2. 19 世纪 30 年代美国毛皮公司的环境发生了怎样的变化？这些变化中体现了哪些深刻的历史力量？
3. 毛皮交易对于企业环境的各主要维度有什么影响，包括经济、文化、技术、自然、政府、法律及内部环境？
4. 19 世纪毛皮行业最主要的利益相关者有哪些？按照当时的标准，对待他们的方式是否是负责任的？按照今天的标准呢？
5. 总的来说，美国毛皮公司以及毛皮业对后世的影响是正面的？还是负面的？
6. 美国毛皮公司的故事中是否含有长期以来资本主义如何以及为何一直变化的线索？
7. 第 1 章中讨论的企业—政府—社会模型中，哪一个或哪几个适用于这个案例中所处的历史时期？哪一个或哪几个模型具有更强的解释力？为什么？

企业影响力

詹姆斯·杜克和美国烟草公司

1856年12月23日，北卡罗来纳州的一户农舍中传出新生婴儿的啼哭声，这是一个名叫詹姆斯·布坎南·杜克的小男婴。小家伙的名字是为了表达对一位总统的敬意，而他对世界的影响远远超过了那个失败的总统。

不久，美国内战迫使杜克一家离乡背井。1865年重返家园时，小杜克的父亲建了一家小工厂，制造一种咀嚼用烟草，品牌称为Pro Bono Publico（拉丁语，意思是"为了公众利益"）。詹姆斯在厂里帮忙。他是一个早熟的、精力充沛的小伙子，后来成了这家企业的中流砥柱。

不到20岁时，詹姆斯已经为这家小工厂规划了宏伟的蓝图。但是由于竞争对手布尔德汉姆公司的存在，工厂发展一再受挫。那家公司的嚼烟占据着统治地位，硬碰硬的竞争肯定是没希望的。詹姆斯于是决定赌一把，将公司业务转向当时的新奇产品——香烟。这是一个冒险的行动，因为那时候很少有人抽香烟。大部分的烟草消费者是乡村的男士，他们将香烟与大城市里那些颓废的花花公子联系在一起。

但是在1881年，杜克将10台俄国移民的卷烟机带进了他在北卡罗来纳的工厂，并开始生产。每台机器一天能生产2 000支左右的香烟。起初没有市场需求，烟草商拒绝订购他的"杜勒姆"公爵牌香烟，因为顾客很少买这种烟。但是杜克是一个商业奇才。他在亚特兰大推出了整版的报纸广告，广告上一位著名的女演员伸出手，手里夹着一支公爵牌香烟。用女人来推销香烟引起了轰动，同时也刺激了需求。在圣路易斯，杜克遭到了对香烟的顽固抵制，烟草商根本不进他的货。他让他的代理雇了一位年轻的红头发寡妇走访烟草商，结果她头一天就拿了19张订单。

这时一个弗吉尼亚工程师詹姆斯·巴萨克发明了一种卷烟机，能够每分钟卷出200支香烟。他首先向最大的烟草公司推介他的发明，但是遭到拒绝，因为他们认为烟民会拒绝机器卷出来的新式香烟。杜克看到了这种技术的意义，马上就迎了上去。[1] 1883年，他通过谈判获得了这种机器的独家使用权，而他的竞争者再也没有缓过劲来。靠着这种机器，杜克不仅将生产成本从每千支0.8美元削减至0.3美元，还将工厂的产量增加了许多倍。[2]

为了给不断增长的产量寻找新的市场，杜克去了纽约市，他在那里租了一层不分隔的楼面，建起了一家小烟厂。之后他努力创造需求。他不知疲倦，在工厂一天工作

杜克通过在包装盒里放图片来吸引男人们尝试他的新的香烟品牌。第一批图片是摆出入时撩人姿态的舞台女演员，后来的系列图片包括印第安酋长、危险的职业、汽船、钱币、乐器、旗帜、鱼、船以及职业拳击手等。
资料来源：Courtesy Emergence of Advertising in America, Special Collections Library, Duke University.

12 个小时，然后在晚上轮流拜访烟草商店。对友好的代理商，他秘密地给以现金回扣。他雇人去烟草商店点名要新的、机器卷出来的 Cameo 和 Cross Cuts 牌香烟。当新移民从纽约移民局出来，第一次立足于美国国土时，迎接他们的是免费的香烟样品。他还富有创意地将印有娇艳女演员照片的编号卡片放进香烟盒，鼓励男人们成套地收集。深更半夜，他在街上游逛，将人行道上与垃圾桶里压皱的香烟盒捡起来，借以得知大致的销售数目。

在海外，杜克的销售人员也大有收获。在中国的胜利是最大的。当时，只有少数中国人，主要是老年男人，通过烟袋吸一种很苦的土烟，香烟并不为人所知。杜克派专人到山东省，并带去了北卡罗来纳生产出的较温和香烟。他的销售人员请来“老师”，走上乡村小道，向好奇的中国人展示如何点香烟，如何夹香烟。他开设了四家新的烟草厂，都装备了巴萨克（Bonsak）机器，很快就开始每天 24 小时进行生产。他在中国进行了全方位的营销活动，他的香烟盒一度装有美国女演员的半裸图片，在中国男人中间引起轰动。杜克用这种办法将中国变成了一个烟民最多的国家。

在国内，杜克的战术成功地击败了竞争对手。他仔细研究了约翰·洛克菲勒是如何征服整个石油行业的，发现洛克菲勒的办法也适用于烟草业。1884 年，在他 26 岁*时，他将自己的公司与其他大公司合并为一个名为美国烟草联合公司的控股企业。作为董事长，杜克将这个联合公司变成了一个垄断企业，到 1892 年已控制国内 98% 的香烟

* 原文如此。按文中所说出生年份算，至少应为27岁。——译者注

市场，这一年共销售了29亿美元的香烟。[3]他不满足于已有的统治地位，还不遗余力地扩张烟草市场。到1903年，在美国的香烟销售额超过了100亿。[4]在二十多年的时间里，他无情地吞并和摧毁了250家公司，直到自己也控制了雪茄、鼻烟等烟草市场。

杜克用很简单的方法扼杀竞争者。公司没有用批发价批发产品，而是将公司产品委托给代理商。代理商必须为委托给他们的烟草支付全额的零售价格，而且必须在收到货后的十天内付款。三个月后，杜克的公司再将佣金支付给代理商，这就是后者所获利润。如果商家同时也为竞争者的品牌做代理，就没有资格得到佣金，也就无法从大多数消费者需要的品牌中获得利润。杜克雇佣侦探监视代理商来推行他的计划。很多代理商不喜欢这种傲慢的、强制的做法，但他们只能奉陪下去，否则只有渐渐走向衰败。

杜克的垄断一直持续到1911年，最终美国最高法院命令公司必须拆分。[5]杜克自己盘算好了如何将这一巨型公司划分成四个独立的公司：Ligget & Myers、P. Lorillard、R.J. Reynolds和新的美国烟草公司。拆分后，杜克从烟草行业退出，开办了一家电力设备公司，名为杜克电力与照明公司。他还资助了北卡罗来纳州一家规模不大的大学，后来成为杜克大学。1925年杜克死于恶性贫血并发症。

杜克的职业生涯说明了商业拥有改变社会的力量。他使香烟成为一种被消费者接受的商品，并将其传遍世界。他的垄断击垮了竞争者，确定了烟草行业的格局。这一影响遏制了反烟草组织关于烟草有害健康的宣传。他贿赂立法人员，阻止了反对吸烟的立法。同时，由于杜克的天才，不断壮大的烟草贸易使内战后南方受到重创的经济得以复苏。最终，当最高法院解散他的巨型公司时，他的权力受到很大限制，但他的事迹在香烟诞生以来的一百二十多年间一直被吸烟者津津乐道。

企业影响力的性质

企业具有改变社会的巨大影响力，而这种影响力的程度一直被低估了。在以往时代，处于上升势头的企业通过改变自身的三大要素来改变社会，这三大要素就是观念、制度与物质基础。在美国烟草公司、美国毛皮公司、标准石油公司等大企业的故事中这种影响非常明显。所有企业的影响力汇聚在一起，就能够成为一种非常巨大的、难以抑制的改造力量。这一章我们将解释这种改变社会力量的潜在动因，并讨论它的局限性。

什么是影响力

影响力（power）是指自身行动或迫使其他实体行动的力量或权力。在人类社会中，影响力被用来组织和控制人与物，以实现个人或集体的目标。它广泛地存在着，范围从极强的一端到影响微弱的另一端。它在人类社会中的运用导致了变化。影响力有时是阻碍变化的，但这种对变化的阻碍本身就是一种改变历史的力量。影响力或权力的来源有很多，包括财富、地位、知识、法律、武器、声望、魅力等。影响力不是均匀分布的，而所有的社会都有自己的机制来控制或引导它，以获得或大或小的益处。这些机制通常是不完善的，包括政府、法律、警察、文化价值观与舆论等。另外，各种各样相互竞争的影响力在形成过程中会相互制约和平衡。

企业影响力（business power）是指企业、行业或部门所采取行动背后的力量。这种力量越强大，行动导致的变化也就越大，或更强烈地影响到社会中其他实体的行动。影响力的基本来源是一种社会权力，这种权力能够将资源有效地转化为所需产品与服务。作为回报，社会赋予公司权力，使之可以采取必要的行动，也允许其获得利润。这种认同来源于社会契约。

社会契约通过一定的道德基础赋予企业影响力，并使其合法化。**合法性**（legitimacy）是对影响力的公正使用。当大型公司按照人们认可的契约行使其影响力时，它就是合法的。[6] 哲学家约翰・洛克写道：对于政府而言，合法性的反面是专制，也就是“超越权利范围施行影响力”。[7] 当公司违反社会价值观、危害公众或者存在非法行为时，也就是违背了这一社会契约，

企业影响力用于公共利益时就是合法的。在不同的社会和不同的时代，合法性基础会发生变化。童工一度在美国很普遍，现在已经不允许使用了，但它还存在于其他国家。在接下来的章节我们将看到，关于企业必须服务和遵循的公共利益的定义，已经随美国历史的发展而不断扩大，并在全球范围内扩展。

企业影响力的层面与范围

公司行为对社会的影响存在于两个层面，每个层面都能够带来变化。在**表层层面**（surface level），企业影响力直接导致明显而迅速的变化，这种变化或大或小。企业时而扩张时而收缩，有时雇佣员工有时解雇员工，制造产品或者销售产品。

在**深层层面**（deep level），企业影响力通过行业发展积累的力量，逐渐塑造社会。在这个层面上，企业影响力产生了许多间接的、难以预见且不容易发现的效果。在这一深层层面，企业影响力的发挥没有计划，无法预测，而且是慢慢呈现，但它们的意义深远。约翰・斯坦贝克写道：企业影响力“超过了人，它是一个怪物。人创造了它，却无法驾驭它。”[8] 这是对企业深层影响力的诗意却准确的描写。

企业影响力从表层和深层两个层面，在第 2 章所设定的七种企业环境领域中发挥着作用。

- **经济影响力**（economic power）是企业通过控制资源，特别是控制财富，来影响事件、活动和人的能力。在表层层面，公司的运作可以立刻显著地影响它的利益相关者，例如开办或关闭一家工厂。在深层层面，公司经济活动的累积效应能带来广泛的影响。例如，企业经过很多年创造了大量的财富，大大提升了工业化国家的生活水平。
- **技术影响力**（technological power）是企业影响物质创新方向、速度、特征与结果的能力。在表层层面，电力马达驱动的新生产线使亨利·福特能够在1914年创造出以内燃机为基础的交通运输方式。通过这种办法，他将富人享用的昂贵奢侈品变成了大众消费品。但是在深层层面，随着汽车进入美国社会，它带来了意想不到的结果。20世纪20年代，一位少年法庭上的法官称汽车是“轮子上的妓院”，毫无疑问，清教徒式的亨利·福特从没想要创造出这样的东西。[9]
- **政治影响力**（political power）是企业影响政府的能力。在表层层面，企业资助候选人并游说立法者。在深层层面，工业化在全世界范围形成了新的价值观，传播了自由，打击了独裁政权。
- **法律影响力**（legal power）是企业改变社会法律的能力。在表层层面，大公司拥有胁迫对手的强大的法律资源。在深层层面，美国的法律——包括宪法、民法、和刑法——都是工业活动的结果。
- **文化影响力**（cultural power）是企业影响文化价值观、习俗以及诸如家庭等机制的能力。约翰·沃纳梅克是一家连锁店创办人，也是一位广告大师。他在20世纪初首先提出了“母亲节”的概念，还在《费城调查报》上刊登了整版的广告，表现一个妇女为她的母亲哀悼的场面，从而创造了一种情感需要，即对母亲的感激应该在特殊的日子通过礼物表达出来。[10]在深层层面，广告的累积效应选择性地强化了某些价值观，从而改变了美国社会，例如，强调物质主义而不是禁欲主义，强调个人主义而不崇尚集体，强调人的外貌而不注重内在品格。
- **环境影响力**（environmental power）是企业对自然的影响。在表层层面，一家电厂可能会污染空气。在深层层面，自17世纪以来，为工业提供动力而燃烧木材、煤和石油所排放的气体已经改变了地球大气层的化学成分。一项研究发现，自1882年标准石油公司及其拆分之后的那些石油公司所排放的二氧化碳，占到全世界二氧化碳排量放的4.7%~5.2%。[11]
- **对个人的影响力**（power over individuals）是指企业对员工、管理者、股东、消费者及公民等的影响。在表层层面，一家企业可以决定个人的工作生活方式以及购买习惯。在深层层面，工业主义设定了日常生活模式。人们受其支配，他们靠时钟生活，在工业城市的模式中按照确定的道路——马路与人行道——来

这是一幅 1930 年的油画《美国风景》，它描绘了福特汽车公司 Rioer Rouge 工厂壮丽的情景。该工厂进来的是砂石和铁矿，出去的是汽车。在当时，这个工厂被视为奇迹，人们从世界各地来到这里参观。艺术家查尔斯·希勒在这里力图表现企业改变和塑造社会的影响力。从表层看，此景象非常漂亮，刻画了产品、建筑，看起来颇有诗意。然而从深层看，这幅画体现出一种担忧。工厂建筑把自然风景挤出画面，完全占据了人们的视野，举目所及全是人造景象。画面中的一个人物看起来异常渺小，完全被周围宏大的背景所淹没，其行动范围也受到周围工业设备的种种限制。在这里，艺术揭示出对企业影响力的情感与洞见。希勒的其他画作也有同类题材，他从来没有明确表达过其创作意图，以至于艺术批评家们一直在争论，他对于企业影响力所塑造的"美国风景"究竟是悲观还是向往。

资料来源：Digital Image © The Museum of Modern Art/Licensed by SCALA/Art Resource, NY.

行动。他们的职业决定了他们的地位与财富。

经济领域的活动是变革的主要力量，变化从这里辐射到其他领域。美国铁路业的故事说明，一个因全新的技术而不断扩张的行业是如何改变环境的。

铁路的故事

19 世纪 20 年代小铁路刚出现时，大部分行人与货物还是依靠马匹或者运河运输。

铁路是一种进步得多的运输工具，注定要掀起一场交通运输的革命。建造轨道比开凿运河的成本低，在冬天也不会结冰，而且线路可以更加直接。在历史上人与货物在陆地上的行进速度首次超过了马匹。从纽约到芝加哥的旅程从三个星期减少到三天。运送物品与乘客的成本降低了，一天之内一艘船或一辆马车只能来回一次的距离，一列火车能够来来回回好几次。

铁路运输是在 19 世纪中叶开始兴盛的。1850 年，火车只能在 9 021 英里的轨道上运行，而到了 1860 年，已经铺设了 30 626 英里的轨道。在这十年间，30 家铁路公司建成了基本的路线网，这对后来的金融系统的发展产生了深远的影响。铁轨很昂贵，从事铁路建设的每一家企业在当时都是巨头。很多公司需要 1 000 万 ~ 3 500 万美元的资金，最少的也要 200 万美元。当时许多行业中的企业还没有达到这样的规模，只有少数纺织厂和钢铁厂需要的资金超过了 100 万美元。[12]

资金上如此巨额的需求改变了资本市场。能够提供巨额资金的地方只有东北地区的大城市。因为当时波士顿的利率稍高一点，所以纽约成为金融活动的中心，这一地位保持至今。铁路通过出售债券和发行股票来融资,因此新的投资银行业产生了。纽约股票交易所从一个了无生气、每周只有几百手股票交易的地方，发展成为一个喧闹的市场。保证金交易、卖空、期权交易等新的投机手段也第一次出现了。之后，这种由铁路建设刺激出来的金融机制，在其他行业需要资金发展的时候也派上了用场。这加速了 19 世纪晚期的工业转型，从而改变了美国的历史。这也使 J.P. 摩根这样的纽约银行家有了可以控制资本融通的地位。

起初，铁路是在已有的贸易中心之间运行，但随着时间的推移，轨道总里程增加了，将更多地方连接起来。1860 年的轨道长度为 30 626 英里，到 1880 年达到了 93 267 英里，1890 年达到了 167 191 英里。[13] 轨道的增加需要使用大量的木材，导致早期蒸汽火车时代森林被大片大片砍伐，木材被用来做枕木和点火设备。火车轨道延伸带来的更深的变化是社会的转型。

在轨道四面辐射之前，美国是一个由农场与小镇构成的国家，它们通过家庭、教堂和地方政府等组织联系起来。因为长距离的旅行很花时间，也很艰苦，这些小镇常常是彼此孤立的，人口也比较稳定。人们对自己生活区域的认同胜过对整个国家的认同。这时火车的出现，使之成为一种由咄咄逼人的市场资本主义驱动的、打破稳定状态的技术力量。

那些原本可以待在农业社会中的年轻人，在遥远城市的诱惑下被火车带到远方。一批批外来者来到新的地方，他们很少受到社区价值观的影响，小城镇的亲密感在下降，而一种新的现象出现在美国人的生活中——所谓“陌生人组成的松散群体”。火车破坏了已经建立起的习俗。星期天本来是休息与做礼拜的日子，许多上教堂的人被干扰礼拜的汽笛声惹火了。但是铁路公司使用新的资本计算方法，要求火车每周多运行一天，以增加投资回报率。这种要求战胜了人们的虔诚。早期，美国各地根据太阳在头顶的移动设定自己的时间，但这导致了时区的混乱，使得铁路运行计划的安排非常困难。《铁路时代》杂志的一篇社论称："地方时间必须让路。"[14] 为了铁路的便利，1882 年召开了"通用时间大会"，统一规定了"标准时间"，但是不乏一些不肯让步的人，他们认为"毫无疑问，世界按照比列车时刻表更重要的法则在运行"[15]。

随着铁路的增加，非个性化的东西和商业伦理得以传播。城镇围绕着火车站重新布局，大量商店和饭店也沿铁路站点建起，以使过路人在旅程中花掉消费。铁路给具有商业潜力的城市带来更多的服务机会，而小城镇则被忽略，或者通过减少服务让它们慢慢衰落。这种做法加速了城市化，也使企业加速集中于城市。农村地区被重新定义了。从前的文化中心现在被认为是落后和土气的，倒是适合作度假之地，以缓解城市生活所带来的压力。

铁路也改变了美国的政治。从表面看，游说者能够主导立法机构。往深层看，变化更加深广。国会总是在总统选举前提名候选人，但是现在火车将代表带到全国各地的党派提名大会，从而改变了候选人产生的方式。火车使所有协会都能参加全国会议，铁路则把以往只能在地方流传的事情广泛传播。例如，苏珊·安东尼乘火车到全国各地，四处鼓动，使得这场赋予妇女投票权的运动最终取得了胜利。[16]

起初，政府鼓励并给予铁路补贴。联邦政府与州政府总计给铁路 1.64 亿英亩的土地，这个面积相当于加利福尼亚与内华达州之和。[17] 但是后来，问题转变为如何控制它们。国会于 1887 年通过了《州际商业法》来管制铁路行业，这一做法，连同它的优缺点，为后来管制其他行业提供了样板。

美国社会中的其他许多变化也能追溯到铁路。铁路是第一批要求现代管理结构的企业。在广大的区域内准确协调火车运行的要求，迫使铁路率先实施了专业化管理团队、部门组织结构以及现代成本核算等等，所有这些创新后来都被其他行业采用。[18] 铁路还引发了与印第安人的战争。对于平原上的印第安人来说，把原来的狩猎区域分割开的轨道是和平的主要障碍。[19] 成千上万劳工从中国来铺设铁路，他们的后代就生活在铁路沿线的社区中。铁路改变了语言。"diner"一词，意思是吃饭的地方，这是在 Pullman Palace 机车公司 1868 年引入第一辆餐车后出现的；"hell on wheels"用来描述铁轨向西部延伸时，与建设队一起行进的妓女、赌博车和酒吧组成的喧嚷群体；"off again，on again"一词来源于有关火车脱轨的讨论。[20] 社会价值观也变了。大城市的商业价值观沿着铁轨渗入附近的乡野，动摇了那里的传统。

随着轨道系统的扩张，铁路改变沿路风景，同时也改变了社会政治结构。图 3.1

图 3.1 1830~2005 年间运营中的铁路里程

这些年来火车运营的里程数反映出一个强大行业影响力的兴衰。

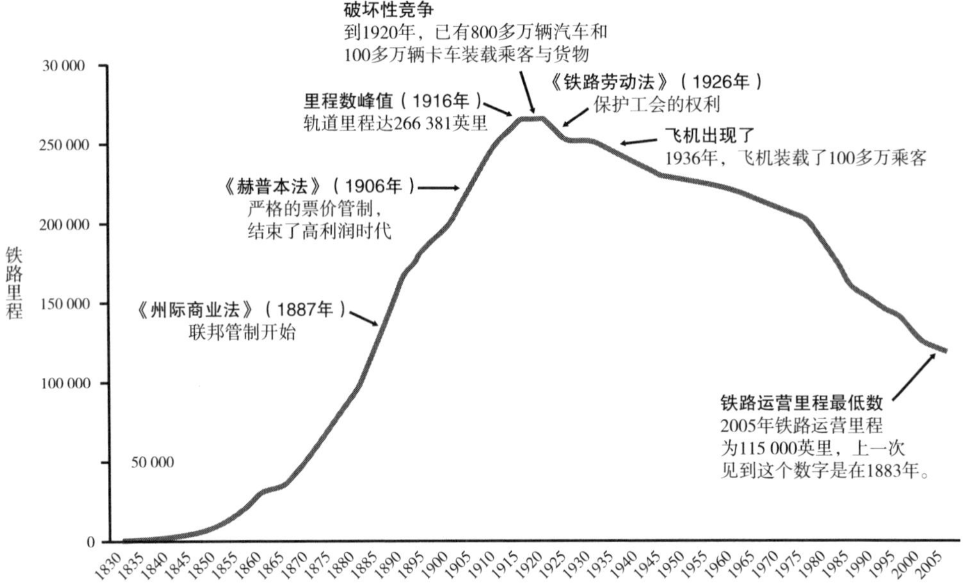

资料来源及数据：*Statistical Abstract of the United States*, various editions 1878–2006.

显示了 1916 年后铁轨英里数开始下降，反映该行业财富减少。政府管制成熟了，使铁路上调票价变得困难，也增强了工会的控制力。另外，铁路不得不与新的交通技术相竞争，先是汽车、公交车、卡车，之后是飞机。随着铁路重要性的下降，这些新技术形成一股合力，重新塑造了美国人的生活。

关于企业影响力的两种观点

企业具有强大的影响力，人们普遍认同这一观点，但是，人们对于这种影响力在满足公共利益方面是否得到充分的控制与平衡，还存在相当大的分歧。有关企业影响力的观点差别很大，但是有两种主要的对立观点。

第一种是**主导理论**（dominance theory）。这种理论认为企业在美国社会中处于突出的地位，尤其是其对财富的掌控。该理论还认为，企业的影响力已经过度，也没有得到充分的控制。企业有可能从自身的利益出发改变周围的环境，从而损害公共利益。这是卡尔·马克思的观点。他写道，占有统治地位的资产阶级剥削工人并支配其他阶级。主导理论是第 1 章中提出的企业—政府—社会关系中主导模型的基础。

另一种是**多边制衡理论**（pluralist theory），它认为企业影响力在社会中发挥作用，同时其他机构，如市场、政府、工会、请愿团、舆论等也具有巨大影响力。企业影响力会受到制衡、限制和控制，也会经历失败。亚当·斯密坚信市场力量可以在很大程度上约束企业影响力，从而为公众利益服务。多边制衡理论是第 1 章提出的对抗力量模型的基础。

主导理论

在工业化社会，商业组织规模不断扩大，财富不断集中。根据主导理论，企业会以多种方式滥用规模与财富赋予它的影响力。巨型公司的兴起造就了商业精英，他们对公共政策施加过度的影响。资本集中造就了垄断或者市场的供不应求，这会削弱竞争，损害消费者的利益。大型企业占据着资本与组织资源优势，这是小的竞争对手无法比拟的。例如，它们通过资助竞选来腐蚀政治家，雇佣游说者来影响参选官员的独立性，聘请会计师与律师来逃税，通过操纵公共关系来塑造有利于它们自身的观点。

不仅如此，大公司在国家经济中的地位如此重要，以至于参选官员不得不采取亲商利商的措施，不然就会引起公众的愤怒。一个主导理论的支持者写道："如果企业因为缺乏投资、雇佣、生产等刺激而摇摇欲坠，与商业精英相比，政治精英中的成员更有可能丢掉他们的职位。"[21] 我们将进一步讨论企业规模与财富的增长，以及精英的出现。

公司的资本集中　经济力量的集中会导致权力滥用，这一观点的出现，在一定程度上是对 19 世纪末惊人的经济增长作出的理性反应。在此之前，美国主要还是个农业国家。但在 1860~1890 年间，工业进步改变了这个国家，相关的统计数据非常惊人。在这 30 年间，制造企业的数量增加了一倍还多，从 140 433 个增加到 355 415 个；它们创造的价值超过了 400%，从 18 亿美元到 93 亿美元，投资于这些企业的资本增加了 650%，从 10 亿美元增加到 65 亿美元。[22]

这一发展不仅创造了财富，也集中了财富。到 19 世纪末，在 1895~1904 年间，前所未有的合并浪潮将优势公司集中起来，这种现象出现在一个又一个行业。此后又出现了其他一些重要的合并浪潮，但这是第一次。它在美国人心中留下了深刻的印象，而它的影响使人们对大企业产生了长久的恐惧。

合并浪潮是由于经济环境发生了变化，产生了合并的动力。1895~1904 年合并浪潮的主要刺激因素是横贯大陆的铁路，它减少了交通成本，因而创造了新的市场。企业都急匆匆地想壮大自己，从地区性企业转变为全国性企业。诸如詹姆斯·杜克的美国烟草公司通过吞掉竞争者壮大了自己。它们挤进原来孤立的市场，将小的家族企业扫地出门。这种故事在大约 300 个商业领域重复着，包括石油、铜、家畜、冶金，还有扑克牌、墓碑等。1904 年针对 92 家规模最大的企业的一项研究表明，其中有 78 家企业控制了产品市场份额的 50%，57 家控制了超过 60% 的市场份额，26 家控制了超过 80% 的市场份额。[23]

那时，公众没有将巨型公司的发展看做是对新的经济刺激的一种自然的、必然且必须的反应。相反，公众将它视为贪得无厌的标志。这种规模的公司是新鲜事物，激起了敬畏与恐惧相混杂的复杂情绪。1904 年，当美国钢铁公司成为第一家资产超过 10 亿美元的企业时，人们震惊了。以前，这种数字只会出现在天文领域，不会出现在企业中。

20 世纪，企业的规模继续扩大，但是资本集中的速度慢了下来，趋于稳定。1929 年，美国 200 家最大的非金融企业（不到全部非金融企业的 0.7%）控制着所有企业财富的近 50%。但是到 1947 年，美国前 200 家企业只控制全美企业财富的 46%。1996 年这个比例进一步下降到 36%。[24] 虽然没有连续的系列统计数据反映现在的情况，但最近的一项研究显示，从 1995~2004 年，财富 500 强中前 200 家公司的资产集中度下降了 8%。[25]

由于当今全球化生产的趋势，跨国公司的数量及其规模都增加了。现在大约有 78 000 家跨国企业，大大高于 1990 年的 34 000 家。这些大公司的资产与销售额不断增加。1990~2005 年间，100 家最大的跨国公司的资产增加了 271%，销售额增加了 213%。[26] 尽管全球的合并加剧了，但是并没有迹象表明，最大的全球企业会像大型美国企业集中国内资产那样集中国际资产。事实上，100 家最大的跨国企业的国外资产占全球资产的比例，从 1999 年的 13% 下降到 2004 年的 11%。[27] 而这 100 家企业只是世界经济活动中的一小部分。1990 年到 2000 年的十年间，它们的经济活动占世界 GDP 的份额仅仅从 3.5% 上升到 4.3%。[28]

尽管如此，主导理论的拥护者还是相信，国际化企业不断提升的规模和金融影响力，将转化为与过去相同的权力滥用。但是市场影响力与权力滥用之间的关系还有待观察。许多行业中那些比以前更大的跨国企业并不一定拥有更大的市场影响力，因为它们面临着强大的竞争对手、来自新兴行业的竞争、扩大的市场版图，以及更加激进的反托拉斯措施。在社会政治的层面，这些企业面临来自全球的、不断加大的压力，这些压力要求其以负责任的方式行动。

另外，无论企业多大，都无法保证它能一直繁荣下去。随着时间的推移，拙劣的管理水平、竞争以及技术的进步都不断修正着美国大公司的花名册。1909 年 100 家最大的公司中，只有 36% 还留在 1948 年的花名册上。在 1948~1958 年之间，只

企业大鳄的兴衰

1896 年，一名叫查尔斯·道尔的记者创立了一个由 12 家公司组成的名单，作为股票市场运作绩效的指数。每个企业都是行业的领跑者，可以代表行业的命运。随着时间的推移，美国的产业结构发生了变化，有的公司出现，有的公司消失；而这个名单，今天我们把它称为“道琼斯工业平均指数”，由 12 家企业增加到 30 家。最近一次的变动发生在 2008 年。

1896 年的领军企业反映的是一个不同的世界。那时，农业在美国经济中的地位比现在重要得多，有四家公司是经营农产品的，包括詹姆斯·杜克的美国烟草公司，棉花与糖的生产商，还有生产家畜饲料的公司。其他公司代表了以铁、铅、煤为基础的先进的工业技术。美国毛皮公司在即将淘汰的命运下生产了一种新产品——皮革传输带——用于在工厂传输能量。生产出电力马达的通用电气公司，是那个时代的高技术企业。圣路易斯的芝加哥天然气公司（Chicago Gas）与拉克尔德煤气照明公司（Laclede Gas Light Co.）是为城市中新出现的天然气街灯提供能源的公共事业公司。北美公司（North American Co.）则经营电车。

2008 年的名单显示出提供服务与消费品的新技术与新经济部门不断涌现。通用电气公司是唯一一个出现在 1896 年名单上的公司，而它曾在 1898 年到 1907 年的九年里被剔出名单。其他 11 家最早的公司中，2 家（美国烟草公司与北美公司）被反托拉斯行动分解了，1 家（美国毛皮公司）解散了，另外 8 家或是作为不太重要的公司，或是作为兼并公司资产的一部分，继续运营着。

作为美国工业的一部传记，道琼斯指数戏剧性地表现了企业大鳄与行业的兴衰。在一个多世纪的时间里，100 家不同的公司榜上有名。道琼斯指数告诉我们，即便是最大的公司，它们的主导性也是昙花一现。

1896 年	2008 年	
American Cotton Oil	Alcoa	Home Depot
American Sugar Refining	American Express	IBM
American Tobacco	American International Group	Intel
Chicago Gas	AT&T	J. P. Morgan Chase
Distilling & Cattle Feeding	Bank of America	Johnson & Johnson
General Electric	Boeing	McDonald's
Laclede Gas Light	Caterpillar	Merck
National Lead	Chevron	Microsoft
North American	Coca-Cola	3M
Tennessee Coal & Iron	Citigroup	Pfizer
U.S. Leather	DuPont	Procter & Gamble
U.S. Rubber	ExxonMobil	United Technologies
	General Electric	Verizon Communications
	General Motors	Wal-Mart Stores
	Hewlett-Packard	Walt Disney

有 65 家公司没有被淘汰出局。工业公司财富 500 强的评选活动开始于 1955 年，到 1994 年，只有 116 家公司的名字还保留在花名册上。[29] 许多从名单上消失的企业被

其他公司兼并了。在 100 家最大的跨国公司中，1990 年有 28 家美国公司，但到了 2004 年，仅剩下 25 家。[30] 其中的教训是，几乎无例外可言，无法控制的竞争超过了最大公司力图维持其主导地位的力量。

精英主导 另一种支持主导理论的观点认为，存在着少数个体，依靠自己的财富和地位控制着国家。精英成员们行动一致，却是反民主的。这种经济精英主导美国社会的观点有很长的历史。在 1789 年宪法诞生之前的争论中，反对者就曾指责说起草宪法的代表都是富有的贵族，他们所设计的政府是服务于自己的商业利益的。后来，农民们怀疑乔治・华盛顿的财务部长亚历山大・汉密尔顿运用经济特权，制定了有利于商业的政府政策，而他与贵族及商业精英有着千丝万缕的关系。从殖民时代起，对精英主导的指责就反复出现于反对大企业的群众运动中。

现代精英主导理论的推动者是社会学家瑞特・米尔斯。他在 1956 年写了一部学术著作，描述了美国社会中“有影响力的精英”，“就国家大事的决策而言，有影响力的精英就是那些制定政策的人”[31]。米尔斯将美国社会看成一个建构于影响力与地位之上的金字塔，位于顶端的是为数不多的精英，把控着经济、政治、军事等领域。米尔斯从未对这个阶层的人数作出具体的估计，只是说这个阶层的人数数量很少。在这个阶层之下是一群副手，他们负责实施精英们的政策。他们包括公司的职业经理人、被精英视作其利益代表而推选出的政治家，还有由政治家任命的政府官员。金字塔宽大的底层由没有影响力的大众组成，包括势单力薄的团体与只有微弱影响力的协会。这一想象的金字塔的结构与第 1 章中提到的主导模式相吻合。

米尔斯不认为美国是民主国家，而认为精英们只不过是把政府“当做保护伞，在它的权威下，做他们自己的事情。”[32] 虽然他从来没说过经济界的精英对政界与军界有主导性，但他认为，“核心组织也许就是较大的公司”[33]。

《精英统治》（*The Power Elite*）是一本以怀疑态度写作的书，书中更多的是思考，而不是实证。该书缺乏统计数据来支撑相关的论断，这种现象在当今类似的社会学著作中是不可能出现的。但是它对经济影响力提供了新的强有力的解释，又正好是在许多美国的左翼分子不再为马克思主义着迷时推出的。米尔斯关于少数统治精英的认识流行起来，并从此在反公司的左翼中间得到拥护。米尔斯应该感到高兴。在信件中，他曾经义愤填膺地将权力解释为——“那些狗娘养的掌管着美国大企业的精英们。”[34]

受到米尔斯启发的学者们进行了大量有关精英的研究，也基本认同企业的主导性。其中之一是威廉・道莫夫。三十多年来，他一直认为上层阶级通过对公司的控制统治着美国。他写道，“公司和上层社会的领导群体称为权力精英”，他们由“在公司担任领导的上层社会成员”组成。[35]

> 大公司的所有者与高层管理者一起合作，以保持自己在主导权力集团中的核心地位。他们的公司、银行、农业企业形成了一个公司共同体，在与他们利益相关的政策问题上影响联邦政府……权力精英由营利性或非营利性机构中的董事或托管人构成，而公司共同体通过股票所有权、金融支持或参与董事会等方式对这些机构实施控制。[36]

政治学家托马斯·戴伊在长达25年的时间里，致力于准确界定是哪些人构成了美国的精英。他相信影响力来自于公司、政府与其他大型组织中的领导角色，因而他认为“国家机构精英”包含：

> 在美国社会的制度结构中占据高位的个人。这些个人拥有正式的权威，可以制定、指导和管理大公司、政府、法律、教育、民事，以及文化机构的相关项目、政策和活动。……为了便于分析，我们将美国社会划分为以下十个部门：（1）工业（非金融）公司；（2）银行；（3）保险；（4）投行；（5）大众传媒；（6）法律；（7）教育；（8）基金；（9）民事与文化组织；（10）政府。[37]

利用这种方法，戴伊识别了7 314个精英职位，发现这些职位是由5 778个个人占据（因为有些人不仅占据一个职位）。这比米尔斯所估计的精英人数要大得多，但是仍然只是美国人口百分之一的千分之三。

精英由财富、能力、职位与社会地位组合而成，这是不可避免的。他们的存在对于民主治理是一种挑战，因为它将公民划分为占统治地位的少数人和被统治的多数人。但精英并不一定是罪恶、专制或阴险的，他们能成为天才与专家型领导的来源。美国的企业精英来自于大企业的管理层和董事会，而占据这些职位的人主要依靠的是优秀的个人才能。职位变动是经常的，但是，处于这些高尖层次上的人的背景也比较接近。各项研究表明，他们几乎都是男性、白人、基督徒；他们都来自于上层阶级家庭；他们大多毕业于几所著名的大学。有证据表明，仅有的黑人、拉丁美洲人及女性精英，在背景与思维方式上也与已有的精英非常相似。[38]总之，美国精英的存在，可能是由商业利益主导的，这对于致力于平等的美国来说是个大麻烦。但是，也有人认为他们的行动受到了充分的控制与制衡。这一观点将在下一节中探讨。

多边制衡理论

多边制衡社会（pluralist society）是指社会影响力通过许多群体与机构得以分散。在这样的社会中，没有哪个实体或利益团体拥有压倒一切的力量，彼此之间能相互

摩根和1907年的恐慌

在20世纪的第一个十年中，摩根（J.P.Morgan，1837~1913年）领导着纽约的摩根公司，他经常被视为全美国最有影响力的人物。他特别擅长收购同一行业中的竞争企业，通过合并形成一个统一的垄断性公司。他将一些独立的铁路线合并，形成一个庞大的铁路系统。1892年，他将一些小的电气公司合并成通用电气公司，同时还将生产不同产品的加工企业合并，组成国际收割机公司，该公司一开始就拥有农业机械85%的市场份额。1901年，他创立了他的第一个10亿美元级的公司。当时，他融资14亿美元合并了785家独立企业，组建了美国钢铁公司。

摩根和他的两个关系密切的合伙人一起拥有341家公司的董事身份。他的影响力独立于政府的控制，因为当时反托拉斯法只有很小的强制力，也没有哪家国家银行干预货币的供给，当时的证券与银行法还处于起步阶段。一个对他充满敬畏的传记作家说他“是个神，在无情的掠夺性的金钱世界中统治了整整一代人”[39]。而批评家对他就不那么友好了。参议员罗伯特·拉弗莱特曾把他描述为“一个结实的、红脸的、粗脖子的家伙，在金融领域恃强凌弱，沉醉于财富与权力中”[40]。

1907年10月，恐慌席卷了整个华尔街，随着不安的投资者纷纷卖出股票，股票价格狂跌不止。很快，几家银行遭受了一轮又一轮的挤兑风潮，已经无力支撑下去。流动性资产，或者说自由现金流，迅速从金融市场消失。整个美国的银行系统处于崩溃的边缘。具有非凡影响力的摩根命令纽约的股票交易所在10月24日保持全天开放，以便稳定投资者的信心。为支持这一行动，他投入了2 500万美元。

联邦政府面对危机却无能为力。具有讽刺意味的是，在狂跌不止的股市面前，西奥多·罗斯福总统到路易斯安那猎熊去了。由于没有一家国家银行，政府没有能力增加货币供应来恢复市场的流动性。在无力回天的情况下，财政部长乔治·科特刘奔赴纽约听取摩根的建议。

10月24日晚，摩根在他的私人图书馆召集了纽约的银行界精英。当参会的银行家在另一个房间讨论拯救危机的方法时，他在玩着单人纸牌游戏。不时有人来向他汇报他们的建议，都被他一一拒绝了。最后，大家又商量出一个方案，这需要融资3 300万美元来支持股票交易和面临破产的银行。这笔巨额的资金从哪里来呢？财政部长从政府基金中划拨1 000万美元，约翰·洛克菲勒捐资1 000万美元，摩根负责剩下的1 300万美元。

这一行动稳定了国家经济。也许它能证明，精英行使影响力能够有利于公众的利益。但是应该注意到，1907年的恐慌以及那个时代其他的恐慌，是因为摩根与其他金融巨头需要巨额的股票来为他们的合并活动融资，正是他们一而再，再而三地使股票交易遭遇困境。

摩根因为在终止1907年恐慌中的作用而受到广泛的指责。一些阴谋论者怀疑一个人怎么能有如此巨大的影响力，对他进行攻击。例如，阿普顿·辛克莱尔指责摩根借恐慌之机捞取个人利益，这是一个蛮不讲理的错误指责。1912年，摩根成为国会听证会的焦点人物，这个听证会的结论是，他领导着一个“货币托拉斯”，控制了国家的金融，这对国家是件不幸的事情。摩根于1913年去世，之后不久，国会通过了联邦储备法案，决定成立中央银行，以确保不再完全依赖私人银行保证货币供给。

制约与平衡。第 1 章中的对抗力量模型说明，在这种社会中，企业必须要与所处环境中的制约力量发生互动。企业可能对其中一些制约力量有显著影响，但是对大多数影响有限，对于其中少部分可能毫无影响。美国社会的某些特征支持多边制衡理论。

首先，多边制衡理论渗透着民主价值理念。与许多国家不同，美国没有封建或独裁统治的历史，因此不存在对贵族财富根深蒂固的尊重。在殖民时代，美国人接受了当时革命性的学说天赋人权的影响，即认为所有人生而平等，应该拥有同样的机会，受到同样的保护。法国的一位贵族托克维尔在美国旅行后，写了一本具有远见的书，讨论 19 世纪 30 年代美国的风俗，认为它受到平等理念强有力的冲击。他写道，对平等的信仰贯穿于美国社会，指导着公众的观念，影响着法律，塑造着政治。人人生而平等是"一种基本事实，好像所有其他事物都由此而来"[41]。因此，美国的法律平等地适用于所有人。所有利益团体都有权让人们听到自己的声音。权力的行使必须是为了公共利益，这才是合法的。

其次，美国拥有众多的人口，这些人口广泛分布于不同的地区，从事各种各样的职业。因此，与其他任何国家相比，其利益构成更加错综复杂。各种经济利益体，包括劳工、银行、工业、农业和消费者等，都是稳定的利益混合体。各种自发协会（它们的规模、寿命与影响力各不相同）在政府的各个层面展开竞争。

第三，美国的宪法鼓励多边制衡。宪法保障个人自由，使其能自由地组织社会团体，发表个人见解，追求个人利益。这样，企业就受到人权组织、环境保护组织与其他利益团体的挑战。宪法通过各种方式分散政治权力，包括联邦政府的三个分支机构、联邦政府与州政府之间的分工，以及赋予人民权利。这形成了令人瞩目的开放的政治体系。

除此之外，企业暴露于市场的约束力之下，后者迫使企业围绕节约成本以及努力使消费者满意来做出资源配置决策，这种力量甚至能使最强大的企业垮台。亨利·凯泽在生意上似乎没什么过失。他是德国移民的孩子，从商店伙计一直做到 32 家公司的所有者，包括 7 家造船厂。在第二次世界大战期间，这些造船厂一天能生产一艘船。当他在 1945 年创办一家汽车公司时，没有人认为他会失败。急不可待的消费者在一辆车都没造好前就投下了上千美元的押金。[42] 但他的汽车——凯泽与弗瑞泽，却因为动力不足，要价过高，最终被市场拒绝。他的公司失败了。凯泽始终没能控制好成本，他只能与制造零部件的汽车公司谈判，以确定购买零部件的价格。到了最后，他造出了一部样车，像好事达公司一样在西尔斯百货出售。这是一个可怕的错误，因为它留给消费者的印象是：这种汽车的质量是低劣的。

总而言之，在多边制衡的自由市场社会中，那些可预测的、强大的力量限制着企业的影响力。明智的管理者明白，虽然企业对政府、市场与舆论有很大的影响力，

图 3.2

管理影响力的界限

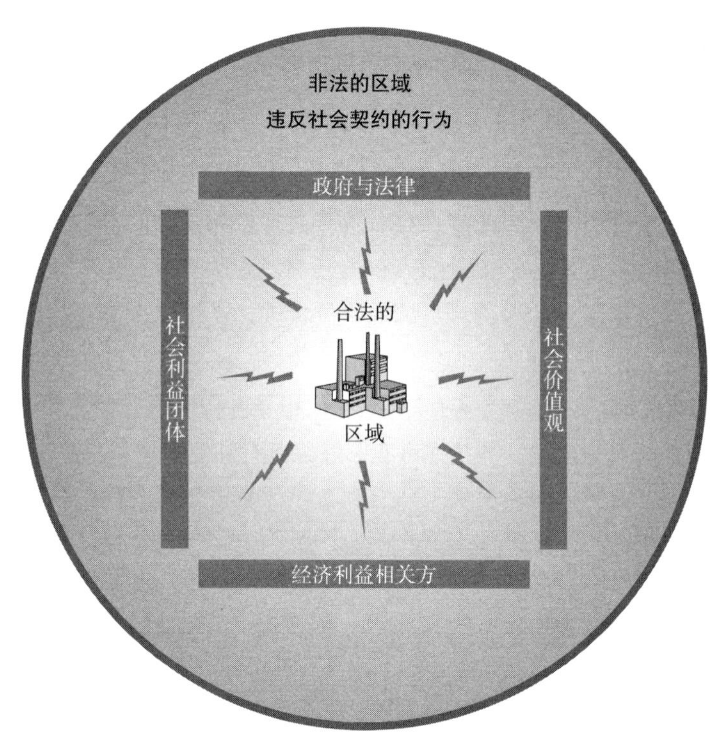

但他们的影响力也会受到限制和挑战，或者需要与其他团体分享。总的说来如图 3.2 所示，管理的影响力主要受到四个方面的限制。

1. **政府与法律**（governments and laws）。所有国家的政府与法律都会干预企业的活动。政府是企业行为是否合法的最终仲裁者，能强制终止危害公众的企业行为。法律则规范与约束企业的运作。
2. **社会利益团体**（social interest groups）。社会利益团体代表了社会的方方面面，它们能使用许多办法来约束企业，包括抵制产品、法律诉讼、罢工示威、媒体宣传活动以及要求更多的政府管制等等。历史上，工会一直是企业影响力的重要对手与制衡力量，而近年来较为重要的还包括环境、人权、宗教、消费者与公共利益团体。
3. **社会价值观**（social values）。社会价值观代代相传，它体现在舆论中，植根于法律内。管理者通过学校与教会将它们内化为自我意识。社会价值观包括责任、公正、真理与虔诚等规范，能够像法律一样有力地指导管理者的行为。例如，20 世纪 60 年代，代际间价值观的转变使得电影制片厂能够获得执照尝试与色情与暴力相关的内容，但是沃尔特·迪斯尼却从没这样做过。金钱刺激不足以让他放弃孩童时在堪萨斯州形成的价值观，他始终重视道德、家庭生活与小镇行为准则。[43]

4. **市场与经济利益相关者**（markets and economic stakeholders）。　市场与经济利益相关者对企业形成了有力的限制。股东、员工、供货商、债权人与竞争者都影响着企业的决策。市场代表技术变革的巨大潮流，它能够将最大的公司淘汰出局。

根据多边制衡理论，管理者的权力是有界限的。就像太阳系中，行星能够自由运转，但却不能脱离重力场。美国社会中的大公司也必须沿着由多边利益团体限制的既定轨道运行。

结　论

在最近的一项民意测验中，77% 的美国人认为“过多的权利集中在少数大公司的手中”[44]。这种观点对吗？回答这一问题需要分析和判断。在这一章里，我们分别讨论了公司影响力概念的范式、类别与理论，以便读者进行批判性的思考。我们解释了公司影响力如何成为变革的强大力量，以及经济发展如何在深层以势不可挡、非计划的方式塑造着社会。

我们提出了两种相反的理论。主导理论认为，由于缺少适当的控制，经济力量过分地集中于大公司与财富精英的手中。多边制衡理论认为，在开放的社会中，许多限制因素能够控制企业的权力。两种理论引发长期的争论，而且都有一些支持证据。两种理论都颇有见地，但都不够准确。两种理论都吸引了各自的拥护者，而他们的信念都建立在市场资本主义是否能将社会朝着正确方向推进这一内在判断基础之上。

如果企业影响力能够承担起民主控制所要求的责任，社会就认为它是合法的。如果存在法律约束与公正的经济，企业影响力总体上最终会被引向有利于公共利益的方向，这不会因那些带有嘲弄意味的习惯性吵嚷所点燃的批评之火而改变。

约翰·洛克菲勒与标准石油公司

这是有关标准石油公司的创始人约翰·洛克菲勒（John Davison Rockefeller，1839~1937）的故事，它讲述了一个忧郁的小镇男孩，如何以其组织方面的天才，以及大胆、无情和有条不紊的行动，一跃成为石油行业的主导者。他是美国最富有的人，但一度也是最遭人憎恨的人。

洛克菲勒活到 98 岁。他出生时，马丁·范·布伦是美国总统，那时移民者架着有顶的四轮马车穿越俄勒冈大道。他生前见证了富兰克林·罗斯福的新政，看到德国纳粹党的兴起，而且从电台广播中听到法兰克·辛纳屈演唱《孤独的游骑兵》的声音。

在他生存的年代，经济正被工业进步的浪潮不断推进。洛克菲勒创造财富的年代，缺乏今天的道德规范与商业法规，是公司及其创办者的影响力可以不受限制肆意发挥的年代。

性格形成的岁月

约翰·戴维森·洛克菲勒1839年7月8日出生于纽约南部的一个小村庄。他在六个孩子中排行老二，而且是长子。他的父亲，威廉·洛克菲勒是一个江湖医生，卖些没效的万能药,同时还做各种小生意。他是个快活、聪明、狡猾的人，挣的钱足够一家人过体面的生活，直到有一天他被控强奸了一位当地妇女，为了躲避坐牢而离家出走。之后，他只在深更半夜回家看看。但是，他教给年轻的约翰，还有他的兄弟们做生意的道理，特别是不能让情绪影响到生意。有一次他说:“我抓住每次机会欺骗我的孩子们，因为我想让他们变得精明。”[1]

约翰的母亲是一位沉默而笃信宗教的女性，她教养孩子非常严格，强调礼貌和教堂礼拜，还教给他们工作伦理。她灌输“有意的浪费会导致可悲的贫穷”之类的说教；她教孩子们做慈善。约翰很小的时候，就经常做一些有价值的慈善事情了。

年轻的约翰在学校里并无超越常人之处。高中时，他不过是个平庸的学生，对书本与知识没什么兴趣，但是有勤奋工作的意愿。他长成了一个忧郁而认真的小伙子，同学们给他起了个“执事”的绰号，因为他虔诚地参加浸信会，能记住很多赞美诗。1855年夏天，他在俄亥俄州克利夫兰一家商学院上了三个月的学，之后就开始寻找工作。除了正规的学校教育外，他的性格中综合了父母亲相互矛盾的方面——父亲的老谋深算、充满自信、无所畏惧以及母亲的严格与虔诚，两者内化在他身上，这种结合被证明是令人敬畏的。这个人有着会计师一般的精确，还有着切萨雷·博尔吉亚*一般的狡猾。

早期的职业生涯

洛克菲勒的第一份工作是在克利夫兰的一家公司里做簿记员。他仔细地查阅每个交上来的账本，不放过任何一个错误。他还在个人分类账中记录下自己挣到的每一分钱和支出。这些记录显示他是个极节俭的人，每月25美元的工资大半都存下来，慷慨地捐助浸信会教堂与穷人。

1859年，他和另外两个人合伙成功地在克利夫兰成立一家企业，同时证明了自己是一个强有力的谈判者。一个熟人描述他“能够径直走到别人面前，然后坐下”[2]。他的企业在内战期间向北方部队供应食品，逐渐兴旺起来。虽然那时候他只不过20出头，但这个冷静、不轻易表露感情的小伙子从来没被爱国主义的热情冲昏头脑。那段时间，法律允许任何人以各种方式付钱给别人代替自己去军队服役，洛克菲勒就是这么做的。

石油生意的开始

来自食品行业的利润很高，约翰开始寻找新的有前途的投资方向。很快他就找到了一个——克利夫兰的一家石油冶炼厂。1963年，他在这里投资了4 000美元。那时，石油生产与加工是一个新兴行业。新的钻井技术导致1859年宾夕法尼亚州的石油罢工，紧接着是钻井与冶炼的狂热升温。

洛克菲勒很快将自己完全投身于石油业，

* 切萨雷·博尔吉亚（Cesare Borgia，1475~1507），教皇亚历山大六世私生子，曾任瓦伦西亚大主教、相机主教，为财富和权力不择手段。——译者注

并开始厉行自己的节约原则。一个基本的原则是不让任何人赚取利润。例如，洛克菲勒没有购买每个 2.5 美元的油桶，而是建立了自己的油桶生产厂，以每个 0.96 美元的价钱进行生产。他购买了一片森林，用自己的树木做木板。另一个基本原则是想方设法削减成本。制作油桶板的木材在运往制桶厂之前先用炉火烤干。由于水从木头中蒸发，木头重量变轻了，运输成本就降了下来。

虽然洛克菲勒专注于细节，但他在大的计划方面也敢作敢为。他从银行借巨款用于扩张炼油厂。借款风险吓坏了他的合伙人，于是他就买下全部股份，让合伙人退出。1865 年，他又借了更多的钱建起了第二家炼油厂。不久，他并购了纽约的一家出口公司，将全世界变成他的市场。

石油行业变化的环境

在发展早期，石油这一新兴行业处于一种混乱状态。当时的基本情形是，宾夕法尼亚地区是原油的唯一来源地，那里石油产量过剩。原油价格波动剧烈，但从长期来看呈下降趋势。原油价格每次下降，就会导致新的炼油厂出现。到 19 世纪 60 年代晚期，炼油能力已经比石油生产能力高出两倍，这导致恶性价格战。为了偿还源源不断的欠账单，一些炼油商不惜亏本卖出产品以增加现金流，勉强维持生存。这样一来，所有炼油商的利润空间都被拉了下来。

洛克菲勒有着投资大规模炼油厂的眼光，由于不遗余力削减成本，他的炼油厂能够赚钱。但即便有严格的成本控制，这个病态行业所面对的市场力量还是蚕食了他的一部分净收益。他认为给整个行业“定规矩”，以停止恶性竞争的时候到了。[3] 他用来实现这一目标的方法是垄断，这个战术很精明。

洛克菲勒的竞争战略

洛克菲勒采用了一系列竞争战略。他是一个低成本、高产出的生产商，用负债融资的方法来扩张。他力图使他的石油加工品保持高且稳定的质量，而那些无法取信于人的炼油厂只能生产出低劣的石油提取物。燃点低的廉价煤油坑害了许多人。1870 年，洛克菲勒组建了俄亥俄州的标准石油公司，公司名称意味着它将提供统一优质的“标准石油”。他制造木质油桶，致力于纵向一体化。后来，他还先后购置了输油管、储油罐、油槽车等等。

然而，他成功的关键则是以高压手段控制铁路。洛克菲勒在这方面是个行家。支付给铁路的运输成本对炼油厂至关重要，因为炼油厂依靠铁路运来原油，并把煤油、润滑油等成品运出去。19 世纪 60 年代，铁路的竞争很激烈，为了吸引生意，运输费用经常改变。没有法律对此加以限制，公开发布的费率水平只不过是双方谈判的起点。

铁路经常给托运人提供“回扣”，也就是说，在完成运输后他们会将运费的一部分返回给托运人。这些回扣通常是秘密的，主要是为了保证以后还有生意。大宗货物的托运人，包括炼油厂，拿到的回扣最多。标准石油也不例外。

那时，洛克菲勒已经被传记作家描述为一个引人注目的人物，有着敏锐的眼光，谈判时不好对付。他会盯着对方仔细打量，眼神让人发毛，没有谁是他的对手。他在谈判中非常厉害，因为他总能了解到对方生意的细节。与此同时，他始终虔诚地上教堂，每晚睡觉前都阅读《圣经》。

19 世纪 70 年代晚期，洛克菲勒策划了一个厚颜无耻的计划，要在炼油的业务层面实现石油工业的标准化。在几次秘密会议上，他制定了几家主要炼油厂与进入宾夕法尼亚石油地区的三家铁路商之间的回扣计划。他们给计划起了个听起来无辜的名字，叫“南方改善计划”。根据计划，铁路同意上调公布的石油运输价格，这样洛克菲勒在克利夫兰的炼油厂与其他几家炼油厂将得到很高的回扣。例如，石油产地与克利夫兰之间的正常运费为每桶0.8美元，克利夫兰与纽约之间为每桶2美元。这样，克利夫兰的任何其他炼油厂运进一桶原油，再将一桶炼好的油运到纽约出售或出口，每桶需要2.8美元。洛克菲勒与他的同党虽也支付2.8美元，但可以得到0.9美元的回扣。

不仅如此，加入“南方改善计划”的炼油厂还能得到退费，这些退费竟然是从竞争者的石油运输中得到的。这样，竞争者往克利夫兰每运送一桶原油，洛克菲勒可以得到0.4美元；竞争者往纽约运送一桶成品油，他能得到0.5美元。在这个贪婪的计划中，竞争者运送的越多，洛克菲勒的运输成本下降的就越多。竞争者在这条关键线路（宾夕法尼亚石油产地—克利夫兰—纽约）上要支付2.8美元，洛克菲勒只需要支付1美元。另外，铁路商还同意向这些谋划者提供竞争者的详细运货单。这是一个不错的间谍系统，并且不容易被发现。

为什么铁路商会同意这样的计划呢？这有几个原因。第一，它消除了激烈竞争所带来的不确定性，使大运量的石油运输得到保证。第二，炼油厂向铁路提供包括油槽车、装载设备、保险等在内的服务。第三，铁路运营商能得到参与计划的炼油厂的股份，增加了他们成功的砝码。

“南方改善计划”的结果是可以预料的。没有加入计划的炼油厂面临膨胀的运输成本，变得没有竞争力。它们只有两个选择：要么卖给洛克菲勒或者他的同伙，要么坚持原则，直至破产。他们不得不出售炼油厂时，行业结构中存在的问题就能得到纠正。洛克菲勒意在收购这些炼油厂，然后再关闭或者限制其产能。这将赋予他稳定原油与成品油价格的市场力量，而回扣将成为新的炼油厂进入市场难以逾越的门槛。

阴谋破产

1872年2月，新的运费宣布了。很快，洛克菲勒的整个计划也被揭露出来，引发了石油界广泛而爆发性的怒火。虽然这个计划没有触犯任何法律，但却践踏了通行的规范。人们相信，既然铁路从大众手中获取了道路的使用权，他们就有责任为托运者提供公平服务。按照运量设定折扣可能是正当的，但这种做法太过分了。石油界的生产商与炼油厂联合起来抵制合谋者和铁路商。

洛克菲勒被视为“南方改善计划”背后的始作俑者，在行业内与媒体上受到谩骂，他的夫人甚至担心这会危及他的生命，但他却从未动摇过。他在谈到这个计划时说：“这是正确的。我的良心知道这是正确的。在我与我的上帝看来这是正确的。”[4] 正如一位叫艾达·塔贝尔的记者所说，洛克菲勒并不会拘泥于这种事情。

> 洛克菲勒先生“很好”。在克利夫兰没谁比他更称得上虔诚的浸信会教徒了。从年轻时开始，他就慷慨地资助教堂的各项事情。他资助那儿的穷人，探访那些病人，为那些遭遇不幸的人哭泣。他还默默地为其他的慈善活动提供捐助。……但是，他会竭尽全力从铁路上为自己争取特有的、不公正的特权，这注定会毁掉石油业中每一个无法与他分享特权的人。[5]

不到一个月，公众负面舆论的压力，以及收入的损失使铁路商不得不缴械投降。他们废除了歧视性的运输费率结构。所有的表象都显示洛克菲勒失败了，但是表象往往具有欺骗性。洛克菲勒迅速采取了行动，他与对手一一会晤，向他们解释回扣计划及其对整个行业的好处，并提出要收购他们。他用现金或标准石油公司的股票支付，公平收购其他炼油厂。

当铁路商重新设定运费时，洛克菲勒已经收购了克利夫兰 26 家竞争对手中的 21 家。有些收购仅仅是将其解散，以减少多余的产能。现在，他控制了克利夫兰，这里是美国主要的炼油中心，从而控制了美国石油总产能的四分之一。他与伊利铁路公司秘密谈判，达成了一项新的回扣协议。对于这些行动，艾达・塔贝尔讽刺道：“他有一种精神，如果被墙挡住,他就从地洞下通过,或者绕道而行。”[6]不管采用的是什么办法，他事实上纠正了石油行业中的结构性缺陷。这将吸引更多的资金。如果说有什么给他这个显著的胜利蒙上了阴影的话,那就是舆论与他对立。从那时起，他被斥责为不公平的竞争者，他招来的憎恨与他迅速增长的财富并肩而行，但他永远不知道是为什么。

走上帝国之路

洛克菲勒 33 岁时就已经非常富有。但他还在努力着，他要完成一项宏大的设计，要以他的模式来改造整个行业的版图，让行业与他的愿景保持一致。

他继续着横向整合的战略，将炼油厂中的竞争者越来越多地收归自己旗下。随着标准石油公司的规模不断扩大，洛克菲勒对铁路的支配力量也增强了。就像一个交响乐团的指挥,他让他们彼此竞争,作为回扣的回报，他转让给他们石油运输股份，这赋予他决定性的优势。

有些竞争者固执地守着自己的企业，部分原因是他们憎恨洛克菲勒。他让这些人尝到“甜头”，同时又“感到不舒服”，直到最后将企业卖给他。[7]他租给铁路的油槽车常常“缺车”，不能将原油与成品油在炼油厂之间来回运送。洛克菲勒隐瞒了他的很多收购行动，意在掩饰他想要获得垄断的企图。这些公司是他与竞争对手战争中的特洛伊木马，它们看上去是独立的，却秘密地帮助标准石油公司摧毁它的对手。它们经常处于精心设计的价格阴谋的中心，包括设定电报中的代码字，如“怀疑者”表示炼油厂，“混合者”表示铁路的退费。这些幽灵购买了那些原则上不肯出售给标准石油公司的炼油厂。它们的存在使独立企业遭遇到看不见的神秘力量，却无法与之进行光明正大的较量。

标准石油公司

到 1882 年，洛克菲勒的公司拥有 7 000 万美元的资本，生产着美国 90% 的成品油产品。它的主导产品照明用油改变了人们的生活方式。在人们消费得起的优质照明用油上市销售之前，美国人只能天黑就上床睡觉。他们买不起昂贵的蜡烛或鲸鱼油，同时又害怕使用早期小的炼油厂生产的劣质煤油。随着洛克菲勒王国的兴起，他们拥有了可靠、廉价的光明，可以很晚才睡觉。他们的生活以及这个国家的生活因此而改变。

洛克菲勒将标准石油公司改组成一个托拉斯。[8]其目的是让州政府的管制难以实施。不久，其他大公司也如法炮制，采用托拉斯的形式来规避政府的管制。在标准石油公司内部，洛克菲勒具有非凡的组织才能。他在纽约市百老汇大街 26 的公司总部里，与一群忠诚的核心圈管理者一起，指挥着其分布广泛的帝国。正如他吸纳竞争者一样，他还与业内最有头脑的人物合作，而标准石油的成功很大程度归功于这些重要的支持者。尽管占据主导地位，但洛克菲勒还将很大的权力分散到管理者手中。高层委员会控制着企业运营。他将每个炼油厂的月度成本报表在企业中公开，以激发管理者之间激烈的内部竞争，产生更高的绩效。他在全世界建起了情报网络。批评者称它们为间谍，但这些网络发挥着有效的信息系统功能。洛克菲勒是个完美主义者，每天早晨他坚持在他的办公桌上摆放标准石油公司准确的净值报告。石油的价格总是精确到小数点后三位数字。他对效率与循环利用非常执著，如果把标准石油公司放到今天来运作，它或许能赢得环境保护奖。晚上，他在总部巡游，熄灭油灯。

他的管理风格属于正式而礼貌的。他从不粗暴地与任何一个员工说活。有一次，一个管理者向媒体泄露了信息，洛克菲勒对他的秘书说："让布兰克先生知道，他如果是新闻工作者，会干得很漂亮。这个月结束后，我们就不需要他的服务了。"[9] 与同时代的其他要人相比，他的生活很简单。他在克利夫兰与纽约共有两处大的房产，但是没有哪个是很招摇的。他每天读《圣经》，保持着定期去浸信会教堂的习惯，而且慷慨地从事慈善事业。

洛克菲勒的组织才能是他成功的关键。人们对他的议论经常聚焦于他的道德方面，但是标准石油公司长期占据主导地位的关键却不在此。他的公司拥有巨大的、有组织的力量，只有一些小的、不甚团结的反对者。公司的成功来源于集中管理和协调一致。他们在有限范围内使用的一些妥协方法，其实一点也不重要。[10]

扩大统治

到了 19 世纪 80 年代，标准石油公司拥有了压倒性的市场力量。它兼并炼油厂的活动已经完成了，并开始进军钻井、输油管、储油罐、运输以及成品油的市场营销等领域。那时全世界开始沉迷于煤油及其他石油产品，标准石油的国际化销售也日益增长。

洛克菲勒垄断性的竞争理念获得了胜利。他命令他的市场代理商消灭那些独立的供货商。为了打败竞争对手，他的雇员们提供各种客户服务。情报收集网络买通竞争对手的员工，为标准石油公司收集情报。铁路代理商被收买，故意搞错竞争者的货运路线。标准石油的员工还爬上竞争对手的油槽车，估算他们的货物量。价格战是残酷无情的。一个不肯屈服的竞争者经常发现标准石油以比生产成本还低的价格将煤油卖给消费者。

洛克菲勒本人从来没有直接卷入过这类明显的恶劣行径中。他谴责过于狂热的下属所实施的犯罪行为与不道德行为。他的批评者认为，消灭小竞争者的战略以及要求员工定期写商情报告等政策，实际上导致了公司员工道德退化。

洛克菲勒将标准石油公司视为行业中的稳定力量，视为照亮世界的正义之师。作为一个忠于《圣经》所界定的道德准则的基督徒，洛克菲勒怎么能唆使此类恶劣的商业行为呢？一位叫艾伦·内文斯的传记作家给出了这样的解释：

> 他从混乱的行业格局中建立一个高效的工业帝国，在他看来这是正确的，不仅对自身而言，对全体公众而言也是如此。如果他疏于采取那些商战措施……大批的小型竞争者就会摧毁他的帝国，将石油行业重新拖入混乱中。他一直相信威廉·麦金利所谓的"善意的同化"；他倾向于用体面的条件来收购对手，将最没用的竞争者变成助手。只有当他的条件被拒绝时，他才会无情地将"外来人"打垮。……对他来说，让有限的几个小企业消亡，似乎比让整个行业无休止地陷于半死不活，复兴，又半死不活的循环中要好。[11]

标准石油公司遭受打击

标准石油公司继续发展，世纪之交时规模已经翻了一倍，到 1905 年又翻了一倍。[12]

最终，它的超大规模引发了潮水般的批评，也使公司运营变得复杂起来。掠夺成性的垄断与人们普遍信奉的个人权利与自由竞争格格不入。各州都试图对标准石油公司进行管制，对它进行反托拉斯起诉。过度兴奋的新闻记者对洛克菲勒进行猛烈攻击。其中一位记者写道，由于他，“成千上万人的生活被毁了”[13]。在政治漫画中，洛克菲勒是贪婪的化身。没有被他贿赂收买的政治家则对他严加斥责。

洛克菲勒，这个当时最富有的美国人，被公众的憎恨动摇了。他雇了保镖，睡觉时旁边放着左轮手枪。周日去教堂都有私人侦探随行，以应付随时出现的伸长脖子看热闹与乱喊乱叫的人。他患上了严重的消化疾病，只能吃少量刺激性较小的食物，在医生的建议下，他停止了日常工作。到1896年，他只是偶尔在百老汇26号露面。不久之后，他患上了一种神经性疾病，头发都掉光了。

对洛克菲勒的攻击不断升级，政府管制像钳子一样夹住了他的公司。他的公司被一大堆官司与听证会纠缠不休。最终于1911年，最高法院裁定公司的垄断地位对贸易造成了“不合理”的限制，违背了“理性标准”，并命令公司根据《谢尔曼反托拉斯法》，[14]在六个月内拆分成39家独立的公司。这次拆分主要是将百老汇26号管理者的桌子搬走，这反倒让洛克菲勒发了横财，因为他在所有的公司里都有股份，而股票价格因为公众的疯狂购买而上涨。拆分之前，公司主要由煤油销售支撑。然而，就像电灯泡代替了油灯一样，汽车刺激了对另一种石油提取品——汽油的需求。洛克菲勒在公司被拆分时71岁，之后又活了26年，这期间，他只要持有各家公司的股票就可以赚取新的财富。

洛克菲勒始终是美国民众的关注对象。正如《华尔街日报》所说：“在一个金钱就是权力的世界里，最富有的人必然是令人着迷的研究对象。”[15]虽说如此，被喜欢搜集并揭发丑闻的新闻记者艾达·塔贝尔盯上，是他长久的不幸境遇。

塔贝尔写了两篇有关洛克菲勒性格的不加恭维的文章，以及一部两卷本的详细传记，而且都于1902~1905年间在人气很高的《麦克卢尔》杂志中连载。她那不带感情色彩的文字，甚至比这位老先生本人更加无情。虽然她承认洛克菲勒与标准石油具有某些“合法的伟大”，但她更津津乐道的是他的缺点。在一篇文章中，她认为他的外貌“有种无法描述的令人厌恶的东西”，他的嘴巴是“他脸上最残酷的部分”，他的鼻子“像刺一样翘起来”。[16]这种完全出于个人偏好的攻击缺乏标准，而塔贝尔还深入研究了洛克菲勒的职业生涯，对其进行了细致入微的描述。她传达给公众的意思是，洛克菲勒做出了非常的示范，应该为美国企业道德的沦丧承担责任。她觉得洛克菲勒的故事煽动大众用冷血的方式实现野心，告诉他们为了成功可以不择手段。正如其导师一样，年轻的无赖们经常引用《圣经》的词句来支持自己的行动。

像艾达·塔贝尔这样具有复仇精神的公众人物很少。她那无情的笔，以及其他的一些特征，使洛克菲勒无法得到渴望已久的公众赞美，而她的学术地位使他被永久地定性成了那个样子。她按时间进行的复杂研究很难被复制，之后的传记作者，包括比较友善的作者，也要看她写的东西以获取对洛克菲勒的认识。洛克菲勒或许应该受到这样的权威性定调，又或许不应该。他把她称为“歹毒的女人”[17]。

伟大的施赈者

从孩提时起，洛克菲勒就从事慈善捐赠，随着财富的积累，慈善捐赠也增加了。1884年后，每年的捐赠都不少于10万美元，1892年后，数额通常都高于100万美元，有时甚至还高出许多。在他心目中，他作为一个好的基督徒，承担着提升人类幸福的责任，这些善举与此相联系。在一篇报道中他说：

> 我相信赚钱的能力是上帝赐予的礼物——正如对艺术、音乐、文学的灵感，医生的天赋以及你的天赋一样——应该为了人类的利益，尽我们所能予以发展与利用。我相信，既然被赐予了这样的礼物，我就有责任赚钱，赚更多的钱，并用赚到的钱为我同伴们的利益服务，这是遵从我自己的良心。[18]

在他的有生之年，洛克菲勒共捐赠了大约 5.5 亿美元。例如，他捐资 820 万美元建造北京协和医学院，以回应中国培养医生的需要。他捐给芝加哥大学 5 000 万美元。他建立了若干家慈善托管会，捐赠达数百万美元。其中一家是建于 1902 年的普通教育委员会，共开办了 1 600 家新中学。另一家是洛克菲勒卫生委员会，成功地消灭了南方的十二指肠病。最大的一家是洛克菲勒基金会，建于 1913 年，获得了 2 亿美元的捐赠。其目的是“提高全世界人类福祉”。然而洛克菲勒总是说，最伟大的慈善事业是开发地球的自然资源及提供就业。批判者对他的慷慨持怀疑态度，认为这些是他对多年掠夺美国社会的补偿。

65 岁的约翰·洛克菲勒。这张照片是他在患病后不久拍摄的，疾病使他的头发都掉光了。

资料来源：Library of Congress, Prints and Photographs Collection, LC-USZ62-123825.

洛克菲勒晚年在纽约的 Pocantico 大庄园过着平静的离群索居的生活，这里包括 75 座建筑与 70 英里的道路。随着时光流逝，公众变得越来越喜欢他了。关于他早年事业生涯的记忆逐渐淡去，新的一代在他巨大的慈善捐献的光环中审视他。很多年来他口袋里都揣着亮闪闪的分币与角币，随时给予孩子与祝福者。在他 86 岁生日时，他写下了如下的诗句：

> 早年的教育告诉我，要玩也要工作，
> 生命是一个假期，又长又快活：
> 既充满了工作，也充满了娱乐，
> 一路走来，我将烦恼洒抛——
> 上帝每一天都在眷顾我。

他死于 1937 年，享年 98 岁。他的房产价值 26 410 837 美元。他将其他的财富都捐献了。

问 题

1. 根据本章中讨论的企业影响力的层次与范围，标准石油公司的影响力是如何改变社会的？影响力的行使是否符合洛克菲勒时代的社会契约？
2. 标准石油公司的故事说明了企业权力有哪些限制？它是否能更好地说明本章讨论的主导理论或多边制衡理论？
3. 按照当时的标准，再按照今天的标准看，洛克菲勒本人是否有过不道德的行为？他如何能在做虔诚的基督徒的同时，又做一个无情的垄断者？在他的个性与商业伦理之间是否存在矛盾？
4. 按照为社会中最大多数的人赢得最大福利的功

利主义观点来衡量，标准石油公司应该作为正面例子还是反面例子？总的来说，公司是否承担了对社会的责任？

5. 标准石油公司的战略是否鼓励了不道德的行为？洛克菲勒的愿景能否通过更好的战术来实现？

第 4 章

对企业的批判

"琼斯妈妈"——玛丽·琼斯

20 世纪早期，被称为"琼斯妈妈"的玛丽·琼斯（1837~1930），是当时美国一位非常出名的妇女。她从悲惨的个人经历中脱颖而出，创造了一个独特的角色，正面挑战了当时的资本家以及在背后支撑这些资本家的资本主义制度。那是一个多变的、充满矛盾和持有不同政见的时代，也是一个为不满者提供理想舞台的时代。

1837 年，她出生于爱尔兰的科克，原名玛丽·哈里斯。在她八岁那年，一种真菌摧毁了这个国家种植的马铃薯，造成了极为严重的饥荒。随后，他们举家移居到多伦多，她在那里长大成人。从女隐修会学校毕业后，她成为一名教师。后来，她搬到孟菲斯并嫁给了一个名叫乔治·琼斯的钢铁工人。从 1862 年到 1867 年，他们共养育了四个孩子。琼斯辛勤劳作，在家里做饭、打扫和缝补。之后，黄热病暴发。

这场致命的流行病发生于 1867 年秋。随着死亡率上升，有钱人都离开了孟菲斯，而那些无法承担搬家费用的穷人只能留在城镇，成为不幸的牺牲者。到处都是哀哭之声，尸横遍野。玛丽·琼斯描述了她的经历。

> 我终日听到房间周围精神错乱者的哭泣声和呼喊声。我的四个孩子一个接一个患病死去。我清洗他们弱小的身躯，为他们准备葬礼。之后，我的丈夫染病身亡。我无限悲痛，独自守夜。没有一个人来帮助我，也没有一个人能够帮助我。[1]

她照顾那些患病者，直到瘟疫结束。然后，她回到了芝加哥，开始了女装制衣生意。她的主要客户群是那些有钱阶层的富太太。

> 我有一个充足的机会观察她们奢华铺张的生活。当我为那些居住在 Lake Shore Drive 的工业巨头太太们缝制女装时，我经常会透过她们富丽堂皇的房屋窗户，看见那些贫穷的、不幸的失业者和饥荒者沿着冰冻的湖面行走。目击两者之间的天壤之别，让我感到十分痛苦。而我的那些雇主们，或者视而不见，或者漠不关心。[2]

几年过去了，1871 年的芝加哥大火将她的生意付之一炬，她再次陷入窘境。大火之后，她出席了早期劳动者工会组织的晚会。后来，这个组织正式将"为产业工人争取更好的工资和工作条件而斗争"写入组织决议。阶级斗争的视角主导了她的社会观。

她意识到工人们处在被资本家和腐败的资本主义制度所奴役的地位。她相信只有推翻资本主义制度，才能解放工人阶级，使他们不受奴役；只有推翻资本主义制度，才能指引社会主义新世界的早日到来。因此，她加入了一个社会主义政治小团体。

差不多 20 年的时间里，玛丽・琼斯致力于改变劳动者卑微的地位。在此期间，她创造了一个使她声名鹊起的坚强角色——琼斯妈妈。失去家人后孤身一人，使她得以承担起另一个角色，即收养那些被蹂躏、受压制的人群。在那个年代，女性没有投票权，不能担任领导职务，甚至没有勇气大声疾呼。她却用“母亲”的身份获得力量。

作为矿业工人团体的组织者，琼斯有很高的声望。与其他行业相比，煤矿开采行业的工作条件更为糟糕。在潮湿、多尘、狭窄和危险的坑道里，矿工每天工作长达 10~12 个小时。由于收入过少，矿工家庭不得不让他们的子女也提早工作。八岁男孩每周必须辛勤劳作六七个小时。在狭小井下长时间工作，使得他们的骨骼生长不正常，而且成年后无法正常直立。纺织工厂通常设立在矿厂附近，便于雇佣矿工的妻子和女儿。矿业工人联合团体希望能联合所有的矿工，但是受到了煤矿企业的残酷镇压。组织者受到跟踪和监视，与他们有来往的矿工被解雇。煤矿企业雇佣打手毒打“麻烦制造者”。企业利用和善的法官召集所谓的“听证会”，并把拥护工会的雇员送去收容所。矿工希望联合起来，但是受到资本家的恐吓和压制。

19 世纪 90 年代后期，琼斯妈妈抵达煤矿之州——宾夕法尼亚。60 岁的年龄使她看起来像祖母一样。她 5 英尺高，满头银发，有一双敏锐的蓝眼睛，精力充沛地忙碌于各个煤矿城镇。她是一个富有激情的演说家，她的演讲抑扬顿挫，时而高声疾呼，时而理性低沉，深深地吸引了广大听众。她了解矿工的“语言”，并且措辞丰富。她把矿主比作“一群掠夺者”“偷东西的流氓”和“懦夫”，而将矿工称为她的“孩子”，并且以“母亲”的身份号召他们站起来，反抗资本家。

经历了 1900 年的残酷镇压后，一些矿工失去了斗争的勇气，琼斯妈妈组织矿工妻子游行。这些妇女在矿场游行示威，当时她们身穿围裙，挥舞着扫帚，敲打着脸盆。矿厂守卫笑嘻嘻地看着这支怪里怪气的游行队伍，没有看出任何危险，并且让她们径直进入矿厂，他们压根儿没有意识到，琼斯妈妈巧妙地为这些愤愤不平的矿工妻子和矿童的母亲乔装打扮，让这些妇女为自己的家庭福利而斗争。琼斯妈妈斥责那些畏缩的矿工，让他们意识到，如果他们的妻子都能站出来反抗煤矿企业，而他们却没有这样的勇气该有多么的羞耻。

琼斯妈妈冷嘲热讽、妙语连珠，揭穿了权势集团的意图。1902 年，煤矿得到反对矿工联合团体的命令，琼斯妈妈在西弗吉尼亚被捕。在法庭上，法官宣判缓期执行刑罚，同时“劝告”她：由于她的女性身份，“最好遵守其性别应有的行为准则”。她非常“感激”这些建议，同时指出，对法官与煤矿企业站在一起她并不吃惊，因为她的经历告诉了她“官商勾结”的事实。[3] 当一个普林斯顿大学教授质疑她的阶级理论时，她拿出随身携带的一张照片，照片上的十岁男孩身体佝偻、脸色苍白。“这是一个简单的经济学问题，”她说，“他每天在一家地毯工厂工作十小时，一周可以挣三美元……而这期间，富人的孩子正在接受最好的教育。”[4] 她有一个很喜欢提到的故事：“我曾经问一个监狱里的男子犯了什么罪，他说他偷了一双鞋。我对他说：‘如果你偷了一条铁路，那么你

琼斯妈妈

资料来源：Library of Congress, Prints and Photographs Collection, LCUSZ62-7678.

会成为国会参议员。'"[5]

最后，琼斯妈妈领导的钢铁工人联合组织失败了，因为琼斯更像战斗者，而非领导者。她成为社会主义政党的讲演者，但是却放弃了社会主义。她是一个实干家，而不是一个空想家。对于谁能为大众带来更舒适的生活，知识界展开了激烈的争论。对于这种吹毛求疵的辩论，琼斯逐渐失去了耐心。1905 年，她帮助建立了世界产业工人联盟（IWW），这个激进组织致力于推翻美国的资本主义制度。1911 年，她重新回到了采矿行业前线。后来，她和有轨电车工人在纽约一起游行示威。1916 年，她通过极富激情、煽动性的演讲，发动 200 名有轨电车工人的妻子举行暴动示威。她告诉那些妻子们："你们应该逃离地狱。"[6]

20 世纪 20 年代，琼斯妈妈对工会大失所望。她从世界产业工人联盟辞职，宣称这个组织更关注象征性的东西，而没有取得实际功绩。其他组织满足于资本家的某些"让步"。她藐视工会领导的不良动机，他们或者满足于工会现有的状态，或者更关注现有的社会地位。她将矿工联合组织的主席约翰·刘易斯比作"逐利的猎犬"。[7] 她结束了公众人物的生活，时不时作些演讲，最后在 1930 年以 92 岁高龄辞世。

今天，人们已经渐渐遗忘琼斯妈妈。属于她的时代已经逝去，特别是激怒她的那些虐待劳工的现象几乎消失了。也许，她的谩骂方式已经不适合今天的社会。她将"万恶的资本主义制度"定义为由"华尔街的国家流氓和窃贼"支撑的"强盗系统"。她攻击资本家"蛇蝎心肠"，是一群"白痴"和"商业强盗"。但是她的思想仍然具有生命力。尽管她的一生悲惨、奇特，富有传奇色彩，但她的斗争都是以传统价值观为基础，这些价值观经得起时间的考验。我们也许会忘记琼斯妈妈，但是在今天对企业的批评声中，我们有必要重新审视她的观点。本章将探索这些价值观的形成和发展过程。

企业批判主义的理论来源

企业批判主义有两个基本的理论来源，一个基于古老的价值观，另一个是现代的理论流派。第一个批判理论认为，商界人士将逐利放在了首位，而忽视了传统价值观——忠诚、真理、正义、仁爱、虔诚、审美、安宁和敬畏自然等。第二个批评理论是伴随经济发展给社会带来的负面影响而产生的。工业化以来，市场经济规模日益扩大，运行机制日趋复杂，商业对社会产生了深远的影响。本章将讨论企业批判主义的两个基本理论来源。我们先从古地中海地区开始追溯。

古希腊和古罗马

早期社会是“靠天吃饭”的农业社会。**农业社会**（agrarian society）是前工业社会阶段，其经济、政治和文化价值观都建立在农业活动基础之上。在农业社会，土地是最重要的生存资源。在这样的社会中，没有工业中心或者大型超市，因此，物物交换之外的商业活动规模很小。商人的活动常被认为是不道德的，因为他们精明的贸易实践与农民家庭关系和宗族关系中那种传统的、利他的价值观相冲突。商人的社会地位通常不如官员、农民、士兵、工匠和教师。

古希腊和古罗马辉煌的文明都是建立在农业社会基础上的。商人、银行家和工业品制造商的商业活动受到限制。比如，雅典最大的造盾工厂也仅仅雇佣了 120 个工人。[8] 古罗马的商业活动略为活跃，但仍然是一个以农业为主的社会。也许因为这两个国家的工业受到限制，于是产生了错误解释商业活动的教条主义。[9] 例如，当时盛行一种观点：财富的数量是一定的，因此商人的逐利行为受到置疑。因为如果财富的数量是有限的，那么，个体就只能通过减少他人的财富数量来增长自己的财富积累。在农业社会，这是一个合理的逻辑，因为农业社会的基本生存资源——土地——在总量上是有限的。

哲学家用这一错误的见解涉入该领域，认为追逐利益是个劣等动机，而商业活动会导致过度（生产和消费）、腐败和贫富不均等问题。他们的观点影响深远，因为在西方文明的很多论题中，首要的任务是为逐利和其他价值观排位。特别是，柏拉图和亚里士多德都对逐利行为定下了谴责的基调，给商业行为投下了难以抹去的阴影。

柏拉图相信每个个体都是贪婪的。个体只有在个性发展过程中，不断积累内心的美德，这种贪婪才会得到控制。对于金钱的追求也是这样一种贪欲。柏拉图还认为当人们从事商业活动时，不可避免地会屈服于金钱的诱惑。在一个充满从商个体的社会，财富会大量“制造”恶魔，同时滋生不公正、邪恶、阶级冲突和战争。他说：“财富与美德在规模上此消彼长。”[10] 他在《理想国》中构想的乌托邦社会里，统治者禁止占有私人财产，以避免他们腐败并最终变成暴君。关于这点，他非常忧虑，以至于他认为，统治者甚至应当禁止触摸黄金和银器。

亚里士多德认为，社会有一种关于如何获得生存所需物质的良性方式，这种获得方式是自然而合理的。然而，当贸易和货币体系出现以后，获取生存所需物质的方式就不再按照这种简单的形式进行了。相反，商人们钻研商业技巧，计算出最大程度的利润，追求最大限度的、超过所需的金钱。亚里士多德认为这是一种低级的获取方式，因为这种获取方式对提升个体内在的美德无益。

亚里士多德认为，幸福是人生的终极目标，而幸福来源于个体个性发展中的一些美德，如勇气、节制、正义和智慧。他将这些美德称为“灵魂的善”，将财富和金钱等称为“外在的善”，并且将“灵魂的善”置于“外在的善”之上。亚里士多德还认为，一个个体一生所能获得的幸福，与他在个性发展中所积累的“灵魂的善”相等。因为追求物质财富，无助于积累这种“灵魂的善”，因此也无助于实现幸福。所以，过度追求财富只是浪费或者“扭曲”美德。他写道：“勇气的作用不是带来金钱，而是建立信心。”[11]

虽然柏拉图和亚里士多德都认为逐利动机是一种低级的欲望，但是数个世纪以来，社会都不能完全或者部分地脱离这种推动力。之后，罗马法律禁止参议员进行商业投资（但是在现实中官员们都最大限度地钻法律空子）。同样地，包括爱比克泰德和马可·奥勒留在内的罗马斯多葛学派哲学家认为，真正富裕的人拥有内在的平和，而不是资本或者财产。对于“谁是真正的富人？”这个问题，爱比克泰德回答道：“知足者。”[12] 这些先哲蔑视商人的生活，认为商人作为一个物质主义者，一味追求财富，牺牲了个体美德的发展。当然，商人们才不管这些批判理论，继续追求财富。虽然哲学家对于商业的轻视和批判思潮历时长久且强劲有力，甚至导致了持续不断的敌对情绪，但仍然没能抑制商业浪潮的来临。

中世纪世界

在中世纪，盛行的罗马天主教教会神学理论不能容忍逐利行为。基督教渐渐兴起，早期的基督教徒受到罗马有钱人和腐败的统治阶级的迫害。之后，教会不再仅仅关注有钱人，而开始关心穷人。早期基督教义的顶峰人物——圣奥古斯丁接受了这样的哲学观点：物质财富供应在总量上是有限的。个人不得不通过犯罪行为积累财富，这种行为违背了造物主天然平等的原则。而且，物质财富的诱惑，致使个体灵魂远离上帝。[13]

基督教教会最有权威的神学家圣托马斯·阿奎那，在新教规中关于“获利”和“借贷”的道德阐述中，也受到亚里士多德理论的深刻影响。阿奎那劝诫商人为他们的货物收取**“公正价格”**（just price），这一价格可以适度盈利以维持与他们所在阶层相适应的生活。与公正价格相对的是现代的**“市场价格”**（market price）。市场价格不受道德影响，而由市场供求关系决定。直至今日，当顾客抱怨稀缺商品的价格过高时，我们仍然能感受到中世纪神学教义的“声音”。天主教义同样谴责为了利息而借钱给人的**高利贷**（usury）行为。然而 12~13 世纪，货币供应和经济活动迅速扩张，借贷行为司空见惯。历史学家威尔·杜兰特写道："商业活动的吸引力比对监狱或者地狱的恐惧更强有力。"[14] 最后，基督教回避了关于公正价格和高利贷的教条。这是一个缓慢的过程。直到 1917 年，基督教不再公开宣称高利贷是一种犯罪行为。

现代世界

文艺复兴时代，商业活动开始加速，新兴的理论渐渐纠正了先前对于商业活动的谴责。这个时期出现了两种重要理论。首先是 16 世纪的**新教伦理**（Protestant ethic）。以马丁·路德和约翰·加尔文为代表的新教改革家认为，工作是一种服务上帝的方式，所以个体通过辛勤劳动致富是得到上帝许可的行为。与基督教不同，新教伦理重新阐释了商业活动，将追求财富从一味的道德谴责中解放出来。这与基督教认为对利益的追求会腐化灵魂的思想正好相反。其次，1776 年亚当·斯密出版了关于资本主义的理论学说，他写道："自由市场利用贪婪作为追求公共利益的动力，同时自由市场保护消费者免受职权滥用之害。"这否定了基督教有关公正价格的理念。特别是，由于经济扩张而创造的显而易见的财富，也与基督教的财富有限论背道而驰。新教伦理的发展，结束了基督教教义认为商业活动是一种犯罪行为的主导地位，同时给商业活动注入了新的能量。但是新教改革没有彻底清除旧思想、旧理论的影响，许多企业批判理论仍然根源于古希腊哲学思想和基督教教义。

除此之外，虽然旧的企业批判理论渐渐失去影响，但是工业革命重新制造了一种紧张气氛，这在一定程度上强化了对于企业活动的批判。当新发明和工业化使农业社会转型，现代文明挑战了传统道德价值观念时，企业批判理论再次兴起。生产落后、节奏缓慢、生活稳定的农业社会在工业化过程中经历着迅速而剧烈的改变，它们发展成为快节奏的城市。物质财富受到重视，人们的价值观也发生了转变。财富创造冲破了自我约束，鼓励消费的价值观取代了节约和节制的传统价值观，征服自然的观念取代了敬畏自然的观念。

美国的企业批判理论

早期的企业批判家坚信希腊哲学的古老价值观念。但是随着社会的现代化，他们对种种变化感到非常困扰。通常来说，企业批判理论会随着环境的变化而改变，以适应新的环境。下文将阐述美国企业批判理论的发展。

殖民时期

美国是由企业开拓的殖民地。1606 年，由英国伦敦公司赞助的殖民者在弗吉尼亚州的詹姆斯敦登陆，他们希望在新大陆发现金矿，大赚一笔。然而，殖民者却发现了一块种植天然烟草的宝地，而不是遍地黄金的金矿。这个消息在英国引起了轩然大波（同时成为美国南部兴起的种植业经济的基础）。1620 年，为了逃离宗教迫害，建立一个宗教自由的新大陆，出逃者乘坐“五月花号”，抵达马萨诸塞州的科德角。普利茅斯公司赞助了这一航程，其真正的目的是为了获利。为了偿还公司的债务及购买商品，出逃者出口皮毛和农林产品——木材、焦油和松节油。以这种方式，早期出逃者成为事实上的贸易者。

随着沿岸地区国际贸易日益频繁，定居者逐渐搬进内陆地区。内陆地区为经济发展提供了一个广阔、坚实的农业基础。为了追求更多的利润，农业地带从沿岸地区推向内陆地区。与欧洲农民不同，美国农民拥有自己的土地，这使他们变成了资本家。大部分美国农民通过提高农作物产量获取利润，一些美国农民利用土地投机，其他美国农民开设磨坊或者像城镇里的商人那样进行商业活动。

本杰明·富兰克林（1706~1790）是资本主义制度的重要理论者。22 岁时，富兰克林通过经营一家印刷厂，开始了他的商业生涯。之后，他买了几家报社，从事新闻行业。42 岁时，富兰克林正式退休，衣食无忧。在欧洲游行时，他结识了亚当·斯密。亚当·斯密与他分享了《国富论》的部分手稿。富兰克林接受了亚当·斯密全面肯定自由市场优势的激进观点。富兰克林笔耕不辍，为构建新的美国商业精神奠定了基础。

1732 年，富兰克林出版了一本著作《穷理查智慧书》(*Poor Richard's Almanack*)，这是一本包含事实、信息和自助忠告的书。该书包含了大量的格言和谚语，这些格言和谚语指引通向商业成功的道路，而这一道路向所有拥有勤奋、节制、节俭美德的人敞开着。“早起的鸟儿有食吃”“时间一去不复返”“勤勉是幸运之母”“致富的秘诀在于节俭”等警世名言，历经时间的考验[15]。

旧世界的哲学家认为商业活动是一种轻微的犯罪行为，与之不同的是，富兰克林认为上帝认可人们追求私利和财富。“上帝将一切赋予工业。”[16] 他使商业活动与传统美德相协调，将其从道德质疑的地位中解救出来。他的理论适应了当时美国的环境和条件，他成功预言了商业对经济发展的刺激作用。顺理成章，他的这部《智慧书》成为最畅销的书籍。

年轻的国度

新大陆、新人群和新思想使美国成为一个崭新的国家。与古希腊、古罗马不同，这个新生国家更强调商业活动和物质进步。但是并非每个人都认为他是自然的或者正当的，持不同政见者紧随出现 。1783 年美国独立后，商业利益在这个新生国家变得重要，但是尚未到非常必要的程度。大公司很少，美国经济的 90% 仍然是农业经济，因而相对于萌芽期的工业，农场主和种植园主的利益仍然占据主导地位。一场关于美国经济未来发展方向的辩论出现，随后发展成为支持企业理论和批判企业理论之间的争论。这场争论集中反映在乔治・华盛顿内阁中两位性情和思想截然不同的内阁成员之间的残酷对抗。

美国第一位财政部长亚历山大・汉密尔顿（1755~1804）是一个充满活力、有抱负而且才华横溢的实干家。他相信工业发展有助于增强国力，因此设计了一个促进制造业和金融业发展的宏大方案。他傲慢自大、疏远民众，不信任民众的智慧。他曾经说过："人民是公害"，他认为国家应该由经济精英统治。[17] 国会批准汉密尔顿在税收、举债筹资、关税等方面保护新兴工业的方案，创建一家国家银行，启动一系列推进工业化进程的政策。

与之抗衡的是美国国务卿托马斯・杰斐逊（1743~1826），他的思想是美国早期哲学的源头之一。杰斐逊生性温和、与人无争。他的思想深邃、自成一体，但他不是一个像汉密尔顿那样的实干家。作为一个管理者，杰斐逊的弱点可以用一句警世名言概况："我们只能对我们制定的规则负责，不能对规则如何被执行负责。"[18] 他出生在弗吉尼亚人口稀少的地区，那个地区没有一个小镇的居民超过 20 户人家。18 岁之前，他从来没有离开过家乡。凭着他的直觉和他对当地居民拥有充足资源的了解，他认为拥有土地所有权的农业经济是最理想的社会形态。

杰斐逊每天坚持阅读 15 个小时，博览群书使他更加坚定了自己的信念。杰斐逊认为，美国应该在其广袤无垠的领土上推广和发展农业。他写道，上帝将"天生的美德"给予了农民，农民是上帝的选民。制造业是"扼杀美德基因"的行业，这一行业导致唯利是图，腐蚀从业者的"举止和原则"。[19] 他坚信农业经济能够阻止人们成为金钱的附属物，使人们关注国家公平、正义和公共利益。杰斐逊认同柏拉图和亚里士多德的观点，劝诫人们远离商业。当然，这绝非偶然，因为他熟读古希腊哲学。他所引用的古希腊观点，为近两个世纪的美国企业批判理论奠定了基础。

杰斐逊的理论并没有盛行，他的农业经济理念注定只能存在于工业增长的阴影之下。他的小农国家理论有点理想化和模糊不清。国会通过的汉密尔顿的工业政策更具体、更有活力，也更适合于这个新生国家的经济步伐，杰斐逊的政策无法与之抗衡。在商界领袖的支持下，汉密尔顿执行了一个大胆而富有远见的方案，以促进制造业的发展。他的改革方案为下一世纪史无前例的工业增长奠定了基础。杰斐逊对汉密尔顿很恼怒，虽然同为乔治・华盛顿内阁，两人却甚少交谈。他们都有许多追随者，两者之间的矛盾不仅成为后来企业批判理论的基石，而且成为至今存在于美国两党制之间的基本分歧。

1800~1865 年

19 世纪前半个世纪，工业稳步增长。这引发了一些评论家们的批评，因为他们试图紧紧守住渐渐远去的农业社会的价值观和生活原则。19 世纪早期，银行业和制造业迅速发展壮大。成千上万英里收费公路的修建，进一步拓展了市场。1825 年，长达 350 英里的伊利运河建成，美国水运里程增长至 4 400 英里。[20] 19 世纪 30 年代，铁路运输开始运营。移民迁入，城市发展，商业愈加繁荣。

资本主义成为了统治力量，农业浪漫主义被推到了一边，只剩下反对资本主义侵蚀传统价值观的声音。拉尔夫·沃尔多·爱默生在 1839 年抱怨道："商业威胁到人类的平衡，并且试图建立一个比巴比伦或者古罗马更加暴政的、全新的、普适的君主政体。"[21] 后来，他的朋友亨利·大卫·梭罗著文贬低商业社会，认为商业会侵蚀日常生活中的美感和高雅。

> 这是一个商业世界，熙熙攘攘！我几乎每天夜里在火车轰鸣声中惊醒。它扰人美梦，让人不得安宁。人们除了工作，还是工作，几乎没有停下来休息的时间。我甚至不能自在地买一本空白的笔记本来抒发我的思想；金钱统治了这个世界。……我想，除了没完没了的商业，这个世界什么都没有了，甚至没有犯罪，人们鄙弃诗歌、哲学甚至生活本身。[22]

在众多的资本主义制度反对者中，一些人也试图创造其他社会来取代资本主义社会。19 世纪 20 年代早期，乌托邦思潮兴起。一小批人蔑视工业社会崇尚的价值观——物质主义、竞争意识、个人主义和不知疲倦的劳动，他们设计了一些模型，希望借此能为人类发展道路指明更好的方向。1825 年，英国工业家罗伯特·欧文（1771~1858）在美国印第安纳州创建了最大的合作公社——新和谐公社。欧文起先在苏格兰经营一家大型棉花工厂，其工厂成为公平对待雇员的典范。然而，他认为资本主义社会工厂的工作模式和生活方式侵蚀了人类价值。他渴望向世人证明：一个建立在公平、仁慈、合作和谦逊原则上的社会才能繁荣昌盛。在新和谐公社中，货币制度被取消了，人们享受共同劳动的成果。

欧文将他创造的新和谐公社称为"社会主义"制度。19 世纪 20 年代，"社会主义"这个出自欧文哲学的词汇开始被广泛使用。他还创建了几个其他社会主义公社，其冒险精神也激励其他人创建了社会主义乌托邦公社。在 1820~1850 年间，一百多个类似的公社争先恐后地涌现。[23] 其中少数成功了。从 1848 年到 1879 年，建于纽约的奥奈达（Oneida）公社持续了 31 年。但是，总的来看，大多数社会主义公社持续时间少于两年。[24]

仅仅四年之后，新和谐公社就被耗空了。与其他乌托邦公社一样，新和谐公社也需要通过商业经营以维持生计，但是它吸引来的不是有经验的农民和工匠，而是游手好闲的懒人。无论如何，后者相对来说要求更高的外界物质鼓励。当公社居民最初的热情耗尽后，他们厌倦了这种斯巴达式的生活方式、严酷的纪律和强制性的合作。大多数公社设立了培育社会主义精神的项目，用以净化被资本主义教育玷污了的人性，但是收效甚微，偷盗公共仓库商品的现象非常普遍。

最后，农业社会和社会主义公社都失败了，并未能替代迅速发展的资本主义制度。尽管直到 19 世纪 90 年代后期仍有一些新的公社出现，但从 19 世纪 50 年代起，社会主义的思潮渐渐衰落。由于基于不切实际的想法，没有切实的社会力量支持，这些社会主义实践都失败了。一系列乌托邦实践的失败，以及人们对资本主义价值观的日益认同，暂时阻碍了社会主义实验。社会主义制度最终会卷土重来，但还需要等待新的时机和新的思想。

平民主义和进步主义

1865 年国内战争后期，美国仍然是一个落后的农业社会，仅有一些小的地方性企业。但是迅猛发展的工业重塑了美国，并且在工业化过程中出现了一些严重的社会问题。随着农民离开家乡，移民大量涌入贫民窟，城市也逐渐发展起来。腐败的政治机构管理着城市，但是不能改善城市的危险境况。企业不断合并，出现了全国性的垄断企业。这些变化，都成为对大企业进行批判运动的把柄。

首先是**平民运动**（populist movement）。它起源于 19 世纪 70 年代的农民保护运动，形成了一个全国范围的政党组织——平民党。平民党一直致力于攻击商业利益，直至该政党在 1896 年的总统竞选中败北。内战之后，农作物价格日益下降，平民运动迅速崛起。农作物价格下降主要有两个原因：一是由于农场的机器化大生产使得生产过剩;二是国外农户发明了新的运输技术，使竞争加剧。农民们忽略了这些原因，将他们的不幸归咎于当时的大型企业——铁路公司，以及诸如摩根大通银行和其他东部地区的银行家，前者经常在农作物运输中收取过高的费用，后者则控制着贷款银行，拥有取消抵押农场赎取权的权力。

平民党演说家玛丽·利茨经常在野餐和集市时间向成群的农民演讲。她在一篇经典的演讲中指出：

> 华尔街（商业）控制着整个国家。这个国家再也不是民有、民治和民享的，而是国家由华尔街（商业）所有，利益由华尔街（商业）所享。这个国家的广大老百姓是奴隶，垄断企业是主人。西部和南部地区经济发展受到限制，臣服

于工业化程度较高的东部地区。[25]

为了解决农业的弊病，平民主义倡导国家应该拥有铁路、电报、电话企业和银行的所有权。这个政策建议表明了他们反对资本主义制度的基本态度。他们要求直接选举国会议员，当时，企业财阀贿赂美国议会，由议会挑选国会议员。为了缓解贷款危机，他们试图放弃金本位制度并增加货币供应。

历史学家路易斯·高拉姆博什认为，虽然平民主义批判思潮盛行，但是到 19 世纪 80 年代后期，商业受到尊重和信任。[26]之后，报纸和杂志评论家的舆论分析表明，人们对大型托拉斯的敌意不断增加。不久，平民党在多个州选举和地方选举中取得了胜利。他们制定法律来管制铁路企业，并于 1887 年成立了州际商业委员会，以加强对铁路企业的监管。

平民运动由一个多样化、不稳定的利益联盟推动，包括农民、劳工、禁酒主义者、反垄断者、金银复本位制论者和妇女参政论者。由于对大型企业根深蒂固的敌意，这些不同的利益集团暂时联合了起来。最终，平民运动没能成功地打造一个有效的政治联盟。1900 年，当作为总统候选人的平民主义者威廉·詹宁斯·布赖恩在第二次总统竞选中再次败北后，平民运动处于行将消亡的状态。

然而，平民主义者提炼出一套对企业进行批判的逻辑和词汇。他们批判工业化的不利方面，如垄断、托拉斯、华尔街、“带着绸缎礼帽的东部人”、没有人性的“高利贷者”、无耻地没收抵押农场的“逐利猎犬”，以及在“富豪统治”（或者有钱人制定规则）制度下为了财富而充当富豪“狗腿子”的腐败官员。他们的批判非常严厉而且措辞丰富。“詹姆斯兄弟和道尔顿受限于他们的资源，”玛丽·利茨向欢呼的人群大声宣讲，“如果他们能够拥有千万富翁的资源，他们可以像洛克菲勒一样建造起大学。”[29]在一篇赞美农民职业美德的短文中，布赖恩认为“与华尔街的公牛和笨熊相比，即使愚笨的动物都更有美德。”[30]托马斯·杰斐逊也很有可能赞同这一观点。

当然，美国创建农业大国已经为时过晚。但这并没有使平民主义者的吸引力在社会大众中消失。相反，持续的工业增长使其不断浮出水面，直至今日。每一次出现，平民主义宣传的内容和语言都会适度修改，以适应当时的环境。

第二个批判运动是**进步运动**（progressive movement）。这是一项兴起于 1900 年，持续到 1918 年第一次世界大战结束后的大规模运动。由于工业化造成的社会问题引发了广泛的道德质疑，该运动获得了城市中产阶级和专业人士的强有力支持。尽管形成了短命的进步党，但是没能在 1912 年的总统竞选中将西奥多·罗斯福推上总统席位。民主党和共和党都拥有强有力的进步党羽翼。与平民主义不同的是，进步主义是主流的政治教义；与平民主义相同的是，进步主义致力于通过政府管制大企业

麦金利总统是奥兹国的男巫吗

《绿野仙踪》是空前畅销的儿童读物之一。[27] 该书作者莱曼·弗兰克·鲍姆曾是演员、售货员和喜爱儿童文学创作的小镇报纸编辑。表面上看来，该书描述了一个拥有成年人智慧的儿童在仙境中的神奇冒险经历。然而，该书有着更深的意义，它是一本平民主义的寓言。[28]

《绿野仙踪》讽刺了统治工业社会的银行家和工业家等权贵精英，将他们比喻成“恶魔”。奥兹国（Oz）是盎司（ounce）的缩写，盎司是黄金的计量标准。奥兹国和黄砖路都影射令人憎恶的金本位标准。故事主要人物代表了不同社会群体。多萝茜代表平民百姓，稻草人代表农民，而铁皮人代表工业劳动者。铁皮人锈迹斑斑的身体象征着19 世纪 90 年代经济危机中大量倒闭的工厂，缺心的铁皮人则暗示了工厂使得工人失去人性。胆小的狮子代表了竞选总统失败的平民党候选人——威廉·詹宁斯·布赖恩，鲍姆认为布赖恩缺乏足够的勇气。他借邪恶的东方女巫嘲讽了资本主义精英。东方女巫奴役着穆奇金们（Munchkins），即“小矮人”。矗立在黄砖路尽头的绿宝石城，象征着华盛顿。在那里，抵达的人群遇见了象征着美国总统的男巫。在鲍姆著述该书的时候，威廉·麦金利任美国总统，他在 1896 年总统大选中击败了布赖恩。平民主义者斥责麦金利依靠大托拉斯在背后的支撑，支持令人憎恶的金本位制度。

故事的结局是，多萝茜打败了邪恶的东方女巫，男巫乘坐热气球逃离了奥兹国，稻草人成为奥兹国的统治者，而铁皮人控制着东方世界。故事的结局象征着未能实现的平民主义理想。

鲍姆的写作初衷是为了给儿童创作，并不是嘲弄和讽刺成人世界。他从未宣称该书含有平民主义主题，因此导致了人们的争论：对该书赋予的象征主义是否合理？然而，鲍姆出生于平民主义的发源之地——南达科他州，而且参加了平民党集会游行。《绿野仙踪》写作于 1898 年，时值改革的高潮时期。因此，人们认为，当时的政治激发了鲍姆的写作灵感，这是一个合理的揣测。

而祛除社会弊病。

由于广泛的群众基础，进步运动取得了比平民运动更有效的改革成果，而且在当时，进步思潮成为洗刷商业污浊的一股清泉。《世界》杂志的编辑欧内斯特·克罗斯比写道：“将纯净的公共利益之水注入私人利益的腐败之池中，同时清除了社会积怨。”[31] 进步运动打破了托拉斯和垄断，剥夺了企业贿赂所受到的法律庇护，限制了童工，通过企业所得税法案，并且对食品、医药企业和公用事业进行了管制。1913 年宪法第十七条修正案要求直接选举国会议员，最终实现了平民主义的部分诉求。

社会主义

进步运动获得成功的原因在于当时与之同时发生的社会主义。**社会主义**（socialism）是一种意在消除阶级差别的社会制度。在这种制度里，财产由集体共同所有，劳动成果在所有成员之间平均分配。当共享财富后，需求和冲突就会减少。社会主义制度向资本主义社会提出了革命性挑战，因为它要求对财产关系进行调整，而这种调整无疑会破坏资本主义赖以生存的基础。

尽管社会主义思想历史久远，但现代社会主义的创始人是弗朗索瓦·诺埃尔·巴贝夫（1704~1797），他曾是法国的一名文书和文档管理员，在1789年法国大革命中发誓为实现人人平等而奋斗。他倡导夺取富人的财产，将它们平均分配给普通大众。他设计了崭新的公有经济制度，废除私有财产，要求公民依靠其技能工作。国家接收所有人的劳动成果，按每个人的基本生活需求进行分配。为了消除个体对于财富和权力的欲望，学校应该进行平等主义原则的教育。巴贝夫提倡通过颠覆性的暴力革命推翻法国现有政体以实现他的愿景，他因此被捕入狱，于1797年被处死。但是他的思想却留存并传播到整个欧洲。罗伯特·欧文继承了他的思想，受其激励在印第安纳州建立了小小的乌托邦。

在巴贝夫之后将近半个世纪里，社会主义思想在各种思潮的激烈竞争中逐渐分裂并且越来越不清晰。1848年，卡尔·马克思（1818~1883）和他的终身挚友弗里德里希·恩格斯（1820~1895）共同出版了《共产党宣言》，为社会主义奠定了新基础。[32]马克思和恩格斯提出，社会主义要取得胜利，就必须通过自下而上的阶级斗争才能获得。同时，他们还揭示了人类社会的发展历史。在资本主义制度下，资本家剥削、利用工人阶级，付给工人阶级极低的工资，让其从事超强度的工作，而且剥夺工人阶级辛勤劳动的成果。马克思经常将资本家比喻成吸血鬼和狼人，吸食着劳动者的血肉。

资本主义

阿特·杨是进步主义时代一个激进的漫画作家，他使用诙谐的手法强调和刻画工业主义所造成的过度浪费。这幅漫画诞生于1912年，是当时阿特·杨及其他人所创作的类似作品中的代表作。

正如巴贝夫和其他社会主义者一样，马克思和恩格斯设想了一个平等的社会。这个社会废除了资本主义私有制度，全体劳动者共同享有财产所有权。工人们不再因悲惨的、无意义的工作被异化。阶级差别消除了，人们生活在和谐的社会里，他们的基本需求都能得到满足。虽然马克思和恩格斯不断重复一些针对资本主义制度的永恒批判——野蛮的竞争、被金钱腐蚀的价值观、毫无意义的工作，但他们从人类社会历史发展的角度出发提出一种新理论，使社会主义更加具有吸引力。阶级斗争成为改革社会的基本动力。所有国家的劳动者都有义务起来推翻资产阶级。《宣言》的最后一句是“全世界无产者联合起来！”[33]

同时，美国 1850~1900 年间工业化迅猛发展，带来一种粗糙的、缺乏调控的资本主义制度,在许多方面都验证了社会主义劳动者受剥削的噩梦。童工现象普遍存在，工厂伤害和虐待工人，财富和权力集中在大银行、托拉斯和铁路系统，贫富之间的不平等非常明显，广大民众普遍遭受金融恐慌和失业威胁。同时，工业的迅猛发展使从事农业的人群大大减少，并且产生了一个新的阶级——受雇佣者。1860 年，130 万人在采矿、铁路等垄断行业工作，而 1890 年，这些行业的从业人员增长到 430 万人。[34] 新生社会阶级的兴起，为劳工组织的成长提供了土壤。普遍存在的虐待劳工现象，使这些组织开始对社会主义制度感兴趣。事实证明，这种吸引力是有限的。

随着工会组织如雨后春笋般的发展，雇主们开始反击。大多数早期的工会组织仅限于企业内部或某一地区。少数工会组织比较激进，公开承认自己是社会主义者。特别是那些拥有很多欧洲移民的工会组织，由于欧洲移民带来了马克思主义思想，使得这些组织更为激进。第一个最大的国际工会组织是 1869 年成立的劳工骑士团，该组织认可资本家对劳动者的剥削，但是要求改革以保护劳动者，而不是推翻资本主义制度。然而，工会组织运动很快在资本主义体系内引起恐慌。

1877 年夏天，铁路行业发生了一系列暴力罢工，之后，罢工浪潮蔓延到全国范围内的其他行业。搏斗和杀戮现象普遍存在于罢工者与雇主的雇佣军之间。总统拉瑟福德·海斯要求他的内阁继续连任。他惧怕美国陷入工人革命的深渊，没有动用联邦军队以恢复主要城市的秩序，而是为了保护政府，将军队聚集在华盛顿。最终，罢工潮顺其自然地消退下去，尽管类似的集中暴力集会再也没有发生过，但从这次罢工开始直至世纪之末，暴力罢工的数量、规模仍旧呈现增加的态势。

令人吃惊的是，在动荡的社会环境中，社会主义运动仍然发展缓慢。1886 年，美国最大的工会组织——美国劳工联合会形成，该组织鄙视马克思主义，选择与雇主合作以追求更高的工资和更好的工作条件。随着时间的流逝，工会运动不断发展，许多劳动者仍然渴望更激进的改革。1905 年，当世界产业工人联盟成立后，激进的劳动者最终找到了自己的阵营。世界产业工人联盟立志于代表不同性别和不同种族的所有劳动者，彻底推翻资本主义制度。它的纲领非常清晰地表明了这一点：

> 我们聚集于此，联合这个国家的所有劳动者组织工人阶级运动，目的是为了将工人阶级从被资本家奴役的状态中解放出来。……该组织的目标和目的，

> 是为了让工人阶级控制经济大权、生活方式，让工人阶级掌控生产和分配体制，无需考虑资产阶级的诉求。[35]

尽管世界产业工人联盟并不具有其他工会组织那样大的规模，但是它对资本主义制度严厉的苛责，使得美国主流社会感到了恐慌，因此受到残酷镇压。后者制定了法律，阻止世界产业工人联盟会员集会和发表演说，并且从法律上否定其地位，有时甚至以暴力镇压其活动。

伴随着世界产业工人联盟的发展，年轻的社会主义党也不断壮大力量。社会主义党成立于 1901 年，其公开目标是推翻资本主义制度。社会主义党深得人心，1912 年处于发展的高峰时期，党员人数达到 11.8 万人，该党的总统候选人尤金·德布斯得到 6% 的民意支持率。一千多名社会主义成员成功当选为州或者地方官员。[36] 这一时期是美国社会主义发展的高峰时期。从那以后，社会主义的吸引力逐渐下降，并且再也无法恢复成一种主要的政治力量。

四个原因造成了美国社会主义的衰落。第一，社会主义党在选举上的大成功，使得它更倾向于采取温和的手段来吸引更多的支持者。这种疏远激进的世界产业工人联盟领导者的做法，破坏了社会主义者的团结。第二，进步主义运动温和的改革，抢了社会主义组织的风头。无可辩驳的是，仅仅当社会主义团体的人数给资本主义精英带来巨多压力时，某些变革才能实现。第三，社会主义组织犯了一个巨大的战术性错误（尽管不是理论上）：他们给第一次世界大战（1914~1918）贴上了“帝国主义战争”的标签，并且宣称社会主义者不应该为有钱的资本家抛头颅、洒热血。1917 年，政府判决世界产业工人联盟 101 个领导者犯有煽动罪。几乎超过半数的领导者被判处了 10~20 年的监禁，其他的也被判处 10 年以下的刑期。这使世界产业工人联盟面临灭顶之灾，阻碍了社会主义运动的发展。第四，随着时间的推移，工人的状况有所改善。1897~1914 年间，工人的实际工资增长了 37%，而每周的工作时间从 60 小时下降到 50 个小时。[37] 当然，具有讽刺意味的是，这些改进毫无疑问来源于对社会主义的惧怕。

经济大萧条和第二次世界大战

伴随着社会主义的衰落，资本主义制度对针对它的激进批判进行了有力回击。在进步改革取得胜利之后，出现了繁荣昌盛的 20 世纪 20 年代，公众对大公司的信心倍增。1929 年股票市场崩溃，突然结束了这个辉煌的时代，公司又开始面临持续不断的批判。20 世纪 20 年代，人们普遍认为，资本主义制度将带给美国长期繁荣。20 世纪 30 年代的经济大萧条驳倒了这种信念。不仅如此，经济危机甚至使得民众相信公司管理层存在不作为、过失犯罪和直接欺诈行为。当时流行的一种看法是，如果企业领导者能够诚实和正当经营，那么经济危机就不会发生。

随着经济危机加深，对企业的怒火日益增长，平民主义旧言论再度抬头。例如来自于路易斯安那州的参议员休伊·朗，作为一位引人注目的平民主义者，倡议穷人反抗富人，谴责“富豪统治阶级”。[38]

> 1.25 亿美国人围坐在餐桌前，尽享上帝和造物者提供的美食。万能慈爱的主为所有的人提供了这些美食。……虽然这些美食是上帝赐予所有人的，但是，美国的资本家巨头通过剥削劳动者的成果，夺走了餐桌上 90% 的美食。上帝为 1.25 亿美国人留下了美食，但就在开餐之前，餐桌上的食物已经所剩无几，享用者还不足 1 000 万人。
>
> 那些摆放在餐桌上的、上帝赐予我们每一个人的大多数美食上哪儿去了？摩根、洛克菲勒、梅隆、巴鲁、贝克、阿斯托和范德比尔特等家族控制着这些美食——600 个美国资本主义大家族拥有或者控制着美国 90% 的财富。……如果我说，为了保证美国普通民众最低限度的财富、生活和安慰，必须限制资本家的财富。我希望，不会有人因为我的言论而受到惊吓。[39]

这种言论呼应了古希腊流行的观点：社会财富是有限的，个体财富的积累是依靠夺取他人的财富实现的——巨大的物质财富，折射出个人的贪欲。休伊·朗利用这些观点获得道德权威性，支持他激进的改革建议。1934 年，为了达到重新分配财富的目的，他提出了一个改革建议：根据企业资产和巨额财富征年度税，再将这些税收分配给每个家庭，一次性支付 5 000 美元作为初始收入，然后保证每个家庭年收入达到 2 500 美元。在经济崩溃的时代，这种类似平民主义的改革计划具有巨大的吸引力，休伊·朗吸引了众多的追随者。然而，在他的改革计划得以实施之前，朗被谋杀了，而美国总统富兰克林·罗斯福的温和改革“新政”得以实施。

第二次世界大战期间，支持企业的理论又重新回弹。企业以爱国主义包装自己，企业的高产出被证明是同盟国胜利的关键因素。例如，通用汽车公司几乎整个转为生产战争用品的企业。该企业生产 3 600 种战争产品，包括滚珠轴承、子弹、步枪、地雷、卡车、战车、轰炸机和战斗机。在非凡的努力下，该企业 1942~1944 年的战争物资产量翻了一番。图 4.1 显示了其中一项武器产品——机关枪的产量纪录。

由于众多企业类似的努力，战争时期洗刷了平民运动、社会主义运动和经济危机时期设想的企业形象——傲慢的富豪统治阶级。取而代之的是，企业成为惊人的工业产品的创造者。在一次广播讲话中，总统富兰克林·罗斯福给美国企业贴上了“民主制度的军械库”的标签。他认为，在对付那些企图控制全世界的独裁恶魔国家时，

图 4.1
通用汽车公司 1941~1944 年间生产的 .30 和 .50 口径机关枪

资料来源：Based on data in James Truslow Adams, *Big Business in a Democracy* (New York: Scribner's Sons, 1945), p. 251.

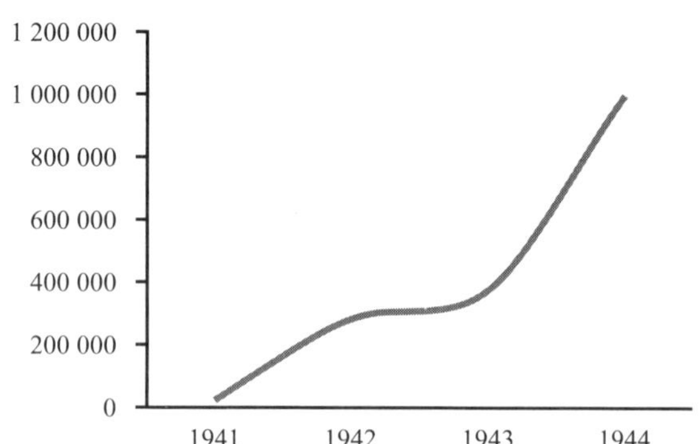

美国企业成功地扭转了战争局势。[40] 美国企业在战时的表现非常惊人。战后的民意测试表明，只有 10% 的民众相信“大企业”的“负面影响，超过了正面影响。”[41] 这种尊敬一直持续到 20 世纪 60 年代，直至平民主义的种子重新萌芽。

信心崩溃

20 世纪 60 年代中期，群众对企业的支持开始崩溃。随着国家日益繁荣昌盛，争取公民权利、保护消费者权益、环境保护和反对越南战争这四个社会运动也随之兴起。这些运动认为商业行为带来了一系列社会弊病，包括种族主义和性别歧视、欺诈消费者、危险性工作职位、政治腐败和战争暴利。这些针对企业的攻击与公众对于企业的消极看法是一致的。1968 年，70% 的美国人认为企业试图在利润和公众利益之间实现平衡，而到了 1970 年和 1976 年，持这种观点的美国人数分别下降到 33% 和 15%。仅仅八年时间，这一数据就令人吃惊地下降了 55%。[42]

研究民意测验的学者们创建了一种理论，认为 20 世纪 60 年代美国社会的混乱造成了一种“信任差距”，即公众期望企业应该的作为与公众眼中企业实际作为之间存在差距。这种差距是永远存在的。在平民运动、进步运动和经济大萧条时期，这种差距增大。新的信任差距至今已经存在了 40 年，并且仍旧决定着公众对企业的态度。

图 4.2 表明了美国民众对于“经营大型企业的管理者”具有“充分信心”的百分比。1966 年，55% 的公众拥有强烈的信心，但是在接下来的 10 年内，这个百分比下降至 16%。从那时起，民众的信心就进入了长达 30 年的低谷期。2000 年，这个比例回复到 28%，几乎是整个繁荣市场的顶峰。2004 年，在包括安然公司破产的一系列企业欺诈丑闻的影响下，民众信心又一次跌至 12%。[43]

1966 年之后公众信心的急剧下降，为政府加强管制提供了机会。20 世纪 60 年代后期和 70 年代早期，美国国会的自由主义者创建了强有力的法律条文和管理机构，

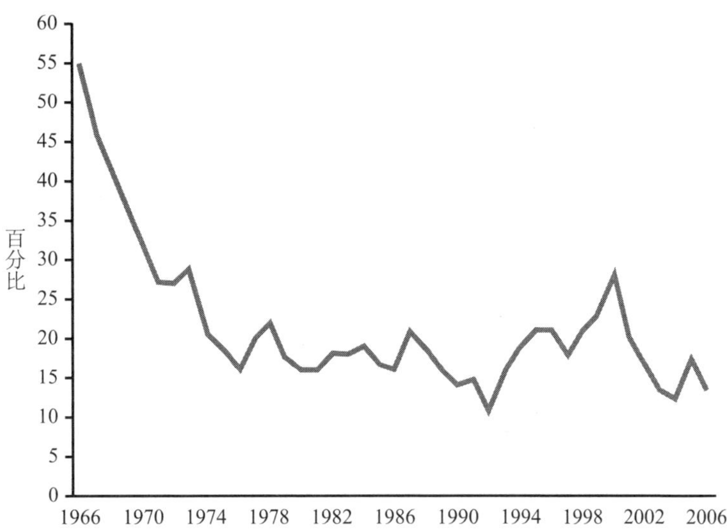

图 4.2
美国民众对“经营大型企业的管理者”所具有的信心

以保护环境、消费者和雇员。然而，20 世纪 70 年代中期，企业进行了有组织的反击。他们通过游说政府以阻止新法规的出台，再加上开展一系列影响舆论的公关活动，很快使得改革之剑锈钝。

为了协调对政府的游说活动，各大企业的首席执行官建立了一个新的团体——商业圆桌组织。尽管企业家们没能成功地重建民众对于企业的信心，但是商业圆桌组织却改变了关键人物（议员）的态度。企业出资建立了保守派智囊团，并通过广告大肆散布各种消息：政府过度管制造成不必要的行政成本，加重了企业负担，导致企业竞争力下降并最终导致美国经济下滑，等等。1980 年，罗纳德 · 里根总统竞选成功，共和党的保守思想横扫整个联邦政府，挫败了自由主义改革者的思想理论。后者要求政府管制的声音消失了，甚至引起了质疑。

新进步运动

由于自由主义的败北，出现了以新的理论为基础的新左翼运动。在 20 世纪之初发生的旧进步运动之后，新进步运动重新贴上了“进步主义”的标签，寻求从社会到政府大范围的改革。两个进步运动有着共通之处：希望为了公共利益而约束企业权力，但是两者之间也存在着巨大的差异。**旧进步运动**（old Progressives）既有民主党人士，又有共和党人士，因此有相当多的自由主义者和温和派均支持改革。而**新进步运动**（new Progressives）的支持声主要来自于左翼激进派人士。

旧进步主义者希望通过政府来执行改革，与之相反的是，左翼新进步主义者力图通过直接的行动实现更激进的改革。旧模式运用了当时新的科学、法律和管理理论，磨平了资本主义制度的锋利棱角，而新进步运动则痴迷于攻击大企业及其背后的价值观和立法制度。改革派的诉求不同于来自于保守派和反对政府管制之流提出的改革要求，其中的积极分子采取一对一的方式直接对抗企业，试图改变企业行为，甚至在法律缺位的情况下，他们也试图这样做。一些激进分子不满足于改革或者调整企业，甚至提出废除企业。在这些极度厌恶企业的情绪之下，通常包含以下三个基本观念。

第一，企业权力过大。那些收入及资产庞大的企业，在市场上拥有过度的经济权力。它们运用财富控制政府和贿赂政治家，渐渐侵蚀了民主制度。就像寡头政治，为了自己的利益行使权力，无法对公众负责。

第二，给予企业的法定权利过多。殖民主义时期，为了确保企业照顾公共利益，在赋予企业权利时，小心地加以限制。例如，他们界定企业经营范围，同时规定企业存在的明确年限。现在，不再限制企业，政府的相关法规非常宽松。它们允许企业扩充新的业务范围，准许企业永续长存。多年来，立法机关、法院和贸易协定不断给企业更多的权利，包括赋予企业实体“人格”，使之和有血有肉的公民一样，拥有许多和公民一样的宪法权利。[44]

第三，企业固有的非道德性。即使企业里的管理人员品质优良，企业以营利为目的这一不可改变的、强大的商业逻辑也会歪曲这群优秀人才的行为。企业寻求市场扩张、销售增长、短期利润和有限的仁慈。企业仅仅将自然看做生产资源，将劳动者看做生产成本，将人类需求看做市场。强烈的企业文化会反复灌输这些价值观，不断施压并且最终强迫最有道德的雇员接受这些观念，使他们有意或无意地成为反社会机构的代理人。

新进步运动没有明确的领袖，但是在美国有一个杰出代表是资深检察长拉尔夫·纳德。30年前，纳德撰写了《美国汽车设计埋下的危险》一书，开始了他活跃的职业生涯。该书攻击汽车企业在设计中首先考虑的是汽车款式而不是安全问题。[45]这本畅销书使得美国国会通过了汽车安全立法。基于这一成功实践及希望通过政府进行变革的愿望，他创建了五十多个组织来处理消费者问题，并游说国会通过保护性法律。长期以来，他对企业的敌意不断加深，也不再信任温和的改革。

纳德宣布参加2000年的美国总统竞选，他声称，他竞选是为了挑战“狂暴的企业巨头”、“驱逐商业的专横”和“全球性企业……跨越了整个地球”[46]。他拒绝以共和党或者民主党候选人身份争取提名，他解释道:“两党与企业是一丘之貉。”[47]相反，他以绿党候选人身份参选。绿党是全球性的政治运动，起源于英国和新西兰的反核运动，之后将它的政治政纲扩展到进步运动中的主要议题。

2000年总统竞选时，纳德仅获得了2.7%的选票，但此举阻止了民主党候选人阿

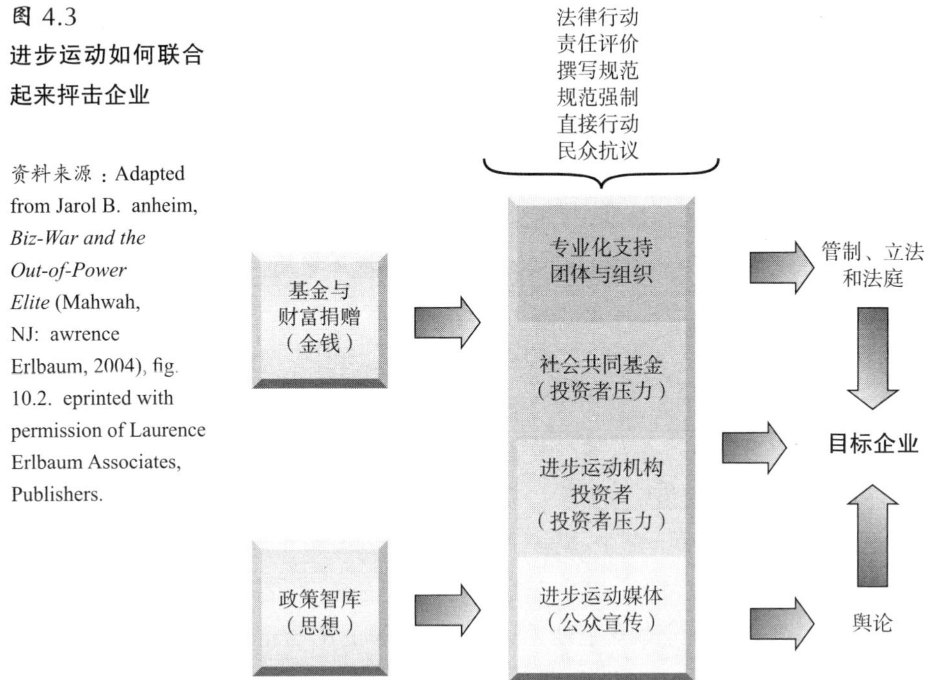

图 4.3
进步运动如何联合起来抨击企业

资料来源：Adapted from Jarol B. anheim, *Biz-War and the Out-of-Power Elite* (Mahwah, NJ: awrence Erlbaum, 2004), fig. 10.2. eprinted with permission of Laurence Erlbaum Associates, Publishers.

尔·戈尔在关键州赢得选票，从而使得金融界更加偏爱的共和党候选人乔治·布什最终竞选成功。2004 年，纳德再次以独立候选人的身份参与总统竞选，他宣称代表着“所有希望摆脱企业控制和支配的美国人”。[48] 这次竞选，他仅仅获得了 0.2% 的选票。他在竞选中毫无影响力并离开了美国。他说：“这是一个由埃克森石油公司所有、通用公司所治、杜邦公司所享的政府！”[49]

进步主义的左翼运动是高度清晰化和专业化的，它包含了一系列组织，形成了一个巨大的网络结构，如左翼的慈善组织、法律基金会、研究机构、出版社、共同基金会、抚恤基金会、工会、环境保护组织、人权组织和劳工拥护者。这些组织结合在一起，不仅共享思想理论，而且可以自由地进行资金流动、项目互助、管理共享、成员共享、信息交换和联盟协议合作。[50] 该运动中的组织都具专业性，创造了一种组织合作共性关系。一些团体利用诉讼挑战企业，而其他团体则从事温和的抵抗。一些团体撰写工业行为准则，另一些团体训练监督员以强制执行这些准则。一些团体评定企业社会责任表现，另一些团体设立共同基金，投资到更有责任感的企业。图 4.3 显示了进步左翼运动的各个不同部分以及它们如何联合起来与企业抗争。

全球性批评

企业力量不断壮大,在全球舞台上开始挑战其竞争对手。伴随着全球经济的扩张,跨国企业的规模和数量不断发展，其错综复杂的企业结构超越了国界，企业的野心超越了地方法律，它们的管理者获得数百万的收入。进步主义者担心的是，在社会控制薄弱、空虚的全球市场，企业欺诈也许会更加横行。

对抗企业权力的种子在新的国际公民文化的土壤中萌芽。在全球范围，**非政府组织**（nongovernmental organizations，NGOs），即那些不隶属于政府的自发性组织爆发性地发展起来。目前，国际上已有超过 4 万家非政府组织，其中几乎 90% 都建立于 1970 年之后。[51] 跨越国界的非政府组织涉及商业、文化、教育、环境、人权、社会服务、健康和宗教等领域。这些非政府组织激活了全球范围内所谓**公民社会**（civil society）的理论、著作和行动方案。尽管公民社会由各种利益集团组成，但其主要的利益团体是个体、非政府组织、草根阶级和持有进步运动价值观并批判企业的组织。这些组织由电子通讯技术结合在一起，为左翼改革方案而斗争，方案的目标包括全球利益重新分配、可持续发展、性别平等、人权保护和劳动者权利保护。

20 世纪 90 年代，**反全球化运动**（antiglobalism movement）在公民社会中演进发展，它联合各种力量，反对由市场、企业、贸易协定和资本主义统治的国际金融机构等直接推动的全球经济一体化。该运动由具有进步主义倾向的组织发动，包括劳工组织、人权组织、环境保护组织、维持宗教秩序的组织、农民组织、社会主义者组织、原住民运动、女权主义者组织、动物权利保护组织、新卢德运动组织（Neo-Luddites）[52] 和反对任何支配世界秩序力量的无政府主义组织。1999 年，反对全球化的运动受到全球关注。5 万名参与者聚集起来，抗议在西雅图举行的世界贸易组织会议，并且发生了街头暴乱。两年后，**八国集团**（Group of Eight）最高级会议在意大利的热那亚举行，多达 10 万人集会抗议这些工业国家首脑集会讨论经济问题。暴乱导致一名参与者死亡。

从那以后，反对全球化的运动不再制造暴乱。对于恐怖主义的关注，使得街头抗议变得困难起来。2001 年 9 月 11 日，恐怖组织袭击了美国自由贸易的象征——世界贸易中心，这使得抗议全球贸易的运动举步维艰。[53] 但在这个小小的阴影之外，反全球化运动在数量和连贯性上都在持续增长。

反对全球化的运动涉及的类型各有差异，有时甚至会存在不一致的地方，因此给运动设定一个特定的目标或者提供一个共同的舞台是非常困难的。然而，它的会员联合起来是为了反抗新自由主义的暴政。**新自由主义**（neoliberalism）是一个包含哲学理念和具体实践的术语，建立在当今全球经济扩张的基础之上。为了理解新自由主义的含义，我们需要先了解自由主义思潮的发展历程。

作为一种社会哲学，**自由主义**（liberalism）思潮 16 世纪在欧洲兴起。它倡导一个自由和开放的社会，在这种社会里，政府干预个体——如言论自由、结社自由、认知自由和职业自由——的权力受到限制。自由主义坚信人的理性，并且认为这种自由会带来社会进步。例如，言论自由允许多种思想产生，百花齐放，真理最终能够战胜谬论。自由主义被证明是有强烈吸引力的。它广泛传播，是当今这个世界上大多数良性社会的本质精髓。

自由主义必然导致**经济自由主义**（economic liberalism）。经济自由主义将个体不受政府干预、在市场上追求个体利益的行为神圣化。它认为市场是个体自由的另一个领域。自由主义者坚信，正如言论自由一样，市场自由会产生积极的财富积累，最终推动人类进步。亚当·斯密的**自由放任**（laissez-faire）的资本主义愿景界定了经济自由主义的概念。

经济自由主义在西方生根发芽，它是英国工业革命后的重要理念。随后，19 世纪，美国利用经济自由主义为资本主义制度的掠夺性辩护，这种辩护严重刺激了玛丽·利茨、琼斯妈妈和休伊·朗。20 世纪 30 年代世界经济萧条时期，古典自由主义灭亡。为了结束大萧条，使经济为了公共利益而运行，政府决定干预市场。自由放任政策的放弃改变了自由主义，自由市场一定会产生道德结果的假设受到了质疑。市场需要政府管制。不断加强政府管制的时代随之而至。然而，政府管制相对短命，终结于 20 世纪 70 年代晚期。按照反对全球化者的观点，当时的企业精英操纵公众和政府接受一种新的自由市场和扩张理论，这种新的理论后来被称为“新自由主义”。

在反对全球化者看来，新自由主义是经济自由主义和一套自由市场经济政策的集合体。这种自由市场经济政策包括放松管制、国有企业私营化、限制工会、贸易扩张、减税和减少社会福利。在新自由主义统治下，市场成为社会的组织原则。企业的大肆宣传使社会价值观日益物质化。例如，企业通过延长营业时间、改进农作物幼苗的遗传基因、外包公共服务（例如将监狱外包获利）等来开拓市场获取利润。在新自由主义社会里，市场同样指导个人生活。个体通过教育来提高自己作为劳动力的市场价值，他们用心着装以取悦雇主，他们将生命的成功等同于商业的成功。新自由主义要求国家修改经济政策，以吸引境外投资者。在国际层面，非民主组织——世界贸易组织、世界银行和国际货币基金组织——强迫发展中国家执行新自由主义政策，以进入世界市场。总的说来，这是一种厌恶进步主义的、普遍的、泛商业的思潮。

反全球化运动的目标是令人困惑的。许多反全球化者发现反对全球化的标签并不准确。反全球化者之中很少人反对全球化本身，正因如此，一些人喜欢称其为“全球正义运动”。[54] 不论以何种名义，自 2001 年起，这些人每年都会举行一个所谓“**世**

界社会论坛”（World Social Forum）的大型集会，该集会每年1月在一个发展中国家举行。世界社会论坛的章程声明，该会由“反对新自由主义的公民社团和运动”组成，这些精英“坚定地致力于建设一个人类关系和谐、人与自然关系和谐的社会。”[55]但是这个集会只是一个嘈杂之音。根据参与世界社会论坛的一些观察者所述，新自由主义这个术语“只不过是一张充满华丽辞藻的捕蝇纸，粘附着丑陋的脏东西，政治上令人厌恶的各种批评都一股脑地嗡嗡聚积在这张纸上”[56]。然而，这个运动有很多目标：全人类和劳动者的权利、收入平等、性别平等、经济和政治组织民主、可持续发展等。

目前，争论和对抗主要集中于跨国公司的行为，这些行为被视为阻碍了社会进步，使得社会不能朝着更好的方向发展。反对跨国企业的斗争使运动中的很多人非常高兴。管理者畏惧市场逻辑和公民社会的道德价值之间的冲突。据估计，世界上存在着4万个各种类型的非政府组织，其中6 000个都批判企业。[57]一位研究公民社会问题的重要学者召唤大家起身战斗。

> （我们身处）……两个全球化之间的斗争，这两个全球化植根于两个截然不同的愿景——一个是帝国主义，另一个是民主主义。它形成两个尖锐的对比：一个是由国家和企业权力联盟构建的全球帝国主义愿景，另一个是由人民权力联盟构建的地球社区愿景。帝国主义愿景在组织权力上占有优势；地球社区愿景在基于成熟意识的真实文化价值观上的道德权力上占有优势。[58]

全球行动主义

由定义可知，行动主义者采取行动。进步主义运动者创造了独一无二的网络，倡议纠正现存问题。一个早期的例子是由遍及50个国家的800个团体组成的国际反地雷组织。来自人权观察组织等不同团体的行动主义者反对企业制造杀伤性地雷。结果，雷神公司（Raytheon）停止制造地雷。同时，其他的公司，包括摩托罗拉、休斯飞机公司和通用电气都放弃售卖用于制造地雷的零部件。[59]类似的倡议网站也积极地与那些承包制衣的“血汗”工厂以及滥用环境资源的能源和采矿企业进行斗争。

这种行动并不是新生事物。19世纪早期，一个著名的倡议组织领导了全球范围反对奴隶制度的运动。[60]20世纪70年代的国际运动，迫使雀巢和其他婴儿奶粉制造商改变了出售到发展中国家的奶粉配方。20世纪80年代，一个人权联盟组织迫使外国企业撤出南非种族隔离时代那个能带来丰厚利润的市场。[61]

行动主义者采取一整套策略，给企业制造压力。下面是一个不十分详尽的策略清单。

- *消费者抵制*。抵制是通过不购买企业产品和服务的方式给企业施压。或许第一场全球性抵制运动是 1792 年的抵制白糖运动，这场运动由抗议英属东印度群岛实行野蛮奴隶制度的英国激进团体发动。抵制迫使英国白糖销售减半，也许还成为结束英帝国主义奴隶制度的关键因素。[62] 近年来，鼓动团体发起了成百上千起抵制活动。这里有一些近期的例子。“地球之友”抵制新加坡航空公司，因为新加坡政府在世界银行会议上扬言要拘留抗议者。一个比利时团体——“地球母亲”领导 150 个非政府组织抵制奥驰亚集团（Altria Group）、埃克森美孚公司、雪佛龙德士古（Chevron Texaco）、百事公司、可口可乐和麦当劳，因为它们是美国共和党的大捐助商。这些团体对布什总统未能成功地制止气候变暖非常生气。一个英国非政府组织“动物之声国际素食者”进行了一场全球范围的抵制阿迪达斯运动，因为阿迪达斯公司使用残忍杀死的袋鼠的皮制作足球鞋。
- *股东决议*。美国和欧洲国家的法律允许上市公司的所有股东在年会上参与股东决议。宗教团体经常发起支持进步运动的决议。一个团体——“泛宗教企业责任中心”（Interfaith Center on Corporate Responsibility）整合了超过 200 条的宗教秩序和宣言，在股东会议上每年发起多达 250 项社会责任提议。最近的案例包括（附 2006 年他们所得的股东投票百分比）：要求福特汽车公司公开其如何进行游说疏通活动以阻碍出台更高的燃料经济标准的建议（7%）；号召杜邦公司减少使用有毒化学物质的建议（29%）。有关社会责任的提议很少会得到多数票，但是会给企业带来坏名声，并经常导致管理层不得不坐下来认真谈判。
- *骚扰、嘲讽和羞辱*。拉尔夫·纳德发起的团体——“美国行动中心”，将弗吉尼亚州特许经营烟草的企业定义为“持照杀人公司”，将其制造和售卖烟草的工作描述为“在某种程度上每年都杀死……美国人。”[63] 之后，“行动中心”的成员参加了奥驰亚集团的股东年会，它的子公司菲利普—莫里斯是世界最大的香烟公司。到了会议的答问阶段，“持照杀人公司”的一位“行政主管”邀请奥驰亚集团的首席执行官参加新公司的董事会，带来他“在全世界的杀戮经验”。[64] 这个提议遭到了拒绝。

骚扰的形式多种多样，无法想象。抗议者甚至以诈骗等聪明的指控来提起诉讼。他们骚扰企业行政主管及其家庭的生活，如标明他们居住的房屋，在他们子女就读的学校抗议，在他们做礼拜的教堂干扰等。他们爬上企业建筑物，插上抗议的旗帜。一些组织为企业颁发嘲讽的奖章。“企业社会责任国际组织”定期将企业列入“羞愧”黑名单。每年世界经济论坛前夕，抗议者会将特别不负责任的企业列入黑名单。曾经被列入“黑名单”的企业包括雀巢、花旗集团、沃尔特·迪斯尼和沃尔玛超市。

- 行为守则。一些组织制定的行为守则实质上代表进步主义的议题。企业迫于压力，不得不签署这些守则。如果它们签署了这些守则，它们就必须受到专门组织的监控，这些组织与行动主义积极分子有着密切关联。这方面的一个例子是“社会责任标准 8000”，这是在反对“血汗工厂”的全球性运动中制定出的一个守则。这些行为守则制定了以人道方式对待员工的原则。守则要求企业签署人定期上交经监督者证明合格的监测报告，这些监督者都经过专门的培训。一个与进步主义有密切联系的名为 Verité 的组织，负责审核企业行为守则执行情况。
- 反企业运动。反企业运动通常由一些团体联盟发起，对企业进行广泛而持续的攻击。[65] 这种运动将企业描述成追逐利益的反社会行为者，而倡议团体则是追求普遍真理的道德十字军。跨国企业拥有雄厚的资金实力，对政府有强大的影响力，拥有值得信任的品牌；反企业运动人士通常只有薄弱的资金实力、微弱的政治影响力和很低的公众辨认度。然而，他们拥有的一个关键优势是：公众认为环境组织、宗教组织和人权组织都是无私的、追求正义的。利用这优势，反企业运动人士占据道德高地，如同战争似的攻击企业，因为这些行动有时会超越或者打破文明的界限。最近的一个事例是“森林伦理”针对有限品牌公司（Limited Brands）的下属企业维多利亚公司（Victoria’s Secret）发起的运动，该运动阻止企业使用加拿大原始森林的树木原浆。“维多利亚肮脏的秘密”运动持续两年，进行了一系列抗议事件，包括画报宣传（画报上一个身穿紧身内衣的女性挥舞着链锯）、市民在购物中心的抗议、穿着狗熊道具衣服的反对者围攻股东大会等等。之后，公司同意使用再生纸。

全球行动主义对传统的民主概念提出挑战。倡议团体的人数有限。与立法机关不同，尽管他们宣称的理念从保护可持续发展的森林到健康食品，但所有的理念都基于公共利益，无需对广大选民负责。如果企业仅仅遵循法律、贸易协定，或者企业根据市场上个体消费者的选择而行事，就不会得到全球行动主义者的认可。他们认为，仅仅这样并不是负责任的企业行为。相反，他们争辩道，因为企业贿赂政府和操纵消费者，所以他们采取行动，将进步主义愿景中定义的“责任”“正义”“平等”和“权利”等标准强加给企业是正当的。这一愿景并非无可争议。一旦卷入运动，进步主义鼓吹者给舆论灌输深度的怀疑以建立起对企业的愤怒。如果企业投降并且改变政策，这些全球行动主义者会攒聚力量，以进一步推进他们的政策诉求。只有当政策诉求纳入到现存的正式制度和法规中时，运动才会告一段落。

结 论

回溯历史，我们发现对企业的批判一再地重复出现，每个时代都有新的特点、新的目标和新的问题，但是其基本宗旨未变。这个历史进程就是企业批判者和资本主义辩护者之间永无休止的对话。图 4.4 显示了代表这种对话的两个时间轴。设想在一场晚宴上，亚里士多德、圣奥古斯丁、托马斯・杰斐逊和拉尔夫・纳德围坐一桌，亚当・斯密、本杰明・富兰克林、亚历山大・汉密尔顿和罗纳德・里根坐在另一桌。现在想象一下，同一餐桌上的同座者和睦融洽，而两个不同集团的代表之间则水火不容。

毫无疑问，工业资本主义是持续和剧烈社会变革的历史推动力。经济学家熊彼特多年前曾写道：工业资本主义“兼具创造性和破坏性”，它加剧了现存制度的紧张关系，挑战了现有的权威。[66] 资本主义的反驳是，它带来的变化大部分体现了进步，改善了人类的生产环境。批评者一直不赞成这一说法。虽然资本主义贪婪成性，但资本主义也促进了积极的文化价值观，如创造力、创新、合作、辛勤劳动以及处理数以亿计的日常商业交易所需的人与人之间的信任关系。

最后，广泛存在的批判主义也是对权力的一种重要监督机制。合法的批判主义应该存在，并且应该引起社会的关注。如果批判主义得到正确引导，就能够维护最好的企业制度，带来极大的好处。用拉尔夫・纳德的话来说：“从我们国家的历史来看，无论是通过劳动者、童工、少数派，还是消费者、环境主义者，人们都成功地挑战了过度追求商业利润的权力，这个国家因此而更加美好，经济日益强盛。”[67]

并非所有的反全球化者和进步主义者都反对资本主义制度。许多人相信，即使企业行为有时候是坏的，企业带来的经济发展也促成了社会进步。他们开始接受这样的观点：不断壮大的贸易为缓解贫困带来了希望。现在，这些批判者推动了企业社会责任理论的发展，接下来的两章将讨论这个主题。

图 4.4 思想冲突对照

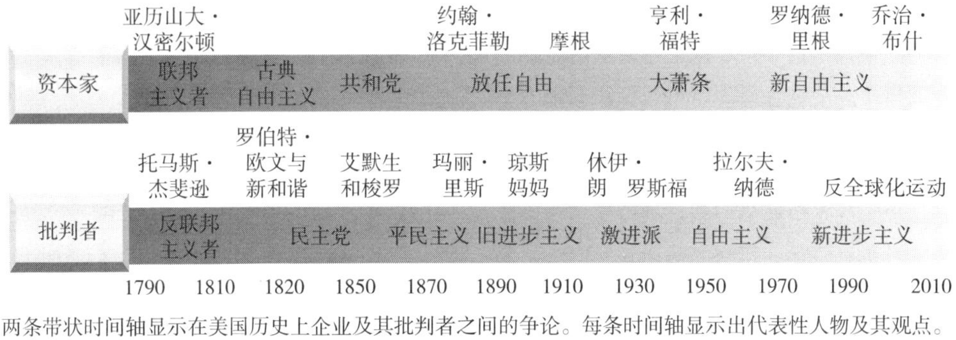

亚历山大・汉密尔顿　约翰・洛克菲勒　摩根　亨利・福特　罗纳德・里根　乔治・布什

资本家：联邦主义者　古典自由主义　共和党　放任自由　大萧条　新自由主义

托马斯・杰斐逊　罗伯特・欧文与新和谐　艾默生和梭罗　玛丽・里斯　琼斯妈妈　休伊・朗　罗斯福　拉尔夫・纳德　反全球化运动

批判者：反联邦主义者　民主党　平民主义　旧进步主义　激进派　自由主义　新进步主义

1790　1810　1820　1850　1870　1890　1910　1930　1950　1970　1990　2010

两条带状时间轴显示在美国历史上企业及其批判者之间的争论。每条时间轴显示出代表性人物及其观点。

抗议肯德基的运动

2003年1月6日，战争拉开序幕。一个好战的动物权利组织——善待动物组织（People for the Ethical Treatment of Animals，PETA）通过新闻界宣布发起一场抗议肯德基的压力运动。肯德基是世界上最大的鸡肉餐厅连锁店。PETA指责肯德基“残忍对待”家禽，并且为了食用而杀戮家禽。[1]运动要求肯德基寻找新的更加人道的食物供应链。肯德基公开回应了该组织，声明“PETA的指控是没有道理的”，并且表明它们使用的家禽，都得到了人道待遇。[2]

肯德基不饲养家禽。在美国，肯德基从18个独立企业购买家禽，这18家企业经营着超过50家家禽农场和屠宰厂。在其他国家也是如此。PETA对这些供应商对待家禽的方式非常愤怒，但是由于供应商的设施无法暴露于公众视野中，因而无法集中攻击它们。但肯德基普受欢迎的餐厅，却很容易受攻击。通过攻击肯德基的品牌形象，PETA希望肯德基利用世界上最大家禽购买商的市场影响力，迫使家禽饲养和屠宰工厂进行改革。如果这种方法奏效，PETA就可以迫使这个不情愿的巨人帮助自己实现目标。

在家禽战争中，PETA曾屡获成功。PETA的首个尝试是1999年反对麦当劳的运动。在不到一年的时间内，PETA采取了抵制、餐厅展示和网上曝光等手段，公司屈服了，强迫供应商接受严格的动物福利标准，以此作为结束攻击的条件。运动迫使不情愿的饲养商做出改变，包括为母鸡提供较宽阔的鸡笼、突击检查屠宰场，以及在宰杀之前更有效地击昏家禽。在麦当劳有条件地投降后，其他更小的竞争对手们陆续举白旗。在持续五个月的运动后，汉堡王（Burger King）采纳了动物福利指导规定。之后，温迪国际快餐连锁集团（Wendy's）也作了让步。西夫韦（Safeway，连锁超市）公司仅仅坚持了三个月。阿尔伯特森（Albertsons，连锁超市）和克罗格（Kroger，连锁超市）公司相继在运动一周后屈服。

初期冲突

2001年，当肯德基的总裁谢丽尔·巴舍尔德收到PETA餐饮运动主席布鲁斯·夫里德里克的一封信后，肯德基明白了PETA的意图。此信质问道：“在明知PETA针对其他对手的运动下，为什么肯德基不采取任何措施改进所需家禽的生活条件？”夫里德里克质问肯德基打算如何解决这个问题，并提供了动物福利专家的联系方式，同时加上一句：“我们正在寻找下一个目标。”[3]

接下来的几个礼拜，夫里德里克打了许多电话，并且同巴舍尔德和肯德基的母公司百胜集团（Yum! Brands）的首席执行官戴维·诺瓦克会面。百胜集团的品牌创建于1997年，当时百胜集团将肯德基、必胜客和塔可钟连锁店作为独立公司运营。随后，这家新公司买下了海滋客（Long John Silver）和艾德熊（A&W）快餐连锁公司。现在，百胜集团是世界上最大的快餐服务餐厅连锁企业，在全世界拥有35 000家餐厅。肯德基品牌的历史可以回溯到1952年年迈的哈兰·桑德斯上校的油炸鸡特许经营店。肯德基在100个国家拥有14 500家快餐店，每天服务120万名顾客。

这个谈话揭示了企业与其对话者之间巨大的分歧。肯德基告知夫里德里克，在其家禽供应合同中，包含了人道待遇规定。夫里德里克指责企业运用不严密的工业标准，实际上默许了残忍对待家禽的行为，只有在滥用杀戮降低利润时，企业才会考虑到家禽福利。他表示，家禽待遇是一个道德问题，远比财务方面的考虑重要。[4] 肯德基表示会重新检查相关规定，并且承诺随时告知 PETA 事态进展。

随后的几个月里，肯德基采取了一系列措施。它成立了一个动物福利顾问委员会，由企业以外的学者和行业代表组成。它开始在未经通知的情况下检查饲养商和屠宰场。它与行业协会并肩作战，建立新的家禽福利指导手册。然而，PETA 并不满意肯德基做出的努力，因为肯德基没有引入下面这些更具体的和更加激进的改变。

- 毒气宰杀。在被浸入滚烫热水（为了脱毛）之前，肯德基的鸡首先被电击打晕，然后用锋利的机械刀刃割开其喉咙。PETA 认为，毒气宰杀是个更好的方法，因为这个方法确保了这些家禽在经历痛苦之前是没有感觉的，相比之下，电击方式更不可靠。
- 屠宰场安置摄像头。摄像头可以加强监督，使得监督更为有效。
- 机械化抓鸡。肯德基的鸡是由工作人员用手从鸡场抓来的。PETA 相信，这些工作人员残暴地对待这些家禽。机械化抓鸡系统较不容易造成鸡的挫伤或者骨折。
- 新基因物种的家禽。肯德基餐厅食用的炸鸡，是“肉鸡”，这是一种在其主要存活时间内迅速增加体重的鸡类品种。“肉鸡育雏器”生产出的成群鸡群生长较快。由于肉鸡物种的特征，它们能够迅速增加体重，但是它们的骨骼和关节并不能与整体体重成比例生长。当这些家禽越长越大时，会给它们的关节带来痛苦。PETA 要求引进瘦肉基因的鸡，这些品种不存在骨骼缺陷。
- 消除强迫性生长方法。在强迫性饲养方法下，肉鸡能够迅速增加体重，但会遭受代谢异常的损害及较高的死亡率。缓慢的生长期意味着在屠杀之前较长时间的饲养费用，但是减少了过早死亡。
- 提供家禽更多的空间以供其“散步”。PETA 要求肯德基为每只家禽提供至少 2~3 倍于当前的活动空间，为它们提供遮风避雨的场所，在仓库般的建筑内饲养、栖息。
- 顺从家禽的本能行为。PETA 认为囚禁饲养家禽，会使家禽遭受长期紧张和厌倦的痛苦，压抑其天性。在饲养方法上，他们建议用完整的绿色卷心菜供家禽啄食。[5]

对抗双方的争论无助于问题的解决，PETA 如同母亲斥责犯错的子女一样来指责企业。PETA“强烈意识”到肯德基公司“在阻止残忍对待动物方面，没有兴趣做出任何实质性的改进”，并补充说：“我们给你们施压，希望你们采取行动解决这个问题，但是你们无动于衷”。[6] 另一方面，肯德基回复 PETA“要本着开放式沟通的精神”，但在实践中仅仅走出了一小步，只提供简单和大概的信息，如进行了检查，举行了会议，和行业组织一起改进动物福利标准。[7] PETA 认为肯德基有意拖延。

回顾 PETA 的发展

PETA 由其创始人英格丽·纽柯克管理。英格丽·纽柯克历经沧桑，最终成为一名保护动物权利的积极分子。1972 年，纽柯克居住在马里兰州。起初，她接受股票经纪人训练。一位邻居搬走后，被遗弃的几只猫不久就在附近生了几窝小猫。她把这些小猫送入附近的动物收容所接受照顾。但不久，她听说这些小猫被杀死。这个插曲改变了她的生活。成为股票经纪人的梦想改变了，她说服那家动物收容所给了她一份工作。看到动物遭受残忍对待，她开始每天清晨早早来到动物收容所，在其他人到达前用人道主义的方式了结它们。“我结束了成千上万只动物的生命，”她说，“有时甚至一天就有几十只。”[8]

离开收容所之后，纽柯克成为调查动物虐待的一名县级民选副司法官员。随后，她领导一个委员会控制动物疾病。在阅读了哲学家彼得·辛格的《动物解放》后，她得到灵感建立了PETA。[9]辛格在书中提出动物拥有伦理权利。伦理权利是一种重大的权利，应该得到其他对象——此处是指人类——尽心尽责的对待。他声称，传统观念中人类超越动物之上的绝对主导权是不公平的。因为动物也有生命，它们有知觉和有能力感受遭遇的事情。基于平等的考虑，动物利益和人类利益应该赋予同等的权利。用他的话说：“不管人类的本性是什么，平等的原则要求将动物的遭遇和其他任何生命体的遭遇同等看待。”[10]因此，他主张，动物拥有不可否认的权利，人类应该满足它们的需求。否定这种权利就是物种歧视，或者是将一种物种置于另一种物种之上的偏见。根据辛格的观点，物种歧视是类似于种族歧视和性别歧视的恶魔，因为物种歧视限制了一种物种的伦理权利，正如种族歧视和性别歧视一样。表1中的PETA宣言，反映了纽柯克在这本哲学书中发现的哲理。

纽柯克为了动物权利而斗争。“动物都毫无防御能力，”她说，“它们不能回嘴，不能反击。但是我们可以，而且无论需要付出什么代价，我们都勇往直前。”[11]当她了解到，在巴基斯坦曾经有炸弹被绑在一只驴身上并通过遥控器爆炸。她写信给阿拉法特，要求将无辜的动物从阿以冲突中解救出来。她还保证，当她死后，她身体上的肉可以用于人们的野餐，她的皮肤可以用来制造钱包类等皮革产品，她的脚可以用来做成伞架。[12]

PETA非常具有创造性。因为大多数人对于动物权利没有任何认识，PETA的首要目标是吸引公众兴趣，虽然可能令某些人反感。也许，吸引注意力最温和的策略是运用戏剧化方式。例如，PETA示威者将他们的脚夹进夹脚器，在街头蹒跚行走，以揭示为了得到皮毛诱捕动物的恶行。另一个策略是采取一些过激行为，为了抗议《时尚》杂志刊载穿着毛皮的女士照片，行动者闯入价格不菲的曼哈顿餐厅，将一只死浣熊扔入《时尚》杂志编辑的餐盘。在乡村集市上，PETA成员将馅饼扔向年轻的被加冕为“猪肉皇后”的女士。该组织还要求“牛奶之州”——威斯康星州将饮料从牛奶变成豆奶。

PETA灵活地运用性吸引力获得公众注意。在华盛顿，当美国肉类协会每年给政府官员提供热狗午餐时，前《花花公子》女郎身穿生菜做成的比基尼，在午餐会外，散发“素食热狗”。PETA招募社会名流，宣传其主张。名声与魅力引人注目。社会名流的出场，使原本可能被漠视的观点有了名人成功和合法的光环。PETA同样利用互联网传播信息。他们有多个网站讨论各种观点，如动物园、马戏团、动物试验。网站很容易操控，信息具有深度，并且非常具有娱乐性。网站上有事实、游戏、简报视频、幽默一笑和名人轶事。PETA致力于影响儿童。在一本名为《你妈妈杀死了动物》的漫画手册中，画着一个疯狂的女性，挥舞着血腥大刀，正在杀戮一只兔子。“试着问问你的妈妈，”它写道，“为了制作毛皮大衣，她杀死了多少只动物？”[13]

在与肯德基斗争的过程中，PETA使用了所有这些策略，甚至更多。

家禽——鸡

冲突的焦点在于鸡。鸡在生物分类学中属于鸡科目，该科目包括火鸡、雉、猎鸟和鹧鸪。这一科目的动物身体重、飞行耐力短，以昆虫和植物种子为食，在地面筑巢，幼仔

表 1
PETA 的使命

资料来源：Courtesy of People for the Ethical Treatment of Animals (PETA).

善待动物组织（PETA）拥有 160 万名会员，是世界上最大的动物权利保护组织。
PETA 关注四个主要领域：大规模农场、实验室、服装贸易以及娱乐表演。在这几个领域中，大量动物长期以来遭受最严重的不人道待遇。我们还关注其他一些问题，包括残酷杀害海狸、鸟类以及其他宠物，包括对家犬的虐待。
PETA 通过教育、调查暴行、研究、动物救助、立法、关注特别事件、名流参与以及抗议运动等完成自己的使命。

孵出后即能自行觅食。鸡属于社会性鸟类，它们互相交流并且在鸡群内建立复杂的等级制度。

最早的野鸡，属于*原鸡种*，生长在东南亚热带常绿灌丛及次生林。大约 4000 年前，原鸡被驯化。被驯化的鸡群家鸡从亚洲扩展到整个世界。古希腊，鸡的价值是斗鸡。罗马帝国时期，预言家从鸡的内脏中解读未来。在迷信的罗马时期，将军们相信鸡的行为能够预知战争的成功与失败。战争前夕，有经验的军团士兵围着鸡群，寻找蛛丝马迹的征兆。随着军团前行，他们将家鸡散布在整个帝国。几个世纪之后，最早的欧洲移民将家鸡带到北美。

在美国，大规模养鸡发展缓慢。20 世纪 20 年代后期，养鸡场的鸡群一般仅有约 500 只自由放养的幼禽。今天，分工高度专业化，一些农场专门负责生产蛋产品，其他的负责饲养"肉鸡"（屠宰用于食用，从字面意思来看就是用于烤、烘、炸的鸡）*。现在，鸡群被饲养在长条无窗的建筑物里，那里自动化设备齐全，一个养鸡场能够饲养多达 10 万只鸡。鸡的消费日益增长。1955 年，美国仅仅饲养了 10 亿多只肉鸡，即每个美国人拥有 6.5 只；2005 年，美国饲养了 87 亿只肉鸡，即每个美国人拥有 30 只。[14]

与其他动物一样，肉鸡适应在小环境中生存。这种肉鸡形成了一些本能行为。它们大约 10 只成群，建立起所谓"啄序"的等级制度。鸡群中的首领能够啄击任何一只鸡，而其他鸡会屈从。啄序可以通过多种方式表达出来：如报晓或者鸣叫的不同声音、攻击性或者消极的姿势、占有空间的大小，所使用巢穴的舒适程度、在与对手的斗争中逃跑或坚持战斗等。在性别混杂的鸡群里，存在着两种啄序：一种适用于公鸡，另一个适用于母鸡，但是母鸡的等级制度完全附属于公鸡，所有的母鸡都屈服于最低等级的公鸡。这种遗传基因特征对于物种生存非常关键，因为一只公鸡绝对不会和更强势的母鸡配偶。啄序具有生存的价值。一旦统治秩序建立，群内的斗争就会结束，而将精力转向社会生产方面。

从自然天性来看，鸡是杂食性动物，它的食物包括农作物、蜥蜴和昆虫等小动物。母鸡行为遮遮掩掩，喜欢在地面上建筑隐蔽的巢穴。白天时，鸡群们分散行动，四周觅食，但黄昏时，它们会紧密地聚在一起。晚上，它们常栖息在树木上。根据 PETA 的说法，鸡是"好奇而有趣的动物"，并且"和哺乳动物，如猫、狗甚至灵长类动物一样聪慧"。[15] 自然本性上，它们是具有"独特个性"的个体，这一特性"形成了社交友谊和社会等级制度，形成了辨别彼此、爱护子女、享受完美的生活、喜欢沙浴、筑巢、栖息在树上和其他种种行为。"[16]

高密度的生活环境无益于它们的自然本性。鸡笼或者密集圈养阻止了鸡群建立啄序的行为。没有完整的啄序，个体就不会屈从

* 肉鸡，原文为broilers，broil有烤烘之意。——译者注

于威胁。为了争夺空间、食物和水，家禽之间的身体攻击时常发生。[17]虚弱的动物没有藏身之处，甚至可能受到不断攻击直至死亡。除此之外，聚集的鸡群不能从事一系列日常活动，如觅食、修饰、筑巢、孵卵和栖息。批判者声称，这种剥夺行为违反了动物满足其本能行为和需求的权利。

抗议运动

抗议运动的早期，PETA 试图破坏肯德基的品牌，骚扰公司的管理人员。在最初的几个月，PETA 在全世界的肯德基餐厅组织了数百起抗议运动。抗议者身穿公鸡衣装，将自己锁在笼子里。他们散发贴有“变态的桑德斯上校”形象的“装满血的小桶”和喉咙被割开的公鸡玩具。当百胜集团的首席执行官戴维·诺瓦克出现在德国一家餐厅的开幕式时，两名抗议者将假血和羽毛泼向他们。抗议运动的领导者弗里德里希如此说道：“屠杀家禽的人满手血腥，西装上多一点点血也无关紧要”。[18]

肯德基出具了一份声明，称此类攻击是“企业恐怖主义”，它“超越了仅仅是表达观点的底线，是袭击企业和个体暴力的表现”。[19]在巴黎，英格丽·纽柯克及名人“伪装者”乐队的克里斯·海因德领着一群抗议者在中午时间聚集在繁忙的肯德基餐厅，将象征着鸡血的红色油漆涂在餐厅前窗，然后一直劝说顾客直至保安将他们赶出餐厅。餐厅外面，抗议者在林荫大道上阻碍交通长达两个小时。回到美国，PETA 在路旁立起广告牌，描写桑德斯上校用沾满鲜血的刀宰杀家禽，上面的标语写着“肯德基油炸鸡是残忍的。我们对鸡犯下了罪行。”[20]

百胜集团 CEO 戴维·诺瓦克 2003 年 6 月 23 日在德国汉诺威一家餐厅被泼了一身“鸡血”。
资料来源：© AP Photo/PETA Deutschland.

抗议运动的主要目的是为了使公众认识肯德基残忍对待鸡群的行为，另一个目的是为了从个体角度对于肯德基和百胜集团的管理者施压。抗议运动的几个月后，肯德基的总裁谢丽尔·巴舍尔德未能实现英格丽·纽柯克认为的承诺——电话交流。因此，周六晚上，纽柯克致电在家里的巴舍尔德。当巴舍尔德拒绝在家接听电话时，纽柯克致信巴舍尔德，信件部分内容摘录如下：

> 当然，你不愿意在你的私人空间家里受到骚扰，但是被你虐待和屠杀的动物却为你这个家在买单。以它们的痛苦，它们完全不像生活的生活，甚至没有像样的窝为代价。……仅仅是一个随机概率的问题，你才没有在出生时成为它们中的一分子。[21]

纽柯克分别致信巴舍尔德和首席执行官诺瓦克在肯塔基州路易斯维尔市的家，同时将信件内容和他们的居住地址粘贴在 PETA 的网站（kfccruelty.com）上。她支持前甲壳虫乐队成员保罗·麦卡特尼写信给诺瓦克，要求停止“令人震惊的虐鸡行为”，这封信件在路易斯维尔市《信使》日报上占据了整个广告页面。肯德基发言人对此信件进行了回应：“PETA 应该依照保罗先生的一首名曲去做，那首歌就是《顺其自然》（Let it Be）。”[22]

PETA 同样给百胜集团和肯德基管理人员的朋友和邻居写信，要求拜访他们的家并与他们交流。他们在巴舍尔德的家设置了警戒哨。周末，诺瓦克和另一位高层行政人员参加路易斯维尔市教堂的活动，他们也同样设置警戒。除了这些之外，PETA 还把其“真相电视”宣传卡车停靠在教堂外，用大屏幕图像展示屠宰场的虐鸡行径。[23] 2003 年圣诞前夕和圣诞节，弗里德里希乔装成圣诞老人，堵塞了教堂外面的人行道。他还在一位肯德基高级副总裁的家里示威，导致对方以非法侵入私宅对其提起诉讼。[24]

抗议运动的第一个夏天，肯德基的总裁巴舍尔德飞到弗吉尼亚州的诺福克，在 PETA 的总部与纽柯克举行了会晤。在会议中，巴舍尔德同意在肯德基提供肉鸡的屠宰场安装摄像头、为鸡群提供更多的人道待遇、使用机械化抓鸡设备以及为每只鸡提供更多的空间。作为回报，PETA 与其达成一致，抗议运动暂停 60 天。[25] 然而，当纽柯克指责巴舍尔德没有遵守诺言时，两者之间的协议最终被撕毁。

随着时间推移，PETA 不断扩大规模。它招募了一个很长名单的名流支持者。女演员帕米拉・安德森在视频中展示肉鸡如何被虐待。安德森女士充分借助她的性感优势增加在抗议运动中的吸引力。例如，她身穿白色绸缎胸罩为广告牌摆姿势。[26] 奥尔・夏普顿牧师大声疾呼，号召黑人社区抵制肯德基。

2003 年，利用证券交易委员会的规定，PETA 在路易斯维尔市的百胜集团股东大会上获得了一席之位。在 PETA 成员发言后，总裁诺瓦克号召 PETA 组织结束抗议运动，他说道：“我们不希望被辱骂，正如你们不希望这些肉鸡被虐待。”2004 年，PETA 获准在一份股东决议中要求公司报告其在减少残忍对待肉鸡方面采取了哪些措施。仅有 7.6% 的股东对此投了赞成票。2006 年，当 PETA 再次提出相似的决议时，他们再次败北，仅获得了 9% 的股东赞成票。

PETA 起诉百胜集团，因为百胜在其网站有关公司如何对待肉鸡的言论是错误的。在一场怪异的献辞会上，一位 PETA 的工作人员将其法定姓名克里斯・加纳（Chris Garnett）改为了“肯德基残忍油炸鸡”（Kentucky Fried Cruelty.com）。[27] PETA 组织了 12 起关于肯德基供应工厂的秘密调查，调查对象分布于美国、欧洲和亚洲，调查证实存在令人厌恶的虐待动物事件。抗议运动进一步发展。全世界有多达 1 万起抗议活动，许多活动都有女性积极分子身穿比基尼，以吸引公众注意。[28]

企业的低调防御

在整个 PETA 抗议运动中，肯德基和百胜集团都尽量在媒体上保持低调，同时改进动物福利标准。当动物福利成为一个问题时，动物农业、食品业和餐饮业的防御方式大体上就是缄默。在大规模的饲养和屠宰行业中，动物的痛苦无法避免。从关注生产转向关注鸡群的不适、受伤和本能剥夺，这些都会增加成本。

大多数消费者忽略了农场的工业化生产方式，不能形象地将肯德基的食品与肉鸡的生活经历联系起来。尽管 PETA 做出了巨大的努力，但是关于更人道地对待家禽，在公众中并没有形成舆论海啸。在以色列，面对抗议者在餐厅外面进行的运动，一位肯德基消费者说道：“这无法改变任何事情。这就是生活，而这是整条食物链。我必须吃东西。”[29]

企业在家禽福利和成本之间的平衡，要靠利益兴趣和关注来支撑。例如，肯德基制定和执行的工业指标规定：“电击必须是有效的，即 500 只鸡样本中，至少要有 98% 的成功率。”[30] 这个标准可能被认为是人道的，但是可以想象，仍有 10 只鸡在进一步“处理”

前被浸入滚烫的热水褪毛时是有意识的。这类关于鸡的福利的妥协，避免了更高的成本，被肯德基的就餐者默认，但是在媒体争辩中却难以成立。PETA 最大的力量来源于每个人都认为自己是仁慈、得体的人道主义者。[31] 让鸡活着遭沸水是无法辩驳的，这使得企业小心回避对抗，避免与 PETA 正面冲突。

为了回应攻击，企业始终如一地重申以下观点：在超过 100 个国家设立的分店中，肯德基遵守了所有的法律。肯德基仅仅是个购买者，并没有直接拥有动物农场和屠宰厂，那里才是动物虐待可能发生的地方。肯德基认同这样的观点：基于其所购买肉鸡的规模，肯德基有责任、有权力领导善待鸡群的运动，而且它也正在采取行动。

自 2000 年起，肯德基遵守百胜集团的动物福利指导原则（Animal Welfare Guiding Principles，见表 2）。2004 年，它实施了一套更加全面的肯德基家禽福利指南（KFC Poultry Welfare Guidelines），该指南覆盖了家禽繁殖、栖息、抓捕、运输、保存、电击和屠宰的所有程序。肯德基称该指南“行业领先”，但是 PETA 反对此指南，因为它没有满足 PETA 提出的改进要求。百胜集团建立了一个动物福利顾问委员会（Animal Welfare Advisory Council），该委员会由著名的动物科学家和来自供应企业的代表组成。委员会建立之初，PETA 推荐了他们认为可接受的委员候选人，肯德基任命了他们中的四个人。2005 年，其中三个委员向肯德基提交了精心准备的改进动物福利建议书。他们认为，消费者关于人道对待动物的意识日益觉醒，而提高动物待遇的时机已经到来。建议书号召肯德基应该采取行动以满足 PETA 的所有要求。[32] 这时，PETA 暂停了激进的活动，与肯德基进行私下协商。在一连串的会议后，PETA 要求肯德基承诺执行专门小组提出的建议书，但是遭到了拒绝。不久，PETA 恢复了抗议肯德基运动，提出建议的三个人中有两人提出辞呈。

肯德基屹立不倒

抗议运动进行到第四个年头，肯德基仍然屹立不倒。看上去，PETA 的抵制收效甚微。百胜集团每个连锁餐厅的销售并未大量增长，但是整体上看来，它的盈利能力非常强。2003~2005 年间，百胜集团的收入增长 12%，净收益（测算盈利能力的一种方式）增长 24%。股东们收益颇丰。如果你从 PETA 宣布进行抗议运动当天开始投资百胜集团，那么在运动四周年纪念日时，你的收益增值了 133%，远远超过同时期世界 500 强企业平均 52% 的增长率。[33] 在此期间，百胜集团每股收益增长了 26%，意味着个人股东的收益增长了 48%。

面对 PETA 的抗议表演，肯德基和百胜集团时不时地表现出强硬态度。在抗议运动开始时，企业发言人承诺：“正如美国政府一样，我们不会与企业恐怖主义协商。”[34] 2004 年，格雷格·戴德里克取代巴舍尔德，成为新一届肯德基总裁。他认为 PETA 在“我称之为‘企业恐怖主义’的一系列骚扰、侵犯隐私的运动”中“一次又一次地歪曲事实”。[35] 2006 年，百胜集团的高级行政管理者声称“我们不会投降”，因为“PETA 的最终目标是结束肉类消费”。[36]

这个评论指向了一个假设前提：吃肉是对的。尽管该企业并未声明，确实存在着这样的假设。在此点上，行业内的杂志《国家餐饮新闻》的编辑理查德·马丁支持该企业。马丁认为 PETA 的错误在于“忽略了动物王国残酷无情的食物链范式”；“否认了一个全世界广泛接受的普遍真理：作为猎户的后代，吃肉是一个正确的选择……”[37] 这个立场与动物权利保护者的价值观完全不一致，其中一个动物权利保护者写道：“如果我们不能感同身受……也许我们应该想象：人类被更加强势的外星物种控制时，人类自己会处于多

表 2　百胜集团的动物福利指导原则

食物安全：最为重要的是，我们承诺为我们的顾客提供安全、美味的膳食，确保餐厅在最高安全标准下运营。这个承诺是我们整个运营和供应链管理的核心，明确存在于我们商业流程的各个方面——从原材料采购到餐厅食品准备和传送。
动物待遇：百胜集团相信人道对待动物是质量保证的关键部分。这意味着动物应该远离任何不人道待遇，从饲养、运输到屠宰的全过程。我们的目标是保证供应商为鸡群提供一个远离残忍对待、虐待和被忽视的环境。
合作伙伴：百胜集团的合作伙伴包括动物福利顾问委员会的专家、执行人道程序 / 规定的供应商以及监督供应商是否良好执行指导的审计组织。
持续的培训和教育：百胜集团意识到保持高水平的动物福利标准是个持续不断的过程。培训和教育将会是我们努力的关键要素。百胜集团将会继续与动物专家合作，确保雇员具有高品质，确保供应商具备进一步人道对待动物的知识。
绩效定量与绩效跟踪：百胜集团的动物福利指导是非常专业化而且可定量化的。根据动物福利指导原则，通过长期持续的审计调查，百胜集团可以测量企业在动物福利方面的绩效。
沟通交流：百胜集团将会就我们最好的实践与企业内部的相关者和企业外围相关者沟通交流，如美国餐饮连锁委员会（national council of chain restaurants）和美国食品营销协会（Food Marketing Institute），以持续改进我们的产业标准和运营。

资料来源：www.yum.com (2004).

么绝望的境地。对于强势外星物种来说，人类恳求怜悯的请求一文不值，不过是类似动物的尖叫声——对于优势物种来说，这些仅仅是些‘噪音’。在它们‘优越的’思想中，人类‘不过是动物而已’。”[38]

问　题

1. 在这场善待动物的争论中，你支持以肯德基为代表的企业还是动物权利保护者？为什么？
2. PETA 对肯德基最核心的指责是什么？这些指责是否令人信服，这些批判是否同本章讨论企业批判理论中那些无休止的问题如出一辙？
3. 肯德基采取了什么样的方法和论据支持其行动？它是否是最好的防御模式？
4. PETA 抗议运动的行为是否可以接受？为什么该组织采用了有争议的策略？在抗议企业运动中，它的力量来源是什么？
5. 如果企业遵守法律和社会习俗，PETA 迫使肯德基进行改革是否合适？因为大多数被攻击的企业都得到许多消费者、雇员和股东的支持，企业也反过来支持消费者、雇员和股东，PETA 是否能够代表足够多的人群，或者有正当的理由来证明其攻击甚至是破坏企业的行为合理？
6. 动物拥有权利吗？如果有，它们的权利是什么？人类面对动物，又有什么义务？肯德基是否在合理和可接受的层面上保护了动物的福利？

第 5 章

企业社会责任

默克制药公司

企业社会责任的形式多种多样。下面的案例颇耐人寻味。

几个世纪以来，河盲症，也有人称之为盘尾丝虫病，一直折磨着赤道地区的人们。这种疾病是由一种只能寄生在人体中的寄生虫引起的。在湍急的小溪和河流边，聚集着很多黑蝇，人一旦被其中的雌蝇咬过，便会感染细小的、不成熟的寄生虫。这些幼虫扎根于人体组织中，在成人身体里能长到 2 英尺长，并形成一个体外可见的、网球大小的肿块。成虫在肿块内可存活 7~18 年，期间交配并产下成千上万条极小的新虫。这些新虫迁移到皮肤表面，带来瘙痒，在皮肤上留下令人恶心的皱褶、肿块和污点，许多感染者不堪忍受而自杀。最后，寄生虫转移到眼睛，并引起失明。当黑蝇叮咬感染者时，会同时从他们的血液中吸取小的幼虫，然后再叮咬未被感染的人，并把寄生虫传染给他们，新的循环又开始了。

河盲症给人们带来许多痛苦。对于埃塞俄比亚的贝娣娜来说，河盲症的代价令人心碎。寄生虫在孩童时期就侵入她的身体，现在已经 25 岁的她，皮肤又黑又硬，视力也十分微弱。到现在，她还没结婚。"当我想到未来时，"她说，"我感到绝望……我的视力再也恢复不了，我的皮肤也彻底毁了。我真想成为一名大夫。"[1] 在 1 800 万感染了盘尾丝虫病的人群当中，大多数人居住在那些最贫穷非洲国家的沿河地区。大概 50 万人视力因此受到损伤，27 万人失明。[2] 这种疾病感染了喀麦隆 37% 和尼日利亚 14% 的人口。[3] 大量的人口丧失劳动能力，许多农民不得不从临河的肥沃土地迁走，国家经济大大削弱。

直到最近，对河盲症仍然没有有效的治疗方法，人们也没有采取什么措施。河盲症只是影响发展中国家的诸多赤道疾病之一。有批评认为，大型制药公司对发展中国家的药物需求置之不理。几年前，国际卫生组织开始使用杀虫剂喷杀黑蝇，但效果让人沮丧。风把黑蝇带到了离它们繁衍地 100 英里以外的地方。据科学家估计，要杜绝感染，最少需要 14 年的持续努力。

1975 年，默克公司发现了一种化合物，可以杀死动物身上的寄生虫。到 1981 年，这种化合物试制成功并上市，用于减少狗、猫、羊和猪身上的寄生虫。这种名为伊维菌素的化合物像一颗重磅炸弹，成为 20 年来销量最好的兽用药。默克公司的研究人员有一种预感，这种药物在治疗盘尾丝虫病方面会同样有效。[4]

在河盲症肆虐的国家，盲人有时候不得不拿着棍子，在儿童的引导下行走。默克制药公司在其新泽西总部雕塑了这样一幅铜像，高管们每天都从旁边走过。这幅铜像象征着默克为人类的幸福而生产药物，由于默克前所未有地无偿捐献治疗河盲症的药物，雕塑中的这种悲惨景象将不再存在。

资料来源：Photo courtesy of Merck & Co., Inc.

默克公司面临着两难抉择。任何一款新药推向市场和批量生产都要耗费巨资，但感染这种病的人却是世界上最穷的人群。他们的村庄既没有开药的医生，也没有卖药的药房。默克公司是否应该开发一种可能永远也无法挣钱的药物呢?

乔治·默克是公司创始人的儿子，领导该公司 32 年，他曾经说过：“我们一直努力谨记用药来造福人类，而不仅仅是为了盈利。如果我们能记住这些，利润迟早会出现。”[5] 这个理念到现在仍然在默克公司受到尊重，它已经融入了公司文化。默克的科学家被这种人道主义目标所鼓舞，认为放弃目标是弱者的表现。他们很快做出研发药物的决策，代价是 2 亿美元。[6]

临床试验证实伊维菌素确实有效。一年一剂药物就能大量减少人体内寄生虫数量并破坏成虫的繁殖能力，缓解综合症状，并阻止失明。[7]

然而，很显然，不管是患者还是他们的政府都无力购买伊维菌素。于是，1987 年，默克公司宣布将长期免费生产和运输该药物，只要这种用于控制河盲症的药物有需求。公司请求政府和私人组织帮助建立分销系统。

从那时开始，默克公司在 37 个国家中捐赠了超过 14 亿粒药片，价值 21 亿美元。[8] 估计每年接受治疗的病例约 4 万；6 200 万英亩农田复耕，相当于密歇根州的面积；每年增加国家劳动力数量达 750 万。[9] 一项对非洲两个地区的研究表明，该药物可以在 40 年的时间内为该地区带来 5.73 亿美元的净收益。[10]

河盲症不会立刻消失。感染率虽然已经下降，但是黑蝇却非常顽固，在使用伊维菌素之后的很多年仍然有成虫活着。但不管怎么说，默克项目正保护着数百万人，避免他们成为新的河盲症感染者。

对于一个制药公司而言，完成一项新药的研制过程，然后再放弃利润是史无前例的。默克公司的管理层坚信，尽管开发和捐赠伊维菌素的代价昂贵，但人道主义和自身利益都能证明他们的决策没错。不是每个人都给予默克公司最高的赞美。《自然》杂志生物医学专栏作者艾里克·切克对此持保留意见：“让人置疑的是，如果这家公司不是为了利润丰厚的兽药着想，是否还会致力于开发治疗河盲症的药。”[11]

很少有公司有这样的机会驱逐影响人类生活的恶魔，也很少有公司具有这样的决心。但是今天的大多数企业，通过鼓励或者源于压力，都可以用超越常规的商业模式，以某种形式贡献于社会。默克公司是自美国大公司兴起以来，抱持传统慈善理念的企业典范。本章中，我们将定义社会责任，并解释它的内涵和实践如何随着时间不断丰富。

下一章将更多地介绍企业如何履行社会责任。

企业社会责任思想的演化

企业社会责任（corporate social responsibility）是指企业在创造财富的同时，要能够保护或者提升社会资产，同时避免对社会的任何伤害。这是一个相当现代化的术语，直到20世纪60年代才出现在学术期刊上，并逐渐成为常用词汇。它经常以其他的名字出现，包括缩写CSR、企业公民、利益相关者管理和可持续发展。不管如何称呼，企业社会责任并没有准确的、操作性定义。它首先是一个政治学意义上的理论，而不是管理学或者经济学理论，因为它的核心目标是控制企业行使权力，并使企业权力合法化。

这个术语的根本思想是，企业有义务在高于法律约束的范畴内行使经济职能。其原因是，企业的总体绩效必须有利于社会。由于市场机制的不完美性，如果仅仅迫于市场的压力，企业往往无法履行其所有职责，甚至会产生破坏作用。法律和管制可以在一定程度上纠正市场缺陷，而且在发达国家的效果优于在发展中国家的效果。在遵纪守法的同时，企业还必须自愿采取行动承担社会责任。那么，企业应该采取什么行动呢？这一问题的答案必须在企业及其利益相关者的相互作用中寻找线索。在这个过程中，往往充斥着企业、企业批评家以及利益相关者之间各种各样的斗争和妥协。

倡导者主要基于两个观点阐述企业的社会责任。首先，从伦理上来讲，企业有提高社会公正的义务。公平使用权力是一个永恒的伦理原则。其次，企业社会责任有切实的好处。它可以激励员工，赢得客户忠诚，促进产品创新，实现目标战略，强化社区关系。它还能保护企业声誉，避免不必要的政府管制。

反对者认为企业社会责任是一种不合理的成本。它会增加管理开支，分散企业管理者精力，混淆经济目标和其他目标，当企业低效时还会降低社会总体福利。[12] 企业的所有者是股东，管理者的首要责任在于使股东利益最大化。管理者让企业履行慈善等社会责任，无异于从股东口袋里拿钱，是一种欺骗行为。另外，社会公正并没有绝对的含义，无论激进人士还是保守派，只要是理性的，就会对企业如何促进社会公正作出不同的判断。企业社会责任基于一种相对激进的思想意识，对资本主义提出质疑。市场而非政治，才应该是企业的主导力量。当市场失效时，应该由政府制定政策加以纠正，而不是通过没有经过选举的企业总裁们或者社会活动家。

图 5.1 企业社会责任光谱

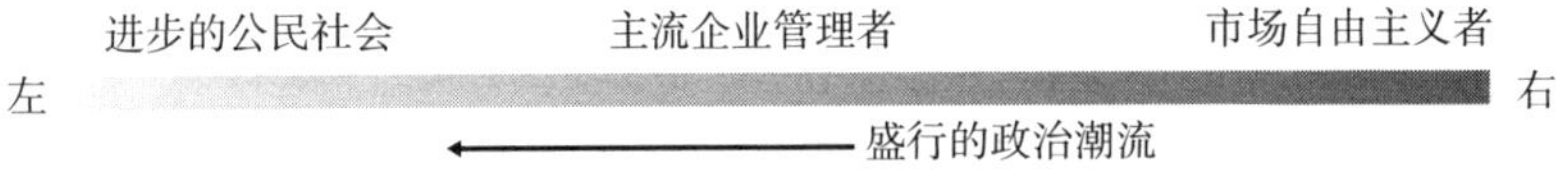

企业社会责任的政治“光谱”如图 5.1 所示。在左边，进步主义者寻求扩大社会责任的操作范畴。中心附近是企业管理者，他们中的大多数人接受企业社会责任，认为它是企业经营的必要组成部分。在右边，**市场自由主义者**（libetarian）坚信市场配置资源比政治压力更有效。

很多年前，大多数管理者站在“光谱”中靠近市场自由主义者的一边。为什么他们向左移动了呢？正如我们将要解释的那样，企业社会责任之所以逐渐占据主流地位并被广大的企业接受，是因为利益相关者的力量越来越大，因而有能力制衡企业行为；同时，支撑企业社会责任的伦理和法律理念已经足够成熟，并对管理者的企业社会责任行为产生有力支持。企业社会责任的故事可以从亚当·斯密开始。

古典经济学理论中的社会责任

纵观美国历史，古典资本主义是市场资本主义的基础，如第 1 章所述，它成为企业运作的灵魂。从古典经济学的视角看，企业只要在法律的范围内实现利益最大化，就已经履行了社会责任。因为，“看不见的手”会指导经济行为，并促进实现社会总体福利。

这一思想来自于亚当·斯密的著作《国富论》，其主要观点简单，且与私利紧密联系在一起。在 19 世纪的美国，它已经深入人心，几乎成为一条定律。然而，市场可以有效促进社会进步的想法一直被质疑。就市场保护人类福利而言，斯密本人也有太多的怀疑和保留意见。[13] 今天，古典思想仍然主导经济学领域，但是，正如我们将看到的，有关广义社会责任的伦理理论也逐渐获得显著地位。

早期的慈善冲动

社会责任伴随着企业的诞生而诞生。企业社会责任的典型表现是企业主所进行的慈善捐赠。

殖民主义时代，大多数企业的规模都很小。商人们勤俭节约，甚至达到极端。本杰明·富兰克林对一个商人朋友的建议就反映了当时的现实：“杀死一只母猪，即是杀死其成千上万的后代；丢掉一个五先令硬币，即是破坏了该硬币能创造的所有价值：成堆的英镑。”[14] 然而，慈善同样是一种美德，对于商人来说，他们可以通过给教堂捐赠、领养孤儿、为穷人提供住宿等行为获得尊重。他们的行为首先表明，尽管美国企业史被描述为利润最大化的过程，但商人们从来没有忽视过对公民的关注。[15]

19 世纪早期，企业主的慈善活动一直延续着，并随着企业财富的增加而扩大。大多数情况下，新的百万富翁们都以个人名义捐赠，而不是以为其带来财富的企业

安德鲁·卡耐基（1835~1919）

资料来源：Library of Congress, Prints and Photographs Collection, LCUSZ62-15566.

名义。斯蒂芬·杰拉德是早期的慈善家之一，他是一位船运和银行大亨。当他1831年去世的时候，是美国最富有的人，他以个人名义进行了大量捐赠，其中最大一笔达600万美元，用于建造学校，资助孤儿从小学一年级到中学毕业期间的学习。[16]这一行为改变了当时美国教育的氛围，因为在免费义务教育之前，中学教育仍然只是富人孩子的专利。

在杰拉德之后，其他捐赠者也纷纷在去世前慷慨解囊。约翰·洛克菲勒在他的有生之年一共捐赠了5.5亿美元。安德鲁·卡耐基向社会的捐赠达3.5亿美元，建立2 811所公共图书馆，资助教堂7 689架管风琴。他曾写了一篇著名的文章，题目是《一个垂死富人的耻辱》，认为“把所有剩余的钱……建立信托基金”是一个富人的责任。[17]

然而，卡耐基的捐赠哲学有明显的专制主义作风。他认为，大笔的捐赠应该用在宏伟的目标上，如支持大学和建类似卡耐基音乐厅一样的场所。这些钱不应该浪费在给工人增加工资或是救济穷人身上。因为这种做法不过是施以小恩小惠，而无益于提升整个社会的文化。因此，有一天，当卡耐基的一个朋友碰到一个乞丐，并给了他一点钱，卡耐基立刻训斥了他的这位朋友，认为这是“他有生以来最糟糕的行为”。[18]

卡耐基以这样的方式支持了**社会达尔文主义**（social Darwinism），该理论认为，社会应该淘汰不适应者，并为适应者创造更大的空间，而慈善也需顺应这个过程。那些给予慈善捐赠的好心人实际是支持了人类竞赛中的失败者，违背了自然法则。带头倡导这种严酷主张的人就是英国哲学家赫伯特·斯宾塞。他在1850年写了一本非常畅销的书，书中写道：

> “这看起来很残酷，一个劳动者生病了，就丧失了与其他强壮竞争对手竞争的能力，就必须遭受穷困，那些寡妇和孤儿必须自己为生死挣扎。虽然如此，如果不是孤立地看，而是与整个人类的利益联系起来，那么这些无情的命运就充满了最高的仁慈，正是这种仁慈使得那些父母患病的孩子早早入土为安，也正是这种仁慈使得意志消沉者、酗酒者以及那些受流行病折磨的虚弱者早早告别人间。”[19]

赫伯特·斯宾塞
（1820~1903）
斯宾塞曾试图用进化理论来总结全部的人类知识。他1882年访问美国时，美国社会中200个名流参加了在纽约为其专门举办的高规格宴会。

资料来源：© Hulton-Deutsch Collection/CORBIS.

斯宾塞也曾赞成过某些慈善捐赠，但这仅仅是因为那些捐赠提高了捐赠者的声誉和地位。迄今为止，斯宾塞的观点仍然影响着商业领导者的捐赠行为，并削弱了现代社会良知的发展。

市场和社会达尔文主义的影响绝不仅仅限于一种观点或信仰，而是实实在在地影响了企业自愿做出的社会行为。国家法律明确规定，企业利润属于股东。法官们一致认为，企业没有权力做其业务范围以外的事，否则就是**越权行为**（ultra vires），也就是企业超出了法律允许的活动范围。一个“越权”的企业，如用企业的钱做慈善或是参与社会活动，无异于从股东口袋拿钱，很容易遭到股东起诉。因此，当洛克菲勒发扬人道主义精神在中国建立第一所医疗学校的时候，是从自己口袋里掏钱，并没有从标准石油公司拿一分钱。尽管大多数企业对慈善持负面观点，19 世纪 80 年代铁路公司的行为却是一个例外，它们赞助青年基督联合会运动，为铁路建筑工人提供了住房和宗教教育。然而这样的行动是例外。

直到 20 世纪临近，古典主义思想仍然是阻碍企业实践社会责任的一座大山。诗人詹姆斯·拉塞尔·路维尔在他的诗中概括了当时的思想：

他一言不发
亦无所行动
直到他平衡个中关系
摆平面包和黄油的问题。

19 世纪末和 20 世纪早期的社会责任

不管如何慷慨的捐赠，都只是社会责任当中的一小部分，通常与企业的社会影响力无关。到 19 世纪末期，越来越多的企业精英意识到，当时界定企业社会责任的方式过于狭窄。工业化带来了许多社会问题和政治腐败。农民越来越叛逆。工人越来越暴力。社会主义成为一种思潮。越来越多的美国人开始质疑毫无束缚的自由主义经济以及冷酷无情的社会达尔文主义。企业害怕政府进行更多管制，害怕社会主义者均分财产，因此愿意通过自愿行为降低这些风险。

在进步主义时代，出现了三种相互联系的企业社会责任观点。首先，管理者是

受托人（trustee），也就是说，公司赋予他们相应的权力和地位，他们不仅要满足股东的利益，而且要满足顾客、员工和社会的需求。这个权力意味着提升各方福利的义务。其次，管理者有义务平衡各个利益集团的关系。事实上，他们就是各种利益集团之间相互冲突的协调人。第三，很多管理者都认同**服务原则**（service principle）。这种类似于精神信仰的观点认为，通过成功的企业经营，每个管理者都服务于社会。如果每一个企业都做好了，就能够增加社会公平，减少贫穷和其他弊病。这种信仰仅仅是古典思想的一个翻版。然而，许多追随者始终认为企业有义务承担社会责任、帮助或者服务公众。[20] 这三种相互联系的观点——受托人观、利益平衡观和服务观，扩大了企业社会责任的内涵，使之远远超出慈善的范畴。但是，企业社会责任本质上仍带有专制主义作风，许多企业管理层的行为仍然显示出狭隘的精神内涵。

亨利·福特是其中之一，他喜欢用华丽的企业公民外表来掩盖企业家的吝啬。1914 年冬天，福特宣布支付福特汽车工人"每天 5 美元的工资"，并大肆渲染。"每天 5 美元"相当于当时一般制造工人工资的两倍，看起来确实很慷慨。事实上，尽管福特以宽宏大量著称，但是其本质却和表面显示的大相径庭。福特公司员工的高收入吸引了来自全国各地的人聚集于密歇根的 Highland 公园。在 1 月份一个寒冷的早晨，2 000 人从早晨 5 点钟就排队等候在福特工厂门外，到了拂晓，人数已经达到 1 万。后来还发生了骚乱，消防部门的人将水管射向冻僵了的人们。

发明家和工业家亨利·福特（1863~1947）
公众把他看成一个英雄，看成一个慷慨的雇主，但他却操纵员工降低成本。
资料来源：Library of Congress, Prints and Photographs Collection, LCUSZ62-111278.

极少数人成为福特雇员，他们必须做 6 个月的学徒，并且遵守近乎严苛的福特行为标准（不喝酒，没有夫妻不和，也没有其他不道德行为）才能拿到 5 美元。许多人在 6 个月结束之前就被开除了。成千上万的人等着填补空缺。在内部，福特加快了生产线的速度。在被更年轻、更强壮和收入要求更低的人替代的巨大压力下，没有保障的工人超常速工作着。那些为了 5 美元一天工资坚持着的工人，由于附近区域租金猛涨，还必须面对房东、房地产中介的盘剥。

福特是一个形象大师。1926 年，他第一个宣布每周 5 天 40 小时工作制，正当公众赞美他的"人道主义"姿态的时候，他加快了生产线的速度，削减了工资，并且宣布了一项清除低效率员工的计划。他说，为了弥补星期六休假的损失，这些行为非常必要。福特告诉公众，他正在启动一项针对少年犯的社会计划。他打算雇佣 5 000 个 16~20 岁之间的男孩，并支付他们"独立工资"。[21] 该计划为福特赢得了企业公民的荣誉，但男孩们被雇佣之后，老员工不得不面临更年轻且工资更低的新人的挑战。

然而，还是有少数商业领袖很好地践行了新兴的企业社会责任理念，其中之一是罗伯特·伍德，他在 1924~1954 年间领导了西尔斯公司。他认为，大型公司绝不仅仅是一个经济实体，更是一个社会和政治组织。在 1936 年西尔斯的年度报告中，他明确提出，西尔斯正在履行其主要责任，履责对象包括顾客、公众、员工、供应商和股东。[22] 伍德认为，股东位于最后，因为只有当其他利益方的要求得到满足之后，股东才可能得到好的回报。伍德能以这种方式来思维和行动，已经远远超出了他所处的时代。

然而，自 20 世纪 20 年代起，企业找到多种方法回报大众。越来越多的慈善机构成立了，如社区福利基金、红十字会和童子军，捐赠变得十分方便。在许多城市中，企业为改善学校和提升公共健康提供资金和专家支持。20 世纪 40 年代，企业开始将现金和股票直接捐赠给以慈善为目的的免税基金。

1950 年至现在

当代企业社会责任思想在此期间形成。1954 年霍华德·鲍文《商人的社会责任》一书中对企业社会责任做了最早的、有影响力的阐述。[23] 鲍文认为，管理者能够强烈认识到，公众不仅期望公司管理层只采取利润最大化的行为，而且希望他们满足社会大众的期望。然后，他列举了社会责任的基本主题：（1）管理者有义务在决策时考虑社会影响；（2）企业汇集了提高公民生活的技术和能量；（3）企业在行使权力的时候必须与广义的社会契约相一致，否则将失去其合法性；（4）企业社会责任和企业自身的利益相一致；（5）自愿行为可以减少公众负面态度和不必要的管制。这本书虽然写于 50 年前，但却概括了当代企业社会责任理念的精髓。

不是每个人都同意鲍文的观点。主要的反对者是保守派经济学家们，他们认为企业最大的责任是挣钱，而不是把精力浪费在社会项目上。该观点最为著名的捍卫者，便是诺贝尔奖得主汉密尔顿·弗里德曼。

> 企业的社会责任有且只有一条——有效地利用资源，在游戏规则范围内，采取行动使企业利润最大化。也就是说，参与到开放和自由的竞争中，不欺诈……一旦企业不是尽可能为股东创造财富而是致力于企业社会责任，将会毁掉自由社会的基础。这是一个根本的有破坏力的信条。[24]

弗里德曼认为经理人是企业所有者的雇员，应该直接对股东负责。股东要求利润最大化，那么，经理人的惟一目标就是满足他们。如果经理人将钱花在社会项目上，那么他就是把股东的钱转移到违反股东意愿的地方。类似地，如果社会项目的成本以更高价格的形式转嫁给顾客，那么经理也在浪费顾客的钱。根据弗里德曼的观点，这种“变相征税”是错误的。[25] 另外，如果产品的市场价格并不能反映真实的生产成本，而是包含社会项目的成本，那么市场资源配置就会被扭曲。

弗里德曼及其他古典经济学追随者的观点，从理论上看似乎正确无误，但在实践中却并不妥当。这些观点出现的时代，正是企业及其批评家两种力量相互斗争的时候，其焦点集中在资本主义过度发展和环境污染等负面影响方面。在这场斗争中，弗里德曼的观点引来诸多批判、报复以及对企业进行更严格管制的声音。另外，让企业承担更多社会责任的观点对企业而言也很有益。如果企业自愿承担更多社会责任，就能平息批判、降低管制，保持企业的合法性。毫不奇怪，弗里德曼的观点遭到企业领袖的坚决反对，他们迅速地表达了承担更广泛责任的愿望。1971 年，经济发展委员会，一个非常知名的企业领袖组织，明确发表了承担企业社会责任的声明。该声明说，社会已经提高了对企业的期望，这可以用“三个同心责任圈”来说明：[26]

- 里圈，包括有效履行经济职能的基本责任，如产品、就业以及经济增长等；
- 中间圈，包括在履行经济职能的同时，积极回应不断变化的社会价值观和社会优先事项；
- 外圈，包括新出现的、仍不明确的责任，也就是企业必须致力于提升社会环境，哪怕这些与企业流程并没有直接关系。

古典意识形态仅限于第一个责任圈。现在，商业领袖认为管理责任已经远不止于此。1981 年，200 家大型企业的首席执行官共同举办了商业圆桌会议，会议发布的《企业责任声明》指出：

> 经济责任无疑与企业社会责任并行不悖……一个企业的责任包括企业如何保证整个企业的日常运作。企业必须是一个富有思想的组织，不仅仅考虑利润的问题，还应充分考虑到其行为对各个方面的影响，从股东到整个社会。它的商业行为必须具有社会意义。[27]

自这份企业高层声明发布之后，企业迅速地进入教育、艺术、公共健康、住宅、环境、文化、员工关系和其他社会责任领域。然而，尽管商业精英表面上排斥**弗里德曼主义**（Friedmanism），但企业文化的改变却非常缓慢，大多数企业高管仍困于对效率和财务绩效的关注之中。利润和企业社会责任之间相互矛盾的看法，仍然普遍存在于企业行为之中。

社会责任的基本要素

社会责任的三个要素是市场行为、外部强制行为和自愿行为。图 5.2 表明了三个基本要素所占的相对比例，它们随历史时代的变迁，以及三要素如何随着企业社会责任思想的发展而变化。作为一个具有社会责任感的企业，它必须在三个领域中全面履行其责任。

市场行为（market action）是对市场中的竞争所做出的反应。市场行为一直处于主导位置，而且未来仍将如此。一旦企业能对市场做出反应，它就已经履行了其首要也是最重要的社会责任。在经济影响面前，其他的一切都苍白无力。最近，商业巨头联合利华和乐施会（一家致力于改善全球贫困的非政府组织）合作，研究它位于印度尼西亚的分公司对社会带来的影响。乐施会一度置疑联合利华，并对联合利华追求利润的行为提出了“严厉挑战”。[28] 然而，最终的报告显示，联合利华公司为这个半数以上人口每天收入低于 2 美元的国家带来了好的经济影响。

联合利华印度尼西亚分公司是这个国家第十三大公司，和它的母公司一样，这个公司销售个人和家庭日用品，如高洁丝纸巾、沙鲁克许牙膏、力士香皂以及一系列食品。2006 年，在进入该国五年之后，联合利华印度尼西亚公司已经创造了 2.12 亿美元的净收益。但令人惊叹的是，与它相关的价值链却创造了总额达 6.33 亿美元的价值。**价值链**（value chain）是为产品或者服务增加价值的一系列合作行为。对于联合利华而言，它包括后端的供应商和前端的经销商。

在 6.33 亿美元中，只有 34% 流向联合利华印度尼西亚公司，大部分流向其他的群体：4% 流向了农民，12% 流向了几百个供应商，6% 流向了经销商，18% 流向了 180 万个零售商，包括大量的小商店和街边商铺，特别是联合利华的小包装产品帮助了那些消费不起大尺寸产品的低收入人群。联合利华印度尼西亚公司将大部分收益

图 5.2
企业社会责任的动机和演进

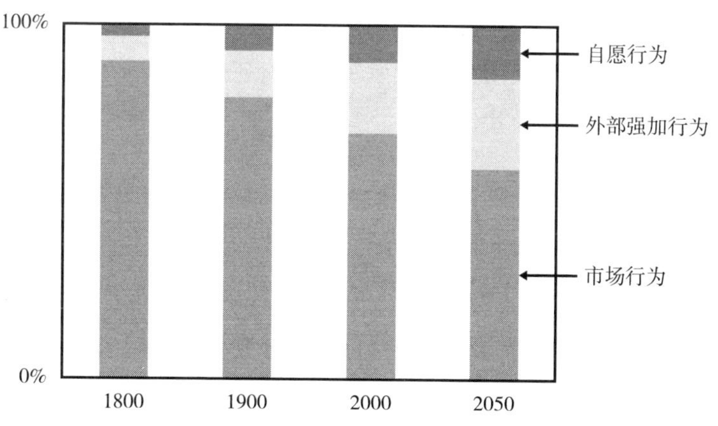

返还给了印度尼西亚经济，25% 注入它的当地子公司，30% 作为税收上交当地政府，7% 以分红的形式支付给股东。[29] 联合利华印度尼西亚公司雇佣了大约 5 000 名员工，但是有关研究表明，其整个价值链创造了 300 764 个全职岗位，这对于一个有着 9% 失业率的国家来说，无疑非常重要。

以上数据说明为何一个企业对社会最大的贡献来自于经济，以及为什么最大化这种影响是企业最重要的社会责任。从该研究中，乐施会得出结论，联合利华日常的逐利行为恰恰是减少贫困的最有效手段。它不再指责该公司从印尼穷人身上获利，尽管它仍然谴责公司利用广告创造不必要的需求，如冰激凌。

外部强加行为（mandated action）一般产生于政府管制或者民间监管。政府或者公众的干预产生于政府权威，并借助法律强制生效。在过去的 75 年内，政府法令快速增加。**民间干预**（civil regulation）是由非政府成员基于社会规范，通过社会或市场制裁对企业行为进行约束。民间干预，有时也称之为私人干预，有很多方式。当消费者、投资者、借贷方、股东或者员工对公司提出要求，而企业无法满足该要求时，就会导致声誉或者财产损失。这种干预来自市场力量，而非法律。[30] 正如我们在后面将要看到的那样，以民间干预为基础的约束在跨国公司运营中发挥着越来越大的作用。

第三个元素是**自愿行为**（voluntary action），它超出了法律、管制或者其他强制命令。有些自愿行为可以描述为“法律要求之外的行为”，因为它超出了既有的要求。一个典型的例子是，将污染控制在低于法律规定的排放标准。还有一些行为与强制没有关系，而是响应公众意愿。慈善捐赠就是一个例子。尽管相比于日常运营所产生的经济效益，慈善捐赠显得苍白无力，但它还是能够帮助社区。也有一些自愿行为带有战略意义，即企业通过解决社会问题获取利润。最后，还有一小部分企业在超出公众期望的范畴之外，做它们认为应该负责任的事情。例如贝纳通集团在美国曾经参与反对死刑的广告运动。广告通过播放死囚囚犯的脸，以激起公众对死刑的讨论。贝纳通的举动的确引发了人们对死刑的辩论，但是也导致西尔斯·罗巴克零售公司将贝纳通的服装强行下架，并使那些孩子被谋杀的亲友们联合起来抵制贝纳通。[31]

企业社会责任的一般原则

就社会责任而言，没有任何通用原则可以适用于每一个企业。但是，下面几个宽泛的原则却被管理者和其他人广泛接受。

- 企业是一个逐利的经济组织。企业的最大责任在于创造经济利益。它们应该首先按照经济标准来接受评判，不能忽视财务效益而仅仅迎合社会目标。短期看来，企业可能因承担社会责任而付出成本，但长期来看仍将获利。它们应该在解决社会问题的过程中寻求利润点。

- 所有的企业必须遵守法律，包括：（1）公司法律和规章；（2）国家的民法和刑法；（3）保护利益相关者的一系列规定；（4）国际法。然而，遵守法律仅仅是底线，法律往往滞后于现有的规范和义务。
- 管理者行事必须要有道德操守。他们必须尊重法律，还要确保他们的行为与伦理规范一致；塑造诚实、正直和公平的伦理价值观；设立规范、政策和程序以提高公司的伦理表现。
- 企业有义务纠正其带来的负面社会影响。它们应该尽量降低或承担**外部成本**（external cost）或者强加于社会的生产成本。工厂把废水排入河里，将会引发人和牲畜疾病，这种做法是将问题强加给无辜者，而非企业或它的顾客。
- 企业社会责任与企业特征相关，企业特征包括规模、行业、产品、战略、市场营销技巧、地理位置、企业文化、外部需求等。因此，与将业务限定在本国的一家保险公司相比，默克之类的跨国公司对社会的影响更大，因而应该承担更多的社会责任。
- 管理者应该尽量满足多种利益相关者的合法要求。尽管企业对股东具有受托义务，但并不能只站在他们的利益上看问题。消费者、员工、政府、社区和其他团体都对公司提出各种重要要求。
- 企业行为必须与社会契约保持一致。为了理解社会契约以及社会契约的变化，管理者需要努力研究国家政策以及全球性规则，如法律、管制、条约、贸易条款、声明和公众意见。[32]
- 企业应该接受社会效益评价。企业不但应该发布财务报告，还需要公开社会效益。社会报告应该包含其产生的大部分社会影响，像财务报表一样，应接受独立的第三方审计。

企业社会效益与财务绩效是否相关

学者们就企业社会责任是否会提高财务绩效进行了大量研究。大多数研究表明，企业社会责任和利润之间呈正相关。但也有不少研究认为无法确定，甚至有研究认为两者呈负相关关系。一篇回顾文章发现，在过去 30 年来的 95 项研究中，大多数（53%）研究显示利润和社会责任之间存在正向关系。然而，24% 的研究认为两者之间没有任何关系；19% 的研究认为关系不确定；5% 发现二者呈负相关关系。[33]

由于不同研究者采用的研究方法存在差异,因此研究结果不一致是正常的。首先,企业社会责任并没有一个固定、中立的定义。因此,对企业社会责任按高低进行排序十分困难。很多研究采用进步主义者制定的社会责任评级体系,根据企业是否实践了他们所拟定的社会责任议题,对企业进行评价。另一些人的视角相对保守,仅仅根据《财富》500强高管们的声誉排名来评价企业的社会责任。

衡量企业社会责任具有主观性。与此不同,我们似乎可以客观地衡量财务绩效。实际上,衡量利润的方法也有很多种。学者们应该用净收益这类会计指标,还是股票价格这类市场指标来衡量公司财务绩效呢?如果经济效益是企业社会效益的组成部分,那么任何割裂两者来分析其相互关系的努力注定会失败。

前述文献回顾文章的作者指出:在所回顾的95项研究中,学者们使用27种不同的信息来源来评价社会效益,用70多种方法衡量财务绩效。这样一来,比较不同的研究结果就变得十分困难。然而,借助于统计学技术,最近一篇论文将现有的52项研究之间的测量方法进行比较。研究发现,企业社会绩效和财务效益之间总体上是"中度正相关",如果采用某些综合绩效测量方法会变得"高度正相关"。[34]然而,不同的观点仍然存在。最近,一项研究以连续4年出现在《商业伦理》杂志中的"企业公民前100强"为对象,研究结果发现,大多数公司的利润都低于其行业中的竞争对手,因此该研究认为"高利润往往与承担较少的社会责任相关联"。[35]

总之,大多数学术研究表明,社会效益评价高的公司至少是盈利的,而且通常比社会效益评价低的公司能获得更多利润。然而,现有的研究结论并不一致,而且在研究方法上存在问题。从上述研究中能得出的最好结论是,企业承担社会责任至少不影响利润。也许强调社会责任的企业利润会更高,但并没有确切的证据。当然,有的企业在降低社会责任时,利润可能会增加。[36]

全球背景下的企业社会责任

在21世纪初,企业社会责任思想已经被许多工业国家广泛接受,特别是美国,也包括欧洲、日本和澳大利亚,以及印度、巴西和菲律宾等发展中国家。在美国以外,企业社会责任的定义往往存在巨大差异。[37]在欧洲,社会责任往往强调员工和环境保护。在日本则意味着针对员工的家长主义,并不强调慈善。在印度,受甘地思想影响,认为企业是为社会积累财富。不同国家对于企业社会责任的含义和范围并没有统一的口径。现在,对跨国企业社会责任的争议成为一种新趋势。

从20世纪80年代开始,由于自由市场的进一步扩展以及政府关税壁垒下降,国际贸易越来越频繁。企业规模越来越大,也越来越活跃。正如事实表明的那样,批判者和观察者认为企业拥有太多权力，而受到的限制却非常有限。

认为跨国公司规避了必要管制的观点基于如下观察。首先，国际法在约束企业社会责任方面力度很弱。它强有力地保护了企业权利，但是有关保护劳动者、人权、自然、地方文化以及其他社会资源的规范却很少。其次，跨国公司在发展中国家面对的管制不一致。发展中国家制度不完善，执行力也不够。有些政府过于官僚，腐败丛生。有些则不够民主，由精英控制，急于吸引外资为自身谋利而不顾公众需求。第三，为了适应全球经济增长，有些公司利用了合资企业、外包和供应链等方法，虽然创造了效率，但有时候忽略了对社会造成的伤害。第四，政府对跨国公司的管制差异很大。在发达国家，保守的政治氛围抵制对公司的管制；而在发展中国家，政府往往害怕过严的管制会吓跑外商投资。

发达国家已经有很严格的管制政策，但是在其他国家却并不适用。在国际法中，**域外管辖权**（extraterritoriality）是指一个国家在其他国家的国界内行使司法权。在 19 世纪，西方国家经常在殖民地国家行使域外管辖权。但是，这项法典到了今天却发生了实质性的变化。如果美国强行要求埃克森美孚非洲分公司执行《空气清洁法案》，往往会被认为是侵犯当地国家主权的傲慢行为，尽管这样做有利于降低污染。另外，在遥远的国度收集数据和调查取证，也让跨国界管制变得困难重重。

在管制并不平衡的世界中，一些公司如默克，在不同的国家都坚持同样的标准。而另外一些公司，却根据当地的实际情况作出了妥协。20 世纪 90 年代早期，批评家们强烈呼吁跨国公司采取新的企业社会责任标准。全球化常来的一个副产品是数量日益增加、影响力覆盖全球的非政府组织。其中不少组织和联合国保持了紧密的协作关系，它们致力于维护和平、提高世界人权、维护穷人利益等。20 世纪 90 年代，在联合国倡导下，非政府组织推进了一系列会议。会议议题包括环境和可持续发展（里约热内卢，1992 年）、人口（开罗，1993 年）、人权（维也纳，1994 年）、社会发展（哥本哈根，1995 年）和性别（北京，1995 年）。

1992 年里约会议以可持续发展为主题，然而，非政府组织要求对企业进行管制。该提议失败了，其中部分原因在于，在自由经济的哲学思想主导下，世界经济整体氛围仍然以反对干预为主；另一部分原因在于，企业和商业组织进行游说，反对为国际企业提出更广泛的社会责任。非政府组织无法实施它们想要的严格管制，不得不和商业组织一起合作，制定新的企业社会责任标准。

事后来看，这些会议确实对跨国公司的运营环境产生了一些重要影响。首先，这些会议产生了一系列宣言、措施、原则、规范和框架，重塑了既适用于国家、也适用于企业的国际标准。这些文件产生了国际法学者所称的“**软法律**”（soft law）。在国际法领域，“硬法律”主要指条款、强制性权利、禁令以及义务，而“软法律”

包括一些不具备强制约束力的条款或者义务，然而，一旦其中的内容被广泛接受，就会成为制定国际规范的基础。其次，这些会议为非政府组织提供了一个经常交流的机会，并能对企业战略产生一定影响。第三，它们为企业社会责任思想的传播搭建了一个全球性平台。

全球企业的社会责任

新的、全球视野的企业社会责任，让跨国公司有义务自觉采取措施，以弥补发展中国家在企业社会责任法规方面的空缺。首先，它们需要将其在母国中使用的标准延伸到国外，延伸到供应链中；其次，它们要遵守日益复杂的国际规范，尽管许多东道国并没有这样的法律基础。这些新增的企业社会责任具有重要意义，因为它扩展了企业和社会责任的政治纬度。行动主义者可以将其作为他们所期望的管制制度的替代品，并借此克服许多政府在抵制童工、腐败、污染和贫穷方面的不足。它还能促进公司规避传统的正式管制，平息好斗的非政府组织。因此，这个理念在世界范围内得到推广。

图 5.3 显示了全球企业社会责任体系的构成要素。该体系经过多年的发展，已经越来越成熟，包括企业价值观、原则、规则、制度和支持自愿企业行为的工具。同时，

图 5.3
全球企业社会责任行为体系

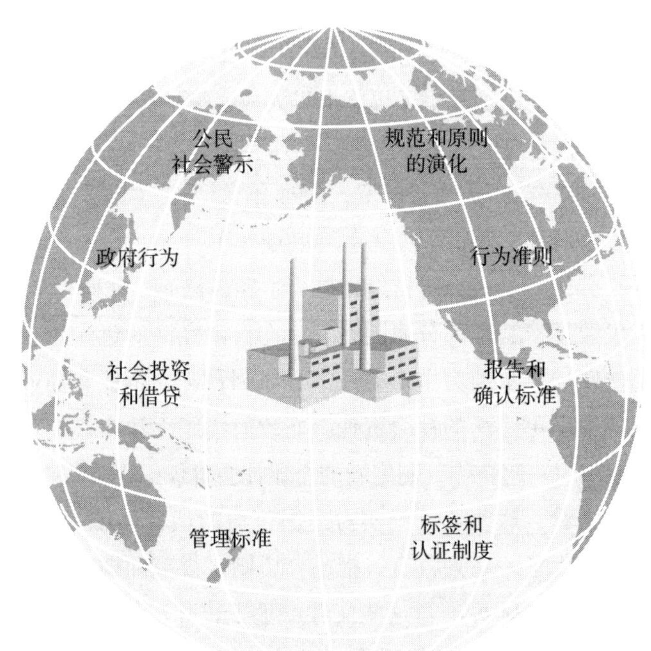

它还逐渐发展为一套框架，用以指导企业行为。我们将通过讨论图 5.3 中的元素解释这个框架。在接下来的章节中，我们将进一步展开讨论。

规范和原则的演化 **规范**（norm）是随着时间进程能得到普遍认同，进而能成为社会法令或法律的标准。它和**原则**（principle）有些类似，后者是用来指导行为的规则、自然法则或者真理。指导全球企业社会责任的规范和原则来自于长期的社会文明演进。在这个过程中，国际间的交流使这些规范和原则的内容不断丰富，影响力不断扩大。联合国是其中的领导者。《世界人权宣言》（Universal Declaration of Human Rights）作为最早的规范汇编，在 1948 年被联合国采纳。这一规范是“不可剥夺权利”的“共同标准”，30 篇文章对这一概念进行了界定。[38] 现在，《世界人权宣言》已经被广泛接受，并被许多企业作为人权政策的基础。比如该宣言要求男女平等，企业为达到这一标准，可以通过供应商将其渗透到欠发达国家，以弥补这些国家中相应政策的缺失。

规范发展的第二块里程碑是《跨国公司和社会政策的三方原则宣言》（Tripartite Declaration of Principles concerning Multinational Enterprises and Social Policy）。1977 年，联合国的一个组织采纳了该规范。这一宣言之所以被称为三方宣言，是因为工会、政府和产业积极合作，以回应 20 世纪 60 年代开始日益强大的跨国公司力量。它就员工权利设定了诸多自愿规范条款，如跨国公司应该在不同国家实现同工同酬。[39] 今天，三方宣言已经成为大多数国际劳务条款的基础。不少新出现的条款陆续加入。2006 年，该宣言又新增了要求跨国公司反对童工的条款。

在现有新规范中，跨国公司责任规范（Norms on the Responsibilities of Transnational Corporations）是最重要的规范。该规范于 2003 年由联合国人权委员会采纳。该规范以条款的形式赋予跨国公司一系列社会责任。企业“不应该使用武力或者其他方式强迫员工”、“不应该宣传有害或有潜在伤害的产品”，并且“采取对可持续发展有益的行为”。[40] 它要求跨国公司采纳与这些规范相一致的内部规则，并接受联合国及非政府组织的监控。现在，法律专家们仍然认为没有理由要求公司承担这些义务，并且企业的利益与这些义务相矛盾。[41] 这是一个推动国际惯例进程的激进条款，也许目前暂时是如此。

类似的规范和原则不断出现，这些规范构建在日积月累的国际宪章、惯例、宣言、多边政策和条款的基础上，涵盖劳工、人权、腐败、环境和其他范畴。这些规范通过参与成员的积极努力，正试图将发达国家广泛接受的价值观延伸为普适规范，从而构成指导企业行为的基础。

行为准则　行为准则（codes of conduct）是有关企业行为的目标、原则、方针和规则的正式表述。行为准则有许多来源。企业制定行为准则。此外，贸易组织、非政府组织、政府和国际组织也制定了成百上千的准则，大型跨国企业需要遵循多个准则。跨国企业有自己的准则，此外，还需要参与一些由其他组织发起的多个条款，包括劳工、人权、环境保护、腐败和其他方面的特殊条款。以下是一些来源不同的行为准则。

- 三星电子设定了《全球行为准则》（Global Code of Conduct），该准则以以下五项原则为基础：合法且合乎伦理的行为、“透明的组织文化”（意味着没有歧视、没有性骚扰、没有内部人交易或其他类似行为）、尊重利益相关者、保护环境以及承担其他社会责任。对每一条款的详细解释为员工提供了具体指导。[42]
- 2004 年，《电子行业行为准则》（The Electronics Industry Code of Conduct）颁布，目的在于保护海外工厂计算机生产线的员工。长达 10 页的准则要求签署人按照“超出法律的要求”执行雇员、健康和安全、环境保护和伦理行为标准。它明显吸收了《世界人权宣言》中的通用标准和其他国际规范准则。
- 国际特赦组织是一个专注人权问题的非政府组织，共有 180 万名会员。该组织认为国家有义务保护人权，企业作为一个拥有社会权力的组织，在道德上也有义务保护人权。它撰写了题为《企业人权原则》（Human Rights Principles for Companies）的准则来界定企业的义务。[43] 然而，该准则的影响力十分有限。
- 道德贸易联盟是英国的一个组织，由一些公司、非政府组织与工会组成。它针对海外供应商工作条件制定了《基本准则 >（Base Code）。成员企业必须确保公司准则与基本准则一致，将此标准运用于国际供应链中，并且允许独立的第三方进行监督。

不管这些准则来自于何处，其目标针对的是企业。一项准则的有效性依赖于企业如何执行它。由企业自身撰写的准则往往缺乏强大的执行力。例如，三星的《全球行为准则》并没有准确界定责任主体，也没有设定任何目标或可以评价的指标，也不要求报告。其他主体可能要求企业签订遵守他们所制定准则的协议，但由于“缺乏法律强制性”，也面临着诸如“无用条款”之类的批评。[44] 因此，随着全球企业社会责任体系日趋成熟，出现了越来越多监控企业表现和统一企业社会规范的方法。

报告和审验标准　对企业社会责任绩效准确信息的需求不断增长，因此，越来越多的企业开始公开发布报告，描述和测量其社会责任行为。这一报告通常被称为**可持续发展报告**（sustainability reporting）。该报告形式多样，可能作为年度报告的一部分出现，也可以是一份独立的出版物。对企业来说，收集信息和撰写报告的成本昂贵，

但同时也能带来收益。它们可以保护企业声誉，同时也是企业评价业绩和进步的一种重要管理工具。

可持续发展报告存在两个主要的问题。首先，界定和衡量企业社会责任并不容易；其次，不同企业的报告并不具有可比性。但是，统一的标准正在形成。设在荷兰的全球报告倡议组织（Global Reporting Initiative，GRI）制定了可持续发展报告的新的国际标准。该标准给出了评价企业社会责任业绩的具体数据和报告撰写程序。大约 1 750 个公司发布了可持续发展报告，其中 40% 的公司采用 GRI 框架。[45]

编制可持续发展报告大多数是企业的自愿行为，但是越来越多的企业别无选择。例如，根据法国最新的法律要求，公开招股公司必须发布一系列可持续发展指标。丹麦和荷兰要求污染行业的企业必须公布大量的环境影响数据。由于对企业诚信的质疑越来越强烈，独立第三方机构应运而生。一个名为"社会伦理问责研究所"的非政府组织，制定了被广泛接受的"审验标准"，供独立的第三方审计企业社会责任报告。第 6 章中还将继续讨论该标准。

标签和认证制度　标签是产品上用以证明产品或者产品生产过程符合一系列社会责任标准的标志。该制度试图通过影响市场需求而促进社会和环境进步。标签标准由标签组织牵头，由企业、非政府组织、工会或者政府协作制定。被认证的企业通常必须接受独立第三方审计机构的审验和监督。一般来说，这个过程涉及的认证费，由生产商、进口方和零售商支付。以下是一些认证例子。

- **金佰利进程认证制度**（The Kimberly Process Certification Scheme）是为了停止一些非洲国家通过未经加工的钻石贸易来支持内战和冲突的一项机制。它由 71 个成员国组成，包括所有生产和进口钻石的国家以及钻石行业和非政府人权组织的代表。该协议要求政府控制钻石生产。企业只能进口装在密封的、防篡改的、有相应标签的容器中的钻石。自此以后，走私"血钻石"在世界钻石交易中所占的比例，由原来的 15% 降低到 0.2%。[46]
- **地毯标签**（RugMark）是蓝色或红色的标签，用以证明印度、尼泊尔、巴基斯坦等国生产的地毯在生产过程中没有雇佣童工。它由非政府组织、地毯进口商和联合国相应办事机构联合运作。地毯厂必须同意接受随机抽查。如果在工厂中发现童工，该工厂将失去使用标签的权利。监督者还会询问发现的童工是否愿意上学。地毯标签认证组织利用工厂、进口商和零售商上交的标签使用费，创立了 6 所学校，承担着先前在工厂发现的童工的就学。该制度已经帮助几千个孩子离开地毯工厂回到学校。
- 许多认证制度呼吁**公平贸易**（fair trade）。公平贸易意味着非洲、亚洲和拉丁美洲小型的、处于盈亏边缘的生产商能够得到相对“公平”的报酬，即固定的、有保障的甚至有时高于市场的价格，以确保农民的生计并维持可持续的农业生产。美国贸易公平组织（Transfair USA）是一个关注发展、宗教、人权、雇员和消费者的综合性组织，该组织为出口到美国的咖啡提供公平贸易标签。它审计农民和企业的咖啡豆交易，黑白标签证明咖啡豆农获得了一个有保障的低价格。

管理标准 **管理标准**（management standard）是组织为了达到特定目的所采用的方法。质量标准是其中最为广泛使用的标准。现在，全球的企业社会责任行动者已经设立了诸如健康、安全及环境保护等各种社会责任标准。

- 《生态管理和审计计划》（Eco-Management and Audit Scheme，EMAS）旨在推进高于法律要求的环境绩效标准，它产生于已经制定严格规范的欧洲国家。[47] 加入此项计划的企业必须按照高于法律要求的标准，自愿减少碳排放，降低能耗，减少废弃物排放。它们还需要定期发布环境绩效报告，并确保报告经过外部审计机构的审计。在欧洲，超过 3 000 家公司加入该计划，它们因此获得在广告中使用 EMAS 商标宣传产品的权利。EMAS 目前由政府、行业、工会和非政府组织的代表共同运作。
- 国际标准化组织（ISO）在其他领域制定了被广泛使用的国际标准如 **ISO9000** 质量标准和 **ISO14000** 环境标准。现在该组织正在制定 **ISO26000** 社会责任标准，以包括更广泛的、全新的企业社会责任。该标准将于两年后完成，届时将成为指导企业实践的重要指南。

社会投资和借贷 资本市场和信贷市场对于企业财务战略至关重要。全球企业社会责任运动的倡导者非常清楚这一点，因此，他们极力影响资本市场。以下是一些例子：

- 在联合国的主导下，机构投资者和社会团体联合在一起，制定了自愿的**“责任投资原则”**（Principles for Responsible Investment）。该原则要求签署人关注公司的环境、社会和公司治理绩效。签署人还具有推动企业实施负责任行为、鼓励企业充分披露社会效益等义务。至今为止，基金公司已加入其中，涉及大约 5 万亿美元资产。[48]
- **富时社会责任指数**（FTSE4Good Global Index）旨在建立全球投资标准，以满足投资者对“能很好履行社会责任企业”的投资需要。该指数由英国一家公司创建，关注全球 23 个股票交易市场中的 2 000 多家公司。它首先排斥生产香烟、核武器、大型武器系统、核能和铀企业，再从剩下的企业中挑选那些符合一系列企业社会责任准则和标准的公司。最近，它加强了环境标准，192 家公司因改进环境绩效入选，另外 85 家则因为不够努力被排除在外。[49]

- 国际金融公司（IFC）是世界银行代理机构，其宗旨是通过向企业投资来促进发展，减少贫困。自 1956 年成立以来，国际金融公司共向超过 3 300 家企业提供了 730 亿美元的资金。[50] 1998 年，它采取了一系列政策来保护其投资项目所在地的劳动力、社区和环境。在社会团体的推进之下，它于 2006 年更新了标准，使其更加严格。现在，企业要想从国际金融公司获得资金，必须符合新的要求，时刻监控气体排放，并建立企业社会责任管理体系。

这些标准会增加企业的资本成本。然而，它们只约束了一小部分资金借贷者。在主流投资公司中，仅美国道富公司（State Street Corporations）在波士顿的分支机构就掌握了 5.2 万亿美元的资金，这个数字大于所有签署联合国责任投资原则成员的累计资金数。[51] 然而，美国道富公司并非签约人。

政府行为 政府主要通过管制来促使企业行使其社会责任，但是它们也会激励自愿行为。欧洲国家在其中处于领先地位。欧盟委员会和欧洲议会共同建立了沟通和报告渠道，鼓励各种社会责任规范、标准和论坛。比利时政府设立了**比利时社会标签**（Belgium Social Label）——一个褐色和蓝色的卡通人物，手臂高举且欢欣鼓舞。如果企业产品获得这个标签，意味着它在整个供应链生产过程中均符合国际劳工组织标准。[52] 英国设立了企业社会责任部长。除了其他行动，该部也支持英国企业社会责任百强排行榜。[53] 澳大利亚立法机构最近公布了一项全球企业社会责任理念研究，支持澳大利亚企业更多地吸纳该理念。[54] 政府支持企业社会责任的重要动机之一在于提升企业在全球市场中的竞争力。在纺织品行业，当柬埔寨供应商无法对抗低价的中国竞争者的时候，政府可以提高劳工标准，以吸引在供应链方面有较高要求的企业。政府告诉企业，如果进口柬埔寨产品可以“让你的年度报告看起来更漂亮一些”。[55] 在这方面，美国政府远不如欧洲政府做得好，但最近一项研究发现，美国联邦政府推出 50 项活动，以促进企业承担社会责任。[56] 然而，大多数活动的预算十分有限。

公民社会警示 非政府组织时刻监督跨国公司的行为，并在恰当的时候采取行动以促使其履行社会责任。一项由富有经验的活动家倡导的运动让企业颇为头痛，一旦企业涉及任何负面元素，就很可能对品牌产生致命伤害。这些有力的威胁迫使企业不得不采纳各种准则、标签、报告和标准。以下是一些例子。

- 《电子行业行为准则》背后的推动力是天主教海外发展机构。该团体发起了“计算机血汗工厂”报告，以及“抛弃你的电脑”运动，这些行动激励戴尔、惠普、IBM 和行业内其他公司共同制定了行业行为准则。[57]

- **《安全和人权自愿原则》**（Voluntary Principles for Security and Human Rights）是维护人权的一项准则。它由美国和英国政府、企业和非政府组织经过多边谈判设立而成。自从准则设立以来，国际特赦组织，一个参与了准则起草过程的非政府组织，已经对雪佛龙和壳牌这两家签约公司的某些行为进行了抨击，认为它们在尼日利亚的经营行为有问题，并且认为原则缺乏可信度。[58] 这个组织最近要求签约公司提供年度报告。
- 2000 年，雨林行动网络联盟（RAN）开始了一项反对花旗银行的运动，认为这家美国最大银行贷款支持发展中国家的管道、矿业和水电站等项目，可能带来某些社会和环境方面的问题。RAN 是由超过 100 家非政府组织组成联盟的喉舌，该联盟反对银行贷款给那些砍伐森林、污染环境和破坏土著民族的企业。RAN 长达 3 年对银行声誉的抨击以及对银行管理层的骚扰，最终使花旗银行投降。它和其他银行一起，接受了被世界银行采纳的行业贷款指南。该指南关注社会和环境因素。今天，由于 RAN 施加的压力，全球最大的 40 家银行——其贷款额占世界私人贷款总额的 80%——接受这些“自愿”原则，也就是现在所谓的“**赤道原则**”（Equator Principles）。[59] 该原则将项目所带来的社会和环境风险区分为高、中、低三类，强迫借贷方达到生态保护标准，并与当地土著居民充分沟通。[60] 实际上，它是一项针对银行、矿业、森林和能源行业的全球环境管制原则。

对全球企业社会责任体系演进的评价

总之，随着全球贸易的扩张，跨国公司的权力越来越大，政府管制的弱化激发了民间组织的各种行为。非政府组织与联合国一起，通过软制度获得促进企业公民行为的权力，一方面提高社会对企业行为的期望，另一方面攻击不顺从企业的声誉。经过 20 多年的发展，管制力量已经从一个国家延伸到更多的主体，尤其是由非政府组织、联合国委员会、工会和商业组织联合组建的多边实体。这些新型组织在推动企业遵守准则、标签、审计和认证要求，提升企业坚守全球企业社会责任标准等方面，发挥了重要作用。

没有任何企业可以游离于当前全球企业社会责任体系之外。非政府组织已经成为“实际上的监控者”，它们制定的标准有时候“比企业所面临的法律”更为严格而有力。[61] 支持者认为，“现有自愿的社会责任保障体系”有利于支持企业承担社会责任，并帮助跨国公司重新获得公众信任。[62] 反对者则认为，这种机制不够民主，因为它强行监控公司行为，并且非政府组织所强加的价值观，并没有经过组织成员正式投票认可，更没有充分代表深受跨国公司影响的发展中国家人民的意愿。[63] 尽管遭到了许多批判，商业团体对此也有诸多的不满和怠慢，但全球企业社会责任体系不断发展却是一个大趋势。一个重要的问题是，当前这种机制是否是管制大企业最为恰当的方法。

结 论

历史上，企业首先以盈利为目的，这也是古典经济学的公认信条。然而，由于企业规模和实力日益壮大，它们受到越来越多的告诫和压力，不得不改变单一的思维模式。这是由于：第一，企业社会责任的内涵不断扩大；第二，利益相关者的实力不断增强。

不久以前，单个国家制定企业社会责任规范。随着全球贸易及跨国公司的扩张，产生了基于全球理念的、新的企业社会责任标准。这些新的标准和规范，共同构成了新的管制体系。以史为镜，这种趋势还将继续。

在本章中，我们主要界定和解释企业社会责任的基本内涵及其演进过程。图 5.4 总结了这个过程。在下一章，我们将探讨企业实施社会责任的管理方法。

图 5.4 企业社会责任演进过程

尽管企业社会责任只是一个新近使用的词汇，但是其思想源头已经超过两个世纪。以下时间表显示了美国企业社会责任要素的演进过程。企业通过创造利润服务社会的义务一直没有改变。慈善行为从早期的企业家义务，演变为对大企业的期望。国内管制及全球范围内的民主管制，使企业强制义务不断增加。最后，社会责任理论从早期赫伯特·斯宾塞的冷漠否定，发展为义务不断扩大的企业社会责任理念。现在，在全球贸易中企业社会责任不断扩展其义务边界。

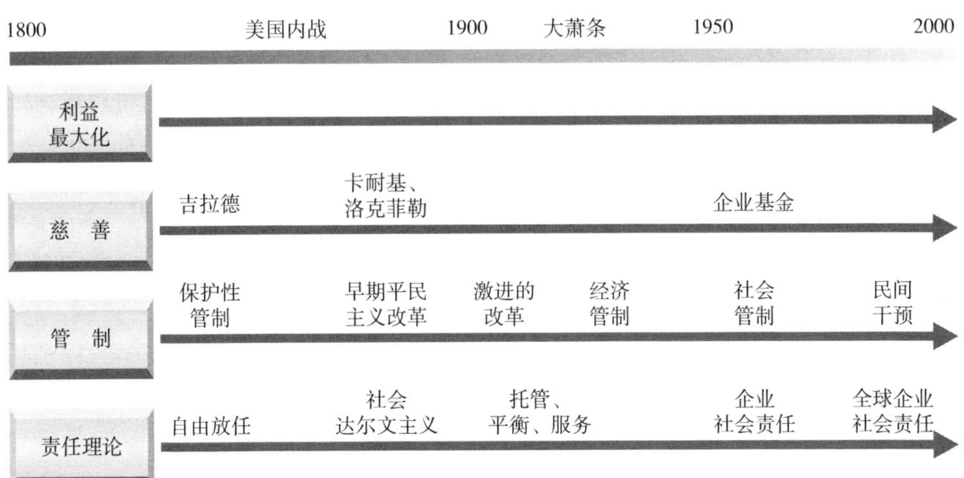

通用电气的韦尔奇时代

1981年4月，杰克·韦尔奇成为通用电气的CEO。他于2001年9月退休，在位20年之久。在此期间，韦尔奇领导通用电气公司不断变革，将其由一个稳步盈利的制造企业，变成了一个以服务为核心、获取超额利润的企业集团。如果你在韦尔奇刚任职的时候投资100美元购买通用电气股票，20年后的今天，这些股票增值到6 749美元。

韦尔奇因其独特且富有创造力的管理模式而备受称赞，成为美国的商业英雄。《商业周刊》上的一篇文章讨好地称他为“美国第一管理者”。[1]《财富》杂志认为韦尔奇管理下的通用电气是“管理最好、最受关注的美国公司”。[2]然而，富有雄心的韦尔奇在为股东创造财富的同时，其做法对员工、工会、社区、其他公司和政府却产生了不同的影响。因此，不是每个人都认为通用电气是企业社会责任的典范。由拉尔夫·纳德创建的一本颇为激进的杂志《跨国公司监督者》，在韦尔奇退休时发起了题为“反对通用电气”的专刊。这一专刊将韦尔奇描述成一个反对社会规则的企业独裁者，并认为他的行为对员工和社区是“灾难性的”。[3]

韦尔奇在位时的通用电气，是否充分履行了社会责任？存在哪些不足？读者可以一起来做一个评判。

韦尔奇的崛起

大多数企业高管来自于富有或有特权的家庭，杰克·韦尔奇却是一个例外。1935年，他出生于美国马萨诸塞州的一个小镇，父母是普通的爱尔兰工人。韦尔奇的父亲是一个内向的人，作为铁路检票员，他忍受着在列车车票上打孔的枯燥工作。韦尔奇的妈妈是一个强势的女人，这在一定程度上导致了她丈夫的软弱，让她将希望寄托在儿子身上。韦尔奇本科就读于艾摩斯特市的马萨诸塞州大学，是一个非常优秀的学生，之后在伊利诺伊大学获得了化学工程博士学位。

1960年毕业后，他开始在通用电气的一家塑料工厂工作。从那时起，他充沛的精力和勃勃的野心就显露出来。他在周末的垒球比赛中如此好胜，以致激怒了他的同伴，使他不得不停止了这项运动。一年以后，当他和同事同样涨了1 000美元工资时，他威胁要辞职。他的老板哄骗他留下，此后几年，升职成为家常便饭，他再也没有提过辞职。

随着职位升迁，韦尔奇表现出强烈的个性，并且希望周围人能够忍受他的极端行为。他对下属武断，缺乏耐心，甚至行为暴躁。他喜欢在会议上毫无顾忌地讨论，但经常将他人置于尴尬的境地，“我6岁的孩子也会比你做得好。”[4]随着每次升迁，他都会对新下属冷眼相对，并且开除那些无法给他留下深刻印象的人。他曾经说过：“我第一个承认，无须多虑，上来就敢开人。”[5]

这仅仅是为即将到来的伟大的企业领袖作准备。经过几十年的发展，通用电气已经形成了它自身的企业文化，建立了一种东部地区的价值观。韦尔奇与这种文化格格不入。他缺乏耐心，对公司的官僚体系十分失望，服从性也不够。由于这些原因，通用电气应该在一定程度上排斥韦尔奇，但是他的表现太出色了。很多次，他在升迁的时候获得了十分矛盾的评价，但由于骄人的财务业绩，他从来没有失败过。1981年，他坐到了美国最优秀企业通用电气CEO的位子。

通用电气的故事

通用电气的故事可以追溯到 1879 年。当时托马斯·爱迪生（1847~1931）在银行家约翰·皮尔蓬·摩根的支持下，创建了爱迪生电灯公司，专门生产灯泡和电气设备。尽管爱迪生是一个伟大的发明家，但却是一个不怎么样的管理者，公司很快在电气设备市场上失去了竞争地位。于是，1892 年，摩根接手公司，并购了一个竞争对手，成立了新的公司，并计划架空爱迪生。

摩根遣散了爱迪生的高层管理班子，并且将“爱迪生”从公司名字中去掉，因此公司名称被简化为通用电气公司。摩根主宰着新公司。尽管爱迪生仍然是公司董事，但他只参加了第一次会议，之后再未出现。[6]

并购之后，通用电气在白炽灯市场占据了近乎垄断的地位。公司不断推出新产品。20 世纪早期，公司制造的发动机广泛应用在巴拿马运河船闸、供电战舰和火车上。[7] 通用电气 的实验室发明了许多新的电气设备，包括电扇、烤箱、电冰箱、真空吸尘器、抽油烟机、空调、电熨斗等。起初，这些东西都非常昂贵，随着越来越多的人使用它们，价格也降了下来，成为每个普通家庭的必需品。到 1960 年，通用电气有许多伟大的发明，包括 X 射线机、带声音的影像、日光灯、蒸汽机车、喷射机引擎、合成钻石、硬塑料聚碳酸酯和橡皮泥。[8]

这些发明增强了通用电气的制造能力，通用电气不断成长。到 1981 年，当杰克·韦尔奇成为 CEO 的时候，通用电气已经是一个拥有 404 000 名员工、年产值达 270 亿美元的公司。公司由 50 个独立的事业部组成，它们分别向六个部门总裁汇报，部门总裁再向 CEO 汇报。为了使公司顺利运转，一个规模庞大的研究和规划团队，制定详尽的年度计划，确定每个分公司的收入及其他目标。

韦尔奇时代的到来

韦尔奇认为管理者应该面对现实中的世界，而不是他们想象中的世界。当韦尔奇审视 20 世纪 80 年代早期通用电气的现状时，他看到了公司变革的迫切性。通用电气的制造业务仍然创造利润，但是利润空间在逐渐缩小。尽管生产率在不断下降，但美国工人的工资却在不断上升。国际竞争不断加剧，尤其是来自于日本的竞争，由于日元贬值，日本企业具有成本优势。尽管通用电气从表面看仍然很健康，但巨大的压力潜藏其中。另外，韦尔奇还看到了通用电气不断增加的官僚层级，这使决策缓慢、变革受阻。公司当时的状态，根本无法迎接未来的挑战。它必须变革。

韦尔奇清晰地表述了公司准确的战略愿景。通用电气的每项业务都必须在行业中占

杰克·韦尔奇（1935~）
资料来源：© Bob Daemmrich/CORBIS.

据第一或者第二的位置。如果它无法做到这一点，那么只能关闭、重组或者卖掉。另外，韦尔奇还说，通用电气的所有业务必须并入三个核心领域——制造、技术或者服务。任何不在以上三个战略方向上的业务，将面临被拍卖或者关闭的命运。如果制造业务不能带来较高的利润贡献，将面临同样的命运。

在接下来的5年，韦尔奇关闭了73个工厂、出售了232项业务、遣散了132 000个员工。[9]为了让通用电气更符合他的愿景，他还收购了或大或小的几百项业务。在通用电气的业务范畴内，他通过自然减员、裁员和外包，减少了大量的工作。1985年，韦尔奇收购了RCA，这是该时期最大的一项并购。RCA是一个电气巨头和广播集团，具有研发广播技术的悠久历史。在支付了67亿美元收购RCA之后，韦尔奇分拆了公司，只保留NBC而将其他资产逐一出售。事实上，这一做法彻底分拆了这个巨头企业。随着工作岗位减少，韦尔奇得到了一个绰号“中子杰克”，将他比喻为一个中子炸弹，只留下建筑物，却杀死建筑物里每个人。

韦尔奇还将火力对准了通用电气的官僚主义。他认为通用电气的问题是它的规模，它有太多的副总裁、太多层级、太多员工，决策需要层层审核。第二个官僚主义问题是，总部职员表里不一，韦尔奇将其解释为笑里藏刀。他通过大量解雇战略计划部、人事和其他部门人员，极大地削弱了官僚主义。[10]然后，他推行“无边界组织”理念以改造通用电气文化。“无边界组织”是一种自由交换思想以提升组织学习能力的做法。韦尔奇将通用电气比作一座老房子：

> 地板代表层级，墙壁代表职能障碍。为了提升组织能力，必须推倒这些地板和墙壁，以创造自由开放的思想交流空间，而不管层级和职能如何。[11]

图1 活力曲线

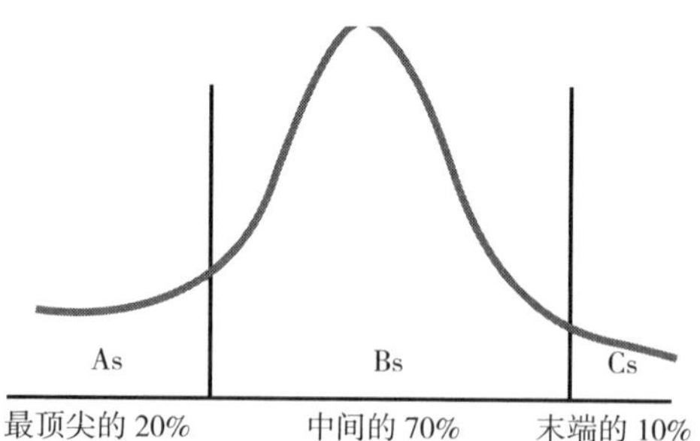

资料来源：*From Jack: Straight from The* Gut by Jack Welch with John A. Byrne. Copyright © 2001 by John F. Welch, Jr. Foundation. By permission of Grand Central Publishing. All rights reserved.

此后，韦尔奇引入了工作会议，这样，每一个通用电气事业部的员工都有机会直面他们的老板，说出官僚机构中让人沮丧的事情，并提出改进效率的建议。成千上万的类似会议只有一个目的，那就是挑战官僚主义。韦尔奇利用公司在哈得逊河的培训中心克罗顿维尔，会见公司的管理者并灌输他的愿景。他主张坦率的讨论，渐渐地公司文化变得越来越开放。

差异化

韦尔奇认为选择合适的管理者是一个公司运作成功的最重要因素。在他早期的职业生涯，他运用丰富的词汇描述不同的管理者。无能的管理者是“火鸡”和“懒虫”，杰出的管理者是“全明星”。作为CEO，他利用差异化强化战略价值，慷慨奖励那些实现了战略绩效目标的管理者，淘汰那些不能实现目标的管理者。在这个体制里，通用电气每个事业部每年都必须评价它的管理者并按照“活力曲线”排序。该曲线以As、Bs、Cs表示差异。As代表对工作充满激情，工作有卓越表现的优秀管理者。韦尔奇称他们是“通用电气中的4E领导者”。

> 精力充沛（energy）、能激励其他人达成目标（energize）、有做决定的担当（edge），以及具有兑现，承诺的执行力（excute）。[12]

“活力曲线”有浓厚的达尔文主义色彩。As是最顶尖的20%，Bs是中间的70%，Cs是末端的10%（如图1所示）。As意味着收入增加、晋升和股权激励。韦尔奇时刻关注这些人的职业生涯。他用一个大的活页本，记录通用电气4000个经理中750个最优秀经理的表现。Bs被认为对公司的成功至关重要，需要不断培训，以便使他们逐渐向As靠拢。Cs则无需浪费时间，可以立即解雇。这个过程每年重复一次，每次表现最差的10%的管理人员不得不离开通用电气。该曲线适用于通用电气的任何部门。没有管理人员可以说他们部门例外，尽管有些领导曾经试图这么做。评价A、B、C是一个非常难以定夺的决策。如果有20个经理接受评价，意味着有两个经理将结束在通用电气的职业生涯。经过连续数年对管理人员的削减工作，通用电气各事业部拒绝将任何管理人员划定为C，但是韦尔奇却十分残酷无情。如果他们不认定10%的低绩效管理人员，他就拒绝给整个事业部执行股权和加薪计划，直到他们执行为止。在坚持这种方法之后，公司绩效持续提升。

韦尔奇将人比作植物，“如果他们生长，你会有一个美丽的花园”，他说，“如果他们不生长，那么你就需要拔掉他们。”[13]他不同意这种做法残酷无情的说法。

> 有些人认为辞退最差10%管理人员的决定非常残酷无情。事实并非这样，而是恰恰相反。我认为无情或者“虚假的善良”是让人们停滞不前。……活力曲线的本质是防止虚假的善良，激发人的斗志。[14]

对韦尔奇时代的评价

杰克·韦尔奇掌舵通用电气的时代，通用电气保持了高利润增长率，股东变得富有。经过五次拆股，公司每股盈利仍由1981年的0.46美元上升到2000年的1.07美元。在韦尔奇任职的最后一年，通用电气股票的回报率达到21.5%[15]。2000年，通用电气的销售毛利率是19%，投资回报率为27%，[16]这些数字在大型跨国企业中都是非常高的。

韦尔奇还重塑了通用电气。他不断地买入和卖出或大或小的企业。在最后4年，他进行了400多项收购活动。通用电气一直保持高额利润的重要原因之一，是其战略重点由制造向服务转移。韦尔奇刚继任的时候，通用电气大约85%的利润来自于制造；经韦尔奇重造之后，通用电气约70%的利润来自于服务。[17]

大部分服务收入来自于金融服务，但是制造业也同样提供服务。例如，公司不仅生产飞机引擎，还提供终身服务。

韦尔奇还通过绩效导向的企业文化帮助通用电气获取利润。经理们被激发出活力，工厂效率也得到提高。例如在韦尔奇刚刚就任CEO时，通用电气在伊利湖（北美五大湖之一）的机车工厂，每年需要7 500个工人生产350辆机车。到2000年，生产率提高到只需要4 000个工人就可以生产900辆机车。[18]

韦尔奇的故事可谓一个传奇。一个普通工人家庭的孩子，通过努力工作成为一个企业领袖，并且在增加股东财富的同时，使自己也变得富有。这个故事激励了无数的管理者。为了奖励韦尔奇的卓越贡献，在他任职的最后一年，通用电气董事会授予他特殊津贴，使他的年度收入达到1.74亿美元。[19]那时，他拥有通用电气2 200万股票和期权，价值10亿美元（如表2所示）。对于个人而言，这是一个天文数字。但他价值9.72亿美元的股

表 2 2001 年通用电气董事：所持通用电气股票的市场价值
（深灰部分是内部董事）

董 事	价 值	董 事	价 值
James I. Cash Professor, Harvard Business School	$3 719 059	Sam Nunn Former U.S. Senator from Georgia	$4 516 975
Silas S. Cathcart CEO, Illinois Tool Works(ret.)	$34 601 060	Roger S. Penske Chairman, Penske Corp.	$6 844 896
Paolo Fresco Chairman, Fiat	$111 700 043	Frank H. T. Rhodes President Emeritus, Cornell University	$10 931 672
Ann M Fudge Vice President, Kraft Foods	$1 667 828	Andrew C. Sigler CEO, Champion International (ret.)	$5 820 301
Claudio X. Gonzalez CEO, Kimberly-Clark de Mexico	$9 871 797	Douglas A. Warner Chairman, J. P. Morgan Chase & Co.	$8 323 021
Andrea Jung CEO, Avon Products	$2 733 352	Dennis. D. Dammerman Chairman, GE Capital	$187 238 259
Kenneth G. Langone CEO, Invamed Associates	$14 805 848	Jeffrey R. Immelt President, General Electric	$130 853 846
Rochelle B. Lazarus CEO, Ogilvy & Mather Worldwide	$877 690	John F. Welch, Jr. Chairman and CEO, General Electric	$972 022 731
Scott G. McNealy CEO, Sun Microsystems	$2 089 684	Robert Wright Vice Chairman of GE, President, NBC	$229 777 982
Gertrude Michelson Former Senior V.P., Macy's	$14 381 950		

资料来源：General Electric Company, *Proxy Statement,* March 9, 2001, p. 12. Total holdings include common stock, option holdings, deferred compensation, restricted stock units, and stock appreciation rights.

票，仅占其任职期间为通用电气创造的 4 600 亿美元市值的千分之二。

表 2 显示了董事会成员从通用电气中获得的收益。当他们加入董事会时，每一个外部董事都会获得 5 000 股通用电气股票以及 15 万美元生命保险。此后，外部董事每年还能得到 7.5 万美元现金，他们被要求参加的 10 个会议中，每个会议能得到 2 000 美元的报酬，并且他们还能得到通用电气 18 000 股以上的股权期权。如果他们服务 5 年后于 65 岁退休，有权利获得每年 75 000 美元的终身退休年金。此外还有其他的报酬。通用电气一个事业部出售钻石，董事们可以以成本价为自己和配偶购买。韦尔奇退休的时候，已经有价值 975 595 美元的钻石通过这种方式出售。这些钻石在那些被解雇工人无法参加的舞会上，一定显得十分眩目。[20]

尽管董事会十分认同韦尔奇，但并非每个人都认为他是一个值得钦佩或效仿的商业领袖。在他的职业生涯早期，韦尔奇被形容为在湍急的小河中驾驶快艇，在河面上留下巨浪。[21] 他的批判者认为，在成为通电电气的 CEO 之后，他以同样的方式掌握公司。无可非议，他确实创造了大量的财富，但是为人类、社区和社会带来的损失是什么？批判者认为，韦尔奇业绩中的瑕疵包括以下几点。

失业

早期，韦尔奇被认为是冷酷无情的裁员者。1981 年他初任通用电气 CEO 时，公司文化强调忠诚。许多人大学一毕业就到通用电气开始工作，长达 40 多年，退休以后进入通用电气社区，参与通用电气校友俱乐部，直到去世。

韦尔奇为了重塑通用电气，裁减了大量员工。在开始的几年内，大概有四分之一的员工失去工作。韦尔奇坚信，通用电气的忠诚文化需要变革，于是他将此连根拔起。在会上，他宣告这种文化已经过时。他告诉员工，不要在公司文件、新闻发布或者出版物中使用“忠诚”一词。他要求经理每天证明他们的价值，并明白不好好工作就要被解雇。

在韦尔奇时代，针对员工发生了许多巨大变革。没有具体的统计数字表明失业员工的人数。他接任 CEO 的时候，员工数量是 404 000 人；他退休的时候是 313 000 人。在此期间，成千上万的员工进进出出。工会领导估计，他在任的最后 15 年，通过裁员、分包、海外外包，通用电气在美国大概减少了 15 万个就业岗位。[22] 在通用电气的日志中，韦尔奇如此描述自己对于失业的感受：

> 裁员一向是管理者面临的最艰难抉择。任何“享受这个过程”的人首先应该被裁掉，同样，任何人也不应该说“我做不来”。我从来没有低估裁员可能给人们和社会造成的伤害。[23]

韦尔奇通过全球化生产降低成本。许多工作仍然存在，只是不在美国。1985 年，电子工业联盟有 46 000 人在通用电气工作，而到 2001 年，这一数字已经下降到 16 000 人。该联盟主席伊蒂·费雷估计，仅就工作岗位转移至发展中国家而言，已经导致 20 000 人失去工作。[24] 通用电气迫使供应商采取类似行为，此举也减少了大量工作机会。例如，在将生产转移至墨西哥之后，通用电气飞机引擎公司召开了供应商大会，告诉他们可以通过将生产转移至类似墨西哥这样低成本的国家中降低成本，否则他们就可能失去通用电气的订单。[25] 费雷说：

> 通用电气是典型的“眼里只有利润”的美国公司——寻找最低工资、最低的福利待遇以及最难以忍受的工作环境……在他们作决策的时候，我并不认为他们充分考虑决策了后果，尤其是对人。在我看来，这些决策过于关注利润增长，却以牺牲员工利益为代价。[26]

一个有缺陷的评估机制

活力曲线评价机制存在缺陷。强行排名会伤害员工的士气，尤其是对于那些没有能够排在前列的人而言。一开始，通用电气将员工划分为 5 级而非 3 级，但是，很快人们发现，没能排在顶级的那些人失去了士气。因此，中间三级合并为一个级别，产生了“至关重要”的 70% 的 Bs，令人沮丧的 2s、3s 和 4s 分类被摒弃了。

该机制还通过激发人们之间的竞争而损害了团队合作。它鼓励了背后中伤行为，它的不可变通性导致高绩效和低绩效的团队必须以同样方式把管理人员排序。杰出团队中最差的 10% 成员，很可能比弱势团队中的中间层甚至优秀层的表现更加出色。如果这种方式持续几年，处于中间层的员工会发现他们逐渐处于垫底位置而面临解雇。当然，活力曲线评价机制要求招聘体系能有效运作，以弥补不断裁员带来的缺口。

强行排名只是通用电气给管理者施加的压力之一，他们必须创造高额利润，如果他们决策失误过多，也面临着被韦尔奇开除的危险。这种对抗方式甚至让许多人流泪。据说，韦尔奇坚信，肥胖的人通常纪律散漫。在通用电气，一旦韦尔奇光临，这些人都得藏起来，以免被他的眼睛盯上而丢失工作。一个为保住职位的经理甚至不惜进行结肠手术。[27]通用电气的长时间工作，也对婚姻提出了挑战。韦尔奇自己也在1987年离婚，并在1990年再婚。

由于韦尔奇的偶像效应，他的强制排队评价方法很快得到广泛推广，从而导致更多的企业经理承受巨大的压力。例如，太阳微系统公司使用了类似20-70-10百分比曲线。甚至一些小公司也采用了这种理念。第五大道一家服装商店的管理者有一次问韦尔奇，在他的20个销售员人中"是不是必须让2个人走？""你或许需要这样做，"韦尔奇回答道，"如果你想得到第五大道最好的销售员。"[28]

高层缺乏多样化

韦尔奇利用活力曲线创造了高绩效的管理团队，但却没有创造出多样化。在韦尔奇退休的前一年，《纽约时报》报道，尽管女性和少数族群的人占公司国内员工总数的40%稍多，但是白人男性占据了公司高层职位。文章还附上了31个高层的照片，包括为公司创造90%收入的20个重要部门的领导，他们中除一人外，全部都是白人男性。[29]

多样化从来不是韦尔奇的目标。后来，韦尔奇解释了原因。"赢得竞争来自于绩效制……这意味着要实行差异化"，并且"这是一个组织锻造优秀团队的最有效方式"。他认为，"人为地将某些人推至前端"会阻碍绩效卓越的创造者脱颖而出，而将"没有准备好的人"放到重要的工作岗位，"他们对业绩的贡献非常有限"。[30]《时代》杂志在该文章中用一个问题挑战了韦尔奇："难道只有白人男性能管理现代公司吗？"

哈得逊河的污染

为期35年的时间里，通用电气位于纽约的若干个工厂持续向哈得逊河排放多氯联苯（PCBs）。他们按照最高排放标准排放，直到1977年相关法律颁布之后才停止。PCBs被证明对人类和牲畜有毒副作用。对动物的检测结果表明，PCBs会提高癌症患病率，并引发其他人类疾病。

通用电气排放的PCBs中超过10万磅仍残存在河床里。由于大多数沉淀都被新的物质所覆盖，它们融入河流的速度十分缓慢，这样，附近河域的鱼也变得不宜食用。更为可怕的是，它们还进一步扩散至下游。PCBs是一种非常稳定的分子，在环境中存留时间长，其脂溶性特征导致它极易进入人体组织。通用电气工厂一共释放了超过100万磅的PCBs，其中大多数都已通过200英里的河流进入大海，进一步影响整个地球。

美国环保署（EPA）对该河流进行了考查，认为有必要清理河底的泥沙以去除危险物质。但是，这将是一项耗资巨大的工程，通用电气理应为此负责，但是通用电气拒绝了。通用电气发起的研究表明，PCBs对健康无害，但这个观点遭到美国环保署专家和外部专家的否定。通用电气辩称，清除河床会搅动其中的PCBs，可能带来更大的危害。但是美国环保署计划采取监控手段，以控制事态的发展。

通用电气就哈得逊河事件采取了广泛的公关活动，用以证明清除淤积实际上毫无价值。它成功地分化了公众，以至于有人只在支持其观点的商店买东西，而学校也试图通过孩子改变其父母的观点。[31]通用电气雇佣了17个说客，包括一个前议员和6个前白宫成员，以争取广泛的政治支持，反对清淤。[32]在拖延多年之后，美国环保署终于在2001年下令清除淤积。通用电气所花费的成本大概是 4.6 亿美元。[33]

通用电气养老金

在韦尔奇任职期间，通用电气养老金覆盖了大约 485 000 人，包括 195 000 名退休人员。20 世纪 90 年代随着股票价格上涨，基金市值也随之上涨，到 2001 年，其市值已经达到 500 亿美元。然而，它未来用于支付退休人员的支出仅为 290 亿美元，有 210 亿美元的节余。通用电气退休人员和工会要求增加养老金，但公司拒绝了他们的要求。根据法律规定，公司不必支付超过原始数金额的养老金。

韦尔奇认为，养老金有节余能带来几个好处。首先，它能产生利润。根据会计准则，一个公司可以将从养老金获得的利息计入资产负债表中的收入科目，韦尔奇时代，该项收入使通用电气净收益增加 13.7%。[34] 其次，这种"利润泡沫"会增加通用电气高管的收入，因为他们的收入与公司利润挂钩。第三，节余的养老金为通用电气收购一些被低估的养老基金公司提供了方便。这种行为让收购变得简单易行，却让通用电气公司的退休员工不得不将其应得收入拱手相让给其他公司的退休员工。

在工会和退休员工的共同压力下，通用电气于 2000 年宣布退休金上涨 15%~35%。然而，从 1965 年以来，物价已经上涨了 60%，退休者依然承担巨大的损失。[35] 81 岁的海伦是抵制通用电气吝啬行为联合团队中的一员，她在通用电气的工厂里工作了 39 年之久，仅比韦尔奇少一年。她于 1980 年退休，每个月的收入为 737 美元，一年的收入为 8 844 美元。她认为，通用电气的管理层总是在"用一些会计上的伎俩想法压榨我们"。[36]

韦尔奇在通用电气的养老金是每月 357 128 美元。2002 年，当韦尔奇和第二任妻子离婚的时候，法院文件显示，他一个月用于支付食物和饮料的平均费用是 8 982 美元，比海伦一年的养老金收入还要多。[37] 韦尔奇于 1996 年和通用电气董事会签署的协议，还可以给他带来了非现金养老收入。他可以终身使用通用电气的胜利国际酒店和位于纽约中央公园西大街的宽敞公寓，包括一个厨师、一个管家、一个服务员，外加鲜花、干洗、报纸和杂志服务，以及体育赛事和娱乐晚会前排位置的特权。[37] 他可以不受限制地使用通用电气公司的直升飞机。离婚期间，这些事情不断被曝光，从而引发了大量批评。尽管他对此并不觉得有何不妥，但最终韦尔奇主动提出愿意为通用公司提供的飞机、公寓及各类服务付费。据估计，这笔费用每年约 200~250 万美元。[39]

通用电气的罪行

绩效压力诱惑员工走捷径。韦尔奇知道这一点。

> 如果有一件事情是我在通用电气必须做的，那就是宣扬诚实。这是我们的价值观，没有任何事情可以排在它之前。在任何会议上，我都会在总结陈词里反复强调诚实。[40]

然而，在他的任期内，通用电气被指控有一系列违法行为。[41] 跨国公司监控组织发表了一份"通用电气罪行清单"，列举了通用电气在 20 世纪 90 年代犯下的 39 项违法行为，其中大多数涉及通用电气工厂的危害物排放，其他的还有欺诈，包括因灯泡欺骗广告而罚款 16.5 万美元，以及因不公平追债行为而罚款 1 亿美元。此外，还包括一些合同欺诈，因将合同基金转移他用而被罚款 6 900 万美元，以及在国防合同方面收费过高而引起的罚款。

由于通用电气是如此巨大的公司，技术违规和个别经理的错误行为在所难免。跨国公司监控组织看到的却是"这种违反法律的行为持续了多年"。[42] 问题的关键在于，通用电气高压的工作环境，是否增加了经理们违规操作的可能性。

评价通用电气的社会责任

通用电气在韦尔奇时代很好地完成了其对社会的经济责任。它始终保持高额利润，支付税收，为股东带来回报，包括养老金和共同基金的财富都在增长。许多董事和经理因持有公司股票变成了百万富翁。

韦尔奇的制度，使得财富从工人流向了股东。他回避自己由此给工人带来的痛苦，辩解自己的行为带来了更大的益处：

> 我认为，企业社会责任是建立在强而有力的竞争力基础之上，只有一个健康的公司才能提高人们和社区的生活水平……这也是为什么 CEO 的首要社会责任是确保公司财务绩效。只有一个健康且盈利的公司才具备做正确事情的资源和能力。[43]

在韦尔奇时代，通用电气也参加了大量的慈善和社区活动。2000 年，通用电气基金会向全球的各类学校和非政府组织捐赠了 4 000 万美元，是通用电气当年 127 亿美元净利润中的千分之三。另外，公司还提出搬迁威胁，使一些城市和地区降低税率，从而降低当地学校的预算。通用电气的内部一个名为 Elfin 的社团，组织通用电气员工完成了 100 万小时的社区服务。以一天工作 8 个小时、每年 2 周假期、313 000 个员工来计算，这意味着每个工人在 500 个小时的工作时间内只贡献 1 小时参与社区服务，而其中还有大量的工作由退休人员承担。这些数据显示，通用电气的社区服务行为与其追求利润最大化的行为相比，显得微不足道。

问　题

1. 第 5 章所定义的企业社会责任是：企业有义务以正当方式创造财富，避免伤害社会，保护和增进社会财富。韦尔奇时代的通用电气是否承担了这个义务？它能否做得更好？它应该做些什么？
2. 韦尔奇领导下的通用电气对于企业社会责任的观点是否狭隘？是否同弗里德曼的观点相近？即企业惟一的社会责任就是在遵守法律的前提下创造利润？
3. 通用电气在本章所述“企业社会责任的一般原则”方面做得如何？
4. 将股东利益置于员工和其他利益相关者的利益之前，其利弊是什么？把员工看成一种成本是否有错？通用电气应该重新调整其利益相关者的优先顺序吗？

第 6 章

践行企业社会责任

比尔及梅琳达·盖茨基金会

威廉·盖茨成长于西雅图，他年幼时是一个瘦弱、热情的男孩，尽管房间凌乱，思想却十分活跃。七八岁时，他就读完了《世界大百科全书》。在家庭教堂里，牧师挑战年轻的集会者，如果谁能背出《马修》书上第 5 章至第 7 章《山上垂训》，谁将赢得免费晚餐。比尔是惟一一个能背诵的 11 岁儿童，在牧师 25 年的经历中，没有任何一个人能像他那样，如此清晰地记住每一个词，没有停顿，也没有错误。[1] 然而，基督教并没有吸引住盖茨。多年以后，他追述说："周日早上，我本可以做更多其他事情。"[2] 这些话从比尔这个献身服务于穷人的人口中说出，似乎有些格格不入。但他的卓越是经得起时间考验的。

在私立 Lakeside 预备学校，他是一个神童，经常在课堂上挑战老师。他迷恋当时还很原始的计算机，通宵达旦地写代码。他还阅读了大量伟人传记，了解他们的想法，理解他们为什么能成功。高中之后，他考上了哈佛大学，希望能畅游于令人兴奋的知识海洋。然而，他不久便感到厌烦，退学后继续沉迷于计算机的魅力之中。

19 岁，盖茨和他的校友保罗·艾伦一起成立了微软公司。作为微软的领导，他充满活力，独立而自信。他很快赢得了千方百计想抢占技术先机并摧垮对手的名声。他开创了一个主导性行业。1987 年，31 岁的比尔成为一个亿万富翁。

微软的股票一路高涨，为盖茨带来了更多的财富。然而，当他成为世界上最富有的人后，仍然十分专注地运作他的公司。他很少关注慈善，认为这是等他年纪大了以后再来做的事情。但是，世界对他的期望很高，慈善和捐赠的要求一浪高过一浪。盖茨在父亲的帮助下应对这些事情，当时，盖茨的父亲在家里设立一个办事机构，处理他儿子的捐赠事宜。1994 年，盖茨通过创建威廉·盖茨基金会开始了他的正式捐赠，首次注入资金 9 400 万美元。他的父亲同意管理基金。最后，该项基金发展成为新的盖茨及梅琳达基金会，这一名称中包含了他妻子的名字，并由一个总部位于西雅图的专业团队运作。

基金会实质上是一个组织，拥有一大笔钱，可以捐赠给非营利组织和慈善事业。如果它能每年捐至少 5% 的钱，则无须纳税。2000 年，盖茨以微软股票的形式，为基金会注入 160 亿美元。自此以后，他不断增加投入。当他注入的股票被出售，以使基金会资产更加多元化的时候，这部分收益无须纳税。基金会从股利和资本利得中获取

比尔·盖茨31岁时已经成为亿万富翁。

资料来源：© Ed Kashi/CORBIS.

的收益，也无须纳税。

今天，盖茨基金会已经获得330亿美元的捐赠，是世界上数额最大的基金会。该基金会由两部分组成：一部分决定向何种项目捐赠，迄今已捐出134亿美元；另一部分管理基金则通过投资使其增值。盖茨本人为基金会的管理工作投入了许多精力。基金会工作基于两个简单的价值观展开，一个是“所有的生命，不管身处何地，都有平等价值”，另一个是“捐赠给那些得到越多，未来越能带来较大益处的人们”。基金会的项目集中于以下领域：(1)提升发展中国家的国民健康并减少贫困；(2)将计算机技术引入公共图书馆；(3)促进教育；(4)帮助西雅图地区的低收入家庭。

盖茨基金数额巨大，超过了112个国家的GDP总量，因此它的目标也非常具有野心。第一是纠正当今医疗忽略穷人疾病的市场信号，因为这不符合所有生命生而平等的观念。为了实现这个目标，基金会花费38亿美元，为70个低GDP国家90%的新生儿接种疫苗。这项举措避免了230万人死亡。[3] 另外，基金会还将2.78亿美元用于研发艾滋病疫苗，[4] 6.8亿美元用于研发三种寄生虫疫苗，这三种寄生虫每年感染6亿人，并且导致55万人死亡。[5]

2006年，盖茨的朋友沃伦·巴菲特，伯克希尔–哈撒韦公司的董事长，也是世界第二富人，决定捐赠他大部分财富。他将1 000万股哈撒韦公司 股票投入盖茨基金会。他认为，盖茨夫妇工作非常出色，远超过自己，与其捐给自己的公司，不如交到他们手里。当时，巴菲特的捐赠价值达310亿美元，这个数量几乎使盖茨基金会的资产规模翻了一番。这笔钱将以分期付款的形式，每年从巴菲特的股票或资产中支付5%。一旦比尔或者梅琳达不再直接管理该项基金，捐赠也将停止。巴菲特还要求将他每年的捐赠全部算出，以满足基金会每年法定的5% 捐赠支出。

盖茨基金会面对许多社会问题，贫穷和疾病是其中最迫切的议题。在贫穷的国家支出大量金钱是个挑战。腐败可能改变基金的用途，而且工作人员也缺乏能力。婴儿由于疫苗而得救，但人口增加也给本来已经超负荷运转的国家医疗系统增加了新的负担。由于缺少足够的医生和护士，有些国家甚至还在为提供最基本的医疗服务而挣扎。因此，通过疫苗救活的儿童，却很可能死于普通的腹泻。[6] 提高教育是另外一个噩梦。在6年多的时间里，基金会花费10亿美元改善小型中学的教学条件，一项分析却表明，这些学校的出勤率、毕业率和基础课程的分数甚至低于没有得到盖茨基金资助的类似学校。[7]

尽管盖茨基金会做了大量工作，战绩卓著，但也遭来许多批评。基金会花费巨资，却没有政府监管，这个被纳税者支持（因其免税待遇）的精英和非民主机构，并没有向社会披露其资金是如何花费的。[8] 在巴菲特正式加入基金会之后，它的受托人只有巴菲特、比尔和梅琳达，“超过600亿美元的免税资金仅仅被两个家庭控制着。”[9]

巴菲特和盖茨均受到指责。当巴菲特宣布，作为一个委托人，他将不参与管理时，他被称为“一个非常差劲的慈善管家”，因为他放弃了作为一个捐赠人应尽的责任。[10] 比尔·盖茨仍然是世界上最富有的人，并且在 2015 年前，不准备向基金会增资。因为这个原因，哲学家彼德·森格责怪他违背了“每个生命都有平等价值”的原则。森格认为，盖茨捐赠了 300 亿美元，他仍然有 500 亿美元，住着价值超过 1 亿美元、6.6 万平方英尺的房子。1994 年，他花了 3 080 万美元购买达·芬奇的手迹。森格质问：“如果他不过这种奢侈的生活，而是把这些钱放到基金会里，是不是会有更多的人可以获得救助？”[11]

比尔及梅琳达基金会，向人们展示了资本家财富是如何提升社会福利的。盖茨延续了企业家创造财富的传统方式，并在后期将他们创造的财富用于增进普通人的福利。在本章，我们将进一步讨论慈善这个主题。首先，我们看看管理者如何在企业内部践行社会责任。

管理积极回应的公司

企业必须承担一定的社会责任。不管管理层对企业社会责任持何种观点，企业必须回应来自社会的各种压力，除此之外别无选择。图 6.1 显示了企业面对的各种压力。每种压力都会带来多种要求，其中一些要求还相互冲突。在此，我们从如何界定和执行企业社会责任行为开始。首先，我们看看决定企业社会责任方向的两个要素——商业模式和领导力。

领导力和商业模式

高管层通常会为企业回应社会定好一个基调。如果创始人或者首席执行官具有比较强的社会责任观念，这种观念将渗透整个组织。一些在远大愿景的激励下创建

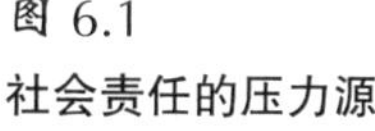
图 6.1
社会责任的压力源

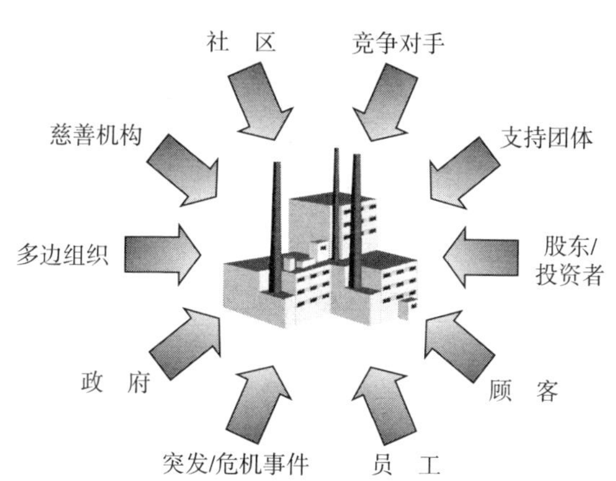

的公司，坚持以社会责任为中心的商业模式。**商业模式**（business model）是一种内在理念或理论，它决定企业如何通过在市场上生产和销售产品以创造价值。企业获利是该理论成立的前提。

第一种是传统的商业模式。在这种模式下，企业的核心战略是通过满足市场需求以创造价值。在传统的商业模式中，有一种特殊的商业模式，可称之为积极的商业模式。这种模式所制定的战略，通过减少社会问题来满足市场需求。通常，该模式关注传统公司自觉承担的责任。艾妮达·罗迪克创办的Body Shop，是这种模式的代表，是这个被资本主义贪婪习气污染的、黑暗的商业世界中反映伦理行为的灯塔。罗迪克把化妆品看做“一个由男人主导的行业，他们试图创造原来不存在的需求。”而她一直努力想“把成功的商业和利他主义联系在一起。”[12] 她的商业模式认为，女性会购买那些使用天然原料、对产品进行恰如其分的说明、并支持女性进步的正直公司的产品。该公司的广告鼓励女性接受自己天生的外表。其中一则广告声称，“在全球30亿女性当中，只有8个人看起来像超级模特。”

只有为数不多的公司采纳积极的商业模式。其他的一些例子包括Ben & Jerry's，这是一家致力于提高诸如世界和平之类社会责任的冰激凌公司。Patagonia是一家服装公司，将环境保护纳入战略中。Stonyfield Farm则是一家天然酸奶制造商，而Seventh Generation则生产无毒的家居用品。商业模式的有效性可以用盈亏来衡量。这些企业都成功了，至少到现在为止是这样。但是，每个企业仍然面临着社会使命和市场现实之间的两难选择，其中一些公司遇到财务困难而被大公司收购，而这些大公司恰恰采用的是传统的商业模式。

第二类公司虽然基于传统商业模式，但其企业文化强调自愿的社会责任，并特别关注其中的一个或几个维度。比如，1835年成立的德国贝塔斯曼集团，出版了卡尔·贝塔斯曼的赞美诗。贝塔斯曼是一名被启蒙运动唤醒的新教徒，他认为他成立公司的首要目的是使社会变得更好。贝塔斯曼将一半的利润和员工分享，员工待遇远远高于一般的德国企业。贝塔斯曼集团现在已经成长为世界第三大传媒集团，其他的传媒品牌包括BMG音乐、兰登书屋和RCA，但是贝塔斯曼仍然由创始人的子孙控制。这个家族最近解雇了它的首席执行官，其中一个原因是他收购了Napster，而贝斯塔曼家族成员认为Napster缺乏社会责任感。[13]

第三类公司数量众多，包括许多大型跨国公司，它们对企业社会责任没有任何特殊的冲动。它们的社会效益完全取决于管理层如何回应商业环境所施加的压力。这些企业以不同方式回应外部环境的压力。如图6.2所示，可能消极回应，也可能积极回应。在“回应光谱”的左边（见图6.2），公司关心盈利，对法律以外的社会责任采取抵制态度。对于它们而言，是否承担社会责任行为取决于利益相关者的压力。

图 6.2
社会需求回应谱

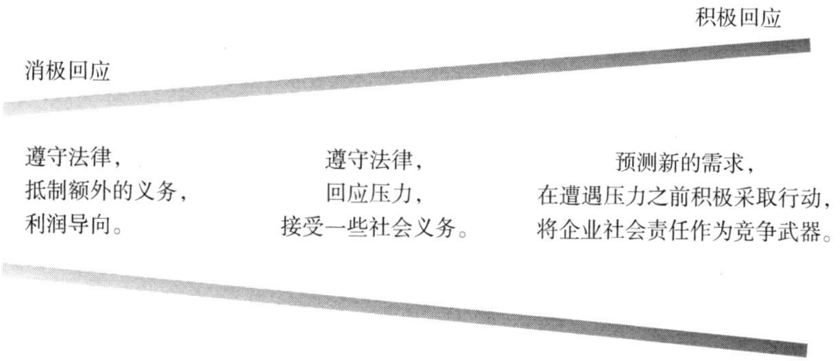

大多数企业居于中间位置，接受社会义务，也许会在新的法律和管制颁布之前，采取一定措施减轻相应压力。在右边，只有少数企业积极回应社会期望，并且在问题出现前就予以解决。[14]

企业社会责任践行模型

企业可以通过社会责任践行流程来管理公司面对的社会压力。图 6.3 展示了一个模型，用以评估企业社会责任环境、制订企业社会责任战略以及采取行动。模型显示的步骤是一个理想状态，相对现实情况来说更为系统。[15] 从左边的企业社会责任评估开始，我们将逐步讨论每个阶段以及该阶段中企业应该采取的行动。

评估企业社会责任环境

作为践行社会责任的第一步，企业应该首先评估现有的企业社会责任环境和行为。没有任何一种社会责任模式适合所有的企业。因此，企业需要系统地评价所有业务，以挖掘与业务相关的、独特的社会影响和社会期望。挖掘企业社会责任环境要素，需要考虑业务规模、财务结构、产品、生产流程、员工、文化、地理位置、对供应链的影响力以及管理层的观念等。评价必须具有相当的广度。企业可以从界定社会责任开始，提供一个焦点。然后，研究法律法规的要求，厘清企业现有的社会责任行动，分析竞争对手的社会责任行为。另外两个重要的步骤是发掘公司的核心价值观，与利益相关者互动，以了解社会期望。

发掘核心价值观　核心价值观可以在公司文件中找到，他们确立了指导公司决策的基本目标、价值观和原则。核心价值观指导标准可能出现在多个文件当中，包括使命、愿景和价值观表述、规章、标准和规范。企业所采取的社会责任观应该与核心

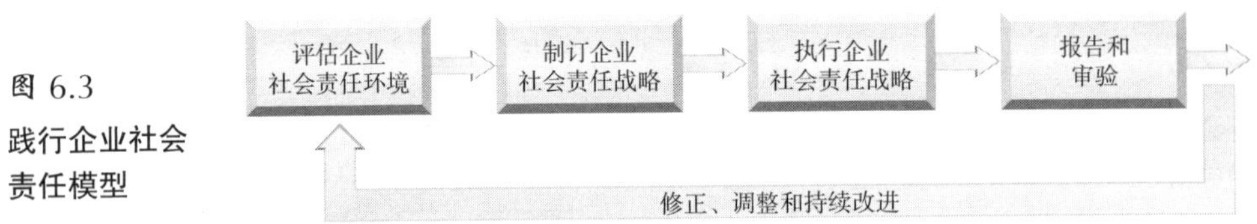

图 6.3
践行企业社会责任模型

目标和价值观保持一致。如果这些文件中没有包含支持企业社会责任的价值观，那么，对行动的支持就会较弱。

对于大多数组织而言，价值观的一个重要来源是**使命陈述**（mission statement），即用简短的语言表述出组织或企业存在的根本目的。好的使命陈述可以界定公司业务，阐述企业与竞争对手的区别，明确企业和利益相关者之间的关系，将企业精力集中到关键活动和目标上。如果社会责任在公司使命中占据重要位置，在公司使命陈述中就应该有相关字眼。如 Ben & Jerry's 在使命陈述中，明确提出公司的"社会使命"，就是认清组织在社会中所扮演的中流砥柱的角色，借助创新来改善当地、本国与国际社会中人类的生活品质。"创新"的理念促使企业近年来采取了一些特殊行动。Ben & Jerry 种植了大量树木以补偿其在冰棒生产中消耗的木材，另外还拿出其 Peace Pop 产品销售额中的一部分，用于支持世界和平方面的研究。

过去，大多数公司的使命表述都强调利润和产品，许多企业至今仍停留在这种短视之中。美国最大的汽车零售商 AutoNation 公司的使命陈述是；"成为美国管理最好、盈利最高的汽车零售商"；新闻集团的使命陈述是"在世界范围内创造并分享高质量的新闻、体育和娱乐"。然而，近年来，许多公司开始修改它们的使命陈述，以使其包含社会责任的内容。菲利普·莫里斯公司的使命陈述是"生产和销售质量最好的香烟"，但是后面增加了一些内容，表明为了达到这一目标，公司将"保证自己的行为与社会期望相一致"。

在引领和指导公司决策的时候，指导文件有强大的力量，大公司也不例外。联合利华发布了一份只有一页纸的商业伦理准则，翻译成各种文字后发放给全球二十万六千名员工。它设定了一个标准，"联合利华的所有员工都必须遵守，无论他们在哪里"。[16] 在沙特阿拉伯，习俗和法律都不允许女性在外工作。尽管联合利华商业伦理准则承诺"创造充满信任和尊重的、多样化的工作环境"，并且要求对员工的聘任"只能基于工作所需的资质和能力"。它还要求"遵守经营所在国家的法律和法规"。鉴于这些指南和原则，沙特阿拉伯的经理决定雇佣当地女工。在和当局谈判之后，他们获得了许可，但是有一个条件，那就是，这些女性只能在相对独立的办公室工作。[17]

与利益相关者合作　目前，许多公司都与利益相关者保持一定程度的对话。利益相关者可以用**利益相关图**（stakeholder map）来描述，该图刻画了利益相关者的类型以及他们和企业之间的关系。图 6.4 显示了企业利益相关者的基本类型以及企业与利益相关者之间的关系。该图仅仅是一个开始。图 6.5 展示了政府作为其中的一类利益相关者，以及与企业之间复杂的相互影响关系。

界定了利益相关者之后，企业就可以制定一个行动计划。利益相关者可以通过不同的维度进行归类，如他们对企业的态度（质疑、中立或者支持）、他们对企业的影响力（高、中或者低）、他们关注的领域（女性、环境或者反贫困组织）。[18] 这种分类有利于形成协调利益相关者的最佳方法，例如，调研、私人或公开会议、咨询小组、焦点小组、专题讨论会以及演讲。

与利益相关者之间的合作有很多好处，利益相关者图有助于企业确定哪些因素对其发挥作用。对话能够帮助企业找到企业绩效和利益相关者期望之间的差距，这样可以产生新的想法或信息，还可以尽早预测未来趋势。它还能推动彼此之间的信任关系，缓解紧张。有时候，利益相关者的参与还能带来更多的合作机会。例如，联邦快递主动与美国环保协会合作，将部分车辆改造成混合动力型汽车。改装后汽车两侧可以使用美国环保协会的标志。[19]

总之，企业社会责任评估的结果应该形成一个公司社会责任概况，借此界定企业社会责任现状。当这一评估过程完成，与企业社会责任相关的核心价值观也就明确了。这些核心价值观反映企业对社会产生的影响以及利益相关者的期望。这些洞

图 6.4
主要利益相关者图

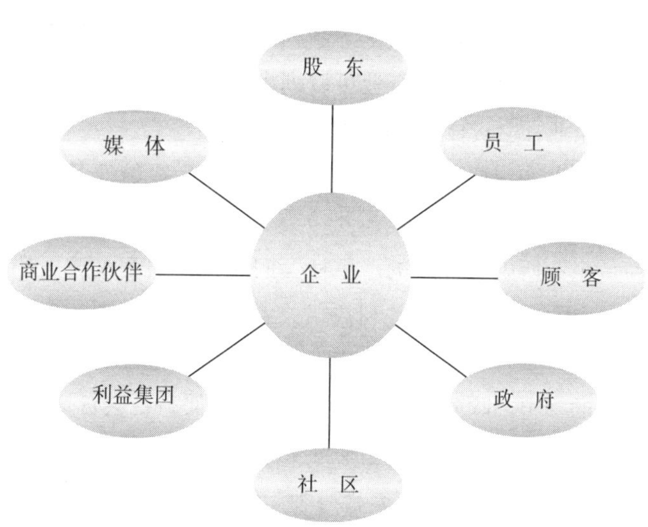

图 6.5
利益相关者图，主要说明政府这一利益相关者

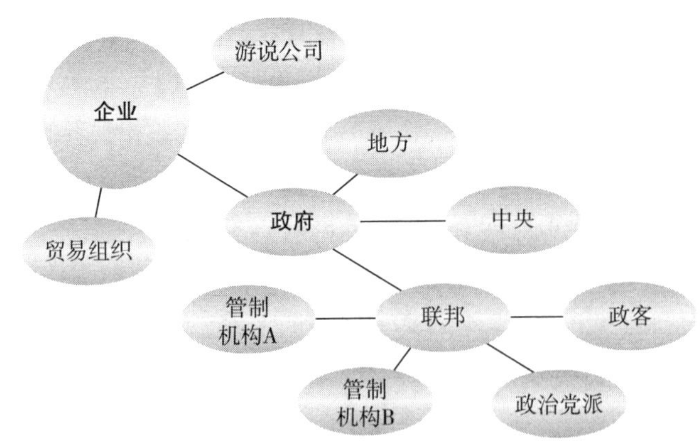

见可以帮助企业制订有效的社会责任战略。

企业社会责任战略

图 6.3 中的下一个阶段是制订企业社会责任战略。**战略**（strategy）是为达到某个目标而采取的基本取向、方法或计划。有战略的企业好比一个有地图的旅行者，这张地图能够显示目标城市以及如何搭早班火车抵达目的地。与旅行者一样，企业制订自己的社会责任战略必须首先找到目标，或者是公司想要达成的愿景，然后想法去实现它。

设立社会责任目标时，企业可以考虑评估阶段挖掘的信息。这可以帮助企业分析其在回应社会责任方面的优势和劣势，并发现经营环境中的威胁和机会。基于这种分析，企业可以列举出一系列社会责任倡议。作为底线，这些倡议必须符合法律要求。在此基础上，企业可以列出自愿行为，从中选取某些重要的行动，这些行动就是企业社会责任战略的目标。

对大公司而言，为这些行动设定优先级的任务十分复杂。利益相关者的需求是多种多样的、有时甚至相互冲突。价值链中存在一些潜在的负面影响需要纠正，同时，企业所处环境中的严重社会问题也需引起关注。那么，究竟优先安排哪项活动呢？企业必须回应某些利益相关者的诉求，否则就会存在影响公司声誉和业务的危险。伦理责任意味着公司应该在能力所及范围之内，尽量减少价值链各环节对社会带来的损害。除此之外，企业还有许多履行社会责任的方式。

迈克尔·波特和马克·克雷默认为，评价任何一项社会责任倡议是否值得的“一项基本测试”是 :“它是否有利于创建共享价值，也就是，是否在有益于社会的同时也能为企业带来价值。”[20] 他们认为，企业应该区分广义的社会问题和有利于提升企业竞争优势的狭义社会问题。广义的社会问题，例如减少犯罪、贫穷和疾病，对社会而言非常重要，但是企业对此却很难有所作为。那些竞争性的社会问题，通常与可能会影响到企业在市场上成功的那些因素有关。企业的性质不同，同一问题对公司的重要性也不一样。对蒂芙尼公司来说而言，温室气体排放是一个广义的社会问题；但对通用汽车和丰田而言，却是一个竞争性问题。对于洛克希德公司公司来说，贫困是一个广义的社会问题；但对联合利华和雀巢公司而言，却是一个竞争性问题。因此它们已经开始销售小包装、单次使用的廉价产品。

通用电气 2005 年 5 月 9 日发表的“绿色创想”计划，是一个将社会问题变成企业竞争优势的例子。[21] 绿色创想是一个新词，既关注环境问题，也体现了通用电气实验室的想象力。该战略把收入增长和社会问题结合起来，用通用电气的话来说，“承诺不断创造和解决问题，以便让更多的顾客和社会成员受益。”为了贯彻“绿色创想”计划，通用电气将为清洁技术研究增加 8 亿美元的研究经费，同时为新产品制定到 2012 年销售 200 亿美元的目标。[22] 该战略建立在通用电气秉持的基本理念上，该理念认为，天然气耗尽、全球气候变暖、全球饮用水短缺等，这些不仅是社会问题，也是商业机会。

执行企业社会责任战略

为了贯彻执行，战略必须分解为具体的目标和绩效评估标准，融入政策和程序当中，并获得正式组织制度和非正式组织文化的支持。如果组织结构、组织文化以及公司流程与企业社会责任战略的社会目标表述不一致，这些社会目标就会显得苍白无力。以下将讨论如何提升执行力。

组织结构 提升执行力的第一步，是在组织内部创建有效的企业社会责任决策机构。许多公司在最高管理层中设定正式的机构，领导和组织企业社会责任决策与行动。在公司董事会中设立社会责任委员会的企业包括孩之宝公司、凯洛格公司以及美国西方石油公司。在董事会下面可以指派某位高管监督社会责任行动的实施。一些公司如英国石油公司、通用汽车、耐克、时代华纳、沃尔玛以及迪斯尼等，都设立了企业社会责任副总裁。

越来越多的董事和副总裁承诺践行企业社会责任，似乎暗示着企业社会责任是一种集中的管理活动，然而实践中却并非如此。在大多数公司，企业社会责任战略仅仅是对核心战略的补充，或者说是次要的。企业社会责任分散在组织的各个部门。企业基金会负责慈善捐赠；人力资源部门负责人权和多样性的工作环境；法律部门负责制定伦理准则；还有一些部门负责环境健康和安全。在大多数企业，企业社会责任工作分散在很多部门，如下所述：

企业拥有许多房间，但大家都没有家的感觉。很少有企业能将所有业务整合起来管理。很多组织职能部门像大象的一部分，承担企业某种特定职能。企业就这样被分割，使所有部门围绕共同使命制定企业战略的目标落空。[23]

为加强对社会责任的集中管理，一些企业如可口可乐、辉瑞制药和时代华纳成立了一个跨部门的企业社会责任职能委员会，其成员是来自各部门的管理人员。这种组织形式目前仍属于少数。

行动计划 一旦战略和决策机构确定之后，就要制订计划，以便使目标转为行动。行动计划将多项任务组合在一起，最终实现战略目标。这些任务包括修订或者制定政策、资源预算以及分配工作。

一个有效行动计划的实例是诺和诺德公司，这家制药企业在全球 79 个国家设有分支机构，员工超过 24 000 人。20 世纪 90 年代的一项人权评价，促使这家公司决定关注企业社会责任战略，这第一次世界大战略的重点是和各种形式的歧视作斗争。它由三部分组成：首先，员工接受国家反歧视法律法规培训；其次，在诺和诺德公司内部，各种影响战略进程的非正式障碍被逐一确认并消除；第三，鼓励经理们将员工多样化转变成企业竞争优势。诺和诺德每一个部门都制定行动计划，以支持战略执行。在南非，医生主要是白人，因此公司的销售代表也是白人。该行动计划要求提高多样化程度，消除吸纳非白人销售代表的各种障碍。不久，一半的销售人员是黑人或者混血人种。公司随后还出台了一系列严格的政策，将那些不喜欢非白人销售员的医生排除在目标客户群之外。[24]

绩效目标和时间表 一项有效的行动计划包括绩效目标和完成任务的时间表。以通用电气的“绿色创想”战略为例，该战略以时间为准，制定了清晰的量化目标。通用电气承诺在 2010 年前，将有关清洁能源的研发费用提高到 15 亿美元，将从绿色创想产品和服务中获得的利润提高到不少于 2 000 万美元，并在 2012 年前至少降低 1% 的温室气体排放。[25]

绩效问责 为了确保完成绩效，必须将目标和激励联系在一起。社会目标可以写入职位说明中，以便绩效考核、绩效评估、薪酬以及升迁都与这些目标保持一致。美国铝业公司、道氏化学公司、菲利浦斯石油公司的管理人员，其收入和环境绩效挂钩。可口可乐和德士古曾深陷歧视员工的诉讼当中，现在管理层收入与员工多样化目标挂钩。在美国铝业公司，大约 2%~30% 的经理分红（比例随职位的升高而增加）与完成企业社会责任目标联系在一起。[26]

战略和文化的一致性　企业文化必须与战略目标保持一致。文化是那些隐藏在企业深处的价值观和信仰，一旦企业文化与官方的企业社会责任政策相违背，这些政策就可能被忽视。如果那些关注利润而忽视企业社会责任的经理得到提升，就暗示正式的政策与职业升迁的要求和标准相矛盾。例如，在天波蓝公司，管理层发布了一个方案，员工每年可以带薪从事公司资助的当地慈善活动，期限为一个星期。然而，一线经理迫于生产压力，拒绝员工离开工作岗位去从事慈善活动。[27]

报告和审验

践行图 6.3 显示的企业社会责任各环节之后，企业需要评估和发布企业社会责任报告。发布社会责任报告有两个目的。首先，它告诉利益相关者，企业是**透明的**（transparency）；也就是说，企业充分披露对社会产生影响的决策、流程和行动。与透明相对的是模糊，后者使大众无法洞悉企业内部运作过程。公开和透明对于保护企业声誉、赢得利益相关者的信任非常必要。企业社会责任报告还能让管理层了解企业社会效益状况，评估整个战略目标进程。

在过去的十几年里，出现了社会责任报告的新浪潮，这一浪潮紧随社会审计浪潮。之所以称为社会审计，意在与传统的财务审计相区分。社会审计诞生于 20 世纪六七十年代，当时，为数不多的一些大公司，包括美国银行、艾克森石油公司、菲利普·莫里斯公司向大众公布它们的社会影响评价报告。20 世纪 70 年代，美国大西洋里奇菲尔德公司发布了年度社会责任平衡表，坦白地公布了其在社会效益方面的优势和劣势，这是一项先驱性的创举。该公司后来被英国石油公司收购，这一创举也随之而来。1974 年的一项调查发现，284 家大公司中，有 76% 的公司都采取了不同形式的社会审计。[28]

20 世纪 70 年代，随着环境变化和对企业的社会管制增强，社会审计的热度逐渐消退。新的管制包含了更为严格的报告要求，即由政府监管的社会责任报告。然而，随着时间推移，新的管制很少付诸行动，导致利益相关者想了解的信息和公司所发

图 6.6

三重底线棱镜

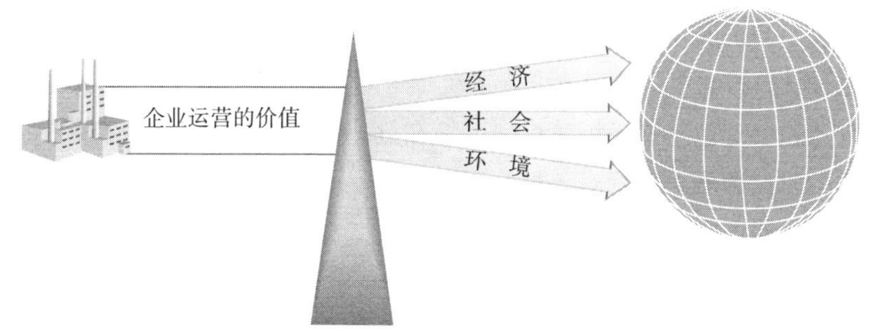

全球报告倡议组织的指标

经济效益指标

- 净收入
- 员工工资和福利
- 国际、国内和本地税收和罚金支出
- 自愿的社区捐赠
- 供应链和配送链提供的工作机会数量

环境效益指标

- 使用材料的重量和数量
- 循环材料的使用比例
- 通过节约、有效利用等方法节约的能源数量
- 循环和重复使用的水资源所占的比例
- 动植物生活环境保护
- 温室气体的总排放量

社会效益指标

- 有关人权政策和制度的培训时间
- 歧视事件数量及采取的行动
- 在反腐败政策和程序方面接受培训的员工比例
- 对政治党派和政客的财务和实物支持额度
- 在顾客隐私方面涉及的顾客投诉数量

资料来源：Global Reporting Initiative, *Sustainability Reporting Guidelines,* ver. 3 (Amsterdam: GRI, 2000–2006), Indicator Protocols.

布的信息之间存在差距。20 世纪 90 年代后期，自愿的社会责任报告，作为一种企业回应利益相关者的有效工具再次出现。

全球报告倡议组织为规范社会责任报告做出了重要努力。它是由公司、非政府组织和政府机构组成一个的国际组织，各方协作制定**可持续发展报告**（sustainability reporting）的统一标准责任，披露企业绩效是否与**可持续发展**（sustainable development）目标相一致。可持续发展是一种经济增长理念，该理念要求经济增长“既能满足当代人的需要，又不对满足后代人需要构成危害。”[29] 使用全球报告倡议组织指南，公司可以知道它们的绩效和经济、社会、环境这**三重底线**（triple bottom line）所要求的行为之间的差距（图 6.6）。2006 年，全球范围内有大约 950 家公司使用了全球报告倡议组织指南来撰写可持续发展报告。[30]

三重底线是 20 世纪 90 年代晚期在进步团体中出现的一个概念。[31] 它的目的是在传统财务指标基础上加入社会和环境这两项非财务指标，以此来评价企业的总体影响。这一想法遭到不少质疑，批评者指出了其中的缺陷。对这三个领域而言，并没有统一的测度工具，因此无法进行比较。即使社会和环境绩效都可以用货币来衡量，这种计算方式也还是涉及价值判断，而价值判断至今仍未达成一致。[32] 保守主义者不喜欢这一理念对财务绩效提出的潜在挑战，因为他们认为财务绩效才是推动经济增长的首要因素。尽管对于批判者而言，上述问题的确是个巨大的缺陷，但三重底线却成为企业社会责任报告中被广泛接受的方法，不是因为它的精确性，而是因为它能够满足一系列利益相关者的诉求。[33]

企业社会责任践行中的四大错误

在实际操作中，大多数企业都无法有效执行本章中提出的企业社会责任行动模型，因为它们常常犯以下错误：

1. 无法就企业社会责任形成连续和系统的思考；
2. 企业社会责任战略与公司主要社会影响、核心竞争力及企业商业战略之间缺乏一致性；
3. 在不同部门支离破碎地实施着企业社会责任行为，缺乏总体规划；
4. 企业社会责任报告对利益相关者而言可信度低，不满足透明度要求。

根据全球报告倡议组织指南，一份好的社会报告应满足特定标准。它的内容应该对利益相关者有用，具备清晰、及时、可比、可靠以及可审验等特点。它应该包括管理层对企业社会责任的愿景和战略的陈述，包括公司大量的真实文件，包括对公司治理结构、诸如高管薪酬等重要管理政策及利益相关者参与程度的描述，以及三重底线方面的绩效数据。

上表列举了推荐使用的指标实例。为了使报告标准化，全球报告倡议组织设定了大约 140 项指标，可以连续计量企业社会责任绩效，并可与不同企业进行比较。

最后，全球报告倡议组织强烈建议提供**审验**（assurance），以确保报告信息的准确性。最有效的保证形式来自于独立的外部审计，他们可以检查报告内容并证明其真实性。然而，尽管非财务审计标准已经取得巨大进展，大约只有三分之一的公司提供经外部审计的社会责任报告。[34]

在世界范围内，企业社会责任报告已经成为一项主流活动。毕马威公司 2005 年的一项调研显示，全球 250 家最大的公司中，52% 的公司发布了企业社会责任报告，比过去三年增加了 16%。[35] 最愿意发布报告的是日本（80%）和英国（72%）的公司。在美国，发布可持续报告的抵触情绪仍然相当严重，原因在于成本方面的考虑以及发布信息可能带来的法律制裁。调查中，只有 32% 的美国公司发布了报告，但发布的压力在不断上升。2007 年，在年度会议中有 37 项股东提议要求企业发布社会责任报告。[36]

企业慈善

慈善（philanthropy）行为关系社会福利，通过向需要者捐赠金钱或者财产以推动社会进步。美国公司进行大规模捐赠只是近年来的事情。即使在大约 50 年前，法院仍然认为公司财产属于股东，因此，管理层无权捐赠，不管其动机如何。这种信

A.P.Smith 制造公司对巴洛等人案，13 N.J. 145（1953）

A.P.Smith 公司成立于 1896 年，位于新泽西州，主营业务是生产水龙头和消防栓。1951 年，公司向普林斯顿大学捐赠 1 500 美元，发起了该大学的年度筹款活动。这不是它的第一次捐赠。公司多次给当地社区公益基金捐款，并且多次向附近的大学捐赠。

这些捐赠在不一致的法律环境中进行。一方面，根据联邦政府颁布的公司法，企业不应该越权行事，企业的义务是实现股东财富最大化。A.P.Smith 和很多其他公司一样，在公司章程中并没有赋予公司慈善捐赠的权力。另一方面，也有法律支持慈善捐赠。新泽西州 1930 年颁布的法律，赋予公司不超过资本总额 1% 的捐赠权力。

鲁斯·巴洛和其他四位普通股和优先股股东认为，公司没有权力捐赠任何资产，捐赠侵犯了股东的权利。他们提起诉讼，法院开庭审理此案。几位商界精英人士作为证人表示支持 A.P.Smith 的慈善美德。一位新泽西州标准石油公司的管理者认为，“好的企业”必须积极回应公众需求，展示一定的企业公民形象。美国钢铁行业的一位管理者也认为，和大学建立关系对维护资本主义制度是非常重要的。但法官仍然判公司败诉，认为公司的行为超出了法律赋予的权力范围。

A.P.Smith 提起上诉。1953 年，新泽西州最高法院推翻了原来的判决，认为对慈善捐赠的僵化解释已经不合时宜，在过去，企业规模小，有限的资产主要来源于个人，然而，当今时代企业规模越来越大，公众需要企业更加慷慨，捐赠就变得十分合理。

A.P.Smith 案件解决了企业是否应该捐赠的法律问题。自此以后，有关超越权限的法律疑云被清除，这为更大规模的企业捐赠奠定了基础。

条在过去似乎有其道理，因为当时企业规模小，企业规章也主要由企业主制定。然而，随着企规模业越来越大，职业经理人从富有的创建者那里获得了控制权，公众开始期望公司也要有更多的付出。

1935 年的《收入法案》，突破了狭隘的公司捐赠法律限制，允许从纳税收益中扣减不超过税前收益 5% 的慈善捐赠（1981 年增加到 10%）。然而，公司捐赠的合法性仍然受到质疑，由于害怕股东起诉，经理们仍然谨慎对待捐赠。最终，1953 年的 A.P.Smith 案件（见专栏）改变了过时的僵硬规定，让公司可以更慷慨的捐赠。现在，美国公司每年的捐赠额达 130 亿 ~140 亿美元，捐赠理由多种多样，从疾病治疗到支持本土的管弦乐队。企业社会责任的保守派仍然认为，这种捐赠好像是罗宾汉从股东那里盗窃然后再分给穷人，是一种劫富济贫的盗窃行为。然而，反对者认为，捐赠是“用他人的钱做慈善”的观点，不再得到法律的支持。[37]

神秘的乔治·芬尼

乔治·芬尼，76 岁，是目前仍在世的伟大的慈善家之一。用怀旧电影节目的话来说，他是一个“百万富翁”，他用现金支票捐赠多次，数额达到几千万美元之多，但从不留名。

乔治·芬尼出生于一个普通的爱尔兰美国工人家庭。和一个合作伙伴一起，他在全世界各地成立了免税商店。1984 年，他曝光了一次，“我只是认为我的钱已经够了”，他告诉一个记者。他甚至没有告诉他的合作伙伴是谁，他在百慕大成立了基金会，以避免美国法律对捐赠透明度的要求。接着，他将自己在免税店的所有权转变成了基金会。在那个时候，它的价值是 5 亿美元。多年以后，该基金会的金额达 48 亿美元，是世界最大的基金会之一。

芬尼现在控制 50 亿美元的资金，但是他个人的财产仅为 500 万美元。据他的朋友所说，他没有自己的房子和汽车。他只戴价值 15 美元的手表，用塑料袋而不是手提箱装东西。他喜欢随意的衣服，一直觉得很多双鞋子根本没有必要，自嘲为一个“不讲究穿戴”的人。

基金会的大部分捐赠给了全世界范围内的医院、大学和主要的慈善机构。

他一直以来保持匿名的想法来自于一个信念，那就是生活不被打扰，与哲学家迈蒙尼德的想法一样，后者认为最高形式的捐赠是匿名且无私的。芬尼的员工煞费苦心地寻找各种个体、团体和善因，以找出有价值的捐赠。主动提供的捐赠往往质量不高。芬尼经常会在没有任何人认出他的场合参加会议，与会人员对这个安静观察者的身份毫不知晓。

大多数基金会每年只捐赠有限数量的资金，以维持其基准数额。2002 年，当芬尼 70 岁的时候，他要求基金会在未来的 15 年内将所有的 40 亿美元全部捐赠出去。他坚信这样可以让基金会更加关注如何解决问题，而不是维持基金会自身的发展。

企业捐赠形式

慈善捐赠是当今企业社会责任中一种传统做法。尽管如此，大多数公司在慈善捐赠方面并没有尽力而为。比如说，2005 年，美国公司共捐赠了 138 亿美元，确实是一笔大数目，但是仅仅相当于企业税前收入的 0.08%、税前利润的 1%。[38] 自 20 世纪 50 年代以来，社会捐赠非常稳定，一直维持在税前利润的 1% 左右。[39] 这个数字远远小于 10% 的免税上限。大公司通常要比小公司更慷慨。一项针对 211 家大公司和它们的基金会所进行的调查显示，这些大公司的捐赠额占 2005 年所有企业捐赠额的 71%，而这些捐赠中的大多数来自于为数不多的几家巨型公司，这些公司的捐赠额达到公司税前利润的 5% 以上。[40]

在美国，企业慈善捐赠只是所有慈善捐赠中很小的一部分。2005 年，企业慈善捐赠所占比例为 5.3%。图 6.7 显示了在过去 10 年内各类慈善捐赠的状况。在此期间，慈善捐赠总额从 1 240 亿美元上升到 2 600 亿美元。正如图中显示的那样，个人捐赠所占的比例遥遥领先，接下来是基金会、慈善机构，最后才是公司（包括公司基金会）。

图 6.7
慈善捐赠 10 年趋势图（1995~2005 年）

资料来源：U.S. Census Bureau, *Statistical Abstract of the United States*: 2006 (126th edition) Washington, DC, 2006, table 567 and Giving USA Foundation, "Charitable Giving Rises 6 Percent to More Than $260 Billion in 2005," News Release. June 19, 2006.

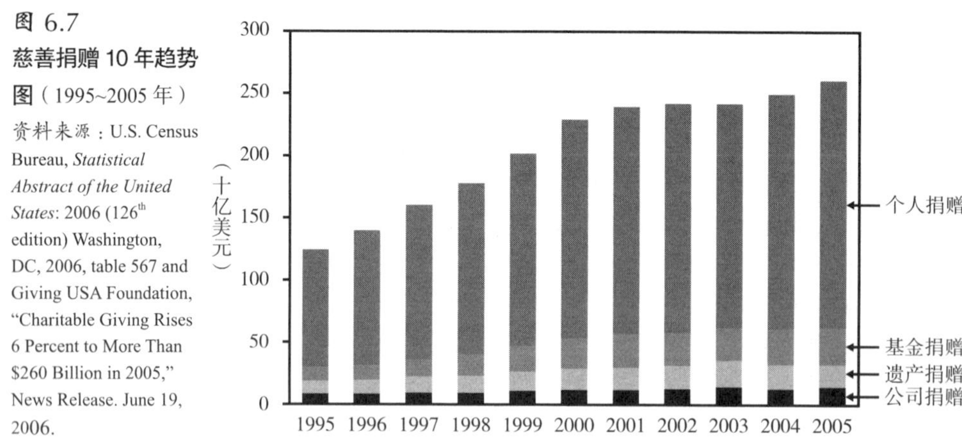

在这 10 年间，公司捐赠额从 73 亿美元上升到 138 亿美元，比例稳定维持在 5%~6%。

公司捐赠可以采取多种形式，包括现金、产品、服务、员工自愿服务以及设施和设备的使用。现金捐赠只占所有捐赠的 45%。大型公司约 44% 的捐赠流向了倡导和保证人类健康和服务的机构，如美国红十字会或者美国癌症基金会。另外的 12% 流向教育，大约 8% 流向基督教青年会、住房促进会、城镇促进委员会等。剩下很少一部分，大约 1% 流向环境保护事业。[41]

企业捐赠的根本动机在于回应压力、认为捐赠能带来经济收益、提升声誉，以及利他主义（altruism）对他人福利的无私关心。企业捐赠的动机是综合的。尽管慈善行为可以减税，但却不是一个令人信服的理由。因为用其他方式如广告使用资金，同样可以减税。最近的研究认为，慈善可以为企业带来更好的声誉，[42] 而不是财务绩效。[43] 尽管如此，有 66% 的管理人员表示，他们努力将捐赠行为与企业的商业目标保持一致。[44] 接下来我们将讨论这个趋势。

战略捐赠

从历史上看，慈善捐赠源于宗教教义，被看做是一种出于道德义务的无私行为，它可以满足社会需求，推进社会发展。传统上，企业慈善往往和利他主义及人文关怀联系在一起。企业及其基金会的捐赠可以帮助弱势群体，可以用教育和艺术等形式改善社会。同时，这些行为还能帮助企业实现自身利益，提升企业声誉，甚至能通过提升社会风气来改善经济。

随着企业在慈善捐赠方面越来越有经验，一些人认为，传统的零零散散、撒芝麻式捐赠确实非常高尚，但也存在缺陷。随着社会发展，值得捐助的慈善项目越来越多，如果每个领域都捐赠，那么每次捐赠的影响力将越来越小。一些高管及其配偶往往把大量资金捐赠给自己钟爱的艺术和文化项目，这些对公司主要利益相关者而言并不重要。这种被称为**支票簿慈善**（checkbook philanthropy）的消极慈善捐赠方式，没有任何内在逻辑。许多大公司仍在进行支票簿捐赠。然而，越来越多的企业捐赠从单纯的、无计划的、分散的慷慨解囊，转变为与企业目标相一致的战略行为。这就是所谓的**战略捐赠**（strategic philanthropy），或者说将企业的捐赠策略与企业战略保持一致。

通用磨坊公司是这方面的先驱。继 A. P. Smith 的绿色光明计划之后，这家公司在 1954 年成立了一家基金会。多年来，它一直把捐赠重点放在总部明尼阿波利斯那些声名卓著的文化和艺术项目上。20 世纪 90 年代后期，它开始将捐赠重点转向公司业务所在地 20 座城市中与家庭、年轻人相关的慈善项目。这种与企业战略保持一致的捐赠，有助于公司了解那些购买公司产品的普通消费者的感受。下面是一些其他的例子。

- 美泰捐赠了 2 500 万美元，将其名字加入加州大学洛杉矶分校附属儿童医院的名字中，该医院现在的名字是美泰儿童医院。尽管美泰会给病人发放玩具，但它并不参与医院运作。以公司名字给医院命名，可以增加企业品牌认知度，从而增加公司在玩具购买者心中的分量。这种行为在帮助了生病儿童的同时，也达到了商业目的。
- 华盛顿互助银行进行的消费者研究显示，它的顾客十分关心当地学校。于是该银行的很多慈善行为，都集中在提高分行所在社区的 K-12 教育（K-12 教育是指到高中为止的教育体系——译者注）。该银行捐钱给学校；当地志愿者员工做老师的助手，帮助维修教室；员工给学校上理财课；公司还鼓励孩子们开立储蓄账户，以培养节俭的美德。[46]

不是每个人都赞同战略捐赠。战略捐赠中复杂的捐赠动机，与宗教中认为慈善是彻底利他的理念相去甚远。一个批评者认为这种做法“自私自利”，只是“另一种商业手段”。[47] 支持者则认为，挖掘捐赠者慈善行为背后的商业动机以诋毁捐赠者毫无价值。事实上，各种动机往往混合在一起。英特尔每年捐赠 1 亿美元支持教育。它为全球 350 万名老师提供了计算机培训。当被问及该项目“是真正利他，还是想卖更多的芯片？”时，英特尔的 CEO 巴瑞特回答道：“两者都有”。此举在帮助人们的同时，也“必须有利于企业”。[48]

慈善营销

慈善营销（cause-related marketing）是战略捐赠的变形，其捐赠目的是促进产品销售。它将品牌和社会问题联系在一起，使两者同时受益。市场营销常常使用品牌来区分产品，如果大众化的产品缺乏品牌特征，往往会被消费者视为可代替产品。企业经常要耗费巨资打造品牌，以获得品牌附加值。传统品牌通过两个维度的特质差异，来影响消费者的购买决策：一是加深消费者对于产品质量的正面印象；二是通过培养消费者对产品的感情，刺激消费者购买。

消费者对企业社会责任的期望不断扩大。营销人员知道，如果他们的品牌和特定的慈善事业联系在一起，就可以产生第三种特质，这种特质能够唤起消费者的良知。公司认为慈善营销既能增加品牌的慈善形象，又确实做了慈善事业。

慈善营销是一种强有力的销售工具。最近的一项调研显示，85%的消费者认为，如果价格和质量等方面都相当的话，他们愿意选择与慈善有关的品牌。[49] 例如，可口可乐曾举办一项为期6周的活动，在此期间，每售出一听可乐，将拿出15美分捐赠给反酒驾母亲协会（Mothers Against Drunk Driving，MADD）。销售额在活动期间增加了490%，这是以牺牲竞争对手的销售额为代价的。[50] 下面是其他一些例子。

- 20世纪90年代早期，美国运通公司遇到一个问题，餐馆的老板们都觉得运通卡的使用费用太高。许多餐馆都拒绝接受运通卡，因此，许多持卡者只好使用其他竞争对手发行的支付卡。为了解决这个问题，公司开始了名为“为反饥饿而付费的”的慈善营销活动。每年11~12月的假期月，运通公司都会将每笔费用中的0.3美元捐赠给反饥饿非营利组织。在为期4年的时间内，运通公司共为600个反饥饿组织捐赠了2 100万美元。与此同时，运通卡的发行量也增加了12%，并且重新赢得了餐馆老板们的信任。[51]
- 雅芳美容化妆品的销售业绩一向不错。它的大多数销售收入来源于114个国家、数量多达500万名的兼职销售代表。20世纪90年代早期，雅芳的品牌形象一直不佳，因为直销策略往往被联想成过时或廉价品。因此，公司决定利用慈善营销重塑其品牌形象。雅芳产品的主要销售对象是女性。研究表明，和乳腺疾病作斗争是一个可以触动她们心弦的慈善动因。于是，雅芳筹划了“粉红丝带”系列产品，捐赠部分收入支持乳腺癌研究和治疗。雅芳从中受益匪浅，因此慈善营销被称为雅芳的“十字军东征”，一直延续了下来。自1992年起，雅芳共为乳腺癌研究、诊断和治疗提供了4.5亿美元的资助。[52]

慈善营销可以为有价值的慈善活动筹措大量资金，但是，正如其他形式的战略捐赠一样，慈善营销将利他和私利结合在一起，也招来批评。批评者认为，公司将太多的研究放在发掘顾客关心的慈善动因上，而不是努力满足最迫切的需要。对女性而言，心脏病是导致死亡的罪魁祸首，最致命的癌症是肺癌。然而，由于乳腺癌是 30~55 岁之间高消费女性群体中最关心的问题，因此超过 300 家公司复制了雅芳的市场营销创新。这种趋同让其他的慈善动因越来越不为人关注。

对公司做慈善事业的批评非常多。在最近的乳腺癌运动中，优诺每售出一罐酸奶，捐赠 10 美分；Everlast 将其价值 25 美元的拳击手套中的 1.25 美元捐赠出去；金宝汤公司每售出一听粉红标志的番茄酱或鸡汤料就捐赠 3.5 美分。优诺公司要求消费者将喝过的空酸奶瓶盖邮寄回去，公司则会从每个盖子中捐赠 10 美分用于乳癌研究。这样，一旦消费者每次邮寄的瓶盖数量小于 5 个，强加在消费者身上的邮票费用将高于捐赠价值。一个关心乳腺癌行动的人士说道："女性的身体和健康，成为许多企业用来获利的工具。"[53] 然而，企业并不认为商业利益在伦理上是一种次级的动机，它们认为对企业和慈善事业来说，切实的利益比空洞和抽象的动机说教更为重要。

慈善的新形式

相对于市场驱动下的商业行为而言，慈善的效率较低。大型基金聘请管理人员和职员会产生管理费用。慈善捐赠的资金很可能在运作过程中被浪费或者不能得到有效利用。评价和监督基金会和慈善组织的代价也非常大。最近出现了一种新的慈善形式，即在慈善管理中引进商业运作模式以提高其效率。这种慈善形式有很多名字和维度。在"高参与慈善"中，捐赠者可以为捐赠设定目标，并参与到慈善目标的实现过程中。在"风险慈善"中，捐资者出资孵育新型公益组织，以特定方法解决社会问题。

在新的慈善形式中，以利润为导向的慈善行为是最具想象力和激动人心的形式，也称为"慈善资本主义"。[54] 以下是一些例子，这些例子形式不同，但本质上都借助了市场的力量。

- 墨西哥郊区的贫民都想努力给他们的家搭建房屋并铺上水泥地板，但往往不得不使用廉价材料，并且需耗费多年才能完工。西麦斯是一家跨国水泥生产企业，它与非营利社区组织建立起伙伴关系，为其水泥产品开发了一个新市场。与大企业不同的是，这些非营利组织得到当地贫苦人民的信任，他们把钱攒起来，交给一个名为**互助小组**（tandas）的储蓄俱乐部。当互助小组资金积累到一定数额时，西麦斯就会给互助小组送去一批水泥。这样，成千上万的家庭通过这种方式修建了新房。西麦斯和非营利社区组织从中获得一定利润以弥补经营费用。总之，西麦斯不是直接捐赠金钱用于建造房屋，而是在原先被忽视的消费者中建立新的市场，这种方式创造了有效率的慈善行为，也提升了公司在墨西哥人心目中的品牌地位。

- Red 由 U2 主唱伯诺创立，是一个关心非洲艾滋病的公司。它允许合作伙伴使用自己的 Red 品牌标识，同时将其中的部分利润返给 Red。Red 保留一部分利润用于日常行政开销和品牌营销费用，剩下的则捐赠给基金会，用于为非洲地区的艾滋病患者购买药品。美国运通发行 Red 标志信用卡，并将其中 1% 的收入返给 Red。盖普将 Red 系列服装 50% 的利润分给 Red。Red 的网络并非一个慈善团体，它的商业模式基于“富人可以以有利于穷人的方式消费”这一理念。[55] 通过这种模式，它将超过 1 000 万美元的钱从挥霍的富人手中，转移给非洲的穷人。
- 在谷歌上市之前，其创始人拉里·佩奇和谢尔盖·布林就告诉投资者，公司计划拿出 1% 的股票和 1% 的年度利润支持慈善事业。该项工作由一个名为 google.org 的实体组织运作，该组织掌握了大约 10 亿美元的资金，是一个社会企业实验室。它包含一个传统的免税慈善基金会，但规模很小，拥有大约 9 000 万美元资产。其他 10 亿美元是纳税的盈利项目，致力于扶贫、疾病治疗和应对全球气候变暖的新事业。现在它在资助每百英里耗油一加仑的汽车引擎研发项目。这项投资所得将返回 google.org，用于新的投资项目。其背后的哲学理念是，市场会让谷歌的慈善行动更有效。

在过去的几十年，慈善财富的积聚地不断发生变化。20 世纪 80 年代以前，大多数基金会位于纽约，如由洛克菲勒、福特和卡耐基发起的基金会。在那个年代，这些基金会用自己独创的方式，通过解决社会问题来从事慈善事业，而不再像从前那样，把钱直接捐给那些需要的人。随着新技术产业逐渐兴起，出现了盖茨、佩奇、布林等新的富豪。来自西海岸地区特别是加利福尼亚和华盛顿州的机构捐赠，比来自纽约的多了 40%。[56] 这种转移也伴随着新的慈善方式，意欲通过纠正市场失灵、运用资本主义工具，以更好地解决全球性问题。时间将会告诉我们，这些方法在解决亘古以来的一些深层次问题上会有什么样的表现。

结　论

善意在没有付诸行动之前毫无价值。如果一个公司想承担社会责任，它就必须努力将其付诸行动，将企业战略中的管理工具和杠杆运用到企业社会责任战略的实施中来。所有的企业社会责任只有在行动中才具备实际意义。

公司慈善是履行社会责任最基本的、也是历史最悠久的方式。随着企业将慈善由单纯的利他行为变成企业战略行动，人们对其自私一面的批评也越来越多。然而，战略慈善具有非凡的发展前景，因为它将企业社会责任和主流的公司战略融合在一起，而这正是企业社会责任的提倡者们一直以来所期盼的。

马克・卡斯基和耐克公司

旧金山的马克・卡斯基将他的世界看做一个社区，长期以来，他一直关心社区中的其他人。他从他的父亲，一位汽车修理商那里上了第一堂商业伦理课。

> 当顾客将他的车带来修理，常常嘴里不停地嘟囔着，说他的车肯定出了什么大问题，“我想我需要换个新的传动轴……”。我的父亲会在一个小时之后将他们叫回来，告诉他们：“把你的车开回去吧，它只是松了一个螺丝而已。我拧紧了，一分钱也不用付。”我看到这些是怎样影响我的家庭的，它也极大地影响了我。[1]

1969 年从耶鲁大学毕业以后，卡斯基自愿在穷苦的克里夫兰郊区工作。之后，他搬到旧金山，管理一家专门资助学校的基金中心。他将自己逐渐融入社区和环保事务当中。他同时还爱上了慢跑，经常组织马拉松比赛。

多年以来，卡斯基一直穿耐克的球鞋，并认为它们是“好产品”。[2] 但是，从 20 世纪 90 年代中期开始，当他读了关于耐克海外工厂生产条件的故事后，他停止购买耐克产品。那时耐克成为血汗工厂的焦点，遭到过度使用廉价劳动力生产服装和鞋子的谴责。随着卡斯基阅读更多的有关耐克的故事，他认为耐克的问题不仅仅是虐待工人，还包括其他问题。卡斯基从老朋友阿兰・凯普兰那里寻求帮助。阿兰是一个激进的律师，他因迫使雷诺公司在广告中停止使用骆驼香烟标志而出名。

在凯普兰的帮助下，卡斯基于 1998 年起诉耐克发布虚假广告，声称它在劳动力使用方面发布虚假信息。这不是卡斯基的第一次起诉，之前他还起诉 Perrier 公司的“泉水”标识以及 Pillsbury 公司将墨西哥蔬菜标识为“加州风格”。两项起诉都赢得了胜利。[3] 耐克试图让卡斯基撤诉，声称他所质疑的血汗工厂的说法，仍然属于公共领域内有争议的问题，受《宪法第一修正案》的保护。

耐　克

耐克是世界上最大的运动鞋和运动服装生产商。源起于 1962 年俄勒冈大学的田径教练比尔・鲍曼和他 20 世纪 50 年代指导的运动员菲尔・耐特的合作。耐特那时刚刚在斯坦福大学完成 MBA 学业。他的毕业论文研究如何通过从劳动力廉价的亚洲地区进口运动鞋，从而与现有的运动鞋企业展开竞争。现在他要将这一想法付诸行动。他和鲍曼每人投资 550 美元，耐特飞往日本，进口了 300 双 Onisuka Tiger 鞋。7 年之后，耐特和鲍曼决定停止出售日本品牌的运动鞋，创建自己的品牌。于是他们自己设计鞋子，外包到日本工厂生产。那时，鲍曼和耐特决定设立公司，他们采纳了一个员工的意见，将公司取名为耐克（Nike）。耐克花费 35 美元，聘请波特兰州立大学一位设计专业的学生，为公司设计标识，公司采纳了那个学生设计的标识。有了征服未来市场的标识，公司迅速发展。

马克·卡斯基

资料来源：© AP Photo/Denis Poroy.

耐克的成功决定于两个基本战略。它的生产战略是为发达国家市场设计富有创意且时尚的运动鞋和服装，然后外包给劳动力廉价的发展中国家生产。这样一来，耐克不需要自己建造和管理工厂。

刚开始，大多数鞋都在日本工厂生产（直到 1980 年，才有一部分鞋在美国生产），但随着日本的人工成本越来越高，耐克逐渐将生产外包转移到韩国和中国台湾地区。当这些国家和地区的工资上升之后，耐克又将它的生产转移到中国大陆、印度尼西亚以及泰国，后来还转移到越南。今天大约有 90% 的耐克鞋在以上几个国家和地区生产。

它的市场营销战略是塑造合适的品牌形象。广告将耐克品牌和一系列理念联系在一起。其中最突出的是运动的理念。通过专业运动员和大学运动队的有力支持，耐克获得了高品质的品牌形象。“想做就做”（just do it）的口号为耐克品牌注入了勇气、力量、胜利和好成绩等含意。广告还将耐克品牌与郊区文化联系在一起，使其显得更“酷”。用这种方法，耐克让本来低成本的商品变成昂贵、时尚的。穿上这些，就能给人心里带来一种积极的情感。

血汗工厂事件

耐克迅速发展。在 1980 年，当公司上市的时候，它已经占据了全球运动鞋一半的市场。然而，虽然外包和广告战略将耐克推向了顶峰，但同时也几乎将其拖进地狱。血汗工厂问题给耐克带来了致命打击。

1988 年，一家印度尼西亚的报纸发布了有关耐克工厂工人恶劣工作环境的报导。[4] 很快，其他的批评言论在印度尼西亚的媒体中纷纷出现。美国劳工联合会—产业工会联合会决定对美国企业外包工厂中工人的工作条件进行调查，委派了名为杰夫瑞·巴林格的调查员进入印度尼西亚。巴林格以耐克的外包工厂为重点，收集了详尽的信息。

1992 年，他以相当聪明的方式揭露了耐克外包工厂的实际情况，发表在《哈珀杂志》上。文章披露耐克印度尼西亚外包工厂中跑鞋生产女工 Sadisah 的实际月收入，Sadisah 在一条生产线上工作，每天长达 10 个半小时，每周 6 天，每天收入 1.03 美元，也就是说一个小时 0.14 美元，比印度尼西亚的平均工资还低。63 小时的超额工作时间中，她只获得了每小时 0.02 美元的收入。她的收入只够她住在租来的棚屋中，里面没有电器和抽水马桶。她生产的耐克鞋在美国卖 80 美元，然而，她生产每双鞋的劳动收入只有 0.12 美分。巴林格注意到，在此前一年，耐克实现 2.87 亿美元利润，付给乔丹的广告费用是 2 000 万美元，Sadisah 必须工作 44 492 年才能挣到这一金额。[5]

巴林格的文章引发了一系列其他的负面报道，但是并没有立即成为热门事件。耐克开始关注社会责任，提高海外工人的福利。1992 年，它采纳了一项“行为准则”，要求其外包商保障工人工资达到当地最低工资水平，不雇佣童工，工作环境健康、安全，保护环境等。1994 年，它聘请了安永会计师事务所，通过在工厂现场检查的方式，审核供应商执行行为准则的情况。

这些进展说明，至少在某种程度上，CEO 耐特开始相信，即使耐克不直接雇佣工人，但耐克从这些海外工人身上获益，就有道德义务提高他们的福利水平。但是耐克仍然规避不了事件给他们带来的损失。有关其外包工厂的负面消息越来越多。

最后，1996 年 4 月，人权组织发布的一份报告让事态进一步恶化。该报告指出，沃尔玛中销售的“凯西・李”服装是在洪都拉斯工厂生产的，在那里，孩子们一天需要工作 14 小时。电视机观众看到脱口秀主持人凯西・李・吉福特充满泪水的一幕。“你可以说我很丑，你可以说我很笨，但是当你说我不关心孩子们……你怎么可以？”[6] 现在，这个事件引发美国消费者的广泛同情。

在吉福特质疑血汗工厂之后，反血汗工厂的运动者决定将矛头对准耐克，对耐克的攻击日趋白热化。耐克是行业领头羊。如果耐克有所改变，其他服装企业也会随之跟进。一些激进组织，包括“全球交流”人权组织、美国国家劳工委员会、血汗工厂观察以及企业社会责任国际中心等逐渐加入战团，它们要让公众知道耐克的广告形象和其使用劳工的悲惨现实之间有着多大的反差。这些给耐克敲响了警钟，因为对耐克而言，极为不利的公众舆论很可能将其耗费巨资打造的品牌形象毁于一旦。

耐克与批评者之间的战争

有关耐克形象的战争从媒体中可见一斑。赫伯特发表在《纽约时报》中的文章拉开了批评耐克的序幕。赫伯特描述了印度尼西亚的恶劣环境，包括政府包庇暴行和死亡，谴责耐克利用“迈克尔・乔丹咆哮、冲击、飞翔的有力形象”，转移了其在印度尼西亚滥用廉价劳动力的问题。“耐克的管理层知道在印度尼西亚发生的一切，他们却不为所动。被压迫劳工的每一声哭诉反而告诉了耐克，他们的投资是有利可图的。”[7]

耐克的 CEO 耐特很快给编辑回了一封信，他举例说明耐克如何与供应商一起为员工造福，声称耐克“支付的工资是最低工资的两倍”，并且“具备有效的监督体系”。[8] 他指责赫伯特“为追求新闻噱头而扭曲真相”。赫伯特的反应很快使战争进入第二回合。赫伯特指出，耐克经常播放女权广告，但耐克工厂中却有许多“收入低下、在简陋甚至恶劣环境中工作的女工”。[9]

在随后两年里，有关耐克的负面消息不

图 1

1988~1999 年间关于耐克所使用劳工的负面新闻

资料来源：From S. Prakash Sethi, *Setting Global Standards,* 2003. Table 9.2. Reprinted with permission of John Wiley & Sons, Inc.

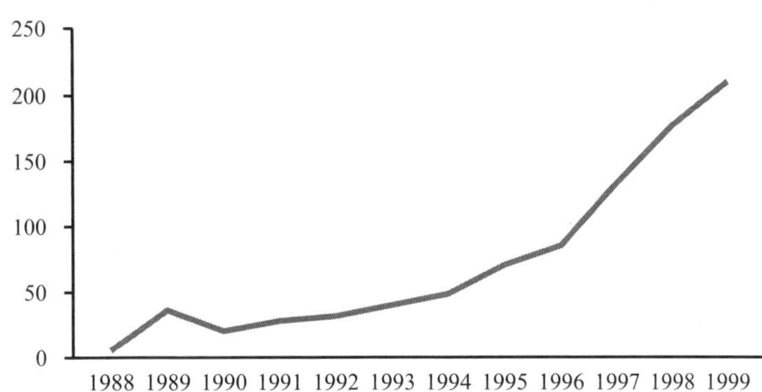

断曝光。一份由有关《越南劳工观察》人权组织撰写的报告表明，耐克工厂的工人收入经常低于最低工资水平。一个监工让56位妇女在烈日下围绕1.2公里的工厂跑两圈，原因是他们没有穿规定的鞋子。12个妇女晕倒，不得不住院治疗。[10]加里·特鲁杜埃以此为依据创作了“杜恩斯比利”系列卡通。

运动者呼吁人们退回耐克在外包工厂生产的运动鞋。安永的一位员工不小心透露了一份有关越南制鞋现场的报告，报告称耐克工厂违背越南有关工作时间的法律，并且由于工厂有毒气体超过越南和美国标准，导致77%的工人患上呼吸道疾病。[11]另外一个团队，香港基督产业委员会，发布了一项耐克在中国工厂的报告——超长时间工作、被迫加班、收入低于最低工资水平、充满灰尘和化学纤维的不安全的生产环境。[12]耐克总部所在地波特兰的一家报纸，称耐克事件是“一桩国际人权事故”。[13]

耐克发现自己身处血汗工厂的漩涡中心。公司开始加大力度，阻止工厂使用廉价劳动力，并展开公关活动，以应对外界批评。在耗费巨资之后，耐克成为世界上惟一一家在生产过程中不使用聚氯乙烯的公司，终止了员工与危险聚氯化合物接触的机会。它还修改了行为准则，增大了对员工的保护力度。耐克设立了雇员超过50人的投诉中心。它还派自己的员工进入亚洲的工厂或地区，训练当地经理，帮助他们遵守标准。[14]当然，完全遵守是不现实的。

耐克与凯西·李·吉福特联合其他公司及一些人权机构，制定了公平劳工协会行为

表1　耐克公司行为准则

自1992年发布以来，耐克公司不断修改行为准则。以下所列是其中七条“核心标准”。另外一份文件“领导行为准则标准”包含了51条有关劳动者、安全、健康和环境方面的标准。标准被翻译成多种语言，今天，超过900家耐克产品的供应商受该标准约束。

1. **强制劳动**。供应商不使用任何形式的强制劳动——囚禁、契约或其他形式；
2. **童工**。供应商不得雇佣任何低于18岁的未成年人生产运动鞋。供应商不得雇佣任何低于16岁的未成年人生产服装。在刚开始生产耐克产品的时候，供应商可以雇佣达到法定年龄的员工，即至少要超过15岁，但是供应商不得雇佣任何比耐克行为准则所规定或者法定年龄更低的员工。为了确保年龄标准的实行，供应商不得雇佣任何形式的家庭手工业者来生产耐克产品。
3. **薪酬**。供应商提供的薪酬至少达到最低工资水平，或者行业内的平均工资水平，以二者中较高的为标准。供应商必须为员工提供一个清晰的文本形式的薪酬说明；供应商不得以违反纪律为借口克扣工人工资。
4. **福利**。供应商提供给员工所有的法定福利。
5. **工作时间**。供应商必须遵守法定工作时间；只有在支付完全符合当地法律要求的报酬前提下才可以超时工作；如果加班是雇佣的必要条件，需在员工进入工厂之前告知；一周至少休息一天，一周的工作时间不得超过60小时，如果当地的标准更低，按照后者执行。
6. **环境、安全和健康**。从供应商、工厂到分销商和零售商，耐克都将视其为商业合作伙伴。因此，我们将和我们的亚洲合作伙伴一起致力于提高环境、健康和安全目标，从“环境、安全和健康管理计划”（MESH）开始。
7. **文件和监督**。供应商必须为所有与行为标准和相关法律有关的文件建档；同意耐克和其他监督组织获取这些文件；同意在没有事先告知的情况下接受监督。

标准（见第 11 章）。它还雇佣美国驻联合国前大使安德鲁・杨，访问亚洲工厂并撰写调研报告。杨在 15 天的时间里巡视了 12 个工厂，发现那里的工作条件“当然不像大多数美国人声称的血汗工厂”。[15] 耐克购买了一整版广告用于发布这一有利发现，认为该报告显示公司是“道德公司”，并且承诺不断改进。

最后，耐克还大搞公关活动。和某些竞争对手采取回避的方式不同，耐克直面批评。它雇佣了一个有经验的战略家来管理公关活动。耐克回应每一个质疑，不管大还是小，也不管出自何方。回应指责的方式包括发布信息、给编辑写信、给总裁写信、给使用耐克产品的大学运动员写信。在这些沟通中，耐克试图证明自己是一个负责任的公司，正在为新兴国家创造大量的就业机会。CEO 耐特表达了耐克的哲学，声称“这将是一场持久战，但是我相信真相最终必将获得胜利。”[16]

卡斯基诉讼

当耐特认为他在为真理而战的时候，马克・卡斯基却提供了一些不光彩的证据，证明耐克利用欺诈行为出售运动鞋和服装。他坚信耐克有意欺骗消费者，尽管耐克一再声明消费者购买的并非血汗工厂的产品。加州有一项非常独特的法律，任何市民都可以代表公众起诉公司的非法行为。卡斯基借助该项法案，指控耐克涉嫌歪曲事实、欺诈和欺骗以及发布误导性广告，违背了加州商业准则。该准则禁止“任何非法、不公平、欺诈以及不实的误导性广告。”[17]

在他的起诉中，卡斯基指责耐克利用“促销计划”以及行为准则，制造“精心策划的形象”，以诱导那些本来不想购买血汗工厂产品的消费者。[18] 他列举了六类误导：

- 在提供给媒体的行为准则和“耐克产品介绍”中，耐克规定禁止生产耐克产品的企业进行体罚和性骚扰。但是越南劳工观察报告表明，耐克工厂中存在强迫工人在烈日下下跪的事实，并且经常有女性员工投诉监工对其进行性骚扰。
- 在一系列促销活动中，耐克声明，其产品生产符合有关最低工资和工作时间的法律和法规。但是从香港基督教工业委员会和被泄密的安永审计案中，耐克在中国和越南的工厂都违背了以上法律。
- 在耐克 1997 年的年度股东大会中，CEO

越南耐克鞋工厂的工作情景

资料来源：© Steve Rayner/CORBIS.

耐特说，耐克越南工厂的空气质量不会比洛杉矶差。但是安永的报告揭示，那里存在过量的空气污染。

- 在给《纽约时报》编辑的信中，耐特声明，耐克在全世界支付的工资水平都高于甚至两倍于当地最低工资标准。但是该声明却和越南劳工观察组织发布的数据相矛盾。他还说耐克给员工提供免费午餐，但胡志明市《青年报》中的一篇文章报道说，当地员工需要支付午餐费用。
- 在其付费广告中，耐克声明，它在“做好事”，并且“经营符合伦理”。但该报告存在不足，因为它并没有解释核心问题，比如说最低工资问题。
- 在耐克发布的一篇报道中，它声明自己保证“对所有人支付最低生活工资”。但是耐克工会主席写的一封信将“最低生活工资”定义为足够养活一家四口的收入，而耐克从没有要求供应商将工资提高到上述标准。[19]

加州的反不正当竞争法没有要求卡斯基必须使用耐克的鞋子，也不会因不购买耐克鞋而遭遇个人损失。他也不需要证明还有其他人相信耐克声明，或者被其伤害。他甚至不需要证明耐克故意欺骗。根据法律规定，只要法庭证明耐克的这些声明不符合事实就够了。

卡斯基并不是为自己的利益提起诉讼。事实上，他只是要求禁止耐克出现更多的欺诈行为，要求向公众公开信息，以迫使企业纠正不合理陈述，要求耐克交出在加州的销售利润，并要求耐克支付诉讼费。

高级法官大卫·加西亚驳回了诉讼。他认为没有证据表明耐克的声明具有误导性。法官接受了耐克的说法，认为这些声明仅是公众争论的一些内容，应该允许公众就此发表不同意见。

商业性言论还是保护性言论

言论自由是美国文化中的核心价值观。它源于传统的哲学思想，约翰·斯图尔特·密尔在其经典论文《论自由》中，对这一价值观进行了充分阐述。密尔认为自由表达观点是维持社会自由的必要条件，这种社会有助于保护自由并提升人类幸福。他还认为，沉默、怀疑以及非正统观点很自然会遭到排斥。但是，这种排斥行为是错误的，因为，没有任何人掌握绝对真理。

限制争辩会剥夺社会产生新思想的机会，阻碍社会进步。看似荒唐或者不正确的评论也应该受到重视。前者可能包含部分真理，后者则可以让真理更为有力。任何形式的审查制度都是错误的，因为没有任何个人、社会或者群体不犯错误。最好能够留下一些表达不同观点的渠道，这样可以纠正错误和问题。密尔认为，真理应该“充分、经常、毫无畏惧地接受讨论”。[20]

《第一修正案》旨在更好地保护公众言论，而保护公众言论自由是民主社会的关键。它禁止政府“剥夺言论和新闻自由”。[21] 多年以来，法院一直努力区分商业性言论和其他言论。商业性言论或者广告获得的保护程度最低。一般言论，包括政治、科学或者艺术，都受到严格保护。从字面上说，限制言论自由的法律是无效的，极端情况下除外。为了保护消费者免受欺骗，州法律和联邦法律往往对商业性言论作出严格限制。

多年来，法院一直致力于清晰界定商业言论。[22] 最高法院将其定义为“以商业交易为目的的言论”，但仍需要进一步明确界定。[23] 根据该定义，“促销耐克鞋的广告”可以看成商业性言论。但一则声明“想做就做”的运动广告，是否属于商业性言论？最高法院还将商业性言论定义为“仅仅与发言者及听众的经济利益有关的表述”。[24] 那么，耐克有关血汗工厂的声明是否符合以上标准呢?

卡斯基诉讼案的关键点是，耐克的声明是否属于商业性言论。在1999年最高法院的听证会上，卡斯基的律师认为耐克的言论属于商业性言论，因此，他们需要遵守加州法律有关诚实与真实的标准。这些言论既不是政治拉票，也不是诗人吟诵，因此不受《第一修正案》保护。耐克不同意，认为有运动鞋和服装工厂的言论属于广义的公众争议，因此受到《第一修正案》的保护。法官认可耐克的说法而驳回诉讼。[25]卡斯基再次起诉，但是一年以后法官再次驳回。[26]于是，卡斯基向加州最高法院起诉。

在那里，他赢了。加州最高法院以4票赞成、3票反对的投票结果，认为应该重新审理卡斯基案件。[27]为了支持这一决定，法院中的多数派对商业性言论重新定义，赋予其三层含义，并运用于耐克的声明中。商业言论必须：(1)来自于企业；(2)针对特定的听众或消费者；(3)其表述的事实与产品有关。[28]耐克的声明符合上述三条标准。多数派承认，在耐克的声明中既包括商业言论，也包括非商业言论，耐克不能“仅仅简单地把自己和公共问题联系在一起，从而回避误导性商品信息问题。”[29]这种说法类似于把耐克比喻成一个二手车销售商，做广告时声称“我们的车没有一辆发生过事故”，却用一个政治性观点如“我们的市政应该在交通安全方面做出更多的预算来规避起诉。”

不同的观点反映了陪审团内部的分歧。法官明·钦认为，多数派没能公平对待耐克“既然批评者可以对耐克随意、公开、强硬地批评，那么，耐克也可以反过来为自己辩护，多数派所否定的也正是《第一修正案》中应该保护耐克的地方。”

第二种不同的声音来自于法官贾尼斯·布朗，她认为无法将耐克的商业言论和非商业言论明确区分开来。在她看来，“耐克有关劳动保护行为的商业言论，无法和它有关公共问题的非商业言论区分开，因为劳动者保护本来就是一个公共问题。”[30]她认为多数派认定商业性言论的做法违背宪法要求，因为它事实上是“根据言论者的特征决定保护的水平——而不是发言的内容。”[31]

法院这一判决的影响力远远超过耐克公司本身。现在，许多在加州从事商业活动的公司在表述与顾客有关的观点时都十分小心。尖锐的公司批评者可能会因企业发表不准确陈述，对企业提起诉讼并要求法院做出审判。法院这一判决结果出乎商业界的意料之外，因此并不受它们的欢迎。耐克也想推翻这一判决结果。

在美国联邦最高法院

耐克向美国联邦最高法院提出上诉，法院决定受理该案件。[32]耐克要求法院撤销加州最高法院对商业言论的定义，以消除由于公开争论给公司带来的消极影响。卡斯基再次反驳道，耐克的公关活动不应属于言论自由范围。他认为《第一修正案》并没有为公司提供避风港，使公司可以隐瞒产品是如何制造出来的。

非常奇怪的是，联邦最高法院对此没有做出任何裁决。2003年4月，9个法官参加了听证会。6月底，他们宣布，“暂不考虑受理该案件”。[33]在一次简短的说明中，约翰·保罗·斯蒂芬法官认为在接受案件的程序上存在问题，应该等加州法院的审理结束后再接受，他们将继续等待。

很显然，大家的观点并不一致。法官安东尼·肯尼迪、斯蒂芬·布雷尔和圣达·奥卡诺不同意这种观点。他们觉得没有任何等待的必要，并暗示他们愿意撤销对耐克的言论限制。

我的观点是……这个问题与美国

人在公开争论中直接发表其言论的自由相关，没有任何法律规定阻止我们现在做出决定，延迟讨论这个问题会损害宪法对自由议论的保护，也不会使这个问题在将来更容易解决……强化加州的法律——那些阻碍某种类型议论的法律——不仅会给未来带来实实在在的威胁。这是一个现实问题——它已经阻止了耐克的言论自由，因此造成了一种“事实上的伤害”。而且，这种伤害在卡斯基这个官司中“有迹可循”。如果这次法律判决对耐克有利的话，也可以对这种伤害起到“矫正”作用。[34]

解决结果及后续发展

由于最高法院驳回，卡斯基起诉耐克的案件再次回到加州法院。耐克公司现在不得不反驳针对它的劳工实践的各种不实之词，而它的竞争对手则幸灾乐祸。

然而，2003 年末，卡斯基和耐克和解。作为对卡斯基撤诉的回报，耐克决定支付 150 万美元给一家工厂监督组织。它还将支付卡斯基的起诉费用。这对耐克来说并不是什么难题。

双方的支持者都非常失望。支持者失去了一个揭露企业恶劣行为的机会，企业界感到失望，因为耐克的和解行为使加州最高法院对商业性言论的定义依然合法。只有时间才能证明它会约束企业言论还是逐渐被历史淡化。[35]

一位激进的社会活动家能让耐克这样的企业巨头低头，这让整个企业界感到十分震惊。因此，它们将矛头对准了加州反不正当竞争法。2004 年，企业界投票表决，要求修改法律，使卡斯基这样的个人起诉公司变得更难。石油、烟草、汽车、保险公司和医疗保健机构等大型公司花费重金，最终使该法案以 51 票对 49 票的微弱优势通过。[36]

耐克翻开了新的一页

与此同时，通过对企业社会责任的重新评估和执行，耐克的行动进入了新的发展阶段。2005 年，它颁布了《企业社会责任报告》，该报告阐述了三大企业社会责任战略目标。[37]首先，公司将在行业范围内进行全面改进，以提高供应商的企业社会责任意识；其次，公司将通过使用可循环原材料及无毒原材料，促进可持续发展；第三，公司将致力于传播运动理念，以提高公民健康，帮助年轻人摆脱烦恼。

耐克发现它的商业流程及文化与它的供应商政策相矛盾。它的许多行为都可能导致供应商违背公司社会责任目标。比如，耐克可以通过价格、质量和按时交货等满足消费者的需求，这使公司有财务动机给供应商施加压力，而这种压力与公司制订的有关供应商工作时间的政策相矛盾。耐克有很多季节性产品，需要快速响应时尚潮流的变化。这要求耐克采取低库存策略。反过来，工厂经常处在重压之下，以满足紧急的生产任务。有时，供应商的经理会延长工作时间来完成生产计划。如果耐克改变内部流程以响应企业社会责任需求，则意味着要降低市场反应速度，而且面临收入下降的风险。这与耐克积极进行的企业文化相悖，因此阻力很大。[38]

在高度竞争的市场中，耐克没有简单采用孤立的企业社会责任指南将自己置于不利地位，它致力于通过与行业中领头企业、劳工组织、非政府组织之间的合作，建立新的行业劳动准则，推进行业变革。例如，通过和阿迪达斯、盖普以及 6 个非政府组织合作，制订了土耳其外包工厂的统一行为准则。[39]

耐克的批评者给公司提供了一个改进机会。公司现在和利益相关者建立了广泛的对话渠道。通过和利益相关者对话，耐克也许不会再像血汗工厂问题那样，在另外一个大的企业社会责任议题中再次犯错。

问　题

1. 耐克对供应商工厂中的工人负有什么责任？它是否有效地履行了责任？它是否可以做得更多？
2. 耐克是否应该更加积极地履行企业社会责任，以避免或消除它与反对团体之间的矛盾？如果可以，它应该做什么？
3. 耐克针对批评发布的广告、CEO 致辞和新闻稿，是否应该作为虚假广告被起诉？为什么？
4. 加州最高法院是否做出了正确的判决？为什么？
5. 应该如何界定商业言论和非商业言论？
6. 耐克应该和马克·卡斯基和解，还是应该继续斗争下去？

第 7 章

商业伦理

“今天的判决是我们法律体系的伟大胜利……”

阿尔伯特·冈萨雷斯检察总长

2006 年 9 月 27 日是个星期二。上午九点，世界通信的前 CEO 伯纳德·艾伯斯坐上他的汽车，离开了位于密西西比州杰克逊的家。下午一点零九分，他来到了位于路易斯安那州奥克戴尔附近的联邦监狱。穿过监狱大门，他开始了为期 25 年的囚徒生活，为他的财务欺诈付出代价。这个路程大约 200 英里，却使艾伯斯从一种生活走入另外一种不同的生活。

在多个企业财务丑闻案件的关键人物当中，艾伯斯的刑期最长，这也是有史以来白领犯罪纪录中最长的监禁判罚。这个判决不允许假释。如果表现好，服刑时间可以缩短 15%，但即便这样，他仍然需要在监狱里待上 21 年零 4 个月。他入狱时已经 65 岁，如果能在 2028 年被提前释放，他也该 86 岁了。况且，他的心脏不好。除了自由，他还失去了财富。曾经的亿万富翁被没收了所有的财富，只留下了一栋房子和给妻子使用的 5 万美元。

世通前高管伯纳德·艾伯斯坐车进入奥克戴尔的联邦监狱，开始其因会计欺诈而被判罚的 25 年刑期。

资料来源：© AP Photo/Rogelio V. Solis.

艾伯斯将世界通信由一个小的电信公司变成了一个全球性的大公司。所有的一切开始于 1984 年，当他投资于一家长途电话公司的时候。不久，他应邀管理这家公司。通过一系列侵略性的甚至有些鲁莽的并购，公司规模不断扩大。最终，它成了一家上市公司，年收益达到 390 亿美元。随着公司的发展，艾伯斯的财富也与日俱增。但是，他的花费实在太大了，以至于他不得不抵押公司股票向银行举债。如果股票价格下降太多，他将面临破产。

20 世纪 90 年代，网络泡沫破灭。世界通信的收益下降，但公司的跨世界光纤网络的投资远远超出预期。根据后来的调查，2000 年，艾伯斯第一次指示他的首席财务官做虚假的财务报表，让其利用会计手段掩盖不断提升的费用。股价保持稳定。然而，内部审计发现了欺诈行为并将其报告给了证券交易委员会（SEC）。于是，SEC 展开了调查。世界通信董事会强迫艾伯斯辞职。

不久以后真相大白，世界通信股票大跌 90%。2002 年，世界通信打破了失败企业的纪录，超过安然成为美国历史上最大的破产企业。尽管公司最终得以幸存，但是 17 000 名员工失去了工作，投资者损失几十亿美元。

联邦检察官指控艾伯斯犯有阴谋欺诈以及对 SEC 提供虚假文件等九项罪名。[1] 他拒绝认罪，辩解是他的首席财务官欺骗了他。在 2005 年的宣判中，他仍然坚持自己对所有的欺诈一无所知。

Q：你是否认为公开声明中存在任何不实之处？

A：不，先生。

Q：你是否认为世界通信所报告的财务利润存在不实？

A：没有，先生。

Q：你是否认为世界通信将财务报表中的不好的数字剔除了？

A：不。[2]

艾伯斯的 5 个下属，包括首席财务官，都已经认罪并且愿意和检察官合作。他们还共同指证艾伯斯，控告他不但知道所有的欺诈行为，而且还主动指使他们这样做。一个陪审团在所有的庭审中都指控他。这对联邦检察官而言是一个巨大的胜利。“今天的判决是我们法律体系的伟大胜利。”美国检察总长阿尔伯特·冈萨雷斯说。[3]

艾伯斯在 2005 年被宣判的时候“泣不成声”。[4] 欺诈的受害者受邀发言，其中之一是世界通信的前销售代表，他已经退休了，他的退休金因此而蒸发了。“我的生活彻底被贪婪的艾伯斯给毁了”，他说，“他不可能给我和成千上万个和我同样遭遇的人任何补偿，一切都在眨眼间化为乌有。”[5] 根据联邦审判指南，在所掌握的恶劣材料的基础上，应该给其判刑 30 年。投资者的直接损失达到 22 亿美元，除此之外，还有成千上万的受害者，艾伯斯还破坏了公共信任。巴巴拉·琼斯法官决定为其减少 5 年刑期，她感动于艾伯斯的朋友和邻居们的 170 封信，因此最后的判决为 25 年。艾伯斯要求进一步减刑，因为他有心脏病。法官拒绝了该请求。“尽管我也知道……这对于艾伯斯先生来说可能是终身判决”，她说，“但是我发现，任何其他的做法都无法反映犯罪的严重性。”[6]

法官建议艾伯斯可以在低防控的条件下服刑。然而，联邦监狱局认为，几乎终生的服刑会让受刑者逃跑的欲望更加强烈，也有可能使之伤及他人。由于艾伯斯服刑时间达 25 年之久，在白领犯罪中前所未有，因此他被放在中度防控的条件下。在那里，他和有暴力倾向的同狱犯人住在一起，睡在小格子间，外加多重锁和防备设施。

艾伯斯依然继续认为他是无辜的。

判罚意在惩罚犯罪者个人，也在降低未来犯罪的可能性。艾伯斯的判罚引发了沉思。这是他应得的因果报应？对他的判决能否减少会计欺诈？对世界通信的其他同谋的处罚要轻得多，这是否公平？指证艾伯斯的首席财务官被判 5 年，其他四个认罪的同谋的判罚大约都在一年左右。相比暴力犯罪而言，艾伯斯的 25 年判罚究竟如何？它超过了最近给纽约某犯罪团伙二头目安东尼・梅盖尔为期 11 年的判罚，也超过了一个承认自己谋害了 19 人的杀人犯黑手党成员萨尔瓦多・格里瓦诺为期 20 年的判罚。[7] 这个判罚也超过了加州一级谋杀者平均 24.2 年的刑期。[8]

艾伯斯现在是一个道德败坏、罪犯和低能的形象。本章中，我们会就其中的每一个维度进行讨论。我们先讨论商业伦理价值观的来源，包括诚信，这是艾伯斯忽视的基本伦理。然后，我们讨论最近的公司犯罪审判。最后，我们将分析塑造组织商业伦理氛围的因素，并描述能够改善相应行为的管理工具。

什么是商业伦理

伦理（ethics）是研究有关好和坏、正确和错误、公正和不公正的。因此，**商业伦理**（business ethics）是研究在企业行为中什么是好，什么是坏；什么是对，什么是错；什么是公正，什么是不公正的。有道德的管理者努力做好事，并尽力避免干坏事。至于应该做什么，不应该做什么，存在一大堆原则、价值观、标准以及指导思想。但是，在这一大堆原则、价值观、标准和思想中，好与坏的分界线有时是模糊的。当然，有时候也相当清晰。因此，在商业行为中如何运用伦理道德是一门艺术，这门艺术需要对隐藏在行为后面的动机与行为的后果作出判断。

有关商业伦理的讨论，常常强调那些难以处理的、模糊的事情，有时甚至过于强调其戏剧性和奇特性。尽管所有的管理者都会面临道德困境，但绝大部分问题仍可以运用一些明确的道德准则来解决。例如，戒律第八条中的“禁止偷窃”，如果从工作场所往家拿东西，或者窃取商业机密，就可被认为违反了此戒律。而带有误导性或欺骗性的广告宣传则违背了西方商业社会的一条普遍规则，即产品销售者不得有意欺骗顾客。这一原则起源于《摩西律法》《汉谟拉比法典》《罗马法》以及其他法源，并成为社会道德的一部分，而社会青睐诚信这一品质存在了至少 3 000 年。

一般来说，可以运用到商业领域的伦理准则包括讲真话、诚实、保护生命、尊重各种权利、公平以及守法，这些准则可以追溯到几千年前。而其他一些道德准则，比如公司对员工的安全健康负责，仅在最近才出现。利用这些长久存在以及不断发展的道德准则，人们可以比较清楚地判断哪些商业行为属于道德行为，哪些属于不道德行为。消除某些不道德行为可能很困难，比如行贿或挪用公款，但是知道什么是对、什么是错，通常并不难。

这并不是说道德决策总是非常清晰的。有时候很难判断，即使可以运用基本的伦理准则，但这些准则之间的冲突使得人们很难做出决定。

> 洛克希德飞机制造公司向日本的政府官员捐赠了一大笔竞选资金，以期影响日本政府购买飞机的决定。此行为有助于减少美国工人的失业率。尽管这样的捐赠在日本和航空业中很常见，但是，他们却违背了美国的商业伦理准则。洛克希德的行为是否恰当，至今仍然在争论。

某些商业伦理问题非常隐蔽，至少在开始的时候很难被发现。

> A. H. Robins 公司开始通过全科医生销售他们的 Dalkon Shield 子宫环（一种避孕器），而其竞争者仍主要通过妇产科医生销售该类产品。这种战略很快获得了成功，并因此为公司赢得了巨大的市场份额。在刚开始的时候，这种做法并没有显示任何有关道德的争议。但是，当这种子宫环有害健康的问题开始暴露的时候，全科医生对问题的认识比妇产科医生要慢得多。Robins 公司由于没有对子宫环的安全性进行跟踪调查，而导致该行为成为公司的一个道德污点。

有些道德问题非常微妙，往往隐藏在日常工作行为之中。管理者必须在某些不确定的环境中工作，在对情况不完全了解的前提下进行判断并作出决策。下面是一项有关保证承诺的例子。

> 地区经理告诉厂长，在该年的财务预算中，会拿出一部分钱更新设备，因为设备故障已使生产出现了问题。但是，年底的时候，却没有订购任何设备。地区经理解释其中的原因：“没别的原因，就是没钱订购设备。”那么该厂长是否有权要求控制预算，以兑现当初的承诺？为什么该承诺没有兑现？计划不好？是一种伪装的不合作？还是其他的原因？

商业伦理的两种理论

商业伦理是否比普遍的社会伦理或者个人伦理更为宽容？关于这个问题，长久以来一直存在着争论，其中存在以下两种基本观点。

第一，**非道德理论**（theory of amorality）。该理论认为商业行为不需考虑道德问题，即商业行为不受整个社会道德标准和想法的约束。管理者可以采取妥协的伦理

丹尼尔·德鲁（Daniel Drew，1797~1879 年），铁路股票投机商，鼓吹非道德理论。

资料来源：© Picture History/Napoleon Sarony.

观，因为竞争会让他们自私的行为产生有益于社会的结果。亚当·斯密认为，市场这只“看不见的手”能让“一个人在追逐自身利益的时候，不断推动社会进步，尽管他原本并不一定想这么做。”[9]

这种观点在 19 世纪后半期达到了顶峰。那个时候，大家普遍认为个人伦理和商业伦理属于两个世界，商业伦理相对而言似乎是一个免责领域，因为它常常必须妥协。[10] 丹尼尔·德鲁在 19 世纪 60 年代肆无忌惮地通过控制铁路股票发了横财，他总结了 19 世纪商业伦理的典型想法：

> 高尚的情操在你所在的城市仍然有效，但是，在这里已经没有了。在商业世界，要先下手为强。星期天下午，你和你的亲戚在餐桌边谈论晨祷的时候，你会发现友情是一件非常美妙的事情。但是星期一早晨 9 点，必须将这些想法放在一边，就如同从机器上清除蜘蛛网一样。我从来不赞同把商业行为同其他的任何事情混在一起，在 8 小时以外，一个人可以做任何其他的事情；但是在工作的时候，他就不应该讲任何亲情，哪怕是一点点亲情。[11]

非道德理论在今天不再那么流行了，但是，它却悄然存在于管理者诸多的行为之中。许多管理者依然在竞争的压力下做出某些行为，而这些行为在私人生活中可能是错误的。非道德理论减轻了他们的心理负担。

第二种理论是**道德统一理论**（theory of moral unity）。按照这种理论，商业行为也必须遵循社会的普遍道德标准，而不是用一套更为宽容的特殊标准。只存在一种基本的伦理标准，所以企业行为也必须符合其他生活领域内这个统一的伦理原则。

今天，很多管理者都被这种观点所吸引，甚至在 19 世纪的时候也有不少人持此观点。詹姆斯·卡什·彭尼就是其中之一。我们能记住彭尼是因为他成功地建立了连锁商店，但其第一份事业仅仅是一家屠宰店。彭尼年轻的时候去了丹佛，发现了一则出让店铺的消息。之后，他打电话让自己的母亲寄给他 3 000 美元（这是他所有的积蓄），然后买下了这家店铺。即将离开的肉店老板告诉他，“能否成功经营，取

詹姆斯·卡什·彭尼（James Cash Penney，1875~1971 年），浸信会教徒的儿子，道德统一理论的模范。

资料来源：© Oscar White/CORBIS.

决于附近的那家旅店"，他说，"要使附近那家旅店成为你的顾客，你惟一要做的就是每周替厨房的领班买一杯威士忌。"彭尼照着做了，因而生意兴隆。但是，不久以后，他有了新的想法。他决定不再通过以前的方式做生意，他停止行贿，失去了他的旅店顾客，并因此破产。那个时候，他 23 岁。

之后，他在丹佛又开了一家名为"金箴"的百货店，他坚信诚实是走向成功的基本准则。与丹尼尔·德鲁的无情和孤独形成了鲜明的对比，彭尼用他的行动表达了他对伦理的追求。

> 某个分店已经将某些东西销售一空，该店的经理向其他有存货的经理提出进货要求，后者同意了，但是却给了前者一些低质量的卖不出去的东西。存货经理他也许觉得自己很精明，但是，如果被我发现，一定会解雇他。他不了解公平交易的本质。用一块朽木，你没法造一栋结实的房子，不管你用的其他材料有多好。那个人的行为非常具有腐蚀性，不管这种行为短期看来有多么精明。[12]

对于彭尼和相信道德统一理论的其他人而言，对成功的渴望不能成为忽视行为原则的理由和借口。牟利并不是惟一或者最高的标准。伦理冲突在商业社会里很难避免。

商业伦理价值观的主要来源

影响管理者伦理价值观的因素主要来自于四个方面，它们是宗教、哲学、文化以及法律（如图 7.1）。这四大因素各有自己独特的价值体系，但其中蕴含了一个共同的伦理观，那就是互惠主义。这个价值观反映了伦理的终极目标，即社会中的独立个体形成一个互助的社会整体。伦理价值观是用来控制商业活动以及生活中其他领域中各种行为的一种机制。与其他的机制如警察、法律和经济激励相比，伦理约束更为有效。伦理价值观能够将人的精力吸引到追求他人和整个社会利益的行动上。

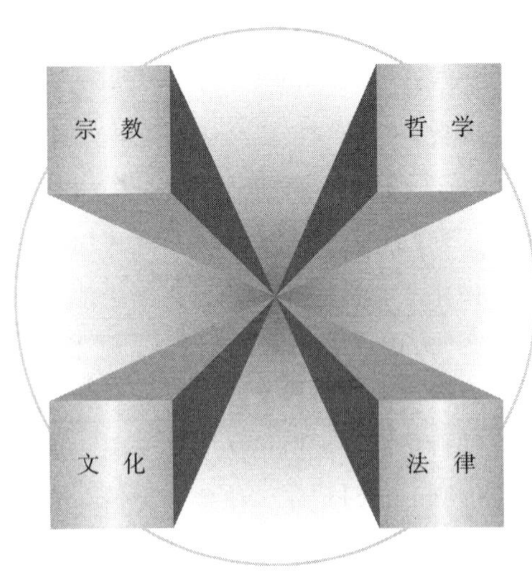

图 7.1 企业伦理价值观的主要来源

宗 教

有影响力的宗教，包括在美国历史中发挥了重要作用的基督教，都蕴含了判断某些行为究竟是对还是错的本质原则，这些原则也适用于商业领域。尽管法典上存在差异，但多数宗教在每个社会基本的伦理范畴中都持有类似的观点。例如，互助原则在主要的宗教中都能找到，包括佛教、基督教、印度教、伊斯兰教等。这些宗教同时还强调一些基本价值观，例如守信、公平、诚实、慈善以及对他人的责任。

信奉基督教的管理者常常在《圣经》中寻找指导。与其他一些主要宗教中的典籍类似，《圣经》完成于早期的农业社会，在将其中的这些伦理教义运用于现代经济和商业时，需要进一步解释。《圣经》中的许多伦理教义来自于寓言故事。路加福音中，有一个浪子回头的寓言（Luke 15:11-32），它描述了一个绝对的慈父形象，这个故事适用于公司中上下级关系发生冲突的时候。同样，富人与乞丐的故事（Luke 16:19-31）讲述了关心穷人的问题，从而促使信奉基督教的管理者着力改善那些地位卑微之人的生活条件，如那些日收入少于 1 美元、挣扎在贫困线上的亿万百姓。[13]

在伊斯兰教中，《古兰经》是伦理思想的重要来源。先知穆罕默德说："你们每个人都是一个牧羊人，有义务对放牧对象负责。"[14] 在现代社会中，信奉穆斯林的管理者像一个牧羊人，企业就好比一个羊群。经理有义务超越私利而保护组织的利益。

在犹太教的传统中，经理们可以将《塔木德经》和《摩西律法》中的教义作为犹太教伦理的来源。在此，远古的教义同样可以具有启示意义。例如，《塔木德经》认为一个人应该对他所做的事情负责，甚至面对自然力量介入时也应如此。该教义通过一个农耕社会背景中的一次火灾事故得以说明。一个人因为不小心引发了一场火灾，火灾借助风力造成了巨大的损失，这个人就应该对巨大的损失负责。这个故事告诉工业社会中的企业，他们应该为其对环境所造成的污染负责。[15] 另外一段文字讲述了一个故事，一个人受雇耕地，但是附近的河流涨水了，所有的工作白做了。《塔木德经》认为，如果雇主事先知道要涨水，他应该为雇员支付工资；但是，如果涨水无法预期，那么员工则应承受损失。该教义对现代社会中的解雇行为也具有指导意义：在周期性强行业里，员工应该为可能的失业做好准备。但是，在稳定的行业中，经理需要为失业负更大的责任。[16]

古代书籍中的寓言和故事看起来过于单纯和天真，似乎对现在的管理者价值不大。然而，正如一个犹太教学者所说："尽管我们的世界在技术方面日新月异，但是问题仍然是那些老问题——自私、嫉妒、贪婪及其他。"[17] 因此，智慧的本质没有改变。当儒学家告诉中国商人"如果一个人仅从一己私利出发，最终就会得到报应"，他描述了适用于任何时代的想法。[18]

哲　学

作为一个西方管理者，可以回顾一下 2 000 多年以来有关道德问题的哲学思考。这些丰富和复杂的传统思想，正是判断商业行为正确与否的思想源泉。每个时代都能涌现出一些新的思想，但如果把伦理哲学的历史发展看做单一的争论，认为这种理论经过多个世纪的发展已经成熟了，可以不断结出智慧果实，并确定明确和精准的行为标准，那就大错特错了。甚至在 2 000 多年后的今天，关于正确行为的本质仍然争议颇多。如果说道德行为有某种标准的话，那么，古希腊文明对它们的界定要比现代社会更加清晰。

在简单回顾伦理思想中具有里程碑意义的事件时，我们首先要看看古希腊的哲学家们。从荷马时代上溯，古希腊伦理思想体现在各个社会角色的有关责任上，包括牧羊人、战士、商人、公民或者国王。与当今时代的美国相比，对这些角色的期望更加清晰。当今的许多社会角色，如企业管理者和雇员，对自己的伦理界定显得更加模糊、相互交叉且更具冲突。[19]

苏格拉底（公元前 469 ~ 公元前 399）认为，美德和伦理行为与智慧密切相关，教育人们从生活中获得这种智慧，自然就能选择正确的行为。他还提出了伦理高于人类法这一思想，社会活动家用它来指导现代公司中法律之外的行为。柏拉图（公元前 428 ~ 前 348）是苏格拉底最有天赋的学生，他秉承了老师有关美德的信条，并将其发扬光大。柏拉图认为，绝对正义独立于个人而存在，通过教育能发掘出正义的本质。在《理想国》中，柏拉图提出了一个 50 年的计划用于训练统治者，使他们能够按照理想中的正义来统治整个国家。[20] 柏拉图最为聪明的学生亚里士多德（公元前 384~ 公元前 322），则在《马可尼可伦理学》一书中提出了正义的本质特征，并且倡导对伦理行为作进一步的研究。[21]

斯多葛学派一直持续了 4 个多世纪，从亚历山大逝世一直到基督教在罗马的兴起，推动了希腊伦理学进一步朝个性化方向发展。例如，埃彼克泰特（50~100）教导说，美德只有在内心才可能找到，并且依照内在的标准进行价值评判。他还认为，美德本身比外在的财富或者成功更具有意义。

在商业社会中，古希腊罗马的伦理传统得以传承，一些美德如诚实、仁慈、守法、公平、正义、勇气、友爱、正确使用权力等都是十分重要的伦理品质。今天，当一个不守伦理的管理者企图通过出卖诚实来牟利的时候，我们会谴责这种行为，这一做法在某种程度上也正是受古希腊思想教导的影响。

基督教兴起之后，伦理思想由伟大的神学家——圣·奥古斯丁（354~430）和圣·托马斯·阿奎那（1225~1274）所支配。他们两个人都相信，人类应该遵从上帝的意志；不管是在商业还是世俗生活中，正确的行为对人类获得救赎和永生而言，都是十分重要的。许多伦理教义来源于基督教，包括某些具体的规则，如十戒。

长期以来，基督教是伦理信条的主要来源。但是在欧洲启蒙运动时期，即工业和知识井喷时期，神学对伦理思想的支配开始走向衰落。启蒙哲学家斯宾诺莎（1632~1677）等致力于用逻辑分析来阐述伦理原则，而不是通过上帝的旨意。同样，康德（1724~1804）也尽力在逻辑分析中找到普遍和客观的伦理规则。康德、斯宾诺莎以及他们的追随者，使伦理学和神学发生了根本的分离。他们相信，不通过请教上帝，人类也能发现美德的本质。直到今天，仍存在两种类型的管理者，信奉基督教的管理者从圣经中寻找指导，而其他管理者则在人类的著作中寻找伦理的智慧，这两部分管理者之间存在极大的分别。

随后又出现了其他具有里程碑意义的学术思想。杰里米·边沁（1748~1832）构建了一套实用伦理学体系。他发现，合乎道德的行为是那些能够给大多数人带来快乐、给极少数人造成痛苦的行为。这种伦理哲学思想产生的冲击十分巨大，因为它推动了民主和工业化两种主流思潮，并使之发扬光大。在民主政府中，多数原则的合法性很大程度上就是基于边沁的理论。之后，约翰·密尔（1806~1873）推动了这个理论的发展。有利于大多数人这一思想，让经济发展变得更具合法性，也因此，经济发展过程中给少数人带来的痛苦就可以忽略。

约翰·洛克（1632~1704）开创和发展了人权理论，他认为人的一些权力不可剥夺，包括生命权、自由权、追求幸福和摆脱专制的权力。我们的领导，包括一些商业领袖，仍然受到这些信仰的约束。

继斯宾诺莎、康德等理想主义、实用主义、洛克人权理论之后，伦理学中的现实主义学者不断发展。现实主义学派认为，人性中存在着好和坏两个方面，人类的行为不可避免地会反映好和坏。既然好和坏都是自然而来，那么教导伦理就是徒劳无益的。理想也许永远不会成为现实，因为，人性总有坏的一面。因而，现实主义学派对十全十美嗤之以鼻。马基雅维利（1469~1527）认为，结果的重要性有助于说明所采取的方法是否正当有效。斯宾塞（1820~1903）多次提到一种粗暴的伦理思想，把生存竞争作为普遍法则，认为道德就是生物为求得自己生存和延续，道德价值的标准就在于生命的保存和延续。斯宾塞让企业间的恶性竞争获得了正当理由。尼采（1844~1990）拒绝接受早期“好的”伦理学思想，他认为，这些思想是为胆小鬼开出的药方，是用来束缚伟人的行动的，因为，在普通人看来，伟大人物的力量和意志太过于危险。

尼采相信存在“超人伦理”，即超人可以按照自己的需要确定伦理准则，而不是遵照普通人所倡导的好坏标准。对应于超人伦理，普通大众提出了用来限制超人的“奴隶伦理”。例如，按照尼采的说法，普通人信奉基督教的“容忍”美德：如果有人打了你一巴掌，你要把另外一边脸转过来，再给他打一巴掌。为什么呢？因为你没有报复对方的能力。他认为同时代一些杰出的伦理思想是弱者的避风港。对于实用主义，他曾经说过，那是个让他想吐的东西。[22]现实主义对管理者有巨大的影响。斯宾塞在 19 世纪的商业课堂中受到了狂热的追捧。今天，马基雅维利仍然能激发人们的灵感。现实主义学派最为持久的影响之处在于，许多管理者都坚信，在商业生活中并不能实现伦理理想。

文　化

文化在一代代人之间传递，包含一系列传统的价值观、规则和行为规范的标准。循此途径，个体按照社会认可的方式规范自己的行为。文明本身是文化积累的产物，这个积累过程可以划分为三个不同的阶段。在每个阶段当中，经济和社会约束共同界定着道德标准。[23]

在人类发展的历史中，**狩猎和采集时期**（hunting and gathering stage）历时数百万代，伦理也同那个时代的具体状况相一致。那个时候，我们的祖先必须时刻准备战斗，去面临凶猛的野兽，面对各种自然灾害的侵害。在这种情况下，奖赏往往给予那些好斗的、有野心的、贪婪的以及性诱惑力大的人。因为，只有强者才能生存下来。按今天的标准来看，早期的商业伦理可能具有欺骗性而且不诚实，经济交易也往往受暴力支配。

大约在 10 000 年以前，人类进入了**农业时期**（agricultural stage），从此开始了一个全新的时代。这个阶段，勤劳比凶猛更加重要，节俭比暴力更有生存空间。由于男女比例相对平衡，一夫一妻制成为普遍的风俗，和平的价值超过了战争。因为，战争会破坏庄稼和畜牧。这些新的价值观经由一些哲学家和宗教创始人整理，逐渐形成了伦理体系。今天，指导管理者的大部分伦理思想和理论，主要来源于农耕时代。

两个世纪以前，人类社会进入了**工业化时期**（industrial stage）。伦理体系进一步发展，以反映物质、文化、制度以及生态环境等各个方面的变化。跨国公司的力量、人口增长、资本主义意识形态、新技术以及生态破坏都出现了。工业化时代还没有形成一套独特的伦理，但是后现代价值观的兴起对脱胎于农耕时代的伦理价值观产生了重要影响。后现代价值观改变了人们的是非判断。例如，丰富的物质产品助长了物质主义和消费主义，而传统的适度和节俭的美德被抛弃了。在工业污染的乌云下，自然与人类共同和谐发展的美好愿望，似乎越来越不现实。

文化中的伦理差异 由于各个国家的发展历程大相径庭，在各自的哲学和宗教的交织作用下，产生了不同的文化价值观和法律，各个国家的伦理价值观也有所不同。当差异存在的时候，是否意味着某些国家的商业伦理更加正确，而另外一些国家的是错误的呢？对此，有两种不同的观点。

普遍伦理观（ethical universalism）认为，由于生理和心理需求差不多，不管在哪里，人类本质上是一样的。伦理准则具有跨文化一致的特征，因为反映人类基本需求的行为不会因为国家的改变而改变。例如，基本的公正原则都应该遵守。当然，公正可能通过强调集体伦理，也可能通过强调个人伦理而实现，这给文化差异创造了空间。

相对伦理观（ethical relativism）认为，尽管人类的生理特征差不多，但是不同的文化会导致不同的价值观，包括伦理价值观。伦理价值观是主观的，不存在像科学一样的客观方式，证明它们正确与否。任何社会都无法知道自己的伦理是否最优，因此任何国家将自己的价值观强加给另一个国家都是错误的。

我们无法解决这个古老的哲学争议。然而，伦理差异是一个实际且迫切的问题。由于全球经济一体化，企业一直不知道是否应该将一个标准的价值观体系运用于不同的文化中。如果大的跨国公司基于当地的风俗调整其行为，他们很可能就会给某些行为打开口子。例如，在允许劳动者区别对待的国家中就容易发生歧视女员工的问题。相反，如果企业维持绝对的统一标准，他们很可能会违反当地的规范。看来有一些弹性似乎是必要的。

对于那些想在其行为准则中融入更多弹性的公司而言，是否存在有效的指南呢？有些学者认为，在更抽象的层面，所有文化的伦理思想都汇聚于一些相同的基本准则。托马斯·唐纳森和托马斯·邓菲发现，人类社会存在深层次的社会契约。这些契约就是他们所谓的**超规范**（hypernorms），或者说所有人类伦理的根。这方面的例子包括基本权利，如生命权和参与政治的权利。这些超伦理验证其他的伦理，后者因国家的不同而不同，但是却始终与超规范保持一致。例如，许多美国公司禁止人们雇佣自己的亲属。但是，印度传统文化却将支持家庭和家族放在重要的位置，也因此，一些公司承诺，当员工的子女成人之后，公司会雇佣他们。尽管这些做法很不一样，但是它们都没有违背超规范。它们出现在唐纳斯和邓菲所说的“道德自由空间”中，在这里，只要它们不违背超规范，即使规范不一致，也允许存在。[24]

法　律

法律使伦理要求更加规范或更加正式化。新的管制、法令和法规不断出现，用来规范新的行为。随着时间的推进，法律日益丰富，企业及其管理者会面对一系列机制，这些机制可以减少非法行为、惩罚犯罪分子以及安抚受害人。尤其是，企业还必须面对来自于政府的管制和其他部门的法律监督。以下我们将探讨这些机制如何发挥法律的控制和制裁作用。

损害赔偿　民事案件中，法庭会评估损失的额度，或者评估某企业因其造成的损失而应承担的赔偿。**补偿性赔偿**（compensatory damage）用于弥补给受害方造成的实际损失。**惩罚性赔偿**（punitive damage）则超出实际损失额度，是为了减少类似行为的发生而对一个企业的惩罚。这一点和刑事惩罚的出发点一致。惩罚性赔偿当且仅当恶意或者蓄意破坏行为发生时才可运用。例如，Browning-Ferris 公司的大区经理指示其手下，采用掠夺性定价驱逐位于佛蒙特的小竞争对手。他的指示是："不管采取什么手段，把他当一只臭虫一样踩死。"[25] 于是，法院判决其向竞争对手支付 51 146 美元作为实际损失赔偿，同时追加 600 万美元作为惩罚性赔偿。

由于惩罚性赔偿的目标是惩罚和减少不端行为，因此惩罚的数额必须大到让企业有痛苦的感觉。然而这就带来了公平性的问题。关于惩罚性数额和标准也没有统一的标准。在同样的损失额度下，对大公司的惩罚金额往往比对小公司的惩罚大。有时候，涉及的金额如此之大，以至于他们不得不考虑是否触犯了宪法第八条修正案中关于"过度惩罚"和"残酷与不寻常惩罚"的条款。

自"阿拉巴马州某医生买汽车"的案件之后，最高法院决定加强对惩罚性赔偿的管理。格尔医生花了 40 751 美元买了一部宝马汽车，在驾驶了 9 个月之后，没有发现任何问题。直到有一天，一位经销商告诉他，车身被重新喷漆过。车主发现，宝马北美区私下里对在海运时被碰坏的汽车进行重新喷漆，并且当成新车销售。格尔估计他的损失是 4 000 美元，他起诉宝马粗暴、盛气凌人且恶意欺诈。法院判罚宝马支付 400 万美元——是车主实际损失的 1 000 倍，作为惩罚性赔偿。

接受上诉之后，最高法院认为，仅仅因为掩饰刮痕而需要赔付如此巨大的额度有违宪法精神。[26]（最后，阿拉巴马最高法院重新考虑了案件，判罚宝马仅仅支付格尔 50 000 美元的罚金。）[27] 尽管法院并没有针对惩罚额度制定精确的比例，但是后续的审判案例表明：罚金高于实际损失的 4 倍时需要认真考虑，而高于 10 倍则不可接受。[28]

对管理者和企业的刑事诉讼 以伦理约束人们的行为常常容易失败，因此需要借助法律的力量对其进行强化。管理者在其任职期间，会因为犯罪行为而被起诉。企业也可能成为刑事诉讼的对象。企业容易因为受贿行为或管理者的疏忽而被起诉，他们这样做往往是想给公司带来好处。[29] 当出现犯罪行为时，为了证明其主观故意性，法律往往假定公司了解其所有员工。

对公司及其员工进行刑事诉讼十分困难。政府必须在嫌疑的基础上找到有力的证据，证明企业高管确实有犯罪动机并存在相应的行为，或者明确意识到其行为存在危害却故意不去中止它。和民事诉讼不同，刑事诉讼中被告无需提供信息，而针对公司犯罪的预审过程可能十分漫长且花费巨大。公司被告往往会聘请律师，费用远远超过政府支出。当皇家加勒比号邮轮公司被起诉违反净水法案的时候，它组建了全明星律师团队，甚至包括两名前最高法官（最终仍然败诉）。涉及会计欺诈的公司犯罪要求公诉和陪审团掌握错综复杂的财务交易知识，即使富有经验的法官有时候也搞不清楚。这是 HealthSouth 的前 CEO 理查德·斯格鲁齐案件中存在的一个问题，他被起诉存在 36 项欺诈和洗钱行为。在为期 5 个多月的深入调查之后，法官判处他有罪。

美国最近发生了一系列针对企业的起诉事件。2002 年，安然等众多公司欺诈行为在公众当中引起了巨大的反响，布什总统作出了回应，并因此成立了反公司欺诈任务小组（Corporate Fraud Task Force）。[30] 该小组成员包括律师、联邦调查局人员和国际服务组织。它的目标是加速调查，起诉有罪的管理者，用总统的话来说，“是为了重塑让资本市场有效运作的基本准则：真实的报表和诚实的人……”。[31]

同时创建的还有安然任务小组，以弄清安然错综复杂的欺诈行为。为了冲破障碍，起诉方还对作为见证人的更低层次的经理施加了压力。作为对他们指证前老板的奖励，对他们的处罚相应变小。这是一项残酷无情的工作。为了获得前首席财务官安德鲁·法斯托的合作，公诉人以公司欺诈和个人牟利的名义起诉了他的妻子安然前财务助理莉。[32] 于是，夫妻两人都同意指证。随着一个又一个的经理陆续落网，任务小组决定直指责任链的最高端，前任 CEO 杰弗里·斯基林和肯尼斯·雷，而他们此前一直宣称对所有的问题都一无所知。

最后，任务小组在为期 17 周的调查之后，证实雷和斯基林存在多项欺诈和犯罪行为。在 20 多个前下属对他们的指证之后，法官根本不相信他们对所有的事都一无所知。[33] 尽管雷在宣判之前死于心脏病，但斯基林被判处了 24 年零 4 个月徒刑。由于安德鲁·法斯托和政府保持合作，他仅被判处 6 年徒刑，其妻子被判处 5 个月监禁。

对政府起诉公司犯罪的行动的评价，有褒有贬，但总体来说还是值得赞扬。2006 年，安然任务小组起诉了 27 位高管，而其中 20 位认罪之后免于处罚。规模更大的公司欺诈任务小组到目前为止调查了 400 多项公司犯罪案件，有 1 236 人认罪，其中有 214 名总裁和首席执行官、53 名财务总监和 129 位副总裁。[34] 这个小组还将继续运作，留给他们的工作还很多。

如此巨大数目的认罪者十分引人注目，其中，许多被告都被宣判有罪。公司犯罪仍然很难被起诉。当案件进入审判阶段，由于案件常常涉及最高管理层，起诉人往往很难办。对 2002 年以来 17 项公司犯罪（包括安然）的一项研究表明，大多数时候，政府起诉人无法成功使被告获罪。在涉及的 46 个高管中，只有 20 个被判有罪，11 个无罪释放，还有 15 人的案件处于僵持状态。[35]

判刑、罚款和其他惩罚 联邦政府司法系统中一个独立的机构——美国量刑委员会，于 1991 年发布了对公司和管理者的量刑指南。该指南并非强制执行，但是大多数法官都会参考此指南进行裁决。[36] 当雷、斯基林和法斯托等经理人被判刑的时候，他们的刑期由积分计算系统确定。这个积分计算系统首先根据被告的类型取一个基础分。在此基础上，根据一些浮动因素增加或者减少分数。以欺诈行为为例，基础分为 6 分，然后再考虑 15 项因素，包括受害者的人数和他们的损失。受害人损失 5 000~4 亿美元，会增加 2~30 分；受害的人数在 10~250 之间，会增加 2~6 分。如果被告没有犯罪记录或者能与法庭合作，可以减少积分数。[37] 最后的积分会通过一个表格转化为刑期。除了监禁以外，管理者受到的处罚还包括罚款、缓刑、提供社区服务、为受害方提供补偿，或者禁止担任公司管理人员或董事。

在众多的欺诈丑闻之后，国会于 2002 年通过了《萨班斯—奥克斯利法案案》，借此提高了对欺诈的惩罚力度。由于很多欺诈行为发生在此法案通过之前，因此尚未受到更加严厉的处罚。尽管如此，如表 7.1 所示，对于一些高层管理者的判罚年限仍相

表 7.1 高管欺诈所导致的漫长刑期

伯纳德·艾伯斯	世通 CEO	25 年
杰弗里·斯基林	安然 CEO	24 年 4 个月
蒂姆斯·里加斯	Adelphia 通讯 CFO	20 年
约翰·里加斯	Adelphia 通讯 CEO	15 年
西尼·沃夫	Homestore CEO	15 年
桑杰·库马尔	Computer Associates Int. CEO	12 年
丹尼斯·科斯洛夫斯基	泰科国际 CEO	8 年 4 个月—25 年 *
马克·施瓦茨	泰科国际 CFO	8 年 4 个月—25 年 *
马丁·格拉斯	RiteAid CEO	8 年
安德鲁·法斯托	安然 CFO	6 年
斯科特·苏利文	世通 CFO	5 年

* 科斯洛夫斯基和施瓦茨被纽约州法院判处最低 8 年 4 个月刑期，可假释。其他判决是最高法院做出的，且不可假释。

当长，很多都在20~25年之间。这些判罚结果都依据受害者数量和涉案金额来定，因此刑期较长。对于上市公司欺诈其股东的行为，这些判例中的判罚都相对严厉。

企业不可能蹲监狱，但是它们会遭到罚款或者被限制从事某些活动。罚款旨在惩罚当事企业，警戒其他企业，并对可能的损失进行补偿。对于管理者的监禁，法官往往根据联邦判罚指南的积分系统来作出计算。计算首先根据该案的严重程度确定一个范围，然后融入一些因素进行增减，这些因素包括高管层介入的程度和对调查的配合力度。例如，如果管理层妨碍执法，会增加3分。如果高层管理人员立刻坦白罪行，会减少5分。[38]

一些愤世嫉俗的人怀疑这些处罚的力度是否足够大。环境保护委员会曾经威胁要对通用电气每天施加27 500美元的罚款，因为他们没有清理工厂的有毒排放物。这相当于对一个年收入100万美元的人每天施加3分钱的罚款。通用电气曾向政府支付了184万美元的罚款，以了结一项欺诈案，这好比对一个年收入为5万美元的人开一张25美元的停车罚单。当然，罚款也可能是毁灭性的。尽管安达信会计公司在安然事件之后只被处以50万美元的罚款，但该判罚对安达信公司声誉的影响最终将其驱逐出该行业。

最大的一项民事罚款是2003年证券交易委员会对世通处以25亿美元的判罚。对于刑事犯罪来说，罚款的最高记录是5亿美元，迄今为止共有两例。其中之一是1999年对F. Hoffmann LaRoche公司的反垄断罚款。[39] 该公司和其他6家欧洲和日本的公司一起主导了维生素产品的价格，用协议的方式瓜分市场，欺骗消费者。Schering-Plough公司于2002年被罚了相同金额，原因是药品生产不安全。[40] 这种判罚存在的一个问题是，无辜的员工和股东会因为管理者的犯罪行为而遭受损失，这对于本来已经损失不小的他们来说无疑是雪上加霜。2006年有217家公司因刑事犯罪被起诉，其中，162家被罚款，平均罚款额达470万美元。[41]

处罚公司犯罪的其他方法也一度出现过。法院曾要求公司将其错误行为广而告之。一些公司被要求向慈善机构交罚款，或者要求它们的高管参与社区服务。许多公司被迫采取内部服从计划。通常情况下，至少有一个外部人员介入其中，监督其努力程度。在接受刑事诉讼的同时，管理者和企业还可能同时遭到股东等利益相关者的民事诉讼。在民事案件中，对证据的要求明显低于刑事案件——所谓的民事诉讼中的证据优势——并且往往用金钱来赔偿。

影响商业伦理的因素

在商业环境中，有很多强大的力量在制约伦理行为。如何应对这些力量，决定

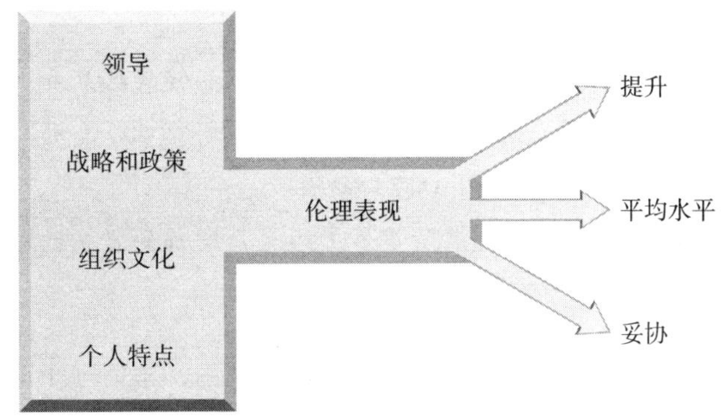

图 7.2
影响商业伦理的四种内部力量

了商业伦理标准的严格与否。以下,我们将讨论其中最为突出且相互联系的四种力量,包括:领导、战略和政策、组织文化以及个人特点(见图 7.2)。

领　导

在所有的因素当中,公司的领导者或许是其中对诚信最有力的影响因素。领导不仅制定正式的规则,而且还通过他们的行为表达出什么样的行为是正确的。下属是精明的观察者,很快就能观察到坚守伦理标准会带来好处还是遭到惩罚。榜样行为对于所有的管理者来说都是一个有力的工具。下面的例子说明了这个道理。

当保罗·奥尼尔就任美国铝业公司的 CEO 之后,他的秘书交给他一份高级俱乐部的加盟书让他签名,加盟的所有费用将由公司支付。很多人都希望他能加入,因为一旦他拒绝,其他的高管也没有理由加盟。在签下自己的名字之前,他对俱乐部进行了深入的调查,发现该俱乐部有歧视政策。有人催他赶紧加入,像他的前任那样。既然他是新任 CEO,应该等些时日再改变传统。然而,他拒绝加入。他的想法是:"在接下来的 6~12 个月,我将使用什么借口呢?我现在才有自己的原则吗?是不是我刚来,就可以给这些原则放个假?"[42] 于是,他规定,所有的管理人员都不能加入有歧视待遇的俱乐部。

对管理者来说,一个常见的问题是,他们的行为使伦理责任打了折扣。例如,经理们给自己昂贵的补贴,事实上是用股东的钱在为自己谋私利。某大公司的总裁用自己的语言描述了傲慢自大的行为如何发出错误的信号。

在我的职业生涯当中,经常会发生这样的事情——管理层就餐,没有客户,大家点 600 美元一瓶的酒。想想看,这样的行为给企业传递了一个什么信号。不要以为这样的信号不会传遍和影响公司上下。领导毕竟在传递价值观,行动的影响力总是大于语言。

酒的故事传递了这样一些信号：一些销售代表和部分技术人员在其他部门的支持下，拼尽全力才能在利润数字上弥补这600美元。在消费这些酒的人看来，他们的工作仅仅值一小口可口的酒。

如果我们用金钱来衡量员工为客户所作的贡献的话，那么当我们喝这些酒时又会想到谁呢？[43]

许多员工都有些愤世嫉俗。给错误找理由，不信守小诺言，炫耀老板对自己的偏爱，哪怕是公司的一点点小便宜也要占——因为，如果领导都这么做，员工很容易找到借口做同样的事情。据安然公司丑闻的揭发者谢伦·沃金斯说，安德鲁·法斯托是一个精明的小人。作为安然的财务总监，他创建了一个非常复杂的欺诈性投资通道，不仅无法给公司带来利润，还将很多钱卷到他和妻子的口袋里。什么导致法斯托这样做？沃金斯认为，很可能是CEO肯·雷这个“榜样”的影响。

肯·雷在安然的时候，曾用他姐姐的旅行社作代理。这样成百上千万美元流入那个事实上并不具备资格的旅行社。我可以说，那个旅行社的服务非常糟糕，旅程安排也一团糟。但是，这种事情还年复一年继续着。现在，如果你问诸如安德鲁·法斯托这样的人，为什么他们缺乏商业伦理判断，他们会说：“哎，我一直在努力帮助安然实现财务目标，为什么不能弄点钱到自己口袋里？你看，肯·雷不是也在帮他姐姐搞钱吗？”[44]

雷还以各种借口滥用公司的飞机。他多次允许继女用公司的飞机往返巴黎，而且还认为理所当然……这个事情再一次向管理层传达了一种信息：只要你进入高层，公司就应该为你服务，而不是你要为公司做什么了。[45]

战略和政策

管理者的一个重要职能是制定强有力的竞争战略，这种战略可以使公司在不违背伦理标准的前提下实现财务目标。如果企业经营不善，管理者很难实现经营目标，由于业绩压力很大，他们会在伦理标准上做出妥协。甚至优秀的公司，战略也必须有助于达到诚信目标。其中最受关注的是不现实的绩效目标，它会使员工为达到目标而不择手段。

朗讯科技CEO理查德·麦克金承诺公司每年20%的增速之后，公司股票飞速上涨。然而，他连续两个季度没有达到目标，股票就连续两次暴跌。他不能再失手了。当他的下属告诉他第四季度很可能再次完不成目标时，他暴怒了。[46]

> 在必须完成业绩目标的巨大压力之下，销售团队做出了反应。首先，公司给顾客提供折扣，但是仍然离目标有点距离。其他的方法一拥而上。公司开始推广顾客信用销售，把未来的销售拉到第四季度。大量的产品积压在经销商手中，而非卖给了最终的消费者。这种非常规的策略被称为“渠道填充”。然而，麦克金再次从销售总监那里得到无法完成业绩目标的回答。最后，目标没有达到，麦克金被解雇了。朗讯不得不对外宣称完成第四节度的目标不可能实现。一个销售代理还因为伪造销售记录也被解雇了。麦克金后来意识到他“将不会再强求别人做不可能完成的事情”。

薪酬体系也会将员工推向背离商业伦理的方向。

> Laser Vision Institute 的广告宣传说，激光手术每只眼睛只需 499 美元，尽管广告中用小字体提示，“费用会根据 RX 或者散光的程度不同而稍有调整。”顾客到了以后，不是首先见医生，而是面见顾问。顾问会决定他们需要什么样的手术，需要交多少费用。然而，顾客不知道的是，顾问是在一套激励制度下工作的。这些顾问的底薪是 4 万美元,在此基础上根据其服务顾客支付的费用提成。在 499 美元的手术中，顾问仅能得到 1 美元的提成；但是当金额上升到 599 美元的时候，顾问能得到 2 美元，799 美元对应 6 美元，999 美元对应 16 美元，依此类推，最高为 1 599 美元对应 40 美元。这样一来，毫不奇怪，和买车的情况差不多，来就诊的人 88% 以上支付了高于 499 美元的手术费。[47] 最后，顾客投诉称 Laser Vision Institute 过度使用“引诱和虚假广告”，联邦交易委员会勒令该公司停止虚假的宣传。[48]

若公司所采取的策略让员工处于巨大的压力之下，它们也应设立严格的伦理规范。如果金钱的刺激水平高，相应的伦理标准就应该提高。

公司文化

公司文化（corporate culture）是指存在于公司当中的一系列价值观、规范、仪式、正式规则以及有形的人为事物等。公司文化颇具影响力，而且作用范围广。用一个学者的话来说，它们像“鱼和水的关系”。它们随着公司竞争环境的改变而逐渐发生变化。随着时间的推移，能够成功解决问题的态度和行为逐渐沉淀下来，成为公司文化的组成部分。通常情况下，创始人的观念对公司文化的影响重大且深远。在亨利·福特早期的管理哲学中，粗暴对待员工的政策影响十分深远，以至于在他去世 50 年之后，仍然能够找到痕迹。直到面临日本竞争对手的冲击时，福特公司才不得不重新审视自己的价值观。

根据企业文化研究的鼻祖埃德加·沙因的观点，企业文化可以分成相互关联的三层。[49] 第一层是**人为事物**（artifact），包括文化的外部表征和可见行为。外部表征包括服饰、办公室布局、符号，如前任 CEO 的照片等。可见行为包括相互交流的形式，如是直呼其名还是在名字之前加姓，以及所做决策的类型。

第二层是组织**信奉价值观**（espoused values），即组织对其信仰和目标的正式表达。这些价值观可以在文件中找到，如公司使命、伦理标准和员工手册。这些价值观表明组织正式支持的理念。很多时候，第二层信奉的政策与第一层中有形的和行为的人为事物之间存在诸多的不一致。

这种不一致的出现，在很大程度上可以用更深层次的企业文化要素，也就是**隐含价值观**（tacit underlying values）做出解释。隐含价值观是关于组织如何运作以及公司理念的深层次共享的假设。这些假设无法用语言和文字表述，却能阐明公司的本质以及何种行为可以带来成功。尽管通常很难表述，这些无声的假设才是企业背离那些颇为动听的信奉价值观的根源。

两者相互背离的一个简单的例子是，公司使命表述中强调团队合作，但是“月度最佳员工”制度却使团队合作让位于个人竞争。尽管使命中强调团队合作，但是组织文化所隐含的假设却是，只有个人绩效才是晋升的通道。

所有的公司文化中都有关于伦理的内容。当员工的行为和书面的伦理标准无法匹配的时候，则表明公司文化深层次的假设和伦理标准是矛盾的。例如，最近针对哈佛 MBA 项目学生的一项有关组织伦理氛围的调查表明，在他们职业发展早期，四大非正式“命令”影响了他们的思维。

> 第一，绩效是真正起作用的因素；第二，保持忠诚并显示出你有团队合作精神；第三，不要违法；第四，不要过度关注伦理行为。[50]

这些“命令”显然干扰了强调企业伦理准则的精神。当企业所信奉的价值观与潜在假设之间的差距过大时，就会出现问题。范妮梅公司的故事就说明了这一观点。

> 富兰克林·雷恩斯是一个非常圆滑并且具有非凡才能的管理者，最终成为范妮梅（全球知名金融机构，2001 年度全球《财富》500 强排名第 71 位）的 CEO。范妮梅有一项约束力非常强的伦理政策，也就是所谓的“坦诚、正直、责任和义务为特征的企业文化”。[51] 雷恩斯经常在和员工谈话的时候传递诚实和开诚布公的价值观。
>
> 然而，在他就任的头几个月，他发现范妮梅无法完成每股收益的目标，高管也因此难以获得最大化收益。雷恩斯告诉公司财务总监准备“可替代”的会

计方法，并且在一次高管会议上同意用新的会计方法来达到绩效目标的要求。该行为不顾内部和外部审计员的建议，向公司上下传达了一个信息：不管采取何种方式，能实现每股收益目标才是最重要的。

接下来，雷恩斯制定了一个将每股收益率翻倍的 5 年计划，由当前的 3.23 美元翻倍至 6.46 美元，同样将高管的分红与每股收益率捆绑在一起。他大力推进该计划。此举对公司文化的影响从老板们在范妮梅内部审计会议的发言中可见一斑。

> 客观、公平但是难度很大……你们的决定不容更改……从现在开始，你们每个人都必须牢牢记住 6.46。你们必须在睡觉的时候念叨，你们必须倒背如流，你们必须对此坚信不疑，你们必须和 6.46 同呼吸、共命运，你们必须对 6.46 着迷……记住，富兰克林给了我们一个机会，一个挣钱的机会……如果我们实现 6.46，就会大幅度提高我们的收入……现在，它是我们的义务……为富兰克林的目标作出实质的贡献。[52]

以上发言传递了一个信息，尽管公司的价值观是开诚布公和诚实，但是潜在的假设却认为，不管采取什么方法和手段，实现每股收益率的目标才是王道。结果是多年来让人质疑的会计报表。最后，监管机构发现了问题，强制要求雷恩斯和其他的高管辞职，公司的收益也调整至 63 亿美元。[53]

文化是有弹性的。当拥有强伦理规范的公司崩溃时，总会让观察者们感到困惑。为什么经过多年提升企业社会责任的努力之后，壳牌公司的 CEO 仍然带领其他高管谎报其石油储备？为什么波音公司的 CEO，一个具备丰富管理经验、退休后仍被返聘负责提升公司伦理的人，却因与下属之间的绯闻而不得不辞职？为什么多年致力于提升商业伦理，Chiquita Brands 的高管和董事会允许公司非法行贿，不止一次，而是很多次？[54]其中一种解释是总有道德不好的人干坏事。但是,更有力的一种解释是，正如隐藏在人类本质上的邪恶一样，企业文化深处也包含着矛盾。如联合埃迪逊公司的故事显示的那样，文化对变革相当抵触。

在一场导致三人死亡并且将石棉喷向曼哈顿邻近地区的爆炸之后，联合埃迪逊公司被起诉犯有四项环境罪。两周之后，地方法院判决其最近几年内 319 次违背环境条款。公司同意发起一项“从董事会主席到一线员工”的大范围改革，法院指派了一名监管人员对其改革行动进行为期三年的监督。[55]

埃迪逊的领导制定了有关环境责任的方案，任命了一个新的副总裁全程负责环境事务，并成立了两个高层环境委员会直接推动环境工作进程。每个员工都要对环境安全承担个人责任，并鼓励开诚布公提出问题。任何一个工人在发现问题的情况下，都有权停止正在进行的工作。

然而，违规行为仍然不断出现。一年多之后，法院委派的监督员报告，工人们一旦说出问题就会遭到恐吓。有个工人抱怨有污染物泄露到哈德逊河，他的领导立刻称他为“害群之马”，是一个“麻烦制造者”。[56] 另外一名抱怨的员工则不得不调离原先的工作岗位。监督员认为，公司孕育了一种“破坏性文化”，忽视环境责任。

这个说法是准确的。尽管联合埃迪逊的信奉价值观已得到迅速调整，但隐含价值观却无法很快转变。几十年来，它的员工一直认为“能一直开工”是最重要的事情。他们努力掩盖问题，经常为了加快速度而忽略正规程序。集体忠诚在公司非常强大。没有人会在环保问题上质疑同伴，也没有人向集体之外的人谈论相关问题，任何一个人打小报告都会被其他人排斥在外。[57] 这种内在的价值观导致了公司一次次违背环境政策。

个人特点

尽管文化很重要，但是个人特点依然能发挥作用。人们的行为由环境中的各种激励因素和个体内在因素决定。如果一个公司极度忽视伦理，有行贿受贿的领导，并且还有巨大的业绩压力，哪怕是非常诚实的个体也可能屈从。然而，个体的内在特征可能非常强,足以抵消文化所带来的强有力的影响。在其正常条件相同的情况下，拥有好品质的员工是最佳选择。

研究者一直试图发掘个性特点和伦理行为之间的关系，但却没能找到两者之间存在较强的相关。有证据表明，随着年龄的增长以及工作经历的丰富，个体在伦理方面有更强的自制力。[58] 另外一些研究则表明，女性比男性更能坚守伦理标准，但研究结论并不一致。[59] 没有研究发现男性比女性对伦理规范更敏感，但是有研究表明两者之间不存在差别。一些研究表明高学历的人伦理道德水平更高，另一些研究却没有发现同样的结论。类似地，有研究发现宗教信仰可以导致更为伦理的态度，但是也有研究表明两者之间没有关系。[60] 大量的研究表明，公司环境影响伦理行为。随着公司规模的增加，个体的伦理标准在下降。但是，有伦理行为规范的公司比没有伦理规范的公司在伦理方面表现要好。[61]

企业如何管理伦理

过去，人们认为，伦理只是个人的良心问题。只有少数的先驱为提升企业伦理

伦理管理程序 7 步骤

美国量刑委员会设定了 7 步规范以减少犯罪行为，提升伦理文化。对联邦检察官和监管部门来说，此规定为管理者应该表现出的行为制定了标准，以确保公司和员工守法。

1. 建立标准和程序。
2. 创立高水平的监督制度。
3. 排查违法行为。
4. 定期就标准和程序与所有员工沟通。
5. 监督并建立一条“警戒线”。
6. 强化标准和纪律。
7. 评估风险部门和领域，修改程序。

资料来源：《手册指南》，2004 年 12 月 1 日

做出了应有的努力。1913 年，詹姆斯・卡西・彭尼在他的超市中为员工制定了行为规范。他的做法在当时几乎是独树一帜的。直到 20 世纪 80 年代，大多数公司才开始利用正式的制度提升企业伦理。自此之后，越来越多的公司制定了**伦理计划**（ethics program），与其他的管理方法相结合，以减少违法行为并提升企业伦理行为。总之，很多伦理计划是发生丑闻之后的结果，并且这种联系还在继续。尽管有些公司自愿采纳伦理管理体系，但是更多的是公司在法院的强制下才不得不采取行动。至今，很多公司采用伦理规范的原因仅仅是为了避免违法行为以及应付更为严格的管制。

为了解决 20 世纪 80 年代军需采购中的腐败和费用上升问题，军队采购中开始使用“防卫行业提案”，该提案要求国防工业承包商必须建立伦理规范，并对员工进行伦理和守法培训。伴随着 20 世纪 90 年代中期越来越多的丑闻，联邦政府严格打击医院医生和护士的欺诈行为，致使医疗行业企业不得不采用伦理规范，以应对行业发展的需求。

商业伦理的内在需求在 1996 年的 Caremark 案件之后得到了有效加强。Caremark 国际是一家医疗公司，曾经通过给医生回扣的方式增加销售量。在被起诉之后，公司开始构建伦理规范，但是已经太迟了，不得不接受 2.5 亿美元的罚款。愤怒的股东起诉董事会没有履行职责，因为公司没有伦理规范，而这正是导致巨额罚款的原因所在。Caremark 的董事会通过庭外和解避免了用自己的钱赔偿损失。然而，支持和解的法官也坦言，如果董事会再不建立管理体系推进合法行为的话，他们将为此付出代价。[62]

同时，1991 年，美国审判委员会制定了第一份量刑指南。如前所述，该指南对公司和管理者的违法量刑制定了新的计算标准。他们对制定了伦理规范的公司给予减分。这种规定是许多公司制定伦理规范的重要原因。

在世纪之交出现的一系列欺诈丑闻之后，出台了监管公司伦理计划的新规定。国会在 2002 年通过了《萨班斯—奥克斯利法案案》，为反丑闻建立了新的机制，其要求包括：财务主管的伦理指南，报告违法行为的举报机制，保护揭露腐败丑闻员

GE 的行为准则

- 在全球范围内遵守法律法规。
- 在所有行动与关系中保持诚实、公平和值得信赖。
- 工作和个人生活之间避免任何利益冲突。
- 在通用电气所在的各种不同的社区，培育一个公平的就业环境。
- 努力建立一个安全的工作场所并保护环境。
- 在所有管理层中保持统一的文化，所有的员工都重视伦理、强调伦理并能以身作则。

工的相关机制。公平交易委员会和安全交易委员会均采用该指南打击公司犯罪，在量刑时考虑公司是否有遵照法律要求的伦理管理计划。纽约证交所要求上市公司必须建立伦理规范与管理程序。[63]

由于伦理规范方面不存在统一的标准，美国审判委员会的《手册指南》设定了 7 个步骤，以界定公司在制定伦理程序方面的表现（如表所示）。许多公司严格遵照以上步骤制定伦理规范，另外一些公司则采取不同的方式体现以上要求。7 个步骤为公司伦理规范提供了一个基本的解释框架。

1. *建立标准和程序以避免和发现违法行为*。公司可以通过书面文件满足以上要求，其核心部分通常是高度概括的简短声明。通用电气的声明就是一个例子（如表所示）。大多数公司在此基础上还设定了详细的行为准则，通常有 20~50 页的长度。有些公司则列举一些基本的价值观，如诚实、守信、公平、尊重他人、守法、公民行为和责任，这些都可以反映员工行为的特征。然后，它们还会针对一些问题领域设定简明的行动指南，包括利益冲突、行贿、礼物、内部交易、不信任举动、商业秘密、政治捐款以及歧视等。这些相对简明的指南往往还需附加一系列冗长而详细的公司政策文件，这样一来，大公司一份完整的“伦理规范”往往有上百页。

行为手册往往包含一些典型的要素，如 CEO 的推荐文、问题报告程序、伦理决策的技巧以及处罚流程。无论从内容还是格式上，大多数公司的伦理规范都惊人地相似，类似的原则、差不多的伦理问题、几乎没有区别的报告指南。毫无创造性可言。陶氏化学公司有趣的《商业行为准则：诚信行动》用问答形式描述了简单的案例。以下是其有关会计诚信的部分：

> Q：我订购了一些软件，我的上级要求我把费用记在其他项目中，因为我们软件的预算已经超标了。我应该怎么办？
>
> A：提醒你的上级，公司的任何一个人都不能在公司的账目中作出虚假和错误的记录。如果你的上级坚持，要将此事告诉你上级的上级或者全球伦理办公室。

准则通常会发放给所有的员工，并要求他们签名认可。跨国公司还会将准则翻

图 7.3　雅培（Abbott）实验室的伦理管理结构

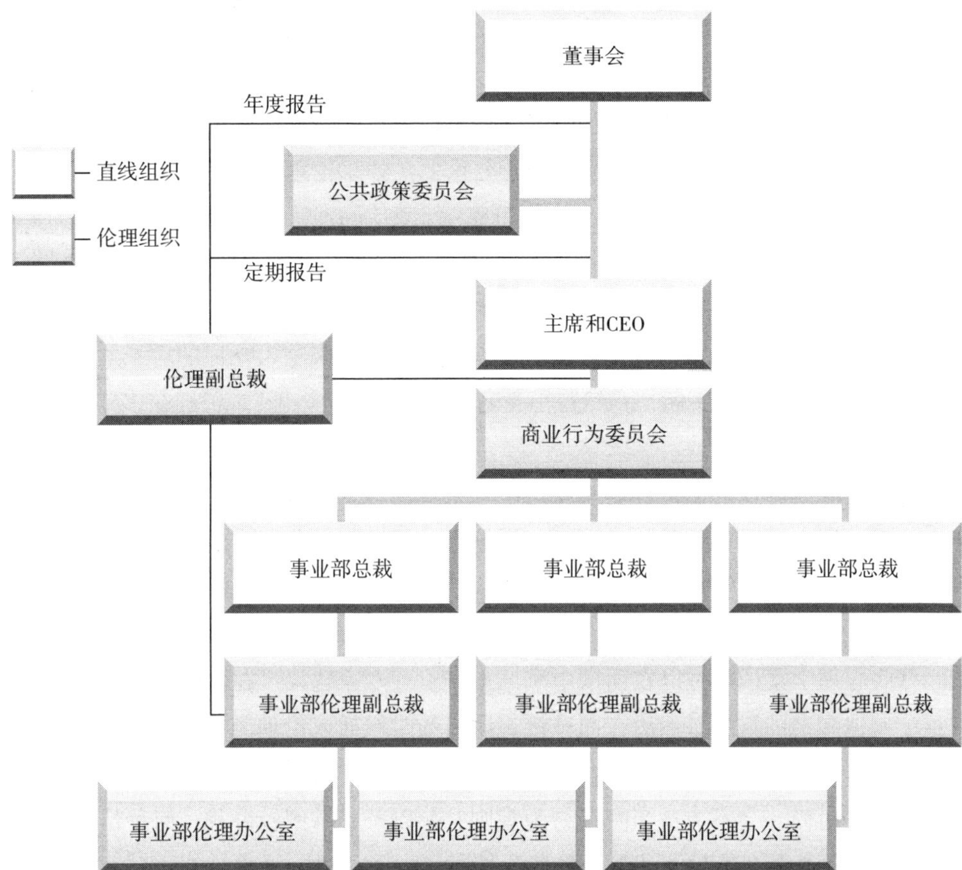

译成不同的语言。默克公司的《价值和标准手册》就使用了 25 种语言。[64] 准则如果不能影响员工将毫无意义。安然公司有非常经典的“伦理准则”，该准则强调四个原则——“尊重、正直、沟通和卓越”——但是却没有得到很好地执行。

2. 让管理层的人看到伦理计划，指派一名高管对遵守法规的情况实施监督，该高管可以指定具体的管理人员担负起日常的管理责任。《指南手册》要求董事会针对伦理规范采取“有效的监督”，至少有一位或多名高层领导对此负责，另外还要求有特定的管理人员进行日常监督。图 7.3 所示的雅培实验室的管理规范就能够满足以上要求。该项管理的起因是 FBI 发现了雅培长达 10 年的顾客欺诈，雅培因此支付了高达 6.14 亿美元的罚款。[65]

在雅培，一位副总裁作为主要的伦理官员负责监督企业规范的日常实施状况。这名首席伦理官直接向雅培最高执行官、董事会主席和 CEO 负责，并定期直接向董事会和公共关系委员会报告。另外，首席伦理官还是伦理行为委员会的主席，该委员会包括雅培四个全球事业部的高管以及商业伦理领域的专家。

通过有效的组织结构，伦理管理直达组织的末梢。公司每个事业部都有一个伦理协调官，他直接向分部伦理副总裁汇报，而分部伦理副总裁向伦理首席官汇报。用这种方法，雅培创造了两条平行线。我们可以发现，伦理负责人员独立于其他的管理线，直接向董事会汇报。这种安排十分重要。如果伦理协调官只是向部门经理汇报，没有独立的伦理报告渠道，他们的独立性就会减少。不少公司在这点上都犯了错。[66]

3. 不将有违法和违背伦理前科的人放在重要的位子上。公司对员工进行刑事犯罪审查无需花费太多成本，若企业忽略审查很可能会带来令人吃惊的后果。例如史密斯－韦森控股公司的主席，竟然曾是臭名昭著的“持枪土匪”，曾经在多年以前制造过恐怖事件。[67]

公司还应该审查员工是否在其简历中夸大教育背景或者工作经历。能不能发现个人的受贿倾向呢？在低职位申请中，纸笔测验可以帮助我们有效地排除有问题的人。但是，对于高层管理人员而言，要想从纸笔测试中得出完整的性格特征，似乎不太可能。

有些心理学家认为可以在面试中测试正直。有专家建议，在面试开始的时候可以尽量制造和谐的氛围，然后在面试接近尾声的时候插入伦理测试问题。专家建议以下提问方式：“如果你来做和这个工作有关的伦理决策，你会如何做？”“当你在销售产品的时候，会不会适当降低行为规则？”以及“举例告诉我，何种情况下你为了完成任务不得不违背公司伦理指南。”[68]

4. 定期就标准和程序与所有的员工进行沟通，从底层员工一直到董事会。从T恤衫到信件，都可以成为公司强调商业伦理的重要工具。在MCI，每个员工的安全勋章上都印有一行字“做正确的事情”。尽管如此，培训仍然是沟通伦理原则的关键因素。

总体说来，伦理培训只有在经理而非外部人员参与时才最有效，也只有脱离抽象的哲学概念并与日常工作紧密结合的时候才能真正打动人。有些公司用1~3天的时间深入交流政策或讨论案例。简短的讲座转为典型案例分析。每年举办1~3个小时的讲座，在此期间，员工观看视频或者讨论案例，这在公司中更为常见。另外常用的办法是，员工通过公司网站或互联网阅读简短的案例，从多个选项中选出自己认为正确的答案。

在洛克希德·马丁公司，员工参加一个为期两小时的培训，在此期间，他们观看视频，然后分成小组讨论案例。每个小组都要给出各自对每种情景的评价，评价的标准从“高度伦理”到“高度不伦理”一共五档。以下是一个例子：

在就餐的路上，查理撞上了一个没有完全关闭的抽屉，并因此弄伤了大腿。查理的老板连续几周都在强调团队在安全方面表现很好，如果增加一次受伤记录，会破坏部门“零伤害”的目标。克洛是查理的组员，注意到查理受伤了，但查理告诉她什么也不要说。

克洛的做法

1. 提醒查理，零目标是为了使工作环境达到绝对安全的标准，而不是用来遮掩问题。于是，查理向他的上级汇报了事故并寻求医疗。（高度伦理）
2. 向他们的上级汇报情况，这样可以确保查理能得到医疗费用。（合理伦理）
3. 由于自己曾经受过救助训练，她问查理是否需要由自己来查看一下伤口。（灰色地带）
4. 隐瞒实情，谁也不说。（不伦理）
5. 告诉同事，查理保持沉默说明了公司以牺牲员工为代价降低事故率。（高度不伦理）[69]

5. 监督组织违反规则的行为，建立一个汇报可疑行为的体系，打消员工关于打击报复的疑虑。监督并收集与非法行为有关的数据。例如，有些公司要求对非常规财务交易进行披露。伦理审计也可以发现问题。HCA 医疗公司两天的伦理审计发现了合作医院的长处和问题。审计员就 53 页纸中的问题随机抽查员工进行询问。

大多数伦理计划都包含有 24 小时免费电话或者电子邮件热线，以方便匿名举报。为了保护举报者,这些热线往往由外部人员管理。大多数举报者都害怕打击报复，因此必须有强有力的政策来防范报复。每年大约有 2%~4% 的员工使用热线举报，这对于伦理工作人员而言是一项巨大的工作。也有不少人通过电话寻求建议：“晚上工作对于我来说是否意味着利益受损？”也有人纯属抱怨，如“我的老板吃午饭回来晚了一个小时。”必须对所有的举报进行调查。例如，“我认为有一个小组成员在骚扰他人。”尽管很少有电话能够真正揭发问题，但热线确实为那些可能遭到上级恐吓的员工提供了一个沟通渠道。

6. 坚持不懈地通过奖励举报和惩罚错误行为的机制来强化标准。尽管很多人倡导做好事不图回报，但是，很多公司都将伦理表现和绩效评估、升职以及薪水联系在一起。这看起来像是有力的激励，然而，评估伦理绩效十分困难。Tenet 医疗一直致力于为其 800 名管理者的伦理表现打分，分值在 -5 到 +5 之间，每分都意味着 5% 的红利变化。当管理人员得到负分的时候，他们会感到羞愧。[70]

在波音公司，遵守公司的伦理准则是每个员工绩效评估中的内容。但是根据波音的伦理报告，这似乎毫无作用。

> 经理们能够感受到压力（通常是自我加压），他们不想伦理评价中给予员工平均分以下的分值。他们也不愿意给予员工平均分以上的评价，因为那意味着其他人的伦理表现相对不理想。存在一个强烈的倾向，那就是，所有员工的伦理评分都和平均分差不多，而这使伦理评价变得毫无意义。[71]

书面形式的纪律规范可以分发给每个人。这些规范往往涉及许多方面，如犯错误的严重程度、犯错者在组织中的领导层级、与调查者合作的程度、是否有前科，以及行为的主观性等。处罚往往视具体情况而定，分为谈话、口头警告、书面警告、察看、停职、降薪以及终止合同等。

7. *如果出现了犯罪行为，修改程序以避免再犯。*定期评估犯罪行为风险并降低这种风险。除非违法行为仅仅是出于个人原因，否则必须修改程序。可以通过改变或增加条款、重构责任，或者重塑文化氛围来修改程序。

伦理风险评估是一项艺术。《指南手册》建议公司先评估其所在行业的风险特征，然后采取行动降低风险。例如通用电气公司组建了由一名高管构成的风险委员会，定期评估不断更新的全球伦理标准。然后该委员会将决定通用电气是否需要修改现有标准或者采纳新的标准。[72]

伦理计划：未来是否更强大

几乎所有的大公司都有一套强化伦理规范的政策和程序。这些政策是否有效？由于这种做法的流行是最近的事，很难说它们是否真的能降低犯罪和非伦理行为。有很多明显失败的例子。安然具有一套看似十分完美的伦理规范；Tenet 医疗机构、波音和 Chiquita Brands 一度被视为伦理传播和努力的典范，但是也都陷入丑闻之中。这些案例说明，公司在伦理提升方面缺乏诚意。有些公司根本没有在伦理规范上投入任何资源。有些公司的伦理管理人员被边缘化，毫无影响力可言。[73] 高层领导可以发表正式宣言，但却不能以身作则。这种情况下，公司文化中深层次的假设足以让所有的正式意图无效。

这些努力刚刚开始，如何让组织行为变得符合伦理，还有很长的路要走。在经过几千年的努力之后，人类的劣根性仍然无法消除。我们暂时还不能指望组织一下子达到理想状态。但是，可以肯定的一点是，如果管理者不把伦理和遵从管理当回事，那么企业的集体行为将会遭到毁灭性的破坏。

结　论

尽管商业领域蕴含着丰富的伦理价值观，但来自市场和公司层面的强大压力，会降低公司的伦理行为水平。管理者可以借助各种管理方法减少违法行为，促进伦理水平的提高。同样，个人也可以采取一系列的原则以丰富他们的伦理思想和方法，并增加其决策的伦理内涵。下一章，我们将进一步探讨个人决策中的伦理问题。

玛莎·斯图尔特审判

从起诉到审判，玛莎·斯图尔特（Martha Stewart）案一直吸引着公众的眼球。有些人认为她的问题微不足道。愤世嫉俗的人甚至认为，在这个公司丑闻激增的时代，政府为了显示其对于商业犯罪的严格态度，不惜借名流杀鸡儆猴。《华尔街日报》愤慨地发表评论，认为玛莎·斯图尔特生活媒体（Living Omnimedio）的无辜股东和员工是政府狂热行动的牺牲品。[1] 女权主义者认为她之所以被选中完全是因为其成功女性的形象。“我们很难想象一个差不多地位的男性会遇到这样的问题，”Depaul 大学的法律教授玛丽·贝克说，“以一个成功女性为靶子非常符合当代主流的文化价值观。”[2]

也有人认为她被起诉是罪有应得。刑事辩护律师和畅销书作者斯科特·图鲁认为：“我从来不买这家公司的股票，法官提到的玛莎·斯图尔特的问题——用谎言隐藏内部信息，进行内部人交易——的确做错了，真的错了。”[3]

故事如下。

12 月 27 日

2001 年 12 月 27 日早晨，星期二，道格拉斯·法纳尔正在美林证券位于曼哈顿中部的办公室当班。法纳尔刚 24 岁，参加工作才 6 个月，是股票经纪人皮特·巴卡诺维奇的助手。这是圣诞节后的第 2 天，巴卡诺维奇还在度假。办公室的人很少，法纳尔知道这将是十分漫长的一天，因为交易量很小。

不久法纳尔接到阿丽莎·瓦克萨打来的电话。阿丽莎是克隆系统公司合伙人萨姆·瓦克萨的女儿。阿丽莎要求出售克隆系统的公司股票。法纳尔于 9:48 完成了操作，39 472 股一共卖了 2 472 837 美元。接着，法纳尔接到萨姆·瓦克萨的会计的电话，要求将另外 79 797 股股票从美林证券账户转到阿丽莎的账户中，然后卖掉。电话之后，还有一份书面指示，表示今天上午的交易十分紧急。

法纳尔在转账的时候给皮特·巴卡诺维奇打了电话寻求帮助。39 岁的巴卡诺维奇是瓦克萨的老朋友。在来美林证券之前，他曾经在克隆系统公司工作过两年，瓦克萨和他女儿的个人账户一直以来都由他管理。当巴卡诺维奇获悉瓦克萨正在卖股票时，他让法纳尔立刻打电话给另外一个委托人玛莎·斯图尔特，并且他一直在电话边等着。

巴卡诺维奇在纽约社交圈中十分活跃，于 20 世纪 80 年代中期由斯图尔特的女儿阿丽克斯引见认识了斯图尔特。斯图尔特是他最重要的客户之一。他负责处理她的个人账户和基金。他还帮助她管理玛莎·斯图尔特生活媒体的公司账户。两年前，他参与了该公司的公开上市的工作，现在还管理着公司401K和员工股票期权账户。

上午10：04，法纳尔拨通了斯图尔特的电话，但是只找到了她的私人行政助理安·阿姆斯特朗，她说斯图尔特还在飞机上。巴卡诺维奇留了一个短信，让斯图尔特在方便的时候给他打一个电话。在她的电话日志上，阿姆斯特朗写道："皮特·巴卡诺维奇认为克隆系统公司的股票交易开始走下坡路。"巴卡诺维奇指示法纳尔，一旦斯图尔特回电话，应该告诉她瓦克萨正在出售他们所有的股票。那时，克隆系统公司的股票价格是每股61.53美元。

巴卡诺维奇的指示让法纳尔很为难，根据美林证券的书面制度，（如下表1所示）代理人必须替客户保密。但是，他那个时候非常忙，一直处于紧急状态，处理来自于瓦克萨家族的电话，打电话给美林证券公司的几个同事，让他们将萨姆·瓦克萨的股票转移到他女儿的账户中。

几个小时之后，斯图尔特的飞机抵达了圣安东尼奥市。她打电话给了安·阿姆斯特朗检查短信。下午1：39，她给美林证券的法纳尔拨通电话，得知萨姆·瓦克萨和他的女儿已经出售了所有的股票。她问了一下克隆系统公司当前的股价，法纳尔回答说大约是每股58美元。她要求将自己所有的3 928股克隆系统公司股票全部出售。

表1　顾客信息保密政策

美林证据公司保护客户的信息安全。员工必须理解小心处理信息的重要性。美林证券公司客户信息保密政策要求——

- 员工不得与任何其他员工讨论任何客户的商业信息，除非严格地符合"必须知情"的要求。
- 不发布任何客户的信息，除非得到了客户的授权或者法律上有要求。

她挂了电话之后立刻给萨姆·瓦克萨打了一个电话。他们两个是非常好的朋友，经由斯图尔特的女儿阿丽克斯引见，在20世纪90年代早期认识。由于找不到他，于是她给他的助手留了一句话："玛莎·斯图尔特想知道克隆系统公司是不是发生了什么问题。"[4]下午1：52，斯图尔特所拥有的克隆系统公司股票以每股58.43美元售出，总价大约是228 000美元。

瓦克萨交易之谜

克隆系统公司到底出了什么问题？在将近10年的时间内，瓦克萨一直在集中克隆系统公司的资源以开发一种非常有市场前景的新的癌症用药，名为Erbitux。两个月以前，克隆系统公司向食品药品监管局（FDA）提交了许可证申请。12月26日，瓦克萨从克隆系统公司的一位高管那里获悉，据FDA内部人员提供的消息，12月28日，克隆系统公司将收到拒绝向Erbitux颁发许可的函件。一旦FDA的决定公布消息，克隆系统公司的股价将直线下降。

瓦克萨拥有实质性的内部交易信息。之所以说这一信息具有实质性是因为任何理性的投资者都将根据这一信息决定出售或购买克隆系统公司的股票。这是内部信息，是因为到现在它还没有公布于众。由于FDA的许可如此重要，以至于克隆系统公司的总裁宣布12月21日之后为"封锁期"，在此期间，员工不能出售公司股票。"封锁期"的目的在于避免出现非法的内部交易。

尽管被告知"封锁期"并且知道有关内部人交易的法律问题，瓦克萨仍然决定出售股票。这是极其愚蠢的事情。他的动机在于逃避自己的潜在债务，他在之前曾借款7 500万美元，大多数都通过克隆系统公司的股票获得担保。为此，他每个月都必须支付80万美元。他知道一旦克隆系统公司的股票价格大跌，他的很多股票都必须卖掉。他还告诉他的家人和朋友，让他们赶紧在 12 月 27 日出售股票。除了他的女儿阿丽莎之外，他父亲杰克卖出了 135 000 股，他的姐姐帕蒂卖了 1 336 股，而另外一个女儿艾拉娜卖了 4 000 股。除了家人，瓦克萨还告诉了一个投资顾问，她也出售了全部 1 178 股，她又继续把消息传给了克隆系统公司顾问委员会成员，后者在同一天出售了所有的价值超过 500 万美元的股票。

星期五，也就是 12 月 28 日，下午 2 ：55，FDA 将拒绝函发给克隆系统公司。在闭市的时候，克隆系统公司的股票价值为每股 55.25 美元，公司发布报告，公布了 FDA 的有关决定。12 月 31 日是下一个交易日，克隆系统公司的股票开市价格为每股 45.39 美元。如果斯图尔特等到这个时候才卖她的股票，那么她将收入大约 178 292 美元，比她在 12 月 27 日下午出售股票时损失 49 708 美元。12 月 31 日，克隆系统公司的股票收于 46.46 美元。FDA 的决定使其股价下跌了 16%。

没有解决的问题

4 天之后，美林证券的一名监察员约谈了法纳尔，询问克隆系统公司股票交易的情况。之后，法纳尔打电话给巴卡诺维奇，后者仍然在佛罗里达度假。巴卡诺维奇告诉他斯图尔特之所以卖股票，原因是她想提前做好准备以降低纳税额。他告诉法纳尔，大约在 12 月 20 日的时候，斯图尔特让他出售掉一些股票，以平衡资本账户达到少缴税的目的。然而，不久，法纳尔接到了玛莎 · 斯图尔特公司业务经理艾琳 · 德卢卡的电话，询问为什么把股票卖了，因为股票产生的盈利扰乱了她的减税计划。这一次，巴卡诺维奇告诉他，斯图尔特让他在股票跌至 60 美元以下时卖掉克隆系统公司的股票。

美林证券打电话给证券交易委员会（SEC），怀疑克隆系统公司存在内部交易问题。2002 年 1 月 3 日，SEC 打电话给法纳尔调查有关 12 月 27 日发生的所有事情。法纳尔告诉他们斯图尔特卖出股票是因为股票价格低于每股 60 美元。他隐瞒了将瓦克萨出售股票的事情告诉斯图尔特这一事实。1 月 7 日，SEC 的律师通过电话询问了巴卡诺维奇，他说在交易当天，他建议斯图尔特按照事先商议好的办法，一旦股票低于 60 美元就立刻出售。

1 月 16 日，斯图尔特和巴卡诺维奇在早餐时见了一面。他们的谈话没有录音。据法纳尔说，在会谈之后，巴卡诺维奇告诉他："我已经跟斯图尔特说了，我和她见过面，我们要统一口径……这是一个低于 60 美元便斩仓的指令。这是她出售股票的原因。我们都是一条线上的蚂蚱，这就是事实。"[5] 此后，巴卡诺维奇至少 5 次说服法纳尔，让他坚持同样的说辞。如果他这么做，巴卡诺维奇答应将给他额外的佣金。

1 月 30 日，为了回应 SEC 的调查，巴卡诺维奇出示了一份他所说的 12 月 20 日的工作记录。这是一份一页纸的工作记录，斯图尔特的账户中大约有 40 只不同的股票以及所持股份及买入价格。在工作记录上，克隆系统公司旁边，有"@60"的字样。

1 月 31 日，斯图尔特和律师进行了长时间的交流。在这场谈话之后，她找到助手安 · 阿姆斯特朗并要求查看电话日志。坐在安的电脑旁边，她修改了巴卡诺维奇于 12 月 27 日留下的信息，从"皮特 · 巴卡诺维奇认为克隆系统公司股票交易开始走下坡路"，变成"皮特 · 巴卡诺维奇的克隆系统公司"。[6] 然后为了把事情做得更好，她让阿姆斯特朗保存原始记录之后，离开了办公室。

谈 话

2月2日，斯图尔特接受了来自于SEC、联邦调查局（FBI）和美国检察官办公室的律师的面谈，让她解释出售克隆系统公司股票的事情。她说，她和巴卡诺维奇商定一旦股票低于60美元就要出售。12月27日，巴卡诺维奇问她，股票已经低于60美元，是否需要卖掉？她同意了，部分原因是她那个时候还在度假，不想为股票的事情操心。她没有给法纳尔回过电话。她还否定知道巴卡诺维奇留言的事情，尽管两天前，她还跑到助手的电脑里修改了留言。根据在场的一个律师所说，面谈最后，斯图尔特用非常粗暴和厌烦的语调问道："我现在可以走了吗？我还有很多事情要处理。"[7]

2月13日，巴卡诺维奇收到了SEC的传票，并在纽约宣誓出庭作证。他提到了12月20日和斯图尔特商量好的事情，一旦克隆系统公司的股票低于60美元，将立刻出售。他递交的工作记录也显示了该对话。他还说，自从12月27日之后，他再也没有和斯图尔特讨论过克隆系统公司股票的事情。然而巴卡诺维奇和斯图尔特的电话记录显示，在此之后，他们经常通话，在斯图尔特纽约面谈当日，还互相通过一次电话。他们谈话的内容没有记录。

3月7日，道格拉斯·法纳尔接受了SEC律师和FBI人员的调查。有关这次调查研究的详细信息没有公布于众，但是从他的说法中可以看出来，他并没有把12月27日当天发生的所有事情说出来。[8]在这次谈话之后，作为报酬，巴卡诺维奇准了法纳尔一个星期的假，并且为他买了机票。[9]

4月10日，斯图尔特再次通过电话接受了SEC、FBI和美国检察官办公室的调查。她告诉他们她确实在12月27日和巴卡诺维奇通了电话了，但是，她不记得巴卡诺维奇是否提到过瓦克萨。她还说，他们两个确实在之前定好了低于60美元售出股票的协议。

混 乱

在这些调查之后，政府相关人员仍然继续收集信息、证实并且解释详情。同时，克隆系统公司股票交易案的主要参与者承受着公众的谩骂。5月下旬，萨缪尔·瓦克萨不再担任克隆系统公司的CEO。6月上旬，有关媒体发布了斯图尔特在FDA否决Erbitux之前出售股票的事情。此后3周内，玛莎·斯图尔特公司的股票由19.01美元下跌至11.47美元。美林证券暂停了巴卡诺维奇的工作，并且不为其支付任何薪水。

6月12日，瓦克萨因为非法内部交易被捕，斯图尔特公司的股票下跌了5%。瓦克萨最后承认了内部交易的指控，被判罚87个月监禁，并且罚款400万美元，该项罚款涵盖了他所有家庭成员的内部交易。他的家庭成员还被要求退还所有的交易利润及利息，另外两个参与人——投资顾问和医生，也退还了所有的利润和利息，并分别处以112 000美元和270万美元的罚款。

斯图尔特发布了声明，表示她和她的股票经纪人在2001年12月达成了低于60美元即出售的协议，他在12月27日打电话告诉她，克隆系统的股票已经低于60美元，她告诉他可以根据事先的协议出售。她否定知道任何内部信息。之后的一个月，她在某次有关证券分析和调查会议中再次重复以上故事。她的意图是为了阻止公司股票下跌。在那个时候，她持有61 323 850股，三周内，账面损失达4.62亿美元。

道格拉斯·法纳尔一直感到良心不安。6月下旬，他找到了美林证券的一位管理人员，自愿将所知的一切都说出来。接着，他还找到政府调查员并说出了真相。于是，斯图尔特和巴卡诺维奇同时收到政府传票要求他们出席一次听证会。这一次，他们仍然否认，并援引宪法第五修正案为自己开脱。法纳尔还说出了巴卡诺维奇用钱收买自己的事情，于是美林证券解雇了巴卡诺维奇。

起　诉

政府花了一年半的时间，没有实质性的收获，但是在 2003 年 6 月 4 日，出现了转机，美国检察官办公室和 SEC 立刻开始着手起诉斯图尔特和巴卡诺维奇。

美国检察官办公室确定了他们的三项基本罪状，包括欺诈、妨碍司法公正以及做伪证等。[10] 两人因隐瞒巴卡诺维奇向斯图尔特告知未公开的内部信息而被起诉，同时还有对政府检察官说谎以及妨碍调查的罪名。另外，只有斯图尔特被控告证券欺诈。在整个事件的过程中，她不断发布虚假的声明误导投资者，并企图抬高其公司的股价。以上所有罪行加起来可以判处最高达 30 年的监禁以及 200 万美元的罚款。巴卡诺维奇还额外追加了伪造证据的罪状，他面临着最高达 25 年的监禁以及 125 万美元的罚款。

除了民事罪状以外，SEC 还控告斯图尔特和巴卡诺维奇内部人交易罪。[11] 这意味着要追缴所有的非法所得，并另外追加罚款。此外，斯图尔特以后也不能在上市企业中担任重要职务。

斯图尔特的律师立刻发表了声明应对政府的指控。“玛莎·斯图尔特没做错什么。”他们指责政府“史无前例”地解释了证券法，不能仅仅因为她对公众发布维持清白的声明就指控她证券欺诈。他们还质疑政府其他指控究竟有何目的，为接下来的审判中媒体的观点定下一个基调。

> 是不是因为玛莎·斯图尔特是社会精英，因而政府想通过此案达到吸引公众注意力的目的？是不是她通过自己的努力，凭借独特的才华，在男性社会中得以脱颖而出的后果？是不是政府可以借此随心所欲定义证券欺诈？[12]

一周以后，斯图尔特因起诉来到 FBI 曼哈顿办公室。在那里，她拍了大头照、留下了指纹，在没有支付保释金的情况下被释放了。她还辞掉了玛莎·斯图尔特生活媒体公司总裁的职位，保留了非行政的编辑总监的职位。她的薪水还是 90 万美元，2003 年，她还获得了额外的 50 万美元的分红。

开　庭

2004 年 1 月 20 日，玛莎·斯图尔特和巴卡诺维奇出现在曼哈顿的法庭，法官是哄·米丽安·古德曼·切达鲍姆，一位有着 18 年独立审判经历的联邦法官。他们提出无罪申辩，法庭开始安排陪审团成员。可能成为陪审团成员的人都需要填写一份 35 页长的问卷，以排除可能持有的偏见。其中有一个问题是，“你是否按照斯图尔特的菜谱做过菜？”[13] 在法官办公室同双方律师见面之后，一个由 8 名女性和 4 名男性组成的陪审团成立了。

庭审于 1 月 27 日开始，为首的检察官是卡恩·佩顿·西摩尔。在开庭之后，她告诉陪审团，斯图尔特从巴卡诺维奇那里得到“秘密信息”之后，出售了克隆体系公司的股票。然后，他们还企图掩盖真相。检察官认为，斯图尔特的动机是为了保护她的商业王国。检察官指出，只要玛莎·斯图尔特公司的股票下降哪怕是 1 美元，斯图尔特就会损失至少 3 千万美元。“女士们先生们，”她说，“对联邦政府人员说谎、妨碍司法公正、歪曲事实、欺骗投资者——这些都是严重的罪行。”[14]

斯图尔特的律师罗伯特·莫维罗首先宣称自己的代理人“无罪”，然后试图对代理人的行为做出合理的解释。他指出，斯图尔特出售的克隆体系公司的股票还不到她财产的1%。他告诉陪审团12月是斯图尔特最忙碌的一个月，她已经累得快不行了。当她打电话给法纳尔的时候，她正在机场，噪音太大，她还以为是在和巴卡诺维奇说话。她无从知道内部交易问题已经发生。他说："她如何能知道自己的股票经纪人正在引导自己犯罪，而这个经纪人一直以来是那么值得信赖。"退一步讲，如果有人告诉她瓦克萨和他女儿正在卖股票，这意味着美林证券正在出售股票，如果这是非法的，美林证券为什么还要受理呢？

莫维罗解释道斯图尔特和巴卡诺维奇已经达成了60美元便出售的协议，这个时候改变电话日志没有关系。因为，那个时候，她只是让电话日志和自己记得的东西相一致，但是很快她意识到这种更改有问题。最后，他让陪审团站在"正确和公正"的立场做出裁决。[15]

证　实

政府关键的证人是SEC的检察官海伦·格罗泽和FBI的凯瑟琳·法玛尔。她们两个都参与了对斯图尔特和巴卡诺维奇的调查，并且证实了他们做出的假声明，包括12月27日斯图尔特否定自己和巴卡诺维奇通电话以及知道瓦克萨出售股票的事情。

政府的明星证人却是道格拉斯·法纳尔。在西摩尔的盘问下，法纳尔描述了12月27日早晨打给巴卡诺维奇的电话。知道瓦克萨在出售股票之后，巴卡诺维奇说："上帝啊！我们应该让斯图尔特知道这些。"法纳尔说，他接着问了巴卡诺维奇："我可以告诉她这些吗？""当然。"巴卡诺维奇回答道"这才是最重要的"。当斯图尔特下午打电话的时候，她问道："萨姆在干什么？"[16]法纳尔说，他告诉她："我们对公司信息一无所知，但是我们觉得萨姆正在出售他所有股票的这个消息对你或许有用。"他还披露了巴卡诺维奇如何收买他，以掩盖真相。他说在办公室不远的一家咖啡店，他告诉巴卡诺维奇："我当时在电话旁，我知道发生了什么。"巴卡诺维奇把手放在他的肩上说："不，你不知道。"[17]

在交叉作证的时候，巴卡诺维奇的律师企图证明法纳尔是一个不可靠的人。他称法纳尔善于说谎，改变说辞是为了逃避惩罚。他还找出了法纳尔使用毒品的证据。他还找到一些邮件，以说明法纳尔讨厌斯图尔特。其中之一是"我刚才跟斯图尔特打电话了，我从来没有在电话里被一个陌生人那样粗鲁地对待过。"另外一个是"今天斯图尔特冲着我再次大吼"。[18]甚至，律师还作证说，有一次法纳尔让斯图尔特在电话那头等了好久，当他接起电话的时候，斯图尔特威胁说，如果美林证券不换等待音乐，她将从美林证券撤销她的账户。这些证词有时让陪审团忍俊不禁。

在为期6天内，法纳尔的证词共花了13个小时。最后一天，斯图尔特的律师莫维罗还试图证明12月27号那天，法纳尔肯定是累坏了。他指出，法纳尔那天接了75个电话，还有一些邮件。他质疑为什么他对斯图尔特的电话那么印象深刻，而其他的电话却几乎没有印象。他怀疑法纳尔肯定怀疑过瓦克萨在做内部人交易，但是却没告诉巴卡诺维奇。

紧接着法纳尔，其他几个证人也给出了不利的证词。斯图尔特的行政助理安被要求证明斯图尔特篡改电话记录。她站在证人庭上，开始啜泣。在喝完陪审团给的一杯水之后，她还是无法控制自己的情绪。切达鲍姆法官宣布休庭以待第二天继续。第二天，安如实说明了一切。

玛丽亚·帕斯特奈克是斯图尔特的一个朋友，12月27号和斯图尔特一起旅行。她回忆了12月27日之后几天内和斯图尔特的谈话，她说斯图尔特告诉她，瓦克萨打算卖掉所有的股票，于是她也把自己的股票全部出手了。她评价说：“好心的股票经纪人告诉你这些，不是好事吗？”但是，交叉庭审的时候，她又说自己对这些谈话记得不太清楚。最后，法官示意陪审团可以忽略她的证词。

美国保密机构的一个笔迹专家拉里·斯图尔特（他并不是玛莎的亲戚）分析了巴卡诺维奇的工作记录，发现工作记录的时候用了两种笔。除了“@60”以外，所有的记录用的都是同一种名为“纸友”的笔。“@60”用的是另一种不知名的笔。这种笔和已知的 8 500 种都不一致，于是专家认为这可能是进口或者是很少用的笔。[19] 这对控方而言是一个非常有利的证据，这一证据表明，“@60”是在 12 月 27 日之后补加上去的。

在控方完成了以上指控之后，斯图尔特的律师选择了最轻程度的辩护。他们仅仅传唤了一名证人，斯图尔特的律师和记录员，她在 2 月 4 日的调查中在场——她的出庭作证只有 15 分钟。对于斯图尔特是否会出庭自我辩护，猜测一直不断。如果她出庭了，检控官可能会给她设置陷阱，也可能会让她无法控制自己的情绪。如果她不出庭，陪审团想知道她究竟想为自己说点什么的好奇心就得不到满足。最终，她没有出庭。

最后，切达鲍姆法官决定采纳斯图尔特律师的建议，免于追究她证券欺诈的罪名，此项指控从一开始就引发广泛的质疑，一个人在公开场合为自己辩护怎么可能被解释成企图操纵股票价格呢？关于此项指控的撤销，切达鲍姆法官解释说，以目前的证据，只能是怀疑而无法确定。[20]

在辩方仅有的一个证人辩护之后，为期 19 天的审判结束了，本次审判共传讯了 27 名证人。在 3 月 2 日的结案陈述中，检察官迈克尔·沙科特告诉陪审团，斯图尔特和巴卡诺维奇一直认为自己不会被抓。但是他们所犯的错误显示了他们灰暗的内心世界。他很小心地列举了故事的矛盾之处。巴卡诺维奇的律师在结庭陈述的时候，仍然攻击了法纳尔证词的可信度。

在斯图尔特的结庭陈词中，莫维罗首先指责了这是一个荒谬而有阴谋的指控，检方提出的所有指控等于公开说明“这是一个傻瓜同谋”。[21] 莫维罗说：“没有人会因为做过类似于巴卡诺维奇和斯图尔特做过的事情而受到控告。”他请陪审团考虑一下，如果两个人真的合谋欺骗，就不会出现那么多漏洞。他们说法中的不一致正好说明了他们的清白。这是一个非常危险的说辞，因为这等于承认了证词的矛盾之处。

莫维罗接着陈述了斯图尔特的无辜。她不知道股票交易是错误的；她也没有理由质疑瓦克萨会在这么敏感的时候做出如此愚蠢的交易；她和她的股票经纪人有在股票低于 60 美元出售的协议；她在机场听不太清电话，不知道自己在和法纳尔而不是巴卡诺维奇说话；交易的数量太小，对她而言根本不算什么；她更改安的电话记录也与此无关。法纳尔是一个不值得信任的证人。最后，他还解释说她之所以不出来为自己辩解是因为两年前在听证会上，她已经两次表述了她的想法。他最后说：

> 这件事情已经煎熬了这个善良的女人长达两年时间。而煎熬的根本原因是，她相信自己的股票经纪人不会将自己置于非法境地；她还自愿配合政府调查；这种煎熬还因为这个事情抹杀了她为社会做出的所有贡献……斯图尔特的命运掌握在你们手里……我请求你们放过斯图尔特。我请求你们让斯图尔特重返自己的生活，并且为提高我们每个人的生活质量做出她的贡献。如果你们这么做，那一定是件好事。[22]

裁　定

陪审团在3天的过程中花费14个小时对案件进行详细讨论。3月5日到了最终裁定宣告的时候，一个女陪审员哭了。斯图尔特和巴卡诺维奇都被宣判有罪，四项罪行中包括说谎以掩盖其内部人交易的事实。然而陪审团对斯图尔特和巴卡诺维奇之前订立60美元以下出售股票的协议并无一致意见，这导致了最终的裁定结果。

陪审团认为他们的商议是平静的。他们认为法纳尔的证词可靠，安的证词也很可靠，因为她哭了。“我们感觉到，她知道有问题，”女发言人说。陪审团对斯图尔特和巴卡诺维奇1月16日共进早餐很怀疑，也怀疑斯图尔特为什么在政府调查人员接触之前就雇佣了一名律师。他们对“傻瓜同谋”的说法不屑一顾。“我们认为她是一个聪明的女士，但犯了一个愚蠢的错误。”陪审团女发言人说。[23]

一个名为查普尔·哈特里奇的陪审员认为，这次判决是“因类似非法交易的存在而在股市里饱受损失之苦的小人物的胜利”。[24] 回头看看哈特里奇的背景，斯图尔特的律师团成员认为他在填写问卷的时候不够诚实。当问及是否有前科的时候，他隐瞒了攻击前女友而被捕的事实，除此之外，还有一些其他问题。考虑到查普尔的问题，斯图尔特的律师要求重新开庭。切达鲍姆驳回了要求，认为查普尔的偏见对裁决没有影响。[25]

同时，辩方针对笔迹专家拉里·斯图尔特提出指控，说他在做伪证。因为他在法庭上说是自己做的笔迹检验，而实际上是另一名同事做的。斯图尔特的律师再次要求重审，而切达鲍姆法官再次拒绝这一要求，因为“此项伪证指控与陪审团的决定之间无合理联系，有无可辩驳的证据支持陪审团的裁决。……”[26] 后来，拉里·斯图尔特做伪证的指控也被解除了，因为他的同事曾经有骚扰的历史。[27]

听到判决结果的玛莎·斯图尔特在曼哈顿法庭外。
资料来源：© AP Photo/Julie Jacobson.

判　决

2004年7月16日，玛莎·斯图尔特出现在切达鲍姆法官面前。对法官表示敬意之后，她请求宽大处理，说：“今天是让我觉得无地自容的一天。我请求法官在判决的时候，考虑一下我做的好事以及贡献。”检察官西摩尔认为“斯图尔特是在为自己开脱”，应该受到严厉的惩罚。切达鲍姆回应道：“我相信你已经经历了不少痛苦，而且将来还将继续承受足够的痛苦。”[28] 她最后的判决是5个月监禁外加5个月限制行为，并被罚款3万美元。给出的惩罚是联邦判决指南中最宽大的，这表明，切达鲍姆避免做出最严厉的惩罚。

判决之后，斯图尔特急匆匆地走出了法庭并宣读了另外一项声明：“我非常非常抱歉事情会变成这样，个人的小问题可以带来如此可怕的影响，这简直太可怕了。”[29]

在同一天的另外一次判决中，皮特·巴卡诺维奇的判决结果几乎一样，5个月监禁外加5个月限制行为以及4 000美元罚款。一周以后，道格拉斯·法纳尔出现在切达鲍姆法官面前，满眼含泪地说对其行为表示抱歉。与联邦检察官的合作让他避免了牢狱之灾，最后对他的判决是罚款 2 000 美元。

10 月 8 日，斯图尔特在西弗吉尼亚监狱开始服刑。她提出上诉，但是要两年之后才能被接受。因此她选择服刑。这样一来，围绕她和她的公司的各种流言蜚语就此结束了。

在服刑期间，她在花园里工作，打扫看守人的办公室，每小时挣 12 美分。她不喜欢这里的饭菜，但是交了不少女性朋友。她给她们上瑜伽和企业管理课。2005 年 9 月 1 日，她的限制行动也终于结束了（由于一次违反规定，而延长了三周时间）。同时，她还雇佣了一组公共关系专家为她再造公共形象。小组成员调查了数百个美国人，获悉她的支持者希望看到她的家庭温情。她小心翼翼地参加各类活动，尽量谢绝那些可能涉及监禁的问题访谈。[30]

2006 年，联邦法院驳回了她的上诉。[31] 接着，她和 SEC 和解，后者在 2003 年向她提起内部人交易的民事案件指控。在这个和解过程中，她既不否定也不肯定内部人交易的罪名。她同意在 5 年之内不担任自己公司的董事或者高管，并接受 195 081 美元的罚款。在同案的和解中，巴卡诺维奇也接受了 75 645 美元的罚款。[32] 2007 年 3 月，在法庭要求的缓刑期限结束之后，她的法律纠纷终于告一段落。

问 题

1. 2001 年 12 月 27 日，当她出售克隆系统公司股票的时候，玛莎 · 斯图尔特是否承认犯有内部人交易罪？
2. 检察院和 SEC 是否对斯图尔特做出了公正的裁判？你认为该指控是基于严重罪行，还是检察官有意无意地加入的一些其他的想法？
3. 陪审团认为斯特尔特犯有合谋和妨碍司法公正罪，你是否同意他们的意见？
4. 从监禁和罚款数量来看，她是否受到了适当的惩罚？对皮特 · 巴卡诺维奇和道格拉斯 · 法纳尔的惩罚是否合适？

第 8 章

企业中的伦理决策

原野中的房地产经纪人

在远古时代，甘尼森河流经现在的西科罗拉多。它携带大量泥沙冲刷着岩石，在流经的地方形成了一条长 50 英里的幽深大峡谷。这个大自然塑造的奇观，最深处达 2 800 英尺，而最浅处仅有 40 英尺。它非常狭窄，每天阳光照耀的时间只有 1 个小时，因此得名“黑峡谷”。

1999 年，这一地理奇观成为国家公园，以保护其不受人类破坏。然而，就在公园即将建成的时候，一些投资者合伙组建了有限责任公司 TDX，购买了峡谷南部约 112 英亩的土地。这种在国家公园里由私人拥有的小块土地，被称为私有土地。国家公园内私有土地的所有权问题，早在很久以前就存在了，早于联邦土地保护制度建立之前。19 世纪后期，这种土地大多数都是家宅或者家族矿藏。今天，私有土地大约占美国国家公园 0.5% 的面积。根据法律规定，政府在没有取得所有者同意之前，不能收回或购买这些土地，也不能限制所有者采矿或者行使其他权利。

通过当地一家名为查普曼的地产经纪人，TDX 以 8 万美元购买了黑峡谷中的一块土地。[1] 不久查普曼发布出售豪宅的广告。在去黑峡谷的路上，广告牌处处可见。“出售房屋，占地 40 英亩，美丽的大峡谷，世界一流的日落景观。”[2] 查普曼开价每亩 4 500 美元，这将为 TDX 投资者带来 630% 的回报。

环保主义者被激怒了。房子破坏了峡谷的自然景观，晚上房子的灯光会扰乱峡谷的宁静和黑暗。公园主管提起诉讼以阻止开发，但是法律依据却不充分，美国国家公园管理处建议他和查普曼协商。当时，地块已经被划出，一栋房子也建好了。国家公园管理处试图购买那块土地，但是却无法满足对方的报价。同时，投资者每年支付的财产税仅为 45 美元。

在 1984 年对黑峡谷的一次侵袭中（当时黑峡谷已经成为国家景观遗迹），查普曼代表客户交涉，要求国家公园管理处以每英亩 200 美元的价格赎回该客户拥有的黑峡谷中的土地。为了提高土地价格，查普曼选择了一块比较显眼的土地，威胁说要在这里建一个公司分部。在他买好推土机之后，管理处屈服了，同意以每英亩 510 美元的价格购买土地，以阻止该行为。

8 年以后，查普曼和 TDX 在科罗拉多西部荒野以每英亩 4 000 美元的价格购买了 240 英亩土地。当美国森林管理处表示没钱赎回该土地的时候，查普曼开始建造房子。由于没有公路延伸到这个地方，他们开始用直升飞机运送建筑材料，这里立刻被轰鸣声淹没，建筑材料到处散落。为了阻止对野生环境的破坏，森林管理处同意以 Telluride 附近 107 英亩土地与他们交换。该土地在一个滑雪度假区附近，交换之后，TDX 将该地以 420 万美元的价格出售，给投资者带来 438% 的利润。查普曼从中获利 100 万美元。[3]

这种强迫性的伎俩一次次被使用。他们之所以每每都能成功，是因为这些土地一旦被开发，原野就会消失。在美国，产权保护非常重要，长久以来，联邦法律保护私有财产不受侵犯。然而，查斯曼和 TDX 因掠夺式地大发横财而遭到大量批评，这些金钱本来可以用来保护这些土地，提高观光者的福利。这些投机者赚取了利润后，国家公园却因此资金不足，护林人的收入下降，土地荒芜。有人认为他们的伎俩是不道德的、蛮横的，但查普曼却为自己这样辩护：

> 我永远不会因为成为一名资本家而自责，因为资本主义创造了巨大的产品和服务，也因此让我们能享受到现在的生活。人人都想低价买入商品，再高价卖出，这就是美国。然而，一旦你在国家公园或者国家森林拥有一块土地，你就会突然被说成是一个贪婪的资本家、一个逐利者……为什么野生保护区就不能有资本主义呢？[4]

以上故事揭示出商品伦理的复杂性。投机者利用产权保护作为工具，但是权利并不是绝对的。他们的做法与自由市场中的价值观一致，但是市场机制并非没有瑕疵。在一个公正的世界里，法律和规则是公平的。国家公园内的土地所有者支付了产权税，却不能用自己希望的方式使用或以当前市值出售，这是不公平的。然而，敲诈性的土地开发方式，确实能为少数人带来超额利润，而这些钱本可以用来造福更多的人。

本章中，我们将就如何做出商业伦理决策设定一系列的原则和方法。这包括或大或小的原则、伦理习惯的养成、企业为员工提供的简单程序以及一些有用的技巧。这些方法可以使商业伦理决策更成熟，但它们本身并不能解决商业伦理问题。理性判断仍然是需要的。如果你在公园内拥有一小块土地，你会不会威胁说要在上面盖房子？如果你决定这样做，在面对电视镜头解释原因的时候，你是否会觉得心安理得？当没有明确的法律规定时，规则是什么？本章提供的这些材料，有助于我们回答这些问题。

伦理行为原则

我们可以先从一些简单的伦理原则开始说起——其中一些历史久远，另一些则比较现代。在东西方的哲学和宗教中，如果说没有几百个，也应该有几十个这样的原则。

从更普遍的意义上讲，我们认为每个经理都应该知道和思考其中的 14 条原则。（如下表所示，我们将逐一讨论。）这 14 条原则是行为的基本指导规则，其中每一条都有各自的优缺点。有些原则适用于所有的情况，有些则仅在特定关系中有效；有些非常理想化，有些则试图平衡各种利益关系；有些需要折衷，以便使一些有瑕疵

14 条伦理原则

绝对命令 要只按照你同时认为能成为普遍规律的准则去行动。

传统伦理观 商业就好比一场游戏，在不犯法的前提下，可以触犯道德底线。

公开规则 将伦理问题解释给更多人听，例如报纸读者、电视观众或者家人，以此事检验伦理决策。

中庸 美德即中庸，过头的话或者行为都不是美德。

结果—手段伦理观 结果可以证明手段。

黄金律 你要别人如何对待你，你就如何对待别人。

直觉伦理观 对或错的判断来自于个人内心的感觉。

强权即公理 正义无非是强者的利益。

组织伦理观 忠于组织。

平等自由原则 一个人有自由行动的权利，除非这种权力妨碍了其他人正当的自由。

权衡性原则 针对既可能产生正面影响，也可能产生负面影响决策的一系列规则。

权利伦理观 每个人都有自己的权利，其他人有义务尊重这些权利。

公正理论 每个人都必须为社会利益而努力，以维持社会契约。

功利主义伦理观 大善为大多数人服务。

的行为看起来合理。还有一条类似于权力的原则，即公平地对待不光彩行为，我们也在此列举这一原则，因为这是一条从远古时代就已经存在的伦理原则。

这些原则是 2 000 多年来伦理思想的结晶。它们在某种程度上为解决伦理困境提供了方法，它们不是模糊抽象的概念，而是可以指导人们行为的有生命力的原则。[5] 我们将按照字母顺序逐一阐述这些原则。

绝对命令

绝对命令（categorical imperative，从字面意思上讲是应该绝对服从的命令，不存在例外）是德国哲学家康德在 1785 年出版的《道德形而上学原理》中提出的一种原则，用于指导伦理行为。用康德的话来说："要只按照你同时认为能成为普遍规律的准则去行动。"[6]

换句话说，一个人所采用的原则必须与其他人所采用的原则保持一致。说谎、偷盗和违背诺言应该被排除在外，因为如果它们取代了说实话、财产权以及遵守诺言，社会很可能就会解体。根据这一指导原则，一个管理者在面临道德抉择的时候，必须按照任何人在任何环境下都认为正确的方式行动。每一次行动都可以通过以下提问进行判断："这种行为是否符合普遍行为准则的要求？" 这种快速的**普适性检验**（test of universalizability）得到了广泛的认同。

康德是一个极端完美主义者。他每天在同一时间走过同一条路，准时出现在路上的每一处，以至于邻居把他当作钟表。他离开家时，会把一条绳子拴到袜子顶端，再把绳子系到皮带上的弹簧上。这样走路时，这个奇特的装置总能把袜子拽紧而不松弛。他的伦理哲学思想也相当完美,这也成为其缺点。康德的绝对命令教条而僵化。所谓的普遍规律必须能运用于各种特殊情况，不存在例外。然而，现实生活对这种简单的、单一伦理法则提出了挑战。如果竞争对手问你，你的公司下一年是否计划在德克萨斯销售衬衫，你必须如实回答这个问题吗?

传统伦理观

传统伦理观（conventionalist ethic）认为，商业就好比一场游戏，允许特别的、较低的道德底线。在商业活动中，只要不违背法律，人们就可以为自己的利益采取行动。这种伦理观念由来已久，许多年前，阿尔伯特·卡尔写了一本非常流行的书，名为《商业游戏》。[7] 卡尔说："如果一个企业高管在决策时将自己掰成两半，一半基于商业行为，另一半基于个人的伦理标准，他将承受巨大的心理压力。"[8]

商业可以看做是一种类似扑克牌的游戏，其中的规则与我们生活中的规则有所不同。以商业游戏伦理准则为标准,管理人员就可以虚张声势骗人(撒谎的委婉说法),可以利用各种法律和习俗的漏洞。卡尔用两个例子来说明宽松的游戏伦理规则。第一种情况，一个有良好工作业绩的销售人员失业了，他特别害怕别人歧视他，因为这时他已经 58 岁了。于是，他把头发染黑，并且在简历上注明自己只有 45 岁。第二种情况,一位求职者需要说出自己常读的杂志,他决定不选择《花花公子》《国家》和《新共和党》，尽管他常常阅读上述杂志。为避免引起争议，他选择了较为常见的杂志如《读者文摘》。[9]

传统伦理观遭到那些将社会伦理和商业伦理视做一体的人的批判。他们认为，商业影响了许多人的生活，不是一个可以随意对待的游戏。作为一个原则，传统伦理观很难为办公室欺诈行为提供判断标准。

公开规则

公开规则（disclosure rule）指的是，当面对伦理困境的时候，如果管理者向大众解释自己的决策，会有怎样的感觉？这种简单的方法在许多公司的伦理准则上都出现过。Baxter 国际公司的《全球商业行为标准》阐述了这一原则，它用两个问题测试伦理问题：

- 我的经理、上级、同事或者家人将如何看待我的行动？（"他人"测试）
- 如果我的做法被登在报纸上或上了电视,我会为我的行动感到骄傲吗？（"发布"测试）[10]

该规则适用于甄别贪婪和嫉妒等动机，这类动机在披露后不会被大众接受，但如果一个伦理困境存在多种强有力的争论，该原则将无法给出清晰的判断。另外，一个公开后也可以被接受的行为，并不一定是最合乎伦理要求的。

中庸

亚里士多德在《尼各马可伦理学》中提出这一伦理标准，被称为**中庸之道**（golden mean）。这一原则提倡“适度”这一美德。[11] 正确的行为处在两个极端中间，而极端行为要么过度，要么不足。在伦理决策中，决策者首先必须搞清楚其中涉及的伦理问题（如诚实），并且在过分（高调）和不足（低调）之间，寻求谦逊和适度的行为。

在国际电话电报公司，哈罗德·吉宁要求经理们牺牲自我。在那个年代，精力、忠诚和意志都只为公司而存在，不停的工作成就了企业的辉煌。在他任期内，公司连续 58 个季度持续盈利。他培训的 130 个经理相继成为其他公司高管。[12] 然而，这种做法也给某些人的婚姻和家庭带来了问题。如果说国际电话电报公司的做法符合伦理标准，则意味着某些人需要牺牲家庭生活。[13] 在亚里士多德看来，这是错误的。

当今认同中庸的人越来越少，但谦逊作为一种美德融入了西方社会之中。中庸本身不够确切。从表面看来，它只是要求人们保守行事，不走极端。但是，像节制和诚实这样的美德，只是被定义为处在两种极端之间，它们究竟是什么，则存在各种不同的解释。

结果–手段伦理观

这条原则非常古老，最初以古罗马的格言**“结果可以验证行为是否正当”**（existus acta probat）和“结果可以证明手段有效”的形式出现，它常常与意大利哲学家马基雅维利联系在一起。马基雅维利在 1513 年的论著《君主论》中说到，有益的结果可以验证方法的有效性。当目的特别重要的时候，可以不择手段。[14] 面对伦理抉择时，决策者可以考虑是否对整体有利（如公司或者国家生存），而采取妥协的方法。

20 世纪 80 年代，甲骨文公司飞速成长。为了保持这一增长速度，创始人兼首席执行官劳伦斯·艾利森强迫销售人员必须把每年的销售额翻一番。这一压力使销售人员采用各种方法完成销售任务。1993 年，因为甲骨文存在重复计算销售额、虚开发票、违背会计法将未收账款计入销售额等不正当行为，联邦证券交易委员会对甲骨文进行了罚款处罚。[15] 然而，甲骨文公司借助这一策略在数字化市场脱颖而出。今天，甲骨文已经是一个销售额达 144 亿美元的公司，艾利森也成为一个亿万富翁。甲骨文雇佣的员工达 56 100 名，其中许多都成了百万富翁。它的软件让政府、企业和大学更有效率。它在 60 个国家纳税，还拥有广泛的企业社会责任项目。结果–手段伦理原则能够为该企业创建期间的竞争伎俩作出伦理判断吗？

为达目的不择手段的管理者，在承认高尚美德的同时，不得不在道德上做出一些妥协。但在解决道德问题时，手段可能同目的同样重要，甚至更加重要。另外，如果经常使用权宜之计，伦理标准将永远不可能得到提升。

黄金律

这一原则可以在伟大的宗教和哲学著作中找到。几个世纪以来，**黄金律**（golden rule）一直是道德选择的普遍指导原则。简单地说，该原则意味着："你要别人如何对待你，你就如何对待别人"。它包括不能有意伤害他人。为解决某个道德问题，管理者应该从对方角度，设身处地思考他人如何受决策影响，并考虑什么样的行为对他人最公正。

与黄金律有关的一个原则是康德提出的**实践律令**（practical imperative）。它可以表述为："以人道的方式对待自己和他人，这是目的，而非手段。"该原则鼓励管理者把员工视为目的，而不是为了公司自身的利益目的，粗暴地把员工当做生产要素来操纵。

1900 年前后，哈里曼拥有南太平洋铁路，火车事故每年造成五六千人死亡。某次视察的时候，他的火车撞上一节停放的车厢，差点造成翻车，原因是有人忘记安排信号员。哈里曼坚持解雇整个团队而非仅仅解雇地勤组长。一个高管为他们求情，认为不能如此残酷地惩罚所有人。哈里曼说："也许你是对的，但是这么做可以挽救许多生命。我想使每个与经营活动相关的人都感受一种责任意识。现在，所有人都知道有个人没有拿着旗帜坚守自己的岗位。"[17] 哈里曼利用这次事故向所有员工发出了一个信号，那就是员工不再被视作单独的个体，他们作为一个集体接受惩罚可以警戒公司里的其他员工。

管理者可以通过**换位测试**（test of reversibility）考察自己的行为是否与黄金律和实践律令相一致，也就是问自己"是否愿意和被你影响的人或者人们交换一下位置？"黄金律的一个问题是，人们的价值观相去甚远，他们很可能在推己及人的时候将自己的偏好强加到别人身上。另外，在处理人际关系的时候，这个原则很完美。但是，将其应用到个人利益服从企业利益的商业领域时可能就会有困难。

直觉伦理观

直觉伦理（intuition ethic），正如哲学家乔治·爱德华·摩尔在他的《伦理学原理》（1903）一书中提出的，直觉可以辨别什么是善。[18] 也就是说，人们天生有一种道德感觉，通过直觉他们能够理解是和非之间的差异。解决伦理问题的关键在于，做自己感觉或理解上正确的事情就行了。

大多数人决策的时候都不是先做一番逻辑推演，而是凭直觉做出决定。有时候，如果出现了伦理问题，人们会感觉很糟糕，总认为有什么不妥。伦理直觉不是一个简单的无根据的自我判断过程，而是社会化、角色期望和个性发展的结果。每个人终生都在上伦理课，这样会形成强烈的伦理感觉。尽管有时候会出差错，但直觉往往很准确。

有些公司强调直觉伦理，并将其作为员工的行动指南。例如在康明斯公司，员工需要问自己："对于这些行为，你是否感觉到不舒服？""如果感觉到不舒服，那么不要做。"[19] 美国道化学公司的员工在面临伦理困境的时候，需要问自己："对于现在的情况和行为，你觉得什么是对什么是错？"[20]

直觉伦理也存在问题。这种方法太过主观，自我利益可能与伦理判断交织在一起，不存在独立于个体之外的伦理标准。如果管理者说："因为我就是认为它是错误的"，这对他人来说毫无说服力。另外，直觉伦理很可能没法给出清晰的答案。[21]

强权即公理

这个古老伦理的经典表述，来自于雅典的修辞学老师特拉西马库斯。他在与苏格拉底辩论时声称："正义无非是强者的利益。"[22] 自此以后，无论是在思想还是行为上，任何一个时代都能找到这种伦理观念的影子。在商业领域，这种观念通过竞争战略和市场策略得以体现。伦理意味着更强大的个体或企业将自己的力量强加到弱者身上。当面临伦理决策时，人们往往会考虑自己的优势，而不是高尚的情操。

19 世纪 60 年代，横跨大陆的铁路干线的老板本・霍兰德，基于如上观念制定了完美的竞争策略。采用低价策略经营新的路段，亏损由其他垄断路段获得的利润加以弥补，他用这一方法挤垮当地的竞争对手。1863 年，科罗拉州中心城市和丹佛之间的铁路每站收费 6 美元。霍兰德开通了一列新型的豪华列车，收费才 2 美元。竞争对手很快被击垮了。接着，霍兰德用原始的、类似于四轮运货马车的车厢代替了豪华车厢，并把费用提高到 12 美元。

强权伦理观的弱点在于混淆了伦理和力量之间的差别。强大的力量和按伦理义务行动之间存在巨大差异。伦理原则因为强权而失效，这既不符合逻辑又是无效的，尤其是在文明社会中。它很可能会招致报复和谴责，而且也不符合长期利益。强取豪夺违背了合作与互惠原则，而整个社会恰恰是建立在这些原则之上的。

组织伦理观

简单来讲，该原则就是“忠于组织”。这就意味着个人的愿望和需要都要服从组织（可能是企业、政府、大学或者军队）利益。组织成员的行为，应该与组织目标保持一致。这种伦理观产生合作和相互信任。

许多员工对组织有一种超越私利的深层次的忠诚感。一些美国人不顾自己的身体健康，不计报酬地长时间超负荷工作。在亚洲社会里，集体主义价值观普遍存在，个人对公司的认同感和归属感非常强。在日本，雇员害怕团队成员或者其他同事对自己失望，每天坚持工作，哪怕伤残也如此。这种行为十分普遍，以至于日本语言多了一个名词——过劳死（karoshi）。

该原则的缺点在于，忠于组织很可能会成为某些不道德行为的借口。在纽伦堡审判中，以战争罪的名义判决纳粹分子，说明西方社会希望组织成员的行为符合自己的良心。正如没有任何一个战犯可以以服从军事命令为由为自己辩护，也没有一个管理者可以声称，自己只能绝对服从组织，没有判断对错的自由。

平等自由原则

该原则由哲学家赫伯特·斯宾塞在其 1850 年的著作《社会静力学》中提出。斯宾塞说:“每个人和其他人一样,都有权获得最大限度的自由以发挥他的才能。”[23] 因此，一个人有自由行动的权利，除非这种权利剥夺了其他人的正当自由。斯宾塞认为这是社会伦理行为的首要原则，因为只有当个体自由而免受其他个体侵害时，人类才能进步。

运用该原则时，每个人都需要思考自己的行为是否会限制他人的合法行为。大多数人都知道谚语：“你有权挥动拳头，但是不能打到我的鼻子。”

该原则的缺点是，它没有为两种相互冲突的权利划定界限。这时需要根据另一个原则来决定哪种权利优先。认可这一原则而做出的伦理决策，很可能以牺牲一方利益为代价去成全另一方。例如，所有员工都有隐私权，但是，管理者一旦使用监视装置防止偷窃的时候，就侵犯了员工的隐私权。

你说要航行去罗马（你这样告诉我）拿诺萨斯国王给你的邮件。你不愿意待在家中独享过去的荣耀。你还想要得到更多、更引人注目的成就。但是你为何不反思你自己的为人原则，并抛弃其中那些不好的东西？

资料来源：艾比克泰德，《谈话集》公元 120 年。

权衡性原则

权衡（proportionality）这一理念源于中世纪基督教神学，适用于既有正面影响又有负面影响的伦理决策。例如，小口径、短管、低价的手枪被戏称为“星期六晚上的特产”，它对社会造成了双重影响。犯罪分子可以很容易获得这种便宜且容易隐藏的武器。但是，在高犯罪率地区，买不起价格昂贵（1 000 美元以上）的大口径手枪的穷人也需要自卫，这种手枪是便宜的自卫工具。在类似情况下，如果管理者的行为既可能带来好的影响，同时又可能带来伤害，就可以运用这种权衡伦理原则了。

托马斯·格莱特对此原则有经典的论述。他认为管理者应该对其行为所造成的后果负责，不管这种后果是好还是坏。该原则允许他们接受可预期但并非自愿伤害他人的风险（比如，遭手枪射击的无辜受害者），前提是他们必须正确权衡以下 5 个因素。

首先，管理者必须评价涉及的**善与恶的类型**（type of good and evil），并且区分主次。其次，他们应该估算情况的**紧迫性**（urgency）。例如，不裁员公司是不是就会垮掉？第三，他们必须估计好结果和坏结果出现的**概率**（probability）。如果有利情况确定无疑，而损害并不会马上出现，那么该行为就是有效的。第四，必须考虑**影响的强度**（intensity of influence）。例如，在考虑手枪伤害的时候，生产商可能认为，犯罪只是失控下的偶然行为。第五，必须考虑是否有**备选方案**（alternatives）。例如，如果广告鼓励错误使用产品，那么最合适的伦理行为就是改变它。格莱特认为只要将以上 5 个因素通盘考虑，就能够做出完全合乎伦理的决策。[24]

与权衡原则很类似的一个概念是**双重影响原则**（principle of double effect），即当决策可能带来正面也可能带来负面影响时，只要具备以下条件：（1）正面影响超过负面影响；（2）管理者的目的是为了取得正面的结果；（3）没有更好的可替代方法。管理者也可以做出合乎伦理的行为。[25]

这些原则错综复杂，需要考虑许多要素，管理者必须站在企业的角度，思考并权衡这些要素。

权利伦理观

权利保护人们免受迫害并赋予他们想要的自由。在西欧启蒙运动中，作为反中世纪宗教迫害的产物，出现了一场影响力巨大的哲学运动，并界定了**自然权利**（natural rights），这种权利可以从人的天性中推演出来。多年以来，许多自然权利都取得了合法地位，并上升为**法定权利**（legal rights）。

西方国家普遍尊重和保护一些基本权利，包括生存权，言论、信仰、宗教及隐私等自由权，免受不公平改革和不平等法律影响的权利，以及投票和游说权等政治自由。东方国家，尤其那些受中国传统文化影响的拥有集体主义价值观的国家，对个人权利往往不太重视。

权利意味着义务。因为一旦一个人拥有受到法律保护的权利，其他人就有义务尊重这些权利。例如，管理层不应该使用不安全的机器，因为这将剥夺工人的安全工作环境权。该权利基于保护人们免受他人不慎行为造成的伤害这一自然权利。在《职业安全与健康法》中也包括该权利。如果操作机器造成的某些风险不可避免，那么工人有权要求对风险进行准确评估。

在美国的伦理争议中，权利理论占据了非常重要的位置。对权利的尊重可能会导致一个问题，即这种尊重会演变成维护私利和自我权利的工具。权利不是绝对的，其范畴也很难界定。例如，每个人都有生命权，但是，工厂每天排放致癌物质无疑将人置于危险之中。绝对的生存权要求停止这些生产活动（比如提炼石油）。诸如生命权等权利，往往会在大众利益面前遭受严重削弱。

公正理论

公正理论（theory of justice）认为，每个人的行为必须以社会公共利益为出发点。维持社会稳定非常重要，因为很多权利，包括生命权，只有在一个文明社会中才会受到合理保护。因而，公正论的一条基本原则就是，应该以维持社会契约的方式行动。从广义上讲，这意味着对他人公平，并且要构建公平的制度体系。在商业活动中，按照公正论的要求，应该维持团体之间的公平合作关系，并建立制度来保障这种关系。

在社会中，个人能否得到公平机会由基本的经济及政治制度决定。企业和政治团体等组织的诞生，对每个人的利益和生活方式都产生了深远影响。当代哲学家约翰·罗尔斯为设计一个正义的社会，创立了一系列有影响力的原则。约翰·罗尔斯认为，理性人实际上处在“无知的面纱”后面，并不清楚自己在社会中的位置（如社会地位、社会阶层、经济财富、智力和知识、外表面貌等）。但是，他们知道人类社会的一般事实（如政治学、经济学、社会学和心理学理论）。有两条原则可以保证他们所创造社会的公平性。第一条，“任何人都和其他人一样，拥有广泛的基本自由。”第二条，“存在社会和经济不平等，只要：(a) 从逻辑上讲对每个人都有利；(b) 与每个人的职务与职位有关，该职务与职位对每个人都敞开大门。”[26] 总之，如果能使大量处于不利地位的社会成员生活得更好，则允许一定程度的不平等存在。

罗尔斯原则所提倡的公正和平等对待从理论上讲非常伟大，甚至可以为某些商业决策提供灵感，但是，该原则最适合分析广义的社会问题。要让它适用于日常商业运作，还需要更具体地界定公正。管理者可以在三个领域中找到公正的指导原则，如图 8.1 所示。

图 8.1
公正的三个领域

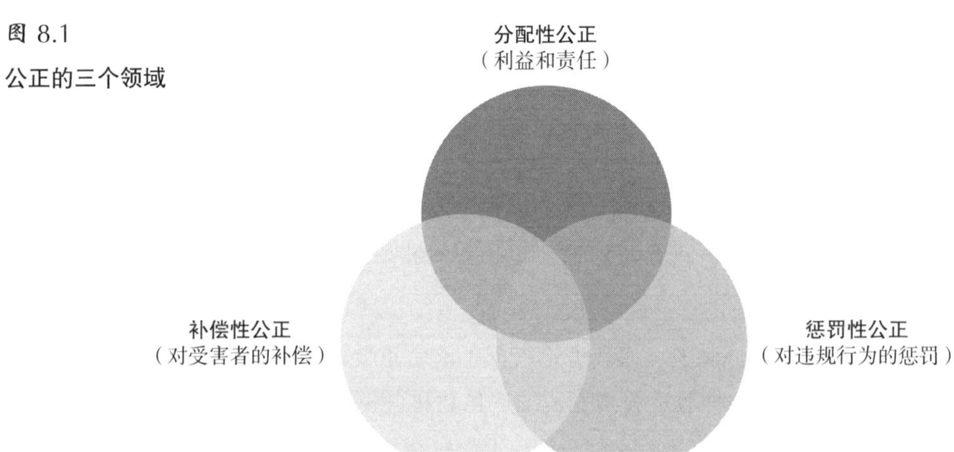

分配性公正（distribuitive justice），要求公司的利益和责任按照公正无偏的标准进行分配。基于个人友谊和关系而不是业绩进行奖励，就是不公平的。所有的法律、规则和流程适用于所有人。**惩罚性公正**（retributive justice）要求公正无私地惩罚那些违规行为，而且惩罚力度要与罪行相匹配。如果一名管理者挪用了 1 万美元，归还后可以继续留在企业工作，那么，一名偷窃了 5 美元的出纳就不应该被开除。**补偿性公正**（compensatory justice）要求受害者得到公正的赔偿。一家企业损坏了附近的环境就应该将其恢复到原状，伤害了顾客就必须进行赔偿。对一个有序的社会和组织而言，公正能够保证个人权利，满足个人需求。

功利主义伦理观

功利主义伦理（utilitarian ethic）是在 18 世纪晚期到 19 世纪中期由英国的多名哲学家，包括杰里米・边沁和约翰・斯图加特・穆勒等共同发展起来的观点。功利主义伦理观认为，促进幸福的行为是正确的，而导致不幸的行为是错误的。功利主义者倡导人们采取能促进绝大多数人幸福的方法，或者如我们今天对该思想的表述：“为大多数人带来最大程度的幸福。”

在使用该原则进行决策的时候，必须明确行为所造成的损害是否超过收益。如果该行为可以使利益最大化，那么它便是众多选择中的最优行为。决策者应该让快乐最大化，并努力减少痛苦。当然，这并不意味着只考虑自己，而应该考虑受该行为影响的每一个人。功利主义为决策时如何比较各种方案的伦理后果提供了切实可行的途径。它是一个十分常用的原则。成本收益分析是其逻辑和内在本质。

功利主义在实践中的最大问题，在于会引发利己主义推理。它为资本主义诸多

男女在伦理思维方面有何不同

哈佛大学的劳伦斯·柯尔博格教授因研究道德认知发展而闻名，他发现儿童在成长过程中，其道德认知可以分成 6 个阶段。[27]从单纯自私阶段，发展到能够运用伦理原则阶段。根据柯尔博格的理论，不是每个人都可以达到最高的伦理推理阶段，大部分人只能够达到中间阶段。

为了建立和验证他的理论，柯尔博格用 20 年的时间研究 84 个男孩的伦理思维发展。其他人在他的研究基础上进一步发现，女性在伦理推理中很少能够到达最高阶段。其中的原因是什么？女人是否不如男人讲道德？柯尔博格的同事卡罗尔·吉里安教授试图回答这些问题，她研究了 144 个年龄在 6~60 岁之间的男性和女性，试图得出他们的道德发展规律。[28]

吉里安发现，男性和女性在伦理推理方面存在很大差异。在她的研究中，男性把自己看成一个在讲究竞争和强调等级社会中的独立自主的个体，于是，他们对于伦理的思维就强调对个体权利的保护，强调用规则来约束和控制侵权行为。另一方面，女性认为世界是由各种个人关系组成的，人们在这个世界中相互关联，控制和等级并非是主导性的。女性不会使用抽象的规则和原理来为行为设置清晰的边界，她们强调相互之间的同情、关怀和责任。她们不会特别强调和拘泥于伦理，她们与男性不同。

柯尔博格根据男性的伦理推理来建立自己的理论，而吉里安则提出同样有效的观点，证明女性的伦理思维是不同的。在她看来，存在一种“关怀伦理”，也就是说，人们应该同情他人、避免彼此伤害、尊重别人。关怀伦理在商业环境下遭到损坏，例如过于强调上下级关系、利用客户、欺骗合作者，或者强调个人的绩效而损害同事的利益等。

如果吉里安是正确的，那么就说明男性强调规则、个人权利以及某些并不公平的责任；而女性则强调关怀，并把内在的情绪动机作为判断行为是否正确的标准。但是，即使这种不同真的存在，在商业环境下，这种不同似乎消失了。对管理者进行的研究发现，他们在伦理决策中的表现和年轻人以及学生不同，但他们在伦理决策时并没有表现出明显的性别差异。[29]

社会弊病找到了一个合理的借口。自 19 世纪 50 年代以来，人们一直以此为依据，辩称商业和制造业所带来的整体利益要大于社会成本。由于“利益最大化”的定义较为主观，因而其考量经常只是权宜之计。与此相关的另一个问题是，由于决策是为了所有人的利益，功利主义者的决策难免会产生侵害个人或者少数人的权利。功利主义没能恰当处理个人和社会利益，也没能找到同时保护个人和社会的恰当方法。[30]

用原则推断

与下意识的伦理直觉不同，利用伦理原则可以提高推断力，尤其是在复杂的情境下。比如说某银行的一名出纳员某天偷了20美元，主管觉得偷窃是错误的，并且解雇了该出纳员。伦理常识告诉我们，在这种情形下，这样处理是正确的。但是，下面的情景则很难找到简单的解决方法。

> 我在一家即将关闭的企业分部做经理。为了避免不必要的恐慌，关闭的事情一直保密。这时候一个同事找到我，问我现在是不是买房子的合适时机？
>
> 我知道这个人的工作前景暗淡。但是，如果我透露了这个秘密，那么将无法履行我作为一名企业领导应该保守秘密的责任，并且很可能会将企业置于谣言和恐慌之中。对此，没有较好的解决办法。
>
> 我认为保持缄默是我的工作职责。然而，现在这个人作为朋友和同事向我征询意见，而我掌握他需要的信息。对于任何一个有同情心的人——我认为我还算有点同情心——作抉择真的很难，非常难。
>
> 最后，我什么也没说。这个人买了房子丢了工作。秘密是保住了，但是直到10年后，我仍然多次设想，如果时光倒流，再次面对该情形时，我究竟该怎么做。[31]

这是一个让人烦恼的情景，是由当前复杂的组织生活造成的。上述情景中的主人公用直觉伦理分析问题，让自己处于一个伦理困境当中。类似的情况着实让人苦恼。在这种困境中，简单的伦理说教，如"说真话"或者"公平"，都无法解决问题。让我们运用3个伦理原则试试看，每一个原则都给出了独特的视角，这三个原则分别是功利主义、权利伦理和公正理论。

功利主义要求这个管理者评估在所有可供选择的方法中，到底哪个能够给公司和所有的员工带来最大利益。一个坦诚的答复会带来企业经营上的混乱，工作效率下降，甚至蓄意破坏。保守秘密则给想买房子的这个员工或其他人带来困境。权衡之下，该经理必须保护大多数人的利益，包括顾客、股东和现有员工。

从权利的角度讲，员工有权知道事实真相，管理者也有义务说实话。另一方面，不存在绝对的权利。公司有权利保护自己的财产，这种权利必须与员工知道真相的权利进行权衡。另外，该经理既然已经承诺保守秘密，就有遵守诺言的义务。

从公正的角度来看，公司必须保证公平，平等对待所有员工。分配公平要求不偏不倚，利润和风险共担。只告诉一个员工裁员的消息而不告诉其他人并不公正。

运用功利主义、权利和公正原则分析之后，该经理保持缄默可以接受。在平衡权利的时候需要一些判断，但是，三个原则都支持经理的决策。当然，该经理的直觉并没有错。这一情景要求有意或无意的不诚实、牺牲特定个人的利益以实现公司目标，尽管不诚实违背了诚实这一规则。这一解决方案既有有利的一面也有有害的一面。在这种情形下，运用双重影响原则来做决策也是恰当的。此时，公司利益超过了一个员工的利益，经理的本意不是伤害员工而是保护企业，并且没有其他更好的选择（也许经理可以选择“和稀泥”或逃避问题，但这会引起该名员工的疑心，而且无助于解决伦理困境）。因此，双重影响原则也证明经理的行为是正确的。

品格发展

除运用伦理原则外，品格的发展也是伦理行为的重要来源。品格发展是伦理行为的源泉，这一理论也称为**美德伦理**（virtue ethic）。它源于希腊哲学家亚里士多德。他相信，伦理美德是习惯的结果。[32] 他认为，从本质上讲伦理决策需要做出选择，我们形成了品格或伦理美德之后，就可以习惯性地做出正确决策。正如我们可以通过每天的练习学会弹钢琴一样，我们通过持之以恒的练习也可以获得美德，我们越自觉，就越能做出正确的伦理决策。一个具有美德的人，其伦理行为发自内心，而不是遵从或者运用外在的抽象原则。柏拉图界定了四项基本美德——公正、节制、勇气和智慧——也被称为**核心美德**（cardinal virtue）。随着时间推移，其他一些美德也不断被提出，包括谨慎、敬畏、仁慈、希望和正直。[33]

实践这些美德伦理，需要人们在不断做出正确决策的过程中自觉提高内在修养。然后，内在美德使人不断产生道德行为，并强化个体的内在美德。三联科技公司的 CEO 所罗门·梅诺拉离开芝加哥以后，给这个城市寄了一张 25 美元的支票，他认为这些年来自己有时会忘记交停车费。[34] 这种行为是一种诚实的美德，而不是运用任何抽象原则的结果。

依靠美德行动，并非否定本章提及的那些伦理原则。有美德的人在他们的伦理原则推理时更加成熟。

伦理决策的建议

我们可以采取有效的步骤来界定和解决商业中的伦理问题。下面是一些建议。

首先，学会用原则和理性概念如普遍性、可逆性、均衡性、效用等思考伦理问题。这些概念可以帮助我们清楚地界定伦理问题，提高解决伦理问题的能力。

其次，运用一些简单的决策技巧来分析可供选择的方案。哲学家罗素认为，与想象中的反对者进行对话有助于伦理抉择。从某个角度写一篇文章，然后再从另一个角度反驳它。在公司中寻找有经验的、对伦理问题敏感的人作顾问，这种人在展现公司或者行业的伦理氛围方面可起到积极的作用。

使用两栏式表格，将不同方案的反对和支持意见分别写进去，将其中类似的因素划去，直到两边只剩下重要的因素。这种列表可以方便地组织信息，并将零散的、情绪性的因素排除在外。而且，随着越来越多的相关因素的出现，往往能够给决策者带来更多的灵感。

另外一个技巧是**关键问题方法**（critical questions approach）。针对某个特定行为，你可以询问自己这一行为涉及哪些伦理问题。这种方法在公司伦理决策中经常用到。如果很好地组织了这些问题，员工回答时就需要考虑公司重要的政策、原则和关系。比如 Raytheon 公司的行为手册中，设定了 24 个关键问题以便员工做出“正确的事情”。[35] 洛克希德—马丁公司也有类似的手册，但关键问题没有那么多。

快速测试——有疑问的时候，问你自己

- 我的行为合法吗?
- 我是否公正且诚实?
- 我的行为经得住时间的考验吗?
- 事后我的感觉怎样?
- 如果公布在报纸上会如何?
- 我今天晚上能睡安稳吗?
- 我希望我的孩子这么做吗?
- 如果我的家人、朋友和邻居知道我所做的事情后，我会有怎样的感觉?

如果你还不确定应该怎么做，继续提问……直到你清楚自己应该怎么做。[36]

这些关键问题综合运用了许多伦理推断方法，其中一些涉及基本的信条，如“遵守法律”、“说实话”，其他还包括公开伦理观和直觉伦理观。

第三，尽早为不同的伦理价值观排序。严重的伦理困境会带来巨大的压力，而清晰的价值观可以通过减少焦虑和安抚良心达到减轻压力的效果。例如，当你必须为坚守诚信牺牲销售量的时候，如果事先持有“诚信比金钱更重要”的价值观，会很有帮助。

第四，开诚布公地面对伦理问题。检查你的工作环境，发现伦理冲突的根源。然后告诉你的下属，你反对虚报成本、反对偷窃公司原材料、反对价格欺诈、反对歧视少数族群，等等。这将打消他们贿赂你的念头，对大众的责任迫使你坚持原则，否则会遭受耻辱。

第五，为员工树立一个榜样。这是管理者应该做到的。讲究伦理的管理者能够创造一个伦理的工作环境，不讲道德的管理者只知道挣钱。但是，他或公司将为此付出代价——也就是个人的诚信。员工看到他们的上级采取不道德的行为时，他们在未来也会这样做。

警　示

洛克希德—马丁为所有员工提供下面这个清单，告诉员工当他们听到其中的任何一句话时，就意味着他们遇到了伦理问题。

- 也许，就这一次。
- 没有人会知道的。
- 只要能解决问题，如何解决并不重要。
- 看起来太好了，像真的一样。
- 每个人都这么做。
- 毁掉那些文件。
- 我们可以不让人知道。
- 没有人会受到伤害。
- 对我有什么好处?
- 这将毁掉竞争。
- 我们没有进行过这种谈话。

资料来源：Lockheed Martin, *Setting the Standard*, April 2006, p. 51. Reprinted with permission.

第六，想法必须转化为行动，伦理行动常常需要巨大的勇气。判断比行动容易得多。坚持伦理时会激怒某些人，甚至可能损害公司利益，而且常存在个人风险，比如丢掉饭碗。

第七，培养对他人的同情和仁慈之心。“什么是伦理？”对此问题的回答仁者见仁，智者见智。马可·奥勒留写道：“当你被别人的过错激怒时，应该设身处地为他人着想。举例来说，钱是一个好东西，但也应该认识到快乐和名誉也各有好处。”[37] 理性的管理者在诸如外包的公正性或员工的基因测试等方面的看法也是各不相同。

伦理完美主义只能是一种幻想。我们生活在一个道德复杂的文明社会，其中有着无数的规则、规范、义务和责任。好比路标，大多数时候都指向同一个方向，但有时候所指的方向也不相同。没有任何决策能够终止冲突，没有任何原则绝对正确，也没有哪个管理者完美无瑕。有一个关于詹姆斯·坎菲尔德在俄亥俄州大学就任校长的故事。和他一起出席仪式的包括连任校长职务达 20 年之久的哈佛大学校长查尔斯·伊利亚特。在接过权力棒后，坎菲尔德坐在伊利亚特旁边，伊利亚特悄悄地说：“年轻人，你现在是校长了，你的职员会说你是一个说谎大王。”“当然，”坎菲尔德说，“您的职员没指责您是一个说谎者吗？”伊利亚特回答道：“不仅如此，孩子，他们还证明了此事！”

结　论

通往伦理行为的路很多，不是所有的管理者都喜欢用伦理学原则和概念来解决商业世界中的伦理问题。但通过学习这些原则和指导方法，在面对伦理问题时，一个人会更加敏锐，在纠正错误时，也会更有办法。此外，本书案例中的许多伦理问题，都可以运用本章所讨论的原则和建议进行分析，我们希望大家在本章学习到了重要

伦理推理小问题

的概念和工具。

以下情景包含伦理冲突。尝试界定其中存在的伦理问题；然后运用前两章中的概念、原则和方法解决这些问题。

充满疑义的升职

作为一家大型会计公司的主席，你准备将自己的一个副主席提升为合伙人。你的决策基于她8年来在公司中的卓越业绩。新来的人事主管最近正在推行简历审查政策，审查任何新进员工或者即将晋升但没有进行过简历审查的员工。很不幸，审查发现，尽管这个副主席声称她在密歇根大学进修过MBA项目，但是她在完成最后20个学分前就离开了学校。你会坚持提拔她，维持她原先的位置，还是辞退她呢？

海军上将和小偷

当海军上将托马斯·韦斯特法尔接受了美国朴次茅斯海军造船厂的任命之后才发现，偷窃军队物资已经成为人们的习惯行为。这真是一个天大的玩笑，因为当地许多人的房子都漆成了灰色，而油漆是从海军造船厂偷来的。韦斯特法尔上将发布命令，禁止偷盗军队物资，并声明将严格处罚偷盗行为。命令颁布几天后，有人发现两个雇员从基地带走了大约价值25美元的聚甲基丙烯酸甲酯有机玻璃。韦斯特法尔立刻将两人解雇，还解雇了一名为船厂服务了30年的保管员，使其丢了工作和养老金。韦斯特法尔表示：“我所做的事情让很多诚实的人感到高兴。”上将的行为是否符合伦理？

山姆、赛丽和海特

山姆、赛丽和海特都被解除了中层管理者的职位。山姆和海特对于自己的不幸深感懊恼。在人事部举办的离职会议上，他们很紧张、口齿不清，表现得相当温顺。他们接受了公司提供给他们的解雇赔偿（两周的工资加保险），没有任何异议。赛丽则恰恰相反，她对失去工作非常生气。在离职会议上，她不停抱怨公司给她的解雇赔偿，威胁说要起诉，要求更多的赔偿。她因此得到了额外一周的赔偿，而另外两个人则没有。该公司在对待员工的时候是否公平？

人格测评

你的一个潜在雇主让你填写一个心理测评。下面是部分内容，包含了你将要填写的一些问题。

你知道最好能将答案控制在“正常”行为模式范围内。你猜想人事部门会排除掉哪些个性非同寻常的人，你努力猜想什么样的答案是正确的，并将它们填写在测试问卷上。这是否符合伦理？

	是	不是	很难说
我晚上很难入睡			
我担心和性有关的事情			
有时我感觉手和身体脱节			
我有时候会喜欢闻一些怪味			
我喜欢高中时期的舞蹈课			
不是所有的朋友都喜欢我			
工作常常是一种压力			

AL

中西部某制造公司的CEO讲了以下故事。

> 当我浏览家具产品分部近期的业绩报告时，一个名叫AL的销售明星引起

了我的注意。我知道 AL 主要负责在沃尔玛的销售。在过去 5 年中，AL 一直保持着最高的年度销售业绩，去年他的销售业绩又翻了一番。毫不奇怪，销售经理对其评价非常好，但是同时告诫 AL 必须严守公司折扣政策、船运协议和计费协议。这引起了我的关注。

和部门经理聊过之后，我知道，AL 经常用各种方法同装运工人搞好关系，比如送他们一些小的生日礼物或者棒球比赛门票等。装运部的主管抱怨说，AL 经常违背先进先出的船运秩序，为他的顾客争取优先权。其次，他还经常给顾客超出规定范围外的折扣，尽管最终的结果确实对公司有利。最后，12 月下旬，AL 还要求将其中的一大笔款项推迟一个礼拜入账，这样就可以将其作为下一年的业绩。有个这笔款入账，AL 在下一年就会有一个良好的开端。但这位客户给 AL 的主管写了一封信，拒绝了这一要求。

部门经理对如何处理 AL 很犹豫。对此，我没有表达意见。我做得对吗？

你将如何回答这位 CEO 的问题？

海洋世界之旅

总部位于加利福尼亚州洛杉矶某大型电子产品公司的一名销售代表，在为期一年的时间内，负责接待一个具有 319 家连锁店的客户。公司支付费用，邀请客户从特顿（美国新泽西州之首府）飞到洛杉矶，参加一个为期 3 天的销售展，同行的还有他的妻子。公司负责这对夫妇的所有费用，包括观看一场棒球比赛和昂贵的就餐费。

在会议的第二天，客户提到可以在一年之内购买公司 4 000 万美元产品。该客户所在的这家连锁店至今还没有购买公司的产品，但是一旦开始购买，再订购的可能性很大。在那天的晚餐上，客户提到他的妻子一直想去海洋世界看看。他们现在在南加利福尼亚，离圣迭哥海洋世界很近，很想飞过去参观。显然，他希望公司能替他出钱。如果公司不满足此要求的话，他很可能会推迟 4 000 万美元的订单。

公司已经为该客户的加利福尼亚之旅花费了 2 200 美元。该客户的圣迭哥海洋世界之旅还将花费 500 美元。营销经理估计该订单会给公司带来 9% 的毛利，销售代表坚持在底薪外再得到 0.125% 的提成。

这位销售代表应该怎么做？

玛丽和汤姆

玛丽是一个飞机工程师，讲述了其职业生涯中一段艰难的经历，其中的主角是她的朋友。

我的朋友汤姆和我共同受雇于共和系统公司，我们在 5 年前毕业于技师学校，之后一起进入公司。公司有不少民防工程项目，主要的客户是美国空军，项目非常大。汤姆和我在同一个测试小组工作，我们的任务是确保提交给客户的电子设备满足要求。我们有着非常类似的经历和工作记录，我们之间的竞争很少。我们两个在公司中的地位也毫无差别，直到去年冬天。

当时，我们被公司指派共同完成一项电容器的调试工作。这项工作非常重要，我们必须在竞价之前完成该项工作，以获得一项为期两年以上的雷达系统生产大单。我们公司大约有 40% 的工人在雷达部门工作。

我们卷起袖子加班加点。一个月之后，汤姆自愿参加全公司范围的一个特别行动小组，开发一项新的雇员隐私权政策，这项政策是我们公司的 CEO 阿尔·曼彻斯特特别看重的。

汤姆仍然和我一起工作，但是他将越来越多的精力转移到隐私权项目上。很多时候，我必须替他完成一些工作。他非常享受工作小组会议，因为在这个时候，他可以拍阿尔和其他一些高层的马屁。他加班加点以期为管理层留下好印象。

我们最后完成了调试项目，项目非常成功。但是，从始至终，我承担了主要工作。一天，汤姆让我非常生气，一项本来要测试100小时以上的元件，他只测试了94小时。他之所以这么做，完全是因为必须赶去参加隐私权项目会议。总之，我认为，汤姆确实做了一些贡献，但是绝对没有完成他应该做的工作。

上个月，雷达项目的助理经理离开了公司，汤姆和我都申请了这个职位。这意味着收入和职位的大幅度提升，并且知名度也随之增加。他们选择了汤姆。公司告示中说他是“一个优秀的团队成员”，还提到了他在检测项目和隐私权特别工作小组的双重贡献。

我认为这不公平。

汤姆对待玛丽是否公平？汤姆的提升对玛丽来说是否公平？公司在提升汤姆方面是否是错的？

本田拍卖会

戴夫·科南与他人合伙经营位于加利福尼亚Cerritos市的Norm Reeves本田专营店。很自然，他经常和本田的市场人员打交道，以购入汽车进行销售。一天，新的区域经理丹尼斯·乔斯林来找他，让他参与公司64辆车的竞标。公司有不少9成新的车，是公司的管理者使用过或者用于培训的车。公司希望能举行一次招标会，出价高者将得到这些车。乔斯林的工作是主持这次拍卖。

“我希望你以每辆车低于市场零售价2 000美元来出标，”乔斯林告诉戴夫·科南。

科南检查了64辆车，给出了事先商定的竞标价格。同时，乔斯林制作了假的竞标文件。根据这些假文件，其他竞标者的价格都低于科南。事实上，其他竞标者出的价格和批发价差不多。因此，他们的价格比科南的出价高。比较了所有的竞标价后，乔斯林宣布了赢家——科南的专营店。第二天，他找到科南给了他一个信封。

“给你一张小小的发票，”他说。

科南回到办公室，打开信封，发现了一张面值64 000美元的发票，支付对象是由乔斯林和他的兄弟合开的广告公司。事情非常清楚。乔斯林就竞标带来的利润采取对半分的办法。每辆车带来的收益是2000美元，因此64辆车带来的收益为128 000美元，双方各得一半，即为64000美元。

科南面临着一个决策。如果他为乔斯林支付了广告费，就将减少64 000美元的利润。如果他拒绝支付乔斯林的广告费，未来将有很多小鞋等着他。他决定支付，用他的话来说：“我相信我没有别的选择，如果我不付钱，我会惹恼乔斯林，也许还包括本田的其他人，我相信他们可能会让我们的专营店关门。”[1]

科南不是惟一的一个。本田在全世界的经销商都面临着类似的两难困境。在投入大量的资金购买店面和设备、雇佣员工之后，他们很快发现自己必须在两条道路上做出选择。如果他们贿赂本田的管理者，他们将得到稳定的汽车供应而发财。平均而言，一个参与贿赂的汽车经销商，每年可以挣10万美元。然而，如果他们洁身自好，那么，不管他们的店布置得如何好，员工培训工作如何有素，他们能够拿到的汽车数量非常有限，利润也会随之下降。如果他们破产了，事实上有不少经销商破产，本田管理者会安排更加善于合作的经销商替代他们。许多诚实的经销商没有汽车可以销售，却发现竞争对手那里堆积了很多车，包括各种流行的款式。久而久之，每个人甚至包括本田的高层都知道了这种情况，但是却不采取改变措施。

科南的决策是否正确？如果你处在他的位置上，你会做出何种决策？

东京湾轮船公司

东京湾轮船公司经营一项自东京到奥志摩岛 50 公里的轮船旅游业务。该公司在岛上还有一个餐馆。在 1933 年 2 月以前，它的生意平平，直到一个名叫 Matsumoto 的 19 岁大学生跳进火山岩浆里融化成岩浆。Matsumoto 留下了一张富有诗意的遗嘱便条，通过报纸报道，日本公众开始了解她的故事。

不久，其他日本人开始模仿 Matsumoto。在接下来的 10 个月内，有 143 人跳入岩浆当中。更多的人加入到观摩的队伍中。比如，4 月的一个星期天，31 人试图跳入岩浆，其中 25 人被成功制止，6 人自杀成功。人们云集在岩浆的周围，等待试图跳入其中的人。甚至大叫："谁是下一个？""从这里跳，这里还有很多地方。"[2]

东京湾轮船公司抓住这个热点。它将渡船增加至 30 艘，并新开了 19 家饭店。同时，奥志摩岛的警察也加入其中，他们站在岩浆边上，不少自杀行为被阻止了，但是也有不少成功了。在岩浆边打算自杀遭到阻止的 29 个人，在回程的路上跳入了海里。

同时，东京湾轮船公司却发达了，公司后来还成功上市。但是，它的这些做法是否符合基本的伦理标准？

IBM 公司的女性

1935 年春天，IBM 的主席托马斯·华生收到了一封来自安妮·范·维切腾的信。安妮是一名大学生，与主席的女儿是朋友。华生同意会见她，并一起讨论她在 IBM 的职业发展机会。在会谈中，安妮问华生，为什么 IBM 不愿意雇佣女性员工？

华生认为她提出了一个非常好的问题。不久，安妮和其他 24 个年轻女性被 IBM 录用了，并且在 IBM 位于纽约的学校接受培训。同样前来接受培训的 67 名男性销售人员和工程师候选人对此感到非常吃惊。

华生是一个独裁者，他带领 IBM 由一个小小的计算器生产商一路发展到今天，这在很大程度上取决于不断改进销售方法和对公司绝对忠诚的企业文化。为期 6 周的课程，将以 IBM 的方式培育 IBM 的领导。其中之一是借助员工传唱歌曲来传递企业文化。华生谱写了许多歌曲并成立了一个公司乐队进行伴奏，其中包括一首与女性有关的歌曲。

献给 IBM 的女孩子们

有了她们，
IBM 才变得更加完整，更实至名归。
她们工作，她们微笑，
她们的微笑如此甜美；
无论高矮胖瘦，她们你追我赶，
没有一个人会拖我们的后腿。[3]

资料来源：From Songs of the IBM in Kevin Maney, *The Maverick and His Machine*, Wiley & Sons, 2003, p. 160. Reprinted with permission of John Wiley & Sons, Inc.

在 6 周的培训结束之时，华生为所有学生开了一个隆重的晚会，参加晚会的还包括 IBM 的管理者。然后，按照既有习惯，所有毕业生都到 IBM 经理办公室，在这里，经理将为这些新进员工分配工作岗位。但是，所有的经理都拒绝将女性安排到一直由男性占有的职位上。

华生喜欢这些女孩子。他被激怒了，于是解雇了所有 67 名男学员。这些人不在了，经理们只能接受女性学员或者选择让职位一直空着。所有那些毕业于顶尖名牌大学的男孩子，则被丢在大街上喝西北风，而那个时候正是大萧条时期。

华生是否做出了正确决策？

Columbia / HCA

想象一下，给一个懒惰的巨人注射一剂肾上腺激素。这正是一个激进的公司进入医疗行业要做的事情，该行业对剧烈的市场竞争非常不适应。它通过开办医院来盈利——巨大的盈利。然而，它的成功也是它失败的原因。随着它像明星般升起，嫉妒的竞争对手、神经紧张的管理部门、传统价值观的守卫者等势力聚集在一起。当这一刻来临的时候，他们给了它沉重的一击，至此它的管理变得缺乏自信，它的管理方式臭名远扬，它进入休眠状态，等待复苏。

公司现在的名称是 HCA，仍然是全美最大的连锁医院，拥有 170 家医院和 113 家诊所。在顶峰的时候，它曾拥有 318 家医院。HCA 仍然保持支配地位，年收益超过可口可乐、默克和麦当劳。

不断提升的成本改变了美国的医疗系统

故事可以从美国医疗体系复杂的变革开始谈起。不断提高的成本驱动了这种变革。1950 年，美国医疗费用大约占 GDP 的 4.4%，到 2006 年，该数据攀升到 16%，在所有的国家中位居榜首。[1] 尽管支出额巨大，仍有 4 500 万人缺乏医疗保险，得不到有效的医疗资源。整个系统效率低下，服务很差。

医疗费用不断增加，始于第二次世界大战后的几年，当时联邦政府资助医学研究。这些资助和企业自身投入的经费一起，增加了医疗设备、药品和治疗的种类，同时也增加了医疗费用。随着医疗费用日益增加，医疗保险的需求随之增加，20 世纪 60 年代大多数美国人都注册了健康计划，其费用由雇主支付。该计划允许人们无限制就诊。保险部门基于“服务付费”原则，一次次支付医疗费。在医疗保险被广泛使用之后，有关机构也想过用财务刺激方式来降低就医费用。

1965 年，联邦政府为超过 65 岁的老人设立了医疗体系，费用由联邦政府和州政府一起分担，同时也将穷人纳入医疗体系。以上两项计划几乎覆盖了所有不在雇主—雇员计划范围内的人。事实上，政府为每个人提供了就医机会，医疗很快成为一种权利。这些项目需要相应的医疗服务，同时增加了医疗支出。

医疗成本在增加，降低成本的压力也与日俱增。到 20 世纪 80 年代早期，医疗费用让政府财政预算越来越紧张。私有企业和保险公司抱怨不断，昂贵的医疗费用给企业增加了巨大的负担，降低了企业效率和工人的实际工资。医疗支出是其中的主要原因，不断增加的新设备和医疗方法让医院成本超出了控制范围。

医疗系统改变定价程序

为了降低不断上升的医疗成本，医疗体系于 1983 年改变了它的支付方法。以前医疗费用直接支付给每个病人，现在相关机构基于 470 类疾病给医院提供一笔资金。根据医疗成本和病人的具体情况，医院可以得到一定的医疗费用。这种做法旨在通过激励医院降低成本，达到降低医疗支出的效果，事实上效果不错。

在 470 类疾病——或者说是“诊断类型”（DRG）确定以后，病人住院时间明显缩短，医疗支出降低。但是，两年之后，医院支出再次攀升。鼓励医院降低医疗成本确实能减少病人滞留医院的时间，但却增加了出院病人的复诊次数，越来越多的病人从住院部转到门诊部。

DRG 系统仍然有效，但是却非常复杂。整个标准冗长，总厚度甚至超过了臭名昭著的美国税收标准。[2] 于是，出现了一大群相关专家帮助医院设计专用软件，使医院能够获取更多的收入。尽管 DRG 系统极其复杂，但是从来没有清晰的标准，也很难有。其中的原因在于，医生的诊断一定程度上是主观的，同时，疾病的严重程度和治疗方法也无法用统一的标准加以界定。因此，没有任何标准体系可以清晰地界定所有类型的疾病及其严重程度。

这个缺点导致医院和政府之间不断进行着“猫和老鼠”的游戏。医院不断“提升标准”，也就是把病人的疾病等级在 DRG 系统中往上提升，以带来更多的收入。这种做法在行业内如此普遍，以至于 20 世纪 80~90 年代，几乎所有的政府医疗补贴都有一定程度的下调，因为政府预计医院可能夸大医疗费用。[3]

保健管理兴起

当政府努力通过 DRG 系统降低医疗支出时，保险公司和员工也在通过保健管理降低他们的成本。保健管理制度能够减少不必要的医院治疗，使收费更合理。

尽管保健管理的形式多种多样，但健康维护组织或简称为 HMO 是其中最重要的组织。HMO 是由保险机构和医生、医院以及医疗服务机构所组成的网络。企业和 HMO 签约，每月或每年为员工支付一定数额的费用后，其员工便有资格接受全面的医疗服务。为了赢得竞争，HMOs 必须控制他们的费用，从而控制病人去收费昂贵的专家那里和医疗机构就诊的机会。保健管理的概念一诞生，就得到了广泛运用。20 世纪 80 年代晚期，大约 70% 的保险通过旧的服务付费的方式进行，而 20 世纪 90 年代后，大约 85% 使用某种形式的保健管理计划。[4]

保健管理的兴起以及 DGR 系统的实行，为降低医疗费用带来了巨大影响。医生和医院不得不降低医疗费用，整个医疗行业发生了巨大的变化。曾经是个人执业的医生，如今不得不加入 HMO 以维持足够数量的病人。在保健管理系统下，传统的医患关系发生了巨大的变化，诊断方案也需要得到保险公司的同意，因为最终需要他们买单。

合并浪潮涵盖了医疗系统的每一个角落，包括保险公司、保健管理组织如 HMOs 和医院。这种合并是为了达到规模经济、降低单位成本，并且通过控制市场份额而降低价格的目的。

无论是营利还是非营利组织的健康服务机构，都可以感受到竞争压力，而且不得不回应这种压力。即使是免税医院也不得不降低它们的成本，以避免病人数量减少所带来的悲惨后果。医疗行业的这种竞争压力，使大名鼎鼎的 Columbia / HCA（美国医疗公司，Hospital Corporation of America）公司成为一个巨大的掠食者。这个名字曾一度处于阴影当中，并努力试图恢复其在公众当中的声誉。

一个掠食者的兴起

Columbia/HCA 一直与一位卓有成就的奋斗者联系在一起，他的名字叫理查德·斯科特。在肯萨斯城长大的理查德，亲眼目睹自己的家庭在贫困中挣扎。他的父亲是一位卡车司机，母亲在一家中餐馆做招待并在事务所兼职以增加家庭收入。他们和贫穷斗争的过程，使他产生了这样的想法："我要做有用的事情，并且不再为钱担心。"[5]

1977年，斯科特毕业于一家法律学校，毕业后在达拉斯加入了一家法律公司，在这里，他专门为保健管理公司提供服务。10年之后，斯科特决定自己开一家公司。他打算集资39亿美元收购美国最大的医疗公司——但是，美国医疗公司的董事会拒绝了收购，并且嘲笑斯科特。他是一个收购者，可是只有大学期间运营两家小店的经验，这就好比一个玩飞机模型的小孩想要操控波音747。

接着，1987年底，得克萨斯的一个投资者同意资助斯科特建立一家新公司。当时，整个医疗行业一直处于下行态势。由于DRG系统和保健管理的诞生，医院的数量和规模都不断缩小。医院的床位长期处于过剩状态。许多组织都无法维持运营成本而面临破产。然而，斯科特却从中看到了机会，于是他开始运作。在达拉斯建立办公室之后，他给公司取名为Columbia医疗公司，他给全美1 000家医院写信，提出收购请求。大多数时候，对方的回答是否定的，但是最终他收购了El Paso地区两家运营非常差的医院。

手中有了两家医院，斯科特开始用自己的战略想法在这个行业掀起一场革命。首先，他让当地的医生分享医院的部分股份。医生可以带来病人，是医院的重要资源：没有医生签名，任何病人都无法住院。医生在当地医院占有股份后，他们就更有动力介绍病人入住医院。第二，他购买了第三家医院并将其关闭，以巩固自己El Paso医院的地位。此举减少了该地区的床位数量，病人只好到斯科特的医院就诊。第三，他以自己拥有的医院为核心，不断合并其他的医疗服务机构，包括一家精神病医院、一家诊疗中心和一家癌症治疗中心。他计划通过自己拥有的医疗网络来为保险人提供服务，从中挣得利润。[6]

斯科特很快就收购了更多的医院。在床位供应过剩和保险机构支付金额减少的双重压力下，越来越多的医院陷入财务危机，收购变得越来越容易。他向深陷危机的医院所有者和受托人承诺，他会将这些相对独立的医院纳入Columbia系统，提高其运作效率。

斯科特不仅快速并购单个医院，而且还通过其他方式进行扩张。1990年，Columbia成功上市，不断上升的股价为斯科特带来了更多可用于收购的资金。1990~1994年间，Columbia吸纳了5家相互竞争的医院，并购了另外199家医院和96家诊疗中心，[7]其中包括美国医疗公司（HCA），也就是在3年前嘲笑过斯科特的公司。1994年并购美国医疗公司后，公司名字变更为Columbia/HCA。

Columbia/HCA如何运作

斯科特收购医院之后，随即用医疗行业从未有过的严格的商业标准开始运作。在这方面，他是个天才。其中有些方法确实值得赞许，但是，有些却游离在道德边缘，所有这些都给他带来了巨大的商业利益。

由于Columbia/HCA庞大的规模和极富说服力的会计报表，一旦它收购一家公司，就可以用成本较低的现金偿还各种设施带来的债务。通常，医院被收购之后，外观装修、现代化设备和复杂的信息系统会随之注入，以便使医院更具有吸引力。接下来，残酷的成本削减行动就开始了。

医院进入Columbia/HCA庞大的系统之后，它马上可以从采购折扣和即时配送中得到好处。Columbia/HCA成了世界上最大的医疗采购商，而斯科特是一个成本控制天才。有时，采购人员不得不使用低质量的产品以降低成本。在加利福尼亚Santa Clara的Good Samaritan医院，护士们经常抱怨手套太薄了，一不小心就弄破，远远不如以前使用的手套，而且所用的胸管也缺少开 / 关指示器。[8]

减少员工数量也使成本降低。Columbia/HCA 在并购医院之后，护士和管理人员的数量会下降，临时工的数量则会增加。这往往会导致医疗质量下降。在拉斯维加斯的哥伦比亚 Sunrise 医院，医护人员和病人的比例下降了 20%。[9] 特护病房的护士说，以前只要几分钟就可以得到的验血报告，现在要等 6 个多小时。一项调查显示，44% 的人认为，工作人员数量减少增加了医疗失误的可能性，4% 的人甚至认为，由于工作人员减少，导致不止一起以上的病人死亡。[10]

斯科特还引入了自己的管理人员，并且给他们施加巨大的绩效压力。医院管理人员不得不关注季度业绩以完成野心勃勃的目标。通常情况下，每年的收入增长大约在 15%~40%。他用"平衡计分卡"系统衡量每一个医院多方面的表现。例如，平衡计分卡中有一项"病例导向指标"，用来追踪现有医疗标准体系下重症病人的比例。通常，医院希望管理者可以提高该指标。[11] 大多数医院的管理者参与薪酬计划津贴，其中 90% 的收入取决于能否实现短期的财务目标。20 世纪 90 年代中期，医院管理者的年薪大约是 15 万美元，但是来自股权的分红却可以达到 100 万之多。[12] 这种薪金水平远远超过了非营利医院管理者的平均收入水平。

Columbia/HCA 系统还有一个"不宽恕"规则——无法达到绩效目标的管理者将立刻被更换。不少医院一年要换好几次管理人员。许多管理者往往感觉压力太大，或者因公司文化与自己的价值观过于冲突而辞职。佛罗里达某医院的一个高层辞职，因为公司要求他必须在急救室门口张贴"绿卡检查合格方予医治"的字样。根据联邦法律，任何病人只有在情况稳定之后才可以离开急救室，也就是说，医院绝对不能见死不救。在急救室挂这种字样的东西，是想吓走那些非法入境而没有任何医疗保险或者无支付能力的人。[13]

Columbia/HCA 在降低成本的同时还致力于提升收入。途径之一是激励医生，给医生股份是其核心手段。在 Columbia/HCA 的大多数医院中，内科医生拥有医院 15%~20% 的股份。《纽约时报》调查了 Columbia/HCA 位于佛罗里达两个医院的 62 个医生，发现自从他们投资于医院设备之后，都更愿意将病人指引到 Columbia/HCA 医院，而不是它们的竞争对手那里。[14] 有时候，Columbia/HCA 也将医生的诊断病例据为己有。在其扩张过程中，曾经一次性购买了 1 400 份诊断病例，以增加患者人数。此外，还存在其他的激励方式。在 Sunrise 医疗中心，医生们承认，许多病人经常赢得周日加勒比旅游。[15]

另一个提升收入的方法是增加其在医疗保健病例中的收入。随着规模的日益扩大，Columbia/HCA 高达 30% 的收入来源于医疗保健，成为医疗保健行业内最大的一个组织。《纽约时报》的一个团队研究了位于迈阿密的 Cedars 医疗中心的支付单。[16] 由于医疗保障体系对特定的病支付固定的费用，如果医院能将治疗级别提升一个标准，医院也能因此增加收入。例如，在 DRG79 的分类标准中，肺炎可以分为四种类型。最严重的是复杂呼吸道感染，对此，Cedar 将因每个病例而得到 6 800 美元的补偿。最轻的类别是简单肺炎，每个病例可以得到 3 150 美元的补偿。

《纽约时报》记者在研究相关记录后发现，在 1992 年前，当 Cedars 还未被 Columbia/HCA 收购的时候，Cedars 诊断结果中大约有 31% 的病例为复杂呼吸道感染。收购之后，该比重上升到 93%。相比之下，街道对面的公立医院只有 28% 的复杂呼吸道感染。多年之后，当公司被指控非法提高诊断标准，或者通过提升诊断类别来增加收入时，它仍然辩护说 Cedars 和其他医院的疾病分类不存在欺诈，诊断标准更严格只能证明它比竞争对手对复杂的疾病分类规则掌握得更好。

斯科特大力推进市场营销。他史无前例地组建了行业内独有的销售团队开拓新业务。他还在全国范围内宣传自己的品牌，借助电视和印刷广告广泛宣传 Columbia/HCA 的名字和标识，以加深公众对 Columbia/HCA 的印象。这样一来，当人们想就医的时候，首先会想到 Columbia/HCA，就像当人们饥饿的时候，首先会想到麦当劳一样。

抵制和危机

随着时间的推移，斯科特的战略开始广为人知，并引起了激烈的讨论。他的方法与社会主流价值观之间发生明显冲突，而后者是一代一代传承下来的。竞争对手开始谴责他。工会则因为其裁员和超负荷工作而憎恨他。不久，有的医院开始抵制他的收购。仅 1995 年，Columbia/HCA 就不得不取消 30 个收购计划，因为政府管理部门和竞争对手游说一些社会团体，共同反对他的收购。

然而，这个公司却日益繁荣，公司收入由 1990 年的 49 亿美元增加到 1996 年的 200 亿美元。在此期间，每年的净收益由 7% 增加到 15%~20%，远远高于行业内其他竞争对手。

Columbia/HCA 不仅仅是美国国内惟一的连锁医院，而且还是最大的家庭医疗企业，在 30 个州中拥有 590 家机构。家庭医疗是斯科特发展连续式服务战略的关键。其中最具吸引力的地方在于，家庭医疗与住院治疗相比，病人付钱时更加慷慨。斯科特要求医院的管理人员牢牢抓住这部分病人。[17]

随着 Columbia/HCA 的发展，斯科特变得越来越富有。他拥有 940 万股股票，1996 年，年薪超过 200 万美元。到达了顶峰，则预示着下滑的开始。

1997 年，斯科特更加努力地工作。他每天早晨 5 点起床，6 点开会。他自己是个工作狂，因此也要求身边的人和他一样。指令、政策和制度接二连三从他那里产生。同事们都疲于应付他的指令并抵制公司的飞速增长。

3 月份，联邦政府开始调查 Columbia/HCA 的医疗保健分类欺诈问题。调查人员突袭了 EI Paso，并且带走了大量文件。联邦法院指控有三位管理人员制造虚假成本报告。不久，联邦政府人员调查了其他 35 家机构，指控这些机构存在各种各样的错误保健分类问题。

这些调查导致 Columbia/HCA 的股价大跌，并购越来越难，管制也迫在眉睫，而且还面临罚款的处罚。然而，斯科特似乎没有意识到问题的严重性。一天联邦调查局突袭了公司 35 家机构，股价急剧下跌 12%，他却出现在 CNN，并声称："政府调查在医疗行业中是很常见的事情。"[18]

媒体的攻击越来越多，调查报告在报纸和电视上频频出现，所有故事都与 Columbia/HCA 医院的经济激励有关。而公司却出奇地保持沉默。斯科特拒绝作出任何回应，事实上，他没有感觉到任何危机。但是 Columbia/HCA 公司的董事们感觉到了。6 月下旬，他们召集斯科特开会，并强迫他辞职。他得到了 1 000 万美元的赔偿。

危机之后

董事会另外一个成员托马斯·弗瑞斯特成为斯科特的继任者。弗瑞斯特迅速抛弃了斯科特的激进战略。他停止了管理层年度分红，终止了医生的股权关系，出售了家庭医疗业务，不再进行任何品牌宣传活动，改变了疾病分类程序，增加了对疾病分类的审计和报告。他还创建了由副总裁负责的公司伦理部门，并致力于企业社会责任。不久，一套全新的温暖人心的"使命和价值观"产生了（如表）。最后，他还更改了公司名称，将 Columbia 字样去掉，成为 HCA 公司，否定

HCA 的使命和价值观陈述

我们以关注和改善人类生命质量改善为首要目标。为了实现这个承诺，我们将致力于为社区提供高质量、低成本的医疗服务。为了完成我们的使命，我们始终坚信以下价值观：

- 我们认同并且尊重每个个体的独特价值；
- 我们将热情和友好地服务于所有的人；
- 我们将保持绝对诚实、正直和公正，并以此作为我们的业务运作和自己生活的基础；
- 我们相信我们医疗团队中每一个人的价值，并且公平、尊重和诚实地对待他们。

资料来源：Reprinted courtesy of HCA, Inc.

了和斯科特的关系。

然而，调查所带来的冲击仍然存在。病人都吓跑了。得到了弗瑞斯特的同意之后，大约 40 家医院将 Columbia/HCA 从他们的名称中去掉。收入和利润下降。股价由 1997 年的 45 美元下跌到 1998 年的 17 美元。并购需要钞票，但由于股价下降，收购另一家医疗保健公司的计划被取消。在接下来的几年内，弗瑞斯特出售了 100 多家医院。

政府的攻击无休无止。美国国税局估计由于以前的计算错误，HCA 公司还需补交 2.67 亿美元的税款。揭发者此起彼伏，根据《欺诈索赔法》，员工可以代表政府对公司的欺诈行为起诉，并且获得涉案金额的部分奖励。2000 年，HCA 遭到刑事起诉，为此支付了 8.4 亿美元的刑事罚款、民事赔偿和其他罚款，以解决医疗欺诈问题。公司同意支付 7.45 亿美元的民事罚款，却不承认做错了事情。另外，它还支付了 9 500 万美元民事罚款，罪状包括肺炎误诊欺诈、虚假定价以及给推荐病人的医生提成等。[19] 2003 年，当 HCA 同意支付另外 6.31 亿美元民事罚款之后，揭发的声音才得以平息。公司的 9 个前任员工得到了 1.52 亿美元的股份补偿。另外，公司还为医疗保险和医疗救助机构支付 2.5 亿美元，已达成和解。它最终支付了超过 17 亿美元的罚金。[20]

金额如此巨大的罚金，说明 HCA 管理和文化中充满了欺诈。那么管理人员是不是也要进监狱？值得注意的是，政府仅仅以欺诈罪指控了 5 个中层管理者。其中，只有两个管理人员承认自己犯罪，并且法庭一致同意不予追究。因为法院发现，医疗保险的条款非常模糊，在公诉人看来，这两名管理人员的做法也是合理的。[21]

这个结果说明，政府缺乏足够的证据指控涉案人员犯罪嫌疑。斯科特从未被指控有任何错误，也没有受到任何起诉。一位花了 7 年时间研究 HCA 文件的律师都无法指出斯科特知晓这些错误行为的任何证据。[22]

作为 2000 年刑事辩护的一部分，HCA 签订了建立伦理规范的协议，并承诺在 2009 年前接受司法部门的监督。该规范包括对所有员工进行培训，在公司中建立自上而下的申诉制度，开设热线以及开展伦理审计。除了这些变化之外，HCA 还要求员工在定价的时候必须以书面形式告知医生，相应文档必须接受审计。

对 HCA 的长期调查给它带来了巨大的痛苦，也让医疗行业开始重新建立规则。许多公司一改之前的激进定价模式。为此，很多企业不再提高诊断标准，而是开始游说国会，于是国会在 2000 年提高了 DRG 补偿标准。过去国会因预防诊断等级夸大而压低补偿，现在则在批判声中对提高补偿标准更为慷慨。不管怎么样，结果都一样，医疗成本仍在持续上升。

医疗行业路在何方

斯科特在医疗行业中获利的梦想彻底破灭。他的公司还在运作，只不过从之前的桀骜不驯的独行者成为一个谦卑的顺从者。到底是斯科特的战略本身存在问题，还是战略执行不到位？

斯科特利用市场力量来解决50多年来医疗行业中不断加剧的问题。那个时候的核心问题是不断增加的成本，现在也是。斯科特将逐利思想融入医疗行业的企业之中，无情地追逐利润、提高效率。不管如何，这种模式提高了医院绩效，进而为医院、社区和投资者都带来了好处。

例如，1995年公司并购了北卡罗来纳州的开普菲尔纪念医院，当时该医院的年收入只有100万美元。一年之后，门诊费增加了6%，婴儿接生增加了40%，免费救治的病人增加了12%，员工人数增加了大约25%。[23]同时，该地区的其他医院不得不控制自己的成本，否则Columbia/HCA很快会给它们造成巨大压力。这些做法有效抑制了医疗成本的上涨。然而，这样的故事对于媒体而言，吸引力远远小于Columbia/HCA手段不当而导致病人死亡，大多数公众喜欢的往往是流言，而非成就。

护士联盟所处的立场，决定了它会因为斯科特削减员工而反对他；政府管理部门的人员，因为担心自由国度会丧失自己的权力而反对他；传统价值观的捍卫者反对他，是为了证明原有的医疗模式更加有效。他们认为，生命和死亡不能交给商业模式。其中，教皇保罗二世在EI Paso事件之后表示，“当医疗体系与利润联系在一起时，人类的尊严就遭到了践踏……医疗不再是仁慈的服务，而变成了赢利的工具。”[24]

当HCA的后继者抛弃了斯科特的方法之后，医疗行业的问题再度严重起来。医疗成本继续上升，很多人不得不为医疗付出大量金钱。政府还和以前一样，通过医疗定价决定4 000亿美元的医疗费用如何分配，继续干预医疗市场，继续用说不清楚的规则介入。尽管公司在违反模棱两可的规则时仍然存在害怕之心，但是，种种滥用规则的行为仍然存在。不管怎样，只要医疗行业中这些问题仍然存在，那么用于改进效率的激进战略终究会再次出现。

斯科特和HCA的未来将如何

在Columbia/HCA之后，斯科特在佛罗里达创建了一家投资公司，在多个行业的投资获得了成功，包括电缆管道、软件公司和塑料公司。在他被迫辞职9年之后，他第一次允许媒体采访他。“显然，那段时间非常艰难，”他说，“一切从头开始，……我告诉自己，必须要做点什么。”[25]

斯科特内心深处仍然保留着对医疗行业的热情。他现在是一家连锁诊疗机构的主席和大股东。你可以随便到他的任何一家位于佛罗里达的诊所中，无需预约，你就可以选择各种服务，包括体检、X光和验血。医生也是现成的。一个电子显示牌提示你等待的时间。公司的网站中有如下表述：“我们致力于以最有效的方式和公正的价格为客户提供服务。我们不会浪费金钱，我们将不断寻求通过降低成本来降低价格的方法。”[26]斯科特的战略在于，用低廉的价格和快速友好的服务挑战传统的医院和传统的诊疗模式。到现在为止，一共有13家这样的方便诊所进入连锁机构，2009年计划上升到40家，最后达到1 000家。斯科特是否能因这种商业模式再次引起世人关注呢？

2006年，管理层和3家私人企业以330

亿美元的价格回购了公司股票，HCA 变成一家非上市公司，成为当时最大的一桩回购案。一般来说，这种收购说明投资者认为公司的价值被低估。通过私人回购，可以避免来自股东方面的压力和证监局的管制。在退出公众视野之后，管理层可以改变商业模式，引入新的战略并提高效率。如果成功，将会提升公司价值。然后，公司的投资者可以将股票出售给公众，获取巨额利润。HCA 的新主人会不会继续沿用斯科特的战略呢？

问　题

1. 市场驱动方法在医疗行业有效吗？你支持还是反对医疗质量和效率之间此消彼长的观点？
2. 医疗是不是一种基本权利？无限制就医是否应该受到限制？如果不是，它是否应该成为一种商品并受市场机制的制约，或者需要接受政府管制？如果不是，国家应如何承担这些费用？
3. 如何评价使 HCA 成功的战略？这种战略存在缺陷还是存在伦理问题，或者说根本不可行？是否可以说它们在医疗行业环境中是正确的，但在执行方面出了问题？
4. HCA 是否比竞争对手更加有效地利用了资源？或者它是否通过向病人和员工转嫁成本而降低医疗效果，从而为管理层和股东牟利？
5. HCA 经历了巨大的困难，这些是可以避免的吗？如果你可以回到从前，替代斯科特经营这家公司，你会选择何种战略？或者你会采取什么措施带来好结果并阻止坏结果的产生？

第 9 章

政治中的企业

亚布拉莫夫丑闻

2003 年，《华盛顿邮报》的一名记者开始关注一个网站，这个网站由一个名叫杰克·亚布拉莫夫的说客经营。杰克·亚布拉莫夫的故事将国会带入了周期性的丑闻之中。[1] 与之前其他丑闻类似，这个故事也充斥着系统问题和个人的不诚实行为。

与此相关的四个人的故事可以揭示这一丑闻。我们这里首先介绍的不是亚布拉莫夫，而是汤姆·迪雷议员，他所开创的政治气候使亚布拉莫夫的事业如日中天。

汤姆·迪雷议员（德州议员）

1984 年，迪雷在休斯敦郊区首次当选为众议院议员。他参加保守主义者核心圈的活动，以帮助共和党人掌权。当该党 1994 年执政时，他成为主要党棍，后来成为主要的领袖。在位居要职期间，他建立了名曰“K 街计划”的政治机器，通过向游说者、商业协会和各企业施加压力来支持共和党。该计划旨在保护共和党占据国会中的大多数议席，并促进保守的立法议程。

这里先介绍一下 K 街计划是如何工作的。迪雷编好竞选募捐一览表，然后先告诉游说者：他们如果支持民主党，就不能接近众议院或者在其中发挥影响力。他迫使商业协会雇佣更多的共和党游说者，甚至向其推荐候选人。“我们遵从旧信条——惩罚你的敌人，奖赏你的朋友，”他说。[2] 这话果然奏效。1994 年后，游说公司、商业团体和企业都雇佣了更多的共和党人，并将更多的竞选经费捐给了共和党立法委员。[3] 多年来，迪雷的 29 名下属从他的办公室跳槽到一度代表 350 个企业的游说公司。[4]

为了奖赏“朋友”，迪雷放松了预拨款项的限制。预拨款项是一项规定，即为一会员所在地区的特定项目划拨一定的资金。预拨款项可以限制特定公司的具体运作。这违反了标准的拨款规定，即把经费划拨给代理机构，由它们自行决定如何使用。过去，国会对于预拨款项可能带来的潜在腐败十分警惕，只有最高级别的立法者才能在有限的范围内使用。但是，迪雷鼓励其下属频繁用这种方法奖赏忠实的游说者。因此，预拨款项的数额突然上涨；1992 年 892 个项目的预拨款项为 26 亿美元；到 2005 年，项目数量增加到 13 997 个，预拨款项上升至 273 亿美元。[5]

迪雷曾经营英国一家害虫防治公司，因其铁腕手段而获得了“铁锤”的绰号。当他在众议院身居要职时，华盛顿的工作氛围发生了改变。他不屑与民主党妥协。政治上更愿意无所顾忌的党派化。立法者和游说者之间的障碍消除了，随之而来的是，道德标准也消失了。当道德标准消失后，竞选募捐和受益之间的联系越来越紧密，预拨款项成为一种“腐败资金”。[6]

迪雷的政治邀请，几乎总是致使人们在道德方面做出妥协，有些人被迫接受了。众议院道德委员会曾四度指责迪雷，其中一个例子是迪雷迫使电子工业协会雇佣共和党人做总裁。然而当丑闻缠身时，他竟宣称自己是无辜的。最后，到 2006 年，他被指控滥用得克萨斯州的竞选经费而辞职。尽管他否认犯罪，他创办的 K 街计划事实上已经滋生了腐败。其他人为丑闻案增添了第二种重要因素——不诚实。其中的代表人物是杰克 · 亚布拉莫夫。

杰克 · 亚布拉莫夫

当迪雷于二十世纪九十年代中期开始涉足华盛顿政坛时，年轻的杰克 · 亚布拉莫夫刚开始其游说生涯。亚布拉莫夫来自一个富有的家庭。他早期有一个污点：在比弗利山庄小学时被取消了竞选学生会主席的资格。一位老师发现他在竞选时向支持者提供热狗，此举违反了校方规定。但是，他在比弗利山庄中学成为体育明星。大学期间，他成为一位慷慨激昂的保守主义者。毕业后，他是一个政治活动家，当结交了包括汤姆 · 迪雷等有影响力的共和党朋友时，他决定对其进行游说。

他的第一位客户是密西西比州巧克陶族人，他们想建一个赌场。在赌博问题上他又将客户扩展到多个想建赌场的部落。然后他结识了其他客户，包括塞班岛的工厂主和俄罗斯石油大亨。作为游说者，他时刻留意立法委员并讨好他们。法律规定，国会议员在一年里不能从游说方接受超过 100 美元的礼品，并且每一次的接受额不能超过 50 美元。为了回避这一禁令，亚布拉莫夫让他的客户给由其密友负责运作的免税保守派组织支付大量的现金，有时多达上万美元。在他的指挥下，这些组织为他安排的立法官员的餐费和旅行买单，为他们的政治委员会捐款，购买办公场所供竞选使用，有时还为他们的夫人们支付“咨询”费用。非营利组织的这些付款本身是合法的，但当非营利性组织只是服务于亚布拉莫夫及其客户时，就成非法的了。另外，在没有告知客户的情况下，免税保守派组织将数百万美元秘密转移到亚布拉莫夫名下。

亚布拉莫夫向至少 20 个国会议员提供竞选募捐，大多数用在了共和党人身上。作为回报，他请求获得预拨款项以讨好客户。迪雷很熟悉他，称他为“我最亲密的朋友之一”。[7] 多年来，亚布拉莫夫捐给迪雷 7 万美元用于竞选，迪雷控制的组织还多次为亚布拉莫夫支付旅行费用。迪雷的下属收到现金、体育比赛门票和高尔夫球旅行经费，作为回报，他们为亚布拉莫夫的客户提供帮助。最终，迪雷的两名下属承认了受贿指控。

在其行为公之于世后，亚布拉莫夫很快落马。2006 年，他承认自己在购买佛罗里达的赌场交易中有欺骗行为，他被判处 5 年零 10 个月的监禁。在另一个有关游说罪行的起诉中，他被指控欺骗、逃税并阴谋贿赂一名共和党官员，这项指控使他面临 9.5~11 年的刑期。有一次联邦调查局同时派 48 个部门去调查他的案子，导致一些立法官员及其下属极度恐慌，有些人自首甚至辞职。据估计，亚布拉莫夫丑闻使得共和党人在

2006 年的中期竞选中失去了 16 个席位，这一损失足以使民主党人在国会中占据大多数席位并取得控制权。[8]

鲍勃 · 内（俄亥俄州议员）

东俄亥俄州连任五届的议员鲍勃 · 内，也是失去国会议员位置中的一位。1994 年共和党人执政时，鲍勃 · 内首次当选为议员。他在 5 年任期内，接受了亚布拉莫夫为他提供的免费旅游，包括乘坐私人飞机去苏格兰打网球，该旅行的开销为 170 000 美元。他经常在亚布拉莫夫开设在华盛顿特区的饭店免费就餐，还接受音乐会和体育比赛门票。游说者向他支付了 31 500 美元的竞选经费。鲍勃 · 内在立法时尽量满足亚布拉莫夫的要求，在法律中加入有利于公司和印第安部落的预拨款项。[9] 鲍勃 · 内又秘密地从塞班岛的企业主那里接受旅游和现金。作为回报，他努力达成有益于塞班岛企业的贸易政策。

最后，他承认欺骗和受贿，他还承认修改文档记录以掩饰他所收礼物的价值。2007 年，联邦法院判他 30 个月的监禁。“我对我的家庭、朋友和选民感到歉疚，”他说，“我让他们失望至极。”[10]

兰迪 · 卡宁汉姆“公爵”（加利福尼亚州议员）

开“幽灵”战机的卡宁汉姆是越南战争中的飞行能手，他曾击落 5 架米格敌机，其中有 3 架是一天内击落的。后来他在海军的“神枪”飞行学校任教。从海军退役后，他于 1990 年在圣迭哥附近的一个区当选为议员。

作为一名战斗机飞行员，他表现出了勇敢与机敏。作为议员，他却是一个丑角。他经常出言不逊，情绪激动，并且反复无常。他与同事打斗，首都的警察曾前来制止他引发的斗殴。

卡宁汉姆是一个史无前例的腐败分子。他从两个国防承包商那里收受了 240 万美元现金，此外还有抵押贷款、古董家具、东方地毯、游艇和一辆劳斯莱斯汽车。两个

从左到右：汤姆 · 迪雷、杰克 · 亚布拉莫夫、鲍勃 · 内和兰迪 · 卡宁汉姆。

资料来源：© Harris County Sheriff department/epa/CORBIS, © Carlos Barria/Reuters/CORBIS, © AP Photo/Bill Haber, © Earl S. Cryer/ZUMA/CORBIS.

承包商为卡宁汉姆的女儿在华盛顿宾馆举办的毕业聚会付款。作为回报，他利用职权把价值为 2.3 亿美元的预拨款项合同留给了那两个承包商。他将检察官后来所谓的“贿赂清单”放在国会的办公用品中。比如，其中一项将 100 万美元的联邦基金写成 5 万美元。[11]

2006 年，他承认自己在逃税、阴谋欺骗与贿赂方面有罪。“我感到非常抱歉，”他告诉法官。法官回应道：“诚实的政治家要干好事，你错失了这样一个机会。”[12] 卡宁汉姆被判 8 年监禁，其中 4 个月在联邦监狱，这是国会议员被判罚的最长时间。

在亚布拉莫夫丑闻中，卡宁汉姆不是主角。他演绎的是一个普通的有关贪婪的故事，但并非一个独立的故事，因为他和亚布拉莫夫一样，在同样宽松的政治气氛中发达。最近，诸多的华盛顿丑闻警示人们，企业追求政治目标的活动值得反思。引人注意的是，《财富》500 强企业从未出现过不法行为。但这些年来，与过去一样，它们通过用巨资资助游说和竞选活动，从而主导着政界。没有比企业更有影响力的利益主体了。本章将解释企业如何行使政治影响力。我们首先讨论美国政府的基本结构。

美国政府的开放结构

在一个易于受到外界影响的非常开放的政府中，企业寻找并发挥着政治影响力。200 多年前，由开国元勋创立的宪法为这种影响力的发挥提供了用武之地。自 1789 年以来，宪法及各种司法解释详细阐述了美国政府的正式结构和政治活动的大量规则，建立了一个在日常政治生活中务实而自由的系统。

宪法的几个基本特点塑造了美国政治。每个特点都成为中央集权的障碍，因为开国元勋担心中央集权将导致专制。每个特点都意味着公司可以发挥其政治影响力。

首先，宪法建立了**联邦体制**（federal system），或者说是一个政府，权力在国家政府和 50 个州政府间分配。这个结构对企业具有重大意义，特别是对于全国经营的大型企业。不同层次和不同地区的政治行动，都会影响这些公司。

宪法中的**最高条款**（supremacy clause）规定，当联邦政府在其权力范围内通过了一项法律，这项法律比同类的州法律具有优先权。比如，1996 年国会通过了《电信法》以促进手机的推行并降低成本。后来，圣地亚哥通过了州法律，规定了手机信号塔的高度、颜色要求以降低“视觉影响”。斯普林特通信公司指控该法案增加了成本，减慢了无线网络的扩展，因而与《电信法》产生冲突。联邦法院同意了起诉，并命令该州停止实施关于信号塔的法律。[13]

联邦体制为管制企业提供了诸多启示。企业有时候倾向于联邦管制，这样它只需要遵循一项法律而非 50 个州的不同法律。如 20 世纪 60 年代，几个州试图通过在烟盒上标注健康警告的法律。如果允许各州通过相应的法律，那么烟草公司在各州销售时，必须依照当地法律在烟盒上印上当地的警示标签。所以烟草公司支持国会立法，以便在所有州都可以采用统一的警示标签。与烟草公司不同，保险公司反对联邦管制，它们倾向于由各州的保险委员会来监督。保险公司都是大公司，在许多州都是主要的重量级竞选捐款者。它们试图从州保险委员会取得温和待遇，因而全力反对通过国家法律。

其次，宪法建立了**分权**（separation of powers）体制，在这一体制下，政府的立法、行政、司法这三大基本职能由联邦政府三个分支机构行使。每一分支机构有相当大的独立性,并且有权监督和平衡其他分支机构。各州政府模仿这个分权安排体制。对企业来说，每一分支的行为都不能完全界定政策。比如，如果国会无视企业反对而通过了一项法律，企业就可以游说行政分支机构的相关部门按他们喜欢的方式执行，或者它们可以去司法分支机构，挑战该项法律的合宪法性。

第三,宪法提供了**司法复议**（judicial review）,规定法官有权复审立法与行政诉讼,制止违反宪法的法律或者官员的越权行为。一个经典的例子就是 1952 年春的司法复议。当时钢铁工人举行罢工，威胁停止钢铁生产。那时正值美国军队在朝鲜的装备补给极为短缺。为了支持战争，哈里・杜鲁门总统签署了由政府接管和运营钢铁企业的命令。钢铁企业提出起诉，最高法院判决杜鲁门此举超越了宪法权力。[14]

宪法创造的政府结构是开放的。它分散了权力，创造了多种取得路径，为企业和其他利益集团施加政治影响敞开了大门。因为不存在单一而集中的权力，因此，政府行为经常需要各个层面及政府各分支机构的合作。这一特点也使联邦政府体制易于受阻和延迟。当重大行动需要政府各部门协作时，特殊利益集团能通过在一个关节部门取得支持而阻止整个行动。另一方面，为了取得成功，企业等利益集团必须向维持政治平衡的许多主角施压。因此，在美国体制中产生了这样的处世方式，即各个利益集团乐于讨价还价、妥协，形成临时联盟以实现目标，而不是固守僵化的意识立场。

《第一修正案》（First Amandment）是宪法中的一项附加条款,对企业有重要意义。它保护企业享有组织和公布与政府有关的行动议程的权利。它用精湛古老的语言阐述了“请求政府为其申冤”这一权利。《第一修正案》也保护了言论自由、出版自由和集会自由，这对于向政府施压至关重要。没有这些保障，企业精心安排的电子信箱运动、演讲、社论以及广告会受到限制。可以想象，如果被企业丑闻激怒的公众迫使国会限制某些行业的游说权利，一切将会大不同。尽管企业发言方式多种多样，但仍会被限制在某一领域内。多年以前，最高法院将竞选捐款界定为企业发言的一种方式并对其进行限制，就是因为担心公司的金钱会腐蚀选举。[15]

企业支配政治的历史

尽管没有在宪法中获得授权，但企业在政治中的支配作用是美国持续至今的事实。根据历史学家的观点，使美国诞生的 1775~1783 年的独立战争，旨在抑制英国商业政策，使殖民地的企业获得自由。[16] 起草宪法的奠基者是一个经济精英团体。例如，约翰·杰与罗伯特·毛瑞斯都是殖民地中最富有的人。他们设计的政府受商业利益主导也就不足为奇。著名历史学家查尔斯·比尔德认为，美国宪法是由利益集团起草并认可的、以实现自身利益的一部“经济文献”。[17] 他的论点颇具争议性，部分原因在于它淡化了哲学、社会和文化力量在政治中的作用。[18] 但自 1789 年实施宪法以来，企业实质上一直占据主导地位。

奠　基

企业利益在美国这个新成立的国家中非常重要，但没有立即取得主导地位。当时几乎没有大公司。90% 的经济成分是农业，因此农民和种植园主是政治精英的主体。他们的利益平衡和遏制了幼稚工业的利益。起初政府力量微弱。经济管制实际上是不存在的。但是，在财政大臣亚历山大·汉密尔顿的领导下，新政府很快开始推进企业发展。在企业管理层的支持下，汉密尔顿实施了富有远见的政策，这为下世纪无可比拟的经济增长奠定了基础。随着这个年轻国家的经济的不断增长，企业的政治力量也随之壮大。

优势、腐败与改革

19 世纪期间，企业利益群体的力量不断增长。1861~1865 年间爆发的美国内战，毁灭了南方农业的权力基础，一个制衡北方工业的重要力量消失了。战后，大企业以一种从未有过的方式支配着州政府和联邦政府。这是一个极不均衡的时期，经济利益遇到的障碍微不足道。

企业普遍操纵着整个国家的政治。煤炭企业支配着西弗吉尼亚州和肯塔基州。铁路公司控制着纽约、中西部一些地区和加利福尼亚。阿纳肯达铜矿开采公司掌控着蒙大拿州的政治。石油公司主宰着俄亥俄州、得克萨斯州和宾夕法尼亚州。批评标准石油公司的著名评论家亨利·德玛雷斯特写道：“除了使宾夕法尼亚州立法机关不断改进之外，标准石油公司替它做了所有事情。”[19]

在华盛顿特区，企业也占据了主导地位。随着共和党取得优势，公司决定性的影响力体现在一系列提名和选举中，使伊利亚斯·格兰特和威廉·麦金莱这些亲商派共和党人士分别在 1868 年和 1900 年成为总统。[20] 国会中，参议员被企业用金钱收买，一些人甚至公开代表企业和行业。1889 年，一位观察家说：

> 一个美国参议员……所代表的某些东西，超出一个州，甚至超出一个地区。他还代表着封邑以及企业的权力。比如，一个参议员代表联合太平洋铁路公司，另一个参议员代表纽约中心，还有一个参议员代表纽约和新泽西州的保险利益集团……来自中东海岸各州的参议员代表煤炭和钢铁行业。半打以上的参议院代表棉花行业。这就是规则。[21]

在这样的环境里，腐败十分猖獗。比如，著名的“威士忌环”丑闻玷污了格兰特的第一任期。在该丑闻中，酿酒公司逃税，格兰特的一个手下接受贿赂，允许酿酒公司把酒卖给印第安部落。在格兰特的第二任期里，动产信贷公司向国会成员赠送公司股票，以避免公司劣质的铁路建筑工程遭调查。

美国内战过后，企业为政治捐献的财富迅速增长，这种状况招来反击。平衡企业权力的行动一直延续至今。19 世纪后期，农民试图通过平民党重塑农业价值观。他们的计划失败了，但在此之前，他们在几个州里从企业那里夺取了对立法机构的控制权，迫使其通过立法来管制铁路——当时最大的公司。更为重要的是，平民党运动拉开了历史长久的反对大公司权力这一民主改革传统的序幕。

19 世纪政治漫画家约瑟夫·开普勒（1838~1894）是大企业的批判者。他对金钱在政治中的支配地位非常愤慨。这幅漫画出现在 1889 年 1 月 23 日的《精灵》杂志上。资料来源：© CORBIS.

另外两个可怕的企业对手出现了。一个是劳工组织，它们注定在随后的一个世纪里，成为对抗工业最强劲的力量。另一个强有力的对手是反沙龙联盟，它们提倡禁酒。像劳工组织一样，反沙龙联盟也成为了商界的一个全国性对手，它反对的不只是酿酒业。各行业中的大企业共同抵制禁酒令，因为它们反对规则，也反对政府过多的管制。

1900 年后，渐进的改革削弱了公司权力。例如，1913 年《第十七修正案》规定，每个州的选民直接选举参议员。公司反对这一法案。之前，参议员由州议会选择，这种做法导致大企业的腐败行为。比如在 1884 年，标准石油公司的代表为俄亥俄州议会议员提供每人 65 000 美元的贿赂，以使亨利・佩恩当选参议员。一个目击者看到“帆布袋、硬币包、美钞盒散落在房间里、桌上和地上……有一些绿花花的东西露了出来。”[22]

大企业也反对女性选举权。此类运动由酿酒公司发动，它们害怕女性会投票支持禁酒。然而，害怕女性投票还有其他原因。商人大多相信女性会投票赞成激进的社会主义措施。到 1890 年，强大的妇女基督教戒酒联合会已拥有多达 10 000 个地方分会，它反对酿酒、童工和收入不平等问题，吓坏了工业企业。1920 年，赋予妇女选举权的《第十九修正案》实施后，并没有出现投票模式的重大改变。

当时最大的政治改革是对企业支配政治所带来的腐败现象进行的回应。但是，如果认为随着改革和新的反对者出现，主要的经济利益团体就会消失，这就大错特错了。新世纪到来之后，企业尽管面临更多的监管，但仍然占据主导地位。腐败仍在继续。1920 年，在共和党提名陷入僵局时，强大利益集团挑选的幕后候选人沃伦・哈定当选总统。副总统卡尔文・柯立芝曾是前马萨诸塞州一个狂热的反工会州长。哈定执政期间被官员接受企业贿赂的丑闻所困扰。1923 年，当国会考虑弹劾他时，他因中风而死。最糟糕的丑闻案涉及内务大臣阿尔伯特・福尔，他接受了来自石油公司高官的贿赂，作为回报，他将政府在怀俄明 Teapot Dome 的石油储备开采权让给该公司。这件事在哈定死后不久曝光，哈定的声誉受到严重影响，以致他在俄亥俄州马里昂的大墓 8 年后才能举行落成典礼。

新政下企业的衰退

当哈定正式入葬时，股市已经崩盘，灾难性的经济大萧条困扰着美国。保守的企业高管们坚持认为，不用政府采取行动，经济也会自动恢复。1932 年，富兰克林・罗斯福当选总统后，企业极力反对他在管制银行和工业、加强工会和实施社会保障方面所做的一系列努力。例如在反对社会保障方面，企业游说者争辩称，这一举措会使孩子不再帮助年迈的父母，工资税会打击工人的积极性并使他们离职，社会保障提供的保护会消除“生活中的浪漫”。杜邦、通用汽车公司、标准石油公司、美国钢铁公司、J. C. 彭尼、亨氏公司与其他公司的领导者，共同组成了反罗斯福美国自由联盟，以打击“违反宪法”的“社会主义”的新政举措。

许多政府官员憎恨罗斯福。他们说罗斯福把共产主义带给美国，并叫他“斯大林·德拉诺·罗斯福”。[23] 但是，企业已迷失了方向。企业反对新政府的行动与公众情感背道而驰，逐渐变得无用且下作。比如 1935 年，公用事业公司的游说者向国会递交了 250 000 封伪造的信件和电报，试图制止通过某法案，但是没有成功。随后他们散步谣言，说罗斯福疯了。

新政的许多法律基本上是平等和人道的，重申了传统农业社会的理想。由于企业缺乏积极的变革哲学，其政治力量受到极大削弱。用埃德文·普斯特恩的话就是：“新政期间企业的政治影响坠入深渊。”[24] 罗斯福为憎恨所伤，他感到新政挽救了资本主义制度而不是资本家。

新政是经济大萧条时期的一次政府巨变。这个时代产生了这样一种哲学，即政府应该纠正资本主义的缺陷并控制经济，使经济繁荣不再仅仅依靠市场力量的维系。[25] 政府应该创造一个“福利国家”以保护公民免于匮乏。在过去，政府没有掌控企业，现在它应该主动使用利率、管制、税收、补贴及其他政策工具来管控企业。在过去，大多数国家经费用于促进企业发展，现在越来越多的经费应该投入到社会保障之类的项目中。这些改革为建立一个日益强大、积极行动的联邦政府奠定了基础。

战后政治与风云变幻

20 世纪 40 年代，工业在第二次世界大战时的爱国生产及随后的战后繁荣，平息了公众对企业政治活动的反对态度。20 世纪 50 年代期间，企业再一次在非常适宜的政治环境中取得主导地位。在 1952 年至 1960 年执政期间，德怀特·艾森豪威尔作为一名亲商总统，使其内阁主要由商界推荐的候选人组成。国会中亲商的南部民主党与共和党组成联盟，以确保政策的执行。商界只需要影响一小部分国会议员就能够推行它们的政策主张。查尔斯·沃克是艾森豪威尔行政部门的一位官员，后来成为一名企业游说者，他回忆仅有的 4 个人是如何制定经济政策的。

> 这 4 名官员是艾森豪威尔总统、财政大臣罗伯特·安德森、国会议长萨姆·瑞波恩、参议院多数党领袖林登·约翰逊。这 4 个人每周在白宫酒会上聚会一次，总统会说：“我们应该做这件事或那件事。”然后萨姆先生或林登可能会说：“好，这是个好主意，我们会通过。”于是他们就会那么做。部分原因是当时他们在国会有很大的影响力，部分原因是当时整个国会的制度就是如此。[26]

但是，政治风云的变幻不久便使企业以更为复杂的方式介入政治。20 世纪六七十年代，自由改革议程主导着国家政策。新兴组织反对企业，内部改革使得国会更加开放、民主，企业被昂贵的新管制计划束缚，政府由于新的职权而不断扩张。企业不习惯成为公共利益群体和政府机构官员的手下败将，这种失败引起商界更为激烈的反抗。

反对组织的崛起

20 世纪 60 年代末期，随着关注消费者、环境、纳税人、民权和其他议题的各类新组织不断出现，政治气候改变了。包括拉尔夫·纳德公民权利组织、自然资源保护委员会以及美国消费者联盟在内的一些组织，拥有越来越多的成员和影响力，使政府对公司实施管制的议题提上日程。

这些集团改变了企业的政治舞台。十年前，商界主要通过悄悄地向政治领袖施加幕后影响来支配华盛顿政治。现在它们面临的是，敌对集团利用有利的舆论气候，试图通过政策来剥夺企业对政治的影响力。从 20 世纪 60 年代末到 20 世纪 70 年代末，企业的敌对力量向国会施压，通过了一个又一个重大的管制政策。

企业敌对势力的崛起在一定程度上代表了一种趋势，包括企业在内的所有各种新兴集团，皆因受到了政府扩张的刺激。联邦预算急剧上升，反映了政府的发展势头。1960 年，联邦政府预算是 920 亿美元，1980 年，达到 5910 亿美元，增加了 6 倍，而到了 2006 年，上升到了 2.7 万亿美元。[27] 图 9.1 显示了联邦政府预算的增长情况，一直追溯到 1900 年。随着政府扩张，各利益集团也在激增。到 20 世纪 90 年代，大约有 23 000 个利益集团，这是 20 世纪 50 年代的 4 倍多。[28] 当然，许多新兴集团代表企业利益。

公众利益集团运动的全盛时期很短。20 世纪 70 年代末，企业用一种更为复杂的方式进行斗争，不再让前者赢得胜利，但公众利益集团仍然是企业的敌人。

政府影响力的传播

除了新兴群体和企业影响力的扩张，政治气候的另一改变就是华盛顿特区的权力分散和地方分权。这主要由于三个原因 :（1）国会的改革 ;（2）政党衰退 ;（3）日益增加的政府复杂性。

以往，少群几个政党领袖和有影响力的委员会主席在众议院和参议院中就可以专制独裁。但南部民主党人士对 20 世纪 60 年代民权立法的顽强抵抗，最终导致初

图 9.1 联邦预算的增长情况：1900~2005

如图所示，联邦预算的巨大增长是政府扩张的一个主要衡量指标。这种扩张使政府变得更为复杂，使利益集团数量增加，使这些利益集团在企业、市场和竞争中的影响力不断增强。从历史上看，政府扩张是企业政治活动的主要促进因素。纵观各历史阶段，进步分子与自由主义者越来越多地利用政府来解决社会问题和管制企业。当他们用昂贵的项目把政府做得越来越大时，他们同时也强化了企业对政府的影响力。

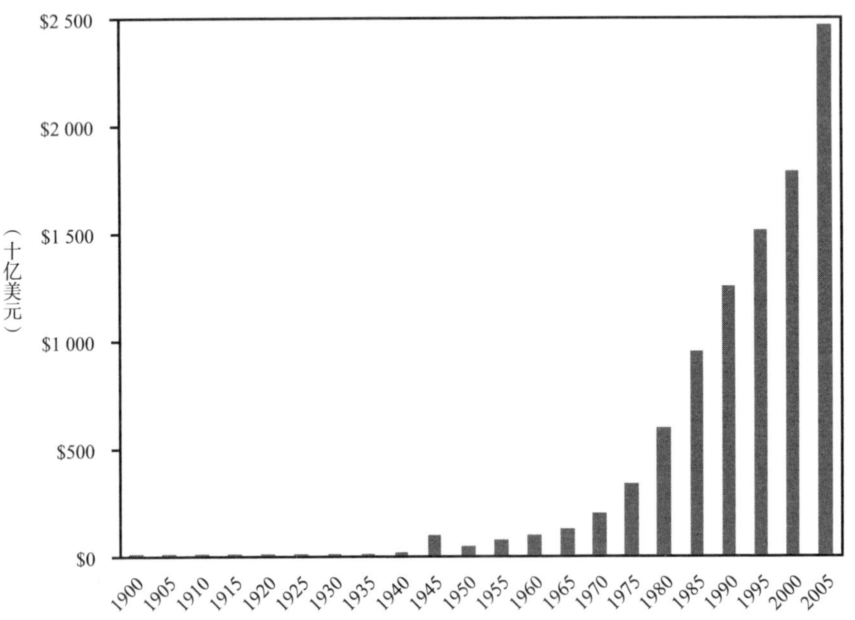

级立法者在 1974 年的地位提升，他们通过了国会民主化的改革程序，从政党领袖那里夺取权力并扩大影响。1974 年以后，专门委员会能够举行他们希望的任何主题的听证会；他们发展了大量成员，经常成立独立行动的小领地。国会不再是由少数领袖说了算的机构，一位观察者把国会描述成“像一个从河上漂下的圆木，上面载着 535 只大蚂蚁，每只蚂蚁都认为自己在掌舵。”[29]

现在，企业游说者必须接触委员会或专门委员会中的几乎每一个成员，以得到他们对某项政策的支持，而不是只接触主席一个人。一位资深的游说者如此评价这种变化：“在税收问题上，原先的情形是，如果你已得到了众议院筹款委员会的同意，你就可以出去打高尔夫了”。但是，“现在，除非你说服了所有成员，否则你还不能放松。”[30]

其他改变也侵蚀着政党权威。媒体，特别是电视，作为候选人信息的来源开始取代政党。通过电视，越来越多的政治家绕过他们的政党直接向选民宣讲。电视广告提升了竞选成本。过去，忠于政党领袖的参议院和众议院议员们，可以从该党获取巨大的竞选资金。1974 年以后，越来越多的独立议员直接向企业和利益集团寻求捐款。企业和利益集团都很愿意帮忙。在这种背景下，选民的受教育程度越来越高，比过去更具独立性。更多选民用其他判断依据来做决定，而不仅仅根据某某党的标签。由于这些原因，随着时间的推移，政党的影响力越来越小了。

权力分散的另一个原因，是联邦政府规模扩大且运作复杂。今天的华盛顿是相互竞争的各种利益团体的混合体，包括当选的官员、各委员会、内阁部门、管制机构、各大政党、法院、利益集团以及游说公司。这些权力中心之间的关系随着党派潮涌、个人野心、权力斗争而变化，政治领域的各种问题也层出不穷。

政府活动对企业的影响与日俱增，因而企业在政治方面比过去要活跃得多。政府的规模和职能范围不断扩张，这意味着政府行为对企业的经营来说至关重要。国会通过的许多法案直接影响到企业的收入。立法影响税收、利率、进出口规则、反垄断政策、国防支出、管制成本、美元汇率、信息使用等诸多方面。

统一企业利益的组织

从理论上看，有成千上万个组织可以代表企业。以下是对这类组织的概括说明。

最重要的组织是**峰会**（peak association），它代表了很多公司和产业。其优势在于能够代表各种企业；其缺点是成员们各有不同的问题，它们只能就一些结合了不同企业利益的宽泛问题进行游说。

最大且最有实力的峰会是 1912 年成立的美国商会。这个商会是一个拥有 3000 家地方分会、830 家贸易协会和 300 万家公司的联合会，其中 96% 是少于 100 人的企业。第二大协会是成立于 1895 年的全国制造协会，顾名思义，它代表众多的制造商，包括 12 000 个公司和 350 家贸易协会。这两个协会都对国会和公众持保守态度。它们关注不同成员企业的共同利益，如减少管制以及为企业主降低保险成本。

另外两大峰会的会员更加团结。全国独立商业联合会（NFIB）成立于 1943 年，代表 60 万个小企业，其成员企业大多数只有 5 名或少于 5 名的员工，一年的销售额低于 500 000 美元。它最为保守，其成员也很少是两面派。它所追求的游说目标是放松政府管制、减税，以及给最低工资设置上限。它的大多数竞选经费都流向共和党。该商会主席曾说："我喜欢 NFIB 打擦边球的方式，当他们说'撤销国税局'时，他们的话是有道理的。"[31] 企业圆桌峰会是代表大企业的组织。它成立于 1972 年，由 160 个首席执行官组成，其所在企业为该组织提供财务支持。每年它把所倡导的少数议题限制在对跨国公司至关重要的内容上。该组织的优势在于其成员 CEO 本身就是游说者，他们带着议题直接去华盛顿找议员。

除了这些峰会以外，还有 6 000 多家**贸易协会**（trade association），它们代表各个行业。实际上，每个行业都有一种或多种这样的协会。比如说，美国锅炉制造协会、肥皂与洗涤剂协会、炸药制造研究协会、室内制革协会和全国土耳其联邦协会。除了为它们所代表的行业进行游说，这些贸易协会还担当企业在华盛顿的预警系统，举办各种培训会议、制定产业标准，以及公布行业相关数据。像美国石油研究协会这样的组织，拥有雄厚的资金实力，是华盛顿地区最有影响力的玩家之一。具有多元化业务的企业经常属于多个贸易协会。

有 700 多家企业在华盛顿设有雇员，专门负责处理与政府的关系。这些**华盛顿办公室**（Washington office）主要是大企业设立的。比如通用电气，有一个团队专门向政府游说以满足通用公司各分支机构的需求。一些人专门与共和党人沟通；其他人与民主党人打交道。这个办公室还向通用公司的管理者提供关于华盛顿事务如何影响公司经营的信息。

许多公司从独立的游说公司那里雇佣游说者，以增强华盛顿办公室的力量。比如 1998 年到 2004 年期间，通用电气公司在游说公司雇佣了 60 多人，支付了 9 400 万美元的费用。[32] 在华盛顿特区，有许多独立的游说公司。最著名的公司雇佣了前高级官员、前国会议员以及来自各政党的前国会工作人员，他们能满足企业提出的各种要求，提供大量建议，发挥多种影响力。小公司很少能负担得起在华盛顿设立办事处的费用，所以它们大多通过贸易协会或雇佣游说者进行游说活动。

企业还通过建立**联盟**（coalition）来争取得到更广泛的支持。任何时候，华盛顿都有许多企业联盟。这些集团盟友的联合是短暂的。大多数联盟围绕单一的问题结盟，当问题不再紧急时就会解散。联盟的优势在于结盟游说可以增强影响力。有时候，一个联盟中的同党会发现，他们在另一联盟中是对手。

企业联合起来就能获得力量，但它们大部分时候不团结。长期以来，在国内和国外公司、卡车公司与铁路公司、制造商与零售商、原材料生产商与终端产品厂家之间一直存在着紧张关系。比如，多年来，美国的糖业联盟代表糖种植者和提炼厂，支持联邦政府对甘蔗和甜菜等实行统一定价。[33] 但火星和可口可乐等大公司反对这一政策，因为更高的糖价增加了糖果、饼干和软饮料的制造成本。最近，大技术公司与大制药公司之间产生分歧。由微软、思科、苹果等公司组成的专利公平联盟，正推动国会弱化专利权并保护技术公司免于专利诉讼。此事遭到大制药公司的反对，它们害怕弱化专利保护将威胁它们在有利可图的药品上的垄断地位。[34]

游　说

企业从两大领域介入政治。一种是政府关系，即游说活动。企业通过接触政府官员来影响政治。另一种是选举活动。企业致力于选出或打败某些候选人。这两个领域交织在一起。我们在这一节讨论游说活动，在下节中讨论选举活动。

游说（lobbying）就是建议政府采取某种立场。游说者告诉议员或官员自己的企业、利益集团或贸易协会的立场是什么。这个词是贬义词，企业游说者常常被讽刺为谋求私利、忽视公共利益和腐化官员的人。圣徒会远离这个行业。像杰克·亚布拉莫夫这样不诚实的游说者，会使公众变得愤世嫉俗。但大多数游说者诚实地工作，他们玩的是政治艺术，他们能使政府机器顺利运转。

游说者在美国的多元化氛围中寻找渠道、发出声音，以表达自己的意愿。同时，他们也把信息带给了政府。比方，国会议员和他们的下属在不确定的条件下工作。他们无法逐一调查每届议会提交的 20 000 个或者更多的法案，也无法处理政治舞台上数以千计的问题。游说者向议员提供关键情报，消除了这种不确定性。首先，他们能够确定并解释提案的内容以及问题的关键。最近国会忙于管制新技术企业，大多数资深议员难于理解这些新技术，游说者抓紧时间给他们补课。第二，他们能够说明法案的政治意义。它是否会引起全球变暖、通货膨胀或者创造工作岗位？议员的同事们将如何投票？它是否会通过？第三，他们能够解释这些问题对选举的意义，或国会议员所在地区或州的选民会如何看待某个问题。[35] 两院联席委员会前主席就认为，最好的游说者能有效发挥作用，因为他们擅长信息沟通。

> 好的游说者会告诉你一些你不知道的信息——比如，为什么实习医院需要更多的资金培训医生。他们告诉你应该怎样做、怎样判断。最重要的是，谁会反对，为什么要反对。他们知道他们的对手也正准备向你游说，所以他们不会让你在下次会议中说错话。[36]

游说者会试图用偏见和谬论误导国会议员，但这将适得其反。一位前国会议员解释了这个后果。

> 对于欺骗、误导或歪曲事实的游说者，有一个合适的词汇来称呼，那就是“前游说者”。当你们相互交锋时……真理是你的……真正资本。一旦你误导别人，一旦你夸大其辞，一旦你没有给出确切的真相，你将再也不会被留在圈子里了。[37]

缺乏正直品质的游说者，无法接近自己想要去影响的人，而影响这些人是其谋生的手段。另外，有效的游说者在维护他们的提议时，必须至少在一定程度上顾及公共利益，因为，按照规则，立法者和监管者不会制定只满足企业私利的政策。只有在极少数情况下，法案才仅对游说产业或公司有利。游说者被称为政府的“知情者”。[38] 他们在自由派与保守派广泛争议和公众关注的重大问题上没有什么影响力。但是，他们在幕后精心安排微小而准确的细节，这些细节足以确定政治能否发挥其巨大作用。

现在，华盛顿的议员普遍会接受游说。游说者经常组成联盟来促成法案通过。国会两党与企业游说者经常举行例会。隔周的每个星期二，那些重量级的共和党游说者与共和党参议员会面；而星期一则是那些重量级的民主党游说者与高级别的参议院和代表见面的日子。[39] 在这些会议上，游说者、议员和下属相互交流信息。国会领导人就如何通过立法征求意见，并请游说者提供策略性的帮助。通过游说，游说者可以了解政策，并加强了与议员的联系。

游说方法

劝说可以有许多方法。直接与官员们接触，有时称为**接触游说**（contact lobbying），是最重要的方法。在面对面的会议上把客户的案例展现出来，经常是实施行动最有效的方法。接近决策者是值得一试的。国会议员通常会利用 5~10 分钟的间隔来预约面谈。竞选经费以公司或者游说者的名字为抬头，这是一项不成文的规定。一位得克萨斯州的议员谈到两位游说者要与他谈话时的感受时说：

> 一个人你从来没见过，另一个人帮忙“带你去跳舞”（即，给你的竞选捐钱）。你将听谁的话呢？你回到办公室，那里有 30 条电话留言。你浏览后发现其中 5 条留言者，都曾帮忙“带你去跳舞”。你打算回复哪 5 条？[40]

游说者经常会与议员的部下或委员会成员会面，有时共同起草法案。他们在众议院和参议院的听证会上检验这些法案。在法案通过环节，他们常常会向议员使眼色，并用大拇指朝上或大拇指向下作为表决信号。除非他们是前参议员或代表，否则他们不能进入两会会场，但他们可以站在走廊里，和经过的立法议员交谈。有时过道会很拥挤。前参议员大卫·波润（俄克拉何马州民主党）这样描写来自恳求者的压力：

> 在我们讨论重要税务法案的某些场合里，我需要一名警察护送我进入财政委员会的听证会议室，因为有很多游说者簇拥在大厅里，试图抓住最后的机会让每一个参议员知道他们的诉求。参议员们大体上都知道哪一个游说者代表哪一个大捐赠企业的利益。[41]

大部分游说工作是远离议会两院接待室外进行的。游说者阅读文献，监督代理机构的行动，撰写政策分析来支持自己的立场。游说者把大量时间用于**背景游说**（background lobbying），即培养感情，而不是直接提出议案要求。公司和利益集团赞助参议员和众议员的筹款活动，在他们的竞选活动中工作，为他们及其工作人员购餐，或者想其他办法来培养好感。最近，沃尔玛游说者就在参议院旁边的一个房间里举行晚宴，庆祝某部关于女性参议员的电影完成录制。沃尔玛为影片导演提供 15 万美元的赞助，该导演是参议员芭芭拉 · 伯克斯（加利福尼亚州民主党）的女儿。[42]

企业游说者也通过让顾客、雇员或其他公众，以给立法官员施加压力的方式来影响政府决策。这些方式叫做**草根游说**（grassroots lobbying）。看到这样的支持，议员会认为公司不仅仅是在要求特殊待遇。草根游说常常需要多方行动。公关技巧能够获得媒体的支持。民意测验可以测量公众态度。广告活动可以塑造民意。公司做出一些努力，鼓励那些赞同其立场的人访问那些立法代表，或者给他们打电话、发电子邮件以及写信。

现在游说与政治竞选方法一样多，包括直接联系、公共关系、法律支持、民意测验、政策分析以及草根工作（见图 9.2）。游说需要多种技能，并导致了合并浪潮，华盛顿较大的游说公司并购一些在某方面擅长的小公司。大型游说公司可以向企业客户提供一站式“全程服务”。

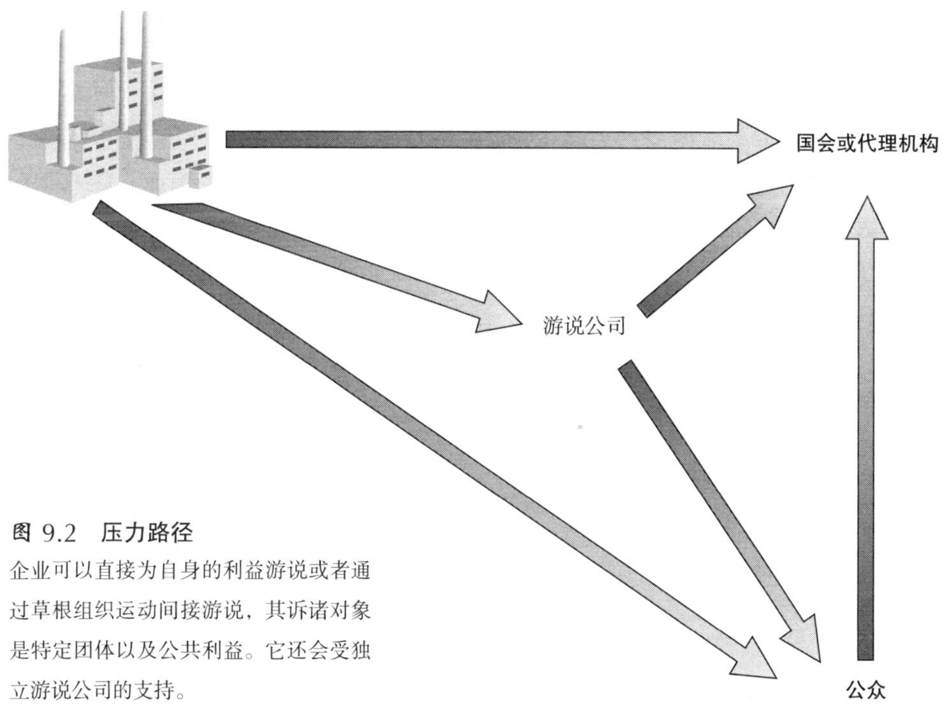

图 9.2　压力路径

企业可以直接为自身的利益游说或者通过草根组织运动间接游说，其诉诸对象是特定团体以及公共利益。它还会受独立游说公司的支持。

对游说者的管制

对游说者只有少而松的管制。对他们的限制会引发质疑，因为《第一修正案》保护公民言论自由，以及与政府官员沟通的权利。但在联邦政府层面上，对游说者的活动存在三种限制。

首先，1995 年的《游说信息披露法》要求游说者在国会注册，他们及其客户必须一年填两次表格，报告他们的服务费（如果高于 6 000 美元）和开销（如果高于 24 500 美元）。这样的披露远没有完全公开游说者的行动，因为首先，只有用超过个人 20% 的时间游说国会或行政机构官员的游说者才须注册；其次，游说活动的定义非常狭窄，只包括了个人与官员的直接会面和书面联系，没有涉及其他活动。然而，这一法律使一些游说活动开始浮出水面，否则它们将一直隐而不见。

其次，1995 年参众两院采用了一些规则，以防止出现不当行为。这些规则有些漏洞，在亚布拉莫夫丑闻过后，两院通过修正案来强化它们。现在，新规则禁止议员接受大多数用餐邀请或任何超过额定价值的礼品，其中包括旅行和乘坐公务舱。但这些规则被认为是不严格的。例如，这些规则中有 23 项关于议员用餐的豁免禁令。一项就是所谓的“牙签规则”。尽管游说者不能把议员带去餐馆——甚至去一次麦当劳——但每天晚上商业协会都可以举办配有丰盛食物的晚会。如果不配备刀叉，议员们就可以参加。根据众议院道德委员会的规定，如果放置刀叉，接待会就会被视为餐会。

第三，公共部门官员为了采取某项政治行动给予或接受贿赂是非法的。但是，贿赂罪是很难被界定和起诉。通常，贿赂就是有意影响官员行为。某事是否属于贿赂，很大程度上取决于内容和情形。金钱或礼品的交换必须在时间上与官员行为紧密相连，必经与特定行动或者与官员的行为表现有关。[44] 一项竞选捐款，除非它包含了明确的诉求，即与特定行为相交换，否则算不上是贿赂。[45] 平时的捐款，即便金额非常大，也不会被起诉。为了避免受到贿赂指控，说客们和议员们将竞选捐款和立法惠助分开讨论。当说客们请议员们用餐、旅游、打高尔夫时，他们并没有行贿，除非迎合官员的特殊要求。当然，这样的迎合难以界定，因此贿赂罪是很难被指控的。

对竞选捐款的限制同样约束着游说者。现在我们来讨论选举中企业捐款的现状和限制规则。

企业在政治选举中的角色

在首届总统竞选中，乔治·华盛顿几乎没搞什么竞选活动，他只花了 93 英镑“款待”投票人。[46] 此后，联邦办公室成员，包括总统、副总统、参议员和代表的竞选时间之长度和成本均与日俱增。在 1999~2000 年的选举中，联邦选举的总花费是 30 亿美元，这是一个大数目，是一个值得深思的数字。这个数字比制造一艘航母的成本略少，也少于全美在视频游戏上的花费。

限制企业影响的努力

整个 19 世纪，企业直接给候选人捐款。随着公司发展和大托拉斯的出现，捐款也随之上涨。最后，过度的捐赠引起了反应。国内战争以后，企业捐献的钱主要流向共和党，由此推动了自由主义经济原则。企业捐赠在威廉·麦金莱的总统竞选中达到顶峰。1896 年的竞选，在亲商的共和党人麦金莱与激进的民粹主义者、民主党候选人威廉·詹宁斯·布赖恩之间展开。布赖恩，一位在演讲台上能使听众入迷的演说家，公开宣称结束金本位制，此举吓坏了那些反对激烈变革的东部银行家。

麦金莱的竞选负责人马库斯·汉纳利用人们的恐惧心理，建立了颇受人欢迎的捐款制度以支持麦金莱的竞选。他让惊慌的银行家每人捐赠公司资产的 0.25%，总共筹得了 350 万美元。[47] 这使麦金莱的竞选资金比历届选举中的平均经费多了两倍，麦金莱因此取得了胜利。

1900 年，布赖恩再次对阵麦金莱。布赖恩这一次的议题是拆分大企业。因此汉纳根据标准石油和美国钢铁这些大企业的资产来确定捐款数额。他创造了新的捐款记录，几乎高达 700 万美元，这在当时是一个天文数字。如果这一估计准确的话，这个数字在 1960 年的选举中才被打破，当时约翰·肯尼迪和理查德·尼克松分别筹集了大约 1 000 万美元的经费。麦金莱再次以更多的票数当选。

汉纳认为他的做法提高了捐款的道德界线，使捐款摆脱了长期存在的贿赂和勒索的特征。公司没有得到特殊优惠，而是共同分享麦金莱治理下经济繁荣所带来的回报。事实上，汉纳模式的成功，引起了公众对大公司捐款的敌对态度，他们认为公司捐款会加大选举中的腐败程度。改革是必然的。1904 年，当共和党人西奥多·罗斯福作为改革者参与竞选时，他遭遇对手民主党人阿尔顿·帕克的攻击，后者说他从公司那里获得了大量的政治献金。

渐进改革者试图挑战企业巨头。1907 年，他们通过了《蒂尔曼法》。该法律将银行与公司在**联邦选举**（federal elections）中直接捐助候选人的行为认定为犯罪行为，这项法律沿用至今。[48] 该法律由参议员本杰明·蒂尔曼（南卡罗来纳州民主党）发起。蒂尔曼并非一名追求公平选举的理想主义者。他的目标是制止公司捐款流向共和党，打破共和党的支配地位。他是一个种族主义者，仇视共和党，对释放奴隶及允许其在南卡罗来纳州拥有投票权不满。他在参议院鼓吹骑兵团在投票站枪击黑人。蒂尔曼只是利用当时公众的情绪来追求其不可告人的目的。

蒂尔曼的思想为当今留下的历史痕迹，那就是人们对政治中企业捐赠的恐惧。平等主义者的理想塑造了美国的政治文化。来自企业的大笔竞选资金，破坏了公众对利益平等原则的信任。《蒂尔曼法》首次尝试保护选举系统免受企业带来的不平衡影响。但是金钱，特别是企业的金钱，在竞选捐赠中显得尤为重要。金钱是一种可以转化为权力的资源。候选人用它来说服投票人；捐款人用它来为企业带来影响力和实惠。金钱是重要的，当旧的方法被阻止时，就会出现新的方法。

1907 年之后，《蒂尔曼法》的精神持续受到侵蚀。由于禁止直接捐赠，公司采取更加聪明的间接手段。他们向候选人贷款然后免除债务，为政党的宣传小册子支付昂贵的费用，派遣雇员为竞选活动工作，提供租车和航空旅行之类的服务。因为《蒂尔曼法》没有限制个人捐赠，因此富有的捐赠者加入游说行列。包括企业高管在内的有钱有势的人合法捐出大量金钱。许多企业给经理人支付奖金作为捐赠竞选的经费。《蒂尔曼法》之后，法律试图通过禁止这些隐秘的捐赠方式来限制企业的影响力。但正如我们将看到的，当一种方法被阻止时，另一种新的方法就立刻出现了。

《联邦选举法》

《蒂尔曼法》出台之后，国会不断增加选举法的内容，要求候选人公开捐款明细，禁止推选的官员在其竞选过程中使用联邦雇员，禁止工会直接向候选人捐赠。[49] 除了弥补漏洞外，所有这些措施并没有影响到竞选捐赠的主要提供者——企业的影响力。

1968 年，由于富有的商业巨头捐助，共和党人理查德·尼克松的花费超过了他的民主党对手胡伯特·胡姆普雷。其中，W·克莱蒙特·斯特恩是一位保险公司的高管，他通过建立迷宫一样的委员会，给尼克松捐赠 220 万美元并创下了一个新的纪录。1971 年，愤怒的民主党人通过了《联邦选举法》，要求公布竞选经费和开销。这个法案通过不久，1972 年的选举再一次使政治中的企业捐款成为主要的改革议题。有关水门事件丑闻的调查发现，有 21 家企业违反了《蒂尔曼法》，它们直接给尼克松竞选组织提供了总额为 842 000 美元的捐助。

国会对这一非法行为作出回应，在 1974 年大规模修订了《联邦选举法》（10 年中 5 次修订中的第一次）。修订后的《联邦选举法》限制了富有的捐款人对于两院竞选捐赠和花费的最高额度。在每次选举中，个人只能给单个候选人捐助 1 000 美元，一年只能给候选人团体或政治委员会捐助 25 000 美元。《蒂尔曼法》禁止企业直接捐赠的规定仍然有效。为了使选举法具备更大的效力，修正案创建了一个新的监管机构——联邦选举委员会。修正法案的意图旨在限制公司的影响力。但是，30 年过去了，修正案没有实现既定目标，其原因有如下三点。

首先，1976 年最高法院在限制企业捐款方面作出重大妥协。在伯克莱诉维利奥的案件中，法院认为，政治竞选中的捐款和花费都是言论自由的表达方式，受到《第一修正案》的保护。[50] 法院支持《联邦选举法》，认为政府有理由避免腐败并预防无管制的捐赠所带来的腐败。但是，法院不认可关于捐款数额的限制，认为这样做对于政治言论自由的限制实在太大了。这严重侵害了法律在限制竞选捐款方面的效力。

其次，政府规模扩张导致利益集团激增，创造出更多有组织的利益群体资助竞选运动。因为《联邦选举法》——甚至在伯克莱案裁定之后——限制了个体捐赠，这似乎预示着富商捐赠时代已经过去了，然而正如我们将要看到的，这只是暂时的。各企业争先设立所谓的政治行动委员会，这样它们能够以公司的名义为候选人捐款。政治行动委员会的数量快速增加，越来越多的金钱进入政界。

第三，企业和说客调整并适应了《联邦选举法》，他们学会了如何利用、避开以及接受它的管制。他们长达 30 多年之久的密谋策划与 1907 年《蒂尔曼法》后不断修正的立法相伴相随，再一次显示政治金钱犹如小溪流水，它在一处受阻时，就会绕行从另一处流过。针对法律限制，人们有两种重要策略，第一是运用政治行动委员会，第二是在宣传方面加大投入。

政治行动委员会

当国会限制个人捐款时，它也留下了漏洞，即为企业成立**政治行动委员会**（political action committee，缩写为 PAC）或者以企业名义建立政治行动委员会敞开了大门。这些委员会不是用企业的钱，而是用雇员的钱为竞选捐款。尽管企业以前没有设立政治行动委员会，但工会自 20 世纪 40 年代以来就用类似的方法支持亲工会的候选人，这样的机构已经多达 200 家。当新的《联邦选举法》于 1974 年生效时，企业开始成立政治行动委员会，其数量稳步上升，在 1988 年达到顶峰，共有 1 816 家政治行动委员会。随后又逐渐减少，并且稳定在 1 600 家左右。政治行动委员会数量减少的主要原因是，有些企业对向其施压要钱的政客们感到反感。

其他利益群体也使用政治行动委员会，2006 年共有 4 210 家，包括 1 621 家企业政治行动委员会、283 家工会政治行动委员会和 935 家商业联盟政治行动委员会。[51] 如图 9.3 所示，尽管政治行动委员会的总数没有发生变化，但企业政治行动委员会的捐款在 1986~2004 年间增加了一倍多，工会政治行动委员会现在的捐款还是比不上企业政治行动委员会在 20 年前的捐款额。

图 9.3
在 1986~2004 年的竞选周期中，企业和工会政治行动委员会给候选人的捐款

资料来源：FEC

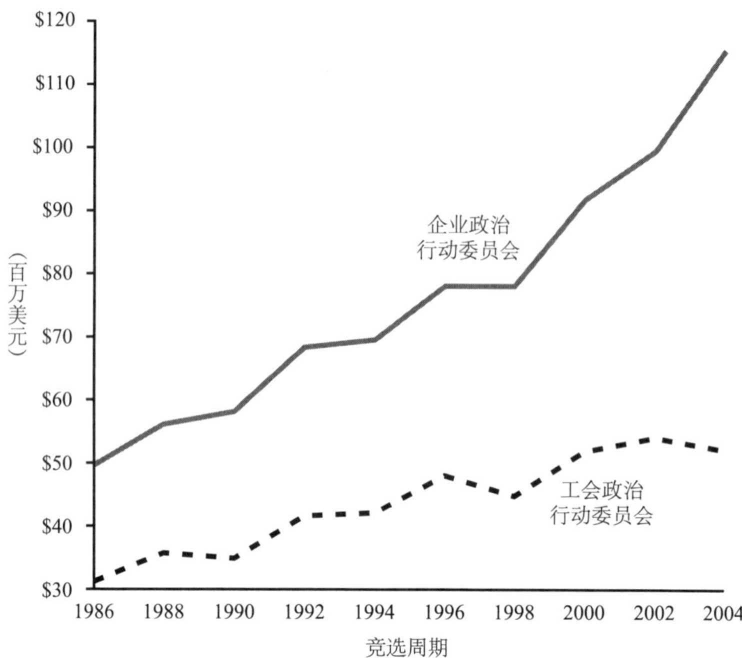

政治行动委员会如何运作

为了设立政治行动委员会，企业必须建立一个捐款账号，“一个独立的基金”，企业不能合法地向它捐赠 1 分钱（因为 1907 年以来禁止企业直接捐款）。企业政治行动委员会主要通过雇员的捐款募集资金，也可以当面或通过邮件的方式请求企业高管和经理人捐款。许多企业建议以个人收入的百分比来捐款，通常是年收入的 0.25%~1%。一些公司鼓励每月从薪金中扣除捐款的计划。计时制雇员一年可以进行两次捐款。企业强迫政治行动委员会捐款是非法的。许多雇员感到微妙的捐款压力，他们对类似的请求颇为不满。

政治行动委员会的资金必须由该委员会的管理人员来支配使用，而这些管理人员必须是企业的员工。他们的决策要与公司的政治目标相一致。现在，政治行动委员会同意放弃向候选人每次捐助 5 000 美元的计划，但大多数捐款是从 500 美元到 2 000 美元的不等金额。2008 年，2 000 美元的捐款还不到参议院平均竞选费用的 1%，不到众议院平均竞选费用的 0.1%。公司游说者们知道，即使这些微不足道的捐款，在候选人当选后也会有益于企业。

对政治行动委员会筹款和开销的金额没有限制。在两年的**竞选周期**（election cycle）中，大多数企业政治行动委员会的捐助少于 50 000 美元，尽管在 2006 年少数企业给候选人的捐款多于 200 万美元，大约有二十多家企业的捐款超过 100 万美元。[52]

软钱与议题宣传

除政治行动委员会增加捐款支出外，另一种方法也出现了，它使企业和富有的高管们可以摆脱关于企业捐助的限制。1979 年，国会通过一项看似清白的政治行动委员会修正案，以帮助联邦和地方政府摆脱捐款方面的限制。这类捐款被叫做**软钱**（soft money），或者不受管制的钱，《联邦选举法》并不强制规定其来源或数目。软钱是相对于硬钱而言的，**硬钱**（hard money）是在联邦选举法规定的严格的捐款限制和规则下筹集并花费的钱（如图 9.5 所示）。任何人可以直接把软钱捐给候选人。软钱可用于选民登记、海报和小册子之类的花费。但不久之后，各政党开始筹集大量软钱，并将其用于促进联邦候选人的选举上，而不是去做上述的那些小事。

尽管企业不能直接给联邦竞选捐款，但联邦选举委员会提出的一系列建议，为企业向各党派捐献软钱敞开了大门。联邦政府中各政党随后把钱付给各州和地方政党。企业和高管捐献的金钱越来越多。图 9.4 显示 10 年中软钱是如何从 8 700 万美元激增到 49 500 万美元的。企业捐赠实际上是不受约束的。在 2002 年的竞选中，AT&T 是最大的软钱捐献者，给共和党捐了 230 万美元，给民主党捐了 150 万美元。[53]

1996 年，当最高法院认可软钱可用于政治宣传时，大量软钱蜂拥而至。[54] 联邦最高法院将**议题倡导**与**选举政治广告**区分开来，**议题倡导**（issue advocacy）代表了政党的观点或关于竞选的看法，而**选举政治广告**（express advocacy）则用诸如“给某某人投票”“打败某某人”或“支持某某人”之类的特殊说法来表达对候选人的支持。软钱可用于议题广告，使得企业可以不直接使用某些词语偷偷参与竞选，即便企业

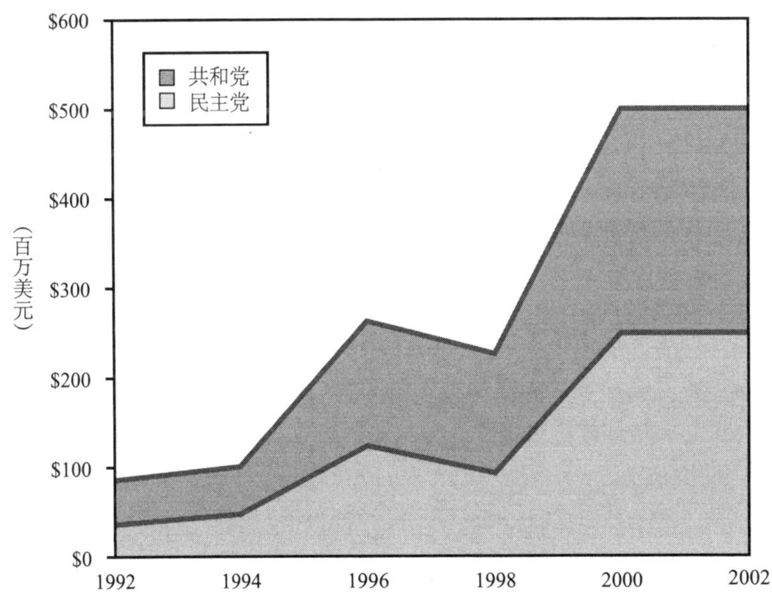

图 9.4
在1992~2002年的竞选周期，由民主党和共和党委员会开具的软钱收据

资料来源：联邦选举委员会

支持或反对某个候选人的意图已经非常明确。

几年来，大多数软钱都用于电视上的议题广告。企业为联邦政府中的民主党和共和党开出大额支票，后者把钱交给州和地方政党，他们毫无掩饰地支付各种竞选活动的支出。

2002 年的立法改革

在 2000 年的选举中，企业公开捐赠大量软钱使选举法的基本精神受到嘲弄。在安然公司以大笔软钱捐助并操纵当选官员的新闻引起强烈的舆论反响后，国会通过了《2002 年跨党派选举改革法》(BCRA)。[55] 这一新的改革试图限制企业、财团和富有个体所捐软钱的影响，其要点如下 ：

- 全国性政党禁止筹集或花费软钱。
- 企业可以为游说组织捐赠软钱用以获得游说支持，但是在初选前的 30 天和大选前的 60 天的“禁闭”期，这些组织不能将钱用于有关联邦候选人的宣传（报纸、杂志和互联网广告是可以的）。来自个人的软钱仍可使用。只有由硬钱资助的宣传（即图 9.5 所指的在《联邦选举法》约束下的现金捐赠）可以在“禁闭”期间进行。
- 个人捐赠数额限制达到了以往规定的 4 倍以上，这是因为考虑了通货膨胀指数。如图 9.5 所示的新规定现已生效，该规定允许个人每次捐赠 2 300 美元给联邦候选人，每两年选举期间可捐出 108 200 美元。

新法的目的在于制止软钱在竞选前用于议题宣传。全国性政党不能再收受和使用软钱。比如，禁止游说组织在“禁闭”期间使用软钱，可以避免美国自然资源保护组织峰峦俱乐部和商会等团体变成为政党捐献软钱的替代集团。提高个人捐款限制额度，旨在使各政党和候选人容易从个人那里筹集大笔硬钱，从而弥补软钱的流失。

很难预测《2002 年跨党派选举改革法》的影响，也许其后果需要经过多年之后才能显现。它没有打破长期以来竞选支出整体上升的趋势。2004 年的选举支出大概是 39 亿美元，比 2000 年总统选举期的 30 亿美元还要高。[56] 捐款模式的改变，补偿了全国性政党因新法案而流失的 5 亿美元软钱。最重要的是，来自政治行动委员会和个体的硬钱捐款直线上升。此外，在联邦选举法之外运作新的非政府组织开始筹集软钱。竞选费用不断上涨是一种历史趋势，而且还将持续下去。可以预见 2008 年竞选周期的费用将达到 50 亿美元。[57]

尽管 1907 年的《蒂尔曼法》明确禁止企业向联邦候选人捐款，之后的一个世纪中，改革者努力限制企业影响力，但企业还是为选举投入了巨资。它们是怎么做的?

图 9.5　联邦选举中的捐款和支出规则

禁止、限制与无限制领域

- 禁止用公司账户向联邦候选人捐款
- 允许向全国性的政党捐赠 10 000 美元。这些政党必须是合法的、注册的，可以推选候选人
- 可以建立政治行动委员会在以下限定的范围内捐款
- 可以向 501（c）和 527 条款组织无限制地直接捐款

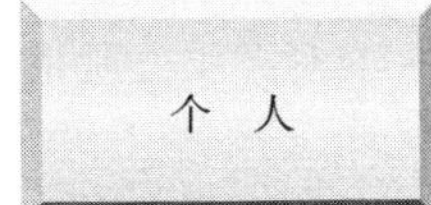

- 每次选举可以向每个候选人捐赠 2 300 美元*
- 每年向政治行动委员会捐赠 5 000 美元
- 每年向州和地方政党委员会捐赠共计 10 000 美元
- 每年向全国性政党委员会捐赠 28 500 美元*
- 每两年一次的竞选周期捐赠 108 200 美元：每一选举周期向候选人捐赠 42 700 美元，向全国性政党和政治行动委员会捐赠 65 500 美元（其中向政治行动委员会的捐赠不多于 42 700 美元）
- 可以向 501（c）和 527 条款组织无限捐款
- 自己参与竞选而设立办公室的无限制开销 †
- 代表或反对候选人的无限制独立开销

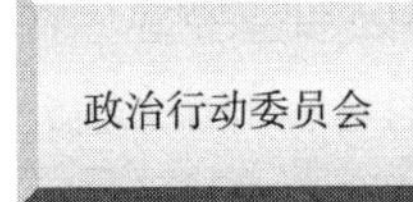

- 每次选举向候选人及其委员会捐赠 5 000 美元 †
- 每年向州和地方政党捐赠 5 000 美元
- 每年向全国性政党委员会捐赠 15 000 美元
- 每年向其他政治委员会捐赠 5 000 美元
- 无限制独立开支

* 这些限制被编入通货膨胀索引。数字是关于 2007~2008 年的竞选周期。

† 初选、大选、特殊选举和提名大会或者领导人秘密预备会议均为分开选举，个体或者委员会可以根据法律上限进行捐赠。

‡ 当参众两院候选人向自己的竞选款项数目超过特定的界限（众议员 350 000 美元；众议院 300 000 美元，加上各州达到选举年龄选举人群的 0.08 倍），其对手的个体和政党捐款限制也要提高，这就是所谓的"百万富翁修正案"。

以下就是捐献硬钱和软钱的基本方式。

- 政治行动委员会。企业的政治行动委员会能为候选人、其他政治委员会以及政党筹集硬钱，其具体数目如图 9.5 所示。如前所述，有些企业的政治行动委员会在一次选举中就会捐赠数以百万计的美金。
- 个体捐赠。如图 9.5 所示，企业高管捐赠的硬钱达到个体捐款的上限。根据国家法律，他们把软钱捐赠给州和当地的候选人。此外，他们还把软钱捐赠给如下所述的 501（c）和 527 条款非营利性组织。
- 高管捆绑者。当个体请求其他人为某候选人捐款时，**"捆绑"**（bundling）就发生了，后者可以继续请求其他人并将这种请求传递下去。每笔捐款在法律的限额范围内，但大笔捆绑加在一起就远远超过了法律的规定。这种方法是乔治·布什在其2004年的竞选中创造的。富有的个体首次不必再在支票上签署大笔的软钱，布什让他们成为捆绑者。有三种类型的捆绑者：先行者通过让100人各签署1 000美元支票的方式筹集10万美元，用来支持布什竞选总统。杰克·亚布拉莫夫和肯·雷就是这样的先行者。骑兵巡逻队筹集20万美元，超级骑兵巡逻队筹集30万美元。据估计，以企业高管为主的385个捆绑者，为布什总统筹集了2亿美元的捐款。[58] 捆绑者通过号召朋友、给下属写筹款信等方式来达到其目标。其他候选人抄袭了这种方法，包括以后主要的总统候选人。由于不需要公开捆绑的细节，所以公司高管捆绑者的姓名至今是保密的。

- 501（c）免税条款集团。《2002年跨党派选举改革法》颁布以后，在501（c）条款规则下成立的免税条款集团作为新的软钱渠道发挥了重要作用。当竞选不是其主要活动时，501（c）免税条款集团只接受国税局税法的管制，它们无须向联邦选举委员会注册登记为政治委员会，就能投票表决。这意味着它们不用透露捐款人就能募集软钱。在城市和企业联盟的税法体制下，成立了许多亲商的501（c）条款集团。美国职业保障就是一个例子，它是一个由500家企业、商业协会和富有的企业高管资助的集团。2006年，它在4个州捐赠了160万美元的经费以支持亲商的国会候选人[59]。
- 527条款集团。这是根据税法527条成立的“政治组织”，主要为影响选举而建立。如果这些集团拥护选举或者反对某一候选人，那么他们必须在联邦选举委员会注册，并在筹钱和开支时遵守硬钱的使用规定。[60] 但是，如果它们只是从事一些议题倡导活动的话，就可以从任何地方筹集无限制的软钱来运作影响选举的宣传。许多公司给它们捐款。比如在2006年，沃尔玛捐赠743 055美元，辉瑞捐赠372 000美元。[61] 许多527条款集团的开支无须公布，但2004年的总额大概是42 400万美元。[62]
- 商业协会。企业可以以会费的名义向商业协会无限制地捐赠。因为商业协会也是在501（c）条款的管制下建立的，如果政治行动不是其主要目标，它们可以使用这笔钱去游说和竞选。因此，2004年，代表大制药公司的商业协会在会费中筹集了18 400万美元，并在游说和政治活动中花费了6 600万美元。[63]
- 州和地方选举。企业直接捐助联邦候选人是非法的，但几乎一半的州和许多城市都允许企业捐款给州和地方候选人。企业不需要汇报它们在这些层面上的捐款，候选人和政党需要做什么样的披露也各不相同，所以总的情况是未知的，但数目巨大。举些例子来说，2006年沃尔玛为各州捐赠了95.7万美元，联合太平洋捐赠了61.4万美元，微软捐赠了50万美元，波音捐赠了26.5万美元。[64] 这些数字包括来自企业和企业政治行动委员会的捐款，很有可能不是全部。

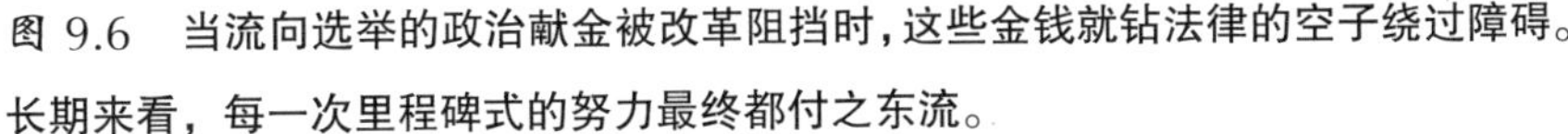

图 9.6　当流向选举的政治献金被改革阻挡时，这些金钱就钻法律的空子绕过障碍。长期来看，每一次里程碑式的努力最终都付之东流。

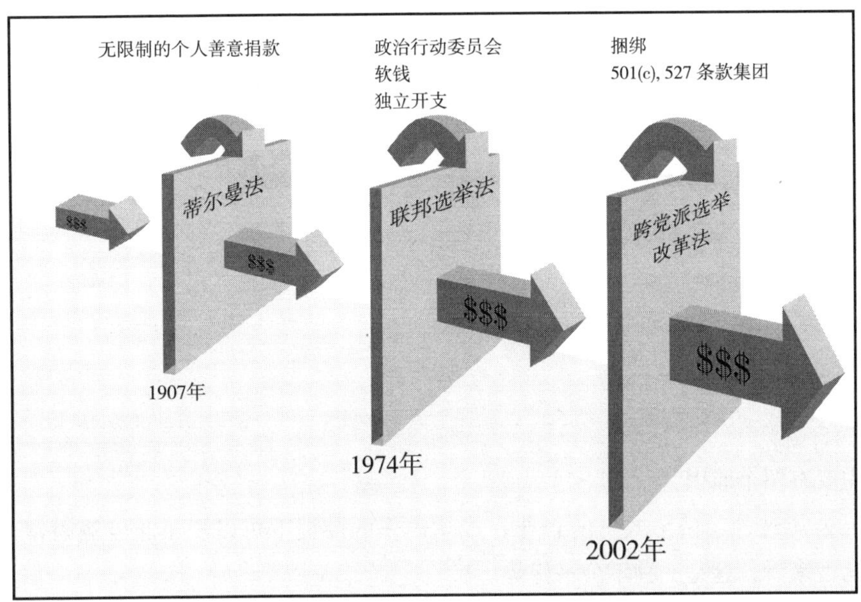

总之，尽管企业没有从其财务部门中直接取钱向联邦候选人捐款，但通过许多其他渠道，企业的资金仍旧影响着联邦、州和地方的选举。图 9.6 总结了一个世纪以来限制企业政治献金的无效努力。如图所示，每一次改革者设置新的法律障碍，企业都会绕开它们找到新的路径。在下一节，我们将讨论企业的影响力。

公司政治表达的张力

在美国，对于企业腐化政府官员有一种历史性的恐惧。麦金莱竞选总统显示出企业的资金威力，在之后的一百多年里，国家在控制事态发展方面进展缓慢。为什么没有更多进展呢？答案在于美国的政治体制，言论自由和政治平等这两个核心价值观之间存在对立关系。

如果政府要求包括企业在内的人及团体保持沉默，就会违背《第一修正案》的精神，因为《第一修正案》给予言论自由和辩论以极大的保护。在伯克莱案中，最高法院认为资金捐助是一种言论，受到《第一修正案》的保护。所以，若对包括公司在内的任何群体或利益集团做出捐款限制，在法理上都是受质疑的。但从 1907 年起，法律限制企业捐赠以确保选举中的政治公平。最高法院认为这种针对企业的

图 9.7 选举法中的基本愿景

在选举法的问题上，法院与国会面临的挑战是，在保证《第一修正案》中的言论自由与维持选举免受腐败影响之间把握平衡。

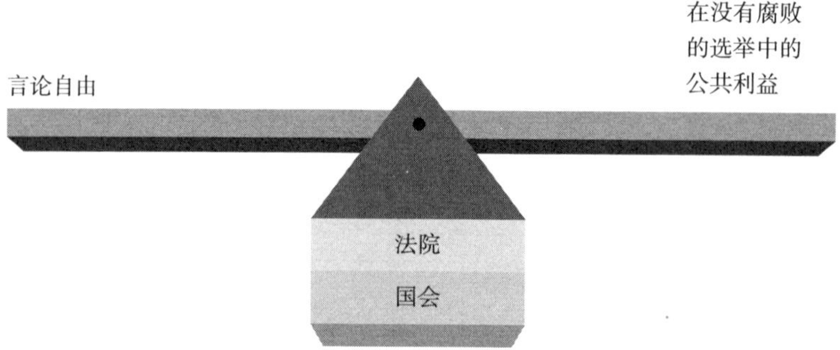

言论限制主要有两个原因。

首先，公司这种经济形式，使企业在成功运作的前提下可以积累起巨额财富，从政治的角度来看，这是一种不公平优势。

> 企业雄厚的资金实力……不是表示公众对企业政治观点的支持，而是反映了投资者与顾客受到经济驱动而采取行动的结果。企业雄厚的资金使得公司的政治形象令人生畏，尽管公司的资金实力也许并不反映它的政治影响力。[65]

其次，法院意识到在防止腐败或选举中出现腐败时所出现的一种"折衷的政府利益"。[66]公司的钱无限制地在政治中出现，即使没有明显的腐败，也会损害民主选举合法性这一正直原则。所以法院必须在言论自由和保护选举免受腐败侵蚀之间保持平衡。图 9.7 描述了选举法中的这一基本愿景。

但是,并非每个人都同意这样做。法院的保守派拒绝接受这种平衡。安托宁·斯哥里亚对最近的选举法表示不满，认为当政府使企业缄默之时，就是"对言论自由来说最悲惨的一天"。它遏制了"最能代表经济发展意义以及最有热情的社会与政治观点"。[67]法官克莱伦斯·托马斯同样不满，他指责法院中的大多数人竟然允许"自南北战争以来，最严重的剥夺言论与自由的法案通过"。[68]

持异议者反复争辩，认为企业有不受限制发表言论的权利，它们应该能够为竞选捐款，并且想花多少就花多少。在选举中禁止企业捐赠，用法官斯哥里亚的话来说就是"违背《第一修正案》的精神，即政府不能利用审查以确保政治争论的'公平性'"。[69]他和法院的其他保守派相信，公众有能力判别企业观点，不会支持那些屈服于企业影响并且卖光公共利益的政客。如果保守派的这些观点获胜，那么《联邦选举法》的主要目的——限制企业影响力——将遭到否决。

结　论

显然，企业在许多利益集团中拥有历史性主导地位。在公司利益与其他利益（如穷人、环境主义者和消费者权益保护者）之间存在明显的不平衡。工会有时可以与企业的政治力量相抗衡，但许多时候并非如此。自殖民时代终结以来，就存在极大的不平衡。今天，企业被迫不得不与比过去更多、更强大和更反对企业的利益团体打交道。

软钱的增加与游说方法的改变造成这样一种看法，即企业的钱正在腐蚀官员的独立性。但是，除了违法信息定期被披露外，并没有具体的证据表明存在深度腐败。其中部分原因是存在披露规则。事实上，美国政治要比大多数其他国家的政治干净，也比过去干净。

美国社会的挑战是：在保证《第一修正案》中企业政治言论自由与选举和政府决策免受贿赂之间把握平衡。至今，我们已经成功地保持了大致的平衡，尽管还不算完美。

Westar 公司走向华盛顿

政治究竟是如何运行的？对于外行来说，整个过程几乎是不透明的。它的背后操作和压倒一切的复杂性，导致人们对政治作出愤世嫉俗和过分简单的判断。Westar 公司的故事给人们一个难得的机会去透视华盛顿，并关注企业如何在政治中发挥影响。这个故事是否具备代表性还不清楚，它对于民主又有何教训尚不能确定。

公司的转型

20 世纪 90 年代中期以前，西部资源公司（Western Resources）一直是一家稳定的公共能源提供商，向堪萨斯州约 64 万户居民提供零售电服务。作为在其服务区内居于垄断地位的公司，它受到堪萨斯企业委员会的监管，后者有权制定资费标准。联邦能源管制委员会管辖电力批发交易和输电线路。这是一个受到严格限制的行业。

鉴于其所处的严格管制的环境，能源公司经常会采取一种保守而少变的策略。但是，在 20 世纪 80 年代和 90 年代早期，当去管制化的氛围出现时，能源行业需要更大自由的呼声日益强烈。在这种情况下，西部资源公司的首席执行官约翰·海斯采取了一项大胆的多元化策略。他想把受到管制的公用事业企业扩张为不受管制的企业，以获取更高的利润。

在寻找助手时，他雇佣了一位名叫大卫·威蒂格的华尔街购并奇才。如果他雇佣维利·萨顿可能会一样好，当然这是后话。

威蒂格当时看起来是最理想的人选。他在一个遍地谷物的堪萨斯平原的小镇长大，以相当优异的成绩从堪萨斯大学毕业，后来成为纽约投资银行家中的明星。他的照片一度出现在《财富》杂志的封面上。[1]

应海斯的邀请，威蒂格回到堪萨斯负责公用事业部的战略转型工作。他的任务是并购其他企业，率领西部资源公司走上多元化道路。不久威蒂格就买进了俄克拉荷马州天然气公司的股权。然后，出于税务方面的考虑，他创立了一个新的名为 Westar Capitol 的公司，由西部资源公司控股。新公司的目标是取得并控制非公用事业企业的股权。通过这家公司，他控制了一家海外电厂承建商、两家家用防盗报警器公司和几家传呼公司。

威蒂格采用债务融资的方法进行这些投资，其借款由堪萨斯公司委员会核准。该委员会没有对控股公司及其多元化业务作出更多管控，但是它有权批准或约束任何影响到西部资源公司的行动。当海斯 1999 年退休时，威蒂格被任命为总裁，其职位超越了几个高级经理。

拆分公司

厄运很快就危及了威蒂格的战略。由于股市大跌，使得西部资源公司与另一家公用事业公司合并的计划陷于停滞。一家防盗报警器公司出现了亏损。传呼公司的投资也在贬值。西部资源公司的负债是 32 亿美元，它的投资面临崩溃。它的股价开始下跌，并且债券等级降低。堪萨斯企业委员给出警告，加强对西部资源公司的监控，并且禁止威蒂格利用借款进行扩张行动。

威蒂格因受限而恼怒，与管制者的关系变得敌对起来，于是想方设法玩弄手段。重新思考对策后，他想出了拆分西部资源公司的计划，将其更名为 Westar 能源公司（Westar Energy），而将控股公司 Wstar Capitol 更名为西区公司（Westar Industries）。它们各自成为独立的上市公司。理论上，这样可以使两家新公司的价值最大化。能源公司股价不再受到控股公司不良投资的影响。当不受政府管制的业务脱离堪萨斯企业委员会的监视时，它们的股票将变得更有吸引力。

由于威蒂格并购所需要的资金必须由能源公司的现金流和资产来保证，能源公司不得不负担大多数的借款。当控股公司拆分出来后，它的资产负债表就是干净的。在拆分之际，威蒂格计划脱离能源公司以便掌管其他公司，在其他公司，他可以逃避公用事业管制的束缚。但能源公司不得不承受他留下的债务。

存在一个障碍，控股公司拥有能源公司的股票，有点类似于共同基金。如果控股公司成为独立的上市公司，它就会受 1940 年《投资公司法》的约束，该法案是萧条时代管制共同基金和约束上市公司买进与持有有价证券行为的法律。为了保护消费者免受投资欺骗，该法律严格限制债务融资、与子公司之间的关联交易，甚至管理层的报酬。法律要求与威蒂格运作公司的要求不相容，它们将阻碍威蒂格采取激进的战略。

有一种方法可以避免《投资公司法》的管制。那就是根据 1935 年《公共事业控股公司法》，将 Westar 公司申请为豁免对象。该法律第 3 条允许 Westar 公司这样的企业申请豁免资格。但国会正准备废除这一法规。为了进一步解除对公用事业的管制，最近众议院提出的能源法案（众议院第 4 条）将取代它。如果众议院第 4 条付诸实施，Westar 公司就失去了法律基础，使自己不能免于《投资公司法》所规定的各种管制。威蒂格决定采取行动，即使《公共事业控股公司法》失效，他仍然想使拆分后的 Westar 公司脱离此类管制。

呼吁国会

除了偶尔与堪萨斯国会代表接触以外，Westar 公司没有什么政治策略。所以在 2001 年，他雇佣了华盛顿特区的一家小游说公司——政府策略公司。政府策略公司代表能源公司，它宣传自己可以帮助客户“……从司法和管制过程中获得真正的收益”，并向客户承诺“从联邦游说活动中获取的回报与其他投资相同。这种回报是真实的回报。”[2] 公司共有四位游说者，全都是前国会议员，他们与国会议员和监管机构有广泛的接触。

理查德·波尼曼是政府策略公司的游说者，他接手了 Westar 公司的游说任务，在 6 月份会见了琼·巴顿代表（得克萨斯州议员）。几年前，波尼曼作为年轻的众议院雇员与巴顿一起共事。现在巴顿是能帮助波尼曼的客户 Westar 公司的关键人物。巴顿是能源法律方面的专家，他负责一个委员会，该委员会正在讨论 H.R.4 提案，这一提案是关于能源行业的大型议案。他的朋友，众议院 W. J.“比利”· 陶津（路易斯安那州议员），担任众议院能源与商业委员会的主席。H.R.4 提案必须经过他的同意。

关于是否废除《公共事业控股公司法》，委员会产生了争议。H.R.4 提案没有包括这一条。该提案在众议院通过，并送达参议院等待批准。思想保守并支持撤销管制的巴顿，正在起草另外一项能源法案，即众议院第 3406 条法案，此法案将废除《公共事业控股公司法》。2001 年秋，他在委员中传阅该法案的讨论稿。其中，第 125 条规定，如果《公共事业控股公司法》被废除的话（见专栏 1），Westar 公司可豁免于《投资公司法》的约束。

第 125 条马上引起了人们的关注。巴顿下属委员会中的民主党人员看后感到不安，因为他们发现美国证券交易委员会曾给予安然公司相似的豁免，允许它在令世人震惊的破产后避开审查。

早在 2001 年，约翰·丁格尔议员（密西根州民主党）和爱德华·马尔凯议员（马萨诸塞州民主党）就给美国证券交易委员会写信，请求解释有关 Westar 公司条款的后果。[3] 美国证券交易委员会答复说，这一条款带来的漏洞可能会很大。数以百计的公司会把自己转变为不受约束的共同基金，这会给顾客

专栏 1　Westar 能源条款

下面是议员巴顿在 2001 年 9 月 21 日插入众议院 3406 条议案讨论稿中的最初措辞，该议案是有关电力供应和输送的法案。请注意，Westar 这个名字没有出现在文本中。（a）段中的措辞“一个人”，是将公司的法律地位视为一个人。由于本条产生的豁免可以适用于许多企业，因此，后来的版本不断更新措辞，逐渐缩小“人”的类型及适用范围，最后只包括 Westar 公司。（a）段中“祖父”这个词用于司法中，代表在法规颁布之前，可根据实际情况给予政党豁免。符合此标准的政党无须遵守新的法规。

第 125 条　投资公司法案规定的效力

（a）现有控股公司的祖父在 2001 年 12 月 31 日是一个法人

（1）隶属于一个控股公司，并且

（2）在一家或多家直接或间接从事电力或燃气公用事业的公司中拥有股票，或者为一家注册控股公司及其子公司经营法律许可的其他业务，

不应该被视为受 1940 年《投资公司法》第 3（a）（1）（C）条（15 U.S.C. 80a-3（a）（1）（c））限制的投资公司，其前提条件是，该公司在此日期持有控股公司发行的证券。

带来潜在的灾难。[4]

在该法案随后的内部委员会听证会上，马尔凯议员碰到一个公用事业公司的高管，试探着问他，如果法案通过的话，是否想建立一个共同基金。困惑的官员说不，那不是他的事。“那很好，”马尔凯说，他补充道，“经营内的其他人可能会利用豁免政策。……我们知道，雷先生和斯基宁先生将可能利用它。”

议员巴顿用不当回事的态度来回应马尔凯的挑衅。他说，该法案仅仅是“为了某个公司或中西部的某些公司”，“如果有争议的话，我们将废除这一条款。”[5] 巴顿好像并不准备为 Westar 公司的利益而战。

“桌旁的席位”

Westar 公司在华盛顿正紧锣密鼓地活动着。国会正在着手一项法案，涉及特殊豁免的问题。参议院正准备用 H.R.4 法案代替《公共事业控股公司法案》。这里充满变数，但 Westar 公司仅仅是大司法游戏中的一个小玩家。如果它想控制事态发展，必须有更大的影响力。它雇佣了游说者理查德·波尼曼，让他来运作。

4 月 22 日，波尼曼给 Westar 公司递交了一份名为“参与联邦选举”的秘密计划，该计划“建议公司开始起草一份能引起国会注意的文件，这份文件应该是重要和积极的”。他写道，Westar 公司需要“一个委员会领导公司与国会接洽”，他指出这样做需要高额的前期成本，然后解释了具体的策略。[6]

首先是硬钱捐款。议员陶津和巴顿正在为保证一些“主要联盟和朋友”在 2002 年的选举中再次参选而努力。波尼曼建议给 8 位候选人各捐 1 000 美元。他也提议为其他 8 位众议院候选人和 1 位参议院候选人捐款。第二，Westar 公司可以用软钱捐款。波尼曼写道，把钱花在众议院领导身上“能带来最大的利益”。那就意味着“加入这个圈子，这么说吧，就是加入众议院多数党领袖汤姆·迪雷的圈子（得克萨斯州共和党议员）”。[7] 支付 25 000 美元，Westar 公司就可以参加即将举行的周末高尔夫俱乐部，这是迪雷专门为能源行业高管举办的。25 000 美元的捐款，将付给迪雷的政治行动委员会。

专栏 2 推荐的捐款

议员约翰·希姆库斯（R-IL）	1 000 美元	议员比利·陶津（R-LA）	5 000 美元 *
议员萨姆·格雷夫斯（R-MO）	1 000 美元	议员琼·巴顿（R-TX）	4 000 美元 †
议员安妮·安妮诺瑟普（R-KY）	1 000 美元	议员麦克·奥克斯利（R-OH）	2 000 美元 ‡
议员雪莱·卡皮托（R-MV）	1 000 美元	议员理查德·伯尔（R-NC）	2 000 美元
议员费利克斯·格鲁西（R-NY）	1 000 美元	国会的汤姆·杨	5 000 美元
议员鲍勃·西蒙斯（R-CT）	1 000 美元	议员约翰·苏努努（R-NH）	3 000 美元
议员汤姆·黎敦（R-IA）	1 000 美元	议员蒂姆·约翰逊（D-SD）	2 500 美元
议员罗宾·海耶斯（R-NC）	1 000 美元	议员汤姆·迪雷（R-TX）	25 000 美元
		共计	56 500 美元

* 给陶津的贝尤领导人政治行动委员会

† 其中包括给琼·巴顿委员会的 2000 美元和给巴顿的得克萨斯自由基金政治行动委员会的 2000 美元

‡ 其中包括给奥克斯利国会委员会的 1000 美元和给奥克斯利领导者 2000 政治行动委员会的 1000 美元

资料来源：“CONFIDENTIAL MEMORANDUM” from Richard Bornemann to Douglas Lawrence, April 23, 2002.

波尼曼提供的名单上，几乎所有的政客都是共和党议员。他将 Westar 公司的命运交给在国会中占多数的共和党。每一笔捐款的目的都在备忘录中有详细的解释。比如为国会议员汤姆·杨捐款，是因为他作为参议员理查德·谢尔比（阿拉巴马州议员）的助手，计划在阿拉巴马州竞选议员。身为参议院能源委员会成员的谢尔比希望杨能够当选。另外一笔捐款给了汤姆·迪雷（得克萨斯州议员），作为多数党领导人，迪雷是个有影响力的人物。既然与共和党的重要人物合作，就没有必要给民主党人捐款，那样做也是不明智的。迪雷迫使游说者支持共和党人，那些与民主党人共事的游说者可能会受到惩罚。捐款的完整名单如专栏 2 所示。

4 月 26 日，参议院通过了 H.R.4 的修正版本，该法案同意废除《公共事业控股公司法案》。[8] 由于众议院与参议院的提案不同，为了解决争议，参议院和众议院成立了联合委员会。6 月中旬，两会指定了参会人选。来自共和党的议员有迪雷、巴顿、奥克斯利和陶津，他们都是波尼曼名单上的人。

Westar 公司执行了捐款战略。尽管当时公司可以捐助 25 000 美元的软钱，但在联邦选举法律的约束下，捐献给候选人的 31 500 美元捐款必须来自个人。所以，威蒂格撰写了捐助计划，要求 Westar 公司的官员按照年度收入的高低，按比例向候选人捐赠。5 月 17 日的备忘录中解释了这一计划，公共事务副主席道格拉斯·劳伦斯发布声明："这些捐赠用于我们在华盛顿的活动，目的是使联邦能源法案对我们公司的财务重组计划产生有利影响。"[9] 每一位高管分配到一名或多名候选人以及一笔特定数额的捐款。专栏 3 列出了每个人被"建议"的捐款数。

劳伦斯向 Westar 高级副总裁道格拉斯·雷克详细地解释了这个计划，回答了雷克在电子邮件中提出的问题。雷克需要为汤姆·杨在阿拉巴马州的竞选开一张 2 500 美元的支票，他想知道为什么杨对公司很重要。他还想知道公司与来自得克萨斯州的汤姆·迪雷有什么关系。劳伦斯一一作了解释。

专栏 3　建议的捐款额度

姓　名	额　度
大卫·威蒂格	3 450.00 美元
道格·雷克	2 500.00 美
道格·斯德本兹	1 150.00 美元
保罗·吉斯特	977.50 美元
迪克·迪克森	690.00 美元
赵·亨特	517.50 美元
道格·劳伦斯	345.00 美元
李·维杰斯	345.00 美元
布鲁斯·阿金	345.00 美元
拉里·爱雷克	345.00 美元
佩吉·劳埃德	345.00 美元
卡罗琳·威廉姆斯	345.00 美元

> 现在，我们正着手将即将废除的《公共事业控股公司法案》的相关规定纳入参议员的能源法案中。这需要联合委员会的同意。我们有一个"桌旁席位"的参与计划，大卫已经同意了这一计划……迪雷是众议院多数党的领袖。在众议院提出我们所需要的法案之前，他的同意是必要的。汤姆·杨是参议员谢尔比的人事主管，他计划竞选阿拉巴马州的议员……谢尔比是参议院能源委员会的成员，他是我们在参议院的靠山，他已经多次向我们提出要求，希望支持杨的竞选。[10]

高管们为劳伦斯开出支票，劳伦斯再把支票捐赠给候选人。如果有人不愿意给某一候选人捐赠，就会分配另一个人去做。尽管没有惩罚的威胁，但有些人还是感到了压力。[11] 开支票的事在正常进行，在两个月内，大多数捐款就完成了。

6月2日那天，来自5家能源公司的高管在弗吉尼亚州温泉地区的田园牧场聚会，这次聚会由议员汤姆·迪雷组织，目的是为竞选筹款。道格拉斯·劳伦斯代表Westar公司出席了会议，出席会议的价位从25 000美元到50 000美元，这笔软钱捐助给得克萨斯多数党共和党的政治行动委员会，这一行动委员会是迪雷为其家乡共和党州议员的选举而建立的。Westar公司支付了25 000美元，这也是最少的捐赠额。

迪雷事先在能源法会议委员会安排了一个席位。此时，他正招待15~20名将受到该法案影响的公司高管。[12]据劳伦斯回忆，周日晚上，在享受鸡尾酒和正餐前，迪雷向与会者讲话，请他们表达希望在联邦能源立法中享有的任何利益。劳伦斯告诉迪雷，如果《公用事业控股公司法案》被废除，Westar公司需要一个安全的港湾。

举办这次活动，是为了使迪雷及其团队中的成员与能源公司的高管加强联系。在第二天打高尔夫球时，劳伦斯与迪雷的一位同事共乘一辆车，劳伦斯向他表明Westar公司的利益，后来给了他一份关于H.R.4法案的特别简报。午餐时，劳伦斯趁机向迪雷重述了公司的需要。此事过后，劳伦斯相信，他已经取得了“重要的进展”，因为“捐款……成功开启了适宜的对话。”[13]

进　展

6月末，众议院和参议院的代表们开了碰头会，这群人在夏季仅开了两次会。调整后的法案文本不仅长达数百页，而且还没顾上讨论废除《公共事业控股公司法案》的问题。8月，波尼曼出席了另外两次得克萨斯州与路易斯安那州的捐赠会。Westar公司还雇佣了另外一个游说者玛丽安妮·斯迈思，她曾经做过美国证券交易委员会的律师。按照法律要求，作为Westar公司的游说者，她要在参议院公共记录办公室注册登记，写下她的目标是“为某公司获得《投资公司法》的豁免权”。她的工作就是重新申明Westar公司的主张，使法案无可争议地只适用于Westar公司。她需要反驳一种论调，即废除《公共事业控股公司法案》将使上百家共同基金不受管制。

专栏4　为陶津捐款的数目

姓　名	数　目
大卫·威蒂格	1 500.00美元
道格·雷克	1 000.00美元
道格·斯德本兹	500.00美元
保罗·吉斯特	425.00美元
迪克·迪克森	300.00美元
赵·亨特	225.00美元
道格·劳伦斯	150.00美元
李·维杰斯	150.00美元
布鲁斯·阿金	150.00美元
拉里·爱雷克	150.00美元
佩吉·劳埃德	150.00美元
卡罗琳·威廉姆斯	150.00美元
凯利·哈里森	150.00美元

随着会议的进行，Westar公司准备继续为政治活动作出进一步投资。陶津议员策划了在路易斯安那州的筹款活动，计划募集5 000美元的捐款。威蒂格要他的管理团队再次捐款（见专栏4）。

劳伦斯的备忘录再次强调了每个人参与的必要性，并解释了陶津议员的重要性。

> 我们已经在与汤姆·迪雷的沟通中取得了重要进展……第一轮捐款成功开启了适宜的对话。现在，在委员会开会之际，陶津议员将扮演重要角色。除了参与会议以外，作为整个委员会的主席，

陶津议员在使法律维护我们的立场方面，具有极其重要的影响力。[14]

波尼曼出席了陶津的筹款活动。陶津认出了他，并让手下把他赶走。陶津感到波尼曼在多年前有关铁路的一个法案中欺骗了他，从那以后，他就将其隔离于自己的办公室之外。[15]Westar 公司的人是否知道这件事还不清楚，但是波尼曼在安排 7 月份与巴顿议员的一次会面时，还在为 Westar 公司工作。在这次会面中，玛丽安妮·斯迈思播放了一个重新申明祖父条款的幻灯片。不久，巴顿把众议院形成的 H.R.4 的草稿提供给参议院传阅，其中包括 Westar 公司的立场。新的措辞现在变得更加冗长，缩小了投资公司法案豁免的范围，只有公司所有权以及其他特点符合 Westar 公司那样的公司才被豁免。[16]

9 月 19 日，众议院开会讨论 H.R.4 法案，马凯议员提出了推翻 Westar 公司条款的修正案，他得到了民主党同事约翰·丁格尔议员的支持。辩论因此产生了。

马凯：现在我们得知这仅是一项惠及一家公司利益的特殊条款……这家公司在报告中要求豁免于《投资公司法案》，但是我觉得我们没有任何理由这么做……他们不应该使我们在立法中浪费时间。事实是他们这样做给我拉响了警报，他们真实的动机何在……请支持马凯的修正案以阻止他们的企图，避免损害美国证券交易委员会合法管制的责任。

巴顿：作为主席，我对马凯修正案持温和的反对意见。我们在这个问题上已经谈了无数个回合……我之所以提出这个问题，是因为这个公司正处于独特的境地……，我认为现在是我在参议院各位同事共同努力下，解决这个问题的最佳时机。

丁格尔：但是值得注意的是，任何公司可以像 Westar 公司一样重组，它们可以钻空子，作为共同基金来进行活动……完全无需任何审查，完全不给投资者任何保护……我们无法保证这个明显的漏洞不被华尔街上某些聪明的坏蛋、工商管理硕士和其他人利用，从而使其可以用最可耻和令人愤慨的方式，剥夺普通投资者的利益。

巴顿：……这只和一家公司有关。它不涉及潜在的上百家企业……

马凯：总之，这个豁免好比某人恰恰在 1929 年股票市场崩溃前夕的 1928 年提出豁免，而不是在 2002 年……我认为这对我们来说，是非常可怕的事情。[17]

于是，投票开始了。委员会依党派划线，6 个民主党人投赞成票，8 个共和党投否决票。马凯的修正案失败了。祖父条款仍被保留在法案中。

接下来的一周，9 月 25 日，波尼曼为威蒂格和劳伦斯在迪雷的国会办公室安排了一次会见。会见只持续了 10~15 分钟。威蒂格向迪雷展示了关于祖父条款的另一个简报。

“事态严峻”

明星们站在同一阵线支持 Westar 公司。但突然之间，形势发生了逆转。9 月 27 日，堪萨斯公司管理委员会主席约翰·万尼给马凯议员写信，表示反对 Westar 的条款。万尼告诉马凯，委员会禁止 Westar 能源公司拆分成两个公司，因为这个计划错误地将 10 亿美元的债务分配给电力业务公司。[18]Westar 公司反对这一管制。他在信中说：“Westar 公司条款将排除 Westar 公司拆分的重要障碍，并且将非公用事业债务留给公用事业公司承担。”[19]

同一天，Westar 公司向美国证券交易委员会提交了8-k表格。公司面临重要的改革和事件时必须提交8-k表格。文件称Westar公司由于不当使用公司飞机而接到堪萨斯州托皮卡城律师的传票。[20]后来，联邦大陪审团在调查传票事件后发现，威蒂格利用职务之便,正在大肆掠夺Westar公司的财产。当时，只有个别丑闻浮出水面。

但是马凯议员还用其他方法来扼杀Westar公司的希望。他写信给能源法案委员会主席陶津议员和新墨西哥州民主党参议员杰夫·宾格曼，要求将Westar规定从H.R.4法案中删除。

> 现在，我的共和党同事推翻他们早先给予Westar公司的有法律漏洞的决定为时不晚。该公司正受到联邦调查，具有管制权力的州委员会已出面强烈反对这个规定，并关注其正在进行的公司拆分行动。因而，我强烈要求众议院的共和党委员们重新考虑他们对这个考虑不周的规定的支持，我劝告参议院委员反对这个与安然公司漏洞相同的规定。[21]

那天下午，道格·劳伦斯给威蒂格发了一封悲观的电子邮件。邮件暗示已经与迪雷议员办公室进行了沟通，并透露存在一个支持Westar公司的交易。

> 华盛顿的事态严峻。迪雷的手下要求我们不要再强求他们的委员会支持我们。万尼的信给了我们致命的打击，它已同上周的8-k报告一起被传阅开了……在这点上，我的建议是答应他们……[22]

堪萨斯州事件后续

威蒂格的麻烦来了。在数周内联邦检察官指控他在堪萨斯州的一个银行有诈骗计划。他被迫辞去首席执行官之职。最后，陪审团判定他犯有向托皮卡银行提供虚假文件以提高信贷额度的罪行，并判处他四年零三个月的监禁。[23]

同时，有证据说明威蒂格也欺骗了Westar公司。董事会的调查发现，威蒂格有时与他的副手道格拉斯·雷克同谋，利用职权谋取私利。[24]威蒂格两度欺骗董事会批准并购计划，从中获取私人利益。由于他欺骗董事会，取得了股票薪酬，从Westar公司的分拆中赚到多达6 500万美元的收入，却把30亿美元的负债留给公用事业企业。他使用公司飞机的事件，表明他极端的傲慢自大。加入Westar公司后，他购买了两架喷气式飞机，成立了一个“飞行部”，雇佣了6名飞行员。之后，他用飞机进行私人旅行。他带自己的孩子们去夏令营，带他的朋友们去观看体育赛事，带一家人去度假。他还动用公司600万美元重新装修自己的家。

威蒂格与雷克作为同谋最终被指控犯有欺骗Westar公司罪，但联邦检察官在给他们定罪时遇到了麻烦。第一次审判没有判决结果。重审时，他们在所有指控中都被宣告有罪。威蒂格被判18年，雷克被判15年。但是，上级法院推翻了这些罪行，并且在许多方面不允许再审。[25]现在,在其他几个案子上，还需要这两位高管的配合。

华盛顿特区后续

汤姆·迪雷有一些政敌。一位是议员汤姆·贝尔（得克萨斯州民主党），他在第二次竞选中被打败，当时得克萨斯州议会按照迪雷提出的方案重新划分选区。选区改变后，民主党投票人被挤进尽可能少的区域，而共和党的支持者所在的区域越来越多。贝尔在重新划定的选区内失败，他因此怨恨迪雷。

当贝尔得知Westar公司的政治捐款事件时，他向议会道德委员会提交了针对迪雷的申诉。他指控迪雷“非法接受诸如Westar能

专栏 5　美国法典第 18 条第 201（b）（1）（2）款

公职人员受贿罪

（b）任何人

（1）直接或间接地向任何公职人员给予、提供或许诺任何有价值的东西；或向任何公职人员或已被选举为公职人员的个人提供或许诺任何有价值的东西，旨在——

（A）去影响任何官员行为；或

（2）作为公职人员……，直接或间接地要求、寻找、收取、接受或同意接受其他人或实体的任何有价值的东西，作为回报：

（A）在任何官方行为或表现中受其影响；

……应该处以本规定中的罚款或 3 倍于接受东西价值的罚款，以较高者为准；或不超过十五年的监禁，或两者兼施；并可能被取消在美国境内担任任何职位、享受任何荣誉的资格。

源等公司的政治捐款，以求为它们谋取政治利益。”他要求调查迪雷是否已经触犯了美国法典（见专栏 5）中第 18 条的行贿受贿罪。[26]

迪雷否认自己存在任何权钱交易，他说：“我感到非常惊异，有的人总是喜欢打击别人。”[27] 贝尔还指控迪雷利用政治行动委员会接受非法的公司捐款，包括 Westar 公司捐赠给克萨斯州议员的 2 500 美元软钱，他指控这种做法违反了得克萨斯的选举法。迪雷否认，他说这笔软钱合法地用在行政开支上，并没有用于竞选。

官员行为标准委员会从未做过正式的调查。相反，该委员会主席乔尔·赫夫利（科罗拉多共和党议员）和资深少数党成员艾伦·莫罗汉姆（西弗吉尼亚民主党议员）深入研究了该指控意见，并建议委员会给迪雷发一封“忠告信”。这两位资深成员接受了迪雷否认捐款交易的意见。但是，他们对于 2002 年 7 月 Westar 公司参与的能源公司筹款活动表示怀疑。因为它的举行适逢一个重要的能源法案即将在会上讨论，并且迪雷自己刚刚获得会议委员会的任命，这从表面上来看是不恰当的。来自委员会的信在这方面对他予以告诫。

成员不可接受恳求，如果这种恳求可能带来一种印象，即由于捐款，捐款人将因接近有身份的议员而将受到或有权受到特殊待遇……同样，一位议员不应参与筹款活动，这将给捐助人造成一种印象，即其将受到或有权受到特殊待遇或享受特殊捷径……能源公司的筹款活动就有可能造成这样一种印象。[28]

关于贝尔指控迪雷政治行动委员会一事，该委员会将延后考虑，因为 Westar 公司和其他公司的捐赠人也被起诉违反了得克萨斯州的选举法。[29] 该委员会决定先让法律解决这一问题。

在官员行为标准委员会批评迪雷之后，出现了让他辞去多数党领导人的呼声。少数党领导人南希·佩洛西（加利福尼亚州民主党议员）说他“不适合领导政党”。[30] 但众议院发言人丹尼斯·哈斯特尔特（伊利诺里斯州共和党议员）为他辩护，他说“汤姆·迪雷是一个好人。”[31] 迪雷本人称自己没有做错什么，因为委员会并没有正式处罚他。

问　题

1. 再检查一下专栏 5 中的美国法典第 18 条第 201（b）（2）款。迪雷、巴顿、陶津等议员是否犯了受贿罪？再查看一下第 201（b）（1）款，威蒂格、劳伦斯或波尼曼是否触犯了法律？如果没有，是否可以说审判有错误？

2. 这些捐款人和立法者所做的事和华盛顿特区的日常事务之间有没有区别？这里的界限如何划分？
3. 众议院官员行为标准委员会是否应该对议员迪雷处以更重的处罚？如果是的话，他应该受到怎样的处罚？
4. Westar 公司政治行动委员会的策略是否妥当？如果不妥，那么更好的策略是什么？
5. 基于惠助交换的政治影响策略会导致腐败吗？是否有什么建设性的方法来约束民主社会中不可避免的那些复杂交易？
6. 在《两党选举改革法》出台前夕的这一关键时期，Westar 公司及其主管的行为是否违反了联邦选举中关于选举捐赠的规定或精神？如果是的话，违反了哪些规定或精神？

管制企业

管制记录：联邦通讯委员会处罚哥伦比亚广播公司

第 38 届超级杯赛是 2004 年收视率最高的电视节目。对于国际传媒巨头维亚康姆的子公司哥伦比亚广播公司来说，这场赛事使转播中每 30 秒钟的商业广告价值超过 200 万美元。维亚康姆另一家子公司 MTV，应约在中场休息时举办一场直播音乐会，登台的有珍妮·杰克逊、贾斯汀·提姆博雷克和其他一些娱乐明星。

中场时的比分为新英格兰队 14 分，卡罗琳娜队 10 分。布什总统在白宫关上电视后上床就寝。在西海岸，作家们离开电视机开始讨论一些学术话题。剩下的观众仍在观看电视，杰克逊与提姆博雷克唱了一首二重唱，期间提姆博雷克撕开杰克逊的上衣，在摄像机前露出了她的右乳。

这个暴露是一个意外，镜头也一闪而过。但是没想到广播公司却因此招来强烈的反对声。公众的抱怨蜂拥而至，哥伦比亚广播公司及其母公司维亚康姆，一时成为总部位于华盛顿特区的联邦通讯委员会第 EB-04-IH-0011 号文件的目标。

联邦通讯委员会是一个独立的管制机构，它模仿原先的国家铁路管制委员会设立。该机构由 5 名委员领导，每一个委员都由总统任命，委员会主席也由总统任命。委员们的服务期为 5 年，5 名委员中来自同一政党的人士不能超过 3 人。这些委员负责管理在华盛顿地区工作的 1 900 多名职员以及遍布全国的 19 个机构。

联邦通讯委员会由国会依据 1934 年的《通讯法》组建，当时的总统富兰克林·罗斯福要求设立一个机构来整顿美国的广播电视工作。今天，它负责监管广播、电视、有线电视和广播卫星，还负责审批广播节目制作并且分配无线电频率。为了履行职责，它制定了相应的规章制度来规范管制对象的行为。这些规章制度具有法律效力。

在超级杯赛的第二天，联邦通讯委员会给哥伦比亚广播公司发了一封正式的询问函，特别指出公众对于中场休息时的“低俗节目”有很大怨气。人们指责节目含有“‘粗鲁’‘不检点’‘淫荡’和‘露骨’的动作和歌词，甚至以（杰克逊女士）向摄像机露乳而告终。”[1] 珍妮·杰克逊在其《一切都为你》的歌中，叙述了一个女人看到一个外表英俊的男子时想“今晚……乘车出去兜风”的故事。歌手奈列反复抓捏自己的胯部，并使用了污秽和挑逗性的歌词。最后，在二重唱《摇动你的身体》中，贾斯汀·提姆博雷克唱出“想让你在曲终裸体”和其他色情的歌词，此时他用自己的身体摩擦珍妮·杰克逊，最后扯开了她的衣服。

珍妮·杰克逊和贾斯汀·提姆博雷克的露胸瞬间。第 38 届超级杯赛中场休息演出结束后，联邦委员会收到 540 000 条谴责记录。资料来源：C AP Photo/David Phillip.

哥伦比亚广播公司辩解说公司没有同意他们这么做，但事先也没有对露胸行为提出警告。[2] 两家娱乐公司声明，他们在最后一分钟才决定让演员露出一个带有花边的红色胸罩，而演出出了岔子。提姆博雷克则责怪“戏装失灵”，他给英语带来一个全新的词，这个词可以用来形容中场事故，也可以用来形容男人拉链大开或女人春光乍泻。[3] 按照哥伦比亚广播公司的说法，杰克逊的胸部仅暴露了 19/32 秒，并且“此事被大多数人认为裸体，只是因为他们在事后主动寻找影像反复观看的缘故。”[4] 哥伦比亚广播公司还解释说，它只有 5 秒钟的时间去采取预防措施以避免突发内容的播出，同时还说今后它将对相似的广播电视节目预留 5 分钟的时间以便采取预防措施。

联邦通讯委员会有权禁止并处罚广播中播出的粗俗内容。此权力来自 1934 年的《通讯法》，其中有关内容也在美国犯罪法典中阐明，“任何人，通过无线电通讯手段说出淫秽的、猥亵的或玷污的话，都必须受到处罚……”[5] 这一权力也被写进有关电视广播的相关规定中，联邦通讯委员会 1995 年规定：“任何领到执照的广播台或电视台，不应该在早上 6 点到晚上 10 点间播放任何有伤风化的内容。”[6] 这一规定具有法律效力。

但是，法律和规定都没有界定何谓“有伤风化”。于是，2001 年联邦通讯委员会在长达 27 页的指导性文件中，试图清晰地阐明广播可以和不可以公开传播的内容。[7]

2004 年底，联邦通讯委员会通知哥伦比亚广播公司，决定对它们的行为罚款 55 万美元，并解释了为什么它们的广播被认为有伤风化。该委员会把有伤风化的内容界定为“在当时的情境中，描写或描述性器官、性活动或排泄活动，公然冒犯现代社会对广播媒介的衡量标准。”[8] 冒犯必须符合三条标准。首先，它必须明确或具体，而中场休息节目中的歌词和影像被认为如此。其次，内容必须集中描述性或排泄器官行为，而该节目多次涉及有关性行为的内容，也符合这一要求。第三，内容必须有意勾引观众或使观众感到兴奋或震惊。委员会认为该节目就是这样一个例子。

联邦通讯委员在审查粗俗内容时必须小心翼翼，因为第一修正案保护艺术家的言论自由，甚至某些关于性或亵渎性的下流语言也受到宪法的保护。但是，联邦通讯委员会相信这次广播的观众是大人和孩子，“在家庭中，个人不受侵犯的权利显然胜过第一修正案赋予侵犯者的权利”。[9] 美国有五分之一的孩子观看超级杯赛。即使大多数大人能够接受该节目，哥伦比亚广播公司也有责任避免“不适合孩子看的、令人生厌的性内容”。[10]

尽管哥伦比亚广播公司表示对珍妮·杰克逊的露胸行为感到吃惊，但是联邦通讯委员会相信，它已预先知道中场休息时娱乐节目的性质。哥伦比亚广播公司的官员曾检查过广播原稿、歌词以及两次彩排，其中的粗俗内容在后来的广播中并没有改变。哥伦比亚广播公司的 20 个频道因广播不雅内容受到总额 55 万美元的罚款，最少的罚款金额为 2.75 万美元。哥伦比亚广播公司不被维亚康姆控制的频道没有被罚款，因为联邦通讯委员会认为他们没有事先被告知广播内容。

哥伦比亚广播公司对罚款提起上诉，但联邦通讯委员会驳回了上诉。[11] 哥伦比亚广播公司支付了罚款，同时在联邦法院提起上诉。由于这一事件，国会将传播不雅内容的最高罚款提高到 32.5 万美元。[12] 如果以新标准衡量，哥伦比亚广播公司将被处以 650 万美元的罚款。

这一戏剧性的小事只是沧海一粟，当不断发展的联邦管制机构力图控制商业领域中的越界和犯罪行为时，诸如此类的事件在管制者和被管制者之间每年都会发生。这一章，我们讨论政府管制的原因、发展历程、法律基础、成本和收益以及它对于世界其他地区的意义。

政府管制企业的原因

政府对私营部门进行管制主要基于如下两种原因。首先，市场缺陷会导致不良后果；其次，存在大量要求政府管制的社会原因或政治原因。

市场的缺陷

当运作完美时，竞争性的市场机制决定了如何有效地运用社会资源生产出人们需要的产品和服务。对于生产何种产品、何时生产以及如何生产等问题，市场给出了“最佳”答案。尽管自由市场是高效的，但并非十全十美。一旦市场失灵，政府应该进行管制。

- 自然垄断。当一家公司能够为整个市场提供比几家小公司更为廉价的产品或服务时，就形成了自然垄断。比如某地区只有一家公共事业公司，如果没有政府管制，它就不怕竞争，能够限制产量并提高价格。
- 破坏性竞争。如果企业在一个行业中占据支配地位，它们可能会卷入不公平或破坏性的竞争中。比如，它们也许会降价直到竞争者离开市场，然后再提价；大公司可能会共谋制定垄断价格。如果没有法律限制这些行为，消费者就会遭殃。
- 外部性。**外部性**（externality）是指由企业产生而由社会承担的成本。比如，工厂向河里倾倒废物污染河水。工厂不付任何费用，但社区必须为清除污染承担高额费用。竞争使工厂不愿意降低污染，因为购买昂贵的污染控制设备会增加企业成本，使企业在竞争中处于不利地位。管制能够迫使所有的工厂承担此项成本。这一原则适用于许多存在外部成本的情形，从工人安全到飞机噪音控制等。
- 信息不充分。当生产者与消费者有足够的信息作出选择时，竞争性市场才可以有效运转。当这类信息不易获得时，政府就应该进行管制。因此，监管者要求企业告知消费者产品质量、保修等条款，企业应使雇员了解工作的危险性，使投资人获知财务数据。

管制的社会和政治原因

社会管制能提升大众利益但某些管制也能被用来谋取特殊的政治利益。当大众利益被定义为以一些人的利益为代价而满足另一些人的利益时，两种管制能相互协调。政府管制具有合理性的原因如下。

- 社会期望的产品与服务。管制可以确保企业生产安全产品。比如，农业部设置标准检查食品生产过程；交通部要求机动车配备安全带和气囊。
- 社会期望的生产方法。有些管制禁止企业以有害的方式生产产品。比如，让工人在危险的环境中生产或在生产过程中带来污染。管制也用于保护工作场所中的人权。平等雇佣机会委员会颁布法令禁止性骚扰和工作场所的歧视性行为。
- 国家与全球问题的解决方案。当国家发展后，联邦政府有更大的责任解决州政府、当地政府及个人不能解决的问题。比如对铁路、银行和自然资源的管制。
- 保护特殊利益群体的利益。有些管制保护特殊利益群体，这些特殊利益群体能

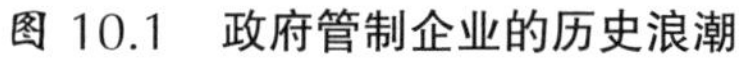
图 10.1　政府管制企业的历史浪潮

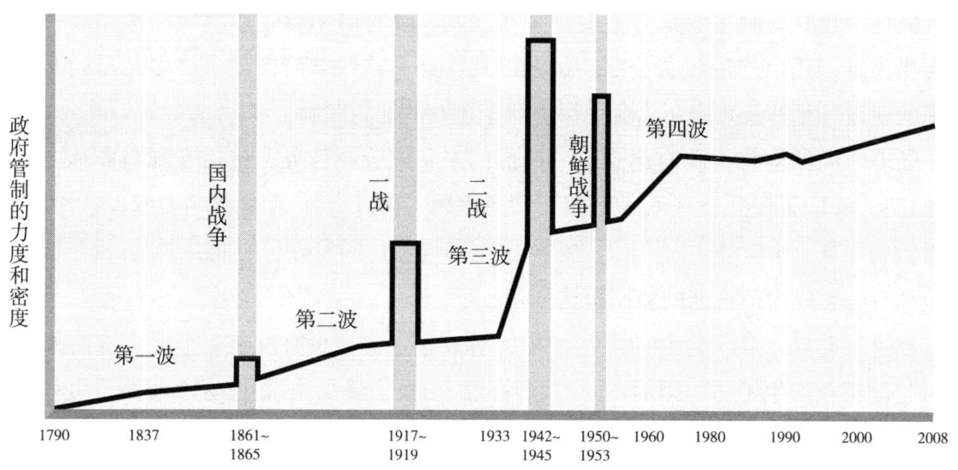

够迫使立法者制定某些有利于他们自身的法律和规定。这类管制中的绝大部分只适用于单个公司，但像钢铁行业和棉花、花生、蔗糖和烟草这样的农业部门，也可以从保护条例和规定中受益。

发展历程

政府管制已有很长的历史。当自由主义经济学说制约政府管制时，政府管制在美国刚建立的第一个世纪里蹒跚前行。在第二个世纪，当管制市场的舆论风起云涌时，政府管制迅速发展。图 10.1 显示政府管制呈现波浪状态，公众掀起接连不断的浪潮，要求政府采取行动解决特殊问题。

每一波浪潮过后，政府管制的力度就会稳定或逐渐消失。但从长期看，其趋势是持续上升的。战后的管制也没有减少，大多数战时管制随着战争的结束而加强。图 10.1 左侧的“刻度”是对联邦管制企业力度和密度的估计值。尽管它只是一个估计值，而且这种方式有缺陷，但可以从一个角度说明政府管制在加强。下面就是每一波浪潮中的突出事件。

第一波浪潮：年轻的国家

初创时期，联邦政府很弱小，政府管制的方式很温和。但是，美国宪法奠定了积极管制的基础。具体而言，宪法第 1 条第 8 款赋予国会广泛的权力，包括“在各州……管制商业”的权力。[13] **商务条款**（Commerce Clause）中这句关键短语最终成为对企业进行广泛管制的法律基础，但这是在久远的未来。

最初，政府管制主要是为了促进企业发展。政府向私营企业提供巨额财政补贴和大量土地，用以建造收费公路、运河以及铁路。这些举措推动了许多急需的基础设施的建设。此外，政府还出台了保护新生企业的征税制度。

随着时间的推移，政府建立了一些部门来实施管制任务，包括专利与商标办公室（1836 年）、版权办公室（1870 年）和渔业局（1871 年），但它们主要起促进作用。货币监管局是一个例外，它建于 1863 年，向全国性银行颁发许可执照并对其进行管制。时至今日，它成为最古老的管制机构。

在这一时期，联邦管制的限制较少，所以企业也很少有反抗。但是，有时候各州对管制特权产生妒忌，因而不时与联邦政府对抗。最高法院在 1819 年两个里程碑式的裁决中解决了此类冲突，奠定了联邦法律高于州法律的特权。事件之一是它撤销了马里兰州对美国联邦银行的捐税。[14] 另一事件是它停止了纽约州对于哈得逊河汽船的管制，因为它干涉了联邦政府在商务条款中管制企业的权力。[15] 这些裁决确认了联邦法律优于州法律的特权地位，并为日后的联邦管制奠定了基础。

第二波浪潮：面对铁路与信托公司

19 世纪 60 年代，铁路已经发展成为一个巨大且咄咄逼人的实体。其后几年，马萨诸塞州设立了一个州铁路委员会，包括 3 名委员和 1 个小职员。它的目的是合法解决接连不断的、因火车引起的冲突。[16] 其他州立刻借鉴了这一举措。但是，当铁路线延伸到其他州时，由州政府来管制它们就变得没有意义了。所以，在 1887 年，当州际商务委员会产生时，国会建立了现代化的联邦管制模式。州际商务委员会把铁路的管制权由各州集中到联邦政府。这是一个**独立的管制委员会**（independent regulatory commission），由 5 名委员运作，这些委员由总统任命，经参议院确认，服务期为 6 年。总统指定一名委员为主席，5 人中来自任一政党的成员不能超过 3 人。

19 世纪 80 年代，在许多行业里占主导地位的大企业通过吞并竞争对手、与垄断集团串通以及其他阻碍竞争的方式壮大。公众被激怒了。当反对垄断行为的州法律失效时，国会在 1890 年通过了《谢尔曼反托拉斯法》。1914 年成立了第二个独立管制委员会——联邦贸易委员会，进一步界定和禁止不公平的竞争手段。联邦贸易委员会仿照州际商务委员会设立，由 5 名委员组成，服务期为 7 年，来自同一政党的成员不超过 3 人。国会还加强了对其他领域的管制。到 20 世纪 30 年代初，国会又新增了 7 个管制企业的联邦机构和委员会。[17]

这些步骤标志着管制力度和密度的加大，企业开始为自由而战。企业最大的同盟是最高法院。最初，最高法院为更多的政府管制铺平了道路。它支持各州管制铁路的法律。在 1877 年的一次裁决中，它做出创新性的、彻底的、高尚的声明，即“当私有财产用于公用时，它必须要受到管制。”[18] 但不久之后，最高法院放缓了管制，在法律语言中，反映出当时保守主义经济哲学的思想。比如在 1905 年，它拒绝州法律中有关限制面包师一天工作 10 个小时的规定，认为这样的规定干预了面包师及其雇员签订工作合同时的自由。[19] 当国会 1916 年通过一项税法，要求对雇佣童工的工厂生产出来的产品收税时，最高法院否决了该法案，辩称管制企业的权力只可延伸到州际货物流通中，而非工厂生产出来的产品。[20] 只有一次全国性的危机，才能推翻这似是而非的理由。20 世纪 30 年代，这样的危机如期而至。

第三波浪潮：新政

1932 年富兰克林·罗斯福当选时，美国经济在萧条中衰退。国民生产总值从 1929 年的 1 030 亿美元跌到 1932 年的 580 亿美元。罗斯福提出了新经济政策，即一系列旨在“援救、恢复和改革”的计划。国会批准了由新任总统推出的新经济政策。联邦政府首次承担了使萧条中的企业振作起来的职责，它努力纠正国家经济机器中大量滥用权力的行为，与以往相比，在更短的时间内制定了更多具有深远影响的法律。

由年迈而保守的法官所主导的最高法院仍然是一个障碍。作为联邦政府的权力机构，它否决了一系列旨在挽救经济危机的法案。1936 年，最高法院一致通过撤销《国家工业经济复苏法》，这是罗斯福的复苏计划，旨在对许多行业实施管制。法官认为，这项法律是违反宪法的，因为商务条款并没有赋予联邦政府在各州管制企业的权力，而《全国工业复兴法》做的正是这样的事情。最高法院又一次认为政府只能管制州际间的商业行为，即跨越州际的产品流通行为。另外，最高法院也认为，“这将造成联邦权力没有界限，并且出于实际的考虑，我们应该拥有一个完全集中的政府。”[21]

罗斯福被激怒了。自 1932 年当选以来，他甚至还没有机会任命一个法官。1936 年，他以压倒性的胜利再次当选。他认为最高法院与美国选民对他的授权不一致。当时，9 个法官中有 6 名已经年过七旬。没有人准备退休。所以罗斯福向国会提交了改组最高法院的方案，即为每一位年过七旬的法官再配备一名新法官，这样成员人数将达到 15 人。此方案一旦实行，将会使他可以任命足够多的支持新政的法官，以解决最高法院法官年老保守的问题。但这个计划并没有派上用场。

最高法院得知了这一消息。在 1937 年第一次决议中，它改变了对商务条款的立场，转而支持新的《国家劳动关系法》，这一举措令人震惊。法官们认为，联邦政府可以命令宾夕法尼亚的钢铁工厂加入工会，因为该厂在州际商业活动中将钢铁运出了本州。[22] 从那以后，最高法院将各个工厂和企业的商业活动视作州际商业活动，认可商务条款赋予政府管制企业的权力。[23] 新政之门打开了，新的联邦管制规制不断涌

“人控制贸易”是华盛顿联邦贸易委员会大门外的雕塑之一。在该建筑奠基时，罗斯福总统在致辞中称该委员会的职责是“使公司的运营最大限度地体现出黄金法则”。[24] 雕塑中强壮的男人正在驯服一匹野马，象征着政府管制混乱市场的必要性。该雕塑于 1942 年由艺术家迈克尔·兰兹制作。其艺术风格与新政时代相适应，该作品传达的信息也体现了新政的要求。（资料来源：©Elliot Teel.）

现。最高法院改变宪法解释是一个很好的经验教训，那就是宽泛的措辞最好能符合当权者的意思。

第四波浪潮：管制社会变革

20 世纪 40、50 年代，只有很少新的管制方案出台。在 20 世纪 60 年代晚期和 70 年代早期，提高生活质量的要求掀起了政府管制的第四波浪潮。这导致新管制法规大量出现，以实现多种社会目标。

大约有 100 项新法规喷涌而出，管制内容包括消费者保护、环境质量、工作场所安全和能源生产等许多方面。[25] 几个新的独立委员会随之产生——旨在保护工作场所权利的平等雇佣机会委员会（1964 年）、旨在保护公众免受不安全产品危害的消费者产品安全委员会（1972 年）、管制原子能设施的原子能管制委员会（1974 年）。

但大多数新权力集中到一种不同类型的机构——**行政代理机构**（executive agency）中，即行政分支机构中由单一行政人员负责的代理机构。这个人由总统任命、经国会确认。与独立委员会的委员们不同的是，独立委员只能因不胜任或违法被免职，而这些机构的领导者可以因任何原因被总统免职。因此，这些机构比独立委员会更容易受到变幻莫测的政治风云的影响。环境保护署（1970 年）、职业健康与安全管理委员会（1970 年）及国家高速公路交通安全管理委员会（1970 年）都是行政代理机构。

当时，出台这些管制法规是为了达到社会目标，与此相伴的还有一个**放松管制**（deregulation）的运动，该运动旨在撤销或合理化放松原先的政府管制。经济萧条期间，政府管制可以使市场公平运转，因而受到欢迎，而随后的繁荣使人们认为市场充满效率，不需要政府的干预。放松管制运动的目标，是使政府对产业竞争的限制减少，让市场能够自由运转。

在 1976 年的第一次试验中，政府撤销了针对航空公司路线和运费的所有管制。随后针对金融机构、有线电视以及天然气行业的管制也被撤销，接着是铁路、卡车和轮船等行业，这使得原来的政府管制权威机构州际商务委员会形同虚设，政府于1995 年最终解散了该委员会。放松管制带来了更多竞争和更低的价格，看起来能让消费者受益，但并非所有的放松都能带来圆满的结果。联邦政府在企业储蓄和贷款方面减少了监管，由此导致的腐败和欺骗，使纳税人的损失超过了 1 000 亿美元。

战争标志

如图 10.1 所示，战争会引起政府管制突然增强。内战期间，政府很少对生产与价格进行管制，但北方人建立了国家银行为战争融资，这对金融系统产生了深远的影响。第一次世界大战拉开了政府管制企业的序幕，但战争在政府管制开始加强之前就结束了。第二次世界大战期间，联邦政府放松了对企业的管制，但一直到朝鲜战争期间，对企业的管制依然存在。两次大战之后，政府全面解除了对企业的管制。尽管乔治·布什总统宣布的反恐战争使神通广大的国土安全部得以成立，加强了政府管制的力量，但在越南战争和两次海湾战争期间，政府管制并未增强。

管制过程

管制（regulation）是政府行为，是政府为了达到经济或社会目的而对公民、团体和公司做出的行为指导或规定。在美国，管制法律由一系列法规构成，这些规则通过像迷宫一样的过程制定出来，遵循复杂的指南。图 10.2 简要而直观地描述了这一过程。我们将对此进行讨论。

管制法规

所有的联邦管制起源于国会所制定的法规。当包含管制内容的法规经国会两院通过，并由总统签署后，新法规就被分配给一个独立的委员会或一家行政分支机构。然后，这个机构就可以制定出具有约束力的规则来执行新法规。法规很少包含所有细则，制定更为详细的必要规定是各执行机构的工作。一些法规赋予执行机关很大的权力。例如，1913 年的《联邦储备法》赋予联邦储备委员会设定利率的权力。1970 年的《清洁空气法》赋予环境保护署制定和执行空气质量标准的权力，以便使公众“享有足够安全的空间。”[26]“足够安全的空间”使得环境保护署能够制定工厂与车辆排放的具体污染物的量化指标。但是，有些法规是非常具体的。交通部在设定卡车承重限制时几乎没有任何可供选择的余地，因为国会已经规定了一个公式，根据车轴数量及其间距计算合法载重量。[27]

在新政时期，国会匆匆通过一些管制法规，这些法规措词宽泛且含义模糊。华

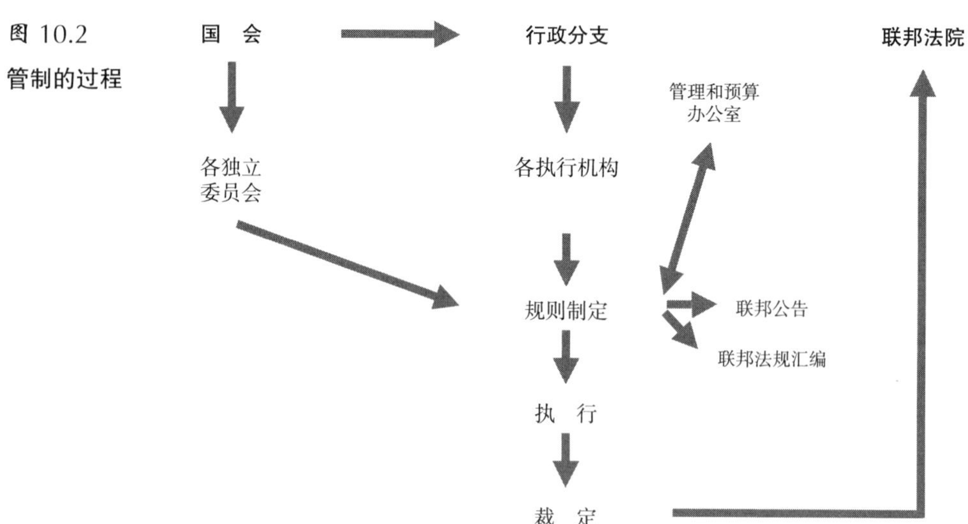

图 10.2
管制的过程

盛顿官僚这种做法受到企业挑战。企业认为委托行政代理机构制定许多执行细则是违背宪法规定的。制定法律的职责不能交给这些未经选举的行政代理机构。最高法院解决了这个问题，它认为将司法权力广泛委任给行政代理分支机构中的人员是合乎宪法要求的，前提是这种委托在国会明确规定和指导下进行。[28]

尽管现在的趋势是制定更为细致的法律，但大量的联邦法规仍然是在广泛授权的基础上由代理机构制定并执行的。这是不可避免的，因为国会必须依靠科学和技术专家来执行政策。尽管早期对此有保留意见，但联邦法院大体上同意各代理机构制定细则以弥补法规空白。[29] 然而，正如我们将看到的，法院对于法规制定者一直都严加管制。

条例制定

管制机构有权颁布具有法律效力的条例。**条例**（rule）就是由各机构制定的法令，以执行经国会通过的法律。[30] 条例有许多种类。例如，有些条例命令企业做某事或禁止做某事，有些仅为征求信息，有些设定价格标准，有些为企业设置标准，有些为企业经营活动颁发许可证，有些指示企业应该怎样达到政府设置的标准，有些则为企业提供津贴或补助。

条例有复杂而正式的制定过程。这个过程是为了保护公众免受政府武断和多变行为带来的影响。1946 年的《行政程序法》中阐明了制定条例的主要步骤，但是此后，日益增加的要求使得这个过程更加刻板和冗长。[31] 内容较少的条例能在几个月之内完成，但是大的条例要经过数年才能完成。下面我们来描述基本的步骤。

当机构决定颁布一项条例时，它可能已经经过了长期研究、慎重考虑并与相关方进行了沟通。当条例起草之后，机构就会出台一项关于该条例的通知，并将其刊登在**《联邦公告》**（Federal Register）中。《联邦公告》每个工作日发行，是联邦政府从新政时期开始，为所有机构公布法规而发行的一种出版物。从 1936 年 3 月 14 日首次发行以来，它从未停刊过一天。某条例公告之后，通常预留 60~90 天，供公众发布意见。对于影响企业的条例，意见通常来自于游说者、企业律师以及商业协会。当然，任何人都可以发表意见。网站 www.government.reg，就是为集中并简化发布意见而建立的。

新条例也由各代理机构向管理与预算办公室报告——该机构对总统负责，是白宫的幕僚。如果提议的法规被界定为一个“重大条例”，即一项在一年内将给美国经济带来 1 亿美元以上影响的条例，则必须附带一份详尽阐明其经济和社会影响的分析报告，包括成本与收益。这种分析对代理机构而言是巨大的障碍。这一过程耗时长而且浪费钱。比如，当环境保护署决定出台内燃机的新排放控制标准时，分析过程长达数年，最后的文本厚达 1 568 页。[32] 我们将在后面章节中更详细地讨论管理与预算办公室的监督工作。

评论期过后，各代理机构参考管理与预算办公室以及公众的评论和建议，重新撰写条例，最后将条例公布在《联邦公告》中。这一条例在公布后的 30~60 天后生效。

可以用《联邦公告》的页数来粗略估计管制行动的力度。法律规定，《联邦公告》刊登所有提议中的以及最终决定的法规、行政命令甚至各代理机构讨论会和听证会的内容。图 10.3 显示了《联邦公告》总页数的起落情况，从中反映了长期管制态势中曾出现过一些短暂的下滑。

在《联邦公告》刊登后，条例被编入另一政府出版物——**《联邦法规汇编》**（Code of Federal Regulations）中。该出版物分为 50 个类目，包括来自所有联邦机构的最终生效法规。这些类目把所有来自各机构的法规分为卷、章、条和款。比如，环境保护署的法规被包含在第 40 类“环境保护”下，包括 3 章、817 款共 31 卷内容。出版物中的每一分类每年都会更新并重印。[33] 该出版物超过了 236 卷，长达 158 183 页，一整套的成本是 1 389 美元，并随每年的修订而增加。

即使各公司遵守出现在《联邦公告》和《联邦法规汇编》中的每一条条例，也有可能仍旧不完全符合管制机构的规定。这是因为，除了条例以外，各代理机构还有更多的**指导性文件**（guidance），如备忘录、通报、执行手册以及建议等。这些指导性文件旨在为被管制方提供明确的解释。事实上，它经常变化并且不断在现有的法规中增添新的含义。管制机构的初衷也许是帮助被管制方，也许是想绕开日益僵

图 10.3 联邦公告的年度页数统计：1936~2006

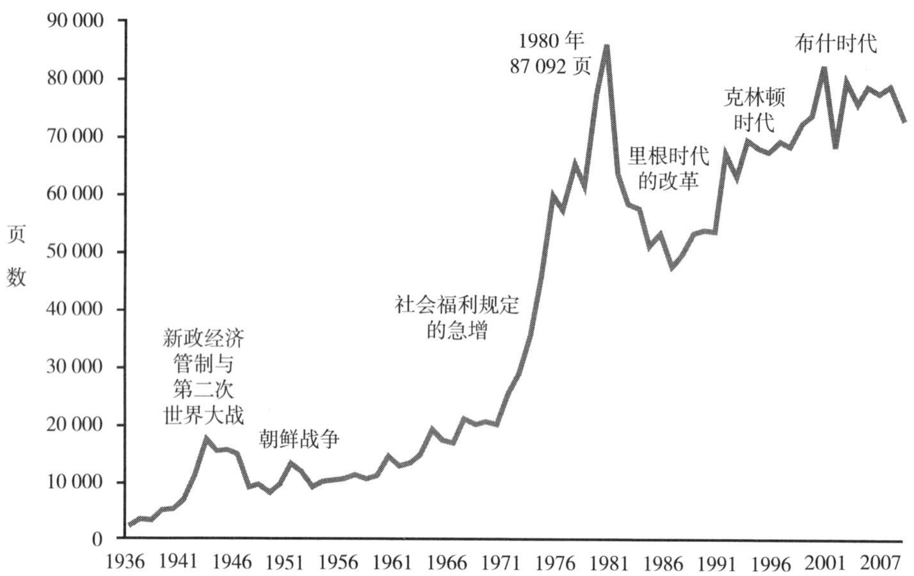

资料来源：Annual *Federal Register* pages published at www.llsdc.org/sourcebook/docs/fed-reg-pages.pdf.

化的法规制定过程。某联邦上诉法院这样解释大量的指导性文件是如何产生的。

> 国会通过了一项措辞宽泛的法规。管制机构采用宽泛的语言、开放性的短语、模糊不清的标准来执行。随后的几年里，各机构出台通报、指南、备忘录对这些法规加以解释、翻译、界定，并且常常扩大了法规命令的范围。一个指导性文件可能会产生另一个指导性文件，然后又一个。当机构用越来越多的细则来管制企业时，一项法规中的几个措词也许会再产生上百页的文本。这样实际上就出台了新的法律，没有通知和征询意见，没有事先的公众参与，也没有在《联邦公告》和《联邦法规汇编》中出现。[34]

尽管指南没有法律约束力，但被管制方忽视它也是非常危险的。指南性文件的数量是惊人的。当国会某委员会让三个机构提交它们在 3 年 9 个月的时间里出台的指导性文件时，它收到了国家公路交通安全局的 1 225 份文件、职业安全和健康署的 3 374 份文件以及环境保护署的 2 653 份约 96 906 页的文件。[35] 为了控制指南规模，乔治·布什总统在 2007 年颁布了第 13 422 条行政命令，要求行政分支机构提交“有重要意义”的指导性文件，即那些每年会产生 1 亿美元或以上经济影响的文件，以便于管理与预算办公室审议。[36] 即便如此，任何公司要想完全忠实地理解并满足所有管制要求几乎是不可能的，常常会遇到大量意想不到的、不断增加的要求和指令。

总统监督

过去，总统们一直想控制管制机构，但总达不到目的。西奥多·罗斯福首先提出由内阁大臣来监管那些独立委员会。富兰克林·罗斯福也提出了同样的建议。1949 年，前总统赫伯特·胡佛，后来作为审议政府法规的蓝带委员会主席，再一次提出了这个建议。这些建议均未被采纳。尽管缺少正式权力，但近年来，总统们已经可以用其他方法来实现他们的意愿。

1980 年，里根总统就职，他决定遏制政府管制的上升势头。他宣布延缓一项新的管制法规，并让副总统乔治·布什领导一项缩减管制的行动，削减了管制机构预算。1981 年，他还颁布了第 12291 条行政命令，授权管理与预算办公室审查以往及现行的法规，如果发现它们与政府管理理念不一致，就提出改革方案。[37] 该命令引发管制领域的变革，要求所有新的法规必须符合一项标准，即新法规是各种方法中能够带来最大“收益”的法规。那些每年带来 1 亿美元或以上影响的重大法规，必须得到大量分析数据和研究结果的支持，包括正式的成本与收益分析。里根主政早期，新法规大幅下降。他控制管制机构的努力，特别是集中审议的要求，是史无前例的，并一直持续下去。但是，政府管制本身是不可阻挡的。1988 年，在里根第二任期结束后，政府管制又开始加强了。

乔治·布什在执政期间（1988~1992）强调对外事务，较少关注国内问题，包括政府管制，但是继续沿用了第 12291 条行政命令，并且在减缓政府管制发展方面加大了努力。布什总统任命副总统丹·奎尔出任新的竞争委员会主席，赋予该组织审查现有提议和法规。该机构否决并废止了一部分法规，主要原因是它们增加了企业成本，降低了企业效率。

作为一名温和的民主党人，比尔·克林顿总统不像前任那样反对政府管制，但是他延续了以往控制过多管制的做法，以此应对来自共和党的压力。1993 年，他颁布了第 12866 号行政命令，取代了里根早期的命令，但保留了集中审议的要求。[38] 另外，克林顿让各机构考虑用一些非管制性的方法来代替法规管制，并用简明易懂的语言来撰写法规。副总统艾尔·戈尔率领管制改革工作小组，撰写了雄心勃勃但不切实际的计划，该计划建议通过废除许多过时的、重复的和不必要的法规以结束“政府管制的过度杀伤力”。[39] 尽管如此，各机构还是忙着制定新法规，一直到克林顿执政的最后几天。

乔治·布什 2001 年就职时重申了对政府管制机构的控制。上任伊始，他立即宣布延迟实施长达 3 512 页的新法规，这些法规是各机构在克林顿在任时最后一个星期五提交给《联邦公告》的。[40] 尽管这些法规最后大多生效了，但他用其他方法审查这些法规。他任命那些赞同政府管制减负的人作为各机构的领导。管理和预算办公室继续执行克林顿行政命令中的管制理念，但采用了更为严格的审批程序。因此，在布什总统执政早期，新法规的出台略有下降，随后有所恢复，但增长的速度较慢。

总之，总统们用了许多方法来限制和指导政府管制。这些方法包括行政命令、延期执行、对机构管理者的任命、削减预算以及在白宫中的集中审议。自从里根执政以来，当独立管理委员会可以合法摆脱行政命令和集中审议时，管理与预算办公室就会让它们提交法规以便进一步审议，多数时候它们会遵命行事。尽管有这样严格的集中审议制度，各机构仍然不断提出更多的法规，其原因大多源于各机构本身。

> 任何与管制打过交道的人都知道，政府机构并不是由毫无偏见的官员们组成的。职业生涯要求以及外在的压力都指同一个方向，那就是更多管制。[41]

国会监督

国会有很多方法来影响和控制管制机构。除了出台或修订法律以外，它还负责审定总统提名的机构领导，并且有权批准机构预算。两院中的委员会拥有针对特定管制的司法权，可以从各机构征集信息，并能召集立法者在听证会上作证。例如，众议院能源和商业委员会有权管辖消费者保护、远程通信、空气质量、能源、食品和药物安全。该机构现任主席约翰·丁格尔（密西根州民主党）议员让管制机构的人特别畏惧，因为他的监督非常严格。但从总体上说，对委员会的监督不是持续的，有时甚至不存在。对各代理机构的管辖权常掌握在几个或多个委员会手中，而它们之间的行动并不一致。此外，各委员会缺乏工作人员，也无法深入调查代理机构的行为。

1996 年，国会颁布《国会审议法》。这一法律增强了国会的监督能力。该法律要求，大多数新法规必须在提交国会审议后的 60 天后才能生效。如果在此期间有反对意见，经两院通过且由总统签署后，这个法规将被废止。自该法律颁布以后，针对管制法规的反对意见共有 37 项，但只有一项被采纳，这项意见使职业安全与卫生条例中有关人类工程学的法规被废止。[42]

总之，国会监督对各代理机构的行为具有重要影响。然而，这种理论上的检查在实践中却很少发挥作用。

法院面临的挑战

在执行法规时，代理机构与被管制方经常发生冲突。正式冲突有两种解决方式。

首先，《行政程序法》要求每一代理机构在法院审理之前建立一个诉讼裁定程序来解决争端。其次，如果裁定不能解决争议，联邦法院可以调查代理机构的行为。

通常，当管制条例基于合理的法规解释时，联邦法院会尊重该条例。以下个案强化了这种做法。在该个案中，环境保护机构针对工厂污染出台的一则条例激怒了环保组织。1977 年颁布的《清洁空气法修正案》，要求环境保护署削减来自工厂这种“固定源头”的空气污染排放量。环境保护署颁布了每条法规，即把一家工厂的所有排放源放在一个虚拟的总“排放筒”下来削减总的排放量。这就允许各企业基于控制成本的目的，通过削减某些污染源而非全部污染源来达到排放标准。愤怒的环境保护者呼吁控制“固定源头”排放，他们要求减少每一堆、每一炉、每一引擎以及每一阀门的污染，而非每家工厂的总污染。

在“雪佛龙起诉国家资源防务委员会”一案中，最高法院设定了尊重代理机构的指导性判例。它认为，法院应该先审查法规措辞是否反映了国会意图。如果没有，就如雪佛兰案子中的情形，法院应该审查该代理机构是否在措词里做了“容许”之类的解释。除非代理机构的解释是“武断的、变化无常的或显然有悖于法规的”，否则就应被认为是“合理的”和“可接受的”。[43] 这项 1984 的判例创造了**雪佛龙原则**（Chevron doctrine）这一普通规则，即只要对含糊法规有合理的解释，各法院应该尊重代理机构制定的条例。现在各法院可根据雪佛龙原则，回应代理机构遇到的大多数挑战。

尽管裁定代理机构行为的法律标准非常宽松，但来自司法部门的监督却无处不在。国会已经授权联邦法院可以中止武断的、无常的、违宪的、超过机构管辖范围的或没有事实依据的条例。[44] 在以下案例中，这些条例均因各种原因被撤销了。

- *代理机构误解了国会意图。*通用动力公司和某工会达成协议，只有年龄 50 岁或以上的工人在退休时才能得到健康福利。但该协议与平等就业机会委员会关于禁止歧视 40 岁以上雇员的规定相冲突。最高法院撤销了该委员会的规定，认为它在授权范围内“存在不合理的怀疑”，因为 1967 年的《雇佣法》并不表示国会禁止关照年长的员工，国会的意图是禁止歧视年长的员工。[45]

- *代理机构缺乏令人信服的法律依据。*当环境保护署发布禁止石棉用于商业用途的法规时，联邦上诉法院推翻了该项规定，因为它没有“充足的证据”，即该机构的成本 – 收益中没有评估石棉替代物的风险。[46]

- *代理机构忽视法律的指导作用。*在 1992 年《能源政策法》的指导下，环境保护署为内华达州的尤卡山核废料处理场设立健康标准法规。该法规要求环境保护署在国家科学院提供的数据基础上设立标准。国家科学院的数据显示，100 000

年后将出现辐射高峰，并将持续 200~1700 万年。最后，环境保护署颁布了一项标准，这项标准保证居住在附近的人群生活 10 000 年。反对者挑战这个标准，认为它忽略了国家科学院的预测，即辐射的危险将在上万年乃至 100 万年后才达到高峰。环境保护署争辩说标准是合理的，因为超过 10 000 年的管制是不现实的。但是，联邦法院认为环境保护署忽视了法律规定，因而推翻了这个标准。[47]

最后，法院会强制沉默的代理机构去执行命令。环境保护组织要求环境保护署管制包括二氧化碳在内的汽车尾气。环境保护署拒绝了，因为它认为二氧化碳不适合《清洁空气法》中关于“空气污染物”的定义,即“空气污染物”是“任何物理的、化学的、生物的或辐射的……物质”，会给人类造成危害。[48] 但是，最高法院认为这个定义是“毫不含糊”的，它包括“任何”威胁到公众健康与福利的物质，包括诸如二氧化碳等分子。[49] 它命令环境保护署制定管制法律。这个案例证明司法部门有权迫使一个沉默的代理机构去执行命令。

管制成本与收益

所有的政府管制加在一起，对每个人都会产生重大影响，对企业来说尤其如此。分析这种影响的一种方法，就是测量和比较政府管制的收益和成本。但计算管制净收益（或成本）的综合数据，即收益减去成本，是不存在的。收益与成本很难用精确和可比的方法测量。并且，政府管制的收益和成本通常属于不同群体，由此有可能将净收益的计算变成政治问题。比如政府给予农民补贴，可以增加农民的收入，但其成本却由纳税人承担。

管制成本

我们可以用许多方法来衡量管制成本。一种重要的衡量方法是以美元计价的总成本。 一项研究发现，2000 年联邦管制的总成本为 8 760 亿美元，占国内生产总值的 8.6%。[50] 一项跟踪研究显示，2004 年的管制成本已经达到 1.1 万亿美元，占国内生产总值的 11%。[51] 这些研究的主要发现是，小企业承担了较高比例的管制成本。2004 年，在不到 20 人的公司中，每个员工分摊的管制成本是 7 647 美元，而 500 人以上的公司里，每个员工分摊的管制是 5 282 美元。[52]

另一种计算管制成本的方法是执行管制过程的成本。1960 年以来，这项成本的增长情况如图 10.4 所示。当然，其中一个假说是，管制机构的预算越多，它们进行的管制就越多，企业的负担也就越重。图 10.4 反映出两个趋势。一是管制的总成本

图 10.4　管制的总成本：1960~2007

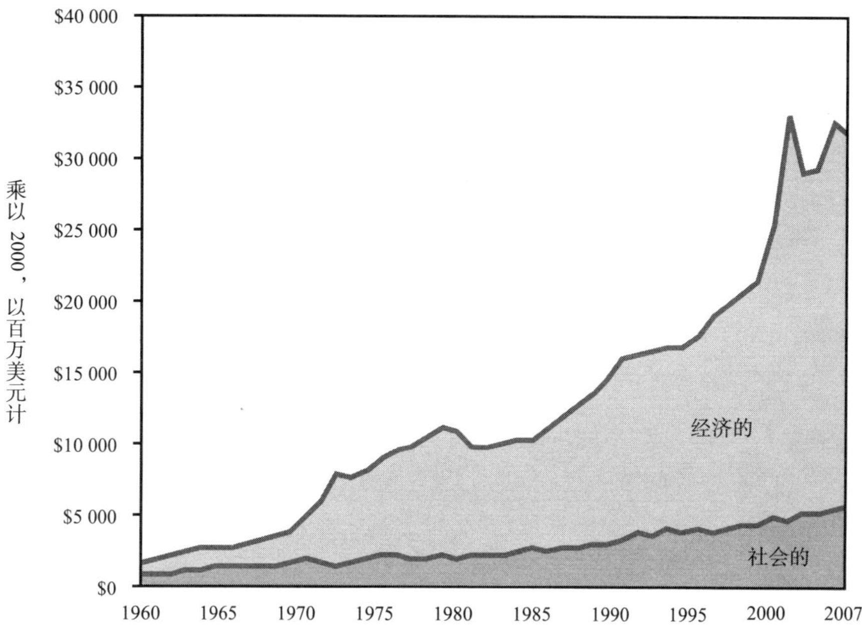

资料来源：From Susan Dudley and Melinda Warren，*Moderating Regulatory Growth: An Analysis of the U.S. Budget for Fiscal Years 2006 and 2007*，table A-5.

呈上升的趋势，从 1960 年的 25 亿美元上升到 2007 年的 378 亿美元。[53] 另一个趋势是社会成本在总成本中所占的比重变大。

图 10.5 从另一个视角揭示了管制成本。该图显示，有些机构的预算要比其他机构多。机构预算可以粗略地说明某个机构管制行为的范围，反过来可以决定管制成本的多少。

管制的其他成本也很大，但都是间接的，且难以量化，包括管制对就业、生产与创新的影响。一个极端而有说服力的例子是食品药品管理局的一项规定。1992 年该局命令暂停使用硅胶乳房填充物。这个规定导致美国道康宁公司破产、1 000 多个工作岗位消失、股票持有者利益受损，并且抑制了关于硅质人体器官新用途的研究。最后，医学研究认为硅质器官可以使用，但一个强大的产业已经受到重创。另外一个例子是证券交易委员会放缓了开放式指数基金（ETF）这种金融衍生产品的发展。在 ETF 进行交易之前，投资者必须向证券交易委员会提交批准文件，而这需要 5 年的漫长审批历程。因为 ETF 是创新金融工具，该机构的官员们要用非同寻常的复杂过程来进行审批。[54]

图 10.5 如果各机构是卫星的话

根据 2007 财政年度预算，各管制机构的规模如下图所示。

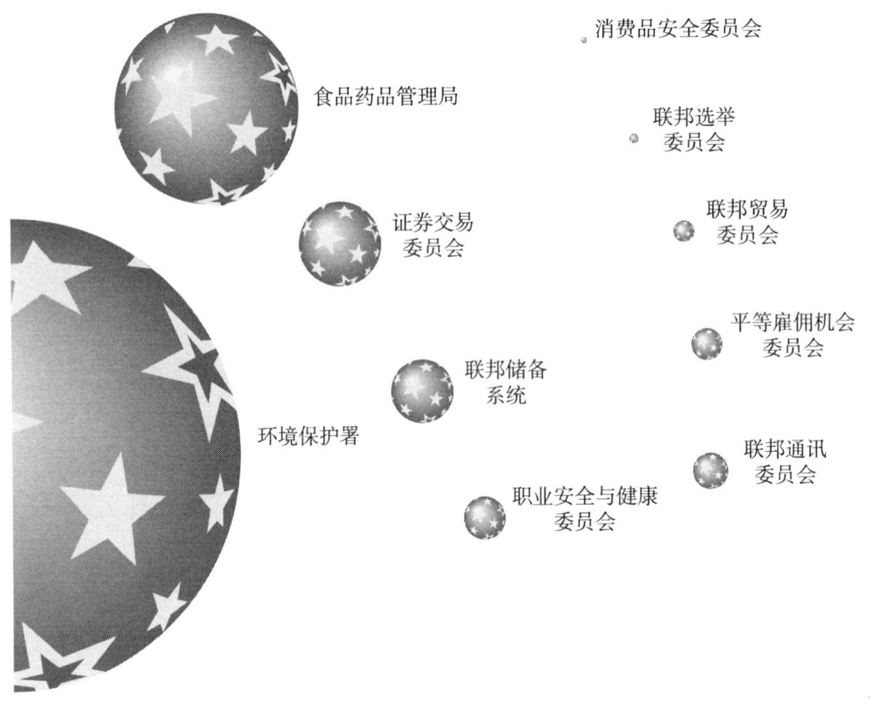

管制收益

衡量管制收益要比计算它的成本困难得多。总的来说，如果没有一定的政府管制，企业就不能运作，社会也不能繁荣。管制减少了歧视、改善了环境、防止了垄断、促进了竞争、阻碍了腐败、加强了银行体系、削减了工作场所的死亡事故、帮助了老年人、控制了传染性疾病等。这些收益是巨大的，不可估量的。

当“重大”法规提交给管理与预算办公室时，后者必须对法规的成本和收益加以估计。批评者认为，该机构有时会因喜爱某些法规而在分析时存在偏见。但研究结果发现，该机构的分析还是会符合基本原则的。下面是一个例子。

通过研究飞机事故，联邦航空管理局认为，如果座位在飞机爆炸前能够经得住 16 倍的重压，而不是现在 9 倍的重压，更多的旅客和机务人员就能够在坠毁时幸存。它制定法规，要求 2009 年以后生产的新飞机的座位达到这个标准。它计算出在 2009~2034 年之间制造更强承重力的座位会带来 3 500 万美元的成本，但是其挽救生命和防止事故伤害带来的收益更大，为 7 900 万美元。如果联邦航空管理局要求航空公司改进现有的座位，就可挽救更多的生命，但成本将达到 51 200 万美元，远远高于最乐观的收益分析。所以，联邦航空管理局最后决定不要求对现有座位进行改进。[55] 如果没有成本收益分析研究，那么它也许会给社会强加不必要的成本。

尽管某些法规的收益可以清楚计算，但由于可使用的数据非常不准确，所以估算出的社会管制综合收益的可信度很低。管理与预算办公室为 1995~2005 年间审议过的 95 个“重大”法规计算总成本与收益。这段时期的总收益为 940 亿 ~ 4 490 亿美元，远远大于 370 亿 ~ 440 亿美元的总成本，可带来 570 亿 ~ 4 050 亿美元的净收益（收益减去成本）。[56] 如果这些估算是正确的话，10 年间这些管制带来的收益也许可以达到其成本的 10 倍之多。不幸的是，这些数字并不能说明政府管制的综合收益也同样乐观。

其他国家的管制

在每一个国家，都存在着对企业不同形式和不同数量的政府管制。这是市场经济下的基本体制。以下的事情表明，政府管制有可能支持或损害企业。

婉达在津巴布韦有一家餐馆，由于生意不景气，她需要解雇 3 名工人。如果这样做的话，她必须按照该国法律给每个人发放 4~10 年的工资。所以，婉达没有这样做，而是放弃了生意，越过国界逃到马拉维。 此时，在 5 000 英里外的新加坡，切克从电话中得知她经营的广告公司失去了一个主要客户。当天下午，她便解雇了业务代表和两名绘图师，按照法律规定付给每人 4 周的薪水。[57]

法比恩在布隆迪首都布琼布拉有一家店铺，经营从中国进口的自行车。他进口的商品要经过坦桑尼亚的一个港口。在车辆运达布隆迪国界以前，需要花费 50 天在港口获得到货许可、需要 8 天处理到货、另需 15 天处理通关文件、用 30 天进行火车运输，边界检查要用 12 天。最后，在驳船运载货物后还要在布拉琼布进行检查。总之，这些自行车要经过 124 天、19 项文件和 55 个签名才能从港口到达法比恩的店铺。[58] 此时，往北 4 000 英里的德国，弗兰西斯卡也从中国进口自行车，在她柏林的商店出售。她只用了 6 天、4 项文件和 1 个签名就办妥了所有手续。自行车在法国港口卸货后，商品只用了两天时间就到达她的店铺。

较贫穷的国家都会对企业施加严厉的政府管制。企业往往深受腐败之苦，于是很多企业选择采取地下交易的形式。例如在玻利维亚，超过 80% 的私体经济从事地下运营。工人们没有带薪休假或产假。小企业很难得到贷款，也不认真履行合同。由于地下企业不纳税而限制了政府的收入，导致这些国家的基础设施落后。各企业力图维持小规模状态，以此逃避政府管制人员和税收人员，这又阻碍了经济增长。

2004 年，世界银行开始了一项雄心勃勃的长期研究，计划对每个国家的政府管制加以编目、分类、比较和评价。现在，这项研究已经进行到第 5 个年头，涉及 175 个国家。该研究重点关注政府经济管制中的 10 个维度：开业、取得执照、雇佣工人、注册财产、获得贷款、保护投资者、交税、跨国贸易、履行合同以及关闭。

在早期研究中，世界银行得出四个基本结论：

- 世界各地的政府管制有很大不同；
- 贫穷国家对企业的管制最多。沉重的政府管制带来时间浪费、高成本、更多腐败、更低的生产率和更少的投资等不良结果；
- 富裕国家管制企业时能够长期采取一致性的政策，而穷国则不是。富国较少对企业所有活动进行管制；
- 发达国家持续地进行管制变革以改善企业的经营环境；发展中国家的变革则较少。[59]

研究发现，有效的政府管制存在一些共同原则，这些原则对富国与穷国都适用。这五项原则如下：

- 在竞争性市场简化和放松管制；
- 强调和提升财产权；
- 扩大新技术的使用（特别是在互联网和信息系统方面）；
- 减少法律对企业经营活动的直接介入；
- 持续改革。[60]

研究显示，如果政府管制能够遵从这些原则，就能取得经济增长，因此两者之间关系密切。[61] 在一些发达国家也是如此，它们的管制最少，国内生产总值增长更快。[62]

图 10.6 经营环境的国家和地区排序

该表列出了 178 家经济实体中最好与最差的管制环境。根据世界银行提供的 10 项指标计算平均得分。

资料来源：World Bank, Doing Business 2008 (Washington DC: World Bank, 2007), table 1. 2.

前 10 名	后 10 名
1. 新加坡	169. 尼日利亚
2. 新西兰	170. 利比亚
3. 美国	171. 厄立特里亚
4. 中国香港	172. 委内瑞拉
5. 丹麦	173. 乍得
6. 英国	174. 布隆迪
7. 加拿大	175. 刚果共和国
8. 爱尔兰	176. 几内亚比绍
9. 澳大利亚	177. 中非共和国
10. 冰岛	178. 刚果民主共和国

因此，世界银行得出结论，改革能促进经济增长。世界银行根据企业经营是否便利对每个国家和地区进行排序。这一排序每年修改，引发了许多改革。图 10.6 列出了排名最前和最后的 10 个国家和地区。

管制全球经济

在全球化的经济浪潮下，投资、生产和服务跨越国界进行。所有这些活动要受到一个或多个国家的管制。但有的批评家指出，跨国经营逃脱了必要的政府管制。在此，批评家主要集中在社会管制方面。穷国和发展中国家的管制措施最为繁杂，但在这些国家，对工人、消费者和环境的保护却比较少。

较穷国家的精英利用自己的社会地位来主导政府并实行严格的社会管制，但这些国家在对企业的管制方面并没有取得多大进展。因此，全球经济中的社会保护经常是由发达世界推动的。推动的办法有很多，如制定条约保护诸如候鸟之类的自然资源。现在发达国家和发展中国家签订的商务协议还包括对工人与环境的保护。各进步群体、政府和企业形成**民事管理**（civil regulation）网络，参与者同意遵守某些行为守则。第 5 章中讨论过的民间管制大多建立在全球规范的基础上，是为了保护劳动权利和减轻环境污染而设计的。所有这些创新性的做法都是社会管制。

最后，地区管制在全球经济中具有世界性的影响。第一个例子是欧盟的环境管制所带来的影响。欧盟 25 国组成的单一市场在国内生产总值和全球商务贸易份额方面大体与美国相当。对全球商品和服务的提供者而言，不能忽视这样一个巨大的市场，所以欧盟标准影响着整个世界的生产与设计。

例如，当欧盟禁止铅焊料和其他五种电子材料时，生产医用激光器的 Coherent 公司花了两年的时间重新设计其产品以符合这一禁令标准。尽管这家美国公司在加利福尼亚生产，但在欧盟国家的销量达到 28%。[63] 欧盟制定一项新的法律，要求在 2007~2016 年期间，各公司必须提供所生产的 30 000 种化学制品的基本信息，并要求证明 1 500 种涉嫌造成严重人类疾病的化学制品是安全的。该法律仅适用于在欧盟市场销售的化学制品。但是，非欧盟国家中大的化学制品公司和厂家不能承受失去欧盟市场 4.8 亿消费者这一损失，所以欧洲议会实际上制定了一个全球性的法律。

结　论

政府对企业的管制与日俱增。尽管历经起伏，但无论从数量和复杂性上看，其基本趋势是上升的。早期主要是经济管制，近期则开始强调社会管制。过去 40 年来，总统们的持续努力没能有效减缓管制，但在集中审议、简单化、成本－收益分析和对某些行业放松管制等方面做出了有益的变革。管制成本对于行业和消费者来说是巨大的，但是给整个社会、个人和企业所带来的许多利益可以抵消这些成本。

食品药品管理局和烟草管制

1995 年 8 月 10 日，比尔·克林顿总统在白宫举行媒体发布会，宣布了一项重大的管制行动。在白宫东面会议室的演讲台后，他向记者和一群专门召集来的孩子们发表了讲话。

> 今天，我将宣布一个重大的行动，这个行动可以保护美国年轻的一代免受烟草带来的危害。今年，每天都有 3 000 个年轻人开始吸烟，其中 1 000 人将死于由吸烟引起的癌症、肺气肿、心脏病和其他疾病。每年大约有 100 多万名脆弱的年轻人对尼古丁上瘾，而这些尼古丁最终会杀死他们。
>
> 因此，我们将通过行政命令，严格限制在青少年中进行烟草广告、推销、配给和销售等活动……在又一代美国人陷入艰难困苦的个人战斗以前，我们需要行动，并且我们现在就必须行动。[1]

总统的声明源于食品药品管理局改变了长期立场，开始将尼古丁作为药物进行管制。下面就是食品药品管理局改变立场以及实施管制的故事。

食品药品管理局

食品药品管理局是联邦管理机构之一，总部位于华盛顿特区，办事处遍布全国。它创建于 20 世纪早期的进步年代，当时改革者们奋起保护公众免受掺假食品和不安全药物的侵害。

1906 年，国会通过了《纯净食品与药物法》，开始严格管理州际贸易中食品、饮料和药物的掺假和假冒行为。新法由今天的食品药品管理局的前身、农业部所属的一个小机构执行。1937 年，100 多人死于名为磺胺万灵药的特许药，国会于 1938 年通过了《1938 年食品、药物和化妆品法》，扩大了食品药品管理局的权力。这个机构被授权管理医用装置、新药的安全性以及检查受管制产品的生产设备的职权。从那之后，超过 30 款的法律和修正案不断扩大这个机构的权力。

烟草管制的权力问题

在早期的美国，吸烟主要流行在南方各州，但在国内战争期间，占领南方的联军把吸烟的习惯带回了家乡，于是吸烟成了全国范围内的一种需求。国内战争后的一个世纪里，吸烟被广为接受，到 20 世纪 50 年代，大多数男性和将近三分之一的女性都吸烟。

但是，从一开始人们就怀疑吸烟对健康有害。1964 年，美国卫生署出版了长期研究报告，怀疑变成了现实。报告警告说，吸烟与肺癌有密切联系。[2] 比如，报告中指出，男吸烟者的死亡率是不吸烟者的 1.7 倍，而且随着吸烟数量的增加，死亡率也会上升。

美国卫生署发表这个划时代的报告后，相关的医学证据也越来越多。同时，食品药品管理局面临着管制烟草的压力。许多人想知道，为什么保护公众健康免受危险产品侵害的这个机构，不能禁止一年中有可能杀死

40 万美国人的产品。1953 年《德莱尼修正案》颁布之后，食品药品管理局要求禁止任何对人类或动物有致癌作用的食品，不论其数量或危害有多小。结果是，该机构一度禁止了糖精，尽管从理论上讲，只有大量摄入该产品才可能带来危险。但食品药品管理局从未宣布烟草为非法。

1977 年，由吸烟与健康组织领导的一群人起草了请愿书，要求食品药品管理局宣布对烟草的管辖权。该请愿以 1938 年《食品、药物和化妆品法》为依据，因为该方案授予食品药品管理局相应的管理权力。虽然法案中没有提到烟草，但对“药物”和“装置”给出了一般定义，并授权该机构决定哪些物品属于这些种类。在该部法案中,术语“药物”的定义是：

> （A）在美国官方药典、官方顺势疗法药典或官方配方书以及这些文件的更新或附件中认可的物品；（B）在人类或其他动物身上用作诊断、治愈、缓解、治疗或防止疾病的物品；（C）在动物或人体身上试用以影响其结构或任何功能的物品；以及（D）作为以上（A）（B）（C）条款中任何成分的任何物品。[3]

术语“装置”的定义为：

> 用来影响人体或其他动物的结构或功能的任何一种工具、仪器、器具、机器、装置、植入物等，包括任何组成成分或辅助部件，该装置没有通过化学作用达到其最初意图，也不能通过代谢作用达到其最初意图……[4]

吸烟和健康行动组织要求食品药品管理局将烟草定义为含有尼古丁这种“药物”的“装置”，从而限制烟草销售。该组织还要求，只有通过药学许可才能销售烟草。食品药品管理局拒绝了该组织的要求。它争辩说，只有当生产商声明其产品具有健康作用或试图将产品用作药物时，法律上才可以把该物质作为药物。既然烟草公司没有声明香烟的健康作用或宣称尼古丁对人体有药效，那么该机构就不具备法定权力来管理它。

此外，该机构还争辩说，国会早就知道食品药品管理局没有把烟草分在药物一类。如果国会想这样做的话，它就会修订其法律来阐明烟草在该机构的管辖之内。但国会从未这样做，而是用其他方法管制烟草，比如，要求在香烟盒上贴上警示标签。

吸烟和健康行动组织很失望。这个组织坚信，在 1938 年法律文字或常识的解读下，尼古丁就是一种药物。该组织提起上诉，但没有成功，因为当时联邦法院同意食品药品管理局的观点，即管制机构在解读法律赋予自己哪些职责时“有事实上的决定权”。[5] 于是这事搁置了许多年。

在大卫·凯斯勒的领导下

成立于 19 世纪进步呐喊声中的食品药品管理局，在变革浪潮中发展壮大。当消费者运动在 20 世纪 60 年代和 70 年代高涨之际，该机构的权力稳步扩大。然后，随着 1980 年罗纳德·里根当选总统，政治氛围转变了。与其他联邦机构一样，食品药品管理局发现预算被压缩，工作人员被裁减，因为里根内阁试图减少政府管制。随着资源减少，食品药品管理局的积极性开始降低，工作人员缺乏干劲。该机构缺乏热情，使烟草消费倡导者灰心丧气。

但在 1990 年，乔治·布什总统任命大卫·凯斯勒为局长，一个新时代开启了。凯斯勒当时 39 岁，是一名拥有芝加哥法学院法学博士学位和哈佛大学医学院医学博士学位的共和党人。他充满活力，并力图建立新的严厉的政府管制体系。上任不久，他立即没收宝洁公司 2.4 万箱橙汁,该产品虽标记为“新

大卫·凯斯勒（1951~），1990年10月到1997年2月任食品药品管理局局长。

资料来源：① AP Photo/Gene J. Puskar.

鲜”，但却是由浓缩物加工制成的。商业界不久就意识到，他们必须再次面对一个精力充沛的固执者。

一天，公共关系部的部长助理杰夫·内斯比特走近凯斯勒，建议管制烟草的时候到了。凯斯勒当时并不知道，内斯比特的父亲是一位烟民，刚刚因癌症死在医院。凯斯勒对此没有明确表态，但召集手下开会来讨论这个问题。会议引发了激烈的争论。一些人认为同烟草行业较量注定是一个失败的游戏，它会招来国会和白宫中保守分子的报复。还有人认为烟草管制是一项正义的事业。如果一个部门为了公众健康，会突袭贴错商标的橙汁，却对烟草采取漠视态度的话，有谁会严肃地说这个机构履行了使命？一位律师表示，香烟管制如此重要，如果需要的话，她愿意将今后的生命全部投入这项事业中。[6]

研究与讨论

会议结果表明，人们对这一问题持有不同意见，凯斯勒仍旧没有明确表态。他下令由各部门抽调人员组成一个小组，对此问题进行深入研究。最后，小组中的一名成员，名叫大卫·亚当斯的律师找到凯斯勒并提出自己的想法。亚当斯指出，烟草公司可以在香烟中改变尼古丁的含量。他们对尼古丁的这种处理方式也许可以证明香烟是一种意在人体内产生类似药物效果的物质。如果是这样，该机构就可以根据司法标准将烟草中的尼古丁看做一种药物进行管制。

此时，凯斯勒想到了把香烟置于管制之下的方法。1938年法律将药物定义为：产品的设计“可对人体的结构或功能产生影响”。食品药品管理局之所以一直拒绝管制香烟，是因为烟草公司在其广告中没有做健康声明。但如果食品药品管理局能够证实烟草公司知道尼古丁能使人上瘾，但仍然提供给吸烟者以满足他们的嗜欲，那么就能符合1938年法律中关于药物的定义。

凯斯勒面临的一个问题是机构中没有人对香烟了解多少。烟草公司是否有意在控制尼古丁的含量？许多行业的生产过程广为人知，但长期以来烟草业的生产过程一直对外秘而不宣。烟民的诉讼使企业警觉起来。将要离开企业的雇员必须签署秘密协议，如果他们泄露了研究和生产的信息，协议将使他们处于不利境地。企业让律师来操作这一切，然后声称这些信息和文件受到律师特权的保护。而且，既然食品药品管理局无权管制烟草，就无权要求检查香烟工厂，也无权要求公开烟草生产的信息。

这时，烟草公司知道食品药品管理局准备对烟草进行管制，但它们不想配合。因此，食品药品管理局必须自己发起一项调查来证实尼古丁的含量被控制，先是使吸烟者上瘾，然后再满足他们的嗜欲。

调查的一种途径图书馆。凯斯勒和他的同事们沉迷在关于烟草的文献中。当该机构想在北卡罗来纳大学的烟草资料汇编中获取文章时，遭到了拒绝，因为图书管理员认为食品药品管理局此举将伤害南方经济。于是，凯斯勒派了一个年轻的实习医师去学校，让他背上背包扮成学生的模样。后来这名实习生找到了有价值的资料。

告密者是信息的重要来源。该机构的犯罪调查办公室立即与名为“深度咳嗽”的告密者联系，他曾是雷诺兹公司的一名管理人员。他描述了该公司是如何把旧的烟草碎片制成浆液，加入尼古丁，然后再把烟草制成香烟的。还有很多这样的告密者。“菲利普”是菲利普·莫里斯公司以前的一名研发主任，他告诉食品药品管理局的检查官说，有一个程序可以从现有的烟草中去除所有的尼古丁。“他”曾在菲利普·莫里斯公司用老鼠作过实验，并撰写了一篇关于动物是怎样对尼古丁上瘾的论文，文中说老鼠上瘾后会推动笼子里的杠杆以获得更多的尼古丁。菲利普·莫里斯公司以前的一位化学工程师“圣人”，描述她曾经发明了一项可以从烟草中去除致癌物质的技术，该公司立即毫无理由地阻止了她的研究。

为了保护他们不因违反秘密协议而受前雇主的报复，这些告密者的身份被隐瞒了。与他们的联系方式经常是稀奇古怪的，而且也常有秘密的会见。一次，凯斯勒从中央情报局借来一个声音合成器，以便掩盖电话告密者的身份，但该机器制造的声音听上去非常怪异，使他放弃了使用该机器的想法。

来自告密者的信息必须经过验证后才能被证实。比如，布朗和威廉姆逊公司的“马孔”透露，该公司有一种采用遗传工程培育的高尼古丁含量的烟草叫 Y-I。食品药品管理局的检察官查阅有关植物的专利，没有发现这种植物。“马孔”记得在北卡罗来纳州，一个叫“农民琼斯”的人做了有关 Y-I 的实地试验。检察官对“农民琼斯”的名字感到可笑，但最后他们发现了一个叫 L. V. 琼斯的人拥有一个小农场，并证实这里曾用于种植这种烟草。“马孔”还认为在巴西种植着大量的 Y-I。一位检察官被派去检查保存在仓库里的报关单。经过大量的查阅工作，他发现一张发票显示布朗和威廉姆逊公司曾经从巴西进口了 50 万磅 Y-I。

食品药品管理局的一个工作小组还访问了菲利普·莫里斯、雷诺兹、布朗和威廉姆逊的香烟工厂。他们听取了精心准备的情况介绍并参观了工厂。在布朗和威廉姆逊工厂的参观受到冷遇，因为接待人员收到两个被参观过公司发来的信息，称参观小组中的一位组员“很霸道”，另一位“贪婪且卑劣”，第三位是“狂热分子”。[7] 当工作小组在早晨询问布朗和威廉姆逊工厂代表一些问题时，气氛变得敌对起来。午饭时，食品药品管理局的工作小组与接待方分桌吃饭。午餐过后，该小组被匆忙送往卷烟厂参观，没有任何发现。

然而，三年多的时间过去后，烟草工作小组所作的调查、司法和科学研究中的大量证据说明，烟草厂商有意用尼古丁作为药物。现在他们知道，烟草公司研究过尼古丁使人上瘾的特性，因此他们把烟草混合起来调控卷烟中尼古丁的含量，用卷烟纸和经过精确处理的过滤材料来控制吸烟者摄入的尼古丁剂量。此外，不满的雇员向公众提供了烟草公司的报告和文件，这些证据显示公司为了吸引新的吸烟者而设计烟草广告。凯斯勒感到烟草管制的时候到了。

制定管制法案

尽管调查取得的信息已经为制定新的管制法案提供了充足的根据，但管制后果却难以预料。用凯斯勒的话来说，"一旦食品药品管理局把尼古丁归类为药物，就会要求烟草公司提供申请，说明卷烟是安全而有效的。如果他们不那么做，我们就能禁止其生产。"[8] 但是，因为有 5 000 万个上瘾的烟民，管制在政治上是站不住脚的。烟草公司会告诉烟民，政府管制令剥夺了他们的自由。卷烟的黑市买卖则不可避免。食品与药品管理局就会陷入与当选官员及强有力的烟草游说集团的对抗之中。

为了避开两难困境，凯斯勒决定将烟草归类为医用装置。食品药品管理局有权管制大范围的医用产品，如压舌板、乳房填充物和 X 射线装置。如果卷烟可以归类为把尼古丁这种药物供给使用者的装置，食品药品管理局就可以限制卷烟的销售和广告。凯斯勒相信食品与药品管理局可以用这个办法管制卷烟，而无需禁止烟草销售，就像处理能带来危险的医用装置一样。食品药品管理局可以从有限度的管制开始，并在将来加强这种管制。

凯斯勒还相信尼古丁上瘾可以从很小的时候开始。用烟草做实验，儿童和青少年都能上瘾。他们上瘾后会持久抽烟，经常是终身性的。成人吸烟不是因为他们做出权衡——烟草业称之为自由选择——而是因为在青少年时期不经意的冲动造成的。所以，他计划用管制方式来降低这种儿时上瘾的发生率。成人吸烟不会受到这种管制的影响，因为食品药品管理局将只限制烟草公司针对年轻人进行的宣传和销售。

1995 年夏季，凯斯勒成立了一个小组，为在联邦公告中提出新法规而起草文本。经过 4 个月的辛苦工作，管制法案的草稿完成了。

玩弄政治手腕

因为食品药品管理局隶属于健康与人类服务部，凯斯勒在下一步行动之前需要秘书长唐娜·沙拉拉的批准。在 1994 年 11 月末的一次会议中，他在提交给沙拉拉及其同事的草案中概括了如下几点。

- 面向 15% 或超过 200 万的 18 岁以下读者的广告必须用黑白文本印刷，并且要有这样的警告："成为烟民的孩子约有 1/3 死于吸烟行为。"此类广告禁止使用图片和卡通人物。
- 禁止在学校周边 1 000 英尺范围内做广告。
- 在 T 恤衫和帽子之类的非卷烟产品上禁止使用卷烟品牌的名字。
- 卷烟品牌的名字不能赞助体育赛事。
- 禁止使用自动售烟出售机销售香烟，烟草只能面对面销售。
- 烟草企业将展开食品药品管理局批准的公共教育，避免在那些未满 18 岁的人群中做广告。
- 如果在法规生效 5 年后未成年人的吸烟行为不能下降 50%，将会出台新的管制措施。

沙拉拉对于总体内容相当满意，并让凯斯勒和她的同事做最后修订。但凯斯勒马上发现沙拉拉的某些同事认为这些管制规定是一个政治错误。因为相信自己已经得到沙拉拉的支持，他决定绕开她的这些同事而采取下一步行动，那就是取得白宫的同意。

尽管自己是一名共和党员，但凯斯勒 1992 年仍被民主党人比尔·克林顿总统再次任命为食品药品管理局局长。然而凯斯勒与克林顿并不怎么熟悉，只是在一次白宫宴会上和他讲过话。他本人还没有足够的分量去召集和规划一次约见。事实上，克林顿正为烟草管制问题担心。他认为烟草和枪支控制两项议题，已经使民主党在 1994 年中期选举中失去了众议院的统治地位。他与一些有权势的同僚们认为，如果在南方主要州实行烟草管制，将有可能使他在即将到来的 1996 年选举中再次失去机会。

凯斯勒与他在法学院的老友、现为克林顿幕僚的律师阿布纳·米克瓦联系。他让米克瓦与克林顿商讨管制烟草广告和销售在公共健康方面带来的潜在收益。他从米克瓦那里得知，烟草公司也在游说白宫，要阻止食品药品管理局的限制。接下来，他通过另外一个老友约见了副总统阿尔·戈尔，戈尔支持烟草管制是广为人知的。虽然凯斯勒与戈尔的会面只有 5 分钟，但副总统代表食品药品管理局在克林顿面前强烈呼吁管制烟草行业。

最后，一个幕后人物迪克·莫里斯根据民意测验结果给克林顿提供建议，提前打响了争取克林顿支持的战斗。正是由于莫里斯的存在和影响，克林顿获得了依靠民意而非规则竞选的名声。烟草事件将再次证明这一名声。莫里斯在南方五个州进行了民意测验，这几个测验对克林顿的再次当选非常重要。结果显示，大多数选民支持能减少青少年吸烟的政府管制。莫里斯于是向总统提议，支持食品药品管理局对香烟的管制有利于竞选。

不久，克林顿会见了沙拉拉和凯斯勒，讨论了烟草管制的内容。一个月以后，凯斯勒回到白宫东室，聆听了克林顿关于推进烟草管制的讲话。

第二天即星期五，也就是 1995 年 8 月 11 日，食品药品管理局在联邦公告中刊登了相关法规草案。这是一个长篇方案，从第 44 314 页开始，一直到第 44 787 页结束，共 473 页。草案的题目是“限制卷烟销售和配给以保护儿童与少年之法规”，主要内容长达 139 页，小号字三栏印刷。草案的其他部分是一些材料，即食品药品管理局关于将卷烟定义为含有药物尼古丁的装置的相关文件[9]，这一部分占了 334 页。

在草案中，食品药品管理局估计这项管制将减少 60 000 例以上的死亡，能降低医疗成本、提高工作效率、增加幸福度，此举将产生 280 亿～430 亿美元的净收益。据估计，在今后 10 年中，烟草行业每年将花费 1 200 万小时进行相关记录，每年增加的成本为 2.27 亿美元，收入下降 4%。

草案在《联邦公告》中刊登以后，按照法律规定，有一段征询意见的时期，相关机构必须考虑和回应来自公众的意见。烟草公司决定利用这个机会，向食品药品管理局提出 71 万条以上的意见，其中包括一篇 2 000 页的意见，后面附有 45 000 页的支持文件。许多意见是由企业以信函形式发出的。[10] 食品药品管理局的工作人员在一个租来的库房里逐一回复这些意见。

历经 12 个月，最后的法规于 1996 年 8 月 28 日在《联邦法规汇编》中刊出。尽管没有重大改动，但机构回应了不同的书面意见，将法规增加至 922 页。[11] 从凯斯勒第一次召集同事开会讨论管制烟草问题以来，4 年多的时间过去了。

走进法院

烟草公司立即与广告商及烟草零售商联合起来，在北卡罗来纳州的联邦地区法院提起诉讼，以阻止该法规的实施。它用三个主要论点质疑食品药品管理局。第一，该机构没有管辖烟草产品的权力，因为国会从未授予该机构这种特殊权力。食品药品管理局的律师回应说，认定某种产品没有出现在 1938 年的《食品、药品和化妆品法》中就不属于食品药品管理局的管辖范围，这种观点从法律上看是错误的。国会界定了药物和装置的标准，把这个标准交给各机构去决定哪些产品符合这些定义。遵照雪佛龙条例，各机构有权对法规进行再解读。[12] 第二，卷烟不适合药物或装置的定义，因为厂家没有做相关的健康声明。食品药品管理局回应说，烟草公司操控尼古丁含量的研究，证明这种分类是恰当的。第三，对广告的限制违反了第一修正案保护言论自由的规定。食品药品管理局争辩说，管制符合美国最高法院之前关于广告限制的法律指南。[13]

在裁决中，地区法院驳回了企业的头两条质疑，支持食品药品管理局对烟草销售的管制。但地区法院认为，限制广告是违反宪法的。[14] 该裁决对食品药品管理局来说是一个胜利，它并未使该机构管制烟草的权力受到影响。

双方对裁决都提出了上诉，希望获得完全胜利。上诉法院推翻了地区法院的裁决，烟草业获胜。在2∶1的裁决中，上诉法院认为，国会从未授权食品药品管理局管制烟草行业的权力。所以，该机构对烟草的管制超越了权限。[15] 于是，食品药品管理局上诉到美国最高法院。

在最高法院的决战

2000年3月21日，最高法院以5∶4的投票结果，判决食品药品管理局烟草法规无效。法官分为保守派和自由派，这种划分在许多有关政府管制的裁决中显示出一致性。[16] 经常被认为是关键投票者的大法官桑德拉·得艾·奥康纳，与保守派威廉姆·伦奎斯特、安东尼·斯卡利亚、克拉伦斯·托马斯、安东尼·肯尼迪组成了一个占多数的5人小组。奥康纳还为这个小组写出决断意见。

奥康纳法官认为，尽管烟草行业是国家最头疼的公共健康问题之一，但食品药品管理局无权管辖这个问题。她争辩说，如果食品药品管理局认为尼古丁是一种药物而烟草是把药物送进体内的装置的话，那么就应该禁止卷烟。1938年的《食品、药品和化妆品法》要求由食品药品管理局管制任何药物或装置，用法律的语言来说，必须是“安全的”和“有效的”。既然食品药品管理局在最终的规定中已经明确烟草将带来极为危险的健康风险，那么法律就应该禁止烟草公司销售这种产品。

但是，奥康纳接着写道，禁烟违反国会的明确意图。她指出，1929年和1963年均有法案提出授权食品药品管理局管制烟草，但都没有通过。立法者自1965年以来已经通过了6项管制烟草的法规。[17] 这些法规建立了管制框架，表明国会拒绝做出更多的管制。奥康纳把多数人的意见总结如下。

> 我们决不怀疑食品药品管理局着力解决该问题的严肃性。该机构已经详尽说明，也许烟草对美国公众健康构成了最大的威胁，对儿童和青少年来说尤其如此。但是，不管这个问题有多么“重要、明显和有争议”……，一个政府机构管制公共利益的权力，必须建立在国会有效授权的基础之上。[18]

法官斯蒂芬·布雷耶写下不同意见，他和法官约翰保罗·史蒂芬、大卫·苏特、鲁斯·贝德·金斯伯格联合起来提出异议，他们指出，1938年的《食品、药品和化妆品法》旨在保护公众健康。因为香烟给大众健康带来极大威胁，因此法规必须以一种“符合其根本精神”的方式解读。[19] 布雷耶认为，该法律的文字和措辞授权食品药品管理局将卷烟认定为传送“药物”尼古丁的“装置”，说明他们有权管制卷烟的销售和使用。

布雷耶反驳了对方提出的国会没有选择禁止烟草的推论，指出没有任何法律否定食品药品管理局管制烟草的权力或否定该机构禁止烟草制品的权力。“可以容易地推断”，他写道，“国会根本没有打算影响食品药品管理局在烟草管理上的权威。”[20] 布雷耶相信食品药品管理局根据“保护健康的总体目标”，对1938年的法律作了合理解释。在雪佛龙原则下，该机构有广泛的权力来做出这样的解释。

后　记

1997 年初，大卫·凯斯勒辞去食品药品管理局局长的职务，成为耶鲁大学医学院的院长。即便在离任后，他依然对烟草管制抱着浓厚的兴趣。他经常工作到深夜，在车库里认真研究烟草公司的文件，依然在设计解决问题的办法。最高法院的裁定使他痛苦。用他自己的话来说，“裁定原本可以挽救数以百万人的生命，却因一票之差而遭否决。”[21]

尽管烟草业避开了食品药品管理局的管制，它仍旧无法逃脱其他管制。1998 年，烟草公司同意在 25 年中支付 2 460 亿美元以应对各州检察长的诉讼。检察长们希望得到数十亿美元来支付治疗烟民疾病的费用。作为条件，烟草公司也同意广告限制，特别是广告牌、卡通人物、赛事赞助和促销商品时的产品宣传。

这一问题解决后，烟草公司提高了卷烟的零售价格，以补偿他们支付给各州的费用。事实上，这一解决方案使烟民成为买单者。作为解决方案的一部分，烟草公司同意在 10 年里每年支付 2 500 万美元的反吸烟广告。但这些广告费用与该行业营销支出相比数额甚微，在这一时期，烟草广告支出达到每年 150 亿美元。[22] 成人烟民所占比例略有下降，从 1999 年的 24% 下降到 2004 年的 21%，此后保持稳定。[23] 各州原本应该使用这些收入中的一部分来资助戒烟活动，但到 2007 年为止，只有不到 3% 的经费用于这个目标。[24] 各州沉迷于烟草公司提供的这些金钱上，其中约有 17% 用于治疗与吸烟相关的疾病，其余的则被用于其他项目，从教育到建设高速公路。

如果国会中的两党以某种方式联合起来，食品药品管理局仍有机会管制烟草行业。然而，它并没有达到凯斯勒所希望的政治力量。最高法院决定撤销食品药品管理局的管制后不久，美国最大的烟草公司菲利普·莫里斯公司断定，某种形式的新管制是不可避免的，这也是众望所归。莫里斯公司开始与国会中烟草管制的支持者沟通。因此，尽管 2004 年参议院制定新的管制法案，但在众议院没有通过。

2007 年，再次制定了《防止家庭吸烟与烟草控制法》。在这一法案中，国会授权食品药品管理局管制烟草，但不是把烟草作为药物或把烟草制品作为装置。新法案规定该机构有权禁止掺杂和冒牌的烟草制品、有权要求在烟盒上列出更大字号的警示标签和成分列表、有权要求烟草公司采取行动降低尼古丁的含量并禁止可能吸引儿童的味道和香气、有权管制香烟广告和促销以防止引起未成年人的兴趣。最后，该法案要求食品药品管理局对每一种新的烟草制品颁发出售许可证。除非食品药品管理局认为某一新品牌卷烟“适合公众健康”，否则就不能销售。

如果该法案能通过的话，新管制方案可以通过降低广告对儿童的吸引力以确保烟草公司推出新的“更加安全的”卷烟，来达到提升公众健康这一重大目标。然而，尽管食品药品管理局能够禁止推出新的卷烟品牌，但它无权让现有品牌退出市场。尽管该机构的功能是保护公众健康，但仍要允许这种含有 4 000 种毒物和 40 种致癌物质的产品销售。[25]

菲利普·莫里斯公司支持这个法案。该公司拥有美国卷烟中 51% 的销量，单 万宝路品牌就占了 41% 的份额。这个新法案将提高较小竞争者的成本，广告限制和食品药品管理局的认可，将使任何竞争者都不可能推出新品牌与那些高知名度的老品牌抗衡。如果后者根据食品药品管理局的规定销售致命产品，也会因这一法案的保护而免受诉讼。一些烟草管制支持者认为，即便如此，这一措施也比根本没有管制好得多，但显然，这是一种妥协。

问　题

1. 你是否同意食品药品管理局根据《食品、药物和化妆品法》，把尼古丁定义为药物、把卷烟定义为装置？
2. 食品药品管理局是否在法律或政治上犯了错误而使管制烟草的努力功亏一篑？
3. 你同意美国最高法院的裁定吗？为什么？
4. 你是否认为这个故事揭示了美国政府管制中的缺陷，或者你是否认为，尽管这一系统存在缺点，但仍是负责任和公平的？
5. 国会是否应该通过新的立法，使食品药品管理局能管制烟草，即使新法案会为菲利普·莫里斯公司带来竞争优势？

第 11 章

跨国公司

可口可乐公司

1886 年，一个名叫约翰·潘伯顿的药剂师发明了可口可乐。在经营一家药店失败之后，他开始研制各种软饮料配方，终于有一天找到了一种让他兴奋不已的配方。在朋友的建议下，他把用这个配方制成的软饮料命名为“可口可乐”（Coca-Cola）。配方中含有两种成分，一种成分叫“coca”，是一种南美灌木树叶；另一种成分叫“cola”，是“kola”果实的提炼物。之后，潘伯顿说服了亚特兰大一个饮料商开始销售可口可乐，并且一炮打响。两年后，潘伯顿去世。艾萨·凯德勒用 2 300 美元购买了可口可乐配方的所有权，并于 1892 年成立了可口可乐公司，开始生产大众称为“Coke”[1] 的饮料。

今天，可口可乐公司已经成为一家全球性大企业，在美国本土以外拥有 210 亿美元的资产，这大约占其全部资产的 60%。它是全球最大的非酒精饮料制造商，在 200 个国家中占有了 10% 的市场。公司海外雇员人数占雇员总人数的 83%。

可口可乐公司自己生产出来的饮料产品，在数量上只占以该品牌销售的所有饮料产品中的一小部分。该公司全球战略的基本思路，就是通过授予饮料罐装商特许权来扩大产品的生产和销售。大约 25% 的可口可乐产品是由独立的饮料罐装厂（可口可乐公司不拥有其所有权）生产的，另外 58% 的产品是由可口可乐公司拥有部分产权的饮料罐装厂生产的。通常情况下，可口可乐公司拥有大概 1/3 的所有权，这足以保证它对罐装厂的控制。公司的组织架构体现了它的全球经营战略，它把全球分成 6 大运营区——非洲、亚洲、欧盟、拉美、北美和中东。

对于经济欠发达国家来说，跨国公司是重要的资本来源。一个大型的跨国公司在贫穷国家投入巨资，将会推动贫穷国家的经济发展并带来工作机会、税收和经济繁荣。然而，作为众多大型跨国公司的典型代表，可口可乐公司的投资大部分投入到发达国家。例如，在 2006 年，它的资本投入共计 14 亿美元，其中 85% 流向了美国和欧洲。

可口可乐公司已经从一个单一产品生产商转变为各地消费者所喜爱的众多不同口味饮料产品的生产商和经销商。其饮料产品包括 400 个品牌，涵盖了 2 600 多种饮料产品。[2] 该公司之所以这样做，是为了满足国外消费者的不同口味。例如，在亚太地区，公司开发出许多新品牌以适应消费者多样性的口味。在日本，公司每年更换 20% 的产品，开发多达 200 种新口味的产品。[3] 同样品牌的产品也会有不同的味道。在日本，“Georgia Coffee”的消费者通常是传统的饮茶爱好者，而在非洲和中东地区，这一品牌的饮料产品在大型销售商那里变成了水果味道的苏打水，如“Fanta Apple”和柠檬味道的“Limca”。

尽管在全世界范围内可口可乐品牌饮料每天的销售量达到14亿瓶，但消费者并没有停止过对该公司的批评。可口可乐是一个国际著名品牌，世界各地的人对其商业活动的看法与他们对美国的政治态度密不可分。如同耐克、麦当劳和肯德基等美国公司一样，可口可乐公司也成为那些仇视美国者的批评对象。

例如在印度，环保人士曝光了一些数据，指出可口可乐公司生产的软饮料中含有不安全的农药残留物。可口可乐公司针对这一指责，用实验室数据证明了产品的安全性。另外，也有人指出，印度罐装奶茶比可口可乐含有更多的农药残留物，因为印度几乎所有的地面水都含有较高浓度的农药残留物。尽管如此，印度还是有几个地区禁止销售可乐，其中某个政党还提出应该在全国范围禁止可乐的销售。为了表达他们对可乐的愤怒，有的党员摔碎了可乐瓶子，还为可乐举行了“殉葬仪式”。可口可乐印度公司的首席执行官阿图·赛说：“因为我们是美国的可口可乐，所以我们不断面临挑战。”[4]

在哥伦比亚，一位寡妇在激进的律师支持下，以同谋罪控告可口可乐公司与罐装厂共同谋杀了她的丈夫——该厂的工会领导人。该厂是一个独立运营的罐装厂，由于缺乏证据证明可口可乐公司知晓或参与了该事件，法院驳回了指控，但那名妇女仍然坚持诉讼。[5]一个传奇式的工会活动家——美国人雷·罗杰斯发动了“杀手可乐”运动，理由是“可口可乐是一个充满谎言、欺骗、腐败、严重侵犯人权和破坏环境的公司”。[6]可口可乐公司反驳了所有指控。然而，一些大学还是禁止在校园内销售可口可乐。

可口可乐公司保护其品牌的一个方法，就是提高它的企业社会责任标准。公司在肯尼亚植树12万棵，在墨西哥花费600万美元种植了3 000万棵树。在非洲，可口可乐公司和可乐的罐装厂有6万名工人，无论他们或其家人中任何人感染了艾滋病病毒，可口可乐公司都将为其提供医疗保险。公司在乌克兰建造了许多运动场，在俄罗斯组织了成千上万的志愿者开展清洁公园活动。可口可乐公司还制定了旨在减少能源消耗的全球计划，并用地下水代替灌装可口可乐所需要的水资源。

与其他跨国公司一样，可口可乐公司在经济欠发达国家，已经开始尝试融入民间监管这一新兴监督方式，以提高当地企业的社会责任。为了防止侵犯人权的攻击，公司制订并执行了大量的行为规范。例如，公司采用了“工作场所人权政策”“人权声明”“供应商指导原则”等。最近，公司加入了商界精英人权倡议联盟，该联盟是由支持世界人权宣言的16家大型公司组成的。作为联合国全球契约的签订者之一，可口可乐公司必须保证贯彻有关劳动权利、人权、环境保护、反腐败方面的10个基本原则。公司在网站上发表声明：“负责地开展经营业务是远远不够的。我们致力于提高与我们经营有关的人员的生活质量。我们的努力永无止境——只要我们存在一天，企业社会责任就会不断向前推进。”

本章我们将讨论跨国公司的特性、国际化战略、对外投资所带来的影响、实施社会责任的方法以及利益相关者通过合作达成的自愿行为守则。可口可乐公司的案例反映了以上所有这些内容。

跨国公司

跨国公司（multinational corporation，MNC）是总部位于母国、并且至少有一部分经营业务是在一个或一个以上的其他国家即东道国开展的经济实体。跨国公司的一个特征是多样化经营。大多数跨国公司是私有企业，还有一些是合作企业或国有企业。一些跨国公司在国外拥有大部分资产、销售额和雇员，而大多数跨国公司主要在本土开展经营业务，在国外的经营活动不多。大型跨国公司已能对其经营所在地的国家产生或好或坏的显著影响，但大多数跨国公司只是中等或小型企业，对所在国根本起不到任何影响。历史悠久、规模巨大、最有实力的一些跨国公司，其总部都设在经济发达国家。那些总部设在中国、印度、马来西亚、南非等发展中国家的跨国公司，正向全球性跨国公司的领跑者发起挑战，尤其在新兴市场上，这种挑战表现得更为突出。

跨国公司在组织结构和运营方式上区别很大。通常，国际化有五个层面，如图 11.1 所示。这些层面不是阶段性的，尽管对某个跨国公司来说是如此。它们只是代表企业在向国外市场拓展业务时不同的选择方法而已。最好把每个层面看做一种原

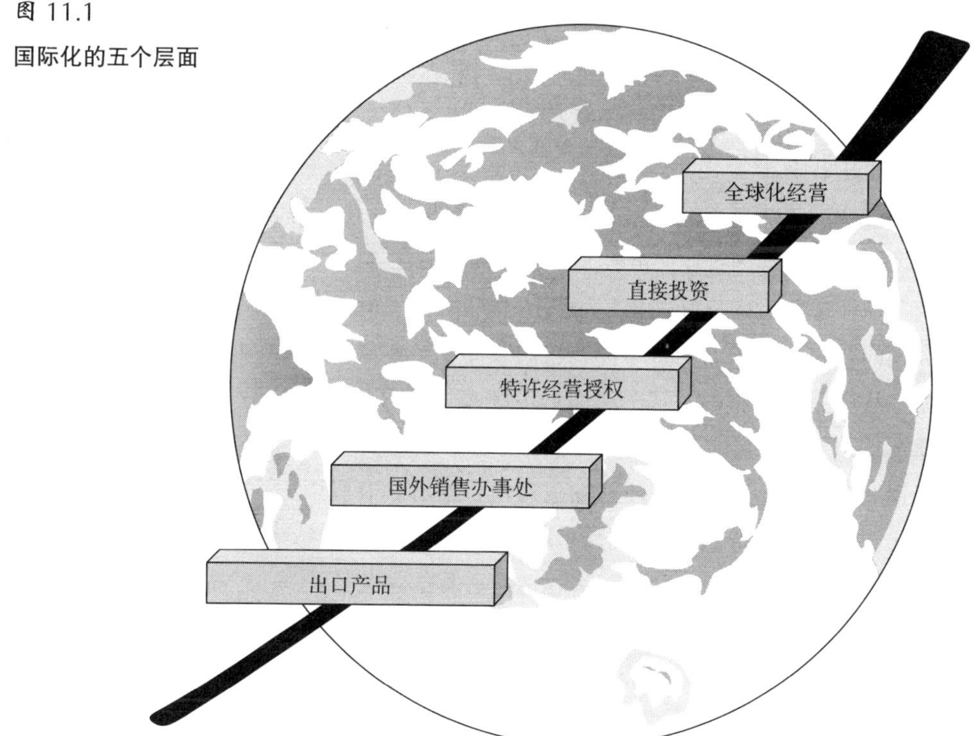

图 11.1
国际化的五个层面

理、模型或理念。许多特大型跨国公司并不拘泥于这种分类法，它们有很多结构和战略上的变化，可以同时使用这些方法。

1. 向国外出口产品。
2. 在国外设立销售办事处。
3. 把特许经营权、商标、专利权或技术授权给外国公司，让其生产或销售跨国公司的产品。例如，美国本土之外的麦当劳餐馆就是由所在国的企业经营的，可口可乐公司则授权在200多个国家生产公司绝大多数的饮料产品。
4. 在国外进行直接投资，即购买或建设生产设施并在当地生产。这些工厂可能会成为地区乃至全球性销售中心。跨国公司通过这些分布在各个国家的运营单位和分支企业开展经营活动。
5. 通过价值链跨越两个及更多国家，开展全球生产。产品研发、设计、生产、物流、分销、营销、销售、售后服务这些原先在第四个阶段模式上仅局限于在一个国家进行的工作，现在可以在两个或更多国家进行。这些跨境工作的组织与控制权集中在母公司总部。

跨国公司跨越这些层面发展具有战略原因。上世纪大多数时间里，跨国公司局限于在前面四个层面开展经营活动。第二次世界大战前，只有少数大公司，例如福特汽车公司、欣格公司和拜耳公司，才能进入第四个层面，利用国外的生产设备开展经营活动。绝大多数生产企业是通过出口和在国外设立销售办事处来赚取利润的。那时，跨国公司对外投资中的大部分，仅仅集中在贫穷国家的农业种植业、采矿业或是石油开采业。[8]

第二次世界大战结束后，制造业情况发生了变化，许多国家的民族独立情绪高涨。为了保护本国企业、减轻来自进口商品的竞争，这些国家纷纷提高贸易壁垒。尤其在欧洲，关税的提高使出口销售的利润大幅下降。美国的生产企业没有退出这个广阔的、有利可图的消费市场，它们改变了企业战略，在那里成立了自己的附属企业，从前三个层面中的某个层面直接进入到第四个层面。这些位于国外的附属企业通常独立于母公司运营，带有强烈的当地企业色彩。[9]

到上世纪末，第四层面模式的战略优势不再具有吸引力。其中一个原因是经济**自由化**（liberalization），即各国均采取降低关税、减少贸易壁垒的经济政策，以促进贸易和投资的发展。贸易壁垒消除后，企业很容易将零部件、产品、服务跨境转移。此外，信息技术和电信的革命性进步，使全球生产成为可能。随之而来的是，企业跨越国境进行生产带来激烈的全球竞争。为降低生产成本和提高产量，跨国公司研发出联系供应商和国外子公司的远程网络。运用新技术，它们可以跨越地理边界整合企业业务。当跨国公司以这样的新方式运作时，它们进入到第五个层面即全球化经营，企业的经营战略已经很少再受国家边界的影响了。

今天，经营国际业务的跨国公司有许多名称。它们被称为国际公司（international）或全球公司（global），还经常被称为跨国公司（multinational）或多国公司（transnational）。一般情况下，这些名称可以随意使用，但有时这些名称表达不同的含义。例如，跨国公司表示公司消除了对国家的效忠，为了寻求高额利润，把投资、经营活动在国家之间转移，成为流动的企业。多国公司则表示最好将这家公司视为属于某个国家的经济实体，只是其经营活动跨越了国界。但这些区别没有实际应用价值。跨国公司在概念和范围上存在许多差别。本书采用的是用常用的传统名称即跨国公司，并交替使用多国公司、全球公司、国际公司等名称。

跨国公司概述

对于跨国公司的兴起与繁荣，我们可以像科学家研究自然界物种一样，研究这些公司的成长环境，并剖析它们繁荣的原因。其中一个趋势是，跨国公司数量在快速增长。根据联合国统计，目前共有 7.7 万家**跨国公司**（transnational corporation），

图 11.2　大型跨国公司的影响力

根据联合国统计，全球现有跨国企业 7.7 万家。其中最大的 100 家非金融类公司占据了总资产的 13%，对全球经济有巨大的影响力。其中只有 13 家来自美国、欧盟和日本之外。

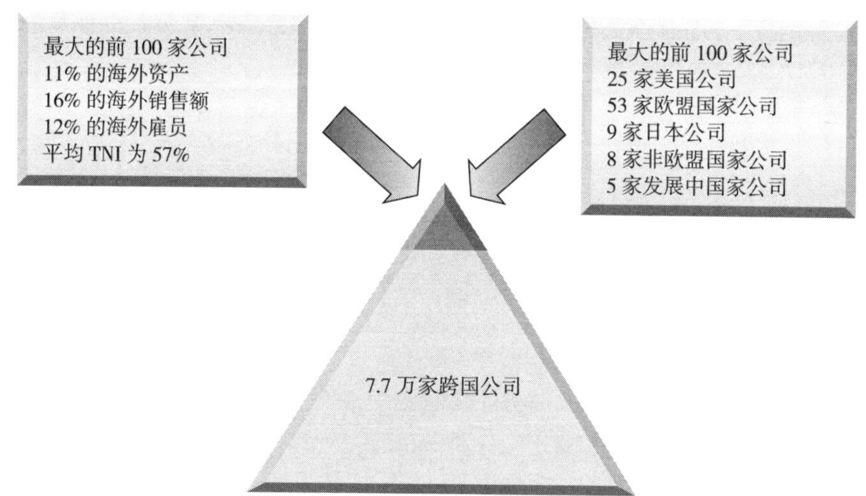

数据来源：United Nations Conference on Trade and Development, *World Investment Report 2006* (New York: United Nations, 2006), pp. 30, 33, and annex table A.1.4.

这里的跨国公司是指母公司掌握国外附属经济实体（如分公司、子公司、合资公司）资产的公司。联合国进一步估计，这些跨国公司控制着77万个海外附属经济实体。[10] 这一数字是1991年（约有3.7万个跨国公司）的两倍、1969年（约有1.07万个跨国公司）的七倍多。[11]

具有代表性的一个特点是，跨国公司在规模上也不断增长。从1995年至2005年，最大的前100家跨国公司的总资产、销售收入、员工数量分别增长了113%、45%和23%。随着规模增长，这些企业的大部分业务开始跨越国界。同时，这些跨国公司的海外资产、海外销售收入、海外员工数量分别增长了178%、70%和27%，增速高于企业的平均增长水平。[12] 平均来看，每个跨国公司在40个国家开展经营活动。

从图11.2中，我们可以看出跨国公司的总体情况和最大的前100家公司的影响力。其中87家来自美国、欧盟和日本，这些跨国公司具有强大的影响力，主导了全球经济。表11.1列示这些跨国公司的数据指标——销售收入、资产、国际化程度等。只有大约2 000家跨国公司来自发展中国家，不到总数的3%。尽管它们也在迅速成长，但它们在全球经济中只能算小角色。发展中国家前50家跨国公司的海外总资产全部加起来，还没有通用电气公司的海外资产多。

表 11.1 跨国公司前10名一览表

按照收入、海外资产、跨国指数三个指标对非金融类跨国公司进行排序。收入是2006年的数据，海外资产和跨国经营指数是2004年的数据。

名次	收入*		海外资产		跨国经营指数	TNI
1	沃尔玛	$351	通用电气	$449	汤普森公司	97.3%
2	埃克森美孚	347	沃达丰集团	248	CRH	94.5
3	皇家壳牌	319	福特汽车	179	雀巢	93.5
4	BP	274	通用汽车	180	沃达丰集团	87.1
5	通用汽车	207	BP	174	Alcan	85.6
6	丰田汽车	204	埃克森美孚	154	阿霍德集团	85.6
7	雪佛龙	201	皇家壳牌	135	飞利浦电器	84.0
8	戴姆勒－克莱斯勒	190	丰田汽车	130	北电网络	83.2
9	康菲石油公司	172	道达尔	123	联合利华	82.8
10	道达尔	168	法国电信	99	阿斯利康公司	81.3

*收入、资产数据四舍五入至十亿美元。

数据来源："Global 500," *Fortune*, July 23, 2007, p. 131; UNCTAD, *World Investment Report 2006*, annex table A.I.11.

跨国公司国外经营程度

衡量大型跨国公司的一个方法，就是测量这些企业在多大程度上把它们运营中的关键要素延伸到国外。跨国公司在不同的国际化指标上存在一定差异，包括国内与国外运营数量的比率、进入外国国家的数量、对外国的投资规模、运营的地理跨度、生产链的全球化程度以及股东、雇员、经理和董事的多样性程度等。跨国公司在这些指标方面差别较大，任何单一的测量指标都不能精确地描述出跨国公司的“跨国”含义。

目前已经找到一种衡量方法。运用最广泛的指标就是**跨国经营指数**（transnationality index），简称为 TNI。联合国使用该指标来衡量跨国公司国内与国外运营的相对重要性，并以此指标对各公司进行排序。跨国经营指数是通过计算以下三个比率的平均数得来的：(1）海外资产占总资产的比率；(2）海外销售收入占总销售收入的比率；(3）海外雇员人数占总雇员人数的比率。

表 11.2 列出了两家跨国公司的 TNI 指标数据。一家为通用电气公司，另一家为荷兰飞利浦电子公司。两家公司均位居全球最大的跨国公司前 100 名，前者是总部位于美国的多元化经营企业，后者则是全球电子和电器设备生产商。

按海外资产总规模排序，通用电气公司位居全球最大的 100 家非金融类跨国公司的第一位。但在跨国经营指数 TNI 上，它仅排名第 70 位。相反，飞利浦公司在海外资产总规模方面排名第 47 位，但 TNI 指标排名第 7 位，成为跨国公司中国际化程度最高的企业之一。尽管与通用电气公司相比，飞利浦是一个小公司，但它的海外运营收入占总运营收入的比例远大于通用电气公司。因为飞利浦公司所在的荷兰市场较小，而通用电气所在的美国本国市场较大。飞利浦公司要发展就必须拓展它的海外市场，因此它的海外销售收入占总销售收入的 96%，而通用电气这一比例只有 37%。

表 11.2　通用电气和飞利浦公司的跨国经营指数

通用电气公司		比率	飞利浦电子公司		比率
海外资产	$448 901		海外资产	$30 330	
总资产	750 507	59.8%	总资产	41 848	72.5%
海外销售收入	56 896		海外销售收入	36 155	
总销售收入	152 866	37.2%	总销售收入	37 646	96.0%
海外雇员人数	142 000		海外雇员人数	134 814	
总雇员人数	307 000	46.3%	总雇员人数	161 586	83.4%
	TNI 得分 =	47.8%		TNI 得分 =	84%

数据来源：United Nations Conference on Trade and Development, *World Investment Report 2006*, chap. 1 annex, annex table A.1.11. Figures are for 2004.

在某些企业批评家的眼中，跨国公司的经营活动太过于跨越国界了。最终，某些跨国公司在一定意义上成为无国籍公司，它们在海外的经营活动成为企业的主导，其建立的组织结构甚至可以逃避国家的控制。当然，这种无国籍公司仅仅在理论上存在，在实际操作中并非如此。典型的跨国公司是有国籍的。

公司按照各国的企业法注册成立。在美国，每个企业在其所在的州注册。公司总部的大多数雇员拥有母国国籍。大多数董事会成员的国籍是母国。高级管理人员是外国国籍的情况很少出现。公司股东通常来自于母国。记账货币是母国货币。这些都是企业文化的反映，通常较难改变。总之，许多处于第五层面的跨国公司趋向于更加集权而不是“无国籍化”。[13] 庞大的全球生产网络，要求公司总部必须拥有强大的控制力。

因此，无国籍对跨国公司而言是很尴尬的，大多数进行国际经营的跨国公司是源于某个国家的公司。即便像加拿大的汤普森公司，尽管该公司 98% 的销售收入和 97% 的资产来自海外公司，其总部也是不太可能迁出加拿大的。当然，也有一些跨国公司通过逃避母国约束来获得战略优势。下面以威德福公司为例阐述这一问题。

打破国家约束：威德福国际公司

威德福国际公司是一家专门制造石油和天然气钻探设备的企业，为能源公司提供全方位的服务。1976 年，公司在得克萨斯州成立。直到 20 世纪 90 年代，公司主要在美国开展经营活动。后来，公司决定向全球油田市场开拓。现在，该公司已经在 100 个国家设立了办事处和工厂。海外销售收入占其 42 亿美元总收入中的 44%，公司 39% 的资产分布在美国境外。

1976 年，威德福公司在特拉华州组建股份公司。尽管公司总部设在得克萨斯州的休斯顿，但它可以在任何一个州注册。公司可以选择在特拉华州注册，因为那里的企业法对企业很友善。2002 年，威德福公司选择在百慕大改组并成立股份公司。在百慕大成立公司有几个好处：那里的企业税赋较低；在那里注册，加大了美国股东对董事会成员进行法律控诉的难度，对企业的敌意收购也变得更困难。

威德福公司总部仍然设在休斯顿。公司 8 位董事中有 7 位是美国人，另一位是英国人。该公司在位于百慕大的控股母公司的控制下，以下属子公司的形式开展经营活动。按照全球化战略，公司组建、收购和投资了 307 家海外子公司[14]，对这些企业的所有权介于 20% 到 100% 之间。因为这些企业股权高度分散，即便控股比例再低，也不影响休斯顿总部在经营管理方面对这些企业的绝对控制权。

作为威德福公司的一个子公司，威德福中东石油工具公司是注册于沙特阿拉伯的一家销售商。公司专门向在苏丹油田从事石油开采的公司提供钻井设备租赁业务。

因为达尔富尔地区的种族问题，美国政府对苏丹实施制裁，制裁措施包括禁止美国公司或美国公民与苏丹从事商业往来，特别是严禁“美国人与苏丹石油或石化企业发生商业往来，包括但不限于油田服务业务……”[15] 为了回应美国政府对包括苏丹等国在内的制裁，威德福公司采取了遵守这些政策的做法，并发表了如下声明：

> 威德福公司的一贯政策是，公司及附属企业、美国公民或居民、公司管理人员和雇员（无论居住何处）都不会参与、同意、提供方便给与苏丹企业（包括苏丹控股、管理、组织的企业）有关联的商业往来。[16]

然而，威德福中东石油工具公司在苏丹首都喀土穆保留了一个办事处。如果美国公司在海外的附属企业是独立经营的，它们可以与美国所制裁的国家中的企业做生意的，但母公司不可以。威德福公司规定休斯顿总部和公司的美国雇员绝不参与喀土穆办事处的经营管理，但喀士穆办事处只接受迪拜分公司的指令。[17] 制裁法允许这样操作。[18]

贸易制裁由美国财政部负责执行，但财政部只对美国企业及其管理人员拥有管辖权。如果联邦监管部门对威德福公司在苏丹地区开展销售提出质疑，公司董事尼古拉斯·布雷迪（美国前财政部长）可以做出圆满回答。

国外直接投资

衡量跨国公司实力的一个最佳标准，就是跨国公司在外国投入的资本数量。这种方式称为**国外直接投资**（foreign direct investment，FDI），即母公司为了设立、收购、扩大在国外的企业而投入的以美元计价的资金。国外直接投资是相对于**证券投资**（portfolio investment）而言的，证券投资是指由私人或共同基金购买外国公司的股票或债券的投资行为。与直接投资相比，证券投资具有投机性和限制。与直接投资不同，证券投资不以控制被投资公司为目的，它只是一个短期投资行为，可以随时卖出手中的股票或债券。外国直接投资以对外国资产长期进行部分或全部控制为目的，通常外国直接投资占外国企业资产 10% 以上。

国外直接投资可以采取多种方式。一是购买诸如工厂、矿山、不动产等资产；二是收益的再投资；三是企业向外国附属企业进行资金的内部划转。几乎所有的外国直接投资都由跨国公司完成，只有很小一部分来自私营企业主，大约 1% 来自私人资本和对冲基金。每年从跨国公司母公司流向外国附属公司的外国直接投资增速明显，1990 年为 2 020 亿美元，2005 年达到 9 160 亿美元，增长了 354%。在此时期，这些直接投资使外国附属公司总资产大幅提高，从 6 万亿美元提高到 46 万亿美元，增长了 665%。[19]

企业进行国外直接投资主要有以下三个原因。第一，开拓新市场。例如，第二次世界大战后欧洲国家采取高关税政策限制商品进口。由于欧洲市场利润较高，许多美国公司纷纷在欧洲设立附属企业，以规避关税障碍。第二，因本国市场狭小而开辟国外市场。瑞士雀巢公司是一家成立于 19 世纪 60 年代的奶粉公司，目前公司 85% 的资产在瑞士以外的国家，瑞士国内销售额只占公司总销售额的 2%。第三，激烈的市场竞争导致了国外直接投资。企业通过跨境经营创造了更有效的价值链并降低了成本。这样,企业可以雇佣低工资的工人,占有关键的生产原材料和资源,在广告、品牌、物流及新技术运用等方面领先于竞争对手。

如图 11.3 所示，大部分国外直接投资是在发达国家之间流动的。最近的统计数据显示，全球 59% 的国外直接投资投到发达国家，其中 96% 投到美国和欧洲国家。发展中国家得到 40%，其中中国、印度和巴西这三个国家得到 1/3。尽管跨国公司投资可以促进经济发展，但世界上最不发达的前 50 个国家只吸引到全球 1% 的国外直接投资，从而导致这些国家资本短缺。[20] 这些国家缺乏投资吸引力是由一系列原因造成的，包括弱势货币、政局不稳、贸易壁垒、糟糕的监管环境、腐败、工人技能不足、缺乏基础设施、国内市场过于狭小等。

在欠发达国家的国外直接投资

尽管跨国公司将大部分资本投向发达国家，但它们也的确在向欠发达国家（LDCs）进行投资。虽然投资额有限，对当地经济的作用却非常明显。实际上，每年国外直接投资流入这些国家的总额，10 倍于这些国家从国际组织得到的经济援助。以营利为目的的跨国公司，它们对欠发达国家投资的根本动机，就是要得到足够的经济回报。[21] 在追求利润的过程中，国外直接投资带来了积极影响。外国公司向当地经济注入资本，建设或购买生产设施，与当地供应商签订合同并创造就业机会。假如当地

图 11.3

2005 年外国直接投资分布图

资料来源：WIR 2006, annex table B.1. Figures are for 2005.

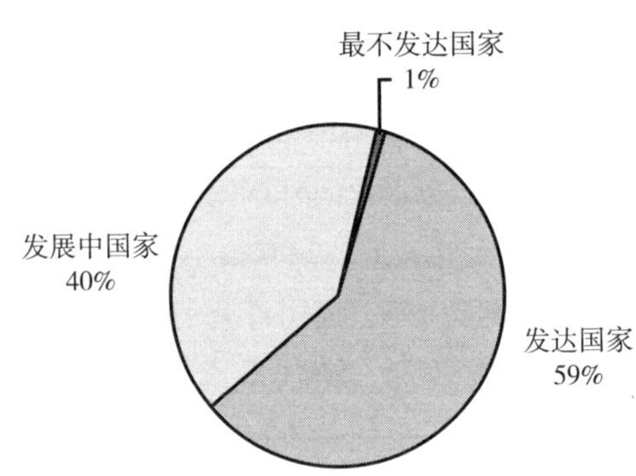

的附属企业融入跨国公司的国际生产网络，就会把当地经济与其他地区的附属企业和国际市场连接起来。国外直接投资也能给东道国带来新的管理技能和方法。如果条件适宜，国外直接投资能促进当地经济“生态系统”的发展。

这些正面影响促使发展中国家积极寻求国外直接投资。为了吸引更多的跨国公司投资，许多国家已经改变了贸易和投资政策。国际社会也改变了对跨国公司的敌意，对国外直接投资采取了实用主义的态度。第三世界国家以及维权组织也改变了对跨国公司的怀疑态度，转而开始有限度地承认和接受跨国公司。

国外直接投资的负面影响也是显而易见的。这些影响成为评论家眼中惧怕跨国公司的因素。1974 年，畅销书《全球影响力》的两个作者写道：“几百家”跨国公司“日常进行的经营活动所产生的影响力，甚至大于大多数主权国家所产生的影响力。”[22] 随着 20 世纪 90 年代贸易自由化的加速，全球经济一体化进一步加强，评论家们更加表现出对企业权力的担忧。一位进步主义领导人戴维·克顿指出，地球上的权力正在“从国家政府手中……转移到跨国公司手中……就本质而言，这些权力只为民众的短期利益服务。”[23] 另一位进步主义理论家指出：“几百家全球公司和银行”拥有了“集中的经济和政治权力，而这种权力的集中对政府、民众乃至整个地球都将是越来越不负责任的。”[24] 这样的表述可以概括地勾勒出他们对跨国公司的敌对态度。

跨国公司具有强大影响力的说法有些言过其实。跨国公司的经济和政治权力主要来源于对外国的直接投资。尽管国外直接投资增长速度高于国内投资增长速度，但 2005 年的数据表明，跨国公司所有附属企业的产出只占全球 GDP 的 10%。[25] 与全部经济活动相比，外国直接投资引起的经济活动仅占其中一小部分。国外直接投资带来的社会影响，无论是好是坏，尽管不能被精确测量，但也不应被过分夸大。跨国公司的影响力是与国外直接投资紧密联系的，判断其影响力不能超越这一出发点。规模庞大的跨国公司可能掌握着过多权力，但其经营活动本身并不足以支持它们掌控过度的权力。

此外，国外直接投资对经济和社会带来的负面影响是存在的。首先，我们讨论对经济的潜在负面影响。虽然一家新的外国企业带来了竞争，可以提高当地企业的生产效率，然而在一个宽松的管制环境里，这家企业可能压垮当地企业，进而垄断当地市场。一些国家严禁国外直接投资进入敏感行业。例如，印度政府规定外国企业只能拥有电信行业一小部分所有权。在中国，外国附属企业吸纳了该国大约 10% 的劳动力。为了减少外国企业的影响，有的国家通过法律允许政府官员在并购审批时，对威胁国家“经济安全”的收购行为予以否决。[26]

跨国公司受到的另一种批评是，它把获得的利润转回母国，而当地的民众只能得到有限的收益。在非洲，全球几家采矿和能源公司拥有这个大陆上大部分的自然资源，如石油、天然气、黄金、钻石、铀、铜和铂。通过企业内部资金转移方法，这些公司创造的大部分经济价值被转移出非洲国家。跨国公司支付给非洲国家政府的生产税和特许权使用费常常被这些国家的腐败分子私吞了。评论家指出，这种国外直接投资相当于“二次殖民化”，并没有改变普通民众的贫穷状态。[27]

即便跨国公司没有向某国进行直接投资，也可凭借其强大的经济实力影响该国经济。例如，大约 30 家大型超市和食品公司控制着全球农产品市场。沃尔玛、家乐福、皇家阿霍德、乐购等买家采购水果和蔬菜时，要求产品价格低廉、交货迅速、规格统一。这就迫使那些出口农作物的小农场主们降低生产成本。2002 年，欧洲大型连锁超市发动香蕉价格战，香蕉收购价下跌 1/3，这损害了整个加勒比地区的小农场主和种植工人的利益。因为大型商家要求交货迅速、规格统一，它们更倾向于同那些大型出口商做生意，而不是那些为数众多的小农场主。在过去十年里，由于越来越多的农产品从出口商下属的大型农场采购，肯尼亚的大多数小农场主纷纷破产。因此，尽管沃尔玛等公司在肯尼亚没有直接投资，但它们的市场影响力同样改变了肯尼亚的农业。[28]

跨国公司的经济影响经常伴随着社会影响。在那些社会管制不健全的发展中国家和欠发达国家，这些社会影响常常是负面的。有人不断提出诉讼，控告无人居住区的采矿和钻井活动污染了自然环境、扰乱了当地土著人的生活。生产型跨国公司被指控剥削工厂的工人，而销售娱乐、快餐、服装等消费品的跨国公司，则被质疑用西方的享乐精神和物质主义腐蚀当地的文化价值。

在进步主义活动家中广泛流传着这样一种说法：跨国公司权力巨大，推动了全球企业社会责任体系（详见第 5 章）的产生，这个体系由一系列复杂的规范、标准、法规、标识、审计和认证网络组成，以打击跨国公司的贪婪行为。任何大型跨国公司都不能对这个新出现的民间监管体系无动于衷。这些体系可以约束这些公司，保证在贫穷国家的国外直接投资能起到建设性作用。下面我们讨论全球企业社会责任的其他要素。

外国侵权赔偿法

有迹象表明，一些跨国公司会根据所在主权国的环境降低它们的企业标准。进步的左派评论家提出了许多指控。根据法律**《外国侵权赔偿法》**（Alien Tort Claims Act），某些待审的案件开启了对一些极端事件提出指控的先河。该项法律允许外国公民在美国法院向全球任何一个违反国际法的企业提出民事诉讼。不仅可以起诉美国跨国公司，其他任何国家的跨国公司都可以被起诉。

《外国侵权赔偿法》是 1789 年通过的法律，该法律原本是为了惩戒公海上的海盗。[29] 尽管该项法律被长期废弃，但进步主义和工人运动的律师们却重新发现了它的价值，认为它是控诉跨国公司罪行（无论跨国公司在全球任何地方实施犯罪）的有力武器。从 20 世纪 90 年代初期至今，共发生 60 起这样的诉讼案件。但至今还没有一个公司受到判决。许多诉讼被驳回，一项诉讼在庭前和解，其他一些还在调查取证阶段。

一些案件涉及到企业侵犯人权问题。例如，印度尼西亚某天然气油田附近的村民起诉埃克森美孚公司，控告该公司指使印度尼西亚士兵绑架、强奸、暗杀当地村民，并为军队提供推土机，帮助军队挖掘万人坑。[30] 在尼日利亚，针对在部落土地上开展石油钻探的抗议层出不穷，雪佛龙公司则被指控协助当地政府镇压某些活动家。该指控称，政府部队乘坐雪佛龙公司提供的直升飞机飞往石油钻井现场，射杀占领钻机的抗议群众，打死两人，打伤数人。此外，雪佛龙公司还用卡车把政府部队运送到其油田附近的村庄，打死四人。[31]

还有许多案件涉及侵犯劳动者的权利。例如，23 名工人在阿根廷军人独裁时期被折磨并杀害。他们的亲戚向戴姆勒 – 克莱斯勒公司提出控诉，指控该公司下属企业梅塞德斯奔驰公司串通政府，指认了工会领导人，最后导致这些人被绑架、折磨、杀害。[32] 同样，在利比亚凡世通橡胶种植园工作的成年工人和 6 至 16 岁的未成年工人指控普利司通公司，认为这个日本公司通过不公平的劳工政策，把他们变成了“现代奴隶”，使他们不得不“在残酷的压迫下工作”。[33]

此外，还有一些案件涉及环境污染问题。巴布亚新几内亚公民指出，力拓公司在布干维尔的岛上开采金矿时，曾强迫当地员工像“奴隶般”地工作，每天向河道倾倒 20 万吨废石块，造成了严重污染，导致该岛居民罹患疾病。[34] 在另一案件中，Dyn 公司被指控在哥伦比亚喷洒除草剂时，居然未向种植可卡因和海洛因的农田喷药水，而是将药水洒向一个小镇，导致小镇 89% 的居民生病，4 人死亡。[35]

在这些案件中，跨国公司及其附属企业在宽松的管制环境、低水平的环保标准下开展经营，或是联合当地政府对相关人员进行镇压。即使在宽松的管制环境下，难道跨国公司真的犯下了这样的罪行吗？至今为止，只有一件外国侵权赔偿案件得到审判，案件的被告是德拉蒙德公司，该公司总部设在阿拉巴马州的伯明翰。

德拉蒙德公司的官司

哥伦比亚的三个工会领导人被谋杀，他们的遗孀起诉德拉蒙德公司，指控该公司下令杀害了她们的丈夫，而这三人之前曾参与同该公司进行的劳资合同谈判。在该案件中，她们指控德拉蒙德公司违反了国际人权法和美国法律——《外国侵权赔偿法》。[36]

德拉蒙德公司于1935年成立于阿拉巴马州，是专门从事采煤的公司。公司逐渐开始进行跨国经营。首先，公司向欧洲出口阿拉巴马州生产的煤炭。接着，公司进行了它的首次国外直接投资，在哥伦比亚东北部开发一座矿山。在20世纪80年代末期，德拉蒙德公司进入哥伦比亚市场。公司知道这个国家处于动乱之中，一场在政府、游击队和右翼准军事组织之间的内战持续进行着。德拉蒙德公司依然投资10亿美元建设拉洛马矿山，矿山每年可生产2 500万吨煤炭，公司把这些煤炭销往欧洲和美国。[37] 为了经营和管理该矿山，德拉蒙德公司专门在阿拉巴马州设立了一个全资子公司。

2001年，准军事组织的人员从公司班车上拉下拉洛马矿山的两个工会领导人。有证人说，准军事组织人员认出了这两个人，强迫他们出示证件，并告诉这两个人他们与德拉蒙德公司之间有纠纷。在众目睽睽之下，准军事组织人员在车外开枪打死了其中一人，另外一人被绑架。几小时后，后者的尸体被发现，头部挨了几枪，身上则遍体鳞伤。五个月以后，第三名工会领导人在回家的公交车上被绑架，历经折磨，最后被枪杀。

2007年，案件在阿拉巴马州审判。几个证人出庭作证，指证德拉蒙德公司曾经暗地里向准军事组织提供经费，用以支付保护费和秘密雇佣该组织成员。一名前准军事组织的成员供述，德拉蒙德哥伦比亚子公司的董事长曾与私人军队的司令见面，并支付给他20万美元用来“干掉”两名工会领导人。这些证词和其他证据都是传闻和旁证，还有一些证词来自于前准军事组织成员，他们在哥伦比亚监狱里宣誓并作出书面证明。德拉蒙德公司否认了全部指控，并质疑这些有犯罪记录的证人所提供证词的可靠性。公司的一位律师在他的辩护中指出：“德拉蒙德公司没有人相信……仅仅因为在哥伦比亚做生意，这些规则就对他们不适用了。”[38]

最后，联邦陪审团判决德拉蒙德公司无罪。这个判决对期望通过《外国侵权赔偿法》进行诉讼的提议者来说，无疑是个沉重打击。然而，更多根据此项法律提起的诉讼案件却悬而未决。如果有一个针对跨国公司的案件得以胜诉，将会引发一系列新的诉讼。令人不安的是，这些案件暗示一些大型跨国公司的确犯了罪。

国际行为守则

国际行为守则（international codes of conduct）是指跨国公司自愿遵守执行的具有指导意义的原则、政策和规章。第一个守则是**沙利文原则**（Sullivan Principles）。

1977年，莱昂·沙利文作为浸礼会牧师、民权活动家和通用汽车公司董事会成员，发布了在南非的跨国公司应该遵守的六条宽泛守则。当时，南非政府用法律形式颁布了详细的种族隔离制度，所谓种族隔离是指南非人（Afrikaners，指 300 多年前定居在非洲的欧洲白人的后裔）组成的政府限制黑人、印度人和混血居民的公民权利。全世界人权活动家抨击在南非投资的跨国公司，认为他们与执行种族隔离政策的南非政府沆瀣一气。通用汽车公司作为在南非雇佣黑人工人最多的企业，曾向警察和军队出售汽车。宝丽莱公司也一度把胶卷卖给政府，用来制作通行证（政府用作种族区分和隔离的证件）上的照片。

作为民权活动家和费城浸礼会会长的沙利文牧师享有盛名。1971 年，通用汽车公司选举他为公司董事，他也成为有史以来美国大型公司中第一位黑人董事。作为公司董事，他使通用公司雇佣了更多的黑人，使用了更多的黑人经销商。当他认为应该把公司从南非撤离以抗议该国的种族主义时，其他董事表示了不同意见，他们甚至开始反对他。[39] 一次南非之行促使他采取了更直接的行动。数年后，他告诉记者当时发生的一切：

> 当我正准备上飞机回家时，警察把我带到一个房间，命令我脱掉衣服。一个手持 0.45 口径手枪（我见过的最大口径）的家伙对我说："我们对你所做的一切，是我们不得不做的。"
>
> 我站在那里，身上只穿着内衣，我当时在想："我是费城最大的黑人教会的领导，我还是通用汽车公司的董事。我到家后，我将对你们所做的将是我不得不做的。"[40]

沙利文原则要求在南非经营的跨国公司必须集中工作场所、同工同酬、提拔非白种人到管理岗位。尽管这些原则违反了南非雇佣法律，但事实上，这些原则把外国公司变成了不守规矩者（因为这些原则违背了南非法律）。这是最早号召跨国公司在东道国执行国际守则的典范。此外，沙利文原则还要求跨国公司为非白种工人及其家属提供较好的住房、学校教育、卫生等条件。

沙利文原则一直在起作用，直到 1994 南非政府结束种族隔离政策为止。在此期间，100 多家公司签字并花费 3.5 亿美元执行沙利文原则。[41] 沙利文原则的实施效果利弊兼有。这些原则有助于打击种族隔离主义，但另一方面，原则并没有达到全球反种族隔离活动家的要求，这些活动家号召发起猛烈攻击和大罢工，以把外国公司赶出南非。例如，可口可乐公司认为，既然公司签了字，就可以在南非名正言顺地经营。然而，活动家们却坚信，不管可口可乐公司如何遵守并执行沙利文原则，它的存在就说明了南非种族隔离主义制度的合法性。于是活动家们号召工人罢工，而黑人消费者则在公司亚特兰大总部附近的大街上倾倒可口可乐。最后，可口可乐公司只得把公司的生产设备卖给了南非当地的企业。

莱昂·沙利文（1922~2001）。沙利文原则显示出行为守则有助于提升企业社会责任。

资料来源：©Bettmann/CORBIS.

沙利文原则鼓励后来者制定更多的企业行为守则。20 世纪 90 年代，随着跨国公司经营业务的扩大，制定各种守则的工作如雨后春笋般开展起来。今天，针对跨国公司有数百个行为守则、原则和许多运营标准。大多数守则由各公司自愿制定，但也有一些是由其他制定者如行业、政府、非政府组织等制定的。许多守则是多方合作的结果。我们在第 5 章中已讨论过这种以守则为基础的企业社会责任民间管制体制。下面，我们来详细讨论跨国公司行为守则的内涵。

企业行为守则

企业行为守则可以为企业在新兴经济体中开展业务提供指导原则。企业采纳这样的守则，通常是为了回应活动家们的攻击、媒体的挑剔性报道和人们对跨国公司合法性的关注。守则内容旨在保证企业行为应对各种批评，因此它们的关注点不同。

某些外国投资成为各种运动的避雷针。石油、天然气、矿山开采业领域的跨国公司，通常在最偏僻、矛盾最多的国家开展经营活动。在那里，公司既要向专制政府妥协,又要与当地土著居民和平相处。弗里波特—麦克莫兰铜金公司采纳了名为“社会关系和发展”的企业守则，守则声明公司将为理解、雇佣和保护土著居民的权利而努力。英国石油公司、卡特彼勒公司、壳牌公司、Talisman 公司、道达尔公司和 Unocal 公司都颁布了企业国际行为守则。

在反血汗工厂运动期间，服装和玩具行业的跨国公司被左派和工会活动家们盯上了。对这些行业来说，在消费者心中损失品牌信誉是灾难性的，企业一向非常重视树立品牌形象。阿迪达斯、迪斯尼、盖普、利维·斯特劳斯、美泰、锐步和沃尔玛公司都有自己的企业守则，重点放在全球供应链的劳工和人权保护方面。所有致力于提升企业品牌的公司，对于品牌攻击往往表现得无能为力。为保护公司品牌，星巴克公司制定了两个企业守则，一个是咖啡采购准则，旨在促使咖啡种植农场保护环境，另一个是供应商行为守则，旨在保护供应商企业雇员的人权、防止企业滥用资源环境。

劳斯莱斯是一个令人敬佩的品牌，颁布了自己的“供应商 / 合作伙伴”行为守则，该守则规定，来自“不同法律和文化背景”的承包商必须制定伦理、人权、劳工的“最低标准”。劳斯莱斯公司行为守则中有一个**“雪球条款”**（snowball clause），即要求公司的承包商按照劳斯莱斯守则去影响其供应链上的其他企业。这个条款经常被大型跨国公司作为大供应商的核心守则使用，此举拓展了企业守则的运用范围。

一些公司在执行企业守则方面投入了巨资。盖普公司设有一个由 45 人组成的部门，专门检查公司全球供应商执行供应商行为守则的情况。耐克公司有一个由 80 人组成的团队，他们的主要工作就是检查供应商是否遵守劳工和环境保护方面的行为守则。此外，其他许多公司也广泛组织与企业守则相关的工作。一个有效的守则必须能满足各利益相关者的要求。一些活动家和学者对企业自我监管的效果持批评态度。他们认为，许多公司并没有遵守国际准则，如**《人权宣言》**（Universal Declaration of Human Rights）。他们还相信，制定守则的目标是高尚的，但日常的执行工作却并未重视。一位专家这样评论守则的执行工作：“守则被视作一个必不可少的魔鬼和一个累赘，只要花很小的代价，马马虎虎把它打发掉就可以了。”[42]

大多数公司拒绝局外人进行严格的监管，只强调自我检查。这种方式并不是为了让那些对企业行为不满的人产生信任，只是为了安抚公司试图安抚的观众。即便是自我检查，检查结果也经常不公开，或仅在公司报告中出现。用学者的专业用语来说，这样的报告不是“透明的”。也就是说，在公司之外，结果的真伪是无法进行独立验证的。沃尔玛和美泰公司的故事，可以告诉我们关于透明的教训。

沃尔玛和美泰公司

自从 2002 年起，沃尔玛公司就开始对为其提供产品的工厂进行审计。在全球成千上万的工厂中成功推行供应商标准，是阿克萨斯公司总部努力的结果。该标准涉及工人工作时间、工资、健康、安全和工会的权利，禁止各种歧视及雇佣童工。公司与每个供应商都签订了合同，合同中规定供应商必须遵守的标准，并定期提交审计检查报告。最近一年，沃尔玛公司的审计师对 8 873 家工厂进行了 16 700 次检查，其中 26% 的检查报告没有公布。

沃尔玛公司用颜色代码对工厂进行分类。绿色代码表示工厂违反标准程度低，黄色代码表示工厂违反标准中等，橙色代码表示工厂违反标准程度高，红色代码表示工厂违反标准非常严重（将被沃尔玛公司永久解除供应商资格）。如果在两年间出现四次橙色代码，该工厂将被取消一年的供应商资格。绿色代码的工厂每两年进行一次审计，黄色和橙色代码工厂每三个月审计一次。沃尔玛公司通过检查得到以下评估数据：5% 的工厂为绿色，剩下的工厂在黄色和橙色之间均匀分布，只有 2% 的工厂被给予取消一年供应商资格的处分，0.2% 的工厂则因为红色等级被取消了供应商资格。[43]

沃尔玛公司有限度地公布了花费巨大、组织严密的检查结果，但仍然没有达到国际劳工组织活动家的要求。这些活动家代表 6 个国家的工人提起集体诉讼，指控沃尔玛公司对其供应商的检查流于形式，并认为检查结果不能令人信服。

> 沃尔玛公司规定对工厂进行审计和检查，但仅限于由公司内部人员或是由公司雇佣的顾问进行……沃尔玛公司企业守则的执行情况检查是一个循环：在缺乏透明度、独立性以及外部监管机制缺位的情况下，沃尔玛自己制定守则、自己监管并报告守则执行情况。[44]

沃尔玛公司承认，公司仍继续与黄色、橙色代码工厂签订合约。在一些诉讼中，外国工人寻求低工资和工伤补偿，而这些工人所在的工厂往往是沃尔玛公司没有检查到的地方。例如，在斯威士兰和印度尼西亚，黄色和红色代码工厂的工人拿不到全薪且没有加班工资。在另一个发展中国家，有工厂扣留工人三个月的工资，一旦工人辞职，他们就拿不回被扣留的工资。该厂的一个女工因为没有完成指标被监工打耳光，以致鼻子出血。在孟加拉国查卡，一个怀孕的缝纫女工被监工狠狠地踢了一下，被踢部位正好是怀孕女工的肚子，因此女工的女儿在出生时就带有缺陷。

像沃尔玛这样的大公司，能否在地理分散的供应链（有 1 万多家企业）中推广企业标准，是个公开的问题。但不管企业如何努力，都无法赢得全球劳工活动家的认可，原因就在于企业是独自执行检查的。美泰公司的经历，有力地证明了跨国公司提供更多透明性所具有的优势。

1997 年，即沃尔玛公司开始对其工厂进行守则检查的 5 年之后，美泰公司成为第一个制定行为守则的玩具公司。它的全球生产原则规定，工厂必须要达到“公平的、安全的工作条件和环境保护”等标准。像沃尔玛公司一样，美泰公司审计并检查生产工厂，但检查范围并不广泛。公司每两年对 5 个国家的 11 个工厂（公司独资、合资或管理的）检查一次。对中国、印度和巴西的 75 个合同工厂每年检查两次，这些工厂的玩具和洋娃娃的产量占美泰公司总产量的一半。

美泰公司从最近才开始对全球另外 3 000 家工厂进行审计检查，这些工厂都被赋予特许经营权，专门生产带有美泰标志和符合的产品。在 3 年期间，美泰只检查了不到 1% 的工厂，从大约一半的签约工厂中取得“非常重要的调查结果”。[45] 2004 年，《洛杉矶时报》的一篇调查报告揭露了美泰公司的签约工厂普遍违反守则规定。在对工人的采访中，记者了解到许多情况，诸如通风条件较差、超时劳动、没有上洗手间的时间、唆使工人对美泰的调查人员说谎等，甚至还有工人因抱怨而被殴打的事件。[46] 2007 年，因产品油漆含铅，美泰公司被迫召回超过 100 万件玩具，这些玩具是由发展中国家的工厂生产的。鉴于违反企业守则，美泰取消了该厂的供应商资格。不久，这家工厂的业主就上吊自杀了。[47]

尽管美泰的企业守则存在缺点和问题，但公司并没有遭到活动家们的攻击。与沃尔玛公司不同，美泰公司允许公司问责国际中心（ICCA）的人员开展独立审计并检查工作，公司问责国际中心是一个非营利组织，主要帮助跨国公司编制和监控企业行为守则。美泰公司和公司问责国际中心都把审计检查报告放在它们的互联网上。美泰和沃尔玛公司都无法把西方的劳动规范强加给发展中国家，这是个高尚但不可逾越的任务。总之，沃尔玛公司取得成就更多些，但是，美泰公司委托第三方独立验证这种做法，使公司守则在保护品牌声誉方面，比沃尔玛公司做得更成功。

行业守则

如果某个行业被各种批评所包围，它就会建立一个行业守则。之所以产生这种现象，是因为行业内的企业往往要面对类似的竞争和外部压力。为了保证公平的竞争环境，使各公司在昂贵的社会责任标准下处于同一起跑线，建立一个行业内通用的守则是可取的。此外，单一的守则可以避免多种守则可能带来的混乱。另外一个潜在的好处是，在执行行业守则时，对成员企业的政策可以宽松些。如果行业内企业对品牌形象比较敏感，或者已经成为社会关注的对象，这个行业最好能制定行业守则。目前，电子、玩具、茶叶、运动器材、地毯、服装、化工、糖业、矿山以及金属等行业都已经制定了行业守则。下面是两个具体例子。

- 亚洲玩具厂的两次致命火灾催生了 1995 年玩具行业的行业行为守则。像美泰公司开拓性的守则一样，该行业行为守则要求工厂必须遵守核心的劳工规范，建立详尽的职业健康安全备忘录。至今，包括美泰在内大约 150 个玩具品牌公司签订了该守则。守则由国际玩具行业协会负责管理，协会派出独立的审计人员进行审计检查。这些审计人员负责对工厂的守则验证工作。工厂必须遵守劳工权利、工人健康安全等具体标准。每年，工厂的经理必须签署书面承诺，保证玩具只能在通过守则检查的工厂生产。相关合同必须注明：企业未通过守则检查将被取消供应商资格。大约 70%~80% 的玩具产自发展中国家，产品订单由 6 000~10 000 家工厂承担，涉及 300 万个工人（主要是来自于农村的女工）。[48] 大多数玩具在美国、欧洲和日本销售。守则的一个目的，就是向西方消费者保证，这些玩具是在一个体面的环境下生产出来的。另一个目的，就是通过制定统一的检查制度，使工厂避免常年遭受不同的玩具公司和零售商的检查和打扰。

- 采矿业给地球带来创痕并产生了大量废弃物。一些最赚钱的矿山，往往位于那些贫穷国家。这些国家被暴力、腐败和独裁政府所把持。在这种情况下，少数采矿业跨国公司只要露出一丝环境污染、侵犯人权或与暴君同谋的迹象，就会招致活动家们即时的指责。为了保持行业的合法性，由采矿业 16 家跨国公司组成的国际采矿和金属协会编制了伦理、社会和环境责任守则。守则包括十项基本原则，例如“维护符合伦理要求的商业实践”“捍卫基本的人权”“致力于保护动物多样性”。[49] 十项原则附有解释性条目，共 40 条。协会成员包括美国铝业、英美资源集团、必和必拓、三菱材料和力拓等，这些公司都同意使用全球报告倡议中的指标公开企业的经营情况。每个公司必须接受独立第三方审计人员对守则执行情况的检查。

与传统的政府管制相比，行业守则往往因为政策宽松而被人攻击。行业守则能够带来的成效很少。按照一个挑剔的观察家的说法，采矿和金属行业守则“从本质上讲主要是用来鼓舞人心的”“缺乏特点”“与其他的守则相似”。[50] 玩具行业守则中对工厂的检查标准非常有针对性，但对没有通过守则验证的企业缺乏具体制裁措施。事实上，守则本身的目标就是“建立行为标准……而不是惩罚”。[51] 守则与违规制裁一样，都缺乏执行程序。即便是守则标准没有受到监管，它们的存在目的就是要让非政府组织的评论家们找到理想愿望与现实成就之间的差距。因此，各个行业需共同努力以增强守则的可信度，否则，它们就无法保护跨国公司成员，使它们避免因社会责任缺失而遭到指控。

其他守则

许多经济实体也纷纷制定跨国公司社会责任守则。这些守则因主题、成因、签署主体、执行情况、可信度而有较大差别。这意味着守则有许多分类方式。为了深入理解这一问题，我们提供一些带有典型意义的守则作参考。

- 考克斯商业圆桌会议原则（The Caux Table Principles for Business）。该原则基于宗教伦理思想，是社会责任和伦理行为的全球指南。该原则由日本、欧洲和美国的一小部分商业领袖在瑞士阿尔卑斯山考克斯村召开的会议上制定，并于 1994 年印刷出版。该原则包括篇幅较短的序言、七条总则和六条处理利益相关者的具体条款。守则的总目标是通过加强道德建设来壮大资本主义。[52] 该守则非常鼓舞人心。

- 基督教徒、穆斯林教徒、犹太教徒国际商业伦理守则（A Code of Ethics on International Business for Christians，Muslims，and Jews）。三种宗教领袖和神学家进行了长达 5 年的谈判，最终制定出这个守则，并于 1993 年出版发行。该守则规定了商业伦理框架，该框架建立在三个宗教信仰共同拥有的四个基本原则的基础上，即公平、相互尊重、上天创造和诚实。该守则还附有详细的实施准则，具体解释了企业的社会角色、伦理政策的性质、雇主与雇员的关系等。该守则的编写目的是鼓励反思，而非强化管理。
- 可持续发展商业宪章（The Business Charter for Sustainable Development）。这是一套意在保护自然环境的守则，共有 16 条原则。该宪章由国际商会（International Chamber of Commerce，ICC）在 1991 年发起编纂。宪章号召企业把环境管理"放在企业最优先考虑的位置""把法律规定作为起点""执行相同的国际环境标准"。国际商会在 130 个国家拥有 10 万名企业成员，商会的主要任务是加快自由贸易进程、扩大贸易和自我调节。大约 2 300 家公司在宪章上签字。国际商会没有提供执行原则的具体准则，也不强迫企业执行该宪章。该宪章被视作构建环境管理系统的框架。此外，其他更具操作性的守则也被纳入环境管理系统，如用来验证环境保护成效的国际标准组织的 14000 和 14001 标准。
- 跨国公司 OECD 准则（The OECD Guidelines for Multinational Enterprises），是唯一经多国政府签署的、综合性的全球企业行为守则。OECD 是指经济合作与发展组织（Organisation for Economic Co-operation and Development），该组织于 1961 年由欧洲和北美的 30 个国家组成，其主要目的是通过扩大贸易来促进成员国的经济增长。OECD 准则强调，为了保持全球经济可持续发展，企业必须负责任地开展经营活动。10 个非经合组织国家也采纳了 OECD 准则，执行准则的国家达到 40 个，全球最大的 100 家跨国公司的母国几乎都是经合组织成员国。该准则包括 11 条总则（具体见专栏），并附有详细的指导说明。违反准则的投诉，将被转回跨国公司母国，由母国协调解决。
- 自由劳动协会（Free Labor Association，FLA）的工作场所行为守则（Workplace Code of Conduct）。这是个**多边守则**（multilateral code），也是跨国公司与利益相关团体合作的产物。FLA 守则由 9 项原则组成，这些原则覆盖基本的国际劳工标准。该守则还包括更详细的管理程序。这一守则适用于为 17 家知名服装和鞋类公司生产产品的工厂，这些知名公司包括阿迪达斯、Eddie Bauer、耐克、Nordstrom 等，它们都是支持 FLA 守则的。该守则同样适用于为 FLA 成员组织生产特许品牌服装的工厂。自由劳动协会制定的守则由协会董事会负责具体管理，董事会成员来自跨国公司、人权组织、工会和大学。协会培训检查小组，指导它们对工厂开展检查，并在工厂的年报中对守则的执行情况予以披露。

联合国全球契约

提高跨国公司企业社会责任和通过国外直接投资促进经济发展最重要的成果，就是全球契约概念的提出。全球契约是联合国秘书长科菲·安南在1999年的演说中第一次提出的。安南呼吁全球企业领袖遵守具有“共同价值”的规则，呼吁企业与联合国各机构、国际劳工组织、非政府组织以及政府结成合作伙伴关系。他号召跨国公司执行10项基本原则（具体见专栏），这些原则建立在过去多年形成的关于人权和规范共同认知的基础上。

全球契约由联合国秘书处下属的一个办公室进行管理。参与方都是自愿的。尽管契约的特性不断变化，但它的两个主要目的一直未变：第一，提升跨国公司企业

跨国公司OECD准则

总则

企业应充分考虑经营地所在国家的政策，同时应考虑利益相关者的诉求。在这方面，企业应该做到：

1. 为实现可持续发展的目标，为经济、社会和环境进步作贡献。
2. 与东道国政府的国际义务与承诺一致，在企业活动所影响的范围内尊重所在国人员的人权。
3. 通过与当地社区，包括商业从业者的密切合作，并通过在国内与国际市场上开展符合商业惯例的企业活动，推动当地建设。
4. 鼓励人力资本的提升，尤其是创造就业并在培训机会方面为雇员提供方便。
5. 避免寻求或接受豁免待遇，如果这些待遇与环境、健康、安全、劳动力、税收、财政激励或其他事宜相关的法规或制度框架不一致。
6. 支持和维护良好的企业管理原则，建立并推动良好的企业治理行为。
7. 建立有效的自我监管体系，在企业和社会之间培养相互信任的关系。
8. 运用恰当的政策和方法，如通过培训，提升雇员对企业政策的理解和执行能力。
9. 对向管理部门或公共当局汇报企业违反法律、违反OECD原则或违反企业政策的员工，不采取歧视或惩戒措施。
10. 只要条件允许，鼓励商业伙伴，包括供应商和分包商，执行与OECD原则相一致的企业政策。
11. 避免不当地卷入当地的政治活动。

资料来源：Organisation for Economic Cooperation and Development, *The OECD Guidelines for Multinational Enterprises: Revision 2000* (Paris, France, OECD, 2000).Reprinted with permission.

社会责任；第二，组成各参与方的合作网络，以解决经济全球化过程中产生的问题。截止到 2008 年，共有 5 000 位参与者，其中 3 700 位是企业，包括许多大型跨国公司的附属企业。这个数字相当庞大，参与者超过其他倡导全球企业社会责任的组织，但尚不足跨国公司总数的 5%。

全球契约反映了联合国对跨国公司一种新的共识。联合国成立于 1945 年，贫穷和欠发达国家在联合国中逐渐占据主导地位，其中许多国家刚刚从西方列强的殖民地中独立出来。因此，这些国家对西方国家和跨国公司充满敌意，认为跨国公司是西方经济和文化载体。起先，这种观点促使联合国加强对跨国公司的管制。但 20 世纪 90 年代后期，全球自由市场力量不可遏制，国际投资成为时代潮流。联合国的一个主要任务就是提升全球经济发展，而国际援助本身并没有给欠发达国家带来经济繁荣。联合国认识到，外国直接投资能在刺激经济发展中发挥积极作用。全球契约设计的目的，就是促使跨国公司成为促进全球经济公平和持续发展的组织。

刚开始，全球契约缓慢地发挥作用。企业尤其是大型跨国公司，都对是否需要另外一套准则持怀疑态度，也害怕达不到上述 10 项原则的要求而遭到非政府组织的指控。挑剔的非政府组织视全球契约为无用之物，认为这些原则并不具备强制力。它们相信跨国公司热衷于把自己**染蓝**（bluewashing），这里“染蓝”一词指的是联合国旗帜上的颜色，蓝色是全世界通行的和平与公正的象征。在染蓝过程中，一些不诚实的企业签署了全球契约，但不按照契约精神去执行，这种行为损害了联合国的威望。为杜绝这种现象发生，联合国要求企业每年发布一次公告，报告各项原则的执行情况。那些连续两年未达标的企业会被宣布为不积极履行契约的企业。事实上，

全球契约原则

人权方面：

1. 企业应该尊重和维护国际社会公认的各项人权；
2. 绝不参与任何漠视与践踏人权的行为；

劳工标准方面：

3. 企业应该维护结社自由，承认劳资集体谈判的权利；
4. 彻底消除各种形式的强制性劳动；
5. 杜绝使用童工；
6. 杜绝任何在用工与就业方面的歧视行为；

环境方面：

7. 企业在应对环境挑战时应做到未雨绸缪；
8. 主动承担环保责任；
9. 鼓励发展与推广对环境无害的技术；

反腐败：

10. 企业应反对各种形式的腐败，包括敲诈、勒索和行贿受贿。

以上原则摘选自《世界人权宣言》(1948)、《里约环境和发展原则》(1986)、《国际劳工组织工作权利基本原则》(1998)、《联合国反腐败公约》等文件。

超过 600 家公司因未发布报告而被除名。[54] 时间已部分消除了跨国公司和非政府组织的忧虑，但还没彻底消除。美国公司仍然担心招致官司，只有 5% 的跨国公司签署了全球契约。[55] 具有影响力的非政府组织如绿色和平组织和大赦国际组织，对全球契约也持怀疑态度。

自愿加入全球契约的企业同意把 10 项原则写入企业的使命陈述中，用它们指导企业战略，并在日常工作中执行，同时还用企业影响力去拓展原则的应用范围，影响附属企业、合作伙伴和供应商。企业必须把含有具体执行情况的报告张贴到联合国网站上。[56] 按照全球契约的行话，这些报告被称为**进展沟通**（communications on progress），从中体现出广泛的企业社会责任活动。全球契约不对企业进行评价，它不是带有承诺要求的、具有约束力的守则，更像是跨国公司和其他团体的论坛，大家形成合作伙伴关系，共同分享最好的实践。

下面是全球契约参与者报告的行动。

- 在非洲，电网无法到达许多贫困地区。没有电，孩子们晚上就无法学习，生产活动也只能停止。瑞士 ABB 集团是制造电站设备的一家企业，它在坦桑尼亚开始实施农村电气化计划。该企业与世界野生动物基金会及当地政府一起，为当地群众捐赠了发电机，使沙漠地区的村庄能自己发电。随着电的产生，新的商业机会大量涌现。人们建起新居，孩子们在学校也可以更好地学习了。[57]
- 水生细菌每年导致 220 万人因腹泻而死亡。葛兰素史克公司制订了一个保护在校学生的卫生计划。在孟加拉国、肯尼亚、尼加拉瓜、秘鲁和赞比亚，公司与非政府组织及卫生部门合作，为当地居民讲授正确用水的一些简单课程，包括如何洗手、打扫厕所及在卫生间里穿鞋子等。孩子们把新的卫生理念带回家。到 2010 年，该计划将覆盖 100 多万名儿童。[58]
- 大众汽车南非分公司是德国汽车制造商在当地的附属企业，该公司在东开普省拥有一家工厂。在工厂附近区域，有 25% 的成年人感染了 HIV 病毒。大众公司与当地医生组织、工会组织、省卫生部门以及德国一个政府部门通力合作，开发了一项 HIV/AIDS 预防管理计划。大众公司给每个 HIV 阳性的工人发放两种补助，一种是治疗费用，一种是抗逆转录病毒的药物。公司为所有工人提供免费验血，通过自动售货机每个月发放 17 000 个避孕套。公司同时为周围地区的教育计划提供赞助。[59] 大众公司估计每年此项计划的资助金额将达到 150 万美元。[60]
- 几十年来，东爪哇的布兰塔斯河一直被河岸两边的居民生活废水污染。极差的水质导致了严重的健康问题，河中的鱼也死了。附近的联合利华工厂使用布兰塔斯河水作为生产用水，承担着很高的治理费用。联合利华选择河边四个村庄，教村民们正确开展废物收集，在河岸边种植树木，往河里撒放鱼苗，为当地渔民提供新的工作机会。联合利华不是单枪匹马，而是与当地的商家、环境组织、学校和政府机构建立联盟，共同应对河水污染问题。为此，工厂还指派专人，全天候负责此事。[61]

以上这些值得称道的企业行为，显示了企业对全球契约的承诺。此外，还有大量类似的故事。然而，在大多数跨国公司参与者的报告中，他们只罗列一些缺少具体事迹的口头承诺。典型的进展沟通需要用图表来反映 10 项原则，并且要引用公司可持续发展报告，报告中企业的行为必须能体现特定原则。企业所列举出的行为到底是为了促进这些原则，还是为了其他不相关的原因，这一问题并不明确。许多行动，比如说成立委员会专门调查某某方面的责任落实情况，可能重要也可能并不重要。

这 10 项原则本身比较宽泛，是一种“共同愿景，而非操作标准”。[62] 尽管全球契约可以把那些没有进行报告的公司除名，但它不能处罚这些不遵守契约的企业。有两个例子可以说明这一点。虽然原则 3 要求“承认劳资集体谈判的权利”，澳大利亚采矿公司必和必拓却要求新员工签署个人雇佣合同。[63] 原则 2 禁止“参与任何漠视与践踏人权的行为”，全球契约的签署者德国银行却持有土库曼斯坦中央银行的基金，而当时土库曼斯坦政府实行独裁统治。[64]

这些缺陷加深了人们对全球契约的怀疑。一名国际绿色和平组织的成员指出，这些原则“含糊不清、没有明确的定义和强制性”。另一方面，全球契约正迅速发展壮大，它的原则蕴含着充满生命力的种子。全球契约拥有一种天然的影响力，它能有效激励企业积极参与，而令不参与者感到羞耻。

结 论

跨国公司在企业规模、战略、地理分布、行业、外国附属企业数量以及国外直接投资规模等方面有着巨大差别。所有这些因素相互作用、相互影响，在 200 多个贫穷国家、发展中国家和发达国家中发挥着独特作用，这使得概括跨国公司的行为比较困难。

仅仅认为跨国公司控制和决定着全球经济是远远不够的，还需要往前迈一大步。最好将跨国公司视为一种实体，它们与各国政府、非政府组织和国际机构一起，共同促进全球化。跨国公司还可以被视作按照企业内部的业务逻辑来回应变化和机会的组织。我们将在下一章深入讨论全球化的力量。

人们害怕跨国公司的力量，有时跨国公司的行为确实不检点，但进步的社会越来越倾向于让跨国公司、政府及非政府组织联合起来，共同应对贫穷、气候变暖和恐怖主义等棘手问题。跨国公司现在也面临着不断出现的企业行为守则与合作计划，这些都是提升企业公民意识的方法。认为这些方法已经提高了跨国公司的社会责任意识还为时过早。但现在大多数实力强大的跨国公司，开始参加这些企业社会责任计划，这是一种既成事实。当这些公司这样做时，它们将会按照原则、标准和联合国制定的“共同”规则（如全球契约等），开展经营活动。跨国公司为长期保持遵纪守法的形象，不得不检点和注意自己的行为。

博帕尔联合碳化公司

1984 年 12 月 3 日，位于印度博帕尔的联合碳化公司农药工厂发生了一场惨剧。水进入一个巨大的挥发性化学品储藏罐，引起剧烈的化学反应。很快，安全程序和设备失灵。致命的蒸汽在工厂周围四处弥漫，在南风的作用下很快形成了致命的云层，附近的贫民窟被笼罩，毒气烘烤着人们的肺和眼睛，让人窒息，吞噬着大量不幸的生命。

按照死亡人数来讲，博帕尔事故是最惨烈的一次突发性工业事故。死亡和受伤人数的统计数据差距很大。事故发生当天晚上，印度官方报道死亡人数达到 4 037 人，另有 6 万人严重受伤。绿色和平组织公布有 1.6 万人死亡，大约 50 万人受伤。[1]

这一难以置信的事故引起人们对此行业的严重批评。“像奥斯威辛和广岛一样，”某个评论家写道，“博帕尔的这场灾难表明我们地球的管理出现了根本性的错误。”[2] 事故之后，联合碳化公司的经济实力越来越弱。人们对印度政府的反应褒贬不一。印度的化学工业企业有了一定程度的改变，但远远不够。毒气受害者们则长期抗争，要求得到赔偿和医疗保障。[3]

在印度的联合碳化公司

联合碳化公司于 1934 年设立了印度分公司——联合碳化印度有限公司。最初，总公司拥有 60% 的股权，但几年之后，这一比例降低到 50.9%，另外 49.1% 的股权在孟买证券交易所上市交易。这一股权安排意义重大。尽管联合碳化印度有限公司在经营上有很大自主权，但给人的感觉是联合碳化公司在控制公司的运营。联合碳化印度有限公司是印度最大的公司之一。1984 年，也就是事故发生的那一年，联合碳化印度有限公司有 14 个工厂和 9 000 名雇员，包括博帕尔的 500 名雇员。公司大多数收入来自于“Eveready”电池的销售。

1969 年，联合碳化公司决定在博帕尔建造农药厂。工厂用进口的化学原料合成农药产品。当时，随着“绿色革命”，即一种在麦子、水稻、玉米等农作物上集中使用农药和化肥的农业生产模式的出现，印度乃至全亚洲地区对农药的需求都处于增长阶段。尽管农药可能会被误用并带来危险，但仍然具有很大的社会价值。如果没有农药，庄稼会受到损害，食物在储存中会损失以及食物供应过程中的毒菌等，都会造成很多人因饥饿和食品中毒而死亡，尤其在印度等国家更是如此。图表 1 是联合碳化公司从 20 世纪 60 年代开始做的广告，描述了公司在印度开展的经营活动。

博帕尔工厂生产这些农药，并预计市场会迅速扩张。工厂之所以把厂址选在博帕尔，是因为博帕尔和附近 Madhya Pradesh 地区的税收优惠政策。公司成立几年之后，印度政府向联合碳化印度有限公司施加压力，要求公司停止从国外进口化学原料。于是公司提议在印度工厂生产异氰酸甲酯（以下简称 MIC），替代从国外进口。事实证明这是一个致命决定。

MIC 是一种无色无味的液体。人眼和鼻子如果暴露在蒸汽中，就会流泪并有灼痛感。在博帕尔工厂，MIC 是农药生产的中间产品而非最终产品。MIC 分子生产出来后被注入一个容器中与其他化学原料发生反应。反应产生特殊的化学分子，这种分子可以影响昆虫的神经系统，导致其抽搐和死亡。印度工厂生产两种相似的农药产品，分别为“Sevin”和“Temik”。

1975 年，联合碳化印度有限公司从位于新德里的工业部获得许可证，开始在博帕尔工厂建造 MIC 生产设施。许可证颁发前两个月，博帕尔市制订了发展规划，要求危险工业必须在 15 英里之外的工业园区内重新选址。根据规划，博帕尔市市长希望联合碳化印度有限公司农药工厂搬迁，原址置换成居住和商业用地。不知何故，他的努力失败了，他很快就被调到其他地方负责当地的林业工作。

MIC 的工艺设计由联合碳化公司在美国的工程师提供、由印度的工程师精心施工建设完成。该设计要求将 MIC 储藏在大型化学罐中。另外一种工艺方法是每次只生产少量 MIC，并立即在农药生产中使用，这种方法在大多数农药厂中广泛使用。用大型储藏罐来大量储存 MIC，是基于对农药销售迅速增长的乐观估计。 按照印度 1973 年出台的《外汇管理法》，外国跨国公司必须共享技术，使用印度资源，因此详细的设计工作是由一家英国公司的印度分公司完成的。当地工人使用印度设备和原材料，建造了 MIC 生产设施。

1980 年，在联合碳化印度有限公司的管理下，MIC 生产设施开始投产。在 5 年的设计和建设期间，工厂周围出现了大量密集的棚户，棚户里居住的主要是穷人和离开城市来寻找财富的失业人员。在这些人中流传着一种说法，联合碳化印度有限公司能生产一种神奇的东西，它可以让植物茁壮成长。

事实上，MIC 生产设施开始运转时，工厂已经为周围居民带来很大危险。工厂自己生产制作农药的基础化学原料，而不是使用进口原料。生产 MIC 过程中会产生一种叫“芥子气”的致命气体，这种气体曾在第一次世界大战中使用过。但工厂附近的居民对此一无所知。

1981 年，气体泄漏造成一名工人死亡。有一名印度记者写文章报道了该工厂对居民安全的危险性。然而没人理睬这一报道。一年以后，第二次气体泄漏迫使周围居民进行临时疏散。国家劳动部对工厂的工人安全和环境保护等问题进行了检查。该部门仅有 15 位检查人员，他们要负责 8 000 个工厂的检查任务，而且检查报告不具有强制力。[4] 因此这种监督是无力的。

与此同时，印度经济开始下滑，其他农药公司销售的新产品具有价格上的竞争力，激烈的竞争减少了市场对“Sevin”和“Temik”的需求。随着销售收入下降，工厂预算也开始减少，于是设备维修推迟，培训质量降低，并开始大量裁减工人。在事故发生时，工厂每班安排 6 名工人生产 MIC，是当初设计时工人数量的一半。

联合碳化公司与博帕尔工厂的关系

美国的联合碳化公司与其子公司联合碳化印度有限公司，以及博帕尔工厂之间有什么样的关系？相距半个地球、位于康涅狄格州丹伯里的母公司，对该工厂的控制力到底如何呢？

图表 1
联合碳化公司广告

此广告刊登在1962年4月的《财富》杂志上

资料来源：照片所有权归联合碳化公司

科学带来一个新的印度

耕牛在农田里辛苦劳作……永恒的恒河……身缀宝石的大象在巡游。今天，这些古印度的象征与现代工业共同存在。印度已经制订了大胆的新计划，大力发展经济，给超过 4 亿的印度人民带来美好的未来。印度需要西方世界的科学知识。▶ 联合碳化公司与印度工程师和技术人员一起，在孟买建设了一个大型化工厂。▶ 在这个自由世界里，联合碳化公司积极生产化学、塑料、碳、天然气、金属产品。联合碳化公司的员工很高兴能与许多伟大国家的公民一起合作，运用其知识和技能提高他们的生活质量。

牵手联合碳化 UNION CARBIDE

WRITE *for booklet B-3 "The Exciting Universe of Union Carbide", which tells how research in the fields of carbons, chemicals, gases, metals, plastics and nuclear energy keeps bringing new wonders into your life.*
Union Carbide Corporation, 270 Park Avenue, New York 17, N.Y.

博帕尔工厂在联合碳化公司管理层级中所处的位置如图表 2 所示。尽管从美国来的联合碳化公司雇员在工厂成立初期参与管理工作，但 1982 年，在政府压力下，工厂改由印度经理进行管理。印度殖民统治的经历，使印度领导人产生了强烈意愿，要向外国投资者展现自己的力量。印度人强烈希望避免被征服，要求充分的自给自足，这就是为什么印度法律规定外国投资者在某些方面必须选择印度公司和使用印度工人。印度当局给联合碳化公司施加压力，强迫公司把工厂完全交给它的印度子公司管理。

博帕尔工厂是联合碳化公司遍布在 34 个国家中的 500 家工厂中的一员，工厂与联合碳化公司美国总部之间没有固定和直接的汇报关系。在联合碳化印度有限公司的请求下，联合碳化公司曾两次派人去工厂检查安全情况。除此以外，美国公司的管理者只在工厂

图表 2
联合碳化公司的组织结构图（与博帕尔工厂相关）

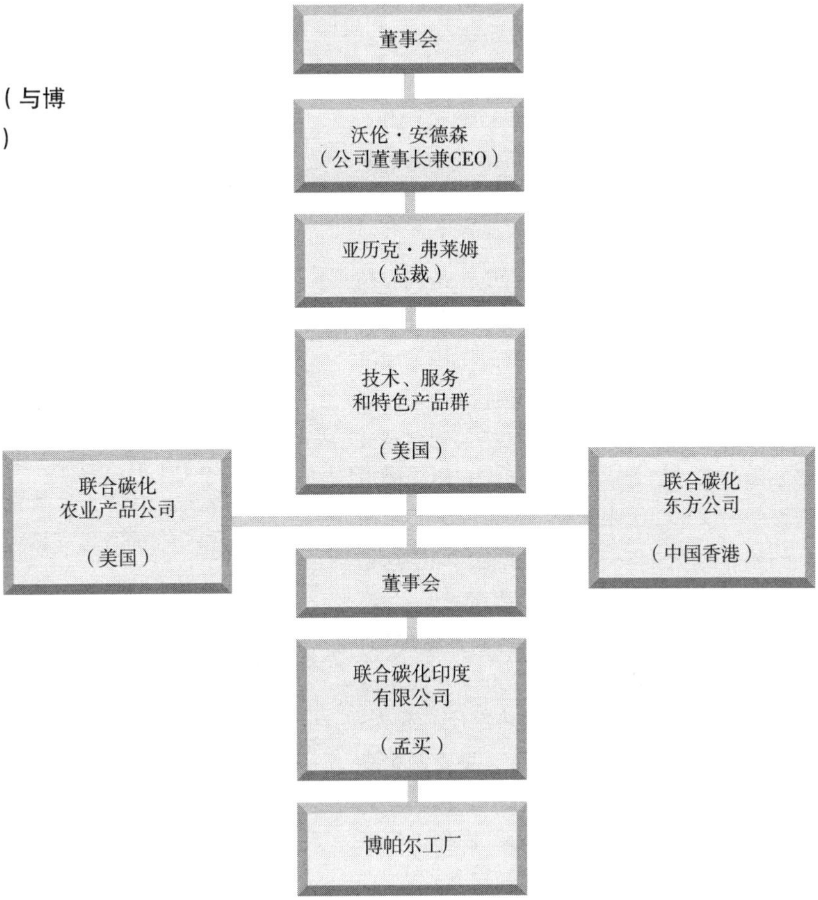

董事会
沃伦·安德森（公司董事长兼CEO）
亚历克·弗莱姆（总裁）
技术、服务和特色产品群（美国）
联合碳化农业产品公司（美国）
联合碳化东方公司（中国香港）
董事会
联合碳化印度有限公司（孟买）
博帕尔工厂

有重大变化或发生资本支出时，才偶尔和不定期地收到工厂相关报告。博帕尔工厂几乎是完全独立于美国公司运作的。在决定遇难者提出的诉讼案在何处审理时，一家美国法院是这样描述自治权的：

> ……（联合碳化公司对工厂设计和建设）的参与是有限的，在事故发生很早以前，该公司就不再对工厂进行经营管理……在印度，工厂建设和管理是由印度人运作的。事故发生时，工厂没有美国雇员。从 1980 至 1984 年，工厂有超过 1 000 个印度雇员，但此期间仅有一名美国雇员，而且这名雇员于 1982 年离开工厂。事故发生前 1 年多时间里，没有一个美国人造访过该企业。在事故发生前长达 5 年的时间里，工厂与美国公司之间的沟通几乎是不存在的。[5]

由此可以看出，博帕尔工厂是由联合碳化印度有限公司经营管理的，几乎完全独立于美国公司。尽管如此，毒气泄漏事故发生之后，联合碳化公司董事长沃伦·安德森立即发表讲话，指出联合碳化公司对此悲剧负有“道义上的责任”。

气体泄漏事故

悲剧发生当晚，610 号罐（MIC 工厂三个储藏罐中的一个）已装入 11 290 加仑的 MIC。该罐是一个压力容器，可以储存 15 000 加仑的 MIC，罐体由不锈钢建造，罐体的一部分建在地下。610 号罐主要用于储存工厂其他地方生产的 MIC，然后通过管道输送到农药生产车间，在那里生产“Sevin”和“Temik”。

晚上九点半，一名监督员向操作工库汉下达指令，让他用水冲洗和疏通 MIC 生产区域附近的 4 个过滤阀门。库汉把水管接到被堵塞阀门上方的管道上，但他忘记插入侧滑挡板——这是一个密封设备，可以阻止水泄漏到相邻的管道里。库汉的疏忽，如果这是事实的话，表明他违反了操作程序。

由于这种粗心的冲洗方法或其他原因，有的地方进了水，导致 120~240 加仑的水进入 610 号罐，引起剧烈的放热反应。起先，操作工并没意识到危险的发生，整整两个小时，罐中的压力一直在缓慢上升，然而竟然没有人发现。晚上 10 点 20 分，操作工记录的罐压为每平方英寸 2 磅（ppsi）。晚上 11 点 30 分，MIC 控制室的另一名操作工注意到罐压为每平方英寸 10 磅，可他并不在意，因为数据在容许范围内，而且压力计经常出错。但他并没有复核记录本，没有发现当时的压力值已经是一小时前的 5 倍了。

非常不幸的是，为了节约电费，罐体冷却设备已经关闭 5 个月了。如果冷却设备正常运转，按照 MIC 操作手册上的说明，要达到当时那样的高温，可能需要几天时间，而现在几个小时就达到了。

罐压不断上升，气体开始泄漏。工人们很快感觉到 MIC 的存在，他们开始流眼泪。在晚上 11 点 45 分时，有人发现黄色的水滴从头顶上的管道中滴下来。监督员建议，在晚上 12 点 15 分的固定休息时间过后，对泄漏地方进行修理。12 点 40 分休息时间结束，此时控制室压力计显示 610 号罐的压力已达到每平方英寸 40 磅。不久，压力就达到了每平方英寸 55 磅，到了压力计的上限。610 号罐的温度计显示的数据更糟糕：MIC 温度为华氏 77 度，高出规定的安全值 36 度。这样的高温足以使 MIC 蒸发。看到这些可怕的数据，控制室的操作工吓坏了，立刻跑出控制室奔向 610 罐。他感到了热辐射，听到了混凝土的崩裂声。几秒钟内,压力释放阀打开了，致命的白色 MIC 气体尖叫着冲向天空。

返回控制室后，操作工准备启动外泄气体洗涤器装置，这种安全装置可以用流动的烧碱来中和外泄的有毒气体。然而，气体洗涤器正在维修无法运行。即使能运行，因为洗涤器过小，也无法处理从罐中泄露出的大量 MIC 气体。一座用来燃烧有毒气体（在这些气体接触空气前）的燃烧塔同样处于停用状态，塔体因为维修而被拆除了，弯管接头也丢失了。另一个紧急处置措施是把 610 号罐中的 MIC 转送到另外两个储藏罐中，但另外两个罐早已装满了 MIC。这种情况违反了操作手册，手册要求必须保证一个储藏罐是空的，以保障安全。

凌晨 1 点左右，一名操作工按下了警报器，警告工人工厂出现危险状况。厂长进入控制室，命令启动喷水装置，向外泄的气体直接喷水，可这最后的救命稻草也没起什么作用。此时，大多数工人惊慌失措，四散奔逃，他们忘记了工厂里还有四辆用于疏散周边居民的紧急救援巴士。两名勇敢的操作工留在了控制室，此时控制室里充满 MIC 蒸汽，两人共用一个氧气面罩。最后，早上 2 点 30 分，610 号罐压力开始下降，气体泄漏安全阀门关闭，气体泄漏停止了。大约 10 000 加仑的 MIC（约 610 号罐容量的 90%）弥漫在城市上空。

那天晚上风速很低，气温大约是华氏 60

度，浓密的化学雾气滞留在地面附近。许多动物死了。毒气攻击了街上的行人，渗入到人们的卧室。那些惊慌失措、四处乱跑的人因暴露而受毒气伤害更大。

毒气笼罩着那些受害者。MIC 与人们眼睛里的水分发生化学反应，就像在 610 号罐中一样，产生的热量灼伤了人们的角膜细胞，使他们的视觉变得模糊不清。双眼灼伤的居民脚步蹒跚。许多人呼吸急促，出现咳嗽、呼吸道红肿和化学性肺炎症状。在肺里，MIC 分子与水分发生反应，引起化学灼伤。烤焦的身体组织分泌出液体，使人们出现肺水肿并发症。受害者差不多快被自己的分泌物吞没了。灼伤的肺部组织愈合之后，产生的疤痕降低了幸存者的呼吸能力。实际上，MIC 非常容易和水发生反应，只要透过一块湿布来进行呼吸，就可以挽救许多人的生命。然而，人们缺乏这个简单的知识。

联合碳化公司的反应

清早，CEO 沃伦·安德森匆忙赶到位于康涅狄格州丹伯里的联合碳化公司总部，获悉死亡人数在不断上升。确认灾难情况后，公司高级管理委员会召开了紧急会议，他们决定向博帕尔运送紧急医疗用品、防毒面具、氧气（都是联合碳化公司产品），同时还派出一名通晓 MIC 处理知识的美国医生。

第二天，即 12 月 5 日，星期二，联合碳化公司派出技术专家组去博帕尔工厂进行调查。星期四，安德森动身前往印度。然而，当他抵达博帕尔时，被指控过失犯罪而遭到软禁，之后被勒令离开印度。

全世界的注意力都聚焦到了博帕尔，联合碳化公司每天召开新闻发布会。圣诞节晚会被取消了，联合碳化公司所有的工厂都下半旗志哀。公司约 10 万名雇员为遇难者默哀。公司向一个紧急救援基金会捐助了 100 万美元，还把公司在博帕尔的一个宾馆改造成一个孤儿院。

几个月之后，公司想再捐助 500 万美元，但被印度政府拒绝了。印度政治家害怕接受捐助的举动会被印度百姓视作与联合碳化公司的勾结。印度公众谩骂与联合碳化公司相关的一切事物。后来，当政府得知该公司在博帕尔为失业人员建造了一个培训学校时，下令用推土机把学校夷为平地。

联合碳化公司的官司和收购事件

有害气体刚刚散去，美国律师就来到博帕尔，开始寻找那些受毒气伤害的当事人。他们在街道上与原告签订诉讼代理合同。毒气泄漏事故发生仅仅四天后，第一起诉讼在美国法院提起。很快，另一起针对联合碳化公司、涵盖 20 万印度人、总标的达 400 亿美元的人身伤害诉讼被提起。

然而印度议会在此之前通过一项法案，授权印度政府作为唯一代理人，代表受害者行使诉讼权利。之后，印度政府在美国提起诉讼。联合碳化公司准备花费 3.5 亿美元对已有的诉讼和解（此提议被印度政府拒绝了），公司还提议案件审理工作放在印度。所有的美国和印度代理律师都反对这一提议，因为印度的非正常死亡赔偿金标准远低于美国。然而，1986 年联邦法院作出裁决，所有案件必须在印度审理。该裁决指出"（在美国）进行诉讼……会成为帝国主义的又一个典型，就是一个主权国家把它的法规、标准和价值观强加给一个发展中国家。"[6] 这一裁决对联合碳化公司来说是胜利，对美国律师来说是失败，因为他们不能无视政府的存在，必须把案件带到印度去进行诉讼代理。

在 1986 年晚些时候，印度政府在印度法庭上向联合碳化公司提起标的为 33 亿美元的民事诉讼。[7] 该诉讼指控联合碳化公司，认为公司作为联合碳化印度有限公司的大股东，对博帕尔工厂的建设和设计具有决定权。但博帕尔工厂的设计有缺陷，它的安全标准低于美国类似工厂。联合碳化公司非常清楚这一情况，但允许这个不合适的安全标准存在。该诉讼还指控联合碳化公司在博帕尔工厂从事“非常危险的活动”，不论工厂的运营和操作中是否存在失误，联合碳化公司都有绝对的义务向遇难者作出赔偿。

联合碳化公司在辩护时指出，公司与联合碳化印度有限公司只是控股关系，对博帕尔工厂从来没有进行过直接管理——直接管理是印度法律不允许的，印度法律规定工厂只能由印度人来管理。除了民事诉讼外，联合碳化公司总裁沃伦·安德森和联合碳化印度有限公司的几名高管被指控犯杀人罪。此举显然是在给联合碳化公司施加压力，实际上印度政府并没有逮捕上述人员。

除了应付官司，联合碳化公司还不得不为公司的生存而战。1985 年 12 月，GAF 公司在收购了联合碳化公司大量股票后，提出收购要约。经过一个月紧张的股权之争，联合碳化公司终于击败 GAF 公司，却付出高昂的代价，不得不大量借债购回公司发行在外的 55% 股票。巨额债务的利息高得令人吃惊，因此公司必须尽快偿还债务。为此，联合碳化公司在 1986 年卖掉了价值 35 亿美元的资产，包括公司最畅销的消费品品牌——Eveready 电池、Glad 箱包和 Prestone 防冻剂。公司损失了稳定的收入来源，成为一家弱小的企业，很容易受经济周期波动的影响。

调查 MIC 的泄露原因

毒气泄漏事故发生后的一段时间内，全世界都想知道造成这一事故的真正原因。《纽约时报》的记者小组在博帕尔对工厂的工人进行采访。他们历经 6 周的调查得出以下结论：水大量进入 610 号罐是导致这起事故的主要原因。[8]《纽约时报》记者认为，库汉在冲洗管道时忘记了使用侧滑挡板，从而造成水流入 610 号罐。库汉使水管里的水发生倒灌，最终使水通过约 400 英尺长的水管流入了 610 号罐。他们的报道流传开来，该说法被称为“水冲灌理论”并得到广泛传播。然而，这可不是解释事故发生原因的唯一理论。

事故发生后，联合碳化公司也迅速向博帕尔派出调查小组。在对联合碳化公司的一片抗议声中，调查小组没有从印度官方得到任何帮助。他们无法接触到原始的工厂记录和工人。调查人员只能去查看 610 号罐，并从罐底的残渣中提取样本。这些样本被运回美国，在那里进行了 500 多次化学实验，以搞清样本的化学成分。1985 年 3 月，联合碳化公司发布调查报告。报告指出，气体泄漏的原因是水进入罐中，但报告否认了“水冲灌理论”这种讲法。

联合碳化公司的科研人员认为，有足够引起化学反应的水进入到储藏罐，可能是因为有人偶然或故意把水管与直接连接储藏罐的管道连接起来造成的。这种情形是可能的，因为工厂到处可见为压缩空气、氮气、水蒸气和自来水等预留的管道和接头。调查者出于多种理由否定“水冲灌理论”，因为即便没有侧滑挡板这个装置，工厂所设计的管道系统也能够阻止水污染。事故发生后，人们发现被冲洗管道和 610 号罐之间的阀门是关闭的。要产生化学反应需要 1000~2000 磅的水，而阀门泄漏的水远远达不到这个数量。

联合碳化公司的报告给出了一个不同于“水冲灌理论”的原因。但几个月后，印度政府的调查推翻了他们的结论。由印度科学家和工程师进行的研究表明，尽管水流入 MIC 罐引起了化学反应，但不恰当的冲洗程序应为此承担责任（具体见图表 3）。

关于气体泄漏原因的争论一直僵持不下。直到 1985 年末，印度政府才允许联合碳化公司接触更多的工厂记录和雇员。联合碳化公司调查人员找到工厂雇员，进行了 70 次以上

图表 3　关于水如何进入 MIC 罐的两种争论

按照印度政府的"水冲灌理论"，水是通过水管进入过滤压力安全阀门线路上的排气阀门 A，不断通过该区域的泄漏阀门，向上流到了安全阀门出口总管线（RVVH）。然后，水在管线 B 处转弯，流向程序出口总管线（PVH），然后开始注入 PVH，朝反方向一直流到侧滑挡板 C 处。当 PVH 被水充满后，水升高到线路 D 处，然后流向 MIC 储藏罐 610 号罐。

1985 年 2 月 8 日，毒气泄漏事故发生后的两个月，印度中央调查局在 PVH 上的 E 点钻了个洞，想抽干里面剩下的水但没有水流出。联合碳化公司认为这个事实推翻了"水冲灌理论"。按照联合碳化公司的说法，与储藏罐相连的通道上的阀门都是关闭的，这个事实也证实了"水冲灌理论"是不正确的。

联合碳化公司提出另外一种说法：有证据证明，一个满腹牢骚的雇员故意移走了压力计 F，接上了一根水管，放水进入 MIC 储藏罐。毒气从防爆膜泄漏出来，通过 RVVH 管道，从气体洗涤器出口喷射出去。

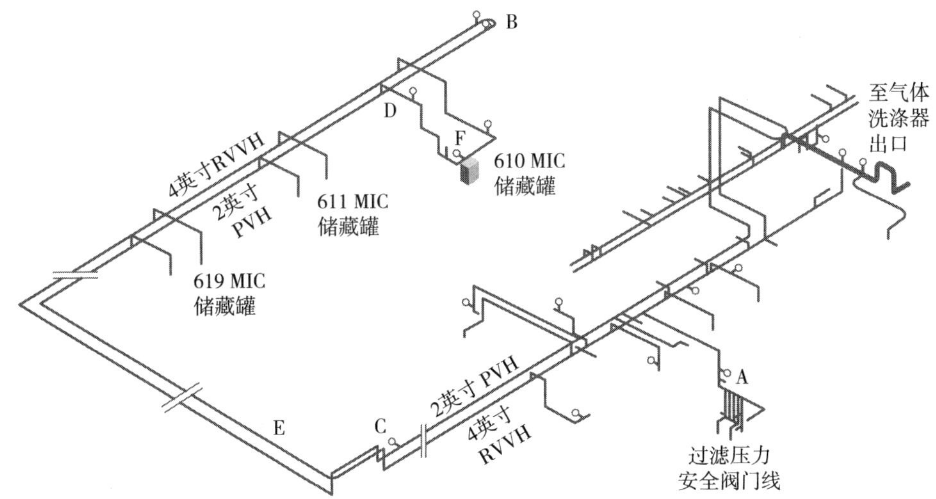

资料来源：Courtesy of Union Carbide.

的面谈，对工厂记录和相关物证做了仔细检查，最后得出以下结论，即一名心怀不满的工人故意把水管挂在储藏罐上，从而造成了气体泄漏。

下面就是联合碳化公司描述的 12 月 2 日、3 日事故发生时的场景。晚上 10 点 20 分，610 号罐的压力计显示为每平方英寸 2 磅，这意味着没有水进入储藏罐，没有发生化学反应。在 10 点 45 分，正常的换班开始了。换班需要半小时，在此期间，MIC 储藏区域可能处于无人注意的状态。此时，一名因未被升职而心怀不满的操作工偷偷溜进储藏区域，拧下 610 号罐上的压力计，挂上了一个橡胶水管，打开了水龙头。完成以上这些事情只需五分钟就够了。

联合碳化公司声称他们掌握了此人的姓名，但从未公开。调查小组推测这个工人的动机仅仅是想毁掉罐中的这批 MIC，他可能并没有意识到这样做会带来的后果。调查小组与工人面谈后发现，他们认为 MIC 是种催泪剂，是一种会让人流泪的化学物质，他们根本就不知道它会致命。

现在剧情变得复杂了。半夜过后几分钟，MIC 操作工们注意到 610 号罐压力迅速上升。他们走到610罐旁，发现一根水管连接在610号罐上。他们立即移开水管，然后通知了监督员。监督员尝试着抽干610号罐中的水，以防罐压上升。在12点15分至12点30之间，也就是爆炸发生前几分钟，他们从610号罐中转移了一吨物质到另一个储藏罐。水的比重比MIC的比重大，转移工作是通过罐底的一根排水管进行的。尽管监督员希望能排出罐中所有的水，但他们失败了。15分钟后安全阀门开始漏气。

调查人员有物证支持上述假设。事故发生后，610号罐上的压力计洞是空的，没有任何堵塞物，而在日常维修时是要塞进堵塞物的。在对MIC生产设施进行检查时，人们在那天晚上的工作记录本中某一页的反面，发现了一幅水管连接草图。而且，一名非MIC部门的操作工告诉调查小组，MIC操作工曾经向他们讲述过那天夜里水管连接的事情。此外，工作记录本被人篡改过，说明有人想掩盖什么。篡改的主要动机是掩盖转移610号罐里物质这一事实。

为什么监督员和操作工要进行这样的掩盖呢？联合碳化公司的调查人员给出以下解释：

> 由于不知道尝试性转移会不会使事故更加恶化，不知道是否还有其他更明智的方案来阻止事故的进一步发展，也不知道没有更早地通知厂长是否要遭到谴责，那些卷入事故的相关人员决定掩盖事实。那天早上，他们修改了记录本，以此来撇清他们与这一事故的关系。像许多类似的事故一样，条件反射一样的掩盖就这样发生了。[9]

达成和解

有人故意破坏的说法成为联合碳化公司的杀手锏。然而，案件一直没有宣判。1989年，印度政府与联合碳化公司达成和解，联合碳化公司同意向印度政府支付4.7亿美元，作为受害者的赔偿（具体见图表4）；印度政府则同意终止所有针对联合碳化公司、联合碳化印度公司及这些公司中高管的法律诉讼。尽管赔偿金额远远没有达到早先提出的33亿美元，但印度政府还是同意了这个和解方案，因为在印度审判和上诉可能要耗费20年时间。

图表4 4.7亿美元赔偿金的分类表

赔偿金额是按照不同类型的受害者人数和支付标准计算出来的。

金额（美元）	医学分类
43 500 000	支付给3 000名死难者，14 500美元/人
50 000 000	支付给2 000名重伤者，25 000美元/人
156 000 000	支付给30 000名终身残疾者，5 200美元/人
64 300 000	支付给20 000名暂时残疾者，3 215美元/人
140 600 000	支付给150 000名轻伤者、未来可能患病人员、财产受损者、商业损失者和其他提出赔偿的人员
15 600 000	支付医疗和康复费用
470 000 000	总和解费用

资料来源：Kim Fortun, *Advocacy after Bhopal* (Chicago: University of Chicago Press, 2001), p. 38.

联合碳化公司用保险赔偿金 2 亿美元，以及从公司 1988 年每股净收益 5.31 美元中提取的 0.43 美元用来支付赔偿金。受害者被激怒了，他们认为赔偿金额太少，纷纷提起上诉。1991 年，印度最高法院驳回了这些上诉，但同意再次启动针对沃伦・安德森和联合碳化印度有限公司中高管的刑事诉讼程序。[10] 1992 年，印度政府发布了对沃伦・安德森的逮捕令，指控他犯了过失杀人罪，但逮捕令并没有被真正执行。始于 1989 年的关于联合碳化印度有限公司几名经理的刑事审判则拖了 15 年之久，一直没有审判结果。几百名做好准备的证人中，仅有一半人有机会出庭作证。

印度政府在向毒气受害者发放赔偿金时，速度缓慢，效率低下。1993 年，印度 40 个特殊法庭开始受理赔偿诉求，但处理过程充满腐败。为了得到经济赔偿，一些身体健康的人不惜贿赂医生伪造虚假的医疗记录。12 名法庭官员因向提出赔偿要求的毒气受害者索取贿赂而被解职。超过 56.9 万名受害者得到赔偿，其中 14 824 名是死难者，平均每人得到 1 300 美元的赔偿金。90% 的赔偿请求者最后只得到 550 美元，这是最低赔偿标准。[11] 由于赔偿金发放非常缓慢，用了好几年时间，因此和解赔偿金产生的利息，在支付所有赔偿要求后，居然还剩下 3.25 亿美元。政府想用这笔利息来治理工厂土壤污染。但在 2004 年，印度最高法院判决这笔利息按照已支付赔偿金比例，支付给受害者和死亡者家属。[12]

后　记

从博帕尔事故中得到教训后，印度国会通过相关法律，要求所有化工企业必须对工厂周围的居民明示危险化学物质的存在，并要求建立人员疏散预案。化学行业协会制定了更加严格的安全标准，所有大型公司都必须遵守执行。

1994 年，联合碳化公司以 9 000 万美元的价格，将持有的联合碳化印度有限公司 50.9% 的股份卖给了一家英国公司。联合碳化公司把这笔钱捐赠给印度政府，用这些钱在博帕尔建造了一家医院。出售股权后，联合碳化公司在印度就不存在，也不再有任何法律义务。博帕尔毁灭了联合碳化公司。在印度，它成为一个弱小的、失去活力的公司。在被迫卖掉公司最赚钱的业务之后，联合碳化公司逐渐萎靡不振。1984 年，毒气泄漏事故发生当年，联合碳化公司有 98 400 名雇员和 95 亿美元的销售额。到 2000 年，公司只有 11 000 名雇员和 59 亿美元的销售额。2001 年，联合碳化公司被道氏化学公司收购，为降低成本，联合碳化公司员工被大量裁减。[13]

博帕尔工厂再也没有恢复生产。工厂所在地的地下水被化学物质严重污染。1998 年，印度政府接管了工厂，并制订了清洁计划，但所有行动都因法律诉讼而被迫停止。每年到了事故纪念日，人们来到工厂，在工厂墙上乱涂乱写，“吊死安德森”就是其中一个口号。[14]

毒气受害者中的活动家们，在仇恨思想和绿色和平、大赦国际等组织的指使和支持下，一直要求公平审判。[15] 幸存者们抱怨不断出现头疼、关节疼痛、呼吸急促、精神紧张等症状。他们在美国提起了一连串诉讼，要求推翻 4.7 亿美元的和解方案，同时还指控联合碳化公司侵犯人权，要求该公司承担工厂原址地下水污染的治理义务。但他们的努力失败了。[16] 如果他们胜利了，道氏化学公司就不得不为此买单了。

2004 年，美国政府拒绝了印度政府提出的以“非谋杀性的过失杀人”罪引渡沃伦・安德森的要求。安德森现在已年过八旬，淡出公众视野。万一被引渡，他将面临一个漫长的审判过程，很有可能被判刑 20 年，并在印度监狱服刑。

道氏化学公司收购了联合碳化公司后，

就成为博帕尔事故受害者们与活动家们的新目标。他们要求道氏公司支付治理污染的费用，并进一步赔偿受伤的幸存者。道氏化学公司拒绝承担所有与博帕尔事故相关的法律责任，于是该公司成为绝食者、示威者和不友好者的攻击目标。

作为典型的大型公司，道氏公司是许多社会责任项目的倡议者，也是全球契约的签署企业。在道氏公司的股东大会上，一名代表受害者的股东提出一项不友好的提议，想借此令公司的 CEO 难堪。

> 道氏公司宣称自己为世界上非常紧迫的问题展开过史无前例的社会责任运动……公司一方面公开承诺仁慈、干净的水源、符合伦理的行为，另一方面却让博帕尔的百姓喝着被污染的水，这又该如何解释呢？[17]

时间在推移，但博帕尔事故的影响并未淡去。有关该事故的书籍不断出版。[18] 至少有 6 部电影以此事故为主题拍摄，其中包括一部在印度赢得很高票房的影片。一部以博帕尔事故为背景的纪实性小说在欧洲成为畅销小说。[19] 以悲剧形式来叙述故事总能达到让人感动的效果。一名加拿大评论家在评论一部有关博帕尔事故的戏剧时指出，尽管该剧剧本粗糙、表演蹩脚，但“人类受到伤害的痛苦故事”唤起了“这些难忘的主题——生命的绝对价值、贪婪和第三世界国家的发展”。

问　题

1. 谁应该为博帕尔事故负责？事故涉及的各方如联合碳化公司、印度公司、工厂、印度政府等，应该如何分摊过错？
2. 事故涉及各方的行为应该遵循什么样的企业社会责任和企业伦理行为原则？
3. 如何评价诉讼过程？你是否同意案件在印度审理？受害方是否得到了公正的赔偿？联合碳化公司有没有得到足够的惩罚？
4. 联合碳化公司应对危机的方式是否适当？你如何评价其面对困境时的表现？
5. 道氏化学公司是否有法律责任、社会责任和伦理责任来解决博帕尔事故受害者中尚未解决的健康和环境问题？
6. 其他公司或国家能从这一事故中吸取什么教训？

第 12 章

全球化

麦当劳公司

设想有一种装置，大到足以覆盖 100 多个国家。许多农民在它的背后移动着，把土豆和莴苣倒入装置上方的进料口。与此同时，他们身边一群群的牛、猪和鸡也滑入进料口后消失。在装置里面，穿着制服的 46.5 万个工人操控着操作杆和按钮。装置外面，不管白天还是黑夜，每秒有 602 份的用餐像流水一样送往川流不息的人群。装置侧门打开，一袋袋的钱被拖出来。一叠叠废纸、废塑料和其他垃圾从装置的排放口排放出来。装置头顶上，星条旗飞扬着遮住了天空。正如你所看到的，这个大型装置正在加速扩张。

这一切始于 1948 年。当时，麦当劳兄弟在南加州用金色字母为标志创立了几个汉堡摊。一天，一个叫雷・克拉克的旅行商人来此地销售奶昔搅拌器。麦当劳兄弟广受欢迎的 15 美分汉堡包给他留下了深刻印象，因此他购买了汉堡包在全球的特许经营权并将汉堡包推广到世界各地。

到 2007 年，麦当劳在 118 个国家拥有 31 700 家店面。半数以上的店面在美国之外，并且这些店的收入占全部收入的 62%。[1] 麦当劳的金色招牌无处不在，以致英国《经济学家》定期出版“大汉堡包指数”，使用大汉堡包的价格来评估汇率的升降。[2]

从收入的角度看，麦当劳不是最大的跨国公司。2006 年，它的销售收入为 220 亿美元，仅为埃克森美孚石油公司的 6%。但它是一个品牌巨人。根据《商业周刊》的排名，它是世界上第八个最具价值的品牌，部分原因是它跨越地理和文化边界的能力。[3] 麦当劳的金色招牌比基督的十字架更为人们所熟知。[4] 69% 的三岁小孩认识它，更不要说讲出它的名字了。[5] 可以说，除了圣诞老人，在孩子中知名度最高的就是罗纳德・麦当劳（麦当劳公司的小丑）。[6] 北京 12 岁以下的儿童中，有一半以上认为麦当劳是一家中国公司。[7]

对麦当劳的看法众说纷纭。它激发了某些人的探究热情。一名资深的评论员提出“防止冲突的金色字母理论”，因为通过观察，他发现，有麦当劳餐厅的国家从来没与别国发生过战争。[8] 一个社会评论家发现麦当劳的扩张具有深远意义，该公司基于“效率、可量化、可预测及可控制”[9] 原则实施的全球化战略对世界经济发展有重要影响。

在发展中国家，麦当劳的到来意味着现代化。麦当劳常随着第一批外国零售巨头进入，担当了“通往经济成功道路上的金丝雀的角色”，因为它出现的同时也是一个国家可支配收入持续增长的时候。[10] 对于许多新兴经济体的消费者来说，麦当劳巨大的标志象征着与世界文化接壤。[11]

对左派主义者来说，麦当劳象征着邪恶的全球化、资本主义、美国和西方世界。在超过 12 个国家中，麦当劳餐厅成为暴力袭击目标。在圣迭哥、智利和危地马拉等城市，抗议者袭击了当地的麦当劳餐厅，以表示对乔治•布什总统来访的不满。2001 年，在美军轰炸阿富汗后的几个小时内，愤怒的巴基斯坦人就捣毁了伊斯兰堡的麦当劳餐厅。2006 年，欧洲报纸用卡通描绘伊斯兰教先知穆罕穆德，信徒们砸毁了位于伊斯兰堡和拉合尔的麦当劳餐厅。

事实上，麦当劳确实在传播美国的文化价值观和行为方式。一群人类学家记录了它对东方文化的影响。在中国香港和台湾地区，麦当劳干净的洗手间和厨房提升了当地人们对卫生的期望。在中国香港，当地居民对儿童生日并不重视，但麦当劳在它的餐厅里传播生日聚会的惯例，现在香港生日庆祝已经变得非常流行。在日本，进驻东京的麦当劳分店不提供桌椅，这使得日本几个世纪来吃饭不许站立的传统渐渐失去了影响力。[12]

另一方面，许多外国习俗难以改变，人们仍旧坚持当地的午餐习惯。麦当劳的大多数国际餐厅都是特许经营，由当地人负责管理。麦当劳的经理们在经营中努力适应当地风俗。法国的麦当劳餐厅就调整了食物种类和装修风格，以适应法国人的品味，如用艺术海报装饰墙面并出售一种叫法其那的软饮料。[13] 日本的餐厅则在它的菜单里增加了对虾汉堡包。中国台湾地区的麦当劳餐厅增加了“米饭汉堡”，在两块焙烤的糍饭糕中间夹杂牛肉、鸡块、生菜及卷心菜。在麦当劳全球最大的北京分店，飘扬着中国国旗，并出售一种叫绿豆派的食品。在沙特阿拉伯，麦当劳每天都为朝拜者停业 5 次，男女食客分区进餐。

麦当劳的故事折射出全球化的复杂性。一个小规模、本地化的、典型的美国企业

在沙特利雅德的购物中心，男女分开排队。

资料来源：© AP Photo/Hasan Jamali.

膨胀扩张为一个向四处辐射的、广布全球的跨国公司，它在扩展生意和传播文化价值的同时，也重塑了它国文化并形成了一种模糊的世界文化。当然，它的餐厅无论在哪里，都努力适应当地的口味和风俗。

我们将在本章讨论全球化问题，解释它是如何影响企业、国家和政府的。我们也讨论一些相关的话题，包括在全球经济中的贸易、贸易协议以及腐败问题。总的来说，我们提供对立的观点来描述全球化带来的变化。

什么是全球化

全球化（globalization）是随着经济、政治、社会、军事、科技和环境问题相互交织并跨越国界而出现的。经济的全球化则是指在开放的市场中，国与国之间的商业网络不断融合。全球化是一个多元现象，观察者们从中看到了不同的要素。一些经济学家认为全球化就是经济一体化；政治学家认为它是国家权力和跨国公司影响力扩散的过程；社会学家则认为全球化是国家文化相互渗透的过程。全球化因不同的观点而成为一个有争议的词汇。

有些人认为当今的全球化并非什么新鲜事物。他们指出，早在 16 世纪大型贸易公司出现时，全球化就生根发芽了。另一些人则认为，当今的全球化与以前截然不同。玻斯沃斯和戈登认为，近几年的全球化在“程度、强度、速度、范围及地域”等诸多方面都远远超过以前。[14] 全球化速度如此之快，以至于有的分析人士认为全球化是一场革命。

全球化扩张的主要力量

如图 12.1 所示的那样，全球化快速扩张背后的主要力量是经济、政治、社会、文化和技术。下面就是一些例证。

- 技术进步显著降低了通信成本并增加了通讯的快捷性。如在 1930 年，从纽约打到伦敦的电话，一分钟要花费 245 美元左右。到 1990 年，只要花费 3.32 美元。今天，如果通过互联网，通话几乎是瞬间的，并且无论打到伦敦还是世界各地，花费都更少了。
- 运输成本和交货周期也大幅度缩短。
- 发展中国家的联合产出表明，这些国家取得了令人瞩目的进步。2006 年，发展中国家的联合产出大约占全世界 GDP 的一半。《经济学家》总结道：“工业革命后，发展中国家的经济成为世界经济最大的推动力量。”[15]
- 世界贸易取得了显著进步。

- 全球范围内用于金融贸易、国外资产投资和投机的货币数量呈爆炸性增长态势。
- 不发达国家和发展中国家，都接受了自由市场经济的观念。

全球化的好处

许多经济学家指出，世界上大多数人都见证并享受着当今的全球化，它在经济上的成功是过去历史上从来没有过的。美国哈佛大学国际和平研究所教授杰夫里·弗里登这样写道："经济全球化使国家发展、贫困减少、社会条件改善，从而使人类寿

图 12.1 全球化的主要推动力

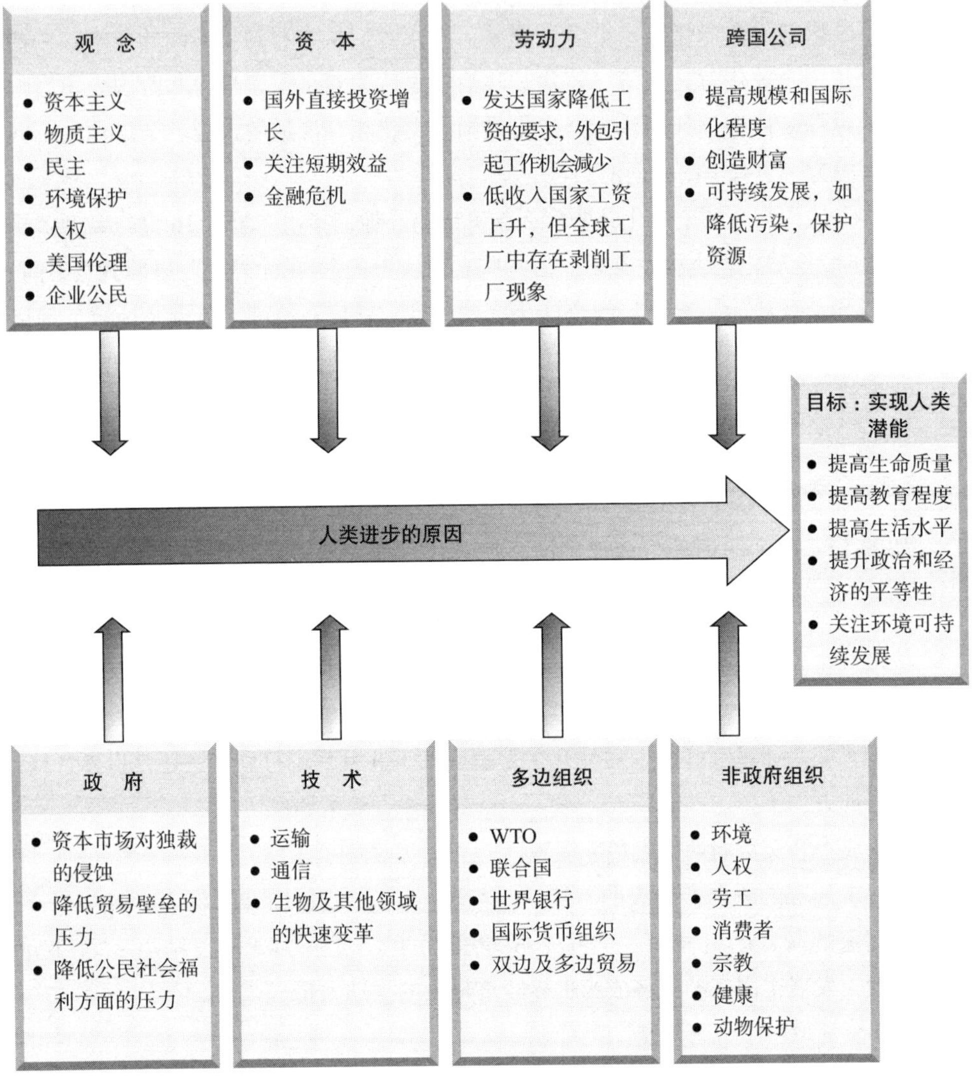

命延长，并带来社会和政治变革。”[16]

20 世纪 50 年代，韩国和中国台湾是“连生存都成问题的极端贫穷的国家和地区。20 世纪 90 年代，它们已经跻身为世界工业发展强国”。[17] 诺基亚这个从芬兰农村起步的手机制造商，摇身一变成为世界移动手机制造业的领头羊。[18] 如今，发达国家的人均购买力是一个世纪前的 10 倍以上。上百万人已脱离相对贫困而成为中产阶级。消费者享受着多样化、低成本和高质量的产品。世界上有上百万工人的工作条件得到改善。发展中国家的人权得到提高。

全球化的缺陷和问题

经济全球化使积累巨额财富成为可能，同时也暴露出一些严重的缺陷和问题。全世界范围内难以控制的热钱泛滥问题备受世人关注。这些热钱对全球金融体系的冲击在 1997 年的东南亚金融危机时得以证实。

从泰国开始，金融危机很快席卷了印度尼西亚、马来西亚、菲律宾和韩国。1998 年，俄罗斯的金融系统崩溃，拉丁美洲的许多国家也陷入严重的金融危机。这些国家的金融体系、法律、观念和制度均未能赶上全球化快速的步伐。

政客和他们的选民们日益变成**保护主义者**（protectionist），也就是说，贸易保护论的拥护者倾向于保护本国厂商避免来自国外的竞争。今天，有实力的各种利益集团游说政府制定税收、关税、配额和规章，以保护它们免受全球化市场的竞争压力。美国政府征收关税来保护美国的大米、棉花和花生生产厂商，而不是听任商品价格由全球的供给和需求决定，就是其中一例。

因为全球化的竞争，在美国和欧洲，有成千上万的工厂关闭，流失了上千万的工作岗位。企业主在外国劳工低工资的引诱下在国外办厂。低工资同样吸引美国的消费者购买更多外国生产的商品。对那些失业的工人来说，政府为他们提供的安全保障实在太少。

托马斯·弗里德曼在一本畅销书中提出“世界是平的”的观点，形象地说明了全球竞争环境的深刻变化。他的观点是，即使在地球某个偏远的角落，比如说班加罗尔，也能找到与全球竞争舞台相匹配的技能、知识、技术和基础设施。这些资源使发展中国家如印度和中国，也能吸引外国投资，同发达国家展开竞争。这虽然不是一个新观点，但他柔和的笔锋描绘了一幅彩色的画面。[19]

发达国家和不发达国家之间在讨价还价方面存在不平等，这是全球化中一个很严重的缺陷。它能导致商讨农业政策的贸易会议以失败告终，如在 1999 年西雅图召开的 WTO 部长级会议就是一个例证。2006 年的多哈世界贸易座谈会上，诺贝尔经济学奖得主、美国哥伦比亚大学经济学教授约瑟夫·斯蒂格利茨在总结贸易谈判中

这一障碍时说 :“西方国家要求贫穷国家去除贸易壁垒，却保留了自己的壁垒，阻碍了发展中国家农产品的出口，剥夺了它们急切需要的出口收入。”[20] 这些西方国家尤其是美国，仍然顽固地给予国内农产品补贴并维持高关税，同时，它们却施加压力要求发展中国家降低贸易壁垒。

对全球化的批评

上述缺陷招来批评。比如，批评家们认为，在全球泛滥的上万亿资金缺乏有效的控制，而这有可能导致类似 20 世纪 90 年代那样的危机 ; 全球化扩大了贫穷国家与富裕国家的收入鸿沟 ; 全球化带来的后果冲击了公平原则，它需要重新修正。发展中国家在某些事务中丧失了主权，这阻碍了它们对经济事务的有效控制。

对全球化的批评有各种各样的形式。声音嘶哑的人群支持 1999 年在西雅图召开的第三次 WTO 部长级会议，这代表一个极端。更多有组织的和没有组织的人们，则把矛头指向 WTO、世界银行、国际货币基金、资本主义和全球化。成千上万失控的群众与警察发生暴力冲突。拉尔夫 · 纳德是众多批评家的领袖。他说 :“在全球贸易和投资中，全球化相对于人权、劳动权、消费权、环境保护权来说是次要。”[21]

学者代表另一个极端。如约瑟夫 · 斯蒂格利茨分析了全球化的短处并提出相关建议来修正它们。这些学者对全球化的未来提出了不同的问题。一些人问道 :“全球化是否走过了头？”[22] 他们的回答是“不”，如果政策制定者足够聪明的话。另一些人则问 :“全球化是否已经过时？”他们的回答是“是”，但没有“全部结束”。[23]

牛津大学教授马丁 · 沃尔夫则是对全球化最乐观的人。他坚持认为大部分批评都是有缺陷的。他写道 :“对大多数（不是全部）的全球化批评，我反对的理由并不是因为这个世界已经很完美，如果他们继续坚持这样（反对全球化）下去，我们将失去半个世纪来为建立自由、有序的国际经济所做的努力。”[24] 哥伦比亚大学教授贾蒂什 · 巴格沃蒂在他的《为全球化辩护》一书中写道，全球化或许需要一些改变来磨平它粗糙的棱角，但它仍然是当今社会福祉最重要的推动力量。[25]

扩展的贸易协议

快速增加的贸易协议已成为推动全球化的重要力量。到 2007 年，已有超过 5 500 项贸易特惠条款，包括 241 项**自由贸易协议**（free trade agreement）。在自由贸易协议中，两个或更多的国家同意彼此之间减少或消除贸易壁垒，开放他们的双边贸易口岸。人们正更加频繁地商讨此类协议，从而加速了全球竞争。几乎所有国家都至少加入了一家经济俱乐部。比如，美国就同 15 个国家达成了自由贸易协议（见下表）。其中 11 项协议从 2000 年开始实施。

美国的自由贸易协议

美国政府的官方态度是倡导自由贸易，支持国家、地区以及全球市场开放。到 2008 年，美国已同以下国家达成了自由贸易协议。2006 年，同这些国家的贸易出口量占美国总出口的 43%。另外，同其他四国——秘鲁、巴拿马、哥伦比亚和韩国的贸易协议正在谈判中。

- 澳大利亚
- 巴林
- 中美洲自由贸易协定
  多米尼加共和国
  萨尔瓦多
  危地马拉
  洪都拉斯
  尼加拉瓜
- 智利
- 以色列
- 约旦
- 摩洛哥
- 北美自由贸易协议
  加拿大
  墨西哥
- 阿曼
- 新加坡

资料来源：Office of the United States Trade Representative.

大部分特惠贸易条款都是双边的，但也有一些贸易条款涵盖了大范围的经济问题，涉及众多人口。我们将讨论其中两个重要组织，即欧盟和北美自由贸易区。

欧 盟

1957 年 3 月 25 日，法国、联邦德国、意大利、卢森堡、比利时和荷兰等 6 个欧洲国家签署了建立欧洲经济共同体的契约。设立该组织的主要动机是防止类似第一次世界大战和第二次世界大战的灾难性战争再次发生。1993 年，这个组织转变成欧盟。各国有关贸易的许多政策和法规都被废止，取而代之的是上百个新的规章和条例，涉及健康、环境、竞争、国家安全和产品质量标准等诸多方面。1999 年，一个新的里程碑诞生了，欧盟有了统一的货币——欧元。如图 12.2 所示，到 2008 年，欧盟吸纳了 27 个成员国，人口超过 4.9 亿，GDP 产值达到 15.7 万亿美元。美国的人口为 3.01 亿美元，GDP 产值为 13 万亿，不论用哪个指标来衡量，欧盟都超过了美国。

欧盟取得的成就远远超过最初 6 个国家设立欧共体的预期。除了建立统一的国

图 12.2 欧盟示意图

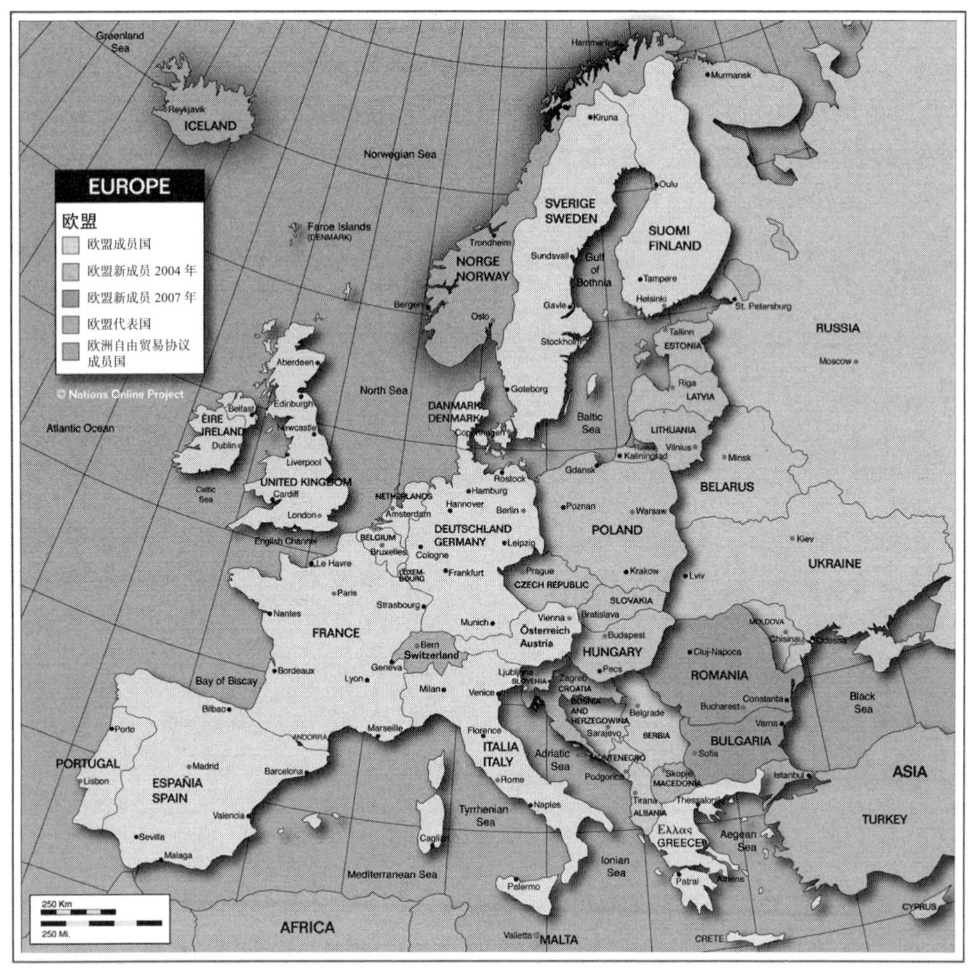

资料来源：http://www.nationsonline.org/oneworld/europe_map.htm.

家联合体来降低战争的可能性外，至 2007 年欧盟成立 50 年来，它在维护国家利益方面取得了辉煌的成就。经济取得了长足的发展，消除了成员国之间贸易和人员流动的壁垒，联盟的财政稳定，并建立了促进国家融合的规则。2004 年，欧盟 25 个成员国首脑共同签署了由 50 个协议组成的《罗马宪章》，这是一个新的里程碑。《罗马宪章》是在罗马的一个会议厅里签署的。47 年前，正是在这个会议厅里，先驱者们创立了欧盟。旧的宪章只对 6 个初创国有利，并非对当前 27 个成员国都有利。

近几年来，欧盟经济变得萧条。要重新焕发它的活力就需要进行改革，包括使劳动力市场更灵活、削减民众的福利开支、解决复杂的移民政策问题及刺激成员国间的工业竞争。[26]

乔治城大学国际事务教授、欧盟观察家查尔斯·库普钱指出了损害欧盟基础的主要原因。他说，首先成员国“面临来自两方面力量的挤压，上有市场竞争的压力，下有选民的压力，而这些选民已不愿脱离过去的舒适环境，且对未来充满担忧”。[27] 其次，“欧盟范围的扩大与穆斯林移民的大量涌入，稀释了欧洲的传统特征并带来新的社会裂痕。”[28] 第三，相比从前的欧洲社会，成员国的人们变得越来越自我，更关注自身利益。第四，欧盟缺少一个强有力的领导来带领欧盟复兴。

只有废除那些上百条相互冲突的规则，欧盟才能和谐运作。举例来说，一些成员国比较关注劳动力在全联盟内的流动，因此，它们采取一些措施来限制那些不受欢迎的移民。比如在瑞典，瑞典移民局是专门负责检查签证申请的机构，它们不为那些没有书面雇佣邀请的移民发放签证。而在丹麦，只要有工作机会，政府就允许新劳动力进入。成员国之间的标准差异很大，甚至连统一的电力插座标准都没有。

许多新加入的成员国面临的严重问题是，如何遵守欧盟长达 80 000 页的法律要求。比如卫生、安全和质量标准会使一些农民退出商业领域。克里斯托夫·赛德克，一名波兰农民，一直遵循着几个世纪以来的农作传统，把 12 头猪和 7 头牛关在同一座房屋内喂养。他经常让这些动物产生的粪便任意渗溢在牲口棚后的泥土里。根据新的欧盟规定，他必须新建一个化粪池来处理这些动物粪便，但他没有足够的地方来修建化粪池。赛德克先生不得不放弃饲养业务。[29]

联盟中的很多个体也感觉并不如意。一份由《金融时报》发布的调查表明，44% 的被调查者认为，自从他们的国家加入欧盟后，自己的生活变得更糟糕了。20% 的人认为，欧盟意味着官僚主义。[30] 一些观察家认为，欧盟最需要的改革不会成功。[31] 查尔斯·库普钱在他的总结中表示出谨慎的乐观："欧洲必须正视现实，它们已到了一个分水岭。除非它们马上复苏联盟的政治和经济目标，否则 20 世纪最伟大的成就将面临风险。”[32]

北美自由贸易协议（NAFTA）

北美自由贸易协议包括美国、加拿大和墨西哥。它的雏形始于 1987 年，当时美国和加拿大签署了美加自由贸易协议。1994 年，该协议将墨西哥包括进来。通过连接美国、加拿大和墨西哥，该组织成为当时全球最大的贸易集团。今天，北美自由贸易协议将三个国家融合在一个市场中，人口达 4.43 亿，总产值达 15.4 万亿美元。

北美自由贸易协议的一个重要目标是增加三国间的贸易量。这个目标已经实现。如图 12.3 所示，1994 年，美国和墨西哥之间的出口量大致相当。之后，两国的出口都开始上升，其中美国的出口增速最快。另一方面，刚开始时美国对加拿大的出口小于进口，但后期缺口持续扩大。美国、加拿大与墨西哥之间的贸易数额都在持续

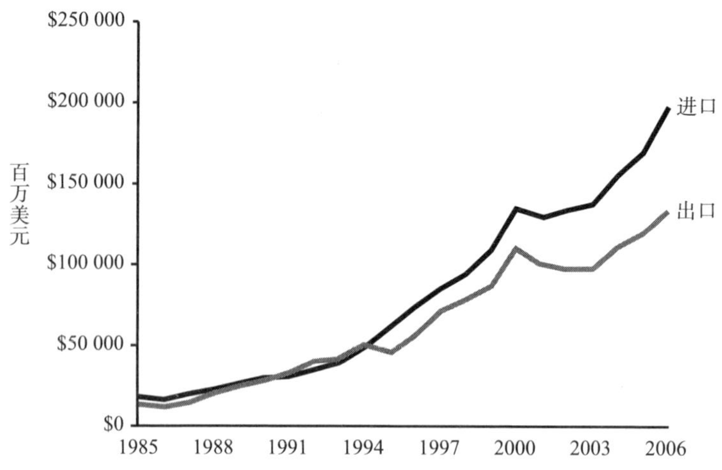

图 12.3
1985~2006 年间美国与墨西哥的贸易状况

资料来源：Bureau of the Census.

增长。1994 年，美国从加拿大的进口总值是 4 800 万美元，出口总值是 4 400 万美元。到 2007 年，美国从加拿大的进口总值是 3.13 亿美元，出口总值为 2.49 亿美元。[33]

最初，美国工会反对北美自由贸易协议。它们担心墨西哥的低工资会使美国工业转移到墨西哥。美国纺织业受到的打击可能最为严重。一些分析人士则指出，当这些工作岗位流失到墨西哥时，美国对墨西哥的出口中又会创造出大致相同数量的工作岗位。也有人指出，总体看来失去的工作岗位比新创造的多。卡内基国际和平基金会认为，北美自由贸易协议为美国创造了 27 万个新工作岗位。[34] 2004 年，墨西哥从事农业的人数从 950 万人下降到 670 万人，此后不断下降。美国和墨西哥工作岗位的增长远远没有达到当初的设想。

但那些工作在两国边境的个人则有得有失。很明显，当美国公司迁往墨西哥时，美国工人的状况变糟了。当绿巨人及其他的一些食品加工厂关闭它们在加州沃森维尔的工厂时，这些城镇丧失了大约 4 000 个工作岗位，由此带来一些严重的社会问题。[36] 在墨西哥，成百上千的农民被迫前往美国寻找工作。弗拉西斯科·埃雷拉·桑切斯在拉其罗拉有一个小杂货店。他说，店里微薄的收入恰恰反映出当地农业的巨大衰落。“有钱人在那边，”他指着美国说，“我们这里却什么也没有，甚至连音乐也没有，就像一个垂死之人。”桑切斯感叹道：“一定是哪里出了问题。”[37] 当然他并不了解原因，那就是北美自由贸易协议加速了农业人口向美国的迁移，美国、墨西哥之间的协定，使广袤的墨西哥农产品市场被美国产品占领，比如玉米。

另外一些重要的问题也随着北美自由贸易协议的运作逐步呈现出来。让我们先来关注运输业。按照协议规定，墨西哥的卡车可以自由进出美国市场，但从一开始，这些卡车在美国的运营就受到严格限制。限制的原因包括墨西哥公司的运营达不到美国标准、安全记录很糟糕、司机没有接受毒品和酒精测试等。为解决这一问题，美国运输协会发布了新规章，允许墨西哥的卡车在美国经营。但墨西哥的卡车遭到了抗议分子、工会、卡车公司的围堵，后者坚称，环境保护法要求美国政府在墨西哥卡车奔驰于美国高速公路之前，应评估这一做法对美国公众健康的影响。

联邦法庭受理了抗议者提出的指控，认为美国政府允许墨西哥卡车在美国运送货物的做法违反了联邦环境保护法。[38] 2004 年，该案件上诉到最高法院，最高法院一致裁定，美国政府可以对墨西哥卡车开放公路，无须先做环境评估。[39] 尽管面临严峻抗议，美国交通部还是颁布了一个实验性法令，赋予大约 100 家墨西哥运输公司在美国高速公路营运的权力。[40]

对北美自由贸易协议的评价有很多分歧。拉尔夫・纳德市民监督组织的一个分支机构即全球贸易监察组织，最早采用“记录卡”来评价北美自由贸易协议，评价内容包括工作岗位创造、农业、环境、公共卫生、工资水平等。它声称：“在每个被调查的领域，对北美自由贸易协议而言最公平的评价就是不及格。”[41] 2004 年，是北美自由贸易协议 10 周年纪念日，该组织再次做出评价，结果是北美自由贸易协议又一次不及格。该组织指责道：“超过 1 500 万墨西哥农民的生计遭到破坏”，墨西哥工人的工资水平下降了 20%、超过 900 万个工作岗位流失、美国蓝领工人的工资停滞不前、三个国家的食品价格都在飞涨。[42]

毫不奇怪，一些大型跨国公司 CEO 所组成的企业圆桌会议对北美自由贸易协议做出了肯定评价。它的评价如下：“正如人们所期望的，北美自由贸易协议对美国商品和服务的产出影响是积极的……正如人们所期望的，北美自由贸易协议使美国对加拿大和墨西哥的出口增加……正如人们所期望的，北美自由贸易协议没有显著增加美国从加拿大和墨西哥的商品进口……正如人们所期望的，北美自由贸易协议对美国工作机会的影响是积极的。”[43]

其他贸易协议

这个世界是由各种贸易协议所组成的一个联合体，有像欧盟这样的大型组织，也有小到两个国家之间的联盟，如墨西哥和以色列、智利和韩国。没有比欧盟和北美自由贸易协议更大和更正规的组织了。也有一些仅受备忘录和承诺等约束的其他联盟组织，如南方共同市场。1991 年，南方共同市场由阿根廷、巴西、巴拉圭和乌拉圭经过谈判建立，智力和玻利维亚后来加入这一组织。这是南美洲最大的贸易联盟。在 20 世纪 90 年代，南方共同市场刺激了经济增长，但不断增加的贸易壁垒和成员国之间的争吵，使它难以成为一个强有力的联盟。

亚太经济合作组织(APEC)成立于 1989 年。现在，它拥有 21 个成员国，包括美国、中国和日本。成员中既有富裕的新加坡，也有专制的缅甸。[44] 它的设立充满矛盾，以至某个时事评论员称之为“一团乱麻”。该组织除商谈贸易问题外，还是一个讨论政治和社会问题的平台。

东南亚国家联盟（ASEAN）于 1967 年成立，由 5 个成员国组成——菲律宾、印度尼西亚、马来西亚、新加坡和泰国。今天，它包括 34 个国家和地区。这一联盟的基本目标是促进成员国的经济增长、社会进步、文化交流以及地区间的和平。在东南亚国家联盟下还成立了许多团体和组织，如东盟学生交流项目和东盟艾滋病预防工程。[45]

全球化对国家主权的侵蚀

有人认为全球化实际上侵蚀了国家主权，其他人则不这么认为。如何解释这些分歧呢?

对这一问题的回答，部分取决于如何定义国家主权。国家主权是一个复杂的抽象概念。它可以指一个国家对国界内外经济行为的控制能力，也可以指对国界内外政治权力的占有。同样，每个人对此问题的看法依赖特定国家的大小及其影响力。因此，对这一问题最简单的回答是“看情况”。[46]

国家主权已被侵蚀

许多观察者发现，国家主权受到实质性的侵蚀。如日本著名管理学家大前研一认为，我们正见证着民族主体国家的终结。[47] 他和该流派的其他成员坚称，政府已失去其传统角色，因为市场打败了国家，成为决定国家经济、政治、文化和社会事务的力量。[48] 他们说，这在全球化扩张中不可避免。[49]

有许多例子表明，政府正把传统的权力让位于新兴的市场力量。正如可以观察到的，许多欧洲国家正急切地加入欧盟，从而放弃它们的经济权力。许多自由贸易协议也将成员国绑架到那些凌驾于本国规章制度的协议中去。世界经贸组织和国际货币基金组织等多边组织同样对国家主权有各种限制。许多发展中国家屈从于可能投资的跨国公司，在税收、环境和劳动法规上作出让步。跨国公司向全世界展示出它强大的力量。这样的例子很多，以至某个评论家这样总结 :“主权国家控制及影响跨国公司行为的能力，正日益受到人们的质疑。”[50]

市场全球化的力量很明显侵蚀了国家主权。20 世纪 90 年代，发生在东南亚的金融危机就是一个很好的例子。在这一危机中，政府无能为力，无法阻止大量资金突然撤离而导致的崩溃。为了使产业在全球市场有竞争力，政府必须吸引资本和技术。它们知道，如果对资金的自由流动有太多限制，这一目标就无法实现。要有竞争力，就不可避免会导致国家主权受到侵蚀。

国家主权没有受到严重侵蚀

反对以上观点的人认为，虽然政府的一些权力屈从于跨越边界的市场力量，但不是太多。所有国家，无论大小，都有权力禁止大型跨国公司的子公司进入，并可以对跨国公司的要求说不。欧盟否决通用电气和霍尼韦尔公司这两家跨国公司的合并计划，就是一个较好的例子。尽管美国司法部批准了这一合并，但这两家全球巨头也不得不接受欧盟的裁决，否则它们就无法在欧盟经营。经济落后的小国家则非常渴望外国投资，并倾向于修改法律规章来满足投资者的要求。另一方面，无论发达国家还是发展中国家，都要求外国投资者遵从本国规定。这主要取决于外国投资者在该国经营的意愿有多强烈。如作为购买飞机的代价，中国要求对方转让部分技术。

总结

普林斯顿大学荣誉教授罗伯特·吉尔平指出："尽管全球化有重要影响，但当出现重要的国内和国际事务时，它还是不能取代政府、国家以及政治活动。"[51] 在国家之间，国家主权确实受到一定程度的侵蚀。在那些小的、贫穷的国家，这种现象非常明显。在富裕的大国，它通常也被视为全球化的一部分而被人们接受。斯蒂芬·科恩说："总体来看，跨国公司严重削弱国家主权的观念很难令人信服。"[52]

文化侵蚀

1998 年，来自 19 个国家的政府官员聚集在加拿大的渥太华，讨论美国电影、电视剧、音乐和其他娱乐节目对全球的影响。该聚会的目的是防止本国文化被美国价值观侵蚀。例如在加拿大，大量电影、CD、书籍和杂志来自美国，大部分互联网内容也是美国制作的。加拿大文化部长舍拉·考普斯说："市场力量与市场机制使整个加拿大广播系统变成美国的附属机构。"[53] 这就产生了一个问题：全球化到底是改变了**文化**（culture），还是仅仅为了自身的商业利益？

美国文化在世界范围迅速传播，这是全球化的一个重要趋势。美国音乐、电影和电视非常受欢迎，以至于它能传播到最偏远的地区。它影响着每一个国家人们的品味、生活及理想。美国的消费品牌，如可口可乐、李维斯、万宝路及肯德基，在其他国家以比当地品牌高很多的价格销售。戴着美国棒球帽的青少年随处可见。只要有电脑的地方，就有来自美国互联网的内容。所有这些使用的都是英语，而英语已成为一种世界性语言。

然而，全球范围内也暗涌着一种对西方文化和价值观的愤恨。多年来，法国一直致力于阻止英语单词与短语进入到本国语言中。法国法兰西学院的成员非常憎恶那些已被大多数人接受的词语，如 *le hotdog*。法国政府确认了应从本国语言中清除的 3 000 个英语词汇，但事实上并没有清除。许多国家如法国、加拿大以及新加坡，已制定法律来控制和防范美国文化的传播。一名观察者写道："这些政府就像克努特大帝，一名臭名昭著的专制者，将自己的权杖伫立在大海的边沿，命令海浪倒退回去。"[54]

尽管一些政府密切关注美国文化对本国民众的影响，但民众都对美国文化抱持着一种积极的态度。欧洲大多数人都喜欢美国音乐、电视、电影和消费品牌，但不喜欢美国观念的传播。中东地区的人们似乎不喜欢美国的观念、电视，但却喜欢美国的技术。[55]

对美国文化给其他国家文化所带来的影响，人们的看法并不相同。纵观全球，在言辞尖锐的抵抗人士和知识分子诅咒美国的同时，普通民众成群结队地观看充斥着暴力和色情的美国电影。法国批评家称麦当劳的快餐哲学给本国悠闲的传统饮食文化带来了很"恶劣"的影响，法国市民对此抱怨却无动于衷，仍然挤满了美式餐厅。

娱乐节目和美国消费品牌并不是在全球范围传播新文化价值观的唯一力量。经济全球化鼓励大量人口移民。比如，德国对劳工的需求使土耳其人大量涌入，他们也带来了自己的文化，这些外来文化中的某些方面已渗透到德国社会。在美国，近年来的拉美移民已经对美国的语言和音乐产生了影响。从世界范围看，全球化刺激了工人移民，同时导致伦理、宗教和文化价值观的扩散。

一个重要的问题是，文化在全球的传播能在多大程度上改变一个民族的核心价值观？塞谬尔·亨廷顿在他关于文明的书中提出这一问题。[56] 他指出，大多数文化扩散只能流行一时，并不能改变深层价值观。社会文化中的核心价值观不容易被改变。比如，英语在世界范围内只不过是一种国际交往的便利手段，而不是一种能够改变核心价值观的力量。

毫无疑问，全球化显著影响了文化的传播。其他一些力量，比如技术革命（计算机、生物技术和医药技术等），或许能带来更持久的影响。但这也很难撼动亨廷顿及他人的论点，即人们的核心文化是不容易被显著改变的。

自由贸易与贸易保护主义

自由贸易（free trade），即跨国界、不受政府限制的商品和服务的流动，是美国长久以来的官方政策。但在实践中，对该政策背离的现象一直存在。近年来，美国一直充当国际代言人，以推进国家间的自由贸易。与此同时，美国及大多数国家内部的贸易保护主义势力也在增长。为什么要自由贸易？为什么要实行贸易保护？

为什么要进行自由贸易

自由贸易的原因相当简单。由于气候、劳动力状况、原材料、资本、管理水平及其他因素不同，导致一些国家在某些特定商品的生产方面比其他国家具有优势。例如，巴西咖啡豆的生产成本比美国低得多。在美国，咖啡豆虽然可在温室里种植，但价格跟巴西出产的咖啡豆不在同一水平。但美国的制药技术远远超过巴西。当每个国家都生产具有成本优势的产品，资源将得到有效利用。当每个国家专门生产能带来最大经济优势的产品时，收益将会最大化。这就是经济学家所谓的**比较优势理论**（law of comparative advantage）。如果没有贸易障碍，价格自由竞争，资本能无障碍流动，那么就能在全球范围内实现收益最大化。

但一个国家具有何种比较优势不容易看出来。在极端情形下容易发现国家的比较优势，但在中间范围则比较难于发现。如货币的差异、资本和劳动的生产率差异、市场变化及需求弹性等，都使一国对另一国的比较优势不易确定。尽管如此，自由贸易能促进竞争，刺激个人创新，提高生产率并增进一国的福利水平。它还能增加人们的工作机会，为消费者提供质优价廉的多样化产品和服务。

这就是比较优势理论。实践中，所有国家都对进口施加限制，以保护本国工业。那么反对自由贸易的主要压力是什么呢？

来自贸易保护主义的压力

大多数本土企业，无论是否从事外贸活动，都会感受到来自国外竞争者的压力，因为它们提供质优价廉的产品。许多本土企业都会寻求政府保护，这就是**贸易保护主义**（protectionism）。贸易保护主义存在于所有国家的对外贸易史中。在美国，贸易保护主要有三个理由。

首先，美国需要降低巨额贸易赤字。1975 年，美国产生了小额的贸易顺差（商品和服务总进口量与总出口量的差额），之后贸易赤字一直增加。2007 年，美国的贸易赤字高达 7 120 亿美元，其中最大的贸易赤字来自于中国，有 2 560 亿美元。这一数字是对日本贸易赤字 830 亿美元的三倍。接下来是对加拿大 640 亿美元的贸易赤字。贸易保护主义者关心贸易赤字的规模及持续性，认为贸易赤字存在危害，应该消灭贸易赤字。他们声称，降低贸易赤字的一种方法就是反对过度进口并鼓励出口。

其次，贸易保护主义者想要庇护本国工业免遭国外竞争的压力。例如，外国竞争者已经渗透到美国的纺织、钢铁、鞋类、摩托车、玩偶、箱包、汽车和电视机等市场。贸易保护主义者声称，这带来的一个严重后果就是工作岗位的流失。全球化竞争对一个国家来说，并不总是具有建设性的、健康的。

第三，外国的贸易壁垒限制了美国的出口。这些壁垒也减少了美国的工作岗位。如果这些国家不消除壁垒，美国应该予以报复。

政治保护主义

保护主义不仅仅是个经济问题，其中存在重要的政治因素。比如，乔治·布什总统就把扩大自由贸易放在优先位置。他在美国国会的一次演讲中说："当我们就市场开放谈判时，我们是在为世界上的贫穷国家提供新的希望……当我们促进贸易开放时，我们是在增进政治自由。"[57]

那么布什又为什么把限制钢铁进口作为贸易政策的第一步呢？他的幕僚解释道，这个决定是根据对钢铁行业的全面调查得出的，实施救援是合乎情理的。例如，今天钢铁企业雇佣的工人数量只有1980年的1/5，钢铁产量下滑，钢铁厂倒闭，该产业的影响力已经萎缩。这是从其他国家低价进口钢铁的后果。总统做出该决定的另一个原因是，钢铁产业及工会有很强的政治力量。，是政治竞选的中坚力量，工人投票在关键时刻能左右候选人的输赢，如在宾夕法尼亚州、俄亥俄州和西弗吉尼亚州的投票。

自由贸易对保护主义的回应

自由贸易者用许多观点来反驳保护主义。一个主要观点，就是前文所提到的自由贸易的逻辑。另一个观点认为，世界贸易的快速增长得益于关税壁垒的大范围削减。前参议员菲尔·格雷姆认为，限制和阻碍自由贸易是"不道德的，它限制了我的自由"，他说，"如果我想买一件中国生产的衬衫，谁有权力告诉我，我这个自由人不能这样做？"[58] 反对保护主义者的人喜欢引用英国19世纪哲学家及经济学家约翰·斯图亚特·穆勒的话，"将贸易壁垒强加给某些国家，对这些国家来说是有害的。"[59]

约瑟夫·斯蒂格利茨和安德鲁·查尔顿在他们所著的《对所有人的公平贸易》一书中总结道，富国应该减少关税壁垒而穷国应该适当保留关税壁垒，直到取消关注壁垒的条件具备。[60] 他们认为，那些不发达国家没有相应制度和基础设施来开放市场。这些发展中国家的运输系统很原始，银行体系很脆弱，教育系统很初级，存在大量失业人群。简单来讲，它们无法获取自由贸易的好处。因此，每个国家都应该根据自己的情况制定时间表来逐步参与自由贸易。进一步说，富国应该帮助穷国加强制度建设，这样后者才能逐步开放市场。

不幸的是，它只是一个理论而非现实。政治是绊脚石。发达国家的贸易部长们私下里说："国会和议会绑住了我们的手脚，我们不能说服特殊利益集团。我们生活在一个民主国家里，这就是为民主付出的代价……”发展中的民主国家回应道：“我们也生活在民主国家里，我们的民主要求我们签署公平的贸易协议。如果我们带着不公平的条约回来……我们将被选民踢出办公室。我们也别无选择。”[61] 长期以来，农业问题是贸易协议的主要障碍。欠发达国家希望西方国家取消对农业的补贴，它们要求保留进口农产品关税以保护本国农民。政治原因使双方互不妥协。

美国对自由贸易政策的背离

尽管美国政府在自由贸易政策上非常雄辩，也在逐渐降低关税和其他贸易壁垒，但美国政府仍在努力保护本国产业不受外国竞争的影响。多年来，美国政府提高关税，施加了配额限制并禁止进口各种外国产品。上百个例子表明，美国政策背离自由贸易原则，增加了世界贸易的缺陷。下面列举一些事例。

很多贸易个案打上了**“购买美国”法规**（“buy American” laws）的印记。1933 年制定的《联邦政府采购法》目前仍然有效，该法要求联邦机构在购买本国产品时多支付 6% 的差价。许多州也有类似的法律，涵盖了多种商品。《海商法》禁止外国船只经营国内航道。《客轮服务法》则要求，在美国经营船运业务必须购买美国制造的船只，使用美国籍船员并悬挂美国国旗。

近年来，美国关税大幅下降，但仍有许多例外。如对进口的砂糖、花生、一些玻璃器皿、纺织品、摩托车和钢铁征收高关税。同时，美国也对来自不发达国家的产品免征关税，以提高它们同美国的交易能力。虽然这些产品的价值相对于美国的贸易总量来说并不大，但对发展中国家来说却非常重要。

其他国家的贸易壁垒

尽管自由贸易能带来利益，但所有国家都有贸易壁垒。毫无疑问，发达国家已经削减了对进口产品征收的关税，但非关税壁垒却在增加。一些非关税壁垒的例子包括进口产品检疫的拖延；不合理的产品技术标准如大小、质量、健康及安全等；消费者在购买外国产品时的禁止性条款（如配额）等。下面介绍这些壁垒。

欧盟禁止从美国进口牛肉及服用激素的牲畜、无菌化处理的家禽和基因工程产品。日本限制从美国进口肉、家禽、蔬菜和水果，大米则被完全禁止进口。中国台湾地区也限制从美国进口大米。韩国则对农产品和水产品实施高关税，并附加了一系列非关税壁垒。印度保留了大范围的贸易限制。虽然北美自由贸易协议已使美国对墨西哥的出口量增加了两倍，但墨西哥在肉类、家禽和水果产品上仍然保留了大量的贸易限制。巴西对信息技术产品征收高关税，使个人电脑成本翻了一番。巴西限制许多产品的进口，包括汽车。[62]

古典自由贸易与现实

全球经济一直是自由贸易和保护主义的混合体，这就是现实。进一步讲，对当今大部分世界贸易而言，建立在比较优势基础上的古典自由贸易理论已经失效。作为该理论基础的许多假设，是十七、十八世纪提出的，也不再符合现实。

哈佛商学院教授迈克尔·波特曾对这一古典理论做过修正以适应现代世界。他称之为**国家竞争优势**（competitive advantage of nations）。波特问：为什么一个国家能在某个产业实现全球优势？答案是因为该国形成了“产业集群”。这些集群由许多企业和产业组成，它们相互支持、创新、竞争，能进行低成本生产以满足不同消费者的需求。

波特问，瑞士作为一个没有自然资源的内陆小国，为什么能成为全球巧克力生产的领导者？为什么意大利是全球高品质皮鞋生产的领军人？为什么在第二次世界大战后经济步履蹒跚的日本，今天却成为低成本、批量生产、高品质、高技术产品生产的佼佼者？

波特认为，这是各种因素综合作用的结果，超出了自然资源范畴。这些因素包括对消费者需求的精确把握、一批受过教育的熟练工人、产业内的竞争压力和一群相互联系和支持的供应商。政府在其中起了部分作用，但并不是主要的。波特的理论令人信服，并在一个重要研究项目中得到充分证明。[63] 古典理论对于许多商品仍然具有解释力，波特的理论只不过是使之现代化，以更好地解释当今各种商品交易的现实情形。

腐　败

根据芝加哥大学历史学教授沃特·克吉的研究，在 11 世纪的拜占庭，腐败官员会被阉割和剜目。[64] 在古代一些国家，如早期的古罗马共和国，被控接受贿赂的人将被处以死刑。[65] 尽管死刑在当今社会已不常见，但并未完全消失。例如 2007 年，中国药监局前局长郑筱萸因收受超过 85 万美金的贿赂被执行死刑。[66]

不同国家的法律、惯例及文化差异，给跨国公司经营带来了道德、伦理和法律上的问题。在世界各地进行营运，有时会把美国公司卷入到一个由影响力、政治、风俗和微妙的业务所组成的复杂网络中去。很多公司发现，在许多不发达国家，甚至在一些高度工业化的国家做生意，需要为许多事情买单。这不是什么新鲜事情。

腐败是什么

人们对**腐败**（corruption）没有一致的定义，但对腐败类型有基本的认同。一种腐败被称为小腐败或小贿赂。这些腐败通常涉及低级别职员，目的是使用少量金钱使办事更方便。它包括支付额外费用，也包括支付“必要”费用让某些人做他份内该做的事情，比如船舶卸货或结算通关等。这些小贿赂通常被称为“润滑贿赂”“诚实行贿”“令牌赞赏”“进贡”等。这种行为被全世界广泛认同，也是合法的。这些费用往往是对当地低工资的正当补偿。另一种则是无耻的、勒索型腐败。

在以上两种极端类型之间，可接受的或合情理的腐败与明显不道德的腐败之间有界线，但并不总是非常清晰。比如，假设在一个国家负责管理进口业务的官员收取中等数额的服务佣金是正常的做法。如果该人不仅收取高于标准的费用，而且还有权决定一个政府机构是否购买某种进口商品。那么怎样的“支付”金额是正常的？什么时候这种支付就变成了腐败呢？向征税官员付费以达到减少公司税负目的则是明显的贿赂行为。如果某政府官员承诺给予重要的帮助，则给这位官员配偶赠送昂贵珠宝的行为也被认为是贿赂。为政府高官提供免费旅游、豪华娱乐以及赠送现金都是贿赂行为。

与贿赂相区别的另一种行为就是**补偿**（offsets），这在国际军火贸易中非常常见。举例来说，波音、诺斯洛普·格鲁门及洛克希德·马丁公司为了拿到阿拉伯联合酋长国购买军火的合同，答应花费上百万美元通过各种途径来增加该国就业水平提高国民的福利水准。这些公司在当地资助医学中心，建立一个造船厂，帮助清理漏油，并启动激光打印机回收业务。美国的军火制造商们甚至帮助荷兰出口纱线和导弹部件。要想到某个国家投资，这些补偿行为是协议的必要补充部分。承包商虽然不喜欢补偿，但他们确实希望能同许多国家做生意。[67]

腐败的代价和后果

与商品价值相比，为某种服务付出的“小费”通常很少。作为惯例，公司可以接受这样的酬谢行为。但贿赂的成本则十分昂贵。如果输给竞争对手，已支付的贿赂则会变成一种损失。一项针对 7 个国家的 350 个跨国公司的研究表明，有 43% 的公司承认在最近 5 年中由于竞争对手行贿而丧失了新的业务。其中 5 个国家的被调查者认为，最近 5 年来，由于竞争对手贿赂，公司失去的业务也在增加。[68]

除因竞争对手行贿为公司带来损失外，腐败还带来许多其他成本。例如，它破坏了与贫困作斗争的努力。联合国列举了一系列其他成本。

> 腐败破坏了民主机制，阻碍了经济进步并导致政权不稳。腐败还破坏民主

机制的基础、扭曲选举进程、曲解法律角色、制造官僚泥潭。腐败存在的唯一理由就是索取贿赂。

因为腐败，经济发展被阻碍，国外直接投资的积极性受到打击，国内的小生意也因“开办费”而无法开展。[69]

腐败在不同国家中差异很大。国际透明组织每年发布腐败指数，该组织成立的目的是在全球范围内开展反腐败斗争。图 12.4 列举了两组排名。图左边是收受贿赂最高和最低的国家和地区，按照专家的调查结果排序。美国排在该表的第 20 位。图右边是根据企业所在国贿赂指数排名前 10 位和后 10 位的国家和地区。该指数是基于对 125 个国家数千名商人的调查结果得出的。尽管大部分发达国家排在该指数的前面，但国际透明组织相信，它们的企业“仍在按惯例进行贿赂。”[70]

通过对不同国家在两个指数排名位置的分析可以发现，发达国家的腐败程度要低于发展中国家，这表明腐败阻碍了经济发展。另一个分析结果是，腐败与贫穷紧密相连。正如前联合国秘书长科菲·安南所说：“腐败挪用了本应用于社会发展的资金，破坏了政府提供基本服务的能力，滋长了不平等和不公正现象，并阻止了外国投资和援助。这些都不恰当地伤害了穷人”[71]

图 12.4 国际透明组织的腐败评价指数

收受贿赂指数：2007

前 10 名	后 10 名
1. 丹麦	162. 阿富汗
1. 芬兰	172. 乍得
1. 新西兰	172. 苏丹
4. 新加坡	175. 东加
4. 瑞典	175. 乌兹别克斯坦
6. 爱尔兰	177. 海地
7. 荷兰	178. 伊拉克
7. 瑞士	179. 缅甸
9. 加拿大	179. 索马里
9. 挪威	186. 老挝

贿赂指数：2006

前 10 名	后 10 名
1. 瑞士	21. 韩国
2. 瑞典	22. 沙特阿拉伯
3. 澳大利亚	23. 巴西
4. 奥地利	24. 南非
5. 加拿大	25. 马来西亚
6. 英国	26. 中国台湾地区
7. 德国	27. 土耳其
8. 荷兰	28. 俄罗斯
9. 比利时	29. 中国大陆
9. 美国	30. 印度

资料来源：Reprinted from Transparency International's Indexes of Corruption. Copyright © 2007 Transparency International: *The Global Coalition Against Corruption*. Used with permission. For more information, visit http://www.transparency.org.

商业反腐败实践和程序

世界企业联合会针对 165 个企业的一项调查表明“……与 2000 年相比，商业反腐败实践和程序已得到广泛普及、细化和精密化。”[72] 这一进展表现在，反腐败国际条约和准则不断增长。其中比较重要的包括《联合国全球契约》《联合国反腐败公约》《打击勒索和贿赂的国际商会行为规则》《国际透明组织打击贿赂商业规则》及《经合组织反贿赂协议》。

海外腐败行为法

美国于 1977 年出台了《海外腐败行为法》（FCPA），这一举动让企业更加关注腐败行为。该法令规定，向外国政府官员或外国政党成员及办公室候选人行贿，既是民事犯罪又是刑事犯罪。该法会将行贿行为定义为有“贿赂企图”地赠予官员金钱或有价值的物品，以影响他们的行为和决定，达到对公司有利的目的。2001 年，位于圣迭哥市的国防承包商泰坦集团，命令柏林办事处向该国总统的竞选活动捐赠 200 万美金，以得到政府认可，同意公司提高在该国的无线电话网络收费。[73] 事情暴露后，泰坦集团为其民事和刑事罪行共支付了 2 840 万美元的罚金，其中包括追缴的非法所得。这是 FCPA 颁布以来开出的最大罚单。

该法令对全球各地的美国企业都适用。即使国外的经理或下属机构在行贿时没有告知美国本土总部，该公司仍被视为违反 FCPA。否则，美国公司的经理会故意视而不见。如果明知贿赂行为仍然向外国顾问支付“佣金”，也是犯罪。当 FBI 的调查人员发现，陶氏化学公司在印度制造杀虫剂的“第五层级”子公司为加快产品注册向印度管理人员支付 39 700 美元进行贿赂，并且多年来各种行贿总额累计达 20 万美元时，FBI 对陶氏化学公司处以 32 500 美元的罚金。[74]

如果外国公司及其经理在美国境内行贿，也将被起诉。对此类非法行为，公司可被处以高达 200 万美元或相当于所得金额两倍的罚款。经理个人则会被处以 5 年监禁和 100 万美元罚款。该法律还禁止伪造账簿和记录以掩盖腐败行为，违反者将被处以高达 2 500 万美元的罚款。

FCPA 保留了一个例外，就是仅仅为加快“例行的政府行为”而提供的“润滑性贿赂”。[75] 它允许企业按当地商业规则运营，包括支付一些必要的小贿赂以便从码头运货、获取执照及许可、获取便利、促进检查以及加快其他的日常性服务。要注意的是，该法令中的非法贿赂不是根据金额大小，而是根据目的和接受者来定义的。理论上讲，即使是小额贿赂，如果有目的，对象是政府官员，也是非法的；但如果是为了获得小小的许可，即使支付了较大数额的金钱，也可以免予起诉。

根据 FCPA，一家公司经理向另一家公司的经理行贿不算非法行贿，尽管这在大多数国家可能是违法行为。但如果受贿对象是一家国有企业的经理，受贿者就成为法律上的“政府官员，因为其受雇于政府”。提供互联网电话的 ITXC 公司，其总裁和管理人员在这方面有惨痛教训。1999 年到 2004 年的 5 年间，公司的几个主管和经理们在 3 个非洲国家向国有电信公司的雇员支付总额达 26.6 万美元的贿赂以保留业务。现在，一名主管被判 18 个月监禁和 7 500 美元罚款，其余两名在等待宣判。[76]

公司防范贿赂的措施

许多大公司都有防范贿赂的政策。世界企业联合会发现，大公司的反贿赂宣言基本相同。该联合会发现的主要反贿赂条款列示如下。尽管这些条款没有含糊不清之处，但执行起来并不容易。研究表明，执行这些条款的主要困难如下：

- 不同文化对什么样的行为构成贪污有不同的观点。
- 很难监督下属机构行为。
- 由于竞争对手这样做，此类行为在当地被认为是正当的。
- 难以区分贿赂和当地公认的奢侈礼品间的区别。
- 监督、签约和实施的困难。
- 在特定国家运营。[77]

世界企业联合会要求调查者列举他们在反贿赂中找到的最有效方法。下面就是按重要性递减排列的方法。

反贿赂宣言内容（N=146）

反贿赂宣言：	百分比（%）
准确说明并界定贿赂行为，解释它们如何破坏公司业务	55
讨论公司反贿赂政策的结构和执行过程	54
说明该政策普遍适用的理由	47
明确承认坚持反贿赂政策可能会导致商业机会丧失	41
区分各种贿赂行为	40
对供应商声明反腐败政策	32
研究全球商业实践中出现的典型伦理困境个案	32
向合资伙伴声明反贿赂政策	16
全球 / 区域贿赂措施	12

资料来源：*Resisting Corruption*, The Conference Board, 2006, p. 19.

- 详细阐述公司的反贿赂政策。
- 如果有问题的做法已被披露，则公开后续结果。
- 召开小组会议，与当地的管理人员就实际或潜在的贿赂现象进行讨论。
- 要求雇员签署反贿赂政策宣言。
- 要求各地区的经理每年报告有问题的做法。[78]

不论国际社会、各个国家及各公司在根除贿赂上如何努力，腐败和贿赂问题仍长期存在。2007 年，美国政府从各公司的国外贿赂案件中收缴的资金超过 1 亿美金。[79] 在欧盟国家，一些企业仍在进行贿赂活动并面临各种起诉。英国至今没有因行贿而被起诉定罪的案例。法国、日本和意大利也只是近年来才开始对行贿案件予以起诉。而 10 年前，这些国家还允许公司将在国外的贿赂作为成本在税前进行扣除。

结　论

全球化是一场革命。它为全世界人民带来了巨大的财富。同时，也带来了剥削和混乱，并且给体验到好处的人带来痛苦。它深刻地改变了企业—政府—社会之间的关系。总的来说，全球化有助于提高公众福利，这一点是毫无疑问的。然而，要真正实现这一目标，必须做一些重大改革。

世贸组织中的大卫与歌利亚

1996 年，杰·科恩在美国旧金山从事一份利润丰厚的期货与其他衍生产品的交易工作。但他想开展自己的事业以赚取更多的财富。因此，他和他的两个朋友在安提瓜和巴布达岛国建立了一个互联网体育博彩网站。生意很成功，也许是因为太成功了，它吸引众多美国人在线赌博，从而激怒了赌博生意中的竞争对手。在本国遭到起诉后，科恩向公司所在的小国寻求帮助以保护他的生意。最后，该国向世贸组织起诉美国。令人大跌眼镜的是，它获胜了。

我们的故事得从温暖惬意的加勒比海说起，该海域位于佛罗里达东南 1 300 英里的地方。

安提瓜岛和巴布达岛

安提瓜和巴布达是两个小岛。安提瓜岛较大，面积 108 平方英里，经济发展较好。巴布达岛较小，只有 63 平方英里。这两个地势低洼的珊瑚岛被 25 英里的海面分开。英国海军尼尔逊上将曾将他的魔鬼悍将驻扎在这一港湾。今天，这个小岛国有 69 500 人口和大约 9 亿美元的 GDP。

安提瓜岛和巴布达岛的主要产业是旅游。

在 1994 年，政府为赌博业划出一片自由贸易区，允许企业在这里免税经营。此举的目的是希望博彩业为该国创造工作机会，以免除该国长期高失业率之苦。在这里，一个在线赌博公司建立一个营业处所需的总成本就是 10 万美元的政府执照费。该政府用这笔钱开办计算机学校培训安提瓜岛人，这样，他们就能在网上学习投注店工作的技能。[1] 现在，博彩业已成为该国继旅游业之后的第二大雇主。

2003 年，杰・科恩在内华达 Nellis 联邦监狱服刑。这是服刑时的照片。

资料来源：Aaron Mayes/Las Vegas Sun. Photo Courtesy of Las Vegas Sun.

杰・科恩的不幸

杰・科恩和他的伙伴都是美国公民，他们成立世界体育交流有限公司（WSE）时，成为安提瓜岛 25 个赌博公司中的一员，可以通过电话或网络投注。包括科恩注册的公司在内，这些赌博公司的主要客户是美国的投注者。科恩的公司茁壮成长。顾客们通过信用卡、转账或邮寄现金支票来建立账户。然后，他们利用电话或互联网输入密码进入账户，开始对橄榄球、篮球、棒球、足球及其他任何体育赛事下注。不到两年，WSE 已拥有 2 000 名会员。在 15 个月的时间里，它收到了从美国各地汇来的大约 530 万美元的资金。每笔投注 10% 的抽成就是公司的利润来源。

像其他安提瓜岛的公司一样，WSE 的运营是合法的。因为拿到了政府执照，WSE 可以公开经营，甚至在美国的体育杂志和报纸上做广告。“与那些非法赌博业相比，人们跟我们做生意要舒服得多，”科恩说，“顾客们知道，只要赢了，我们就会付款。”[2]

但美国反赌博者将他们视为违反反赌博法的厚颜无耻的招摇者。他们认为随着商业贸易而到处繁荣的赌博业会引诱青少年，毁掉上瘾的美国赌棍并破坏美国的道德基础。另外，美国一些重要的体育联盟要求 WSE 及其他离岸经营者隐匿比赛队名称并断开与这些联盟官方网站的连接。

很快，联邦调查局开始了卧底行动。一个办案员通过 WSE 在曲棍球比赛中下注了 300 美元。1998 年，联邦检察官起诉 14 家离岸赌博公司的经营者，理由是非法使用国内电话线下注。杰・科恩是其中一个，他非常震惊。“我们现在做的事情，得到了主权国家的授权”，他告诉记者。[3]

科恩自愿返回美国，相信美国法律并不适用他在安提瓜和巴布达岛的生意，也相信情理在他这边。但他错了。他一下飞机，联邦政府官员就将他逮捕。他被指控有八项行为违反了 1961 年的《联邦连线博弈法》。该法规的部分内容如下：

> 凡是从事营利性赌博者，有意使用国内的有线通信设施传送信息或通知下注，不论下注的是任何体育比赛或事件；或者接受投注者资金或信用卡；或者帮助投注和赌博，都将根据该条款被处以罚款或 2 年以上监禁，或同时给予以上两种处罚。[4]

科恩争辩道，他的公司是一家外国公司，

总部设在安提瓜岛，所从事的经营活动在安提瓜岛是合法的。公司所有的商业运营都按律师的建议在美国之外进行，他相信他的经营是诚实的。他甚至认为该条例并不适用于互联网，因为制定该法律的时候互联网还未发明。检察官认为，科恩违反了《联邦连线博弈法》的条款。他在安提瓜岛的执照不能作为辩护依据，因为《联邦连线博弈法》规定，通过电话线赌博就是违法的，除非投注所在国或投注目的国的赌博业都是合法的。他们还指控他犯有其他罪行，包括主导和唆使公司违反《联邦连线博弈法》，因为在他被捕后，公司并未停止其在美国的业务，还继续收取支票。

科恩的辩护没有说服陪审团，他们认定他的每项罪名成立。2002 年，他被宣判有罪并被判入狱 21 个月。他在拉斯维加斯附近的监狱服刑，心情沮丧。[5] 随后的上诉被驳回。[6] 2004 年，他在服刑 17 个月后被释放，缓刑期为两年。

与此同时，科恩的同伴还在继续经营 WSE。[7] 尽管他们生活在 FBI 有罪控告的阴影中，但他们不会在外国土地上被逮捕，安提瓜岛政府也拒绝引渡他们。这群避难者在总部享受着热带温和、舒适的海洋性气候，并把他们的 WSE 建成了如公司网页所描述的“世界上最大的互联网赌博公司之一”和“最受尊敬的在线赌博产业领袖”。[8]

向世贸组织投诉

杰·科恩得知，美国政府在他的案件中有可能违反了世贸组织规则。这使他想通过安提瓜和巴布达岛政府向世贸组织投诉。因此，才出现了故事开头加勒比海小国与占主导地位的超级大国之间的对抗，这场对抗中小国似乎不会取得成功。

世贸组织成立于 1995 年，当时有 94 个成员国（现在有 144 个），其前身是第二次世界大战后成立的关贸总协定。世贸组织的职责就是管理和推广由其前身制定的长达 50 年之久的自由贸易政策。

WTO 的一项重要功能就是裁定不同国家之间的贸易争端。这些贸易争端会根据专栏 1 所列举的一套规则和程序处理，这些规则和程序规定了详细的处理阶段和时间表。第一步是协商阶段。在该阶段，成员国有 60 天的时间通过协商来解决他们之间的争端。如果双方不能解决分歧，就会成立中立的专家组来裁决争端。专家组有三位成员，每一位都是该领域的专家。他们被从有资格当选的专家名单中选出，并需取得争议各方的同意。专家组成员必须独立行事，不能接受本国政府的指示。

争端当事国也可针对专家组的裁定向由 7 名成员组成的常设机构提起上诉。常设机构成员由 WTO 指定，四年一届。他们不能是政府官员，而且必须能代表世贸组织成员国。

安提瓜和巴布达的诉讼

2003 年，安提瓜和巴布达提出诉讼，要求 WTO 成立争议解决专家组。之后，两岛国为解决争端做出一系列努力。争端各方不能达成一致，争议解决程序一直继续。安提瓜同美国的争辩此起彼伏。随着时间流逝，双方律师琐碎的争辩和对法律的不同解释形成了上千页的文件。

安提瓜争辩说，美国政府采取了“……明确的立场，认为在安提瓜岛上向美国提供赌博和博彩服务的经营者是非法的，而且在所有情况下都违背了美国法律。美国政府过度采用州和联邦政府法，阻止安提瓜岛经营者向美国居民提供服务（其中至少一名安提瓜岛经营者被监禁），”[9] 违反了美国在关贸总协定（GATS）中的承诺。关贸总协定在 1995 年经全体 WTO 成员批准，要求美国在广泛

专栏 1 WTO 争议解决程序

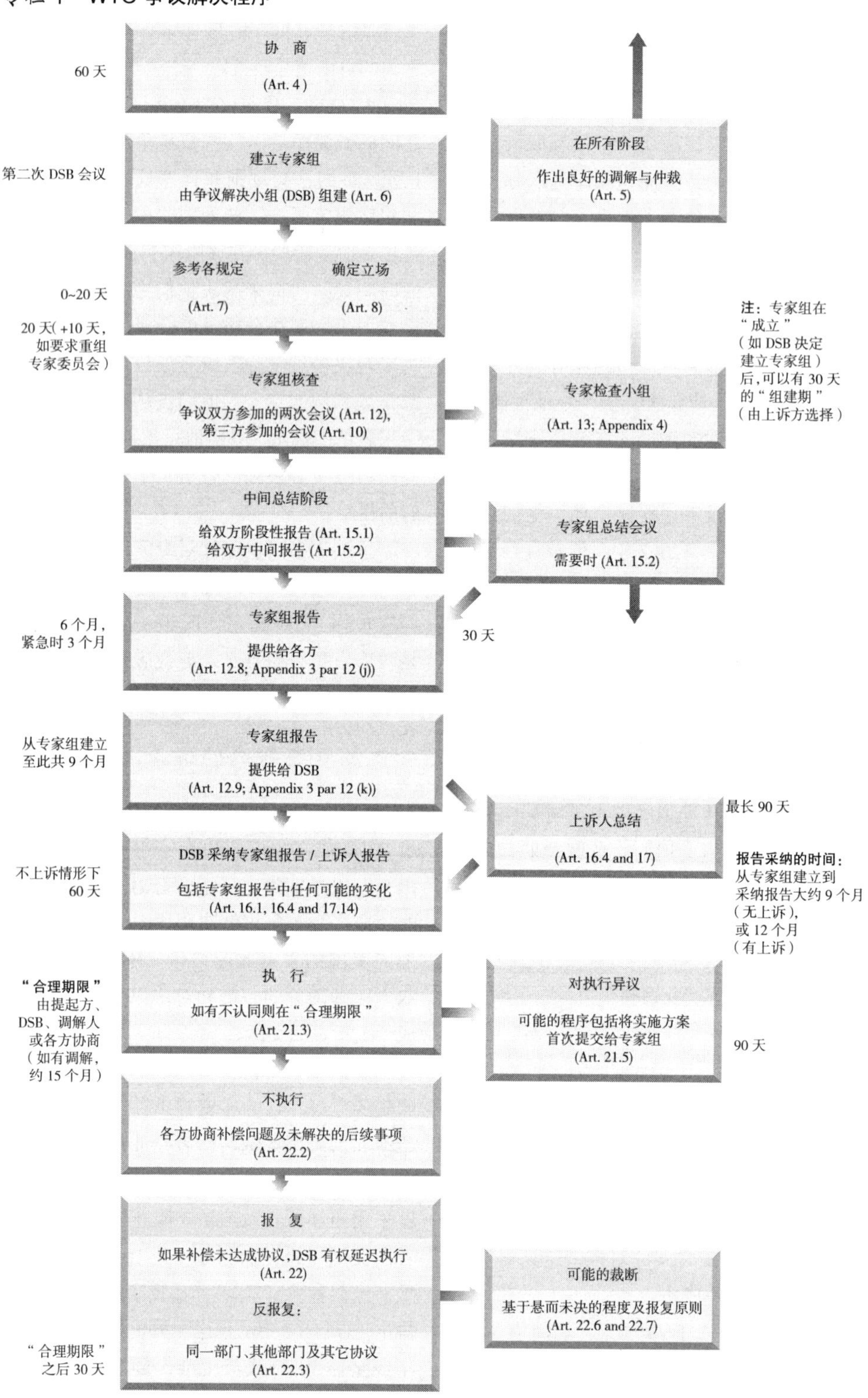

的服务贸易领域开放国界，包括“娱乐服务”业。安提瓜政府认为，该条款包括赌博业。

安提瓜政府指出，该国的企业合法经营，按照关贸总协定的承诺，它们拥有向美国消费者提供服务的自由。另外，除违反协定承诺，美国政府还很虚伪，因为它允许赌场、宾果店、扑克牌俱乐部、赛道和国家彩票中的赌博行为。例如，美国宾夕法尼亚州赛马赌博互联网网站 Youbet.com 就可以合法存在。这些事例使美国的道德论证成为空谈。

美国政府的回应

美国政府认为自己的决策拥有法律和道德基础。它声称安提瓜和巴布达的经营者明显违反了美国关于禁止使用电话赌博的法律。联邦法律也有相关规定，即任何国家接受来自美国的体育赌博都是非法的。它援引三个具体的法规，即《线路法》《传输法》和《商业赌博法》。美国国内法律也禁止借助通信线路非法赌博。这些禁止赌博的法律已存在几十年，而且早于 WTO。美国政府同时宣称，国家有权禁止危害社会的产品和服务。

不幸的是，当 1995 年签署 GATS 时，美国政府没有明确界定市场准入不包括赌博业。这个疏忽一直隐藏了 8 年，直到安提瓜政府提出诉讼为止。美国政府争辩道，它一直没准备对跨境赌博开放市场，现在也不能强迫它这么做。

美国政府确实有责任“保护公众道德并维持公共秩序”。它曾广泛禁止或严格限制赌博业，以保护未成年人和弱势群体。有证据表明，互联网赌博在美国的迅速兴起，使越来越多的青少年上瘾。对美国人民来说，这是一个值得关注的问题，因为它会危害公共道德。

专家组的裁决

2004 年底，审理此案的 WTO 专家组发布了它的报告。[10] 这一报告有利于安提瓜和巴布达岛。在裁决中，专家组认为，美国针对离岸互联网赌博的法律违背了其在 GATS 中签署的市场准入的义务。它总结道，这些限制构成了“任意和无理歧视”，并“变相限制了贸易”。[11] 它同意安提瓜和巴布达对“其他娱乐服务（除了体育）”条款的解释，认为该条款应该包括“赌博和博彩服务业。”这样，美国联邦政府的法律限制赌博，对国外公司来说是不公平的贸易壁垒。

专家组也认为，美国没有给予离岸博彩经营者与国内企业同样的自由。它坚称安提瓜岛的博彩企业是合法的，应被赋予进入美国博彩市场的权力。最后，专家组认为，美国限制赌博业这一有争议的做法虽然是为保护公共道德而设立的，但美国政府并不能证明这一行为的必要性。

美国拒绝了专家组的裁定。美国政府贸易代表办公室发表如下声明：

> 专家组的报告有严重瑕疵。1995 年，美国政府就有把赌博业排除在美国承诺过的服务之外的明确意图……纵观美国历史，美国一直限制赌博业……专家组的报告却不顾情理地要让互联网赌博业在美国境内生根发芽。[12]

常设机构的决定

美国政府向 WTO 的常设机构 SAB 上诉，该机构在 2005 年初维持了专家组的大部分裁决。[13] 它支持专家组的观点，即美国政府行为不一致，一方面禁止跨境互联网赌博，一方面又允许国内赌博公司使用互联网下注。但它推翻了专家组关于美国法律在保护公共道德方面缺乏必要性的观点。它的结论是，该法律确是正当的，可以防止美国民众出现越来越多的不道德行为。

不管怎样，常设机构同意专家组的裁断，

即美国违反了GATS协议，应该给予外国经营者平等的准入权。它发现美国《国内赛马法》有着特别条款，允许国内赌博业通过通信线路远程下注，但禁止外国经营者从事同样的经营。因此，美国提出的道德辩护理由缺少说服力和一致性，因而不能胜诉。

安提瓜岛要求制裁

这样，安提瓜大卫全面战胜了美国歌利亚。现在该怎么办？如果遵从WTO常设机构决议的话，美国必须采取两个行动中的一个：或者修改法律允许国外赌博业跨境下注，或者修改法律禁止所有国内赌博业使用电话线或互联网下注。但两者都不太可能。

相反，美国试着回避规则。它宣布从GATS协议中退出，因为该协议要求给予外国赌博公司与国内企业同样的市场准入地位。2007年，WTO驳回了该要求，称这一行为不符合条例规定。[14]

根据WTO规则，如果争端中败诉的一方不遵从裁决，它必须向受损的一方支付赔偿或接受报复。报复可采取贸易制裁等方法，以弥补受损害方所遭受的损失。

安提瓜和巴布达岛估计，该国每年因赌博业收入流失而带来的经济损失达340万美元。美国认为这一数字太高，建议以50万美元作为合理赔偿。在安提瓜岛的带动下，其他7个WTO成员国包括日本、印度、加拿大、澳大利亚、哥斯达黎加、中国澳门和欧盟蜂拥而上。它们也要求美国开放其他国内市场，作为美国限制这些国家进入美国博彩业互联网市场的补偿。[15]

贸易制裁最常见的形式是提高不遵守协议国家的进口关税。安提瓜和巴布达岛同美国的贸易量微乎其微，这么小的国家如何报复美国？安提瓜向WTO提出另一种报复方式，即仿造并出口有美国版权的娱乐设备。这一方式允许安提瓜和巴布达岛的企业复制并销售价值约340万美元的美国音乐和电影。当然，这种报复方式侵犯了美国电影和音乐唱片公司的版权。[16]

同时，美国政府通过了一项新法律，全面扼杀跨境赌博业。该法律就是2006年出台的《打击互联网赌博法》。该法律禁止银行和信用卡公司从事与赌博机构相关的资金交易，包括电子信用卡交易、电子汇款和支票交易，无论这种交易发生在什么地方。当该法律通过时，一些最大的赌博机构如PartyPoker.Com，宣布它们将不再接受来自美国的赌注。但WSE仍接受美国顾客的赌注。[17]

美国的博彩业

美国的博彩业历程并不平坦。它经历过极度的繁荣，然后是排斥和禁止。今天，强大的支持或反对势力相互斗争，至今没有明确的结果。互联网赌博是各方关注的焦点。

在英殖民地时期，赌博被认为是无害的。英国官方允许公司发行彩票募集资金。事实上，伦敦维多利亚公司曾发行彩票资助殖民区统治。很快，殖民者掌握了当地的彩票发行权，用这些钱资助公共事业，如修路和港口建设。连后来对赌博充满敌意的教堂，也是用彩票基金建造的。哈佛和耶鲁的建造也是如此。

渐渐地，税收取代彩票成为公共基金。到19世纪60年代，只有丹佛、密苏里和肯塔基州保留了彩票发行权。随着道德主义者越来越强烈的反对，各州法律禁止了各种形式的赌博。

在世纪之交，赌博业又焕发青春，政府开始重新为赌博业授权。20世纪30年代，在爱尔兰出现了一个广为流行的非法游戏。爱尔兰偷偷将游戏彩票卖给美国人，所得收入用于资助爱尔兰医院。爱尔兰政府对此没有限制，从而使博彩变得日益流行起来。今天爱尔兰到处充斥着这些东西。有了互联网，美国人民可以舒服地躺在家里在全世界范围内下注。[18]

互联网赌博激起了反赌博势力的怒火，包括执法机构、教会、保守家庭福利团体和体育联盟。他们声称赌博的吸引力非常强大，会导致企业破产、家庭破裂、犯罪频发等一系列问题，而且赌博文化还会腐蚀运动员。他们要求用强有力的法律去规范和取缔赌博，他们还特别关注互联网赌博对年轻人，尤其是年轻小伙子的危害。他们相信那些习惯于在电视游戏中消耗时间的青少年，正受到老练赌博机构的诱惑。如果没有成年人预先告知他们赌博可能带来的后果，他们会染上毁灭性的恶习。

近期的一份调查结果表明，估计每个月至少有 35 000 名年龄在 14~17 岁的青年参与网上赌博，此外还有 850 000 名年龄在 18~22 岁的青年参与赌博。2006 年，后一人群的赌博频率翻了一番。在年龄 18~22 岁的女青年中，36% 的人每月都会参与赌博（相同年龄男性的赌博比例是 56%）。[19]

《2006 年非法互联网赌博强制法》

正如上面提到的，美国国会于 2006 年通过了《非法互联网赌博强制法》，以援助美国政府对 WTO 裁决的反对。此法案的通过，标志着反赌博势力 10 年努力的成就。过去，有势力的特殊利益集团阻碍相关法律的制定，包括赛道老板、印第安部落的赌场、彩票利益集团和合法的在线赌博产业。但 2006 年，这些利益集团都因为自身丑闻而缄默不语，包括有名的游说家杰克·阿伯拉默夫，他曾为赌博利益集团进行游说活动。公众愤怒的声音淹没了阿伯拉默夫的声音。

法律通常从陈述调查结果和立法目标开始。国会发现互联网赌博日益成为银行和信用卡公司坏账的原因。因此，“有必要就互联网赌博建立新的管制机制。”接下来是定义，比如，“下注或赌博”就是“……对一项竞赛、体育赛事或‘机会游戏’，用有价值的东西进行冒险活动。”

该法律规定，“无论使用什么工具发送、接受或传输赌注，包括部分使用互联网”都是非法的。无论赌注从美国发出还是接收，都属于违反行为。现有的互联网赌博，如赛马投注，可以继续经营。

新法律的厉害之处在于打击了赌博的付款方式。“赌博经营者不得故意接收非法赌博参与者”的付款，无论通过信用卡、电子资金转账、支票还是“其他形式的资金转账过程”。那些为非法赌博传输或接收资金而提供帮助的个体或公司都会遭到起诉。

支持“赌博法”的观点

只有经过争辩程序，国会才能发布新法律。当上述法律的早期版本在议院大会讨论时，遭到了公开反对。在这一部分，我们列举一些法案支持者的观点。在下一章节，我们也列示一些反对者的看法。[20]

反赌博法的长期支持者詹姆斯·林奇讲了下面一个故事。“约翰·金特是厄巴纳市伊利诺伊州大学的企业管理学教授，他称互联网是‘赌徒的高纯度可卡因’，甚至没有注射的痕迹，也不需要酒精。你只需轻点一下鼠标就可以失去你的房子。这些评价对格雷格·霍根来说再合适不过了。霍根是来自俄亥俄州巴贝顿市里海大学的学生，担任班长和学校牧师助手。这个牧师的儿子在德州在线赌博时输了 7 500 美元。为了弥补亏空，他抢劫了一家银行。他的生活因此被毁掉了。在这以前，还从未发生过如此小的年龄、如此迅速地损失掉这么多金钱的事例。互联网赌博还在渗透，很快它们将无处不在。”[21]

在辩论的最后，林奇沉痛地感叹道：“因为国会没有采取行动，非法互联网赌博产业已繁荣起来。今年，美国人民在无约束的、离岸的、在线赌场上的花费将超过 600 万美元，是全世界互联网投注金额 1 200 万美元的一半。FBI 和司法部门的专家们提出警告，认为互联网赌博机构很容易被用来洗钱、贩毒甚至为恐怖分子提供资金。更有甚者，这些机构逃避美国的严密监管，而这些监管措施可以禁止未成年人和问题赌徒参与赌博以保证赌博游戏的公正性。”[22]

斯宾塞·巴屈斯提出："赌博的消极影响已被广泛证明。赌博常常导致上瘾、破产、离婚、犯罪和道德败坏。互联网赌博更是放大了赌博的危害，就像把可卡因带回你家里……互联网赌博也与恐怖分子及有组织犯罪联系在一起。”[23]

约瑟夫·皮茨说："在线赌博是独具特色的，它不需要赌场、马道或下注大厅。它需要的就是一台电脑、一张信用卡和互联网。有了这些设备，赌徒们就可以在自己的私人住所一天 24 小时地赌博。如果未成年人想玩的话，很容易忽视年龄要求。信用卡支付系统和在线环境导致赌博者上瘾、破产和犯罪。”[24]

反对“赌博法”的观点

下面是一些反对“赌博法”的观点。

巴尼·弗兰克是金融服务委员会主席，他认为对赌博的限制是对自由的侵害，也是无法实现的。“难道我们要回到禁止年代？限制酒精不起作用，限制赌博也不起作用。当人们有某种恶习时，明智的做法是想办法治愈它，而不是用法律去限制……在那些需要我们共同行动加以保护的领域，如生活质量、环境、交通和公共安全方面，我们应该予以限制；但在那些应由个体自己作出选择的领域，我们不应该介入……现在有人说，一些学生滥用自由，我们就应该限制这种滥用。但如果只要某种行为能使大学生染上恶习，我们就让法律来规定这些行为对成年人都是不合法的，那我们只有坐在家里什么事也不要做。今天已经到了个人自治这一基本原则存亡攸关的时刻。”[25]

罗纳德·保罗同意弗兰克的观点，他认为对互联网赌博的限制注定会失败。“也许你做了某些不合法的事，不论是酒精还是香烟，亦或是互联网赌博。但这些行为不会消失，因为……需求在增长。这些事情最终变成了犯罪。但我们无法根除它。”[26]

罗伯特·斯科特反对该法律："因为它并没有禁止互联网赌博，而仅仅是禁止通过互联网运营赌博。由于互联网的特殊性，我们很难这样做。因为即使我们成功地关闭了美国境内的赌博机构及与我们合作国家的赌博机构，这一法律也不会起作用，因为在我们法律系统管不着的地方，还有其他机构在营运。”[27]

斯科特担心的是巨额成本和管理效果，因为金融机构必须严格区分那些资金是用于赌博的。他解释说，该法律禁止用信用卡偿付赌博债务，“……但为金融机构带来了噩梦，因为这样做的话，他们需要识别非法互联网赌博的转账交易。要区分这些转账交易非常困难，因为转账人并不会声明他们的转账交易是非法互联网赌博转账……一些互联网赌博经营是合法的，金融机构如何区分合法与非法的经营行为呢？……超过 85 个国家允许某些类型的在线赌博，而且这个数字还在增加。因此会有哪些政府与我们合作，起诉他们授权经营的赌博机构呢？”[28]

雪莱·贝克莱也认为该法律不切实际："姑且不论该法律支持者那些错误的宣传和言论，但该法律既不能阻止互联网赌博，也不加强美国政府的执法能力。相反，通过该法律只会带来反对的声音。目前在线赌博的上百万美国人，仍会继续使用美国法律效力之外的离岸赌博网站赌博……令我惊讶的是，这群人一方面抱怨联邦政府侵权，另一方面，当面临赌博问题时，他们又是第一个呼吁政府干预的人。”“该法律的支持者们，”她说，“认为在线赌博是对社会和年轻人的巨大危害，因为一些人赌得太多……同样的逻辑，接下来我们是不是要考虑禁止网上购物呢？”[29]

问 题

1. 对杰·科恩的判决公平吗？
2. 你同意 WTO 对美国和安提瓜岛之间争议的裁决吗？
3. 美国应该服从 WTO 的裁决吗？如果服从的话，它该怎么做？
4. 安提瓜和巴布达岛是否应该通过出口与它所遭受损失同等价值的、有版权的娱乐物品来报复美国？
5. 你是否支持 2006 年的“赌博法”？在 WTO 提出非法贸易壁垒后，美国国会通过该法律是合适的吗？
6. 美国对赌博业应该限制到何种程度？是否应禁止赌博业？

第 13 章

工业污染与环境政策

印第安健康服务中心解决了一个疑问

丹尼尔·舒尔茨是新墨西哥州桑塔佛印第安医院的一名外科医生，他对自己 18 个月来的发现感到迷惑和震惊。1984~1985 年间，他在附近的同一个印第安村中诊断出三起恶性间皮瘤病例。来自州肿瘤记录的数字表明，在 1970~1982 年间，还有两起相同的病例发生在这个村。也就是说，在 15 年间，一共有 5 起病例。患者的平均年龄为 65 岁，在确诊后平均只能生存 3.8 个月。[1]

恶性间皮瘤是一种生长在胸腔内层的肿瘤，一般不可治愈。这种肿瘤通常由石棉引起，潜伏期长达 40~50 年。在那个只有 2 000 人的小村中，居然出现了 5 起这一罕见的病例，几乎是标准死亡预测数字的 1 000 倍。因为通常来说，一个 200 万人口的城市，发生 5 起病例并不稀奇。印第安医院在 3 个病人的肺组织样本切片中，发现了三种商用石棉成分——温石棉、铁石棉、青石棉。据此可以得出结论，这些印第安人长期暴露在可以通过空气传播的石棉纤维中。但事情是怎样发生的呢？舒尔茨请来了印第安健康服务中心的一名负责环境卫生的官员理查德·德里斯可尔，德里斯可尔所在的印第安健康服务中心是卫生与健康部下属的一个小机构。德里斯可尔和他的同事一起，着手调查这个案子，希望查出石棉中毒的原因。

调查组很快遇到了难题。印第安人不愿意合作，他们迷信地认为，这种不治之症是由于患者本人有罪。他们还认为，谈论这种病的人是想让这种病发生在其他人身上，并且会引起更多疾病。同时，印第安人不喜欢受到外界的关注和干扰，因为他们希望保持自己的传统和文化。最终，村中的老者同意讨论石棉中毒的可能原因。下面就是这个故事。

20 世纪 30 年代，一个建筑队驻扎在村镇附近。一条私人小铁路将建筑队和附近的主要铁路干线桑塔佛铁路连接起来，一辆蒸汽式火车在这条小铁路上来回穿梭。当更换火车蒸汽炉的隔热管时，工人把换下来的旧的石棉绝缘材料扔在铁路沿线。村中的人发现这些旧的石棉绝缘体并拿回村中。这些东西在村中派上了大用场。在制作印第安珠宝的时候，银匠利用石棉垫有效地隔热。在传统节日上，跳舞的人用它来漂白绑在身上的鹿皮绑腿。于是大量的石棉纤维散发出来，悬浮在空气中。渐渐地，印第安人为石棉找到了越来越多的用途。除了那些在铁路沿线捡到的石棉碎片，为建筑队工作的村民们也从工地的垃圾中捡来更多的石棉。

调查组发现，5 个病人中，有 4 个曾经当过银匠，而且这 5 个人都是部落传统节日舞蹈的积极参与者。印第安人不愿意将这些石棉丢掉，出售石棉用品已经成为这个村的家庭工业。在挨家挨户的调查中，调查组发现，印第安家庭把石棉贮藏在袋子和瓦罐中。石棉已经成为他们生活中的一部分，难以分开。在强调了石棉可能会对孩子产生的可怕影响后，大部分印第安人决定把这些有石棉成分的东西扔掉。

这个发生在印第安小村的故事，与人口众多的工业社会中发生的情况有相似之处。以上两种情形，那些危险的东西都有改善生活质量的用途。以上两种情形，人们在意识到这些东西的危害性之前，已经与之有太多接触。以上两种情形，都是在人们已经大量接触许多致病物质，并出现疾病和死亡之后，政府才采取行动保护公众健康。

在本章中，我们将讨论工业污染的性质以及那些允许企业染黑天空、污染水源和土壤的思想根源。然后，我们将讨论 20 世纪 70 年代以来，美国出台的大量控制工业污染的计划。我们将介绍这些计划的执行情况，并评价这些计划对企业的影响，以及计划的实施效果。

污　染

污染（pollution）指的是存在于环境中并给人类带来不便和危害的物质。大多数污染来源于自然界。森林火灾向大气层释放汞之类的有毒金属颗粒，流经岩石沙砾的水带来石棉。北美一年的自然辐射大约是 300 毫雷姆，相当于 50 次胸透的放射量。成千上万吨原油通过裂缝渗入海底。

人类活动带来更多污染物。狩猎时代的几百万年里，人类制造的污染非常少。但始于 1 万年前的农业技术革新，使越来越多的定居社会出现，人口增加，人们聚集在城市。无论他们居住在何处，主要的污染问题是做饭和取暖时燃烧燃料所释放的毒气和颗粒。大部分疾病和死亡与各种燃料如动物粪便、木头、木炭燃烧所释放的毒气有关，尽管当时人们并不知晓这一切。

后来，由于工业革命，城市中挤满了工人。城市生态系统充满各种污染。城市空气中充满了气体和颗粒，它们是在日常生活和工作中燃烧木头和煤释放出来的。更严重的问题是人类和动物产生的大量垃圾。人们家里很少有厕所。简陋的下水道没有水冲刷。街上到处是动物的尸体、牲畜的粪便以及屠宰店丢弃的动物内脏。[2]

直到 19 世纪晚期，水处理技术的推广才最终确保了供水卫生，但仍然未能阻止大量人口死于水传播疾病。当时，化石燃料和制造业带来更加严重的环境污染问题。

大多数工业污染增加了自然界原有污染物的含量，使人类处于一个由大量金属、有机化合物、无机化合物、射线、颗粒等污染物构成的大气环境中。比如，几乎所有美国人体内的镉含量都很高，大约 5% 的人体内，镉含量甚至高到足以损害肾脏及降低骨密度的程度。镉是一种蓝色软金属，它是在熔炼、石油炼制、垃圾焚化等过程中释放到环境中的。散落在土壤里的镉被植物吸收，然后进入食品中。[3]

20 世纪 40 年代以来，合成化学品的出现，使一些耐久的、复杂的、人造的化合分子广泛运用于塑料、杀虫剂、溶剂、冷冻剂、阻燃剂、粘合剂、炊具以及其他产品的生产中。在普通人的身体组织中，这类物质很多。一项对 9 个人的研究发现，他们的身体中包含 150 种工业化学物质，其中大部分成分在 75 年前并不存在。这些物质可能来自于含有这些化学成分的 11 700 种商品中。[4]

工业活动不仅破坏了自然生态环境，而且损害了人类健康。我们将简要讨论工业活动对各个领域的影响。

人类健康

工业污染所带来的疾病比较严重，但远没有衰老以及非工业形式的污染所导致的疾病严重。表 13.1 显示了空气污染、水污染以及土地污染导致的潜在生命损失。这种生命损失可以用**伤残调整生命年**（disability adjusted life year，DALY）来计算。伤残调整生命年是一种衡量由于过早死亡或带有残疾而导致生命损失的计算方法。一个伤残调整生命年等于丧失一年的健康生命。

如表 13.1 所示，污染导致的生命损失在不发达国家是 14%，而在发达国家仅为 4.5%。在发展中国家，大多数生命损失与其他原因有关，如不卫生的水源及在室内燃烧柴火和煤炭。[5] 在发展中国家，来自于工厂和机动车的城市空气污染，以及来自杀虫剂和有毒废料等现代工业副产品的污染，对伤残调整生命年的贡献率为 3%，而在发达国家，这一比率只是 3.5%。显然，国家工业化带来的不是一大堆致命的污染问题。恰恰相反，工业化可以降低人类与致命非工业污染物的直接接触，极大地减

表 13.1 主要环境污染给健康带来的风险

	伤残调整生命年的百分比（%）	
环境的健康风险	**不发达国家**	**发达国家**
水供应及卫生	7	1
室内空气污染	4	0
城市空气污染	2	1
农药及工业废料	1	2.5
与污染相关的所有原因	**14**	**4.5**

资料来源：Kseniya Lvovsky, “Health and Environment,” World Bank, draft working paper, Washington, DC, April 2000, p. 4.

少疾病发病率。工业化主要的进步在于，它使人们用上未被粪便污染的水，使家庭能源从肮脏的固体燃料转变为洁净的电能。

生物圈

工业活动也影响了生物圈。生物圈是地球表面上支持生命存在的相对较小的空间，这个空间很狭小，无法从轨道飞行器上观测到。[6] 生物圈是多样化生态系统的发源地。**生态系统**（ecosystem）是植物、动物以及存在于非生命环境中的微生物之间的一个互动领域。生态系统可能是很小且短暂存在的，比如空心树干中的一些水；也可能是巨大且持久存在的，比如热带雨林所承载的生态系统。

生态系统能为人类的福祉提供服务。**生态系统服务**（ecosystem services）指人类从自然界的动态变化中所获得的各种利益。生态系统提供食物、纤维以及水。生态系统能调节气候，控制洪水、虫害和疾病，净化水源，产生土壤以及循环养分等。比如，珊瑚礁能够吸收碳，稳定海底，为植物和鱼提供栖息地，滋养自然的多样性。生态系统所提供的服务是自然界赠予的，如果为它定价，用世界 GDP 来衡量的话，那么生态系统服务在 2008 年的价值大约等于 57 万亿美元。[7]

人类的经济和工业活动都利用了生态系统。最近，联合国委托 1 300 名科学家用 4 年的时间研究世界生态系统。他们在《千年生态系统评估》的报告中指出：目前，生态系统已经退化并处于压力中。[8] 在过去的两个世纪中，人类福利的巨大进步，包括更好的营养、更长的寿命以及更多的物质享受，都是人类利用生态系统取得的。有时，这种利用会破坏生态系统并削弱其继续提供服务的能力。例如森林遭到严重破坏即是其中一例。在人类历史早期，森林面积是 121 亿英亩，现在森林面积已经减少到 74 亿英亩，并且还在以每年 2 300 万英亩的速度减少。森林提供了大约 5 000 种产品，但由于面积萎缩，森林支持物种多样性和调节水文循环的能力也在降低。

为生态系统带来压力的原因是多方面的、复杂的，但主要在于不断加速的经济活动。当今，享乐主义者支持增加人均消费并刺激全球贸易，以达到利用遥远的生态系统的目的。污染和浪费的加剧，将带来超越自然极限和阈值的危险。例如，活珊瑚礁是承载上千物种、错综复杂、相互作用的载体。当活珊瑚礁受到海岸附近城市的微小污染时，会经历一系列迅速的消极变化，最终长满水藻。世界上将近 20% 的珊瑚礁已经遭到破坏。[9] 类似地，当一个地区的生态环境退化到超过物种存活所要求的阈值时，物种将不可逆转的灭亡，尽管最后一个成员的死亡可能需要几十年。这给我们带来的教训是，当今，经济活动偶尔可以不顾及长远利益，但最终必须是可持续发展的。否则，生态系统服务功能的恶化，必将限制人类福利的增加。

工业活动和可持续发展

当前，几乎每个洲都有很多国家制定了雄伟的发展计划，这些计划都把发展工业放在环境保护的前面。贫穷国家有 26 亿人，其中大多数人每天的购买能力不到 2 美元。[11] 这些国家的领袖认为，工业增长是提高生活标准和增强国力的唯一途径。如果这些人口稠密的发展中国家继续采取十八、十九世纪工业革命时期欧洲、美国、日本那种破坏环境式的发展模式，严重的污染和资源消耗将导致生态灾难。

今天，很多人对**可持续发展**（sustainable development）理念感兴趣。这一理念指无污染的经济增长，它在提高生活水平的同时不耗尽地球资源。但是，目前在发展中国家展开的现代工业革命与该理念没有什么相似之处。事实上，在发展初期，它更可能是旧工业革命的延续，消耗资源并制造污染。新工业发展迅猛，像韩国、泰国和中国的经济发展，仅用 20 年的时间就完成了英国和美国 100 年的经济转变历程。随着经济突飞猛进，一大批现代工业迅速崛起，也带来了比十八、十九世纪更多、更危险的污染物。

有证据表明，新经济体的环境质量并没有像旧工业革命那样长期恶化。研究发现，发展中国家在发展早期收入较低，污染严重。随着人均国内生产总值继续增长，污染达到一个峰值并最终下降，而 GDP 继续增长。这个现象可以用倒 U 曲线表示，这就是著名的**环境库兹涅茨曲线**（environmental Kuznets curve）[12]，如图 13.1 所示。

研究者通过对 50 多个国家的研究发现，在经济发展过程中，城市排放的二氧化硫迅速增长。二氧化硫是煤炭和石油燃烧的副产品，与工业化密切相关。但二氧化硫增长速度会逐渐变缓，在人均国内生产总值达到 4 000 美元时会稳定下来。之后，污染排放开始下降而收入水平继续上升。颗粒污染物的排放量下降稍晚些，在人均 GDP 达到 8 000 美元时会稳定下来。有机污染物耗氧所造成的水质下降标准，在人均 GDP 达到 7 500 美元时也稳定下来。水中重金属砷的浓度，在人均 GDP 达到 4 900 美元时趋于稳定，并在 GDP 达到 10 000 美元时开始下降。[13]

这些发现支持污染物倒 U 模式。尽管不是所有的研究都得到同样的结果，也不是所有污染物都遵循倒 U 模式，该理论还是得到了广泛支持。[14]

许多因素解释了环境库兹涅茨曲线。一开始，随着国家工业化，它们的经济结构发生改变。在早期，低资本密度的农业及加工业占主导地位，所排放污染物的毒性要远远低于后来的工业化时期。在工业化中期，当积累了足够的资本后，国家开始发展污染严重的工业，比如水泥、化工和橡胶业。其他一些工业污染需要更多的资本和技术，包括金属冶炼、造纸、印刷业及设备制造业等。[15] 但在经济成熟期，工业结构向更洁净的技术和服务行业转变。

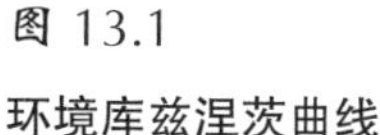
图 13.1
环境库兹涅茨曲线

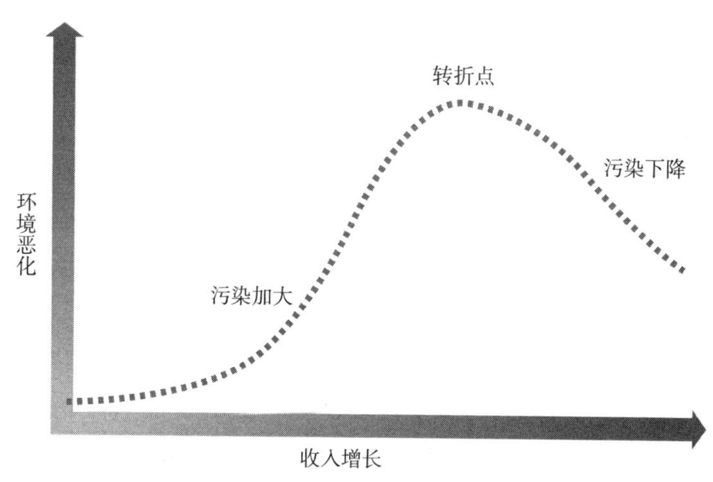

尽管污染在增加，但经济增长带来了其他变化。财富越来越多，教育也越来越好。随着人口脱离贫困，文化价值观也开始发生转变。维护环境质量和保护公众健康渐渐占了上峰。[16] 企业特别是大型公司，使用洁净技术的压力在增加。随着发展中国家的政府变得越来越强大、民主，它们日益重视减少污染。越来越多的熟练技术人员进入监管机构。这些因素都导致 GDP 持续增长而污染不断下降。

如果环境库兹涅茨曲线能够预测未来的话，那么更多的经济增长并不会带来污染的增加。根据西方的历史经验，发展不可避免会导致环境恶化。但现代工业的增长可以更加清洁。

尽管可持续发展是个有价值的理念，正如我们所看到的，一些国家和企业也力图将这一理念付诸实践，但全球范围内的现实却与可持续发展观点相差甚远。可持续的理念要求我们重新思考工业和生态环境之间的关系。在下面的章节中，我们讨论支持工业化的观点，然后解释它们现在受到的挑战。

理念塑造对环境的态度

企业和自然的恰当关系是什么？过去，西方国家在某种程度上认为自然是人类需要征服的对象，因此工业行为是合理的。这种价值观来源于古代地中海社会。最后，这种价值观出现在《圣经》里，获得了宗教认同并扩大了影响。在《创世纪》里，上帝首先创造了自然，然后创造了人，之后又指导人类如何与自然打交道。

> 要生养众多，遍满地面，治理地上的一切，也要管理海里的鱼、空中的鸟和地上的各样活物。（1:28）

基督教奠定了西方征服文明的基础，即人类有别于自然界并高于自然界。它也蕴含了人类必须智慧地管理其子民的观点。近年来，人类主宰这一观念已不再受到人们重视。

在欧洲文艺复兴时期，当教会教条失去其主宰地位时，世俗哲学不仅没有排斥人类地位优于自然界的教义，还用自己的世俗观念进一步强化了这一教义。在短短150年里，出现了四种新的观点，它们共同决定了在未来的工业革命中应该如何看待和对待自然。

二元论（dualism）认为，人类区别于自然界。法国哲学家勒内·笛卡尔（1596~1650）相信，自然按照人们可以理解和掌握的固定法则像机器一样运转。人类区别于自然界和其他生物，这是因为人类与植物和动物不同，拥有思考能力和灵魂。笛卡尔的看法奠定了现代实验科学的基础，同时也建立了二元论，加强了基督教中人类优于和区别于自然界的观点。

文艺复兴使生活条件改善、城市发展、发明增加及工业萌芽。这些事情极大地激起了欧洲知识分子的乐观情绪，并产生了**进步**（progress）这一观念。这种观念相信人类的历史是一部进步史，人类以不可阻挡的脚步从低级进化到高级并达到完美。该观念反对人类追忆过往文明的悲观态度。查尔斯·达尔文的进化论支持了这一观念，并使它深入人心。随着工业发展，为人类福利而掠夺自然界的行为，正好迎合了进步这一观念。

接着，在英国工业革命早期，有影响力的经济学理论与伦理学产生了，它从另外的途径论证了掠夺自然界的合理性。以亚当·斯密在1976年提出的理念为基础，**资本主义**（capitalism）理论将自然界定义为在财富创造过程中可以利用的商品，可以用来提高经济活力、福利和社会舒适度。实践中，早期资本主义行为在很大程度上忽视了对环境产生的破坏。这个趋势仍在继续。比如，国内生产总值这一统计指标，随商品和服务生产而增加，但并没有随污染的出现而下降。因此，由于埃克森－瓦尔迪兹号石油泄漏，GDP增加了，增值中包括为清理埃克森石油泄漏所花费的上百万美元，但并没有减去动物死亡和海岸线恶化的成本。

最后，**功利主义**（utilitarianism）教义或者“利益最大化”概念，与资本主义在英国的兴起同时出现。它也被用来为侵害自然界的经济行为辩护。工业界用功利主义为自己辩护，认为工业虽然带来有害的污染，但将环境成本与工作、产品、税收及经济增长等经济利益相比，工业带来了“最大的利益”。功利主义提供了一种道德观，它将工业破坏性的一面合理化了。它蒙住了西方社会看待自然界的眼睛，现在虽然减少了对自然界的掠夺，但并没有实质性的改变。

在东方文明中，佛教、儒教和道教更强调人与自然的相互联系。它们要求人类以更加谦逊、更少支配欲的态度对待自然。但东方文明主要对人与人之间的关系产生了重要影响。同西方一样，在亚洲工业化也被认为对环境产生了危害。

新观念挑战旧观念

20 世纪后半期，出现了另外一种非掠夺式的环境伦理学观念。自然学家奥尔多·利奥波德是这一新观念的倡导者。他在 1949 年《沙郡年鉴》一书中，开创性地陈述了新的**土地伦理观**（land ethic），鼓励人们重新思考关于人与自然界之间关系的传统看法。他写道：

> 迄今为止，所有的道德发展有赖于一个前提：个人是其社会成员相互依存的一部分……土地伦理扩大了社会边界，将土壤、水、植物和动物或者其全体全部包括进来。土地……简单讲，土地伦理改变了现代人作为土地社会征服者的角色，而只是将现代人视为普通成员和公民。它意味着人类要尊重其他成员及整个社会。[17]

对利奥波德来说，传统的道德义务范围过于狭窄。扩展的伦理范围不仅包括对人类其他成员的责任，还包括对自然界中非人类物种的责任，不论是有生命的还是没有生命的。

20 世纪 70 年代早期，挪威哲学家阿恩·纳斯提出了一个更为激进的土地伦理观。他认为利奥波德及其他主流环境主义者的思考太肤浅，因为他们的观点调和了工业时代的世界观。纳斯认为，应该对这一问题进行“更深层的关注”，而不仅在当前经济活动与保护自然之间进行妥协。他的观点后来被称为**深层生态学**（deep ecology）。纳斯主张应该终止人类对自然界的支配地位。支配哲学应该被“生物圈平等主义”取代，即所有的物种都有生存和繁衍的平等权利。自然界不应仅被作为资本主义经济生产中的生产要素，因为它有内在价值，不能妥协。简而言之，纳斯坚决反对上述四种传统的、支持工业行为的观点。他总结道，人类过分侵害自然，这种做法需要彻底改变。[18]

纳斯及其他持相同观点的哲学家鼓舞了反企业的环境保护团体。地球优先和环境解放阵线等组织相信，道德责任使他们可以采取极端的措施来结束破坏自然的行为，甚至可以无视法律。

其他新的哲学思想也主张把权力扩展到非人类物种。例如，哲学家彼得·辛格提出了**物种主义观**（speciesism），或者“人类对自身成员的偏爱以及对其他物种成员的歧视”，这种观点类似于种族主义和男性至上主义。[19] 种族主义和男性至上主义认为，肤色和性别决定了人的价值；物种主义者相信，物种的腿的数量或者是否居住在树上、海里或多层大厦里，决定了它的权利。传统上，当**智人**（Homo sapiens）开始与植物和动物争夺控制权时，后者失败了。辛格认为，虽然人类在许多重要方面有优越性，但他也只是众多物种中的一种。其他物种拥有自身的内在价值，与人类的经济用途无关。

像纳斯一样，辛格的主张挑战了人类至上的旧观念，削弱了工业发展中以人类为中心的道德观，除非这种发展以尊重自然的方式进行。近年来，辛格认为随着现代科学的发展，传统的环境道德观不再符合基本的公平原则，需要新的道德准则。当空气、森林和海洋成为无限制的资源后，我们的价值观也在演化。他写道，现在我们知道“当我们驾驶汽车时，我们就在排放二氧化碳，而它是导致孟加拉国致命水灾因果链上的一环。”[20] 传统的价值观——如神圣的资本主义财产私有制——不能提供足够的义务来保护属于全人类的共同财产。

美国的环境保护

在美国，控制工业污染的主要途径是制定法律来严格规范废物、废水和废料的排放。20 世纪 70 年代之前，几乎没有环境保护措施；但自 20 世纪 60 年代后，公众开始关注污染问题，出现了控制污染的强烈思潮。这导致在后来所谓的 20 世纪 70 年代的“环境十年”期间，国会通过了一系列令人瞩目的新法律，建立了广泛的规范工业的法律基础。

尽管 20 世纪 70 年代之后，美国政府通过了更多法律，但“环境十年”里制定的那些法律构成了基本的法律框架。其中许多法律被重新修订，或者修订了好几次，其中一些修订版如 1990 年的《清洁空气法》修订案，发生了重大修订，因而从根本上改变了原法令。1970 年的《清洁空气法》有 50 页，但到 1990 年国会对它进行修订后，扩展到 800 页。这 800 页中，新规章、标准和判例汇编特别要求就有 538 项。

环保机构

环境保护署（EPA）是一个行政管理机构。它成立于 1971 年，目的是把分散在各联邦政府中的环境保护规则统一起来，以保护人类健康和保护自然环境。尽管还有几个其他机构也负责环境法令，但 EPA 负责管理的法令超过 30 条，涵盖该领域的绝大多数条例。2008 年，该机构有超过 17 000 名雇员，预算达到 49 亿美元，规模和经费都超过了国会，是仅次于美国国土安全部的最大的管理机构。

当国会通过某项环境法律时，EPA 就制定细节、特别规章和生效标准。根据一项研究，在 1981 年到 1999 年期间，EPA 发布了 2 700 项规定，其中 115 项规定的经济影响力超过 100 万美元。[21] EPA 能直接对企业执行这些法规，但法律也允许由州政府执行这些法规。州政府的管理人员使用联邦政府的资金，在 EPA 规章的指导下，行使大部分国家环境法规的执行权。

尽管 EPA 使命感很强，是一个积极进取的机构，但已不堪重负。从成立之日起，它便成为不同利益集团间相互斗争的工具。一方面，环保人士和国会中的民主党议员批评其行动太少。另一方面,企业代表和共和党人士则认为它的许多行动太过严厉，为企业带来不合理的负担。

环境政策的主要领域

主要存在三种污染媒介：空气、水和土壤。在此，我们简要介绍保护这些媒介免于污染的法规。对上述每个领域，我们将介绍法规、面临的难题、企业关注的主要问题以及进展。

空　气

空气污染可以说是由一系列问题相互交织引起的，每个问题都需要不同的控制办法。1990 年修订的《清洁空气法》是保证空气质量的基本法案。尽管该法案允许使用一些市场激励措施，但这些措施与核心价值观相背离。该法案的核心价值观强调严格的、行政命令式的控制。现在，我们讨论针对不同空气污染问题制定的法规。

国家空气质量

《清洁空气法》要求 EPA 制定对公众健康和环境有害的污染物的国家排放标准。设定这些标准不能考虑成本，并且必须保证最易受到影响的人也有“足够的安全度”。为了达到这一目的，EPA 设定了六种物质的排放标准，称为**污染物标准**（criteria pollutant），因为它们被大量排放，是空气质量的主要杀手。

- 一氧化碳（CO）是由于汽油等燃料中的碳没有完全燃烧而释放出来的一种气体。这种气体主要来源于车辆排放的尾气。高浓度的一氧化碳会降低血液运送氧气的能力，并有可能加重心血管疾病。
- 二氧化氮（NO_2）是空气中一氧化氮（NO）氧化后的产物。一氧化氮是高温燃烧产生的污染物，主要来源于车辆排放的尾气和工业燃料的燃烧。二氧化氮对肺有刺激作用，会加重呼吸道疾病。
- 二氧化硫（SO_2）是一种无色气体，主要来自于含硫化石燃料的燃烧。三分之二的二氧化硫由燃煤和燃油的发电厂排放。二氧化硫会造成酸雨和细颗粒污染。它是一种肺部刺激物，能引发哮喘，与心脏病和癌症也有密切关系。

- 臭氧（O_3）不是从车辆尾气和工业加工过程中直接排放出来的，相反，它们通过空气中的二氧化氮与含碳分子如**挥发性有机化合物**（volatile organic compounds，VOCs）的化学反应而形成。这些挥发性有机化合物气体，从多种含碳液体和固体化合物（如石油燃料、溶剂、油漆、黏合剂、杀虫剂和石蜡等）中挥发出来。这种反应在阳光照射下会加速进行，这也是在晴朗的日子城市雾霾更加严重的原因。工业对挥发性有机化合物的排放负有一半责任，另一半责任来自车辆。一些挥发性有机化合物如石油精、甲苯、氯乙烯和二甲苯会致癌。臭氧是一种浅蓝气体，对肺有刺激作用，高浓度的臭氧会损害肺组织。在近地层，臭氧被认为是一种污染物。但在高空，自然形成的臭氧层可以吸收太阳辐射，使地球上的生物生存。
- 颗粒物质（PM）由空气中的悬浮物组成。工业活动和燃烧释放这种颗粒物质。燃煤发电厂排放了大量颗粒，因为现有的除尘设备不能将粉煤完全去除。柴油机废气中充满了碳颗粒，它们可以在空气中停留好几天。一些**可冷凝颗粒**（condensible）由前面提到的气体如 NO_2、SO_2、VOCs 和氨在空气中相互反应而形成。EPA 规定的颗粒标准最大为 10 微米，大约是人类头发直径的 1/7 或更小。这些颗粒中只有大约 15% 是由工厂排放的，标记为 PM_{10}。其余大部分是被风吹起的尘沙。颗粒是所有标准污染物中对健康危险最大的。它们跟呼吸道和心血管疾病有关。婴儿、老人和体弱者吸入这些小颗粒，会使医院收容率和短期死亡率在雾霾期间明显上升。世界卫生组织估计，世界各地每年大约有 800 000 例死亡与城市户外空气中的 PM 10 有关。[22] 近年来，EPA 引入了 2.5 微米或更小的颗粒标准，称为 PM 2.5。这种颗粒对人类健康更为有害，因为它们能进入呼吸道深处。大部分 PM 2.5 是可冷凝的。
- 铅（Pb）是一种金属，会导致癫痫和智力迟钝。随着近年来法规禁止使用含铅汽油，城市空气中含铅的问题得以解决。现在，只是在少数地方的空气中含铅，如铅冶炼工厂和电池厂附近。

对于每种污染物的排放，EPA 都规定了最大浓度标准。比如一氧化碳的标准是八小时以上 9ppm（parts per million，ppm）或者一小时内 35ppm。美国空气质量符合这一标准。224 个监测点 90% 以上的记录是 4ppm 或更低。另一方面，EPA 制定的臭氧标准更低，八小时以上为 0.08ppm 或一小时内 0.12ppm。虽然这一标准比一氧化碳标准低 1%，但美国空气质量仍然达不到 8 小时臭氧标准。90% 以上的监测点所报告的臭氧数据平均为 0.1ppm。

如表 13.2 所示，工业排放污染物是总污染物的四分之一。到目前为止，最大的工业污染物排放源是燃煤发电厂。工业是二氧化硫和铅的最大排放源。自 1970 年以来，它们已降低了 99%，不再是个问题。

为了减少污染物的排放，《清洁空气法》授权了一系列成本高昂的行动，来控制包括电厂、工厂、冶炼和车辆的污染物排放。由于控制始于 20 世纪 70 年代早期，污染物排放已下降了 50%。图 13.2 表明了这种下降是非常明显的，在与污染物排放量的艰难战斗中，人们已取得初步胜利。

有害空气污染物　除了对上述六种标准污染物进行控制外，《清洁空气法》授权控制有害空气污染物。**有害空气污染物**（hazardous air pollutant）也称为空气毒物，会导致癌症和其他一些严重的健康问题，如大脑损伤和先天缺陷。EPA 定义了 650 种空气毒物。如石油精、甲苯、甲醛和二甲苯等空气毒物大部分来自车辆排放，而砷、铬、二恶英、汞和盐酸则来自工业排放。这些混合物每年的排放量大约为 400 万 ~ 500 万吨，是六种标准污染物排放量的 1%。但 EPA 估计，仅这些排放量就造成美国城市居民每 100 万人中有 25 人患癌症的风险。[23]

大型工厂如电厂、石油精炼厂、化工厂、钢铁厂和造纸厂，应对大约 20% 的

表 13.2　全国范围内不同来源的污染物（2006 年）（千净吨）

物质	工业[a]	汽车[b]	其他[c]	合计
一氧化碳	9 227	78 028	13 297	100 552
二氧化氮	7 421	10 622	183	18 226
二氧化硫	13 065	616	89	13 770
挥发性有机物	8 841	6 174	2 368	17 383
颗粒物（PM 10）[d]	2 812	480	15 128	18 420
颗粒物（PM 2.5）[e]	1 860	400	2 314	4 574
铅[f]	3.6	0.6	0.03	4.23
合计	41 369.6	95 920.6	31 065	168 355
比例	**25%**	**57%**	**18%**	**100%**

[a] 包括工业中使用的汽油。
[b] 包括航空用油。
[c] 包括室内、木材燃烧、农业燃烧、森林火灾及污染等。
[d] 包括沉积颗粒，空气中不充分燃烧留下的颗粒。
[e] 此项数据包括在 PM 10 中，未计入合计。
[f] 2000 年数据。

资料来源：EPA, *National Emissions Inventory Air Pollutant Emissions Trends Data: Current Emissions Trends Summaries*, http://www.epa.gov/ttn/chief/trends/, July 2007; for lead, *National Air Quality and Emissions Trends Report, 2003*, table A-3.

图 13.2 标准污染物排放量在下降：1970~2005

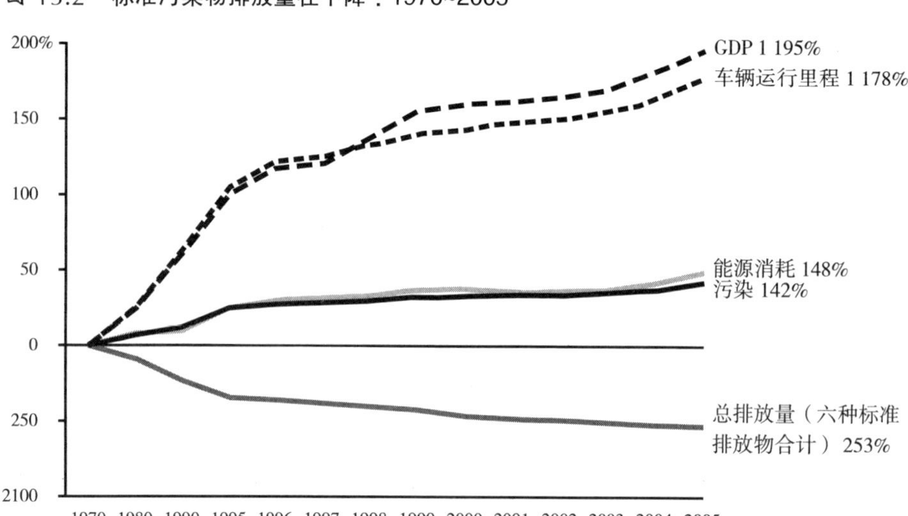

资料来源：Adapted from EPA, *FY 2006 Performance and Accountability Report*, EPA-190-R-06-002, p. 44.

空气毒物排放负责，剩下的 41% 来自车辆，30% 来自一大批小企业（如干洗店和加油站），9% 来自火灾。《清洁空气法》要求 EPA 为 187 种空气毒物设定标准以预防疾病，并要求企业使用“最大化控制技术”。实际上，**最大化控制技术**（maximum achievable control technology）就是想办法控制有毒气体的排放，使企业进入行业污染排放量最少的前 12% 的企业队伍中去。到目前为止，EPA 已经为 174 个行业设立了标准。例如，钢铁铸造厂中的熔化液会释放镍、铅、铝和锰等空气毒物。最近提出的法案，要求每吨金属熔化液释放的金属空气毒物限制在 0.06 磅（大约每 17 吨一磅）。[24]

尽管自 1993 年来，空气毒物的排放量下降了 65%，但其中大部分下降归功于公司自愿减排，它们对油气管道进行改造以减少标准污染物的排放，以免因高排放量而被公开报道。目前，EPA 治理空气毒物计划的资金不足，与清洁空气法要求的最后期限相比落后数年。[25] 此计划在 EPA 中的地位并不高，企业之所以采取行动是为了应对环境保护主义者的诉讼。同时，大部分美国人暴露在空气毒物所造成的患癌风险中，远远高于该组织提出的每百万人中只有一个癌症病人的目标。

酸　雨 酸雨（acid rain）是一种由来自空气中的高酸性化合物构成的沉降物，以潮湿和干燥等多种形式降落下来。它主要是由二氧化硫和氮氧化合物（NO_x）这两种空气污染物造成的。在空气中发生反应后，这些气体以酸的形式重新回到地面，改变了水中的 pH 值，损害湖泊和森林并使建筑风化。这种空气污染物，也能形成空气中

的微小颗粒，造成地域性的雾霾，严重损害人类健康。

当国会在 1990 年对《清洁空气法》进行修订时，为了回应公众对酸雨的不满，要求 EPA 制订标准，减少这种主要污染物的排放量。东北部和中西部燃煤电厂肆意排放二氧化硫和氮氧化合物，顺风而下的烟尘排放物导致东部脆弱的湖泊和森林退化。煤炭燃烧可以释放大量二氧化硫和氮氧化合物，美国境内大约三分之二的二氧化硫是电厂排放的，这些电厂可以采用十分昂贵却有效的方式除去锅炉废气中的这种化合物。电厂的氮氧化合物排放量占全美的三分之一，但目前没有有效的设备控制这种化合物的排放。[26]

EPA 为这两种气体制定了独立的减排计划。为控制二氧化硫的排放，EPA 设定了电厂总排放量的上限，即到 2010 年底，每年的总排放量小于 895 万吨。该计划并不严格限制每个工厂和锅炉的排放量，它发放许可证，允许排放的二氧化硫相当于 1995 年的量，然后慢慢减少允许排放的二氧化硫量，直到将排放量限制在每年 895 万吨的目标。企业可以在排放许可到期前尽快降低排放量，否则它们需要在开放市场购买其他公司的许可配额。这种方法称为“排放限制与额度交易”，它利用经济刺激来降低污染。在下一章，我们将更详细地讨论这种方法的具体运作过程。

为控制氮氧化合物的排放，EPA 采取了传统的命令与控制管制方式，即根据每台锅炉的发热量设定排放标准。一个企业既可以每台锅炉都遵从一定的排放标准，也可以两个或两个以上锅炉遵从平均的排放标准。该计划实施初期，EPA 设定了氮氧化合物的排放限额目标，即到 2010 年前每年的排放量不超过 600 万磅，如今这个目标已经实现。

图 13.3 表明，从 1995 年实施酸雨计划以来，管制中的 1 213 个发电厂总排放量是如何下降的。最终结果是，美国东部的酸沉降物下降了 30%。在 EPA 调研的四个东部地区中，三个地区的湖泊、河流和小溪的酸度减少了，只有阿帕拉契山脉中溪水的酸度还在继续增加。[27] 另外，空气中的硫酸盐也下降了 27%，带来更好的空气质量并极大地改善了公众健康。据估计，到 2010 年底，颗粒的减少可以避免 17 000 例死亡病例、22 800 例非致命心脏病发作以及减少 12 13 万个带病工作日。二氧化硫和挥发性有机化合物通过光化学反应形成的臭氧量也在减少，这将每年阻止 1 700 例死亡和病例，并为学校增加 785 500 个上学日。[28] 总的来说，到 2010 年底，预计酸雨计划每年将花费 35 亿美元，同时在健康和生态系统方面带来价值约 1 420 亿美元的好处。[29]

室内空气污染　发达国家的室内空气中充满了各种污染物，包括石棉、氡气、烟草烟雾、厨房燃气产生的副产品、自来水中释放的氯化合物、橱柜板材中释放的甲醛、

图 13.3
酸雨计划中，发电厂排放物的变化趋势
资料来源：Environmental Protection Agency, 2007.

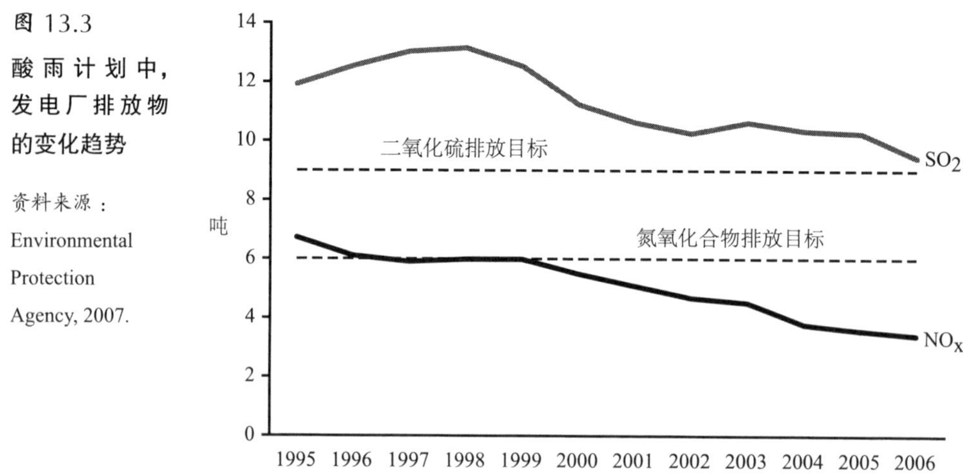

尘螨等生物污染物以及来自空气清新剂、化妆品、胶水、油漆、干洗过的衣服和家用杀虫剂中的挥发物等。

室内污染非常危险，因为美国人一生中大约 80%~90% 的时间待在室内，而十几种常见有机污染物的室内浓度，是户外浓度的 2~10 倍以上。[30] 另外一种危险的室内污染物是**氡气**（radon），它是一种无色、无味、有放射性的气体，通常可以在土壤中发现。氡气可以从地表渗透到家里并在密闭空间里积累至高浓度。氡气释放的贝塔和伽马射线穿透人体器官，每年大约造成 7 000~30 000 人死亡。[31] 它所造成的危害，10 倍于工业排放的所有有毒化学物所造成的危害。

20 年前，EPA 就把室内空气污染作为五大人类健康杀手之一，但从那以后，EPA 并没采取什么措施来降低室内空气污染。国会从来没有授权 EPA 监测者进入办公室和家庭采集空气样本。除有关室内空气污染风害等方面微不足道和零星的研发支出外，该机构还有一个自愿的氡测量计划并发布相关信息来教育公众。同时，随着越来越多密闭节能建筑的出现，人们的健康问题愈发严重。

破坏臭氧层的化学品 虽然城市雾霾中的臭氧被视作污染物，但平流层中的臭氧层却屏蔽了紫外线对生物体的伤害。臭氧（O_3）分子由三个氧原子组成，是氧气在太阳光照射下通过化学反应自然形成的。90% 的臭氧形成于平流层，距离地面大约 6~10 英里，最高达 31 英里。即使在高峰波段，平流层的臭氧浓度也非常低，大约每 1 亿个空气分子中含有 12 000 个臭氧分子。但它形成了一道重要的屏障，降低了太阳光中紫外线的穿透力，使地球适宜生命存活。

工厂废气中的氯气和溴原子给这个脆弱的屏障带来威胁。它们的主要来源是电冰箱中的氯氟烃、灭火器中的二氟二氯甲烷、溶剂中的四氯化碳和杀虫剂中的溴化甲烷等。当它们被释放到低空后，最终上升到平流层，通过化学反应转化成破坏臭氧层的活性气体。在同这些活性气体的接触反应过程中，一个氯原子或溴原子能破坏好几百个臭氧分子。

许多消耗臭氧的气体都特别稳定。例如，**氯氟碳**（chlorofluorocarbons，CFCs）就是难分解的大分子，它在自然过程中很难分解。通常情况下，氯氟碳分子能在空气中存活 50~100 年，有的甚至会存活 1 700 年。

在高纬度地区，臭氧层因为工业废气而减少了 30%。这使地球上的生命和生态系统暴露在更多的紫外线辐射中，造成许多皮肤癌、眼睛白内障，降低了生物的免疫系统，减少了农作物产量及海洋中的浮游生物。即使城市雾霾中臭氧含量达到最高水平，也不足以保护人类免受辐射伤害。

1987 年的《蒙特利尔协定》制订了时间表，要逐步淘汰 96 种消耗臭氧的化学品。为符合协定要求，美国及其他发达国家已逐步停止生产可能产生有害气体的产品。但发展中国家还没有按已延长的时间表，停止这些产品的生产和消费。执行该协定比较困难，主要是由于以下原因。氯氟碳等化学品的替代品更昂贵，贫穷国家中的许多企业没有能力负担转换成本；亚洲在经济增长过程中不断增加对氯氟碳的使用；世界各地都存在繁荣的氯氟碳黑市交易，它们逃避政府税收和惩罚。

尽管存在这些问题，该协议还是发挥了作用。一份近期的科研报告表明，平流层消耗臭氧气体的浓度在 90 年代中期达到峰值，然后开始下降。对平流层臭氧的破坏从 1980 年起也得到遏止，尽管没有出现根本好转。现在，臭氧浓度已经稳定下来。研究空气的科学家预测，在 2050 年到 2075 年间，高空的臭氧浓度将回复到 1980 年的水平。[32] EPA 估计，这将大大降低地面辐射，仅在美国就足以挽救 630 万人的生命，否则他们将死于恶性皮肤癌。[33] 科学家们估计，如果没有《蒙特利尔协定》，2050 年底高纬度地区的臭氧层含量将只剩 30%，增加的辐射将在全球范围导致 2 000 多万人患皮肤癌。[34]

温室气体　工业革命导致**温室气体**（greenhouse gases）排放量上升，此类气体吸收空气中的热量从而阻止热量向外太空辐射。这些气体包括二氧化碳、甲烷、一氧化二氮和电冰箱及灭火器中使用的氟化气体。温室气体分子中的电子受到地表红外辐射的作用不断运动，导致大气温度升高。如果没有它们，来自太阳紫外线中的大部分能量将被反射回太空，地球将变冷。

在工业化之前，大气中温室气体的浓度作为自然机制的一部分，通过热量吸收和丧失来维持平衡，这样地球的平均温度就能保持稳定。但从工业革命以后，人类

图 13.4 空气中温室气体的浓度：1750~2005 年

这张图显示了监测到的六种温室气体的浓度，包括 CO_2，其他气体用二氧化碳当量衡量，或者用全球变暖潜力值的 CO_2 总量衡量。它通常用排放的 CO_2 吨数表示，其他气体用全球变暖潜力值的 CO_2 吨数表示。例如，1 吨甲烷相当于 21 吨 CO_2。1 吨一氧化二氮相当于 310 吨 CO_2。1 吨 HFC-23（一种氟化气体）相当于 11 700 吨 CO_2。二氧化碳当量用百万分之一或者空气分子中 CO_2 的比例表示。

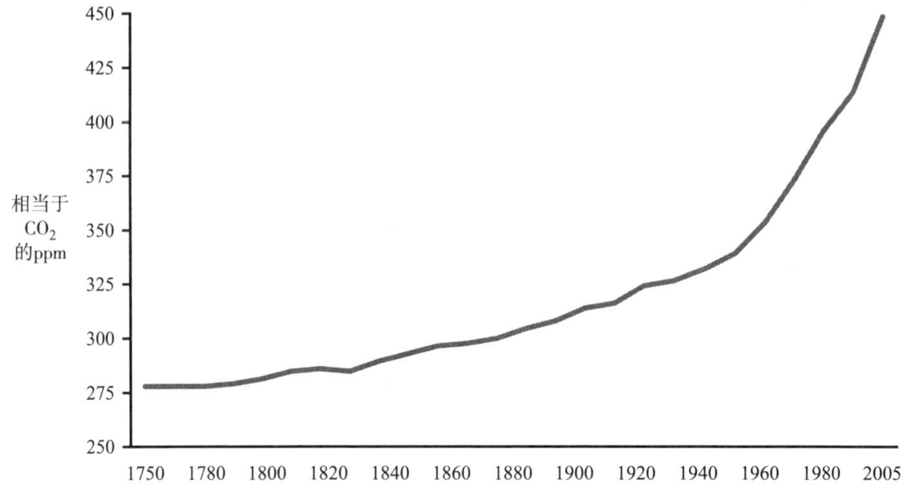

资料来源：Intergovernmental Panel on Climate Change, 2007.

活动导致大气中这些气体浓度增加，如图 13.4 所示。主要的温室气体是二氧化碳，它占温室气体排放量的 85%。1750 年至 2005 年间，地球大气中二氧化碳的浓度从 280ppm 上升到 379ppm。二氧化碳是碳完全燃烧后的产物。木头和化石燃料的燃烧释放了大量的碳元素，超过了自然过程中森林和海洋能够吸收的数量。这样大气中累积的碳元素越来越多。

1850~2005 年间，地表平均温度大约上升了 0.76 摄氏度。海洋吸收了其中 80% 的能量，同时海平面以下 3 000 米的海水平均温度也在上升。由于海洋温度升高，海水膨胀，导致全球海平面在 20 世纪上升了 0.17 米。目前，已经达成一项科学共识，即到 2100 年，温室气体排放将导致气温上升 1.8~4.0 摄氏度，海平面上升 0.18~0.59 米。[35] 这将带来前所未有的气候变化，使生态系统遭受致命的破坏。

减缓全球变暖的一项重要成果是《京都协议》，这是一份国际协议，于 2005 年生效。它要求工业国家到 2012 年底主要温室气体排放量在 1990 年的基础上减少 5%。美国没有签署《京都协议》，因为美国温室气体排放量在上升，强制性减排将伤害美国经济，因此美国存在巨大的政治力量反对签署这一协议。反对者辩称，美国消费者将负担沉重的成本，更多的美国工作将转移到海外。签署《京都协议》的其他

175 个国家,大多数没有按照协议要求减少二氧化碳的排放量。发展中国家包括印度、墨西哥、巴西和尼日利亚这些污染大国，在协议中并未承诺减少排放，因为它们担心减排会导致经济增长速度变缓。它们认为，发达国家的历史排放量是全球变暖的主要原因，因此发达国家应该更好地承担减排的成本。因为这些国家不受协议约束，美国又拒绝参与，因此拯救地球气候的重任，就落到 36 个较发达的工业化国家，包括欧盟的那些国家身上。尽管各国做了减排的努力，但二氧化碳的总排放量还在继续增加。

虽然没有签署《京都协议》，但 2002 年布什总统首次宣布，到 2012 年将温室气体的**排放物浓度**（emissions intensity）降低 18%。排放物浓度是每单位经济产出的温室气体排放量，通常用每百万美元 GDP 所排放的温室气体吨数来衡量。这个“雄心勃勃”的计划，建立在包括 20 多个自愿项目和为提高能源效率而出台的财政补贴和税收优惠政策的基础之上。[36] 该计划包括为低收入家庭提供过冬帮助、为核能发电厂提供贷款、研究新技术以改善空中交通流量以及减少航班燃料消耗等。[37]

由于能源利用效率提高，预计排放物浓度到 2012 年将下降 19%，因此美国从 2002 年开始减排 18% 的目标是比较合适的。此外,布什政府计划在经济产出下降时，相应提高总的排放量。预计在 2002~2012 年期间，排放量会上升 11%。

在缺少联邦政府强有力的管制下，各州自发采取行动。东北的九个州就联合制定了减排计划，限制大电厂的二氧化碳排放量。这九个州计划到 2015 年底使二氧化碳排放量稳定下来，之后在 2015~2020 期间，再减少 10%。加利福尼亚已通过法律，要求到 2020 年底全州范围内的温室气体排放量降低到 1990 年的水平。[38]

水

防治水污染的基本法律是 1972 年的《联邦水污染控制法修正案》，通常称为《清洁水法》。国会旨在使其成为一项强有力的措施，使境内湖泊、河流、小溪和港湾的水质恶化问题得到解决。该法令设立的目标是，到 1985 年底清除这些水域中所有的水污染物。但这个目标没有实现，也不会很快实现。

《清洁水法》在减少工厂污水排放方面能起一定作用，但不能消灭它们。每个工业企业都用水，各种污染数不胜数。在生产加工过程中，水被用来冲洗、擦拭、冷却或用做混合介质。这样水中就掺和了各种各样的颗粒和溶解化学品。《清洁水法》规定，工厂在未经允许的情形下不得排放污水。

EPA 对**污染源**（point source）排放的污水实施**排放**（effluent）管制，并使用一种叫全国污染排除系统（NPDES）的许可制度。在 NPDES 下，每个企业的污水都必须获得许可才允被许排放到水体中，该许可规定了一种或多种物质的排放数量。污水排放限制基于科学估计，即水体在恶化到不可接受之前能够吸收的数量，或通过有效设备去除某种污染物的能力。EPA 为各种污染物设定了水质标准。通常它有两个标准，一个是人类健康标准，一个是水产生物标准。举个例子，对水产生物而言，三氯甲烷的浓度不能超过 1 240ug/L（微克每升），对人类健康而言，三氯甲烷的浓度不能超过 470ug/L。如前所述，许可限制也取决于用最好的控制设备从废水中去除污染物的水平，这些设备包括大颗粒筛网以及复杂的化学和生物处理系统。

例如，把废纸加工成卡纸的工厂排放污水，其中含有少量的五氯苯酚木材防腐剂（C_6HCL_5O）。C_6HCL_5O 毒性很强，0.1 盎司的剂量就能致命。但在，EPA 定义的最佳控制技术标准中，每生产 100 万磅卡纸，废水中 C_6HCL_5O 含量不得超过 0.87 磅，这是因为没有更好的技术去除更多的污染物。换句话说，一个卡纸工厂每生产 100 万磅卡纸，将排放近 14 盎司的 C_6HCL_5O 到河流或小溪中。目前有 96 000 家工厂取得了 NPDES 许可。

尽管 EFA 限制了工厂排放，但“非点源的”污水在很大程度上仍未得到控制，它们从各种污染源流进地表水中。目前，来自农业的污水（动物污水、杀虫剂及化肥）是污染水体的主要因素。尽管《清洁水法》允许 EPA 对任何水污染源采取行动，但因为某些政治势力，该法令无法对农场的水污染采取行动。来自大型动物饲养场及家禽养殖场的污染，导致 EPA 不得不给几千家工业化农场发放排污许可证。

城市污水是导致水质脆弱的另一重要原因。随着城市面积不断扩大，越来越多污水流经街道，收集各种污染物并把它们带入水体中。《清洁水法》授权 EPA 采取措施控制城市污水污染，包括兴建滞洪池、清扫街道和公共教育计划。现在，非点源污染是水体污染的最大因素，而控制它们的努力才刚刚开始。

不管怎样，自 1972 年《清洁水法》颁布以来，地表水的质量已有很大程度的提高。据估计，当时美国只有 30%~40% 的水质达到法定目标。[39] 今天，已有 60%~90% 的水质符合要求。但想要进一步改善则比较困难。目前的《清洁水法》主要通过管道处理设备重点控制工业污染。但目前最大的污染源是众多不受控制的、来自农场和城市的水流。要充分治理水污染，就需要修订法律，赋予 EPA 新的权力和手段。利用现有的许可制度来控制非点源污染，是不合适的。

土　壤

国会于 20 世纪 70 年代早期通过空气和水污染控制法后，处理和处置固体危险废物成为一个主要问题。此外，根据新的法律，在用各种设备去除工业带来的空气和水污染物的过程中，产生了成吨的有毒淤泥、废渣和垃圾，它们最后被掩埋在残破的垃圾填埋场中。 由于处置有毒废渣的权限不足，导致政府管理不善。作为对这

图 13.5　RCRA 填埋场地下水的监测要求

EPA 要求所有的有毒废物处理机构在倾倒垃圾时，必须遵从物理布局标准、地下水监测标准和应急计划。下面是包含 RCRA 最低限度要求的填埋场地下截面图。从地下水井抽上的水样，可以监测地上填埋场渗透到地下水（饱和层）的化学污染物。

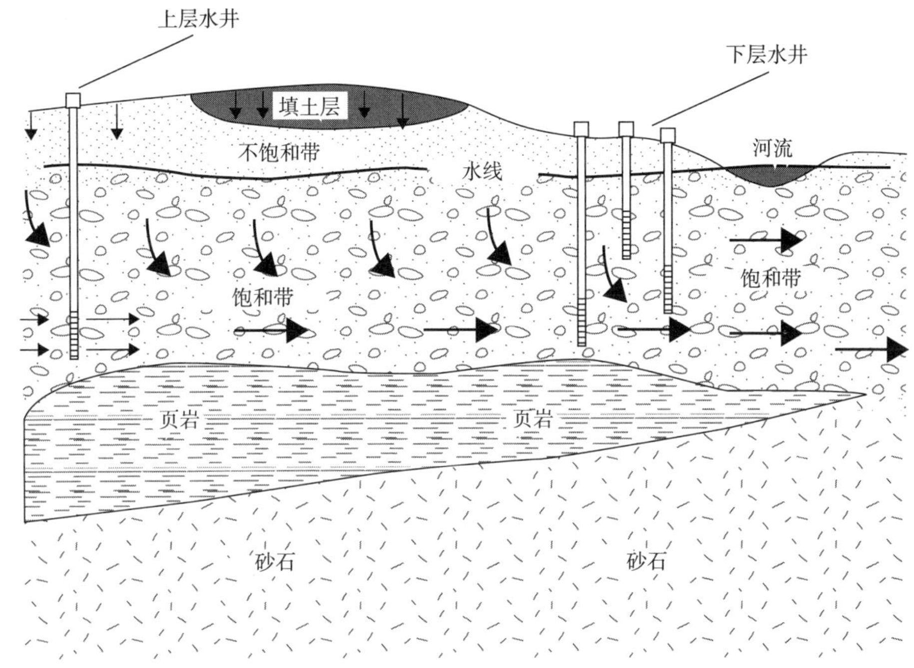

资料来源：Environmental Protection Agency.

一威胁的回应，国会通过了两项法律。

1976 年的《资源保护和恢复法》（RCRA）授权 EPA 管理“从摇篮到坟墓”的有毒废物，即从废物产生的那一刻起，一直到它被毁坏或埋葬。企业必须在严格的指导方针下，标记、处置、存放、处理和丢弃有毒废物，整个过程要有详细的记录。

RCRA 法的管理和遵从都比较困难。它要求管理者详细追踪美国境内所有的有毒废物，这是件让人精疲力竭的事情。该法令利用一些控制与命令手段来进行管理，并且在利益与成本之间寻求平衡。当法案开始实施时，全国近 80% 的废物处理设备选择关闭而不是遵照执行，这暗示出该法案的实施成本巨大。图 13.5 描绘了相关部门建造的典型水井，以实时监测固体废物填埋场中地下水的水质。

在美国联邦法规总览中，RCRA 法涵盖的内容达 1 763 页之多。如在水井监管方面，“如果独立水井的比照程序是独立井水中的成分或地下水保护标准的话，在每次测试期间，犯一类错误的概率应小于 0.01。”[40] 如果水泵开始漏水，“在每次漏水发现 5 个工作日内，应予以修理。”[41] 用某个观察者的话来说，这是“令人惊讶的僵硬法律，有太多的管制细节和管制要求，许可系统又异常缓慢。”[42]

由于该法律并不要求控制污染带来的利益超过成本，因此它招致许多企业诉讼。通用汽车在为汽车喷漆枪更换颜色时，通常用溶剂清洗喷漆枪，清洗溶剂反复循环利用，直到进入废物罐。当 EPA 试图把有毒废物管理条例强加给通用汽车循环使用的溶剂时，通用汽车提起诉讼。通用争辩道，溶剂在使用过程中时，它并不是废液。通用输了这场官司，其上诉被驳回。[43] 相关部门严格执行管制，招致许多诸如此类涉及技术细节的官司，但无论如何，实施 RCRA 法后，有毒废物得到了更好的处理。

虽然 RCRA 确保现有工厂按高标准运行，但它对抛弃在全国各地的成千上万吨的有毒废弃物却毫无办法。因此，国会通过另一项法律来清除这些废物。该法案就是 1980 年的《综合环境反应、赔偿和责任法》，它以**超级基金**（Superfund）而闻名，该名称源于这一清理项目所持有的巨额信托基金。信托基金的资金主要来源于石油和化工企业的特别税，大约 0.12% 来源于额外的企业所得税。该税种在 1995 年到期。在企业界的压力下，国会没有重新恢复征收该税种。企业界认为，由所有的公司来负担这笔资金是不公平的，因为它没有把污染者和废物处理方面有贡献的企业区分开来。随着这一税种到期，该计划的经费下降了，只有 20 世纪 80 年代晚期的 40%。[44]

国会打算把超级基金作为一个临时手段，在现有的有毒废物清除后逐步淘汰这一做法。但要处理的废物地点数量超出预期，而且处理的难度和费用也比 1980 年预计的要大。至今为止，EPA 已确认了大约 47 000 个地点。在该计划的早期，EPA 根据地下水和饮用水的污染程度，重点公布了一批造成人类健康和环境重大危害的地点。从那以后，大约占总数 3% 的 1 569 个地点成为该名单上的优先对象。1 030 个地点的清理工作开始，但只有 325 个地点完全恢复并从该名单上删除。[45] 随着已完成清理的地点移出名单，名单中又增加了新的名字。

现在，超级基金的行动并没有减弱，但面临着一些非常复杂和昂贵的项目。大约 150 个优先地点被标为“百万地点”，因为这些地方的清理成本都超过 5 000 万美元，平均成本超过 1.4 亿美元。污染物的数量、规模、扩散距离及所处位置，都使清理工作非常困难。

在加州的圣博娜迪诺，受金属电铸中化学物质污染的两股地下水，已扩散至该城市地下 8 英里深处。为减缓其扩散速度，EPA 挖掘了 7 口深井，从地下水中抽水。这些水泵每分钟抽取 14 000 加仑的水，输送到铺在该城市街道下 4 英里深的水管中。这些水经过一个水处理厂，并利用活性炭去除其中的有毒化学物。这些设备可能要运行数十年，费用超过 4.5 亿美元。[46]

在纽约，40 英里长的风景优美的哈德逊河下游，有一个通用电气工厂。该工厂

图 13.6 超级基金的一个典型旋转式焚化炉

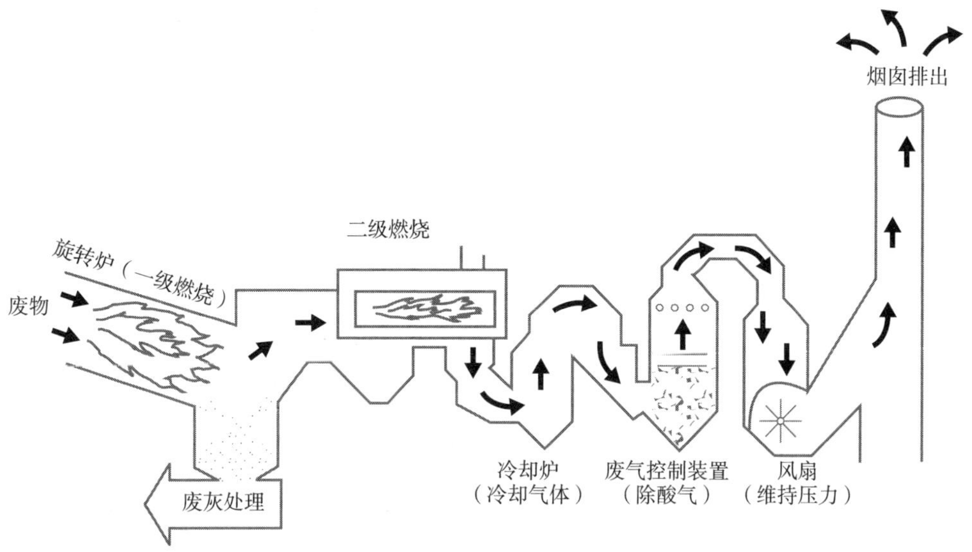

资料来源：EPA. From: General Accounting Office, *Superfund: EPA Could Further Ensure the Safe Operation of On-Site Incinerators*, GAO/RCED–97–43, March 1997, p. 4.

自 1947 年以来，已向哈德逊河排放了 30 多年的多氯联苯衍生物（PCBs），重量达 110 万磅。疏通河道的工作从通用电气工厂所在地开始。PCBs 是氯化物的混合物，不能燃烧。由于这个特性，它在电力设备中被用作冷却剂和润滑剂。后来，人们发现它能在自然环境和人体器官中存留很长时间，而且不会分解。甚至在通用电气工厂结束排放 30 年后，EPA 还在哈德逊河河床找到 40 个地点，这些地点的 PCBs 浓度都超过 50ppm。PCBs 是一种动物致癌物和“可能的”人类致癌物。生活在哈德逊河附近的人们，如果长期饮用 PCBs 浓度超过 0.1μg/L 的水或暴露在 PCBs 浓度大于 0.01μg/m^3 的空气中的话，他们一生中患癌症的风险将达到百万分之一。[47] 这是非常微小的数量，低于 1 盎司的百万分之一。为减低风险，用于疏通和净化污染物的花费将达到 7 亿美元。

不同地方控制和排除污染的方法各不相同。例如，有时 EPA 要求将受污染的垃圾挖掘出来并在高温下焚烧。图 13.6 是一个焚烧炉的简图。挖掘出来的泥土以每小时 20 吨的速度运往一个巨大的旋转窑里。在这里，加热到 1 800 ℉的高温将有毒化合物分解成单个的 CO_2 分子和 H_2O 分子。然后，再将这些垃圾填埋回去。

谁为此埋单？法律为那些曾在超级基金地点上倾倒过有毒物质的公司建立了严厉的法律责任。用法律专业术语来说，这个责任是严格的、有追溯力的和负连带责任的。在实践中，这意味着任何企业只要在上述地点倾倒过有毒垃圾，哪怕只是总量中很小的一部分，而且倾倒垃圾时是合乎当时法律的，是非疏忽的，也要负担全部清理成本。到 2008 年，EPA 清理受污染地点的费用已超过 340 亿美元，但它只从污染企业中收回了 260 亿美元。

结 论

工业过程破坏了环境，并导致当地和全球环境严重恶化。美国及大多数发达国家都采取了一系列相当严格和昂贵的管制计划。现在，美国的管制范围最大、成本最昂贵。美国联邦法规规范中，环境法规就占据了 46 卷，比其他任何主题都多。每年花费的治污费用高达 2 200 亿美元。[48]

控制空气污染、水污染和土壤污染的进展不一。对人类健康和生态的保护在加强，但仍然缺少资金、时间及政治决心，来彻底阻止污染造成的疾病传播和生态恶化。

在下一章里，我们将讨论怎样让管制计划变得有效，以及企业应采取何种自发行为来减少环境污染。

猫头鹰、伐木工以及古老的森林

2007 年，俄勒冈的杰克森县关闭了 15 个公共图书馆，时间长达 6 个月之久。当联邦政府违背西奥多·罗斯福的誓言时，该县的居民失去了这些学习场所。

1908 年，罗斯福从俄勒冈—加利福尼亚铁路公司手中夺回 240 万英亩的土地，这些土地是后者利用欺骗手段从政府手中获得的。[1] 该行为使县税收中很大一部分土地税流失，并可能影响该县的繁荣与发展。因此罗斯福承诺从木材销售收入中拿出一部分，分给受影响的郡县。1937 年制定的法案正式通过这一承诺。该法案指出，从铁路公司要回的土地用于木材生产，其收入的 50% 分配给加利福尼亚和俄勒冈的郡县，其中就包括杰克森县。[2]

上世纪大部分时间里，该法案得到有效执行。这些地区将销售木材的收入用于加强社会稳定性、建造学校和图书馆、铺设道路、提高法律执行力和提供社会服务。到 20 世纪 90 年代，当北部斑点猫头鹰被宣布为濒危物种后，木材收入陡然下降。原先铁路地区的土地不再像罗斯福承诺的那样用于木材生产。相反，这些土地被用于保护该物种。

一段时间里，国会试图拯救这些郡县。最初每年有一部分“猫头鹰保证金”给予这些依赖木材的郡县，后来是一年一度的“安全网”支付金。这些补助未超过这些郡县全盛时期的伐木收入，但也起到了一定作用。但在 2006 年，乔治·布什总统否决了继续支付“安全网”基金的法案。

杰克森县失去了 2 300 万美元的财政预算，不得不关闭它的图书馆。[3] 该县也不得不削减法律执行上的预算。它不再监视所有的性罪犯者，监狱床位也在减少。其他的郡县也各自削减预算。稍远一点的北部库斯县政府解雇了 70 人。位于南方的加利福尼亚阿尔派恩县，关闭了 6 所学校，因为该县 92% 的土地面积是森林。

杰克森县不再拥有木材经济。而在 20 世纪 50 年代，它的主要业务就是销售木材，曾经有 91 个喧闹的锯木厂，如今只剩下一个。但该县还是比其他县幸运。它境内有一所大学、一个国际知名的莎士比亚戏剧节、许多梨园、一个大型的邮购业务中心和一些退休社区，它们共同支撑杰克森县舒适的经济。当然，木材收入的减少，导致政府提供的服务恶化——或许未来会更糟。一个长期生活在西俄勒冈的居民说："在过去 20 年里，社会和经济福利在走下坡路，我看到人们不得不依赖福利救济来生活，酗酒和离婚事件也越来越多。"[4]

撕裂这一社会结构的原因，就是北部的斑点猫头鹰。这是一种隐遁、夜间活动、居住在森林深处的鸟。用诗歌的语言来说，伐木人的命运中有着猫头鹰的影子。自 19 世纪以来，猫头鹰的栖息地因木材砍伐和土地开垦减少了 80%，濒临灭绝。1973 年，国会通过了《濒危物种法》以保护这类动物。这对于木材工业来说是件不幸的事情，因为斑点猫头鹰的栖息地覆盖了太平洋西北部木材生产区的大部分。因此，一场辩论大战展开了。抗议者们质疑森林存在的目的到底是什么。

北部斑点猫头鹰

北部斑点猫头鹰是一种两翼长达 2 米、体重约 1.5 磅的高空俯冲肉食猛禽。它身上分布着褐色和白色的斑点，栖息地北起哥伦比亚，南到旧金山边上的红杉林。

像其他猫头鹰一样，北部斑点猫头鹰适于夜间活动。与其他鸟类相比，它的头部较大，眼睛又大又圆。"的确"，某个生物学家解释道，"猫头鹰的头基本上就是一个大

北部斑点猫头鹰

资料来源：© Kevin Schafer/CORBIS.

脑，配上食肉的钩形嘴和尽可能大的眼睛和耳朵。"[5] 斑点猫头鹰眼睛的视网膜里有丰富的视杆细胞，这使它们在光线不佳的环境下，也能异常敏锐地分辨黑白影像。它能在低于人类视觉阈限 1/30 的光照亮度下，定位并向下俯冲来捕捉奔跑中的老鼠。

猫头鹰的听觉同样敏锐。它们不需要视觉的帮助，也能听到树鼠和老鼠爪子挠出的细微的沙沙声，这些声音频率是人类耳朵听不见的。它们的大脑能计算出声音到达每个耳朵的滞后时间，以微秒来计算，这使它们能在黑暗中正确地飞向一个音源。斑点猫头鹰白天栖息，夜间的新陈代谢频率高，捕猎活动也比较频繁。它们的猎物主要是些小动物，如飞鼠、森林鼠、野兔、老鼠和树鼷鼠等，但它会猎杀爬行动物和鸟类。

斑点猫头鹰有着广泛的社会习性。它们有求爱仪式和较长时间的配偶关系，用姿势交流信号，可以做出挑衅的样子，并有多种号叫声。它们可用一系列四声号叫来表示领地（其发音类似 "hooo hoo hoo hooo"）。[6] 这些低沉的号叫有很长的声波，易于穿透浓密

的树叶。一对斑点猫头鹰夫妇的领地很大，覆盖面积从 2 955 至 14 211 英亩，也就是大约 5~22 平方英里。[7] 猫头鹰的繁育季节在春季和夏季，一般一对夫妻平均产卵 2 枚。孵化后，这些小家伙在父母照看 6 个月后就要飞走，建立自己的领地。

老龄森林

斑点猫头鹰喜欢栖息在老龄森林里。森林的发展有不同阶段，在各个阶段的构成成分有所变化。尽管老龄森林的定义不是很精确，但一般认为 200 年或以上的森林可以被称为老龄森林。这些老龄森林比年轻森林着有更复杂的生物学结构。

老龄森林有着媲美大教堂的自然美，它们比年轻森林有更丰富的生物群落，是各种物种的容身所，这些物种已适应了老龄森林的小生态环境。斑点猫头鹰就是其中之一。浓密的植被保护它们免受像红尾鹰这样的猎食者的伤害。一个厚厚的、多层次的森林植被还提供了保暖覆盖，隔绝了严寒和酷热。猫头鹰把巢筑在未砍伐的树木的洞穴中，倒下的树木所创造的条件给它们提供了丰富的猎物，满足了它们贪婪的胃口。斑点猫头鹰在老龄森林的生态系统里，扮演了淘汰小动物和小鸟的角色。

早期研究表明，北部斑点猫头鹰只生活在老龄森林栖息地上。[8] 生物学家相信猫头鹰就像煤矿坑道里的金丝雀。如果森林食物链顶端的猫头鹰面临灭绝的危险，那就是一个警告信号，表明其他物种及老龄森林栖息地也处于危险之中。后来的研究表明，一些北部斑点猫头鹰也可在年轻森林和砍伐过的树林中生活和繁殖。

一些猫头鹰尝试在一些年龄较小的树林里筑巢、栖息和觅食，但鸟类学家相信这些是从老老龄森林栖息地中被驱赶出来的年轻雏鸟。斑点猫头鹰喜欢占据山头，能活 18 年，它们为保有其老龄森林栖息地而占领了广大领地。这就使得年轻的斑点猫头鹰在有限、结构复杂的老龄森林栖息地中很难找到自己的属地。因此，在繁殖季节过后，年轻的猫头鹰被排挤到年轻森林里，它们在那里觅食、繁殖，但科学家认为，这一行为大大降低了它们后代的生存率。

老龄森林的消失危及到了斑点猫头鹰

美国的扩张是以荒野的消失为代价的。当朝圣者在普利茅斯巨礁登陆时，注定要诞生美国的这片大陆有 8.5 亿英亩的森林。到 20 世纪 20 年代，只剩下 1.38 亿英亩的原始森林，大约是原来的 16%。[9] 其余的要么被焚烧，要么被放牧或砍伐或转为其他用途。在 19 世纪 70 年代，森林面积减少得到控制。总的来看，森林再生超过了损失。

当定居者和伐木工在 19 世纪 60 年代到达西北海岸时，森林面积大约有 9 400 万英亩。今天只剩下 5 700 万英亩，包括后期才形成的不超过 1 720 万英亩的新林地，斑点猫头鹰也在此栖息。在这 1 720 万英亩新林地中，280 万英亩属于国家公园或荒野区，永远禁止伐木。另外 750 万英亩属于私人领地。大片的森林归公司所有，如惠好公司、梅溪木材公司和太平洋木材公司。其余大约 690 万英亩属于联邦政府。保留下来的老龄森林大部分没有相互接壤，它像个棋盘似的，分布在年轻森林和用做其他用途的土地之间。

在人类闯入森林之前，北部斑点猫头鹰的数量尚不清楚。1989 年，生物学家估计，在西北太平洋的森林中，只有大约 1 550 对正在繁育的北部斑点猫头鹰。[10] 这么低的数量让科学家很焦虑，他们相信该物种处于濒临灭绝的边缘。[11]

当一个物种的数量下降到一定程度时，即使人类对它的干扰下降甚至被排除，它也很难克服某些自然事件如随机的气候波动或食物供应波动带来的危险。当数量下降时，该物种的繁殖模式非常关键。不幸的是，斑点猫头鹰的繁殖效率非常低。每对斑点猫头鹰在繁育季节一般产 1~4 个卵，而且并不全部孵化，因此一对斑点猫头鹰平均每年只生育 0.5 个幼雏。在孵化后，新生的猫头鹰在巢里度过 6 个月后，被驱赶到 10~16 英里外的森林里。年轻的猫头鹰在第一年的死亡率高达 70%，饥饿和被猎杀是死亡的主要原因。如果它们在被驱赶的途中飞越采伐区，死亡率会更高。[12]

当人们发现猫头鹰处在危险的境地时，它们的栖息地正在减少。在 20 世纪 80 年代晚期，私属领地伐木者还在以每年 8% 的速度砍伐剩下的新生代森林。联邦政府森林的砍伐速度较低，每年大约为 1%~3%。[13] 按照这个速度，除国家公园外的所有老龄森林，在 50 年内都将被砍伐殆尽。

联邦森林从来没打算当做树木博物馆。根据法律，它们向“多种用途”开放，如伐木、采矿和娱乐。森林服务和土地管理局作为联邦森林的管理机构，举行木材拍卖活动，伐木公司出价购买砍伐树木的权力。一旦胜出，木材砍伐就可以按照明确的规则进行，这些规则包括伐木边界、伐木技术以及恢复或重植规定。许多年来，西北太平洋的联邦森林以保持长产出期的方式管理着。经过 60 年，重植的森林就可被采伐，相比原始老龄森林，高密度的重植森林可以生产更多的木材。但是，这种长产出期的管理哲学吞噬了猫头鹰的栖息地。持相反观点的环保主义者，开始了拯救猫头鹰的行动。

环保主义者保护斑点猫头鹰的运动

在 20 世纪 80 年代，环保主义团体开始了保护斑点猫头鹰的运动。他们相信猫头鹰作为一个物种有其内在的、无条件的价值，它的灭绝将是一个无法挽回的错误。同等重要的是，他们知道为挽救猫头鹰而保护其栖息地，不过是从伐木者的斧头中拯救老龄森林的一个借口而已。以保护猫头鹰为借口，他们可以援用《濒危物种法》来保护森林，这一理由超越于木材公司、伐木场和伐木工的经济利益之上。

《濒危物种法》是一个非常有力的法律。该法律于 1973 年通过，明确了界定或“列示”濒危物种的程序。该法律将濒危物种定义为“全体或绝大多数面临灭绝危险”的物种。它还界定了受威胁物种，即“那些在将来全体或绝大多数可能面临灭绝危险的物种”。一旦某个物种被列入上述两类名单之中，就可获得最大程度的保护。因为根据民事或刑事法律的规定，无论在公共土地还是私人土地上，个体不得对保护名单上的任何物种采取下列行为——“骚扰、危害、追捕、打猎、射杀、伤害、杀死、诱捕、捕获或搜集”，这些行为均属非法行为，而且会受到民事或刑事处罚。

该法律同样保护上述动物的“主要栖息地”。在决定哪些物种可进入名单时，法律要求仅仅基于物种生存需要的科学证据来考虑，禁止考虑经济和政治后果。[14]

2008 年，1 351 个物种被列入受威胁或濒危物种范围，其中包括 607 种动物和 744 种植物。这个名单预示了不祥的征兆。尽管面临严厉管制，35 年来只有 37 个物种从名单中划掉。其中，9 种生物已灭绝。19 种生物恢复正常。其余被剔除掉的物种，大部分是因为被错误地归类为一个独立的物种。[15]

起初，鱼类与野生动物局拒绝将北部斑点猫头鹰列入濒危物种。[16] 该机构的生物学家认为，广泛威胁其生存的证据并不充分。愤怒的环保主义者提起了诉讼。1990 年，在这种压力下，鱼类与野生动物局将猫头鹰列为“受威胁”物种。[17] 这使《濒危物种法》开始发挥作用。很快，整个国家就感受到它所带来的后果。

鱼类与野生动物局采纳了保护条例，该条例至今仍然生效。它为猫头鹰划定的栖息地涉及 12 个州，北起加拿大边界、南到加利福尼亚的马林郡。[18] 它在这 12 个州中，指定了 192 个关键栖息地，总面积达 690 万英亩，其中华盛顿州 220 万英亩，俄勒冈州 330 万英亩、加州 140 万英亩。这些栖息地由再生林组成，为猫头鹰提供了栖息、筑巢和觅食的场所。在关键栖息地区域里，只要有猫头鹰巢穴的地方就禁止伐木。即使该巢穴是空的，也要求伐木行为延缓 3 年，以确保这些巢穴真的被放弃。在猫头鹰栖息地边界进行诸如造林、修建道路和建筑等行为，也需要事先征得管理机构的同意，以便提前清除猫头鹰。

这些规则适用于联邦政府拥有的森林，但并不影响在属于大公司森林中进行的砍伐行为。当然，私人领地上的砍伐行为，也不能不顾及斑点猫头鹰。《濒危物种法》规定，伤害猫头鹰属于犯罪，要处以高达 5 万美元的罚款和一年监禁。华盛顿、俄勒冈和加州很快采纳该规则，以规范私人领地的伐木行为。例如，俄勒冈就禁止在成年猫头鹰巢穴附近 70 英亩的范围内砍伐。

对于名单上的每类物种，《濒危物种法》都要求有恢复计划作为路线图，使这些物种最终可以从名单中剔除。1991 年，西雅图的地方法院颁布了禁止令，事实上在鱼类与野生动物局为猫头鹰制定出物种恢复计划前，停止了在西北太平洋联邦森林的木材买卖。[19] 该禁止令对猫头鹰来说是个恩赐，它们可以白天睡觉而不再受到电锯的干扰，但对树木采伐行业来说，是场灾难。在禁止令颁布之前的 1990 年，联邦土地上砍伐了 106 亿英尺的木材。[20] 1991 年，即禁止令颁布当年，只砍伐了 44 亿英尺木材。1992 年，砍伐数量下降到 7 亿英尺。[21]

西北太平洋的困难时期

停止木材交易带来了不幸。上百个以伐木、锯木以及相关的卡车、轮船运输为生的小镇，经济开始走下坡路。

绝望和愤怒弥漫在这些伐木小镇上。在华盛顿的富克斯小镇，失业率上升到 20%。有人射杀了一只猫头鹰，并把它制成一个标本。在俄勒冈，伐木工人在汽车保险杆上的贴纸上写道：“如果它敢唬唬叫，我就射杀它”“吃了猫头鹰、救救伐木人”及“我喜欢斑点猫头鹰……最好烤着吃。”北加州也在承受苦难。在快乐大本营镇，四个锯木厂都关闭了，随着木材砍伐从 5 000 万英尺下降到 800 万英尺，小镇的经济也崩溃了。人口数量从 2 500 人下降到 1 100 人，留下的人口中，超过半数的人依赖公共救助生活。[22]

到目前为止，那些试图拯救斑点猫头鹰及其老龄栖息地的环保主义者陷入了科学、法律、政治和与那些依靠国家森林谋生的人群的冲突中。1993 年，克林顿总统在俄勒冈的波特兰市主持了“木材峰会”。在会上，他听取了来自科学家、环保主义者和木材行业代表的不同看法。1994 年，他的行政团队提出一个名叫西北森林计划（NWFP）的新政策，用于解决这一僵局并推动事情向前迈进。

NWFP 努力调节环保主义者和森林行业之间的矛盾。它在三个州的联邦森林土地上，建立了一个面积达 2 450 万英亩的复杂的保护圈。尤为重要的是，它保护大片再生森林免受侵扰和破坏。保护圈内 80% 的领域里禁止采伐，其余 20% 可用于木材生产，但要遵守保护猫头鹰和其他濒危物种的法规。例如，禁止在猫头鹰巢穴方圆 2.7 英里的“猫头鹰圈”内伐木。

该计划允许每年在成熟和老龄森林里砍伐 11 亿英尺的木材。这个采伐水平是 1991 年联邦地方法院颁布禁制令后的近两倍，但仍比 20 世纪 80 年代减少了近 90%。NWFP 的计划被采纳后不久，鱼类与野生动物局发布报告称，已有 5 431 处森林被斑点猫头鹰占领。大约 1/4 在私人土地上，其余分布在 NWFP 保护的森林里。[23]

NWFP 计划用 50~100 年的时间让猫头鹰物种得以恢复。此举将会使几万个伐木岗位永久性消失，因此政府在 5 年时间内拨出 12 亿美元用于工人再培训，帮助小企业并补偿失去木材收入的地区。

尽管有广阔的保护栖息地，NWFP 授权的木材采伐数量也很有限，但环保主义者还是提起诉讼对抗该计划，并且它得到了联邦地方法院的支持。[24] 即使如此，还是有小范围的树木砍伐行为发生。起初，鱼类与野生动物局复杂的、官僚的拍卖程序造成 NWFP 计划推延。后来，环保主义者开始向木材拍卖行为发难，提起诉讼要求管理机构采取禁止行为。结果是，11 亿英尺的伐木量实际上从未达到过。

遭受攻击的《濒危物种法》

20 世纪 90 年代早期，当共和党在国会获得多数席位时，森林争夺战的政治气候发生了变化，共和党开始攻击环保政策。他们对《濒危物种法》持保留态度。

私人土地所有者掀起了一场反对限制木材砍伐的运动。事实上，如果企业和小土地私有者不能砍伐拥有的树木，他们的利益就会受到伤害。一对退休夫妇买了一小片林地，打算将林地上的木材砍伐出售，以弥补退休开支，仅仅因为有一个斑点猫头鹰鸟巢，他们砍伐木材的行为遭到禁止。

人们对该法律禁止砍伐的规定越来越愤怒，国会内主张修改法规的声音也越来越强烈。克林顿政府发现了该法律条款中的灵活性，即允许私人土地所有者与政府就栖息地保护计划谈判，以缓解法律压力。这些谈判可自愿加入并签署绑定协议。协议中，土地私有者答应采取超过法律要求的保护措施；作为回报，法律允许他们砍伐木材，或以其他方式使用木材，即使伐木过程中会伤害到濒危物种和关键栖息地。

早在 1995 年，一个类似的计划就出现了。当时，默里太平洋公司在华盛顿州拥有 5.3 万英亩林地，林地中生活着斑点猫头鹰，该公司同意保留 43% 的土地用作猫头鹰及其他四种濒危物种的栖息地。这项计划非常详细和具体，例如，公司打算在一些树上开 5 个洞口以保护某种蝙蝠，并监测洞口的气流温度，如果读数上升的话，公司将在巢穴外保留更多的树木庇护它们。作为交换，默里太平洋公司收到一张“意外发生许可证”，这使公司在采伐剩余林木中不慎侵扰或杀死任何濒危物种时，可以免除责任。如果没有这些计划，默里太平洋公司或许根本没有权力在其领地砍伐树木。

今天，已有 15 个栖息地保护计划允许斑点猫头鹰“发生意外”。面积最小的有 40 英亩，最大的有 160 万英亩。总之，这些计划在猫头鹰的栖息范围内划出 290 万英亩私人林地。它们附带“常规性”条款，即使几年后出现濒危物种的新证据，也不需要采取额外的保护措施[25]。它们也包括一条“底线”政策，即如果某个濒危物种数量增加，私人土地所有者也无需采取额外措施来保护它们。这使得土地所有者在濒危物种被公开报道之前，也没有驱赶和杀死濒危物种的动机，即使土地并不用来生产木材。

环保主义者反对栖息地保护计划、意外发生许可证和常规性政策。在他们看来，所有这些都是对濒危物种生死问题的妥协。意外发生许可证允许伐木公司破坏一些猫头鹰栖息地。而常规性政策或许最终将被证明是愚蠢的。科学界正在了解某些物种及其复杂的生态系统，但栖息地保护计划条款的期限是几十年，还有一些甚至达到100年。即使发现物种灭绝的新证据，也不能强迫土地所有者改变他们的行为。

环保主义者阻止木头砍伐

虽然栖息地保护计划简化了私人林场的木头砍伐程序，但受NWFP控制的联邦森林砍伐还是受到严格限制。伐木量从未达到1994年承诺的每年11亿英尺。1997年，伐木量达到了8.85亿英尺的顶峰，之后就骤然跌落，在2000年下降到1.48亿英尺的低谷，这是承诺采伐量的15%，也是10年前木头采伐量的1%。环保主义者在这个过程中发挥了重要作用，他们利用法律和非暴力反抗战术阻止砍伐。

过去10年，环保主义积极分子已提起了上百起民事诉讼，向木材砍伐行为发起挑战。大多数人针对木材砍伐地区濒危物种的生存提出诉讼，有些人则针对木材拍卖没有展开充分的物种调查提出诉讼。还有一些人要求按之前列示的物种清单，在法定期限内完成这些濒危物种的拯救工作。

一些组织专门研究这方面的法律。例如，自称“大自然法律之鹰”的生物多样性中心，自NWFP被采纳后，平均每32天就会提出一个新的诉讼。[26] 这些诉讼的目的是保护森林。零砍伐是他们的目标。在俄勒冈州的奥乔科国家森林火灾发生后，森林服务部门试图出售54棵因火灾而砍伐的树木时，环保主义者呈交了一份长达104页的上诉资料——尽管那些树木已经倒在地上将近一年了。[27] 环保主义者认为，应该让树木在森林的土地上腐烂，以便让它们的养分返回到土壤中。

加利福尼亚的一个组织发明了一种软件，这种软件使这个组织能够提出很多关于木材销售的上诉，这些诉讼阻止或延缓了近5亿英尺木材的销售。以今天的价格来计算，这些木材的价值大约为2.02亿美元，如果是锯板的话，价值会更高。[29]

环保主义者还广泛使用抗议策略。他们坐在将要砍伐的树枝上，躺在运输木材的卡车前面。他们破坏设备并将金属钉状物钉入树中，一旦树干被锯，这些钉状物就会破坏锯片。在私人林地，他们侵占了预定的砍伐地点。如果森林不存在诉讼问题，并且依照政府规章列入砍伐计划，环保主义者的这些行为都是违法的。尽管如此，环保主义者认为他们的行为是合法的，因为保护物种和森林是道德责任。一个环保主义者说：“侵入林地是违法的，但我们认为还有更高的法律”。[30]

对猫头鹰和伐木者的支持

2002年，一家木材工业集团和美国森林资源协会[31]起诉内政部，要求他们对斑点猫头鹰的情况进行调查，以确定《濒危物种法》所涉及的保护是否还有存在的必要。内政部成立了一个专家小组进行评估。

专家小组没有找到科学依据来预测猫头鹰的总数。相反，它将重点放在对14个地区猫头鹰的生存繁殖和成活率的长期研究上，这些地区包括华盛顿、俄勒冈和加利福尼亚。如图表1所示，14个地区中有9个地区的猫头鹰数量在减少，其他5个地区的数量是稳定的。有迹象表明，上述这个地区除两个地区外，另外三个地区的猫头鹰数量也在减少。专家小组发现，要预测栖息地的猫头鹰数量很困难。专家小组指出，十几年来，由西北森林计划所覆盖的栖息地中的2.11%，即大约51.5万英亩，已经由于砍伐活动而消失了。专家小组还预测，60万英亩再生栖息地将弥补这些损失。[32]

总之，专家小组认为，猫头鹰仍然面临灭绝的威胁。它不再面临由于砍伐而导致的栖息地损失，但新的栖息地增长不足以弥补1990年以前的损失。此外，猫头鹰还面临一

图表 1　华盛顿州、俄勒冈州以及加利福尼亚州等 14 个北部地区斑点猫头鹰的发展趋势

研究区域	繁衍状况	成活率	年变化率	数量变化
华盛顿				
文纳奇	平稳	下降	0.917	下降
克利埃勒姆	下降	下降	0.938	下降
雷尼尔	平稳	下降	0.896	下降
奥林匹克	平稳	下降	0.956	下降
俄勒冈				
海岸山脉	下降	上升	0.968	下降
安得鲁斯	平稳	上升	0.978	下降
温泉	平稳	上升	0.908	下降
泰伊	上升	上升	1.005	固定不变
克拉马斯	平稳	上升	0.997	固定不变
南瀑布	下降	上升	0.974	固定不变
加利福尼亚				
加利福尼亚	下降	下降	0.985	下降
胡帕谷	下降	平稳	0.980	固定不变
辛普森	上升	平稳	0.970	下降
马林	平稳	平稳	不适用	不适用

资料来源：Adapted from U.S. Fish and Wildlife Service, Northern Spotted Owl Five-Year Review: Summary and Evaluation (Portland, OR: USFWS, November 2004), table 1.

些新的威胁，包括大量的森林火灾所引致的栖息地破坏、更具有挑衅性的秃鹰之间的竞争以及西尼罗河的病毒。

专家小组得出结论，将北部斑点猫头鹰受到威胁的等级提高到濒危状态是没有根据的。但猫头鹰数量慢慢减少、缺乏重要的栖息地，以及新出现的威胁所造成的不确定性，使猫头鹰仍属于受威胁物种。它仍然在受威胁的物种名单中。

2007 年，鱼类和野生生物局制订了新的拯救计划。它提出了两种方案，任何一种方案都需要政府在 30 年中花费 2 亿美元。

一种方案建议是，继续保护已在《濒危物种保护法》中得到保护的重要栖息地。第二种方案没有列出需要保护的重要栖息地，而是建议联邦森林管理机构可以在掌握猫头鹰如何生活的相关知识后，灵活地确定和保护栖息地。[33] 这种方案反对一成不变地保护栖息地，并且允许减少栖息地——这实际上为砍伐木材开放了新的区域。

环境保护主义者不喜欢第二种方案。他们认为从砍伐木材中获得的利益使布什政府忽略了对猫头鹰的保护。果然，在计划公布不久，鱼类和野生生物局建议，将指定给猫头鹰的重要栖息地从 6 887 000 英亩减少至 5 337 839 英亩。该局声称，这种减少是建立在对猫头鹰行为“更好的理解”以及“测绘技术优化”的基础上的。[34] 如果允许在这些栖息地砍伐开发，这些开放的 1 549 161 英亩森林能够生产价值 25 亿美元的木材。[35] 新制订的拯救计划没有法律效力，它只是北部斑点猫头鹰拯救计划的路线图，是一种建议，并不具备强制性，并不能为拯救猫头鹰提供保证。

尽管可以规划和保护栖息地，但其他影

响因素却无法控制。拯救计划重点关注来自秃鹰的威胁。秃鹰不是太平洋西北部本地的猫头鹰，它们是从东部迁移过来的。目前，它们遍布在斑点猫头鹰的所有栖息地。有证据表明，秃鹰比斑点猫头鹰更大，吃的食物种类更多。它们与斑点猫头鹰竞争，并将斑点猫头鹰驱逐出它们的领土。

在奥林匹克国家公园从未发生过砍伐森林的现象，野生动物学家报告称："那里秃鹰的数量非常惊人。"[36] 秃鹰已经占据了斑点猫头鹰大约 2/3 的巢穴。那里的斑点猫头鹰数量正在下降。反对保护猫头鹰的人声称，如果这种受保护动物的数量无法恢复，那么期待拯救计划会在别处发生作用是愚蠢的。但《濒危物种保护法》不允许选择放弃。因此，保护猫头鹰的行动将会继续，尽管这是以牺牲木材经济为代价的，并伴随着猫头鹰生存地区小城镇的工厂倒闭和失业增加等问题。

后　记

黑暗中的一线曙光正在出现。为解决另一宗由木材行业提起的诉讼，土地管理局提出一个计划，该计划能使加利福尼亚和俄勒冈 240 万英亩的老铁路用地上的森林砍伐面积增加近 3 倍。[37] 该计划建议将森林砍伐面积的比例从 25% 提高到 54%，并使它们"达到持续高水平的木材产出量"。[38] 根据这一计划，未来十年中，木材年产量将从现在的 2.68 亿英尺提高到 7.27 亿英尺，这将给老铁路用地所在的 18 个县带来每年 1.08 亿美元的收入，相当于他们历史收入的 94%。

经济利益还包括木材工厂提供的 3 442 个新工作岗位，这些工作岗位支付的工资总额是 1.37 亿美元。如果该计划被拒绝，土地管理局预测将失去 3 770 个与木材业相关的工作岗位，或者现有的 8 948 个工作岗位只能保留 42%。这对斑点猫头鹰来说是不幸的消息，因为所有经济利益的获得是以放弃它们的栖息地为代价的。已保留的树木中，将有 36% 被砍伐，森林面积将从 809 400 英亩缩减到 521 500 英亩。尽管目前土地管理局保护"猫头鹰活动中心"，但在猫头鹰筑巢区、狩猎区、觅食区等约 250 英亩的范围内，人类的干扰活动并未受到限制，因此猫头鹰可能会消失。

土地管理局计划给太平洋西北森林的竞争火上加油。环境保护主义者反对这个计划，试图通过诉讼使木材销售业瘫痪。有人称该计划为"几十年来最草率的砍伐计划"。[39] 另一方面，县立法委员声称，"真正的问题是有些人的绝对专制主义，他们不会容忍使用任何联邦土地来生产木材。"[40] 总之，对猫头鹰和伐木者来说，《濒危物种法》似乎并没有提供很好的保护。

问　题

1. 你赞成利用西北太平洋地区的森林来保护北部地区的斑点猫头鹰吗？哪怕这种行为会带来失业、工厂倒闭、税收减少、图书馆资金不足、学校关闭以及许多人的痛苦。
2. 是否应允许鱼类和野生动物局以及土地管理局管理更多的森林地区，以维持木材的产出？
3. 政府禁止在斑点猫头鹰巢穴附近的私人土地上砍伐，是否违反了第五修正案赋予林地主人的权利？政府是否应补偿私有林地主人的损失？把保护物种的责任转嫁到纳税人身上是否合理？
4. 评价环境组织的行为。激进主义者的价值观是否正确？在自然法中，他们是否有道德责任基础？环境诉讼中律师是否滥用了公民诉讼权？
5.《濒危物种法》的实施是否应该更灵活？或者该法案应该严格执行，以保护斑点猫头鹰及其他濒危物种？
6. 你相信北部的斑点猫头鹰能够得到拯救并从濒危物种名单中删除吗？它的灭绝会产生世界性的影响吗？或者这种影响并非实质性的，它仅仅在我们思想的无形领域中存在？

环境质量管理

商业城市中的铁路站场

在洛杉矶以东 6 英里的地方，有一个繁忙的、面积 7 平方英里的城市，该城市人口为 13 292 人。在 1962 年设立该市的时候，以“商业”（Commerce）为之命名，以表明它是一个追求商业友好的社区。多年来，这座城市一直在繁荣发展。今天，这座城市活力四射，拥有工厂、商业以及居民区，整座城市被两条高速公路分割开。在城市边缘，挤着很多老式的、朴素的房屋，这些房屋正逐渐向工业带和铁路靠近。

铁路将四个铁路站场相连，形成了一个 4 英里长、3 英里深的三角地带。其中一个铁路站场由联合太平洋铁路公司经营，另外三个由 BNSF 铁路公司经营。这两家公司是国内铁路运营路线最长和第二长的公司，卡车昼夜 24 小时从南面三车道宽的入口进入铁路站场。它们满载着进口集装箱从洛杉矶港和长滩港来到这里。在站场里面，起重机将集装箱装到火车上，然后运送到城市的各个地方。

该地区到处都是机车。每天 40 班长途货运机车穿过联合太平洋的铁路站场，这些长途货运机车依靠柴油驱动 12~20 个汽缸而产生的 6 000 马力能量行驶。小型机车在铁轨上穿梭，进行着火车编组。在旁边等待的其他机车，有的在清洗、有的在加油、有的在维修、有的在补给。

铁路站场使这个地区充满了柴油机的废气。加利福尼亚相关机构的一项报告表明，铁路车站每年排放 40 吨柴油废气，另有 113 吨废气是附近的卡车排放的。[1] 无数机车、卡车、吊车、叉车不断释放废气和烟尘。这些废气和烟尘随风飘散，污染着附近的民宅。居民吸入这些废气，有毒气体在他们的血液中扩散。有些人生病，有些人甚至死亡。

柴油机废气

柴油机废气是由气体和可吸入颗粒组成的混合物。它由几百种成分构成，其中至少有 40 种致癌物质。该气体包括二氧化碳、氧气、氮氧化物、二氧化硫和烃化合物。烃化合物中含有甲醛、乙醛、丙烯醛、苯和丁二烯等致癌物质。柴油机废气中还包含一小部分碳元素，这些碳元素在高温下会吸附有机物或无机物。这些物质来自未燃尽的燃料、润滑油以及高温合成物。无机物主要是硫酸化合物，包括硫酸，还包括致癌物质砷。有机化合物中包括氮化合物和多环芳烃等致癌物质。

煤烟颗粒很微小。最大的煤烟颗粒直径是 2.5 微米，90%的煤烟颗粒直径小于 0.1 微米，或者说其直径大约是头发的 1/70。[2] 微小的煤烟颗粒很容易被人吸入。有毒化合物进入气管，在肺组织中发生反应并进入血液。

柴油机废气将刺激眼睛、喉咙和支气管，并造成吐痰、咳嗽、头痛、头晕、胸闷、支气管炎及呼吸困难等症状。如果人长期暴露于柴油机废气中可能会患哮喘。环境保护机构预测，长期暴露在浓度大于每立方米 5 微克的柴油机废气中的人将罹患慢性呼吸系统疾病。[3]

EPA 对暴露于柴油机废气可能产生的疾病以及卡车司机、机车工程师以及重型设备操作员肺癌发病率进行了研究，在此基础上，把柴油机废气定义为“可能的”致癌物。国家毒理学计划把柴油机废气归类为“合理预期的人类致癌物”。加利福尼亚把柴油机废气列为“已知的”致癌物。科学证据无法证明空气中柴油机废气的安全水平，也无法说明低于什么水平不会导致癌症发生。

柴油机废气排放后，将在大气中发生复杂的反应，其成分在白天的分解速度比晚上快。大部分气体在几小时至几天内分解，有些气体的寿命却有几周甚至几个月。它们会导致酸雨、全球变暖或者城市雾霾。有机化合物颗粒的半衰期是几个小时至两天。由碳元素组成的黑色烟尘会在几天内沉降到泥土中，而悬浮在空气中的黑色烟尘会吸收光线，降低能见度。

评估风险

最近，加利福尼亚相关管理部门的人员对铁路站场进行研究，测量柴油机废气的排放，绘制风向图，并计算附近居民患癌症的风险。在位于两个铁路站场之间的一个 400 人的社区中，研究人员对患癌症的风险进行评估后，预计大约每 100 万人中将有 800 人会患癌症。在另一个位于铁路站场附近的 4 800 人的社区中，他们对患癌症的风险进行评估后认为，预计每 100 万人中有 690 人会患癌症。在铁路站场边界半英里范围内的两个小住宅区中生活的另外 13 000 人，预计他们之中每 100 万人中会有 500 人会患癌症。柴油机废气沿着商业城市的边界漂浮，影响另外 130 万人。在 1 英里范围内，每 100 万人中会有 100 人患癌症；在 2 英里的范围内，每 100 万人中会有 50 人患癌症；在 3 英里的范围内，每 100 万人中会有 25 人患癌症；在 4 英里以及超过 4 英里的范围内，每 100 万人中会有 10 人患癌症。[6]

对铁路站场进行风险评估，必须考虑现有的背景数据。洛杉矶的癌症风险大约是每 100 万人中有 250 人患病。吸入当地空气中的有毒污染物会使这个比例进一步提高，即在每 100 万人中，患病人数增加到 1 000 人。如图 14.1 所示，住在离铁路站场最近的人，患癌症的概率是每 100 万人中会有 1 800 人患病。这些预测数据激怒了该地区的居民。用一个妇女（她的父亲死于癌症）的话来说：“铁路就是杀手。”[7]

风险控制

国家的机车废气排放标准最早制订于 1997 年。十几年后，环境保护协会建议对

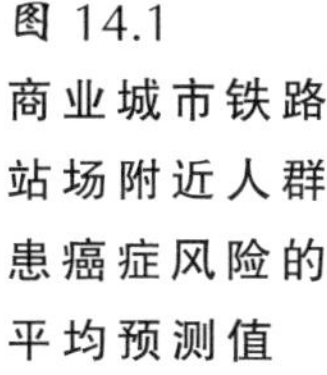

图 14.1 商业城市铁路站场附近人群患癌症风险的平均预测值

资料来源：Adapted from Figure II-4, A. Mahmood et al., Draft Health Risk Assessment for the Four Commerce Railyards.

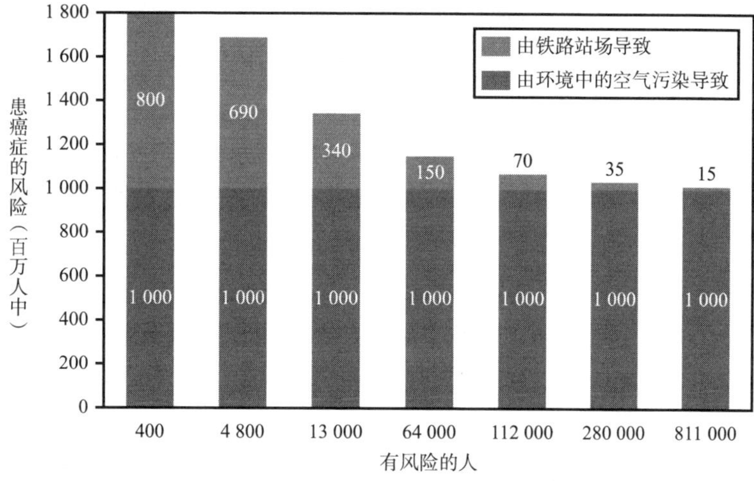

2009 年后制造的机车实行更严格的技术标准，预计到 2030 年，这一标准将为人类健康带来 120 亿美元的益处。[8] 加利福尼亚相关管理部门与铁路部门先后两次达成协议，要求铁路部门采取措施进一步降低废气排放。根据这些协议，联合太平洋声称将减少该地区 28% 的废气排放，BNSF 则声称将加快更新陈旧的、污染严重的机车，以达到在全国范围降低 28% 废气排放的目标。[9]

该地区的人们认为减排进程太慢。2006 年，当地制定空气管制规则限制机车通行的时间。此规则超越了联邦法规的管制要求，因此，BNSF 和联合太平洋通过起诉，将这一规则推翻。一名地区法官认为联邦法规高于地区法规，他说："推翻这一规则是为了防止此类法规干扰州际间商业活动。"[10] "我对此感到很遗憾，"该地区的一名环保活动家说，"人类生命的价值应该高于州际间的商业活动。"[11]

在本章中，我们先解释如何评估柴油机废气带来的污染风险，以便找出最需要监管的污染领域。然后，我们将重点讨论各种新的、灵活的监管方式。最后，我们将阐释企业如何寻求各种创新方式以降低对环境的不利影响。

环境管制成本

环境管制成本是非常昂贵的。2004 年，执行和实施环境管制的成本大约为 2 210 亿美元。[12] 这是一个庞大的数字。这些钱花费得是否恰当？有证据表明这些花费似乎是恰当的。根据政府的一项研究，1996~2006 年这 10 年间，最重要的环境管制原则是"对联邦管制的收益和成本负责"。[13] 环境保护协会进行的管制所带来的利益大约为 990 亿 ~ 4 840 亿美元，而它们所需的成本大约为 390 亿 ~ 460 亿美元。因此，每一美元成本所产生的收益为 2.15~10.52 美元。

要想使管制成本带来最大的利益，必须将重点放在对人类健康和生态系统带来最高风险的污染上。**风险**(risk)指的是损害发生的可能性,范围从零到某个特定数值。污染风险发生的概率,可以通过科学研究得到,相关部门、政治家以及公众必须决定采取何种方式来降低风险。

国会出台了大约 30 条环境法律,这些条款要求管制决策必须以风险评估为基础。它的目标是用有限的资金来治理最大的危害。环境保护协会做了很多风险评估,这对企业具有重大意义。如果它们认为某种污染物(如柴油机废气)造成了相对较高的污染风险,那么法规就会要求动用更多的资金来降低风险。到 2040 年,在减少机车废气排放方面,铁路业需花费 45 亿美元。到 2030 年,此举每年为全国带来的利益大约是 50 亿 ~ 100 亿美元。[14]

评估人类健康风险

评估人类健康风险的基本模型如图 14.2 所示。此图用两个圆圈,将风险评估分成两个部分。圆圈 A 是**风险评估**(risk assessment)要素,是发现和衡量由污染物造成危险的科学过程。圆圈 B 是**风险管理**(risk management)要素,展示对于特定的风险应采取(或不采取)何种行动。我们将解释这些要素的特征及相互作用。

风险评估

图 14.2 中圈 A 所展示的是风险评估的四个标准步骤,环境保护协会及其他机构在评估污染物的危险时经常使用这些步骤。实际上,现在这四个步骤是国际通用的标准。[15] 理论上,风险评估指的是对任何物质所造成的风险进行客观和量化评估的科

图 14.2
风险评估、风险管理要素及其程序

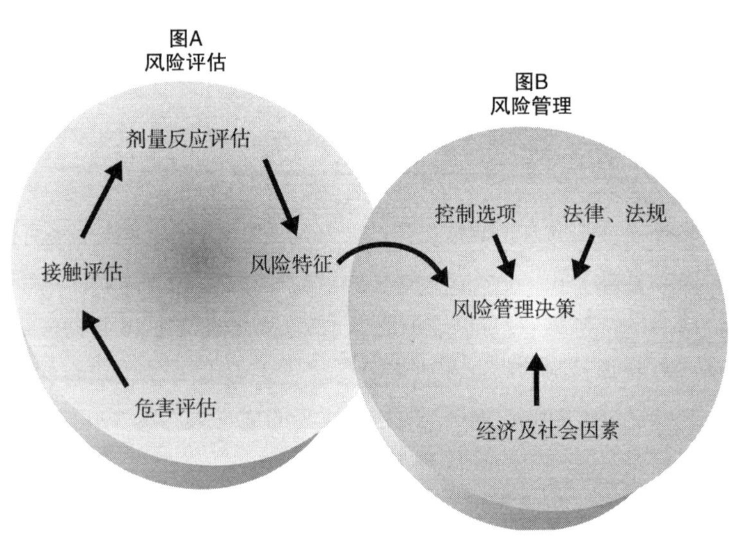

学过程。正如我们将看到的，科学往往达不到这个目标。因此，环境保护协会和其他机构常常在科学数据的基础上进行一系列预防性假设，以避免因模棱两可或不确定的数据低估污染而给人类健康带来的风险。由于预防性假设都是以之前的假设为基础的，这使得评估过程越来越不严格，因此一些评论家认为这种方法会夸大风险。当风险被夸大时，法规的实施变得更加昂贵，而在实施法规时的付出将越来越不值得。但是，夸大风险可以确保公众健康有一定的安全度。

危害评估　**危害评估**（hazard assessment）将某些物质（如化学物质）与人类疾病联系起来。当一种物质被认为会带来风险时，有两种基本的方法可以用来验证它的危险性，即动物试验和流行病学研究。

在动物试验中，让老鼠等动物在日常生活中通过食用、呼吸或其他方式长期接触该物质。在一个癌症研究中，1 000 只动物按照不同的接触水平分成三组。一组动物在它们能够承受的最大剂量下进行试验，第二组只接受这个剂量的一半，第三组，即通常所说的控制组，不接受任何剂量的该化学物质。试验的最后一步是将动物解剖，检验肿瘤的数量及各种异常现象。如果有过量的肿瘤产生，那就证实了该种化学物质含有对动物致癌的作用，并且极有可能对人类致癌。

有几个问题会削弱动物试验的有效性。首先，科学家过分依赖那些肿瘤产生率较高的老鼠。这种预先假设存在疑问，即有待检定的物质到底是一种真正的致癌物，亦或仅仅是某些敏感物种的肿瘤刺激因素。环境保护署的政策呼吁应该根据致癌性，而不是只根据恶性肿瘤的数量，来做出物质是否致癌的判断。这又是一个可能夸大风险的预先假设。

其次，动物接触了大剂量的化学物质后，肿瘤可能因身体组织过敏而产生，并不是通常所说的致癌物质所导致。例如，老鼠被迫呼吸大量的甲醛气体后，就会引发鼻炎，细胞分解的异常加速导致染色体变异，从而导致鼻瘤的产生。由此可以说明，这种病绝不是因为甲醛致癌而造成的。在理论上一直存在疑惑，即大剂量条件下能产生作用的致癌物质，在小剂量条件下是否仍然有效。当然，在人类生存的环境中，相应化学物质的含量肯定比在动物试验中所接触的剂量要小。

再次，动物与人类不同的生理状态，决定了疾病产生的相异性。例如，汽油气体容易引发雄鼠的肾脏肿瘤，但只有鼠类仅仅因为生化机制产生这种现象，人类由于缺乏一种蛋白质则可以幸免。不同动物对疾病的易感性也有差异。在电池厂普遍存在的镉气体会导致老鼠患癌症，但对田鼠却没有影响。那么，根据哪种结果评价镉对于工人的风险呢？环境保护署认为应该根据最敏感物种的反应作为预先假设，然后计算人类风险。

另一种识别危害的方法是**流行病学研究**（epidemiological study），它通过选取样本，用统计分析方法研究人类死亡率与疾病间的关系。流行病研究将工业污染物和健康问题联系起来。例如，最新研究发现如下联系：

- 胶粘剂工厂的工人暴露于甲苯以及噪音中，听力损伤严重。这种听力损伤在处于相同噪音但没有吸入甲苯的工人中没有发现。[16] 甲苯是一种无机化合物，在油漆和胶水的生产过程中作为溶剂使用。
- 接触苯乙烯 8 年的工人，相比于普通人，其决策速度下降了 6.5%。[17] 苯乙烯在塑料、绝缘材料、地毯以及其他产品的生产中使用。吸入苯乙烯还会提高患色盲的概率。
- 母亲接触含有除虫菊酯成分的家用农药，产出婴儿的头围会减小。[18]
- 接触丁二烯（一种在生产合成塑胶的过程中使用的化学物）的工人，患淋巴癌的风险会提高。[19]

流行病学研究在检测实际发生的人类疾病方面有优势，但在统计学上说服力不强，并且存在不确定性。特别是，人类每天都面临成百上千的各种物质，每种物质的接触量不同。例如，上述对合成橡胶厂工人的研究显示，被调查的 364 名工人中，有 4 名患淋巴癌，高于全国每百人 0.69 个癌症患者的概率。在西弗吉尼亚联合碳化物合成橡胶厂中，这 364 名工人在丁二烯生产车间至少工作了 6 个月。尽管这四例淋巴癌在统计学上具备显著性，但实际上数量并不多。我们是否可以认为，他们是因为接触其他化学物质长达 39 年才引发这种癌症的？

同时，流行病学研究还存在其他困难。因为肺癌和其他一些癌症的潜伏期最长可达 40 年，这些研究方法就无法检测最近污染带来的危害。死亡病因的分析常常是不准确的，尤其是多种疾病同时起作用的时候。此外，某种人群的数据不能用来预测另一人群的风险。例如，作为大多数流行病学研究对象的工人，比一般人群更健康，因为一般人群中包含了老人和小孩，后者对于疾病更敏感。例如，在联合碳化物丁二烯的一项研究中，39 年间，365 名工人中只有 185 名死亡，而在普通人群中，预计死亡人数是 202 人。然而，即使其准确性受到置疑，流行病学研究仍然很有价值。例如在实验室的动物试验中，砷化物不会致癌，但流行病学研究显示，它确实是一种致癌物质。

剂量反应评估 **剂量反应评估**（dose-response assessment）是一种量化方法，评估多大剂量的有毒物质会对人类或动物构成危害。各种致癌物的危害度有很大差别。甲醛是一种非常厉害的致癌物，15ppm 的甲醛就能使动物的患癌率达到 50%。与此相

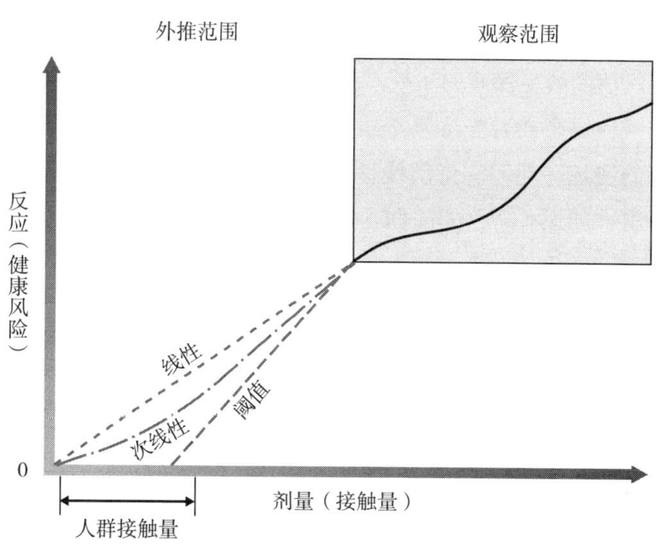

图 14.3
用外推法来衡量高剂量和低剂量所产生效应的假设

反，乙烯氯化物就是一种很微弱的致癌物，通常情况下，50ppm 以下的剂量是无害的，甚至在达到 600ppm 的情况下，它所引发的动物患癌率也低于 25%。[20]

普通民众接触的有毒物质剂量，往往低于工人所接触的剂量，而工人和普通民众所接触的剂量又远远小于试验中动物所接触的高剂量。实际上，对于多数化学物质来说，相关部门的管理人员会利用**外推法**（extrapolation）评估风险，即根据试验中的大剂量来推断小剂量情况下人们所能承受的风险。多年来，环境保护署提出一个模型，假设存在一个**线性反应比率**（linear dose-response rate），也就是说，当物质的接触量由小到大逐渐上升时，癌症发生率也会成比例增加（例如接触率上升 25%，那么癌症发生率也会上升 25%）。

图 14.3 阐释了致癌物质由高剂量向低剂量的外推法理论。阴影部分涵盖了剂量相对高的观测范围。流行病学和啮齿动物的实验室实验，通常会对高剂量范围内的行为反应进行研究。

从观测范围移动至零的线性扩展，是在缺乏试验数据情况下所做的预测，该预测在保护公众健康方面是保守的，因为这一预测认为，接触量超过人类可接受的范围时，风险将大幅增加。另一方面，许多致癌物在剂量低时危险性较低，正如从观测范围内扩展出的次线性曲线所显示的。另外还有一些致癌物有**阈值**（threshold），即它们在很小的剂量时不会产生肿瘤，并且没有任何风险，人类只有在接触剂量超过阈值时才会有风险。如果某种物质按图 14.3 中所假设的阈值曲线变化，那么它在人群接触范围内对公众健康造成危害的风险是比较小的。

EPA 做出预防性假设，即在低剂量水平下没有获得明确的剂量反应关系时，风险评估应建立在线性曲线基础上。这会导致保守的风险预测，即出台比基于非线性或阈值曲线更保守的法规。评估的风险越高，控制污染排放的支出就越多。

环保主义者支持基于线性模型制订更多的法规。但企业不喜欢基于线性模型提出的法规，他们支持次线性和阈值模型，因为这些模型支持较少的管制。EPA 最近指出，如果有严格的证据支持另一种假设的有效性，也可以放弃线性模型。

接触评估 **接触评估**（exposure assessment）研究人类通过呼吸、饮食或皮肤等接触途径所摄入的污染物剂量。空气、水和土壤三种媒介所含的污染物剂量，并不能表明人类所接触的污染物剂量。确认身体组织的摄入量和浓度，则需要进一步的研究。

一个例子是对人类吸入汽油挥发物的研究。汽油含有五种极易挥发的有毒有机化合物。[21] 汽油挥发物进入空气后，人们就会接触这些挥发物。为了衡量这种接触带来的影响，研究者采集了 60 个司机加油前和加油后的血液样本。研究发现，血液中五种化合物的浓度在加油后都上升了。例如，苯的浓度从 0.19ppb 上升到 0.54ppb，甲苯的浓度从 0.38 ppb 上升到 0.74ppb。这种高浓度持续的时间不超过 10 分钟。这项研究表明，司机在加油时会接触到致癌物质。

为了做接触评估，研究者观测了各种有可能使人接触有毒物质的活动，包括人们喝多少水、皮肤接触水的程度、孩子玩耍过程中接触土的量、呼吸率以及消费的各种食物。由于研究时间和不同人群的活动不同，研究者将他们的预测建立在个人接触量分布图上。该预测包括平均每人接触量的总体预测（以接触量的平均数或中位数为基础），以及对接触量最大的上限预测。

风险特征 **风险特征**（risk characterization）是对物质危险性的总体概括。它采用详细的书面说明，描述相关的科学证据。例如，说明致癌物质的风险特征，就需要讨论肿瘤的种类、表明癌症和反应剂量水平及相关接触途径（口服、吸入、皮肤吸收）等因果关系的人类和动物实验数据。在此基础上，定量描述风险特征。

例如，EPA 估计，当人长期接触 1μg/m^3（1 微克每立方米）苯时，每百万人中有 2.2~7.8 个人会患白血病。也就是说，按平均寿命 75 岁计算，100 万人生活在苯含量非常低的环境中，会增加 2~8 例白血病患者。

这种量化的风险评估有助于决定企业的减排水平。对于在多高的风险时才需要采取管制行动这一问题，迄今尚未达成协议。多年前，最高法院认为，当风险变得“显著”时，就需要制订相关法律。从那时起，这种简明的解释就引导着监管。

> 很明显，有些风险是可以接受的，而另一些风险则是不能接受的。例如，如果 10 亿人中有一个人因为饮用氯化过的水而患癌致死，这样的风险肯定不能

> 认为是很大的。另一方面，如果在 1 000 个正常呼入含苯 2% 的汽油气体的人群中，有一人患癌致死，那么，一个理性的人就会认为，这个风险是显著的，并应采取合适的措施，降低以致消除此类风险。[22]

在 EPA 看来，如果化学物质或者放射性污染导致的患癌症的风险超过万分之一，那么这种风险就应该受到管制。管制的目标是将患癌症的风险降低到百万分之一或更低。但处于万分之一和百万分之一之间的风险都是可以接受的。[23] EPA 预计，长期暴露于笨浓度在 0.13~0.45μg/m^3 的空气中，患病风险是百万分之一，但当浓度提高至 13~45μg/m^3 时，患病风险是万分之一。[24] 因此，如果住在炼油厂和化学工厂附近的居民，暴露在苯浓度高于 45μg/m^3 的空气中时，EPA 就会强制企业采取措施来减少污染排放。

依据量化的风险评估结果制定政策的做法，激怒了一些环保主义者。一位环保主义者诘问："法律允许我向 10 万人群开枪，并杀死其中的一个吗？不允许！那么，又为什么允许道氏化学公司这么做呢？工厂排放化学物质不需要承担责任，但可怜的持枪者则会被送进监狱。"[25] 但是，否定污染风险在万分之一和百万分之一之间的政策，意味着任何水平的风险都是不可接受的。在工业社会，杜绝化学物质带来的所有风险是不可能的。使污染风险低于 EPA 规定的水平，代价是非常昂贵的，但保护公民不遭受谋杀的法律，成本要低得多。

风险特征是在对毒性、效用及摄入量进行科学计算的基础上建立起来的，但这些计算的精确性是有限的。因此，风险特征倾向于谨慎措辞，也倾向于夸大风险。例如，EPA 关于苯的风险估计是建立在线性外推基础上的，这是因为人类接触剂量 1~45μg/m^3 的数据并不存在。但万分之一到百万分之一的风险预测结果是保守的，这一预测可能会夸大风险，并给企业带来不必要的成本。

风险管理

风险管理（见图 14.2，圆圈 B）包括对污染物和健康风险的控制。图 14.2 中圆圈 A 所示的风险评估建立在自然科学基础之上，而风险管理决策则立足于法律、经济、政治、伦理等社会科学。下面我们将讨论风险管理的基本要素。

降低污染的方法　降低风险可以有多种方法。例如，有害垃圾可以埋在垃圾填埋场或者通过高温焚化成无害的物质。此外，还存在一系列的管理方法，例如，从监管部门严格执法到企业自愿要求监管。在本章后半部分，我们将深入讨论这些方法。

法律因素　环境方面的法律会或多或少地规定一些降低风险的要求以及降低风险的

方法。例如，《清洁空气法》规定，相关机构应该制定城市空气质量标准，以确保公众健康有足够的安全边界并且能被合理预期。该法案还要求 EPA 以市场上能够取得的最先进的技术水平为基础，制订有毒空气污染物的排放标准。《濒危物种法》严禁在保护濒危物种时考虑经济因素。

总之，法律倾向于制定严格的环境法规，这些规定如此详尽，以至于一位观察员将它们称为“国会的手铐”。[26] 但是，在执行实施细则时，相关管理部门有一定的自主权。

经济和社会因素 风险决策不能仅仅依赖科学，控制装置及工艺水平等技术手段可能会限制或推广某些做法；公众观点可能会决定在政治上哪些方法是可接受的；成本–收益分析可以阐明不同方法的经济后果。我们将进一步讨论成本–收益分析。

成本–收益分析

成本–收益分析指的是对特定管制政策进行系统的成本和收益计算并进行比较。成本会减少人类福利，收益会增加人类福利。严格的成本–收益分析确认成本和收益，并将它们量化，然后赋予其货币价值，使它们能够按照同一标准进行比较。如果收益大于成本，那么在其他条件相同的情况下，这种管制方式将增加社会的净福利，因而是可取的。

环境管制成本通常包括执行成本、行业的资本投入和遵从成本、工作岗位丧失而带来的成本、消费者承担较高的价格以及生产能力下降（例如，限制有害但高效的杀虫剂，会降低粮食产量）等成本。收益来自于污染减少给人类健康及环境带来的好处，包括死亡和疾病的减少、痛苦的减少、失业和工资的减少等、医疗成本的减少等。直接的生态效益包括更多的食物和纤维制品、娱乐机会、美丽的风景以及生态系统的改善（例如，蜜蜂授粉提高了蜂蜜的产量、土壤的稳定性减少了洪水的发生）。

监管人员必须向管理和预算办公室提交成本–收益分析，来证明任何超过 1 亿美元的法规或提案的合理性。现实中，这类分析深奥难懂，昂贵而冗长，仅文字资料一般都有几百页。尽管这些分析是为了提高决策效率，但这些分析明显地使规章变得复杂而且出台缓慢。

优　点

成本–收益分析的好处很多。首先，它就一项政策对社会福利的所有影响进行分析。这种思考方式是可取的，尽管它并不必然导致清晰的决策。成本 – 收益分析用货币形式表达了一项政策的社会净效益。但是，这并不意味着只需要根据这一标准来做决策，因为其他的标准可能更公平或更重要，如道德责任和政治后果。

其次，成本 – 收益分析可以将理性的计算与感性的评价结合在一起。环境风险与公众警觉的提高并不总是成比例的。当人们面临新的危险时，政治家为了回应公众要求可能会草率立法。在一些法律中，国会要求在不考虑成本的前提下保护公众健康，这导致制度成本比它们所带来的社会价值还高。感性决策不一定是错误的，但冷静的决策能更好地匹配风险及有限的资金。

再次，成本 – 收益分析揭示了边际递减成本，这有助于管制人员找到最有效率的监管方式。图 14.4 展示了环境治理与成本、收益之间的典型关系。最初，在零点或者接近零点处，管制污染的成本效益是非常显著的。治污设备迅速减少了污染排放并降低了对公众健康的危险，带来了收益。但当管制达到更高水平时，为了减少同样数量的污染，所需成本会越来越高。因为必须发明新的控制技术，需要安装耗能更高的复杂机器。 这些花费产生的效果也越来越小，因为随着有毒物质浓度的降低，它所造成的危险也越来越小。之后，成本增加的速度越来越快，并最终超过其带来的收益并完全抵消收益。

最理想的管制水平在图 14.4 中的 R 点处，该点的收益超过成本并且差额达到最大（B – C）。在这一点，每一美元成本产生的收益达到最大化。理论上，在 R 点之后所花费的资金，用在减少其他污染上更有价值。在这种情况下，成本 – 收益分析能确认有效的管制目标，防止为了微不足道的利益而花费巨额支出。它为管理人员提供了一种不受市场机制影响的、有效的资源配置手段。

图 14.4
环境管制成本与收益之间的关系

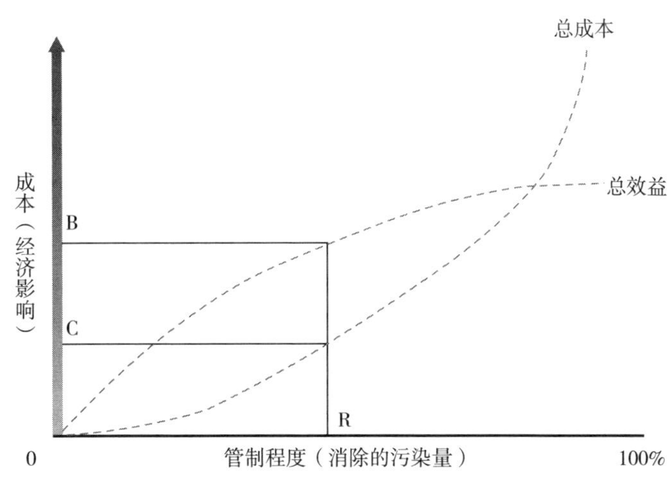

资料来源：Adapted from Kenneth W. Chilton, *Enhancing Environmental Protection while Fostering Economic Growth*, Policy Study No. 151 (St. Louis: Washington University, Center for the Study of American Business, March 1999), p. 8.

批　评

成本－收益分析看起来很吸引人，但仍然有人批评它。对它的批评主要有以下几个方面。

首先，确定成本和收益的准确价值很困难而且有争议。在应用这种分析方法时，成本和收益必须货币化，使它们能够用同一标准来衡量。但是，怎样为干净的天空、水中的鱼、芬芳的空气、更长的寿命以及为后代保护的物种定价呢？它们的价值是主观的。用美元来衡量自然风景和人类寿命的价值等非贸易商品会引起争议。有一些方法可以衡量非贸易商品的价值，但是批判者怀疑它们的准确性。

一种衡量生态系统产品货币价值的方法是**条件价值评估法**（contingent valuation），这种方法要求人们对自然界中产品的美元价值进行投票。条件价值评估法可以为那些不能通过市场交易的自然产品定价。在调查中，可以询问人们愿意支付多少钱来保护或者改进生态环境。用他们给出的平均美元数乘以美国的家庭数（目前是 1.132 亿户），就可以得到具体的美元金额。例如，一项调查询问人们愿意掏多少钱来挽救那些由于受石油钻探污染而死去的 2 000 只候鸟。如果他们愿意付出资金的平均数为 0.15 美元，那么这个数字乘以 1.132 亿得到的数字 1 698 万美元，就是候鸟对于人类社会的货币价值。任何一项保护措施，成本必须小于这个价值。

在埃克森－瓦尔迪兹号的石油泄漏事件中，条件价值评估法被首次用来评估石油泄漏对威廉王子湾周围生态系统的影响。在另一个案例中，EPA 发布一项规定，要求亚利桑那州的纳瓦霍发电厂降低 90% 的二氧化硫排放量，该发电厂每年为此需付出 9 000 万美元。该发电厂位于大峡谷国家公园北部 12 英里处。这一规定可以使大峡谷在冬季的能见度提高 7%，即人们可以看到大约 134 英里而不是 124 英里的范围。这值得每年花费 9 000 万美元吗？根据一项有关公众愿意支付多少钱来清洁大峡谷空气的抽样调查结果，EPA 认为这是值得的。在这项调查中，每个家庭每年愿意支付 1.3~2.5 美元，或者说人们愿意为此支付的总金额为 9 000 万～2 亿美元。[27]

生命统计价值（value of a statistical life）方法颇有争议，因为它与公正、公平的公众价值观相冲突。多年前，环境管制人员根据每个人未来有生岁月的收入来预测统计生命价值。这一方法因为不公平而受到攻击，因为穷人、家庭主妇、退休者与富人及具有未来盈利潜力的年轻人相比，价值要少。一个批评家指出，这种计算方法与起源于犹太教和基督教传统的平等原则（即“在法律和上帝面前人人平等”的理念）背道而驰。[28] 这种方法很快就被抛弃了。

现在，EPA 采用一种“支付意愿”的方法来计算生命统计价值。这种方法根据人们愿意为降低污染风险而支付货币的意愿，来衡量并计算生命统计价值。它询问人们愿意支付多少钱来降低污染给生命带来的风险，以及工人愿意接受多少附加工资来面对危险工作中增加的风险，然后通过上述两项调查数据预测人们愿意支付多少钱来降低风险。这种计算方法的计算过程如下。例如，在一个有 200 万人口的城镇中，如果空气污染使人类夭折比例降低百万分之一，那么从统计上来说，每年可以拯救两个人的生命。如果调查数据表明，每个人愿意支付 5 美元来降低夭折风险，那么，在这个城镇中，每一个被拯救个体的统计生命价值就是 500 万美元。[29] 因此，每年治理空气污染的收益是 1 000 万美元，即两个统计生命价值。

研究人员倾向于将统计生命价值界定在 500 万 ~ 800 万美元之间。近年来，管制机构使用的统计生命价值是 630 万 ~ 700 万美元。[30] 批评人士认为，工人并不总是完全了解他们所面临的风险，因此，支付意愿方法是有瑕疵的。一般来说，妇女对风险的厌恶程度高于男人，因此针对危险工作的研究并不具有代表性。[31] 反对者排斥为生命估值的所有方法，他们争辩说，给人类生命定价嘲弄了生命的神圣与尊严。

对成本 – 收益分析的另一种批评是，这种方法屈服于对生态系统的绝对保护，而不是有条件的保护。在美国历史中，《人权法案》和《解放宣言》从来不遵循成本 – 收益分析，它们所规定的道德权利是绝对的。根据一些环境保护主义者的观点，我们有义务尊重自然，正如我们有义务尊重人类一样，这种尊重与金钱无关。这类观点排斥效率及政治妥协，以教条作为基本原则。然而，成本 – 收益分析认为，道德责任与社会福利之间可以权衡，这一观点是正确的。

运用成本 – 收益分析的另外一个困难是，一个项目的成本和收益，通常由不同的利益团体来承担。净化废水导致企业和消费者成本提高，但净化废水所产生的收益却属于海岸线不动产的所有者、房产经纪人和海洋中的鱼类。在这个例子中，衡量相互冲突的成本 – 收益，会产生公平问题。

总之，上述对成本 – 收益分析的批评的确有道理，但并不能带来更有效的管制方案。降低污染的资金是有限的，因此需要做出把它们用在何处更好的决策。量化人类生命价值的一名捍卫者这样说道："让你自己在公众聚会上看上去很棒，显然不能称作胜利者，但从公众安全的观点来说，这样做是正确的。"[32]

管制措施

为降低环境和人类健康的危险性，立法机构和管理者有许多可以选择的办法。图 14.5 列示了一系列可以选择的措施。到目前为止，采取的大部分管制措施位于图 14.5 的最左边。但是，中间和右边的方法得到越来越多的运用，因为有证据表明，在自由和控制之间能够适当平衡的措施是最有效的。本节讨论的管制措施，可以结合在一起使用。作为整体管制计划的组成部分，自由和控制两种方法可以相互补充。

图 14.5
管制措施

命令和控制	灵活执行政策	市场激励	必要的信息披露	自愿遵守
控 制				自 由

命令和控制式管理

污染治理成本很高的原因之一是，管理部门过于依赖**命令和控制式管理方式**（comm-and-control regulation）。大多数法律要求管理机构设立跨行业的统一标准、严格限制个人污染源、指定清洁技术、制定严格的行动时间表并进行强制执行，所有这些均不考虑或很少考虑成本。

命令和控制式管理的优点在于，具有可预测性和统一的标准。行业内所有企业都执行同样的规则，这很公平。历史数据表明，它确实减少了污染。这使公众相信，EPA 像一个的学究，鹰一样监视着企业，搓揉着手腕，将那些污染企业像笨学生一样拎到座位上去。

但这种方法可能没有效率，而且带来的收益抵不上增加的成本。这一教训是从 EPA 和美国石油公司的一个里程碑式的案例研究中得到的。此研究关注对单个炼油厂的管制。研究结果表明，按照 EPA 严格的命令和控制式管理方式，为减少污染物的排放，工厂付出的成本是每吨 2 100 美元。如果炼油厂在减排上有更多的灵活性，则可以达到 90% 的减排目标，其成本时降低到每吨 500 美元。[33] 这项研究说明，有必要制订更灵活的政策。

市场激励式管理

市场激励式管理（market incentive regulation）给予污染者经济刺激以控制污染物的排放，同时在如何达到减排目的方面，也给予灵活性。这种组合常常可在降低减排成本的同时，带来更多创造性的方法。20 世纪 90 年代后，市场激励式管理在欧洲大部分国家变得非常流行，但在美国还比较少。下面我们讨论几种市场激励式管理方法。

环境税 相关部门可以对污染排放物或污染厂家的产品征收环境税。这些方法在欧洲用得比较多。在欧洲，平均环境税率是 GDP 的 2%~2.5%。爱尔兰对塑料袋征收环境税即是一例。从 2002 年开始，爱尔兰的顾客每使用一个塑料袋，就需要付出 0.15 美元的环境税。此规定实施的第一年，塑料袋的使用量就从 12 亿下降到 1.13 亿。[34] 欧洲超过 90% 的绿色税收来自含硫的汽油、柴油燃料税以及机动车辆的道路使用费，来自工业排放的税收只占很小一部分。例如，法国对二氧化硫、一氧化二氮的排放

和挥发性有机物征收环境税。西班牙、丹麦、挪威、意大利和瑞士也有类似税种。

美国在这条路上没走多远，但也有少数几个税种。例如，EPA 对 20 种化学物质征收臭氧消耗税。税款由三个因素决定，即排放污染物的数量、税率和破坏臭氧层的潜在可能性。该税种在 1990 年引入，自那以后，该税种税率已经提高了 5 倍，以减少这些化学品的使用。

有时，政府还采用税收和激励双管齐下的方式。例如，中国的管理者运用传统的管理办法和排放费扣减补贴相结合的方式，进行污染管制。污染企业根据废水排放、废气排放和废酸产生量支付税额。这些税款中的 80% 可返还企业，投资于控制污染的设备。在中国，超过 50 万个企业受到这种管制方式的约束。[35] 瑞典政府对电厂排放的一氧化二氮征税，这是一个租税补贴的例子。监管部门从各个电力企业征收环境税后，再根据每单位废气排放量进行减免。这样，治污最有效率的公司，就能从最无效率的公司中获得补贴。

更为普遍的是，一些国家正在进行**环境税制改革**（environmental tax reform），或者说用来源于污染的税收收入代替来源于生产性的税收收入。传统上，政府绝大部分收入来自工资、销售收入、利润和所得税。环境税制改革在欧洲得到大力支持。它的倡议者认为，用绿色税收代替生产性税收可以带来双重红利。这种税制改革惩罚了企业对生态造成的污染，减轻了企业创造财富行为所需要承担的税收负担。

排放交易　排放交易通常被称为**限额交易**（cap and trade），是税收的一种替代形式。限额交易首先为某种污染物设定一个总排放额或者限额，然后再逐渐降低限额。一开始，政府根据当前的排放量设定一个合适的限额，以避免对行业造成太大冲击。每个企业分配一定数量的许可证（也称限额），并且只允许排放相当于许可证额度数量的污染物。每张许可证允许排放一单位污染物，比如 1 磅或 1 吨，有效期为 1 年。然后管理机构监测每个企业排放的污染物数量。到年末，如果某企业排放的污染物数量超过了许可额度，将被罚款。

政府允许企业以市场价格交易许可证。如果它们排放的污染物数量低于许可限额，可以出售许可证。如果排放污染物数量高于许可限额，则必须购买额外的许可额度。这样，污染企业实际上支付了罚金，而这些罚金流向了环保型企业。

每隔一段时间，政府就会从市场中撤销一定的许可额度，这样总的污染物排放量就降低了。例如，为达到污染物排放量 20 年内减少 50% 的目标，政府每隔两年撤销 5% 的许可量。随着总排放量上限下降，企业要么降低它们的排放量，要么以更高的市场价格购买许可额度。

如果限额交易计划能够实施的话，那些能以最低成本减少排放的企业将会较早行动起来，相对地减少排放，并将多余的许可额度卖给那些减排成本相对不便宜的企业以赚取利润。许多原因导致减排成本不同——使用的燃料不同、工业过程不同、设备的使用年限以及控制水平不同。理论上，限额交易计划能以更低的成本，达到与命令和控制式管理方式同样的减排效果，但后者忽视了在不同企业中，边际成本不同。

大规模的污染许可证交易计划首先出现在东部和中西部地区，涉及 3 500 个电厂的二氧化硫排放。1995 年，EPA 规定这些电厂每年排放的二氧化硫总量为 1 400 万吨，并用发放许可证的方式为这些公共事业公司分配不同的限额，每张许可证允许排放一吨二氧化硫。管理机构逐渐从市场撤销许可证，以减少总排放量，到 2000 年，总排放量要降为 1 000 万吨，到 2005 年，要降低到 950 万吨，最后到 2010 年，总排放量要降到 895 万吨。在整个过程中，大约有 1 900 万张许可证在拍卖市场或直接在公司间交易。许可证的市场价格从 1996 年的 65 美元，上涨到 2006 年的 600 美元左右。在发电企业污染排放量超过限额后，EPA 对每吨二氧化硫的罚款为 3 042 美元。与罚款相比，购买许可证要便宜的多。[36]

二氧化碳和其他温室气体的交易计划，则是针对气候变暖这一威胁做出的重要回应。2005 年，欧盟建立了二氧化碳限额交易制度，该制度涵盖了大约 12 000 个电厂、工厂、制造厂和冶炼厂，它们的二氧化碳总排放量占欧洲国家排放量的 50%。根据京都协议（见第 13 章），到 2012 年，这些工厂的排放量要比 1990 年减少 8%。该计划就是通过逐年减少二氧化碳总限额来实现目标。到目前为止，该方案还落后于进度表，因为全部 27 个成员国分配给公司的限额已经超出了实际的二氧化碳排放量，从而打消了许多公司为减排而进行市场交易的积极性。由于限额过剩，1 公吨碳排放的限额交易价格不到 1 美元。但 2007 年由于总限额下降，使得限额交易价格飞涨到 24 美元。

英国和澳大利亚有独立且互补的 CO_2 排放交易计划。美国的芝加哥气候交易所是一个自愿限额交易系统。大约 250 个公司同意六种温室气体的排放量每年减少 1%，这种排放量以 CO_2 当量衡量。除了自愿减排外，它们还签署了一份具有法律约束力的合约，以减少温室气体排放或者以交易所的市场价格购买不足部分。每份合约相当于 100 公吨 CO_2，其 2007 年的售价为 1.85 美元。由于这个价格很低，企业愿意购买，因而不足以带来较大幅度的减排。但国会正考虑制定 CO_2 的减排措施，如果通过立法对限额交易进行强制的话，碳排放限额的交易价格肯定会上升。

2006 年，全球的 CO_2 和 CO_2 当量限额交易超过 230 亿美元，而且还在快速增长。[37]其中 80% 的市场在欧盟。

在上述讨论的所有温室气体限额交易计划中，企业都可以通过购买**碳抵消**

（carbon offsets）来满足自己的减排任务。所谓碳抵消就是通过消除其他二氧化碳排放来源，以部分或全部抵消一个公司的温室效应。像这样的碳抵消项目包括植树、付钱给农民叫他们不要耕种以及从农场和垃圾站中回收甲烷。碳抵消购买方可以用可抵消的二氧化碳当量来排放温室气体。购买碳抵消也许比直接减少工厂温室气体排放或在市场上购买限额便宜。

2006 年，限额交易计划下的全球碳抵消支出是 55 亿美元，而碳抵消本身带来的温室气体排放减少量是 5.18 亿公吨 CO_2 当量。这类行动中大约 91% 是由**清洁发展机制**（Clean Development Mechanism，CDM）赞助的，而 CDM 是京都协议下建立的一个碳抵消项目。CDM 允许发达国家在发展中国家建立碳抵消项目来实现京都承诺。[38]

例如，荷兰在巴西建了一个先进的垃圾填埋场，来吸收城市垃圾腐烂分解产生的甲烷。吸收的甲烷被燃烧，然后向大气中释放二氧化碳。尽管甲烷是比二氧化碳威力更大的温室气体，在京都协议规则下，荷兰的减排限额成本为每吨 4 美元多。[39] 在欧洲碳市场，每吨限额的购买价格超过 20 美元。相比而言，前一种方式显然便宜许多。后京都世界以这样蹒跚的脚步，向自己的环保目标迈进。

一些环保主义者嘲笑碳抵消，把它比作教堂售卖赎罪券。这源于 15 世纪，有罪的人可以付钱给教皇，祈求他宽恕他们的罪行。教宗西斯笃四世承诺“完全赦免和减除一切罪恶”，以及“为他们未来的罪孽提供优惠待遇”。[40] 购买赎罪券的教徒相信，教皇的行为会得到上帝认可。某些豁免是合适的，但长期来看则毫无必要。批评者指责道，碳抵消是新的“豁免”，它允许污染企业“抵消”自身对大自然的侵犯，而不必为停止碳排放进行艰苦工作和设备改造。[41] 购买碳抵消或许符合法律要求，但它的确没能阻止自身对自然界所犯的错误。

信息披露 环保业绩的信息披露会影响消费者的态度和公司股票价格，从而成为一种市场制约力量。例子之一就是 EPA 编制的**有毒物质排放清单**（toxics release inventory，TRI）。[42] 只要企业排放或运输 650 种有毒物质中任何一种，则每年都要上报运输数量。数据是公开的，市民可以搜索这些数据，以了解邻近工厂排放的到底是什么物质。

2005 年，工厂的信息披露称只排放了 25 亿磅有毒物质，这是个很大的数目，但尚不到 1987 年开始报告时的一半。排放的污染物包括 15 亿磅气体排放物、2.4 亿磅水污染物和 5.96 亿磅溅落、滴漏及倾倒在地面上的、未受管制的污染物。[43]

在 EPA 跟踪的这些排放物中，有 176 种是已知或怀疑是致癌源的污染物。其中 1.13 亿磅进入空气中，1 700 万磅进入水面，还有 3.08 亿磅落到地面上。[44]

图 14.6 碳抵消限额交易如何运作

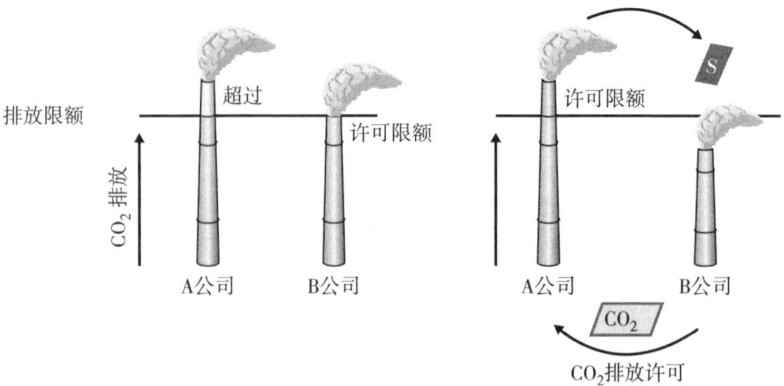

许可限额交易市场

假设 A 公司排放量超过限额，而 B 公司排放量不足，A 公司就可从 B 公司中购买限额。

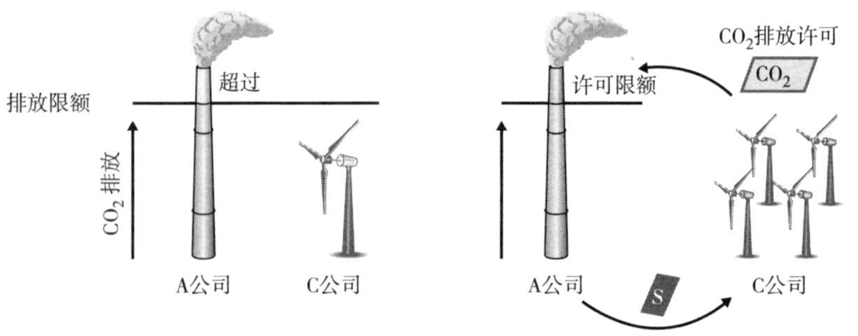

碳抵消交易

假设 A 公司排放量超过限额，按照京都清洁发展机制的规定，它可以对发展中国家 C 公司的碳排放缩减项目投资来抵消其碳排放量，这种成本比在发达国家低。这样，A 公司获得碳排放额度，而 C 公司获得资金，并且不用化石燃料，从而降低了空气中的碳排放量。

资料来源：From David G. Victor and Danny Cullenward, "Making Carbon Markets Work," *Scientific American, December 2007*, p. 73. Reprinted with permission of illustrators Ann Sanderson and Logan Parsons.

企业不希望自己成为污染排放量的领军人物，这样的例子有很多，它们尽量减少排放，以免引起注意。

自愿遵守

除了利用市场激励手段之外，另外一种灵活的管理方法就是自愿遵守。**自愿遵守**（voluntary regulation）是一种不需要法律指令、强迫或批准的管理方式。企业根据自己的意愿参加，这种方法应用很广泛。当今世界，已有几十个由政府、企业和积极分子谈判而达成的自愿标准。

当缺乏严格的命令和控制式管理手段时，自愿遵守应运而生。因而，美国的自愿遵守规则主要集中在减少全球温室气体排放以及鼓励那些国会无暇规范的行为上。例如，气候领导者计划就是由环保署设立的一个自愿计划。加入该计划的企业必须设立温室气体减排目标，并报告它们的进展。[45]

电力巨人美国电力公司，作为其中一个参与者在 2001 年至 2006 年间减少了 4% 的温室气体排放量，并承诺到 2010 年再减少 6%。美国电力公司经营 80 个电厂，为超过 11 个州的数百万居民供电。这些电厂消耗大量的煤，它们有自己的铁路和 7 500 辆火车。到 2010 年，减排的 6% 的温室气体将会消除 3 100 万吨 CO_2 的排放。[46] 美国电力公司计划用多种手段达到这一目标，包括采用新技术吸收粉煤中的碳、淘汰旧发电机组以及吸收温室气体的造林计划。

美国电力公司是 70 气候领导公司之一。该计划的参与者必须监测温室气体排放并向 EPA 报告。虽然承诺的减排目标代价非常昂贵，但这些公司有许多理由为之努力。大部分公司相信，对温室气体进行管制迫在眉睫，并希望提前做好准备。当公司实现自己的减排目标后，EPA 会给予奖励并进行正面宣传。

如图 14.7 所示，气候领导者计划像一把大伞，包含许多企业可参与的自愿计划。每个计划都可以通过这样或那样的方式帮助减少温室气体排放。例如，开始于 1994 年的废弃物回收计划鼓励减少废弃物的抛弃。此后，该计划的参与者消除了 1.2 亿吨废弃物及与之伴随的数百万吨 CO_2 排放量。[47] 在 EPA 推广的绿色能源伙伴行动中，EPA 鼓励公司购买风能等可再生能源。矿层保护项目可为矿山提供技术援助，在地下煤层被采掘时俘获逃逸出来的甲烷。

这些自愿计划之所以能够实施，是因为企业面对非管制方面的强大压力。但气

图 14.7
EPA 的气候领导者计划

资料来源：EPA.

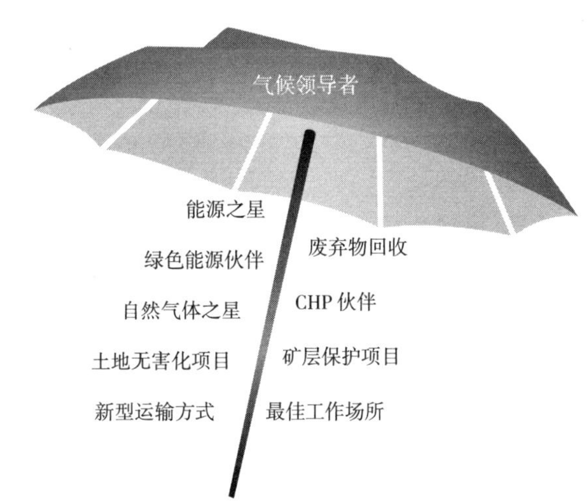

候领导者计划大旗下的自愿行动，数量非常有限。虽然工业温室气体排放的增长速度在放慢，但它们仍然还会增长。

环境质量管理

企业在保护环境领域面临许多压力和激励。除偶尔的犯罪行为外，大部分企业会努力回应这些压力和激励。不管怎样，企业回应的范围从勉强遵从政府管制到做一个有改革精神的领导者。 在本节中，我们将阐述当前领先企业的努力与行动。

环境管理体系

大部分领先行动的公司都建立了**环境管理体系**（environmental management system）。该体系以保护生态系统为原则，是一套整合公司战略、政策和经营的方法和程序。这一体系的核心元素如表所示。

ISO 14001 是一种领先的国际环境管理体系，它是由国际标准组织建立的一套环境管理标准。采纳这一要求的企业必须得到相关认证。ISO 这三个字母指国际标准组织，而数字 14001 则表明它在环保标准家庭中的位置。某些大公司，比如埃克森美孚石油公司，就设计了它们自己的环境管理体系，而一般企业以 ISO14001 为标准并通过第三方审计进行认证。这对小企业具有很大的吸引力，因为许多企业在寻找供应商时要求符合 EMS 要求，而 ISO14001 认证就可以满足这一要求。例如松下电器就有一个采购政策，不但考虑供应商的成本、质量和交货速度，还考虑供应商的环境报告，优先选择那些有 ISO14001 认证的企业。[48]

绿色采购趋势造成 ISO 认证在世界范围内激增，从 1995 年的 257 家，增加到 2007 年的 12.9 万多家。[49] 许多认证都发生在发展中国家。相对于美国，中国有更多的企业接受 ISO14001 认证。这是大企业在全球供应链中扩展其环境管理体系的例子。

环境管理体系的核心元素

- 采取保护环境的政策
- 制定包含环境因素的战略与计划
- 评估对环境造成的影响
- 建立目标和绩效评估方法
- 监督和纠正行动
- 利益相关者的参与
- 培训、激励及奖励员工
- 持续改进的观念

系列行动

领先企业开展一系列行动，以减少对环境的恶劣影响。下面是一些例子。

- 预防行动。环保主义者提出了**预防原则**（precautionary principle）的理念。该理念认为，当工业活动威胁到人类健康或生态系统时，即使对这种危险了解甚少，出于审慎原则，也应该呼吁限制该项活动。近年来，科学家利用在活体器官中探测化学物质的先进方法，发现全世界的人体血液和动物器官中，全氟辛烷磺酰基化合物（PFO）的含量约为 0.5ppm。这种化合物来源于 3M 公司，该公司于 20 世纪 50 年代晚期，开始在 Scotchgard 防水织物中使用这类化学物。了解这一事实后，3M 公司的科学家表示惊讶和不相信。他们检查了 Scotchgard 防水剂制造厂的工人健康数据，没有发现负面影响。但 3M 公司仍决定在 2000 年把该产品从市场撤出，以避免该产品为人类生命带来任何可能的危害。由于没有 PFO 的替代品，3M 公司每年损失 5 亿美元，直到 2006 年出现一种新型的防水剂，情况才有改变。当然，该公司在决策时对政府可能采取的行动做了预期，并且担心潜在的诉讼。[50] 这些压力迫使企业采取了预防原则，这也证明企业的环境责任常常是对外部压力的回应。
- 污染防治。在污染物被制造出来后，终端的控制设备会将它们中和或隔离起来。污染防治是对工业流程的改进，可以阻止污染物产生。例如，许多企业已经停止使用溶剂清洗生产设备，代之以肥皂或异丙基乙醇。这就消除了溶剂中挥发的有毒化合物，能够起到同样的作用，而且成本很低。一些简单的污染防治措施在许多公司得到应用，比如给罐子加上盖子防止挥发或旋紧阀门防止滴漏。但在这些简单的措施之后，进一步提高污染防治，就需要复杂的流程和产品再造。这些项目很昂贵，即使它们能减少有毒气体的排放或降低成本，许多企业也不会批准它们，除非它们在资本投资上能带来回报。
- 产品分析。产品分析是对产品进行检查，以减少对环境的不良影响。伊斯曼柯达公司对产品进行生命周期评估，关注原材料使用、能源消费、临时的气体排放及回收潜力等因素。约翰逊公司使用“绿色清单”来评估家用产品中的成分。该公司的化学家准备了许多原材料，如表面活性剂、溶剂、推进剂、香水等，这些原材料经常出现在一些著名品牌上，比如 Raid、Off、Drano、Saran Wrap 以及 Windex 等。在进行选择之前，他们先检查一张评分表，按照毒性评估，将原材料分为从 0 到 3 的四个等级。0 等级意味着“限制使用”及需要高级管理部门批准，1 表示“可接受的”，2 表示“较好的”，而 3 则是“最好的”。当化学家为产品配方时，他们试着选择更高等级的成分。2001 年，该公司选择的物质平均分是 1.12，并将 2011 年的目标设定为 2.0 分。[51]

- 环境营销。一些公司在绿色产品生产、服务或市场推广中看到了增加收入的机会。普朗克特斯公司是一家小企业，计划把成吨的铁溶解到广阔的海洋里喂养海中的浮游生物。该公司测量这些生物对 CO_2 的吸收数量，然后将该吸收数量卖给那些需要碳排放抵消限额的公司。[52] 保险业巨人瑞士再保险公司提供的基于天气的衍生产品是另一个颠覆性的产品。买方可以预测未来具体日期的温度并通过买卖期权进行投机。现在，企业可以进行套期保值以回避全球变暖的损失。比如，农场主们可以利用这种产品保护自己的发作物免遭损失。沃尔玛最近设立了目标，计划在 2008 年之前，每年销售 1 亿个节能荧光灯泡。估计这将为消费者节约 30 亿美元的电力支出。沃尔玛找到了能够同时提高收入和声誉的途径。虽然白炽灯泡更有利润,但沃尔玛希望从消费者节约的 30 亿收入中分一杯羹——事实上它确实从公用事业公司中抢来了一部分收入，它也希望借助这一行动修复自身被外界指控的不负责任的形象。
- 环境指标。企业正采用创新手段，寻找测量环境成本和绩效的更好方法。过去，有毒物质或能源消费超标等记录都隐藏在总支出账户里。企业因破坏环境而施加给社会的外部成本也从来没有计算过，并且一般不纳入管理会计的范围中。例如，在对金融时报证券交易所 100 指数股份公司的研究中发现，如果它们被迫支付二氧化碳排放成本，以英国政府每吨 36 美元的成本来计算，它们的平均利润将下降 12%。[53] 一些公司用会计方法来计算这些隐藏的成本，还有一些公司则用新方法测量环境绩效。为降低对自然资源的消耗，约翰逊公司尝试使用更多的可循环材料。它通过测量原始包装相对于标准重量的比重，来衡量公司的进展。杜邦公司创建了一个指标，用来衡量每磅污染物排放相对于股东价值增加额的比率。[54]

结　论

在上一章，我们描述了工业是如何破坏环境的，并解释了减轻环境损害的主要管制方法。在本章中，我们更深入地探讨环境管制的方法。我们从柴油机车排放废气的故事开始，说明在现代工业社会中，一个小小的废气分子是如何伤害人类健康的。然后，我们说明如何进行环境风险评估以及如何选择恰当的管理方法以减轻它所带来的危害。最后，我们给出一些例子，说明企业如何采取绿色行动来降低污染。

这些讨论强调政府科学管制的合理性，并强调为了实现环境目标，应该推行哪些新的、更加灵活的、以市场为基础的管制方法。在保护生态系统和人类健康方面，人类已经取得了很大进展。尽管如此，管制行为和企业的自愿行为相结合，仍不足以阻止气候变化，我们将在下一章讨论导致这种失败的原因。

从风险中获利

这是一个类似食腐动物公司的故事。凭借自身的精明，安维克化学公司从拉斯维加斯的一个小杀虫剂公司成长为一个跨国公司。[1]

它还在成长。现在，公司的年收入将近 2 亿美元，但总裁埃瑞克·温特穆特希望未来能达到 10 亿美元。公司让股票持有者发了大财。图表 1 显示了 2001 年至 2006 年期间，公司普通股的股价涨幅超过了 700%。

安维克公司的股价处于指数之上，这是因为公司遵循一种独特的战略。当农业化学巨人公司开创和推广新的杀虫剂时，安维克公司远离这个市场。它在等待，等这些大公司为这些新产品建立品牌和市场。当一种产品成熟或对于原先的所有者变得不那么有吸引力时，安维克公司就会提出购买请求。一旦安维克公司获得该品牌的所有权，它将在余下的利基市场（在美国的商业口语中，指份额不大、利润较好、需要特殊能力才可以进入的市场。——译者注）中销售。有时，该公司通过注册额外申请及出口来开辟新的市场。通过这种方式，当那些全球大公司的产品线开始萎缩衰退时，安维克公司这个机会主义的食腐动物便获得了新的收入来源。

安维克公司的目标是每年能获得 1~2 条

图表 1

安维克的股价与另两个市场数

资料来源：American Vanguard Corporation, Annual Report, Form 10-K (2006), p. 21.

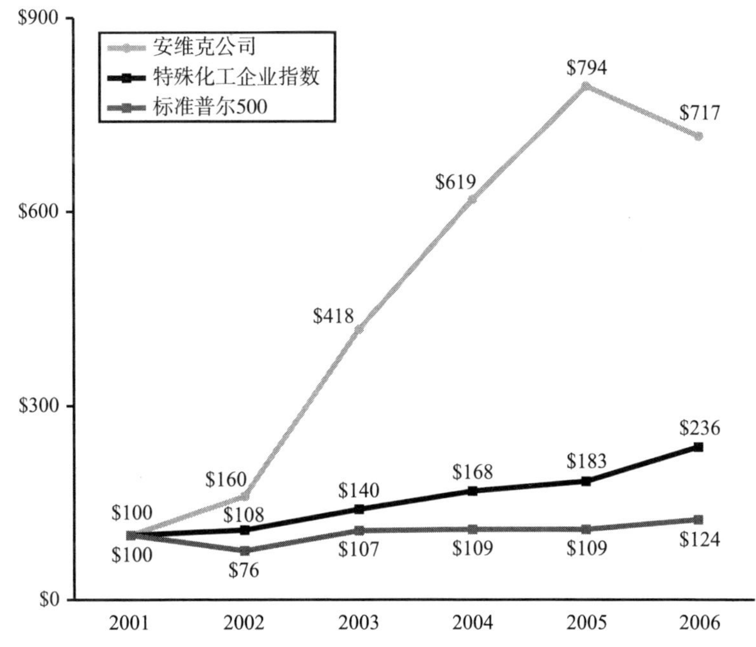

利基产品线，而且它近年来已经这么做了。大型农业化学品公司放弃杀虫剂产品线有多种原因。当企业合并后，它们需要去掉多余的品牌。当诺华和阿斯利康在2000年合并农业企业时，安维克公司得到了两个蔬菜作物杀虫剂和一个除草剂品牌。有时，当销售不佳时，大公司会放弃一些产品。杜邦公司在20世纪90年代发明了一种叫堡垒的杀虫剂，它能有效控制玉米根虫，而玉米根虫是玉米地里最具破坏性的害虫，但该产品的销售不理想。因此，安维克公司在2000年买下了堡垒品牌，利用它进驻中西部玉米种植市场。安维克公司组建了新的销售团队，堡垒的销售或许让杜邦公司失望，但它在短短一年时间内，极大地增加了安维克公司的收入。

在特定情况下，某些产品会过时或淘汰。那些致力于前沿生物技术的大公司，目前正将其重心从化学毒性产品转移到种子的抗虫基因研究上。当大公司这样做的时候，安维克公司还在寻求老杀虫剂，包括一些正在淘汰的、属于有机磷系列的杀虫剂。

有机磷酸酯分子是有效的害虫杀手，仍在广泛运用，但它们正在被新的生物技术产品取代，这些新产品具有更少危险和更佳目标靶向的特点。某些有机磷农药对那些长期接触者及过敏体质者的健康危害很大。少数产品更是无法安全使用，会导致人身伤害诉讼及政府监管的制约。即使在这样的情况下，安维克公司也看到了机会。公司依靠一贯的利基战略，获得了大部分有毒品牌的使用权，尽管某些大公司已停止生产这些产品。然而，安维克公司一边向对其发出警告的监管机构抗辩，一边为其产品寻找新的市场。下面是几个关于安维克公司的故事。

二溴氯丙烷

二溴氯丙烷即DBCP，这是一种化学土壤熏烟剂，能杀死寄生在果实和蔬菜作物中的害虫。它属于第二次世界大战后发展起来的老式有机磷农药杀虫剂。现在，这类杀虫剂包括DDT只在少数几个国家使用。这类杀虫剂的分子非常稳定，能长期残留在环境中并在人体器官里积聚。从20世纪60年代开始，DBCP首先在美国使用，然后传播到全世界，广泛用于棉花、马铃薯、香蕉和菠萝等农作物。1977年，陶氏和壳牌公司还在生产这种产品。那时，人们就发现它会导致生产过程中接触过它的男性患上不育症。[2]

监管者很快在加州禁止了DBCP。在禁止令公布的当天，陶氏和壳牌公司就停止了该产品的生产和销售。虽然工人无法生育的故事被传媒广泛报道，但许多农民仍然希望使用二溴氯丙烷。于是，安维克公司进入该市场并填补空白，成为这种产品的主要生产商。由于该产品的口碑很差,本土销售量下降，因此，安维克公司主要将这种产品销往国外市场。它取代了陶氏和壳牌公司，成为中美洲和加勒比海地区大型香蕉种植园及都乐水果等公司的DBCP供应商。

1979年，EPA收集了大量有关DBCP的数据，结论是该产品不安全，提议禁止使用该产品。安维克公司提出了有争议的证据，并最终说服监管机构允许公司在夏威夷菠萝种植园使用这种产品。公司答应改进该产品的安全性并监测当地地下水的污染情况。1983年，安维克公司在南卡罗莱纳州申请了监管豁免，使DBCP可以在水蜜桃种植园使用。根据安维克公司委托大学进行的研究，EPA同意了它的申请。愤怒的环保主义者通过法律诉讼阻止了这种豁免行为。[3]

两年后，夏威夷的饮用水井里发现了菠萝园流来的污水，最后EPA在全美范围内全面禁止使用DBCP。到现在为止，证明DBCP危险性的证据已经非常充分，且在十年间有大量研究支持EPA的决定。DBCP在动物和人体内很稳定。研究表明，男性吸入小浓度

农场工人联合会总裁塞萨尔·查维兹从前首席检察官罗伯特·肯尼迪遗孀手中接过一片面包。这个象征性行为结束了他 36 天的绝食行动。该绝食行动发生在 1988 年，以抗议葡萄园中使用有机磷杀虫剂。

资料来源：© Bettmann/CORBIS.

的 DBCP 会导致精子数量减少，而且其妻子更可能生女孩。如果长期暴露在 DBCP 下，男性睾丸会萎缩并且产生精子的数量会下降到零。

DBCP 如此危险，因此监管部门设立了吸入 DBCP 的安全标准，即每八小时工作时间里的吸入量不超过 1ppm。DBCP 同样造成老鼠身上的癌细胞，并被归类为导致人类致癌的“可能原因”。与有机磷农药系中的其他成员一样，DBCP 可在环境中长期存留。使用之后，它会慢慢从土壤或水面蒸发至空气中。在这些地方，它要残留三个月之久才能分解。在土壤里，它甚至能存留数年。[4]

DBCP 给安维克公司带来一大堆法律诉讼。该公司与陶氏和壳牌一起受到多重指控，诉讼涉及 5 万名香蕉种植园工人。诉讼者声称在美国禁止使用 DBCP 5 年后，他们还被暴露在 DBCP 中并导致无法生育。[5]

到目前为止，安维克公司只解决了一个官司，并向 13 名尼加拉瓜种植园工人赔付了 30 万美元。[6] 饮用水被污染的夏威夷居民也起诉了安维克及其他公司。研究人员发现，居民身上出现了不寻常的乳腺癌、心脏缺损、认知障碍和不育症。[7] 安维克公司应对了这一官司的一部分，在 1999 年赔付了 50 万美元。

速灭磷

速灭磷是壳牌公司于 1954 年发明的一种杀虫剂[8]，它能保护果实和蔬菜作物免于蚜虫、潜叶虫、螨虫、蝗虫、地老虎和毛虫的侵害。速灭磷属于有机磷杀虫剂，通过阻止关键酶的作用来破坏神经冲动传导。有机磷酸酯在环境中不稳定并能很快分解，因此种植者用它们来对付收割前的虫害。这种杀虫剂的缺点是具有极端和广泛的毒性。它们能使生物体，包括人类、鱼类和动物的神经系统中毒。所以，大型农业企业纷纷从有机磷农药转向新型杀虫剂，后者不但毒性较低，而且对害虫更有针对性。

自 20 世纪 50 年代发明速灭磷之后，这种有机磷杀虫剂成为另一种选择。种植者更愿意使用有机磷杀虫剂，直到其在自然界难以分解的问题受到关注后，短命的有机磷农药市场才发生变化。到 20 世纪 70 年代末期，速灭磷被大量销售，杜邦公司拥有其所有权。安维克在拉斯维加斯的工厂，以合同的形式为杜邦生产了少量速灭磷。

随着速灭磷的广泛使用，其安全性也受到广泛关注。许多工人由于接触速灭磷而患病，此现象让监管机构警觉起来。1978 年，EPA 限制了速灭磷的使用，只有通过认证的申请者才可以使用它。

1988 年，农场工人联合会领袖塞萨尔·查维兹绝食 36 天，抗议在葡萄种植中使用包括速灭磷在内的有机磷杀虫剂。他相信鲁莽使用这些东西，会危害种植者的身体健康。事实上，随后的研究证实，暴露在此类药品中的农场工人深受其害。例如，长期接触这种药品的人，在身体协调性、信息处理和其他神经症状中出现缺陷。[9] 农业地区拉丁裔妇女的小孩，显示出行为发展障碍。[10]

在查维兹绝食后几个月，杜邦公司中止了速灭磷的生产。但安维克公司却准备继续生产这种产品。因此，杜邦公司将独家所有权卖给了安维克。安维克公司继续出售速灭磷，尽管 EPA 正在进一步收集危险证据。1993 年初，监管机构称速灭磷是最危险的杀虫剂之一。在上个十年里，它导致 600 例中毒事件和 5 例死亡事件，毒性是其他产品的 5~10 倍。[11] 但是，在禁止速灭磷之前，EPA 允许安维克公司采取一些减少风险的措施，以消除人们对这个问题的关注。[12]

同时，安维克公司看到了新的市场机会。大型农化公司为了应对 EPA 的决定，将其余几种有机磷杀虫剂全部淘汰。华盛顿的苹果种植者担心无法击退毁灭性晚季蚜虫虫害。安维克公司则相信可以安全使用有机磷杀虫剂，因为只有华盛顿州的监管机构允许农药喷洒前在敞开的容器中搅拌，而其他州如加州，只允许在密闭的容器中搅拌。安维克同华盛顿的监管者谈判，承诺对工人进行安全培训。

媒体报道称，那年夏天，华盛顿的果园里出现了速灭磷中毒事件。有记录的事件为 26 起，虽然没有人死亡，但有 7 名工人住进了医院。马丁・内斯后来起诉了安维克公司，他的工作是用水混合一定浓度的速灭磷，然后接上喷头喷洒。“我的视线开始模糊，”他说，“我感到恶心并大量呕吐。”[13] 这是典型的有机磷中毒症状，他在医院里住了 7 天。

马丁・内斯及其他人接受过培训。他们应该戴上口罩并穿上耐化学腐蚀衣物。但速灭磷毒性非常强，小小的错误就会带来致命危险。在喷头弄湿衣物的热天，中毒就可能发生。该产品通过皮肤吸收的速度非常快。如果十滴浓缩的速灭磷溅落在肌肉上，则能毒死 150 磅重的成年人。吸入速灭磷也是致命的，如果 150 磅重的成年人口罩佩戴不当，不慎吸入千分之一盎司的速灭磷，瞳孔就会放大。[14]

速灭磷一旦进入体内，就会扰乱神经冲动秩序，破坏神经系统和重要器官。中毒的最初症状是推理能力受损，由于工人对眼前的危险丧失警惕性，使危害更加严重。高浓度暴露将导致暴露者心跳不规则、痉挛、丧失知觉并死亡。一项研究表明，一小时内吸入 10ppm 速灭磷，老鼠的死亡率会达到 50%。[15]

包括马丁・内斯在内的三名果园工人起诉了安维克公司，他们指控速灭磷是一种设计有缺陷的产品。他们认为，该产品很不安全，因而根本就不应该销售和使用。该案件一度进入华盛顿最高法院，法院正式出台了产品责任法。法院指出，根据自然属性，农药是一种危险产品。只有牺牲农药的有效性，才能消除它给社会带来的危害。关键是，杀虫剂什么时候是危险的，什么时候是致命的？

法院规定，如果某种杀虫剂带来的好处远远超过其带来的风险，则可以作为不可避免的不安全产品销售。[16] 下级法院应该决定速灭磷是否能通过这个测试。但安维克公司与果园工人达成了和解，后者放弃继续进行法律诉讼的权力。公司支付给他们的赔偿金大约为 75 万美元。据工人聘请的一个律师说，安维克公司“为了利润牺牲农场工人的生命和安全，必须追究其责任。”[17]

同时，安维克公司试图向 EPA 为速灭磷辩护，但没能说服监管机构相信该产品的安全性。所有杀虫剂在使用之前必须向 EPA 注册。当 EPA 打算宣布取消速灭磷的注册时，安维克公司主动要求撤回注册速灭磷公司。今天 EPA 把速灭磷归类为危险物，并在全美境内禁止使用。尽管如此，安维克公司仍在其他国家出售这种产品，包括墨西哥、南非和澳大利亚。速灭磷一度占据安维克公司 25% 的销售收入，如今它已不到 1%。

敌敌畏

敌敌畏，简称 DDVP，是大型农业化学品公司放弃的另一种有机磷家族的老成员，但安维克公司仍在销售这种产品。[19] 敌敌畏在 20 世纪 40 年代被发明，并在 1961 年首先由壳牌公司销售。它能杀灭范围广阔的害虫如苍蝇、跳蚤、扁虱、螨、蟑螂、恙螨、毛毛虫、飞蛾和象鼻虫等。像有机磷家庭其他成员一样，敌敌畏能破坏动物神经冲动的传递。

一开始，DDVP 在农业上得到广泛应用，它被用于筒仓、料斗和烟草仓库，以保护存储的农作物。在饲养场里，它被洒在动物身上以消灭跳蚤和扁虱。农夫把它混在饲料中，除去猪和马身体里的寄生虫。罐头厂和包装厂用它来消灭昆虫。它被大面积泼洒，以消灭蚊虫，它也被用作家用杀虫剂的活性成分。用敌敌畏浸泡过的松香条被放置在住宅、公共建筑、公共汽车、飞机及船舶上，以消灭蟑螂之类的害虫。

20 世纪 70 年代末期，包括安维克公司在内的许多公司都在生产敌敌畏。敌敌畏在美国的总产出高达 420 万磅。[20] 后来，科学研究开始质疑其安全性，到 20 世纪 80 年代初，敌敌畏每年的使用量下降至 100 万磅。

像所有有机磷杀虫剂一样，敌敌畏可导致动物神经系统中毒。过量接触会造成接触者出汗、恶心、呕吐、腹泻、头痛和疲劳。长期低剂量的接触，同样能带来上述症状。极高剂量的接触，会造成接触者痉挛和意识丧失。但与同类杀虫剂比较，敌敌畏在使用过程中不会带来接触之外的风险。现在主要的问题是，它可能会使接触者患上癌症。

研究表明，敌敌畏是一种动物致癌原。如果老鼠吞咽或摄入高剂量的敌敌畏，将产生甲状腺、肾上腺、脑垂体和胃肿瘤。流行病学研究表明，敌敌畏也可能造成人体患癌。其中一项研究表明，由于过去 20 年里使用过敌敌畏，爱荷华州和明尼苏达州的农夫患白血病的比例明显提高。另一项研究表明，内布拉斯加州的妇女患非霍奇金白血病的比率也比较高，因为她们过去也使用过敌敌畏。第三项研究发现，那些使用过安维克公司“无害虫条”产品的家庭，孩子患脑瘤的风险也“明显增加”。[21] 这些统计数据和类似研究的影响力还很小，因为这些研究只是以少数可能大量接触过杀虫剂的人群为研究对象。不管怎样，它们带来了不祥征兆。

1980 年，EPA 发起了第一桩针对敌敌畏的系列审查。根据法律，该机构必须定期重新评估农药是否对“人类或环境造成不合理的危险，同时考虑经济、社会和环境成本及其使用效益”。[22] 在这样的标准下，甚至非常危险的杀虫剂也能在市场上销售，只要它们的风险能够被控制而且其风险低于功效。

1980 年第一次审查后，EPA 将敌敌畏归类于“可疑的”人体致癌源，会引起人体细胞遗传物质变异。七年后的第二次审查中，EPA 将其归类为“可能的”人体致癌源。这个坏消息使敌敌畏市场进一步萎缩。农化企业陆续停止了该产品的销售，最后只剩下安维克公司。该公司决定保留该产品。

安维克公司有一个庞大的资金预算，在监管机构持怀疑态度时，就用这些资金游说政府支持其杀虫剂的注册。它每年用于研究和实验的预算开支大约为 300 万美元。游说政府的行动让敌敌畏继续留在市场中。例如，在 20 世纪 80 年代末期，安维克公司赞助了在英格兰的人体实验。受雇的志愿者服用敌敌畏胶囊，然后观察其大脑的化学反应。那些实验对象遭受了急性敌敌畏中毒现象，包括恶心、流鼻血和头痛。实验在英格兰进行，因为那里的监管相对美国更宽松，被起诉的可能性更小。虽然测试经过一个医学伦理委员会审查，并遵守了人体试验的国际协议，但环保主义者和一些科学家还是提出了强烈抗议。[23]

尽管安维克公司付出了种种努力，EPA仍在1995年决定取消敌敌畏的大部分应用。安维克公司不同意，并递交了更多数据，但监管机构认为没有说服力。因此安维克公司同意取消敌敌畏在很多方面的应用，包括飞机喷洒和在餐厅及食品加工厂中的使用。[24]

同时，国会在1996年要求EPA采用新的、更为严格的标准审查所有的杀虫剂，这一新的标准要求“合理地确定没有危害”。[25]最后EPA在2006年完成了对敌敌畏的审查。它同意该产品在市场上继续销售，但对使用敌敌畏提出了更加严格的限制。安维克公司同意取消敌敌畏的绝大部分的应用，包括所有的家庭使用，除了浸渍敌敌畏杀虫条。

敌敌畏再也不能用于草皮和草坪、裂缝和缝隙，也不能用于手持喷雾器中。另外，家庭使用的浸渍敌敌畏杀虫条的使用也有限制。重量超过16克的浸渍敌敌畏杀虫条，只能在车库、大棚和供电线或水管通过的槽隙中使用，一天的使用时间不能超过4小时。它们还可以在度假小屋和小木屋里使用，这些房屋在使用后必须至少空置四个月。那些容量小于16克的杀虫条仍可用于猫狗，预防项圈中的跳蚤和扁虱。根据EPA的规定，在猫狗佩戴这些项圈的房间里，敌敌畏在空气中的浓度不得超过导致中毒浓度的1/40。[26]

美国人口接触到的敌敌畏浓度很低，大约每天每公斤体重为0.0000007毫克。[27]监管者相信，即使这样，残留在食品里的敌敌畏仍会对普通民众带来患癌风险，而那些搅拌、触摸和使用该产品的人群，风险更是不能接受。最大的危险来自皮肤接触。根据对动物的研究，如果短期内通过皮肤吸入少量如0.04盎司的敌敌畏，将会使体重150磅的使用者的死亡率达到50%。[28]这使敌敌畏成为最具毒性的杀虫剂之一。敌敌畏吸入的毒性较低，但仍比大多数其他杀虫剂高。根据EPA目前的估计，在8小时内吸入198ppm的敌敌畏，将造成50%的成年人死亡。总之，EPA相信这些风险超过其带来的利益，尽管如此，敌敌畏还是允许被少量使用。

与此同时，其他国家已禁止了敌敌畏。2002年，英国驳回了安维克公司提供的证据，并全面禁止使用敌敌畏。安哥拉、斐济、丹麦和瑞典也禁止使用。但安维克公司仍继续向澳大利亚、加拿大和墨西哥出口敌敌畏。

杀虫剂的代价和利益

有毒的农用化学品会带来高昂的社会和环境成本。它们在家庭和农作物上使用，每年会造成上万例敏感性接触伤害。长期接触残留在食品、饮用水和土壤中的杀虫剂，会导致多种不知名的慢性病，包括癌症、出生缺陷、肝中毒和神经缺陷。许多杀虫剂，尤其是过期的有机磷和有机氟杀虫剂，不能区别害虫与其他生命体，它们将害虫与野生动物及宠物一同杀死。要用货币精确计算此类问题的损失，是不可行的。

意外事件进一步增加了成本。数年前，南太平洋公司的一列载货火车在加州夏斯塔峰北部的萨克拉门托河上游的悬崖脱轨，其中一辆罐车装有安维克公司生产的“威百亩”牌除草剂13 000加仑。除草剂泄漏事故造成该河岸有很长一段时间寸草不生，岩石上的苔藓也了无踪迹。泄漏事故还杀死了20万条河鱼，著名的鳟鱼捕鱼区也未能幸免。[29]针对该泄漏事故的诉讼称，安维克公司没有恰当区别和标记该产品的运输，安维克公司最终同意赔付200万美元，虽然它对火车脱轨不负任何责任。

后来有关威百亩的一个小事故更加经典。由于喷洒安维克公司生产的除草剂，从地里飘浮过来的威百亩导致加州艾文镇的72名正在加工胡萝卜的工人和178名小镇居民患病。[30]

除草剂使用者交纳了 6 万美元的罚款。

如果说使用杀虫剂的成本很高，其带来的效益同样很大。最主要的好处就是能提供丰富的、价格低廉的食品供应。杀虫剂能消灭真菌、昆虫和杂草，否则它们将毁掉美国的庄稼。如果没有控制措施，50%~90% 的水果和蔬菜农作物将在丰收前因真菌而腐烂。为保护农作物，种植者每年使用 1.08 亿磅杀菌剂，价值达 8.8 亿美元。这样做挽救了大约 130 亿美元的农作物收成。

杀虫剂能杀死蚊子、扁虱、老鼠和其他传播疾病的媒介，可降低瘟疫及脑炎。通过控制蟑螂、霉菌、霉病、白蚁、蚂蚁及蜘蛛，人们的生活更加舒适。

除草剂能减少土壤腐烂，拯救水源并节约种植者的劳力和肥料。使用除草剂日益普及，农民利用除草剂去除杂草，不用再把它们从地里挖出来。农民犁地少也意味着更少的腐烂，水治理成本更低、水灾损失更少及水库容量更大。除草剂也将那些与农作物竞争的草类除去。如果没有它们，则需要人们在巅峰生长季节用 110 万小时用手工劳动除草，以保护农作物。这么多的劳动力并不容易找到。有机农场不使用除草剂，而是以每亩 1 000 美元的价格请人除草。那些使用化学除草剂的种植者每亩只需花费 50 美元就可以将草除去。一项研究表明，2005 年除草剂的总效益达到 260 亿美元。[32]

最后，杀虫剂还保护野生动物的栖息地，保护濒危物种。如果没有杀虫剂，则需要更多土地来生产食物，从而有更多的土地从自然状态转变为耕地、牧场、种植园和果园。

如此来看，杀虫剂无疑同时拥有巨大的成本与收益。当然也可以用其他方法来控制农业害虫，但它们只是一种补充，并不能取代杀虫剂。轮作之类的耕作技术能使环境条件不利于破坏性生物的生长。生物控制技术包括释放蜂、草蛉或瓢虫等昆虫天敌，以及播种与有害菌株相竞争的友好细菌。1990 年，一些大公司推出生物工程种子，其使用越来越广泛。一些农作物被培育得具有抗虫性，其他的基因操纵技术可使特定除草剂生命得以延长。因为随着时间的推移，杂草会产生普遍的耐药性，这些方法使农民有更多可供选择的手段对付杂草。

虽然替代生物技术的出现终结了杀虫剂的增长趋势，但杀虫剂的使用仍然非常稳定。2004 年，种植者共使用了各种类型的杀虫剂 4.95 亿磅，几乎与 20 世纪 90 年代的数量相同。[33] 目前，仍然需要使用杀虫剂，以保证美国居民早已习惯的充足食品供应和生活质量。用某个农业研究者的话来说：

> 如果某些人想全面禁止杀虫剂，他们必须做好准备，迎接家中的白蚁、碗橱中的苍蝇、霉烂的蔬菜、食物传染的毒素、价格飞涨、食物短缺和早已被遗忘的疾病。[34]

前行中的安维克公司

安维克公司现在拥有的杀虫剂品牌超过 40 个，包括 5 种有机磷杀虫剂。该公司雇佣的员工为 285 人，大部分生产位于拉斯维加斯的工厂。最近，该公司购买了杜邦公司阿拉巴马州的工厂作为其第二生产基地。新工厂生产有机磷农药和新式杀虫剂。

安维克公司强调利润。三个老板——其中两位是创始人，另一位是创始人的儿子，他们分别担任公司总裁和首席执行官——拥有 26% 的公司股份。[35] 总裁和首席执行官的薪水由四个因素决定："达到或超过预定财务目标""吸引合适的投资者""实现战略目标及打造一支强有力的管理团队"。近四年来，公司收入翻了一番，出口销售占总销售的 9%。[36] 该公司现在在英国、瑞士和墨西哥都设有国外办事处。公司战略是逐渐地转移到生物防虫领域。只要那些企业巨人继续淘汰旧的杀虫剂，安维克公司就能寻到机会。

2006 年，安维克公司通过了一项长达 7 页的行为和道德准则。该准则称："我们专注于那些与法律和法规相符的、适用于我们企业自身的商业和个人道德标准。"公司试图让准则能"确保反映全体利益相关者的决定"。[37] 其中特别提到的与环境有关的内容，就是如下的简短文字：

> 公司承诺采取一切措施以最大限度地减少环境恶化。相应地，公司雇员应该谨慎地处理废弃物或谨慎地向空气或水中释放排泄物，并遵从法律和公司准则要求的适当规章和程序。如果公司雇员对上述要求不清楚，他 / 她不允许处理或排放任何废弃物，直到他 / 她明确应采取什么样的程序。[38]

安维克公司的存在，对资本主义是一个教训。合法获利使人们采取一切可能的行动，行为合理与否由行动可能取得的利益决定。毫无疑问，看到罗伯特·弗洛斯的诗歌，安维克公司的战略思考者会受到鼓舞。

> 但庄稼就是庄稼
> 谁能说收割
> 该在何处停止啊[39]

问 题

1. 安维克公司有企业伦理战略吗？它是以道德的方式推进其战略的吗？
2. 你相信安维克公司会忠于其道德准则吗？该准则充分地表述了公司的行为后果吗？要提升公司的道德准则，应该增加或改变什么？
3. 法律应该禁止安维克及其他公司出口美国已禁止的杀虫剂吗？
4. 二溴氯、速灭磷、敌敌畏等带来的社会价值是否大到足以忽视其带来的危险程度？
5. 如果经济和市场条件仍然对安维克公司的战略有利，你会购买它的股票吗？

第 15 章

消费主义

哈维·华盛顿·威利

1863 年春，一个高挑、瘦弱的 18 岁男孩离开他土生土长的农场。他步行 5 英里，穿过满是泥浆的公路，来到附近的一个小城镇。在这里，他成为家族中第一个考上大学的成员。在那个喧嚣不安的美国时代，他脱离草根阶层，踏上充满希望和雄心壮志的旅途。他的名字是哈维·华盛顿·威利，他将成为现代消费主义首位先驱者。

父母的言行，塑造了哈维的性格。哈维的父亲自学成才，从农民转变为一名新教神职人员，同时在学校做兼职老师。他是一个笃信基督教美德与教义，且思想独立的人。尽管邻居公开表示他们的愤怒，他仍然坚持反对奴隶制度。哈维的母亲自己学习阅读。在威利的家庭观念中，知识非常重要。哈维父母邮购最新的科学、文学和评论巨著，为威利大声诵读。

哈维取得汉诺威大学的本科学位，之后就学于印第安纳医学院。他于 1871 年毕业后，成了一名内科医生。出于对知识、教育的渴求，他进入哈佛大学，两年后毕业，获得化学学士学位。他成为新成立的普度大学的一位教授。在这里，他很快迷上了食品化学，开始与印第安纳州政府通力合作，检测食品掺假情况。

随着工业化的发展，国家食品供应方式开始改变。人们从农村迁往城市后，对生产、储存（罐装、瓶装和袋装）和配送食品的企业产生依赖。那是一个科学飞速进步的时代，维多利亚时代对于现代化学的力量，有着孩童般天真幼稚的忠诚。食品行业作为一个市场容量巨大、高度竞争的行业，开始大量使用防腐剂、色素、调味剂、增稠剂和其他添加剂等食物化学制品。由于缺乏法律惩治不诚实的食品商，危险的、欺骗性的低价产品充斥市场。利欲熏心的商人使用甲醛保存罐装牛肉，防止腐烂。草莓酱用没有一点果肉的苹果皮、干草籽及葡萄糖制成。有时，胡椒粉的主要成分就是粉碎后的核桃壳。[1]

在学校的实验室里，威利开始了对食品掺假行为的早期研究。运用新技术，他发现了许多欺诈行为。他的声望越来越高。1883 年，农业部化学局邀请他做首席科学家，他欣然接受。

39 岁的威利抵达华盛顿，主管农业部化学局。这个小规模的机构成立于 1862 年，目的是监管和控制农产品污染。他不知疲倦的工作，揭露国家食品行业中存在的大量危险做法、食品稀释、标签不实和欺诈行为等。然而，他找不到保护大众健康的有效方法。只有不到一半的州拥有食品安全法律，而且这些法律常常相互矛盾——在一个州被禁止的行为，在另一个州也许是合法的。更糟的是，没有用来管制州际之间食品贸易的联邦法律。

威利为出台全国性的食品安全法而奋斗。二十多年的时间里，他鞠躬尽瘁的工作：发表演讲、撰写报告、召集科学家和食品生产会议、游说议员。

市民团体、医生、州政府官员和食品企业坚决支持威利，因为他们看到了行政立法所能带来的好处。在罐装、瓶装食品中注入廉价成分的不正当食品生产商，不得不满足这些标准，否则它们只能离开市场。[2]例如，亨氏企业将食品安全作为广告宣传主题。为确保公众信心，该企业用玻璃瓶包装产品，并引进工厂参观制度。亨利是一个虔诚的基督徒，常常从道德角度制定商业决策。他发明了一项替代防腐剂的技术，这项技术要求公司使用高品质材料消毒，同时利用真空封闭技术。尽管他的动机是保护公众健康，但他深知不道德的竞争商无法承担该项生产技术成本。

反对对食品行业进行管制的声音主要来自各州的权力倡导者。他们反对任何形式的联邦权力扩张，也不论出于何种动机。另一种不体面的反对之声，来自劣质食品的受益企业。它们用不法手段接近国会，通过金钱影响食品管制法规的出台。

在威利的努力下，190 项保护性措施被提交给国会。虽然没有一项提案通过，但提案的支持率不断上升。1902 年，威利亲自草拟了一项议案。之后，他偏离科学常规，导演了一场超乎所有人想象的戏剧性实验。他相信化学防腐剂对消费者有害，但是缺乏科学证据。因此，他设计了一系列的“卫生学圆桌实验”。在实验中，年轻人食用可疑的防腐剂，然后记录他们的症状。

在化学局大楼的地下室，威利设立了厨房、餐厅和实验室，并发布广告征集志愿者。12 个年轻人签字参加这项实验，他们都是农业部的自愿服务者。他们宣誓，每餐食用地下室餐厅提供的食物，不食用或饮用（除了水）与实验无关的食物，随身携带瓶

“试毒小组”成员在化学局大楼旧址的地下室享用晚餐。实验聘用的厨师，曾经是巴伐利亚女王的御厨。

资料来源：Courtesy of the Food and Drug Administration History Office.

哈维·华盛顿·威利（1845~1930）

资料来源：Redpath Chautauqua Collection, Special Collections Department, University of Iowa Libraries (Iowa City).

子收集尿液和排泄物，并递交给实验室进行实验分析。这些志愿者遵循日常的作息时间，每周进行健康检查。

威利首先对他们进行硼砂实验。硼砂是当时比较常见的一种防腐剂。每天，他在实验者的食品中加入 0.5 克硼砂。在两年的时间里，他逐渐加入更多的硼砂。实验的常规程序是：被测试者前 10 天食用健康食物，接下来的 20 天内食用含有硼砂的食物。当硼砂剂量达到 2 克时，被测试者的胃口明显下降，一些人甚至出现肠道疾病。当硼砂剂量达到 4 克时，会带来更为严重的问题，被测试者会出现头痛和腹痛症状，其中三人卧病在床。威利停止了实验，他相信已经有足够的证据，表明硼砂是对人体有极大伤害的毒药。[3]

《华盛顿邮报》记者报道了威利的实验，并给志愿者们起了“试毒小组”的绰号，对实验进行连续报道。不管威利的本意如何，公众确实被这场实验吸引了。他们从戏剧性的实验形式中受到重要启发，不断向国会施加压力，要求国会通过威利的食品安全法案。

五年的时间里，威利在新的志愿者中测试其他防腐剂。他发现水杨酸、甲醛和硫酸铜等能够引起健康问题，现在这些物质都已经不再用作防腐剂了。数年后，威利认为，这些实验永久性的损害了几名试毒成员的健康。

1906 年，在试毒小组持续不断的努力下，国会最终通过了《食品与药品安全法》，禁止企业生产、销售或运输掺假、标签不实、加入有毒有害物质的食品、药物和酒类产品。[4] 记者厄普顿·辛克莱在小说《屠场》中，描述了一家大型肉类屠宰加工厂的生产与加工情况，大大激怒了敏感的公众。阻碍《食品与药品安全法》出台的障碍，最终在民情压力之下被冲开了。当然，威利多年的辛勤工作及试毒小组近乎戏剧化的实验，都为通过的法案奠定了基础。国会意识到这一点，授予威利所在的化学局检查食品掺假和标签不实的权力。

新闻媒体将这项新法案称为“威利法案”。该名称意味着，最终这位先驱者在追求公众健康的战役中取得了胜利。威利执法严格，他的完美主义标准远远超越了现有法规。他绝不轻易妥协。食品制造商为了对抗他，向他的上级——农业部长姆斯·威尔逊和总统西奥多·罗斯福提出申诉。这两人都渐渐对威利产生不满。罗斯福认为威利是一匹令人烦恼的老马。在一次白宫会议中，威利和食品商就使用糖精问题发生分歧，总统对这位顽固的化学家十分恼火。他告诉威利，只有白痴才会反对在所有食品中使用糖精。

随着时间流逝，威利的职权被逐渐削弱。在罗斯福的授意下，威尔逊为威利指派了一名助理，这位助理可以越过威利，直接向他报告。此举进一步削弱了威利的权力。接着，威尔逊建立了一个由科学家组成的专门小组监控威利，重新审核威利做出的决策。1912 年，在失败和痛楚面前，年迈的威利提出辞职。然而，他仍然关注食品安全领域。他继续演讲并编撰消费者保护的相关案例。1911 年，66 岁的威利再次迎娶了新娘。他的新娘是一位妇女运动斗士，积极参与为消费者争取权益的管家联盟等团体。威利为《好管家》杂志撰写食品类文章，并帮助策划了“好管家食品排名”。1930 年，威利逝世。[5]

当小规模、地方性的食品和服务市场扩展到全国范围的时候，哈维·威利发起了食品安全运动。正是在这个时代，出现了一个非常关注商品安全、洁净和诚信的阶层。这个阶层后来被称为“消费者”。威利的卓越之处在于，他是推动消费者保护的第一人。与拉尔夫·纳德不同，威利并不信任大企业和资本主义制度。他相信只有消灭不道德的竞争者，才能为诚信企业争取利益。他与后来的消费者倡议团体拥有共同的目标，即运用政府力量保护消费者，使他们免受利欲熏心企业的侵害。

美国人渐渐忘记了威利博士，但他所做的工作，至今仍然与我们的生活息息相关。他努力争取的法律，成为现代食品和药品管制的基石。当时执行食品安全管制任务的化学局，变成了现在的食品药品管理局，它是保护公众健康的强有力机构。

在本章，我们首先定义和讨论消费主义。之后，我们将具体描述自哈维·威利时代以来，为消费者提供保护的各类法令、规章和消费者权益法。

消费主义

消费者（consumer）是指商品经济中使用产品和服务的人。**消费主义**（consumerism）有两重含义。它既可以指提高消费者权力和影响力的运动，也可以指追求物质享受的理念，这种理念塑造社会行为。我们将讨论这两个主题。让我们先从第二个主题开始。

作为理念的消费主义

在这种定义中，消费主义描述一种社会形态。在这个社会中，人们超过生存需求，大量购买、拥有物质商品以获得自我认同。虽然远古时代存在数量很少的消费者，但出现大规模消费者则是最近的事情。大量的消费者首先出现在 300 年前的西欧，之后逐渐扩散。[6] 某些特定条件的产生，推动了消费主义的发展。

经济发展为消费主义提供了舞台。18 世纪的西欧，以货币交换为基础的商品经济代替了物物交易。随着经济发展，拥有适度财富在贵族之下的各个阶层传播。殖民帝国开拓的海外贸易带来了新产品，包括西印度群岛的糖、中国的瓷器和印度的棉纺织品。渐渐的，人们超越基本的生存需求，开始消费更多的产品和服务。

于是，支持消费主义的一些必要机构迅速出现。城市中出现许多小商店。店主发现，消费者已不再满足于生存必需品，他们的需求不断膨胀。一些新生事物如橱窗展示、特价销售、赔本出售和印发广告等方式突然涌现。零售商鼓励制造商源源不断的制造新商品，包括玩具、家具、书籍、手表、香水和家庭装饰品。

然而，只有当经济发展与文化、社会转变相互作用时，消费主义之花才会完全开放。其中一个重要变化是宗教影响力量弱化。从宗教在古罗马诞生之际，基督教就将穷人的自尊神圣化，鼓励追随者放弃今生的生活，追求来世的救赎。这个教义没有给任何灵魂留下追求物质享受的空间，它遏止了日益兴起的消费主义。但在伟大的**启蒙运动**（Enlightenment）思想影响下，这种限制已逐渐松懈。启蒙运动是一种全新的、具有挑战性的思想浪潮，兴起于 18 世纪早期，贯穿于整个 18 世纪。

启蒙运动的一个关键理念是，用人的理性和科学探究取代被动消极的宗教教义，以此作为理解世界的起点。这个理念提升了人的重要性，以新的方式将人性从神性中解放出来，导致**个人主义**（individualism）的兴起。个人主义认为，个体有充分的自由。在社会领域中，启蒙运动为消费主义铺平了道路，因为个体的选择权优先于对上帝的职责和义务，个体在追求物质享乐时无须感到羞愧。

之后，工业革命给社会带来不稳定的变化，这成为消费主义的最后一块基石。人口不断增长，人们远离农村的古屋，搬到城市里与陌生人为伴。出现了新的职业，一些零售商和交易商越来越富裕。在各个地方，历史悠久的阶级和地位界限逐渐消失。取而代之的是，人们试图利用拥有的物质财富重新确定身份，并在社会层级中占有一席之地。如果一个人不再佩戴交易商或者商业协会成员的袖章,他可以用昂贵、豪华的染色棉织品衣服修饰自己，显示他的职业给他带来的财富。新近的有钱商人可以效仿贵族阶级，修建庄园作为自己的封地。人类花更多的时间“消费”，购置商品成为他们生活的中心。

消费主义在美国的兴起

当美国社会、经济力量之间的相互作用发展到类似于欧洲时，消费主义在美国兴起，其发展过程历经整个世纪。19 世纪早期，美国出现商业经济。殖民地北部抑制个人主义的清教徒禁欲理论正逐渐消失。新大陆商业成功的诱惑跨越国界，传到与新英格兰紧密相连的独立城镇。那里的商业发展十分萧条。美国通过对外贸易，积累了大量财富。19 世纪的后半个世纪，工业发展加速了财富积累。

20 世纪，美国消费主义迅速发展。铁路将各地联系在一起，形成了全国市场。1896~1904 年的大合并浪潮，为商业和服务业提供了服务机会。机器和工厂装配线为大规模生产消费品提供了可能性。电气和其他新技术使新产品实现了批量生产，这些新产品包括汽车、手表、冰箱、真空吸尘器、烤面包机和收音机。于此同时，人们成群结队离开拥挤的小城镇，搬到更具有流动性的城市。移民浪潮到来，人们从他们的家园漂泊到美国这块新大陆。

美国这个开放社会的主要特征是松散的社会联系、高度的流动性和文化多元性，人们通过他们购买的产品表达自身角色和地位。当移民使用山姆大叔咖啡，饮用可口可乐或者吃 Baby Ruth 糖果时，他们适应了美国文化。由于人们非常喜爱总统格罗弗・克利夫兰的女儿，因此将一种糖果命名为 Baby Ruth。[7] 移民后代抛弃祖辈的生活方式，开始穿戴新式服装。广告借助产品扩散了这种社会交流。广告创造了新的国家品牌并赋予品牌重要的社会意义，它允许人们通过自己使用的产品，表明他们在团体中的资格、地位和价值（见图 15.1）。广告还赋予产品广为人知的意义，以至在大规模、高流动性的陌生人群中，也有极高的认知度。

对消费主义的审视

美国商业文化领域的历史学家加里・克罗斯将消费主义定义为：“产品能为个体及其社会角色带来意义的理念。”[8] 在克罗斯看来，从未成为正统哲学的消费主义，现在正成为美国占主导地位的意识形态。“美国人，”克罗斯说，“通过交换和使用产品确定自己的身份，并确定自身与其他人的关系。”[9] 他认为，与政治意识形态、宗教或者阶级、种族区分相比，消费主义表达了一种更有影响力的世界观。如果我们不能完全领会这一点，是因为消费主义缺乏足够的渗透性及可见的替代物。

在现代社会，个体获取的欲望源于天性且不可避免。购买商品能够满足某种需求，而这种需求超越于人类生存的基本需求以及产品的实际功用。这可用一个故事来说明。某市场的营销人员进行了一次家庭访谈，以了解消费者使用杀虫剂的情况。在一个妇女家里，一只蟑螂在访谈过程中逃窜出来。该妇女边骂边用杀虫剂喷射蟑螂，直到蟑螂死亡，然后又用罐装饮料筒压碎了蟑螂尸体。她告诉吃惊的来访者，蟑螂使她想起了她的第一任丈夫。那位采访者写到，就在那时，他们认识到“即使是类似于杀虫剂那样的一种功利性产品，也可以带有深厚的感情色彩，甚至超越其本来意义。”[10]

市场调查付出大量艰辛的努力，旨在发现消费者对产品的喜欢程度、身份象征和个性特征。例如，一个为大型企业所作的调查揭示了如下结论。[11] 人们购物的基本目的是为了“重新与生活联结起来”；购物是一种社交体验，而不仅仅是为了寻找必需品；人们购买商品是为了满足情感上的需求，而不是商品的实际效用。对于美国人而言，奢侈品就像军阶一样，是成功的象征，而成功确认了一个人的“美德”。此外，毫不令人吃惊的是，购车象征着身份、高贵和个性，而不是实际的交通工具。

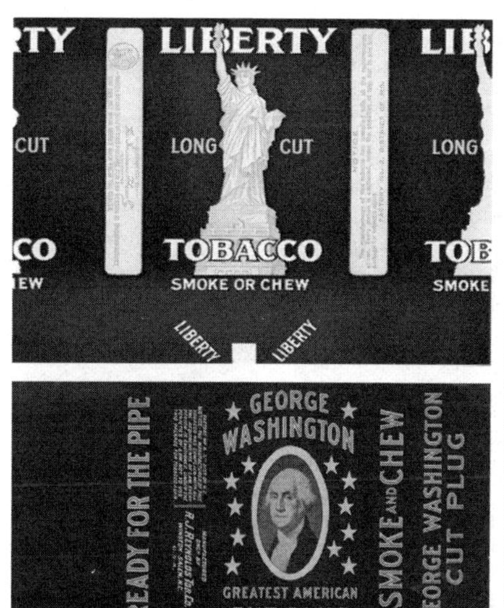

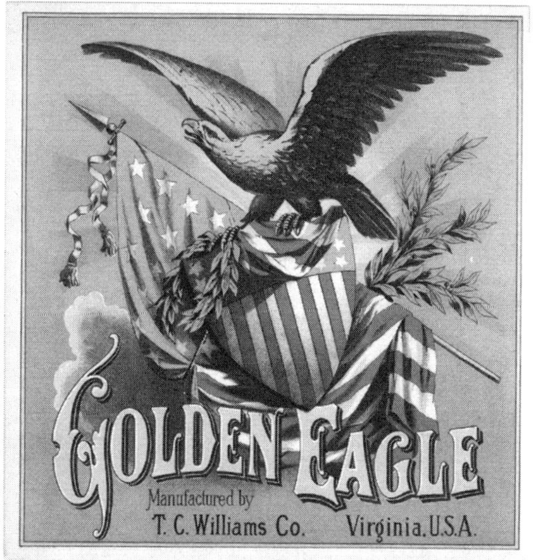

图 15.1　通过消费产品，移民或者其他人群能够展示或者感受到与美国文化之间的关联性。 19 世纪晚期到 20 世纪早期的香烟包装和广告形象拼贴画是美国自由文化的强有力的象征。Liberty Tobacco 是美国香烟公司的品牌；George Washington Greatest American Cut Plug 是美国雷诺烟草控股公司制造的；Golden Eagle 是 T.C.Williams Co. 的品牌。

资料来源：Courtesy Emergence of Advertising in America: Tobacco Advertisements, Special Collections Library, Duke University.

上述观点和其他类似观点招到某些人的谴责，因为他们反对将物质财富视作人类幸福的源泉。**物质主义**（materialism）强调物质商品或金钱，忽视了精神的、美学的或者哲学的价值观。有一种观点认为：与关注内在美德相比，追求外在财富是不值得的，因为购买商品只能带来一种虚假的满足感。真正的满足感来自于对神的崇拜和个性发展。真正的智慧产生于大教堂、博物馆或者图书馆，而不是汽车厂。尽管没有明确依据证明物质主义者的自卑感，但多年以来，物质主义价值观持续遭受嘲讽和批判。

一位特立独行的经济学家索尔斯坦·凡布伦，在著作中画有讽刺物质社会的漫画，这是批判消费主义价值观的最早信号。在他 1899 年的著作《有闲阶级理论》中，凡布伦挑战了传统经济学的观点，即消费者购买产品是为了产品的功能与效用，付出金钱是为了获得最大的价值。他认为，在新工业社会，人们不再通过在战争中获胜或者超凡的捕猎技术获得地位。相反，他们利用财产创造凡布伦所谓的“个体比较”，即在个体自身和相对他们不算成功的邻居之间进行比较。[12] 他们通过“显性消费”或者“不停的炫耀其支付能力”，来显示他们的身份地位。[13]

为了证明他的理论，凡布伦指出，如果是同样款式的汤匙，手工制造的纯银汤匙并不会比大规模生产的金属汤匙发挥更好的作用。实际上，因为银制品需要频繁磨光，拥有它们并不方便而且成本昂贵，这使得它们更加不具备效用性。银制汤匙最令人满意之处是其昂贵的成本，这也赋予喜欢炫耀的消费者一定的身份和地位。当这本书面世时，人们只是将其作为一篇讽刺性文章，这令凡布伦非常失望。一个世纪后的今天，他的观点和其他核心见解都被广泛接受。

索尔斯坦·凡布伦（Thorstein Veblen，1857~1929）撰写了一篇关于现代消费社会的极具讽刺性与敏锐性的报告。凡布伦对当时其他经济学家的观点感到愤怒，他认为人们购买产品不是为了产品效用，而是为了炫耀。

资料来源：© Bettmann/CORBIS.

从凡布伦开始，消费主义成为社会批判者的出气筒。下面是一些常见的批判。所有的批判都基于这样一个信念，即物质主义价值观损害了其他“更高”层面的价值观。

- 消费主义导致人类生活的全方位商品化。人们判断事物的标准是事物的市场价值，而不是事物的内在价值；判断人的标准是他们的外在财富，而不是他们的内在品质。
- 冲动性消费不是为了满足实际需求，而是与情绪有关。这种消费鼓励不明智、不理性和无效率地使用金钱的行为。20 世纪 20 年代，美国发起了一场全国范围的节约运动，教育儿童拥有节俭的美德。该运动受到本杰明·富兰克林的启示，他在格言中将勤奋和节俭看作美德的核心特征。国会支持这项运动，宣布富兰克林出生的 1 月份为国家节俭周，鼓励成千上万的学校推广节俭精神。尽管到 20 世纪 30 年代，该运动的影响力已经逐渐衰退，但明智及谨慎购物的生活概念成为第二重要的文化价值观。
- 大量消费浪费了自然资源。它加重了环境负担，带来全球变暖等严重问题。
- 超过必需品的消费，特别是购买奢侈品，违背了“上帝的世界已经完整和完美”[14] 的思想。那些超越基本需求的消费人群，应该为犯了贪食罪和贪心罪而感到羞愧。人们大量消费无关紧要的奢侈品，浪费了资源。他们原本可以更加明智地使用这些资源，例如解决世界贫困问题。
- 消费主义扭曲了我们的价值观。消费主义“偏爱松散与闲暇胜于纪律与节俭”，信用卡消费和强制购买代替了工作美德。[15]它将浪费转变为社会美德，鼓励竞争性的模仿消费，这种消费意味着人们为了炫耀，或者为了适应贵族式生活而购买商品。显然，这些动机应该是次要动机。

- 消费主义是资本主义企业的病理学根源。从列宁开始，社会主义者认为大企业与资本主义集中生产是为了扩大和控制企业市场份额。[16]企业必须设计有影响力的营销方式以操控消费者回报和满足投资者的需求。[17]正是公司的这种销售理念，造成消费主义思潮下暗涌的错误需求观念和价值观。

对现代消费主义价值观的批判一直在持续。[18]拉尔夫·纳德和其他消费主义运动领导人劝诫美国人在消费时注重产品的实用性，警惕、抵制奢侈品广告的诱惑，在购物时将产品的功能放在冲动情绪之前。近期一本畅销书《可不可以一年都不买东西》，描述了作者及其同事如何在一年内不购买任何新商品的情况下，来满足自己的需求。[19]雅虎集团发起一场名为“简单生活”的运动。这场运动要求参与者一年之内不购买任何新商品，以“减少对全球环境的负面影响和一次性消费文化所造成的社会经济冲击”。[20]类似的呼吁经常出现，但收效甚微。消费主义的替代方式，如清教徒禁欲主义、本杰明·富兰克林节俭运动或者亨利·戴维·梭罗的简单生活模式，现在看来已经是一种不切实际的愿望。

在美国，限制消费主义发展的努力逐渐成为幻想。“蓝色法规”试图禁止商店周末营业，鼓励人们尝试一周之内至少有一天摆脱消费主义。当收音机还是新生事物时，以大卫·沙诺夫为代表的广播先锋也非常害怕无线广播产业会商业化。但当广告通过广播进入家庭时，商品销售量达到顶峰。广播业商业化是否冒犯了广播的收听者？答案是，大部分听众并没有觉得在广播业商业化的过程中受到侮辱。

近年来，消费主义提倡者努力阻止儿童远离物质主义的影响。人们开始反对在儿童频道和学校做广告，他们抨击香烟和酒精广告，因为它们对年龄较小的儿童产生了诱惑。尽管在某些特定商品和政策方面取得了成功，但使儿童远离广告诱惑的任务还任重道远。

消费主义在全球的扩张

现在，越南年轻人的“消费主义倾向十分猖獗”。在中国，“消费主义还是一种很新的国家意识形态”，有人警告那些奢侈品购买者，不要沉溺于“纸醉金迷”的生活，陷入“堕落的深渊”。[23]在纳米比亚，一场争论轰轰烈烈。圣诞节的过度消费、“根据个人的物质财富衡量成功的文化”都受到了关注。[24]漫步全球，各个国家的经济增长和社会变革都刺激了消费主义。消费主义思潮流行于俄罗斯、亚洲、拉丁美洲和中东，甚至于非洲。一位历史学家预测，消费主义是“西方文明对全世界最成功的影响。”[25]

然而，消费主义也许不是西方现象，而是一个全球性现象。消费主义起源于原始生活，在现代社会的某一时刻，伴随着人类发展、经济进步和文化变革，消费主义也在不断发展。例如，南非政府发布的一份报告，关注将消费品作为个人身份象征这一现象的发展历程。报告解释了这种现象背后的深层原因。这是因为，在旧的种族隔离制度下，种族等级制度决定人们的社会地位。20 世纪 90 年代，随着种族隔离制度结束，人们开始通过物质财富来展示其社会地位。[26]

一旦落地生根，消费主义似乎就不可抑制，但仍然会遭遇持续不断的抵抗。西方殖民主义者给非洲人带来了难以磨灭的厌恶感，非洲人鄙视西方价值观与生活方式，包括消费主义。在中东，反对西方物质主义的伊斯兰原教让观念不同的人们彼此分裂。天主教仍然是抵制物质主义的中坚力量。教皇约翰·保罗二世称消费生活是“不道德”和“毁灭性”的，因为它刺激人们“更多的贪欲，而不是满足现状”，而且将人类生活的“内在性与精神性”附属在“物质性与本能性”这一维度。他的后继者，教皇本笃十六世也警示世人，反对消费社会带来的“商业污染”。

作为保护运动的消费主义

消费主义的第二个基本含义是销售者保护消费者权利和利益的运动。这种运动源于市场上无孔不入的欺诈、诡计和贪婪。在美国，出现了三次全国性的保护消费者运动。第一次始于 19 世纪 70 年代。当时，无数农民攻击铁路系统不公平的价格和糟糕的服务。第二次是进步运动。1900 年后，美国的两个政党都将消费者视做一种政治力量，认为消费者作为一个市民阶层，拥有相同的利益和哀伤。这些运动导致政府出台了早期保护消费者的相关法律，如 1906 年的《食品和药品法》。之后，保护消费者问题受到的关注度逐渐减弱。20 世纪 60、70 年代，新的进步行动主义兴起，保护消费者的运动迎来了第三次浪潮。在这一次浪潮中，通过政府立法，极大的保护了消费者的权利。[29]

几件事情导致了现代消费者保护运动的兴起。大众批评家指责企业操控消费者。例如，文司·派克在《垃圾制造者》一书中写到，为了鼓励消费，企业将所有产品的设计从“经久耐用”转变为“用后即抛”，从汽车制造到土豆削皮器，涉及的产品范围很广。企业使产品尽快变成没有用的废物，丢弃后再重新购买。[30] 拉尔夫·纳德在其著作《美国汽车设计埋下的危险》一书中，唤醒了公众对汽车安全的意识，从而引领了一场全国性运动。[31] 1962 年，肯尼迪总统向国会传达了一个特别信息，以回应广泛弥漫在日益觉醒的消费者中的不满情绪。他说：“消费者拥有某些基本权利，但这些权利已在很大程度上受到损害。”[32] 他列出了以下一些权利，包括在众多产品和服务中做出明智选择的权利、获得准确信息的权利、投诉的权利、接受公平价格和质量保障的权利、购买安全及健康产品的权利、接受满意的售后服务的权利。

国会听从肯尼迪总统的意见。在随后的 10 多年时间里，国会通过了十几个消费者保护法规，建立了四个全新的联邦机构，其中联邦公路管理局（1966）制定公路安全标准；联邦铁路管理局（1966）管制铁路安全；美国国家公路安全管理局（1970）保护公众不受危险汽车的危害；美国消费品安全委员会（1972）保护公众免受不安全食品的危害。

上述立法标志着现代消费主义运动达到巅峰。20 世纪 70 年代中期，商业团体试图阻碍消费主义者实现他们的伟大目标，即将散布在许多机构中的消费者保护法，统一到一个名叫“消费者保护协会”的超级政府机构中。

最终，保守主义和企业游说集团赢得了公众舆论的支持，他们使美国人相信政手中的府权力过大。他们宣称政府制造了繁文缛节的管制条规，使企业的收益和代价不相匹配，而且在国际竞争中处于不利地位。在这些观点影响下，政治气候发生了改变。1976 年，尽管得到总统吉米·卡特的支持，《消费者保护法》仍然受到重创，并且再也没有取得实质性的进步。

从那以后，国会再没有意愿出台新法律，也没有建立新的消费者保护机构。然而，出台了许多新法规，联邦政府机构也不断根据现存法律精神出台一些规则，导致对消费者的保护不断加强。图 15.2 列示了监管机构在保护消费者健康和安全方面的支出情况（按 2000 年美元不变价值计算）。1960 年，现有机构支出为 8 500 万美元，之后一直增加，估计到 2007 年，这类机构在项目上的支出将达到 49 亿美元。州和地方政府扩大了它们的监管职能。现在，保护消费者已经成为政府的一个主要职能。

消费者的保护盾

现在，我们回顾一下用来保护消费者的大量法律后盾。每个州和地方政府都有消费者保护法，这种保护从统一的电气接口到禁止企业欺诈，范围很广。50 多个联邦机构和政府机关也从事消费者保护工作。这里，我们关注三个主要的消费者保护机构。对每个机构的职责进行描述，能够揭示国会赋予它们的令人敬畏的职能。由于这些机构面临着多方面的挑战，如政府意识形态、各方的批评、财政预算约束以及行政人员过少等问题它们都需要进行适度改革，但它们的效率的确惊人。

美国消费品安全委员会

1972 年，国会成立了美国消费品安全委员会（Consumer Product Safety Commission,

图 15.2 联邦监管机构在消费者健康和安全上的支出：1960–2007 年

数据按 2000 美元的不变价值计算，它包括 6 个部门及机构在一系列消费项目上的支出。数字包括食品和药品监管、产品安全和化学品安全，但不包括环境监管。

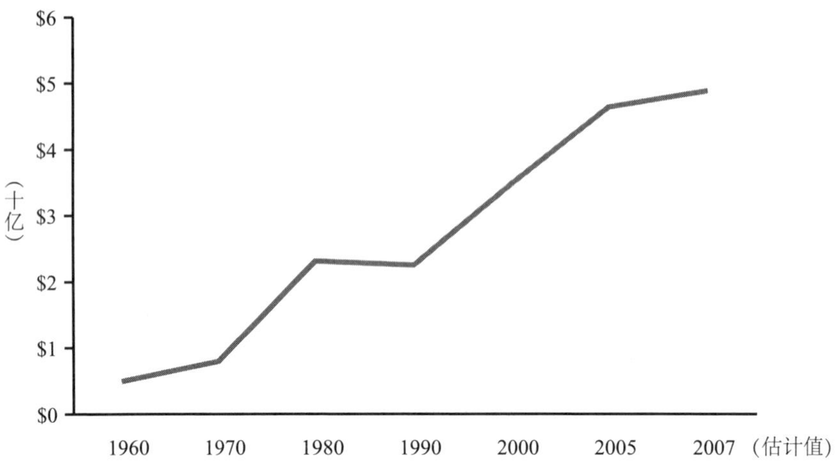

资料来源：Susan Dudley and Melinda Warren, *Moderating Regulatory Growth: An Analysis of the U.S. Budget for Fiscal Years 2006 and 2007* (Arlington, VA and St. Louis, MO: Mercatus Center and Weidenbaum Center, May 2006), table A-2.

以下简称 CPSC），它在 6 大法规指导下行使如下职能。

- 保护公众在消费产品时，不会受到不合理的伤害和死亡风险。
- 帮助消费者评估产品安全性。
- 制定统一的产品安全标准。
- 在产品造成死亡、疾病和伤害时进行调查研究，发现原因并采取防治措施。

据 CPSC 估算，在现有的管辖地域内，近年来由消费品引起的死亡事件大约有 28 200 起，受伤人数达 3 360 万。为拯救生命，使人们的家居生活更加安全，CPSC 经常与企业合作，共同制定自律守则。1997~2007 年间，此类守则达到 390 条。例如，两者共同制定了包括游乐场所设备、学步车、婴儿床、婴儿背带和手推童车在内的儿童产品安全标准。该机构同样强制强硬的制造商执行 38 条监管规范。[33]

CPSC 还与工业协会合作，召回许多存在潜在危险的产品。2007 年，CPSC 督促企业召开产品 472 起，涉及金额 1 亿美元。[34] 其中之一是召回含有小磁石的玩具。在 CPSC 的督促下，美泰公司召回 730 万套柏丽袖珍玩具，因为这些玩具中所含的小磁石会脱落出来，存在被儿童误食的风险。如果儿童摄入一块以上磁石，聚集的磁石会阻塞、刺穿或者感染儿童的肠部。在召回工作结束前，共发生了三起儿童误食事故，被刺穿肠部的儿童需要手术治疗。[35] CPSC 同样督促零售商和玩具制造商召回数百万件在国外生产的玩具，因为这些玩具含有铅元素或者涂有含铅量超标的涂料。

CPSC 几乎监管每一种消费品，但枪支、船舶、飞机、汽车、卡车、食品、药品、化妆品、烟草和杀虫剂等除外，因为这些产品的安全管理属于其他机构。即便有这些例外产品，CPSC 的监管范围还是非常广泛的。因为它必须监管 15 000 种不同类型的商品，同时和成千上万家制造商通力合作，处理数百万起以上的消费者投诉。

自 1972 年尼克松政府创建 CPSC 以来，在实现该机构的理想目标上，面临着重大障碍。一方面，政治环境非常不利。另一方面，即使是其创始人尼克松总统，对 CPSC 也并不热心。里根总统想要废除 CPSC，但鞭长莫及，于是他大幅度削减 CPSC 的财政预算。在前两届政府加大资金投入后，乔治·布什当局再一次削减了预算。现在，CPSC 拥有的雇员不到 450 名，与 20 世纪 80 年代相比，减少了大约 1 000 人。

国家公路安全管理局

国会于 1966 年设立了国家公路安全管理局（National Highway Traffic Safety Admi-nistration，以下简称 NHTSA），其具体职权如下：

- 指定汽车、卡车及其附件的最低安全标准；
- 建立燃油标准；
- 管理提升公路安全的大型项目；
- 指导公路安全标准研究，为新的交通工具开发安全技术。

NHTSA 的监管几乎覆盖了汽车行业的每个环节。没有其他任何一个机构在单一产品上拥有如此广泛的控制力。保护机动车乘坐者的法律包括气囊、安全带、能量吸收囊或者折叠式转向管、防渗透挡风玻璃、凹陷门把手、分离后视镜、衬垫仪表器、折叠式前端、防尘客厢和轮胎等等。

尽管 NHTSA 是一个仅有 675 名雇员的小机构，却拥有强大的权力。NHTSA 的一个重要管理手段是命令。例如，该机构命令所有新型交通工具必须在 2010 年前应用防侧翻控制技术，也就是说，当司机在驾驶中失控时，该技术能够自动感应，随即强制刹车，使车辆处于安全状态。NHTSA 宣称，应用该技术每年可以拯救 9 000 条生命。NHTSA 另一个重要管理手段是召回。到现在为止，“为了纠正安全上存在的瑕疵，已经召开了 3.9 亿辆轿车、卡车、巴士、休闲车、摩托车和机动自行车，4 600 万个车胎、6 600 万个摩托车配件和 4 200 万儿童安全座椅。”[37] 一些召回决定是因为消费者投诉引发的，“大多数召回决定和纠正安全瑕疵的行动，都是企业的自主性行为，而不是由于 NHTSA 的介入。”[38] 汽车企业抱怨，由于 NHTSA 的管制，企业成本大幅增长。但毫无疑问，NHTSA 的管制拯救了成千上万的生命。一些批评家认为，与 NHTSA 的召回行动相比，存在能达到相同政策效果但成本更低的替代方式。例如，在高速公路上设置更好的照明设备、限制高速公路的最高时速、设置分流交通灯和标志、填充路面邻接处等。

国家食品药品管理局

在通过 1906 年的《食品和药品法》时，国会创建了国家食品药品管理局（Food and Drug Administration，以下简称 FDA）。该机构初始职权是监管州际间的产品商标不实以及食品、饮料和药品。之后，国会先后出台了 43 条法律条款扩大 FDA 的职权。该机构渐渐发展成为一个大型机构，拥有 1 万多名雇员。下面简单列举其职权。

- 监管食品、食品添加剂和化妆品的成分、质量、安全和标签。（几乎覆盖了美国的全部食品，除了农业部门监管范围内的家禽和肉类。）
- 检查食品和化妆品制造商的设备，行使监督和监管职能。
- 监管医用药品的成分、质量、安全、疗效和标签，设定药品安全标准。
- 要求新药在投入市场前进行测试，评估新药的应用疗效，并对新药进行实验性检验。
- 建立非处方药的安全和疗效标准。
- 一旦发现违反联邦法律或者有害于人类健康的商品，该机构有权召回。
- 检查并为生物产品的制造颁发特许证。[39]

因为承担这些重要职责，FDA 的决定深深影响着每一个美国人。一些决定甚至关系到美国人的生死存亡。1994 年，FDA 通过了一种药品，这种药品可以使母牛荷尔蒙缓慢增加，进而提高牛奶产量，结束了一场关于基因工程药品长达 10 年的争论。FDA 同样批准企业利用基因技术改良番茄 Favr-Savr，这一决定为其他基因改造食品的生产打开了大门。2006 年，FDA 批准了用于控制二型糖尿病病人血糖的药品、用于治疗白血病的新药、用于帮助治疗黄斑部病变的药品、用于宫颈癌、带状疱疹和流行性感冒的疫苗。2006 年，FDA 还通过了 100 多种新药，临时批准了 525 种新申请的基因药品。[40]

上述数据所展示的成就，与现实形成了鲜明对比，即 FDA 作为一个规模庞大的机构，其行动通常要依赖食品企业自身的政策。举例来说，2000 年以来，食品进口量翻了两番多，但食品进口检查情况却一直下降。到 2006 年，检查样本数仅仅是进口总量的 0.2%。[41] 被污染的食品能够规避这种检查。2007 年，100 多种宠物食品由于含有被污染的添加剂而被强制召回，但仍然有成千上万只猫和狗死亡。[42] FDA 前领导大卫・凯斯勒面对国会质询时说："简单讲，我们国家的食品安全系统已经崩溃。"[43] FDA 任命了一个"食品沙皇"，它制定计划，保护消费者远离国内和国外的危险食品。[44]

为了应对特定挑战，FDA 不断制定一些零散的法规，在此基础上形成了 FDA 的管辖权。结果，这些法律经常重复、互相冲突。图 15.3 证明在披萨的安全问题上，监管机构权力混乱。在国会上，加强并明确 FDA 管辖权的提案屡遭失败。

像 FDA 这样一个拥有重要和广泛职责但又缺乏资源的联邦机构，很容易招致各种批评。来自企业和个人的一个持续压力就是加快批准新药的进程。尽管 FDA 快速回应，大大缩短了批准时间，仍然受到各种批评。前委员大卫・凯斯勒感慨："人们希望新药快速通过审核，但如果出现任何差错，他们就会责怪 FDA 审核进程过快。"

其他机构对消费者的保护

许多其他机构同样在消费者保护领域做出了贡献。美国联邦贸易委员会维护企业间的公平竞争，监管欺诈性广告。环境保护机构在很多方面保护消费者，如设定饮用水标准。职业安全与保健管理总署有时也承担保护消费者的责任。美国农业部食品安全及检察署在食品安全方面同样承担主要职责。

美国国家证券交易委员会监管金融产品。健康服务部监管药品和其他公众健康项目。同等就业机会委员会保护消费者在房屋和贷款方面免受歧视。联邦存款保险管理局监管大约 1 万家银行的资金。退休津贴保障公司管理退休计划，并承担破产企业的退休金债务。最后，交通安全管理局作为一个新成立的机构，主要负责旅客安全，它的预算规模高于其他消费者保护机构。

产品责任法

除政府监管外，当消费者受到侵害时，他们可以提起有关产品责任的法律诉讼，这对企业是一种重要约束。**产品责任**（product liability）属于民法法典中著名的民事侵权行为。侵权是一个人侵犯另一个人的人身、财产及其他私人利益的民事过错行为。在侵权行为法中，受侵害的个体可以从造成其人身及财产损害的对象那里寻求赔偿。侵权行为法的设计目的是为了对受害者提供补偿，防止侵害方继续胡作非为。产品责任是侵权法的一个分支，用来规范那些由缺陷产品造成的人身和财产损害。

20 世纪 60 年代之前，产品责任法还是一潭死水。进步主义者在审判权、立法权

图 15.3 负责披萨安全的联邦机构

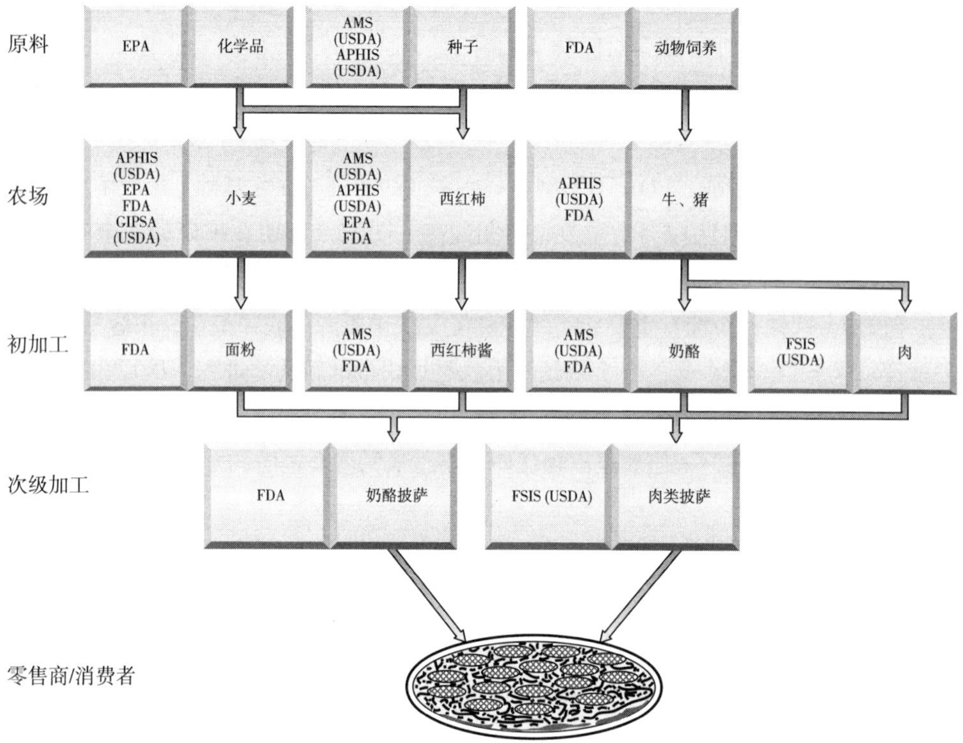

资料来源：Lawrence J. Dyckman, "Federal Food Safety and Security System," testimony before the Subcommittee on Civil Service and Agency Organization, Committee on Government Reform, House of Representatives, March 30, 2004, p. 5.

注释：AMS—Agriculture Marketing Service
APHIS—Animal and Plant Health Inspection Service
GIPSA—Grain Inspection, Packers and Stockyands Administration
FSIS—Food Safety and Inspection Service

中引入消费者权利，大大拓展了产品责任的范围。在这之前，如果消费者由于产品缺陷受到伤害，他们几乎一点办法也没有。现在，产品责任法是消费者获得赔偿的强有力手段。现在，基于疏忽过失、质量保证和严格赔偿责任这三大法律精神，制造商或者其他产品销售商对有缺陷的产品负有责任。实践中，产品责任诉讼案的审理通常基于上述三大法律精神。[45] 我们将会一一讨论。

疏忽过失

侵权（tort）是指由于故意或者疏忽造成的伤害。制造商故意伤害消费者的行为非常少见。通常，诉讼大多数是由于产品制造商、配件制造商、批发商或者产品销售商的**疏忽过失**（negligence）导致的。基于这一理念，在相同条件下，诉讼各方都有义务做一个理性、谨慎的人应该做的关爱行为。因此，处于销售过程中的任何一方，如果由于他们的行为不谨慎而对消费者造成损害，他们必须对此承担责任，并赔偿损害。这个标准看似符合逻辑而且公平，但早期的产品责任法并没有十分有效的保护消费者。十九世纪末、二十世纪初，美国进入消费社会。当被商品伤害的个人提起诉讼时，产品制造商得到保护，免于承担伤害责任。一个被侵害的消费者在试图获得赔偿时，通常会面临两个可怕的法律障碍。

其中一个障碍是“货物出门，概不退换”，这个拉丁短语提醒消费者自己要小心。这意味着消费者在购买产品时，负有仔细检查的责任。如果消费者没有成功的检查出危险性瑕疵，按照法律规定，在这一正式合同中应该负责任的是消费者，因此消费者无法获得保护。

另一个障碍是对于合同关系这个法律概念的狭隘解释。合同关系界定了消费者和销售方的买卖关系。法院认为，消费者只能对产品销售商提起诉讼。这种约束来源于英国古老的法律传统，也许更适合美国农业社会，因为那时销售者和产品制造商是面对面进行交易的。[46] 由于销售环节的延长和工业社会的冷漠，面对面交易变得越来越罕见。然而，法律规定，被侵害的消费者不能直接起诉制造商。消费者不得不起诉与他们有直接关系的一方即零售商。如果零售商败诉，零售商会起诉批发商，批发商会起诉制造商。

1916 年，在出现“麦克弗森起诉别克汽车公司”这一里程碑式的案件后，保护制造商的法律之墙终于崩塌。[47] 唐纳德·麦克弗森在斯克奈塔一个商人那里购买了一辆别克轿车。虽然麦克弗森的驾驶速度为每小时 8 英里，但由于车轮上的一根辐条有缺陷，造成汽车轮胎破裂，发生撞车事故。麦克弗森被抛出车外，受到伤害。他起诉别克公司负有疏忽过失，因为在出售汽车前，别克公司没有检查辐条。别克公司从一家公司购买车轮，这家公司每年为别克公司提供 8 万只车轮，在这之前，没有一只车轮出现过问题。然而，一位具有远见的法官本杰明·卡多佐，在纽约最高法院陪审团判决中提出了疏忽原则。他认为作为汽车制造商的别克公司“对最终产品负有责任”，因为别克公司有义务通过合理检查发现产品缺陷。此外，与销售商对消费者的义务相比，别克公司更应该对消费者“负谨慎和注意义务”。由于纽约这个大市场的影响，疏忽原则传播到其他州，成为对消费者更加友好的现代产品责任法的基础。

麦克弗森案例发生后数年间，疏忽原则不断被强化，从而更有利于消费者。例如，在 1968 年，通用汽车公司制造出能安全驾驶的汽车，但由于没能设计出使汽车在碰撞中减少伤害的功能，因而负有疏忽过失。俄林·拉森在驾驶科威尔时遭遇了一次正面碰撞并受了重伤，当时方向盘后退撞击到他的头部。他提起诉讼，认为方向盘配件存在缺陷。尽管碰撞不是方向盘直接造成的，但方向盘的不合理设计使他受到了不必要的严重伤害。通用汽车公司回应道,公司的法定义务是设计一辆安全的汽车，而不是设计一辆在正面冲撞中保护驾驶者的汽车。在“拉森起诉通用汽车”案件中，联邦法院认为，方向盘组件的设计存在疏忽，因为汽车设计应该设法阻止方向盘在碰撞时后移并挤压驾驶者，而且可能发生碰撞这一事件是完全可以预见的。[48] 这一案例判决扩充了疏忽的意义，颠覆了以前“货物出门，概不退换”原则。现在，疏忽责任提醒制造商必须非常小心。

质量保证

质量保住（warranty）是指销售者保证产品特性的合同。如果产品没有达到质量保证的标准，消费者有权就随后发生的损失或伤害要求赔偿。质量保证有明示和暗示两种形式，如果违背了其中一种或者两种形式，制造商和销售者都要承担责任。

明示保证（express warranty）是制造商对消费者明确做出的显性承诺。明示保证可以是对产品某种特定用途的说明，或者是对产品或产品样本图片的描述。过去，制造商通常在质量保证中作出声明，来限定自身的责任，但法院通过扩大暗示保证这个概念来保护消费者。**暗示保证**（implied warranty）指的是对产品功能的口头或者常识性保证，而这种产品功能是对产品一般功能和特定功能的合理预期。

代表性案例又一次发生在汽车行业。克劳斯·亨宁森为他的妻子购买了一辆新的 1955 顺风车作为母亲节礼物。质量保证声明却在八英寸的窄条中并用小号字体印刷。声明指出，如果购买者发现任何缺陷，必须将声明自费寄回克莱斯勒公司。之后，克莱斯特公司会根据“顾客满意度”来衡量产品是否存在缺陷。在收到汽车 10 天后，亨宁森夫人以每小时 20 英里的速度驾驶，突然听到前面发出一声巨响。汽车转了 90 度，撞上了一面砖墙。转向装置的前端被撞碎，这使产品缺陷评估变得非常困难。销售商和克莱斯特公司都拒绝承担赔偿车辆及支付医疗费的责任。在“亨宁森起诉布卢姆菲尔德汽车公司”的案例中，法院认为，明示保证是行业实践中一种“令人悲哀的托词”，不能凌驾于暗示保证义务之上，即汽车应该“能够被消费者合理使用”。[49] 克莱斯勒公司不得不进行赔偿。

严格赔偿责任

多年前，**严格赔偿责任**（strict liability）或者无过失赔偿责任在英格兰的侵权法中出现。[50] 从事任何危险活动的人，包括使用爆炸物或者喂养凶猛动物，都应该对他人造成的损害负责任，即使这种行为已最大限度的尽到谨慎义务。严格赔偿责任的关键在于，受害者不需在法院证明侵害方存在疏忽或过失。蕴含在严格赔偿责任的一个假设前提是，任何从事危险作业的人，应该对其行为造成的不利社会后果负责任。

严格赔偿责任理论渐渐引申为产品责任。20 世纪 60 年代，产品责任理念确立了。[51] 这进一步扩大了制造商的责任，因为在诉讼案件中，受侵害的消费者不再需要举证制造商的疏忽和过失，或者证明其违背了质量保证，只需要肯定产品存在固有缺陷。法律这一规定，将使用缺陷产品的风险从消费者转移给了制造商。

一个代表性的事件是"威廉·格林曼诉尤巴动力公司"案例。格林曼在使用电锯时，一个部件突然飞出来，砸中他的额头，给他带来严重伤害。格林曼发现该机器设计方面存在缺陷，于是起诉制造商——尤巴动力产品公司，宣称该公司负有疏忽责任并违背了质量保证。尽管地方法院没有证明公司负有疏忽责任或违反明示保证的证据，但它认为公司违反了暗示保证，因此判决该公司赔偿格林曼 6.5 万美金。在上诉中，被告提出了可能颠覆原判决的抗议，但加利福尼亚高级法院强制公司执行严格赔偿责任，它认为格林曼所需做的，仅仅是证明他所受的损害是由于使用被告有缺陷的产品造成的，无需证明公司故意疏忽或者违反质量保证。[52]

严格赔偿责任的法律条款首先对石棉行业产生了影响。当法庭接受了严格赔偿责任法律原则后，患职业病的石棉行业工人不再需要举证佳斯迈威公司或者其他公司的疏忽责任，因为这些公司清楚石棉产品的危害性。原告所需做的仅仅是证明石棉产品是有"缺陷性"的，也就是说，石棉产品是危险产品。因此，对于那些患有因石棉产品引起职业病的雇员，石棉企业负有赔偿责任。如同法院在"格林曼起诉尤巴动力公司"一案中所宣称的，"严格赔偿责任原则的目的在于，让缺陷产品的伤害成本，由制造商而不是由被侵害者这一无力保护自己利益的弱势群体来承担。"[53] 现在，这一原则深植于法律之中，相对于"货物出门，概不负责"的古训，是一大进步。

对产品责任的审视

产品责任诉讼案件遍布每个州和联邦法院，但没有一个专门的受理中心。诉讼案件的数量、处理情况和赔偿金额等综合性数据都没有记录在案。然而，产品责任诉讼是整个侵权诉讼体系的重要部分，为企业增加了巨额成本。

与其他国家的法律相比，美国立法系统能够使原告从制造商那里获得巨额赔偿。在欧洲，如果没有额外费用，律师不愿意接手类似案件，并且大多数欧洲国家都由败诉者承担诉讼费用。这减低了类似案件的起诉概率。与美国不同，英国律师不允许做广告。此外，英国的赔偿金远远低于美国，特别是法院通常禁止惩罚性赔偿。

在亚洲，产品责任法相对来说是个新生事物。1993年，中国才出台了产品责任法。1995年，日本才允许消费者向制造商提出诉讼。总之，与美国相比，世界上其他任何国家都没有创造出像美国这样有利于产品责任诉讼的环境。

法律诉讼的成本和收益

侵权行为法的设计宗旨在于，通过强制造成侵害的个人和企业对受害方进行赔偿，可以防止类似错误行为再度发生。据最新估计，美国侵权案件每年为整个社会带来的经济成本约8 650亿美元，占美国GDP的2.8%。这在世界上处于最高水平，三倍于其他工业国家0.9%的平均水平。[54]

三分之一的成本来自个人侵权案件，其中绝大多数与交通事故有关。余下的来自企业侵权案件，包括产品责任、医疗事故和对工人的赔偿。[55]

大多数成本是值得付出的，因为产品责任诉讼案件中的危险产品，如石棉、香烟、易燃的儿童睡衣和节育工具，要么被强制退市，要么在销售中受到严格制约，要么要进行重新设计。由这类侵权行为造成的损失也得到了相应赔偿。一些诉讼可能使公众受益，而另一些诉讼也可能引发更多问题。诉讼带来的威胁和巨额的责任保险成本，使企业放弃越野车、医用内植入产品、橄榄球头盔、药品和疫苗等高风险产品的生产，尽管其中一些产品对社会具有重要价值。大量不知名的新产品和创新产品从来没有被投入市场，因为它们潜在的产品责任使制造商望而却步。在制药行业，原本可以用于研发的资金通常会用于诉讼。在其他一些情形中，责任保险成本和诉讼成本都转移给消费者，如消费者购买产品时支付的附加税。有时，责任保险成本甚至会产生消极影响，造成产品安全性下降。目前，由于高额的责任保险成本，家用伸缩梯价格不菲，许多人不得不开始使用老式的传统梯子。[56]

企业声称，产品责任法已超过等价的侵害赔偿，成为一种不经济的财富转移制度，将财富从企业、雇员、保险者、股东和普通消费者手中转移到原告及其代理律师手中。这是因为，有时这一制度强制企业对未受到伤害的消费者进行赔偿，惩罚性赔偿往往超过实际损失。即使企业没有疏忽，由于严格赔偿责任，企业也面临额外赔偿。如果案件拖延数年而没有解决方案，企业无疑要承担许多不必要的成本。如果责任成本远远高于被侵害者的实际损失，往往导致企业雇员大批失业或者失去抚恤金和福利，公司股价下跌，用于创新的资源减少，潜在新产品推迟上市。

有时，整个行业也会受到影响。民用航空行业就是典型。20世纪40年代，民用航空事故率开始平稳下降，而这个下降趋势至今已经持续了大约70年。在市场压力下，制造商尽可能的设计和制造更加安全的飞机。如果消费者认为，某个企业的飞机与竞争者相比更危险，那么该企业根本无法生存。20世纪60年代，产品责任法不断扩充，引入了严格赔偿责任。20 世纪 70 年代，航空事故诉讼案件的增长令人瞩目，责任赔偿条款也出现了。有时，即使航空事故是由飞机制造过程中不可知或不能知的缺陷造成的，空难受害者及其家属在判决中也占据有利地位。

这给民用航空行业带来的损失巨大。一家企业破产了，其他企业也陷入了财务危机中，这大大延迟了引进新设计以开发更安全飞机的进程。1994 年，国会通过一项法律，对使用年限超过 18 年的民用飞机免除赔偿责任，这项措施促进了航空业的复兴。[57] 总的看来，影响航空事故数量的，既不是损害赔偿的免除，也不是新法律的制定。航空事故数量仍然稳定。严格的赔偿责任仅仅使资金从飞机制造商流向事故受害者及其代理律师，同时降低了行业生产率。[58]

两个案件的回顾

除某些案例外，产品责任法似乎很好地实现了赔偿和预防功能。两个起诉麦当劳的著名案件受到批评，因为从行业角度来看，一些产品责任诉讼过于荒谬，而且陪审团判决的赔偿金额过多。

在“裴尔曼起诉麦当劳”案件中，肥胖儿童的监护人向麦当劳提出诉讼，认为麦当劳应该为儿童肥胖负责。他们声称，麦当劳产品存在内在危害性，因为其产品含有过量的糖、盐、脂肪和胆固醇。麦当劳的销售行为，实际上违反了暗示保证，即麦当劳食品可以安全食用。他们主张，麦当劳负有疏忽责任，没有警示消费者其产品的可能危害性。这一荒谬案件受到许多人的嘲笑，因为它嘲弄了个人责任。但在法庭上，应该仅以法律规划为依据吗？

地区法院拒绝受理该诉讼，因为没有一个“理性的消费者”可以对麦当劳食物的危害性提出指控，也没有证据表明，原告两个儿童不健康的身体状况是由麦当劳食品直接造成的。[59] 法院出于技术原因，重新受理了这一案件。[60] 从那时起，类似的案件不断增加。法院做出了四项决议，但没有一个决议能让此类没有意义的案件进入审判阶段。[61] 事实上，大多数法院经常拒绝受理没有意义的索赔案件，上述案件就是一个例证。

第二个案件是“里贝克起诉麦当劳餐厅”。一位 70 岁的妇女斯特拉·里贝克起诉麦当劳，她在新墨西哥州阿尔布克尔克的麦当劳餐厅购买了一杯咖啡。[62] 当她坐在汽车上时，将咖啡放在两腿之间，试图打开盖子。但咖啡杯倾斜，滚烫的咖啡烫伤了她。里贝克提起诉讼，认为麦当劳违反了暗示保证。因为对消费者来说，麦当劳出售的咖啡温度太高、太烫。陪审团判决的赔偿金额高达 286 万美金，其中 16 万美金是补偿性赔偿，另外 270 万美金是惩罚性赔偿。在记者、电台主持人和喜剧演员眼中，里贝克成为赔偿判决失控的象征。但事实如此吗？

斯特拉·里贝克受到严重伤害，超过6%的身体遭受了三度烧伤，住院8天，支付了昂贵的医药费用。证据显示，麦当劳出售的咖啡温度高达华氏180度（180 ℉），比消费者在家饮用的咖啡（一般为135 ℉ ~140 ℉）温度高出很多。在如此高的温度下，2秒钟就可以造成三度烧伤。而温度在华氏160度时，造成三度烧伤需要60秒。此外，人们强制麦当劳公开内部文件，发现700多起消费者烧伤索赔事件。

公司代表在法庭上声称，咖啡在高温下更加美味。与麦当劳出售的咖啡数量相比，被烧伤消费者的人数很少，因此麦当劳并未计划降低咖啡温度。这也许激怒了陪审团。作为惩罚性损害赔偿，他们判给斯特拉·里贝克270万美元赔偿，目的在于惩罚麦当劳。然而，这是一个温和的惩罚，惩罚金额大约相当于麦当劳两日的咖啡销售收入。[63]但陪审团随后将赔偿金额降低到48万美金，是补偿性赔偿金额的三倍。因此，与责任赔偿带来巨额成本这个说法相反，里贝克案件揭示了法官判决的基本原则，即让涉事企业支付合理的限制性赔偿。

结　论

消费主义具有双重含义。它既指一种理念，又指保护消费者的运动。在本章中，我们在两种含义下讨论消费主义的发展趋势。首先，由于支持消费主义的条件逐渐成熟，消费主义成为一种遍布全球的生活方式。一旦确立，其发展趋势无法阻挡。其次，由于日益加强的政府监管和更加友好的消费者保护法律原则，与以往相比，现在美国消费者受到更多保护，这使人们免受侵害、欺诈和其他滥用行为的威胁。在其他工业国家，对消费者的保护意识也在日益增长。

这种趋势似乎还将继续。当消费主义理念牢牢生根，负责任的政府会将更多的资源投向由消费、购买、使用和展示商品而带来的问题中。随着人口增长、产品选择的多样化、改进产品的新技术出现以及市场控制能力的增强，这些问题将更加复杂。

酒类产品广告

安海斯－布希（Anheuser-Busch）公司对 Spykes（一种果味啤酒混合饮品）满怀希望。2005 年，Spykes 首次亮相。在这之前的三年里，公司的市场份额以每年 1% 的速度不断的被烈性酒蚕食着。2001 年，酒类市场结束了长期存在的、对广告持有偏见的政策。烈酒广告如潮水倾泻般涌向有线电视，之后是网络附属的各个频道。在全美汽车（NASCAR）比赛中，吉姆·宾波本威（酒类名称）和杰克·丹尼（酒类名称）出现在赛车场上。更多的饮酒者，特别是 21~30 岁的青年人，对新品牌的酒类、饮料以及酒精添加饮料产生了新鲜感。人们的味觉发生了改变。酒吧、俱乐部出售的国产啤酒越来越少，安海斯－布希公司生产的百威啤酒就是其中一例。

总裁奥古斯·布希三世坚信，不断的开发“有趣、新鲜和有创意”的产品来取悦 21~30 岁的年轻人至关重要。[1] Spykes 正是这样的产品，它是一种含有 12% 酒精的麦芽酒饮料。这种果味混合饮品有 1.7 盎司的玻璃包装和 2 盎司的塑料瓶包装，价格分别为 75 美分和 1 美元。总之，Spykes 的酒精含量相当于瓶装葡萄酒酒精含量的三分之一。企业采取了多样化的措施，企图“炒热”Spykes。它含有咖啡因，在酒精与饮料混合市场上非常受欢迎。Spykes 共有四种口味——香辣酸橙、香辣芒果、热甜瓜和热巧克力口味。作为一种体验，饮酒者可以将 Spykes 添加到啤酒或者鸡尾酒中。

安海斯－布希将 Spykes 作为一种实验产品。2006 年，为了测验市场反应，安海斯－布希在八个州销售 Spykes，销售非常火爆。安海斯－布希的营销策略是通过各地区人们的口口相传，慢慢建立起这个新品牌。市场调查鼓励经销商“和我们的新产品一起闪闪发光”，这种新产品是一种以“21~27 岁”目标消费群为主的“啤酒、运动饮料”的“替代产品”。Spykes“将会开启一种特别的味蕾体验，超越传统饮料带来的‘舒适口感’”。[2] 2007 年，Spykes 的销售扩展到 32 个州。

公司创建了一个时尚亮丽、五颜六色的网站，介绍 Spykes 的饮用技巧。“作为一种新的尝试，在你的啤酒中加入它，发明一种新的鸡尾酒。将不同饮品混合在一起，创造新的口味。”[3] 浏览者可以从网站上下载音乐、电话铃声、屏保和即时信息图标。互动讨论为消费者发表和交流信息提供了平台。有人发表意见：“我好奇的是，如果经过加热，Spykes 是否仍然美味。”其中一个人回复道：“我要尝试着将它放进微波炉……”[4]

Spykes 没有进行全国性的媒体宣传，但一些有利评论出现在媒体上。一位热情洋溢的记者写道：Spykes 可以将“任何啤酒饮用者变成痴迷的科学家”。[5] Spykes 的销量不断攀升。

之后，那些自称保护公众远离酒类的人，组织了一场令人震惊的反酒类运动。运动起源于公众利益科学中心（Center for Science in the Public Interest，一家消费者利益保护团体，以下简称 CSPI）的一篇新闻稿。CSPI 是由拉尔夫·纳德创建的。在这个团体中，酒类项目的负责人乔治·汉克对 Spykes 发起了猛烈攻击，称 Spykes 是“安海斯－布希使青少年沉迷酒类的最新尝试”“对麦芽烈酒市场来说，将 Spykes 纳入‘午饭套餐’是一个可耻的策略”，他说，“难以想象成年人会购买这种饮料，除非美国广播公司 NBC 的克里斯·汉森将它们作为惊喜日的礼物。”很多证据表明，Spykes 以未成年人为目标客户群，该产品酸酸甜甜的口味缺乏明确的年龄划分，网站采用“亲近青少年”的策略。网络骇客要求企业“立即将 Spykes 撤下柜台，向青少年父母致歉，同时希望不再有青少年在舞会饮用过多 Spykes 后，醉酒驾车发生车祸。”[6]

CSPI 是一个著名的反酒类联盟，该团体监督酒类饮料行业并试图纠正由于饮酒而造成的社会问题。另外一些团体也加入到反对 Spykes 的阵营中。全国药瘾及滥用药物研究中心（National Center on Addiction and Substance Abuse）表达了反对意见。“再努力项目”也反对未成年人饮酒，它认为未成年人有可能将小瓶的 Spykes 藏在衣袋或者钱包里。[7] 另一个反酒类团体 Marin Institute 称 Spykes 是一种“极糟的”产品。[8]

安海斯－布希公司大为吃惊。“坦率地说，”企业发言人说，“我们对这些批评感到困惑。这些职业批评团体没有必要对 Spykes 产生恐惧，他们应该更加关注现实。”[9]

类似的关注不断增加。密歇根州警察调动警力高度防范小瓶的 Spykes，特别是藏在妇女钱包里的 Spykes 产品。伊利诺伊州某县的一名警官警告父母们：“在舞会之夜仔细检查你们的孩子”，因为为了“在舞会上尽兴”，青少年“很容易将 Spykes 藏在晚礼服的口袋里，或者藏在钱包里。”[10] 尽管马萨诸塞州的布里奇沃特镇并不出售 Spykes，仍然明令禁止出售 Spykes。有 28 个州的检察长致信安海斯－布希公司，明确要求公司“高度重视”Spykes 的性质及其营销策略。收到信件后不久，安海斯－布希妥协了。

2007 年 5 月 18 日，由于“反酒类团体持久的无理由批评”，公司宣布停止生产 Spykes。[11] 尽管获得了胜利，但公众利益科学中心的骇客并没有宽恕安海斯－布希公司，他们发表一篇简短声明。在声明中，他们指责企业停产是不情愿行为，并对企业是否会“卑鄙到再次开发未成年人市场”表示怀疑。[12]

对酒类市场的攻击

Spykes 的故事是一个教训，这表明美国长期存在的不同价值观之间的分歧。19 世纪末，戒酒团体发起了一场著名的反对“酒精恶魔”的运动。最终，这场运动让整个国家陷入短暂的禁酒时代。1919 年，宪法第十八条修正案禁止生产、销售各类“烈性酒”，但这个禁令仅仅持续到 1933 年。当时，第二十一条修正案取代了第十八条修正案。从那时起，禁酒的态度逐渐减弱，但并没有消失。

1939 年，第一次酒类消费民意调查显示，60% 的美国成年人饮酒。从那时起，饮酒人数大致保持稳定。近期的调查表明，64% 的成年人饮酒，36% 的饮酒者成功戒酒。[13] 其中 29% 是新戒酒主义者，他们相信饮酒“永远不会合法。”[14]

酒类饮料行业必须在反对声中生存。尽管禁酒是一个陈旧的观念，但一些强大的反酒类运动仍不断发展。运动领导者是教堂、健康行业、消费者公众利益科学中心和反醉驾母亲（Mothers Against Drunk Driving）等组织中的积极分子。他们取得的最大成就是，使所有州将合法饮酒年龄提高到 21 岁，并建立了全国性醉酒驾驶标准，即血液中的酒精含量为 0.08。现在，反酒类运动希望禁止或限制酒类饮料行业广告。这主要基于四个信念。

首先，广告促进了消费。许多广告的设计目的是为了吸引更多的饮酒者并提高饮用数量。米勒淡啤酒的经典广告“绝佳口味，永不满足”试图改变啤酒的定位，将啤酒作为软饮料的竞争产品。广告向消费者传递的信息是，与普通啤酒相比，淡啤酒是低热量饮品，可以频繁的饮用。米克劳啤酒的营销广告为“每天都是小周末”，它鼓励周末参加社交活动的消费者，将一周中的每一天都当作饮酒宴会。近期，由葡萄酒市场协会发起的运动表明，葡萄酒售量与广告在电视里出现的频率一致。

关于广告对销量的影响，各种研究结果并不一致。总的来说，全国性研究没有发现广告投入和酒类消费之间的关联性。但一些地区研究表明，广告确实会促进消费，而广告禁令会减少消费。[15] 广告和酒类销售之间的关系，不可能得出明确的结论。但这并不能震慑批评家，因为他们坚信，酒类广告充斥媒体，会助长社会认同饮酒的不正之风。乔治·汉克坚信他的直觉：

> 酒类营销者认为，广告和消费之间没有任何关系，这种想法至少是不诚实的……考虑到企业花费了成百上千万美元为其产品做广告，我们不得不认为企业还是觉得这种投资值得……不要轻信那些所谓广告对于吸引新消费者和鼓励已使用者轻易消费更多啤酒没有帮助的说法。相信自己的眼睛和耳朵。[16]

Wasatch Brewing 公司的品牌“Polygamy Porter”模仿已被禁止的摩门教风俗，即“一夫多妻”制。其广告中的口号为“为什么只能有一个”。反酒类人士认为这种诉求是在鼓励更多消费。

资料来源：Courtesy of Wasatch Brewing ompany.

其次，广告鼓励了未成年人饮酒。未成年人饮酒是个严重问题。调查数据显示，12~17 岁的未成年人中，42% 的人饮过酒。其中，18% 的未成年人每月至少喝一次。这些人中，几乎 2/3 的人达到酗酒程度。酗酒是指在一次宴会上，至少饮用五杯酒。[17] 总体上说，未成年人消费了 20% 的酒精饮品。[18] 每年有 5 000 名未成年人由于酒精死亡，其中大多数死于车祸、谋杀和自杀。未成年人饮酒与学业失败、冒险的性行为和非法使用毒品有关。最新证据表明，酒精对青少年大脑发育有不良影响。[19]

尽管酒类广告普遍存在，但没有证据表明酒类广告是有预谋的以未成年人为目标群体。大量酒类广告制造着无法抵制的诱惑：饮酒非常有趣而且会提高社会认可度、性成功和生活中其他美好的事情。一些研究解释了广告对儿童的影响。在南达科塔六年级学生中，那些更多接触酒类广告的人，与同龄人相比，在七年级时更可能有饮酒倾向。[20] 如果洛杉矶七年级的学生观看了许多酒类电视广告，那么八年级时，他会更频繁地饮酒并成为严重的酗酒者。[21]

反对者认为，酒类饮料行业不仅通过广告吸引未成年人饮酒，而且通过产品设计诱惑更多的青年人，包括加入香料的麦芽饮料。这些加入香料的麦芽饮料包括被称为“泡泡甜酒”的 Spykes，以及被称做“耶林香瓜酒”和“蓝色敢死队”的纯伏特加和龙舌兰鸡尾酒，其中最著名的产品是草莓杯装的伏特加。企业同时推出一系列令人质疑的市场噱头，如春假促销、儿童电影中的品牌植入、T 恤和玩具上的品牌商标。最新调查显示，喜爱酒类玩耍主题玩具的小学生，会更早的开始饮酒。[22]

第三，宣扬成熟生活方式的酒类广告更

具诱惑性，因为它将消费者困在了内在欲望之中。信息类广告传达产品细节信息，如产品价格、功效和质量等。与此相似，生活方式类广告的定位是使产品满足消费者的情感需求。与酒类相关的图片宣扬成就、成功、老练、叛逆、浪漫和性征服等愿望。广告赋予伏特加、啤酒等商品以品牌意象。之后，通过使用这些品牌，消费者接受并延续了品牌意象。这些广告文字很少、甚至不能客观反映商品信息，而仅仅表达了一种感性主题。性爱意象是酒类营销的主要内容。然而，针对杂志中酒类广告的一份长达 14 年的调查结果发现，其他吸引力超越了性爱意象。例如，在《生活》中，名望和社会认可作为主题被更频繁的应用。[23] 批判家认为，无论是什么意象，只要宣扬生活方式的广告在满足消费者情感上发挥了作用，它们就具有操纵性。深受酒类广告影响的消费者被诱使饮酒以满足他们的内在需求。

第四，酒类广告不仅仅以未成年人为目标人群，有时候甚至不正确的以其他团体为目标客户。例如，批评家反对在市中心的黑人社区和黑人媒体上没完没了的播放麦芽酒广告。麦芽酒比普通啤酒拥有更高的酒精成分，而麦芽酒广告会吸引饮酒者尽情畅饮。美国饮料公司不顾上述批判，推出名为“霓虹男孩”的新品牌饮品。“霓虹男孩”采用涂鸦风格的广告，广告词是“新麦芽酒，新态度。”“霓虹男孩”每瓶为 40 盎司，酒精含量相当于 6 瓶普通啤酒的酒精含量。在反对声中，该企业放弃了这个品牌。西班牙裔也是目标人群。尽管在美国，差不多 40% 的西班牙裔年龄不超过 21 岁，但西班牙裔社区却充斥着大型啤酒广告牌。酒类公司运用促销活动、演唱会、五月五日节的聚会大肆宣传。年轻女性也被企业盯上了，他们引进一系列甜味混合饮料，以吸引女性。安海斯－布希公司推出了名叫“果皮香料”的含碳酸水果酒精饮料，口味包括草莓混合人参或小红莓混合桃子等。星座酒系列是一种由伏特加和马提尼组成的鸡尾酒，包括“森林中的杰娜”“柠檬糖”和“苹果马提尼”。这种系列酒四瓶捆装，每瓶都有小小的金属饰品，如高跟鞋、钻戒或者心型图案。[24]

酒类经销商捍卫广告

正如酒类行业必须在反对声中生存一样，它同样也必须面对成熟市场的需求停滞。由于人口老龄化和健康意识觉醒，人均酒类消费呈持续下降趋势。从 1985 年到 2005 年间，人均消费下降了 11%。尽管市场在萎缩，三个细分市场却存在激烈竞争。从 2000 年起，啤酒的市场份额下降了 5%，同时蒸馏酒和葡萄酒的市场份额分别增加 4.1% 和 0.9%。目前，啤酒占有 51% 的市场份额，蒸馏酒占有 33% 的市场份额，葡萄酒占有 16% 的市场份额。[25] 美国人消费了大量酒类。近年来，人均酒类饮料消费大约为 25 加仑，这个数量超过同期人均牛奶和咖啡的数量，二者分别为 21 加仑和 24 加仑。[26] 如此小的市场却能带来可观的收入。这三个产品之间有限的、此消彼长的激烈市场竞争，使酒类行业必须看重广告。酒类企业用下述观点为它们的营销广告辩护。

首先，广告并不是人们滥用酒类的原因。如前所述，研究并没有发现广告能增加酒类消费。因此酒类商品和广告牌并不应该为车祸、青少年自杀、性侵犯、配偶虐待、酗酒和酒精中毒事件负责。例如，酒精中毒是一种复杂疾病，可能由个性特征、家庭、基因和生理因素造成，而不是因为观看广告造成的。限制酒类广告也许只会剥夺适度饮酒者对于产品信息的知情权，而不能解决社会问题。正如一个广告人曾经提到的，试图通过广告禁令阻止酒类消费的做法“是没有意义的，就像为了控制三 K 党，而宣称他们的床上用品是非法的一样”。[27]

广告禁令同样也阻止了一种有竞争力的武器。由于市场需求缩小，大多数酒类广告不是以扩大消费需求为目标，而是希望消费者变换消费品牌。没有广告，建立新品牌几乎是不可能的事情，而且面临着不可逾越的障碍。没有广告，很难推广像 spykes 这样的创新产品。

其次，反酒类团体假定公众是愚蠢的，因此无法做出负责任的决定。酒类经销商认为，限制广告的想法是堕落行为。实际上消费者是非常聪明谨慎的。他们不会被吸引人的酒类广告所蒙蔽。除了啤酒商和葡萄酒商，还有谁会将啤酒、葡萄酒与交通拥挤或所得税联系起来？对宣扬生活方式的广告持反对态度同样是比较脱离实际的想法。如果一个消费者在使用酒精类商品时，感受到成熟、时尚或性感，那么谁能认为满足消费者内在需求是错误的呢？尽管香水只是简单的化学品，对健康生活毫无意义，而且香水的魅力感觉是通过广告意象创造的，但如果一位女性喷洒香水感觉富有魅力，没有一个人可以指责她。如果广告赋予酒类饮料质量保证，以满足理性消费者的内在情感需求，那么它就能带来益处。批评家认为产品没有超越使用价值之上的价值。但如果所有产品仅仅是为了基本价值的使用而存在，这会是一个多么黯淡无趣的世界啊！

第三，啤酒、葡萄酒和蒸馏酒行业拥有制约广告行为的自律守则。这些自律守则是非常全面、明确的。例如，啤酒协会的“广告和营销守则”禁止宣传过度消费、沉迷酒类和醉酒驾驶等内容。啤酒广告中的模特必须超过 25 岁，但看起来像刚过 21 岁。啤酒广告内禁止出现任何“为了吸引不足购买年龄消费人群的符号、语言、音乐、姿势或者卡通人物”。不能出现圣诞老人的形象，色情也是被禁止的。[28] 葡萄酒协会的“广告和营销守则”有类似的规定，也禁止出现复活节兔子的形象。[29] 美国蒸馏酒行业委员会的“蒸馏酒广告和营销守则”与上述两个守则类似，允许“描绘在社会现实或浪漫幻想背景下的个体”，但禁止广告描述“由于酒类饮料消费而成为性爱高手”。[30] 每个守则为电视广告、广播广告和印刷广告设立了标准，要求登载广告的媒体拥有的观众群中，至少 70% 的观众年龄不低于 21 岁。

上述三大守则都有调查和处理顾客投诉的制度和机制支持。例如，DISCUS 组成了七人审查委员会处理顾客投诉。这种自我监管也有局限性。所有委员会成员都属于 DISCUS 蒸馏酒企业的高级管理人员，而且委员会的管理通常过于温和。这些守则似乎反对强烈性爱意象的广告。一项投诉认为，蓝天伏特加 2006 年的平面广告违反了“蒸馏酒自律守则”第 25 条的规定。该条款规定“酒类饮料广告和营销不应以性技巧或性成功作为品牌的卖点”，而且“不应该包含或者描绘……滥交。”投诉者指控该广告违法，因为“广告中女模特身穿开叉、暴露的女装，坐在一个男性的两腿上，身体呈前倾姿态，同时举起她的右腿，弯曲着绕过男子的左腿。”[31] 在审查委员会审议之后，认为该广告没有任何违规，声称这个广告“没有以性技巧或者性成功作卖点……也没有描绘滥交。”[32]

审查委员会也缺乏强制性权力。守则要求广告“不能暗含任何形式的非法行为”。有一个投诉控告高酒精浓度伏特加。该投诉抱怨 Bong Spirit Vodka 网站广告中使用了伏特加酒瓶的图像，该酒瓶很像一个用于吸食大麻的烟斗。企业则认为：Bong Spirit Vodka 酒瓶是一种对“流行偶像”的“创意性表达”，而且使用“Bong”这个单词是合法的。审查委员会认为，使用大麻烟斗样式作为包装，并且在产品名称中使用“Bong”这个字眼是非法行为。委员会要求企业改变营销策略，

尽管蒸馏酒广告守则中警告广告不得“强调性技能或以性方面的成功作为卖点”，但这则广告仍将一种松子酒与休·海夫那联系起来，走的是《花花公子》的路子。

资料来源：Image courtesy of The Advertising Archives.

但没有得到任何回复，而委员会也没有办法对企业进行任何制裁。[33]

第四，酒类制造商促进了负责任的消费。企业向公众宣传适度饮酒和安全驾驶。它们赞助像安海斯－布希的“Alert cab 等代驾服务项目”，为喝酒顾客提供免费出租车服务。美国蒸馏酒行业委员会为学校提供资金，让学生互相宣传适度饮酒，而且训练酒吧里的男服务员为饮酒者提供负责任的服务。这些努力虽然很重要，但并不能与公司在品牌广告上所花费的资金相提并论。根据一个反酒类运动组织的调查，负责任的消费策略仅占酒类广告预算的 2%。而青少年每接收到一条关于安全驾驶的信息时，他很可能已观看了 239 个酒精产品广告。[34]

第五，广告营销策略尊重形形色色的消费者。酒类行业承认利用广告吸引了青少年、少数种族、女性和其他人群。例如，年青的饮酒者在新产品广告中发现了某种价值，这种价值创造了一个满足他们情感需求的意象。企业面临的一个难题是，21~25 岁的消费者与不足合法饮酒年龄的青少年有许多相同的兴趣与行为。企业扩大广告影响范围是不可避免的，广告以少数裔为目标人群也是正当合理的。市场细分和针对不同人群做广告，是许多行业的常规做法。当玩具企业生产黑人或者拉丁美洲的洋娃娃时，社会批判家鼓掌欢迎；但当酒类企业做出针对吸引少数裔社区的广告时，批评家认为这些消费者太愚蠢、太幼稚，难以抵抗诱惑，这实际上是在暗示西班牙裔或者黑人消费者没有白人消费者聪明。真正的问题在于广告的产品是酒精，而不在于这些广告具有种族吸引力。

限制酒类产品广告

政府很少对酒类广告进行监管。在过去30年里，最高法院的监管力度逐渐变弱，尽管仍然存在，而且是酒类广告不可逾越的障碍。两个联邦机构有权监管企业广告。

根据1935年制定的法律，酒精、烟草和枪械管理局（Bureau of Alcohol，Tobacco and Firearms）监管包装上的标志，防止虚假宣传、淫秽图像和使用“强壮”和“超力量”等词汇。最初，该法律禁止在酒瓶外包装上列示酒精成分，这样企业就不能进行广告战。然而1995年，最高法院认为，对这种信息进行审查侵害了酒类生产商的言论自由，因此现在酒精成分可以被印刷在酒瓶外包装上。[35] 第二个机构是联邦贸易委员会（Federal Trade Commission），该机构有权阻止“误导性的”和“不公平的”广告，而且可以灵活审核酒类广告。

总的来说，政府监管机构对酒类广告的限制很少。批评者希望政府监管机构能采取更强有力的措施。20世纪90年代，国会通过了几项限制酒类广告的法案。例如，禁止酒类广告在靠近学校和运动场出现；禁止酒类广告在拥有广泛青年读者的出版物上刊登；禁止酒类广告在校园和电视节目的黄金时段播出。[36] 1999年，最高法院出台一项决议，废止了赌博业不能在广播电台做广告的联邦禁令。[37] 从那之后，这些限制措施的前景日益暗淡。

法院也取消了其他限制。1996年，罗德岛禁止播出付费的酒类饮料广告，认为这样做不利于推广节制等美德。然而，最高法院撤销了该项禁令，声称付费广告受宪法第一修正案中言论自由的保障。[38]

近期，一连串激进的集体诉讼试图推动法院加大对酒类行业的监管力度。在这些诉讼中，未成年饮酒者的父母控告100多家企业的欺诈行为，因为这些企业诱惑他们的子女非法饮酒。这些家长声称，这些企业通过分发营销广告、使用卡通人物形象、赞助春假活动，以及制定伪善的自律守则等一系列吸引青少年的复杂营销手段来侵害青少年。他们要求法院处罚企业，以补偿其子女花费的饮酒支出，并且制止企业继续播出诱惑青少年的广告。然而，由于企业行为造成未成年人酗酒的证据不足，法院驳回了大多数类似诉讼。[39]

在限制酒类广告方面，一些国家做得比美国好。印度和泰国完全禁止酒类广告。爱尔兰禁止蒸馏酒广告出现在电视和广播中，禁止在体育赛事之前播放啤酒和葡萄酒广告。法国禁止电视播放酒类广告，也限制酒类在其他媒体上做广告。挪威、瑞典、丹麦和芬兰禁止播出酒精含量在2.2%至3.5%之间的酒类产品广告，这一酒精含量指标低于普通啤酒或者葡萄酒的酒精含量。意大利、西班牙和葡萄牙分别限制酒类广告在晚八点、晚九点半、晚十点之前播出。希腊电视频道或者广播频道每天只能播出一种酒类产品的广告。英国禁止包含吸引18岁以下未成年人内容的电视广告。美国不会容许这种限制，因为宪法保护言论自由。

限制酒类和香烟广告是否违宪

广告中的图像和声明都是一种言论表达，因此，对烈酒、啤酒和葡萄酒企业的“闭口”建议引发了关于违宪问题的讨论。第一修正案保护所有言论不受政府控制，但法院区分了非商业性言论和商业性言论。非商业性言论是指范围广泛的思想表达，包括政治、科学和艺术的表达。这种言论受到全面保护。商业性言论是指促进商品交易的言论，包括广告。这种言论受到较少的保护。

言论自由是对抗独裁的重要武器，不应该

被限制。法院不允许审查非商业性言论，除非它直接威胁到公众利益。比如，如果一个演讲者煽动暴力反抗或者一个作家试图出版军事机密，这种审查制度才会启动。

然而，关于商业性言论，多种多样的限制还是允许的。例如，证券上市广告只能以统一格式出现在合法公告中，而香烟广告则被禁止出现在电视和广播中。法院会出台更多的法规以限制酒精类饮料广告吗？

在1980年哈德逊中心公司案件中，最高法院提出了制约商业性言论的重要立法指导。[40]最高法院出于节约能源的考虑，否决了纽约州政府禁止公用事业企业做广告的禁令。法官刘易斯·鲍威尔在多数意见的基础上，建立了判定是否应该约束商业性言论的四个标准。

- 广告的对象应该是合法产品，并且应能准确反映产品信息。如果广告存在误导或者暗示着非法行为，它不应受到保护。
- 政府应该限制的商业性言论必须具有实质性意义，而非微不足道或毫不重要。
- 对广告的限制必须能直接增进政府利益。换言之，限制广告应该能帮助政府实现公共政策目标。
- 对商业性言论的制约必须限定在实现政府目标的必要程度。

政府禁止或限制酒类广告的行为，一定会受到行业挑战。因而，政府行为必须符合上述四项标准。

酒类广告的前景

酒类广告备受争议。反对派认为，它引发不道德的、罪恶的和不健康的生活习惯，而这些习惯在当今已很少有人提倡。另外，未成年人饮酒是一个重要的社会问题，有时甚至导致不必要的悲剧。当今，限制酒类广告的主流运动主要集中在保护儿童和青少年上。激进分子认为，酒类广告蓄意或不小心的影响未成年人。一些酒类广告诱惑儿童和青少年，这方面的证据很充足。但广告使未成年人饮酒的证据却难以找到。

一些批评家认为，酒类营销商非常“聪明”，应该能够找到一个完美的方法，既能吸引成年饮酒者，又不会将影响扩大到年龄低于21岁的青少年。持这种观点的人或许太理想化。人们对酒类广告只影响某类特定人群应该持怀疑态度，或许这更为合理。米勒酿酒公司为米勒淡啤设计了一系列具有“争议”的商业广告，并在2003年赢得具有重要意义的性别大奖，但销售额却下降了2.5%。[41]当联合道麦克尝试重新改变其“咖啡酒”的定位来吸引21~29岁的饮酒者时，它推出了一个“针对青年”的厚颜无耻的色情意象广告。事实证明这次行动是完全失败的。[42]

问　题

1. Spykes是一种不好的产品吗？你认为安海斯－布希公司停止生产Spykes是正确的行为吗？
2. 如果企业广告信息真实并值得信赖，那么企业是否就履行了伦理责任？如果企业阻止未成年人饮酒以减少对社会的潜在危害，它们就履行了自身的伦理责任了吗？
3. 一些啤酒、葡萄酒和白酒广告是否存在误导？你能举例说明吗？这些广告中存在哪些误导？为了吸引未达到合法饮酒年龄的消费者，一些广告是否包含太过火的图像和主题？你能举例说明吗？
4. 你认为需要更多地限制酒类广告吗？如果是，需要什么样的限制？解释一下禁令或者限令怎样才能满足“哈德逊中心公司”案例中提出的判定标准。

第 16 章

变化中的工作场所

福特汽车公司

福特汽车公司的历史呈现了福特员工所经历的一切变革。他们的故事，揭示了本章所要讨论的诸多因素是如何强有力地改变工作场所的。

亨利・福特（1863~1947）是一个才华横溢的发明家。1903 年，亨利・福特创建了福特汽车公司，他设计了许多种汽车，车型以字母表中的字母按顺序命名。1908 年，福特公司开始出售 T 型车，这是一款手摇曲杆启动的实用型汽车，刚推出时只有黑色。早期的 T 型车每辆售价为 850 美元，但福特公司引进了第一条自动装配生产流水线，因此，1924 年后，大规模生产使该车售价下降到 290 美元。这条生产线是一项全新的革命性技术，它改变了福特员工的工作状态。如同福特公司组装的汽车一样，福特员工从一个个独立的工匠变成了不可分割整体中的一部分。

到 1927 年 T 型车停产，福特公司共销售了 1 550 万辆这种型号的汽车。20 世纪 20 年代中期，福特汽车的市场份额迅速下降，这似乎是一个预警信号，但福特没能预测到汽车市场出现的翻天覆地的变化。虽然顾客追求的车型发生了变化，转向通用汽车公司设计的时髦、封闭车身的车型，但福特公司仍然把注意力集中在 T 型车上。最后，福特公司不得不叫停 T 型车，位于红河谷的装配厂停产几个月，直至 A 型车匆匆上市。福特公司因没能积极应对激烈的行业竞争而陷入窘境，10 多名无事可做的福特员工深刻感受到了这一点。

亨利・福特是一个倔强的人，他有极强的权利欲，意志坚定、固执独裁、愤世嫉俗，并且不相信人性至善。他窥视雇员的家庭生活，观察他们是否吸烟、酗酒。由于坚信雇员畏惧权力，他在公司制造了一种紧张的气氛，这种气氛极度专制而且可以任意解雇员工。如果经理来上班时，发现自己的办公桌不翼而飞，他就知道自己被解雇了。有时，两位经理被赋予同样的职责，在竞争中失败的那位经理就会被解雇。福特在自传中写道："企业越大，管理者越难实现人性化管理。"[1] 随着福特公司的发展，他的独裁作风深深嵌入公司，成为一种非正式文化。独立的经理们渐渐离开，福特的周围只剩下马屁精。这些马屁精"忠心耿耿"，如果福特要他们跳进红河谷，他们也会义无反顾地跳下去。反过来，他们也很独裁，残忍无情的对待他们的下属。[2]

福特公司的独裁作风引起了早期劳工组织的注意。1913 年，劳工组织做出了第一次努力。亨利・福特与工会对抗，称它们是"有史以来最糟糕的事情。"[3] 他在工厂雇

T型车经过福特公司底特律工厂的自动化生产线。照片摄于1913年。

资料来源：© National Archives/CORBIS.

用暴徒和流氓，暗中监视、恐吓企图煽动罢工的雇员。这种策略一直很成功，直到国会通过了著名的《国家劳动关系法》，保护工会这种工人组织的权利。按照新法律的规定，福特汽车公司有九个工厂违反《国家劳动关系法》的规定。福特公司的律师们一直拒绝实施该法案。直到 1941 年，福特员工才以 97:3 的投票比率，通过成立工会的议案。因此，联邦法律成为一种强有力的力量，迫使福特公司不得不执行该法案。

虽然工会成立，但福特公司仍然长期保持独裁主义。1945 年，家庭成员主导的夺权行动使亨利·福特意识到自己的刻薄。福特二世取代了亨利·福特，他与亨利·福特一样独裁。

20 世纪 80 年代早期，福特公司又一次体验到市场的残酷。三年灾难性的损失警示福特公司必须提高国际竞争力。当时，日本汽车公司占据了美国汽车市场 20% 的份额。福特公司员工研究日本企业，决定效仿日本企业的团队精神和不断改进质量的理念，用日本汽车制造商的管理方式，制造出世界级的汽车。

日本管理哲学认为，个体间的竞争和个人主义阻碍了生产率。因此，福特试图改变公司文化。多年以来，福特公司倾向于选择独裁者从事管理工作。一项关于 2 000 名福特公司管理者的研究，将 76% 的管理者归类为“愿意接受强权的非创新型人才”（此比例在总人口中为 38%）。[4] 为了给公司带来变化，数以千计的管理者参加研讨会，学习参与式管理。

1985 年，新型 Taurus 轿车上市，福特的努力得到回报。Taurus 迅速取得成功，成为 1993~1995 年间“全美最畅销的车型”。1994 年，福特公司盈利 53 亿美元。同时，为了应对更加激烈的全球汽车市场竞争，福特公司新任总裁亚历山大·特罗特曼制定了一个激进的改革计划。

他重新设计公司的组织结构，重组工作流程，减少驻外分公司的自主经营权，并将权力集中于美国总公司。他试图打破福特的层级制度，引入团队合作理念。当 25 000 名管理者脱离严格的层级结构，并被转入团队工作时，福特公司的多层级官僚制度消失了。任务不再来自上级指派，而是通过会议协商产生。雇员升迁也由委员会来决定。公司在自动化方面进行了更多投资，同时取消许多职位。面对这些变化，福特员工都感到焦虑。

尽管福特公司的盈利增长了一段时间，但亚历山大・特罗特曼的改革并没有使公司在全球竞争中拔得头筹。它的市场份额逐渐减少，利润也越来越低。1999 年，雅凯・纳塞尔取代特罗特曼，成为福特新一任首席执行官。纳塞尔是一个"冷酷无情的工作狂"，每天只睡 3 个小时。他胸怀大志，希望能将福特发展成为像通用电气那样的世界级公司。他学习杰克・韦尔奇在通用电气推行的那些管理方式，发誓重新改造福特公司的文化。

1999 年，福特公司赢得创纪录的利润，但仍存在许多问题。2000 年，福特公司生产的不合格轮胎，造成了数以千计的顾客死亡和受伤。福特公司遭受了巨大损失，市场份额进一步下滑。纳塞尔没能度过这场危机。2001 年，亨利・福特的曾孙——小威廉・克莱・福特重新执掌福特公司。不久，他宣布了另一项重组计划，该计划取消了四款轿车生产流水线，解雇了 35 000 名员工。供应商被迫降低价格。他们大量裁员，同时将很多工作外包到工资水平较低的墨西哥和中国工厂。随后，福特公司开始派遣工程师到印度工作。与底特律每小时 800 美元的工资不同，印度的轿车设计者每小时的薪酬仅为 60 美元。[5]

这些改革措施没能阻止公司的利润下滑。2006 年，丰田汽车超越福特公司，成为全美排名第二的汽车制造商。此时，小福特又宣布了一项重组计划，关闭了美国的 10 家福特工厂，将生产基地迁至墨西哥。在那里，装配工人的平均时薪为 3.5 美元，而美国装配工人的平均时薪为 27 美元。为了保住余下的工作岗位，福特工会做出妥协，同意在周末无偿加班。小福特的重组计划进展缓慢，所以他选择了放弃。2007 年，来自波音的艾伦・穆拉里取代小福特，担任新一届福特首席执行官。至此，小福特的改革退出了福特公司的历史舞台。穆拉里宣称，福特公司仍然需要另一次重组。公司士气非常低落。

福特公司的根本问题是，面对激烈的全球竞争，公司的官僚文化根深蒂固、难以改变。小福特是一个性格温和的人，这一点与他的曾祖父和父亲很不相同。但福特公司管理者由于害怕毁了自己的职业生涯，拒绝承担风险，拒绝进行改革。结果，福特公司无法克服两个战略性劣势——高成本和缺乏创新。这个失败的经历给福特员工留下了深刻的教训，这个教训是全球化施加给所有弱小公司的。本章将全面探讨企业面对的这些压力。

影响工作场所的外部因素

当今工作场所中的劳动力主要受六种环境因素的影响：（1）人口变化；（2）技术变化；（3）结构变化；（4）竞争压力；（5）流程再造；（6）政府干预。这些因素相互联系。下面将一一讨论这些因素。

人口变化

人口变化缓慢的、持续不断的改变着劳动力数量。2008年,美国共有3.04亿人口,其中一半人口(1.54亿人)在职或者失业,他们构成了国民劳动力(剩下的人口是退休者、残疾人、学生、家庭主妇、小于16岁的孩子,或者因未报告自己有工资收入而没有列入调查的人)。美国拥有的劳动力人口数量在世界排名第三,尽管相对于中国(7.95亿人口)[6]和印度(5.07亿人口)来说,这个数字略显苍白。

表16.1以2006年、2016年和2050年为时间点,展示了美国劳动力规模及构成。这些数据揭示了三个重要趋势。

首先,劳动力人口增长缓慢。从历史上来看,美国劳动力曾经持续快速增长。如今,劳动力人口仍然持续增长,但增长速度明显减慢,这是因为总人口增长呈缓慢状态。20世纪70年代,“婴儿潮”出现,劳动力年增长率达到2.6%的高点,但到2006年,劳动力年增长率下降了1.2%。这个下降趋势仍然持续,预计到2016年和2050年劳动力年增长率分别下降0.8%和0.6%。[7]增长率缓慢下降的原因主要是由于过去美国妇女生育率在下降。目前,美国妇女生育率稳定在2.05,略低于2.1这个**生育替代率**(replacement fertility rate)数值。由于死亡率下降,外来移民增加,美国人口仍然呈增长态势,这种增长最终体现在劳动力人口的增长上。

其次,在性别和种族上,劳动力增长呈现多样性。这是一个长期的发展趋势。表16.1表明劳动力的各种组成部分在绝对值上都呈现增长状态,但各种组成部分

表16.1 美国劳动力数据(以千人为单位)

	2006		2016		2050		百分比变化 2006~2050
总劳动力	151 428		164 232		194 757		
男人*	81 255	53.7%	87 781	53.4%	103 183	53.0%	−0.7%
女人	70 173	46.3	76 450	46.6	91 574	47.0	0.7
白人	123 834	81.8	130 665	79.6	142 371	73.1	−8.7
黑人	17 314	11.4	20 121	12.3	26 809	13.8	2.4
西班牙裔	20 694	13.7	26 889	16.4	47 317	24.3	10.6
亚裔	6 727	4.4	8 741	5.3	16 124	8.3	3.9
其他群体†	3 443	2.3	4 705	2.9	9 453	4.9	2.6
平均年龄	40.8		42.1		41.6		

* 数值和百分比总数超过了100%,因为西班牙裔可能被重复计入其他种族分类

† 包括美洲印第安人、阿拉斯加本地人、夏威夷本地人、太平洋诸岛居民和那些混血种族

资料来源:Bureau of Labor Statistics database.

以不同比率增长并且此消彼长。年复一年，这种此消彼长的差异性会略有变化。表 16.1 最右边一列数据表明：2050 年，这中累积的差异性在种族上表现明显，在性别上表现较弱。

2050 年，白种人劳动力将下降 8.7%，白种男性劳动力将下降 0.7%。西班牙裔劳动力增长幅度最大，达到 10.6%。亚裔劳动力增长速度最快，几乎翻了一番，从 2006 年的 4.4% 增加到 2050 年的 8.3%。然而，亚裔劳动力的总体数量还是很少的。黑人劳动力增长适中，增长率为 2.4%。劳动力在性别构成上略有改变。20 世纪 50 年代以来，女性劳动力增长迅速，超过了男性劳动力的增长率。然而，女性劳动力的增长速度渐渐减慢。到 2050 年，美国女性劳动力增长率仅为 0.7%。

第三，劳动力老龄化严重。第二次世界大战以后，美国的高生育率创造了 1946~1964 年的“婴儿潮”。20 世纪 70 年代，“婴儿潮”一代进入美国劳动力市场，劳动力的中位年龄被拉低，1980 年甚至低于 34.6 岁。现在，“婴儿潮”一代的年龄大部分处在 45 岁左右至 60 岁出头。由于他们年龄增加，整个劳动力的年龄中位数会有所增长，估计到 2016 年将达到 42.1 岁。2020 年以后，当他们退休后，整个劳动力的年龄中位数会稍微降低。[8]“婴儿潮”之后，美国的生育率持续降低，在“婴儿潮”之后出生的人数较少。因此，从 21 世纪 10 年代到 21 世纪 20 年代，当作为美国劳动力市场中流砥柱的“婴儿潮”一代退休后，劳动力市场的整体平均年龄会稍微降低。他们退休后，有技能、有经验的劳动力将出现紧缺。

在其他发达国家，劳动力老龄化问题更为严重，主要原因在于预期寿命提高和生育率下降。在大多数国家，预期寿命都有明显的增长。1900 年，美国人的预期寿命仅为 47 岁，2004 年增长至 78 岁。[9] 发达国家的出生率持续下降，目前，许多发达国家的出生率低于生育替代率。例如，日本妇女的平均生育率是 1.3，远低于 2.1 的生育替代率。据估计，这些国家的人口长期内仍然会继续减少。1996 年，日本劳动力人口开始萎缩。据预测，2030 年，日本的劳动力人口会比现今水平下降 17%。[10]

当日本和欧洲面临着人口减少和劳动力老龄化等问题时，许多发展中国家人口快速增长，其中青年人口占主体。从 20 世纪 70 年代起，大量移民涌入美国，大部分移民来自发展中国家。目前，美国每年接纳大约 100 万合法移民和 50 万非法移民。大约 930 万非法移民定居在美国，其中 600 万成为美国重要的劳动力。[11] 大量移民加速了美国劳动力人口数量的增长，同时使劳动力人口呈现多样性特征，降低了美国劳动力的平均年龄。

美国的生育率为 2.05，略低于生育替代率。因此，不断的引进移民将会缓解美国人口减少问题。欧洲和日本也面临这一问题。移民降低了美国的劳动力成本，使美国在竞争中具有长期的竞争优势。日本和一些欧洲国家制定了严格的移民政策。

日本希望保持民族的单纯性，不愿意轻易接受非日本籍人口进入劳动力市场。[12] 许多欧洲民族都有强烈的民族中心主义思想，不欢迎移民。然而，通过移民可以引进大量青年劳动力，这些劳动力成本较低，也更具适应性。

技术变化

影响劳动力最主要的技术不是计算机，而是大规模的机械化生产。当美国还是农业社会时，秋收季节需要大量的劳动力。男人们挥舞着镰刀，穿梭在农田。他们身后，妇女和儿童忙碌着为收割的谷物打捆。19 世纪 50 年代，赛勒斯 · 麦考察克发明了马拉收割机。这种收割机只需要一个人驾驶，就可以完成收割及捆包等所有工作。在美国内战的三个秋季收获期，农民们共购买了 16 万台麦考察克发明的收割机。农业协会的理事估计，每台收割机至少节约了 5 个劳动力，这些人可以参加美国内战。充足的人力资源是美国内战中南方获胜的主要原因。[13] 战争结束后，这些劳动力没有重返农田，而是来到工厂工作。7.6% 的劳动力人口从农业转向工业，极大地刺激了美国工业的发展。[14]

技术变化在很多方面影响了就业，包括工作岗位的数量和类型等。例如，飞机的出现，创造了飞行员和空中服务员这样的新职位。伴随着互联网的出现，同样出现了许多新职位，如网站管理员以及设计和更新网站的职员。人们也运用新的机器来提高产量、降低成本。与日本汽车制造商相比，美国汽车制造商由于采用了机器人，从而在成本控制和质量管理上更具竞争优势。计算机的出现，减少了人们对于记账和中层管理人员的需求，这类人员在以前主要从事信息的收集、分析和传递工作。

自动化为就业带来了巨大的影响。对于这种变化，人们感到十分恐惧。1960 年，约翰·肯尼迪在竞选总统时警告说，自动化造成“工业错位中的黑色威胁”。[15] 两年之后，一个工业劳动力团体将自动化对经济的作用比作“氢弹效应”。尽管自动化取代了很多传统职位，但美国现今的就业职位还在不断增加，在增长的劳动力市场中吸引了更多新的就业者。据估计，这种增加还会持续。

自动化使制造业和服务业中缺乏技能的人大量失业。例如，从 1950 年起，采矿业由于实现了机械化，减少了 34.4 万个职位，这个比例高达 83%。20 世纪 80 年代的智能机器人运动，将大约 4 万个机器人投放到美国装配流水线上，至 1990 年，估计减少了 2/3 的装配流水线上的职位。在服务业，数据揭示了同样的事实。从 1950 年起，自动应答机替代了 23.9 万个电话接线员，替代率达到 67%。[16] 1987 至 1998 年，尽管日常通话率平均增长速度超过 600%，但仍然有 20% 的人工接线员失去了工作。[17]

结构变化

在任何一种经济体系中，旧职位解体、新职位再造的过程都会带来**结构变化**（structural change），这种结构变化也使各行业的工作效率发生改变。图 16.1 展示了美国劳动力的三种结构变化趋势。其他工业化国家的职业也会呈现同样的结构性变化。

首先，从数量上看，**农业部门**（agricultural sector）从业人数从占绝对优势下降到次要地位。早期殖民时代，几乎 90% 的美国人口从事农业活动。随着自动化的推行，农场的数量减少、规模变大。农场采用自动化方式种植谷物、饲养牲畜，满足国家对于食物的需求。到 2006 年，农业部门仅雇佣了 1.4% 的美国劳动力人口。[18] 劳动局的数据显示，农业从业人员数量会进一步减少，到 2016 年，会下降到美国劳动力人口的 1.2%。

其次，美国**工业部门**的劳动力雇佣率呈现下降趋势，这些工业部门都是在早期出现的。1950 年，工业部门的劳动力雇佣率为 34%。2006 年，这一数据下降到 14.9%。据估计，2016 年，这个部门的雇佣率将跌落至 13.1%。工业部门就业率下降有许多原因，但最重要的两个原因是，自动化带来的生产力提高以及劳动密集型企业迁移到劳动力低廉的国家。尽管与以往相比，从事工业的劳动力人口减少，但美国仍然创造了一个神话，即高效的生产能力。从 1996 年到 2006 年的十年间，制造业的就业人口数量下降了 26%。与此同时，产量仍然增长了 45%，从 1996 年的 3.6 万亿美元增长到 2006 年的 5.3 万亿美元。[19] 虽然少数人在工厂工作，但工业产量仍然激增。

第三，**服务业**（service sector）雇佣率出现了爆炸式增长，该行业涉及零售业、运输业、卫生保健以及为工业制成品提供增值服务的服务行业。比如，外科手术为手术刀带来了价值，而前台服务人员提高了旅馆床垫的价值。物质产品生产及交易

图 16.1
三大行业的劳动力变化趋势

资料来源：Bureau of Labor Statistics, U.S. Census Bureau; and Herman E. Kroose, American Economic Development, 2d ed. (Englewood Cliffs, NJ: Prentice Hall, 1966), p. 27. Post-1985 figures reflect some reclassification of industries.

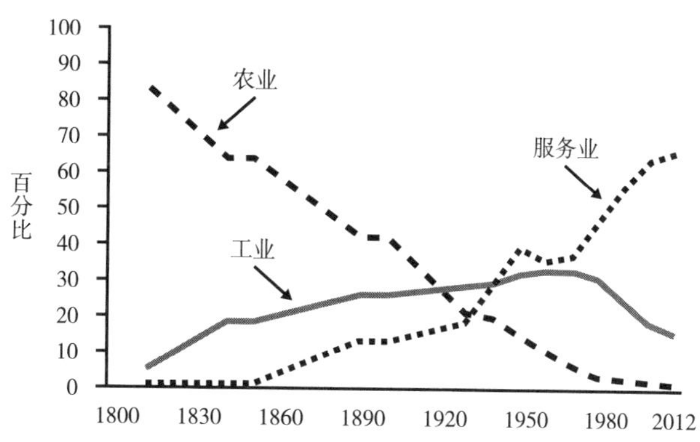

的增长带来服务业的增长。从 1950~2006 年，服务业的雇佣率从 40% 增长到 76%。据估计，到 2016 年服务业从业人员将增长到 78.3%。美国增长最快的职业如与网络系统相关的职位以及数据通信分析员，带来服务部门职位的爆炸性增长。2000 年，服务业雇佣了 11.9 万人，到 2006 年，这一数据上升至 26.2 万人，增长率达到 120%。[20]

在所有发达国家，这三个部门的职位结构变化趋势惊人的相似。表 16.2 显示了其他国家三大部门的职业结构变化概况。表中的 7 个国家都有相同的经历，农业和工业雇佣率长期下降，服务部门的雇佣率稳步增长。在工业化尚未完成的国家，农业部门仍然占主导地位。在低收入国家，农业部门产出占 GDP 的 20%，与之相反的是，发达国家的农业部门产出仅占 GDP 的 2%。[21]

三大部门的结构转变是工会衰落的关键性因素。20 世纪 30 年代，在劳工保护性法案通过之前，工会仅仅代表 5% 的工业工人，但到 1940 年，工会代表 15% 的工业工人，是以前的 3 倍。到 20 世纪 50 年代，这一数据达到了顶峰，工会代表了 25% 的产业工人。工会要求增加工资，提高蓝领工人的待遇。这些工会活动极大地影响了整个制造业，因为那些没有工会组织的公司为了阻止公司成立工会，不得不最大限度的提高工人的福利水平，使工资水平不低于那些成立了工会的公司。[22]

然而，20 世纪 70 年代，由于结构变化动摇了工会构成基础，私人企业的工会成员数量开始出现长期减少的态势。由于就业重心从工业部门转向服务业部门，工业部门也倾向于雇佣知识型工人，但工会难以管理知识型工人。同时，在劳动力低廉的国家，工会要么被认为是非法组织，要么力量弱小。2007 年，美国的工会仅代表了 7.5% 的私人企业员工。[23] 在工资和福利方面，工会都无法向工会会员或者非会员提供更好的上升空间。

与其他大多数发达国家相比，美国工会代表率不足的问题更为严重。在西欧，尽管 20 年来工会人数减少，但粗略算来，仍然有二分之一到三分之一的工人属于工会组织。这是导致欧洲许多国家的劳动力成本远远高于美国的一个原因。

	农 业	工 业	服务业
澳大利亚	4%	21%	75%
法国	4	24	72
德国	3	33	64
意大利	5	32	63
日本	5	28	67
瑞典	2	24	74
英国	1	18	81

表 16.2
七个发达国家的雇佣结构比较

资料来源：Central Intelligence Agency, *World Factbook*, at www.cia.gov/library/publications, “Field Listing—Labor Force—by Occupation,” extracted January 7, 2008. Percentages are for various years 1999–2006.

竞争压力

对美国企业来说，近来的一些趋势使竞争更加激烈。顾客需要更高质量的产品、更好的服务以及产品更迅速的升级换代。美国政府取消对大型工业（如航空业、通信业、货车运输业和公共电力工程）的管制政策，带来了更具竞争力的对手。在国内和国际市场上，美国企业都面临着全球竞争者的挑战。对外贸易占美国经济的比例从 1960 年的 9% 增长到 2006 年的 29%，预计到 2016 年会达到 34%。[24] 外国竞争者有更多的优势，包括更低的劳动力成本、更强势的货币，甚至更高的劳动生产率。

在全球劳动力市场上，发达国家工人必然面临劳动密集型国家劳动力的竞争。在不富裕、工业化程度较低的国家，多方面原因导致工人工资水平低，包括劳动力供大于求、生活水平低、货币汇率差异、劳动力政策、政治制度（如工人的政治权力相当有限），以及国家之间为吸引更多就业机会而开展的“工资战”。

从全球来看，美国劳动力成本特别昂贵。2005 年，一个美国制造业工人每小时的平均报酬是 23.65 美元。这并不是世界上报酬水平最高的。劳工保障程度较高的挪威，工人每小时的平均报酬是 39.14 美元。15 个欧盟国家中，工人每小时的平均报酬是 27.52 美元。[25] 然而，在亚洲和拉丁美洲的工业化经济体系中，劳动力成本远远低于美国。表 16.3 显示了发达国家和发展中国家巨大的劳动力成本差异。

在这种工资水平差异背景下，美国工业企业不愿意在不需要太高技能的制造业领域雇佣昂贵的本地劳动力，而是将该领域的工作外包到工资水平很低的国外去。否则的话，它们必须最大限度的裁员以提高当地劳动力的生产效率，或者运用技术手段扩大产量。无论何种方法，美国受影响行业的职位大量减少都是一个不争的事实。在全球范围内，服务业中也存在着相似的工资竞争。

表 16.3
全球工资比较

此表显示的是制造业工人的小时工资（美元）。该数据包括工资、保险、所得税以及带薪休假工资。

资料来源：Bureau of Labor Statistics. Figures are for 2005, except Sri Lanka (2004) and China (2004).

斯里兰卡	$ 0.52
中国大陆	0.67
墨西哥	2.63
巴西	4.09
中国台湾	6.38
新加坡	7.66
韩国	13.56
日本	21.76
法国	24.63
英国	25.66
美国	23.65
德国	33.00
挪威	39.14

流程再造

为了适应环境变化，特别是竞争压力，企业不得不改变**工作流程**（business process）。所谓工作流程是指各种增加商品或服务价值的活动顺序。因此，改变工作流程作为提升竞争力的关键因素，需要随时间和空间的变化而不断调整。与过去相比，电子通信业、现代运输业变得更加迅速、成本更低。这些因素都促使企业再造工作流程，以降低成本、加快生产周期并增加产量。流程再造对工人造成极大的冲击。这种冲击对经济发展有创造性的推动作用，同时也对失业工人造成极大威胁。

20世纪的大部分时期，工厂都建立在靠近顾客的市场附近。随着运输成本下降，制造商通常将生产和消费市场分离，将生产转移到成本更低的国家，然后将商品运回国内的消费市场。这种例子很多，其中一个典型事例就是盐湖城的新公共图书馆。在竞标过程中，一个主要的承包商将部分建筑工程外包给墨西哥，后者以远远低于其他竞争对手的价格中标。他雇佣一家劳动力成本很低的墨西哥市政公司，让该公司生产2 000块巨大的水泥嵌板用于建造图书馆。虽然运输路途长达2 350英里，但该承包商仍然节约了100万美金。[26]

由于光纤宽带传播范围广、成本低廉，以往在公司内部运作的许多服务性工作现在也转移到了生产成本更低的境外。刚开始，只有类似客户服务、电话推销、会计服务和文件管理等简单、日常性的工作外包。后来，一些复杂性工作也流向了境外，如软件开发、财务分析和市场调研等。拉斯维加斯热带花园酒店的10 200个房间再设计工程，就交给了远在8 000英里以外的几十名印度建筑师进行设计，他们的年薪大约为15 000美元。[27]杜邦公司将大部分的法务工作转移给菲律宾律师，他们经验丰富，每年收取的报酬为3万美元。从事同样工作的美国律师的年薪则为15万美元。[28]

国家之间的服务贸易不断加强，**业务外包**（outsourcing）引起的失业恐慌不断增长。当企业将任何工作外派给外部供应商，而不是由企业内部雇员完成时，外包就产生了。外包的内容可能是生产性业务，也可能是服务性业务。通常，外包是为了降低人工成本。因为外包商具备更强的专业技能，或者由于规模效应，外包商具有别人无法复制的经济优势。外包对象可能是国内承包商，也可能是国外承包商。当工作外包给国外承包商，就是所谓的**离岸外包**（offshoring）。如果经重组之后，某些工作仍然保留在企业内部，但工作场所从国内市场转移至国外市场时，仍然称为离岸外包。

离岸外包招致猛烈批评。批评者认为，发达国家的企业出于贪婪，转移了国内许多报酬优厚的就业机会。尽管外包的相关数据不能验证这种说法，但却说明一个问题，即媒体和学界的过分关注也许夸大了外包的重要性。例如，近一年以来，

937 652 名雇员在失业浪潮中失去工作。然而，其中只有 31 089 名雇员，即 3.3% 雇员是真正由于工作外包而失业的；只有 2 037 名雇员即约 0.22%（不足 1%）的雇员是真正由于离岸外包而失业的。[29] 这些数据并不具有决定性意义，因为外包导致失业人数少于 50 名的外包数据并没有登记在案，而且一些在境外产生的新职位也没有被包括在内。

一些人预言，当前离岸外包的星星之火，最终可以形成燎原之势。一些经济学家相信，企业将部分生产性业务外包到全球各个角落的能力，代表一种可以与工业革命相媲美的根本性转变。[30] 例如，艾伦·白德对外来移民感兴趣的 817 种职业进行研究，得出的结论是，在未来十年内，大约 3 000 万 ~ 4 000 万个工作岗位将面临从美国经济体系中外包出去的危机。[31]

然而，在席卷美国劳动力市场的就业和失业浪潮中，外包仅仅是一朵小小的浪花。图 16.2 表明，除衰退期和复苏期外，1993~2007 年之间，新创造的职位总是多于被裁员的职位。每年，大量新职位的诞生总是伴随着大量旧职位的消失，但平均来讲，每年新创造的职位大约为 150 万个。这种充满活力的新工作创造和旧工作消失的过程，重塑了经济结构。

图 16.2　1993~2007 年间私营企业每季度增长和减少的工作职位

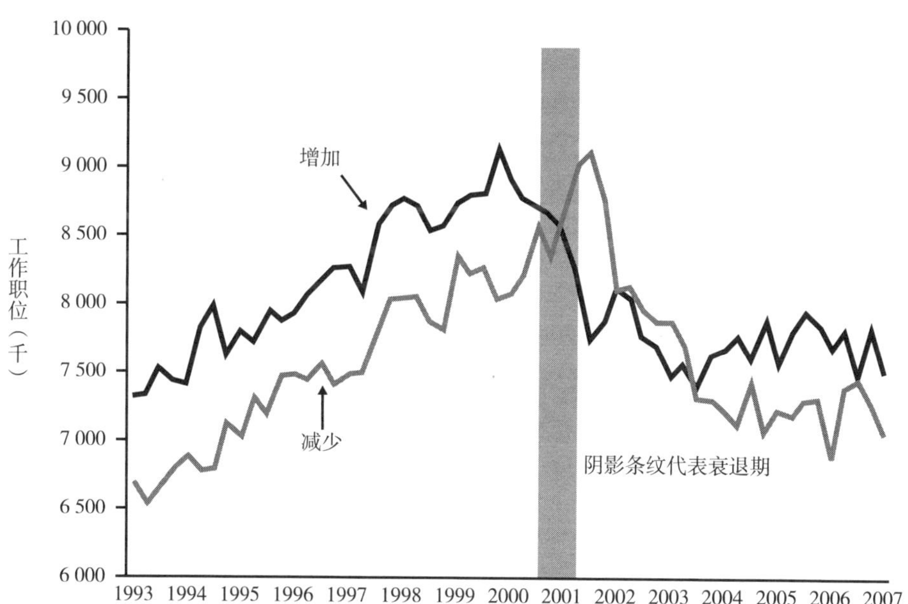

资料来源：Bureau of Labor Statistics, “Business Employment Dynamics,” series extracted December 15, 2007.

政府干预

在劳动力市场上，政府干预普遍存在，但是有巨大差异。我们将首先回顾美国劳动法规的发展历程，然后介绍日本和欧洲的情况，最后再介绍所有政府在劳工管制方面都面临的权衡问题。

美国劳动法规的发展

从历史来看，美国自由放任的经济哲学使美国各级政府都不愿意干预雇佣合同。所谓**雇佣合同**（employment contract）是受雇者通过出让其劳动力而获得特定劳动报酬和享有特定工作条件的契约。目前，政府干预广泛存在并且在不断加强，成为20世纪的趋势。

1860年以前，工厂、煤矿、铁路运输和其他工作场所的受佣劳动者数量相对较少。伴随着工业化进程，雇佣劳动者的数量迅速增加。1860至1890年间，受雇劳动者数量从133万增加到425万，增长了320%。[32] 受雇劳动者数量持续增长。到20世纪30年代，形成了一个全新的、受压迫的群体。在当时冷酷无情的管理制度下，雇主把劳动者看成产品成本，并尽量减少这方面的支出，他们残酷地压榨劳动者，不愿改善工作条件。

契约自由 20世纪30年代以前，政府对雇员利益的干涉非常有限，大部分干涉仅限于一些无力的安全法规和关于工时限制的法律。19世纪末到20世纪初，最高法院大多数法官支持**契约自由**（liberty of contract）的法律精神。契约自由是指雇主和雇员不受政府干预，享有协商雇佣合同所有内容的自由，包括工资、工时、职责和工作条件。[33] 许多年来最高法院拒绝州和联邦法律中与自由精神不一致的规定通过。这些规定被视做“政府干预个人权利”。[34]

契约自由这种法律精神的最大缺陷在其基本假设，即合同每一方都有平等的协商权力。但事实上，雇主毫无疑问占有主导地位。对雇主而言，契约自由意味着肆意压榨劳动力。雇员可以被随意解雇，并且不得不接受恶劣的工作条件。雇主不可动摇的主导地位导致雇员的糟糕待遇，这促进了劳工运动。雇主抵制雇员提出更好待遇的诉求，并残酷镇压劳工组织。

管制浪潮 直到20世纪30年代，政府才开始矫正雇佣双方巨大的权力不平衡，其中一个重要的里程碑是1932年的《诺里斯－拉瓜迪亚法》，这个法案推翻了雇主和雇员之间的一种典型契约。用劳工丰富多彩的语言来表达，这种典型契约即“黄狗合同”。这种契约规定雇员不能参与工会组织。雇主在雇佣工人时，用强迫方式让他

20 世纪初，漫画家杨用这幅讽刺性漫画描绘出工会运动和员工权益保护之前雇佣契约上的不平等关系。

资料来源：Cartoon by Art Young.

们签订"黄狗合同"，而这些不幸的雇员为了得到工作不得不签订这些合同，因为 20 世纪 30 年代工作职位相当稀缺。如果工会出面将企业告上法庭，法官仍然会强制执行"黄狗合同"。《诺里斯－拉瓜迪亚法》宣布黄狗合同为非法契约，从而推翻了 1908 年最高法院在契约自由法律精神下支持这类法案的决议。[35]

新法律鼓励发展工会组织。1935 年出台了《全国劳动关系法》，该法案保护雇员建立工会和协商的权利。其他一大批法律使劳动关系法律变得有血有肉、日益丰富。20 世纪 30 年代以后，雇主在签订雇佣合同时仍然占据主导地位，但在报酬待遇和工作条件方面，工会对企业的监督逐渐加强。

图 16.3 展示了 20 世纪 30 年代的第一次联邦劳动法浪潮，该浪潮奠定了工会组织的基本权利。之后，两个小浪潮接踵而至。第二次浪潮发生于 1963 年至 1974 年，它将联邦劳动法扩展到新的领域，包括保护公民权利、工人健康、安全和养老保险。发生在 1986 至 1996 年间的第三次浪潮，再一次加强了联邦政府在处理雇佣问题方面的权力。在这期间，国会制定了以下法律。

- 1986 年的《统一综合预算汇编法》中的条款规定：离职雇员仍然有权参加企业

图 16.3 按时间列举的重要劳动法

此图列示了美国历史上出台的主要劳动法规和雇主 – 雇员关系法（及行政命令）。注意三次集中的立法浪潮。

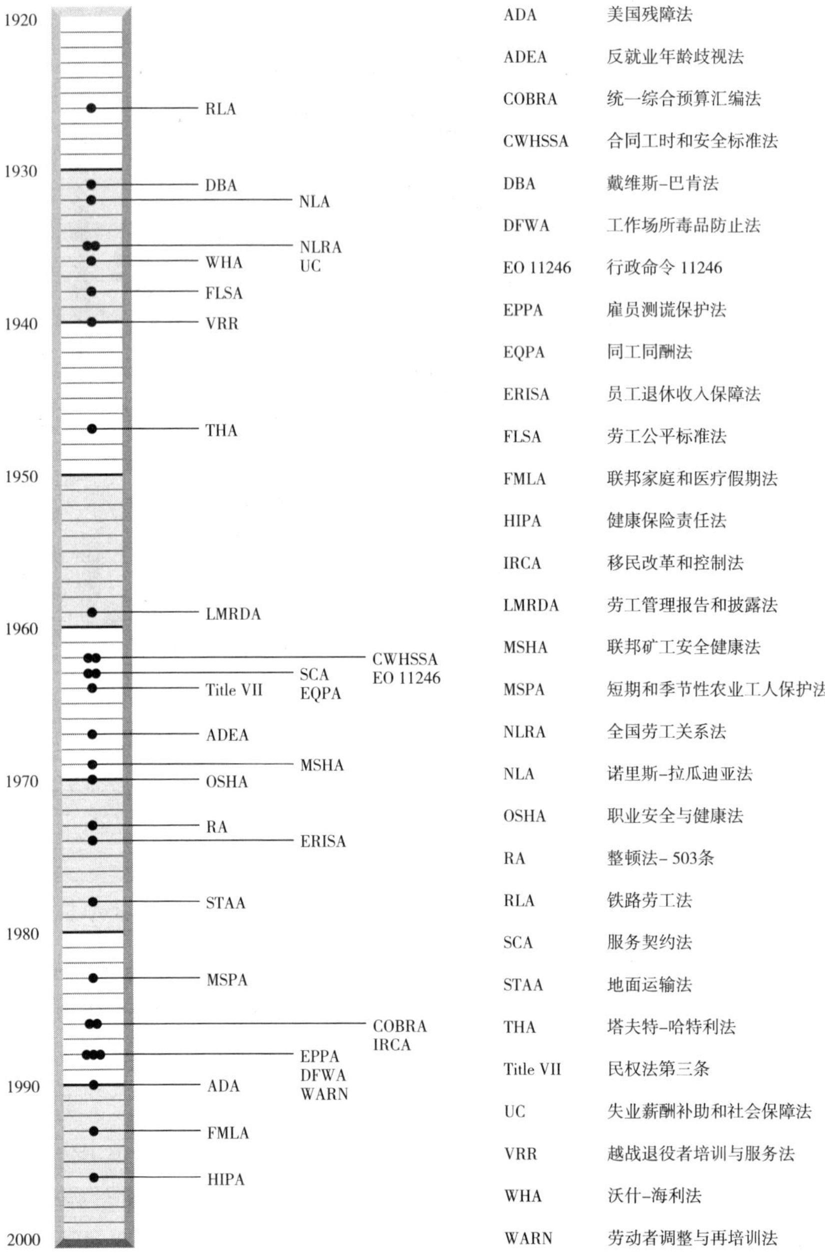

提供的集体健康保险计划。离职 18 个月后，雇员应当自己承担健康保险费用。

- 1986 年的《移民改革和控制法》，保护合法移民的权利，禁止雇佣非法移民。
- 1988 年的《劳动者调整与再培训法》，要求雇员超过 100 人的工厂在工厂关闭或大规模裁员时，应至少提前 60 天通知雇员。
- 1988 年的《雇员测谎保护法》中规定：禁止使用测谎仪选拔应聘者；除非怀疑雇员存在偷窃和蓄意破坏行为，否则雇主不得使用测谎仪测试雇员。
- 1988 年的《工作场所毒品防止法》，要求与联邦政府签署协定的企业，必须采取措施制止工作场所的毒品滥用问题。
- 1990 年的《美国残障法》，禁止歧视残障人士，要求雇主为身体和精神伤残的雇员提供合理的工作设施和设备。
- 1993 年的《联邦家庭和医疗假期法》规定，企业应该为雇员提供最长可达 12 周的无薪假期，以便使雇员因生育或生病等家庭原因暂时离开工作岗位。
- 1996 年的《健康保险责任法》，保证雇员在转换工作时，健康保险可以解决先前遗留的医疗问题。

从 20 世纪 30 年代起，包括对原有法律条文的修正在内，美国共制定了大约 200 个联邦劳动法规。图 16.3 仅仅展示了其中的主要法规。这些法规以 20 世纪 30 年代以来改革家的主要观点为立法依据，这些改革家认为雇主和雇员之间的关系是对抗性的。在这个观点影响下，改革家们用长达 80 年的时间出台了全面、复杂的监管法规，以改变雇员在雇佣过程中的弱势地位。这些劳动法规很大程度上改善了雇员的生活条件。没有任何一项劳动法规可以与 1970 年《职业安全和健康法》相媲美。该法规出台后，工作场所的劳工死亡率急剧下降。20 世纪 50 年代至 60 年代，劳工死亡率和受伤率增长缓慢。[36] 图 16.4 表明，自 1970 年以来，尽管劳动力规模增长了 75%，但劳动力死亡人数显著下降。

联邦法规只是约束雇主关系的一部分。州法院和立法机关出台了其他法规。许多州议会制定出比联邦政府更严格的法律，使各州变成了“政策实验室”，试验新的雇佣法律。[37] 例如，佛蒙特州规定雇员享有 24 小时假期去学校办事或就医。路易斯安那州禁止歧视有贫血病的就业者。近年来，越来越多的州出台了禁止基于基因测试结果的就业歧视法律。

联邦法律是一种典型的法律，仅仅适用于特定雇员人数的企业（通常来说，雇员人数为 50~100 人之间）。许多州制定法律，将类似的雇员保护法规扩展到规模更小的企业。例如《联邦家庭和医疗假期法》规定，在人数不少于 50 人的企业中，雇员享有长达 12 周的无薪假期，以便处理诸如领养、生病或者生育等家庭事务。但俄

图 16.4 《职业安全和健康法》出台后，劳动力人数增加，死亡人数下降

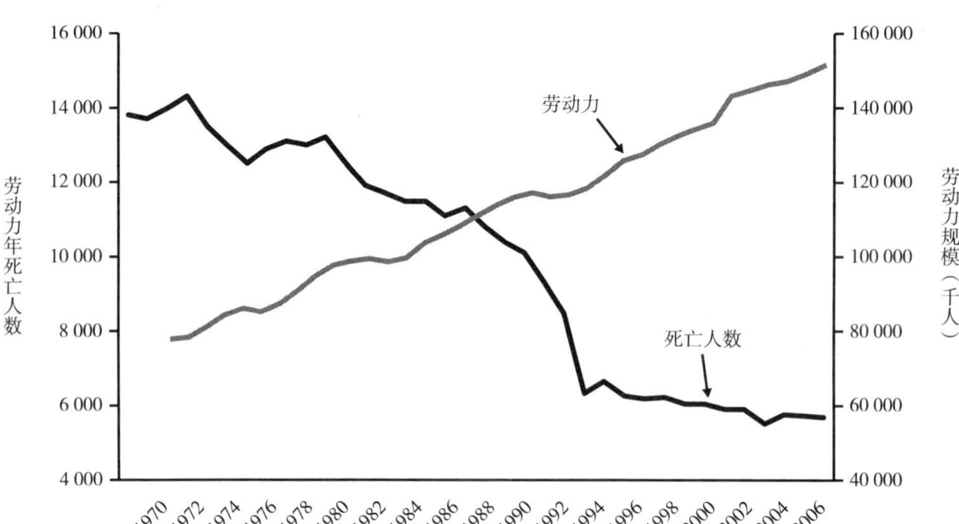

资料来源：Bureau of Labor Statistics, Census of Fatal Occupational Injuries.

勒冈州降低了门槛，规定雇员不少于 25 人的企业也可享有这一权利，佛蒙特州的门槛则是 15 人。联邦法律规定，雇员人数不少于 100 人的企业，至少应提前 60 天通知雇员有关工厂关闭的计划。但夏威夷法律规定，雇员人数不少于 50 人的企业，至少应提前 45 天张贴工厂关闭通知。州法案加强了对雇员的保护力度。

各州法院提供了对雇员的额外保护。一般来说，联邦法院处理违法行为和解释法律问题时，不得超越现有法律精神。但州法院在案件裁决时，常常运用民法精神扩展雇员权利。近年来，州法院改变了雇主自由雇佣的法律原则，使雇主雇佣和解雇雇员的这一基本权利在一定程度上受到限制。这就是一个重要的例子。

对自由雇佣原则的侵蚀 在美国，存在管制雇主—雇员关系的普通法，或源于法院判决的法律。通常来说，这种法律认为，雇主和雇员有自愿订立雇佣合同的自由，任何一方均有在任何时间终止合同的自由。

雇佣关系产生后，雇员必须为了雇主利益“全身心地”从事与工作相关的事务，并且承担因合同终止造成的损失。如果雇主和雇员之间存在矛盾，雇员必须遵从雇主的规则。这一领域的普通法起源于家长式作风的英国普通法，同时也受到罗马法的影响。在罗马法中，雇主和雇员之间的关系被描述为“主仆关系”。在这样的法律制度下，雇主可以限制雇员自由、任意解雇雇员。

直至近期，关于雇佣合同的一种极端解释仍在盛行。这种解释来源于田纳西州

法官在 1984 年的判词，这段判词被反复引用："所有任意解雇员工的行为，无论被解雇员工人是数多少，无论解雇是否出于好的动机，无论是否具有解雇理由，甚至无论解雇理由是否符合道德标准，这种行为都是无罪的、合法的。"[38] 因此，**雇佣自由**（employment-at-will）在传统意义上被定义为，在没有提前通知或者毫无理由的情况下，雇佣合同任何一方有权终止合同。

随着 20 世纪 30 年代国家干预主义的兴起，绝对的解雇权力逐渐受到限制。联邦和州法院限制雇主基于各种各样的理由，如雇员参与工会活动、怀孕、身体残疾、种族、性别、国籍和宗教信仰等随意解雇员工。此外，针对雇佣自由的法律精神，州法院规定了三种例外情况。

首先，不得因雇员维护公共利益而任意解雇雇员。在"皮特曼起诉全国卡车司机兄弟会"的案件中，加州的一位监管者要求加州一位雇员在立法委员会调查中作证。[39] 但该雇员因在调查中诚实作证而被企业解雇。法院撤销了企业的解雇行为，称该雇员在立法委员面前诚实作证有利于公共利益。在另一起"萨冰领航员服务公司起诉豪克"案件中,企业命令一名普通船员将舱底的污水排入得克萨斯州的海洋里，该雇员阅读了船上的警告标牌，认为这种行为是违法的，因此电话通知了海岸警卫队。同时，他再次拒绝倾倒污水。企业解雇了这名雇员。得克萨斯州法院认为，雇主不能因为雇员拒绝从事违反法律的行为而解雇员工。[40] 美国 43 个州认可了此项规定。[41]

其次，不得违反默示合同而任意解雇雇员。丹尼尔·福利就职于大通曼哈顿银行，他的上级对他工作的稳定性进行了口头承诺。在七年的职业生涯中，他获得稳定的提升。一天，福利了解到美国联邦调查局正在调查他的上级，因为上级在前一份工作中存在挪用公款的行为,他将此事告诉了公司副总裁。不久,福利的上级解雇了福利。然而，加利福尼亚法院判定，企业曾经承诺如果福利的工作表现令人满意，那么企业与福利之间将存在永久雇佣关系。法院认为在"福利起诉互动数据公司"这一案件中，企业违反了默示合同。[42] 在此判例后，企业开始避免对工作期限进行暗示性承诺。例如，在雇员手册或者雇佣指南中尽量避免提及"永久性"雇佣等字眼。38 个州法院采用了此项规定。

第三，11 个州的法院规定，在公司故意违背默示契约的情况下，应该限制雇主自由雇佣的权利。这些法院承认，在雇主 – 雇员关系中，默示契约广泛存在。判定解雇行为是否满足这种例外情况的基点是公平和正义。不公平和恶意的解雇不属于例外情况。例如，在"克利里起诉泛美航空公司"的案件中，航空公司毫无理由的解雇了一位工龄长达 18 年的雇员。[43] 尽管公司政策规定，公司保留基于任何原因解雇员工的权利。加利福尼亚法院认为，航空公司解雇克利里的动机在于不愿意支付销售佣金。法院裁定公司向克利里支付惩罚性赔偿金。

在上述三种自由雇佣的例外情况中，故意违背默示契约的例外情况完全背离了自由解雇的精神。的确，这些例外情况挑衅了雇佣自由的道德准则。采用例外情况裁判规则的法院无疑否定了雇主和雇员地位平等的古老信念，他们认为雇主拥有的权力超越于雇员，他们的行为决定了雇员的生计，因此应该承担公平义务。卡马特公司为了避免支付退休金，解雇了一名雇员。内华达州法院判定该解雇行为是“恶意解雇”，判词如下：

> 我们是一个雇员大国。我们必须依靠他人来生活，而工资是大部分个体的生计来源。如果他们失业，他们就失去了所有的资源，只能依靠各种各样的社会保障救济生活。这种大规模依靠他人的保障形式是世界上的新生事物。对我们这一代人来说，命运掌握在别人手中。[44]

只有三个州没有采取上述任何一种例外情况，只有六个州同时采用上述三种例外情况。大多数州都采用了其中一种或两种例外情况。但整体趋势是，各州都倾向于制定更严格的法规限制雇主任意解雇雇员的权利。只有蒙大拿州的法律允许雇主在“善意理由”下解雇雇员。

日本和欧洲的雇员保障模式

美国雇员的福利和保障制度比较完善，这并非特例。在其他发达国家，雇员福利和美国很相似，社会保障制度甚至更加完善。由于各国的文化差异，国家在如何保护雇员权利方面差异显著，但高福利国家意味着高劳动力成本。

日本是世界上劳动力成本最高的国家之一。2005 年，日本一个制造工人的平均报酬是每小时 21.76 美元，仅比美国制造工人的报酬低 1.89 美元。日本的一些大企业雇佣了本国 40% 的劳动力，典型的雇员福利包括公司住房、膳食、子女教育费用和带薪假期。日本男性，即所谓的“工薪阶层”喜欢终身就职于一家大型企业。但禁止任意解雇的保障制度并不适用于女性。家长式作风的日本企业自愿提供上述福利。

日本企业福利较好的原因之一在于日本的历史和文化。长期的封建制度形成了日本特定的文化，该文化价值观起源于古老的中国文化，包括一系列的观念，如严格的等级制度、对统治者的无限忠诚、强调集体利益高于个体利益，同时认为家长式作风的国家应该为全体国民提供福利。后来，这些观念塑造了现代雇员和工业企业之间的关系。正如封建社会诸侯对君主的绝对忠诚一样，雇员也必须对企业绝对忠诚，将集体利益置于个体利益之上。

日本雇员非常忠诚。他们工作时间很长，在企业老板下班之前，大部分工薪阶层也不会离开，而他们的老板也不愿意在下属离开之前下班。雇员很少使用假期，因此假期不断被积累下来，甚至病假也很少被使用。除了文化原因外，日本雇员辛勤工作的另一个原因在于大型企业的职业阶梯制度。在该制度下，雇员有频繁的小幅度晋升机会和工资增长空间。[45]

有时，日本工薪阶层因过度工作致病或者致死。一个典型的案例是丰田汽车的经理渡边金谷摔倒在办公室，并陷入永久性昏迷。金谷平均每天工作 12 个小时，虽然身患痛风，只能依靠手杖走路，他也很少请假。他的妻子催促他接受治疗，但他总是以公务繁忙为由拒绝治疗。摔倒前，他是丰田一个重要销售部门的负责人。公司文化鼓励员工辛勤奉献。他一周工作七天，经常到晚上 10 点才离开公司。由于没有及时治疗髓膜炎[46]，金谷最终摔倒在办公室。这种过劳工作并不能归咎于雇主的蛮横无理，而应该被看做雇员的一种特别奉献精神，同时也是企业为雇员提供福利而唤起的义务感。

据统计，日本每年因过度工作而造成死亡的事件在 1 万至 3 万件之间。这种死亡非常普遍，以至于日语中出现了一个词汇——**过劳死**（karoshi）。过劳死是指因工作压力或者过度劳累而造成的死亡。1986 年，日本的赔偿制度将过劳死定义为一种综合征，其显著特征是在不少于 6 个月的时间内因超负荷工作而引起精神上或身体上的压力积累。然而，因过劳死而请求赔偿的记录很少。2006 年，大约 150 例过劳死雇员得到赔偿。[47]

在美国，“争强好斗”的工会组织从雇主手中夺取了雇员的社会保障权力。然而，日本传统的儒家文化历史悠久，强调和谐关系，这种价值观有效的预防了劳工管理关系中可能产生的裂缝。日本的工会组织从未发展壮大过，迄今为止，大部分工会组织都成为企业的傀儡，他们极少进行罢工或者提出尖锐的要求。同样地，与美国尖锐的劳工关系不同，日本企业和政府机构之间并没有因工人权利而形成对抗性的关系。与美国或欧洲雇员相比，日本雇员享有的法律权利更少。

欧洲工业化国家的雇员待遇高、福利好，这集中体现在整个欧洲工人的平均工资为每小时 27.52 美元，其中挪威为 39.14 美元，而丹麦和德国分别为 35.47 美元和 33.00 美元。[48] 第二次世界大战之后，为了防止 20 世纪 30 年代经济大萧条和大规模失业再次出现，欧洲国家大都采用了同样的**社会保障模式**（social welfare model）。为了确保充分就业，国家掌管并经营重要行业。欧洲议会通过了丰富的一揽子社会保障政策。社会党支持成立强有力的工会组织，使工会能在整个行业内为工人进行工资和福利谈判。

全球竞争压力使这种模式面临挑战。欧洲雇员的雇佣成本非常高，因此许多新职位都转移到了劳动成本低的国家。德国是个例外。例如，位于沃尔夫斯堡的德国大众工厂，雇员每小时报酬为 69 美元，一周工作时间为 33 个小时。[49] 平均每个德国雇员一年有 35 天假期，而美国雇员一年仅有 16 天假期，这与作为竞争对手的美国形成了鲜明对比。为保证雇员假期，德国零售店周末都关门歇业。

德国政府慷慨地赋予雇员广泛的保障权利，包括赔偿金、健康保险、每年多达 4 周的病假、提前 6 个月的解雇通知期、一年之内相当于失业前工资水平 60% 的失业救济。[50] 与之相对应，雇员也必须支持这些慷慨的保障制度。为了支持联邦保障制度，德国的就业税相当于工资的 40%。[51] 根据相关法律规定，如果雇员的配偶也有工作，那么就业税会更高。这解释了为什么德国是世界上劳动力成本最高的国家之一，也解释了德国如何努力保持低于 10% 的失业率。据了解，德国德意志联邦共和国劳动局负责实施劳动法。该机构雇员多达 9 万人，是德国最大的联邦机构。

其他欧洲国家也有同样的社会保障制度，甚至更加慷慨。2000 年至 2002 年间，法国的一个社会机构不顾雇主反对，提出将一周工作时间缩短为 35 个小时。该提议的目的是通过缩短工作时间创造更多的职位。因为雇主为了保障产量，不得不雇佣更多的雇员。与它的竞争对手德国类似，法国的劳动力成本也很昂贵。在法国，一个国营铁路驾驶员每年的报酬是 9 万美元，一周工作 25 小时即可享受免费的卫生保健，而且 50 岁时就可以退休了。[52] 法国雇主要支付相当于雇员工资 47% 的社会保障税，这使法国成为世界上社会保障税税率第二高的国家。（比利时的社会保障税最高，达到 55%，而美国的社会保障税仅为 8%）。[53] 失业雇员在寻找新工作时，先前的雇主必须为他支付 9 个月的社会保障税。

昂贵的劳动力成本阻碍了这些国家的投资，因而无法创造出更多的职位。2000 年至 2007 年，欧盟的平均失业率为 8.5%。与之形成对比，美国的平均失业率是 5%。[54] 因此，许多人提出改革倡议。欧盟提出工业私有化，但成效甚微。大型工会和社会党强烈反对改革，雇员得到强大的社会支持。一些企业不愿意雇佣高成本的雇员，法国青年的失业率最近高达 23%。为了鼓励就业，政府修改了法律。这一法律规定，雇主可以在两年试用期内无理由解雇 26 岁以下的雇员。这项改革激怒了 100 多万名青年和工会成员，他们上街游行，甚至发生了暴力事件。[55]

在欧洲的大部分地区，由于完善的社会安全网和持久稳固的雇员保障制度，高失业率和经济缓慢增长同时存在。然而，大多数国家都试图改革社会保障制度。虽然改革只取得了有限的成功，但改革潮流已势不可挡。

合理的劳动管制

即使是最低限度的劳动管制，也应该符合国际劳工惯例中的四项**核心劳工标准**

（core labor standards）。该标准强调，无论国家处于何种经济发展阶段，都应该（1）消除所有强迫性或者强制性劳动；（2）禁止雇佣童工；（3）消除雇佣歧视；（4）保障劳资双方就工资等问题进行谈判的权利。[56] 尽管这些标准没有被普遍执行，但这些理念却得到广泛认可。大多数国家甚至超越这些标准，为雇员提供额外的权利和保障。雇员福利是一个重要目标，但经验告诉我们，平衡市场自由和政府干预是非常困难的。当斯洛伐克共和国将国有企业转交给私人运营时，国家试图出台一项法律使企业不再解雇雇员，以此来保护雇员利益。但私人企业迅速的将新建工厂迁移到捷克共和国。[57]

雇员理应受到保护，但如果企业不能人尽其用，雇员最终还是会受到伤害。面对日新月异的技术变革和激烈的竞争压力，企业必须迅速做出反应。如果制度上存在约束或企业反应迟钝，企业竞争力势必下降。最后，企业不得不降低工资水平并雇佣更少的雇员。研究表明，在劳工管制越强的劳动力市场上，就业增长越缓慢，失业持续时间越长，企业在新技术领域的投资越少，企业规模越小，员工也缺乏必备的技能。[58]

图 16.5 展示了劳动管制的博弈过程，表明政府必须在雇员福利和竞争能力之间实现平衡。如果国家更加关注天平的左边即保护雇员，劳动力市场会缺乏灵活性。如果国家更加关注天平的右边即放松管制，劳动力市场则更具灵活性。**雇员弹性**（labor flexibility）是指当企业环境变化时，企业或行业可以使雇员自由进出劳动力市场的能力。

权衡是无法避免的。当国家试图通过制定较高的最低工资标准，为缺乏技能的

图 16.5 劳动管制的博弈

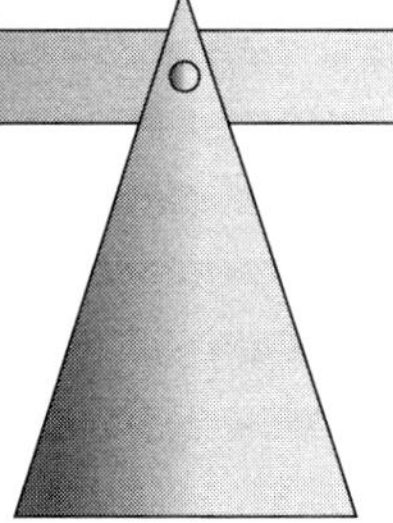

雇员创造待遇好的工作时，雇主就很少雇佣缺乏技能的雇员，导致大多数人失业。如果最低工资标准下降，会创造更多的工作机会，但雇员的生活水平就会降低。一些国家成本高昂的保障制度鼓励公司的解雇行为，使许多雇员进入非正式部门工作。在这些非正式部门，雇员完全不受任何法规保护。如果管制法规过于严厉，倍感失望的雇主和雇员也会规避这些法规。类似的权衡也会出现在关于工作时间设置、限制解雇权力、工会强制参与企业决策的权力、企业为雇员交纳社会保障税等问题的管制中。

在劳动力市场管制的灵活程度上，世界各国的表现也存在明显差异。图 16.6 列示了“世界银行刚性就业索引”中参与调查国家的排名。该排名根据 16 项有关管制的综合指标，将劳动管制强度从 0（最高灵活性）到 100（最低灵活性）划分。数据显示，得分为 0 的美国是拥有最灵活劳动力市场的国家之一，欧洲社会福利国家的灵活性较差。一些不发达国家的劳动力市场灵活性最差，如玻利维亚和委内瑞拉拥有最苛刻的劳工标准。

理论上，雇员弹性程度高可以提高国家在全球市场竞争中的工业竞争力，使雇主和雇员实现双赢。世界银行提出 :“对雇员最好的保护，是制定更灵活的劳工管

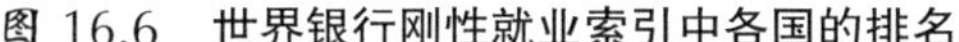
图 16.6　世界银行刚性就业索引中各国的排名

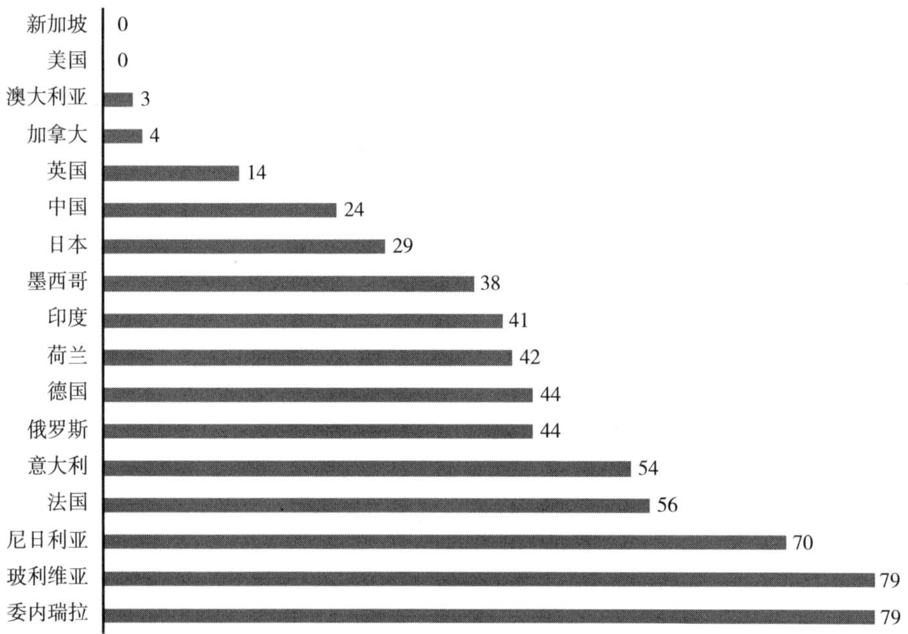

制法规，以便为经济发展创造更多的就业……而且转换工作也非常简单。”[59] 在实践中，增加劳工灵活性的改革通常会削弱工会力量，同时会导致某些雇员出现短暂性的适应困难。2006 年，澳大利亚采用了一项由企业提出的改革法，消除了关于加班和夜间工作的限制，同时也使雇员人数少于 100 人的企业不受不公平解雇法的制约。澳大利亚工会组织对这项改革持反对意见，并将遭遇到不公正解雇雇员的故事编写成书并出版发行。因此，世界银行重新评估了澳大利亚在世界各国刚性就业的地位，将其排名从第 17 名下降至第 13 名。《多国舆论》这份劳工报纸的一名编辑指出:“灵活性全部是针对雇主而言的，而非针对雇员”，他将雇员弹性比喻成“企业欺诈”，认为这是一种“隐秘形式，巩固了雇主凌驾于雇员之上的地位。”[60]

结　论

有六个因素改变着工作场所，即人口变化、技术变化、结构变化、竞争压力、流程再造和政府干预。这些因素既创造了机遇，也带来了挑战。各国在应对六种因素的程度上存在差异。人口变化和结构变化不可控制，但其影响是可预测的，而且影响缓慢。来势凶猛且不可预测的技术变化是一种破坏性力量，但在破坏的同时，总会创造出新的职位来取代被破坏的职位。竞争压力和流程再造重塑了国家劳动力市场，大型企业实现自动化，将工作外包给劳动力成本较低的国家。最后，以雇员弹性政策为代表的国家管制是全球竞争的关键因素。管制是一种需要理性判断的管理艺术。

在当今工作场所的变化中，雇员应该何去何从？经验告诉我们，好运不会“单独降临”。然而，很有可能的是，如果全球经济过热，经济繁荣会允许政府对雇员做出更多保护性措施，而且长期的工作机会比短期的工作外包更有价值。

工作场所的药物检测

在宾夕法尼亚州立医院工作的护士南希·克拉克向上级承认自己有酒瘾。她同意参与一个州立的酗酒监督项目。项目规定，酗酒者必须每周出席两次康复会议。五年来，她平均每周出席三次会议。每个周末的清晨，她都会致电确认是否需要接受随机尿样检查，五年来从未遗漏过一次。为了参与监督项目，她每月需要支付 120 美元。她还成为地方教会活动的领导者。总的说来，她似乎是酗酒康复者中的典范。

后来该项目引进了一种新的尿液检测仪来测试饮酒者。先前的测试仪器不能成功检测出定期饮酒者，因为他们的身体会迅速将酒精代谢。狡猾的受检者在接受尿样检查之前，能够用几小时的时间来让体内的酒精代谢。新的测试仪器会检测出乙基葡糖苷酸（ethyl glucuronide，EtG），即当酒精代谢后，身体会产生的一种化学物质。即使在酒精使用三天后，新仪器仍然可以在尿样中检测出微量的乙基葡糖苷酸。

令人吃惊的是，南希·克拉克没能通过EtG检测。宾夕法尼亚州取消了她的护士执照，她也因此失去了工作。她抗议这项决议，声称她从未饮酒，肯定是检测结果出了错。测谎仪证实她没有撒谎。[1]

EtG测试能检测出极微量的乙基葡糖苷酸，能在大约100亿个尿样分子中检测出1个乙基葡糖苷酸分子。除碳酸饮料外，各种各样的生活消费品，如化妆品、非处方药物、冰激凌、漱口剂、洗衣液、杀虫剂和焙烤食品等都含有酒精成分。过熟的水果中也含有酒精成分。许多医院使用含酒精成分的杀菌洗手液，其中消毒液品牌普瑞来有62%的酒精含量。南希·克拉克是否由这些途径接触到酒精？

药物测试是一个涉及科学、经济、社会、伦理和立法等多个领域的复杂问题。它涉及很多问题。谁应该接受检测？应该接受什么样的检测？如何管理药物检测？当检测结果表明出现问题时，又该如何处理？一种根本性的途径是寻找两种权利之间的平衡，即雇主私人财产不可侵犯的权利和雇员不可侵犯的隐私权之间的平衡。

药物检测的兴起

工作中使用酒精和毒品是一个长期存在的问题。20世纪80年代，雇主药物测试初次出现，主要源于联邦政府的推动。1981年，一架失事飞机撞上尼米兹号航母，造成14名海员死亡。法庭出具的报告表明几位飞行员吸食了大麻。因此，总统罗纳德·里根在军队中开展“零容忍”禁毒政策，海军也首次开展了随机毒品检测。1986年，里根总统签署了总统行政命令12564，声明联邦政府作为国家最大的雇主，“能够而且应该为实现清洁、无毒的工作场所指明方向”。[2]这项命令要求所有政府机构就非法使用毒品问题及安全敏感性程度较高的职位进行毒品检测。

随后，私人企业的毒品和酒精滥用问题也愈演愈烈。1987年初，联合铁路公司的司机由于抽食大麻，在警示灯前与邻近一条火车行驶车道上的高速火车相撞。该高速火车载有500名乘客。这场事故造成16人死亡、176人受伤。1989年，艾克森－瓦迪兹号油轮撞上一块深海岩石，将百万公斤的原油倾泻在阿拉斯加威廉王子湾。事后的调查发现，油轮船长饮酒过度。这些事故损失巨大。威廉王子湾沿线的生态系统失衡，造成该地区经济结构、社会结构崩溃。艾克森为此花费了35亿美元清除原油并解决诉讼，同时仍然面临着超过40亿美元的惩罚性赔偿。

这些事故促使政府在1991年出台了《公交运输雇员测试法》，该法案要求运输部门检测安全敏感性职位从业人员的毒品和酒精使用情况。能源部、国防部和核能管理委员会要求一些私人企业进行毒品检测。《职业安全和健康法》也鼓励毒品测试，因为它要求雇主提供安全的工作环境。1988年的《工作场所毒品预防法》，要求联邦承包商保证工作场所没有毒品吸食者。

此外，许多州政府都对自己的雇员实施了《工作场所毒品预防法》，同时鼓励私人企业的雇主也实施此法案。例如，俄亥俄州给企业的拨款高达2万美元，以支持设置测试项目，还在雇员赔偿保险上给予20%的折扣。[3]

在一系列重大事故和新法背景下，公共部门和私人企业迅速展开了药物测试。联邦测试项目已经覆盖了120个机构的180万国内雇员。企业也开始检测求职者和现有雇员的药物使用情况，包括服用大麻、可卡因、麻醉剂、安非他明（冰毒）和苯环己哌啶（一种麻醉药和致幻剂）。[4] 1983 年，仅有 6 家 500 强企业进行了雇员药物测试。在近期的调查中，43% 的雇员表示他们的公司对求职者进行药物检测，30% 的雇员说他们接受过随机测试。[5]

毫无疑问，药物检测减少了雇员滥用药物的问题。附表 1 表明，18 年来最大的药物测试公司 Quest Diagnostics 进行的药物测试中，药物检测结果呈阳性的比率不断下降。经常参与随机药物测试的企业能有效的将滥用药物的雇员数量控制在不超过 1% 的比例。[6]然而，长期滥用药物的雇员倾向于到那些不进行药物测试的企业工作。附表 1 中的数据是以参与药物测试的企业和政府机构的数据为基础的，不能揭示那些没有参与药物检测企业的情况。

滥用药物的损失

许多美国人滥用毒品和酒精，同时他们也是企业雇员。2005 年，美国有 1 970 万名非法吸毒者和 1 540 万名严重酗酒者。在他们之中，大约 75% 的吸毒者和 80% 的酗酒者是雇员。非法吸毒者占全部雇员的比例为 8.2%，而酗酒者占全部雇员的比例为 8.4%。据估计，3.1% 的吸毒者在工作之前或者工作中吸毒，7.1% 的重度酗酒者在工作中饮酒。[7]

吸毒或饮酒造成的损失是巨大的，包括生产总值中高达 820 亿美元的损失、[8] 更高的保险费和保险索赔、更高的缺勤率和病假率、训练有素的雇员离职或者死亡造成的损失、禁毒项目的执行成本、工厂额外的安全费用、财产损坏、雇员士气低落、法律诉讼和财产盗窃等。

行为模式

长期吸食毒品的雇员经常会表现出一个或两个明显的行为模式。首先，时间错乱使他们无法适应正常工作活动的时间安排；其次，他们缺乏士气，对正常的行为标准缺乏兴趣。这两种行为都源于大脑中化学物质不平衡，因为长期毒品累积产生的物质破坏了血液和其他身体组织。[9]

训练有素的主管能够通过雇员是否表现出以下行为模式，来判断他们是否在滥用毒品。

- 经常迟到和缺勤，特别是在周一、周五及节日前后。
- 注意力下降、健忘，无法按时完成工作以及频繁出错。
- 出现情绪变化，包括影响人际交往的一些状态，如沮丧、退缩、敌意和过度兴奋等。
- 莽撞、大意并经常出现事故。

观察和测试

辨别非法吸毒者和酗酒者有大量方法，所以企业必须选择使用何种方式来进行检测。

*搜查雇员*包括搜查雇员的储物柜、工作室、办公桌和钱包。它很少涉及身体搜查，因为这会激怒雇员，而且容易招致诉讼。嗅觉灵敏的猎狗在搜查违禁品方面非常有效。然而，单独利用搜查方式，其作用是相当有限的。例如，狡猾的雇员将毒品藏在公共区域，让人无法判断毒品属于何人。

*监视*能够检测出毒品使用者，但这种方法有许多问题。雇主将监视机构隐蔽起来非常困难。间谍活动会贬低雇员道德。监视机构也会犯错，如毒打雇员，结果可能招致高昂的诉讼费用。

*书面毒品测试*来源于雇主提供的就业测试。如果求职者和雇员存在滥用毒品问题，雇主要求写下使用了何种毒品和多久使用一次等信息。尽管这种方式的有效性受到置疑，

附表 1　1988~2006 年在 Quest Diagnostics 测试中呈阳性者的比例。

表中显示出政府部门及私营企业员工每年药物测试呈阳性者所占的比例。2006 年的数据基于 900 万测试者。

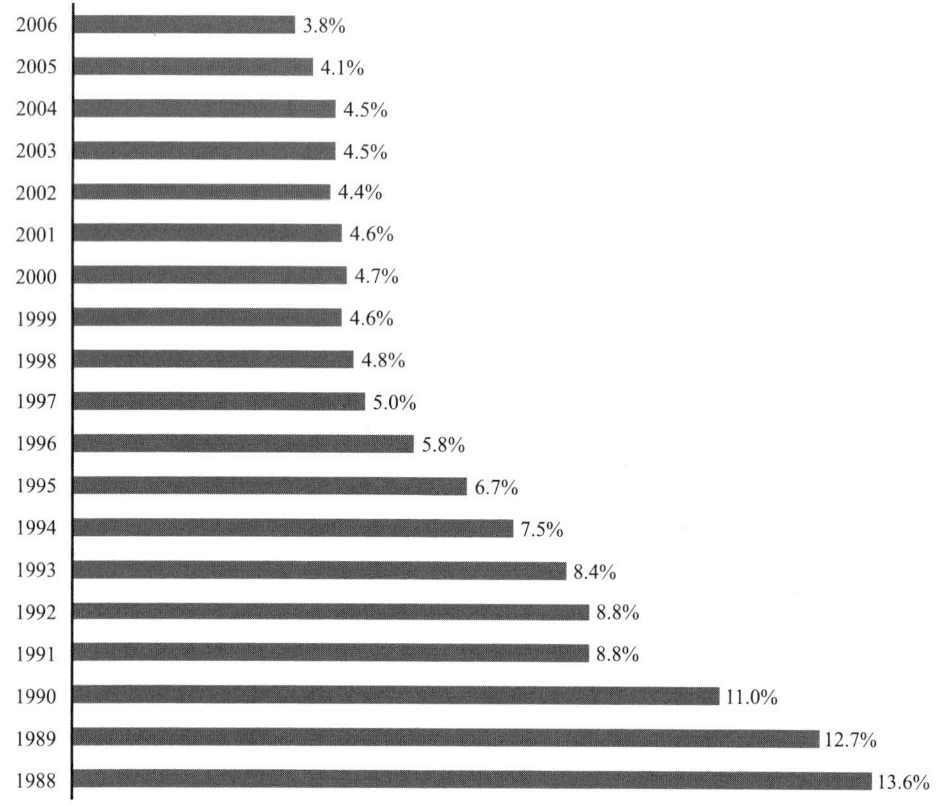

资料来源：Drug Testing Index, March 7, 2007, at www.questdiagnostics.com/employersolutions/dti/2007_03/dti_index.html#top.

但它是成本最低的毒品和酒精检测方法。

测谎仪是过去经常使用的方法，但现在不再经常使用。人们公开质疑测试结果的精确性。此外，1988 年出台的《雇员测谎保护法》严格限制测谎仪的使用。

工作适应性测试，有时亦被称为作业测试，主要用于检测精神运动及障碍。其中所谓的“清醒状态”测试方式是：让被测试者盯着左右摇摆的灯光，观察其眼睛在 90 秒内的活动情况。[10] 工作适应性测试能够预测雇员能否通过清醒测试，尽管这种测试能测量雇员昏沉状态，但并不能反映造成这些昏沉的原因，原因包括毒品、酒精、情绪上的失落或者由于通宵照顾生病的子女而造成的疲惫。与其他测试方法相比，工作适应性测试的倡导者认为这种测试对生理上的侵害较少。而批评家害怕不好的测试成绩会使雇主询问涉及雇员隐私及工作以外行为的侵权性问题。

血液测试主要用于酒精检测。这种测试方法成本昂贵且具有侵犯性。由于害怕触犯法律，现在雇主很少使用这种方法。这种方法的最大优势在于，它能检测出雇员吸食毒品的大概时间。

*唾液测试*是一种操作简单的方法，测试员手拿棉签，伸到雇员口中，沾取口中的唾液。几分钟之后就可以得到检测结果。与工作适应性测试相结合，两种测试方法能有效地检测出雇员当下是否受到药物影响。如果检测结果呈阳性，接着，雇主会使用更加复杂的方法确认检测结果。唾液测试在检测可卡因、海洛因方面效果显著，但不能有效检测出大麻的使用情况，大麻成分不会进入唾液。它也不能有效检测出酒精。这种测试方法成本低廉，大约仅需 20 美元。

*头发测试*可以检测出毒品使用者 90 天前至测试时为止是否使用过毒品。如果头发样本短于 1.5 英寸，这种测试方法只能检测出更短时间内的毒品使用情况。相对来说，头发测试方法没有侵犯性，而且狡猾的雇员很难逃避这种检测。然而，只有在两三天之后，头发里才会出现毒品残留物。所以，这种方法不能检测出近几日的毒品使用情况。这种测试方法成本高，每次测试需花费 115~150 美元。

*尿样测试*是最常用的测试方法，使用率高达 90%。它价格便宜、结果精确，但操作性较弱、侵犯性较强。在详细介绍尿样检测之前，应该注意两点，即测试对象和测试目的。

测试对象及测试目的

雇主有权选择测试对象。下面是一些主要对象。

- *工作安全敏感性程度高的雇员*。这些工作不仅涉及国家安全，而且会危及雇员自身安全或者他人安全，如机器操作类工作。运输部门要求雇主对雇员进行随机药物或者酒精测试，该类雇员包括飞行员、卡车司机、船长、公交车司机、火车驾驶员和其他操作机器的雇员。该规则覆盖了 1 200 万名雇员。一些企业也对处理大额资金或者携带轻武器的雇员进行检测。
- *出现异常表现的雇员*。当雇员出现以下现象，他们也许会成为测试对象。如在周一经常缺勤、无故频繁缺勤、发生事故、表现出异常行为或者工作表现前后不一。
- *曾经参与过药物治疗、康复项目的雇员*。许多雇主规定，只要这些雇员仍然希望留在企业，就必须接受随机测试。
- *求职者*。那些滥用毒品和酗酒的求职者倾向于向不进行药物测试的雇主申请职位。因此，筛选求职者是一个有效的预防措施。
- *随机测试所有雇员*。随机测试令使用毒品的雇员难以逃脱，因为突如其来的无规律药物检测使他们措手不及。

《工作场所毒品防治法》的指导方针要求对雇员进行尿样化学分析，以检测大麻、可卡因、麻醉剂、冰毒和苯环己哌啶或者这些毒品经新陈代谢后产生的副产品。许多雇主在此基础上扩展了毒品检测的种类，包括巴比妥酸盐类安眠药、安息香重氮类安眠药、美沙酮、安眠酮和丙氧芬。许多雇主也检测酒精，这是最普遍的药物滥用形式。

尿样测试

联邦政府和大多数企业都将尿样测试外包。求职者和雇员到经过认证的采集站提供样本，之后样本被传送到实验室。样本采集站和实验室必须遵守联邦法规。测试人员首先需要通过*免疫测试*，这是一项便宜的筛选方式，成本仅需 20~66 美元。价格由企业为测试机构提供的业务量确定。只要拥有合适的实验室设备，经过适当的技术培训，检测人员就可以迅速完成免疫测试。但测试结果并非百分之百正确。例如，如果被测试者近期使用了一些普通的非处方药物，他们的检测结果也可能错误地呈现为阳性。

如果初期筛选结果是阳性的，第二步需要更加精确的测试来确认检测结果。联邦法规要求利用质谱仪确认测试结果。质谱仪将尿样中的分子转化为离子，然后利用电磁学原理使离子按不同的质荷比分离。检测结果会以质谱图的形式表现出来。与筛选测试相比，这种测试成本高昂，但结果更加精确。质谱仪检测非常灵敏，它能检测出微量的可卡因及其副产品——肉桂酰可卡因。即使只饮用一小杯古柯茶，尿样中也可能会含有肉桂酰可卡因。

如果按操作规定执行的话，尿样测试的准确率接近百分之百。但狡猾的毒品滥用者还是能成功规避检测。为了避免虚假的阳性结果或者不公正的检测结果，雇主对被检测个体设置了门槛。这样做可以防止雇主冤枉某些暴露在吸食大麻的人周围的雇员，或者服用了合法药物的雇员。在检测之前饮用大量的水或者在尿样瓶加入蒸馏水，都会稀释尿检中的毒品残留物和代谢物，将被检测物减少至门槛值之下。被检测者也会用日常用品掩饰使用毒品的痕迹。他们将精制食盐、漂白剂、洗衣皂、氨水、醋和下水道清洁剂掺杂在样本里，伪造检测样本。一些熟知实验室程序的企业也在售卖特制的、声称可以净化尿样毒素或可以掺杂在尿检样本中的产品。为领先于日新月异的实验室检测方法，这些企业几乎每六个月一次频繁性的改变其配方。网站和药品店也将合成尿样推向市场，而且设计成隐秘的袋装或者罐装产品。这样，雇员可以将无毒清洁的尿样送往采集站。

政府机构估计约有 400 多种产品可以用在尿检、血检、唾液和头发检查中造假。YouTube 网站上有 79 段展示如何使用这些产品的视频。[11] 在某些州，制造和出售欺骗性检测产品是非法的。[12] 因为这类产品是秘密制造和出售的，效果无法保证。

为了防止类似产品妨碍检测结果，政府制定了专门程序，但在执行中还是有一些问题。为了满足运输部门的测试要求，卡车公司也参与药物检测。针对此类检测站的一项调查发现，几乎检测程序的每个环节都存在缺陷。秘密调查发现了许多问题。被检测者使用虚假的身份证；在他们装满尿样时，他们也能频繁进入浴室接触水源；采集站工作人员的粗心大意，也常常使得检测人员有机会在尿样中掺杂蒸馏水。在某些场所，盛装漂白剂和清洁剂的瓶子直接遗留在样本采集区域。

即使检测程序没有瑕疵，样本采集者也不可能直接监视被检测人员提供尿样的过程。在隐私的名义下，足智多谋的雇员会使用隐藏的物质伪造检测样本。调查者坚信“毒品使用者能够轻易地通过运输部门的药物检测，继续从事诸如接送学生、运输危险物品等安全敏感性程度高的运输工作。”[13]

尿样检测的一个缺陷是，检测结果不能显示雇员当时是处在吸食后的“兴奋状态”还是“受影响状态”。在使用冰毒和海洛因 2~3 天内，尿样检测还是有效的，而检测可卡因的有效时间是使用后的 2~10 天，检测大麻的有效时间则长达 2 个月。这意味着在周六派对上吸食过可卡因的雇员，由于药物影响，在下周二早晨的药物测试中仍然会感觉精力充沛，而且工作效率很高。如果一个雇员在同样的时间吸食了 LSD，工作时会产生幻觉。但是，筛选样本的免疫检定并不能检测出 LSD 的存在。

为什么企业支持药物检测

有许多因素支持药物检测。首先，为了遵守特定的法律和合同条款要求，药物检测是必要的。联邦法律规定企业必须进行药物检测。在运输部门要求下，1988 年的《工作场所毒品防治法》制定了条例，要求同联邦政府签订合同金额超过 25 000 美元的企业，必须制定防止毒品滥用的政策。许多州和一些城市的法律允许进行毒品和酒精检测，密西西比州要求雇主在雇员赔偿项目中加入药物检测条款，加利福尼亚州在与州承包商签订的合同中规定了药检要求。因此，遵从法律是推动药物检测的主要动力。

其次，药物检测能带来好处。企业通过药物检测能使保险费用下降，提高生产率，从不滥用药物的雇员进入企业，对企业是一种保护。

第三，尿检使企业找到一种操作性强、精确性高的方法。与测谎仪、搜查手提袋和工作桌、秘密调查、上下班搜查和视频监视等方式相比，虽然尿检具有侵犯性，但其侵犯程度远远低于其他方案。如果执行过程正确，尿检结果很可靠。好的检测项目遵从“双检规则”，这意味着在实施惩戒性行动之前，必须得到两个阳性检测结果。如果首次筛选测试结果是阳性的，那么必须运用更加复杂的质谱仪检测同样的尿样。为了避免无辜雇员受到不必要的非难，阳性检测结果的知情权门槛设定得非常高。合适的样本采集和实验室分析程序，可以使检测结果的失误率达到最小。

第四，通过药物测试，企业履行了社会责任。雇主对求职者或者雇员进行严格筛选检测，使毒品使用者在吸毒期间很难找到维持生计的工作。雇员没有机会在工作时间或者工作以外的时间使用大麻、可卡因、迷幻剂、幻觉剂、海洛因和化合致幻药等。使用毒品是一种非法行为，而且会导致犯罪、疾病、家庭破碎和糟糕的身体状况等。因此，通过打击毒品滥用，企业实际上履行了社会责任。从个人角度看，如果企业能够早点发现滥用毒品的雇员，也许能拯救其职业生涯。许多企业将检测结果呈阳性的雇员送到治疗中心，而不是解雇他们。

为什么一些雇员反对药物检测

正如其他一些广泛存在的争论一样，通常来说，药物检测特别是尿检，带来很多难以解决的问题。批评家认为，雇主保护其私人财产的权利与雇员在合理范围内的隐私权之间应该保持一定的平衡。药检反对者提出了下述具有说服力的观点。

首先，尿检侵害了雇员的隐私权。尿样中存在的其他药物可能会造成错误的阳性检测结果。为了避免这种情形发生，雇员被要求提供近 30 日内使用的所有处方和非处方药物清单。这侵犯了雇员的隐私权，暴露了他们工作以外的生活和病史。同样，尿样（或血液）检测不仅会揭示毒品使用情况，还会揭示雇员其他方面的信息。雇主可以通过药检发现雇员的健康状况，如怀孕、临床抑郁症、糖尿病和癫痫病等。鉴于这些原因，公民自由意志论者认为尿检带有“老大哥”的意味。（老大哥，最早出自乔治·奥威尔著名小说《1984》中“老大哥在看着你呢。”后来成为一种真人秀电视节目。“老大哥”影射一种典型的监控现象。——译者注）

其次，无论是在采集人员面前直接提供样本，还是在监督下被动提供样本，尿检本来就带有侮辱人格的意味。某法律期刊的作者说：“在我们的文化里，排泄器官是隐蔽物，因此或多或少是绝对的隐私。亵渎这种隐私是非常痛苦的，因为它诋毁了个体的尊严和自尊。”[14]

第三，由于违反了公正的伦理标准，药物检测被认为是不公正的。药检像是一张搜索网。为了检测出每一个毒品使用者，许多无辜的雇员也不得不接受检测。这暗含了一个前提假设，即每个雇员都是有罪的，他们必须证明自己是无辜的。如果禁止滥用毒品的主要出发点是基于安全考虑（如公交车司机、火车驾驶员），那么药检是必要的而且需要谨慎。但对那些不重要职位的求职者和雇员进行无差别的药检，就是一种罪恶，这种罪恶甚至超过药物滥用。

第四，尿检并非十全十美。引起不精确检测结果的原因多种多样，包括实验室失误、掺杂的尿样或者体内留存的合法药物。这些都会造成阳性药检结果。频繁的错误结果会使雇员受到怀疑或者失去工作。如果遵循正确的样本采集和实验室程序，检测结果可能会很准确，但并非所有企业和实验室都非常谨慎。

第五，尿检也许会被误导，不能满足合理的证据标准。美国公民自由协会（ACLU）声称："药检不能检测出被检测者的受损状态，也无法提高雇主对雇员工作绩效的评估和预测能力。"[15] ACLU 还认为，"即使检测结果呈'阳性'的雇员，也没有证据表明他（她）现在身体内存在毒素或者受到损害；药检只不过暗示在过去的某个时刻，雇员也许吸食了毒品。"[16] 同时，ACLU 指出，应该强调雇员参与治疗协助项目而不是药物检测。

药物检测和法律

为药物检测立法是一件相对较新的事情，而且还在逐步发展中，但有一个明显的趋势，即法律支持先前宣判的案例，并且支持其对后来政策形成的影响。下文将短暂顾回立法问题。

由于美国宪法的权利法仅适用于政府行为，因而这些条款也仅保护公务人员，私人部门雇员并没有受到保护。这是雇员保护立法上的主要差异。政府机构雇员必须符合更加严格的检测标准。第四修正案保护公务员免受"毫无理由的搜查和扣押"，法庭通常认为尿检和其他形式的检测如艾滋病病毒抗体的血检，都是一种搜查和扣押的形式。第五修正案保障法定诉讼程序并防止自证其罪。这些法律保护公务员不会因为违反上述权利而被解雇。[17] 自 1988 年以来，联邦机构遵守联邦保健与服务部门签署的检测标准。这些标准视图将公务员的法定诉讼程序提高到无瑕疵的程度，并且详细规定了检测程序。[18]

许多法院仍然质疑联邦尿样检测项目。虽然最高法院支持那些被起诉的药检项目，但这些判决结果同样表明，一些法官对药检项目存有重大疑虑，而且不相信宪法第四修正案支持药检。

在"斯金纳起诉铁路工会"案件中，法院需要对是否应该强制铁路雇员递交尿样、血样以进行药物检测进行判决。[19] 法院认为，铁路的公众利益明显超过了雇员的隐私权，并以 7 ：2 通过了该决议。但反对者蜂拥而至。法官瑟古德·马歇尔将该决议与 20 世纪 40 年代的一次法庭决议相比较，那次法庭决议在第二次世界大战期间支持政府将日本侨民集中安置。马歇尔认为"我们以危急或自认为危急的名义牺牲了部分人的自由，我们感到非常遗憾。"[20]

最高法院的第二项法案决议是"全国证券雇员联合会起诉冯·拉比"案，该案件涉及美国海关总署的尿检项目。[21] 该项目要求申请从事与禁毒、携带枪支相关职位，或者工作时会接触到罪犯感兴趣的特定物质的求职者，必须递交尿样。法院以 5 ：4 的最终投票结果通过了这一决议。支持这一决议的投票者认为，由于全国性的毒品危机和强制禁毒工作的压力，应该将公众利益看的比干涉个体自由更为重要。因此，根据第四修正案，药物检测是"合理"的。法官安东尼亚·斯卡利亚持反对意见，他认为法院判决牺牲了宪法中的基本隐私权。他引用 1928 年著名法官路易斯·布兰代斯的判词："自由的最大危机潜伏在民众的狂热情绪中，这种情绪尽管具有善意但并不理智。"[22]

1995 年，法院裁决了第三起案件并在此问题上产生了分歧。在“佛诺尼学校起诉阿克顿”的案件中，法庭以 6 : 3 的投票结果支持俄勒冈州高中要求所有学生运动员递交尿样的决定。佛诺尼学校的大多数人支持在个体隐私权和政府机构的立法需求之间寻求平衡。他们认为，在本案件中，“教师和学校管理者需要自由以维持学校秩序。”[23] 然而，持反对意见的法官桑德拉·戴伊·奥康纳争辩道，高中学生运动员所接受的随机药检侵犯了那些有嫌疑但实际上没有使用毒品的个体的隐私权。她认为，美国宪法的创始人制定了第四修正案，禁止对个人的一般性搜查，因此，这种随机药物检测是违背宪法的。

尽管法院支持上述三个案件中的药物检测行为，但这三个案件也揭示出反对药检的暗流。然而，它们为药检裁决建立了固有的判例模式。自 1995 年起，法院仅仅审判了一项药检案件。在 2002 年的“教育委员会起诉伊尔斯”案件中，法院扩大了佛诺尼裁决规则的范围，允许对参与俱乐部、乐队和唱诗班等课外活动的高中学生进行随机药检。[24]

最终，私人企业雇主获得了进行药检的自由，前提是他们制定良好的企业政策以遵守联邦法律或者当地法律。然而，药检和隐私权仍然存在一个问题，那就是由于地理位置分散，企业难以遵守这些法律。例如，佐治亚州、伊利诺伊州和俄亥俄州鼓励企业进行药检。爱荷华州、罗德岛和佛蒙特州禁止企业进行药检。佛蒙特州和明尼苏达州禁止企业在第一次发现雇员使用毒品时解雇员工。[25] 佛蒙特州还规定，如果雇员接受药检，企业所有者和管理者同样需要接受药检。

问　题

1. 为了防止公共部门和私人部门雇员滥用毒品和酒精，是否应该进行尿样检测或者其他形式的检测？请陈述理由。
2. 如果你认为某种形式的尿检是可以接受的，请写下一个合理的检测程序。谁是被检测对象？雇员还是求职者？应该使用随机检测吗？从事所有工作的雇员都应该接受药检吗？
3. 假设你是企业负责药检项目的经理，你将如何应对下述情形？
   （1）一位有 10 年优异工作表现的雇员，在周一早晨的大麻检测中，检测结果呈阳性。
   （2）一位拒绝接受随机药检的飞行员。
   （3）一名可卡因检测结果呈阳性的求职者。
   （4）一位可卡因检测结果呈阳性的雇员。
   （5）在企业宣布进行尿样检测的前一天晚上，一名雇员来到你的办公室，主动承认他在工作以外的时间定期吸食迷幻剂。
   （6）一位工作效率很高的雇员，表面上没有任何使用毒品的迹象，但在匿名举报中，有人检举他在工作时使用毒品。
   （7）一位被卷入严重工作事故的雇员，因为坚持隐私权而拒绝接受免疫检测。
   （8）工会建议企业管理者应该与雇员一样接受药物检测。

第 17 章

工作场所中的公民权

2007 的反就业歧视法

任何公民，甚至是非公民，只要在位于美国境内的公司工作，或者美国公民在位于国外的美国公司工作，在工作歧视方面都能得到很好的保护。公司因种族、肤色、国籍、性别或宗教信仰歧视或者骚扰雇员是非法的。这种保护适用于所有种族的个体，包括白人、黑人、亚裔、夏威夷本地人、太平洋岛民、拉丁裔、阿拉伯裔和那些多种族的个体。此外，雇员不得因与任何种族、国籍、民族或宗教背景的人结婚或交往而遭受歧视和报复。妇女不得因怀孕而受到不公平的工作待遇。雇主必须为有生理或心理残疾的人提供合理比例的职位。超过 40 岁的公民还受到免遭年龄歧视的保护。

这些法律保护的结果是不寻常甚至是了不起的。在纽约服装工厂工作的中国或墨西哥公民，无论是否持有工作许可，都可以得到保护，以避免因种族、口音及英语流利程度而被取笑。聋哑人和一只眼睛失明的人，也能获得成为卡车司机的工作机会。一个人不能仅仅因为被诊断出具有妄想狂倾向而被开除。刚生育过的妇女也不能被勒令休假。总之，法律几乎禁止了所有针对个人特征的工作歧视。

布鲁克·韦茨曾受雇于 Cellular Sales Texas 公司，她负责跟踪得克萨斯州和俄克拉荷马州地区商店的存货。为了减少高价值电子商品失窃，她建立了新的存货控制系统。她工作勤奋，用她自己的话说：“我像要成为摇滚明星那样工作。”[1] 工作是她人生的一部分，每天早晨她都提前几个小时开始工作，主管常常表扬她，但她仍然感觉很不安。

办公室的男性们经常开同性恋者的玩笑。一个同事说她走路的姿势具有男子气。虽然在工作之外，韦茨对自己是一名同性恋者抱持一种开发的态度，但她觉得如果公开身份将会使她与其他同事之间的关系疏远。对此她举棋不定，犹豫让她选择了隐瞒，并日复一日的玩起欺骗游戏。她回避有关个人生活的话题，甚至回避这些代名词。当其他人谈起各自的丈夫或妻子时，她称呼自己的女朋友为“另一半”。

一年过去了。一天早晨，韦茨的主管拿起韦茨的手机，看到一张她与女朋友接吻的照片。那天的气氛非常紧张。

> 第二天我很不情愿地去上班，让我惊愕的是，主管比平时提前三个小时到办公室。当我经过她的门口时，她叫我进去，没有一丝犹豫地站起来并告诉我，她不得不请我离开。我问为什么，她说他们需要一位更胜任这个职位的人……当我为自己申辩时，她只是重复着：“对不起，我们只是不得不让你离开。”[2]

国会议员巴尼·弗兰克（马萨诸塞州民主党议员），住房金融服务委员会主席、2007 反就业歧视法的主要发起者。

资料来源：© AP Photo/Susan Walsh .

在国会作证时，韦茨说："我认为任何人都不应该处在这样一个工作环境中，那就是不得不担心自己是什么人，并以牺牲自己的生活隐私为代价。"[3]

事实上，联邦法律中禁止歧视行为的许多条文在类似韦茨受辱的事件上形同虚设。19 个州立法保护男、女同性恋者和双性恋者不因性取向问题而受到工作歧视。11 个州还保护变性癖者免受性鉴别的歧视。韦茨的不幸在于她在德州工作，该州没有保护女同性恋雇员的法规。

20 世纪 70 年代以来，国会中的支持者试图通过一部法律，保护像韦茨一样的受害者。最新的努力是 2007 年出台的《反就业歧视法》议案。该议案将任何以"个人实际上的或者可能的性取向"为由，拒绝雇佣、开除或采取任何不利于雇员工作的行为视为违法行为。[4] 根据该法案的主要发起者共和党议员巴尼·弗兰克（马萨诸塞州民主党议员）的说法："该法律的原则非常简单……只能根据工作绩效来评价雇员。"[5]

为了平息反对声，该议案没有赋予变性癖者同样的权利，以此为代价支持同性恋团体。议案禁止针对同性恋者的工作歧视，但军队与宗教组织免于遵守这一法案。该法案允许雇主强调着装标准和打扮要求，但不要求公司给非婚伴侣提供医疗优惠。不过，反对的声音仍然很多。

反对者提出许多论点。有人说该法律的措辞太模糊。雇主可能无法反驳那些基于个人"可能的"性取向歧视的指控。另一些人认为，让基督教和伊斯兰教书店雇佣同性恋者，意味着违背其宗教信仰。另外，政府不得不决定哪些雇主可因宗教原因而被豁免，哪些不能被豁免，这违背了宪法关于政教分离的原则。传统婚姻和家庭价值观的支持者则认为，激进的法官在此之后可能会应用法律中的措辞来重新解释婚姻制度。

除了这些世俗的反对声之外，其他一些反对声更具实质性。一些基督教徒认为，同性恋行为冒犯上帝，反对人为制造这样一个新的受保护的阶级，反对这样一个帮助某些人过一种有罪生活的法规。《华盛顿邮报》刊出了一封针对这一法案的来信："参与同性恋实践不仅是一种选择，也是一种堕落。"[6] 对于类似批评，弗兰克议员这样回应：

> "人们有选择的权利。人有权成为激进主义者，有权不喜欢某个宗教，但你没有权做的是……在你与他人进行经济交往时，因这些而歧视他们。"[7]

2007 年年末，反就业歧视法在众议院以 235比184 的投票结果被通过。议案还没有成为法律，在得到参议院通过和总统签署的道路上还面临着艰难的战斗。但这是30多年来类似尝试首次在两院中的众议院得以通过。

这个故事是为工作场所中的公民争取公民权利保护的长期历史的一部分。本章首先讨论工作场所中公民权的相关历史，阐释多年来反对工作歧视的法律和法规的演化进程，接着讨论这些法律在当今的作用。本章同时探讨女性管理人员及组织中的多样性问题。

工作场所公民权的简要回顾

美国是在公正、自由、尊重人权的崇高理想指引下建立的。然而，我们历史上的许多商业实践却公开背离了这些理想，基于种族、肤色、性别、国籍、宗教及其他方面的歧视非常普遍并广泛传播。自美国独立至今230年的历史中，不受歧视的就业保护，仅仅存在了40多年。

殖民时代

美国的就业歧视，可以追溯到欧洲奴隶贩子首次将非洲土著人带到“新世界”海岸的1619年。1776年，美国宣布从英国独立时，已经存在50万名奴隶，大部分集中在南方种植园。在北方殖民地，许多人对奴隶制深感不安，对那些刚刚为了逃避宗教迫害和政府暴政而从欧洲迁来的人来说，这种制度与他们的理想有冲突。《独立宣言》是这样表达建国者们的理想的：

> “我们相信这些真理是不言而喻的：人生来平等，造物主赋予人们与生俱来的权利，那就是生命、自由与对幸福的追求。”

这些与生俱来的权利就是**自然权**（natural rights），即那些仅仅因为他是一个人而被赋予的权利，而且这些权利不能被政府剥夺。自然权高于**公民权**（civil rights），而公民权是政府赋予公民的。自然权是一个标准，政府与雇主都可以利用它来衡量自己的行为是否符合标准。

《独立宣言》中的这段话恰好提炼出“美国教义”的精华，这种精华被历史学家小阿瑟·施莱辛格定义为三者合一的权利：“人享有基本尊严、人人平等及与生俱来的自由、公正和机会的权利。”[8] 在当时的语言中，“所有人”是指自由的白人男性。托马斯·杰斐逊在独立宣言的初稿中，曾猛烈抨击奴隶制度，称其为“反人类本质的残酷制度，侵犯了人类最神圣的生命和自由的权利。”[9] 但这些言辞激怒了奴隶主，为了确保在即将到来的反英斗争中保持团结，杰斐逊不得不删掉这些措辞。

姑且不论这些被迫删除的言辞，单就宣言中关于自然权的论述，施莱辛格曾经做出如下评论："（这些论述）已经对白人的理想提出了挑战，对黑人来说，这些话则意味着更多的含义，因为它也维护黑人没有实现的权利。"[10]

美国宪法同样反映了对民权的这两种不同看法。当 1789 年美国宪法通过时，在 5 个条款中承认了奴隶制的合法性。例如第一条第 2 款规定，众议院席位按人口比例分配时，每个奴隶按 3/5 的个体计算。[11] 但与此同时的权利法案，却包括明确的、全面保护每个人基本权利的段落。

内战与重建

当美国宪法通过的时候，一场反奴隶制的运动在英国一个小派别教会中展开了。这场运动发展迅猛，在一个世纪的时间里，它那正义而道德的主张就将奴隶制从世界的舞台上清除了。[12] 在美国，奴隶制在 1861~1865 年的内战中遇到了最大危机。1863 年，林肯总统颁布了《解放宣言》，使 400 万奴隶获得了自由。战后，国会通过了三项宪法修正案，旨在保护那些曾经是奴隶的黑人权利，特别是在南方地区。

- 1865 年的《宪法第十三修正案》废除了奴隶制。
- 1868 年的《宪法第十四修正案》，目的是阻止南方各州通过有种族歧视性的法律。其中部分内容为："任何州不得制定或推行损害美国公民言行自由权和豁免权的法律；任何州不得以非法程序剥夺任何人的生命、自由与财产；不得剥夺任何人在司法权内应有的法律保护。"
- 1870 年的《宪法第十五修正案》禁止投票中的种族歧视。

后来国会通过的一系列民权法案，又对这几次修正进行了补充和完善。其中最著名的是 1866 年通过的反对雇主歧视黑人的法案，以及 1875 年通过的保护黑人免受交通和住宿方面歧视的法案。这些修正案与法规共同构成一个有力的法律机制，使美国教义中赋予黑人的权利得以行使。如果这个机制真正发挥作用，那么，一个世纪以来黑人和其他团体在工作中遇到的令人痛心的歧视就不会发生。可惜的是，这个机制并没有很好的发挥作用。

新法律的推行在南方遇到了巨大阻力。但在刚开始，因为联邦军队仍然存在，有些法律得以实施，联邦军队的使命就是临时对付南方抵制黑人权利的行动，这些行动令人害怕而又充满暴力。例如，由于军队保护选举权，16 位黑人被选进国会，大约 600 名黑人进入国家立法机构。但 1876 年的总统选举结束了南方恢复黑人权利的时代。

在那场选举中，共和党候选人拉瑟福德·海斯在选票上输给了民主党对手塞缪·蒂尔登。但二人在选举委员会的选举中得票数相近，于是南方三个州的选举结果非常关键。海斯同意达成这样一个“谅解”，如果南方三个州的选票支持他，他将从南方撤回驻扎的联邦军队。海斯赢得了选举,军队撤回了。监督种族主义的一支重要力量，也随着军队的撤离而消失了。

之后，白人种族主义又在南方以各种形式表现出来。广义上讲，**种族主义**（racism）是指那种相信每个种族都有与众不同的文化特征，并认为自己的种族优越于其他种族的认识。当教育、政府、宗教和商业机构通过神话和陈旧的思想传播这一观念时，种族主义就会继续发生和存在。种族主义导致社会歧视，或者使资源按群体成员的类型而非个人业绩来分配。它使特权阶层如美国白人避免受到挑战。

南方各州采纳了名为**《吉姆·克劳隔离法》**（Jim Crow laws）的种族隔离法。这些法律认可白人比黑人高贵，建立了白人自己的学校、休息室和洗手间。黑人被剥夺了文化考试的权利。在特定社区，限制性契约和行为规定，禁止白人将财产卖给黑人。雇佣方面的歧视使黑人只能从事卑微的职业。

其他群体面临的就业歧视

同样，美国黑人以外的其他群体也面临广泛的、由来已久的就业歧视。印第安人被普遍认为低人一等。19 世纪，联邦政府花费大量资金破坏他们的社区，并将他们驱赶到隔离区。当墨西哥 1845 年割让得克萨斯、1848 年割让西南部土地给美国时，约 9 万拉丁美洲人成为美国居民。很快，这些墨西哥裔美国人成为歧视行为的受害者。他们被合法剥夺了广阔的土地，并在劳动力市场上受到剥削，歧视使他们的工作机会大量减少，他们还承受着暴力迫害。1850~1930 年间，在西南部被杀害的拉丁美洲人比南部受私刑绞死的黑人还多。[13]

从 1851 年开始，中国劳工进入美国。他们定居在西部各州，许多人拥有沙金矿场。1863 年，数千名中国劳工开始建设中部太平洋铁路。许多人经营洗衣店和餐馆。到 19 世纪 70 年代，西部各州的中国人达到 10 万，其中加利福尼亚有 7.5 万人，占加州全部人口的 10%。虽然他们面临歧视，但还能勉强度日，直到经济危机爆发。大多数白人觉得中国人在和他们竞争工作和顾客，针对中国人的经济和种族歧视真正开始了。

各州通过立法设立特别税收，将中国人的矿场充公并破坏他们的生意。一些城镇还命令所有中国人离开。旧金山通过一项法令，要求所有洗衣店必须持有执照，同时却拒绝给中国人发放执照。[14] 1874 年，加州法律禁止中国人参加选举，并将雇佣中国人的公司列为非法。最终，国会于 1882 年禁止中国劳工移民。

最早的日本移民受到同样的恶意对待。1880 年，美国仅有 124 名日本人。由于禁止雇佣廉价的中国劳工，日本人的数量迅速增长。到 1890 年，大约 10 万日本移民到美国，大多数人集中在加州。日本劳工的工资通常为每小时 7~9 美分，比白人要少。像中国人一样，最终他们对白人的工作构成了威胁，并很快在一些城市遭到强烈歧视。他们不得不转向加州内陆肥沃的峡谷，从事农业生产。但有势力的白人农场主同样痛恨他们的存在。加州通过法律剥夺了日本人拥有土地的权利，国会于 1924 年禁止了日本移民。

尽管雇主愿意雇佣日本劳工，但社会民众的反对经常使雇佣无法实现。例如，1925 年，太平洋—斯普鲁思公司将 35 名日本劳工送到俄勒冈一个叫 Toledo 的小镇，让他们在锯木厂工作。由 500 名男女老少组成的示威队伍包围了工厂，迫使公司将这些日本人用卡车送到波特兰。[15]

正如以上对 19 世纪至 20 世纪初雇员歧视的简要介绍，无论是“美国教义”还是内战后实行的那些美好的法律机制，都没能阻止种族主义的发生。为什么会如此呢？因为美国教义和法律制度敌不过广泛存在于大众心目中的偏见。法律不得不对付南方不断蔓延的种族主义，并很快被最高法院以两宗标志性案件的判决而废除了。这两宗案件是“公民权利案”和“普莱塞起诉弗古森案”。

公民权利案

《民权法案》于 1875 年被通过。该法案禁止在旅馆、陆地或水上公共交通设施、剧院及其他公共娱乐场所进行种族歧视行为，违反者将被处以最高 1 000 美金的罚款，或最长一年的监禁。[16] 但当时歧视获释奴隶的现象很普遍，因此，最高法院很快就接到一系列诉讼。其中两起案件分别发生在堪萨斯与密苏里，其中一起是旅馆拒绝向黑人提供住宿，另一起是田纳西州曼菲斯与查尔斯顿铁路公司拒绝一个非洲裔妇女进入火车中的妇女包厢。1883 年，这些案件被最高法院合并为一个案件来处理，并被称为“公民权利案”。[17]

1875 的《民权法案》是根据《宪法第十四修正案》制定的，而且依据法院方面的意见，法官约瑟夫 · 布拉德利仔细地斟酌了法案措辞。布拉德利认为，因为修正案禁止“州政府”发生歧视行为，因此法案并没有禁止被他称为“私人错误”的歧视行为。如果歧视行为没有得到州法律的支持，那么就只能是公司与顾客或雇员之间的问题了。而且，修正案也没有禁止这样的歧视行为。因为上述原因，国会没有权力规范私人组织的种族歧视行为，而 1875 年的《民权法案》与宪法相抵触。

在公民权利案件中，法院把《宪法第十四修正案》限定在如此狭隘的范围内，使《宪法第十四修正案》与经济、社会中广泛存在的歧视行为相分离。国会和法院再也不能利用宪法来反对那些无耻的种族歧视行为。上述判决未必是错误的。事实上，许多宪法专家认为，在《宪法第十四修正案》对州政府行为给出明确解释的情况下，当时法庭的判决是合理的。但法官约翰·马歇尔·哈兰持不同意见："最近几次宪法修正案的实质与精神，都被那些隐晦的、别有用心的咬文嚼字的批评葬送了"。[18]

普莱塞起诉弗古森

南方各州通过了所谓的《吉姆·克劳隔离法》，使种族隔离合法化。如果《宪法第十四修正案》不能禁止个人之间剥夺彼此基本权利的行为，难道它还不能明确禁止各州推行歧视奴隶出身的黑人的法律吗？答案仍然是"不能"。

类似的法律有路易斯安纳州1890年通过的《汽车分离法》。该法案要求所有路易斯安纳州的铁路部门"为白人和有色人种提供平等但分离的车厢。铁路部门通过客车多挂几节车厢或将一个车厢分为几个部分的办法来实施分离。"[19] 这部法律，像其他的吉姆·克劳隔离法案一样，是以州政府的**政治力量**（police power）为基础的。这种政治力量是州政府固有的、为了公民福利而调节经济和社会关系的力量。

郝莫·普莱塞有1/8非洲血统和7/8白人血统。1892年6月7日，他在路易斯安纳州东部的火车站买了一张从新奥尔良到科温顿的头等厢车票。上车后，他在白人车厢坐下，但很快被乘务员告知，必须去非白人车厢。普莱塞拒绝了这个要求，为此被送进了新奥尔良的监狱。

普莱塞提起诉讼，声称他享有《宪法第十四修正案》赋予的平等权利。1896年，在该案件的审理中，最高法院驳回他的上诉。法院认为，只要白人与黑人的车厢是一样的，黑人就没有被剥夺任何权利。亨利·布朗法官站在大多数人的立场上写道："法律需要种族有别，但这并不意味着哪一个种族比其他种族低等。"这种做法是州政府政治力量的有效执行，因为这种分别保障了"社会安定、公共安全与公共秩序。"[20]

这一判决彻底破坏了作为保护公民权利基础的《宪法第十四修正案》。法院的解释使**隔离但平等**（separate but equal）披上合法的外衣，并认为种族隔离并非本质上的不平等。"隔离但平等"教条成为南方种族隔离的合法基础，持续了整整58年，直到1954年，才在著名的学校反隔离案件"布朗起诉教育委员会"中得到纠正。

普莱塞案件的判决是臭名远扬的，甚至有人认为这是有史以来法庭做出的最糟糕裁决，因为它产生了非常大的负面影响。法官们也因此错过了一个正确解读《宪法第十四修正案》的机会，而这可以将黑人从白人至上的种族主义中解放出来。法官们也许认为，一种与吉姆·克劳隔离法案相抵触的裁决是不得人心的，会在大范围内遭到拒绝，从而弱化法庭表达观点的能力。正如在"公民权利案"中那样，哈兰法官是一位孤独的反对者，在对大众的演讲中，他的言论使"美国教义"熠熠生辉。他说：

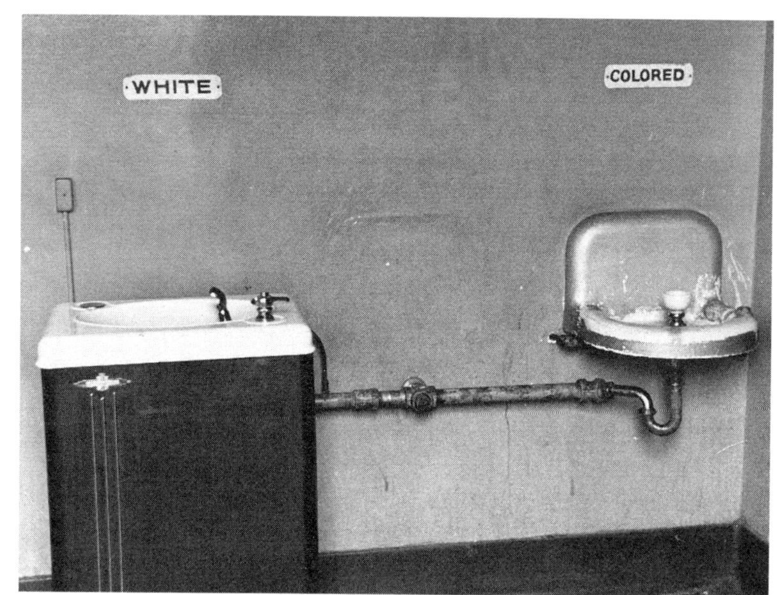

普莱塞案判决之后，《吉姆·克劳隔离法》在南方大行其道。1950年，这张拍于北卡罗莱纳州相互分离的水池照片，表明了种族歧视的广泛存在，包括雇工中的歧视。

资料来源：© Elliott Erwitt/Magnum Photos.

> 我们的宪法是不论肤色的，它既不辨别也不能容忍公民中的阶级划分。就公民权而言，所有公民在法律面前都是平等的。出身卑微者与出身显赫者没有区别。从一个人的公民权受国家最高法律保护的意义上讲，法律不考虑他们的肤色，都将他们视为人。[22]

多年的歧视

美国的民权法律令人失望的遭到践踏。南方各州的立法机构因普莱塞案而变得张狂。现在，不需要道义上的借口，就可以到处扩展传播吉姆·克劳隔离法中的观念。黑人面临最为猖獗的种族歧视，他们不能从事公共汽车乘务员或收款员等工作，因为这些工作可能让他们拥有凌驾于白人之上的权力。工会拒绝黑人，一些工会还将黑人限定在低收入工种中。例如，机车工程师联盟不允许黑人成为他们中的一员。南卡罗莱纳州的一项法律禁止纺织厂的白人和黑人在同一个车间工作，禁止白人和黑人共用同一大门出入。这些恶习还传到了北方。一项关于纽约巴富罗地区黑人工作机会的研究告诉我们这样一个故事：

> 据一位黑人讲，他曾是一家铸造厂的铸造工，后来被一个白人替代并成为这个白人的助手，当他抱怨时，就被开除了。另外一人成为一家石头切割场的技术员，由于表现出色，他暂时得到那个职位。但几天后他就失掉这份工作，

原因是一个监工看到他是黑人，便让领班去找另外的人代替他。[23]

1964 年的民权法案

公开的种族歧视还在南方继续。1943 年对新奥尔良 175 家公司的调查显示，几乎所有的公司雇佣黑人，但 93% 的公司实行工作场所隔离，79% 的公司对工作任务进行了分离。[24] 在北方，许多公司干脆拒绝雇佣黑人。例如，1952 年对芝加哥 14 家工厂的一项调查显示，其中 10 家工厂拒绝雇佣黑人。这一比例达到 71%。[25]

20 世纪 50 年代末到 60 年代初，一场新的民权运动兴起。在马丁·路德·金等黑人领袖的领导下，这场运动和平进行，并再一次试图使美国实现真正的美国教义。"美国人民被种族主义感染了——这是危险的，"马丁·路瑟·金说，"具有讽刺意味的是，美国人民同时又被民主理念感染了——这是希望所在。"[26]

这场运动施加的压力带来很多社会改革。1964 年通过的《民权法》是其中最著名的一项法案，该法案如今仍被视为保证公民平等机会的法律和监管框架的基石。该法案的第七条禁止雇佣方面任何形式的歧视，部分内容如下：

> 雇主的以下雇佣行为将被视为违法：
>
> 1. 雇主因雇员的种族、肤色、宗教信仰、性别或国籍等原因而认为其不合格、拒绝雇佣或开除雇员的行为；或者雇主因同样的原因，通过歧视性的报酬、工作时间、工作条件以及某些雇佣特权来歧视雇员的行为。
> 2. 由于诸如个人种族、肤色、宗教信仰、性别或国籍等原因，而对雇员或者应聘者采取任何形式的限制或分类的行为。这些行为将会剥夺一些人的工作机会，或者至少对其地位产生不利影响。（第 703 条 a 款）

第七条也催生了就业机会均等委员会（Equal Employment Opportunity Commission，EEOC），这是一个独立的管理机构，依法监督法案的实施。所有雇员达到或超过 15 名的公司都受第七条约束，并且需要每年向 EEOC 汇报公司各类工作职位中，弱势群体及妇女的数量。[27] 如果存在歧视，雇员可以向 EEOC 书面投诉。这个机构通过调解或自愿协商的方式解决投诉。如果这些方式不起作用，还可以在联邦法院提起诉讼。2006 年，与第七条相关的投诉案件为 56 155 件，雇员因遭受歧视而获得的赔偿额达 1.27 亿美元。[28]

第七条的宗旨是，消除雇员在雇佣和晋升方面的歧视，并为所有雇员创造一个公平的竞争环境。这一宗旨在该国会通过该法案激烈的辩论中表现得非常明确。在法案实施之初，并没有因为弱势群体是受保护群体而要求雇主必须雇佣他们，也没有要求雇主纠正工作场所中不同种族雇员数量不平衡的状况，或者改变已经建立的资历体系。这样，白人不会被解雇，也不会失去他们的资历，因此不会受到不利影响。但从这一法案生效之时起，预示着所有的偏见都将结束，雇佣只能通过业绩来决定。

区别对待与区别影响

第七条使公开的、明显的雇员歧视行为变成违法行为，但在法律上也带来**区别对待**（disparate treatment）问题。如果雇主因雇员种族、肤色、宗教信仰、性别或国籍不同而给予不友好的对待时，区别对待就存在了。例如，一家零售商店拒绝把黑人仓库保管员提升到销售岗位，更喜欢让白人销售员为白人顾客服务，这类歧视行为就是错误的。区别对待违背了第七条的初衷。

尽管第七条的目的是想通过禁止任何歧视性待遇来营造一个公平竞争的场所，但指望 19 世纪 60 年代就已经形成的雇员偏见在一夜之间烟消云散，简直是不可能的。法令需要不断完善，事实上也的确如此。

第七条生效之时，雇主们再也不能采取明显和露骨的歧视性行动了，“只要白人”的字样被从玻璃上刮去，歧视活动转入地下，但仍然令人反感。雇主们放弃了公开歧视，取而代之的是更隐蔽的手段。有些职位的应聘者被毫无理由的拒绝，或者雇主以各种借口认为应聘者不符合要求。雇主们也会引入一些应聘条件，这些条件看似基于业绩考虑，其实只是歧视行为的借口而已。比如要求女性求职者必须达到一定的身高、体重、力量等要求，而这些要求只有男性求职者才能达到。南方的黑人要接受测试，而这些测试有利于那些受过良好教育的白人。

在第七条条款的规定之下，这类歧视很难被根除，因为雇主们并不承认自己有歧视动机，并且声称他们的聘用标准是中立的和以业绩为基础的。第七条的缺陷也无法解决区别影响问题。**区别影响**（disparate impact）是指雇佣政策表面上对所有雇员是中立的，但事实上，它不仅与工作无关，还阻止个人在任职或晋升方面受到保护。

为了与区别影响斗争，法院最初采用的方法是，对所有案件逐个进行是否存在歧视的司法检查。首先，应聘者或雇员提起遭受了雇主歧视的诉讼。然后雇主必须提出一个理由，解释所采取的行为是一种**商业需要**（business necessity）。这样，举证责任又转回到雇员方，他必须证明雇主的理由是虚假的，而这一点通常很难做到。[29] 这种对每个案件分别考虑、反复举证的方法非常不便，不仅占用了法庭大量的时间，而且让原告承担了艰巨的任务，即他必须证明雇主不可告人的动机，而原告往往又缺乏像公司那样的法律资源。因此，有必要寻找一种方法来应对雇主隐蔽的种族主义。最高法院应该建立这种方法。

格瑞格斯案件

杜克动力公司在北卡罗莱纳州的德瑞伯有一家蒸汽发电厂，那里的工人已经按照种族被隔离了许多年。这家工厂由五个部门组成，而黑人只能在工资最低的劳动部门从事工作。这家公司原来公开歧视黑人，但当第七条款生效之后，公司取消了种族政策，并向黑人开放了所有工作。

但这家工厂也建立了一项新规定。规定要求，从劳动部门晋升到煤炭处理、设备操作、设备保养或实验和检验部门必须具有高中文凭。黑人工人只要完成了高中学业，就可以应聘那些原来只能由白人承担的工资更高的工作岗位。他们也可以参加一项智力测试和一项技能测试，如果得到的分数与高中毕业生的平均水平相当，他们就算符合了这一条件。但由于这一地区的黑人缺乏学校教育，这样的要求打击了他们的勃勃雄心。杜克动力公司现在以缺乏教育为由拒绝黑人，而不再像以前那样，因为他们是黑人而拒绝他们。黑人工人提起诉讼，声称他们因达不到教育和测验要求而被淘汰下来，但这些教育和测验与相应工作无关，例如在煤炭处理部门铲煤的工作。

在 1971 年对这一案件的审判中，美国最高法院认为，以学历要求和测试为手段来隔离黑人及其他受保护阶层的做法是不合法的，除非雇主们能够证明这些要求是与工作绩效相关的，或者证明这是“商业需要”。即使没有任何歧视意图，这样的行为也是不合法的，“格瑞格斯案件”的判决以及由此提出的区别影响，对第七条款正常发挥作用十分必要。如果允许雇主们通过迂回的借口来达到种族歧视的目的,那么，第七条款就是没有用处的。

1978 年，就业机会均等委员会（EEOC）以著名的**百分之八十规则**（80 percent rule）为指导，定义了雇主的不合法行为。

> 对于任何种族、性别或是信仰群体，其聘用比率小于聘用比率最高人群的 4/5 或 80%，通常就可以作为有区别影响的证据……[30]

构成公司多数雇员的人群主要是男性白种人，如果弱势群体在该家公司应聘成功的比率达到男性白种人的 80%，公司就符合这一规则。例如，如果这家公司雇佣了 20% 的白人应聘者，那么该公司必须至少雇佣 16%（20% 的 80%）的黑人应聘者。如果这家公司雇佣的黑人少于 16%，这一统计数据就表明，公司有不合法的区别对待行为。到此为止，公司必须能够证明，它所采取的测试或应聘者标准等雇佣政策是一种“商业需要”。以“商业需要”作为抵御策略，公司必须证明其测试或实践是“必不可少的”，并且是“迫不得已的”。[31]

随着司法中增加了区别影响观念，第七条款得到发展，超出了最初的内涵，并能够用来管制范围更广的歧视活动。第七条款最终为黑人和其他弱势群体提供了一种合法有效的机制，给予他们获得工作的公民权利，这是早在美国南部诸州重建时美国国会就试图给予他们的。从某种意义上说，被践踏的承诺得到了修复。如果在一个世纪前的重建时期，最高法院对法律采取令人信服的行动和态度，那么现在就不需要第七条款了。

保权行动

保权行动（affirmative action，也译作平权行动）是描述公司一系列政策的短语，这些政策旨在寻求、鼓励有时甚至是优待那些受第七条款保护的雇员。草拟第七条款后，国会中的支持者就向商业群体保证，黑人和其他受保护的群体得到的优惠不会超过白人的待遇。第七条款是结束歧视活动的红灯，但并不是构建种族平衡的绿灯。林登·约翰逊总统签署这一法令后不久，民权团体就认为，第七条款中有关均等就业机会的思想缺乏现实性，这是由于过去长期被抛弃，黑人和其他受保护人群处于非常不利的地位，他们缺少白人所拥有的资历和资格，不可能在业绩制度中与白人平等竞争，他们需要特殊待遇来保证公正。

11246 号行政命令

大部分保权行动起源于 1965 年约翰逊总统颁布的 11246 号行政命令。[32] 该行政命令要求雇员人数在 50 名及以上的所有公司（所有财富 500 强企业都满足这一标准），或是与联邦机构签署的合同金额在 5 万美元以上的公司，都要有书面的保权行动计划。这个计划必须细化雇佣少数民族和妇女的政策、程序和行动，以减少歧视行为。每个公司必须分析每个主要部门的劳动力组成情况，运用统计数据来检查每个工作类别的劳动力结构中是否雇佣了相同比例的少数民族和妇女。美洲印第安人、阿拉斯加土著人、亚裔、夏威夷土著人、其他太平洋岛民、黑人、拉美裔或有两个或两个以上血统的人被看做少数民族。这种分析集中在 10 个主要的工作类别中，每个公司必须检查每个类别中少数民族和妇女的雇佣比例是否和目前劳动力人口中的比例相同。[33] 如果受保护人群在某种职位上的人数不足，公司必须设立目标和时间表来雇佣、保留并提升他们。

设在劳工部下的“联邦契约执行办公室”（OFCCP）负责实施 11246 号行政命令。联邦契约执行办公室并不为公司制定硬性指标。但有一个例外，这个例外是建筑行业，自 1980 年起，该命令要求该行业女性雇员所占比例达到 6.9%。在其他行业，这一行政命令要求承包商设立雇佣目标，并要“努力”实现这一目标。如果最终雇佣的受保护人群符合“百分之八十规则”，就可以认为取得了足够进展。

联邦契约执行办公室非常热心地进行各种检查。他们在最有可能发现歧视的目标公司中使用统计工具来检查。他们还会派检查组到工厂去，四处察访，约见雇员和管理人员，审查所有的记录，从面试记录到工资表。调查人员发现违规现象很普遍，2005~2007 年间，超过 11% 的违法行为受到罚款或其他处理。[34]

最高法院修改第七条款

从一开始，保权行动就存在很大争议，它在世界观上以各种方式挑战美国教义。它用结果公平的思想来取代机会均等的思想；它挑战基于业绩来评判成就的理念；它以群体优先代替法律面前人人平等的思想。保权行动在开始之初就表明，它不仅仅是一个世界观的问题。公司害怕遭遇起诉，如果不能解决工厂内种族和性别不平衡问题，就必须面对联邦法律的惩罚。如果公司利用平权行动增加少数受保护人群和妇女员工，又担心白人男性提出反歧视指控。

保权行动注定会在法律上引发激烈的争议，最高法院以这些争议为契机，对第七条款做出变革性的修改。艾伦·贝克对保权行动发起了首次引人注目的挑战。他是一位男性白人，在申请加利福尼亚大学位于戴维斯的医学院时遭到拒绝。在加州大学的招生名额中，每 100 个名额中就有 16 个保留给受保护群体的学生。贝克认为，他比一些已被录取的弱势群体学生更符合标准。他还认为，由于他是白种人，他遭到来自第七条款的不合法的种族歧视。在案件中，最高法院做出了对贝克有利的裁决。在法院那混乱冗长的意见中，法院禁止为弱势群体保留固定比例的名额。但法院也认为，在录取过程中应该考虑种族因素。这使保权行动能够继续存在，但却没有解决雇主的两难问题，他们仍然害怕员工提出有关歧视的诉讼。

第二起案件发生在路易丝安那州的凯撒铝业和化学公司的一家工厂。这家工厂位于新奥尔良附近，39% 的雇员是黑人。在第七条款通过前，很少有黑人在这家工厂工作，即便在通过这项法案的 1974 年，黑人占这家工厂工人的比例也不超过 18%。凯撒公司强调从业经验和资历，工厂中只有不足 2% 的熟练工人是黑人。再加上工艺联合会排斥黑人，以至黑人不具备从业经验和资历。凯撒公司是联邦承包商，为了符合 11246 号行政命令的规定，公司于 1974 年采取了一项保权行动计划来提高黑人工人所占的比例。公司的目标之一就是增加熟练技术工人中黑人的数量，因此在工艺技术培训中为黑人保留了 50% 的名额。这种分配显然是基于种族考虑。

1974 年，已在凯撒公司工作了 10 年的实验室分析员布瑞恩·韦伯申请一项技能培训项目，该培训能使他胜任更多的技艺性工作，并可使其年薪由 1.7 万美元增至 2.5 万美元。为了挑选受训者，凯撒公司建立了两个资历序列——一个是黑人的，另一个是白人的。申请人的挑选按照降序从每个资历表中从上到下交替进行，从黑人资历表开始直到额满为止。结果 7 名黑人和 6 名白人入选。韦伯由于在白人中的排名太低而没有被选中。然而，两名资历不如韦伯的黑人却得以入选（见图 17.1）。这是一起典型的反歧视案件。

韦伯提起诉讼，声称评选程序违反了第七条款中禁止基于种族来决定雇佣的规定。他声称，他被剥夺了由《宪法第十四修正案》赋予的被公平对待的权利。1979 年，最高法院审理了这一案件，威廉·布瑞南法官公布了最高法院的判决结果，裁定凯撒公司保权行动计划体现了"法律精神"，有利于消除过去因为对黑人歧视而产生的影响。[35]

最高法院还制定了用于判断保权行动计划是否合法的重要准则，这些准则在后来经常被采用。首先，计划必须以改变历史上人种或性别歧视行为为目的。其次，计划不得对白人雇员优势造成绝对限制。例如在韦伯案件中，一些白人仍被允许参与培训。第三，计划不得要求解雇白人工人。最后，计划应该是灵活的、暂时的，当预定目标实现时，它就可以自动结束。

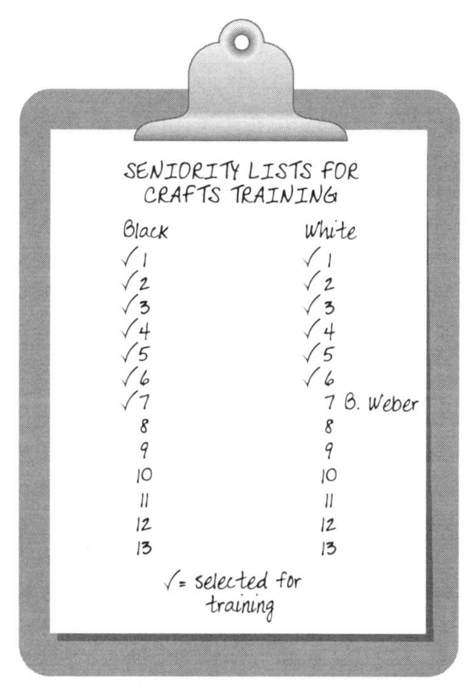

图 17.1　凯撒公司技术培训工人选择表

凯撒公司和工会挑选了 13 名接受技术培训的工人，所有的候选人均满足基本条件，但黑人候选人中排号第 6 和第 7 的候选人不如白人中排号第 7、第 8、第 9 的候选人。

韦伯一案的判决为第七条款增加了全新的含义。从那之后，第七条款不再是一种保护中立的游戏规则。现在，它允许那些起草者曾保证过不会发生的事情发生，那就是它允许对受保护群体实行优先待遇。后来成为大法官的威廉·伦奎斯特坚决反对韦伯一案的裁决，强烈抨击多数派为第七条款增加新的含义。他认为，这一做法显然违反了第七条款中"禁止所有种族歧视行为"的原则，当然也包括对白人的歧视行为。他认为，布瑞南的观点"与其说是对霍尔、霍姆斯或休斯等法律学者所提观点的回顾，不如说是对像霍迪尼那样的落魄艺术家们思想的回顾。"[36]

韦伯案直接提出反歧视问题，并且肯

定保权行动计划是合法的，即使它们反过来会影响白人。韦伯案之后，公司不再担心愤怒的白人提出诉讼。自此，保权行动到处传播。

在20世纪80年代，人数上占多数的自由派法官们在法庭上为保权行动确定了宽泛的边界。例如，法庭支持公司在临时解雇期内不改变资历评价系统，以保留新雇佣的黑人。[37] 在其他一些案件中，法院支持公司对黑人有雇佣配额的保权行动，从而坚定支持韦伯一案的判决。[38] 法院也支持在熟练技工中提高妇女百分比的保权行动。[39] 自始至终，少数保守的法官们都强烈反对大多数自由派法官的判决。

然而，到1988年，里根总统作为一位保权行动的反对者，任命了3名新的助理法官。这样，在审理保权行动的案件中，由5位法官组成的保守派群体起到了主导作用，自由派法官则成为少数派。[40] 在案子呈上法庭之前，这些法官就开始清除种族优待意识，使保权行动难以贯彻执行。[41] 保权行动的支持者大为恼火。很快，国会通过《1991年公民权利法》，向最高法院发出了明确的信息。这项法案通过一系列新的判决，重新为保权行动确立了广阔的存在空间。

自1991年以来，大多数最高法院的法官在任职或退休时，会提出希望根据宪法精神终止保权行动的建议。但保权行动经受住了历次考验。在"阿德兰德起诉培尼亚"一案中，临时组合在一起的多数派通过所谓"严格检查"来拖延时间，使保权行动案件更加难以裁决。[42] 在"格鲁特法院起诉博林杰"案件中，法院以5∶4的投票结果支持密歇根大学法律学院的保权行动。[43] 未来是不确定的，但只要保守力量存在，保权行动面临的新考验就会存在，雇佣中的种族偏好决策就会违反《宪法第十四修正案》中关于平等的条款。

关于保权行动的争论

与保权行动合法性争论相伴的，是社会上范围更广的争论。这场争论主要围绕三个基本的道德标准展开。

首先，基于功利方面的考虑。功利的道德标准要求计算保权行动给社会带来的所有好处，并与成本相比较。拥护者认为，优先待遇政策有利于充分利用人才，使所有人受益。批评者说，保权行动已经没有什么效果了，或者它产生的积极作用与其引起的公平问题相比，明显不值得。

关于保权行动有效性的研究结果并不一致，但从整体上看是有效的。最近一项对708个公司31年间行为的相关研究显示，在这些公司中，"白人男性在管理层的比例下降了8%；白人女性的比例提高了9%；黑人男性的比例提高了4%。"[44] 但这些统计数字并没有解决最根本的争论，即从整体上说，保权行动为社会带来的究竟是净收益还是净损失。

其次，有关公正的道德理论对保权行动的公平性提出了质疑。公正的理念要求在分配利益和承担责任时，应该使用公平规则。人们普遍认为，经济报酬应该根据业绩而非种族、弱势群体或性别标准来分配。另一方面，公司赔偿的理念要求为弥补过去的失误而进行赔偿，过去和现在的歧视活动妨碍了妇女和弱势群体，并把他们置于不利地位。因此，利用对黑人有利的歧视活动来弥补他们在过去被剥夺的利益，可能是公正的。1963 年，林登・约翰逊总统用一个精彩的比喻来说明这一点：

> 设想在 100 米的短跑比赛中，两名选手中的一名把双腿绑在一起，当他前进了 10 米的时候，另一名没有束缚的选手却已经跑了 50 米。如何调整这种局势呢？难道只是解开那一位选手的束缚，让比赛继续进行吗？这可以称为现在都得到“平等机会”了吗？让先前被束缚的选手先弥补 40 米的差距或是重新开始这一比赛，难道不是更公正吗？[45]

然而，保权行动使对过去非正义活动的惩罚落到了当今这一代白人男性身上，而这一代人是历史上最轻微的种族歧视者。纠正性公正原则要求，处罚必须与所犯罪行相称。那么通过什么样的证据可以表明，这一代人应该承担前一代人的罪过呢？

第三，保权行动在关于权利的道德见解上也可能引起争论。保权行动的赞成者认为，应该为妇女和弱势群体提供一项权利，这项权利给予他们优先权，并应该大力推行这项权利，直到真正实现平等为止。与过去白人所做出的邪恶的歧视行为不同，有利于受保护群体的歧视行为，意图是仁慈的。优先待遇权的反对者则认为，这项权利破坏了一项更为基础的权利，即所有个体在法律面前受到公平对待的权利。保权行动可能导致一种分配结果，即从没有做出歧视行为的人那里获得某种东西，并把它补偿给根本没有遭到歧视的人。

针对这些有关道德问题的、针锋相对的争论，没有简单的解决办法。保权行动是一项复杂的政策，具有极大好处但也存在明显的缺陷。作为一项广泛的公共政策，它已经过了它的鼎盛时期。有四种力量使保权行动弱化。首先，最高法院限制了它的使用范围。其次，尽管不是无处不在，但无歧视的价值观在当今美国是一种主流价值观，远远超过了充满种族歧视的 20 世纪 60 年代。这个国家现在已经接近人人平等的理想。第三，保权行动的不断扩张削弱了它的公正性。起初，该行动的出台是为了克服黑人奴隶制和南方吉姆・克劳隔离法所带来的影响。人们采取很强硬的措施来赶走这些传统偏见。但经过多年的努力，同样的优先政策已经扩大到其他群体，包括墨西哥裔、亚裔、太平洋岛民、妇女以及一些新的受保护群体，但他们是否需要这样的优先权，却很少进行调查和研究。第四，种族划分是模糊的。在 2000 年的人口普查中，700 万美国人拒绝填写种族来源，愿意被分在中立组。[49] 这些变化

其他重要的反歧视法律

工作歧视问题如此顽固，以至于除第七条款和 11246 号行政命令外，还有一些法律用来保护妇女、弱势种族群体以及其他处于不利地位的群体。这些法律包括：

《公民权利法（1866 年）》在美国内战后通过，旨在保护前奴隶的工作权利。它规定，"所有人……应该拥有同样的权利……来制订和实施契约……就像白人公民享受到的那样。"[46] 在该法案通过后不久，最高法院狭义的解释使它只能保护各州公立部门的雇员。在将近一个世纪的时间里，它作为一项没有效力的法案停留在纸面上。但最高法院在 1968 年使该法案得到重视。[47] 从那以后，它被公民权律师广泛引用，保护了上百万在雇员少于 15 名的企业中工作的人，使他们避免在工作中受到任何形式的种族歧视。这些小企业中的雇员并没有被包括在第七条款之中。

《平等工资法（1963 年）》禁止在相似工作条件下，为从事同等或类似任务的男性和女性提供不同的工资待遇，包括福利待遇。该法案并不反对由于合法资历或业绩制度而产生的工资差异。

《年龄歧视法（1967 年）》保护 40 岁以上的雇员。对于 40 岁以上的人群，公司基于年龄制定雇佣或其他人事决策是不合法的。随着雇员年龄增长，关于年龄歧视的诉讼成为增长最快的一类案件。通常的案件往往是由 50 多岁的白人男性提起诉讼的，其中大多数人在公司缩减规模时被解雇，而这些人认为他们的年龄是被解雇的原因。

《越战退役军人转业支持法（1974 年）》要求联邦承包商开展保权行动计划，用来雇佣、培训和提拔越战退役老兵。

《生育歧视法（1978 年）》禁止公司由于怀孕、分娩或相关医疗情况对雇员进行工资歧视。如果妇女还能工作，就不能因为任何与生育有关的情况（包括流产在内）而迫使其辞职或离职。如果妇女暂时不能完成日常工作，雇主需要为她们调整工作，或允许她们暂时带薪或不带薪休假。

《美国残疾人法（1990 年）》保护有身体或智力残疾的工人（包括艾滋病患者）免受工作歧视的影响。该法案扩大了对残疾人的保护范围，使他们享有与《公民权利法（1964 年）》第七条款中给予妇女和少数种族那样的保护。面试时，雇主只能询问他们做某项具体工作的能力。公司要"合理安置"残疾职工。比如，给耳聋的职工提供助听器以及给盲人提供盲人阅读器。公司还必须想方设法妥善安置患有精神疾病的员工，如患有抑郁症、躁狂症、精神分裂症和强迫症的员工。例如，雇主应该给对噪音和视觉打扰高度敏感的精神分裂症雇员安装隔音设备和建立单独的工作间。但该法案并不要求公司必须安装"非合理负担"之类的设备。

《公民权利法（1991 年）》对 5 部业已存在的关于公民权利的法律进行了修改，其中包括第七条款。修改后的法案扩大了对工作场所中公民权的保护范围。它鼓励公民提起民事权力方面的诉讼。工作场所中歧视案件的举证非常困难，这是因为证据不明显或大多数证据隐藏在大量的雇佣文件中，需要数年才能完成举证。这部法律出台之前，赔偿只限于恢复原职和补发工资。因此，接受此类诉讼的律师是收入很低的正义者。然而，1991 年的法案将受害者的赔偿增加至 30 万美元，并允许律师向输了官司的公司要求支付双倍的诉讼费用，因此更多的律师被吸引到歧视案件上来。

当前尚无一部联邦法律保护基于性取向

和性身份认同方面的工作歧视。尽管法院已经扩大了性别歧视的范围，包括同性性骚扰和对变性人的骚扰，但同性恋、双性恋者和变性者等个体在工作方面受到的歧视只能在第七条款规定的性别歧视的范围内提起诉讼[48]，另外，有 20 个州和 276 个城市有禁止性取向歧视的法律和规定。

累加起来，削弱了保权行动存在的合理性，而且公众从很久以前就开始反对这项政策。然而，这项旧政策仍有一定的生命力，也许会以某种形式继续存在若干年。

工作中的妇女

在全世界范围内，当今参加工作的妇女比以往任何时候都要多。无论在哪里，她们都面临古老的社会和文化障碍，这些障碍阻碍她们获得与男性一样的经济地位。现在，这些障碍在逐步消失，但非常缓慢。2006 年，全球有 12 亿妇女劳动力，占全球 31 亿总劳动力的 40%。

妇女参加支付报酬劳动的比例低于男性。全世界只有 52% 的女性参加家庭以外的经济活动，而男性的比例为 79%。[50] 欠发达国家妇女参加工作的比例很高，贫穷使她们加入劳动大军。东亚的平均比例为 67%，非洲南撒哈拉地区的平均比例为 63%。中国以 76% 的比例居于首位。美国以 70% 的比例排在高收入国家的第二位，仅低于以 73% 的比例占据第一位的芬兰。

中东和南非是妇女参加工作比例最低的地区，那里的宗教信仰和文化不鼓励妇女工作。在阿曼，只有 23% 的妇女加入劳动大军，埃及的比例为 22%。沙特阿拉伯有 15% 的妇女参加工作，是全世界比例最低的国家。[51] 在这些国家，妇女外出工作的阻碍主要来自道德观念，即将妇女与男性分开以防止道德败坏。先知穆罕默德曾说过：“如果男女没有隔离，撒旦位于他们中间。”[52] 因此，雇主必须为女性雇员建立独立的工作区。在利亚德的一个三层购物中心，妇女可以从事销售员的工作，但她们被限制在单独的一层。这种分离让雇主望而却步。当妇女不能和不相关的男子一同乘车或一起工作时，一般的工作就会失去效率。

无论在哪里，妇女与男性相比，更可能在农业和服务业中从事低产出的工作。她们获得的工资比男性低，更容易被解雇，而且她们获得权力、地位和高收入的可能性低。这种不利地位是由于文化价值观造成的。这种价值观给予男性更高的地位，使妇女接受更少的教育、拥有更少的合法权益，并承担不平等的家庭责任。

工作中的性别态度

历史上，男性和女性承担着不同的性别角色。传统的观点认为，男性是进取的、有力的、理性的、自主的和居于主导地位的，他们承担养家糊口的责任。女性则是性伙伴，要操持家务，她们的理想角色是善良、勤劳、温顺和多情。几个世纪以来，性别角色上的这种区分一直存在。这些传统的观念从家庭和社会生活中步入工作场所，并决定和影响着工作中男性和女性之间的关系。

20 世纪 60 年代，世界范围内掀起的女权运动挑战着东方和西方文化中男性的统治地位。女权主义者认为，妇女有能力从事与男性相同的工作，阻碍男女平等的那些传统观念应该被抛弃。因为女权运动，两种相互对立的价值观在工作场所中相互碰撞。新的女权主义者认为，妇女应该像男性那样，享有从事相同工作的权利，拥有相同的权力和抱负，获得与男性一样的地位。然而根深蒂固的传统性别观念仍然存在。坚信传统性别观念的男性则认为，女性容易感情用事，缺乏进取精神、逻辑性和坚韧性，并且由于家庭负担不具备职业进取心。

在美国及西方多数发达的国家，性别角色的传统观念正在被侵蚀，但仍然有一定的市场。1965 年，只有 27% 的男性执行官在调查时说，他们“愿意为女性工作”。20 年后，同样的调查表明，这一比例提高到 47%。又过了 20 年，比例升高到 71%。[53] 因此，经过 40 年的努力，妇女们虽然能够进入高级管理层，但仍然有 1/3 的男性对接受妇女的领导感到不舒服。

Catalyst 是一个致力于提高妇女领导能力的组织。该组织最近做了一个调查，结果显示，传统态度在男性和女性中都存在。296 位公司男性和女性管理人员参与了调查，1/3 为首席执行官。调查结果显示，两种性别都认为男性领导具备“负责”的特征，如授权给其他人及解决问题。两种性别都认为女性领导具备更多的“关心者”的特征，包括给予表扬、帮助他人培养技能和建立关系等。Catalyst 总结道，性别观念在两种性别中都“活生生地存在的”，这会给妇女领导者带来看不见的、有力的威胁。[54]

微妙的歧视

大多数职场文化都是以男性价值观为基础的，妇女发现自己很难驾驭。

首先，男性期望女性根据传统性别角色行事。持这种态度的男性条件反射式的将妇女视为母亲、情人、妻子或女儿。他们可能下意识的期望一起工作的女性能像这些角色一样顺从。一位女性执行官解释了这种意识是如何伤害女性的。

> 妇女被放进四个 H 盒子里。四个 H 代表妇女的头发（hair）、臀部（hips）、裙子（hemline）和丈夫（husband）。你很少听男人说这些——当然你可以想象

他的妻子是家庭妇女。因此，当人们在面试其他求职者时，有一种下意识的偏见作怪。他们在想，“这个妇女不能旅行”或“她已经结婚，她不想改变自己”或“她会生孩子，因此将离开工作。”[55]

在蓝领阶层，性别主义是明显的，一些男性公开表达歧视。在管理层，性别主义通常是微妙的，甚至不是故意的。男性常常把女性当做秘书。一个女性首席执行官受邀参加在华盛顿举行的商业和政治领导会议，她后来提起在谈话中几次被跳过，因为开会的男性以为她是秘书。“这种事情经常发生，”她特别强调说。[56] 男人还会低估和忽视女人的主意，他们私下里的幽默和男子气的举止，也让女性感到不自然。

EMC 公司销售软件和数据存储设备，公司喜欢招募大学时当过运动员的员工，但这些人中有一些是女性。公司的销售策略非常激进，多年来已经形成一种陪客户进行男性化娱乐的销售文化。娱乐项目包括光顾脱衣舞夜总会。一位女销售人员被告知，她不适合接一个涉及摩托罗拉的大单，因为，她不会“抽烟、喝酒、发誓、打猎、钓鱼和容忍脱衣舞俱乐部”。[57]

男性文化带来许多类型的区别对待。这些文化理念也不会公开宣扬男性至上，它几乎是看不见的。男权主义仅仅以一种看似无辜和中性的实践而存在，由此带来的问题也常常是无意的。女性面对的一个主要问题是传统的职业发展。一项研究显示，男性的职业发展一般会沿着固定的轨道上升，特别是在 30~40 岁之间。他们获得提升和地位是因为长期不间断的艰苦工作。另一方面，妇女在 20~30 岁之间获得的提升基本上与男性持平，但在 30~40 岁之间明显不同，因为这个年龄段是妇女生育和抚养小孩的高峰。许多女性会因暂时离开工作而中断自己的晋升。她们离开工作的平均年限为 1.2 年。[58] 除工作之外，妇女还在家里承担更多的家务。

某国际零售公司的高层主要是男性，该公司正在形成一种灵活的管理文化，会议会自发举行，常常在下班的最后几分钟或晚上。公司能很快的做出重要决策。由于这种文化能快速应对市场变化和减少低效率的官僚式作风，因而很成功。然而，对于承担繁重家务与抚养小孩的妇女来说就很困难。如果突然召集一个晚间会议，妇女就不能留下来。如果她们不参加这样的会议，就会被排除在重要决定之外，不能保住她们的地位。[59]

要想在这种工作成瘾的环境中取得成功，就必须为工作投入大量时间，并且不将时间分配到工作之外。因此，为那些带孩子的母亲们安排弹性工作制和电话沟通的做法，常常因违反公司中的办公室规范而失败。在一家公司，电话沟通被戏称为“妈妈的休息日”，而且妇女们也不敢接受，害怕它会损害自己的职业生涯。[60]

德博拉·坦嫩研究工作场所中男性和女性的语言风格。[61] 根据坦嫩的研究，男性和女性在童年就形成了不同的说话方式。受同伴和文化影响，男孩使用的讲话方式可以帮助他建立地位并加强在同伴中的权威。女孩则倾向于通过语言与同伴建立和睦与情感交融的关系。与男孩不同的是，女孩会排斥那些夸夸其谈及在群体中有优越感的玩伴。

这些交流方式会在成年后带到职场中，这可能会使女性在职场中处于不利地位。在会议中，女性也许不愿意打断或批评另一个人的意见，然而，男性却让自己加入讨论，并相互挑战彼此的观点。男性听到女性自谦和抱歉的话，就会认为女性缺乏自信。坦嫩认为，女性的语言方式很难让她们在男性主导的群体里留下深刻印象，因此，在各种会议上，她们的讲话经常被打断；在各种决策中，她们的意见经常被忽视。坦嫩推荐使用感情外露的说话方式，但许多女性发现，男性对这种“非女性”的专断式语调很反感。加拿大的一位前女总理是这样解释这种现象的：

> 我不以传统女性的方式讲话……我说话更肯定，如果我不采取这样的说话方式，就不可能成为领导。但是，我的说话方式可能使那些不习惯听女性这样说话的人感到厌烦。这是一个领导的正确说话方式，但却不是一个女性的正确说话方式。[62]

性骚扰

性骚扰（sexual harassment）是许多女性在职业生涯中会不时遇到的问题。林·法丽在其里程碑著作《撼动性别》一书中，把性骚扰定义为：“来自男性的单方面行为，这种行为强调女性的性角色而忽略其同事角色。”[63] 虽然存在多种不同形式的骚扰，包括女性骚扰男性以及同性之间的骚扰。但是，性别差异使工作场所的主要问题仍旧是男性对女性的骚扰。

对女性的性骚扰包括很多行为。它可能很微妙，如上年纪的男性可能像对待自己女儿一样对待年轻的女性，这种行为有可能减少女性管理者的权威。更直接的骚扰形式包括紧盯着看、触摸、下流的笑话以及涉及性话题的讨论，最严重的形式包括对性行为的要求和身体上的攻击。

男性由于性别差异而产生骚扰的动机。有些性骚扰基于爱慕的动机，但这不是最普遍的。通常情况下，性骚扰的目的是试图加强公司中男性的权力和地位。基于性角色差异的敌对和威胁行为是为了恐吓或羞辱女性，把她置于女性传统的温顺角色之中，进而可以控制和指使她。这样做的潜台词是，“你只不过是个女性，这是我对你的看法，就这一点而言，你对我与其他男性来说是脆弱的。”[64]

心理学家詹妮弗·伯达尔的研究显示，最可能被骚扰的女性是那些违反了传统性别角色，展示出男性行为的妇女，而那些表现出典型女性行为的妇女则较少被骚扰。[65] 根据伯达尔的研究，男性使用性骚扰是为了保持他们的社会地位，而社会地位的基础则源于他们是男性。在每一个社会和男性主导的公司文化中，"男性意味着比女性更高的地位。"[66] 对于男性来说，保持社会地位是最深层的驱动因素，因为社会地位是自我价值、收入、影响力和工作安全的基础。

男性利用性骚扰来定义和加强性别差异，这样做是为了抵制那些展现出男性特征的女性对其地位的威胁。例如，当一名女性成为专断的领导者，男性就会贬低她，叫她"婊子"，使她处于从属地位。妇女从事传统上由男人承担的工作会威胁到男性，因为男性通过那些需要力量和技能的工作来确立其社会地位。在克莱斯勒的某家工厂，一位女工在流水线工作台上发现一只由橡胶做的男性生殖器。这是男性同事通过性方面的威胁来确定其优越地位。[67] 同样，种族方面的骚扰也是为了保护白人的地位免受少数群体的威胁。

1980 年，就业机会均等委员会颁布了指导原则（见图 17.2），将性骚扰纳入第七条款中关于性别歧视的管理范围。根据这一指导原则，以下两种情况的性骚扰行为是违法的，一种是**条件交换**（quid pro quo），即女性屈从于对方的性要求才能保住或得到一份工作。另一种是**不利环境**（hostile environment），指性冒犯行为在工作环境中普遍存在，使得受影响的雇员在这样的环境中难以工作。

造成不利环境的行为范围扩展得非常大，但还没有明确的定义。起初，法院常常认为粗鲁的语言、暗示、半裸的美女图片是工作环境的一部分，第七条款不可能奇迹般地提高全美国男性工人的修养。[68] 后来，发生了一件里程碑式的案件。女焊接工人路易丝·鲁滨逊是佛罗里达州轮船码头 1 010 名熟练技术工人中仅有的 7 名女性之一。她抱怨那些挑逗的、淫荡的美女照和卡通画造成了不利的工作环境。佛罗里达州法院同意这个看法，认为即使男性喜欢这些装饰，但对鲁滨逊这样的女性来说，也会构成一种侮辱的氛围。[69]

1993 年最高法院为评估不利环境建立了标准。特雷莎·哈里斯是叉车出租公司的主管，她向就业机会均等委员会起诉公司总经理查尔斯·哈迪的行为。几年来，哈迪一直以一种下流的、贬低的方式对待哈里斯。他使用侮辱性的语言，如"你是一个女人，你懂什么？"及"我们需要一个男人来做租车主管。"他要求哈里斯在会议上负责端咖啡，还要求哈里斯和其他几个女同事从他裤子前面的口袋中把硬币掏出来，或者把东西扔到地上让女同事们去拣，而他则评价她们的胸部和衣服。他提议在假日旅馆里与哈里斯讨论职务提升的事情，并暗示她通过性行为来获得额外收入。当哈里斯抗议并威胁要辞职时，哈迪向她道歉，哈里斯留了下来，但哈迪的粗

图 17.2

就业机会均等委员会（EEOC）有关性骚扰的规定

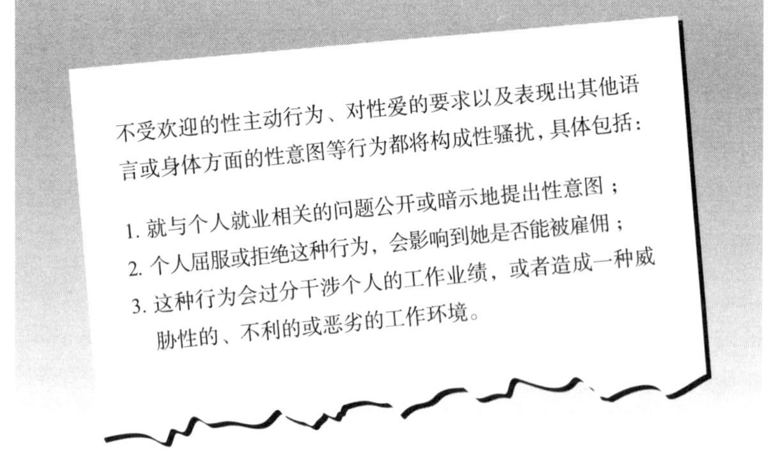
不受欢迎的性主动行为、对性爱的要求以及表现出其他语言或身体方面的性意图等行为都将构成性骚扰，具体包括：

1. 就与个人就业相关的问题公开或暗示地提出性意图；
2. 个人屈服或拒绝这种行为，会影响到她是否能被雇佣；
3. 这种行为会过分干涉个人的工作业绩，或者造成一种威胁性的、不利的或恶劣的工作环境。

鲁举止并没改变。

公司的其他女性证实，哈迪的行为确实有些下流，但主要是开玩笑，每个人都能理解和享受。那么，叉车出租公司是否存在不利的工作环境？地方法院持否定态度，他们认为召唤下属到旅馆谈话有些不妥，哈迪是个粗鲁的男人，但没有证据证明他的行为造成了非常恐怖的情况，以至干涉到哈里斯的日常工作。[70] 然而，当这个案子上诉到最高法院时，法官们重新定义了不利环境。

在“哈里斯起诉叉车公司”一案中，最高法院认为关于性骚扰判决的指导原则强调该行为是否创造了“一个环境，一个正常人在这种环境中会感到敌对或受辱”。没有“精确的数学方法”可以检测什么构成了不利环境，但性骚扰行为可以通过“频率”和“程度”来检测，也可以通过是否存在“身体上的威胁和侮辱”来检测，还可以通过是否“不正常的干扰”来检测。[71] 最高法院将哈里斯的案子发回地方法院重审，要求根据上述标准重新听证。一年之后，法院判决公司应该建立性骚扰政策并向哈里斯支付诉讼费。叉车公司提起上诉，最终当事双方以不公开的庭外和解结束了这个案子。

哈里斯案之后，最高法院扩充了有关性骚扰的法律。1998 年的两个判例显示，如果公司员工营造了不利环境，公司需要为由此带来的损害负责。[72] 只有管理层能够证明，公司曾努力阻止性骚扰，并且受害雇员不愿意提出申诉，公司才能免除责任。[73] 现在，绝大多数公司制定了禁止性骚扰的正式政策，并建立了申诉渠道。

职业分离

女性更有可能从事某些类型的工作。从公司内部和整个经济体来看，传统的女性工作与典型的男性工作相比，地位和工资都较低，女性也没有男性那样多样化的职业。

20 世纪 60 年代，三分之二的职业女性从事办公室文员、销售员或服务业中的低级工作，如家政服务。另外 15% 的职业女性主要是教师和护士。之后，女性开始进入非传统职业。她们自由进入一些快速增长的行业，这些行业不需要太多体力劳动，在性别方面也没有太多歧视。大量女性进入服务业，成为管理人员。例如，健康保健行业的女性管理者占 68%。由于制造业的工作职位自 20 世纪 60 年代以来一直没有扩张，能成功晋升为蓝领技术工人的女性人数也不多。在建筑行业，只有 3% 的主管人员和管理者是女性。

表 17.1 显示女性所占比例最高或最低的一些职业。在左边 10 种工作种类中，女性所占比例超过男性。在右边 10 种工作种类中，女性所占的比例最低，这些都是劳动统计局统计的 84 种传统男性工作，包括制造、建筑和精细手工业。这些类别中，有 50 种职业拥有不到 5% 的女性（占全部类别的 60%）。尽管女性也开始进入这些非传统行业，但人数不多。

大约 560 万妇女在管理层工作，占管理者总数的 37%，但她们还没有占据报酬最高、最有权力的职位。在全部公司里，女性首席执行官只占 23%，女性总经理占 29%。在财富 500 强公司中，这一比例在急剧下降。2007 年，公司主管职位中女性占 15.4 %，女董事占 14.8%，公司收入最高的前 5 位人员中女性占 6.7%，首席执行官女性占 2%。[74] 这些数字带来一种说法，即女性碰到了**玻璃天花板**（glass ceiling）。玻璃天花板是指一种看不见的的性别歧视，它会妨碍女性在职业中上升到高级职位。

尽管玻璃天花板只是一种想象，但在一定程度上暗示出阻碍女性晋升到高职位的唯一原因，但这种说法具有误导性。事实上，高层中女性比率低的原因有很多，包括一系列障碍和不利因素，它们从一开始就影响着女性的职业生涯。有人曾建议，玻璃天花板的这个比喻应该用迷宫来代替，即“通向目标的复杂旅途”，中间充满交叉路口、弯路、死胡同和障碍，“关口重重地阻止妇女的每一个脚步”。[75]

报　酬

女性比男性报酬低，但这个差距正在缩小。在《1963 年平等工资法案》颁布之前，报纸刊登雇佣广告时，会公开写明某项工作给男女申请者支付不同的工资。在那个年代，男性每挣 1 美元，妇女只能挣 59 美分。《平等工资法案》禁止根据性别支付不同的工资，男女之间的报酬差距开始迅速缩小。2006 年，男性每挣 1 美元，女性可以挣 81 美分。

因为差距缩小，女性的收入稳定增长，而男性的收入出现停滞。图 17.3 显示了

表 17.1 妇女占比最高的 10 个职业和占比最低的 10 个职业

妇女占最高比例的职业	%*	妇女占最低比例的职业	%*
牙齿清洁师	98.6	伐木工	0.2
幼儿园教师	97.7	汽车修理工	0.6
秘书和助理	96.9	混凝土工	0.7
演讲语言培训师	95.3	电线铺设工	0.9
护士	94.2	汽车和卡车机械工	0.9
儿童看护员	94.2	工具和模具制造工	0.9
理发师	93.4	修屋顶工	1.1
接待员	92.7	家用电器修理工	1.5
出纳员	92.4	清淤、挖掘和装卸操作员	1.5
助教	92.3	吊车操作员	1.5

* % 指各个职业中妇女占所有工人的比例

资料来源：U.S. Department of Labor, *Women in the Labor Force: A Databook* (Washington, DC: U.S. Bureau of Labor Statistics, May 2005), table 11. Figures are for 2004.

过去 25 年间所有职业中男女周平均工资的趋势。经过调整通货膨胀率，在 2006 年，男性周工资比 27 年前减少 7 美元，而女性每周工资为 132 美元，提高了 28%。[76] 妇女收入上升的一个主要原因是经济结构的长期变化。妇女在快速增长的服务业中占有更高的比例，男性在制造业和建筑业中占主导优势，但这些产业的工作机会一直没有增长。其他因素包括妇女的教育水平提高，新出台的法律强调机会平等以及禁止性别歧视等。尽管男女收入水平不断接近，但不同性别间的工资差异仍然存在，原因如下。

首先，职业分离使许多女性从事女性占主导地位的职业，而这些职业的工资水平比男性主导地位的职业工资水平低。一项研究发现，在女性人数占 90% 以上的职业中，女性的工资比男性占主导地位的职业中男性的工资低 29%。随着女性人数比例下降，工资差距变小。当某职业中只有 30% 的女性时，男女之间的工资差距下降到 14%。[77] 女性选择女性占主导地位的职业有多种原因：看到其他妇女从事这种职业；文化观念强调妇女更加适合某些职业；一些传统的女性职业允许职业生涯间断；一些职业的进入门槛较低等。

其次，女性因生育、抚育等事务中断了职业生涯，从而付出了昂贵代价。因为女性会在 20~30 岁间离开岗位，雇主们往往不愿意投入很多资金来培训她们，这样她们的资历就不如男性。上文引述的数据显示，现在妇女收入是男性收入的 81%，这一数据是基于全职男女的全年收入来比较的，没有计算只做兼职或工作不到一年的妇女的收入。某项研究对 2 826 个年龄介于 26~59 岁的职业男女 15 年间的收入情

图 17.3 周工资收入差距在减小

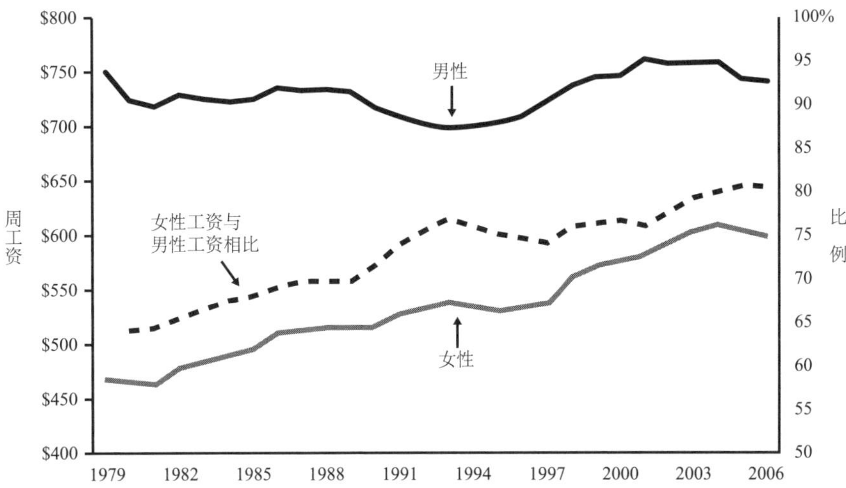

资料来源：Bureau of labor Statistics, *Highlights of Women's Earnings in 2006*, Report 1000, September 2007, table 12.

况进行了分析，结果显示，女性收入只是男性收入的 38%。[78] 因此，近几年关于女性收入比男性收入低 19% 的估计，不能反映职业之间收入差距的增长程度。

第三，收入差距反映了性别歧视。如果男女在年龄、职业经历、教育背景等方面相似，他们之间的收入差距会缩小，但仍然没有消失。一项研究显示，在 130 个专业领域中，持有文凭的女性获得与男性相同或比男性工资多的只有 11 个领域，而这些领域中只有 2% 的女性。在其他所有领域，女性平均工资只是男性的 73%。[79] 在统计分析中，除了性别，没有其他因素可以解释这个差距。

这些现象仅用统计指标无法解释一个问题，那就是究竟性别歧视造成收入差距，还是其他一些没有测量的因素造成了收入差距？比如，某些研究表明，女性不愿意竞争，不愿意表现出太大的雄心或不愿意对工资讨价还价。[80] 即使在女性占绝大多数的职业中，男性仍然比女性挣得多。例如，在幼儿园和中学教师中，女性工资只是男性工资的 90%，女性佣人和保姆的工资是男性的 86%，女性接待员的工资是男性的 83%。[81] 没有研究能够解释，除了性别歧视或未知因素外，还有什么因素是造成这些差距的原因。

男女之间的工资差异是全球性的，尽管在美国之外的平均差距要低一些。在欧盟，女性的工资比男性低 15%。[82] 国际劳工组织报告说：“在大多数经济体中，妇女收入是其男同事的 90% 或更低。”[83] 通常，富裕和发达国家的工资差距最高，因为由男性主导的高工资职业在不断增加。发展中国家工资差距较低，因为这些国家的男性和女性还在从事农业和低技术含量的职业。

公司促进多样化的努力

现在，公司受到严格管制。在大多数小公司还将遵守法律作为头等大事的时候，许多大公司已经开始超越法律，转变到提升公司劳动力多样化的问题上来。**多样化管理**(diversity management)是指采取积极措施，促进劳动力的多样化并改变公司文化，从而使公司能够更友好地对待无论何种种族、民族、性别、年龄、宗教信仰、性观念或残疾的雇员。

多样化管理是比保权行动更广泛的运动。保权行动是根据法律要求，从一个相对较窄的种族类别范围内雇佣员工。一旦雇佣，法律要求公司不能歧视他们，有时还要求按比例晋升，但没有特别强调人与人之间的区别。妇女和少数族群必须融入男性和白人的文化中，这种文化对差别的容忍度很低。当受保护群体进入公司后，如果他们想进步和成功，就必须以主导群体的价值观和行为作为标准。

另一方面，多样化管理是基于这样的认识，即多样化群体中的每个个体都有各不相同的背景和社会经验，他们的行为不可能都符合某个公司的文化标准。一位在中国台湾长大的女孩所接受的教育就是谦逊和不夸夸其谈，这与中国的一句谚语“枪打出头鸟”相适应。当她被通用电气聘用后，来到了一个充满抱负和竞争的环境。作为通用电气多样化项目的一部分，她接受的培训就是如何变得具有进取心。[84]

有时少数族群中的个人会感到孤立。一位来自亚洲的妇女抱怨同事只是讲“美国文化故事”。她开始逃避与他们一起午餐，而同事们邀请她加入的次数也越来越少。[85] 一位黑人执行官感到愤怒，因为其他人对自己的称呼比对同级白人执行官更随便。[86] 一位西班牙裔的主管抱怨，同事对墨西哥工人有偏执看法，并臆断她也可能爱睡午觉，而且懒惰。[87] 这些经历会使一个员工认为自己不被欣赏，而且得不到支持。

提倡多样化管理的人坚持如下两个论点：第一，这是一项伦理行动，不需要对固有美德进行判断；第二，它可以在多方面使企业获益。

- 可以降低因人员招聘、离职、旷工和诉讼所带来的成本。因为某些公司没有发现并消除平等障碍，因此相比白人和男性，妇女和少数族群有更大的流动性和更高的旷工率。实行多样化管理可以减少员工的挫折感，延长其任职时间并提高生产率，也可以防止员工对公司在歧视方面的指控。
- 有助于增进对市场和顾客的理解。百事公司认为，公司的多样化管理催生了许多新的获利产品，包括针对西班牙人群鳄梨风味的多乐士以及针对黑人的 Mountain Dew Code Red 产品。[88]

- 可以降低摩擦，使团队和群体更具创造力和决策能力。尽管研究并没有得到一致结论，但有证据显示，多样化的团队能够从多方面进行考虑，因此可以作出更好的决策。然而，团队成员在学习相互协作方面存在许多问题。[89] 一些研究还认为，多样化可以提升公司绩效，但总的来说证据并不充分。[90]

要想获得成功，多样化管理必须成为公司管理体系的一个组成部分。

- 领导很重要。缺乏这一点，多样化管理就不会被视作公司的主要策略。多样化管理顾问泰勒·考克斯指出，领导们容易犯错误。管理者本来答应参加有关多样化的会议，但当与经营活动相冲突时，管理者就会改变计划。一位被派去主持多样化培训开幕式的经理，在欢迎仪式上说："我很抱歉你们今天不得不来到这里，并直到所有议程结束。"[91] 在一个多样化会议上，当被问到公司是否有人因为在多样化管理方面业绩突出而被提升时，一位人力资源高级副经理竟然想不出有这样的人被提升。欧文斯·科宁公司的格伦·海纳提供了另一个事例。他来到新公司后，在第一次主持的高级执行官会议上说："我们太白、太男性化了，这一点必须改变。"接着，他采取了一些大大小小的行动来改变这一点，包括将女性和少数族群人士提高到较高职位，还包括将个人头衔印到所有的名片上。[92]
- 组织结构的转变为多样化行动创造了动力。领导力可以来自执行委员会、业务部门或董事会。在大型公司，各地业务部门都要向这些机构汇报。许多公司鼓励建立**同类小组**（affinity groups），即根据雇员的种族、文化、性别、性观念、年龄、残疾或其他类别建立起的网络群体。参加这些小组可以使个体在公司主流文化中不再感到孤独。同类小组创造了一个平台，利用这个平台可以为个人提供指导、教练、交换意见及为公司提意见。IBM 在全世界的分支机构有 181 个这样的小组。百事公司的每个高级执行官都必须发起这样一个小组。
- 培训计划很重要。培训计划的目的是让员工认识到不同性别、种族和文化背景的差异，以克服思维定式和偏见。它通常用短案例和短片让大家沟通彼此之间的误解，并使员工对相应的行为更加敏感。一些研究认为，培训对转变观念很有效。[93] 另外一些研究却发现，它可以强化而非消除偏见。[94] 对几百家公司多样化管理所做的一项长期研究得出的结论是，在增进多样化的七种方式中，培训的效果最差。[95]
- 导师可以被指派给女性和少数族群者，以帮助他们在白人和男性占主导阶层的公司里克服孤独感。通用电气不是指派一个导师，而是指派一个团队对个体提供指导。一项对大公司成功管理者的最新研究显示，来自少数群体的有潜力的管理者，往往在其事业中期消沉，相比早先进入快速通道的白人管理者，他们的升迁要慢得多。随着白人获得重要的任命和提升，少数族群的管理者开始变得沮丧起来。那些能开导他们的导师们，有助于帮助他们最终获得成功。[96] 使用导师制必须对文化背景高度敏感。有的黑人只想提升工作业绩，把指导视做对自身信仰的放弃。拉丁裔和女性则认为指导是虚伪的，因为他们已经习惯根据本质的好坏来判断关系，而不是依据工具性的价值观。[97]

- *数据收集*是定义问题和测量多样化是否取得进步所必需的。因为在企业中到处流传着“衡量过的才是做过的”这一理念，许多公司量化多样化目标。速溶麦片公司创造了一个名为“最佳实践指标”的统计指标，为每个工厂的各个项目和行动记分。公司负责多样化的管理者说：“多数首席执行官可能对多样化了解不多，但他们理解数字。他们知道 1 000 分最佳实践指标和 500 分实践指标之间的区别。”[98]
- *政策转变*有利于建立新的规则。当执行官带有种族歧视的谈话录音带被透露给媒体时，Texaco 公司经历了一场公共关系灾难。公司花费 1.15 亿美元才平息了这件有关种族歧视的案件。这场灾难发生后，公司建立了一套程序以改革公司文化。许多政策被改变。例如，新的政策规定，除非有少数族群员工或女性参加，否则不能召开人力资源会议。如果这些人生病或迟到，就要推迟会议。[99]
- *奖励体系*鼓励管理者达到多样化目标。多样化可以作为业绩评价的一个指标。埃克森美孚公司的部门主管在年度总结时，必须提交包括 10 位女性和 10 位少数族群员工在内的员工职业发展计划。洛克希德公司的每个业务单位，都必须根据一个数学模型“多样性成熟指数”来为员工排名次。管理者的奖金与该部门在这一指标上的得分挂钩。[100]

对多样化的抵制来自于白人男性，他们觉得自己因这些问题而受到指责，而且察觉到正在输掉一场游戏，在这场游戏中，“其他”人的升迁阻止了他们的成功。这里其他人是指那些不希望强调差别并融入公司主导文化的妇女和少数族群员工。但工厂和劳动力市场不断增加的多样化，保证了此类项目不断发展，因为这些项目符合商业规则。非歧视行为已经从一种社会责任转变为一种法律责任，成为企业的当务之急。最终，企业的努力也许可以弥补现有的鸿沟，即《独立宣言》，承诺的自然权与实践中忽视这些自然权所造成的鸿沟。

结 论

工作场所中的歧视问题贯穿于美国的整部历史。旨在结束这一问题的全国性运动，首先发生在内战期间，成果包括解放奴隶的《解放宣言》以及战后通过的宪法修正法案和公民权利法案。但这些努力被与法律相抵触的社会价值观击败了。

20 世纪 60 年代,《公民权利法案》于 1964 年被通过，从而开始了第二波消灭歧视的运动。从那以后，更多的法案以及成千上万的判例大大减少了工作中的性别歧视和种族歧视问题，但没有彻底消除。今天，美国已经积累了大量复杂、存在争议的反歧视法律，这些法律支持优先待遇。但从整体上看，与重建时代不同的是，这些法律发挥了作用。公司与政府一起，正在采取广泛的行动消除歧视。这些行动有的是自愿的、有的是法律要求的，但正在取得进步。

当然，需要做的事情还很多，大量证据表明歧视仍然存在。有关工资差距、求职状况的相关研究以及歧视诉讼的持续存在，都证明了这一点。

阿德兰德公司起诉培尼亚案

这是一则有关保权行动的官司，这场官司一直上诉到最高法院。当法院宣布将为该案举行听证时，相当一部分人都在猜测结果。原告是一名男性白人，他声称对少数族群和妇女实行优待违反了宪法。法官们会同意他的观点吗?

最后，九个法官公布了一个冗长（21 800 字）又让人难以理解的判决，就像公众中存在的各种猜想一样纷繁复杂。判决结果为 5 比 4，但又分成 6 种不同的观点——一种观点代表多数人的意见，两种观点表示赞同，三种观点提出反对意见。结果可想而知，保权行动继续存在，但更难裁决。由于在法律体系中有反对保权行动者的支持，阿德兰德公司想让案件有更进一步的发展，直到最高法院完全禁止保权行动才罢休。这个案子在联邦法院系统往返上诉了 6 年。2001 年，最高法院永久驳回公司上诉。

护栏分包合同

1987 年，国会给交通部（DOT）划拨了 160 亿美元的巨款，用于修建全国范围内的高速公路，[1] 其中 10% 的款项（即 16 亿美元）被指定支付给那些社会和经济条件差的小型承包者。[2]

社会条件差的人是指那些“受到种族和文化偏见歧视的人”。经济条件差的人是指那些“有能力在自由经济制度中竞争，但在同一地区与那些社会、经济条件优越的人相比，资金少、信誉低，因而受到不平等待遇的人。”[3]

这一规定隐含的一个基本结论是，黑人、拉丁美洲人、亚太地区的人、亚洲次大陆的人以及土著人和妇女，在经济和社会方面都处于不利地位。任何小企业，只要这类人占 51% 以上的比例，都会被划归为社会条件差的企业（或称为 DBE)。国会采取了财政激励政策，鼓励雇佣条件差的小企业参与高速公路的修建。下面简单介绍这些激励政策是如何运作的。

1989 年，格瑞吾山建筑公司获得约 100 万美元的高速公路建设合同，负责在科罗拉多西南部 San Juan 国家森林区修筑一条高速公路。公司需要向分包商招标，让他们安装 4.7 英里的公路护栏。两个有护栏施工经验的小公司递交了投标申请。阿德兰德建筑公司由白人经营，报价略低一些；冈赞雷斯建筑公司属于社会条件差的小企业，其报价比前者高出 1 700 美元。

按照常理，格瑞吾山建筑公司肯定会选择报价略低的公司，但它从政府拿到的主合同中有财政激励政策，如果与社会条件差的小企业签订分包合同，公司即可得到一份补贴，补贴的数额约占分包合同金额的 10%。

在这个分包合同中，补贴大约是 1 万美元。因此，即使接受高出 1 700 美元的竞标，格瑞吾山建筑公司还会净赚 8 300 美元。结果，报价高的冈赞雷斯公司反而获得了这份护栏分包合同。

促使格瑞吾山建筑公司拒绝阿德兰德建筑公司的原因在于，主合同中有一个分包合同补偿条款。如果公司将业务分包给一家社会条件差的企业，就会得到分包合同 10% 的补偿，大约是主合同总额的 1.5%。如果分包给两个社会条件差的企业，额外补偿就会达到主合同总额的 2%。

竞标失败激怒了阿德兰德公司的总经理和合伙人，他就是白人兰德·派克。派克说："合法、诚实地经营公司并不容易，我们不遗余力地投标一个项目，他们明知道你干得很棒、出价也很低，但却不用你，因为他们必须实现自己的'目标'。"[4] 派克的律师威廉·潘德拉说得更直率："这简直就像在贿赂。"[5]

阿德兰德公司并不是第一次遇到这种问题。科罗拉多有五家专门从事护栏安装的公司，阿德兰德是其中一家。其他四家分别是克鲁兹建筑公司、理想护栏公司、C&K 公司和冈赞雷斯建筑公司，这四家公司都由少数族群者所有，被认为是社会条件差的企业。这四个竞争对手都有 10 年以上的历史，在非联邦项目上，他们有时会用低价打败阿德兰德公司。但是，在联邦高速公路项目中，阿德兰德公司即使出最低的标价，仍然会失败。

后来的文件证明，因为存在分包商补偿条款，主合同承包商已经五次拒绝低报价公司，选择了社会条件差的企业。格瑞吾山建筑公司的投标估价师证实，如果额外补偿不存在，阿德兰德公司报出的低价本来是可以被接受的。兰德·派克忍无可忍，决定起诉联邦政府。

在他的起诉书中，兰迪·派克声称，分包商补偿条款违反了法律面前人人平等的原则。这个原则在《宪法第五修正案》中有明确规定："任何人……不经法律程序，不得被剥夺生命、自由和财产权。"尽管这一条文没有从字面上表达公民有权享有平等待遇，但最高法院认为，它意味着联邦政府不应该专横和不平等地对待公民，就像《第十四修正案》规定的那样，禁止州政府剥夺法律赋予公民的"平等保护"。兰迪·派克并不要求货币补偿，但要求发布一项政府禁令或者法院禁令，规定在未来的合同条款中，主合同承包商不得因将合同转包给社会条件差的企业而获得额外补贴。

当美国科罗拉多地区法院做出不利于兰德的裁决时，事情开始向坏的方向发展。[6] 法院认为，国会在颁布高速公路相关法律时，规定了宗族和性别优惠政策，以弥补过去歧视政策所带来的损害，这么做在其职权范围之内。兰德·派克向第十巡回法庭上诉。两年后，巡回法庭维持了地区法院的判决。[7] 兰德·派克进一步向最高法院上诉，最高法院受理了此案。由于该案件以交通部部长菲德瑞克·培尼亚为被告，因此取名为"阿德兰德起诉培尼亚"案。

宪法和种族问题

法庭需要做出裁决：按照种族来划分公民群体并实行不同待遇的做法是否符合联邦宪法。对法庭而言，这不是一个新问题，但也不是一个已经彻底解决的问题。保权行动使最高法官的意见产生了分歧，这已经不是第一个因种族划分问题而引起宪法争论的案件。

在 1884~1893 年，最高法院已经对国会通过的排斥性法律发出挑战。这些法律禁止华人移民并限制华人权利。最初，裁决废止了将华人与美国人分开对待的法律。[8] 但到最后，最高法院做出妥协，迎合了公众的反华浪潮，在关键问题上仍旧同意了法律规定，否定了华人获得平等对待的权利。

几年之后，最高法院在 1896 年有机会在“普莱塞起诉弗古森”案件中废除南方的《吉姆·克劳隔离法》，但以失败告终。相反，它支持路易斯安纳州要求白人和非白人在分开的火车车厢乘坐的法规，并将臭名昭著的“分离但平等”这一教条固定化。孤独的反对者约翰·马歇尔·哈伦法官呼吁了几十年，他认为宪法应该是“色盲”的，种族不应该成为制定法律的标准。

> 说到民权，应该是所有公民平等享受的权利。我认为，美国宪法不应该允许公民在享受民权时还有哪个种族得到特殊保护……人民政府不应该允许种族憎恨的种子在法律的外衣下生根发芽。[10]

第二次世界大战期间，最高法院再次面临挑战，需要裁定政府基于种族的行为是否合法。1942 年年初，富兰克林·罗斯福总统发布了一个行政命令（得到国会批准），要求将已经是美国公民的 7 万名日本后裔重新安置，从西海岸的家园转到内陆的疏散营。

这项政策遇到挑战，因为它剥夺了美籍日本人根据《宪法第五修正案》所享有的受到法律保护的平等权利。但最高法院再次违背意愿，支持种族区别对待方案。布莱克法官代表大多数人的意见，他承认，“所有可能剥夺某一种族公民权利的法律和限制，应该受到质疑”，必须接受“最严格的审查”。[11] 但疏散日本人的命令通过了这一“严格审查”，理由是总统和国会需要采取战时紧急行动，以阻止一些阴谋破坏活动，避免更大的危险。反对者富兰克·默非法官认为，“疏散行为已‘跃过’宪法权力的边界，陷入了丑陋的种族主义深渊。”[12]

1954 年，最高法院做出与普莱塞相反的裁决。在有关分校问题的标志性案件“布朗起诉教育委员会”中，最高法院认为，在“分离但平等”的口号下，各州为黑人提供了不平等的学校。[13] 在口头辩论时，注定将成为第一个黑人最高法官的瑟古德·马歇尔，援引了“色盲”宪法的说法。最后，法庭一致同意废除“分离但平等”原则，认为它违背了《第十四修正案》中公民受到平等保护这一条款。

但布朗案的判决结果，并不意味着最高法院一致接受一个完全“色盲”的宪法。在 20 世纪 70 年代，作为保权行动的结果，白人开始提出反歧视的起诉，此类案件开始进入法院的备审案件中。最高法院在接到第一起白人起诉时，意见产生分歧，虽然支持了保权行动，但显然已意识到麻烦，并决定想办法界定保权行动的界线。法官持有不同意见，自由派认为应该理解和支持保权行动，保守派则倾向于严格限制或禁止保权行动。

富利洛夫诉讼案

1980 年，最高法院第一次遇到针对少数群体企业预留计划的挑战。在 1977 年的《公共事业就业法》中，国会拨出 40 亿美元巨资，用于修建水坝、桥梁、高速公路等公共设施。这批拨款中，至少有 10% 的比例专门留给少数族群成员经营的小企业。这些少数族群成员包括黑人、西班牙人、亚洲人、印第安人、爱斯基摩人和阿留申人。[14]

这项法规受到几家白人承包商的挑战。他们声称，自己失去了承包机会，认为这种予留政策侵犯了他们受宪法保护的权利。但在“富利洛夫起诉克卢茨尼克”的案件中，最高法院认为国会有权使用种族区分方案，这种方案可以打击主承包商在实施联邦资金项目时的种族主义做法。[15]

经过多年实践，最高法院建立了一套标准，来检验分类对待的法律是否符合宪法。所有这类法律必须通过司法机关规定的三个审查标准。

最低标准是一般审查，这要求政府证明，其区分方案从“法定利益”的角度来衡量是“合情合理”的。比如，根据收入来划分公民税收种类的做法就可以通过最低标准。

第二个标准是中等程度审查。这个标准要高一些，要求区分方案与“政府的重要目标”有“实质性关系”。过去，中等程度审查专门用来审查与性别有关的法律。如允许男性而非女性服兵役的法律。

最后一种是最苛刻的审查标准，通常称为严格审查。它是专门用来监测那些有危害的、不受欢迎的种族区分法律。当用严格审查标准来审查时，只有通过两阶段检验，被审查的法律才能被认定不违反宪法。政府必须证明此类法律与政府利益有“非同寻常的”关系，并且是“严密制定”的，也就是说，它只适用于特定目的。否则，这一法律就被认为是违反宪法的。关于“合情合理的”“实质性关系”以及“非同寻常的”等词语，并没有固定的解释，但它们代表一种逐步升级的趋势。

在富利洛夫案件中，大法官沃伦·伯格和其他五个参加审判的法官形成了多数派意见，他们都没有留意基于种族的、为少数群体承包商制定的预留计划。首席法官将《公共事业就业法》中少数族群的预留计划，仅仅归类为适合中等程度的审查。

克罗森和麦特罗诉讼案

富利洛夫案过去九年后，最高法院再次面临一项有关预留计划的案件。1989 年，最高法院否决了弗吉尼亚州里士满市的一项预留行动计划，该计划要求 30% 的市政建设项目保留给少数族群承包商。在“里士满起诉克罗森”一案中，最高法院认为，市政计划有种族歧视嫌疑，应该接受严格的审查。[16] 在用两个严格标准审查之后，法院认定该计划违反了宪法。

首先，尽管黑人占里士满市人口的一半，且黑人公司所签合同不足 1%，但该市不能证明该计划对本市有着“非同寻常”的利益。因为该市从来没有做过调查研究，以证明上述数据是由种族歧视引起的。既然没有关于以往歧视的证据，作为种族补偿“非同寻常”的理由也就站不住脚。

其次，该计划没有经过“严密制定”。除了给黑人承包商优惠之外，这一计划包含的范围很广，让分布在美国各地区的拉丁美洲人、亚洲人、印第安人、爱斯基摩人以及阿留申人享有优先投标的权利。最高法院认为，对白人承包商而言，里士满的计划违背了《宪法第十四修正案》中有关平等保护的权利。[17]

克罗森案裁决之后，全国 200 多个预留计划被迫放弃或改变，以避免遭遇起诉而中途废止。在里士满市，给予弱势群体企业的合同比例从 30% 降低到“个位数”。[18]

一年以后即 1990 年，最高法院又接受一桩诉讼案。一家由白人拥有的广播公司提起诉讼，起诉国会制定的一项法规，因为该法规允许联邦通信委员会在发放广播许可证时给予弱势群体广播电视公司一定的优先权。国会宣称，这样做的目的是为了提高广播电视节目的多样性。在“麦特罗广播公司起诉联邦通信委员会”案中，由四个自由派大法官和一个老保守派法官拜伦·怀特形成多派数意见，他们认为，国会采取的“仁慈性种族区分措施”是对过去受到种族歧视的受害者给予弥补，因此只应该适用“中等程度”的审查标准。[19] 通过广播事业营造多样性，是“政府的重要目标”，而且给予非白人和妇女广播事业优惠待遇，与完成这一目标有“实质性利害关系”。反对者安东尼·肯尼迪法官则认为，最高法院在普莱塞案件中就犯过同样的错误。他说：“我感到遗憾，经过一个世纪的历程，我们对宪法的解释只是从‘分离但平等’变为‘不平等但仁慈’”。[20]

两种不同的判例

直到1994年，情况才有所改变。那一年，最高法院接到了阿德兰德公司的起诉。最高法庭喜欢遵循先前的判例，一般都按照惯例原则办事（拉丁语 stare decisis，按照以前的决定办事）。审判制度的基本原则是，一旦某项法规宣布生效，法庭就应该遵循法规办事。法官们认为，即便法庭有权根据变化的情况做出不同的决定，但基本做法应该相同。惯例原则保留了法律的一个基本优点，即可预测性。

但在给予弱势群体企业合同优先权时，出现了两种不同的判例。在克罗森案件中，最高法院对市政计划采用的是严格审查标准，断定它违反了宪法。但在阿德兰德案件中，该项目并不是市政计划，而是由国会实施的计划。传统上，最高法院认为国会代表美国人民的意愿，因此它的行动应该得到捍卫。与阿德兰德案件最接近的事例是富利洛夫案和麦特罗案。在这两起案件中，最高法院对国会通过的预留计划仅仅采取了“中等程度”的审查标准，两起案件都得到法庭支持。这种审判结果与法庭对国会表现出的支持态度是一致的。

阿德兰德起诉培尼亚案的裁决

1995 年 1 月 17 日，“阿德兰德起诉培尼亚”案的双方律师在 9 位法官面前，各自做了 30 分钟的口头辩论。[21] 1995 年 6 月 12 日，最高法院以 5比4 的投票结果，支持阿德兰德建筑公司。[22] 桑德拉·奥康纳法官撰写的多数派意见与先前的富利洛夫案和麦特罗案不同，但与克罗森案相同。在克罗森案中，最高法院判决交通部给予弱势群体分包商优先投标的计划必须接受“严格审查”标准。最高法院认为，该计划是一个种族歧视计划，是违法的，除非政府能够证明该计划经过“严密制定”并符合“非同寻常”的政府利益。奥康纳法官写道：

> ……今天，我们认为，联邦、州、地方政府强行通过的任何种族分类计划，都必须依据“严格审查”标准接受审查。换句话说，这种种族分类计划只有经过“严密制定”并符合“非同寻常”的政府利益才是遵守宪法的。在某种程度上，麦特罗广播公司不符合上述原则，它是非法的。[23]

奥康纳法官采取了与富利洛夫和麦特罗案不同的审判原则。之所以要这样做，主要是借鉴了 55 年前弗利克斯·富兰克富特法官的观点：“惯例原则……不是对最近裁决（无论多么近和多么有典型性）的机械性模仿和继承，尤其是继承和模仿与以前的原则发生冲突时更不应该如此。”[24] 奥康纳说，最高法院对种族预留计划长久以来的质疑，应该压倒自由派法官最近的努力，因为他们认为对“仁慈”的种族分类计划应该采用更宽松的审查标准。

但多数派们不愿意承认，没有哪个种族优惠项目可以经受严格的审查，政府仍然有可能推行预留计划。奥康纳法官写道：

> 最终，我们希望消除这样的看法，即“严格审查在理论上严格，但在实践中有致命缺陷……”在这个国家，实践中存在着令人不快的对弱势群体的种族分类，并且影响时间很长。这是一个不

> 幸的事实，政府有资格对它采取相应行动。[25]

这种观点完整地表达了多数派意见。最高法院没有支持交通部的分包商竞标条款，也没有废除它。相反，它将诉讼案退回第十巡回上诉法庭，要求用严格标准而不是相对较轻的中等标准重新审理这一案件。[26]这种更为严格的重审将会决定，阿德兰德建筑承包商兰德·派克的平等保护权利是否受到侵犯。因此，就像其他呈送到最高法院的案子一样，法官们避免在具体问题上做决定，他们决定与法律实质有关的事。

审判阿德兰德案的九位大法官。前排左起：安东尼·斯卡利亚、约翰·保罗·斯蒂芬斯、威廉姆·伦奎斯特（首席法官）、桑德拉·奥康纳、安东尼·肯尼迪。后排左起：鲁斯·巴德·金斯伯格、戴维·舒特、克拉伦斯·托马斯、史蒂文·布雷耶。

资料来源：© Reuters/CORBIS.

斯卡利亚法官的观点

安东尼·斯卡利亚法官是一位保守人士，长期反对预留计划这类保权行动，他同意使用严格的标准，但采取了一种更为极端的立场："政府在种族问题上永远不能有什么'非同寻常的利益'，以'弥补'过去种族歧视造成的危害"。[27]他详细陈述道：

> 因种族歧视而受到错误对待的个人应该被看成一个整体。但依照我们的宪法，不应该存在所谓的债权种族和债务种族。因为这种概念与宪法强调的个人权利相冲突……为了追求种族权利——即使是出于理想主义和善良的动机——都会强化和维护一种思维方式，它强调种族奴隶、种族特权和种族憎恨，这必将酿成一种悲剧。在政府眼里，应该只有一类种族，那就是美国人。[28]

斯卡利亚法官的最后结论是，交通部的预留计划很有可能无法通过严格的审查。

托马斯法官的观点

克拉伦斯·托马斯是唯一一位黑人法官，他的观点跟大多数人的观点一致，但他特别强调一点，即宪法应该平等对待所有种族。在他眼里，从道德上讲，制定一部法律来约束一个种族与制定一部法律赋予一些种族特殊利益没有什么不同。他说：

> 这些计划中的大部分有良好动机。但我们的宪法原则不能因此而迁就和庇护这些动机。政府在种族问题上不应该区别对待。对宪法而言，政府的种族分类标准是由那些想进行种族压迫的人制定的，还是由那些真想帮助条件较差种族的人制定的，其实无关紧要。[29]

托马斯还认为，保权行动恰恰给那些它想帮助的人带来危害。他说：

> 所谓"仁慈"的种族分类对待政策告诉人们，因为长期不可克服的阻碍，使少数种族没有这种高高在上的优惠政策就无法竞争。这必然会让少数种族产生一种骄傲感，换句话说，会引起另一些人的愤怒。这些人因为政府使用种族分类政策而遭到伤害。这些计划给少数弱势群体种族贴上了劣等的标签，这也

许会促使他们形成一种依赖心理，或者认为他们“有权”享受优惠待遇。[30]

反对者的观点

四名法官写下了三种不同的反对意见。第一种反对意见是由斯蒂芬斯法官提出的，金斯伯格法官支持这种观点。他们反对多数人脱离以往判例的做法，认为最高法院有责任坚持使用中等程度的审查标准。斯蒂芬斯也不赞成多数派的另一种观点，即从原则上讲，所有的歧视问题都是一样的。他说：

> 无论我们在制定保持种族等级制度的政策，还是在制定铲除种族压迫制度的政策，从来就没有什么道德上和宪法上的平等。令人厌恶的种族歧视是压迫的源泉，它迫使弱势群体增进或维护多数人的权力。补偿性的种族优惠政策就是要表达一种相反的愿望，即促进社会平等。如果能够意识到“公正治理”这一政府宪法责任的概念……就不应该忽视这些区别对待……法院支持判例的连贯性，也应该忽视“未经许可不得擅入”和“欢迎”之间的区别。[31]

舒特法官提出了第二种反对意见，得到金斯伯格法官和布雷耶法官的支持。舒特反对法庭脱离富利洛夫案和麦特罗案等先例进行判决。他认为应该更多地尊重国会，肯定并支持国会纠正种族主义的法律。

金斯伯格法官提出了第三种反对意见，得到布雷耶法官的认同。她强调“种族制度”为美国带来的长久影响。她说：

> 白人和黑人仍然受到不同的对待。有色人种寻找房子时仍然受到房东、房地产代理人、房产抵押人歧视性的待遇。少数人种企业家尽管投标价低，有时照样签不到合同。即使在他们签到合同之后，有时也被拒绝工作。有意或无意的偏见反映出一种传统的、未被审视过的思维习惯。这种偏见成为一种障碍。要使机会平等和非歧视成为这个国家的法律和实践，就必须扫除这个障碍。
>
> 考虑到这种历史和现实影响，国会应该能够断定，一个详细制订的保权行动方案有助于实现 1868 年《宪法第十四修正案》规定的“法律面前人人平等”的理想。[32]

案件进展

高等法院选择制定法律原则，拒绝就分包商补偿条款是否符合宪法这一具体问题作出裁定。因此，最高法院将案件发回第十巡回法庭，并提供了对宪法问题进行判断的指南。第十巡回法庭又将案件发回科罗拉多地区法院。1992 年，该法院受理该案件。

1997 年，在最高法院判决后两年，地区法院公布了判决结果。法官小约翰·凯恩用严格的审查标准来审查分包商条款，认为该条款无效。该条款通过了部分审查，即政府能够证明预留计划存在非同寻常的利益。凯恩法官认为，在国会通过法律之前，有足够证据表明承包中对少数族群存在歧视性偏见。

然而，条款没有通过“严密制定”这一审查标准。凯恩法官认为，将个体或企业在社会和经济上的不利情况仅仅归结为种族原因是不公平的。在现有的选择标准下，一个从中国香港移民来的千万富翁，如果他在提出分包要求的前一天取得美国公民资格的话，就能自动符合预留计划设置的条件。但一个已经在美国生活了一辈子的贫穷白人则一辈子也做不到。因此预留计划对一些人的排斥程度过大，是违背宪法的。因为科罗拉多政府代替联邦政府管理这个项目，凯恩法官发布禁令，命令州政府停止使用这个有异议的法规。[33]

派克和他的公司赢了，但保权行动的支持者们决定进行反击。交通部向第十巡回法庭提出上诉，科罗拉多政府也拒绝凯恩法官的判决。州长罗伊·罗默认为，联邦法院的命令不适用于州政府。

阿德兰德公司立刻起诉政府应该执行判决，当案件呈送到凯恩法官面前时，科罗拉多州政府解释说合同计划已经改变，不再使用分包商补偿条款，而且允许包括白人男性在内的所有承包商，获得与社会条件差的企业同样的资格，只要他们可以证明自己处于不利条件。

凯恩法官对科罗拉多州政府官员的顽固抵抗感到愤怒。他没有重新审理案件，相反，他宣布，阿德兰德公司常年受到歧视，并且由于政府通过了不公平的、违反宪法的法律而陷入财务困难。他认为该公司符合经济条件差企业的相关条件。[34] 派克申请了这个资格，科罗拉多州政府于 1998 年批准了该申请。

与此同时，阿德兰德案的审判结果激起全社会范围内的大讨论。联邦政府大约有 160 个优惠项目被裁定是不恰当的。在阿德兰德案判决当年，有 100 亿美元的合同指定用于少数群体和妇女，而且通过各种各样的优惠计划已经分配下去。保权行动的反对者认为，既然有了判决结果，这样的行动就应该停止。

阿德兰德案无疑给这些合同蒙上了阴影，但保权行动的支持者们并没准备承认失败。相反，克林顿总统保证去“修改，而不是结束”保权行动。他想做的就是修改优惠规则，使其能够经受法律挑战。

国会保权行动的反对者决定发起一次绝地反击，试图否决一项新的高速公路拨款中 10% 的预留计划。1998 年 3 月，参议院爆发了激烈的讨论，辩论废除一项预留计划的议案。该议案仍然未获得通过，从而为社会条件差的企业留下 170 亿美元的高速公路基金。[35]

1999 年，交通部发布修改后的规则，制定了将联邦高速公路分包给社会条件差的企业的具体方法。[36] 他们声称，保留给社会条件差的企业 10% 的高速公路基金，并不是一种“配额”,也不是一种“预留”,而是一种“在全国范围内具有吸引力的目标”。在每个州，能够获得高速公路基金的条件差企业的标准可能高也可能低。对于社会条件差的企业标准,每个州首先应该使用“种族中性”的措施，即帮助所有的小企业，包括社会条件差企业和白人所有者的企业。

这些措施不要求进行种族或性别区分，而是要求政府提供投标培训和合同管理、税收帮助，并将大合同分为几个小合同以便于小公司管理。如果这些措施不能完全达到目标，而且仍旧存在严重的歧视行为，就可以使用基于“种族意识”的措施，为社会条件差的企业提供优惠，包括保留特定项目或规定只有社会条件差的企业才可以竞标。

修改后的规则还要求各州对种族歧视问题做深入研究，以便在采取“种族意识”行动时能够提供令人信服的合理证据。规则还提高了个人被认定为“经济上处于不利条件”的资格，当前拥有 75 万美元以上净资产的人（根据个人净资产减去住所和在企业中的所有权益）将不能获得这个资格。规则允许白人男性申请在社会和经济中处于不利条件的资格。但是，与少数族群和妇女自动符合条件（除非拥有 75 万美元以上）不一样的是，白人男性申请者需要证明自己的经济困境是因为种族歧视导致的。

这些变化大大制约了高速公路项目中的保权行动计划。之后，克林顿总统发布了一项行政命令，要求所有联邦合同对保权行动计划引进相同的限制。[37]

阿德兰德的坚持

尽管优惠政策有所缩减，但派克坚信，

谁是不利条件者

凡属于下列类别的公民，可被视为社会和经济地位处于不利条件者（从 1999 年开始，拥有 75 万美元净资产以上的人没有资格）。如果这个人拥有公司 51% 或以上的所有权，在申请联邦高速公路建设合同时，该公司就属于“条件不利的企业”，可以在联邦高速公路合同中得到优惠对待。

黑人，包括具有任何非洲黑人血统的人。

西班牙裔，包括墨西哥人、波多黎各人、古巴人、多米尼加人、中南美洲人，或其他西班牙或葡萄牙文化起源的人，不论什么种族。

美国土著人，包括美洲印第安人、爱斯基摩人、阿留申人或夏威夷土著人。

亚太裔美国人，包括来自日本、中国大陆地区、中国台湾地区、朝鲜、缅甸、越南、老挝、柬埔寨、泰国、马来西亚、印度尼西亚、菲律宾、文莱、萨摩亚、美国属太平洋岛人、斐济、汤加、中国香港和澳门特别行政区等地的人。

妇女，所有妇女都包括在内。

资料来源：49CFR 26.5（2000）；64FR 5128，February 2，1999.

所有基于种族和性别的优惠都是违反宪法的，他的案件继续在联邦法院经历漫长的审判。

交通部对凯恩法官 1997 年做出的分包补偿条款违反宪法的裁决提起上诉。1999 年，第十巡回法庭裁定上诉没有意义，因为科罗拉多州政府已经改变承包指南，并且不再使用补偿条款了。另外，法庭指出，科罗拉多州政府已经将阿德兰德公司划分为经济条件差的企业。阿德兰德认为科罗拉多州的承包指南仍然违反宪法，并继续向最高法院提起诉讼。2000 年，最高法院否定了第十巡回法庭的判决，将案件发回重审，要求下级法院重点审查科罗拉多州的承包指南是否违反宪法。[39]

2000 年年末，第十巡回法庭作出裁定，认为尽管科罗拉多州最初的高速公路承包规则是违反宪法的，但新的规则经过严密制定，符合令人信服的政府利益，因此是合法的。阿德兰德公司再一次上诉到最高法院，最高法院对案件进行重新审查，认为第十巡回法庭对宪法的分析是错误的，因为用种族和性别作为标准来制定政府基金的使用规则是不可能通过严格审查的标准的。简单的说，它争论的是规则的武断性。

> 每一个合法获得美国永久居民权的人，如果是女性或者可以证明来自 42 个指定国家，就会自动被假定为试图进入美国高速公路建设项目，或者会遇到阻碍其进入的种族歧视。[40]

阿德兰德公司敦促最高法院采取约翰·马歇尔·哈兰法官的立场，强调宪法应该是“色盲”的。它认为国会和州政府继续“践踏无数无辜个人的宪法权利”。[41] 保守派作为保权行动的敌人开始欢呼。约翰·奥沙利文在《国家评论》上发表了他的观点：

> 今天，给予 65% 美国人的那些优惠和利益，是从余下的 35% 的人那里剥夺来的，这些人恰好是美国的白人男性，对他们的不公正才是真的。换句话说，

表 1　阿德兰德案的漫长历程

这个图表显示 9 年来阿德兰德案件在联邦法院体系中的历程。最高法院两次发回该案件，即发回到下一级法院，并要求下一级法院研究案件与法律原则的一致性。每当新的交通部长被任命时，被告的名字就会变化。

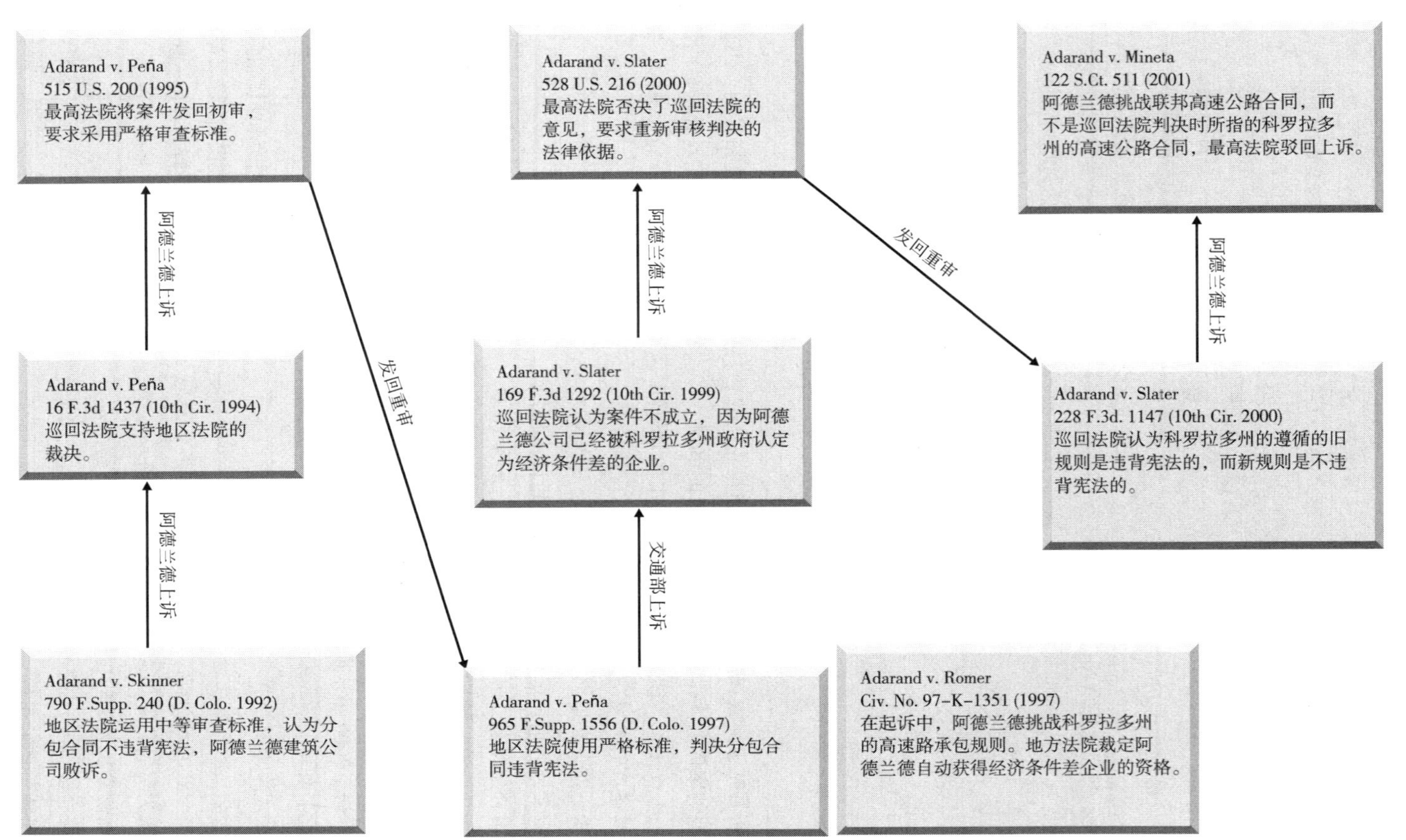

> 目前他们才是政府反歧视项目彻头彻尾的受害者，他们才是美国唯一的受歧视对象。[42]

阿德兰德案对保权行动构成了巨大的挑战，但并没有结论。2001 年，最高法院在聆听了口头辩论后，驳回了这个案件，认为在一开始就不应该受理它。其中的原因主要是技术上的。在一个没有署名的意见里，最高法院取得一致看法，即阿德兰德公司没有反对第十巡回法庭对科罗拉多州承包规则的判决。相反，它却认为联邦指南是违背宪法的。但第十巡回法庭并没有谈到联邦指南。因此，由于最高法院是“一个终审法院而不是初审法院”，它不能采纳阿德兰德所提出的上诉依据，这个案件被驳回“且不得再上诉”。[43]

随着这次上诉被驳回，阿德兰德案的诉讼（见表 1）终于结束了。尽管没有一个正式的结论，但阿德兰德最后上诉的法律依据仍然被继续争论。

因为阿德兰德案的影响，保权行动在政府合同中更难保证公正，少数族群承包商继续挣扎。例如，1996 年，加州选民通过一项主张，禁止在州合中同实行保权行动。在随后 10 年，加州交通部给予少数群体承包商的合同数量下降了 50%，导致这些企业中的三分之二破产。[44]

问　题

1. 在阿德兰德诉讼案中，提出了一个什么样的宪法问题？
2. 1995 年最高法院对阿德兰德起诉培尼亚案判决后，保权行动计划必须满足什么样的要求才符合宪法要求？
3. 最高法院做出的多数裁决是正确的吗？为什么？
4. 根据赞成者斯卡利亚法官的观点，政府的种族分类做法是违法的；根据反对者斯蒂芬斯法官、舒特法官和金斯伯格法官的观点，有意识的种族补偿政策是合情合理的。他们争论的到底是什么？你赞成哪一方的观点？为什么？
5. 阿德兰德公司起诉培尼亚案中，地区法院认为联邦高速公路合同中的保权行动计划是违反宪法的，你同意这个判决吗？为什么？
6. 你认为交通部制定的那些有助于社会条件差的企业获得高速公路建设合同的新规则，能够通过严格审查吗？

第 18 章

公司治理

麦圭尔博士事件回溯

2006 年 3 月 18 日，《华尔街日报》发表了一篇题为《完美发薪日》的文章。[1] 文章重点关注公司兑现股票期权的日子，这是一个相当神秘的话题。

股票期权是经理人薪酬中的一种形式。股票期权是指经理人有权在未来某个日期以固定价格购买公司一定数量的股票。这个价格往往是期权授予当日的市场价格。在一定时间之后，允许拥有期权的经理人以这个价格购买公司股票。

股票期权可以激励经理人努力经营，以保证期权到期时股票价格高于期权授予时的价格。期权价格与期权到期时价格之间的差额越大，期权所有人获利越多。设想一位经理获得期权当日的股票价格为每股 50 美元，允许一年之后行权。如果一年后，股票价格上升至 60 美元，则经理人每股获利 10 美元。假如当初获得期权时股票价格为每股 40 美元，则经理人每股获利 20 美元。因此，行权价格或者期权授予日价格，是非常重要的。

威廉·麦圭尔博士，联合健康集团公司主席兼首席执行官。

《华尔街日报》通过统计数字分析发现，一些公司授予股票期权的日期，总是股票价格跌至历史最低点的日子。联合健康集团就是如此。这家位于明尼波利斯州的保健公司在股票期权方面发生了一系列惊人的巧合。公司主席兼首席执行官威廉·麦圭尔博士被授予期权的 12 个日子分别是年度或季度股票价格最低的时候。根据《华尔街日报》的说法，偶然选取这一系列日期的可能性为 2 亿分之一，比中球彩的可能性还低。《华尔街日报》还指出，麦圭尔通过执行部分股票期权已经获利 4.5 亿美元，他拥有的未行权部分股票期权的价值为 16 亿美元。

难道联合健康集团有如此强的预见力来挑选期权授予日期？如果有，它们也只是使用了实践中称为“回溯”的方法，即期权在某一日授予，但价格按照历史上市场价格最低的某一日的价格计算。如果回溯向股东公开，是合法的；如果不公开，就是非法的。因为期权对公司来说是一种薪酬费用，不适当的日期可能导致不正确的财务报表。看到《华尔街日报》的文章后，证券交易监督委员会的监管者产生了怀疑，并告知该公司他们正在调查这件事情。同时，联合健康集团董事会也聘请了一个法律公司，调查公司期权运作的有关事宜。

麦圭尔此前曾经做过外科医生，他似乎并未因此受到任何影响。他是联合集团的明星，从 1991 年起担任集团的主席和 CEO。在他的任期内，集团的股票价格上升了 8500%。[2]“据我所知，”麦圭尔在电话采访中说，“公司的管理层都相信，我们的做法是适当的，我们问心无愧。”[3]

两周后，麦圭尔在公司年会上站在股东面前。他为股票期权事件道歉，并且承认：“由于授予股票期权的日期太凑巧了，我们应该调整我们的期权项目。”在听众中，一个拥有集团 800 股股票的退休教师站起来，称麦圭尔的期权是“可憎的”。他说：“我希望你有更多不眠之夜，这样你或许可以为公司未来做出更好的决定。”其他股东对此报以热烈的掌声。[4]

为确保调查彻底进行，受聘法律公司进行了 80 次访谈，查阅了 400 万份文件，总资料超过 2 600 万页。他们检查了 29 项期权，对 1999 年授予麦圭尔的两项金额巨大的期权进行了特别仔细的审查。

在第一项期权中，麦圭尔与 5 位董事会成员谈判雇佣合同，获得 1 000 000 股的期权作为薪酬中的一部分。调查人员发现，麦圭尔与董事会成员们的谈话开始于 1999 年 9 月，董事会成员最终同意期权计划的会议是 11 月 5 日，当天股价为 52.56 美元。如果没有全体董事的同意，期权计划就是无效的。麦圭尔于 12 月签订了合同，当时的股价仍然高于 50 美元。然而，他被授予期权的日期却被定在 10 月 13 日，当日股票价格为 40 美元。从图 18.1 可以看出，10 月 13 日是联合健康集团股票价格的年度最低日，收盘价为 40.13 美元。

当调查人员询问为什么将期权价格选在 10 月 13 日时，麦圭尔回应说他与一位董事达成了口头协议，将期权价格选在该日。但在访问该董事会成员时，他记得曾有过这样的谈话。他说，毕竟他没有权力绑架董事会。

在第二个期权计划中，公司薪酬委员会 1999 年 10 月 26 日同意授予麦圭尔 750 000 份期权，当天的股价为 49 美元。然而，期权日却定在 1999 年 10 月 13 日，因此期权价格以 40 美元计，期权日再一次与年度最低日巧合。

在访问中，麦圭尔告诉调查人员，期权授予日往往根据备忘录、电话、会议或与董事会及薪酬委员会的讨论形成。他否认这些日期是特定挑选出来的。但是，调查人员在调查中却找不到类似的沟通信息。公司期权授予的首次书面记录常常在期权授予后的数周甚至数月之后，而期权日又总是与股价年度或季度最低日巧合。在 2002 年《萨班斯 – 奥克斯利法案》颁布生效后，这一系列不适当的巧合突然消失了。《萨班斯 – 奥克斯利法案》规定，公司必须在期权授予后两天之内告知证监会。新法颁布

图 18.1
联合健康集团 1999 年的股票价格

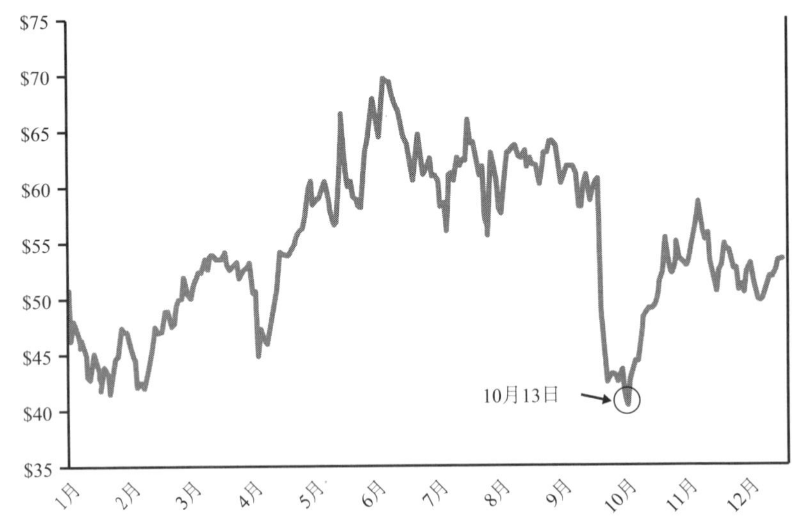

实施后，就再也没有将季度期权授予日定在市场价格最低日的巧合了。

在最后的报告中，调查人员总结说，他们所调查的 29 项期权中，大部分“可能回溯了”，原因是监督不够和上层间缺乏“统一声调”。[5] 这些期权的回溯都没有向股东公开。调查报告公布那天，联合健康集团迫使麦圭尔辞职。接着，因为计算期权薪酬时出现错误，集团重新公布了公司 1994 年到 2005 年的财务报告。

麦圭尔的麻烦并没有结束。2007 年，SEC 宣布对他采取强制措施。该机构认为，他在联合健康集团任期内获得的 4 400 万期权中的绝大多数都存在非法回溯的问题。为此，他支付了 700 万美元的罚款并返还 1 100 万美元的非法所得。他被禁止在 10 年内担任任何一家上市公司的主管或董事。[6] 在与联合健康集团的和解方案中，麦圭尔同意返还公司大约 6 亿美元的现金和期权。他只被允许持有价值超过 8 亿美元的期权。[7]

这个贪婪的故事以法律制裁结束。这是一个关于公司股东、管理者和董事之间的关系存在瑕疵的故事。因此，它是公司治理主题一个很好的引言，或者说是研究股东、管理层和董事会三个主体如何在不协调关系中共存的引言。在本章中，我们定义公司治理并描述其运作过程，讨论一些相关问题，特别是首席执行官的薪酬问题。

什么是公司治理

公司治理（corporate governance）是指企业成员基于正式的结构、规则和程序行使权力的过程。这种权力的行使依据一整套规则，这些规则定义了股东、董事会和管理者各自的权力和义务。这些规则来源广泛，包括国家宪法和公司法、联邦和州法律、证券交易准则以及公司的管理政策。从本质上说，这些规则定义了权力如何在三者之间分配，以及出现争端时如何解决。[8]

随着时间的推移，公司治理发生了很大的变化。从 18 世纪市场经济兴起直到 19

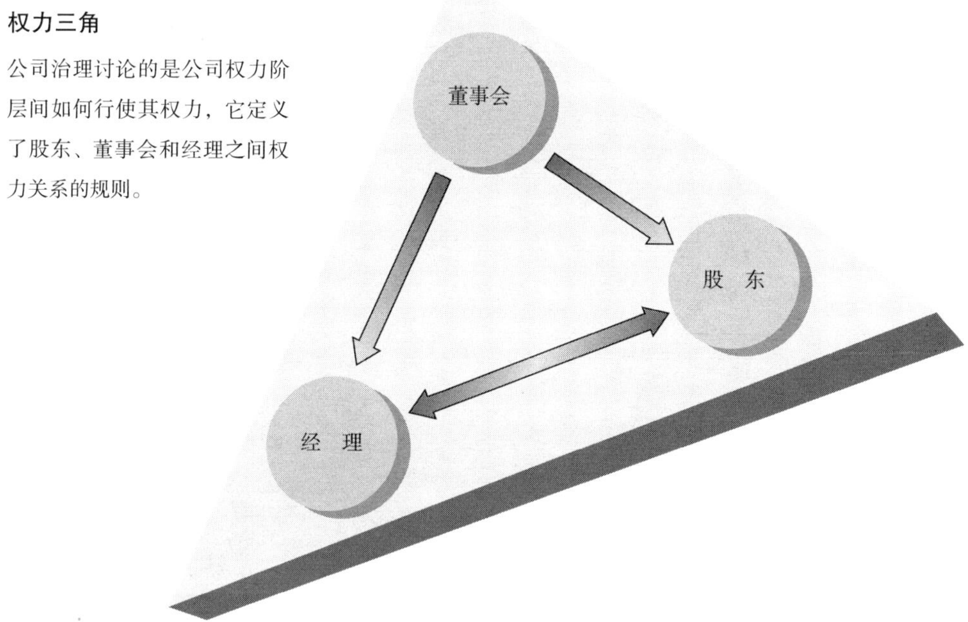

图 18.2
权力三角
公司治理讨论的是公司权力阶层间如何行使其权力，它定义了股东、董事会和经理之间权力关系的规则。

世纪中叶，大多数企业规模较小并由所有者经营。然而，工业资本主义使经济规模扩大，这些小企业成长为大公司，大到不可能再由一个或两个所有者或老板进行投资和管理。很快,所有权分散到多个股东手中。持股变成一种相对被动的所有权形式，因为大多数所有者对企业经营知之甚少。因此，制定策略和采取行动的权力就被转移给一群代表所有者利益的专业管理者手上了。

随着这种转变，董事会代替股东担负起监督管理者的特殊责任。股东们要么不够资格，要么不具备知识来进行管理。虽然聘用的管理层有能力管理复杂的公司，但为了提高效率，他们需要独立于大量股东。可是他们仍然需要监督，因为作为拿工资的雇员，管理者缺乏所有者那样将利润最大化的动机。他们可能会将寻求继续雇佣和获得高工资作为首选任务。因此，平衡、斡旋、调解管理者和所有者之间在权力和兴趣上的不一致，就成为董事会的工作。这样，现代公司治理的基本结构就产生了。

公司宪章

公司宪章（corporate charter）是指授权成立一个公司的文件。公司宪章也称为公司章程。所有的美国公司宪章均由公司所在地的州政府制定。[9] 在 1787 年的立宪会议上，美国的缔造者们就联邦政府是否应该拥有制定公司章程的权力展开讨论，并

图 18.3 公司治理的授权流程

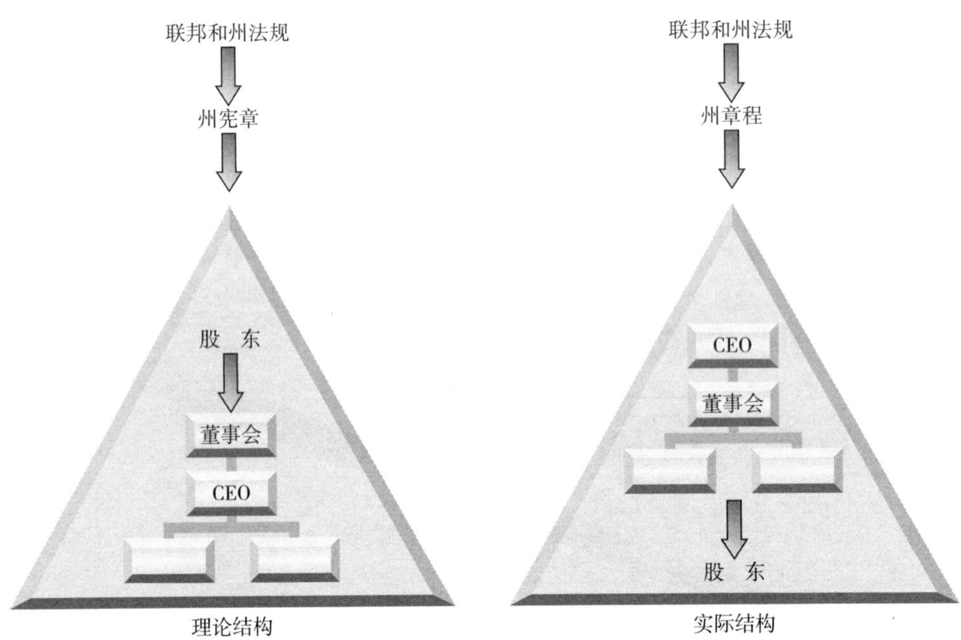

最终决定，州政府更适合规范和控制当时具有地域限制的公司行为。

公司宪章规定了股东、董事和管理者的权利和义务。一般来说，公司的所有权归持有公司股票的股东所有，股东根据所持份额的多少投票选举公司董事会，由董事会来监督公司。各州的公司法都赋予董事**受托责任**（fiduciary responsibility），即董事受托保管公司财产，他们应该依法按照股东利益管理公司财产。他们有责任任命管理者负责公司的日常业务。公司宪章还包括一些具体的规定，如发行股票和确定股票面值、召集股东年会、宣布股息红利、选举和撤换管理者、提议修改章程等。

州政府制定的公司宪章和公司法律中的法定权力，层层落实到股东、董事和管理者身上。然而，公司治理中的这种权力理论与现实中的实际情况是有差别的。理论上的情况如 18.3 左边所示。实际上的情况如图 18.3 右边所示，CEO 们常常控制着董事会，而两者联合起来又控制着股东。

每个州都制定了各自的公司法律并相互竞争，以获得大公司的注册费。一个多世纪以来，特拉华州一直是这种竞争的赢家。近半数的美国大公司在该州注册成立，并且许多公司都是新注册的。该州 17% 的税收收入来源于公司的注册费。[10] 尽管公司在这里的注册费高于其他大多数州，但特拉华州的公司法非常友好。为保持对公司的吸引力，该州不断创新，制定更加灵活和有弹性的规则。其他的州若想与它竞争，就必须赶上或接近特拉华州的标准。

据说特拉华州并没有因此放松对企业的监管。例如，在 20 世纪 80 年代，当董事们的个人决策权力开始膨胀时，就有几个州试着修改公司法来进行限制。特拉华州则对公司宪章进行修改，以限制董事们的权力。一年之间，有 35 个州都采取了同样的做法。[11] 除了对公司保持友好外，特拉华州还设立了专门法庭处理商业案件，此举也受到公司欢迎。

公司治理的联邦法规

200 多年以来，公司治理法一直是以州法律为主的。然而，最高法院在多年来的判决中认为，每个州有权注册和规范当地的公司，但宪法中的商业条款也赋予国会干预公司的权力（如果需要这样做的话）。以往，联邦政府很少关注公司治理的具体问题。近年来，为了竞争公司注册费，各州都建立起灵活和宽松的治理环境。联邦政府的干预往往是为了应对明显的治理失灵，并出台一些强制性的命令和法规。

大规模的政府干预，起源于 20 世纪 30 年代的经济大萧条时期。为了应对当时大范围的衰退，罗斯福总统成立了新的联邦机构，用来保护银行储户、投资者和农场主。当 60 年代恶意收购让管理者和股东震惊的时候，国会通过法律来规范并购行为并惩戒恶意购买者。最近，世纪之交的一系列丑闻，使公司治理缺陷暴露无遗。这导致另外一部法律——2002 年《萨班斯 - 奥克斯利法案》的出台。在讨论这部法律之前，我们先讨论安然公司及其他几个公司的治理失灵问题，以解释这部法律产生的原因。

安然公司的治理失灵

在美国历史上，引人注目的商业丑闻会重演。但自 20 世纪 30 年代公司犯罪有所披露以来，还没有哪个阶段像近年一样，商业丑闻频频发生。安然公司 2001 年倒闭，导致调查机构披露了许多著名公司的非法活动。政府监管机构发现各种各样的违规行为，如巧妙安排账目以增加销售额和利润、隐藏债务；以含糊的附注隐瞒 CEO 的工资外收入和报酬；做出一些忽视准则的会计和财务行为；销毁有问题的文件等。

安然公司曾经在投资者、其他公司的管理者和公众中享有盛誉。这一点反映在其股票价格由 1999 年的每股 19.10 美元升至 2000 年的每股 90.80 美元。直到 20 世纪 90 年代，安然公司一直是世界上最大的石油天然气和电子产品生产商。后来，随着安然公司成为世界上最大的能源交易公司，它的商业模式发生了巨大变化。它创造了数百个有限责任合伙公司和表外金融实体，从事能源商品供应和服务。

在2000年的年报中，安然公司宣布了巨额的利润增长，其利润从1996年的100万美元上升至2000年的11亿美元。2001年10月，当安然公司宣布税后收入减少5.44亿美元时，这一光明图景蒙上了阴影。一个月之后，公司声称正在修正1997年到2001年的财务报告，共减少超过10亿美元的净收益。收益减少的原因是公司存在非正常交易带来的虚假收入。公司现金流下降到偿还债务的临界点，因此安然公司于2001年12月2日提交破产申请，大约600亿美元的市值和20亿美元的养老金存款随破产而蒸发了。[12] 形势一片混乱。

安然公司曾拥有一批杰出的董事会成员（见表格）。公司破产后，随即成立了一个特别调查委员会，仔细调查由公司首席财务官安德鲁·法斯托成立的合伙公司。调查委员会的报告揭示，尽管与公司利益相互冲突，但董事会还是同意法斯托的合伙公司。[13] 这里存在的问题是，在一些合伙公司中，法斯托既是安然公司的管理者，又是与安然公司有财务交易的外部实体的投资者，这些交易涉及安然公司的资产买卖。那么谁的利益会成为他的首选？是安然公司还是他自己的呢？

《财务会计准则》对会计实务作出规定，如果一个外部投资者，如本案中的法斯托，向合伙公司投入3%及以上的资本，那么即使公司提供了其他97%的资本，也不能宣布这个合伙公司为子公司。因此，合伙公司的资产和负债就可以不包括在公司的资产负债表中。通过这种方式，安然公司隐藏的损失和债务总额达数亿美元。[14]

董事会成员认识到，法斯托作为合伙公司的一个外部投资者，与公司之间存在利益上的冲突，但考虑到那样做会给安然公司带来巨大的潜在收益，觉得这不是一个大问题。他们认为该问题可以通过董事会的特殊控制来解决。这些控制措施要求，与合作伙伴进行的交易必须征得公司全部高级执行官的同意，而且必须同时征得交易合作伙伴董事会的同意。但这个决策是个错误，因为它可以超越董事会的干预，为合作伙伴的扩张大开绿灯。

对法斯托的控制措施从来没有适当实施过。特别调查委员会发现，董事会成员的作用“被极大地限制了，因为非常重要的信息被隐瞒”。[15] 结果很明显，合作伙伴让公司暴露在巨大的风险之中。与此同时，由法斯托指挥的单边交易让他个人净赚了3 000万美元。

特别调查委员会并没有将安然公司的倒闭简单归咎于董事会成员，但明确指出董事会没有履行监督职责。他们发现：“虽然董事会没有得到必要信息以采取行动，但董事会也没有充分意识到以前出现的一些特殊信息所具有的意义。”[16] 与合伙公司的合作项目涉及金额巨大，风险明显，但董事会却没有给予应有的审慎审查。一些奇怪的交易只在董事会上讨论10或15分钟。特别调查委员会称，如果董事会没有或缺乏足够的信息，就不能因为没有采取行动而受到指责，但董事会没有履行足够

安然公司的董事会成员

2001 年安然公司申请破产时，公司的董事会由 14 位成员组成，其中包括一名女性、一名黑人和两名亚裔成员。莱和斯基林是安然公司的主管，其他 12 位为外部董事。

罗伯特·贝尔菲，65 岁，贝尔可石油天然气公司主席、CEO

诺曼·布莱克，59 岁，Comdisco 公司主席、经理、CEO

龙尼·陈，51 岁，Hang Lung 集团主席

约翰·邓肯，73 岁，投资者

温迪·格拉姆博士，56 岁，乔治梅森大学墨卡托中心主任，德州民主党参议员菲尔·格拉姆的妻子

罗伯特·耶迪克博士，72 岁，斯坦福大学会计学教授（退休）

肯尼思·莱，58 岁，董事会主席

查尔斯·勒梅斯特，77 岁，德州大学 M. D. 安德森肿瘤中心主任（退休）

约翰·门德尔松，64 岁，德州大学 M. D. 安德森肿瘤中心主任

保罗·费拉兹·佩雷拉，46 岁，博扎诺集团执行副总裁

弗兰克·萨维奇，62 岁，国际资本管理联盟主席

杰弗里·斯基林，47 岁，安然公司总经理兼 CEO

约翰·韦克汉姆，68 岁，英国政府秘书（退休）和前国会成员

赫伯特·诺克，57 岁，Capricorn Holdings 公司主席、CEO

安然破产前，每个外部董事每年平均得到 79 107 美元的收入，这笔收入包括年薪、参加会议的津贴或者主持董事会议的津贴（执行会议、审计会议、财务会议、薪酬会议和提名会议）。另外，每个外部董事还获得价值 836 517 美元的安然公司股票和股票期权。到 2001 年年度股东大会时，这些董事拥有 6.7 亿美元的安然股票。这 14 名董事还是其他 25 个公司的董事会成员。

的审查和调查职责，则应该受到指责。

董事会曾经通过一个评价合伙公司的管理程序。例如，董事会授权审计委员会对与合作伙伴的所有交易进行年度检查，但审计委员会并没有对那些古怪的交易进行深入调查。董事会赋予首席会计师审查和批准安然公司与合伙公司之间所有交易的权力。同样，这种审查不够充分。特别调查委员会最后总结道：高层管理者没有“对公司事务尽责”。

事实上，安然灾难发生的一个根本原因是，由董事会主席肯尼思·莱和首席执行官杰弗里·斯基林两位高管发起的文化变革。他们培育公司的自由氛围，纵容一些下级主管进行非法活动。以莱为主席、斯基林为董事的董事会，没有建立起强有力的道德规范。安然公司成为野蛮的西部公司文化的典型，这种文化以过激的金融交易、欺诈和欺骗为特征，社会责任感和道德丧失。安然公司有长约 65 页、员工人手一册的“道德规范”。该手册包括一页又一页值得称赞的说教，如遵守法律、公平

而诚实地对待顾客、避免利益冲突等，然而这些说教并没有真正得到实施。

2006 年，联邦陪审团认为莱和斯基林犯有阴谋欺诈罪，应该对安然公司的倒闭负责，两个人多次就公司的财务状况向公众撒谎，而公司利润主要源于安然公司股票升值。在此期间，他们依靠出售自己手中持有的安然公司股票获利。莱被判死刑证明了他的罪行。斯基林因犯有 19 宗欺诈、欺骗和阴谋罪，被判入狱 24 年零 4 个月。法斯托主动认罪，承认自己犯有阴谋罪、通信欺诈和证券欺诈罪。由于他愿意供述安然前高级执行官的犯罪事实，被判处 6 年监禁，这一惩罚相对较轻。安然的外部董事没有一人被判刑入狱，但 10 位董事同意掏腰包拿出 1 300 万美元，以解决前安然雇员对他们提起的民事诉讼，这些员工指控董事在公司退休计划上存在监管失职。[17]

其他公司的治理丑闻

除安然公司外，其他一些公司也出现了大量欺诈和丑闻。

- 在泰科国际公司，公司 CEO 丹尼斯·科兹洛夫斯基转移高达 1.25 亿美元的公司基金为自己所用，并且伙同 CFO 马克·斯瓦兹虚报公司财务状况以抬高公司股价，那时，公司的董事会“睡着了”。因犯偷窃、篡改账户和阴谋罪，两人分别被判处 8 年 4 个月和 25 年的监禁。科兹洛夫斯基被判支付 9 700 万美元赔偿金和 7 000 万美元的罚款。科兹洛夫斯基还失去了妻子，她在唯一一次去纽约监狱探监时提出了离婚。[18]
- 在阿德菲尔通信公司，公司创始人约翰·里加斯和他的儿子蒂莫西从损益表中隐藏 23 亿美元债务，从公司偷走 1 亿美元并就公司财务状况向投资者撒谎，这时，公司的董事们也“打盹了”。约翰·里加斯被判 15 年监禁，儿子蒂莫西被判处 20 年监禁，另一个儿子小约翰被判处 10 个月监外执行。里加斯家族和那些没有受到犯罪指控的家族成员，不得不拿出公司净资产的 95%，即 15 亿美元来解决由证监会提起的民事欺诈指控。[19] 在宣判中，法官说老约翰·里加斯使阿德菲尔通信公司“走上一条撒谎、欺骗、欺诈的道路”，里加斯声称：“以我的良心和良知，我到死都相信自己什么都没做。”[20]
- 在世通公司，我们在第 7 章详细介绍过这家公司，公司首席执行官伯纳德·埃贝斯和首席财务官斯科特·沙利文隐瞒公司收入下降的情况，通过做假账增加了 110 亿美元的支出。埃贝斯被判 25 年监禁，沙利文被判 5 年监禁。由于被控疏于监管，世通公司的 11 名董事同意支付公司净资产的 20%，即 2 030 万美元，来赔偿被欺骗的投资者。[21] 像安然的董事们一样，他们也是自掏腰包。

以上例子中所有公司都宣布破产。每个案例中的董事们都没有尽责保护股东免受自利和贪婪的管理者的侵害。这些失败的案件引发了对公司治理进行改革以加强董事会监督和警惕的呼声。这些改革的核心就是 2002 年颁布的《萨班斯－奥克斯利法案》。

萨班斯－奥克斯利法案

布什总统在 2002 年签署《萨班斯－奥克斯利法案》时说，该法案体现了“自罗斯福以来美国商界最深刻的变革”。[22] 情况确实如此。该法案要求董事会为准确的财务报告承担管理责任，并加强了董事会审计委员会的权利和责任。尽管该法案还涉及董事会的角色和机构改革，但主要集中在会计规定方面。这个意图从这部法律的全名中可以清楚地反映出来——《上市公司会计改革及投资者保护法》。当然，《萨班斯－奥克斯利法案》这一名称为人们所熟知。这一名称以法案发起人国会民主党议员森·保罗·萨班斯和共和党议员麦克尔·奥克斯利的姓氏来命名。由于篇幅所限，下面只简述该法的部分条款。

- 设立由五人组成的公司会计审计委员会，给予他们高于审计公司的权力。该委员会向证监会报告。
- 制定规则改进审计工作。例如，不允许外部审计师在审计公司账目时接受某些类型的顾问费。会计师事务所的审计人员必须每五年轮换一次。每个公司必须成立一个包含外部董事的审计委员会，外部董事中的一人必须是财务“专家”。
- 董事会中的审计委员会必须建立一套措施来保护检举人。
- 要求 CEO 和 CFO 签名并确认公司年报和季报的准确性。如果他们不按照法律要求签署报告，将面临巨额罚款和长期监禁的处罚。公司必须证明自己拥有有效的、精确的财务报告体系。
- 如果公司由于财务欺诈而重新进行报告，公司首席执行官必须上交出售股票所得和红利所得。
- 禁止公司执行官获得投资者不能获得的贷款。
- 对违反条款者处以严格的刑罚。例如，财务欺诈最高可获 25 年监禁。
- 证监会有权禁止违法者担任任何公司的董事或主管。

当这一法案颁布时，企业界立即抱怨新法律将成为企业的负担。四大会计事务所于 2005 年在 90 个公司做的调查显示，小公司执行该法案的平均费用为数万美元，而大公司则高达 780 万美元。[23] 对一些小公司来说，这笔费用不堪承受，大公司也觉得负担很重。

大多数抱怨与该法案中的 404 条款有关。这一条款要求公司年报中必须包括一份内部控制报告，该报告必须“（1）证明公司建立并维持了一个适当的内部控制机制，在财务报告中发挥了管理职责；（2）包含一个评价机制，能评价内部控制机制和财务报告程序的有效性。”另外，会计师事务所在审计公司的财务报告时，必须审核评估报告的准确性。

为应对改革要求，其他机构也制定了一些新规定，这些机构包括纽约证券交易所、公司董事全国联合协会、财务会计标准委员会等。2004 年，麦肯锡公司的一位董事罗伯特·菲尔顿写道："大致说，这几年的公司治理改革，比以往几十年的改革都多。然而，麦肯锡公司的调查显示，许多董事和机构投资者都一致认为，改革措施仍旧太少，从而没有使董事治理得到有意义的提升。"[24] 另外一些人则不同意这个说法，比如纽约证券交易所的 CEO 约翰·塞恩告诉《纽约经济俱乐部》说："改革已经走得太远了。"[25]

董事会

董事会的基本职能是依据公司宪章管理公司事务。董事会没有固定的人数限制。根据 Korn/Ferry 国际公司的调查，2005 年，董事会成员平均为 11 人，这个数目十年来从来没有改变过。[26] 董事会人数根据行业不同而有所变化，例如，银行业的董事会人数为 14 人，其他大多数行业为 10~12 人。大多数小公司和一些大公司的董事会人数更少些。

在大公司，董事会提名董事候选人，并在股东大会上获得多数票同意。过去，被提名者往往由 CEO 推荐，董事会认可。这种方式在一些公司中很常见，特别是在小公司中。现在，大多数董事会都由提名委员会或者公司治理委员会承担此项职责，CEO 在提名中仍扮演着关键角色。被提名者一旦获得董事会的一致认可，他的名字将被提交到公司的股东年会上，由股东们决定。大公司的股东们很少会联合起来挑战董事会的提名，因此提名即等于当选。

对董事会成员的资格要求是灵活的。如麦格劳－希尔公司要求董事："聪明、正直并具有判断力"，同时，还要考虑其他因素，比如多样化、个人背景、高级管理经验，并具备营销、财务、技术、国际商务、政府法规和公共政策等方面的知识。[27]

公司雇员的董事称为**内部董事**（inside director），他们往往是公司的高级管理人员。非公司雇员的董事称为**外部董事**（outside director），他们常常同时担任其他公司的高级执行官。选择他们作为外部董事是因为他们可以为董事决策会带来专家建议。除了担任董事会成员之外，不与公司发生任何重要交易的外部董事，称为**独立董事**

（independent director）。纽约证券交易所的挂牌标准以及公司治理均要求公司董事会中独立董事占多数，以保证董事会决策不被利益冲突所左右。

董事会又可分为若干个委员会。根据 Korn/Ferry 公司的报告，常见的董事会委员会主要包括如下几类：审计委员会（100%）、薪酬委员会（100%）、提名委员会（97%）、公司治理委员会（90%）、股票期权委员会（81%）、董事薪酬委员会（48%）、执行委员会（46%）、经营计划委员会（36%）、财务委员会（30%）、公司社会责任委员会（17%）和投资委员会（15%）。有时还有其他的委员会，如公共事物、雇员养老金与福利、人力资源、环境事务、科学与技术、公司慈善和法律援助等。特殊委员会的职责因公司而异。[28]

董事的职责

各州的公司法要求公司必须接受董事会的领导。这些法律赋予董事们两项崇高责任：一是代表股东的利益，二是尽心尽力地监督公司的经营活动。[29] 如果董事从自我利益出发，或者在获取信息和做出决策时疏忽大意，就没有尽到这些责任。实践中，董事并不参与公司的日常管理。相反，董事会的视野很广，承担“总体规划而非日常经营决策、见森林而非树木”的责任。[30] 以下是董事会职责的简要内容。

1. 审查和批准公司的目标和战略。
2. 挑选 CEO，评价其绩效，在需要时撤换 CEO。
3. 为管理提供建议和咨询。
4. 建立公司的治理政策，包括薪酬政策。
5. 评价董事、各董事委员会及董事会的绩效。
6. 提名董事候选人并提交股东大会。
7. 监督道德和纪律项目。

这些职责是至关重要的。专门研究董事角色的蓝色绶带委员会认为：“只有强有力、勤奋和独立的董事会才能抓住核心问题，提供明智的咨询，向管理者提出最关键的问题；才能保证股东利益，同时服务公司其他利益相关者。”[31] 假如安然公司当时有这样一个董事会，那么安然这个名字现在就不会是不良公司的代名词了。

外部董事的薪酬

内部董事与公司的全职雇员一样获得薪酬。外部董事的薪酬由董事会薪酬委员会决定。通常，公司支付外部董事一份年度聘金，此外还有主持或参加董事会会议的额外补助。大公司的董事还能得到退休金和人身保险等额外津贴。

不同行业中董事薪酬差别很大。例如，航空业个人董事的薪酬从 2.9 万美元 ~20 万美元不等；计算机硬件行业为 3.2 万 ~20 万美元；电子及电子机械行业为 0.6 万 ~19.5 万美元。超过 90% 的公司允许或要求以公司股票的形式来支付董事的部分薪酬。[32]

改进董事会绩效的建议

麦肯锡公司的研究人员调查了 300 家公司的 150 位董事，征求他们对公司董事会绩效的评价及改进建议。当董事们被问及最近的改革在何种程度上促进了董事会的绩效时，28% 的人认为效果显著，41% 的人认为有一定效果，22% 的人认为只有部分促进作用，8% 的人认为根本没有改进。当董事们被问及是否需要进一步改革时，22% 的人认为很需要，28% 的人认为改革应适度，26% 的人认为需要部分改革，23% 的人认为不需要。[33]

一个永恒的问题是，CEO 是否可以同时担任董事会主席一职。董事会的主要职责是与管理层保持距离并对他们进行公正监督，来保护股东的利益。董事会还要评价 CEO。因此，反对者认为，CEO 担任董事会主席存在利益冲突。麦肯锡的调查发现 72% 的董事认为两者应该分离。[34]

赞同两者合一的人常常认为，CEO 是最了解公司情况的人，因此可以更好地决定应该提交董事会讨论的事务。为平息反对意见，CEO 和董事会主席两者合一的公司，常常会委任一名**首席董事**（lead director）或者一个独立董事，主持没有 CEO 和其他内部董事参加的独立董事会议。

当被问及他们对公司正在发生的事情了解多少时，30% 的董事回答说有中等程度的了解，56% 的人回答说可获得部分信息，14% 的人回答说根本得不到信息。这是显而易见但又可以理解的回答。许多董事忙于管理自己的公司，许多董事只在会前才拿到厚厚一叠材料，他们根本没有时间阅读和研究具体内容。[35]

接受访问的董事们还被问到，哪些因素可以改进董事会的绩效。根据他们的回答，按照重要性递减的顺序依次排列为：董事的意愿、投入的时间、来自 CEO 的抵制、董事的独立性、来自董事的抵制、来自投资者的压力及监管压力等。[36]

机构投资者和公司治理

机构投资者（institutional investor）是指购买上市公司股票的机构。这些机构包括保险公司、银行、养老基金、共同基金、风险基金和私人基金。养老基金和共同基金规模的不断扩大，增强了机构投资者在公司治理方面的能力。这些基金的总资产从 1980 年的 700 亿美元上升到 2006 年的 5.5 万亿美元，权益投资从 1980 年的 2 580 亿上升到 2006 年的 2.7 万亿。[37] 如图 18.4 所示，从 20 世纪 50 年代开始，机构持有股票的比例大幅上升。这些机构持有大量股票，使他们有能力影响公司治理，它们也确实使用这种能力。

直到 20 世纪 80 年代，基金管理者还是被动的投资者。20 世纪 80 年代早期，加州两大养老基金的财务主管杰斯・昂鲁认为，到了让这些基金发挥影响的时候了。基金应该主动保护他们的投资在公司股票市场中免受财务掠夺。他的想法导致 31 个养老基金的管理者成立机构投资理事会，这些管理者控制着大约 2 000 亿美元的资产，大多数投向了股票市场。理事会签署了《股东权利声明》，要求公司在"作出影响公司治理和公司发展的重大决定时"，给予机构投资者发言权。[38] 自此，这些基金，特别是最大的养老基金加利福尼亚雇员养老基金（CalPERS）和最大的私人养老基金 TIAA-CREF，在公司治理中逐渐发挥重要作用。

这些基金的积极参与带来重要的公司治理问题。例如，养老基金管理者是否应该设法影响公司治理？如果不应该，理由何在？如果应该，又可以采取什么样的方式？如果养老基金管理者对持股公司的管理不满意，就可以抛售股票。如果基金只

图 18.4　机构拥有公司权益的百分比

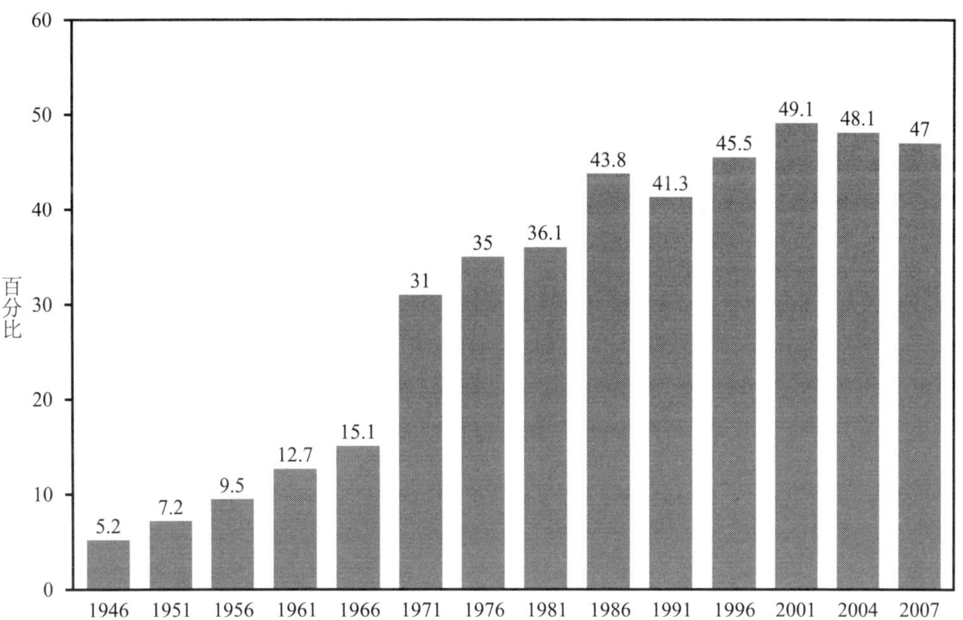

资料来源：Board of Governors of the Federal Reserve System.

拥有某一公司少量股票，这样做是比较容易的。但如果像加州雇员养老基金和 TIAA-CREF 这样巨大的养老基金，拥有公司巨额股票，显然已经是投资所有者了，出售这些股票将会大幅降低每股股票的价格。如果公司前景不错的话，机构所有者向公司管理层施压以提高公司管理绩效，这样做可能成本更低。

加州雇员养老基金一直以来都在积极采取行动。在早期，公司采取行动的目的是为了避免公司掠夺。[39] 从 1993 年开始，该基金每年在它的投资组合中选出 10 家股票低于市场指数的公司，这就是所谓的“关注名单”。该基金详细说明为什么名单上的股票会成为目标。仅仅公布这个名单就可使公司管理者受到威胁，使他们努力提高公司业绩。除此之外，加州雇员养老基金组织还私下或公开敦促这些公司的董事会提高对股东的回报。

加州雇员养老基金发布了一个名为“公司治理规则和指南”的董事会标准。该基金向公司董事会施加压力，要求他们遵循这些规则，这也是基金积极行动的重要内容之一。加州雇员养老基金提出的另一个建议是对公司管理层报酬过高的情况加以关注。基金还以抛售股票的方式，警告那些在人权和环境方面违法的公司。

股东提案

个人股东或基金组织股东都可以在股东年会上提出提案，交给全体股东表决。股东提案被以**代理声明**（proxy statement）的形式印制，在股东年会召开前以文件的形式发送给股东。股东提案阐明了将要进行的表决事项，包括选举董事、通过管理层薪酬计划和其他决议。证监会管制股东提案的条款包含在规则 14a-8 中。[40] 规则规定，如果股东提案符合下列具体要求，公司的代理声明中必须包括这些提案。

- 股东必须持有公司 2 000 美元及以上的股票，至少持有一年。
- 提案不能超过 500 字。
- 提案必须在股东年会召开前至少提前 120 天提交公司审批。
- 如果提案进入代理声明中，该股东必须出席年会并在股东会上陈述提案。
- 每次股东年会每位股东只能提交一项提案。
- 如果一项提案获得少于 3% 的投票，则该提案不能再在下一次股东年会上提出。

所有股票持有人依据其股票数量投票，每股股票拥有一票投票权。投票可以在股东年会会场上当场进行，也可以通过电子邮件或网上投票的方式进行。公司章程里规定了股东年会的形式。

公司可以根据规则 14a-8 中描述的 13 种理由拒绝股东提案。例如，如果提案违反州法律、包含虚假或误导性陈述、要处理的事务超出公司能力范围或与证监会代理规则相抵触，公司就可以拒绝这些提案。证监会必须同意这种拒绝。

每年，数百件经过仔细审核的股东提案与管理层准备的决议同时出现在代理声明中。这些提案内容广泛，并且其关注点随时间而改变。最初，在 20 世纪 70~80 年代，股东们主要关注公司的社会责任，例如汽车安全、与种族隔离的南非做生意及反对核计划等。近些年，大多数的股东提案关注公司治理问题，特别是在董事选举及总裁薪酬上的限制。

这些提案几乎都被附上一句“董事会成员建议投票反对此提案”，同时解释了公司管理层希望股东们拒绝的理由。如果公司反对，绝大多数提案不会获得多数票支持。由于公司反对大部分提案，因此，只有很少的提案获得多数票通过，几乎没有提案能够获得两位数的支持。规则 14a-8 规定：获得 3% 及以上票数的提案第二年可以再次提交；获得超过 6% 的票的提案可提交三次；获得超过 10% 的票的提案可提交四次。即使一个提案获得大多数投票，也不一定具有约束力。但这会给董事会和管理层施加巨大压力，而且通常会促使他们采取行动。

高管薪酬

给予高级管理人员过多的薪酬和福利，已经不是什么新鲜事了。富兰克林·罗斯福总统曾讽刺说，那些高管表现出“固有的贪婪”。与今天的高报酬相比，罗斯福时代 CEO 们的薪酬还是适中的。例如，在 1929 年，薪酬最高的贝瑟尔汉姆钢铁公司主席尤金·格雷斯的工资为 1.2 万美元，此外还有 160 万美元的红利。20 年后的 1949 年，路华电影工作室的第一副主席刘易斯·迈耶的报酬为 509 622 美元。这与当时工人 2612 美元的平均报酬形成了极大反差。再过 20 年后的 1968 年，通用汽车主席詹姆斯·罗奇的报酬为 79.5 万美元，而当时工人的平均工资为 5 602 美元。[41] 如果换算成现值，这些数目也很高，但远远低于当今那些高额薪酬。

总裁薪酬的组成

董事会薪酬委员会决定公司高级管理人员的薪酬。纽约证交所发布了相关标准，要求委员会由 3~5 名成员组成，而且必须全部为独立董事。因此，CEO 不能成为该委员会成员。当然，薪酬委员会成员可能是 CEO 的密友。尽管如此，委员会必须制订有充足理由的薪酬计划。大多数公司的薪酬计划需要考虑如下三点。首先，薪酬必须具有竞争力，以吸收和留住管理精英；其次，薪酬必须基于个人和公司业绩；第三，薪酬应该使高管的利益与股东利益相一致，注重创造长期价值。这些目标可以通过综合运用下列手段达到。

基本工资 高层管理人员的基本工资通常由同行公司的平均工资水平决定。例如，为确定高管的基本工资，Sherwin Williams 公司调查了两组公司，一组为 24 家与自己相互竞争的公司，一组为 35 家收益介于 60 亿 ~100 亿美元的财富 500 强公司。[42] 在此基础上，公司确定高管的基本工资为 100 万美元，这个数字也是国内收入办公室允许的可抵税数目。

年度现金奖励 大多数公司将年度奖金作为薪酬计划的一部分。不同公司奖励标准不同。在麦格劳 – 希尔公司，CEO 的奖金是浮动的，根据公司实际业绩与每股盈余增长 10% 这一设定目标的接近程度来确定。[43] 在阿博特实验室，CEO 的年度奖金根据公司是否能够达到多个财务目标来决定，这些财务目标包括净收入、利润、销售收入和每股收益。[44] 按照达到这些目标的程度，CEO 最多可以获得相当于调整后净收益 0.0015% 的奖金。财务目标常常是现金奖励的基础。如果没有达到目标，奖金就会下调。如果公司经营很糟糕，则年度奖金为零。

以股票为基础的长期激励 股票薪酬是为了激励经理行为与股东利益相一致。下面是几种股票激励方式。

第一种是**股票期权**（stock option）。股票期权是在董事会确定的条件下，给予经理层的一定权利，使他可以在未来某个时间以某个确定价格购买公司股票。期权购买价格一般是按照期权授予当天的收盘价格来确定的。然后，期权所有人可在未来某个确定的日期购进公司股票，这个日期称作行权日，而且这些股票必须在特定期限内卖出。例如，联邦快递公司股票期权的行权日是授权第五年后才可行权，并且必须在 10 年之内卖出，否则期权就会失效。这样，如果联邦快递公司以每股 70 美元的价格授权 CEO 1 000 股期权，5 年之后该股涨到 100 美元，那么 CEO 就可以用 7 万美元向公司购买股票，然后以 10 万美元的价格卖掉，从中获得 3 万美元的收益（税前）。然而，如果五年之后股票跌至 50 美元，即股票“跌破行权价”，期权就没有价值了。CEO 将不会执行期权。

第二种为**绩效股**（performance shares）。绩效股只有在固定年限内，个人或公司业绩满足目标要求时，才会被授予。根据业绩与目标的接近程度，绩效股可以部分地奖励给经理，或者完全不奖励。一般来讲，从授权到真正奖励至少要三年时间。通用电子奖励给高级执行官的“绩效股”，在五年之后才能转换为公司股票。如果在此期间内，经营活动现金流每年平均增长 10%，那么授予半数的股票。另外一半则要在股东回报超过标准普尔 500 指数时才授予。[45] 如果达不到预期目标，这些“绩效股”就会被取消，不像股票期权那样，可以在行权期与失效期之间的任何时间执行。

第三种为**限制性股票**（restricted stock）。限制性股票是指给予管理层一定数量的股票，但这些股票有限制性交易条件，在满足某些要求时这些限制就被取消。通常，接受者可以得到红利并根据持有的股票数量投票，但在限制被解除之前不能出售这些股票。任何一个明确的条件都可以成为限制。通常的限制条件是管理者仍在公司内任职。通过这种方式，限制性股票可以留住人才和主要高管人员。例如，如果限制性股票的授予期为 10 年，那么高管在这 10 年里就必须留在公司里以最终实现股票价值。这个规则在宝洁公司是很严格的。在授予期内，一旦执行官“因死亡之外的任何原因”而被解聘，限制性股票立刻被收回。[46] 限制性条件也可以是一定的绩效目标。对限制性股票的接受者来说，限制性股票的成本为零，它的价值是股票限制解除当日的市场价格加上自授予以来的所有红利。与股票期权不同的是，当限制性股票兑现时，即使市场价格低于授予时的价格，也并非一文不值。[47]

期权、绩效股和限制性股票都是一种长期的绩效激励方式。通过赋予高级管理人员股票所有权，可以使管理层和股东利益保持一致。通用电气要求它的 CEO 持有六倍于其年薪的股票，而这个年薪基数通常为 330 万美元。CEO 杰弗里·伊梅尔特超过这个标准，持有 6 313 224 股，市值大约为 2.21 亿美元。

退休计划　公司为高级管理人员提供慷慨的退休金。每年，公司根据高级管理人员个人收入的一定比例，计算出一个数额加入养老基金中。公司用这笔钱支付高级管理人员未来的养老金，但这笔钱是高级管理人员全部报酬的一部分。对于在大公司拿巨额报酬的高管来说，养老金的金额非常惊人。在通用电气，仅这一项每年就为 CEO 伊梅尔特增加 100 万美元的薪酬。

额外津贴　根据高管的需要和生活方式，公司常为他们提供额外津贴。最为常见的形式包括每年的身体检查、停车费、保安服务、财务计划、税收准备、人身保险、会员资格、使用私人飞机和租车等费用。证监会规定这些额外津贴的数额必须向股东报告。

各个公司的薪酬委员会在基本的薪酬方式中，选取符合公司薪酬理念的组合。图 18.5 显示爱默生电子公司如何使用灵活的薪酬组合方式来奖励和留住高级管理人员。每个高管的报酬以他们所担负的责任、承诺、业绩和服务长短等因素为基础。尽管高管的基本工资可以是一个非常慷慨的数目，但巨额报酬往往来源于各种激励。以股票期权为例，高管的这些收入在期权授予 1~10 年后才获得，有时让人觉得报酬与现时的绩效不同步。

图 18.5 爱默生电子公司高管报酬的组成

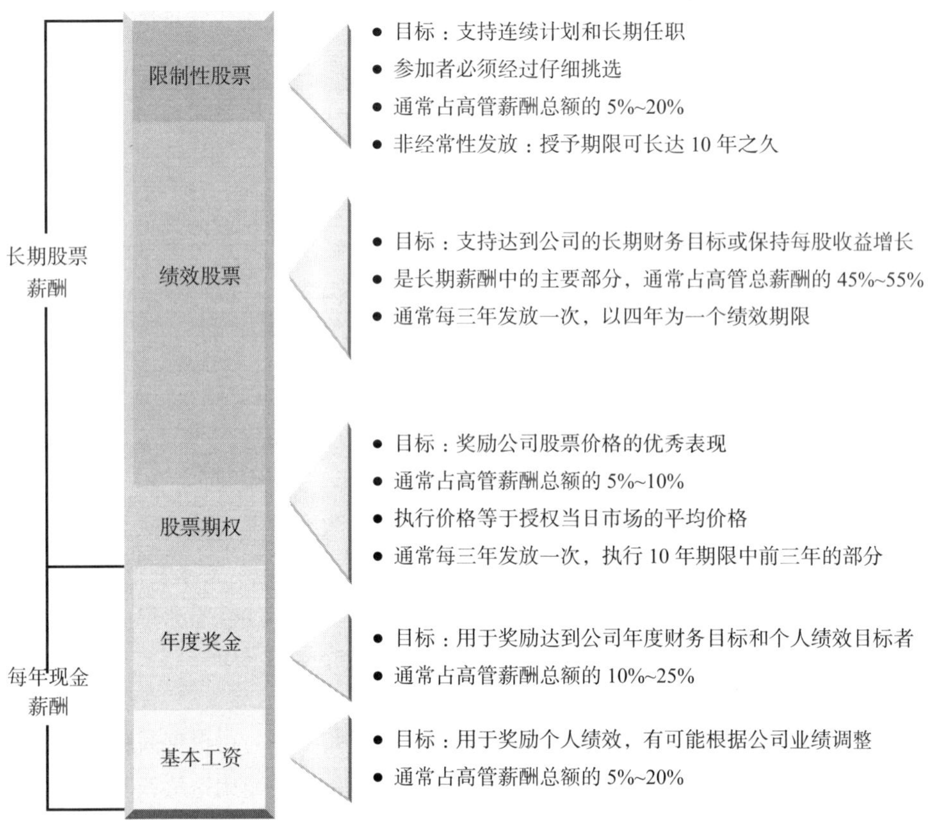

资料来源：Emerson Electrics Co.，*Notice of Annual Meeting of Stockholders*，Dec. 14，2007，p.16）

对高管薪酬的批评

对高管薪酬的指责很多，这里我们只讨论其中最重要的方面。

首先，批评者们被高管的巨额薪酬激怒了。例如，2006 年，美孚公司 CEO 李·雷蒙德在退休前最后一年拿到 4 亿美元的收入。雷蒙德在该公司工作了 43 年，被认为是一个有效率的领导者。他的总报酬是有史以来最高的。同年，还有其他一些高报酬的例子。Occidental Petroleum 公司 CEO 雷·艾拉尼的年收入为 3.15 亿美元；美国银行 CEO 肯尼思·刘易斯的年收入为 9 160 万美元；思科系统 CEO 约翰·钱伯斯的年收入为 6 970 万美元；甲骨文公司 CEO 拉里·埃利森的年收入为 6 310 万美元。[48] 2006 年，高管的平均报酬是适中的。一项对 350 个美国大公司进行的研究显示，高管现金薪酬的中位数为 6 008 368 美元。在 185 位行使股票期权的高管中，薪酬的中位数为 3 299 193 美元。[49]

其次，给予新聘 CEO 的一些薪酬组合令人瞠目结舌。例如，2006 年，福特汽车公司从波音招募阿兰·马拉里为 CEO，当年后四个月支付给他的薪酬为 2 820 万美元，包括一份 1 850 万美元的红利和 860 万美元的股票奖励和期权。[50] 这一年，福特公司公告的损失为 58 亿美元。

第三，批评家指出，一些公司的 CEO 被解雇时仍然赚得盆满钵溢。一个例子是家得宝的前 CEO 罗伯特 · 纳德里。在他的六年任期里，公司股票从 50 美元跌到 41 美元，但他离职时仍然得到 2.1 亿美元的收入。另一个例子是亨利 · 麦金内尔，公司在他的管理下损失了 1 370 亿美元，但他还是带着 2.13 亿美元离开辉瑞公司。[51]

第四，批评家们抨击说，太多的薪酬委员会成员都是其他公司的执行总裁、执行总裁的密友，或者是那些从公司业务中捞取好处的顾问人员。在这种情况下，可以断言，在赞成提高高管薪酬这件事上必定存在明显的偏袒态度。而且，正如两位研究薪酬的学者鲁西亚 · 贝查克和杰西 · 弗雷德在其著作《干得不好照样拿钱》一书中所说的，高管的权势越大，他的报酬越丰厚。[52]

第五，批评家们抱怨董事会在提高高管薪酬时没有顾及股东利益。传统的假设认为，董事会在决定薪酬计划时，即使不是完全从股东利益出发，也应该最大限度地照顾股东利益。但贝查克和弗雷德认为，情况并非如此。

> 董事们存在各种经济上的动机，支持或同意提高公司高管薪酬，而且这种动机会继续存在。社会和心理因素如分权、团队精神、避免董事会的内部冲突、友谊和忠诚、认知的不协调等，使他们面临额外的压力……另外，时间和资源的限制，也使得董事们即使有良好意图，也难以把制订薪酬的工作做得那么妥当。[53]

第六，批评家们断言公司在授予股票期权时过分慷慨。赋予股票期权有许多理由。当公司成立时，常常赋予高管股票期权。例如，微软成立之初和公司发展早期，创始人比尔 · 盖茨和保罗 · 艾伦，就获得了数百万的股票期权代替工资。如今，这些期权价值数十亿美元。期权可以用来吸引高管，还可以用来奖励绩效好的高管。结果是，高官们积累了成千上万甚至是数百万股的股票期权。无论何种原因，如果高管离开公司时执行这些累计起来的期权，都会带来巨额收入。

第七，批评家们抱怨公司滥用股票期权。其中一个问题是**回溯**（backdating），即以股票期权授予前某个日期的价格来设定股票期权的行权价格。期权所有者有权在未来以某个固定的价格购买公司股票，这个价格叫做行权价格。正常情况下，这个价格就是期权授予当天市场收盘价格。当公司在授予期权时进行追溯，将期权授权日固定在股票价格较低的日期时，回溯就发生了。简单的说，公司寻找过去股票价

回溯：一个假设的例子

1. 2008 年 6 月 1 日，某执行总裁获得一份期权，他可以购买 1 000 股所在公司的股票，这些股票两年后执行。当天，在纽约证券交易所上，该股票的价格为 30 美元。
2. 2010 年 6 月 1 日，当期权执行时，股票价格为 29 美元。股票价格在这一点时，期权无任何价值。
3. 公司决定将期权回溯到 2008 年 5 月 1 日，那天股票价格收于 22 美元。
4. 现在总裁决定执行期权，用 2.2 万美元以每股 22 美元的价格购买 1 000 股，然后在公开市场以 29 美元的价格卖得 2.9 万美元，税前净收益为 0.7 万美元。
5. 期权的价值被计算为成本支出，从而抵减了企业净收益。从理论上看，会损害股东的利益。

格低的时间，然后声明股票期权是在那些最低点被授予的（见专栏）。

回溯使高管得到了他们不该得到的，这一做法饱受批评。因为个人并不能从公司购买股票，然后按照早些天的股票价格估计他们的股票成本。如果回溯向股东公开，则回溯是合法的；但如果向股东隐瞒，就是非法的。回溯首先发生在 20 世纪 90 年代的硅谷。在高科技公司中，为吸引人才而给予雇员大量期权的情况很普遍。高管们看到，如果将期权授予日定为早些时候公司股票价格低的日期，他们的股票价格就会升值。

实践中另一种做法叫做**弹性加载**（spring loading），就是在利好消息发布前授予高管期权，因为这时公司已经知道利好消息，但公众并不知道利好消息将使股价上涨。股东在特拉华法院控告泰森食品公司，声称该公司在 1999~2003 年间授予了四项弹簧加载的股票期权。例如，2003 年，在泰森宣布有利盈余的前 4 天，公司董事会薪酬委员会授予三位高管共 940 000 的期权。消息宣布后股价上升了 0.92 美元，使期权立即升值 864 800 美元。法官判决该股票期权的授予非法。[54] 然而，证监会的一个位官员保罗·阿特金斯却为他们辩护。他认为应该允许薪酬委员会去践行一种“商业判断”，这可以使委员会在预期股票价格将要上升时，授予高管较少的期权而达到相同的效果。[55]

最后，批评家们抱怨高管工资和普通员工工资之间的差距不断扩大。不同分析家采用了不同的计算方法，但他们都观察到这些年来这个差距在扩大。例如，一项研究发现，1965 年大公司高管的报酬是普通员工的 24 倍。但 2004 年，这个差距增长为 431 倍。[56] 之后，这个差距略有下降，但 2006 年仍然为 411 倍。[57] 根据另一项调查，在 2006 年，标准普尔公司执行总裁的平均工资为 2 910 万美元 [58]，而普通员工的工资仅为 33 200 美元。[59]

为高管薪酬辩护

首先，国会应该对股票期权过度繁荣的这一事实负责，而非公司。国会注意到高管的高收入，并于 1993 年以立法的形式做出回应，规定支付给高管的年薪和福利中，只有 100 万美元可以作为费用扣减。这些法律条款并不适用于绩效薪酬、养老金和现有合同。那些尚未执行的股票期权和绩效奖励，没有被作为公司费用，导致股票期权爆炸式的增长，用以支付高管超过 100 万美元以上的年收入。现在，授予高管的期权必须计入费用，因此，股票期权开始呈下降趋势。

其次，股票期权成为薪酬中的重要组成部分，主要发生在股票市场长期增长的时期。20 世纪 80 年代以来的股票牛市，给高管们提供了一个很好的时机，使他们能够执行股票价格非常低的时候获得的期权。这些期权的执行，使管理层的薪酬激增。

第三，辩护者认为许多薪酬计划是合理的，因为在这些高管任期内，股东获得巨大收益。美孚前执行总裁李・雷蒙德和通用电气的杰克・韦尔奇就是例证。在他们任职期间，公司股票价格长期保持大幅增长。很明显，像他们一样的高管们设计和执行的战略创造了这些财富。因此他们的成就应该得到奖励。

第四，董事们认为，如果不付给高管与竞争对手公司中高管同样多的报酬，就会失去他们，由此造成的损失比高报酬要大得多。他们声称，不管怎样这样的报酬与其他专业人士相比并非离谱，如高级律师和华尔街的投资银行家们。

最后，大多数管理者从来没有得到广受大众批评的高报酬。事实上，一些人辩称，许多高管的报酬低于他们应该得到的，对小企业来说尤其如此。对高管收入进行随机观察会发现，高管薪酬因公司规模和收入而变化。公司规模越大，公司收入越多，高管薪酬越多。相反，公司规模越小，公司收入越少，高管薪酬越低。

薪酬改革的建议

对薪酬改革的建议很多，这里只介绍其中的一部分。

首先，证监会应该要求公司上报更多有关薪酬的信息并向股东披露。自 1992 年以来一个最主要的改革，就是 2006 年颁布的新规则。这项规则规定，公司必须提供为高管支付的全部薪酬数额，以及收入最高的前 5 位高管人员薪酬的详细信息。这些信息中必须包括执行官的额外收入，如飞机使用和乡村俱乐部会费。这项新规则还要求公司提供关于期权和养老金的详细资料。当执行官们离开公司时，付给他们的离职费用也需要披露。[60] 然而，公司仍然能够掩盖薪酬的真实情况，使用一些只有财务专家才可以完全理解的复杂解释。

其次，必须公布薪酬和绩效之间的关系。这意味着必须告诉股东，高管薪酬中有多少是与绩效有关的，多少是与其他因素比如股市繁荣有关的。作出这些计算很困难，但相关估计应该包括在公告中。

第三，奖金应该与长期绩效挂钩。贝查克和弗雷德说："因短期绩效而奖励高管不是一个提供激励的有效方法。事实上，这样做可能造成人为操纵短期财务业绩。"[61]

第四，股东应该对高管薪酬进行投票。2007 年，在 Verizon 通信公司，一项允许股东对高管薪酬进行建议性投票的提案，获得 50.18% 的票数。公司董事们采纳了提案，并在 2009 年的股东大会上予以实施。同年，一份要求上市公司股东对高管薪酬进行无限制投票的提案在众议院通过。[62] 高管们通常反对这样的要求，认为这样做会对公司管理权造成不必要的干涉。他们还争辩说，如今证监会的规则已经给予股东足够的信息，足以让他们对自己的投资做出充分的判断。

结　论

本章我们讨论了公司治理的主体——股东、董事会和管理者。尽管法律对它们各自的职责作出规定，但它们之间还存在许多矛盾，他们之间的关系也在演变。如今，他们的关系总体上是良好的，但仍然存在问题，特别是董事会。本世纪初的那些丑闻，反映了多数董事会对公司财务战略和财务报告疏于监管。许多股东认为董事会允许管理层薪酬超过合理限度。近几年来，公司治理实践得到提升，这主要是通过后丑闻时代 2002 年《萨班斯 – 奥克斯利法案》，以及股东对公司治理政策的呼吁实现的。总之，未来仍需要给予董事会更多的压力和管制，使董事会加强对公司的监督。

惠普的正午

最初这里只是一个车库。正像传说中的一样，这个位于潘罗阿托不起眼的建筑却诞生了惠普这样的大公司。正是在这里，刚从斯坦福大学毕业的比尔·休利特和大卫·帕卡德摸索了多年，直到他们生产出第一个成功的产品——精密振荡器。1949 年，两个合伙人组建的公司成功上市。

随着公司成长，他们采取了家庭式的经营理念，这种理念后来被称为惠普模式。惠普模式的核心是强调每个员工的价值，这创造了一个无等级、权力下放、积极参与的公司。在这里，每一个科学家和工程师的创造力都可以自由发挥。惠普模式所孕育的平等主义精神，遍布当今硅谷的高科技企业。

多年来，惠普一直是硅谷星空中闪亮的明星。随着 20 世纪的到来，它在创新方面不再闪亮。两个年老的创始人已不再控制公司。尽管股市繁荣，但公司的收益却毫无起色，股票价格停滞不前。最终，公司董事会意识到需要一位新的 CEO。

表 1

1999 年的惠普董事会

这是卡莉·费奥瑞纳来到惠普时的董事会成员名单。董事会有 13 名成员，9 位外部董事，包括她在内的 4 位内部董事。外部董事中的 4 位是两位创始人的直系或姻亲。董事会有五个委员会，分别是审计、薪酬、执行、财务与投资、审核与提名委员会。每位董事每年的聘金为 10 万美元，其中 75% 以惠普股票支付。担任委员会主席的董事另外获得 5 000 美元。每位董事每参加一次董事会议，补贴 1 200 美元。

菲利普·康迪特，57 岁，波音公司董事会主席兼 CEO
帕特里夏·邓恩，46 岁，巴克利国际投资公司董事会主席
约翰·费里，69 岁，Boise Cascade 公司前董事会兼 CEO
卡尔顿·费奥瑞纳，45 岁，惠普公司 CEO
琼 - 保罗·吉蒙，63 岁，惠普创始人威廉·休利特的女婿，一般成员
萨姆·吉恩，62 岁，Vodafone AirTouch 公司董事会主席
理查德·哈克博恩，62 岁，惠普前副总裁
沃尔特·休利特，55 岁，威廉和弗洛拉休利特基金会主席
乔治·基沃斯，60 岁，进步与自由协会主席
苏珊·帕卡德，53 岁，戴维和露西尔帕卡德基金会主席
戴维·伍德利，帕卡德，58 岁，帕卡德慈善机构创始人
刘易斯·普拉特，58 岁，惠普前 CEO
罗伯特·韦曼，54 岁，惠普执行副总裁，首席财务执行官

卡莉·费奥瑞纳

董事会选择了卡尔顿·费奥瑞纳，同事和朋友称她为卡莉。费奥瑞纳是第一位领导像惠普这样大型公司的女性。她来自朗讯科技，是该公司的集团经理。惠普董事会给她的使命是让惠普“振作起来”。

费奥瑞纳立刻成为名人。媒体将她描述为“卡莉·费奥瑞纳，女首席执行官”，并且重点关注她的女性身份而不是她到惠普的使命，她感到困惑。[1]

> 从一开始……对我的报道中所使用的语言和所强调的内容就与其他 CEO 不同，更加个人化，有更多关于我的性格与外表的评论，我穿的衣服、发型、鞋子……还有持续的谣传……说我在办公室布置了一个粉色大理石的卫生间。[2]

自从 1999 年费奥瑞纳掌舵惠普，她在硅谷的聊天室里就被称做“花瓶”和“泼妇”。她知道她的行动会被人从女性的角度演绎。男性 CEO 解雇员工时会被称做坚强和威严，而她则被贴上报复的标签。这些阐释让她的工作变得“极其困难”。[3]

费奥瑞纳认为惠普多年以来管理不善，她首先要使管理者们行动起来。其中一个问题是，惠普文化是分权式的。这是惠普模式的基本信条，因为它认为员工是智慧的源泉。但这会使公司运作速度减慢。费奥瑞纳开始重建公司文化，任何事情必须经过她的同意。第一次麻烦出现在 2000 年 11 月，惠普前 CEO、现在继续担任董事会主席的刘易斯·普拉特要求费奥瑞纳离开董事会会议，以便其

他董事可以谈话。[4] 他告诉其他董事，她的变革计划行动太快了。

尽管董事会重申支持费奥瑞纳，但她的麻烦不断。费奥瑞纳的应对措施是定期邀请董事参加管理会议，并建立网站，使他们可以看见其他惠普雇员都能获得的资料。在董事会上，她绕着桌子请每位董事讲话，阐述在每个重要问题上应该如何行动。每次会议结束后，她将同意的和不同意的观点以及行动步骤写下来。这种细致的做法令一些董事极为不满。

董事会内部的矛盾

费奥瑞纳对董事会在公司治理中的角色有坚定的看法。董事会是给管理层提供建议和咨询的，他们的职责是把握大方向并使公司战略与股东利益保持一致。日常经营则是管理层的工作，是她的工作。

> 管理团队有责任管理好公司并取得成效。董事会一年只开 6~8 次会议，不可能知道业务细节。董事会必须代表股东，这意味着董事会要知道得足够多，以便能提出正确问题。[5]

随着时间流逝，她发现一些有影响力的董事不能清楚地区分监管角色和她的日常管理角色。其中一人是理查德·哈克博恩，他是和惠普创始人一起工作多年的前副总裁。另一个是乔治·基沃斯，他曾做过里根总统的科学顾问，是一名物理学博士。这两位都是技术专家，费奥瑞纳觉得他们对业务执行中遇到的难题缺乏理解。他们提出各种建议，有时常常在中途改变项目和预算。他们与雇员接触，甚至建议菲奥瑞纳开除某个管理人员。在其他一些建议中，他们提议并购康柏计算机公司。这是一个扩大市场份额和获得规模经济的机会，但并购并非易事。两家公司需要解雇数万雇员并融合截然不同的文化。

卡莉·费奥瑞纳在 2001 年的一次新闻发布会上讨论收购康柏的计划。

资料来源：© AP Photo/Paul Sakuma.

经过多次讨论，惠普董事会一致同意以 220 亿美元并购康柏。就在 2001 年末该计划宣布之前，惠普的收购意向被透露给媒体，很明显是由内部的知情人士透露的。惠普被推向风口浪尖。同行和投资者立刻充满敌意，因为传统观点认为这样大的并购并不会成功。惠普的股价下跌。泄露者的身份却一直没有暴露。

接着惠普创始人的儿子、董事会成员沃尔特·休利特改变主意，反对并购计划，这使费奥瑞纳非常吃惊。很快，另外一个创始人的儿子戴维·帕卡德也加入到反对的行列中。这两个人控制公司 16% 的股份。两人都不愿意看到并购后发行的数百万新股稀释他们在公司的所有权。

休利特拒绝参加董事会会议，并联合帕卡德发起战斗，以收集足够的选票来阻止这笔交易。休利特还说服另一个董事萨姆·吉恩改变主意。吉恩在一次董事会议上强迫其他股东改变主意，但他们很坚定。最终，经过艰苦的斗争，惠普的股东以 3% 的微弱投票优势同意了并购计划。[6] 并购在 2001 至 2002 年完成。公司内部发生了一系列斗争，然而内部斗争就是因为有些投资者一直对并购持怀疑态度。

费奥瑞纳与董事会之间的矛盾仍在继续。随着时间流逝，收购康柏远没有达到预期效果。收入目标没有达到，惠普的股价也在下滑。董事会对这些很不满。费奥瑞纳仍然认为，董事会专注经营细节的做法干涉了她首席执行官的角色。2004 年初，两位首席执行官萨姆·吉恩和菲利普·康迪特退休，董事会产生了一些变化。董事会只剩下两位有经营管理经验的首席执行官了。这些都是费奥瑞纳最为看重的董事会成员，她认为他们尊重自己的管理权。事实证明，很难再招募到像他们这样的董事。此外，随着 2002 年《萨班斯－奥克斯利法案》的颁布，大公司的高管都不再担任外部董事，而是将工作重点放在本公司耗费时间的治理要求上。

接着是董事会技术委员会的内耗。这个委员会是根据董事汤姆·珀金斯的提议于 2002 年成立的。珀金斯 2001 年从康柏的董事会转到惠普的董事会。他是一个很难对付的人，在惠普有很长的工作经历，具有敏锐的战略头脑。他于 1957 年被休利特和帕卡德聘用，负责公司的研究实验室近十年，最后被委任担任公司计算机部门的负责人。珀金斯建立了惠普的计算机产业，并于 1972 年离开惠普，创立了全国知名的风险投资公司 Kleiner、Perkins 和 Caufield & Byers 公司。

这些合伙企业为硅谷的新企业提供种子资本，它们帮助 Genentech、AOL、Netscape、亚马逊和谷歌等公司取得成功。珀金斯成为亿万富翁，很快适应了拥有豪宅和跑车的生活方式。他的游艇 Maltese Falcon 长 289 英尺，是世界上最长的私人游艇。他的第一位妻子死于癌症后，他与有名的爱情小说家丹尼尔·斯黛尔再婚，后来又离婚。根据珀金斯的说法，他们深爱着对方却不能生活在一起，因为“通用汽车和通用电气的合并更容易。你知道，我们都有自己丰富而复杂的个人生活。”[7]

激光打印机的发明者乔治·基沃斯和迪克·哈克博恩加入了珀金斯的技术委员会。这三个人都沉迷于科学细节和新产品的研发中，都属于支配型董事。在他们的领导下，技术委员会成为董事会内部的董事会。他们常常在董事会会议的前一天聚会，其议案涉及惠普业务的所有方面。他们提出许多项目和计划，但绝大多数都被费奥瑞纳拒绝了。她认为，这些“起破坏作用”的技术家们不懂得评估他们的理想与实现财务目标之间存在的障碍。在她看来，“他们认为自己懂技术，所以就懂得任何事情。”[8] 随着他们的建议被不屑的拒绝，委员会成员变得焦虑不安。

另外的冲突也开始产生。技术委员会对帕特里夏·邓恩领导的审计委员会越来越不耐烦。邓恩是一个有决断力的人，她的事业证明了这一点。邓恩在拉斯维加斯长大，母亲是模特和演员，父亲在旅店里负责娱乐业务的会计核算工作。她 11 岁时父亲去世。要上大学时，她获得了俄勒冈大学的奖学金，但她不得不放弃，并从事厨师和保姆等工作，赚钱养活自己和母亲。后来她获得奖学金进入 UC 伯克利，每天换三次车往返学校，并最终获得新闻专业学士学位。[9]

不久，她在旧金山的富国银行找到一个临时的秘书职位。她一直在那里工作，直到银行被巴克利国际投资公司收购。从 1995 年到 2002 年，她升任该公司的首席执行官。邓恩 1998 年加入惠普董事会，2001 年被诊断为乳腺癌，一年之后又患上黑素瘤病，这迫使她辞去首席执行官一职。她保留了巴克利

2006 年，惠普董事汤姆·珀金斯在旧金山的办公室窗前。

资料来源：© AP Photo/Eric Risberg.

董事会主席的职位。

在审计委员会，邓恩将工作重点放在公司治理程序上。她是个讲方法、有组织能力的人。基沃斯等人认为，她沉迷于细节的作风妨碍她对公司大方向的理解。她强调遵守法律方面的细节问题，而不关注技术专家们津津乐道随心所欲的战略讨论。这些技术专家们担心董事会正在走向错误的方向，认为公司需要注入新的想象力。

珀金斯觉得董事会已经变成一个"顺从性的董事会"，即只注重遵守法律和规则的董事会。董事会的会议时间都被律师和委员们烦人的汇报浪费了。这样的董事会被一些熟悉治理规则的高管把持，但他们不一定熟悉公司独一无二的业务。珀金斯想要的是"指导性的董事会"，即一个由真正懂得公司内部事务和行业规划的专家组成的董事会，他们不仅仅是审核战略，而要深入地参与公司管理。[10] 顺从性的董事会整天忙于检查表格，使公司步履缓慢，指导性的董事会才有可能将惠普从沉睡中唤醒。

珀金斯和他的技术委员会打算将有技术和企业管理背景的硅谷朋友引进董事会，费奥瑞纳拒绝了他们的提名。她还是钟情于有大公司管理经验的候选人，而且，最好是其他大公司的首席执行官。因为这些背景的董事才会同意她的观点，即董事会应该与公司的管理行为之间保持一定的距离。有关董事会角色和职位的紧张气氛一直存在，直到汤姆·珀金斯于 2003 年退休。这一年他 72 岁，达到了惠普董事的强制退休年龄。

2004 年，一些董事们被惠普的业绩困扰。在费奥瑞纳任期，因为公司合并康柏后规模变大，公司收入和利润有所上升。但合并没有达到预期效果，两个公司杰出的管理者成为竞争对手。在计算机市场上，戴尔抢占了惠普失去的份额。在网络服务市场上，戴尔和 IBM 抢占了惠普的市场。公司主营业务的边际利润在下降。1999 年，费奥瑞纳初任首席执行官时，惠普的股票价格超过 40 美元，到 2004 年，股票价格不到 20 美元。她集中管理权，几乎所有的事情都要经过她同意，她抵制董事会成员干预公司管理活动。

当年年末，几个董事提议让珀金斯重回董事会，声称董事会需要一位懂技术的成员。基沃斯告诉费奥瑞纳，珀金斯怀念当董事的时光。费奥瑞纳表示反对，认为珀金斯的回归违反惠普的治理政策。在后安然时代的改革气氛中，公司不尊重退休规定会很糟糕。而且，公司真正需要的是一位有管理经验的大公司的首席执行官。然而，费奥瑞纳做出一个疏于考虑的错误决定，同意珀金斯归来。这是一个让她后悔的错误选择。

费奥瑞纳的倒台

2005 年 1 月，公司召开董事会会议。珀金斯作为观察员被邀请参加会议。他的正式任命还需要一段时间，以符合惠普公司的治理政策。但是，几位成员要求董事会立即投票任命珀金斯。费奥瑞纳表示反对，指出他的正式任命必须等待，因为他还没有阅读过当天要表决的关于经营成果的声明。如果所有的投票董事不了解财务状况的话，那么《萨班斯－奥克斯利法案》的要求就成了摆设。她仍然以自己的风格行事。

尽管珀金斯没有被正式任命，但他留在会场，并立即扮演了倡议者的角色。他强烈建议采取行动，包括收购另外一家软件公司和调整高管的具体分工。费奥瑞纳拒绝了他的提议，告诉珀金斯和他的同盟，这是她作为首席执行官才有权做出的决定。根据珀金斯的说法："她说得很清楚……我们提出的有关经营和组织的具体建议，是很不受欢迎的。"[11]

会议在继续。董事会提出职责调整计划，建议将费奥瑞纳的部分职责委派给其他高管。她反对这个计划，认为如果董事会让她为结果负责，那么就应该让她决定如何去实现它。但在会议结束时，她同意将两个生产部门合并并任命一位新的管理者进行管理。她同时在基本原则上做出让步，同意在未来的几个月中评价其他变革措施的效果。

几天之后，《华尔街日报》头版发表了一篇有关这次会议的文章，题目为"人们正在接近真相"，措辞中的人们暗指两个或更多董事。[12]文章指出，惠普董事会仍然支持费奥瑞纳，但非常担心公司不佳的财务表现，担心大批管理人员离职后去了竞争公司，担心公司不好的市场业绩。文章称费奥瑞纳"具有很强的能力"，但"不应该每天事必躬亲。她插手的事情太多，以至让事情慢下来。"[13]

"很难用言辞表达我被冒犯后的感觉，"费奥瑞纳说。[14]这起泄露事件是一桩违反保密规定的严重事故。如果想要董事们履行他们的监管责任，他们就必须能够信任董事会上的每一个人。如果他们的评论被公布于众，他们就可能不会致力于这种公开、诚实和无保留的讨论，而这是服务股东最好的方法。费奥瑞纳马上召集全体董事会成员参加的会议，在斥责了泄露事件之后，她要求董事会提名和治理委员会着手调查。调查中，一位律师约见了所有的董事会成员，不仅询问泄密的事，还询问他们对董事会总体效率的看法以及改进董事会的建议。

费奥瑞纳断定汤姆·珀金斯和他的技术委员会朋友基沃斯是泄密者，因为他们就是文章中所描述的职责调整计划的推动者。[15]在调查中，只有珀金斯承认和一个记者说起过会议情况，并坚持说他并没有提供这个故事的详细情况。当调查人员叫他确认与记者的会谈内容时，他辩称他在会谈时努力避开了一些破坏性的细节问题。其他董事没有人承认与此事件有牵连。律师的报告也将惠普董事会描述为"有问题的"，原因是成员间的个性冲突，以及支配性的董事往往将日程转向对一些枝节问题的长篇讨论上。

之后，董事们拒绝与费奥瑞纳沟通。2 月 8 日的董事会特别会议在一个酒店举行，以避开媒体。当费奥瑞纳到场时，帕特里夏·邓恩立即叫董事们开会，尽管通常情形下会议应由作为董事会主席的费奥瑞纳主持。邓恩询问费奥瑞纳是否有话要说。费奥瑞纳宣读了一份 30 分钟的声明，对其首席执行官的角色进行定义和捍卫。在董事会表决环节，费奥瑞纳被请求离开会场。

费奥瑞纳离开后，珀金斯和基沃斯强烈建议撤换她，董事们为此进行了激烈的辩论。[16]三小时后，形成一个大多数人同意的意见，立即辞掉费奥瑞纳。费奥瑞纳返回会议室时，只有两个董事会成员在会议桌前，邓恩和 Simdesk 技术公司前首席执行官罗伯特·诺林。"董事会已经做出了决定"，诺林说，"我非常抱歉，卡莉。"[17]费奥瑞纳离开公司时获得 2 100 万美元的红利、价值 1 820 万美元的惠普股票和一份每年 20 万美元的养

表 2
2005 年初惠普董事会成员

这是2月8日解雇卡莉·费奥瑞纳时公司董事会的构成。一个叫桑福得·利特瓦克的董事于2月2日突然辞职，2月7日汤姆·珀金斯接替了他。董事会成员在1999年缩减为9名，主要原因是休利特和帕卡德家族的代表辞职，抗议公司与康柏公司合并。在《萨班斯－奥克斯利法案》营造的新治理氛围下，寻找替代者非常困难。当时，每个董事会成员获得20万美元的聘金。2004年，董事会进行投票表决，使董事的报酬翻了一倍。各委员会的负责人另外能得到1万美元的补贴。

劳伦斯·巴博，60岁，Verizon通信公司董事会副主席兼总裁
帕特里夏·邓恩，46岁，巴克利国际投资公司董事会主席
理查德·哈克博恩，62岁，惠普前执行副总裁
乔治·基沃斯，60岁，进步与自由协会主席
罗伯特·诺林，49岁，Simdesk技术公司前董事会主席和首席执行官
托马斯·珀金斯，73岁，Kleiner、Perkins、Caufield & Byers公司合伙人
罗伯特·瑞安，61岁，Medtronic公司高级副总裁兼首席财务官
露西尔·索尔汉尼，58岁，JHMedia公司总裁兼首席执行官
罗伯特·韦曼，54岁，惠普临时首席执行官

老金。然而在那一刻，她这颗明星陨落了，她感到非常伤心。[19]

帕特里夏·邓恩的崛起

在接下去的几天，惠普董事会任命惠普多年的首席财务执行官罗伯特·韦曼担任临时首席执行官，指定帕特里夏·邓恩为董事会非执行主席。邓恩以此身份主持董事会会议，但在公司管理方面不扮演积极角色。将董事会主席和首席执行官的职能分开是珀金斯的主意，此举反映出他的理念，即一个强有力的董事会不应该由一个同时是公司高级主管的人来控制。这也给了董事会更多的管理权力。

在珀金斯和基沃斯作为费奥瑞纳主要对手时期，邓恩的影响力逐渐增强。起初，邓恩是中立的，但在某些时候她加入他们的行列，支持他们提出的变革运动。[20]此外，邓恩在一年前被诊断出卵巢癌，做了手术并接受化疗。珀金斯和基沃斯的妻子都是因癌症去世的，因此，他们同情并喜欢她的坚强。珀金斯甚至提议为邓恩额外增加10万美元作为担任主席的报酬，但被她拒绝了。

董事会的当务之急是寻找新的首席执行官。邓恩、珀金斯和基沃斯四处寻找。在两个月之内，他们聘请到NCR公司的马克·赫德。事实证明聘用赫德是一个颇具眼光的选择。与此同时，七个董事找到邓恩并要求她找到泄密者，因为阻止泄密对保持董事会内部的信任团结至关重要。他们声称公司大约发生了十次未经许可的泄露事件。他们要求她将重新调查泄露事件作为首要任务。[21]

邓恩向临时首席执行官罗伯特·韦曼征求意见。韦曼让她去找惠普负责安全问题的管理人员，安全问题管理人员又向她介绍一家与惠普有合同关系的波士顿某安全公司。新的调查随即展开。邓恩根据夏威夷的一个景点将这项调查命名为“科纳行动”。在那里，

她与丈夫拥有一座度假的房屋。

随着调查开始，其他一些事情损害了邓恩与珀金斯的关系。珀金斯认为，是他提议提升邓恩为主席的，她就应该尊敬他，但在这一点上他错了。在加入董事会不久后的一次会议上，珀金斯带来一个非常宽泛的战略议题准备讨论，但邓恩却退缩到她那喜欢细节的盔甲中去。她宣布自己发现惠普董事手册中有许多内容与公司章程存在矛盾，该次会议的议题是研究如何使两者保持一致。珀金斯的议题被搁置在一旁。这种做法刺激了珀金斯作为风险投资家的 DNA。他没有阅读手册，也不打算这么做。

董事会中的空缺仍然存在。作为提名和治理委员会主席的珀金斯找到了候选人，但邓恩的反映很冷淡。这次仍旧是由于观念上的不同，珀金斯推荐的是与他观点一致的硅谷同行，邓恩想要的是来自大公司的高级执行官。当邓恩推荐百事公司总裁时，珀金斯嘲笑他是“糖爸爸”。[22]

其他的摩擦也激怒了珀金斯，这包括邓恩当着惠普管理层的面，对他的新小说《性与单身富翁》所做的评价。邓恩称自己不是这类东西的读者。[23] 两个人经常争吵，但珀金斯认为他们曾经彼此同意：如果泄露调查有结果，这件事将由他们两个共同处理，私下找泄密董事谈话。珀金斯只想让泄密者道歉并保证不再向媒体透露，然后就结束对这件事情的调查。但他再一次判断失误。

泄密调查仍在暗中进行。一天，波士顿安全公司的管理人员告诉邓恩和惠普公司顾问，他们的调查员得到了根据泄露内容写文章的那位记者的电话号码。他们正准备使用一种叫做“借口”的技术来获得电话记录，即调查员给电话公司打电话，以那位记者的名义向电话公司索要电话记录。然后，他们再以同样的方式获得董事们的电话记录，再将两者进行核对。惠普公司顾问询问这种做法是否合法，安全公司的管理人员说这样做是合法的。然而，得到电话记录后，没有证据显示任何董事与泄露事件有牵连，调查失败了。

帕特里夏・邓恩在 2005 年的一次新闻会上

资料来源：© AP Photo/Paul Sakuma.

这件事再没什么进展。2006 年初，又一件泄露事件出现。2006 年 1 月，CNET 的一位记者发表文章，透露了惠普公司年度计划收缩的消息。文章中有这样一段话：“晚上 10 点会议结束时，我们都累坏了，不得不立即休息。”[24] 文章还透露惠普正在酝酿收购某个软件公司，但还没有具体和明确的计划。

因为这次新的泄露事件，邓恩发起了名为“科纳 2 号”的调查行动。这次行动是由惠普的律师和内部调查人员进行的。他们又一次使用“借口”的方式获得了记者和惠普公司董事们的电话记录。对比这些记录，他们发现写 1 月份那篇文章的记者是唐・川本，她与珀金斯的同盟基沃斯董事有过两次简短的通话。

为了能抓到泄密者，他们采取了刺探的办法。他们以一个对公司表示不满的惠普高管为名，给川本发了封邮件，称要揭露一些轰动内幕。邮件中嵌有追踪程序，如果记者向基沃斯或者其他董事转发求证，调查人员就会知道。然而，那名记者只是简单地邀请这位举报高管给她打电话。调查人员还监视了川本和基沃斯的家，没有发现两人有联系。

调查团队每周向邓恩汇报情况。惠普前安全部门官员对他们采取行动的合法性提出了质疑，但公司律师告诉邓恩所有的行动都是合法的。她说："在整个调查过程中我专门咨询并得到惠普内部安全部门和公司高级律师口头或书面的保证，即正在进行的调查工作是合法的、适当的，并且与惠普的调查模式一致。"[25]

邓恩与珀金斯之间的摩擦仍然存在。3月份的一次董事例会结束之后，邓恩要求珀金斯和另外两位董事在会议室留下来。两人对接下来发生的事情有不同说法。珀金斯说，邓恩对另外两个董事说他想要压制她，然后就哭起来。邓恩否认这种说法，说她告诉珀金斯，他在会议上生气没有建设性，是不能带来成效的。[26]

2006年5月18日，泄露事件的调查结果在董事会上披露。那天早上，在董事会召开前，审计委员会主席、Medtronic公司执行官罗伯特·瑞安董事与基沃斯碰了面，当提及唐·川本在CNET发表的文章时，基沃斯承认与她一起吃过午餐并讨论过收缩计划。他认为这是朋友之间的一个午餐，不是与媒体的接触，并声称自己也对文章感到意外。他认为报道是正面和无害的，并告诉瑞安，如果早先有人就这件事询问他，他本来可以说出谈话内容。让他感到不可思议的是，就是这件事，竟然成为大型调查行动的焦点。

与此同时，邓恩在开会前将珀金斯叫到一边，告诉他基沃斯的事。当她提及必须将这件事告知全体董事时，珀金斯吓了一跳并且非常愤怒。在会上，瑞安简单介绍了负责调查的惠普律师的报告。基沃斯忏悔地说："我为自己和记者就此问题的任何讨论而道歉，因为它导致整个董事会同事对我产生了不信任"，[27] 他又说："我本来可以告诉你们这件事，但为什么你们不问呢？我以为我只是帮助公司向媒体提供一个小信息，难道董事不可以这样做吗？"[28] 他被请求离开会议室。

基沃斯出去后，珀金斯开始讲话。他认为他的朋友是无辜的，而且泄露事情微不足道。他再一次认为邓恩过于关注过程和细节，过于强调"泄露本身是罪恶的"这一说法，而不是关注事情的实质。[29] 当要求基沃斯辞职的建议提出时，珀金斯变得"怒不可遏"，将他的愤怒几乎全部向邓恩发泄。经过90分钟的争论，举行了无记名投票，建议被通过。对这一结果，珀金斯简单地说了句"我辞职"，然后就离开了会议室。[30] 当基沃斯返回时，董事们要求他辞职，但他拒绝了。他指出，自己是经过惠普股东选举的，他的法律责任就是为股东服务，直到股东撤换他为止。

邓恩时代的结束

这是珀金斯作为惠普董事参加的最后一次会议，但他并没有就此放过公司。他设法找到自己提出调查策略是否违法时的会议记录。当他得知自己的住宅电话记录被以欺骗的方式获得时，写信给董事会，指责调查违反了法律。他要求董事会把信件的复印件给证监会呈送一份。当这个要求被拒绝时，他授意他的律师不仅联系证监会，还联系曼哈顿和旧金山的美国律师办公室、加州律师总部、联邦通讯委员会和联邦贸易委员会。邓恩的做法在媒体上引起了爆炸，使这个秘密调整彻底曝光。

几个月内，邓恩同意辞去董事会主席一职。个别董事告诉她，他们相信她没有涉及不适当或违法的事情。但邓恩却成为批评惠普及其董事会的导火线。首席执行官马克·赫德和其他董事劝邓恩继续作为成员留在董事会。但很明显，她已成为一个麻烦制造者。最后，董事会要求她辞职，她于 9 月 22 日同意了这一要求。她被告知，不能将在什么地方宣布她辞职的消息告诉媒体。两个负责调查泄露事件的惠普律师也被辞退了。

接下来的一周，邓恩在国会听证会上做证，在那里她接受了众议院能源与商业委员会成员的严厉批评。共和党议员约翰・丁格尔问道："你当时在想什么？"[31] 共和党议员杨・沙克夫斯夫质问："所有这些真的都是惠普模式吗？"[32] 邓恩在证词中强调惠普律师和高管都曾保证调查行为是合法的，并一度强调说："对所发生的事情，我不能承担个人责任。"[33]

10 月 4 日，她被加州法院指控犯有电话诈骗、窃取个人信息及阴谋罪。这些指控可能导致 12 年州监狱监禁的处罚。其他三位调查人员也都受到指控。他们都为自己做了无罪辩护。

邓恩为自己辩护道，她曾多次询问调查行为的合法性，得到的答复是合法的。因此，州检控官没有证据证明她蓄意犯罪，而这是定罪的一个必要条件。此外，联邦和州法律也没有将"借口"技术认定为犯罪。[34] 5 个月后，加州高院法官撤销了对邓恩的指控，并且同意用 96 小时社区劳动作为交换，撤销对其他三个人的指控。[35] 邓恩的健康状况是影响法官裁决的一个因素，但主要原因是指控证据没有说服力。

珀金斯确信，不管邓恩是否有意犯罪，她实施调查的目的就是为了寻找他和基沃斯有牵连的证据，然后迫使他们辞职，去掉她的这两个主要对手。他说，有一次他曾打算让她辞去董事会主席一职，但被基沃斯劝阻了。[36]

最终，珀金斯扳倒了邓恩，在公司外面做了他在公司内部没有做成的事情。珀金斯的行动使惠普公司成为丑闻中心，成为人们晚间笑谈的话题，他也因此结束了自己的职业生涯。作为一名董事，珀金斯是桀骜不驯、充满挑战且顽固不化的。但是，那些想要指责他的人需要问问下面这个问题，那就是如果时光倒流回 20 世纪 90 年代，让他做安然的董事又会出现什么后果呢？

问　题

1. 在本文所论述的时间段里，惠普董事会的成员尽到对公司股东的义务了吗？解释你的理由。
2. 这个故事揭示出对董事会的角色有哪些不同观点？
3. 卡莉・费奥瑞纳有没有得到董事会的公平对待？为什么？
4. 由帕特里夏・邓恩负责的泄密事件调查有用吗？重要吗？这些做法是道德的吗？
5. 乔治・基沃斯应该被要求辞职吗？为什么？
6. 你怎样评价汤姆・珀金斯的行为？他是一个模范董事还是一个反叛角色？
7. 应该采取怎样的措施来改进惠普董事会的功能？
8. 在费奥瑞纳和邓恩的命运中，性别是否扮演了一定的角色？

参考文献及注释

第 1 章

1 Figures in this paragraph are from Exxon Mobil Corporation, Form 10-K 2006, filed with the Securities and Exchange Commission, February 28, 2007.

2 See, for example, Edgar H. Schein, *The Corporate Culture Survival Guide* (San Francisco: Jossey-Bass, 1999), part one.

3 Fadel Gheit, a former employee and leading oil industry analyst, quoted in Geoff Colvin, "The Defiant One," *Fortune,* April 30, 2007, p. 88.

4 See, for example, Exxon Mobil Corporation, Form 10-K 2006, p. 2.

5 The Seven Sisters were Exxon, Mobil, Shell, British Petroleum, Gulf, Texaco, and Chevron.

6 These new "seven sisters" are Saudi Aramco (Saudi Arabia), Gazprom (Russia), China National Petroleum Company (China), National Iranian Oil Company (Iran), Petróleos de Venezuela S.A. (Venezuela), Petrobras (Brazil), and Petronas (Malaysia).

7 Government Accountability Office, *Crude Oil*, GAO-07-283, February 2007, fig. 9.

8 Chris Kraul, "Exxon, Conoco Drop Venezuela Oil Projects," *Los Angeles Times,* June 27, 2007, p. C3.

9 The company faces murder charges brought by villagers who claim it was complicit when government troops attacked area natives sympathetic to the rebels. See *Doe v. Exxon Mobil Corp.,* 473 F.3d 345 (2007).

10 Lee Raymond, quoted in "The Unrepentant Oilman," *The Economist,* March 15, 2003, p. 64.

11 David Adam, "Scientists Attack Climate Change Denial," *The Guardian Weekly,* September 29, 2006, p. 14.

12 Quoted in Steven Mufson, "At Exxon Meeting, a Storm Outside but Calm Within," *Washington Post*, May 31, 2007, p. D2.

13 Jeffrey Ball, "Exxon Softens Climate-Change Stance," *The Wall Street Journal,* January 11, 2007, p. A2.

14 Arnold J. Toynbee, *A Study of History,* vol. XII, *Reconsiderations* (London: Oxford University Press, 1961), p. 270.

15 Joseph E. Stiglitz, *Globalization and Its Discontents* (New York: W. W. Norton, 2002), p. 140.

16 *Management: Tasks–Responsibilities–Practices* (New York: Harper & Row, 1973), p. 40.

17 For discussion of this distinction see Jean J. Boddewyn, "Understanding and Advancing the Concept of 'Nonmarket,'" *Business & Society,* September 2003.

18 Exxon Mobil Corporation, "All Ahead Safe," *National Journal,* March 20, 2004, p. 888 (advertisement).

19 Jerry Z. Muller, *The Mind and the Market: Capitalism in Modern European Thought* (New York: Knopf, 2002), p. xvi.

20 Adam Smith, *The Wealth of Nations,* ed. E. Cannan (New York: Modern Library, 1937), Book IV, chap. II, p. 423. First published in 1776.

21 Alfred D. Chandler, Jr., "The Emergence of Managerial Capitalism," *Business History Review,* Winter 1984, p. 473.

22 Encyclical Letter, *Centesimus annus,* May 1, 1991, p. 16.

23 *The Theory of Moral Sentiments,* ed. E. G. West (Indianapolis: Liberty Classics, 1976), pp. 70–72. Originally published in 1853.

24 Muller, *The Mind and the Market: Capitalism in Modern European Thought,* pp. x–xiv.

25 "Reporter C. P. Dresser Dead," *New York Times,* April 25, 1891, p. 7. In fairness to Vanderbilt, the context of the remark is elusive. It came in response to questioning by a reporter who may have awakened Vanderbilt at 2:00 A.M. to ask, perhaps insolently, if he would keep an unprofitable route in service to the public. Vanderbilt's response was magnified far beyond a cross retort to become the age's enduring emblem of arrogant wealth. See "Human Factor

Great Lever in Railroading, "*Los Angeles Times,* October 20, 1912, p. V15; and Ashley W. Cole, "A Famous Remark," *New York Times,* August 25, 1918, p. 22 (letter to the editor).

26 Quoted from correspondence of Theodore Roosevelt in Maury Klein, *The Life & Legend of E. H. Harriman* (Chapel Hill: University of North Carolina Press, 2000), p. 369.

27 Ibid., p. 363.

28 "Statement of Ralph Nader," in *The Ralph Nader Reader* (New York: Seven Stories Press, 2000), pp. 3 and 4.

29 See "Ralph Nader Announcement of Candidacy: Toward a 'New Birth of Freedom' and Justice, "February 23, 2004, and "In the Spirit of the Common Good—A Request for Views" (undated), both at www.votenader.org.

30 See, for example, Edward Stead and Jean Garner Stead, "Earth: A Spiritual Stakeholder," *Business Ethics Quarterly,* Ruffin Series no. 2 (2000), pp. 321–44.

31 Max Clarkson, *A Risk-Based Model of Stakeholder Theory* (Toronto: The Centre for Corporate Social Performance & Ethics, 1994), cited in Robert Phillips, *Stakeholder Theory and Organizational Ethics* (San Francisco: Berrett-Koehler, 2003), p. 119.

32 James E. Post, Lee E. Preston, and Sybille Sachs, *Redefining the Corporation: Stakeholder Management and Organizational Wealth* (Stanford, CA: Stanford University Press, 2002), p. 17.

33 Clarkson Centre for Business Ethics, *Principles of Stakeholder Management* (Toronto: Clarkson Centre for Business Ethics, 1999).

34 Post, Preston, and Sachs, *Redefining the Corporation,* p. 16.

35 John Argenti, "Stakeholders: The Case Against," *Long Range Planning,* June 1997, p. 444.

36 Anant K. Sundaram, "Tending to Shareholders," *Financial Times,* May 26, 2006, p. 6.

37 "R. Edward Freeman, "The Wal-Mart Effect and Business, Ethics, and Society," *Academy of Management Perspectives,* August 2006, p. 40.

第 2 章

1 Royal Dutch Shell plc, Form 20-F (2005), p. 3.

2 See Peter Cornelius, Alexander Van de Putte, and Mattia Romani, "Three Decades of Scenario Planning in Shell," *California Management Review,* Fall 2005.

3 For example, Herman Kahn, *On Escalation: Metaphors and Scenarios* (New York: Praeger, 1965).

4 Shell International Limited, *Global Scenarios 1995–2020,* Public Scenarios PX96-2, 1996, p. 2.

5 Shell International Limited, *The Shell Global Scenarios to 2025* (London: Shell Center, 2005).

6 In the essay "A Dynamic Theory of History (1904)," in Henry Adams, *The Education of Henry Adams* (New York: Modern Library, 1931), p. 474; originally published in 1908.

7 See Jeffrey Sachs, *The End of Poverty: Economic Possibilities for Our Time* (New York: Penguin Press, 2005), chapter 2.

8 Benjamin M. Friedman, *The Moral Consequences of Economic Growth* (New York: Knopf, 2005), p. 4.

9 Mortimer J. Adler, *The Great Ideas* (New York: Macmillan, 1992), pp. 578–79.

10 Figures are from François Bourguignon and Christian Morrisson, "Inequality among World Citizens: 1820–1992," *American Economic Review,* September 2002, pp. 731–32; and United Nations Development Programme, *Human Development Report 2005* (New York: Oxford University Press, 2005), p. 55.

11 Branko Milanovic, "Global Income Inequality: What It Is and Why It Matters," World Bank Policy Research Working Paper 3865, March 2006, p. 16.

12 David Dollar and Aart Kraay, "Spreading the Wealth," *Foreign Affairs,* January/February 2002, p. 128.

13 United Nations Development Programme, *Human Development Report 2007/2008,* p. 25.

14 Bourguignon and Morrisson, "Inequality among World Citizens," p. 733. The $2-a-day figure represents what could be purchased in the United States for $2, not what could be purchased in local currency.

15 World Bank, *World Development Report 2006: Equity and*

Development (New York: Oxford University Press, 2005), p. 8.

16 United Nations Development Programme, *Human Development Report 2007/2008* (New York: United Nations Development Programme, 2007), pp. 234–37.

17 Nicholas Crafts, "Globalization and Growth in the Twentieth Century," IMF working paper, WP/pp/44 (Washington, DC: International Monetary Fund, March 2000), pp. 6–7.

18 Clive Ponting, *A Green History of the World* (New York: Penguin Books, 1991), p. 240.

19 United Nations, *World Population to 2300* (New York: United Nations Department of Economic and Social Affairs, 2004), p. 2. Figures in this section are based on the medium variant of the 2004 revision of the population database.

20 United National Department of Economic and Social Affairs, Population Division, *World Population Prospects: The 2004 Revision,* vol. III, *Analytical Report* (New York: United Nations, 2006), tables III.4 and III.9.

21 Ibid., table III.1, III.2, and III.4.

22 Ibid., tables II.3 and IV.2.

23 Ibid., tables V.2.

24 United Nations Department of Economic and Social Affairs, Population Division, *World Population Prospects: The 2004 Revision,* vol. III, *Analytical Report,* table 1.

25 Nicoletta Batini, Tim Callen, and Warwick McKibbin, "The Global Impact of Demographic Change," IMF Working Paper, WP/06/9, January 2006, pp. 3 and 13.

26 Robert William Fogel, *The Fourth Great Awakening & The Future of Egalitarianism* (Chicago: University of Chicago Press, 2001), p. 54.

27 Joseph Nye, Jr., "Globalization's Democratic Deficit," *Foreign Affairs,* July–August 2001, p. 2.

28 *The Human Web* (New York: Norton, 2003), intro. and chap. VI.

29 This thesis is elaborated in Richard Rosecrance, *The Rise of the Virtual State* (New York: Basic Books, 1999).

30 Jeffry A. Frieden, *Global Capitalism: Its Fall and Rise in the Twentieth Century* (New York: Norton, 2006), p. 389.

31 Mahathir Bin Mohamad, "Asian Economies: Challenges and Opportunities," *Vital Speeches of the Day,* October 15, 1997, p. 12.

32 Philip Bobbitt, "The Market State," in Shell International Limited, *The Shell Global Scenarios to 2025,* p. 160.

33 Michael Mann, *The Sources of Social Power,* vol. 1 (Cambridge, England: Cambridge University Press), 1986, pp. 20–23.

34 J. R. McNeill and William H. McNeill, *The Human Web,* pp. 269–76.

35 *A Study of History,* vol. XII, *Reconsiderations* (London: Oxford University Press, 1961), p. 125.

36 In "The Hero as Divinity," reprinted in Carl Niemeyer, ed., *Thomas Carlyle on Heroes, Hero-Worship and the Heroic in History* (Lincoln: University of Nebraska Press, 1966), p. 1. This essay was originally written in 1840.

37 Niccolò Machiavelli, *The Prince,* trans. George Bull (New York: Penguin Books, 1961), chap. XXV, p. 73.

38 United Nations Conference on Trade and Development, (UNCTAD) *World Investment Report 2006* (New York: United Nations, 2006), table I.2.

39 World Trade Organization, *International Trade Statistics 2006* (Geneva: WTO, 2006), table II.2.

40 UNCTAD, *World Investment Report 2006,* table I.2.

41 For the six years of 1997 through 2002 there were 633 deals worth $2.4 trillion as compared to the previous six years, including 1991 through 1996, with 134 deals worth $290 billion, see UNCTAD, *World Investment Report 2003* (New York: United Nations, 2003), table I.7.

42 International Monetary Fund, *World Economic Outlook 2006: Globalization and Inflation* (Washington, DC: IMF, 2007), p. xii.

43 Ibid., p. xii.

44 Philip Bond, quoted in Ronald Bailey, "The Smaller the Better," *Reason,* December 2003, p. 47.

45 Page Smith, *The Rise of Industrial America,* vol. 6 (New York: Penguin Books, 1984), p. 115.

46 Lalita Khosia, "You Say Tomato," *Forbes,* May 21, 2001, p. 36.

47 John-Thor Dahlburg, "To Many French, Ugly American Is McDonald's," *Los Angeles Times,* April 22, 2000, p. A10.

48 Ronald Inglehart, "Globalization and Postmodern Values,"

Washington Quarterly, Winter 2000, p. 19.

49 Ronald Inglehart and Pippa Norris, "The True Clash of Civilizations," *Foreign Policy,* March/April 2003, pp. 64–66.

50 United Nations Economic and Social Council, *Basic Data on Government Expenditure and Taxation* (New York: United Nations, 2004), table 3.

51 International Monetary Fund, *World Economic Outlook 2000* (Washington, DC: IMF, May 2000), table 5.4; and Bureau of the Census, *Statistical Abstract of the United States, 2007,* 126th ed. (Washington, DC: Bureau of the Census, 2005), tables 419, 458, and 648.

52 Figures are from *Democracy's Century: A Survey of Global Political Change in the 20th Century* (Washington, DC: Freedom House, 2001), p. 2 and Figure 2.7; and Freedom House, *Freedom in the World: 2007* (Washington, DC: Freedom House, 2007), p. 2.

53 *In re The* T. J. Hooper *et al.,* 60 F.2d 737 (1932), at 740.

54 Melba Newsome, "An Edgy New Idea," *Time Inside Business,* May 2006, p. A16.

55 World Wide Fund for Nature, *Living Planet Report 2006* (Gland, Switzerland: WWF International, 2006), pp. 2–3.

56 A hectare is an area of 10,000 square meters, equivalent to 2.47 acres.

57 James B. Twitchell, *Lead Us Not into Temptation* (New York: Columbia University Press, 1999), p. 26.

案 例

1 A "Gentleman of Schenectady," quoted in John Upton Terrell, *Furs by Astor* (New York: Morrow, 1963), p. 55.

2 The treaty was negotiated for the United States by John Jay and is known as Jay's Treaty.

3 Terrell, *Furs by Astor,* p. 93.

4 Ben Gilbert, *The Trailblazers* (New York: Time-Life Books, 1973), p. 18.

5 For a list of 24 relocations, see Cardinal Goodwin, *The Trans-Mississippi West (1803–1853)* (New York: Appleton, 1922), plate following p. 88.

6 Quoted in David J. Wishart, *The Fur Trade of the American West (1807–1840): A Geographical Synthesis* (Lincoln: University of Nebraska Press, 1979), p. 19, citing the original journals of the trip.

7 Axel Madsen, *John Jacob Astor: America's First Multimillionaire* (New York: Wiley, 2001), p. 163.

8 *Astoria; or, Enterprise beyond the Rocky Mountains* (New York: The Century Co., 1909); originally published in 1839.

9 Terrell, *Furs by Astor,* p. 391.

10 These calculations are based on figures in ibid., pp. 397–98.

11 Richard White, "Expansion and Exodus," in Betty Ballantine and Ian Ballantine, eds., *The Native Americans: An Illustrated History* (Atlanta: Turner, 1993), chap. 14.

12 Gustavus Myers, *History of the Great American Fortunes* (New York: Modern Library, 1936), p. 102; originally published in 1909.

13 Report of Andrew S. Hughes, quoted in ibid., p. 99.

14 Myers, *History of the Great American Fortunes,* p. 103.

15 Trappers also attacked Blackfeet without provocation. See Osborne Russell, *Journal of a Trapper* (Lincoln: University of Nebraska Press, 1955), pp. 52, 86.

16 William H. Goetzmann, "The Mountain Man as Jacksonian Man," *American Quarterly,* Fall 1963, p. 409.

17 Jacob Halsey, a clerk at Fort Pierre, quoted in Wishart, *The Fur Trade of the American West,* p. 68.

18 This is the estimate of Michael Klepper and Robert Gunther in "The American Heritage 40," *American Heritage,* October 1998, p. 56.

19 Myers, *History of the Great American Fortunes,* p. 149.

20 "John Jacob Astor," *Appleton's Journal of Literature, Science and Art,* June 1, 1848, p. 116.

21 Arthur D. Howden Smith, *John Jacob Astor: Landlord of New York* (Philadelphia: Lippincott, 1929), p. 131.

22 Dan Elbert Clark, *The West in American History* (New York: Thomas Y. Crowell, 1937), p. 441.

23 Wishart, *The Fur Trade of the American West,* p. 215.

24 Ibid., p. 212.

第 3 章

1 Patrick G. Porter, "Origins of the American Tobacco Company," *Business History Review,* Spring 1969, pp. 68–69.

2 John K. Winkler, *Tobacco Tycoon: The Story of James Buchanan Duke* (New York: Random House, 1942), p. 56.

3 "Iron Heel of Monopoly," *New York Times,* December 28, 1892, p. 10.

4 "The Caesar of Tobacco," *The Wall Street Journal,* June 27, 1903, p. 6.

5 *United States v. American Tobacco Company,* 221 U.S. 106 (1911).

6 For an effort to stipulate social contract norms that should guide business behavior, see Thomas Donaldson and Thomas W. Dunfee, *Ties That Bind: A Social Contracts Approach to Business Ethics* (Boston: Harvard Business School Press, 1999).

7 John Locke, *The Second Treatise of Government* (New York: Bobbs-Merrill, 1952), p. 112; originally published in 1690.

8 *The Grapes of Wrath* (New York: Viking Press, 1939), p. 45.

9 Frederick Lewis Allen, *Only Yesterday: An Informal History of the 1920s* (New York: Harper & Brothers, 1931), p. 100.

10 Richard Wolkomir and Joyce Wolkomir, "You Are What You Buy," *Smithsonian,* May 2000, p. 107.

11 Friends of the Earth International, *Exxon's Climate Footprint* (London: FOEI, January 2004), p. 5. See also Richard Heede, *Exxon Mobil Corporation Emissions Inventory: 1882–2002* (London: Friends of the Earth Trust Ltd., December 17, 2003).

12 Alfred D. Chandler, Jr., *The Visible Hand: The Managerial Revolution in American Business* (Cambridge, MA: Belknap Press, 1977), pp. 83, 86, and 90.

13 Bureau of the Census, *Statistical Abstract of the United States,* 77th ed. (Washington, DC: Government Printing Office, 1956), table 683.

14 Bill Kauffman, "Why Spring Ahead," *The American Enterprise,* April–May 2001, p. 50.

15 Ibid., p. 50, quoting Michael O'Malley, *Keeping Watch: A History of American Time* (Washington, DC: Smithsonian Institution Press, 1996).

16 These and other social and political changes are treated at length in Sarah H. Gordon, *Passage to Union* (Chicago: Ivan R. Dees, 1996).

17 Page Smith, *The Rise of Industrial America,* vol. 6 (New York: Viking Penguin, 1984), p. 99.

18 Chandler, *The Visible Hand,* chap. 3.

19 Smith, *The Rise of Industrial America,* p. 89.

20 Rudolph Daniels, *Trains across the Continent: North American Railroad History,* 2d ed. (Bloomington: Indiana University Press, 2000), pp. 53 and 78.

21 Charles E. Lindblom, *The Market System: What It Is, How It Works, and What to Make of It* (New Haven: Yale University Press, 2001), p. 247.

22 Figures in this paragraph are from Arthur M. Schlesinger, *Political and Social Growth of the United States: 1852–1933* (New York: Macmillan, 1935), pp. 132–44.

23 John Moody, *The Truth about Trusts: A Description and Analysis of the American Trust Movement* (New York: Greenwood Press, 1968), p. 487; originally published in 1904.

24 J. Fred Weston, Kwang S. Chung, and Juan A. Siu, *Takeovers, Restructuring, and Corporate Governance*, 2d ed. (Upper Saddle River, NJ: Prentice Hall, 1998), p. 116. These figures allow rotation of new firms into the top 200 firms. If the same 200 firms had been followed over the years, asset concentration would have fallen even faster.

25 Edward Nissan, "Structure of American Business: Goods versus Services," *Southwestern Economic Review* (online), Spring 2006, table 1.

26 United Nations Conference on Trade and Development (UNCTAD), *World Investment Report 2007* (New York: United Nations, July 2007), table I.10; and UNCTAD, *World Investment Report 1993* (New York: United Nations, July 1993), table I.11.

27 Figures are from UNCTAD, *World Investment Report 2000* (New York: United Nations, 2000), p. 71; and UNCTAD, *World Investment Report 2006* (New York: United Nations, July 2006), p. 30.

28 UNCTAD, *World Investment Report 2002*, box table IV.1.2. These figures are based on a value-added calculation (the sum of salaries, pretax profits, and depreciation and amortization) for TNCs.

29 Figures in this paragraph are from Neil H. Jacoby,

Corporate Power and Social Responsibility (New York: Macmillan, 1973), p. 32; John Paul Newport, Jr., "A New Era of Rapid Rise and Ruin," *Fortune*, April 24, 1989, p. 77; Carol J. Loomis, "Forty Years of the 500," *Fortune*, May 15, 1995, p. 182; and Julie Schlosser and Ellen Florian, "Fifty Years of Amazing Facts!" *Fortune*, April 5, 2004, p. 159.

30 UNCTAD, *World Investment Report 2006*, p. 31.

31 C. Wright Mills, *The Power Elite* (New York: Oxford University Press, 1956), p. 18.

32 Ibid., p. 287.

33 Ibid., p. 283.

34 In a letter to his parents quoted by John B. Judis, "The Spiritual Wobbly," *New York Times Book Review,* July 9, 2000, p. 9.

35 G. William Domhoff, *Who Rules America: Power, Politics, & Social Change,* 5th ed. (New York: McGraw-Hill, 2006), pp. xiii and 103 (emphasis in the original).

36 Ibid., pp. xi and 103.

37 Thomas R. Dye, *Who's Running America? The Bush Restoration,* 7th ed. (Upper Saddle River, NJ: Prentice Hall, 2002), p. 8; emphasis in the original.

38 Richard L. Zweigenhaft and G. William Domhoff, *Diversity in the Power Elite: Have Women and Minorities Reached the Top?* (New Haven: Yale University Press, 1998).

39 John K. Winkler, *Morgan the Magnificent* (New York: Doubleday, 1950), p. 3; originally published in 1930.

40 Jean Strouse, *Morgan: American Financier* (New York: Random House, 2000), p. x.

41 Alexis de Tocqueville, *Democracy in America* (New York: New American Library, 1956), p. 26; originally published as two volumes in 1835 and 1850.

42 Robert Sobel, "The $150 Million Lemon," *Audacity,* Winter 1997, p. 11.

43 Richard Schickel, *The Disney Version,* 3d ed. (Chicago: Ivan R. Dee, 1997), p. 39.

44 Princeton Survey Research Associates International, national adult survey, question ID USPSRA.051005A, R11M, May 10, 2005.

案　例

1 David Freeman Hawke, *John D.: The Founding Father of the Rockefellers* (New York: Harper & Row, 1980), p. 13.

2 Jules Abels, *The Rockefeller Billions* (New York: Macmillan, 1965), p. 35.

3 Ron Chernow, *Titan: The Life of John D. Rockefeller, Sr.* (New York: Random House, 1998), pp. 130 and 149–52.

4 Peter Collier and David Horowitz, *The Rockefellers: An American Dynasty* (New York: New American Library, 1976), p. 11.

5 Ida M. Tarbell, *The History of the Standard Oil Company,* vol. 1 (Gloucester, MA: Peter Smith, 1963), p. 43.

6 Ibid., p. 99.

7 Abels, *The Rockefeller Billions,* p. 35.

8 A trust is a method of controlling a number of companies in which the voting stock of each company is transferred to a board of trustees. The trustees then have the power to coordinate the operations of all companies in the group. This organizing form is no longer legal in the United States.

9 Quoted in "A Great Monopoly's Work: An Inner View of the Standard Oil Company," *New York Times,* February 27, 1883, p. 1.

10 David M. Chalmers, ed., "Introductory Essay," in Ida M. Tarbell, *The History of the Standard Oil Company, Briefer Version* (Mineola, NY: Dover, 2003), pp. xvii–xviii.

11 Allan Nevins, *Study in Power: John D. Rockefeller,* vol. 2 (New York: Scribner, 1953), p. 433.

12 Ibid., app. 3, p. 478.

13 Henry Demarest Lloyd, "Story of a Great Monopoly," *The Atlantic,* March 1881, p. 320.

14 *Standard Oil Company of New Jersey v. United States,* 31 U.S. 221. It was an 8–1 decision.

15 "Incarnate Business," *The Wall Street Journal,* June 26, 1905, p. 1.

16 Ida Tarbell, "John D. Rockefeller: A Character Study," *McClure's,* August 1905, p. 386.

17 Chernow, *Titan: The Life of John D. Rockefeller, Sr.,* p. xxii.

18 Quoted in Abels, *The Rockefeller Billions,* p. 280.

第 4 章

1 Mary Field Parton, ed., *The Autobiography of Mother*

Jones (Chicago: C. H. Kerr, 1925), p. 12.

2 Ibid., chap. 1, p. 13.

3 Gene R. Nichol, Jr., "Fighting Poverty with Virtue," *Michigan Law Review*, May 2002, p. 1661.

4 Quoted in Marilyn Jurich, "The Female Trickster—Known as Trickstar—As Exemplified by Two American Legendary Women, 'Billy' Tipton and Mother Jones," *Journal of American Culture*, Spring 1999, p. 69.

5 "Mother Jones Speaks to Coney Island Crowd," *New York Times*, July 27, 1903.

6 "Car Riot Started by 'Mother' Jones," *New York Times*, October 6, 1916, p. 1.

7 Quoted in Elliot J. Gorn, Mother Jones: *The Most Dangerous Woman in America* (New York: Hill and Wang, 2001), p. 249

8 Will Durant, *The Life of Greece* (New York: Simon & Schuster, 1939), p. 272.

9 John Kenneth Galbraith, *Economics in Perspective* (Boston: Houghton Mifflin, 1987), pp. 9–10.

10 *The Republic*, trans. F. M. Cornford (New York: Oxford University Press, 1945), p. 274.

11 In *Politics*, trans. Ernest Barker (New York: Oxford University Press, 1962), book I, chap. X, § 17. See also book VII, chap. 1, §§ 1–10..

12 *The Golden Sayings of Epictetus*, trans. Hastings Crossley, in Charles W. Eliot, ed., *Plato, Epictetus, Marcus Aurelius* (Danbury, CT: Grolier, 1980), p. 179.

13 Saint Augustine, *The City of God*, trans. Gerald G. Walsh et al. (New York: Image Books, 1958), book XIX, chap. 17. This work was completed in A.D. 426.

14 *The Age of Faith* (New York: Simon & Schuster, 1950), p. 631.

15 Quotations are in *Poor Richard's Almanack*, 1749, and "The Way to Wealth," Preface to *Poor Richard Improved*, 1758, in Nathan G. Goodman, ed., *The Autobiography of Benjamin Franklin and Selections from his other Writings* (New York: Carlton House, 1932), pp. 198, 206, 207.

16 Ibid., "The Way to Wealth," p. 207.

17 Quoted in Vernon Louis Parrington, *Main Currents in American Thought*, vol. 1 (New York: Harcourt, Brace, 1958), p. 300; originally published in 1927.

18 Letter to Baron F. W. von Stueben, March 10, 1781, quoted in Stanley Elkins and Eric McKitrick, *The Age of Federalism* (New York: Oxford University Press, 1993), p. 206.

19 Quotes are from *Notes on Virginia*, in Adrienne Koch and William Peden, *The Life and Selected Writings of Thomas Jefferson* (New York: Random House, 1944), p. 280; first published in 1784.

20 James Oliver Robertson, *America's Business* (New York: Hill and Wang, 1985), p. 81.

21 Quoted from Emerson's *Journals*, vol. V, pp. 284–86, in Parrington, *Main Currents in American Thought*, vol. I, p. 386.

22 "Life without Principle," *The Atlantic Monthly*, October 1863, pp. 484–85.

23 W. Fitzhugh Brundage, *A Socialist Utopia in the New South* (Urbana: University of Illinois Press, 1996), p. 6.

24 Joshua Muravchik, *Heaven on Earth: The Rise and Fall of Socialism* (San Francisco: Encounter Books, 2002), p. 51.

25 In John D. Hicks, *The Populist Revolt* (Minneapolis: University of Minnesota Press, 1931), p. 160.

26 Louis Galambos, *The Public Image of Big Business in America, 1880–1940* (Baltimore: Johns Hopkins University Press, 1975), chap. 3. Galambos examined 8,976 items related to big business that were printed in newspapers and journals between 1879 and 1940, using content analysis to reconstruct rough measures of opinion among certain influential groups.

27 L. Frank Baum (Chicago: Reilly & Britten, 1915), first published in 1900.

28 The classic interpretation of symbolism is by Henry W. Littlefield, "The Wizard of Oz: Parable on Populism," *American Quarterly*, Spring 1964.

29 Quoted in "Furor over Mary Lease," *New York Times*, August 11, 1896, p. 3.

30 "Farming as an Occupation," *Cosmopolitan*, January 1904, p. 371.

31 "The Man with the Hose," August 1906, p. 341.

32 According to Paul Sweezy, Marx chose to use the word "communist" rather than "socialist" because the meaning of the word "socialist" had become muddled. The term communist, in use for centuries to denote pooled

property, more clearly conveyed his theory. See *Socialism* (New York: McGraw-Hill, 1949), pp. 8–9.

33 Karl Marx and Friedrich Engels, *Manifesto of the Communist Party,* in Lewis S. Feuer, ed., *Marx & Engels: Basic Writings on Politics & Philosophy* (New York: Anchor Books, 1959), p. 41.

34 Arthur M. Schlesinger, *Political and Social Growth of the United States: 1852–1933* (New York: MacMillan, 1935), p. 203.

35 Quoted in Howard Zinn, *A People's History of the United States: 1492–Present,* rev. ed. (New York: HarperCollins, 2003), p. 330.

36 Irving Howe, *Socialism and America* (New York: Harcourt, Brace, Jovanovich, 1985), p. 3.

37 Louis B. Wright et al., *The Democratic Experience: A Short American History* (Chicago: Scott Foresman, 1963), p. 302.

38 *Congressional Record,* 73d Cong., 2d sess., 1934, p. 6081, speech of April 5.

39 Radio speech broadcast March 7, 1935, inserted in the *Congressional Record,* March 12, 1935.

40 Radio address, Washington, DC, December 29, 1940. U.S. Department of State, *Peace and War: United States Foreign Policy, 1931–1941* (Washington, DC: U.S. Government Printing Office, 1943), pp. 598–607.

41 Burton R. Fisher and Stephen B. Withey, *Big Business as the People See It* (Ann Arbor: University of Michigan Microfilms, December 1951), p. xiii.

42 Seymour M. Lipset and William Schneider, "How's Business: What the Public Thinks," *Public Opinion,* July–August 1978.

43 Figures are based on Harris polls asking this question: "As far as people in charge of running . . . major companies . . . are concerned, would you say you have a great deal of confidence, only some confidence, or hardly any confidence in them?" See Harris Poll no. 22, "Overall Confidence in Leaders of Major Institutions Remains Steady," March 2, 2006, tables 1, 2A–2D, at www.harrisinteractive.com.

44 For enumeration see Ted Nance, *Gangs of America: The Rise of Corporate Power and the Disabling of Democracy* (San Francisco: Berrett-Koehler, 2003), table 1.1.

45 New York: Grossman, 1965.

46 "Closing the Democracy Gap," *The Progressive Populist,* October 15, 2000, pp. 13 and 14.

47 Ibid., p. 14.

48 "Ralph Nader Announcement of Candidacy: Toward a 'New Birth of Freedom' and Justice," February 23, 2004, p.1.

49 Quoted in Patricia Sheridan, "Ralph Nader," *Pittsburgh Post-Gazette*, July 4, 2005, p. C2.

50 For details on network dynamics see Jarol B. Manheim, *Biz-War and the Out-of-Power Elite: The Progressive-Left Attack on the Corporation* (Mahwah, NJ: Lawrence Erlbaum, 2004), pp. 38–40.

51 Michael Edwards, *Civil Society* (Cambridge, England: Polity Press, 2004). p. 23.

52 The Luddites (1811–1816) were English textile workers who blamed unemployment and low wages on new steam-powered textile machines. The name comes from a mythical figure, Ned Ludd. They wrecked the machines and violently attacked their makers before being suppressed.

53 Juliane von Reppert-Bismarch, "Activists Take the Fight Inside," *The Wall Street Journal,* December 15, 2005, p. A10.

54 Naomi Klein, "Naomi Klein, Journalist," in Kate Holbrook, Ann S. Kim, Brian Palmer, and Anna Portnoy, eds, *Global Values 101* (Boston: Beacon Press, 2006), p. 117.

55 World Social Forum India, *Charter of Principles,* 2006, at www.wsfindia.org.

56 Matthew Sparke, Elizabeth Brown, Dominic Corva, Heather Day, Carolina Faria, Tony Sparks, and Kirsten Varg, "The World Social Forum and the Lessons for Economic Geography," *Economic Geography,* October 2005, p. 361.

57 George Lodge and Craig Wilson, *A Corporate Solution to Global Poverty* (Princeton, NJ: Princeton University Press, 2006), p. 46.

58 David C. Korten, *The Great Turning: From Empire to Earth Community* (Bloomfield, CT: Kumarian Press, 2006), p. 12.

59 Christina Del Valle and Monica Larner, "A New Front in the

War on Land Mines," *BusinessWeek*, April 28, 1997, p. 43.

60 Margaret E. Keck and Kathryn Sikkink, *Activists Beyond Borders* (Ithaca, NY: Cornell University Press, 1998), pp. 8–22.

61 S. Prakash Sethi and Oliver F. Williams, *Economic Imperatives and Ethical Values in Global Business: The South African Experience and International Codes Today* (South Bend, IN: University of Notre Dame Press, 2001).

62 "Sick with Excess of Sweetness," *The Economist*, December 23, 2006, p. 93.

63 "Articles of Incorporation, 2003." See www.licensedtokill.biz.

64 Ibid., "Licensed to Kill Invites Altria CEO to Become an L2K Director!" 2003.

65 For an extended discussion, see Jarol B. Manheim, *The Death of a Thousand Cuts: Corporate Campaigns and the Attack on Corporations* (Mahwah, NJ: Lawrence Erlbaum, 2001).

66 *Capitalism, Socialism and Democracy* (New York: Harper & Row, 1976), p. 143; originally published in 1942.

67 "Human Need Trumps Corporate Greed," *The Wall Street Journal*, October 25, 2000, p. A22.

案 例

1 "Company Stonewalls on Animal Welfare Reforms," press release, People for the Ethical Treatment of Animals, January 6, 2003, available at www.peta.org.

2 "KFC Denies PETA Claims," press release, KFC Corporation, January 7, 2003, available at www.kfc.com.

3 The letter is at www.kfccruelty.com/letter-042501.asp.

4 Letter of May 14, 2001, from Bruce G. Friedrich to Jonathan D. Blum, senior vice president, Tricon Global Restaurants, at www.kfccruelty.com/letter-052401.asp. Yum! Brands was formerly named Tricon Global Restaurants.

5 Letter of August 6, 2002, from Bruce G. Friedrich to Jonathan D. Blum, available at www.kfccruelty.com/letter-080602.asp.

6 Ibid.

7 Letter of July 17, 2002, from Jonathan Blum to Bruce G. Friedrich, available at www.kfccruelty.com/petakfc.asp.

8 Quoted in Michael Specter, "The Extremist," *The New Yorker*, April 14, 2003, p. 56.

9 New York: Avon Books, 1975.

10 Ibid., p. 8.

11 Quoted in Specter, "The Extremist," p. 54.

12 Ibid., pp. 57, 58.

13 At www.furissdead.com

14 *Statistical Abstract of the United States 1956, 77th ed.*, tables 1 and 857; and *Statistical Abstract of the United States 2007*, 127th ed., tables 2 and 842.

15 "Chickens," at www.peta.org.

16 "PETA Reveals Shocking Cruelty to Animals at KFC Factory Chicken Farm," press release, October 2, 2003, at www.peta.org.

17 T. R. O'Keefe et al., "Social Organization in Caged Layers: The Peck Order Revisited," *Poultry Science*, July 1988, p. 1013.

18 Quoted in Jay Nordlinger, "PETA vs. KFC," *National Review*, December 22, 2003, p. 28.

19 Cited in "Animal Rights Activists Spray KFC Chief with Fake Blood and Chicken Feathers," The Associated Press State & Local Wire, June 23, 2003.

20 "Finger-Lickin' Foul" "*Houston Press*, December 18, 2003, p. 2.

21 Letter of March 24, 2003, from Ingred E. Newkirk to Cheryl Bachelder, available at www.kfccruelty.com/petakfc.asp.

22 Mark Naegele, "McCartney Accuses KFC of Fowl Play," *Columbus Dispatch*, July 25, 2003, p. 2C.

23 Scott Sonner, "PETA Steps Up Campaign against KFC Farm, Slaughter Practices," The Associated Press State & Local Wire, September 19, 2003.

24 "Christmas Protests Net Conviction for PETA Exec," *Restaurant Business*, May 18, 2004, online at restaurantbiz.com.

25 Wesley J. Smith, "PETA-Fried," *National Review*, July 11, 2003, p. 25.

26 "Billboard Companies Refuse to Run PETA Ad," *The Globe and Mail*, February 2, 2006, p. S2.

27 Dave Golowenski, "Activist Group Squawks over KFC's Treatment of Chickens," *The Columbus Dispatch*, January 8, 2006, p. 17C.

28 For example, “Bikini Protester Ruffles Feathers,” *Nelson Daily News* (British Columbia), May 4, 2006, p. 1; and Maria Levitov, “Bikini-Clad Activists Target KFC,” *The Moscow Times*, August 2, 2006, and “Bare Boycott” *South China Morning Post*, November 6, 2006, p. 3.

29 Yitzchak Mokitada, quoted in Jenny Merkin and Yael Wolynetz, “KFC Diners Remain Unflappable in Face of Chicken Cruelty Protest,” *The Jerusalem Post*, July 4, 2006, p. 5.

30 *FMI-NCCR Animal Welfare Program, June 2003 Report*, at www.fmi.org.p.2.

31 Eric Dezenhall, *Nail 'Em* (Amherst, NY: Prometheus Books, 2003), p. 80.

32 ”Animal Welfare Recommendations and Proposed Plan of action for Implementation at KFC Suppliers,” memo from Dr. Iam Duncan, Dr. Temple Grandin, and Dr. Mohan Raj to Harvey Brownlee, Chief Operating Officer, KFC, March 11, 2005.

33 January 6, 2003, to January 5, 2007.

34 Paul Holmes, “If KFC Wants to Combat PETA, Using Similar Over-the-Top Rhetoric Isn't the Best Method,” *PR Week*, April 5, 2004, p. 7.

35 ”Press Conference Comments by KFC President Gregg Dedrick,” July 21, 2004, at www.kfc.com, p. 2.

36 Jonathan Blum, senior vice president of public affairs, quoted in Tom Price, *Activists in the Boardroom: How Advocacy Groups Seek to Shape Corporate Behavior* (Washington, DC: Foundation for Public Affairs, 2006), p. 11.

37 Richard Martin, “Game of Chicken: Critics Say Capitulation to PETA Will Worsen Animal Rights Reprisals,” *Nation's Restaurant News*, July 28, 2003, p. 31.

38 Karen Davis, “Animal Suffering Similar to Human Slaves,” *Chicago Sun-Times*, September 6, 2005, p. 50.

第 5 章

1 Claudia Feldman, “River Blindness: A Forgotten Disease,” *The Houston Chronicle,* October 9, 2005, p. 5

2 María-Globia Ba´s˘ne´z et al., “River Blindness: A Success Story under Threat?” *PloS Medicine,* September 2006, p. 1454.

3 ”River Blindness: Six Million Camaroonians Affected,” *Africa News*, September 26, 2006; “20 Million Nigerians on Onchocerciasis Treatment,” *Africa News*, January 19, 2007.

4 David Bollier, *Merck & Company* (Stanford, CA: Business Enterprise Trust, 1991), p. 5.

5 Roy Vagelos and Louis Galambos, *The Moral Corporation* (New York: Cambridge University Press, 2006), p. 171.

6 Ibid., pp. 164 and 169.

7 Mohammed A. Aziz et al., “Efficacy and Tolerance of Ivermectin in Human Onchocerciasis,” *The Lancet*, July 24, 1982.

8 H. R. Waters, J. A. Rehwinkel, and G. Burnham,” Economic Evaluation of Ivermectin Distribution,” *Tropical Medicine and International Health*, April 2004, p. A23. Total cost is based on an estimated cost of $1.50 per tablet.

9 ”The Merck Ivermectin Donation Program,” at www.merck.com/cr/enabling_access/developin_world/ivermectin/.

10 H. R. Waters et al., “Economic Evaluation of Mectizan Distribution,” *Tropical Medicine and International Health,* April 2004, p. A16.

11 ”Letters: Erika Check Replies,” *Foreign Policy,* September/October 2006, p. 16.

12 See, for example, “The Good Company: A Survey of Corporate Social Responsibility,” *The Economist*, January 22, 2005.

13 Jacob Viner, “Adam Smith and Laissez-Faire,” *Journal of Political Economy*, April 1927.

14 In “Advice to a Young Tradesman [1748],” in *The Autobiography of Benjamin Franklin and Selections from His Other Writings*, ed. Nathan G. Goodman (New York: Carlton House, 1932), p. 210. A crown was a British coin on which appeared the figure of a royal crown.

15 Mark Sharfman, “The Evolution of Corporate Philanthropy, 1883–1952,” *Business & Society,* December 1994.

16 The school became known as Girard College, which one of the authors of this book, George Steiner, attended. It still exists in Philadelphia.

17 Andrew Carnegie, *The Gospel of Wealth* (Cambridge, MA:

Harvard University Press, 1962), p. 25; originally published in 1901.

18 Quoted in Page Smith, *The Rise of Industrial America,* vol. 6 (New York: Penguin Books, 1984), p. 136.

19 Herbert Spencer, *Social Statics* (New York: Robert Schalkenbach Foundation, 1970), p. 289; first published in 1850.

20 Rolf Lunden, *Business and Religion in the American 1920s* (New York: Greenwood Press, 1988), pp. 147–50.

21 Keith Sward, *The Legend of Henry Ford* (New York: Rinehart & Company, 1948), p. 176.

22 James C. Worthy, *Shaping an American Institution: Robert E. Wood and Sears, Roebuck* (Urbana: University of Illinois Press, 1984), p. 173.

23 New York: Harper, 1954.

24 *Capitalism and Freedom* (Chicago: University of Chicago Press, 1962), p. 133.

25 "The Social Responsibility of Business Is to Increase Its Profits," *New York Times Magazine,* September 13, 1970.

26 Committee for Economic Development, *Social Responsibilities of Business Corporations* (New York: CED, 1971), p. 11.

27 New York: Business Roundtable, October 1981, pp. 12 and 14.

28 Jason Caly, *Exploring the Links Between International Business and Poverty Reduction: A Case Study of Unilever in Indonesia* (Eynsham, UK: Oxfam GB and Unilever PLC, 2005), p. 10.

29 The other 38 percent was paid as dividends to overseas shareholders. Figures in this paragraph are from ibid., pp. 14, 82, and 83.

30 David Vogel, "The Private Regulation of Global Corporate Conduct," Working Paper Series, University of California, Berkeley, Paper 34, 2006.

31 Jerry Della Famina, "Benetton Ad Models Are Dressed to Kill Sales," *The Wall Street Journal*, March 20, 2000, p. A34.

32 An early argument for the importance of managing beyond, but in the direction of, laws and rules is Lee E. Preston and James E. Post, *Private Management and Public Policy: The Principle of Public Responsibility* (Englewood Cliffs, NJ: Prentice Hall, 1975).

33 Joshua Daniel Margolis and James Patrick Walsh, *People and Profits: The Search for a Link between a Company's Social and Financial Performance* (Mahwah, NJ: Lawrence Erlbaum, 2001), p. 10. See also similar results in a review of 51 studies in Jennifer J. Griffin and John F. Mahon, "The Corporate Social Performance and Corporate Financial Performance Debate," *Business & Society*, March 1997.

34 Marc Orlitzky, Frank L. Schmidt, and Sara L. Rynes, "Corporate Social and Financial Performance: A Meta-Analysis," *Organization Studies*, vol. 24, no. 3 (2003).

35 Arthur B. Laffer, Andrew Coors, and Wayne Winegarden, *Does Corporate Social Responsibility Enhance Business Profitability*? (San Diego: Laffer Associates, 2005), p. 5.

36 See David Vogel's discussion in *The Market for Virtue* (Washington, DC: The Brookings Institution, 2005), chap. 2.

37 For a discussion of comparative "CSR regimes" see Rob Van Tulder with Alex van der Zwart, *International Business–Society Management: Linking Corporate Responsibility and Globalization* (London: Routledge, 2006), chap. 12.

38 *Universal Declaration of Human Rights,* G.A. res. 217 A (III), UN Doc. A/810, December 10, 1948, Preamble.

39 *Tripartite Declaration of Principles concerning Multinational Enterprises and Social Policy,* 3rd ed. (Geneva: International Labour Office, 2001), p. 7, para. 33. First edition published in 1977.

40 *Norms on the Responsibilities of Transnational Corporations and Other Business Enterprises with Regard to Human Rights,* U. N. Doc. E/CN.4/Sub.2/2003/12/Rev.2 (2003), secs. D.(5), F.(13), and G.(14).

41 Larry Cata Backer, "Multinational Corporations, Transnational Law: The United Nations' Norms on the Responsibilities of Transnational Corporations as a Harbinger of Corporate Social Responsibility in International Law," *Columbia Human Rights Law Review,* Winter 2006.

42 Samsung Electronics Co., *Global Code of Conduct* (Seoul, Korea: Samsung, 2006).

43 Amnesty International, *Human Rights Principles for*

Companies, January 1998, at http://web.amnesty.org/library at ACT 70/001/1998.

44 Veronica Besmer, "The Legal Character of Private Codes of Conduct," *Hastings Business Law Journal,* Winter 2006, p. 286.

45 Based on an estimate of KPMG International in a 2005 survey, reported in Parliamentary Joint Committee on Corporations and Financial Services, *Corporate Responsibility: Managing Risk and Creating Value* (Canberra: Senate Printing Unit, Parliament House, 2006), p. 87.

46 Vivienne Walt, "Diamonds Aren't Forever," *Fortune*, December 11, 2006, p. 89.

47 The standard is set forth in Regulation (EC) No. 761/2001 of the European Parliament and of the council, March 2001, *Official Journal of the European Communities*, April 24, 2001, p. L114/1.

48 "Signatories to the Principles for Responsible Investment," at http://www.unpri.org/signatories/, accessed February 7, 2007. UNCTAD, *World Investment Report 2006* (New York: United Nations, 2006), p. 234.

49 "FTSE4Good Index Series," at http://www.ftse.com/Indeces/FTSE4Good_Index_Series/, accessed February 7, 2007.

50 International Finance Corporation, "IFC Adopts New Environmental and Social Standards," press release, February 21, 2006.

51 Keith Reed, "State Street to Acquire Investors' Financial," *The Boston Globe*, February 6, 2007, p. E1.

52 For an overview of European activities see, European Commission, *ABC of the Main Instruments of Corporate Social Responsibility* (Luxembourg: Office for Official Publications of the European Communities, 2004).

53 Business in the Community, *Corporate Responsibility Index 2006*, at www.bitc.org.uk.

54 Parliamentary Joint Committee on Corporations and Financial Services, *Corporate Responsibility: Managing Risk and Creating Value*, p. xxiv.

55 Halina Ward, *Public Sector Roles in Strengthening Corporate Social Responsibility: Taking Stock* (Washington, DC: World Bank Group, January 2004), p. 14.

56 General Accountability Office, *Globalization: Numerous Federal Activities Complement U.S. Business's Global Corporate Social Responsibility Efforts,* GAO-05-744, August 2005.

57 CAFOD, *Clean Up Your Computer: Working Conditions in the Electronics Sector* (London: CAFOD, January 2004); Peter Burrows, "Stalking High-Tech Sweatshops," *BusinessWeek*, June 19, 2006, p. 62.

58 Amnesty International, *Nigeria Ten Years On: Injustice and Violence Haunt the Oil Delta,* at http://web.amnesty.org/library at AFR 44/022/2005 (2005).

59 International Finance Corporation, "IFC Adopts New Environmental and Social Standards," and Erik Assadourian, "The State of Corporate Responsibility and the Environment," *Georgetown International Environmental Law Review*, vol. 18 (2006), p. 575.

60 Natasha Affolder, "Cachet Not Cash: Another Sort of World Bank Group Borrowing," *Michigan State Journal of International Law,* vol. 14 (2006).

61 Jeb Brugmann and C. K. Prahalad, "Cocreating Business's New Social Compact," *Harvard Business Review*, February 2007, pp. 82–83.

62 Sandra Waddock, "Building the Institutional Infrastructure for Corporate Social Responsibility," Corporate Social Responsibility Initiative, Working Paper No. 32, John F. Kennedy School of Government, Harvard University, December 2006, p. 8.

63 Larry Cata Backer, "Multinational Corporations, Transnational Law: The United Nations' Norms on the Responsibilities of Transnational Corporations as a Harbinger of Corporate Social Responsibility in International Law," *Columbia Human Rights Law Review,* Winter 2006, p. 386–88.

案　例

1 John A. Byrne, "Jack: A Close-Up Look at How America's #1 Manager Runs GE," *BusinessWeek,* June 8, 1998, p. 91.

2 Jerry Useem, "It's All Yours, Jeff. Now What?" *Fortune,* September 17, 2001, p. 64.

3 "You Don't Know Jack," *Multinational Monitor,* July–August 2001, p. 5.

4 Jack Welch, *Jack: Straight from the Gut* (New York: Warner Books, 2001), p. 43.

5 Ibid., p. 43.

6 Thomas F. O'Boyle, *At Any Cost: Jack Welch, General Electric, and the Pursuit of Profit* (New York: Knopf, 1998), p. 55.

7 For more on the history of GE see John Winthrop Hammond, *Men and Volts: The Story of General Electric* (Philadelphia: J. B. Lippincott, 1948).

8 Thomas F. O'Boyle, "'At Any Cost' Is Too High," *Multinational Monitor,* July–August 2001, p. 41.

9 Frank Swoboda, "GE Picks Welch's Successor," *Washington Post,* November 28, 2000, p. E1.

10 Welch, *Jack,* p. 96.

11 Welch, *Jack,* p. 162.

12 Welch, *Jack,* p. 158.

13 Quoted in Carol Hymowitz and Matt Murray, "Raises and Praise or Out the Door—How GE's Chief Rates and Spurs His Employees," *The Wall Street Journal,* June 21, 1999, p. B1.

14 Welch, *Jack,* p. 162. See also Jack and Suzy Welch, "The Case for 20-70-10," *BusinessWeek,* October 2, 2006, p. 108.

15 Swoboda, "GE Picks Welch's Successor," p. E1; Julie Schlosser, "Jack? Jack Who?" *Fortune,* September 17, 2001, p. 52.

16 General Electric Company, *GE Annual Report 2000* (Fairfield, CT: General Electric Company, 2001), p. 42.

17 James Flanigan, "New Boss's Challenge: To Keep GE Together," *Los Angeles Times,* August 26, 2001, p. C1.

18 "Dignity and Defiance: An Interview with John Hovis," *Multinational Monitor,* July–August 2001, p. 35.

19 General Electric Company, *Notice of 2001 Annual Meeting* and *Proxy Statement,* March 9, 2001, pp. 22 and 27.

20 Ibid., p. 14.

21 O'Boyle, *At Any Cost,* p. 59.

22 "GE Fast Facts," GE Workers United, May 7, 2001, at www.geworkersunited.org/news/fast_facts.asp.

23 Welch, *Jack,* p. 128.

24 Ed Fire, president of the International Union of Electronic, Electrical, Salaried, Machine and Furniture Workers–Communications Workers of America, the Industrial Division of CWA, "Resisting the Goliath," *Multinational Monitor,* July–August 2001, p. 31.

25 Robert Weissman, "Global Management by Stress," *Multinational Monitor,* July–August 2001, p. 20.

26 Fire, "Resisting the Goliath," pp. 31 and 33.

27 O'Boyle, *At Any Cost,* p. 76.

28 Welch, *Jack,* p. 434.

29 Mary Williams Walsh, "Where G.E. Falls Short: Diversity at the Top," *New York Times*, September 3, 2000, sec. 3, pp. 1 and 13.

30 Jack Welch with Suzy Welch, *Winning* (New York: HarperCollins, 2005), p. 346.

31 John M. Glionna, "Dredging Up Ill Will on the Hudson," *Los Angeles Times,* October 1, 2001, p. A17.

32 Charlie Cray, "Toxins on the Hudson," *Multinational Monitor,* July–August 2001, pp. 9–18.

33 "Mrs. Whitman Stays the Course," *New York Times,* August 2, 2001, p. A20.

34 Rob Walker, "Overvalued: Why Jack Welch Isn't God," *The New Republic,* June 18, 2001, p. 22. See *GE Annual Report 2000,* Notes to Consolidated Financial Statements, 6, "Pension Benefits."

35 "GE Pension Fund Story: Workers Pay, GE Benefits," GE Workers United, April 1, 2001, at www.geworkersunited.org/ pensions/index.asp?ID 1 61.

36 Vincent Lloyd, "Penny Pinching the Retirees at GE," *Multinational Monitor,* July–August 2001, p. 23.

37 "Here's the Retirement Jack Welch Built: $1.4 Million a Month," *The Wall Street Journal,* October 31, 2002, p. A1.

38 Geraldine Fabrikant, "G.E. Expenses for Ex-Chief Cited in Filing," *New York Times,* September 6, 2002, p. C1.

39 Jack Welch, "My Dilemma and How I Resolved It," *New York Times,* September 16, 2002, p. A14.

40 Welch, *Jack,* pp. 279–80.

41 "GE: Decades of Misdeeds and Wrongdoing," *Multinational Monitor,* July–August 2001, p. 26.

42 Ibid., p. 30.

43 Welch, *Jack,* pp. 381–82.

第 6 章

1 James Wallace and Jim Erickson, *Hard Drive: Bill Gates and the Making of the Microsoft Empire* (New York: HarperBusiness, 1992), pp. 6–7.

2 Garrison Keillor, "Faith at the Speed of Light," *Time,* July 14, 1999, p. 25.

3 Charles Piller, "Health Plan Focuses on Training Workers," *Los Angeles Times,* January 27, 2007, p. A7; GAVI Alliance, "Immunization Rates Hit Record High in Poor Countries," press release, January 26, 2007, at www.gavialliance.org.

4 Thomas H. Maugh II, "Gates Foundation Donates $278 Million for AIDS Research," *Los Angeles Times,* July 20, 2006, p. A14.

5 Marilyn Chase, "Gates Targets Three Diseases Plaguing the Developing World," *The Wall Street Journal,* September 14, 2006, p. A11.

6 Laurie Garrett, "The Challenge of Global Health," *Foreign Affairs,* January/February 2007.

7 The National Institutes of High School Transformation, *Evaluation of the Bill & Melinda Gates Foundation's High School Grants Initiative: 2001–2005 Final Report* (Washington, DC: American Institutes for Research, 2006), pp. 9–10.

8 "Philanthropic World Voices Mixed Reaction on Buffett's Gift to Gates Fund," *Chronicle of Philanthropy,* July 20, 2006, p. 12, comment of Rick Cohen.

9 Pablo Eisenberg, "The Gates-Buffett Merger Isn't Good for Philanthropy," *Chronicle of Philanthropy,* July 20, 2006, p. 33.

10 "Philanthropic World Voices Mixed Reaction on Buffett's Gift to Gates Fund," p. 12, comment of Stanley N. Katz.

11 Peter Singer, "What Should a Billionaire Give—and What Should You?" *New York Times,* December 17, 2006, p. 58.

12 Anita Roddick, *Business as Unusual* (London: Thorsons, 2000), pp. 97 and 172.

13 Matthew Karnitschnig and Neal E. Boudette, "History Lesson: Battle for the Soul of Bertelsmann Led to CEO Ouster," *The Wall Street Journal,* July 30, 2002, p. A1.

14 Corporations may also evolve to a higher level of social response. See, for example, Phillip Mirvis and Bradley Googins, "Stages of Corporate Citizenship," *California Management Review,* Winter 2006, p. 115.

15 The structure of this model is inspired by models and process standards elsewhere, including especially, Business Leaders Initiative on Human Rights et al., *A Guide for Integrating Human Rights into Business Management* (New York: Global Compact Office, February 2007); International Standards Organization, Task Group 6, Working Draft 2, chap. 7, "Guidance for Organizations on Implementing SR," http://isotc.iso.org; and Government of Canada, *Corporate Social Responsibility: An Implementation Guide for Canadian Business* (Ottowa: Public Works and Government Services Canada, March 2006).

16 Unilever, "Code of Business Principles," at www.unilever.co.uk.

17 Speech by Niall Fitzgerald, "CSR: Rebuilding Trust in Business," London Business School, October 2, 2003.

18 For some suggested classifications see John F. Preble, "Toward a Comprehensive Model of Stakeholder Engagement," *Business and Society Review* vol. 110, no. 4 (2005); and Patrick Hughes and Kristin Demetrious, "Engaging with Stakeholders or Constructing Them?" *The Journal of Corporate Citizenship,* Autumn 2006.

19 Claudia H. Deutsch, "Companies and Critics Try Collaboration," *New York Times,* May 17, 2006, p. G1.

20 Michael E. Porter and Mark R. Kramer, "Strategy & Society," *Harvard Business Review,* December 2006, p. 84.

21 General Electric Company, *GE 2006 Citizenship Report: Solving Big Needs* (Fairfield, CT: General Electric Company, 2006), p. 22.

22 Ibid., p. 23.

23 Bradley K. Googins and Steven Rochlin, "Corporate Citizenship Top to Bottom: Vision, Strategy, and Execution," in Marc J. Epstein and Kirk O. Hanson, eds. *The Accountable Corporation: Corporate Social Responsibility,* vol. 3 (Westport, CT: Praeger, 2006), p. 117.

24 United Nations Development Programme, *Implementing the UN Global Compact: A Booklet for Inspiration* (Copenhagen: UNDP, 2005), pp. 11–12.

25 General Electric Company, *GE 2006 Citizenship Report: Solving Big Needs,* p. 23.

26 Parliamentary Joint Committee on Corporations and Financial Services, *Corporate Responsibility: Managing Risk and Creating Value* (Canberra: Senate Printing Unit, Parliament House, July 2006), p. 145.

27 Joseph Pereira, "Doing Good and Doing Well at Timberland," *The Wall Street Journal,* September 9, 2003, p. B1.

28 John J. Corson and George A. Steiner, *Measuring Business's Social Performance: The Corporate Social Audit* (New York: Committee for Economic Development, 1974), pp. 24–25.

29 Global Reporting Initiative, *Sustainability Reporting Guidelines,* ver. 3 (Amsterdam: GRI, 2000–2006), p. 3, citing World Commission on Environment and Development, *Our Common Future* (Oxford: Oxford University Press, 1987), p. 43.

30 Global Reporting Initiative, "New Reporters: A Year in Review," press release, December 20, 2006, at http://www.globalreporting.org.

31 Its earliest use is ascribed to John Elkington in *Cannibals with Forks: The Triple Bottom Line of 21st Century Business* (Oxford: Oxford University Press, 1997), chap. 3.

32 Fred Robins, "The Challenge of TBL: A Responsibility to Whom?" *Business and Society Review,* March 2006, pp. 1–2.

33 Ibid., p. 2.

34 *KPMG International Survey of Corporate Responsibility Reporting 2005* (Amsterdam: KPMG International, 2005), p. 7. There are two main assurance standards, the International Standard for Assurance Engagements (ISAE) 3000 and the AA1000 Assurance Standard (AA1000AS).

35 *KPMG International Survey of Corporate Responsibility Reporting 2005,* p. 4.

36 Antonie Boessenkool, "Activists Push More Firms on Social Responsibility," *The Wall Street Journal,* January 31, 2007, p. B4D.

37 "A Survey of Corporate Social Responsibility," *The Economist,* January 22, 2005, survey, p. 8.

38 Sophia A. Muirhead, *The 2006 Corporate Contributions Report* (New York: The Conference Board, 2006), p. 5.

39 Paul Ostergard, "Should Corporations Be Praised for Their Philanthropic Efforts? Yes: A Golden Age," *Across the Board,* May–June 2001, p. 46.

40 Muirhead, *The 2006 Corporate Contributions Report,* pp. 5 and 10.

41 Ibid., p. 9.

42 Stephen Brammer and Andrew Millington, "Corporate Reputation and Philanthropy: An Empirical Analysis," *Journal of Business Ethics* 61 (2005).

43 Bruce Seifert, Sara A. Morris, Barbara R. Bartkus, "Having, Giving, and Getting: Slack Resources, Corporate Philanthropy, and Firm Financial Performance," *Business & Society,* June 2004.

44 Sophia A. Muirhead, *Philanthropy and Business: The Changing Agenda* (New York: The Conference Board, 2006), p. 6.

45 Julie Edelson Halpert, "Dr. Pepper Hospital? Perhaps, for a Price," *New York Times,* February 18, 2001, sec. 3, p. 1.

46 Philip Kotler and Nancy Lee, *Corporate Social Responsibility* (New York: Wiley, 2005), pp. 24–33.

47 Benjamin R. Barber, "Should Corporations Be Praised for Their Philanthropic Efforts? No: Always an Angle," *Across the Board,* May–June 2001, p. 49.

48 "Intel Chairman Craig Barrett," *The American,* November/December 2006, p. 83.

49 Cheryl V. Jackson, "In the Pink," *Chicago Sun-Times,* July 10, 2006, p. 57, referring to a Cone Corp. Citizen Survey.

50 Amy Ellis Nutt, "Pink Isn't Always Green for Charities," *Times-Picayune,* October 22, 2006, p. 1.

51 Shirley Sagawa and Eli Segal, *Common Interest, Common Good* (Boston: Harvard Business School Press, 2000), p. 15.

52 "Avon Breast Cancer Crusade," at www.avoncompany.com/women/avoncrusade/index.html, accessed March 6, 2007.

53 Carly Weeks, "Ribbon Campaign Has Dark Twist," *The Gazette,* October 18, 2006, p. A12.

54 "The Business of Giving: A Survey of Wealth and Philanthropy," *The Economist,* February 24, 2006, p. 8.

55 Alan Beattie, "Spend, Spend, Spend," *Financial Times,*

January 27, 2007, p. 18.

56 Douglas McGray, "Network Philanthropy," *Los Angeles Times,* January 21, 2007, p. 14.

案 例

1 Quoted in Jim Edwards, "Taking It to the Big Guys," *Brandweek,* August 12, 2002, p. 1.

2 Steve Rubenstein, "S. F. Man Changes from Customer to Nike Adversary," *San Francisco Chronicle,* May 3, 2002, p. A6. Kasky stated his ownership of Nike shoes in the interview for this article. However, his lawyer told the Supreme Court that he had "never bought any Nikes." *Nike v. Kasky,* No. 02-575, Oral Argument, April 23, 2003 (Washington, DC: Alderson Reporting Company, 2003), p. 30, lines 21 and 22. We give priority to Kasky's story, but this is a remarkable contradiction.

3 Roger Parloff, "Can We Talk?" *Fortune,* September 2, 2002, p. 108.

4 Cited in Jeffrey Hollender and Stephen Fenichell, What *Matters Most* (New York: Basic Books, 2004), p. 190.

5 Jeffrey Ballinger, "The New Free-Trade Heel," *Harper's,* August 1992, pp. 46–47.

6 Rob Howe et al., "Labor Pains," *People Magazine,* June 10, 1996, p. 58.

7 Bob Herbert, "Nike's Bad Neighborhood," *New York Times,* June 14, 1996, p. A29.

8 "Nike Pays Good Wages to Foreign Workers," *New York Times,* June 21, 1996, p. A26.

9 "From Sweatshops to Aerobics," *New York Times,* June 24, 1996, p. A15.

10 Vietnam Labor Watch, "Nike Labor Practices in Vietnam," March 20, 1997, available at www.saigon.com/ ~nike/ reports/report1.html#summary; and Ellen Neuborne, "Nike to Take a Hit in Labor Report," *USA Today,* March 27, 1997, p. 1A.

11 Steven Greenhouse, "Nike Shoe Plant in Vietnam Is Called Unsafe for Workers," *New York Times,* November 8, 1997, p. A1.

12 *Kasky v. Nike,* 93 Cal. Rptr. 2d 856.

13 Jeff Manning, "Nike's Global Machine Goes on Trial," *The Oregonian,* November 9, 1997, p. A1.

14 S. Prakash Sethi, *Setting Global Standards* (New York: John Wiley & Sons, 2003), p. 167.

15 Dana Canedy, "Nike's Asian Factories Pass Young's Muster," *New York Times,* June 25, 1997, p. D2.

16 Quoted in Tony Emerson, "Swoosh Wars," *Newsweek,* March 12, 2001, p. 35.

17 The law is California's Unfair Competition Law, which is codified as §17200 (source of the quotation) and §17500 of the California Business & Professions Code. Kasky also alleged violations of California Civil Code §1572 (which defines fraud) and §1709 and §1710 (which define deceit).

18 First Amended Complaint of Milberg, Weiss et al., *Kasky v. Nike,* Superior Court, San Francisco County, No. 994446, July 2, 1998, pp. 5, 6, and 10.

19 Ibid., pp. 10–25.

20 John Stuart Mill, *On Liberty,* ed. Currin V. Shields (Indianapolis: Bobbs-Merrill, 1956), p. 43. Originally published posthumously in 1907.

21 The amendment originally applied only to actions by the federal government, but the Supreme Court has held that it also limits state government's infringement on speech.

22 Samuel A. Terilli, "*Nike v. Kasky* and the Running-But-Going-Nowhere Commercial Speech Debate," *Commercial Law and Policy* 10 (2005).

23 *Central Hudson Gas & Electric Corp. v. Public Service Commission,* 447 U.S. 562 (1980).

24 Ibid., at 561.

25 Nike also asserted speech protections under Article I, section 2(a) of the California Constitution which reads: "Every person may freely speak, write and publish his or her sentiments on all subjects, being responsible for the abuse of that right. A law may not restrain or abridge liberty of speech or press."

26 *Kasky v. Nike,* 79 Cal. App. 4th 165 (2000).

27 *Kasky v. Nike,* 27 Cal. 4th 939 (2002).

28 At 966, quoting *Bolger v. Youngs Drug Prods. Corp.,* 463 U.S. 68 (1983).

29 At 970–971, quoting *Garrison v. Louisiana* 379 U.S. 75 (1964).

30 At 980. Emphasis in the original.

31 At 978.

32 By now *Nike v. Kasky* had attracted considerable attention. The Court received 31 *amicus curiae,* or "friend of the court," briefs. Among these were briefs supporting Nike from the U.S. Chamber of Commerce, the Business Roundtable, several advertising associations, and large corporations, including ExxonMobil, Microsoft, and Pfizer. Kasky was supported by briefs from the attorneys general of 18 states and progressive advocacy groups such as Global Exchange, Public Citizen, and the Sierra Club.

33 *Nike v. Kasky,* 539 U.S. 654 (2003), *per curiam.*

34 Ibid., at 667, 668.

35 Its presence has been noted by activists. See, for example, Julia Fisher, "Note: Free Speech to have Sweatshops? How *Kasky v. Nike* Might Provide a Useful Tool to Improve Sweatshop Conditions," *Boston College Third World Law Journal,* Spring 2006.

36 Carmen Balber, "Unfair Competition," *Multinational Monitor,* March/April 2005, p. 18.

37 Nike, Inc., *FY04 Corporate Responsibility Report* (Beaverton, Oregon: Nike, April 2005).

38 Simon Zadek, "The Path to Corporate Responsibility," *Harvard Business Review,* December 2004, p. 129–30.

39 Joint Initiative on Corporate Accountability and Worker's Rights, "The Pilot Project in Turkey," at www.jo-in.org/pub/turkey.shtml.

第 7 章

1 *United States v. Bernard J. Ebbers,* Indictment, S3 02 Cr. 1144 (BSJ), 2004.

2 *United States v. Bernard J. Ebbers,* 458 F.3d 124 (2006).

3 Department of Justice, *Statement of Attorney General Alberto R. Gonzales on the Bernard Ebbers Conviction,* press release 05-122, March 15, 2005.

4 Carrie Johnson, "Ebbers Gets 25-Year Sentence for Role in WorldCom Fraud," *Washington Post,* July 14, 2005, p. Al.

5 Quoted in Leonard Greene and Richard Wilner, "Bawling Bernie Smacked," *The New York Post,* July 14, 2005, p. 3.

6 Quoted in Carrie Johnson, "Ebbers Gets 25-Year Sentence for Role in WorldCom Fraud," p. Al.

7 Andy Newman, "Mafia Turncoat Gets 20 Years for Running Ecstasy Ring," *New York Times,* September 7, 2002, p. 3.

8 Department of Corrections and Rehabilitation, *Time Served on Prison Sentence* (Sacramento, CA: DCR, March 2006), table 1.

9 *The Wealth of Nations,* ed. Edwin Cannan (New York: Modern Library, 1937), p. 423; originally published in 1776. Smith also believed that merchants must abide by prevailing societal ethics.

10 This was the conviction of social Darwinist Herbert Spencer, who believed in two sets of ethics. *Family ethics* were based on the principle of charity and benefits were apportioned without relation to merit. *State ethics* were based on a competitive justice and benefits were apportioned on the basis of strict merit. Family ethics interjected into business or government by well-meaning people were an inappropriate interference with the laws of nature and would slowly corrupt the workings of Darwinian natural selection. See "The Sins of Legislators," in *The Man versus the State* (London: Watts, 1940); originally published in 1884. Dual ethical perspectives have developed in other cultures, such as Slavic cultures, that assert one set of ethical standards for personal relationships and a second set that justifies less perfection for business matters. See Sheila M. Puffer, "Understanding the Bear: A Portrait of Russian Business Leaders," *Academy of Management Executive,* February 1994, p. 47.

11 Quoted in Robert Bartels, ed., *Ethics in Business* (Columbus: Bureau of Business Research, Ohio State University, 1963), p. 35.

12 J. C. Penney, "It Is One Thing to Desire—and Another to Determine," in Peter Krass, ed., *The Book of Business Wisdom* (New York: Wiley, 1997), p. 89. Reprinted from *American Magazine,* August 1919. Emphasis in the original.

13 See Oliver F. Williams and John W. Houck, *Full Value: Cases in Christian Business Ethics* (New York: Harper & Row, 1978), for discussion of these and other biblical sources of inspiration for managers.

14 Quoted in Tanri Abeng,"Business Ethics in Islamic Context: Perspectives of a Muslim Business Leader," *Business Ethics*

Quarterly, July 1997, p. 52.

15 Moses L. Pava, *Business Ethics: A Jewish Perspective* (New York: Yeshiva University Press, 1997), pp. 72–73.

16 See Robert H. Carver,"If the River Stopped: A Talmudic Perspective on Downsizing," *Journal of Business Ethics* 50, 2004, pp. 144–45.

17 Meir Tamari, quoted in Gail Lichtman,"Ethics Is Their Business," *The Jerusalem Post,* May 25, 2001, p. 13.

18 *Analects,* book IV, chap. XII. Cited in Stephen B. Young,"The CRT *Principles for Business* as an Expression of Original Confucian Morality," *Caux Roundtable Newsletter,* Fall 2000, p. 9.

19 Alasdair MacIntyre, *After Virtue: A Study in Moral Theory* (South Bend, IN: University of Notre Dame Press, 1981), p.115.

20 Trans. F. M. Cornford (New York: Oxford University Press, 1945).

21 *Nicomachean Ethics,* trans. Thomson, p. 51.

22 His exact words were "the general welfare is no ideal, no goal, no remotely intelligible concept, but only an emetic." In *Beyond Good and Evil* (New York: Vintage Books, 1966), p. 157; originally published in 1886.

23 Will Durant and Ariel Durant, *The Lessons of History* (New York: Simon & Schuster, 1968), pp. 37–42.

24 Thomas Donaldson and Thomas W. Dunfee,"When Ethics Travel: The Promise and Peril of Global Business Ethics," *California Management Review,* Summer 1999, p. 61.

25 *Browning-Ferris Industries v. Kelko Disposal,* 57 LW 4986 (1989).

26 *BMW of North America, Inc. v. Gore,* 116 S. Ct. 1589 (1996).

27 *BMW of North America, Inc. v. Gore,* 701 So. 2d 507 Ala. (1997).

28 *State Farm Mutual Automobile Insurance Company v. Campbell,* 123 S. Ct. 1513 (2003).

29 The Supreme Court established this precedent for liability in *New York Central & Hudson River Railroad Co. v. United States,* 212 U.S. 481 (1909).

30 Executive Order 13271 of July 9, 2002, 67 FR 46091 (2002).

31 "President Announces Tough New Enforcement Initiatives," Office of the Press Secretary, the White House, July 9, 2002, p. 2.

32 *United States v. Lea W. Fastow,* Indictment, U.S.D.C., S. Dist. Texas, Cr. No. H-03.

33 Lianne Hawf, "'How Could They Not See It?'" *Los Angeles Times,* May 26, 2006, p. A14.

34 Department of Justice, "Prepared Remarks of Deputy Attorney General Paul J. McNulty at the Corporate Fraud Task Force Fifth Anniversary Event," Washington, DC, July 17, 2007, p. 1, at www.usdoj.gov/criminal/pr/press_releases/.

35 Kathleen F. Brickey, "In Enron's Wake: Corporate Executives on Trial," *Journal of Criminal Law & Criminology,* Winter 2006, pp. 401–407. Convictions of K. Lay and J. Skilling are included in the figures.

36 The constitutionality of sentencing guidelines was recently challenged. The Supreme Court agreed, by a narrow 5–4 majority, that their mandatory use violated the Sixth Amendment right to a trial by jury. However, it allowed judges to continue using them if they were considered advisory, not mandatory. See *United States v. Booker,* 125 S. Ct. 738 (2005).

37 United States Sentencing Commission, *Guidelines Manual,* §2B1.1 (November 2006).

38 Ibid., §8C2.5 at (e) and (g)(1).

39 *U.S. v. F. Hoffmann-LaRoche Ltd.,* No. 3:99-CR-184-R (NDT), 1999.

40 *U.S. v. Schering-Plough,* Consent Decree of Permanent Injunction, U.S.D.C., D.N.J., (2002).

41 United States Sentencing Commission, *2006 Sourcebook on Federal Sentencing Statistics* (Washington, DC: USSC, 2006), table 52.

42 Quoted in Linda K. Treviño and Katherine A. Nelson, *Managing Business Ethics: Straight Talk about How to Do It Right,* 4th ed. (New York: Wiley, 2007), p. 267, citing P. O'Neill, "O'Neill on Ethics and Leadership," speech at the Katz Graduate School of Business, University of Pittsburgh, 2002.

43 Betsy Bernard, President AT&T, "Seven Golden Rules of Leadership," *Vital Speeches of the Day,* December 15, 2002, p. 155.

44 Sherron S. Watkins, "Ethical Conflicts at Enron: Moral Responsibility in Corporate Capitalism," *California Management Review,* Summer 2003, p. 17.

45 Sherron Watkins, "Pristine Ethics," *Vital Speeches of the Day,* May 1, 2003, p. 435.

46 Quotes in this paragraph are from Dennis K. Berman and Rebecca Blumstein, "Behind Lucent's Woes: All-Out Revenue Goal and Pressure to Meet It," *The Wall Street Journal,* March 29, 2001, pp. A1 and A8.

47 Marc Borbely, "Lasik Surgery Sales Tactics Raise Eyebrows," *Washington Post,* September 4, 2001, p. A1.

48 *Majka v. Laser Vision Institute,* Fla. Civ. Div., 13th Cir., No. 03 7291 Div. H. (2003); Agreement Containing Consent Order, *In re The Laser Vision Institute,* No. 022-3098 (2003).

49 Edgar H. Schein, *The Corporate Culture Survival Guide* (San Francisco: Jossey-Bass, 1999), pp. 15–20.

50 Joseph L. Badaracco, Jr., and Allen P. Webb, "Business Ethics: A View from the Trenches," *California Management Review,* Winter 1995, p. 11.

51 Warren B. Rudman, ed., *A Report to the Special Review Committee of the Board of Directors of Fannie Mae* (Washington, DC: Paul, Weiss, Rifkind, Wharton & Garrison, February 23, 2006), p. 439.

52 Quoted in Office of Federal Housing Enterprise Oversight, *Report of the Special Examination of Fannie Mae* (Washington, DC: OFHEO, May 2006), p. 42.

53 Eric Dash, "Ex-Officers Sued by U.S." *New York Times,* December 19, 2006, p. 1.

54 Department of Justice, "Chiquita Brands International Pleads Guilty to Making Payments to a Designated Terrorist Organization ... ," press release, March 19, 2007.

55 Joe Sexton, "Con Edison Agrees to $9 Million Fine for Contamination," *New York Times,* November 16, 1994, p. A1.

56 Dan Van Natta, Jr., "Con Ed Cited in Intimidation of Employees," *New York Times,* December 19, 1995, p. B1.

57 Edgar H. Schein, *The Corporate Culture Survival Guide,* pp. 153–55.

58 Terry W. Low, Linda Ferrell, and Phylis Mansfield, "A Review of Empirical Studies Assessing Ethical Decision Making in Business," *Journal of Business Ethics,* June 2000, p. 185.

59 See the discussion in A. Catherine McCabe, Rhea Ingram, and Mary Conway Data-on, "The Business of Ethics and Gender," *Journal of Business Ethics,* March 2006.

60 Gary R. Weaver and Bradley R. Agle, "Religiosity and Ethical Behavior in Organizations: A Symbolic Interactionist Perspective," *Academy of Management Review,* January 2002, p. 79.

61 See, for example, Marshall Schminke, "Considering the Business in Business Ethics: An Exploratory Study of the Influence of Organizational Size and Structure on Individual Ethical Predispositions," *Journal of Business Ethics,* April 2001.

62 *In re Caremark International Inc. Derivative Litigation,* 698 A.2d 970 (1996).

63 New York Stock Exchange, *Listing Manual,* §303 A. 10, "Code of Business Conduct and Ethics," last modified November 3, 2004. The NASDAQ Stock Market has adopted similar code of conduct requirements.

64 Raymond V. Gilmartin, *Ethics and the Corporate Culture* (Waltham, MA: Bentley College Center for Business Ethics, November 10, 2003), p. 12.

65 Department of Health and Human Services and Department of Justice, *Health Care Fraud and Abuse Control Program: Annual Report FY2004* (Washington, DC: HHS and DOJ, September 2005), p. 13.

66 Notable is scandal-ridden Tyco International, which had general counsel charged with compliance oversight in business segments reporting to the segment managers. See Eric M. Pillmore, "How We're Fixing Up Tyco," *Harvard Business Review,* December 2003, pp. 100–01.

67 Vanessa O'Connell, "How Troubled Past Finally Caught Up with James Minder," *The Wall Street Journal,* March 8, 2001, p. A1.

68 William C. Byham, "Can You Interview for Integrity?" *Across the Board,* March/April 2004, pp. 36–37.

69 Lockheed Martin, *The 2005 Ethics Effect: Leader's Guide,* at www.lockheedmartin.com/ethicsawarenesstraining/, p. 5.

70 Andrew W. Singer, "At Tenet Healthcare: Linking Ethics to

Compensation" *Ethikos,* January–February 2001, pp. 4–5.

71 Warren B. Rudman et al., *A Report to the Chairman and Board of Directors of the Boeing Company Concerning the Company's Ethics Program and Its Rules and Procedures for the Treatment of Competitors' Proprietary Information* (Washington, DC: Paul, Weiss, Rifkind, Wharton & Garrison LLP, November 3, 2003), p. 36.

72 Ben W. Heineman, Jr., "Avoiding Integrity Land Mines," *Harvard Business Review,* April 2007, p. 104.

73 "Corporate Crime and Prosecution: An Interview with Win Swenson," *Multinational Monitor,* November/December 2005, p. 72.

案　例

1 "The Trials of Martha," *The Wall Street Journal,* February 13, 2004, p. A12.

2 Quoted in Jonathan D. Glater, "Stewart's Celebrity Created Magnet for Scrutiny," *New York Times, sec.* 1, p. 1.

3 Scott Turow, "Cry No Tears for Martha Stewart," *New York Times,* May 27, 2004, p. 29.

4 Complaint, *Securities and Exchange Commission v. Martha Stewart and Peter Bacanovic,* 03CV 4070 (NRB)(S.D.N.Y.), June 4, 2003, p. 7.

5 Brooke A. Masters, "Stewart Ordered Sale, Says Witness," *Washington Post,* February 5, 2004, p. E1.

6 Matthew Rose and Kara Scannell, "Dramatic Flourishes at Stewart, Tyco Trials," *The Wall Street Journal,* February 11, 2004, p. C1.

7 Thomas S. Mulligan, "Jurors Hear of Attempt by Stewart to Alter Phone Log," *Los Angeles Times,* February 11, 2004, p. C7.

8 Misdemeanor Information, *United States v. Faneuil,* 02 Cr. 1287, S.D.N.Y. (2002), pp. 7–8.

9 Ibid., p. 8.

10 *United States v. Martha Stewart and Peter Bacanovic,* 03 Cr. 717 (MGC)(S.D.N.Y.), 2003.

11 *Securities and Exchange Commission v. Martha Stewart and Peter Bacanovic,* 03 CV 4070 (NRB)(S.D.N.Y), 2003.

12 Robert G. Morvillo and John J. Tigue, "Press Statement," June 4, 2003, at www.marthatalks.com/trial.

13 Thomas S. Mulligan, "Stewart Case Poses Challenges for All Parties as Trial Begins Today," *Los Angeles Times,* January 20, 2004, p. C1.

14 Kara Scannel and Matthew Rose, "Early Sparks at the Stewart Trial," *The Wall Street Journal,* January 28, 2004, p. C1.

15 Quotations of Morvillo are from "Opening Argument on Behalf of Martha Stewart," January 27, 2004, at www.marthatalks.com/trial.

16 Brooke A. Masters, "Broker's Aide Says He Was Told to Tip Off Stewart," *Washington Post,* February 3, 2004, p. E1.

17 Testimony quoted in Constance L. Hays, "Witness Describes Stewart Cover-Up," *New York Times,* February 5, 2004, p. C4.

18 Brooke A. Masters, "Broker's Assistant, Stewart Clashed," *Washington Post,* February 5, 2004, p. E1.

19 Matthew Rose and Kara Scannell, "Stewart Trial Gets Testimony of a Broker's Tip," *The Wall Street Journal,* February 20, 2004, p. C3.

20 *United States v. Martha Stewart and Peter Bacanovic,* 305 F. Supp. 2d 368, February 27, 2004.

21 "Closing Argument on Behalf of Martha Stewart," March 2, 2004, at www.marthatalks.com/trial, p. 1.

22 Ibid., p. 10.

23 Kara Scannell, Matthew Rose, and Laurie P. Cohen, "In Stewart Case, Reluctant Jurors Found Guilt after Skimpy Defense," *The Wall Street Journal,* March 8, 2004, p. A1.

24 Constance L. Hays, "Martha Stewart Seeks New Trial, Saying a Juror Lied," *New York Times,* April 1, 2004, p. C3.

25 *United States v. Martha Stewart and Peter Bacanovic,* 317 F. Supp. 2d 426, May 5, 2004.

26 *United States v. Martha Stewart and Peter Bacanovic,* 323 F. Supp. 2d 606, July 8, 2004.

27 "Jurors Acquit Stewart Witness," *Los Angeles Times,* October 6, 2004, p. C3.

28 Thomas S. Mulligan, "Stewart Gets 5 Months in Prison, Then Delivers a Plug for Her Firm," *Los Angeles Times,* July 17, 2004, p. A4.

29 Ibid., p. A1.

30 Patricia Sellers, "Remodeling Martha," *Fortune,* November 14, 2005, p. 114.

31 *U.S. v. Martha Stewart and Peter Bacanovic,* 2006 U.S.

App. LEXIS 271.

32 See Securities and Exchange Commission, Litigation Release No. 19794, *SEC v. Martha Stewart and Peter Bacanovic,* 03 Civ. 4070 (RJH) (S.D.N.Y.), August 7, 2006.

第 8 章

1 Bobby MaGill, "Black Eye for Black Canyon," *The Daily Sentinel,* December 27, 2006, p. 1.

2 Richard Miniter, "Real Estate Broker from Hell," *Reader's Digest,* February 2001, p. 114.

3 Jason Blevins, "Real Estate Broker Defends Wilderness Tactics," *The Denver Post,* August 13, 2000, p. M1.

4 Ibid.

5 T. K. Das asked business executives to rank the favorability of these principles for use in business decisions in "How Strong Are the Ethical Preferences of Senior Business Executives," *Journal of Business Ethics,* January 2005. Among the 14 ethical principles discussed in this chapter, the most positive ranking was given to the Golden Rule and the most negative to the Conventionalist Ethic.

6 Immanuel Kant, *Foundations of the Metaphysics of Morals,* trans. Lewis White Beck (Indianapolis: Bobbs-Merrill, 1969), p. 44; written in 1785.

7 Albert Z. Carr, *Business as a Game* (New York: New American Library, 1968).

8 "Is Business Bluffing Ethical?" *Harvard Business Review,* January–February 1968, p. 149.

9 Carr, *Business as a Game,* p. 142.

10 Deerfield, IL: Baxter International Inc., 2006, p. 43.

11 *Nicomachean Ethics,* trans. J. A. K. Thomson (New York: Penguin Books, 1982), book II, chap. 6.

12 Alvin Moscow, "Introduction," in Harold Geneen, *Managing* (New York: Avon Books, 1984), pp. 5 and 13.

13 Manuel Velasquez and Neil Brady, "Catholic Natural Law and Business Ethics," *Business Ethics Quarterly,* March 1997, p. 95.

14 Niccolò Machiavelli, *The Prince,* trans. T. G. Bergin, ed. (New York: Appleton-Century-Crofts, 1947); written in 1513 and first published in 1532.

15 Mike Wilson, *The Difference between God and Larry Ellison* (New York: William Morrow, 1997), p. 239.

16 Kant, *Foundations of the Metaphysics of Morals,* p. 54.

17 Quoted in Maury Klein, *The Life & Legend of E. H. Harriman* (Chapel Hill: University of North Carolina Press, 2000), p. 266.

18 New York: Cambridge University Press, 1948; reprint.

19 *Cummins Code of Business Conduct* (Columbus, IN: Cummins Inc., 2007), p. ii.

20 Dow Chemical Company, *Code of Business Conduct* (Midland, MI: Dow, September 2006), p. 2.

21 For an excellent discussion of intuition in managers' decisions, see Joseph L. Badaracco Jr., *Defining Moments* (Boston: Harvard Business School Press, 1997), chap. 4.

22 Francis MacDonald Cornford, *The Republic of Plato* (New York: Oxford University Press, 1966), p. 18.

23 New York: Robert Schalkenbach Foundation, 1970, p. 69; first published in 1850.

24 Thomas M. Garrett, *Business Ethics* (New York: Appleton-Century-Crofts, 1966), p. 8.

25 This is a simple version of the principle of double effect. For fuller treatment, see Lawrence Masek, "The Doctrine of Double Effect, Deadly Drugs, and Business Ethics," *Business Ethics Quarterly,* April 2000, pp. 484–87.

26 John Rawls, *A Theory of Justice* (Cambridge, MA: Harvard University Press, 1971), pp. 60–71.

27 See, for example, Lawrence Kohlberg, "The Cognitive-Development Approach to Moral Education," in Peter Scharf, ed., *Readings in Moral Education* (Minneapolis: Winston Press, 1978).

28 Carol Gilligan, *In a Different Voice* (Cambridge, MA: Harvard University Press, 1982).

29 See Donald Robin and Laurie Babin, "Making Sense of the Research on Gender and Ethics in Business: A Critical Analysis and Extension," *Business Ethics Quarterly*, October 1997; and A. Catherine McCabe, Rhea Ingram, and Mary Conway Data-on, "The Business of Ethics and Gender," *Journal of Business Ethics*, March 2006.

30 See, for example, Mortimer Adler, *Desires: Right and Wrong* (New York: Macmillan, 1991), p. 61. John Stuart Mill's famous essay "Utilitarianism" deals directly and brilliantly with these and other criticisms. It is reprinted in

Mary Warnock, ed., *Utilitarianism and Other Writings* (New York: New American Library, 1962), pp. 251–321.

31 Paraphrased and quoted from Kirk Johnson, "In the Class of '70, Wounded Winners," *The New York Times,* March 7, 1996, p. A12.

32 *Nichomachean Ethics,* trans. Thomson, p. 91.

33 Dennis J. Moberg, "The Big Five and Organizational Virtue," *Business Ethics Quarterly,* April 1999, p. 246.

34 "Chicago Businessman Does Right by Jewish Law," *Ha'aretz,* October 6, 2000.

35 Raytheon Company, *Standards of Business Conduct: Guidelines for Action* (Concord, MA: Office of Business Ethics and Compliance, August 2001), p. 4.

36 Lockheed Martin Corporation, *Setting the Standard: Code of Ethics and Business Conduct* (Bethesda, MD: Office of Ethics and Business Conduct, April 2006), p. 47.

37 *The Meditations of Marcus Aurelius Antoninus,* trans. George Long (Danbury, CT: Grolier, 1980), p. 281; originally written circa A.D. 180.

案 例

1 Quoted in Steve Lynch, *Arrogance and Accords: The Inside Story of the Honda Scandal* (Dallas: Pecos Press, 1997), p. 106.

2 "Profits in Suicide," *Fortune,* May 1935, p. 116.

1 Marc Kaufman and Rob Stein, "Record Share of Economy Spent on Health Care," *Washington Post,* January 10, 2006, p. A1.

2 Uwe E. Reinhardt, "Medicare Can Turn Anyone into a Crook," *The Wall Street Journal,* January 21, 2000, p. A18.

3 Holman W. Jenkins, Jr., "A Hospital Chain's Lemonade Man," *The Wall Street Journal,* May 24, 2000, p. A27.

4 Brian O'Reilly, "What Really Goes on in Your Doctor's Office?" *Fortune,* August 17, 1998, p. 166; and Mindy Charski, "A Healthy Trend Ends," *U.S. News & World Report,* September 28, 1998, p. 60.

5 Quoted in M. C. Moewe, "Ex-Columbia Chief Helps Grow Solantic," *Jacksonville Business Journal,* April 14, 2006, p. 1.

6 Sandy Lutz and E. Preston Gee, *Columbia/HCA—Healthcare on Overdrive* (New York: McGraw-Hill, 1998) pp. 70–73.

7 Robert Kuttner, "Columbia/HCA and the Resurgence of the For-Profit Hospital Business," *New England Journal of Medicine,* August 1, 1996, p. 362.

8 Ibid.

9 David R. Olmos, "Do Profits Come First at Vegas Hospital?" *Los Angeles Times,* September 26, 1997, p. A1.

10 Diane Sosne, "The Truth about Hospitals That Exist to Make Money," *Seattle Times,* July 11, 1997, p. B5.

11 Lucette Lagnado, "Blowing the Whistle on Columbia/HCA: An Interview with Marc Gardner," *Multinational Monitor,* April 1998, p. 18.

12 Michele Bitoun Blecher, "Rough Crossings," *Hospitals & Health Networks,* October 5, 1997, p. 40.

13 Ibid.

14 Martin Gottlieb and Kurt Eichenwald, "High Stakes Investments: Health-Care Giant Offers Its Doctors a Share of Hospitals," *Sun-Sentinel,* April 13, 1997, p. 1G.

15 Olmos, "Do Profits Come First at Vegas Hospital?" p. 1G.

16 Martin Gottlieb, Kurt Eichenwald, and Josh Barbanel, "Health Care's Giant: Powerhouse under Scrutiny," *The New York Times,* March 28, 1997, p. A1.

17 Lucette Lagnado, Anita Sharpe, and Greg Jaffe, "How Columbia/HCA Changed Health Care, for Better or Worse," *The Wall Street Journal,* August 1, 1997, p. A4.

18 Lutz and Gee, *Columbia/HCA—Healthcare on Overdrive,* p. 135.

19 "HCA—The Health Care Company & Subsidiaries to Pay $840 Million in Criminal Fines and Civil Damages and Penalties," U.S. Department of Justice press release, December 14, 2000.

20 "Largest Health Care Fraud Case in U.S. History Settled: HCA Investigation Nets Record Total of $1.7 Billion," U.S. Department of Justice press release, June 26, 2003.

21 *United States v. Robert W. Whiteside and Jay A. Jarrell,* 285 F3d 1352 (2002).

22 Peter Chatfield of the law firm Phillips and Cohen, quoted in Moewe, "Ex-Columbia Chief Helps Grow Solantic," p. 1.

23 Blecher, "Rough Crossings," p. 40.

24 Quoted in "News at Deadline," *Modern Healthcare,* July 7, 1997, p. 4.

25 Quoted in Moewe, "Ex-Columbia Chief Helps Grow Solantic," p. 1.

26 http://www.solantic.com/values.asp

第 9 章

1 Deborah Howell, "Getting the Story on Jack Abramoff," *Washington Post*, January 15, 2006, p. B6.

2 Quoted in Thomas B. Edsall, "Lobbyists' Emergence Reflects Shift in Capital Culture," *Washington Post*, January 12, 2006, p. A1.

3 Matthew Continetti, *The K Street Gang* (New York: Doubleday, 2006), p. 47.

4 Ibid., p. 53.

5 Thomas E. Mann and Norman J. Ornstein, *The Broken Branch* (New York: Oxford University Press, 2006), p. 177.

6 Peter H. Stone, *Heist* (New York: Farrar, Straus and Giroux, 2006), p. 182, quoting Rep. Jeff Flake(R-Arizona).

7 Kirsten Mack, "DeLay Mails 8-Page Letter to Rally His GOP Troops," *The Houston Chronicle*, February 10, 2006, p. B2.

8 This is the estimate of White House political advisor Karl Rove, noted in Susan Schmidt, "Abramoff Is to Begin Sentence Today," *Washington Post*, November 15, 2006, p. A6.

9 Jonathan Riskind and Jack Torry, "Ney Admits Taking Bribes," *The Columbus Dispatch*, September 16, 2006, p. A1.

10 Jack Torry, "Two-and-a-Half Year Prison Sentence for Ney," *The Columbus Dispatch*, January 20, 2007, p. A1.

11 Sonya Geis and Charles R. Babcock, "Former GOP Lawmaker Gets 8 Years," *Washington Post,* March 4, 2006, p. A1.

12 Randal C. Archibold, "Ex-Congressman Gets 8-Year Term in Bribery Case," *New York Times*, March 4, 2006, p. A1.

13 *Sprint Telephony PCS v. County of San Diego,* 479 F.3d 1061 (2007).

14 *Youngstown Sheet & Tube Co. v. Sawyer,* 343 U.S. 579. The basis for the Court's ruling was that Congress had once considered giving presidents the power to seize industries in similar circumstances but had not done so.

15 *Buckley v. Valeo,* 424 U.S. 1 (1976).

16 See, for example, Clarence L. Ver Steeg, "The American Revolution Considered as an Economic Movement," *Huntington Library Quarterly,* August 1957.

17 Charles Beard, *An Economic Interpretation of the Constitution of the United States* (New York: Macmillan, 1913).

18 See, for example, Robert E. Brown, *Charles Beard and the Constitution* (Princeton: Princeton University Press, 1956); and Forrest McDonald, *We the People: The Economic Origins of the Constitution* (Chicago: University of Chicago Press, 1963).

19 "The Story of a Great Monopoly," *The Atlantic,* March 1881, p. 322.

20 The exception was the election of the Democrat and reformer Grover Cleveland in 1884. But even Cleveland had strong business supporters, Andrew Carnegie and James J. Hill among them. His administration never threatened business interests.

21 William Allen White, *Masks in a Pageant* (New York: Macmillan, 1928), p. 79.

22 Quoted in Henry Demarest Lloyd, *Wealth Against Commonwealth* (New York: Harper, 1898), pp. 377–78.

23 William Manchester, *The Glory and the Dream,* vol. 1 (Boston: Little, Brown, 1973), p. 126.

24 *The Corporation in American Politics* (Englewood Cliffs, NJ: Prentice Hall, 1969), p. 31.

25 For the story of how this philosophy developed during the New Deal years, see Alan Brinkley, *The End of Reform: New Deal Liberalism in Recession and War* (New York: Knopf, 1995).

26 Quoted in Gene E. Bradley, "How to Work in Washington: Building Understanding for Your Business," *Columbia Journal of World Business,* Spring 1994, p. 53.

27 Bureau of the Census, *Statistical Abstract of the United States: 2007,* 126th ed. (Washington: DC, January 2007), table 458 and historical tables.

28 Burdett A. Loomis and Allan J. Cigler, "Introduction: The Changing Nature of Interest Group Politics," in Cigler and Loomis, *Interest Group Politics,* 5th ed. (Washington, DC: Congressional Quarterly Press, 1998), p. 11.

29 Bradley, "How to Work in Washington," p. 55.

30 Charls E. Walker, quoted in Jill Abramson, "The Business of Persuasion Thrives in Nation's Capital," *New York Times,* September 29, 1998, p. A23.

31 Quoted in Jeffrey H. Birnbaum, "Power Player," *Fortune Small Business,* October 2001, p. 56.

32 Figures are based on data compiled by the Center for Public Integrity, "Lobby Watch: General Electric Co.," at www.publici.org.

33 Eamon Javers, "Lobbyists Who Want Nothing," *BusinessWeek,* January 22, 2007, p. 72.

34 Kate Ackley, "Tech Sector Rides High in 110th, *Roll Call,* February 1, 2007; Bill Swindell, "Coalitions Size Up, Stake Positions on Patent Reform Bill, *CongressDaily,* April 19, 2007.

35 Anthony J. Nownes, *Total Lobbying* (New York: Cambridge University Press, 2006), pp. 26–28.

36 Lawrence O'Donnell, "Good Lobbyists, Good Government," *Los Angeles Times,* January 13, 2006,p. B11.

37 Quoted in Michael Watkins, Mickey Edwards, and Usha Thakrar, *Winning the Influence Game: What Every Business Leader Should Know about Government* (New York: Wiley, 2001), p. 173; emphasis in original.

38 Nownes, *Total Lobbying,* p. 208.

39 Jeffrey H. Birnbaum, "Lawmakers, Lobbyists Keep in Constant Contact," *Washington Post,* June 28, 2004, p. El; and Jeffrey H. Birnbaum, "GOP Freezes Jobs List, a Vestige of the K Street Project," *Washington Post,* January 26, 2006, p. A2.

40 Anonymous quotation in Knownes, *Total Lobbying,* p. 81. Brackets in original.

41 Quoted in *McConnell v. FEC,* 124 S. Ct. 751.

42 Jeffrey H. Birnbaum, 'Wal-Mart, the Democrats' New Friend," *Washington Post,* April 3, 2007, p. A21.

43 See House Resolution 6, 110 Cong. 1st Sess., January 5, 2007, amending Rules of the House of Representatives and S. 1, the Legislative Transparency and Accountability Act of 2007.

44 United States Department of Justice, *Criminal Resource Manual* (Washington, DC: DOJ, looseleaf with multiple dates), title 9 §2041, "Bribery of Public Officials," October 1997.

45 See *United States v. Brewster,* 506 F.2d. 62 (1974).

46 James V. DeLong, "Free Money," *Reason,* August–September 2000, p. 42.

47 See Herbert Croly, *Marcus Alonzo Hanna: His Life and Work* (New York: Macmillan, 1912), p. 220.A grateful McKinley engineered Hanna's appointment to the U.S. Senate.

48 Its formal title is Act of January 26, 1907, 2 U.S. Code §441b.

49 The laws were, respectively, the Publicity Act of 1910, the Federal Corrupt Practices Act of 1925, the Hatch Act of 1939, and the War Disputes Act of 1943 (a temporary measure made permanent by the Taft-Hartley Act in 1947).

50 421 U.S. 1.

51 "Semiannual PAC Count—2000–2006," *Federal Election Commission Record,* September 2006, p. 10.

52 Federal Election Commission, News Release, "PAC Financial Activity Increases," August 30, 2006, attachment, "Top 50 Corporate PACs by Disbursements through June 30, 2006.

53 Common Cause, "Top Soft Money Donors," www.commoncause.org. Figures include contributions by the corporation, its subsidiaries, and its executives.

54 *Colorado Republican Federal Campaign Committee v. FEC,* 116 S. Ct. 2390 (1996).

55 The BCRA is sometimes called the McCain–Feingold Act after Senators John McCain (R-Arizona) and Russell Feingold (D-Wisconsin), its congressional sponsors. Technically, it is a set of amendments to the Federal Election Campaign Act of 1971.

56 Opensecrets.org, "04 Elections Expected to Cost Nearly $4 Billion," press release, October 21, 2004, p. 4.

57 This is the prediction of Michael Toner, former chairman of the Federal Election Commission, quoted in Paul Bedard, "2008 Shocker: It Will Cost $5 Billion," *U.S. News & World Report,* April 23, 2007, p. 16.

58 Thomas B. Edsall, Sarah Cohen, and James V. Garibaldi, "Pioneers Fill War Chest, Then Capitalize," *Washington Post,* May 16, 2004, p. Al; Craig L. McDonald, "Lobbyists Aren't the Campaigns' Only Bundlers," *Roll Call,* February

8, 2007.

59 Stephen R. Weissman and Kara D. Ryan, *Soft Money in the 2006 Election and the Outlook for 2008* (Washington, DC: Campaign Finance Institute, 2007), p. 25.

60 Federal Election Commission, "527 Organizations Pay Civil Penalties," *FEC Record,* January 2007, p. 1.

61 Figures are reported by the Center for Political Accountability and based on data from the National Institute on Money in State Politics; see "Transparency Reports," at the National Institute on Money in State Politics, at www.politicalaccountability.net.

62 Weissman and Ryan, *Soft Money in the 2006 Election and the Outlook for 2008,* p. 2.

63 Bruce F. Freed and Jamie Carroll, *Hidden Rivers* (Washington, DC: Center for Political Accountability, 2006), p. 11.

64 Center for Political Accountability, "Transparency Reports," at www.politicalaccountability.net.

65 *Federal Election Commission v. Massachusetts Citizens for Life,* 479 U.S. 257 (1986), from the opinion by Justice William J. Brennan, Jr.

66 *Austin v. Michigan Chamber of Commerce,* 58 LW 4373 (1990).

67 *McConnell v. FEC,* 124 S. Ct. 720, 226.

68 Ibid., at 730.

69 Dissenting in *Austin,* 58 LW 4379.

案 例

1 The cover story was "Wall Street's Overpaid Young Stars," *Fortune,* November 24, 1986.

2 "About GSI," at www.govstrat.com/public/about/about_main.php.

3 Letter from John D. Dingell and Edward J. Markey to Harvey L. Pitt, January 30, 2002.

4 Letter from Harvey L. Pitt (with attached memorandum from Paul F. Roye) to John D. Dingell and Edward J. Markey, February 13, 2002.

5 Quotations in this paragraph are from a Hearing before the Subcommittee on Energy and Air Quality of the Committee on Energy and Commerce, *The Effect of the Bankruptcy of Enron on the Functioning of Energy Markets,* 107th Congress, 2nd Session, February 13, 2002, pp. 140–41.

6 "CONFIDENTIAL MEMORANDUM" from Richard Bornemann to Douglas Lawrence, April 23, 2002, p. 1.

7 Ibid., p. 3.

8 Amended to substitute language of S.517, *Congressional Record,* pp. S3688-S3788, April 25, 2002.

9 "Suggested Campaign Contributions," memorandum from Douglas Lawrence to Westar officers, May 17, 2002, p. 1.

10 E-mail from Douglas Lawrence, "Re: Campaign Contributions," May 20, 2002.

11 Westar Energy, Inc., *Report of the Special Committee to the Board of Directors,* April 29, 2003, p. 344.

12 In addition to Westar, the companies were El Paso Electric, Mirant Energy, Reliant Energy, and Williams Energy.

13 Letter to Rep. Tom DeLay from Reps. Joel Hefley and Alan B. Mollohan, October 8, 2004, p. 2.

14 Douglas Lawrence, "Re: Campaign Contributions," memorandum of June 25, 2002, p. 1.

15 Juliet Eilperin, "Westar Lobbyist's Role Detailed," *Washington Post,* June 10, 2003, p. A4.

16 "Proposed House Offer," H.R. 4, Subtitle A, Section 156, July 19, 2004, pp. 45–47.

17 Condensed from stenographic minutes, "House-Senate Joint Conference on H.R. 4, Securing America's Future Energy Act of 2001," September 12, 2002, pp. 107–19.

18 State Corporation Commission of the State of Kansas, "Order for Western Resources to Permanently Halt Restructuring," Docket No. 01-WSRE-949-GIE, July 20, 2001.

19 Letter from John Wine to Edward J. Markey, September 27, 2002, p. 1.

20 Westar Energy, Inc., Form 8-K, September 27, 2002.

21 Letter from Edward J. Markey to Billy Tauzin and Jeff Bingaman, September 30, 2002, p. 4.

22 E-Mail from Douglas Lawrence to David Wittig, "Subject: Washington DC," September 30, 2002, 2:45 P.M.

23 After Wittig had served 13 months in federal prison an appeals court struck down his sentence as excessively harsh. He was resentenced to 2 years. See *United States v. Wittig,* 474 F. Supp. 2d 1215 (D. Kan., 2007).

24 Westar Energy, Inc., *Report of the Special Committee to the Board of Directors*, pp. 3–4.

25 *United States v. Lake*, 472 F.3d 1247 (10th Cir. 2007).

26 Chris Bell, M.C., Complainant; Tom DeLay, M.C., Respondent, *Complaint*, U.S. House of Representatives, Committee on Standards of Official Conduct, 108th Congress, 1st Session, June 15, 2004, p. 2.

27 Eilperin, "Westar Lobbyist's Role Detailed," p. A4.

28 Letter from Joel Hefley and Alan B. Mollohan to Tom DeLay, October 6, 2004, p. 1.

29 *Texas v. Westar Energy, Inc.*, Criminal Action No. 9-04-0579, D.C. Travis County, Tex. (2004).

30 "Tom DeLay Reprimanded for Violating House Rules," *Foster Electric Report*, October 13, 2004, p. 1.

31 Ibid.

第 10 章

1 FCC, *Notice of Apparent Liability for Forfeiture*, File No. EB-04-IH-0011, September 22, 2004, p. 2.

2 CBS Broadcasting Inc., *Opposition to Notice of Apparent Liability for Forfeiture*, File No. EB-04-IH-0011, November 5, 2004.

3 Louisa Pearson, "Thank Our Lucky Stars 'n' Stripes the Morality Police Are Watching Out for Us," *The Scotsman*, February 5, 2004, p. 16.

4 FCC, *Order on Reconsideration*, File No. EB-040IH-0011, May 31, 2006, p. 5.

5 18 U.S.C. §1464, "Broadcasting Obscene Language."

6 47 C.F.R. §73.3999(b); 60 FR 44439, August 28, 1995. The Public Telecommunications Act of 1992 and an appeals court decision, *Action for Children's Television v. FCC*, 58 F. 3d 654 (D.C. Cir. 1995), established a "safe harbor" for indecent material in the hours between 10 P.M. and 6 A.M.

7 FCC, *In the Matter of Industry Guidance On the Commission's Case Law Interpreting 18 U.S.C. §1464 and Enforcement Policies Regarding Broadcast Indecency*, File No. EB-00-IH-0089.

8 FCC, *Notice of Apparent Liability for Forfeiture*, p. 5.

9 Ibid., p. 12.

10 Ibid., p. 13.

11 FCC, *Order on Reconsideration*.

12 In the Broadcast Decency Enforcement Act of 2006, which amended the FCC's basic authority, the Communications Act of 1934.

13 Other powers in Article I, Section 8 also gave a basis for the exercise of federal power over business. They include the power to provide for "the general welfare of the United States," to levy and collect taxes, to provide for the common defense, to borrow money, to establish bankruptcy laws, to promote science and useful arts by granting patents, and "[t]o make all Laws which shall be necessary and proper for carrying into Execution the foregoing Powers. . . ."

14 *McCulloch v. Maryland*, 4 Wheaton 316 (1819).

15 *Gibbons v. Ogden*, 9 Wheaton 316 (1819).

16 Thomas K. McCraw, *Prophets of Regulation* (Cambridge, MA: The Belknap Press, 1984), see chap. 2.

17 *Federal Regulatory Directory*, 12ed (Washington, DC: CQ Press, 2006), p. 5.

18 *Munn v. Illinois*, 94 U.S. 113 (1877), at 130.

19 *Lochner v. New York*, 198 U.S. 45 (1905).

20 *Hammer v. Dagenhart*, 247 U.S. 251 (1918).

21 *A. L. A. Schechter Poultry Corp. v. United States*, 295 U.S. 495 (1935), at 548.

22 *National Labor Relations Board v. Jones & Laughlin Steel Corp.*, 301 U.S. 1 (1937).

23 Ibid., at 36.

24 Franklin D. Roosevelt, "Address at the Cornerstone Laying Ceremonies for the New Federal Trade Commission Building," July 12, 1937, in John Woolley and Gerhard Peters, *The American Presidency Project* [online]. Santa Barbara, CA: University of California (hosted), Gerhard Peters (database), at www.presidency.ucsb.edu/ws/?pid=15436.

25 *Federal Regulatory Directory*, p. 5.

26 Clean Air Act, as amended 1990, Title I, Part A, §109(B)(b)(1).

27 "Vehicle weight limitations—Interstate System," 23 U.S.C. §127(a).

28 *Panama Refining Co. v. Ryan*, 293 U.S. 388. The Court did

strike down some New Deal laws, wholly or in part because they delegated too much power to the executive branch. See, for example, *A. L. A. Schechter Poultry Corp. v. United States,* 295 U.S. 495 (1935) striking down the National Industrial Recovery Act in which Justice Benjamin Cardozo saw "delegation running riot" (at 553).

29 See, for example, *Whitman v. American Trucking Associations,* 531 U.S. 457, upholding the EPA's right to fill in meaning to phrases in the Clean Air Act Amendments of 1990.

30 The legal definition of a rule in the Administrative Procedure Act of 1946, 5 U.S.C. II §551(4), is "an agency statement . . . designed to implement, interpret, or prescribe a law or policy."

31 In addition to guidelines in executive orders discussed later in this section, the most important of these additional requirements include environmental impact statements, if required under the National Environmental Policy Act of 1969; analysis of impacts on small businesses as required in the Regulatory Flexibility Act of 1980; minimization of paperwork under the Paperwork Reduction Act of 1995; appraisal of impacts on states and cities as required by the Unfunded Mandates Act of 1995; and following data guidelines set up under the Information Quality Act of 2000.

32 *Final Regulatory Analysis: Control of Emissions from Nonroad Diesel Engines,* EPA420-R-04-007 (Washington, DC: EPA Office of Transportation and Air Quality, May 2004).

33 The *Code of Federal Regulations* is published in printed volumes and on the Government Printing Office Web site at www.gpo.gov/nara/cfr/.

34 *Appalachian Power Company v. Environmental Protection Agency,* 341 U.S. App. D.C. 46 (2000), at 1020.

35 Committee on Government Reform, *Non-Binding Legal Effect of Agency Guidance Documents,* 106th Congress, 2d Session, H. Rep. 106-1009, October 26, 2000, p. 5.

36 72 FR 2763, January 23, 2007.

37 "Improving Government Regulations," 46 FR 13193, February 17, 1981.

38 "Regulatory Planning and Review," 58 FR 51735, October 4, 1993.

39 Albert Gore, *Creating a Government That Works Better & Costs Less, Report of the National Performance Review* (Washington, DC: Government Printing Office, September 7, 1993), p. 32.

40 Cindy Skrzycki, "'Midnight Regulations' Swell Register," *Washington Post,* January 23, 2001, p. E1.

41 Ike Brannon, "Treating the Unserious Seriously," *Regulation,* Winter 2005–2006, p. 51.

42 Government Accountability Office, *Federal Rulemaking: Perspectives on 10 Years of Congressional Review Act Implementation,* GAO-06-601T, March 30, 2006, p. 3.

43 *Chevron U.S.A v. Natural Resources Defense Council,* 467 U.S. 837 (1984).

44 The scope of judicial review comes under the authority of the Administrative Procedures Act and is set forth in 5 U.S.C. §706(2)(A).

45 *General Dynamics Land Systems v. Cline,* 540 U.S. 581 (2004).

46 *Corrosion Proof Fittings v. EPA,* 947 F.2d 1201 (1991).

47 *Nuclear Energy Institute v. EPA,* 362 U.S. App. D.C. 204 (2004).

48 42 U.S.C. §7602(g).

49 *Massachusetts v. EPA,* 127 S.Ct. 1438 (2007).

50 W. Mark Crain and Thomas D. Hopkins, *The Impact of Regulatory Costs on Small Firms* (Washington, DC: Small Business Administration, SBAHQ-00-R-0027, 2001), p. 3. Figures in this paragraph are in 2001 dollars.

51 W. Mark Crain, *The Impact of Regulatory Costs on Small Firms* (Washington, DC: Small Business Administration, SBHZ-03-M-0522, 2005), p. 4.

52 Ibid., p. 5.

53 Susan Dudley and Melinda Warren, *Moderating Regulatory Growth: An Analysis of the U.S. Budget for Fiscal Years 2006 and 2007,* Mercatus Center and Weidenbaum Center, May 2006, p. 2006, table A2. Figures are in constant 2000 dollars. The chart does not sum social and economic regulations.

54 Duja Gullapalli, "Growth of Hot Investment Tool Slowed by Bureaucratic Backlog," *The Wall Street Journal,* June 17–18, 2006, p. A1.

55 Cindy Skryzcki, "FAA Updates Rule on Airline Seats," *Washington Post,* October 18, 2005, p. D1.

56 Office of Management and Budget, *Draft 2006 Report to Congress on the Costs and Benefits of Federal Regulations* (Washington, DC: OMB, April 13, 2006), p. 5.

57 World Bank, *Doing Business 2007: How to Reform* (Washington, DC: World Bank, 2006), pp. 20, indicator table, p. 85.

58 World Bank, *Doing Business 2006: Creating Jobs* (Washington, DC: World Bank, 2005), p. 53, indicator table, p. 104.

59 World Bank, *Doing Business 2004: Understanding Regulation* (Washington, DC: World Bank and Oxford University Press, 2004), pp. xiii–xvii and pp. 83–90.

60 Ibid., p. 92.

61 See, for example, Simeon Djankov, Caralee McLiesh, and Rita Ramalho, *Regulation and Growth* (Washington, DC: World Bank, March 17, 2006).

62 Giuseppe Niccolette and Stefano Scarpetta, "Regulation, Productivity, and Growth: OECD Evidence," World Bank Policy Research Paper 2944, January 2003.

63 Evelyn Iritani, "Europe Pushes Tech into Detox," *Los Angeles Times,* April 22, 2006, p. C1.

案 例

1 Reuters, "Teen-agers and Tobacco: Excerpts from Clinton News Conference on His Tobacco Order," *New York Times,* August 11, 1995, p. A18.

2 Department of Health, Education, and Welfare, *Smoking and Health: Report of the Advisory Committee to the Surgeon General of the Public Health Service* (Washington, DC: Government Printing Office, 1964).

3 21 U.S.C. 321(g)(1). This citation references Title 21 of the *Code of Federal Regulations,* where all statutes that give the FDA its authority are codified along with the rules and regulations the agency has adopted. Section 321 is found in Chapter 9, Subchapter II.

4 21 U.S.C. 321(h)(3).

5 *Action on Smoking and Health v. Harris,* 655 F.2d 237 (1980).

6 This was Catherine Lorraine of the general counsel's office. David Kessler, *A Question of Intent* (New York: Public Affairs, 2001), p. 34.

7 Ibid., p. 180.

8 Ibid., p. 266.

9 The title of this document is *Nicotine in Cigarettes and Smokeless Tobacco Products Is a Drug and These Products Are Nicotine Delivery Devices under the Federal Food, Drug, and Cosmetics Act.*

10 Kessler, *A Question of Intent,* pp. 336–37.

11 61 FR 44396–45318 (1996).

12 *Chevron U.S.A. Inc. v. Natural Resources Defense Council,* 467 U.S. 837 (1984).

13 The definitive test of the constitutionality of commercial speech restraints imposed by government is set forth in *Central Hudson Gas & Electric Corp. v. Public Service Commission,* 447 U.S. 557 (1980).

14 *Coyne Beahm, Inc. v. Food and Drug Administration,* 966 F.Supp. 1374 (1997).

15 *Brown & Williamson v. Food and Drug Administration,* 153 F.3d 155 (1998).

16 See, for example, *Adarand v. Pena,* the case study in Chapter 17.

17 These are the Federal Cigarette Labeling and Advertising Act of 1965, the Public Health Cigarette Smoking Act of 1969, the Alcohol and Drug Abuse Amendments of 1983, the Comprehensive Smoking Education Act of 1984, the Comprehensive Smokeless Tobacco Health Education Act of 1986, and the Alcohol, Drug Abuse, and Mental Health Administration Reorganization Act of 1992.

18 *Food and Drug Administration v. Brown & Williamson,* 529 U.S. 120, at 152.

19 529 U.S. 162.

20 529 U.S. 163.

21 Kessler, *A Question of Intent,* p. 384.

22 Andrew Martin, "Trying Again for a Bill to Limit Tobacco Ads," *New York Times,* February 16, 2007, p. 1.

23 Centers for Disease Control and Prevention, "Percentage of Adults Who Were Current, Former, or Never Smokers: 1965–2004," "Tobacco Use Among Adults—United States, 2005," at http://www.cdc.gov/tobacco/data_statistics/tables/adult/table_2.htm; *Morbidity and Mortality Weekly*

Report, Centers for Disease Control, October 27, 2006, p. 1145.

24 Alan Blum, Testimony before the Senate Committee on Health, Education, Labor, & Pensions, *The Need for FDA Regulation of Tobacco Products,* 110th Congress 1st Session, February 22, 2007, p. 6.

25 Ibid., p. 8.

第 11 章

1 Hannah Campell, *Why Did They Name It?* (New York: Ace Books, 1964), pp. 63–64.

2 The Coca-Cola Company, *2006 Annual Review.*

3 Melanie Warner, "New Course for Coke's Sinking Fortunes," *New York Times,* April 5, 2005, p. C1.

4 Brian Bremner and Nandini Lakshman, "India: Behind the Scare over Pesticides in Pepsi and Coke," *BusinessWeek,* September 4, 2006, p. 43.

5 *In re Sinaltrainal Litigation,* 474 F. Supp. 2d 1273 (2006).

6 Dean Foust and Geri Smith, "'Killer Coke' or Innocent Abroad?" *BusinessWeek,* January 23, 2006, p. 46.

7 The Coca-Cola Company, "Overview," http://the coca-colacompany.com/citizenship/overview.html.

8 Jeffry A. Frieden, *Global Capitalism* (New York: Norton, 2006), p. 293.

9 Geoffrey G. Jones, "Nationality and Multinationals in Historical Perspective," Working Paper 06-052, Harvard Business School, 2005, p. 23.

10 United Nations Conference on Trade and Development, *World Investment Report 2006* (New York and Geneva: United Nations, 2006), "Methodological Notes: Definitions and Sources," p. 1. Figures are for 2004. This definition assumes control of affiliates through equity stakes. It excludes nonequity forms of asset control such as management contracts and franchise agreements.

11 The 1990 estimate is from United Nations Conference on Trade and Development, *World Investment Report 1993* (New York: United Nations, 1993), table I.6. The 1969 estimate is extrapolated from data in fn. 7 and table I.6.

12 United Nations Conference on Trade and Development, *World Investment Report 1997* (New York: United Nations, 1993), pp. 28 and 34; and United Nations Conference on Trade and Development, *World Investment Report 2006,* table I.13. Figures are based on an annual list of nonfinancial companies ranked by foreign assets.

13 Geoffrey G. Jones, "The Rise of Corporate Nationality," *Harvard Business Review,* October 2006, p. 21.

14 Weatherford International Ltd., *Form 10-K,* February 23, 2007, exhibit 21.1.

15 Executive Order 13412, "Blocking Property of and Prohibiting Transactions with the Government of Sudan," 71 FR 61369, October 17, 2006, sec. 2.

16 Weatherford International Ltd., *Sanctions Compliance Policy,* §3.00, undated, at www.weatherford.com.

17 Vivienne Walt, "A Texas Outfit in Sudan," *Fortune,* August 6, 2007, p. 18.

18 See 31 CFR, ch. V, Office of Foreign Assets Control, Department of the Treasury, part 538, "Sudanese Sanctions Regulations."

19 United Nations Conference on Trade and Development, *World Investment Report 2006,* table I.2.

20 Ibid., annex table B.1. Data is for 2005.

21 Stephen D. Cohen, *Multinational Corporations and Foreign Direct Investment* (New York: Oxford University Press, 2007), p. 183.

22 See, for example, Richard J. Barnet and Ronald E. Müller, *Global Reach: The Power of the Multinational Corporations* (New York: Simon and Schuster, 1974), p. 15.

23 David C. Korten, "The Limits of the Earth," *The Nation,* July 15/22, 1996, p. 16. See also Korten's book, *When Corporations Rule the World* (San Francisco: Kumarian Press and Barrett-Koehler, 1995).

24 The International Forum on Globalization, *Alternatives to Economic Globalization* (San Francisco: Barrett-Koehler, 2002), p. 17.

25 United Nations Conference on Trade and Development, *World Investment Report 2006,* p. 10.

26 Deborah Solomon, "Foreign Investors Face New Hurdles across the Globe," *The Wall Street Journal,* July 6, 2007, p. A1.

27 Jeffrey Gogo, "Vast Mineral Wealth Sparks New 'Scramble for Africa,'" *The Herald* (Zimbabwe), February 27, 2007, p.

1.

28 United Nations Development Programme, *Human Development Report 2005* (New York: UNDP, 2005), pp. 142–43.

29 The entirety of this statute is a brief clause in the Judiciary Act of 1789 providing that "the district courts shall have original jurisdiction of any civil action by an alien for a tort only, committed in violation of the law of nations or a treaty of the United States."

30 *Doe v. ExxonMobil Corporation,* 473 F.3d 345 (2007).

31 *Bowoto v. Chevron Corp.,* No. C 99-02506 SI, U.S.D.C. N.D. Cal. (2006).

32 *Bauman v. DaimlerChrysler AG,* No. C-04-00194 RMW, U.S.D.C., N.D. Cal., (2007).

33 *Roe v. Bridgestone Corporation*, No. 1:06-cv-0627-DFH-JMS (2007), p. 17.

34 *Sarei v. Rio Tinto Ltd.*, 456 F.3d 1069 (2006).

35 *Arias v. Dyncorp,* No. 01-1908 (RWR), U.S.D.C., D. Col. (2007).

36 *Complaint, Rodriquez v. Drummond,* CV-02-BE-0665-W, U.S.D.C. N. Dist. Ala. (March 2002). See also *Rodriquez v. Drummond,* 256 F. Supp. 2d 1250 (2003).

37 Juan Forero, "U.S. Firm on Trial in Colombia Slayings," *Washington Post,* July 13, 2007, p. A12.

38 Quoted in Kyle Whitmire, "Suit in U.S. over Murders in Colombia," *New York Times,* July 13, 2007, p. A4.

39 Claudia Levy, "Civil Rights Crusader Leon Sullivan Dies," *Washington Post,* April 26, 2001, p. B7.

40 Quoted in Jan Hoffman, "A Civil Rights Crusader Takes On the World," *New York Times,* November 3, 1999, p. B2.

41 Oliver F. Williams, "Shaping a High-Trust Society: The Crucial Role of Codes of Conduct," *Business Ethics Quarterly* 14, no. 2 (2004), p. 342.

42 S. Prakash Sethi, *Setting Global Standards: Guidelines for Creating Codes of Conduct in Multinational Corporations* (New York: Wiley, 2003), pp. 83–84.

43 Figures in this paragraph are from Wal-Mart's *2006 Report on Ethical Sourcing* (Bentonville, AR: Wal-Mart Stores, Inc., 2007), p. 3.

44 First complaint, *Doe v. Wal-Mart,* CA Sup Ct., L. A. Cty, No. CV 05-7307 (2005), para. 42. The case was dismissed.

45 Figures in this paragraph are from Mattel's *2007 Global Citizenship Report* (El Segundo, CA: Mattel, Inc., 2007), p. 10.

46 Abigail Goldman, "Sweat, Fear and Resignation Amid All the Toys," *Los Angeles Times,* November 26, 2004, p. A1.

47 David Barboza, "Scandal and Suicide in China," *New York Times,* August 23, 2007, p. A1.

48 Reinhard Biedermann, "From a Weak Letter of Intent to Prevalence: The Toy Industries' Code of Conduct," *Journal of Public Affairs,* August–November 2006, pp. 199, 202.

49 International Council on Mining & Metals, *ICCM Sustainable Development Framework: ICCM Principles* (London, ICCM, no date), pp. 2 and 3.

50 S. Prakash Sethi, "The Effectiveness of Industry-Based Codes in Serving Public Interest: The Case of the International Council on Mining and Metals," *Transnational Corporation,* December 2005, p. 84.

51 International Council of Toy Industries, *Code of Business Practices,* §3(a), at http://www.icti-care.org/resources/codeofbusinesspractices.html.

52 Steven Young, *Moral Capitalism: A Guide to Using the Caux Round Table Principles for Business* (San Francisco: Berrett-Koehler, 2003), chap. 6.

53 The UN agencies that participate are the Office of the High Commissioner for Human Rights, the International Labour Office, the United Nations Environment Programme, the United Nations Development Programme, the United Nations Organization for Industrial Development, and the United Nations Office on Drugs and Crime.

54 "335 Companies Delisted as Part of Quality Drive," *Compact Quarterly* 2006, no. 4, www.unglobalcompact.org.

55 Carol Stephenson and Paul Beamish, "When It Comes to Doing Good, We Can Do Better," *The Globe and Mail,* June 4, 2007, p. B2.

56 The Web site is www.unglobalcompact.org/COP/index.html.

57 *ABB Annual Report 2006: Sustainability Review* (Zurich: ABB Group, 2007), p. 28.

58 GlaxoSmithKline, *PHASE: A Simple Hand-Washing*

Programme That Saves Lives (Brentford, Middlesex: GSK, 2007).

59 Volkswagen AG, *One Plus One Equals Three: Corporate Social Responsibility at Volkswagen* (Wolfsburg, Germany: Volkswagen AG, 2006), pp. 35–36.

60 Cláudio Bruzzi Boechat et al., "Volkswagen in the Global War against HIV/AIDS," Global Compact Learning Forum Case Study, January 13, 2004, annex 3.

61 "Brantas River Project, Indonesia," Case Description, May 6, 2003, at www.unglobalcompact.org.

62 Edwin M. Epstein, "The Good Company: Rhetoric or Reality?" *American Business Law Journal,* Summer 2007, p. 215.

63 Surya Deva, "Global Compact: A Critique of the U.N.'s 'Public–Private' Partnership for Promoting Corporate Citizenship," *Syracuse Journal of International Law & Commerce,* Fall 2007, p. 131.

64 Ivar Simensen and Hugh Williamson, "The Problem with Warm Words," *Financial Times,* May 10, 2007, p. 16.

65 Daniel Mittler, quoted in John Zarocostas, "Global Compact Integrity Pressed," *The Washington Times,* July 9, 2007, p. A13.

案 例

1 "Has the World Forgotten Bhopal?" *The Lancet,* December 2, 2000, p. 1863.

2 David Weir, The Bhopal Syndrome (San Francisco: Sierra Club Books, 1987), p. xii.

3 Kim Fortun, Advocacy After Bhopal (Chicago: University of Chicago Press, 2001).

4 Sheila Jasanoff, "Managing India's Environment," *Environment,* October 1986, p. 33.

5 *In re Union Carbide Corporation Gas Plant Disaster at Bhopal,* 809 F.2d 195 (1987), at 200.

6 *In re Union Carbide Corporation Gas Plant Disaster,* 634 F.Supp. 867 (S.D.N.Y. 1986).

7 *Union of India v. Union Carbide Corp. and Union Carbide India Ltd.,* Bhopal District Court, No. 1113 (1986).

8 The team wrote a series of articles. See Stuart Diamond, "The Bhopal Disaster: How It Happened," *New York Times,* January 28, 1985; Thomas J. Lueck, "Carbide Says Inquiry Showed Errors but Is Incomplete," *New York Times,* January 28, 1985; Stuart Diamond, "The Disaster in Bhopal: Workers Recall Horror," *New York Times,* January 30, 1985; and Robert Reinhold, "Disaster in Bhopal: Where Does Blame Lie?" *New York Times,* January 31, 1985.

9 Ashok S. Kalelkar, "Investigation of Large-Magnitude Incidents: Bhopal as a Case Study," paper presented at the Instititution of Chemical Engineers conference on Preventing Major Chemical Accidents, London, England, May 1988, p. 27.

10 *Union Carbide Corp. v. Union of India,* AIR 1992 (S.C.) 248.

11 Paul Watson, "Cloud of Despair in Bhopal," *Los Angeles Times,* August 30, 2001, p. A6; and Government of Madhya Pradesh, "Claim and Compensation," http://www.mp.nic.in/bgtrrdmp/facts.htm.

12 "Compensation for Bhopal Victims," *New York Times,* July 20, 2004, p. A6.

13 Susan Warren, "Cost-Cutting Effort at Dow Chemical to Take 4,500 Jobs," *The Wall Street Journal,* May 2, 2001, p. A6.

14 Daniel Pearl, "An Indian City Poisoned by Union Carbide Gas Forgets the Past," *The Wall Street Journal,* February 12, 2001, p. A17.

15 See the International Campaign for Justice in Bhopal, at http://bhopal.net.

16 *See, most recently, Bano v. Union Carbide and Warren Anderson, 198 Fed. Appx. 32 (2006).*

17 Amnesty International USA, "Update from the Dow Annual Shareholder Meeting: May 10, 2007," http://www.amnestyusa.org, quoting Neil Sardana.

18 A recent addition is Themistocles D'Silva, *The Black Box of Bhopal: A Closer Look at the World's Deadliest Industrial Disaster* (Victoria, BC: Trafford Publishing, 2006).

19 Dominique Lapierre and Javier Moro, *Five Past Midnight in Bhopal* (New York: Warner Books, 2002).

20 Kamal Al-Solaylee, "Bhopal: A Chemical and Theatrical Disaster," *The Globe and Mail,* October 25, 2003, p. R17. The play is Rahul Varma, *Bhopal* (Toronto: Playwrights Canada Press, 2006).

第 12 章

1 McDonald's Corporation, Form 10-K, February 26, 2007.

2 See, for example, "Big Mac Index," *The Economist*, July 7, 2007, p. 162.

3 "The Top 100 Brands," *BusinessWeek*, August 6, 2007, p. 59.

4 Eric Schlosser, *Fast Food Nation* (Boston: Houghton Mifflin, 2001), p. 4.

5 Jonathan Freedland, "The Onslaught," *The Guardian*, October 25, 2005, p. 8.

6 "Big Mac's Makeover," *The Economist*, October 16, 2004, p. 64.

7 Randall E. Stross, "The McPeace Dividend," *U.S. News & World Report*, April 1, 2002, p. 36.

8 Thomas L. Friedman, *The Lexis and the Olive Tree* (New York: Farrar Straus Giroux, 1999), chap. 10.

9 George Ritzer, *The Globalization of Nothing* (Thousand Oaks, CA: Pine Forge Press, 2004), pp. 82–83.

10 Jonah Goldberg, "The Specter of McDonald's," *National Review*, June 5, 2000, p. 30.

11 Douglas B. Holt, John A. Quelch, and Earl L. Taylor, "How Global Brands Compete," *Harvard Business Review*, September 2004, p. 71.

12 James L. Watson, ed., *Golden Arches East: McDonald's in East Asia* (Stanford, CA: Stanford University Press, 1997), pp. 103, 134, 178–79.

13 "Burger and Fries à la Française," *The Economist*, April 17, 2004, p. 60.

14 Barry Bosworth and Philip H. Gordon, "Managing a Globalizing World," *Brookings Review*, Fall 2001, p. 3. For discussion of types and definitions of globalization see Martin Wolf, *Why Globalization Works* (New Haven and London: Yale University Press, 2005), pp. 14–16.

15 "A Survey of the World Economy," *The Economist*, September 16, 2006, p. 3.

16 Jeffry A. Frieden, *Global Capitalism* (New York: W. W. Norton, 2006), p. 473.

17 Ibid.

18 Ibid.

19 Thomas L. Friedman, *The World Is Flat: A Brief History of the Twenty-First Century* (New York: Farrar Straus and Giroux, 2005).

20 Joseph E. Stiglitz, *Globalization and Its Discontents* (New York: Norton, 2002), p. 6.

21 Ralph Nader, from a transcript of *Globalization and Human Rights*, a PBS program, www.pbs.org/globalization/proloug.html.

22 Dani Rodik, *Has Globalization Gone Too Far?* (Washington, DC: Institute for International Economics, 1997).

23 Rawi Abdelal and Adam Segal, "Has Globalization Passed Its Peak?" *Foreign Affairs*, January/February, 2007, p. 103.

24 Martin Wolf, *Why Globalization Works* (New Haven and London: The Yale University Press, 2005), p. 11.

25 Jagdish Bhagwati, *In Defense of Globalization* (New York: Oxford University Press, 2004).

26 "Fit at 50," *The Economist*, March 17, 2007, p, 13.

27 Charles A. Kupchan, "Europe Turns Back the Clock," *Los Angeles Times*, May 30, 2006, p. B13.

28 Ibid.

29 Christopher Rhoads and Marc Champion, "As Europe Expands, New Union Faces Problems of Scale," *The Wall Street Journal*, April 29, 2004.

30 Jeffrey Fleishman, "At 50, EU Faces an Identity Crisis," *Los Angeles Times*, March 25, 2007, p. A9.

31 For example, Hans Geser, "Why the EU Cannot Succeed," *World Society and International Relations*, July 2000.

32 Charles A. Kupchan, "Europe Turns Back the Clock," p. B13.

33 U.S. Bureau of the Census, "Foreign Trade Statistics," at www.census.gov, accessed March 5, 2008.

34 Cited in Business Roundtable, *NAFTA: A Decade of Growth* (Washington DC: Business Roundtable, February 2004), p. 2.

35 Mala Dickerson, "Placing Blame for Mexico's Ills," *Los Angeles Times*, July 1, 2006, p. C1.

36 Evelyn Iritani, "U.S. Reaps Bittersweet Fruit of Merger," *Los Angeles Times*, January 19, 2004, p. A1.

37 Marla Dickerson, "Placing Blame for Mexico's Ills," *Los Angeles Times*, July 1, 2006, p. C1.

38 *Public Citizen v. Department of Transportation*, 316 F.3d

1002 (2003).

39 *Public Citizen v. Department of Transportation*, 124 S.Ct. 2204 (2004).

40 Sean Lengell, "Mexican Trucks to Enter U.S. Soon Despite Strong Resistance," *The Washington Times,* September 7, 2007, p. A3.

41 Public Citizen Global Trade Watch, *Report Card,* December 1998, www.citizen.org/ptrade/nafta/reports/5Years.htm.

42 Public Citizen, *NAFTA at Ten Series*, 2004 at www.citizen.org/publications, "The Mexican Economy, Agriculture and Environment," p. 1; "U. S. Workers' Jobs, Wages and Economic Security," pp. 2–3; and "U.S., Mexican and Canadian Farmers and Agriculture," p. 1, 2004

43 Business Roundtable, *NAFTA: A Decade of Growth* (Washington DC: Business Roundtable, February 2004), pp. 20–21.

44 Alan Beattie, "A Complex Curse: East Asia Exposes the Limits of the Regional World Trade," *Financial Times,* November 13, 2006.

45 Kofi Annan, "Overview: Association of Southeast Asian Nations," Association of Southeast Asian Nations, February 16, 2000, p. 3.

46 For an excellent analysis see Stephen D. Cohen, *Multinational Corporations and Foreign Direct Investment* (New York: Oxford University Press, 2007), pp. 233–44.

47 Kenichi Ohmae, *The End of the Nation State* (New York: Free Press, 1995).

48 Others in this school are Walter B. Wriston, *The Twilight of Sovereignty: How the Information Revolution Is Transforming Our World* (New York: Scribners, 1992); and Susan Strange, *The Retreat of the State: The Diffusion of Power in the World Economy* (Cambridge, UK: Cambridge University Press, 1996).

49 Thomas L. Friedman *The Lexus and the Olive Tree: Understanding Globalization.*

50 tephen D. Cohen, *Multinational Corporations and Foreign Direct Investment, p. 238.*

51 Robert Gilpin, *The Challenge of Global Capitalism* (Princeton, NJ: Princeton University Press, 2000), p. 312.

52 Stephen D. Cohen, *Multinational Corporations and Foreign Direct Investment,* p. 249.

53 Roger Ricklefs, "Canada Fights to Fend off American Tastes and Tunes," *The Wall Street Journal,* September 24, 1998, p. B1.

54 David Rothkopf, quoted in Robert Gilpin, "In Praise of Cultural Imperialism? Effects of Globalization on Culture," *Foreign Policy,* June 22, 1997, p. 38.

55 Robert Kunzig, "French Kiss-Off," *U.S. News & World Report,* December 16, 2002, p. 42.

56 Samuel P. Huntington, *The Clash of Civilizations and the Remaking of World Order,* (New York: Simon & Schuster, 1996.).

57 Reported by Joseph Kahn, "Bush Moves against Steel Imports: Trade Tensions Are Likely to Rise, *The New York Times,* June 6, 2001, p. 1.

58 Quoted in Gerald F. Seib and John Harwood "Disparate Groups on Right Join Forces to Make Opposition to China's Trade Status a Key Issue," *The Wall Street Journal,* June 10, 1997, p. A20.

59 John Stuart Mill, *Essays on Some Unsettled Questions of Political Economy,* 2d ed. (New York: Augustus M. Kelley, 1968), p. 38. Originally published in 1874.

60 Joseph E. Stiglitz and Andrew Charlton, *Fair Trade for All* (New York: Oxford University Press, 2005).

61 Ibid, pp. vi–vii.

62 These illustrations are taken principally from "2003 Inventory of Trade Barriers," *USTR Releases* (Washington, DC U.S. Trade Representative, April 1, 2003).

63 Michael E. Porter, *The Comparative Advantage of Nations* (New York: Free Press, 1990).

64 Quoted in Nelson D. Schwartz, "Bribes and Punishment," *The New York Times,* July 15, 2007, p. WK14.

65 Ibid.

66 David Barboza, "A Chinese Reformer Betrays His Cause, and Pays," *The New York Times,* July 13, 2007, p. A8.

67 "Offsets in Defense Trade and the U.S. Subcontractor Base," Department of Commerce, Bureau of Industry and Security, Office of Strategic Industries and Economic Security, August 2004, p. iii.

68 Control Risks Group Limited and Simmons & Simmons, "International Business Attitudes to Corruption—Survey 2006," Amsterdam and Abu Dhabi, 2007.

69 United Nations Office on Drugs and Crime, "UNODC and Corruption," at www.unodc.org/unodc/en/corruption/under.html, July l, 2007.

70 Transparency International, "Leading Exporters Undermine Development with Dirty Business Overseas," *Press Release,* October 4, 2006.

71 Quoted in United Nations Office on Drugs and Crime, "UNODC and Corruption," July 1, 2007.

72 The Conference Board, *Resisting Corruption, an Ethics and Compliance Benchmarking Survey*, Research Report R 1397-06-RR, 2007, p. 6.

73 Office of the United States Attorney, Southern District of California, untitled news release, March 1, 2005.

74 Organisation for Economic Co-operation and Development, "Steps Taken by the United States to Implement and Enforce the Convention on Combating Bribery of Foreign Public Officials in International Business Transactions," at www.oecd.org, June 13, 2007.

75 15 U.S.C. §78dd-1(b), January 2, 2006.

76 Department of Justice, "Two Former Executives of ITXC Corp Plead Guilty and Former Regional Director Sentenced in Foreign Bribery Scheme," *Media Release*, July 27, 2007.

77 The Conference Board, *Resisting Corruption, an Ethics and Compliance Benchmarking Survey,* p. 27.

78 Ibid. p. 28.

79 Carrie Johnson, "U.S. Targets Bribery Overseas," *Washington Post,* December 5, 2007, p. D1.

案 例

1 Brett Pulley, "With Technology, Island Bookies Skirt U.S. Law," *The New York Times,* January 31, 1998, p. A1.

2 Quoted in ibid., p. A1.

3 Quoted in Benjamin Weiser, "*14 Facing Charges in First U.S. Action on Internet Betting,*" *The New York Times,* March 5, 1998, p. A1.

4 18 U.S.C. § 1084.

5 Paul Blustein, "Against All Odds," *Washington Post,* August 4, 2006, p. D1.

6 *United States v. Cohen,* 260 F.3d 68 (2001).

7 Wayne Coffey, "An Offshore Thing," *New York Daily News,* March 26, 2000.

8 World Sports Exchange, "About Us," at http://www.wsex.com/.

9 "Before the Panel of the World Trade Organization on United States—Measures Affecting the Cross-Border Supply of Gambling and Betting Services," WTDS285, First Submission of Antigua and Barbuda, Executive Summary, October 8, 2003.

10 World Trade Organization, "United States—Measures Affecting the Cross-Border Supply of Gambling and Betting Services: Report of the Panel," WT/DS285R, November 10, 2004.

11 Ibid., p. 270.

12 The Office of the United States Trade Representative, "Statement from USTR Spokesman Richard Mills Regarding the WTO Gambling Dispute with Antigua and Barbuda," November 10, 2004, at www.ustr.gov.

13 World Trade Organization, "United States—Measures Affecting the Cross-Border Supply of Gambling and Betting Services: Report of the Appellate Body, WT/DS285/AB/R, AB-2005-1, April 7, 2005.

14 World Trade Organization, "United States—Measures Affecting the Cross-Border Supply of Gambling and Betting Services: Recourse to Article 21.5 of the DSU by Antigua and Barbuda—Report of the Panel," WT/DS285/RW, March 30, 2007.

15 Lorraine Woellert, "A Web Gambling Fight Could Harm Free Trade," *BusinessWeek,* August 13, 2007.

16 Paul Blustein, "Against All Odds."

17 " W.T.O. Sanctions against U.S. Are Urged," *The New York Times,* June 21, 2007, p. 12.

18 "Brief History of Internet Gambling," http://www.unc.edu/- dismatthe/background.html; and James Oliver, "Internet Gambling; Will History Repeat Itself?" *Cyberlaw 2001,* March 29, 2001.

19 The Annenberg Public Policy Center, "More Than l Million Young People Use Internet Gambling Sites Each Month," October 2, 2006.

20 See also *Internet Gambling Prohibition Act of 2006,* Hearing before the Subcommittee on Crime, Terrorism, and Homeland Security of the Committee on the Judiciary,

House of Representatives, 109th Congress, 2nd Session, April 5, 2006.

21 *Congressional Record,* July 11, 2006, p. H4984.

22 Ibid., p. H4984.

23 Ibid., p. H4987.

24 Ibid., p. H4990.

25 Ibid., p. H4985.

26 Ibid., p. H4986.

27 Ibid., p. H4986.

28 Ibid., p. H4995.

29 Ibid., p. H4996.

第 13 章

1 Richard J. Driscoll, Wallace J. Mulligan, Daniel Schultz, and Anthony Candelaria, "Malignant Mesothelioma: A Cluster in a Native American Pueblo," *The New England Journal of Medicine,* June 2, 1988, p. 1437.

2 Clive Ponting, *A Green History of the World* (New York: St. Martin's Press, 1992), p. 354.

3 Centers for Disease Control and Prevention, *Third National Report on Human Exposure to Environmental Chemicals* (Atlanta: National Center for Environmental Health, July 2005), pp. 26–30.

4 Joseph W. Thornton et al., "Biomonitoring of Industrial Pollutants: Health and Policy Implications of the Chemical Body Burden," *Public Health Journal,* July–August 2002, p. 315.

5 Kirk R. Smith, Sumi Mehta, and Mirjam Maeusezahl-Feuz, "Indoor Air Pollution from Household Use of Solid Fuels," in Majid Ezzati et al., eds., *Comparative Quantification of Health Risks,* vol. 1 (Geneva: World Health Organization, 2004), chap. 18.

6 E. O. Wilson, "Hotspots: Preserving Pieces of a Fragile Biosphere," *National Geographic,* January 2002, p. 86.

7 Edward O. Wilson, "That's Life," *The New York Times,* September 6, 2007, p. A25; International Monetary Fund, *World Economic Outlook 2007* (Washington, DC: IMF, October 2007), table A1.

8 Rashid Hassan, Robert Scholes, and Neville Ash, *Ecosystems and Human Well-being: Current State and Trends,* vol. 1 (Washington, DC: Island Press, 2006).

9 Ibid., pp. 16, 18, 588.

10 Ibid., p. 515.

11 United Nations Development Programme, *Human Development Report 2007/2008* (New York: Palgrave Macmillan, 2007), p. 25.

12 Simon Kuznets won the 1971 Nobel prize in economics for his studies of economic growth. He also said that, in addition to environmental quality, income inequality followed an inverted U-shaped relationship during development, first worsening, then leveling off, then declining.

13 Gene M. Grossman and Alan B. Krueger, "Economic Growth and the Environment," *Quarterly Journal of Economics,* May 1995 p. 353. Data are from the Global Environmental Monitoring System, a joint project of the World Health Organization and the United Nations Environmental Programme.

14 Bruce Yandle, "Environmental Turning Points, Institutions, and the Rise to the Top," *The Independent Review,* Fall 2004.

15 Richard M. Auty, "Pollution Patterns during the Industrial Transition," *The Geographic Journal,* July 1997, p. 206.

16 Hoon Park, Clifford Russell, and Junsoo Lee, "National Culture and Environmental Sustainability: A Cross-National Analysis," *Journal of Economics and Finance,* Spring 2007.

17 Aldo Leopold, *A Sand County Almanac* (New York: Ballantine, 1970), pp. 239–40.

18 Naess's basic arguments are in "The Shallow and the Deep, Long-Range Ecology Movement: A Summary," *Inquiry,* Spring 1973; and "A Defense of the Deep Ecology Movement," *Environmental Economics,* Fall 1984.

19 Peter Singer, *Animal Liberation* (New York: Avon, 1975), p. 7.

20 Peter Singer, *One World: The Ethics of Globalization* (New Haven, CT: Yale University Press, 2002), pp. 19–20.

21 General Accounting Office, *Environmental Protection: Assessing the Impacts of EPA's Regulations through Retrospective Studies,* GAO/RCED-99-250, September 1999, p. 3 and fn. 4.

22 United Nations Environmental Programme, *Global*

Environmental Outlook 4 (Nairobi: Kenya, UNEP, 2007), p. 45.

23 Environmental Protection Agency, *Performance and Accountability Report: Fiscal Year 2006,* EPA 190-R-06-002, November 2006, p. 45.

24 Environmental Protection Agency, "National Emission Standards for Hazardous Air Pollutants for Iron and Steel Foundries Area Sources; Proposed Rule," 72 FR 52983, September 17, 2007.

25 Government Accountability Office, *Clean Air Act: EPA Should Improve the Management of Its Air Toxics Program,* GAO-06-669, June 2006, pp. 15–21.

26 Environmental Protection Agency, "Acid Rain Program: Nitrogen Oxides Emission Reduction Program," 61 FR 67112, December 19, 1996.

27 Environmental Protection Agency, *Acid Rain Program 2005 Progress Report*, EPA-430-R-06-015, October 2006, table 6.

28 Lauraine G. Chestnut and David M. Mills, "A Fresh Look at the Benefits and Costs of the U.S. Acid Rain Program," *Journal of Environmental Management,* vol. 77 (2005), tables 3 and 4.

29 Testimony of Brian McLean, before the Committee on Energy and Commerce, Subcommittee on Energy and Air Quality, U. S. House of Representatives, 110th Congress 1st Session, March 29, 2007, p. 7.

30 These figures are based on the EPA's Total Exposure Assessment Methodology (TEAM) studies reported in American Lung Association et al., *Indoor Air Pollution for Health Professionals* (Washington, DC: Government Printing Office, 1994), EPA 402-R-94-007, at www.epa.gov.iaq.

31 Department of Health and Human Services, Agency for Toxic Substances and Disease Registry, "Case Studies in Environmental Medicine: Radon Toxicity," ATSDR-HE-CS-2001-0006 (2001), p. 1.

32 World Meteorological Organization, *Scientific Assessment of Ozone Depletion: 2006,* Global Ozone Research and Monitoring Project, Report No. 50, February 2007, chap. 6.

33 Environmental Protection Agency, *Achievements in Stratospheric Ozone Protection: Progress Report,* EPA-430-R-07-001, April 2007, p. 7.

34 United Nations Environmental Programme, *Backgrounder: Basic Facts and Data on the Science and Politics of Ozone Protection* (Nairobe, Kenya: UNEP, October 5, 2001), p. 5.

35 Susan Solomon et al., eds. *Climate Change 2007: The Physical Science Basis* (New York: Cambridge University Press, 2007), p. 13.

36 Council on Environmental Quality, "Addressing Global Climate Change," June 11, 2001, at www.whitehouse.gov.

37 U. S. Department of State, *U.S. Climate Action Report: 2006* (Washington, DC: Department of State, 2007), chap. 4, "Policies and Measures."

38 John Byrne et al. "American Policy Conflict in the Greenhouse," *Energy Policy,* September 2007, p. 4555.

39 Kevin Kane, *How's the Water? The State of the Nation's Water Quality,* Working Paper 171 (St. Louis: Center for the Study of American Business, January 2000), p. 3.

40 40 CFR §258.53(g)(2), July 1, 2006.

41 40 CFR §265.1058(c)(2), July 1, 2006.

42 Robert J. Smith, "RCRA Lives, Alas," Regulation, Summer 1991, p. 14.

43 *General Motors v. EPA,* 363 F.3d 442 (2003).

44 Testimony of Katherine N. Probst, "Critical Issues Facing the Superfund Program," Subcommittee on Superfund and Waste Management, U. S. Senate, June 15, 2006, pp. 3–4.

45 Statement of Susan Parker Bodine, "The Superfund Program," before the Subcommittee on Superfund and Environmental Health, Senate, October 17, 2007, pp. 2–3; "Number of NPL Site Actions and Milestones by Fiscal Year," www.epa.gov/superfund, updated October 26, 2007.

46 General Accounting Office, *Superfund: Analysis of Costs at Five Superfund Sites,* GAO/RCED-00-22, January 2000, app. I.

47 Environmental Protection Agency, Integrated Risk Information System, "Polychlorinated Biphenyls (PCBs) (CASRN 1336-36-3), June 1, 1997, at www.epa.gov/iris.

48 Angela Logomasini, *The Green Regulatory State* (Washington, DC: Competitive Enterprise Institute, Issue

Analysis No. 9, 2007), p. 9.

案 例

1 John Messing, "Public Lands, Politics, and Progressives: The Oregon Land Fraud Trials, 1903–1910," *The Pacific Historical Review,* February 1966.

2 This was the Oregon and California Railroad and Coos Bay Wagon Road Grant Lands Act.

3 William Yardley, "Timber (and Its Revenues) Decline, and Libraries Suffer," *The New York Times*, May 5, 2007, p. 9; Meredith May, "Largest Library Closure in U.S. Looms," *San Francisco Chronicle*, March 4, 2007, p. A1.

4 Lynne Vanderlinden, quoted in Jeff Barnard, "Timber Counties Brace for the End of Big Logging Subsidies," Associated Press State & Local Wire, March 10, 2007.

5 Paul A. Johnsgard, *North American Owls: Biology and Natural History* (Washington, DC: Smithsonian Institution Press, 1988), p. 42.

6 This is what ornithologists refer to as its "four-note location call." It has other vocalizations as well, including "barks" and whistles. U.S. Department of the Interior, *Recovery Plan for the Northern Spotted Owl—Draft* (Washington, DC: U.S. Government Printing Office, April 1992), p. 15.

7 U. S. Fish and Wildlife Service, *2007 Draft Recovery Plan for the Northern Spotted Owl* (Strix occidentalis caurina): *Merged Options 1 and 2* (Portland, OR: Region 1, April 2007), p. 110.

8 A study in Washington, for example, found that 97 percent of spotted owls lived in old growth, with no known reproductive pairs in second-growth areas. "Proposed Threatened Status for the Northern Spotted Owl," 54 FR 26668, June 23, 1989.

9 Figures for forest size are from Michael Williams, *Americans and Their Forests: A Historical Geography* (New York: Cambridge University Press, 1989), pp. 3–4.

10 "Protected Status Proposed for the Northern Spotted Owl," *Endangered Species Technical Bulletin,* July 1989, p. 1.

11 Two subspecies of spotted owl, the northern spotted owl *(Strix occidentalis caurina)* and the California spotted owl *(Strix occidentalis occidentalis)* mix together at the extremes of their ranges in northern California. Although the California spotted owl is more plentiful, environmental groups have sued the Fish and Wildlife Service demanding that it also be listed as threatened or endangered. The agency has refused to do so. A third subspecies, the Mexican spotted owl *(Strix occidentalis lucida)*, lives in the forests of Arizona, Utah, Colorado, Texas, and Mexico. It was listed as threatened in 1993; see U.S. Fish and Wildlife Service, "Final Rule to List the Mexican Spotted Owl as a Threatened Species," 58 FR 14248, March 16, 1993.

12 Daniel Simberloff, "The Spotted Owl Fracas: Mixing Academic, Applied, and Political Ecology," *Ecology,* August 1987, p. 768; Gary S. Miller et al., "Habitat Selection by Spotted Owls during Natal Dispersal in Western Oregon," *Journal of Wildlife Management* 61, no. 1 (1997), p. 146.

13 These figures, and others in this section are based on estimates in U. S. Fish and Wildlife Service, *2007 Draft Recovery Plan for the Northern Spotted Owl* (Strix occidentalis caurina): *Merged Options 1 and 2*, pp. 117 and 130.

14 For an overview of the statute, see Dale Gobel and Michael Scott et al., *The Endangered Species Act at Thirty*, vols. 1 and 2 (Washington, DC: Island Press, 2005 and 2006).

15 U. S. Fish and Wildlife Service, "Summary of Listed Species," Threatened and Endangered Species System, http://ecos.fws.gov/tess_public/Boxscore.do, February 2008.

16 The Endangered Species Act is enforced by two agencies. The Fish and Wildlife Service within the Department of the Interior is responsible for the listing and recovery of plants and animals found on land and in freshwater environments and for migratory birds. The National Marine Fisheries Service within the Department of Commerce enforces the law with respect to marine species. Other agencies are bound by its provisions if their actions affect listed species.

17 U. S. Fish and Wildlife Service, "Determination of Threatened Status for the Northern Spotted Owl," 55FR 21623, June 26, 1990.

18 U. S. Fish and Wildlife Service, "Determination of Critical

Habitat for the Northern Spotted Owl," 57 FR 1796, January 15, 1992.

19 *Seattle Audubon Society v. Evans* 771 F. Supp. 1081 (1991).

20 A board foot is a measure of timber volume. One board foot equals a volume of 12 3 12 3 1 inches.

21 Department of the Interior memorandum, "The Administration's Response to the Spotted Owl Crisis: Joint Oversight Hearing before the Subcommittee on National Parks and Public Lands of the Committee on Interior and Insular Affairs," U. S. House of Representatives, March 24, 1992, p. 167.

22 Richard C. Paddock, "Town's Decline Rivals That of the Spotted Owl," *Los Angeles Times,* October 23, 1995, p. A3.

23 U. S. Fish and Wildlife Service,"Proposed Special Rule for the Conservation of the Northern Spotted Owl on Non-Federal Lands," 60 FR 9495, February 17, 1995.

24 *Seattle Audubon Society v. Lyons,* 871 F.Supp. 1291(W.D. Wash. 1994).

25 "Habitat Conservation Plan Assurances ('No Surprises') Rule," 63 FR 8859, February 23, 1998.

26 Tom Knudson, "A Flood of Costly Lawsuits Raises Questions about Motive," *Sacramento Bee,* April 24, 2001, p. A1.

27 Steve Lundgren, "End of the Line," *The Oregonian,* July 29, 2001, p. A17.

28 William Wade Keye, "Mill Towns Subsist on Logs from Afar," *Sacramento Bee*, October 28, 2001, p. B6.

29 The estimate is based on a 2007 in the pond value of $430/mbf (1,000 board feet) in Oregon minus estimated logging costs of $125/mbf.

30 Eric Bailey, "Two Sides Firmly Rooted over Logging Battle," *Los Angeles Times,* May 29, 2001, p. B8.

31 *American Forest Resource Council v. Secretary of the Interior*, Civil No. 02-6087-AA (D. Oregon).

32 U. S. Fish and Wildlife Service, *Northern Spotted Owl Five-Year Review: Summary and Evaluation* (Portland, OR: USFWS, November 2004), pp. 24–26.

33 U. S. Fish and Wildlife Service, *2007 Draft Recovery Plan for the Northern Spotted Owl (Strix occidentalis caurina): Merged Options 1 and 2*, part II, "Recovery Criteria and Recovery Actions (Option 2)."

34 U. S. Fish and Wildlife Service, "Proposed Revised Designation of Critical Habitat for the Northern Spotted Owl (*Strix occidentalis caurina*)," 72 FR 32462, June 12, 2007.

35 Estimate is based on the assumption of 40 mbf (1 mbf = 1,000 board feet)/acre and a 2007 pond value of $430/mbf in Oregon minus estimated logging costs of $125/mbf.

36 Eric Foresman, a U. S. Forest Service biologist, quoted in Michael Milstein, "So Much for Saving the Spotted Owl," *Newhouse News Service*, August 2, 2007.

37 *American Forest Resource Council v. Clarke,* Civ. No. 94-1031 TPJ (D.D.C.).

38 Bureau of Land Management, *Draft Environmental Impact Statement for the Revision of Resource Management Plans of the Western Oregon Bureau of Land Management Districts*, vol. 1, BLM/OR/WA/PL-07/046+1792, August 2007, p. xlvi.

39 Josh Laughlin of Cascadia Wildlands Project, quoted in Susan Palmer, "New Measure Could Nearly Triple Logging in Protected Oregon Area," *The Register Guard*, October 28, 2007, p. A1.

40 Dennis C. W. Smith, County Commissioner, Jackson County Oregon, quoted in ibid., p. A1.

第 14 章

1 Ambreen Mahmood et al., *Draft Health Risk Assessment for the Four Commerce Railyards*, California Environmental Protection Agency, Air Resources Board, May 23, 2007, p. 7.

2 U.S. Department of Health and Human Services, Public Health Service, National Toxicology Program, *Report on Carcinogens*, 11th ed., February 2005, "Diesel Exhaust Particulates."

3 Environmental Protection Agency, "Diesel Engine Exhaust (CASRN N.A.)," Integrated Risk Information System, I.B., last revised February 28, 2003.

4 See, for example, E. Garshick et al., "Lung Cancer in Railroad Workers Exposed to Diesel Exhaust,"

Environmental Health Perspectives, November 2004.

5 National Center for Environmental Assessment, Office of Research and Development, *Health Assessment Document for Diesel Engine Exhaust* (Washington, DC: Environmental Protection Agency, EPA/600/8-90/057F, May 2002), table 2-20 and p. 2-93.

6 Ambreen Mahmood et al., *Draft Health Risk Assessment for the Four Commerce Railyards*, pp. 13–16, 18, and table II-6.

7 Rosa Zambrano, quoted in Bill Mongelluzzo, "Small Particles, Large Obstacle," *Journal of Commerce*, June 4, 2007, p. 44.

8 Environmental Protection Agency, *Control of Emissions of Air Pollution from Locomotive Engines and Marine Compression Engines Less than 30 Liters per Cylinder*, 72 FR 15937, April 3, 2007.

9 "Union Pacific Reports Progress in Reducing Los Angeles Area Emissions," news releases, May 23, 2007; and BNSF Railway Company, *Environmental and Hazardous Materials Programs* (Topeka, KA: BNSF, 2007), p. 1.

10 *Association of American Railroads et al. v. South Coast Air Quality Management District*, No. CV 06-01416-JFW(PLAx), U.S.D.C., C.D. Cal., 2007.

11 Angelo Logan, head of East Yard Communities for Environmental Justice, in Janet Wilson, "Judge Strikes Down Tough Rules on Diesel," *Los Angeles Times,* May 3, 2007, p. B1.

12 W. Mark Crain, *Impact of Regulatory Costs on Small Firms* (Washington, DC: Small Business Administration, 2005), p. 29.

13 Office of Management and Budget, *Draft 2007 Report to Congress on the Costs and Benefits of Federal Regulation* (Washington, DC: OMB, March 9, 2007), p. 7.

14 Environmental Protection Agency, *Draft Regulatory Impact Analysis: Control of Emissions of Air Pollution from Locomotive Engines and Marine Compression-Ignition Engines Less than 30 Liters per Cylinder*, EPA420-D-07-001 (March 2007), chap. 7, p. 18 and chap. 6, p. 82.

15 The most recent statement of these guidelines describes their use in evaluating suspected cancer-causing substances. See Risk Assessment Forum, Environmental Protection Agency, *Guidelines for Carcinogen Risk Assessment*, EPA/630/P-03/001F, March 2005.

16 Shu-Ju Chang et al., "Hearing Loss in Workers Exposed to Toluene and Noise," *Environmental Health Perspectives*, August 2006.

17 Vernon A. Benignus et al., "Human Neurobehavioral Effects of Long-Term Exposure to Styrene: A Meta-Analysis," *Environmental Health Perspectives*, May 2005.

18 Gertrud S. Berkowitz, "In Utero Pesticide Exposure, Maternal Paraoxonase Activity, and Head Circumference," *Environmental Health Perspectives*, March 2004. Paraoxonase is an enzyme that appears in the blood as a result of pesticide exposure.

19 Elizabeth Ward et al., "Mortality Study of Workers in 1,3-Butadiene Production Units Identified from a Chemical Workers Cohort," *Environmental Health Perspectives*, June 1995.

20 Louis A. Cox, Jr. and Paolo F. Ricci, "Dealing with Uncertainty: From Health Risk Assessment to Environmental Decision Making," *Journal of Energy Engineering,* August 1992, p. 79.

21 These are benzene, ethyl benzene, *m-/p*-xylene, *o*-oxylene, and toluene. Lorraine C. Backer et al., "Exposure to Regular Gasoline and Ethanol Oxyfuel during Refueling in Alaska," *Environmental Health Perspectives,* August 1997, p. 850.

22 *Industrial Union Department, AFL-CIO v. American Petroleum Institute*, 488 U.S. 655 (1989).

23 General Accounting Office, *Radiation Standards: Scientific Basis Inconclusive*, GAO/RCED-00-152, p. 9 and fn. 23.

24 EPA, Integrated Risk Information System, "Benzene (CASRN 71-43-2)" April 17, 2003, II, C.1.2.

25 Quoted in John A. Hird, *Superfund: The Political Economy of Environmental Risk* (Baltimore: Johns Hopkins University Press, 1994), p. 200.

26 Kenneth W. Chilton, *Enhancing Environmental Protection while Fostering Economic Growth,* Policy Study No. 151 (St. Louis: Washington University, Center for the Study of American Business, March 1999), p. 22.

27 General Accounting Office, *Navajo Generating Station's Emissions Limit,* GAO/RCED-98-28, January 1998, pp. 1–3

and app. III.

28 Thomas O. McGarity, "Health Benefits Analysis for Air Pollution Control: An Overview," in John Blodgett, ed., *Health Benefits of Air Pollution Control: A Discussion* (Washington, DC: Library of Congress, Congressional Research Service, February 27, 1989), p. 55.

29 Environmental Protection Agency, *Guidelines for Preparing Economic Analyses*, EPA 240-R-00-003, September 2000, p. 87; and Environmental Protection Agency, *OAQPS Economic Analysis Resource Document*, Office of Air Quality Planning Standards, April 1999, p. 7-16.

30 See Ike Brannon, "What Is a Life Worth?" *Regulation*, Winter 2004–2005, p. 63; and Ike Brannon, "Treating the Unserious Seriously," *Regulation*, Winter 2005–2006, p. 52.

31 Frank Ackerman and Lisa Heinzerling, *Priceless: On Knowing the Price of Everything and the Value of Nothing* (New York: New Press, 2004), p. 75.

32 W. Kip Viscusi, quoted in John J. Fialka, "Balancing Act: Lives vs. Regulations," *The Wall Street Journal,* May 30, 2003, p. A4.

33 Caleb Solomon, "What Really Pollutes? A Study of a Refinery Proves an Eye-Opener," *The Wall Street Journal,* March 29, 1993, p. A1.

34 Vanessa Houlder et al., "European Countries Become Wary of Eco-Taxes," *Financial Times*, December 9, 2006, p. 4.

35 Hua Wang and Ming Chen, *How the Chinese System of Charges and Subsidies Affects Pollution Control Efforts by China's Top Industrial Polluters* (Washington, DC: World Bank, Working Paper No. 2198, October 1, 1999).

36 Figures in this paragraph are from Environmental Protection Agency, *Acid Rain Program 2005 Progress Report*, EPA-430-R-06-015, October 2006, pp. 4–5, 8.

37 Caran Capoor and Philippe Ambrosi, *State and Trends of the Carbon Market 2007* (Washington, DC: The World Bank, May 2007), p. 3.

38 Figures in this paragraph are from ibid., pp. 3 and 20.

39 Jeffrey Ball, "To Cut Pollution, Dutch Pay a Dump in Brazil to Clean Up," *The Wall Street Journal*, August 11, 2005, p. A1.

40 William Manchester, *A World Lit Only by Fire* (Boston: Little, Brown, 1992), p. 133.

41 Kevin Smith, *The Carbon Neutral Myth: Offset Indulgences for your Climate Sins* (Amsterdam: Transnational Institute, February 2007), p. 6.

42 The TRI is mandated by the Emergency Planning and Community Right-to-Know Act of 1986. This law was passed after the 1984 gas leak in Bhopal to require that plants and factories report to the public amounts and types of chemicals they store or release.

43 Environmental Protection Agency, *2005 TRI Public Data Release eReport: Data Tables and Charts*, March 2007, p. B-1, at www.epa.gov/tri/tridata/tri05/index.htm.

44 Ibid., p. B-21.

45 See Environmental Protection Agency, *A Program Guide for Climate Leaders: Setting the Standard for Greenhouse Gas Management*, EPA430-F-05-016, October 2006.

46 American Electric Power, *Working Together for a Brighter Future*: *2006 Corporate Sustainability Report* (Colombus, OH: AEP, April 2007), pp. 13–16.

47 Environmental Protection Agency, *WasteWise 2006 Annual Report*, EPA-530-R-06-010, p. 1.

48 Matsushita Electric Group, *Green Procurement Standards,* rev. ed., ver. 4 (Osaka: Matsushita Electric Industrial Co., Ltd., April 20, 2006), p. 5.

49 International Organization for Standardization, *The ISO Survey–2006* (Geneva, International Organization for Standardization, 2007), p. 25.

50 Both have come to pass. In 2006 the company paid an EPA fine of $1.5 million for 244 illegal releases of PFO in violation of the Toxic Substances Control Act. Six Washington County, Minnesota, residents have sued 3M for allowing PFOs to seep into their drinking water. See Bob Shaw, "3M Suit's Big Issue: Who Got Hurt?" *St. Paul Pioneer Press,* March 24, 2007, p. 1.

51 SC Johnson & Sons, *2007 Public Report: Doing Our Part* (Racine, WI: SC Johnson, 2007) , pp. 14–18.

52 Matt Richtel, "The Plankton Defense," *The New York Times,* May 1, 2007, p. C1.

53 Henderson Global Associates, *The Carbon 100: Quantifying the Carbon Emissions, Intensities and Exposures of the*

FTSE 100 (London: Henderson Global Associates, June 2005), p. 17.

54 Nicholas Varchaver, "Chemical Reaction," *Fortune*, April 2, 2007, p. 57.

案 例

1 Amvac operates as a subsidiary of a holding company named American Vanguard Corporation and is the company's main business.

2 "Helen Dewar, "Workers at Pesticide Plant Found Sterile in California Tests," *Washington Post*, August 5, 1977, p. A3.

3 Ward Sinclair, "The Return of DBCP," *Washington Post*, February 1, 1983, p. A1.

4 U.S. Public Health Service, Agency for Toxic Substances and Disease Registry, *Toxicological Profile for 1,2-Dibromo-3-chloropropane* (Washington, DC: Public Health Service, September 1992); Environmental Protection Agency, *Integrated Risk Information System (IRIS), 1,2-Dibromo-3-chloropropane* (CASRN 96-12-8) at www.epa.gov/iris/subst/0414.htm, updated January 25, 2007.

5 See, for example, *Delgado v. Shell Oil et al*. 890 F. Supp. 1324 (1995).

6 T. Christian Miller, "Pesticide Company Settles Sterility Suit for $300,000," *Los Angeles Times*, April 16, 2007, p. 3.

7 "Malia Zimmerman, "Water Quality Lawsuits Target Chemical and Agriculture Giants," *Pacific Business News*, October 8, 1999, p. 4.

8 Mevinphos is technically an alpha or beta isomer of 2-carbomethoxy-1-methyl-vinyl dimethyl phosphate. It has been sold under the trade name Phosdrin in at least four formulations. See Department of Pesticide Regulation, *Mevinphos: Risk Characterization Document* (Sacramento: California Environmental Protection Agency, June 30, 1994), p. 5.

9 Joan Rothlein et al., "Organophosphate Pesticide Exposure and Neurobehavioral Performance in Agricultural and Nonagricultural Hispanic Workers," *Environmental Health Perspectives*, May 2006.

10 Brenda Eskenazi et al., "Organophosphate Pesticide Exposure and Neurodevelopment in Young Mexican-American Children," *Environmental Health Perspectives*, May 2007.

11 David Holmstrom, "Control of Farm Chemicals Needs Overhaul," *Christian Science Monitor*, October 6, 1994, p. 7; and *Andrews Litigation Reporter*, "Settlement Reached between Farm Workers and Pesticide Maker," May 31, 2002, p. 1.

12 Environmental Protection Agency, *R. E. D. Facts: Mevinphos*, EPA-738-F-94-020, September 1994, p. 2.

13 Arthur C. Gorlick, "Orchard Workers File Lawsuit," *Seattle Post-Intelligencer*, September 13, 1995, p. B4.

14 Based on a "no observable effect level" in humans of 0.025 mg/kg, see Department of Pesticide Regulation, *Mevinphos: Risk Characterization Document*, p. 1.

15 Ibid., p. 1.

16 *Guzman v. Amvac Chemical Corporation*, 141 Wn.2d 493, at 509-10.

17 Co-lead counsel Richard Eymann, quoted in "Precedent-Setting Farm Worker Pesticide Poisoning Suit Settles," *Public Justice*, Summer 2002, p. 11.

18 T. Christian Miller, "Pesticide Maker Sees Profit When Others See Risk," *Los Angeles Times*, April 8, 2007, p. A1.

19 Its full name is 2, 2-dichlorovinyl dimethylphosphate.

20 Renu Gandhi and Suzanne M. Snedeker, "Critical Evaluation of Dichlorvos' Breast Cancer Risk," *Program on Breast Cancer and Environmental Risk Factors in New York State*, Critical Evaluation #7, March 1999, p. 1.

21 Ibid., p. 3.

22 Federal Insecticide, Fungicide, and Rodenticide Act of 1947 (as amended), 7 U.S.C §136(bb)(1).

23 See John H. Cushman, Jr., "Group Wants Pesticide Companies to End Testing on Humans," *The New York Times*, July 28, 1998, p. A9; and "Correspondence," *Environmental Health Perspectives*, March 2004, pp. A150–A155.

24 See "Dichlorvos (DDV); Deletion of Certain Uses and Directions," 60 FR 19580-19581, April 19, 1995.

25 Food Quality Protection Act of 1996.

26 Ibid., p. 165. This figure is based on a margin of exposure of 39 for infants, who are presumed more sensitive to dichlorvos vapor than adults. Margin of exposure is the ratio of the dose at a "no observable adverse exposure

level" to an observed or estimated dose.

27 Environmental Protection Agency, *Interim Reregistration Eligibility Decision for Dichlorvos (DDVP),* EPA 738-R-06-013, June 2006, app. J, p. 151. There are 31,000 milligrams in one ounce.

28 Ibid., p. 123.

29 Scott Thurm, "Record Damages for 1991 Rail Spill Settlement," *San Jose Mercury News,* March 15, 1994, p. A1.

30 Robert Rodriguez, "California Investigates Rise in Pesticide-Caused Illnesses in 2002," *Fresno Bee,* February 27, 2004, p. 1; T. Christian Miller, "Pesticide Maker Sees Profit When Others See Risk," p. A25.

31 Statement of Jay Vroom, in *Review of the EPA Pesticide Program,* Hearings before the Subcommittee on Conservation, Credit, Rural Development, and Research of the Committee on Agriculture, U.S. House of Representatives, 109th Congress, 2nd Session, September 28, 2006, p. 50.

32 Ibid., p. 50.

33 Bureau of the Census, *Statistical Abstract of the United States: 2007,* 126th ed., table 830.

34 Keith S. Delaplane, "Pesticide Usage in the United States: History, Benefits, Risks, and Trends," Cooperative Extension Service, University of Georgia College of Agricultural and Environmental Sciences, *Bulletin 1121,* November 2000, p. 1.

35 American Vanguard Corporation, Schedule 14-A, Proxy Statement, 2007, pp. 5–13.

36 Revenues rose from $101 million in 2002 to $194 million in 2006.

37 American Vanguard Corporation, *Code of Conduct and Ethics,* adopted March 8, 2006, at www.amvac-chemical.com, p. i.

38 Ibid., p. v.

39 "Gathering Leaves," in Edward Connery Lathem, ed., *The Poetry of Robert Frost* (New York: Holt, Rinehart and Winston, 1969), p. 235.

第 15 章

1 W. E. Mason, "Food Adulteration," *North American Review*, April 1900, pp. 548–53.

2 See Donna J. Wood, *Strategic Uses of Public Policy: Business and Government in the Progressive Era* (Marshfield, MA: Pittman, 1986), chap. 5.

3 Harvey W. Wiley, *The History of a Crime Against the Food Law* (Milwaukee: Lee Foundation for Nutritional Research, 1955), chap. II. Originally published in 1929.

4 Pure Food and Drug Act of 1906, Sec. 1.

5 "Dr. H. W. Wiley Dies; Pure-Food Expert," *The New York Times,* July 1, 1930, p. 24.

6 Peter N. Stearns, *Consumerism in World History: The Global Transformation of Desire* (London: Routledge, 2001), pp. ix–x.

7 Ruth Cleveland was born in 1891 when Grover Cleveland was out of office between his two nonconsecutive terms. A national mourning took place after her tragic death from diphtheria in 1904. The popular Democrat ran for the presidency three times and was elected in 1884, defeated in 1888, and elected again in 1892. The brand was created by the Curtiss Candy Company to honor the deceased "baby Ruth."

8 Gary Cross, *An All Consuming Society: Why Commercialism Won in Modern America* (New York: Columbia University Press, 2000), p. 1.

9 Ibid., p. 4.

10 Michael J. Silverstein, *Treasure Hunt: Inside the Mind of the New Consumer* (New York: Portfolio, 2006), p. xiv.

11 Clotaire Rapaille, *The Culture Code: An Ingenious Way to Understand Why People around the World Buy and Live as They Do* (New York: Broadway Books, 2006).

12 Thorstein Veblen, *The Theory of the Leisure Class* (New York: Penguin Books, 1979), p. 27. Originally published in 1899.

13 Ibid., p. 87.

14 James B. Twitchell, *Living It Up: America's Love Affair with Luxury* (New York: Simon & Schuster, 2002), p. 56.

15 Benjamin R. Barber, "Overselling Capitalism with Consumerism," *The Baltimore Sun*, April 15, 2007, p. A25.

16 V. I. Lenin, *Imperialism: The Highest Stage of Capitalism* (New York: International Publishers, 1939), originally published in 1917, chap. 1. See also Harry Magdoff and Fred Magdoff, "Approaching Socialism," *Monthly Review,* July–August 2005, who write that consumerism, "the compulsion to purchase more and more, unrelated to basic human needs or happiness" is an "aspect of the culture of capitalism," p. 22.

17 Michael Dawson, *The Consumer Trap: Big Business Marketing in American Life* (Champaign: University of Illinois Press, 2003).

18 See, for example, David A. Crocker and Toby Linden, eds., *Ethics of Consumption: The Good Life, Justice, and Global Stewardship* (Lanham, MD: Rowman & Littlefield, 1998).

19 Judith Levine, *Not Buying It: My Year without Shopping* (New York: Free Press, 2006).

20 "Welcome to the Compact," at http://groups.yahoo.com/group/thecompact/, accessed June 8, 2007.

21 Roger Mitton, "Young Vietnamese Bitten Hard by Consumer Bug," *The Straits Times*, March 26, 2007.

22 Noreen O'Leary, "The New Superpower: China's Emerging Middle Class, *Adweek,* January 1, 2007.

23 Quoted in "If You've Got It, Don't Flaunt It," *The Economist*, June 2, 2007, p. 72.

24 "Namibia: A Nation in Debt," *Africa News*, January 12, 2007.

25 Stearns, *Consumerism in World History*, p. 73.

26 David Bruce, "All That Glitters: In Search of Self-Respect," *Business Day*, September 1, 2006, p. 19.

27 Ioannes Paulus PP.II, Encyclical Letter, *Centesimus annus* (May 1, 1991).

28 Quoted in Peter Popham, "Brand-Name Products Queue Up for Papal Indulgence," *Sunday Tribune*, April 30, 2006, p. B4. For a discussion of consumerism in Catholic social teaching see Kenneth R. Himes, "Consumerism and Christian Ethics," *Theological Studies* 68 (2007).

29 According to Elizabeth Cohen in *A Consumer's Republic* (New York: Knopf, 2003), after the Great Depression, politicians elevated the importance of consumers by defining consumer demand as the key to American prosperity.

30 Vance Packard, *The Waste Makers* (New York: David McKay, 1960), pp. 40–41.

31 Ralph Nader, *Unsafe at Any Speed* (New York: Pocket Books, 1966).

32 See "Text of Kennedy's Message to Congress on Protections for Consumers," *The New York Times*, March 16, 1962.

33 Consumer Product Safety Commission, *2007 Performance and Accountability Report*. (Washington, DC: CPSC, November 2007), p. 3.

34 Ibid., p. 3.

35 U. S. Consumer Product Safety Commission, "Additional Reports of Magnets Detaching from Polly Pocket Play Sets Prompts Expanded Recall by Mattell," *News from CPSC*, August 14, 2007.

36 The CPSC prohibits paint on children's toys in which lead content exceeds 0.06 percent of the weight of the dried paint. See 16 CFR1500.17(6)(ii)(A), January 1, 2007.

37 NHTSA, "Motor Vehicle Defects and Recall Campaigns," April 15, 2007, at www.nhtsa.dot.gov.

38 Ibid.

39 Congressional Quarterly, *Federal Regulatory Directory,* 13th ed. (Washington, DC: CQ Press, 2006), passim, pp. 214–15.

40 Food and Drug Administration, *2006 Accomplishments: Thousands of Safe and Effective Health Care Products Made Available for Patients* (Washington, DC: FDA, 2006), at http://www.fda.gov/oc/accomplishments/healthcare.html.

41 Alexei Barrionuevo, "Food Imports Often Escape Scrutiny," *The New York Times,* May 1, 2007, p. C1.

42 Elizabeth Williamson, "FDA Was Aware of Dangers to Food," Washington Post, April 23, 2007, p. A1.

43 Ricardo Alonso-Zaldivar and Abigail Goldman, "Food Safety Put on New Czar's Plate," *Los Angeles Times,* May 2, 2007, p. A17.

44 Ibid.

45 See, for example, *Topliff v. Wal-Mart Stores East LP,* 6:04-CV-0297 (GHL), N.D.N.Y. (2007), in which parents unsuccessfully sued after their 5-year-old girl was burned and scarred in a Wal-Mart polyester jogging suit that

caught fire and melted in the backdraft of a wood stove.

46 See *Winterbottom v. Wright,* 15 Eng. Rep. 402 (Eng. 1842) 177.

47 217 N.Y. 382 (1916).

48 391 F.2d 495 (8th Cir. 1968).

49 *Henningsen v. Bloomfield Motors, Inc.*, 32 N.J. 358 at 374 and 384.

50 See *Rylands v. Fletcher,* L.R. 3 H.L. 330 (1868).

51 See American Law Institute, *Restatement of the Law of Torts,* 2d, ed. vol. 2 (Washington, DC: American Law Institute Publishers, 1965), sec. 402A, pp. 347–48.

52 *Greenman v. Yuba Power Products, Inc.,* 59 Cal. 2d 57 (1963).

53 Ibid., at 63.

54 Michael Krauss, "Tort-Eating Contest," *The Wall Street Journal,* May 2, 2007, p. A20; Lawrence J. McQuillan, Hovannes Abramyan, and Anthony P. Archie, *Jackpot Justice: The True Cost of America's Tort System* (San Francisco: Pacific Research Institute, 2007), pp. xii–xiii.

55 Tillingast–Towers Perrin, *U.S. Tort Costs and Cross-Border Perspectives: 2005 Update* (New York: Tillingast–Towers Perrin, 2006), p. 7.

56 Michael Krauss, "Tort-Eating Contest," p. A20.

57 The General Aviation Revitalization Act of 1994, P. L. 103-298, amending the Federal Aviation Act of 1958.

58 *Economic Report of the President* and *The Annual Report of the Council of Economic Advisors,* 2004 (Washington, DC: U.S. Government Printing Office, 2004), pp. 212–14.

59 *Pelman v. McDonald's Corp.,* 237 F. Supp.2d 512 (2003), at 523, 524, and 541.

60 *Pelman v. McDonald's Corp.,* 396 F. 3d 508 (2005).

61 See most recently *Pelman v. McDonald's Corp.,* 425 F. Supp. 2d 439 (2006).

62 No. D-202 CV 93-02419 (D. C. N. M., August 18, 1994). The jury held Liebeck 20 percent accountable for causing her injuries.

案 例

1 Quoted in Victor Reklaits, "Anheuser-Busch Unveils Product Aimed at 21- to 30-year-Olds," *Daily Press–Newport,* December 2, 2005, p. 1.

2 "Beer Online Profit Guide" at www.progresivegrocer.com/progressivegrocer/profitguides/beer/v2/news/prodcuts_display.jsp?vnu_content_id51003019474.

3 Donna Leinwand, "Beermaker Urged to Pull Spykes," *USA Today,* April 10, 2007, p. A3.

4 Quoted in Karl Huus, "A Booze Buzz for Teenyboppers?" MSNBC, April 3, 2007.

5 Chris Sherman, "Spyke Your Beer," *St. Petersburg Times,* February 7, 2007, p. E3.

6 "CSPI Urges Nationwide Recall of Spykes "Liquid Lunchables," Center for Science in the Public Interest, April 4, www.cspinet.org.2007.

7 "Jim Osborn, "Tiny Flavored Drink a Worry," *Columbus Telegram,* May 4, 2007, p. 1.

8 David Lazarus, "Spykes Is No Longer Buzzing," *San Francisco chronicle,* May 27, 2007, p. G1.

9 Francine Katz, Anheuser-Bush vice president of communications and consumer affairs, quoted in "Anheuser-Busch Product Criticized," *AFX News Limited,* April 6, 2007.

10 Blog of Dr. Richard Keller, "Live from the Coroner's Office: Spykes," May 4, 2007.

11 Michael J. Owens, vice president of marketing, Anheuser-Busch, quoted in Jeremiah McWilliams, "A-B's Spykes Is Liquidated," *St. Louis Post–Dispatch,* May 18, 2007, p. A1.

12 Statement of CSPI Alcohol Policies Director George A. Hacker, "Last Call for Anheuser-Busch's Ill-Considered 'Spykes' Drink," CSPI newsroom, May 18, 2007.

13 Gallup Poll, "Do you have occasion to use alcoholic beverages such as liquor, wine or beer, or are you a total abstainer?" USGALLUP.073106 R20, August 31, 2006.

14 Princeton Survey Research Associates International, "Pew Forum 10 Nation Survey of Renewalists," USPSRA.100506RENEW R29F, November 7, 2006.

15 See Henry Saffer, "Studying the Effects of Alochol Advertising on Consumption," *Alcohol Health & Research World* 20, no. 4 (1996); and Hae-Kyong Bang, "Analyzing the Impact of the Liquor Industry's Lifting of the Ban on Broadcast Advertising," *Journal of Public Policy & Marketing,* Spring 1998.

16 George Hacker, "Liquor Advertisements on Television: Just

Say No," *Journal of Public Policy & Marketing,* Spring 1998, p. 139.

17 *Statistical Abstract of the United States: 2007,* 126th ed. (Washington, DC: Bureau of the Census, December 15, 2006), table 194. Data are for 2004.

18 Leslie B. Snyder et al., "Effects of Alcohol Advertising Exposure on Drinking among Youth," *Archives of Pediatric and Adolescent Medicine,* January 2006, p. 18.

19 Department of Health and Human Services, *The Surgeon General's Call to Action to Prevent and Reduce Underage Drinking: 2007* (Rockville, MD: Department of HHS, Office of the Surgeon General, 2007), pp. 1–11 and 19–20.

20 Rebecca L. Collins et al., "Early Adolescent Exposure to Alcohol Advertising and Its Relationship to Underage Drinking," *Journal of Adolescent Health,* April 2007, pp. 531–32.

21 Alan W. Stacy et al., "Exposure to Televised Alcohol Ads and Subsequent Adolescent Alcohol Use," *American Journal of Health Behavior* 28, no. 6 (2004), p. 498.

22 Erica Weintraub Austin, "Why Advertisers and Researchers Should Focus on Media Literacy to Respond to the Effects of Alcohol Advertising on Youth," *International Journal of Advertising 25,* no. 4 (2006), p. 542.

23 Geng Cui, "Advertising of Alcoholic Beverages in African-American and Women's Magazines: Implications for Health Communication," *Howard Journal of Communications,* October 2000, p. 288.

24 Deborah Ball and Vanessa O'Connell, "As Young Women Drink More, Alcohol Sales, Concerns Rise," *The Wall Street Journal,* February 15, 2006, p. A1.

25 Distilled Spirits Council of the United States, "2006 Industry Review," at http://www.discus.org/pdf/2006Review-Brief.pdfDiscus ppt.

26 Department of Agriculture, Economic Research Service, "Beverages: Per Capita Availability, at www.ers.usda.gov, July 2007.

27 Eric Clark, *The Want Makers* (New York: Viking Press, 1988), p. 285.

28 At http://beeresponsible.com/advertising/AdAndMarketingCode.html, January 2006 edition.

29 At http://www.wineinstitute.org/programs/adcode/adcode.php (revised September 2005).

30 At http://www.discus.org/responsibility/code/read.asp, undated document.

31 Distilled Spirits Council of the United States, *Semi-Annual Code Report*, 5th ed., February 2007, at www.discus.org.

32 Ibid., p. 13.

33 Ibid., p. 11.

34 *Drowned Out: Alcohol Industry 'Responsibility' Advertising on Television, 2001–2005,* Center on Alcohol Marketing and Youth, Georgetown University, Washington, DC, 2005, p. 1.

35 *Rubin v. Coors Brewing Company,* 514 U.S. 618 (1995).

36 See, for example, the "Voluntary Alcohol Advertising Standards for Children Act," H.R. 1292, 105th Congress., 1st Sess. (1997), introduced by Representative Joseph P. Kennedy II (D-Massachusetts).

37 *Greater New Orleans Broadcasting Association, Inc. v. U.S.,* 527 U.S. 173 (1999).

38 *44 Liquormart v. Rhode Island,* 517 U.S. 484 (1996).

39 See, for example, *Hakki v. Zima Company,* 03-0009183 (Sup Ct. Dist. Col., November 14, 2003); *Eisenberg v. Anheuser-Busch, Inc.,* 1:04 CV 1081 (N.D. Ohio February 1, 2006); *Alston v. Advanced Brands & Importing,* 05-72629 (E.D. Mich., S.D, May 19, 2006); and *Bertovich v. Advanced Brands & Importing Co.*, 5:05CV74 (N.D. West Virginia, August 16, 2006).

40 *Central Hudson Gas & Electric Corp. v. Public Service Commission,* 447 U.S. 557.

41 See Christopher Lawton, "Miller, Coors Still Bet Sex Sells Beer," *The Wall Street Journal,* June 6, 2003, p. B3; and Suzanne Vranica, "Sirius Ad Is Best Bet for Most Sexist," *The Wall Street Journal,* November 11, 2004, p. B5.

42 Robert Guy Matthews, "Spirits Makers Aim to Juice Up Their Old-School Beverages," *The Wall Street Journal,* November 11, 2004, p. B5.

第 16 章

1 Henry Ford, *My Life and Work* (Garden City, NY: Doubleday, 1923), p. 263.

2 Anne Jardim, *The First Henry Ford: A Study in Personality*

and Business Leadership (Cambridge, MA: MIT Press, 1970), pp. 114–15.

3 Quoted in Keith Sward, *The Legend of Henry Ford* (New York: Rinehart & Company, 1948), p. 370.

4 Melinda G. Builes and Paul Ingrassia, "Ford's Leaders Push Radical Shift in Culture as Competition Grows," *The Wall Street Journal,* December 3, 1985, p. A1.

5 "Second Wave: Design Outsourcing Set to Hit Indian Shores," *Financial Express,* December 28, 2004, p. 1.

6 Central Intelligence Agency, *World Factbook,* "China" and "India," at www.cia.gov/library, accessed March 2008.

7 Mitra Toossi, "A New Look at Long-Term Labor Force Projections to 2050," *Monthly Labor Review,* November 2006, table 2.

8 Figures in this paragraph are based on tables in Mitra Toossi, "A New Look at Long-Term Labor Force Projections to 2050" and "Labor Force Projections to 2016: More Workers in Their Golden Years," *Monthly Labor Review*, November 2007.

9 Robert A. Rosenblatt, "U.S. Not as Gray as 31 Other Countries," *Los Angeles Times*, December 15, 2001, p. A17; and *Statistical Abstract of the United States 2007,* table 98.

10 Michiyo Nakamoto, "A Labor Force in Decline," *Financial Times,* November 6, 2006, p. 3.

11 Government Accountability Office, *Workforce Challenges and Opportunities for the 21st Century: Changing Labor Force Dynamics and the Role of Government Policies,* GAO-04-845SP, June 2004, p. 5.

12 Yuka Hayashi and Sebastian Moffet, "Cautiously, an Aging Japan Warms to Foreign Workers," *The Wall Street Journal,* May 25, 2007, p. A1.

13 T. A. Heppenheimer, "Cyrus H. McCormick and Company," *American Heritage,* June 2001, p. 10.

14 Based on an estimate of 800,000 agricultural workers as a percentage of the 1860 labor force of 10,532,750.

15 Quoted in Brink Lindsey, "10 Truths about Trade," *Reason,* July 2004, p. 31.

16 Figures for coal mining and telephone operator employment are for the years 1950 to 2002, from U.S. Census Bureau, *Statistical Abstract of the United States: 1956,* 77th ed., and *2003,* 123rd ed. (Washington, DC, 1956 and 2003); for 1950, tables 910 and 257; for 2003, tables 889 and 615.

17 Stephen Franklin, "Telephone Operators Are among Those Being Displaced by Technology," *San Jose Mercury News,* September 6, 1998; U.S. Census Bureau, *Statistical Abstract of the United States: 2000,* 120th ed. (Washington, DC, 2000), table 917.

18 Historical sector employment figures in this section are from U.S. Census Bureau, *Statistical Abstract of the United States: 1956,* 77th ed. (Washington, DC: Government Printing Office, 1956), table 987. Current figures and projections are from Eric B. Figueroa and Rose A. Woods, "Industry Output and Employment Projections to 2016," *Monthly Labor Review,* November 2007, table 1. Sector employment percentages do not total 100 percent; the missing increment includes private household wage and salary earners and nonagricultural self-employed not included in the three sectors by the Bureau of Labor Statistics.

19 Eric B. Figueroa and Rose A. Woods, "Industry Output and Employment Projections to 2016," tables 1 and 2.

20 U.S. Department of Labor, *Bureau of Labor Statistics News*, December 4, 2007, table 6.

21 World Bank, *World Development Report 2008* (Washington, DC: World Bank, 2007), table 4. Figures in this paragraph and in table 16.2 are value-added as a percent of GDP in 2006.

22 U.S. Bureau of the Census, *Statistical Abstract of the United States: 1956* (Washington, DC: U.S. Government Printing Office, 1956), table 271.

23 Bureau of Labor Statistics, "Union Members in 2007," *BLS News Release,* January 25, 2008, p. 1.

24 Betty W. Su, "The U.S. Economy to 2016: Slower Growth as Boomers Begin to Retire," *Monthly Labor Review,* November 2007, table 2.

25 Bureau of Labor Statistics, "Hourly Compensation Costs for Production Workers in Manufacturing: 33 Countries or Areas, 22 Manufacturing Industries, 1992–2005," April 30, 2007, p. 8, at www.bls.gov.

26 Joel Millman, "Blueprint for Outsourcing," *The Wall Street*

Journal, March 3, 2004, p. B1.

27 Pete Engardio, "Blueprint from India," *BusinessWeek*, April 2, 2007, p. 44.

28 Pete Engardio, "Let's Offshore the Lawyers," *BusinessWeek*, September 18, 2006, p. 42.

29 Figures are from Bureau of Labor Statistics Mass Layoffs Statistics Program data on extended mass layoffs for the fourth quarter of 2006 through the third quarter of 2007 at www.bls.gov/mls/home.

30 Alan S. Binder, "Offshoring: The Next Industrial Revolution," *Foreign Affairs*, March/April 2006.

31 Cited in David Wessel and Bob Davis, "Pain from Free Trade Spurs Second Thoughts," *The Wall Street Journal*, March 28, 2007, p. A1.

32 Arthur M. Schlesinger, *Political and Social Growth of the United States: 1852–1933* (New York: Macmillan, 1935), p. 203.

33 The liberty of contract majority first emerged in *Allgeyer v. Louisiana*, 106 U.S. 578 (1897), where Justice Rufus W. Peckham grounded it in the due process clause of the Fourteenth Amendment, which says that no state can "deprive any person of life, liberty, or property, without due process of law."

34 Justice Peckham, writing for a 5–4 majority in *Lockner v. New York*, 198 U.S. 61 (1905). The decision struck down an 1897 New York State law limiting bakery employees to 60-hour weeks.

35 *Adair v. United States*, 291 U.S. 293 (1908).

36 Charles Noble, *Liberalism at Work: The Rise and Fall of OSHA* (Philadelphia: Temple University Press, 1986), pp. 61–63.

37 Kirstin Downey Grimsleyz, "Where Congress Fears to Tread," *Washington Post National Weekly Edition*, August 21, 2000, p. 18.

38 *Payne v. Western & Atlantic R.R. Co.*, 81 Tenn. 507 (1884).

39 344 Cal. App. 2d 25 (1959).

40 687 S.W.2d 733 (Tex. 1985).

41 Charles J. Muhl, "The Employment-at-Will Doctrine: Three Major Exceptions,"*Monthly Labor Review*, January 2001, p. 4.

42 205 Cal. App. 3d 344 (1985).

43 168 Cal. Reptr. 722 (1980).

44 Quoted in Muhl, "The Employment-at-Will Doctrine: Three Major Exceptions," p. 10, citing 103 Nev. 49, 732 P.2d 1364 (1987).

45 Toyohiro Kono and Stewart Clegg, *Trends in Japanese Management: Continuing Strengths, Current Problems and Changing Priorities* (New York: Palgrave, 2001), p. 280.

46 Darius Mehri, "Death by Overwork: Corporate Pressure on Employees Takes a Fatal Toll in Japan," *Multinational Monitor*, June 2000, p. 26.

47 Leo Lewis, "Downside of Japanese Recovery Is Death by Overwork," *The Times*, May 18, 2007, p. 69.

48 Bureau of Labor Statistics, "Hourly Compensation Costs for Production Workers in Manufacturing: 33 Countries or Areas, 22 Manufacturing Industries, 1992–2005," December 14, 2007, p. 8, at www.bls.gov.

49 Stephen Power and Almut Schoenfeld, "VW's 28-Hour Workweek Goes Kaputt in Wolfsburg," *The Wall Street Journal*, February 5, 2007, p. B1.

50 Mark Landler, "Where to Be Jobless in Europe," *New York Times*, October 9, 2005, p. 4.

51 "Waiting for a Wunder: A Survey of Germany," *The Economist*, February 11, 2006, p. 8.

52 Sebastian Rotella, "France's Economic Model Showing Signs of Stress," *Los Angeles Times*, October 17, 2005, p. C1.

53 World Bank, *Doing Business 2007: How to Reform* (Washington, DC: World Bank, 2006), pp. 19, 85.

54 Bureau of Labor Statistics, "Unemployment Rates in the European Union and Selected Member Countries, Civilian Labor Force Basis (1), Seasonally Adjusted, 1995–2007," and "Unemployment Rates in Ten Countries, Civilian Labor Force Basis, Approximating U.S. Concepts, Seasonally Adjusted, 1995–2007," at www.bls.gov.

55 Andrew Higgins, "Liberté, Précarité: Labor Law Ignites Anxiety in France," *The Wall Street Journal*, March 29, 2006, p. A1.

56 See, for example, International Labor Organization and Asian Development Bank, *Core Labor Standards Handbook* (Manila, Philippines: Asian Development Bank, October

2006), pp. 12–15.

57 World Bank, *Doing Business 2007: How to Reform*, p. 20.

58 See, for example, Rita Almeida, "Enforcement of Regulation, Informal Labor, Firm Size, and Firm Performance," at http://siteresources.worldbank.org; and World Bank, *Doing Business 2004: Understanding Regulation* (New York: Oxford University Press, 2004), chapter 3.

59 World Bank, *Doing Business 2007: How to Reform*, p. 22.

60 "The Labor Flexibility Con," *Multinational Monitor*, July/August 2006, p. 6. See also, Graham Matthews, "No Choices: Australia's Unions Confront Labor Law 'Reform,'" *Multinational Monitor,* July/August 2006.

案 例

1 Kevin Helliker, "A Test for Alcohol—and Its Flaws," *The Wall Street Journal*, August 12, 2006, p. A1.

2 Executive Order 12564, "Drug Free Federal Workplace," 51 FR 32889, September 15, 1986.

3 Dalia Fahmy, "Aiming for a Drug-Free Workplace," *New York Times*, May 10, 2007, p. C6.

4 Statement by Robert L. Stephenson, Director Division of Workplace Programs, Center for Substance Abuse Prevention, Substance Abuse and Mental Health Services Administration, on Products Used to Thwart Detection in Drug Testing Programs, before the House Transportation and Infrastructure Subcommittee on Highways and Transit, United States House of Representatives, Thursday, November 01, 2007, at www.hhs.gov/asl/testify/2007/10/t20071101b.html. Current federal testing guidelines are in Department of Health and Human Services, "Mandatory Guidelines for Federal Workplace Drug Testing Programs," 69 FR 19644, April 13, 2004.

5 Sharon L. Larson et al., *Worker Substance Use and Workplace Policies and Programs* (Washington, DC: Department of Health and Human Services, Substance Abuse and Mental Health Services Administration, June 2007), p. 3. Figures are for 2002–2004 combined.

6 Clyde E. Witt, "Just Say Yes: Drug Testing in the Workplace," *Material Handling Management*, May 1, 2006, p. 36.

7 Department of Labor, Office of the Assistant Secretary for Policy, "General Workplace Impact," at www.dol.gov/asp. Figures are for 2005.

8 Dalia Fahmy, "Aiming for a Drug-Free Workplace," p. C6.

9 William F. Banta and Forest Tennant, Jr., *Complete Handbook for Combating Substance Abuse in the Workplace* (Lexington, MA: Lexington Books, 1989), p. 45.

10 "AcuNetx Details Recent Developments," *Physician Law Weekly*, January 17, 2007, p. 445.

11 Statement by Robert L. Stephenson before the House Transportation and Infrastructure Subcommittee on Highways and Transit, p. 3.

12 Government Accountability Office, *Drug Tests: Products to Defraud Drug Use Screening Tests Are Widely Available*, GAO-05-653T, May 17, 2005, pp. 3–4.

13 Government Accountability Office, *Drug Testing: Undercover Tests Reveal Significant Vulnerabilities in DOT's Drug Testing Program,* GAO-08-225T, November 1, 2007, p. 20.

14 Charles Fried, "Privacy," *Yale Law Journal,* January 1968, p. 487.

15 American Civil Liberties Union, *Drug Testing in the Workplace,* Briefing Paper No. 5, undated, p. 1.

16 Ibid., p.1.

17 These rights are extended to state, county, and local employees through the Fourteenth Amendment.

18 National Institute on Drug Abuse, *Comprehensive Procedure for Drug Testing in the Workplace.*

19 57 LW 4324 (1989).

20 At 57 LW 4324 (1989); the relocation camp cases are *Hirabayashi v. United States,* 320 U.S. 81 (1943); and *Korematsu v. United States,* 320 U.S. 323 U.S. 214 (1944).

21 49 U.S. 656 (1989).

22 In *Olmstead v. United States,* 227 U.S. 479 (1928).

23 *Vernonia School District v. Acton,* 115 S.Ct. 2391 (1995).

24 122 S.Ct. 2559 (2002). In one other case the Court prohibited a company from discharging a truck driver who twice tested positive for marijuana, but did so in a narrow ruling about the validity of an arbitration agreement. The justices did not reach the conduct of the drug-testing program in their decision. See *Eastern Associated Coal Corp. v. United Mine Workers of America,* 531 U.S. 57

(2000).

25 Dalia Fahmy, "Aiming for a Drug-Free Workplace," p. C6.

第 17 章

1 Testimony of Brooke Waits, Hearing on "The Employment Non-Discrimination Act of 2007 (H.R. 2015)," U. S. House of Representatives, Health, Employment, Labor, and Pensions Subcommittee, 110th Congress, 1st Session, September 5, 2007, CQ Transcriptions, p. 31

2 Ibid., p. 32.

3 Ibid., p. 32.

4 H.R. 3685, "Employment Non-Discrimination Act of 2007," 110th Congress 1st Session, sec. 4 (a)(1)(2).

5 Testimony of Congressman Barney Frank, Hearing on "The Employment Non-Discrimination Act of 2007 (H.R. 2015)," U. S. House of Representatives, Health, Employment, Labor, and Pensions Subcommittee, 110th Congress, 1st Session, September 5, 2007, CQ Transcriptions, p. 21.

6 Chris Stevenson, "A Matter of Belief," *Washington Post,* May 8, 2007, p. 24.

7 Testimony of Congressman Barney Frank, Hearing on "The Employment Non-Discrimination Act of 2007 (H.R. 2015)," p. 22.

8 Arthur M. Schlesinger, Jr., *The Disuniting of America* (New York: Norton, 1992), p. 27.

9 Edward S. Corwin and J. W. Peltason, *Understanding the Constitution,* 4th ed. (New York: Holt, Rinehart and Winston, 1967), p. 4.

10 Schlesinger, *The Disuniting of America,* p. 39.

11 See also Article I, section 9, limiting taxation of slaves; Article I, section 9, prohibiting Congress from ending the slave trade before 1808; Article IV, section 2, requiring return of fugitive slaves to owners; and Article V, prohibiting amendment of Article 1, section 9, before 1808.

12 Thomas Sowell, *Race and Culture: A World View* (New York: Basic Books, 1994), pp. 210–14.

13 John P. Fernandez, *Managing a Diverse Work Force* (Lexington, MA: Lexington Books, 1991), p. 165.

14 In *Yick Wo v. Hopkins,* 118 U.S. 356 (1886), the Supreme Court struck down the ordinance as a violation of the equal protection clause of the Fourteenth Amendment. Had the Court followed up on this precedent, it could have struck down Jim Crow laws in the South.

15 Herman Feldman, *Racial Factors in American Industry* (New York: Harper, 1931), pp. 89–90.

16 An Act to Protect all Citizens in their Civil and Legal Rights, 18 Stat. At L., 335, section 1.

17 109 U.S. 835 (1883).

18 109 U.S. 844.

19 Act 111 of 1890, quoted in Richard Epstein, *Forbidden Grounds: The Case Against Employment Discrimination Laws* (Cambridge, MA: Harvard University Press, 1992), pp. 99–100.

20 *Plessy v. Ferguson,* 163 U.S. 540 (1896), at 544 and 550. John H. Ferguson was the judge who denied Plessy's constitutional claim in the New Orleans Criminal Court.

21 347 U.S. 483.

22 163 U.S. 537.

23 Quoted in Feldman, *Racial Factors in American Industry,* p. 36.

24 Logan Wilson and Harlan Gilmore, "White Employers and Negro Workers," *American Sociological Review,* December 1943, pp. 698–700.

25 Lewis M. Killian, "The Effects of Southern White Workers on Race Relations in Northern Plants," *American Sociological Review,* June 1952, p. 329.

26 Quoted in Lani Guinier, "[E]racing Democracy: The Voting Rights Cases," *Harvard Law Review,* November 1994, p. 109.

27 A 1972 law extended coverage of Title VII to federal, state, and local government employees, so today Title VII covers most workers. Workers at firms with fewer than 15 employees can sue under state and local civil rights laws or, for race discrimination, may seek remedy under the Civil Rights Act of 1866.

28 U.S. Equal Employment Opportunity Commission, "Title VII of the Civil Rights Act of 1964 Charges: FY 1997–FY 2006," www.eeoc.gov/stats/vii.html, accessed January 2008.

29 This sequence was set up in *McDonnell Douglas v. Green,*

411 U.S. 792 (1973).

30 U.S. Department of Labor, "Uniform Guidelines on Employee Selection Procedures," 43 FR 38295, August 25, 1978.

31 Epstein, *Forbidden Grounds,* p. 212, citing *Williams v. Colorado Springs School District,* 641 F2d 835 (1981), at 842.

32 "Equal Employment Opportunity," 30 FR 12319, September 24, 1954.

33 These job categories are executives and senior officials, first- and mid-level managers, professionals, technicians, sales workers, administrative support workers, craft workers, operatives, laborers and helpers, and service workers.

34 U.S. Department of Labor, "OFCCP Once Again Produces Record Financial Remedies for a Record Number of Workers in FY 07," http://www.dol.gov/esa/ofccp/enforc07.pdf, January 8, 2008.

35 443 U.S. 193.

36 47 LW 4859.

37 *Firefighters Local Union No. 178 v. Stotts,* 467 U.S. 561 (1984); and *Wygant v. Jackson Board of Education,* 476 U.S. 267 (1986).

38 *Local 28 v. EEOC,* 478 U.S. 421 (1986); *Local No. 93 v. City of Cleveland,* 478 U.S. 450 (1986); and *United States v. Paradise,* 480 U.S. 149 (1987).

39 *Johnson v. Transportation Agency, Santa Clara County, California,* 480 U.S. 616 (1987).

40 This bloc included Chief Justice William Rehnquist and Justices Anthony Kennedy, Sandra Day O'Connor, Antonin Scalia, and Byron White. These five joined to dominate the liberals William Brennan, Thurgood Marshall, Harry Blackmun, and John Paul Stevens. Kennedy, O'Connor, and Scalia were Reagan appointees.

41 See, for example, *City of Richmond v. J. A. Croson Co.,* 488 U.S. 469 (1989) requiring more proof of past discrimination to justify affirmative action; *Wards Cove Packing Company v. Atonio,* 490 U.S. 642 (1989), raising the burden of proof in disparate impact cases; and *Martin v. Wilks,* 490 U.S. 755 (1989), allowing whites passed over for promotion because of affirmative action to bring discrimination lawsuits.

42 132 L.Ed.2d 158 (1995).

43 59 U.S. 306 (2003).

44 Alexandra Kalev, Frank Dobbin, and Erin Kelly, "Best Practices or Best Guesses? Assessing the Efficacy of Corporate Affirmative Action and Diversity Policies," *American Sociological Review,* August 2006, p. 604.

45 Quoted in Robert A. Fullinwider, *The Reverse Discrimination Controversy: A Moral and Legal Analysis* (Totowa, NJ: Rowman and Littlefield, 1980), p. 95.

46 42 U.S.C. Sec. 1981, rev. stat. 1977.

47 *Jones v. Alfred H. Mayer Co.,* 392 U.S. 409 (1968). This case overturned the *Civil Rights Cases.*

48 See *Oncale v. Sundowner Offshore Services,* 523 U.S. 75 (1998); and *Nichols v. Azteca Restaurant Enterprises,* 256 F.3d 864 (9th Cir. 2001).

49 Peter H. Schuck, "Affirmative Action: Don't Mend It or End It—Bend It," *Brookings Review,* Winter 2002, pp. 25–26.

50 International Labor Office, *Global Employment Trends for Women: Brief,* March 2007, Annex, tables 1 and 2.

51 All participation rate figures in this section are from World Bank, *World Development Indicators* 2006 (Washington, DC: World Bank, 2006), table 2.2.

52 Quoted in Karen Elliot House, "For Saudi Women, a Whiff of Change," *The Wall Street Journal,* April 7–8, 2007, p. A1.

53 Dawn S. Carlson, K. Michele Kacmar, and Dwayne Whitten, "What Men Think They Know about Executive Women," *Harvard Business Review,* September 2006, p. 28.

54 Catalyst, *Women "Take Care," Men "Take Charge:" Stereotyping of U.S. Business Leaders Exposed* (New York: Catalyst, 2005), pp. 1,4.

55 Michele Coleman Mayes, senior vice president, Allstate Corp., quoted in "View From the Top," *The Wall Street Journal*, November 19, 2007, p. R6.

56 Carol Bartz, former CEO of Autodesk, quoted in Julie Creswell, "How Suite It Isn't: A Dearth of Female Bosses," *New York Times,* December 17, 2006, sec. 3, p. 1.

57 Quoted in William M. Bulkeley, "A Data-Storage Titan Confronts Bias Claims," *The Wall Street Journal,"* September 12, 2007, p. A16.

58 Sylvia Ann Hewlett and Carolyn Buck Luce, "Off-Ramps and On-Ramps: Keeping Talented Women on the Road to Success," *Harvard Business Review,* March 2005, p. 46.

59 Debra E. Meyerson and Joyce K. Fletcher," "A Modest Manifesto for Shattering the Glass Ceiling," *Harvard Business Review,* January–February 2000, pp. 128–29.

60 Louise Marie Roth, "Women on Wall Street: Despite Diversity Measures, Wall Street Remains Vulnerable to Sex Discrimination Charges," *Academy of Management Perspectives,* February 2007, p. 31.

61 Deborah Tannen, "The Power of Talk: Who Gets Heard and Why," *Harvard Business Review,* September–October 1995.

62 Kim Cameron, quoted in Alice H. Eagly and Linda L. Carli, "Women and the Labyrinth of Leadership," *Harvard Business Review,* September 2007, pp. 65–66.

63 Lin Farley, *Sexual Shakedown* (New York: McGraw-Hill, 1978), pp. 14–15.

64 Cynthia Cockburn, *In the Way of Women: Men's Resistance to Sex Equality in Organizations* (Ithaca, NY: ILR Press, 1991), p. 142.

65 Jennifer L. Berdahl, "The Sexual Harassment of Uppity Women," *Journal of Applied Psychology 92,* no. 2 (2007), p. 433.

66 Jennifer L. Berdahl, "Harassment Based on Sex: Protecting Social Status in the Context of Gender Hierarchy," *Academy of Management Review,* April 2007, p. 645.

67 *Donnie M. Wilson v. Chrysler Corporation,* 172 F.3d 500 (1999).

68 See, for example, *Rabidue v. Osceola Refinery Co.,* 805 F.2d 611 (CA–6 1986).

69 *Robinson v. Jacksonville Shipyards,* 760 F.Supp. 1486 (M.D. Fla. 1991), at 1524.

70 *Harris v. Forklift Systems, Inc.,* No. 3–89–0557 (M.D. Tenn. 1990).

71 510 U.S. 23 (1993).

72 See *Burlington Industries v. Ellerth,* 524 U.S. 742 (1998) and *Faragher v. City of Boca Raton,* 524 U.S. 775 (1998). As a result of these cases, the EEOC issued new guidelines for employers. See EEOC, "Enforcement Guidance: Vicarious Employer Liability for Unlawful Harassment by Supervisors," Notice 915.002, June 18, 1999. These guidelines cover all forms of harassment prohibited under Title VII, including that based on race, ethnicity, national origin, and religion as well as sexual harassment.

73 See *Pennsylvania State Police v. Suders,* 124 S. Ct. 2342 (2004).

74 Catalyst, "2007 Catalyst Census Finds Women Gained Ground as Board Chairs," *Press Room,* December 10, 2007.

75 Alice H. Eagly and Linda L. Carli, "Women and the Labyrinth of Leadership," pp. 64–65.

76 Bureau of Labor Statistics, *Highlights of Women's Earnings in 2006,* Report 1000, September 2007, table 12.

77 Stephanie Boraas and William M. Rodgers III, "How Does Gender Play a Role in the Earnings Gap? An Update," *Monthly Labor Review,* March 2003, p. 10.

78 Stephen J. Rose and Heidi Hartmann, *Still a Man's Labor Market: The Long-Term Earning's Gap* (Washington, DC: Institute for Women's Policy Research, 2004), p. 10.

79 Daniel E. Hecker, "Earnings of College Graduates: Women Compared with Men," *Monthly Labor Review,* March 1998, p. 63. See also Daniel H. Weinberg, "Earnings by Gender: Evidence from Census 2000," *Monthly Labor Review,* July/August 2007.

80 See, for example, Uri Gneezy et al., "Performance in Competitive Environments: Gender Differences," *Quarterly Journal of Economics,* August 2003; Anna Fels, "Do Women Lack Ambition?" *Harvard Business Review,* April 2004; and Linda Babcock and Sara Lashever, *Women Don't Ask: Negotiation and the Gender Divide* (Princeton, NJ: Princeton University Press, 2003).

81 Bureau of Labor Statistics, *Highlights of Women's Earnings in 2006,* table 18.

82 European Commission, *Equal Pay: Exchange of Good Practices* (Luxembourg: Office for Official Publications of the European Communities, January 2007), p. 5

83 International Labor Office, *Global Employment Trends for Women: Brief,* p. 11.

84 Lisa Takeuchi Cullen, "Pathways to Power," *Time,* December 2005, p. A3.

85 Catalyst, *Advancing Asian Women in the Workplace: What*

Managers Need to Know (New York: Catalyst, 2003), p. 14.

86 Robin J. Ely, Debra E. Meyerson, and Martin N. Davidson, "Rethinking Political Correctness," *Harvard Business Review,* September 2006, p. 81.

87 Catalyst, *Advancing Latinas in the Workplace: What Managers Need to Know* (New York: Catalyst, 2003), p. 15.

88 Carol Hymowitz,"The New Diversity," *The Wall Street Journal,* November 14, 2005, p. R3.

89 Jennifer A. Chatman and Francis J. Flynn, "The Influence of Demographic Heterogeneity on the Emergence and Consequences of Cooperative Norms in Work Teams," *Academy of Management Journal,* October 2001.

90 Lois Joy, et al., "The Bottom Line: Corporate Performance and Women's Representation on Boards," at www.catalyst.org; and Pamela Tudor, "Adding Value with Diversity," at www.tudorconsulting.net, p. 10.

91 Taylor Cox, Jr., *Creating the Multicultural Organization* (San Francisco: Jossey-Bass, 2001), p. 41.

92 Marc Bendick, Jr., Mary Lou Egan, and Suzanne M. Lofhjelm, "Workforce Diversity Training: From Antidiscrimination Compliance to Organizational Development," *Human Resource Planning,* January 2001, p. 10.

93 Kenneth P. DeMeuse, "A Longitudinal Evaluation of Senior Managers' Perceptions and Attitudes of a Workplace Diversity Training Program," *Human Resource Planning* 30, no. 2 (2007).

94 Deborah L. Kidder et al.,"Backlash toward Diversity Initiatives: Examining the Impact of Diversity Program Justification, Personal, and Group Outcomes." *International Journal of Conflict Management* 15, no. 1 (2004).

95 Alexandra Kalev, Frank Dobbin, and Erin Kelly, "Best Practices or Best Guesses? Assessing the Efficacy of Corporate Affirmative Action and Diversity Policies," p. 602.

96 David A. Thomas, "The Truth about Mentoring Minorities: Race Matters," *Harvard Business Review,* April 2001, pp. 99–107.

97 Kathryn Tyler, "Cross-Cultural Connections," *HRMagazine,* 52, no. 10, October 2007, p. 77.

98 I. Charles Mathews, vice president of diversity management, cited in Margaret A. Hart, *Managing Diversity for Sustained Competitiveness* (New York: The Conference Board, 1997), p. 8.

99 Kenneth Labich, "No More Crude at Texaco," *Fortune,* September 6, 1999, p. 208.

100 Jill Dutt, "Taking an Engineer's Approach at Lockheed Martin," *Washington Post,* May 1, 2006, p. D1.

案 例

1 The Surface Transportation and Uniform Relocation Assistance Act of 1987, P.L. 100–17.

2 Section 106(c)(1).

3 Section 106(c)(2)(B).

4 Marlene Cimons, "Businessman Who Brought Lawsuit Praises Ruling by Justices," *Los Angeles Times,* June 13, 1995, p. A15.

5 David G. Savage, "'Colorblind' Constitution Faces a New Test," *Los Angeles Times,* January 16, 1995, p. A17.

6 *Adarand Constructors, Inc. v. Samuel K. Skinner,* 790 F.Supp. 240 (D.Colo. 1992). Then-Secretary of Transportation Skinner was named as the defendant.

7 *Adarand Constructors, Inc. v. Federico Peña,* 16 F.3d 1537 (10th Cir. 1994). By this time, Peña was Secretary of Transportation.

8 *Chew Heong v. United States,* 112 U.S. 536 (1884); and *United States v. Jung Ah Lung,* 124 U.S. 621 (1888).

9 *Lee Joe v. United States,* 149 U.S. 698 (1893).

10 163 U.S. 554, 560.

11 *Korematsu v. United States,* 323 U.S. 214.

12 323 U.S. 242.

13 347 U.S. 483.

14 Section 103(f)(2).

15 448 U.S. 448.

16 *City of Richmond v. J. A. Croson Co.,* 488 U.S. 469 (1989).

21 This oral argument can be heard in CSPAN's recorded archives at www.cspan.org/guide/courts/historic/oa072598.htm.

22 132 L. Ed. 2d 158, 515 U.S. 200 (1995).

23 132 L. Ed. 2d 182.

24 132 L. Ed. 2d 184, citing *Helvering v. Hallock,* 390 U.S. 106, at 119.

25 132 L. Ed. 2d 188.

26 16 F.3d 1537, vacated and remanded.

27 132 L. Ed. 2d 190.

28 Ibid.

29 Ibid.

30 132 L. Ed. 2d 191.

31 132 L. Ed. 2d 192, 193.

32 132 L. Ed. 2d 212.

33 *Adarand Constructors, Inc. v. Peña,* 965 F. Supp. 1556 (D. Colo. 1997).

34 *Adarand Constructors, Inc. v. Romer,* Civ. No. 97–K–1351 (June 26, 1997).

35 Amendment No. 1708, 144 Cong. Rec. S1395.

36 Department of Transportation, "Participation by Disadvantaged Business Enterprises in Department of Transportation Program," 64 FR 5096–5148, December 9, 1999.

37 Executive Order 13170, "Increasing Opportunities and Access for Disadvantaged Businesses," October 6, 2000.

38 *Adarand Constructors, Inc. v. Slater,* 169 F.3d 1292 (10th Cir. 1999).

39 *Adarand Constructors, Inc. v. Slater,* 528 U.S. 216 (2000).

40 Petitioner's Brief on the Merits, June 11, 2001, p. 11.

41 Ibid., pp. 19–20.

42 John O'Sullivan, "Preferred Members," *National Review,* September 3, 2001, p. 20.

43 *Adarand Constructors, Inc. v. Mineta,* 122 S. Ct. 511, at 514 and 515. Norman Mineta, a new Secretary of Transportation, was now the respondent.

44 Monique W. Morris et al., *Free to Compete: Measuring the Impact of Proposition 209 on Minority Business Enterprises* (Berkley, CA: Discrimination Research Center, 2006), p. 42.

第 18 章

1 Charles Forcelle and James Bandler, "The Perfect Payday," *The Wall Street Journal,* March 18, 2006, p. A1.

2 UnitedHealth Group, "UnitedHealth Group Board Announces a Series of Actions," press release, October 14, 2006, p. 1.

3 Quoted in James Bandler, Charles Forelle, and Vanessa Fuhrmans, "CEO Aims to Halt Stock-Based Pay at UnitedHealth," *The Wall Street Journal,* April 19, 2006, p. A1.

4 "Apology Issued on Stock Options," *New York Times,* May 3, 2006, p. C7.

5 *Report of Wilmer Cutler Pickering Hale and Dorr LLP to the Special Committee of the Board of Directors of UnitedHealth Group, Inc,* October 15, 2006, p. 13.

6 U.S. Securities and Exchange Commission, "Former UnitedHealth Group CEO/Chairman Settles Stock Options Backdating Case for $468 Million," Litigation Release No. 20387, December 6, 2007, p. 2.

7 Eric Dash, "Former Chief Will Forfeit $418 Million," *New York Times,* December 7, 2007, p. C1.

8 For a discussion of theories of corporate governance see Thomas Clarke, *Theories of Corporate Governance* (New York: Routledge, 2004).

9 A few quasi-public enterprises chartered by the federal government, such as the Tennessee Valley Authority, are exceptions.

10 Roberta Romano, "The States as a Laboratory: Legal Innovation and State Competition for Corporate Charters," *Yale Journal on Regulation*, summer 2006, p. 212.

11 Ibid., p. 221.

12 There are many books and articles written about the Enron debacle. One of the best and most thorough is Kurt Eichenwald, *Conspiracy of Fools* (New York: Broadway Books, 2005). Two other informative books are Rebecca Smith and John R. Emshwiller, *24 Days* (New York: HarperBusiness, 2003) and Bethany McLean and Peter Elkind, *The Smartest Guys in the Room* (New York: Portfolio, 2003).

13 William C. Powers, Jr., chair; Raymond S. Troubh; and Herbert S. Winokur, Jr., *Report of Investigation by the Special Investigative Committee of the Board of Directors of Enron Corp.,* February 1, 2002. Powers was dean of the University of Texas School of Law. Powers and Troubh

were appointed to the board after the committee was formed. Winokur had been a member of the board before Enron's bankruptcy.

14 John R. Emshwiller and Rebecca Smith, "Murky Waters: A Primer on Enron Partnerships," *The Wall Street Journal,* January 21, 2002, p. C14.

15 Powers, Troubh, and Winokur, *Report of Investigation,* p. 159.

16 Ibid., p. 148.

17 *Newby, et al. v. Enron Corp.,* 235 F. Supp. 2d 594 (2002).

18 Steve Dunleavy, "On Her First Prison Visit, My Wife Told Me, 'I Want a Divorce': Koz," *The New York Post*, October 30, 2006, p. 6.

19 Jerry Zremski, "Rigases Agree to Forfeit 95% of Assets," *Buffalo News*, April 26, 2005, p. A1.

20 Quoted in Dean Starkman, "Rigases Given Prison Terms," *Washington Post*, June 21, 2005, p. D1.

21 Daniel Akst, "Fining the Directors Misses the Mark," *New York Times*, August 21, 2005, sec. 3, p. 6.

22 Stephen M. Bainbridge "The Creeping Federalization of Corporation Law," *Regulation,* spring 2003, p. 28.

23 Deborah Solomon, "At What Price?" *The Wall Street Journal,* October 17, 2005, p. R3.

24 Robert F. Felton, "What Directors and Investors Want from Governance Reform," *McKinsey Quarterly,* summer 2004, supplement, p. 2.

25 Louis Lavelle, "Governance: Backlash in the Executive Suite,"*BusinessWeek,* June 14, 2004, p. 36.

26 Korn/Ferry International, *32nd Annual Board of Directors Study* (New York: Korn/Ferry International, 2006), p. 10.

27 The McGraw-Hill Companies, *Proxy Statement: 2007 Annual Meeting of Shareholders*, March 19, 2007, p. 15.

28 Korn/Ferry International, *32nd Annual Board of Directors Study*, p. 14.

29 Robert A. G. Monks and Nell Minow, *Corporate Governance*, 3d ed. (Malden, MA: Blackwell Publishing, 2004), p. 200.

30 Ibid., p. 201.

31 The Conference Board, *Commission on Public Trust and Private Enterprise* (New York: The Conference Board, January 2003), p. 18.

32 All numbers are from *Directors' Compensation and Board Practices in 2006* (New York: The Conference Board, October 2006), p. 9.

33 Robert F. Felton, "What Directors and Investors Want from Governance Reform," p. 2.

34 Ibid., p. 2.

35 Ibid., p. 2.

36 Ibid., p. 2.

37 Board of Governors of the Federal Reserve System, *Guide to the Flow of Funds Accounts* (Washington, DC, 2007).

38 Debra Whitefield, "Unruh Calls for Pension Funds to Flex Muscles," *Los Angeles Times,* February 3, 1985, p. E3.

39 So-called corporate raiders invested enough stock in a targeted company to control it. Then they either forced the company to pay enough to get the raider to go away or actually took over control of the company to liquidate it and reap profits in the sale.

40 17 CFR §240.14a-8 (2007).

41 "Executive Pay, Up, Up, and Away," *BusinessWeek,* April 19, 1999, center insert.

42 Sherwin Williams Company, *Proxy Statement,* March 8, 2007, p. 17.

43 McGraw-Hill Companies, *Proxy Statement: 2007 Annual Meeting of Shareholders,* p. 26.

44 Abbott Laboratories, *Proxy Statement,* March 19, 2007, p. 14.

45 General Electric Company, *Notice of 2007 Annual Meeting and Proxy Statement,* February 28, 2007, p. 17.

46 The Procter & Gamble Company, *Notice of Annual Meeting and Proxy Statement,* August 28, 2007, p. 44.

47 As an example, suppose a manager is awarded both options and restricted stock on a day when shares sell at $20. Five years later, on a day when the price is $18, both the options and the restricted shares vest. The options are worthless, because to exercise them the manager must buy the shares at $20. The restricted stock, on the other hand, is transferred to the manager at its current value. It can be sold immediately for $18 a share.

48 Joann S. Lublin, "Ten Ways to Restore Investor Confidence in Compensation," *The Wall Street Journal,* April 9, 2007, p. R3.

49 Joann S. Lublin, "The Pace of Pay Gains: A Survey Overview," *The Wall Street Journal,* April 9, 2007, p. R1.

50 Ford Motor Company, *Notice of 2007 Annual Meeting of Shareholders and Proxy Statement,* April 5, 2007, p. 45.

51 Eric Dash, "An Outsted Chief's Going Away Pay Is Seen by Many as Typically Excessive," *New York Times,* January 4, 2007, p. C4.

52 Lucian A. Bebchuk and Jesse Fried, *Pay Without Performance* (Cambridge, MA: Harvard University Press, 2004).

53 Lucian A. Bebchuk and Jesse M. Fried, "Pay Without Performance: Overview of the Issues," *Academy of Management Perspectives,* February 2006, p. 9.

54 *In re Tyson Foods, Inc. Consolidated Shareholder Litigation,* Del. Ch., No. 116-N (2007).

55 Quoted in Floyd Norris, "Option Lies May Be Costly for Directors," *New York Times,* February 16, 2007, p. 1.

56 Democratic Staff of the Financial Services Committee, U.S. House of Representatives, October 24, 2006, at http://financialservices.house.gov/ExecCompvsWorkers.html.

57 Institute for Policy Studies–United for a Fair Economy, in "2006 Trends in CEO Pay," AFL-CIO, 2007.

58 "The Boss's Pay, The WSJ/Mercer 2006 CEO Compensation Survey," *The Wall Street Journal,* April 9, 2007, p. R6.

59 Abid Aslam, "U.S. Pay Gap Widens between CEOs and Workers," CommonDreams.org,News Center, April 12, 2005, p. 1.

60 For details see Jonathan Peterson and Kathy M. Kristof, "More Data on Pay at the Top Is Mandated," *Los Angeles Times,* July 27, 2006, p. C1.

61 Bebchuk and Fried, *Pay Without Performance,* p. 21.

62 H. R. 1257, the Shareholder Vote on Compensation Act, sponsored by Rep. Barney Frank (D-Mass.), passed on April 20, 2007, by a 269 to 134 vote. The Senate has taken no action.

案 例

1 Carly Fiorina, *Tough Choices: A Memoir* (New York: Portfolio, 2006), p. 171.

2 Ibid., p. 172.

3 Ibid., p. 173.

4 Platt's resignation as CEO had been amicable. He would resign as chairman and retire from the company on December 31, 1999. Fiorina was then elected chairman.

5 Carly Fiorina, *Tough* Choices, p. 210.

6 A week after the meeting Walter Hewlett filed a lawsuit in the Delaware Chancery Court alleging that HP had bought the vote of Deutsche Bank. In April, the court dismissed the lawsuit and Hewlett did not further contest the vote.

7 "Conversation with Tom Perkins," *The Charlie Rose Show,* December 5, 2007, transcript, p. 12.

8 Carly Fiorina, *Tough Choices,* p. 280.

9 George Anders and Alan Murray, "Inside Story of Feud That Plunged HP into Crisis," *The Sunday Times,* October 15, 2006, p. B18.

10 Tom Perkins, "The 'Compliance' Board," *The Wall Street Journal,* March 2, 2007, p. A11.

11 Tom Perkins, *Valley Boy: The Education of Tom Perkins* (New York: Gotham Books, 2007), p. 4.

12 Pui-Wing Tam, "Hewlett-Packard Board Considers a Reorganization," *The Wall Street Journal,* January 24, 2005, p. A1.

13 Ibid., p. 1.

14 Carly Fiorina, *Tough Choices,* p. 290.

15 James B. Stewart, "The Kona Files," *The New Yorker,* February 19–26, 2007, p. 155.

16 Tom Perkins, *Valley Boy,* p. 6.

17 Carly Fiorina, *Tough Choices,* p. 303.

18 Pui-Wing Tam and Joann S. Lublin, "H-P Gave Fiorina $1.57 Million in Bonus Payments Last Year," *The Wall Street Journal,* February 14, 2005, p. B2; and Carol J. Loomis, "How the HP Board KO'd Carly," *Fortune,* March 7, 2005, p. 99.

19 Carly Fiorina, *Tough Choices,* p. 303.

20 James B. Stewart, "The Kona Files," p. 156.

21 U.S. House of Representatives, Subcommittee on Oversight and Investigations of the Committee on Energy and Commerce, *Hewlett-Packard's Pretexting Scandal,* 109th Congress, 2d Sess., September 28, 2006, pp. 90, 129.

22 James B. Stewart, "The Kona Files," p. 157.

23 New York: Harper, 2007. Perkins had given Dunn an early

draft of the book.

24 Dawn Kawamoto, "HP Outlines Long-Term Strategy," C/NET News.com, January 23, 2006.

25 Patricia Dunn, "The H-P Investigation," *The Wall Street Journal,* October 11, 2006, p. A14.

26 James B. Stewart, "The Kona Files," p. 162.

27 Ibid, p. 163.

28 Tom Perkins, *Valley Boy,* p. 15.

29 Ibid., p. 15.

30 Ibid., p. 16.

31 U.S. House of Representatives, Subcommittee on Oversight and Investigations of the Committee on Energy and Commerce, *Hewlett-Packard's Pretexting Scandal,* 109th Congress, 2d Sess., September 28, 2006, p. 13.

32 Ibid., p. 96.

33 Ibid., p. 120.

34 As a result of the scandal, Congress passed the Telephone Records and Privacy Protection Act of 2006 (P. L. 109-476) to criminalize pretexting. More than a dozen states have passed similar laws.

35 Matt Richtel, "H.P. Chairwoman and 3 Others Cleared in Spying Case," *New York Times,* March 15, 2007, p. C1.

36 Perkins, *Valley Boy,* p. 15.